11A/22

**Hessische Landeszentrale
für politische Bildung**
Postfach 3220, 65022 Wiesbaden
Taunusstr. 4-6, 65183 Wiesbaden

Politische Bildung

Geschichte und Gegenwart in Deutschland

von
Univ.-Prof. Dr. Joachim Detjen

R. Oldenbourg Verlag München Wien

Bibliografische Information der Deutschen Nationalbibliothek

Die Deutsche Nationalbibliothek verzeichnet diese Publikation in der Deutschen Nationalbibliografie; detaillierte bibliografische Daten sind im Internet über <http://dnb.d-nb.de> abrufbar.

© 2007 Oldenbourg Wissenschaftsverlag GmbH
Rosenheimer Straße 145, D-81671 München
Telefon: (089) 45051-0
oldenbourg.de

Das Werk einschließlich aller Abbildungen ist urheberrechtlich geschützt. Jede Verwertung außerhalb der Grenzen des Urheberrechtsgesetzes ist ohne Zustimmung des Verlages unzulässig und strafbar. Das gilt insbesondere für Vervielfältigungen, Übersetzungen, Mikroverfilmungen und die Einspeicherung und Bearbeitung in elektronischen Systemen.

Lektorat: Wirtschafts- und Sozialwissenschaften, wiso@oldenbourg.de
Herstellung: Dr. Rolf Jäger
Coverentwurf: Kochan & Partner, München
Coverausführung: Gerbert-Satz, Grasbrunn
Gedruckt auf säure- und chlorfreiem Papier
Gesamtherstellung: Druckhaus „Thomas Müntzer" GmbH, Bad Langensalza

ISBN 3-486-58210-0
ISBN 978-3-486-58210-9

Inhalt

Vorwort XIII

Teil I: Grundsätzliches über die politische Bildung 1

1. Funktionen und Orte politischer Bildung und Erziehung 3
1.1 Grundverständnisse politischer Bildung und Erziehung 3
Aspekte der politischen Sozialisation 3
Erziehung und Bildung 3
Sozialerziehung und soziales Lernen 4
1.2 Funktionen schulischer politischer Bildung und Erziehung 4
Förderung der Mündigkeit 5
Qualifizierung zu funktionierenden Mitgliedern des Gemeinwesens 5
Stabilisierung der gegebenen Herrschaftsordnung 6
Verankerung der geistigen Grundlagen des Gemeinwesens 6
Besserung der gesellschaftlich-politischen Zustände 7
1.3 Orte politischer Bildung und Erziehung 8
Die Vielfalt der Schulen in Vergangenheit und Gegenwart 8
Adressaten politischer Bildung und Erziehung 9
Formen politischer Bildung und Erziehung in der heutigen Schule 9
Außerschulische politische Bildung 10

Teil II: Geschichte der politischen Bildung 13

2. Politische Bildung und Erziehung vom aufgeklärten Absolutismus bis zur Französischen Revolution 15
2.1 Entwicklungslinien politischer Erziehung von der Antike bis zum 18. Jahrhundert 15
Die Rolle politischer Bildung und Erziehung in Antike und Mittelalter 15
Die Einrichtung von Schulen im absolutistischen Fürstenstaat 16
2.2 Politische Bildung und Erziehung in den Schulen: Erziehung zum Patriotismus und zur Untertanenhaltung 17
Die Einrichtung einer Bürgerlehre im Herzogtum Sachsen-Gotha 17
Die Bedeutung des Religionsunterrichts für die politische Erziehung 18
Politische Katechismen für das Volk 18
Politische Bildung an den Gelehrtenschulen 19
Politische Bildung an den Ritterakademien 20
Freiherr von Zedlitz: Die Forderung nach allgemeiner politischer Bildung ... 20
2.3 Denker der Aufklärung über politische Bildung und Erziehung 22
Johann Amos Comenius: Politik als Gegenstand des „Alleslernens" 22
John Locke: Erziehung zum Gentleman 23

Jean-Jacques Rousseau: Erziehung zum Menschen – Erziehung zum Staatsbürger 24
Philanthropismus: Erziehung zum Patriotismus 26

3. Politische Bildung und Erziehung in Deutschland von der Französischen Revolution bis zur Gründung des Kaiserreiches 31

3.1 Das Bildungssystem zwischen Reform und Restauration 31
Die Preisfrage der Erfurter Akademie 31
Der Neuhumanismus: Die Bildung des Menschen zum Menschen als höchstes Ziel 32
Reformvorstellungen des Neuhumanismus 34
Das Scheitern der Schulreform des Neuhumanismus 35
Restaurative Schulpolitik in Preußen von 1819 bis 1848 38
Preußische Schulpolitik in christlich-konservativem Geist von 1848 bis 1870 39

3.2 Theoretische Konzeptionen zur politischen Bildung und Erziehung 41
Die Systeme der Staatserziehungswissenschaft 41
Heinrich Stephanis Plädoyer für eine weltbürgerliche Erziehung 42
Christian Daniel Voß: Sicherheit für die Throne durch politische Bildung 44
Johann Gottlieb Fichtes Konzept der Nationalerziehung 46

4. Politische Bildung und Erziehung im Deutschen Kaiserreich 51

4.1 Die unterschiedliche Rolle der politisch bildenden Fächer vor und nach 1889 51
Die Bedeutung der staatsbürgerlichen Bildung und Erziehung in Preußen bis 1889 51
Die „Allerhöchste Ordre" vom 1. Mai 1889: Instrumentalisierung
der politischen Bildung zur Bekämpfung des innenpolitischen Gegners 52
Neuer Bildungs- und Erziehungsauftrag: Die Schule als nationales Integrationszentrum 54
Imperialistische Tendenzen im Schulunterricht der Jahrhundertwende 56

4.2 Politische Bildung und Erziehung als Gegenstand theoretischer Entwürfe 57
Friedrich Wilhelm Dörpfeld: Gesellschaftskunde als Ergänzung des Geschichtsunterrichts 57
Georg Kerschensteiners Theorie der staatsbürgerlichen Erziehung 59
Paul Rühlmann: Die Notwendigkeit eines eigenen Unterrichtsfaches für die politische Bildung ... 63
Friedrich Wilhelm Foerster: Plädoyer für eine religiös-sittlich fundierte politische Bildung 66

5. Politische Bildung und Erziehung in der Weimarer Republik 71

5.1 Politische Bildung ohne Konsens: Das Scheitern der Staatsbürgerkunde 71
Artikel 148 Reichsverfassung: Staatsbürgerkunde mit Verfassungsrang 71
Die Reichsschulkonferenz 1920 73
Die Richtlinien für die Gestaltung des staatsbürgerlichen Unterrichts 1922 und 1923 78
Die Wirklichkeit der staatsbürgerlichen Erziehung in den Schulen 81

5.2 Konzeptionen der Staatsbürgerkunde 84
Eduard Spranger: Erziehung zum Staat 84
Theodor Litts vernunftrepublikanisches Plädoyer für die Staatsbürgerkunde 85
Gustav Radbruch: Erziehung zum Staatsbewusstsein, zum Rechtssinn und zum sozialen
Verantwortungsgefühl 86

6. Die politische Formierung im Dritten Reich 87

6.1 Die Indoktrinierung der Schule mit der nationalsozialistischen Ideologie 87
Die nationalsozialistische Erziehungsideologie 87

Die Umsetzung der nationalsozialistischen Erziehungsideologie in die Wirklichkeit 89
Die Politisierung der Schule und der Fächer 91
6.2 Vertreter der nationalsozialistischen politischen Pädagogik 93
Wilhelm Stapel: Volksbürgerliche Erziehung als Gegenentwurf zur Staatsbürgerkunde 93
Ernst Krieck: Das Konzept der nationalpolitischen Erziehung 95
Alfred Baeumlers Eintreten für eine völkische Weltanschauungsschule 95

7. Die Re-education-Politik der alliierten Siegermächte nach dem Zweiten Weltkrieg 99
7.1 Entnazifizierung und Umerziehung zur Demokratie 99
Das Potsdamer Abkommen: Basis der Umerziehungspolitik der Siegermächte 99
Übereinstimmungen zwischen den Siegermächten 99
7.2 Die Umerziehungspolitik der einzelnen Siegermächte 100
Das amerikanische Programm der Re-education 100
Die Re-education-Politik Großbritanniens und Frankreichs 105
Der Sonderweg der sowjetischen Umerziehungspolitik 106
7.3 Folgewirkungen der Umerziehungspolitik 108
Die Resonanz bei den Deutschen 108
Längerfristige Wirkungen der Umerziehungspolitik 109

8. Politische Bildung und Erziehung in der Bundesrepublik Deutschland während der fünfziger und sechziger Jahre des 20. Jahrhunderts 111
8.1 Die Einführung der politischen Bildung an den Schulen in den fünfziger Jahren 111
Die Vielfalt der Bezeichnungen für das neue Unterrichtsfach 111
Thomas Ellweins Studie von 1955 über den Zustand der politischen Bildung 114
Das Gutachten zur Politischen Bildung und Erziehung von 1955 115
Die politische Bildung als Gegenstand von Beratungen der Kultusministerkonferenz 118
8.2 Aufwind für die schulische politische Bildung in den sechziger Jahren 120
Die Saarbrücker Rahmenvereinbarung von 1960 über die Einführung
der Gemeinschaftskunde in der gymnasialen Oberstufe 120
Die Politische Weltkunde in den Empfehlungen für die Neuordnung
der Höheren Schule von 1964 124
8.3 Politische Bildung und Erziehung an den Hochschulen und in der Erwachsenenbildung 125
Die Etablierung von Politikwissenschaft und politischer Bildung an den Universitäten 126
Politische Bildung als zentrale Aufgabe der Politikwissenschaft 128
Politikwissenschaft versus politische Pädagogik: Streit um das angemessene Bürgerleitbild 136
Politische Bildung als Auftrag der Erwachsenenbildung 138
8.4 Konzeptionen der politischen Pädagogik 139
Friedrich Oetingers Konzept der Partnerschaftserziehung 139
Theodor Litts „Die politische Selbsterziehung des deutschen Volkes" 148
Ethischer Personalismus und Wiederbelebung der Nationalerziehung 151

8.5 Das Einfließen didaktischer Überlegungen in die politische Bildung: Der Beginn der Politikdidaktik 155
    Die Hinwendung zur Didaktik 155
    Wolfgang Hilligen: Auseinandersetzung mit drängenden gesellschaftlichen Problemen als zentrale Aufgabe der politischen Bildung 156
    Kurt Gerhard Fischer: Exemplarisch gewonnene politische Einsichten als Kern der politischen Bildung 158
    Hermann Giesecke: Kategoriale Bildung mittels Analyse politischer Konflikte 162

9. Politische Bildung und Erziehung in der Bundesrepublik Deutschland von den siebziger Jahren des 20. Jahrhunderts bis zur Gegenwart 169

9.1 Politisierung und Entpolitisierung der politischen Bildung 169
    Das Ende des politischen Konsenses durch den Regierungswechsel 1969 und das Aufkommen der Studentenbewegung 169
    Parteipolitische Auseinandersetzungen um die politische Bildung in den siebziger Jahren 170
    Die Lage der politischen Bildung in der Gegenwart 173

9.2 Die Polarisierung der Politikdidaktik in den siebziger Jahren 176
    Anpassungen an den neuen Zeitgeist: Wolfgang Hilligen und Kurt Gerhard Fischer 177
    Hermann Giesecke: Von der liberalen zur marxistisch geprägten Politikdidaktik 179
    Politische Bildung im Auftrag der Gesellschaftsveränderung: Rolf Schmiederers politikdidaktische Position zu Beginn der siebziger Jahre 181
    Bernhard Sutor: Politische Bildung auf der Basis des Grundgesetzes und als Erziehung zu politischer Rationalität 184

9.3 Entspannung im Streit der Politikdidaktiker um die politische Bildung 187
    Der Beutelsbacher Konsens von 1976 187
    Politische Bildung im Interesse der Schüler: Die Pragmatisierung der Politikdidaktik Rolf Schmiederers 189
    Der letzte didaktische Gesamtentwurf: Bernhard Claußens Kritische Politikdidaktik von 1981 191
    Die Politikdidaktik seit den achtziger Jahren: Pragmatisierung und Pluralisierung der Ansätze 193

10. Politische Bildung und Erziehung in der DDR 199

10.1 Gegenwartskunde als Unterrichtsprinzip und Unterrichtsfach 199
    Der Beginn 1945: Gegenwartskunde als Unterrichtsprinzip 199
    Die Einführung der Gegenwartskunde als obligatorisches Unterrichtsfach 1949 200

10.2 Staatsbürgerkunde im Zeichen des Marxismus-Leninismus 201
    Die Einführung der Staatsbürgerkunde 1957 201
    Der systematische Ausbau des marxistisch-leninistischen Charakters der Staatsbürgerkunde seit 1963 202
    Der Auftrag an das Bildungssystem: Schaffung der sozialistischen Persönlichkeit 203

10.3 Der politische Umbruch 1989 206
    Die Verweigerung von Reformen 206
    Vorschläge für eine Neugestaltung der politischen Bildung 207

Teil III: Politische Bildung der Gegenwart 209

11. Aufgaben und Ziele der politischen Bildung 211

11.1 Politische Mündigkeit als oberstes Ziel der politischen Bildung 211
Der Begriff der Mündigkeit 211
Der Stellenwert der politischen Mündigkeit in der Demokratie 213
Elemente der politischen Mündigkeit 214

11.2 Exkurs: Konkurrierende Bürgerleitbilder in der politischen Bildung 215
Das enthusiastisch-idealistische Bürgerleitbild der politischen Pädagogik 216
Der politische Aktivist als Leitbild der emanzipatorischen politischen Bildung 218
Das differenzierend-realistische Bürgerleitbild der gegenwärtigen politischen Bildung 220

11.3 Im Zentrum der politischen Bildungsbemühung: Die Förderung der politischen Urteilsfähigkeit 226
Politische Alltagsurteile, Vorurteile und Stammtischparolen 226
Begründungen für die Förderung der politischen Urteilsfähigkeit 228
Merkmale politischer Urteile 229
Kognitive Ansprüche an das politische Urteilen 231
Die Vermittlung der politischen Urteilsfähigkeit 234
Grenzen der politischen Urteilsfähigkeit 237

11.4 Politische Bildung für die Ausübung der Bürgerrolle: Die Förderung politischer und sozialer Handlungsfähigkeiten 238
Systematik der Handlungsfähigkeiten 238
Politische und soziale Handlungsfelder 239
Methoden zur Förderung politischer und sozialer Handlungsfähigkeiten 241

11.5 Weitere Aufgaben der politischen Bildung: Vermittlung methodischer Fähigkeiten und sozialwissenschaftlicher Analysekompetenz (Wissenschaftspropädeutik) 242
Methodische Fähigkeiten 242
Sozialwissenschaftliche Analysekompetenz (Wissenschaftspropädeutik) 243
Wissenschaftspropädeutisch geeignete Methoden 245

11.6 Eine besondere Aufgabe der politischen Bildung: Förderung der Werte- und Moralerziehung 245
Die Legitimierung der Werte- und Moralerziehung 245
Grundsätzliche Probleme der Werte- und Moralerziehung 246
Zielperspektiven der Werte- und Moralerziehung 247
Das kognitionspsychologische Konzept der Moralerziehung Lawrence Kohlbergs 248
Methodische Möglichkeiten der Werte- und Moralerziehung 251
Grenzen der Moralerziehung für die politische Bildung 252

11.7 Politisch bildende Aspekte allgemeiner Erziehungsaufgaben der Schule: Lebenshilfe, soziales Lernen, interkulturelles Lernen, Friedenserziehung und Umwelterziehung 254
Lebenshilfe 254
Soziales Lernen 255
Interkulturelles Lernen 258
Friedenserziehung 260
Umwelterziehung 264

11.8 Besonderheiten des Aufgaben- und Zielkataloges der politischen Erwachsenenbildung **265**
    Genereller Auftrag der politischen Erwachsenenbildung 266
    Spezifische Leistungen der politischen Erwachsenenbildung 267

12. Gegenstandsfelder und Inhalte der politischen Bildung 269
12.1 Gegenstandsfelder und Inhalte der schulischen politischen Bildung **269**
    Gegenstandsfelder und Inhalte der politischen Bildung in der Primarstufe 270
    Gegenstandsfelder und Inhalte der politischen Bildung in der Sekundarstufe I 271
    Gegenstandsfelder und Inhalte der politischen Bildung in der Sekundarstufe II 274
    Von der Primarstufe zur Sekundarstufe II: Graduierungen sozialen und politischen Wissens ... 277
12.2 Die Bestimmung von Gegenstandsfeldern und Inhalten der schulischen politischen Bildung **278**
    Das Problem der Legitimierung schulischer Lerngegenstände und Bildungsziele 278
    Didaktische Kriterien für die Auswahl von Gegenstandsfeldern und Inhalten 279
12.3 Das politische Entscheidungssystem als zentraler Gegenstand der politischen Bildung **281**
    Die Bedeutsamkeit von Institutionenwissen 282
    Defizite im Institutionenbewusstsein der Bürger 283
    Problematische Wege der Vermittlung von Institutionenwissen 284
    Geeignete didaktische Aufbereitungen politischer Institutionen 285
12.4 Die Rolle der Geschichte in der politischen Bildung **286**
    Die Funktion der Geschichte im Politikunterricht 286
    Der Beitrag des Geschichtsunterrichts zur politischen Bildung 287
    Der Ort der Zeitgeschichte in der politischen Bildung 289
12.5 Das Gegenstandsfeld Wirtschaft als Bestandteil der politischen Bildung **289**
    Wirtschaft als integraler Teil der politischen Bildung 290
    Ökonomische Inhalte der politischen Bildung 291
    Anforderungen an das Verstehen wirtschaftlicher Zusammenhänge 292
    Die Erschließung des Gegenstandsfeldes Wirtschaft 293
    Der enge Zusammenhang von ökonomischer und politischer Bildung 294
12.6 Politische Bildung als kategoriale Bildung **294**
    Grundsätzliches zur kategorialen Bildung in der politischen Bildung 295
    Kategorienschema „Dimensionen der Politik" 296
    Kategorienschema „Politikzyklus" 298
    Kategorienschema „Polare Spannungen des Politischen" 301
    Die Einbeziehung von Gesellschaftstheorien in das kategoriale Ensemble 303
    Das Konzept der kategorialen Bildung in der kritischen Diskussion 306
12.7 Der Aufbau eines Wissenskanons in der politischen Bildung **308**
    Die Notwendigkeit eines Wissenskanons 309
    Die Inhalte des Wissenskanons 309
12.8 Möglichkeiten der Strukturierung von Lerngegenständen **311**
    Die grundsätzliche Alternative: Systematisches oder exemplarisches Vorgehen 311
    Zonen des Politischen in den Lerngegenständen 313
    Das Modell der Mehrdimensionalität der politischen Realität 314
    Das Modell der politischen Problem- und Entscheidungsanalyse 314

12.9 Inhaltliche Schwerpunkte der politischen Erwachsenenbildung ... 315
Das Spektrum der Themen der politischen Erwachsenenbildung ... 316
Das inhaltliche Profil der politischen Erwachsenenbildung ... 317

13. Didaktische Prinzipien und methodische Zugangsweisen der politischen Bildung ... 319
13.1 Didaktische Prinzipien der schulischen politischen Bildung ... 319
Die Unvermeidbarkeit didaktischer Prinzipien ... 319
Die Funktionen didaktischer Prinzipien ... 320
Die Sachlogik didaktischer Prinzipien ... 320
Kategoriales Lernen ... 323
Exemplarisches Lernen ... 323
Kontroversitätsprinzip ... 325
Problemorientierung ... 329
Schülerorientierung ... 330
Handlungsorientierung ... 334
Wissenschaftsorientierung ... 338

13.2 Grundlegendes über Unterrichtsmethoden in der schulischen politischen Bildung ... 339
Reflexionsebenen der Unterrichtsmethodik ... 340
Elemente von Unterrichtsmethoden ... 342
Kriterien zur Klassifizierung von Unterrichtsmethoden ... 343
Darbietende, erarbeitende und entdeckenlassende Lehrverfahren und ihnen entsprechende Lernmodi ... 345
Lehrervortrag, Unterrichtsgespräch und Textarbeit als zentrale unterrichtliche Handlungsformen ... 346
Methodische Phantasie: Genetisches Prinzip und kreative Herangehensweisen an Texte ... 351
Der innere Zusammenhang von Inhalt und Methode ... 354

13.3 Die Makromethoden der schulischen politischen Bildung ... 354
Der systematische Lehrgang: Synthetischer und analytischer Lehrgang ... 355
Die exemplarische Fallmethode: Fallanalyse und Fallstudie ... 357
Die explorative Untersuchung: Erkundung und Sozialstudie ... 363
Das wirklichkeitssimulierende Spiel: Rollenspiel, Planspiel, Entscheidungsspiel, Pro-Contra-Debatte, Talkshow und Tribunal ... 372
Die kooperative Produktion: Projekt, Politikwerkstatt, Zukunftswerkstatt und Szenariotechnik ... 385

13.4 Die Rolle der Medien als Informationsträger in politischen Bildungsprozessen ... 392
Didaktische Aspekte von Politiklehrbüchern ... 393
Neue Chancen für die politische Bildung durch digitale Medien ... 395
Das Problem mangelnder Authentizität der Medien ... 396
Didaktische Grundsätze für den Einsatz von Unterrichtsmedien ... 397

13.5 Prinzipien zur Planung von Politikunterricht ... 398
Grundsätzliches über das Strukturgefüge des Unterrichts ... 399
Inhaltsplanung und Methodenplanung als Kern der Unterrichtsplanung ... 401
Die Planung einer Unterrichtseinheit ... 403

13.6 Didaktische und methodische Besonderheiten der politischen
Erwachsenenbildung 405
    Didaktische Prinzipien der politischen Erwachsenenbildung 405
    Methoden der politischen Erwachsenenbildung 408

Teil IV: Politikdidaktik – Die Wissenschaft von der politischen Bildung 411

14. Der Ort der Politikdidaktik im System der Wissenschaften 413
14.1 **Allgemeine Didaktik und Fachdidaktiken** 413
    Merkmale der Allgemeinen Didaktik 413
    Das Selbstverständnis der Fachdidaktiken 413
    Die Rolle der Fachdidaktiken in der Lehrerbildung 416
14.2 **Das wissenschaftliche Selbstverständnis der Politikdidaktik** 417
    Politikdidaktik: Eine synoptische Wissenschaft 418
    Elemente der Bildungstheorie des Politischen 420

15. Die Politikdidaktik als Leitdisziplin der politischen Bildung 423
15.1 **Die Rolle der Politikdidaktik im Unterrichtsalltag** 423
    Maßgebliche didaktische Orientierungsinstanzen 423
    Die randständige Rolle der Politikdidaktik im Handeln der Lehrer 424
15.2 **Das Leistungsspektrum der Politikdidaktik** 424
    Das Arbeitsprogramm der Politikdidaktik 425
    Politikdidaktische Konzeptionen 425
    Werkzeuge zur Planung, Durchführung und Bewertung politischer Bildungsprozesse 427
    Empirische Erforschung der politischen Bildung 428
    Erträge der empirischen Fachunterrichtsforschung 430
15.3 **Vom Nutzen der Politikdidaktik für die Praxis der politischen Bildung** 432
    Die Unmöglichkeit einer didaktischen Theorieabstinenz 432
    Gründe für die Distanz zwischen Politikdidaktik und Unterrichtspraxis 433
    Orientierungsfunktionen der Politikdidaktik für die Unterrichtspraxis 434
15.4 **Aktuelle Kontroversen und Arbeitsfelder der Politikdidaktik** 436
    Ein konstantes Paradigma oder paradigmatische Vielfalt in der Politikdidaktik? 436
    Die Kontroverse um die Rolle des Konstruktivismus in der Politikdidaktik 438
    Schwerpunkte politikdidaktischer Reflexionen der jüngeren Zeit 442

Literaturverzeichnis 447

Personenregister 475

Sachregister 481

Vorwort

Das vorliegende Buch ist in über dreijähriger Arbeit entstanden. Es stellt den Versuch einer umfassenden diachronischen und synchronischen Darstellung der öffentlichen Aufgabe *politische Bildung* dar. Der Charakter des Buches entspricht deshalb am ehesten dem, was in den Wissenschaften unter einer Synthese verstanden wird. Synthesen haben die Aufgabe, ein umfassendes Sachgebiet unter Berücksichtigung der maßgeblichen Literatur zur Darstellung zu bringen.

Kein Buch kann jedoch „alles" behandeln. So beschränken sich die Darlegungen auf die politische Bildung in Deutschland. Auch wird der kundige Leser feststellen, dass bestimmte Sachverhalte fehlen oder nur am Rande erwähnt werden. Da mein Bemühen aber im Wesentlichen darauf gerichtet war, zusammenzufassen, was an Erkenntnissen vorliegt, gehen die Lücken nur zum Teil auf mein Konto. Bestimmte Facetten der politischen Bildung harren noch zukünftiger Forschung. So gibt es im deutschen Sprachraum kaum Studien über die Lage der politischen Bildung in anderen Staaten. Es existieren auch keine vergleichenden Länderstudien. Ebenso fehlen empirisch gehaltvolle Untersuchungen über die Wirkungen von Unterrichtsmethoden der politischen Bildung. Überhaupt befindet sich die empirische Erforschung der Wirklichkeit politischer Bildungsprozesse erst im Anfangsstadium.

Ich erhebe nicht den Anspruch, mit diesem Buch eine „eigene" Didaktik vorzulegen. Diesen hohen Anspruch überlasse ich denjenigen, die sich dazu berufen fühlen. Mein Bemühen ist lediglich darauf gerichtet, möglichst viele der Stimmen zu Wort kommen zu lassen, die zum Aufbau und zum Weiterbau der politischen Bildung beigetragen haben. Gleichwohl war nicht zu verhindern, dass Schwerpunkte gesetzt werden mussten. Aus dem, was ich nicht erwähne, mag der Leser dann schließen, dass ich den betreffenden Sachverhalten keine entscheidende Bedeutung beimesse. Schließlich komme ich insbesondere im letzten Teil des Buches nicht daran vorbei, auch Position zu beziehen. In diesem Teil wird die Wissenschaft von der politischen Bildung abgehandelt, an deren Diskurs ich selbst beteiligt bin. Ich habe mich dessen ungeachtet darum bemüht, meine Auffassung zurückhaltend zu formulieren.

Jeder Autor macht sich Gedanken über die potentiellen Leser seiner Darlegungen. Jedes Buch hat also einen impliziten Leser. Dieses Buch findet möglicherweise sogar ganz verschiedene Leser. Dies gilt vielleicht nicht unbedingt für Teil I, der sehr knapp in die grundsätzlichen Aspekte der politischen Bildung einführt.
Es ist aber gut vorstellbar, dass der umfangreiche, die Geschichte der politischen Bildung abhandelnde Teil II diejenigen zum Lesen anregt, die in erster Linie an der historischen Entwicklung einer wichtigen, aber nicht selten missbrauchten und häufig auch umstrittenen Bildungsaufgabe interessiert sind.
Der die Gegenwart der politischen Bildung thematisierende Teil III weckt vermutlich eher das Interesse von Praktikern der politischen Bildung. Denn sie finden in diesem Teil ausführliche Darlegungen über Aufgaben, didaktische Prinzipien und methodische Arrangements der politischen Bildung. Und sie erhalten Hinweise für die Unterrichtsplanung.
Teil IV schließlich ist vor allem für Leser gedacht, die im Ausbildungssystem beschäftigt sind, seien es wissenschaftliche Didaktiker, Fachleiter an den Studienseminaren oder Studierende der politischen Bildung. Wenn die Studierenden von heute als zukünftige Lehrer mehr sein wollen als nur Handwerker, die Rezepte anwenden, sollten sie diesen Teil lesen.

Der Zeitgeist verlangt, im mündlichen wie im schriftlichen Sprachgebrauch paritätisch beide Geschlechter zu erwähnen. Wer dies tut, gehorcht der politischen Korrektheit und ist in dieser Hinsicht unangreifbar. Dafür versündigt er sich auf üble Weise an der Sprachästhetik („Die

Lehrerin oder der Lehrer, die bzw. der ihre bzw. seine Schülerinnen und Schüler unterrichtet"). Aus ästhetischen Gründen gebrauche ich in diesem Buch nur die männliche Form. Es versteht sich von selbst, dass das weibliche Geschlecht immer mitgemeint ist.[1]

Meinem Wissenschaftlichen Assistenten, Herrn Harald Schmidt, M.A., danke ich für die Erstellung des Layouts und der Schaubilder. Herrn Benedikt Brunner bin ich Dank schuldig für das Korrekturlesen sowie für die Anfertigung des Personen- und des Sachregisters. Ich hoffe, dass die Register eine sichere Orientierung ermöglichen werden. Ein nochmaliges Korrekturlesen übernahm dankenswerterweise meine Frau. Fehler gehen aber natürlich zu meinen Lasten.

Joachim Detjen

---

[1] „Verbum hoc ‚si quis' tam masculos quam feminas complectictur" (Corpus Iuris Civilis Dig. L., 16,1).

Teil I:
Grundsätzliches über die politische Bildung

1. Funktionen und Orte politischer Bildung und Erziehung

1.1 Grundverständnisse politischer Bildung und Erziehung

Was ganz allgemein als *politische Bildung* bezeichnet wird, nimmt sich bei näherem Hinsehen sehr differenziert aus. So kann man die *politische Sozialisation*, die *staatsbürgerliche Erziehung*, die *politische Bildung* im engeren Sinne und die *Sozialerziehung* voneinander unterscheiden.

Aspekte der politischen Sozialisation

Die *politische Sozialisation* ist der allgemeinste Begriff zur Kennzeichnung des Prozesses, durch den ein Individuum in das politische Selbstverständnis einer Gesellschaft eingeführt wird. Die politische Sozialisation verläuft zum einen als eine *gezielte* Einwirkung auf das Individuum, zum anderen als *nicht absichtsvolle* Beeinflussung durch das gesellschaftliche Umfeld. Die gezielte Einwirkung ist Aufgabe der politischen Bildung und Erziehung. Man spricht von *intendierter politischer Sozialisation*. Die gewissermaßen nebenher und automatisch ablaufende Beeinflussung nennt man *funktionale politische Sozialisation*.

Die *funktionale politische Sozialisation* prägt stärker als gemeinhin angenommen das politische Weltbild des Individuums. Zu den Sozialisationsinstanzen zählen die Familie, die Nachbarschaft, Peergroups und die Medien. Zur Sozialisation tragen aber auch die *Nebenwirkungen* von Institutionen und Organisationen bei, mit denen der Einzelne zu tun hat. Genannt seien die Schule, das Militär und der Arbeitsplatz. Die Bedeutung der politischen Sozialisation kann kaum hoch genug angesetzt werden (Sander 2001, 13). Es leuchtet ein, dass das Gewicht der jeweiligen Sozialisationsinstanzen im Laufe der Zeit nicht immer gleich gewesen ist. So war im 19. Jahrhundert der Einfluss des Militärs auf das Denken und die Verhaltensweisen junger Männer sehr hoch. Die damals relativ kurze Schulzeit für die meisten Menschen hatte zur Folge, dass die Sozialisationswirkung der Schule schwächer war als heute.

Erziehung und Bildung

Lässt man einmal die funktionale politische Sozialisation beiseite, weil sie nicht zu den intentionalen Formen politischen Lernens zählt, so zeigt sich, dass es bei der Bemühung, die nachwachsende Generation mit der Politik in Berührung zu bringen, entweder um *Erziehung* oder um *Bildung* geht. In diesen beiden Begriffen spiegelt sich die antike Unterscheidung von *educatio* und *eruditio* bzw. *formatio* wider.

Educatio, also Erziehung, bedeutet wörtlich *Aufzucht* und meint soviel wie Disziplinierung und Zivilisierung des Menschen. Die Erziehung will somit auf das Verhalten des Menschen einwirken.

Eruditio bedeutet wörtlich *Entrohung*, während *formatio* nicht anders als mit *Formung* zu übersetzen ist. Beide Wörter drücken das Anliegen der Bildung aus: Bildung ist der Versuch, die Persönlichkeit des Menschen zu *kultivieren*. Die Bildung erstreckt sich auf Kultur, Politik, Gesellschaft, Künste und Wissenschaften und manifestiert sich in Sprache und Denken sowie, davon abgeleitet, im Verhalten.

Die *staatsbürgerliche Erziehung* zielt in erster Linie auf die Prägung des *politischen Verhaltens*. Ihre Absicht ist es, den Einzelnen „staatstauglich" zu machen. Er soll als Erwachsener nicht nur seine Rechte wahrzunehmen wissen, er soll auch und vor allem seine staatsbürgerlichen Pflichten erfüllen. Hierzu gehörte in der Vergangenheit, der Obrigkeit den schuldigen

Gehorsam entgegenzubringen. Die staatsbürgerliche Erziehung hat also in erster Linie den Staat und seinen gesicherten Fortbestand im Blick. Sie sieht es als Erfolg an, wenn die Individuen im Sinne der politischen Ordnung „funktionieren".
Die staatsbürgerliche Erziehung setzte mit dem absolutistischen Fürstenstaat Mitte des 17. Jahrhunderts ein. Dieser wollte sich mit ihrer Hilfe der Loyalität seiner Untertanen versichern. Der Begriff *staatsbürgerliche Erziehung* findet bisweilen aber auch noch in der Gegenwart Verwendung.

Die *politische Bildung* im engeren Sinne strebt *Bildung* an. Wie schon angesprochen, ist mit Bildung eine *Formung* des Denkens und des Sich-Verhaltens zur Welt gemeint. Eine solche Bildung gründet ganz stark auf einem bestimmten *Bildungswissen*. Die Gegenstände dieses Bildungswissens müssen von *epochenüberdauernder* Gültigkeit sein und *persönlichkeitsformende* Kraft besitzen. Die politische Bildung soll, wie die Bildung ganz allgemein auch, einen Menschen hervorbringen, der seine Anlagen vervollkommnet hat, sich moralisch selbst bestimmen kann und an den öffentlichen Dingen gebührenden Anteil nimmt. Ein solcher Mensch gilt als *mündig*. Politische Bildung in diesem Sinne fragt nicht danach, ob der Mensch seine Funktion im Staat angemessen erfüllt. Sie hat allein den Menschen im Blick. Sie geht aber wie selbstverständlich davon aus, dass mündige Menschen gute Bürger sind.
Dieses Verständnis von den Aufgaben der politischen Bildung wurde erstmals vom Neuhumanismus zu Beginn des 19. Jahrhunderts wirkungsmächtig formuliert. Es bestimmt in nicht geringem Ausmaße auch die politische Bildung in der Gegenwart.

Sozialerziehung und soziales Lernen

Die *Sozialerziehung* ist eigentlich ein Thema der Pädagogik. Sie berührt aber auch die politische Bildung, insofern die bei den Menschen zu fördernde *soziale Grundeinstellung* eine Voraussetzung für das friedliche Zusammenleben der Menschen in einer Gesellschaft ist. Zur sozialen Grundeinstellung gehören Empathievermögen, Kooperationsbereitschaft, Loyalität, Solidarität und Toleranz. Die soziale Grundeinstellung ist eine Voraussetzung für das politisch rationale Beurteilen gesellschaftlicher Gegebenheiten und Probleme. Denn sie sorgt dafür, dass in den Urteilen die Folgen für die betroffenen Menschen mitbedacht werden.

Die Sozialerziehung spielte in den Überlegungen und Umsetzungen zur politischen Bildung immer schon eine große Rolle. Nicht selten drohte sie in Vergangenheit und Gegenwart die staatsbürgerliche Erziehung oder die politische Bildung im engeren Sinne sogar in den Hintergrund zu drängen.
In jüngerer Zeit spricht man statt von Sozialerziehung vermehrt vom *sozialen Lernen*. Während die Sozialerziehung in erster Linie die *zielgerichtete Bemühung* einer mit der Erziehung beauftragten Person bezeichnet, bezieht sich das soziale Lernen vor allem auf den *Vorgang* des Lernens in der sozialen Interaktion und auf die von der Interaktion ausgehende Sozialisation bzw. Persönlichkeitsentwicklung.

1.2 Funktionen schulischer politischer Bildung und Erziehung

Die politische Bildung ist so alt wie die Menschheit. Denn jede Gesellschaft muss eine politische Ordnung aufbauen und diese Ordnung den Gesellschaftsmitgliedern, insbesondere der jungen Generation, irgendwie vermitteln. Dies geschieht seit jeher gewissermaßen von selbst durch die politische Sozialisation.
Damit aber geben sich seit dem Absolutismus die Staaten nicht mehr zufrieden. Seit dieser Zeit wird die Schule mit der Aufgabe betraut, einen Beitrag zur politischen Bildung und Erziehung der jungen Generation zu leisten. Selbst ohne ein eigens für die politische Bildung

und Erziehung eingeführtes Schulfach war und ist klar, dass die Schule mit bestimmten Unterrichtsfächern das politische Gebiet fast zwangsläufig betritt.

Kontrovers wurde und wird die Frage behandelt, welche *Funktion* die von der Schule zu erbringende politische Bildung und Erziehung erfüllen soll. Im Laufe der Jahrhunderte wurden auf diese Frage vielfältige Antworten gegeben. Diese Antworten lassen sich im Wesentlichen zu fünf grundsätzlichen Positionen zusammenfassen: Die erste Funktion kann man als Förderung der *politischen Mündigkeit des Individuums* bezeichnen. Die zweite Funktion besteht in der Qualifizierung des Individuums zu einem *funktionierenden Mitglied* des Gemeinwesens und damit der gegebenen politischen Ordnung. Die dritte Funktion besteht in der *Stabilisierung der jeweils gegebenen Herrschaftsordnung*. Die vierte Funktion ist die Verankerung der *geistigen Grundlagen* des Gemeinwesens im Bewusstsein der Menschen. Die fünfte Funktion schließlich lässt sich als Auftrag bezeichnen, zur *Besserung der gesellschaftlichpolitischen Zustände* beizutragen.

Einige dieser Funktionen hängen sachlich eng zusammen. So sind die zweite, dritte und vierte Funktion im Grunde nur verschiedene Aspekte ein und derselben Grundfunktion, nämlich der *Bestandssicherung der politischen Ordnung*. In dieser Grundfunktion kann man den Auslöser dafür sehen, dass die politische Bildung und Erziehung überhaupt als staatliche Aufgabe begriffen wird.[2]

Förderung der Mündigkeit

Die *Mündigkeit des Individuums* als generelles Ziel der Bildungsbemühung geht historisch auf den Neuhumanismus zurück und fand im beginnenden 19. Jahrhundert für kurze Zeit auch staatliche Beachtung. Dieses Ziel wurde danach allerdings für sehr lange Zeit zurückgedrängt und gelangte erst in der Bundesrepublik Deutschland wieder zur Geltung.

Das Ziel der Mündigkeit entspricht in besonderer Weise dem demokratischen Verfassungsstaat. Denn dieser setzt das mündige Individuum nicht nur in den privaten Rechtsbeziehungen, sondern auch im Bereich politischer Meinungsbildung und politischer Artikulation voraus.

Eine politische Bildung, die dem Ziel der *politischen Mündigkeit* verpflichtet ist, ist daran zu erkennen, dass sie die eigenständige Auseinandersetzung der Lernenden mit der Politik zulässt. Sie versucht nicht, die Ergebnisse der geistigen Auseinandersetzung vorwegzunehmen oder in eine gewünschte Richtung zu steuern. Sie bemüht sich aber um eine Verbesserung der Urteilsfähigkeit der Lernenden. Dies schließt die Vermittlung gehaltvollen politischen Wissens ein.

Qualifizierung zu funktionierenden Mitgliedern des Gemeinwesens

Die Qualifizierung der Lernenden zu *funktionierenden Mitgliedern* des Gemeinwesens steht nicht in jedem Fall im Gegensatz zur Förderung der politischen Mündigkeit. Handelt es sich

---

[2] Diese Liste möglicher Funktionen politischer Bildung und Erziehung lehnt sich an Wolfgang Sanders Funktionenkatalog an. Sander unterscheidet drei Funktionen, nämlich erstens die Legitimation bestehender gesellschaftlich-politischer Verhältnisse, die bei ihm verbunden ist mit der Abwehr oppositioneller Positionen, zweitens Missionierung oder Verbesserung gesellschaftlich-politischer Zustände und drittens Mündigkeit (Sander 1997, 6 ff.). Sanders Katalog bietet wertvolle Anregungen, ist aber zu undifferenziert. Er vernachlässigt die Herrschaftsqualität der politischen Ordnungen, in denen politische Bildung und Erziehung betrieben wird.

nämlich um eine Demokratie, dann ist die Mündigkeit ja gerade die angestrebte Qualifizierung der Menschen.

In nichtdemokratischen Staaten sollen die Gesellschaftsmitglieder aber ganz anders „funktionieren". Deshalb nimmt die politische Bildung und Erziehung dort eine andere Gestalt an als in einer Demokratie. So sollten in den monarchischen Obrigkeitsstaaten des 17., 18. und 19. Jahrhunderts Untertanen herangezogen werden. Folglich war die politische Bildung und Erziehung gehalten, Gehorsam, Unterordnung und Pflichterfüllung zu predigen. In totalitären *Diktaturen* hatte und hat die politische Bildung und Erziehung den Auftrag, die Individuen so zu formen, dass ihr Denken und Handeln von der verbindlich vorgeschriebenen Ideologie bestimmt wird. Statt von politischer Bildung sollte man hier besser von politischer *Indoktrination* sprechen.

Stabilisierung der gegebenen Herrschaftsordnung

Dass die politische Bildung und Erziehung zur *Stabilisierung der jeweils gegebenen Herrschaftsordnung* beitragen soll, ist eine Erwartung, die *immer* in staatlich verordneter politischer Bildung mitschwingt, egal, ob es sich um eine Demokratie, einen Obrigkeitsstaat oder eine Diktatur handelt. Der Staat hätte kein Interesse an politischer Bildung, würde er sich davon nicht eine Festigung der Legitimitätsgeltung seiner Ordnung im Bewusstsein der Menschen versprechen. Man erkennt leicht, dass diese als *Herrschaftslegitimation* zu umschreibende Funktion sachlich sehr eng mit der zweiten Funktion verwandt ist. Denn die Anerkennung einer politischen Ordnung als legitim legt es nahe, sich gemäß den Erwartungen dieser Ordnung zu verhalten, also systemgerecht zu funktionieren.

Die Praxis der Herrschaftslegitimation mit den Mitteln politischer Bildung und Erziehung unterscheidet sich deutlich danach, ob es sich um eine Demokratie, einen monarchischen Obrigkeitsstaat oder eine totalitäre Diktatur handelt.
Politische Bildung in einer Demokratie versucht, die legitimierenden Verfassungsprinzipien so zu vermitteln, dass die Lernenden die Demokratie anerkennen können. Sie macht begreiflich, dass die Demokratie eine das Gemeinwohl verwirklichende, Herrschaftskontrolle ermöglichende und rechtsstaatliche Sicherheit gewährleistende Ordnung ist, die deshalb auch im Interesse der Menschen liegt.
Die politische Bildung in den monarchischen Obrigkeitsstaaten früherer Zeiten stellte die gegebene Ordnung als gottgegeben und unverrückbar dar. Dies wurde zu Zeiten Kaiser Wilhelms II. als vereinbar damit angesehen, die politische Bildung als Instrument zur Bekämpfung der Gegner der Monarchie zu benutzen.
In den totalitären Diktaturen diente und dient nicht nur die politische Bildung, sondern *jedes* Unterrichtsfach und die Schule *insgesamt* der Herrschaftslegitimation. Das gesamte pädagogische Handeln unterliegt der Pflicht, die Vorzugswürdigkeit der bestehenden Ordnung zu propagieren und jegliche Infragestellung zu unterbinden.

Verankerung der geistigen Grundlagen des Gemeinwesens

Der politischen Bildung und Erziehung ist auch aufgetragen, die *geistigen Grundlagen* des Gemeinwesens im Bewusstsein der Menschen zu verankern.[3] Auch hier unterscheiden sich

---

[3] Die seit 2005 in der Bundesrepublik Deutschland für Zugewanderte im Rahmen von Integrationsmaßnahmen gesetzlich vorgeschriebenen *Orientierungskurse* sind am ehesten der hier vorgestellten Aufgabe politischer Bildung zuzuordnen. Die Kurse dienen der Vermittlung von Wissen zur Rechtsordnung, Geschichte und Kultur in Deutschland. In der Auseinandersetzung mit der Kultur, der Ge-

Inhalt und Praxis der Bildungs- und Erziehungsbemühung grundlegend danach, ob sie in einer Demokratie, einem Obrigkeitsstaat oder einer Diktatur veranstaltet wird. Denn die geistigen Grundlagen können gegebenenfalls in einer verbindlich vorgeschriebenen staatstragenden *Ideologie* bestehen.

Die modernen Demokratien kennen keine verbindliche Weltanschauung. Sie basieren vielmehr auf einem weltanschaulichen *Pluralismus*. Dieser Pluralismus ist Ausdruck ihrer *Freiheitlichkeit*. Die geistigen Fundamente der Demokratie entstammen im Kern gleichwohl zwei Quellen, nämlich dem *Christentum* und dem *Aufklärungsdenken*. Die politische Bildung ist um der Freiheitlichkeit der politischen Ordnung willen gehalten, diese Zusammenhänge bewusst zu machen.

In der Vergangenheit wurde die politische Bildung für recht verschiedene geistige Komplexe in Dienst genommen. So gab es Ende des 18. Jahrhunderts vereinzelte Stimmen, welche die politische Bildung auf den *Kosmopolitismus* ausgerichtet sehen wollten. In den monarchischen Obrigkeitsstaaten sollte die politische Bildung aber vor allem den *Patriotismus* fördern. Dieser trug im späten Deutschen Kaiserreich sogar *nationalistische* Züge. In der Weimarer Republik sollte die politische Bildung, und nicht nur sie, der Pflege des *Deutschtums* dienen.

Die völlige Indienstnahme der politischen Bildung und Erziehung für die Verankerung der staatstragenden Ideologie ist kennzeichnend für Diktaturen. So waren im Dritten Reich die Schulen auf die Verbreitung der *nationalsozialistischen Weltanschauung* verpflichtet. In der DDR dienten die Schulen der Propagierung der *marxistisch-leninistischen Ideologie*.

Besserung der gesellschaftlich-politischen Zustände

Die Funktion, zur *Besserung der gesellschaftlich-politischen Zustände* beizutragen, unterscheidet sich völlig von den übrigen Funktionen. Die politische Bildung und Erziehung erhält hier eine Art *Missionsauftrag*. Man erhofft sich von ihr die Änderung einer Situation, die negativ beurteilt wird.

Die *neuhumanistische* Bildungsreform in Preußen während der ersten Jahre des 19. Jahrhunderts kann hierfür als Beispiel dienen. Sie beanspruchte, im Zusammenwirken mit einer neuen Politik dem wahren Menschen und einer vollkommen organisierten Gesellschaft den Weg zu bahnen. Ein weiteres Beispiel ist die *Re-education-Politik*, mit deren Hilfe die alliierten Siegermächte nach 1945 ein demokratisches Erziehungswesen verwirklichen und, hierdurch vermittelt, die Deutschen zu Demokraten erziehen wollten. Auch die außerschulische Bildungsarbeit der Arbeiterbewegung im 19. und frühen 20. Jahrhundert lässt sich als missionarisch titulieren, ging es doch um die Verbreitung eines gesellschaftlich-politischen Zukunftsprogramms, das als radikale Alternative zur bestehenden Ordnung empfunden wurde.

Manche Strömungen in der Diskussion um die politische Bildung während der siebziger Jahre des 20. Jahrhunderts verstanden sich explizit als *emanzipatorisch*. Sie deuteten den bestehenden demokratischen Verfassungsstaat als im Grunde illegitimes Herrschaftsverhältnis. Die politische Bildung sollte auf die Kritik hieran verpflichtet werden. Ihr wurde letztlich aufge-

---

schichte, den politischen Werten der Verfassung, der Rechtsordnung und den politischen Institutionen des demokratischen Rechtsstaates soll der positive Umgang mit der neuen Lebenswelt gefördert werden. Kenntnisse in diesen Sachgebieten sollen das Zurechtfinden in der neuen Gesellschaft erleichtern und *Identifikationsmöglichkeiten* schaffen. Erläuternd heißt es, dass die Kurse *Verständnis* für das deutsche Staatswesen wecken und eine *positive Bewertung* des deutschen Staates fördern sollen.

tragen, eine herrschaftslose Gesellschaftsordnung zu propagieren. Ganz zweifellos war dieses Verständnis von politischer Bildung *missionarisch*.

Schließlich lässt sich auch für die *Gegenwart* nachweisen, dass der Staat die politische Bildung als ein Instrument zur Verbesserung unbefriedigender Zustände betrachtet. So wurde der politischen Bildung aufgegeben, gegen den Antisemitismus vorzugehen, zur AIDS-Problematik aufzuklären und der Gewalt unter Jugendlichen sowie der Fremdenfeindlichkeit entgegenzuwirken. In all diesen Fällen soll die politische Bildung als *Feuerwehr* fungieren.

1.3 Orte politischer Bildung und Erziehung

Das moderne Schulwesen beginnt mit der Gründung von Schulen durch den absolutistisch regierten Fürstenstaat im 17. Jahrhundert. Seit dieser Zeit, also von Beginn an, ist die Schule der zentrale Ort politischer Bildung und Erziehung. Der Grund hierfür ist, dass die Schule die größte Breitenwirkung entfaltet. Denn unter der Bedingung der allgemeinen Schulpflicht erreicht die Schule alle Menschen.

Die Vielfalt der Schulen in Vergangenheit und Gegenwart

Wie selbstverständlich nimmt man als den eigentlichen Ort der politischen Bildung das *Gymnasium* an. Diese Schulform genießt in der Gegenwart das höchste Ansehen und wird von Eltern und Schülern am meisten nachgefragt. Aufgrund der Schülerpopulation kann man davon ausgehen, dass die politische Bildung an Gymnasien kognitiv am anspruchsvollsten ist. Daneben gibt es im Rahmen des allgemeinbildenden Schulwesens noch die Realschule, die Hauptschule und die Grundschule. Die politische Bildung in der Real- und in der Hauptschule unterscheidet sich nicht allzu stark. In beiden Schulen werden Schüler derselben Altersjahrgänge (Elf- bis Sechzehnjährige) unterrichtet. In der Regel wenden sich die Schüler nach Beendigung der Schule der Berufsausbildung zu.
Weiterhin existiert noch das *berufsbildende Schulwesen*. Auch hier wird seit jeher politische Bildung betrieben.

Wirft man einen Blick in die Vergangenheit, entdeckt man, dass die aufgeführten Schulformen in dieser Form früher nicht existierten. So sind die mittelalterlichen und frühneuzeitlichen *Latein-* und *Gelehrtenschulen* die Vorläufer des Gymnasiums. Erst zu Beginn des 19. Jahrhunderts wurden Gymnasien eingerichtet. Das Gymnasium hatte seinen Schwerpunkt in den alten Sprachen Griechisch und Latein. Es war die einzige Schulform, die den uneingeschränkten Hochschulzugang eröffnete.
Das Gymnasium erhielt um 1890 den Namenszusatz *humanistisch*, um es von der vordringenden neuen Schulform des *Realgymnasiums* zu unterscheiden. Neben dem Realgymnasium gab es weiterhin noch die *Oberrealschule*. Beide Schulformen waren aus der *Bürgerschule*, einem Vorläufer der Realschule, hervorgegangen. Realgymnasium und Oberrealschule konzentrierten sich auf die *Realien*, worunter die Naturwissenschaften, aber auch Geschichte und Geographie verstanden wurden. Während das Realgymnasium Latein in allen Klassenstufen anbot, konnte man in der Oberrealschule nur moderne Sprachen lernen. Im Jahre 1900 wurde die Gleichwertigkeit der Reifezeugnisse aller drei Formen der höheren Schule beschlossen. 1938 fasste man das Realgymnasium und die Oberrealschule zur *Oberschule* zusammen. Bis 1945 galt die Oberschule als *Regelform* allgemeinbildender höherer Lehranstalten. Das humanistische Gymnasium bestand daneben weiter.

Die Hauptschule hatte in früheren Jahrhunderten verschiedene Namen. Man sprach von der *Elementar-*, der *Land-* und der *Volksschule*. Die Realschule firmierte als *Bürgerschule* oder als *Stadtschule*. Die Berufsschule hieß früher *Fortbildungsschule*. Fortbildungsschulen entstanden Ende des 19. Jahrhunderts. Nach dem Ersten Weltkrieg wurden sie in *Berufsschulen* umbenannt.

Adressaten politischer Bildung und Erziehung

Im Zeitalter der staatsbürgerlichen *Gleichheit* versteht es sich von selbst, dass die Menschen den gleichen rechtlichen Zugang zu den verschiedenen Einrichtungen des Schulwesens haben. Der Zugang ist im Prinzip allein abhängig von Begabung und Leistungsbereitschaft. Insofern richtet sich die politische Bildung an ein und dasselbe Publikum, nämlich an Menschen, die zu gleichberechtigten Bürgern in der Demokratie herangebildet werden sollen.

In vordemokratischen Zeitaltern lagen die Verhältnisse ganz anders. Abgesehen davon, dass die Mobilität gering ausgeprägt war, gab es *Standesschranken*, welche die Schullaufbahn weitgehend vorherbestimmten und damit auch den Charakter der zu vermittelnden politischen Bildung und Erziehung vorgaben. So wurden im 17. Jahrhundert für Angehörige des Adels *Ritterakademien* eingerichtet. Die Söhne des gehobenen Bürgertums hatten Zugang zu den *Gelehrtenschulen* wie auch zu den *Bürgerschulen*. Die Unterschichten mussten sich mit den *Elementar-* und *Landschulen* zufrieden geben.

Die Lehrpläne dieser Bildungs- und Erziehungseinrichtungen waren sehr verschieden. Sie unterschieden sich deshalb auch in dem, was jeweils als erforderlich und angemessen für die politische Bildung und Erziehung angesehen wurde. So wurde im 17. Jahrhundert danach differenziert, ob die betreffende Schule zukünftige *Beamte* und *Offiziere* oder aber *Untertanen* heranbilden sollte.

Formen politischer Bildung und Erziehung in der heutigen Schule

In der heutigen Schule gibt es politische Bildungs- und Erziehungsprozesse in vierfacher Form. Nur zwei dieser Formen sind Sache des Unterrichts. Unterricht bedeutet, dass Lernende sich mit Gegenständen aus dem Bereich der Politik sachlich auseinandersetzen. Die beiden anderen Formen politischen Lernens finden im Rahmen von Interaktionen in der Schule statt. Die Schule fungiert in dieser Hinsicht als politischer Erfahrungsraum (Sander 2001, 13 ff.). Geht es beim Lernen an Gegenständen vor allem um *Bildung*, so wirkt das Lernen an Interaktionserfahrungen vorrangig als *Erziehung*. Interaktionserfahrungen haben aber durchaus auch Bildungswirkung.

Die im Unterricht stattfindende politische Bildung lässt sich differenzieren in den *Fachunterricht* und in das *Unterrichtsprinzip*.
Der Fachunterricht findet im selbstständigen Unterrichtsfach *Politik* statt. Dieses Fach wird in Deutschland jedoch nicht einheitlich bezeichnet. So gibt es auch die Bezeichnungen Sozialkunde, Gemeinschaftskunde, Politische Bildung und Politische Weltkunde. Bis zur Gründung der Bundesrepublik gab es in Deutschland kein eigenständiges Unterrichtsfach für die politische Bildung. Erst in der Bundesrepublik Deutschland fand die politische Bildung einen Platz im Kanon der Schulfächer. Der in der Weimarer Republik unternommene Versuch, politische Bildung in Gestalt der *Staatsbürgerkunde* als Fach zu etablieren, scheiterte.

Politische Bildung fand und findet auch in anderen Unterrichtsfächern statt. Viele Fächer weisen Bezüge zur Politik auf. Politische Bildung als *Unterrichtsprinzip* bedeutet, dass die in den Sach- und Problemzusammenhängen der anderen Fächer enthaltenen politischen Aspekte mitreflektiert werden. Dieser Gedanke dominierte in der Vergangenheit. Vor allem der Geschichts- und der Geographieunterricht galten und gelten bis heute als prädestiniert für die politische Bildung. Aber auch im Religionsunterricht sowie im mutter- und fremdsprachlichen Unterricht werden Themen behandelt, die politische Aspekte enthalten.

Politische Bildung und Erziehung in Form von Interaktionserfahrungen lässt sich differenzieren in *politisches Handeln* und in *soziales Lernen*.
Die Chancen, im Rahmen der Schule politisch zu handeln, sind begrenzt. In Frage kommt das Engagement in den diversen schulischen Partizipationsstrukturen. Man lernt hier, sich politisch angemessen zu verhalten. Man lernt aber auch etwas über Macht, Konflikte und Konfliktlösungen. Es gibt in der Gegenwart Ansätze, partizipatorische Strukturen so auszubauen, dass mehr Gelegenheiten für politisches Handeln bestehen. Das aus den USA stammende pädagogische Konzept der *Gerechten Schulgemeinschaft (just community)* verfolgt diesen Ansatz. Genau besehen ist dieser Ansatz aber gar nicht neu. So waren die Philanthropisten der Aufklärungszeit bemüht, ihre Internate wie kleine Schulstaaten zu organisieren und in diesem Rahmen Schüler Ämter ausüben zu lassen.

Politische Bildungs- und Erziehungswirkung geht zweifelsfrei vom *Interaktionsstil* im Rahmen des unterrichtlichen Geschehens und von den Unterrichtsformen selbst aus. Jeder Interaktionsstil und jede Unterrichtsform sendet eine kommunikative Botschaft darüber aus, wie die Beziehung zu den Lernenden eingeschätzt wird. Werden diese Botschaften konstant ausgesendet, sind sie Ausdruck einer bestimmten Schulkultur. Die Schulkultur wiederum prägt die sozialen Erfahrungen der Lernenden, sie löst soziales Lernen aus. Nicht jede soziale Interaktionserfahrung ist allerdings relevant für die politische Bildung. Politische Bildungswirkung erzielen nur solche Interaktionssituationen, aus denen sich etwas Allgemeingültiges über Politik lernen lässt, also über Macht und Autorität, Gleichheit und Ungleichheit, Konflikte und Konfliktbewältigung.
Der Demokratie entspricht eine Interaktionsstruktur, die möglichst symmetrisch aufgebaut ist. In Obrigkeitsstaaten wurde und wird eher auf Hierarchie gesetzt. Totalitäre Staaten pflegen das Muster von Führer und Gefolgschaft.

Außerschulische politische Bildung

Von der Schule zu unterscheiden ist die außerschulische politische Bildung. Sie findet statt in Einrichtungen der Jugend- und der Erwachsenenbildung. In Deutschland existiert ein umfangreiches und kompliziertes Geflecht an Institutionen, Organisationen und Trägern der politischen Jugend- und Erwachsenenbildung, das sich in dieser Form kaum in einer anderen westlichen Demokratie findet.

Die politische Jugendbildung ist Teil der allgemeinen außerschulischen Jugendbildung, die rechtlich zur Jugendhilfe gehört. Zuständig für die Jugendhilfe sind die Jugendämter. Diese Ämter bieten im Rahmen der kommunalen Jugendpflege eigene Veranstaltungen zur politischen Bildung an. Sie fördern und koordinieren aber auch die Arbeit der freien Träger politischer Bildungsarbeit. Zu diesen zählen Jugendverbände, politische Jugendorganisationen sowie freie Initiativen und Selbsthilfegruppen. Die parteipolitischen Jugendorganisationen sind im *Ring politischer Jugend* zusammengeschlossen (Massing 2005a, 65 ff.).

Die politische Erwachsenenbildung ist wesentlich geprägt durch eine Vielzahl von Organisationen, Einrichtungen und Trägern. Es gibt einerseits *öffentlich getragene Bildungseinrichtungen*. Zu diesen gehören die Bundeszentrale sowie die Landeszentralen für politische Bildung und die Volkshochschulen. Man muss aber auch die in den Streitkräften und im Zivildienst angebotene politische Bildungsarbeit hinzurechnen. Andererseits gibt es *freie Träger*. Hierunter fallen Organisationen und Einrichtungen, die nicht dem staatlichen Bereich zuzuordnen sind. Zu den freien Trägern gehören die parteinahen Stiftungen, die Kirchen und Gewerkschaften sowie eine kaum überschaubare Vielfalt von Vereinen und Bildungshäusern (Massing 2005a, 68 ff.).

Teil II:
Geschichte der politischen Bildung

2. Politische Bildung und Erziehung vom aufgeklärten Absolutismus bis zur Französischen Revolution

2.1 Entwicklungslinien politischer Erziehung von der Antike bis zum 18. Jahrhundert

In der Antike und im Mittelalter gab es keine allgemeine Schulpflicht. Die Verhältnisse änderten sich grundlegend mit dem nach dem Dreißigjährigen Krieg aufkommenden absolutistischen Fürstenstaat. Im 17. Jahrhundert begannen nämlich deutsche Fürsten, die Schulpflicht von Staats wegen zu verordnen, den Aufbau eines allgemeinen Schulwesens zu organisieren und in diesem Rahmen auch politische Erziehung vorzusehen.

Die Rolle politischer Bildung und Erziehung in Antike und Mittelalter

Bei den Griechen und Römern der Antike galt es als selbstverständlich, dass der Einzelne zu einem tüchtigen Bürger seines Gemeinwesens erzogen werden müsse. Die Extremform einer auf Integration in das Gemeinwesen zielenden Erziehung praktizierte dabei der Kriegerstaat Sparta. Dort wurde die Erziehung durch den Staat und für den Staat sogar bis zur völligen Aufopferung des Individuums gesteigert.[4] Diese Frühform eines erzieherischen Kollektivismus bildete aber die Ausnahme.

Aristoteles schrieb, dass die Erziehung zur Verfassung für die Erhaltung eines jeden Staates von besonderer Wichtigkeit sei: „Denn im Gehorsam gegen die Verfassung zu leben, darf man nicht als Knechtschaft auffassen, sondern als Rettung der Verfassung." Für die Erziehung in einer Demokratie gelte darüber hinaus, dass sie bewirken müsse, dass der Einzelne später als Demokrat auch regieren könne.[5] Diese Forderung entsprach der politischen Ordnung der athenischen Polis. Denn jeder Bürger konnte durch Wahl oder Los dazu bestimmt werden, ein öffentliches Amt zu übernehmen. Das Bedürfnis nach einer hierzu befähigenden politischen Bildung rief dann auch jene Lehrer auf den Plan, die versprachen, die Bürger tauglich für das Leben in der Polis zu machen. Es handelte sich um die Sophisten, die man deshalb auch als die frühesten Politiklehrer bezeichnen kann.[6]

In Rom forderte Cicero, dass die Kinder so erzogen werden sollten, dass sie dem Staate nützen können. Deshalb müsse man sie über den Zustand des Staates und die Einrichtungen der

---

[4] Die Erziehungspraxis Spartas beschrieb Plutarch wie folgt: „Die Erziehung erstreckte sich in Sparta bis auf die Erwachsenen. Keiner war emanzipiert, um nach Belieben leben zu dürfen. Nein, ihre Stadt bildete für sie gleichsam ein Lager; sie hatten darin eine festgeregelte Lebensweise und eine Beschäftigung, die sich nur auf das Allgemeine bezog. Überhaupt glaubten sie jederzeit, nicht sich selbst, sondern dem Vaterlande anzugehören." An anderer Stelle schrieb er: „Überhaupt gewöhnte Lykurg seine Mitbürger daran, dass sie für ein abgesondertes Leben alle Lust und allen Sinn verloren. Sie sollten vielmehr den Bienen gleichen, stets mit dem Allgemeinen ganz verwachsen sein, alle miteinander sich um ihr Oberhaupt scharen, – sie sollten in ihrem Enthusiasmus, ihrer Ehrliebe sich selbst beinahe völlig vergessen, um ganz dem Vaterlande anzugehören" (Plutarch, *Lykurg*, Kapitel 24, 25).

[5] Aristoteles, *Politik*, Fünftes Buch, 1310 a.

[6] Platon ließ den Sophisten Protagoras Folgendes zu Sokrates sagen: „Der Gegenstand dieses Unterrichts aber ist Wohlberatenheit, sowohl in seinen eigenen Angelegenheiten, wie man nämlich sein Hauswesen verwalten möge, als auch in denen des Staates, wie man nämlich am meisten fähig sein werde, im Staat durch Tat und Rede zu wirken. Sokrates: ... Du scheinst mir die Staatskunst zu meinen und dich anheischig zu machen, die Leute zu tüchtigen Staatsbürgern auszubilden. Protagoras: Jawohl, das gerade eben ist es, wozu ich mich anheischig mache" (Platon, *Protagoras*, 318e-319a).

Vorfahren unterrichten.[7] Er berichtete, dass man den Kindern beibrachte, die Gesetze zu kennen.[8]

Im christlichen Mittelalter gab es eine höhere Bildung fast nur für künftige Priester. Die politische Bildung spielte dabei keine oder nur eine sehr untergeordnete Rolle (Messer 1912, 2). Ähnlich waren auch noch die Verhältnisse während der Zeit von Reformation und Gegenreformation beschaffen. Die Fürsten verstanden sich als *executores legis divinae*. Der Landesherr war in seinem Territorium *summus episcopus*. Seine höchste Pflicht war es, bei seinen Untertanen zu überwachen, ob sie der reinen Lehre folgten. Es lag nahe, in politischen Fragen bei der Bibel und bei den Kirchenvätern, insbesondere bei Augustinus, Anleihen zu machen. Aufgrund dieser Gegebenheiten genügte die philologische Ausbildung in den überkommenen Gelehrtenschulen zur Heranbildung von Geistlichen und Rechtskundigen. Eine allgemeine Schulpflicht gab es nicht. Ein politischer Unterricht war weder möglich, noch schien er nötig zu sein (Rühlmann 1905, 115).

Die Einrichtung von Schulen im absolutistischen Fürstenstaat

Die absolutistisch regierenden Fürsten der deutschen Territorialstaaten konnten sich bei ihren Bemühungen, ein Schulsystem aufzubauen, auf die Forderung der von der Aufklärung geprägten *Reformpädagogen* der damaligen Zeit stützen, *alle* Menschen *alles* zu lehren. Die Reformpädagogen dachten dabei aber nicht an das Wohl des Staates, sondern an das Wohl der Menschen, d.h. an deren Recht, zu lernen und damit Anteil zu erhalten an der ihnen zugänglichen Vernunft.

Das Greifen des Staates nach der Schule war aber weniger dem Einfluss der Aufklärungspädagogen zu verdanken als vielmehr Konsequenz der modernen Staatlichkeit selbst: Denn so wie dieser Staat Geld brauchte, um Militär und Infrastruktur zu finanzieren, so brauchte er auch Bildung. Sein Interesse bestand nicht in der vielseitigen Bildung des Menschen. Nicht um ihretwillen nahm er sich der Schule an. Ihm lag daran, funktionstüchtige Bürger heranzuziehen, die ihre jeweilige Aufgabe optimal bewältigen konnten. Indem jeder seine Stelle gut und vernünftig ausfüllte, sollte das gesamte Staatsgebäude wie ein Mechanismus funktionieren. Mit einem Wort: Der Staat benötigte die Schule, um mit ihrer Hilfe die *Wohlfahrt* des Landes zu heben.

Die *Theoretiker* des Aufklärungsstaates betonten ganz in diesem Sinne, dass die Sorge für die Schule eine erstrangige Fürstenpflicht sei. Von der Schule verlangten sie, die lateinische Einseitigkeit aufzugeben. Sie forderten, dass die Schule Kenntnisse zu vermitteln habe, die den Bürgern im modernen Staat Nutzen brächten. Für diese Kenntnisse sollten neu einzurichtende *Realfächer* zuständig sein.

So postulierte Veit Ludwig von Seckendorff (1626-1692) in seinem staatswissenschaftlichen Hauptwerk *Deutscher Fürstenstaat* aus dem Jahre 1656, dass ein jeder die Dinge erlernen solle, „die ein künftiger Hausvater, Bürger und Einwohner des Landes von allerhand natürlichen und vernünftigen Sachen, Beschaffenheit des Landesregiments und Hauswesens in allen Ständen mit Nutz wissen und gebrauchen könnte."[9]

---

[7] Cicero, *Die Reden gegen Verres*, Zweite Rede, 3. Buch, 161.

[8] Cicero, *Über den Redner*, Erstes Buch, 244. Ebenso Cicero, Über die Gesetze, Zweites Buch, XXIII, 59.

[9] *Teutscher Fürstenstaat* (zuerst 1656), Frankfurt 1660, T. II, Cap. XIV, nach S. 226 (Paginierung hier unterbrochen).

Die in Seckendorffs Aufzählung nützlicher Kenntnisse enthaltene Skala wünschenswerter Realfächer schloss einen Unterrichtsbereich ein, den man als Vorläufer der politischen Bildung bezeichnen könnte. Denn das Landesregiment als vorgesehener Gegenstand schulischer Unterweisung verlangte Informationen über Staat, Ämter, Wirtschaft und Berufe sowie eine Einführung in Rechte und Pflichten der Untertanen und des Fürsten. Dies alles war neu. Denn bis dahin war der Katechismus- und Bibelunterricht die Quelle für Aussagen über Politik gewesen. Die Geschichten von Königen und Propheten, das Gleichnis vom Zinsgroschen und die Mahnungen des Römerbriefes konnten das Bedürfnis des Fürstenstaates nach Untertanen mit brauchbaren Kenntnissen jedoch nicht befriedigen (Flitner 1957b, 15 ff.).

Der absolutistische Fürstenstaat trug zwei einander widerstrebende Tendenzen in sich. Er basierte zum einen auf dem Prinzip einer *ständischen Gesellschaftsordnung*. Das führte zu einer inhaltlich differenzierten politischen Erziehung: Nur für die oberen Schichten wurde eine eigentliche politische Erziehung als notwendig angesehen. Denn hier versammelten sich die zur künftigen Verwaltung berufenen Kreise. Die Schule sollte bei allen übrigen Kindern dafür sorgen, dass jeder auf seiner Stufe blieb, dort später etwas leistete und ansonsten seine Blicke nicht zu weit darüber hinausschweifen ließ. Das andere Prinzip war das des nivellierten *allgemeinen Staatsbürgertums*. Alle waren der fürstlichen Obrigkeit untertan. Dieses Prinzip verlangte folglich eine gleiche oder annähernd gleiche staatsnützliche Bürgerbildung für alle Untertanen (Flitner 1957b, 20 f.).

2.2 Politische Bildung und Erziehung in den Schulen: Erziehung zum Patriotismus und zur Untertanenhaltung

Der sich als aufgeklärt begreifende absolutistische Fürstenstaat des 17. und 18. Jahrhunderts war aus drei Gründen an Schule und Unterricht interessiert. Zum einen sollten die Untertanen die Grundfertigkeiten des Lesens, Schreibens und Rechnens lernen. Zum zweiten sollten sie etwas über die Realien lernen, um nützliche Glieder der Gesellschaft zu werden. Zum dritten sollten sie die bestehende politische Ordnung als legitim anerkennen.

Die beiden letzten Gründe ließen es als ratsam erscheinen, die Politik zum Gegenstand unterrichtlicher Bemühung zu machen. Dabei ging es dem Fürstenstaat im Wesentlichen darum, den Lernenden *Kenntnisse* über den Staat zu vermitteln, sie mit den Pflichten und Rechten der Untertanen bekannt zu machen und ihnen einen *Patriotismus* einzupflanzen. Politik als Gegenstand von Schule und Unterricht bedeutete aber nicht automatisch die Etablierung eines selbstständigen Faches Politik. In der differenzierten Schullandschaft der damaligen Zeit wurde die Vermittlung der Politik vielmehr sehr unterschiedlich organisiert.

Die Einrichtung einer Bürgerlehre im Herzogtum Sachsen-Gotha

Der praktische Versuch, einfache Kenntnisse über die Politik in den schulischen Unterricht einzuführen, wurde schon früh gemacht, und zwar im Herzogtum Sachsen-Gotha. Herzog Ernst der Fromme erließ um die Mitte des 17. Jahrhunderts die erste staatliche Schulordnung. Seit 1662, also noch nicht in der ersten Fassung von 1642, zählte diese Schulordnung eine *Bürgerlehre* zu den Realien. Und das dazugehörige Schulhandbuch, das von Andreas Reyher, dem pädagogischen Berater des Herzogs, verfasst wurde, enthielt eine Staats-, Ämter- und Berufslehre sowie eine Einführung in die Rechte und Pflichten der im Staat vereinigten Menschen (Flitner 1957b, 16 f.).

Dieser *Kurze Unterricht von natürlichen Dingen* im Jahr 1657, „auf gnädige Fürstliche Verordnung für gemeine deutsche Schulen im Fürstentum Gotha verfasst", gab generell Auskunft über die Inhalte des Schulunterrichts. Der dritte Abschnitt handelte in 69 Paragraphen speziell von dem, was dem „gemeinen Manne von geist- und weltlichen Landessachen zu wissen vonnöten sein möchte". Gegenstände der politischen Unterweisung sollten sein: Die dörfliche und die städtische Gemeindeverfassung, die Landesverfassung, das Kirchen-, Steuer-, Gerichts- und Heerwesen sowie die Pflichten der Untertanen und der Obrigkeit. Politische Grundbegriffe wie Stimme, Mehrheit, Partei usw. sollten an der Wahl eines Gemeindedieners entwickelt werden.

Die methodische Umsetzung der Inhalte wurde im *Schulmethodus* geregelt. Danach mussten die Schüler die Stoffe als Schreibübung zu Hause abschreiben. Ferner sollten wichtige Paragraphen aus der Fürstlichen Landesordnung, die Feuerlöschordnung und, in den städtischen Schulen, die Ratsordnung abgeschrieben werden (Rühlmann 1905, 132 f.).

Die Bedeutung des Religionsunterrichts für die politische Erziehung

Im 17. und 18. Jahrhundert kam dem Religionsunterricht eine Schlüsselfunktion für die politische Erziehung des Volkes zu. Dies war allein schon deshalb so, weil in den am weitesten verbreiteten Elementarschulen der Religionsunterricht das dominierende Fach war. Denn dem Religionsunterricht war aufgetragen, die kulturellen Selbstverständlichkeiten zu vermitteln und einzuüben. Der Religionsunterricht war aus diesem Grunde zugleich Lebenskunde, Ethikunterricht, Sozialkunde und Staatsbürgerkunde (Stoodt 1980, 81).

Die in Fragen und Antworten angelegten Katechismen bildeten das Zentrum des Religionsunterrichts. Sie dienten neben der Unterweisung in der christlichen Glaubenslehre ganz selbstverständlich auch der Vermittlung derjenigen politischen Einstellungen, auf die das Landesregiment Wert legte.

So hieß es beispielsweise in einem Katechismus aus dem Jahr 1644:
„Was ist die schuldige Pflicht der Untertanen?
1. Dass sie die Obrigkeit, als von Gott geordnet, gebührlich ehren und sich vor ihr fürchten und scheuen.
2. Dass sie derselbigen aus willigem Herzen untertan und gehorsam sein.
3. Dass sie zu Gott herzlich für ihre Wohlfahrt und friedliche Regierung beten.
4. Dass sie Schoß[10], Zoll und dergleichen Schatzung, die man der Obrigkeit zu geben schuldig ist, gern und willig dargeben" (zitiert nach Stoodt 1980, 16).

Politische Katechismen für das Volk

Mit *Volk* bezeichnete man in der Zeit vor der Französischen Revolution nicht die Gesamtheit der in einem Staat vereinigten Menschen. Volk waren die Landbevölkerung und die unteren Schichten in der Stadt. Standesgrenzen und Wohlstand schieden das Volk vom Bürgertum und vom Adel. Das Niveau der politischen Bildung dieses Volkes kann man sich für das 17. und 18. Jahrhundert kaum niedrig genug vorstellen. Dasselbe galt aber auch für das Interesse des Volkes an der Politik. Das erstaunt insofern nicht, als das Volk von jeglicher politischen Mitsprache ausgeschlossen war. Seine soziale Lage war außerdem uneinheitlich. Zwischen Dienstboten, Tagelöhnern, Arbeitsleuten, Handwerksgesellen und den Armen bestand kein sozialer Kontakt. Bildung stellte für die Unterschicht keinen Wert an sich dar. Die kirchliche und schulische Unterweisung weckte auch kaum das Bedürfnis nach ihr. Das Volk war politisch indifferent. Die Politik lag außerhalb seines Gesichtskreises (Engelsing 1968, 337 ff.).

---

[10] „Schoß" bezeichnete eine Art Vermögenssteuer.

Gleichwohl zerbrach man sich in den gebildeten Kreisen fleißig den Kopf darüber, was man zur Verbesserung des politischen Bewusstseinsstandes des Volkes unternehmen könne. Der hessisch-württembergische Politiker Fridrich Karl von Moser wollte die ihm notwendig erscheinende Belehrung durch *politische Katechismen* in volkstümlicher Form literarisch verbreiten. Diese Katechismen sollten von den *Patriotischen* und *Gemeinnützigen Gesellschaften* im ganzen Land verbreitet werden (Flitner 1957b, 27).

Auch der Fürstbischof von Speyer war auf den Gedanken verfallen, politische Lehren in Katechismusform zu verbreiten. Er hatte 1785 ein populär geschriebenes Buch mit dem Titel *Pflichten der Untertanen gegen ihren Landesherrn. Zum Gebrauch der Trivialschulen im Hochstift Speyer* herausgeben lassen. Das Buch predigte den Gehorsam gegen den Landesherrn in jeder Form, im Krieg und im Frieden, als Soldat, als Handwerker, als Bauer. Als besonders fluchwürdige Pflichtverletzungen wurden die Steuerhinterziehung und die Desertion behandelt. Der Speyersche Katechismus fand heftige Kritik. So wurde moniert, dass der Abschnitt „Von der Ehre, die Landesherren ihrem Volke schuldig sind" wohl vergessen worden sei (Rühlmann 1905, 134 f.).

Politische Bildung an den Gelehrtenschulen

Die Gelehrtenschulen mit ihrem Schwerpunkt in den alten Sprachen konnten sich dem Bedürfnis des absolutistischen Fürstenstaates, *Realien* zu vermitteln und in die *Politik* einzuführen, nicht völlig entziehen. Sie mussten vor allem darauf bedacht sein, dass ihnen die aus dem Adel stammenden Schüler nicht verloren gingen. Curriculare Anpassungen waren also erforderlich.

Trotz dieser Bedrängnis führten die Gelehrtenschulen keinen gesonderten Unterricht über Politik ein. Dafür wurde der Geschichtsunterricht so erweitert, dass er Informationen über die zeitgenössische Politik lieferte. Für Zwecke der politischen Bildung wurden aber vor allem Privatkurse eingerichtet. In diesen Privatkursen, für die ein besonderes Entgelt zu entrichten war, wurden die sogenannten *galanten Disziplinen* gelehrt. Darunter verstand man Politik, Moral, Naturrecht, Ökonomie, Geographie und Geschichte. Erhebliches Gewicht legte der galante Unterricht auf Genealogie und Heraldik.[11]

Dass der Geschichtsunterricht für die politische Belehrung fruchtbar gemacht wurde, lässt sich gut der Gräflich-Waldeckischen Schulordnung von 1704 entnehmen. Gemäß dieser Ordnung hatte der Geschichtsunterricht eine doppelte Aufgabe. Er sollte Kenntnisse über die *öffentlichen Angelegenheiten* (*notitia rerum publicarum*) vermitteln sowie über die *politische Klugheit* (*prudentia politica*) aufklären.
Die Schulordnung verlangte ferner, der Lehrer solle „seine *Discipulos* anweisen, wie sie ein jeglich Land *politice* betrachten sollen". Diese politische Betrachtung sollte sich aus fünfzehn Punkten zusammensetzen. Die wichtigsten Punkte waren die Staatsform, die dynastische Erbfolge, der Handel, die Gerichtsverfassung, die Steuerorganisation, die Einteilung der Verwaltung, die Religionsverhältnisse, die Schulen und die Wappen (Rühlmann 1905, 124).

---

[11] Diese Disziplinen hießen *galant*, weil sie der Bildung zum vollendeten, d.h. galanten Hofmann, Höfling oder Hofbeamten dienten.

Politische Bildung an den Ritterakademien

Die Ritterakademien waren eine episodische Erscheinung in der deutschen Schulgeschichte. Die meisten Akademien wurden im ersten Jahrzehnt nach Beendigung des Dreißigjährigen Krieges gegründet. Sie existierten nur etwa hundert Jahre lang. In den Kadettenanstalten und Militärakademien fanden sie ihre Nachfolger. Die erste Ritterakademie war das schon 1589 gegründete *Collegium illustre* in Tübingen. Die letzte Gründung war die *Hohe Karlsschule* zu Stuttgart von 1775.

An den Ritterakademien ist der innere Zusammenhang zwischen dem Aufkommen des absolutistischen Fürstenstaates und der Notwendigkeit eines Unterrichts über Politik besonders deutlich zu erkennen: Der Fürstenstaat brauchte Offiziere für sein stehendes Heer und Beamte für die Landesverwaltung. Für die Ausübung beider Funktionen waren die Angehörigen des Adels prädestiniert. Aber sie mussten auch entsprechend ausgebildet werden. Zu diesem Zweck wurden die Ritterakademien gegründet. In diesen Ritterakademien war die politische Unterweisung ein eigenständiger Lehrbereich.

Die Ritterakademien versuchten, die aus dem Mittelalter stammende Tradition der *Fürstenspiegel* und die herkömmliche *Erziehung zum Hofmann* weiterzuführen und boten deshalb selbstverständlich eine Lehre des *vornehmen Verhaltens* an. Diese ergänzten sie durch zwei weitere Lehrgegenstände: Zum einen vermittelten sie in Gestalt der Genealogie und der Heraldik *ständisches* Bildungswissen. Zum anderen lehrten sie *technisches* Fachwissen, worunter man damals Jurisprudenz und politische Gegenwartskunde verstand. Die Ritterakademien machten konsequent die Realien, und das hieß: moderne Sprachen, Mathematik, Naturwissenschaften, Architektur, Geschichte, Recht, Politik und moderne Philosophie, zum inhaltlichen Zentrum der Bildung.

Die Bedeutung der politischen Bildung an den Ritterakademien kann man daran erkennen, dass beispielsweise im Studienplan des Tübinger *Collegium illustre* römisches Recht, Staats- und Lehnrecht sowie Politik und Geschichte als wichtigste Unterrichtsgegenstände galten.
An der 1687 gegründeten Ritterschule von Wolfenbüttel waren die Inhalte der politischen Unterweisung recht ähnlich. Für die politische Unterweisung in dieser Lehranstalt waren in erster Linie die folgenden vier Fächer zuständig: Die *Principia ethices et politices*, das *ius privatum et publicum*, die *historia civilis* und das *studium genealogicum, chronologicum et geographiae*. Das letzte Fach, das der Bezeichnung nach eine Kombination aus Geschichte und Erdkunde darstellte, sollte in Wirklichkeit zum Verständnis der seinerzeit aktuellen Staatsverhältnisse beitragen. Das Erfordernis eines Wissens über Genealogie und Territorialität ergab sich aus den Verhältnissen des alten deutschen Reiches: Fast alle Besitztitel ständischen Charakters waren genealogisch begründet.
Weitere Fächer an den Ritterakademien, die politisch bildende Akzente trugen, waren das *studium eloquentiae*, also die Vermittlung der Redekunst, sowie das *Zeitungskolleg*. Den Zeitungen fehlte damals die Aktualität, welche heute dieses Massenkommunikationsmittel auszeichnet. Dafür bestand ihr Inhalt aus Korrespondenzen, die ausführlich über das berichteten, was in einem Land oder in größeren Städten während eines überschaubaren Zeitraumes vorgefallen war (Rühlmann 1905, 119 ff., Debitsch 1927, 7 f., 101 ff.).

Freiherr von Zedlitz: Die Forderung nach allgemeiner politischer Bildung

Im 17. Jahrhundert hatte man bei der Unterweisung in politischen Dingen vorzugsweise an die künftigen Beamten und Offiziere gedacht. Seit der Mitte des 18. Jahrhunderts erblickte man in der politisch-wirtschaftlichen Unterweisung aber mehr und mehr einen notwendigen Bestandteil der *allgemeinen* Bildung, d.h. der Bildung *für alle*.

In den politischen Wochen- und Monatsschriften wurde die Forderung erhoben, „die Gesetze des Vaterlandes möchten allen Klassen von Menschen von ihrer frühesten Jugend an bekannt gemacht und ihren Gemütern eingepflanzt werden."

Ein prominenter Vertreter dieser Forderung war der preußische Staatsminister Karl Abraham Freiherr von Zedlitz (1731-1793), der das Erziehungswesen im Staate Friedrichs des Großen leitete. Zedlitz war der Ansicht, dass ein politischer Unterricht schon allein deshalb stattfinden müsse, um den zunächst eher affektiv bestimmten Patriotismus zu regeln, zu klären und auf wertvolle Ziele zu lenken.

Bekannt wurde Zedlitz mit seiner Rede *Über die Einrichtung einer Volkslehre in einem eigentlich monarchischen Staate* aus dem Jahr 1777. In dieser Rede forderte er, dass jeder eine vernünftige Einsicht in das Wesen des Staates sowie in die Bestimmungen der einzelnen Stände gewinnen müsse.

Am Schluss dieser Rede stellte Zedlitz einen ausführlichen Lehrplan für den Unterricht über Politik vor. Dieser Plan zeigt anschaulich, wie eine vom Aufklärungsdenken inspirierte Konzeption der politischen Bildung mit den Gegebenheiten der ständischen Gesellschaft zurechtzukommen versuchte. Zedlitz führte aus:

„*Für die geringste Klasse*: Deutliche Aphorismen, Sätze ohne Beweise, höchstens mit Stellen aus der Schrift belegt. – Vom Monarch und Untertan. – Pflichten gegen die Obrigkeit. – Unbedingter Gehorsam gegen Gesetze, nicht gegen Personen. – Liebe und Zutrauen gegen vorgesetzte Personen. – Befugnisse und Rechte des Menschen, des Bürgers. – Sicherheit der Person und des Eigentums. – Gewissensfreiheit. – Einfalt der Sitten dieses Standes. – Häusliche Ruhe. – Zufriedenheit und Unschuld.

Für die mittlere Klasse: Sätze in wissenschaftlicher Verbindung mit Gründen der Religion und Vernunft unterstützt. – Beitrag zur Wohlfahrt der Menschen. – Einfluss der Gewerbe, Handlung und Künste und Wissenschaften auf die Glückseligkeit des geselligen Lebens überhaupt, des Staates insbesondere. – Vergleichung der Regierungsformen. – Vorzüge der vaterländischen Regierung. – Liebe zum Vaterlande. – Bürgerliche Ruhe und Eintracht. – Verdienst und Belohnung.

Für die Klasse der Edelen: Dieselbe Form des Vortrages. – Verbindung der Völker. – Pflichten und Rechte des Staates gegeneinander. – Aufrechterhaltung der allgemeinen Ordnung – durch Gesetze und Handhabung der Gerechtigkeit, durch kluge Anwendung der Macht. – Sicherheit des Staates. – Verteidigung seiner Rechte. – Befugnisse des Krieges. – Pflichten des Kriegsmannes gegen Vaterland, gegen Feinde. – Aufopferung, Ehre und Nachruhm" (zitiert nach Rühlmann 1905, 130 f.).

Ein Blick auf diesen Katalog zeigt schnell, dass für alle drei Stufen die Ziele zu hoch gesteckt waren. Zedlitz sah dies wohl auch selbst. Jedenfalls trat er 1787 noch einmal an die Materie heran und veröffentlichte einen Aufsatz unter dem Titel *Vorschläge zur Besserung des Schulwesens in den Königlichen Landen*. Dabei senkte er erheblich seine Ansprüche an das von der politischen Bildung zu Leistende.

So wünschte er für die Land- und Bauernschulen „einige Kenntnis der Landesverfassung, insoweit der Bauer deren bedarf, ferner der auf sie Bezug habenden Gesetze und Landesdikasterien, bei denen er in vorkommenden Fällen Schutz und Hilfe suchen muss."[12] Für den „gemeinen Bürgerstand" verlangte er „eine Kenntnis von den mit diesem Stande relativen Gesetzen und von der Landesverfassung, welche ohne andere Rücksicht schon den Vorteil haben würde, Vaterlandsliebe zu erwecken und diese Klasse von Menschen, welche die Lan-

---

[12] Landesdikasterien waren Behörden der Landesverwaltung. Ihre Erwähnung zeigt, dass Zedlitz die politische Bildung auch als Beitrag zur *Lebenshilfe* verstanden wissen wollte.

deseinrichtung tadelt, zufriedener und zu deren Befolgung geeigneter zu machen" (zitiert nach Messer 1912, 10 f.).

Was selbst von diesem bescheidenen Katalog letztlich in die Praxis drang, ist schwer zu beurteilen. In diesem Zusammenhang muss bedacht werden, dass entlassene Unteroffiziere als Dorflehrer und Kandidaten der Theologie an den Stadtschulen agierten. Man kann sich vorstellen, dass die Qualität des Unterrichts nicht hoch gewesen sein kann.

2.3 Denker der Aufklärung über politische Bildung und Erziehung

Sofern sich Denker der Aufklärung über die Erziehung der Menschen äußerten, waren sie sich bei aller Unterschiedlichkeit über drei Punkte einig. Erstens: Die Erziehung muss in das wirkliche Leben einführen. Das wirkliche Leben verlangt mehr als nur eine intellektuell-kognitive Schulung. Es erfordert auch Leibes- und Handfertigkeitsübungen sowie moralische und ästhetische Verhaltensorientierungen. Die Schule muss einerseits nützliche Kenntnisse und Fähigkeiten vermitteln und andererseits den Menschen charakterlich erziehen. Zweitens: Die Erziehungsbedürftigkeit des Menschen begründet die Forderung nach allgemeiner Schulpflicht. Keinem Menschen darf die Erziehung durch die Schule vorenthalten werden. Drittens: Schulischer Unterricht ist etwas anderes als kirchliche Verkündigung. Die Schule ist deshalb Sache des Staates, nicht der Kirche (Blankertz 1982, 28 ff.).

Johann Amos Comenius: Politik als Gegenstand des „Alleslernens"

Johann Amos Comenius (1592-1670) gilt als der größte Pädagoge des 17. Jahrhunderts. Er entwarf das Bild einer sich von den Gegebenheiten seiner Zeit radikal unterscheidenden Erziehung. Diese Gegebenheiten bestanden darin, dass es nur Lateinschulen für künftige Studenten des geistlichen und richterlichen Amtes und der Medizin gab. Auf dem Lande existierten, wenn überhaupt, allenfalls Küsterschulen, in denen die Kinder lesen und schreiben lernten. Comenius forderte in seiner 1628 erschienenen *Didactica Magna*, dass die Schule *alle* Menschen *alles* lehren sollte: „Nicht die Kinder der Reichen allein oder die der Vornehmen, sondern alle in gleicher Weise, Adlige und Bürgerliche, Reiche und Arme, Knaben und Mädchen in Städten und auf dem Lande sind zur Schule zu schicken" (Comenius 1910, 52). Diese Forderung war der für das mittelalterliche Denken unerhörte Leitgedanke der *Reformpädagogik* des 17. Jahrhunderts.

Für die Reformpädagogen gehörte zum *Alleslernen* auch die Einführung in die bestehende Welt, insbesondere in die Welt des kindlichen Anschauungskreises. Wichtige Bestandteile dieser Welt waren die *Gemeinde* und die *städtische Obrigkeit*. Für die Älteren wurde der politische Horizont erheblich weiter gesteckt.

Auch wenn Comenius sich nicht eigens und ausführlich mit Fragen der politischen Bildung beschäftigte, war für ihn klar, dass die Vorbereitung auf das wirtschaftliche und staatliche Leben einen unentbehrlichen Bestandteil der Erziehung bilden müsse.
Der Anfang sollte schon während der ersten Kindheitsjahre in der sogenannten *Mutterschule* gemacht werden, das heißt in der Familie: „Der Vorgeschmack der *Politik* kann nur gering sein, da die Erfahrung dieses Alters sich noch kaum außerhalb des Hauses wagt; doch können sie [die Kinder] immerhin wahrnehmen, dass im *Rathause* Leute sich versammeln, die man *Ratsherren* nennt, und dass unter ihnen einer insbesondere *Bürgermeister*, ein anderer *Kämmerer*, ein dritter *Sekretär* heißt usw." (Comenius 1910, 158).

In der Elementarschule, die Comenius *öffentliche Muttersprachschule* nannte, sollten die 7- bis 12-jährigen Kinder von den Zuständen im Haus- und Staatswesen (de oeconomico politicoque statu) soviel erfahren, „als zum Verständnis dessen benötigt wird, was sie täglich da-

heim und in der Gemeinde vorgehen sehen" (Comenius 1910, 163).
Die Lateinschule sollte die 13- bis 18-jährigen Schüler zu Historikern und Ethikern machen. Als Historiker sollten sie „die wichtigeren Veränderungen der Menschheit, der Hauptreiche und der Kirche sowie der verschiedenen Einrichtungen und Ereignisse der Völker und Menschen genauer erzählen können." Als Ethiker sollten sie Tugenden und Laster unterscheiden können sowie jenen folgen und diese meiden, und zwar ganz allgemein wie auch „nach der besonderen Anwendung auf das häusliche, politische, geistliche Leben usw." (Comenius 1910, 167).

John Locke: Erziehung zum Gentleman

Der Engländer John Locke (1632-1704) spielte in der europäischen Aufklärung eine wichtige Rolle. Als Erkenntnistheoretiker begründete er in seinem *Essay Concerning Human Understanding* (Versuch über den menschlichen Verstand) eine empiristische Erkenntnislehre. Als politischer Philosoph formulierte er im *Second Treatise of Government* (Zweite Abhandlung über die Regierung) die Theorie der liberalen und rechtsstaatlichen Demokratie. Als Pädagoge plädierte er 1693 in seinen *Some Thoughts Concerning Education* (Einige Gedanken über die Erziehung) für eine Erziehung, die auf Erfahrungslernen setzte und der Vermittlung trockenen Wissens nachrangige Bedeutung zumaß.

In der *Charakterbildung* sah Locke die Hauptaufgabe der Erziehung. Vor dem Hintergrund der überkommenen Schulwirklichkeit, in der das Lateinlernen und das Bücherlesen im Zentrum standen, wirkte es revolutionär, die Erziehung in folgenden vier Begriffen zusammengefasst zu sehen: Tugend, Weisheit, Lebensart und Kenntnisse. Dabei sollten Tugend, Weisheit und Lebensart nicht als Erkenntnisse gelehrt, sondern in einem guten Zusammenleben vorgelebt und ohne Theorie tätig eingepflanzt werden.

Locke hatte im Wesentlichen die Erziehung und die Bildung des vornehmen jungen Mannes vor Augen, der später möglicherweise in der Politik aktiv sein würde. Deshalb ist es verständlich, dass er erhebliches Gewicht auf die politische Bildung legte. Die Grundlage der politischen Bildung sah er in der Sozialerziehung. Locke schrieb über den zukünftigen *Gentleman*: „Ferner muss man ihn zeitig lehren, seine Mitmenschen zu lieben und gütig zu ihnen zu sein; das heißt, früh den wahren Grund zu einem ehrenhaften Mann legen, weil alle Ungerechtigkeit im allgemeinen aus zu großer Liebe zu uns selbst und zu geringer zu anderen entspringt" (Locke 1967, 128).

Die eigentliche politische Bildung konnte nach Lockes Auffassung ohne anspruchsvolle Lektüre nicht auskommen. Die jungen Leute sollten die wichtigsten Werke der damaligen politischen Theorie lesen. Locke empfahl Samuel Pufendorfs *De officio hominis et civis* und *De iure naturae et gentium* sowie Hugo Grotius' *De iure belli et pacis*. Für den Leser erwartete Locke sich Folgendes: „Darin wird er belehrt werden über die natürlichen Rechte der Menschen und über den Ursprung und die Grundlagen der Gesellschaft und über die Pflichten, die sich daraus ergeben."
Schließlich verlangte Locke die geistige Aneignung von Gegenwart und Vergangenheit des eigenen Landes: „Es wäre seltsam anzunehmen, ein englischer Edelmann kenne die rechtlichen Verhältnisse seines Vaterlandes nicht." Der junge Edelmann solle sich weiterhin „Einsicht in unsere englische Verfassung und Regierung" verschaffen. „Nachdem er eine richtige Vorstellung davon erworben hat, sollte er unsere Geschichte studieren und damit bei der Regierungszeit eines jeden Königs das Studium der damals erlassenen Gesetze verbinden" (Locke 1967, 170 f.).

Jean-Jacques Rousseau: Erziehung zum Menschen – Erziehung zum Staatsbürger

Der berühmteste Vertreter des Aufklärungsdenkens in Europa war ohne Zweifel Jean-Jacques Rousseau (1712-1778). Rousseau veröffentlichte viele Schriften. Relevant für die politische Bildung und Erziehung sind davon der Erziehungsroman *Émile ou de l'éducation* (Emile oder Über die Erziehung) von 1762, die ebenfalls 1762 erschienene staatsphilosophische Hauptschrift *Du contrat social* (Vom Gesellschaftsvertrag), der *Discours sur l'économie politique* (Abhandlung über die Politische Ökonomie) von 1755 sowie die *Considération sur le gouvernement de la Pologne* (Überlegungen über die Regierung von Polen und ihre geplante Neugestaltung) von 1771.

Im Kontext seiner vielfältigen Überlegungen über die politische Bildung und Erziehung nimmt der *Émile* eine Sonderstellung ein. Denn Rousseau ging es im *Émile* um den exemplarischen Aufweis einer *Individualerziehung*, einer Erziehung zudem, die den Menschen nicht zu einem vorgegebenen Ziel führen wollte. Im Sinne einer *existentiellen* Pädagogik sollte der Mensch vielmehr nach seinen Fähigkeiten erzogen werden, indem die natürlichen Anlagen gesehen und zur Entfaltung gebracht werden.

Erst nachdem das Kind ganz in seinen menschlich-natürlichen Qualitäten gefestigt und sich seiner selbst bewusst geworden ist, soll es nach den Vorstellungen Rousseaus mit der Politik in Berührung kommen. Die Gelegenheit hierfür ist der Eintritt der Volljährigkeit, also ein sehr später Zeitpunkt: „Nachdem sich Emile in seinen physischen Beziehungen zu den anderen Wesen, in seinen moralischen zu den anderen Menschen betrachtet hat, muss er sich noch in seinen bürgerlichen Beziehungen zu seinen Mitbürgern betrachten. Dazu muss er zuerst das Wesen einer Regierung im allgemeinen, die verschiedenen Regierungsformen und schließlich die bestimmte Regierung studieren, unter der er geboren wurde, um zu wissen, ob er unter ihr leben kann oder nicht. Denn nach einem unverjährbaren Recht wird jeder Mensch, wenn er großjährig und Herr über sich selbst wird, auch Herr darüber, den Vertrag zu kündigen, der ihn an die Gemeinschaft bindet, indem er das Land verlässt, wo diese Gemeinschaft besteht" (Rousseau 1998, 501).

Das Motiv, sich mit der Politik auseinander zu setzen und eine bestehende politische Ordnung kritisch zu prüfen, entnahm der Rousseau des *Émile* ganz offensichtlich dem Gesellschaftsvertragsdenken. Als Ausfluss des neuzeitlichen Individualismus nahm dieses die Freiheit und Selbstständigkeit des Menschen sehr ernst. Man kann folglich sagen, dass Rousseau im *Émile* eine Erziehung des Menschen als Menschen postulierte. Ihm ging es in dieser Schrift nicht um die Förderung der „Staatstauglichkeit" des Menschen. Rousseau stellte nicht den Staat, sondern das Individuum in den Mittelpunkt der Betrachtung. Von dessen individuell-natürlichem Anspruch auf Entfaltung der Anlagen machte er das Existenzrecht der jeweiligen politischen Ordnung abhängig.

Man muss allerdings sehen, dass der *Émile* nur einen Teil dessen enthält, was Rousseau über das Verhältnis von Politik und Erziehung aussagen wollte. In anderen Schriften befasste er sich mit dem idealen Bürgerstaat. Er betonte in diesem Zusammenhang die Ansprüche eines solchen Staates an das Verhalten der in ihm vereinigten Menschen. Ging es im *Émile* um die Erziehung zum *wahren Menschen*, so im *Contrat social* und in der *Abhandlung über die Politische Ökonomie* um die Erziehung zum *Staatsbürger*, zum Citoyen.

Im *Contrat social* sind es insbesondere zwei Aspekte, die weitreichende Konsequenzen für die politische Erziehung haben mussten und aufgrund der Verbreitung dieser Schrift auch hatten. Der eine Aspekt ist Rousseaus radikale Lehre von der Volkssouveränität, der andere Aspekt ist seine Lehre vom *Gemeinwillen* (*volonté générale*).

Rousseau forderte, dass sich das souveräne Volk bei der politischen Willensbildung und Entscheidungsfindung nicht vertreten lassen dürfe. Dies implizierte, dass jeder Bürger zur politischen Tätigkeit verpflichtet und aufgefordert war, die notwendige Bildung zu empfangen. Die Lehre der Volkssouveränität war so wirkmächtig, dass seit Mitte des 18. Jahrhunderts überall die Forderung nach einem Politikunterricht für alle, also auch für die unteren Schichten, vertreten wurde.

Mit dem Konstrukt des Gemeinwillens setzte Rousseau eine Idee in die Welt, die in einer *Erziehungsdiktatur* enden musste. Denn der Gemeinwille ist das *fiktive* Gemeininteresse, das sich notfalls über den irrtumsanfälligen *empirischen* Willen aller hinwegsetzen darf. Damit ist klar, dass das Volk dahin gebracht werden muss, den Gemeinwillen zu *wollen*. Wörtlich schrieb Rousseau im *Contrat social*, „dass der Gemeinwille immer auf dem rechten Weg ist und auf das öffentliche Wohl abzielt: woraus allerdings nicht folgt, dass die Beschlüsse des Volkes immer gleiche Richtigkeit haben." „Von selbst will das Volk immer das Gute, aber es sieht es nicht immer von selbst. ... Man muss ihm die Gegenstände zeigen, wie sie sind, manchmal so, wie sie ihm erscheinen müssen; ihm den richtigen Weg zeigen, den es sucht; es schützen vor der Verführung durch die Sonderwillen. ... Die Einzelnen sehen das Gute und weisen es zurück; die Öffentlichkeit will das Gute und sieht es nicht. Beide bedürfen gleicherweise der Führung. Die einen müssen gezwungen werden, ihren Willen der Vernunft anzupassen, die andere muss erkennen lernen, was sie will" (Rousseau 1979, 30, 42).

Die Figur, die mit dieser fundamentalen *Erziehungsaufgabe* zu betrauen ist, nannte Rousseau den *Gesetzgeber* (*législateur*). Wie tiefgreifend sich Rousseau diese Erziehung vorstellte, geht aus der folgenden Äußerung hervor: „Wer sich daran wagt, ein Volk zu errichten, muss sich imstande fühlen, sozusagen die menschliche Natur zu ändern; jedes Individuum, das von sich aus ein vollendetes und für sich bestehendes Ganzes ist, in den Teil eines größeren Ganzen zu verwandeln, von dem dieses Individuum in gewissem Sinn sein Leben und Dasein empfängt" (Rousseau 1979, 43).

Im *Contrat social* hielt sich Rousseau hinsichtlich der aus dem Gemeinwillen resultierenden konkreten Folgerungen für die Erziehung noch weitgehend zurück. Er deutete allerdings mit dem Begriff der *bürgerlichen Religion* die einzuschlagende Richtung schon an. Unter der bürgerlichen Religion verstand er keine Dogmen, sondern eine „Gesinnung des Miteinander, ohne die es unmöglich ist, ein guter Bürger und ein treuer Untertan zu sein." Wer diese Gesinnung nicht habe, könne verbannt werden als einer, „der sich dem Miteinander widersetzt und unfähig ist, die Gesetze und die Gerechtigkeit ernstlich zu lieben und sein Leben im Notfall der Pflicht zu opfern" (Rousseau 1979, 151).

In der *Abhandlung über die Politische Ökonomie* äußerte Rousseaus sich dagegen ausführlich und deutlich über den Charakter der von ihm favorisierten politischen Erziehung. Er betonte, dass es darauf ankomme, die Menschen so zu machen, wie man sie brauche. Gebraucht würden Bürger, d.h. Menschen, welche die Eigenliebe überwunden hätten. Bürger zeichneten sich durch *Vaterlandsliebe* und *Liebe zu den Gesetzen* aus, drückten letztere doch den Allgemeinwillen aus. Nun sei die Bildung von Bürgern keine Angelegenheit eines Tages. Man müsse schon die Kinder dahingehend belehren, „niemals ihre Person anders zu sehen als in ihren Beziehungen mit dem Staatskörper." Würden sie ihre eigene Existenz sozusagen als einen Teil des Staates ansehen, seien sie nicht mehr weit davon entfernt, „sich in gewissem Maß mit dem größeren Ganzen zu identifizieren; sich als Glieder des Staates zu fühlen."
Die öffentliche Erziehung müsse folglich so beschaffen sein, dass „die Kinder gemeinsam im Schoß der Gleichheit erzogen werden." Die Kinder müssten „von den Gesetzen des Staates und den Maximen des Gemeinwillens durchdrungen" sein. Sie müssten lernen, „sich gegenseitig als Brüder zu lieben, immer nur zu wollen, was die Gesellschaft will, ... und eines Tages die Verteidiger und Väter des Vaterlandes zu werden, dessen Kinder sie so lange gewesen sind" (Rousseau 1977, 23, 27, 29, 33 f., 36).

Rousseaus Absicht war, sittliche Staatsbürger heranzuziehen, denen das Wohl ihres Vaterlandes am Herzen lag. Im Unterschied zu den Vorstellungen des 19. und 20. Jahrhunderts fehlte seinem Vaterlandsbegriff aber jeglicher Nationalismus. Das Vaterland war für ihn die Republik, die den rechtlich gleichgestellten Bürgern Schutz und Sicherheit bot. Man kann Rousseau also keinen Nationalismus vorwerfen. Problematisch ist dafür aber der deutlich *kollektivistische* Zug seines Erziehungsverständnisses.

Noch stärkere *kollektivistische* und *patriotische* Töne schlug Rousseau in seiner Polen-Schrift an. Dort verlangte er eine staatsgelenkte, ausschließlich auf die Staatszwecke und die Staatsgesinnung bezogene Erziehung, die in ihrer Radikalität selten wieder ihresgleichen gefunden hat. Rousseau schrieb: „Die Erziehung ist es, welche den Seelen die nationale Kraft geben und ihre Meinungen und ihren Geschmack so leiten muss, dass sie Patrioten aus Neigung, aus Leidenschaft, aus Notwendigkeit werden. Ein Kind muss, sobald es die Augen öffnet, das Vaterland sehen und bis zum Tode nichts anderes sehen als das Vaterland."

Im weiteren Verlauf seiner Erörterungen verstieg sich Rousseau zu der Forderung, dass die Unterrichtsgegenstände sich nur auf das eigene Land beziehen dürften. „Mit zwanzig Jahren soll ein Pole nicht ein anderer Mensch sein; er soll ein Pole sein: Ich will, dass er, wenn er lesen lernt, von den Dingen in seinem Vaterland lese; dass er mit zehn Jahren alle Erzeugnisse desselben kenne, mit zwölf Jahren alle Provinzen, alle Wege, alle Städte; dass er mit fünfzehn Jahren dessen ganze Geschichte, mit sechzehn alle Gesetze auswendig wisse, dass es in ganz Polen keine Großtat, keinen erlauchten Mann gegeben hätte, der nicht sein Gedächtnis wie sein Herz erfüllte, und von dem er nicht auf der Stelle Bericht geben könnte" (Rousseau 1981, 578 f.).

Rousseau wollte zum *Patriotismus* erziehen, nicht zum *Kosmopolitismus*. Er glaubte nicht an die Möglichkeit einer die existierenden Staaten aufhebenden Weltgemeinschaft. Er fürchtete außerdem, dass die Anonymität einer Weltgemeinschaft sich negativ auf das sittliche Verantwortungsgefühl der Bürger auswirken würde. Rousseau plädierte für kleine autarke Republiken, die aufgrund ihrer Selbstgenügsamkeit und der Sittlichkeit ihrer Bürger sich nicht veranlasst sahen, gegeneinander Krieg zu führen.

Philanthropismus: Erziehung zum Patriotismus

Die Philanthropisten waren diejenigen Pädagogen, die in Deutschland die Aufklärung auf dem Gebiet der Erziehung besonders nachdrücklich vertraten. Ihren Namen leiteten sie ab von einem Begriff der hellenistisch-römischen Stoa: Ein Philanthrop ist soviel wie ein *Menschenfreund*. Die Philanthropisten erklärten folglich die *Liebe* zu allem, was Menschenantlitz trägt, zur höchsten Tugend, und sie betrachteten den Anspruch eines jeden auf *Entfaltung* seines Menschseins als höchstes Recht. Sie wandten sich gegen Hass und Unterdrückung und wollten persönliches *Glück* und allgemeine *Wohlfahrt* befördern. Im Glauben an die Vervollkommnung und Versittlichung des Menschen durch die Erziehung waren sich alle Philanthropisten einig (Herrmann 1991, 135).

Ihr vorherrschender Gedanke war, dass die Schule die Jugend zu *nützlichen Bürgern* heranzubilden habe. Als nützliche Bürger galten diejenigen, welche zum einen zur tüchtigen Ausfüllung eines Berufes fähig waren und zum anderen sich als Patrioten verstanden. Wie bei Rousseau trug der durch Erziehung und Unterricht zu fördernde Patriotismus der Philanthropisten aber keinerlei nationalistische Züge. Die Erziehung zum Patriotismus sollte vielmehr für politisch *aufgeklärte* Untertanen sorgen. Weil diese aus Einsicht den Gesetzen gehorchten, seien sie leichter zu regieren als Ungebildete.

Johann Bernhard Basedow (1724-1790), der bedeutendste Vertreter des Philanthropismus, erläuterte den Patriotismus und die von ihm erhoffte Wirkung wie folgt: „Die Tugend des Patriotismus aber besteht nicht in einer törichten und streitsüchtigen Parteilichkeit für den Staat, worinnen man geboren ist, sondern in einer herzlichen Neigung, demjenigen, der uns das Bürgerrecht gegeben hat, und in welchem wir Leben, Freiheit, Ehre und Güter mit Sicherheit genießen, gemeinnützig zu handeln, die Unruhe der Revolutionen in demselben zu verhüten, das gute Verhältnis zwischen der Majestät und dem Volke zu befördern und in allgemeiner Not zur Abwendung und Minderung derselben mit dem Opfer der Selbstverleugnung, unter den ersten und bereitwilligsten Mitbürgern uns und, soweit es in unsrer Macht ist, auch die Unsrigen darzustellen" (Basedow 1913, 175).

Die Philanthropisten waren stark von Rousseau beeinflusst. Sie teilten mit diesem den Enthusiasmus für die Gleichheit der Menschen. Standesunterschiede sollten nicht geleugnet werden, aber eine möglichst geringe Rolle spielen. So postulierte Basedow in der Programmschrift *Vorstellung an Menschenfreunde* von 1768 sogenannte *große* und *kleine* Schulen. Erstere sollten vom Staat, letztere von den Eltern der Schüler finanziert werden. Die großen Schulen sollten von den Kindern der einfachen Leute besucht werden und Kenntnisse sowie Fertigkeiten vermitteln, „deren in einer gesitteten und glücklichen Nation auch die zahlreichsten Stände der Bauern und Handwerker nicht entbehren sollten." Die kleinen Schulen sollten den Kindern der vornehmeren Bürger gewidmet sein, „wozu ich mit einer Freiheit, welche Verzeihung bedarf, auch die Kinder des Adels rechne, weil ich das Wort ‚Bürger' in dem allgemeinen Verstande nehme, in welchem es ein Staatsglied anzeigt" (Basedow 1905, 48 f.). Basedow sprach hier die Menschen in ihrer Eigenschaft als gleiche Untertanen eines absolutistischen Fürstenstaates an. Vor dieser Gleichheit erschienen die damals für den Adel reservierten Ritterakademien und Kadettenanstalten als sinnlose Absonderungen (Blättner 1973, 93).

Johann Bernhard Basedow war der Wortführer der ganzen Bewegung. Er hatte ein Philanthropinum, d.h. eine „Schule der Menschenfreundschaft und guter Kenntnisse" konzipiert und propagiert. Diese Schule sollte eine Internatserziehung reicher oder adliger Kinder mit einer Erziehung und Unterrichtung der Kinder armer Eltern verbinden. Im Jahre 1771 berief der junge Regent von Anhalt-Dessau, Fürst Leopold III. Friedrich Franz, Basedow nach Dessau, damit dieser dort seine pädagogischen Ideen verwirklichen konnte. Basedow gründete 1774 das *Philanthropinum*. Die Schule schloss 1793 ihre Pforten.

Eine entscheidende Grundlage des Philanthropismus war das 1774 von Basedow vorgelegte *Elementarwerk*. Dieses Werk begründete den Ruhm seines Verfassers. Der Untertitel sagt, worum es sich handelt. Er lautet: „Ein geordneter Vorrath aller nöthigen Erkenntniß. Zum Unterrichte der Jugend, von Anfang, bis ins akademische Alter. Zur Belehrung der Eltern, Schullehrer und Hofmeister. Zum Nutzen eines jeden Lesers, die Erkenntniß zu vervollkommnen." Das *Elementarwerk* war also eine Art Enzyklopädie für den Schulgebrauch. Sein Schwerpunkt lag in den sogenannten *Realien*. Das Werk bestand aus zehn Büchern. Jedes Buch behandelte einen Ausschnitt aus der Welt: 1. Grundfragen der Erziehung, 2. der Mensch, 3. die Logik, 4. die Religion, 5. die Sittenlehre[13], 6. die Beschäftigungen und Stände der Menschen, d.h. die Berufe der damaligen Zeit, 7. Politik, Geschichte und Geographie,

---

[13] Das fünfte Buch war insofern für die politische Bildung und Erziehung einschlägig, als die Ausführungen über die Sittenlehre einen Abschnitt mit dem Titel *Von den Pflichten gegen das Vaterland* enthielten. Zu den wichtigsten Pflichten zählte Basedow den Gehorsam gegenüber den Gesetzen des Vaterlandes und den Anordnungen der Obrigkeit. Umgekehrt verpflichtete er die Obrigkeit, ihr Tun am „gemeinen Besten des Staats oder der Untertanen" auszurichten. Der Pflicht zur Entrichtung von Steuern stellte er das Gebot gegenüber, dass die Steuern das Land nicht drücken dürften (Basedow 1972, I 534 ff.).

zusammengefasst unter dem Titel „Elemente der Geschichtkunde", 8. und 9. die Naturkunde sowie schließlich 10. das „Nötigste der Grammatik und von der Wohlredenheit".

Der in den Schulen praktizierte Philanthropismus war für die politische Bildung und Erziehung in mehrfacher Hinsicht bedeutsam. So war an den philanthropischen Schulen im Unterschied zu den Gelehrtenschulen eine *politische Unterweisung* als besonderes Fach vorgesehen. Der Grund hierfür lag einmal im enzyklopädischen Charakter dieser Schulen: Sie lehrten schlechthin alles Lehrbare. Hinzu kam, dass sie den herkömmlichen Lateinschulen und deren Konzentration auf den altsprachlichen Unterricht kritisch gegenüberstanden. Daher pflegten sie demonstrativ den Unterricht in den Realien (Rühlmann 1905, 140).

Basedows *Elementarwerk* lässt sich entnehmen, welche Gegenstände in der politischen Unterweisung behandelt werden sollten. Der erste Abschnitt des siebenten Buches, das Politik, Geschichte und Geographie abhandelte, widmete sich den „Grundbegriffen der Staatssachen". Die Tradition des Gesellschaftsvertragsdenkens aufgreifend, sprach dieser Abschnitt einleitend über die „natürlich genannte Freiheit eines wilden Volkes". Dann schilderte er, wie sich aus dem ungeregelten Zusammenleben einzelner Individuen mit der Zeit der Staat entwickelte, und zwar zunächst als Demokratie. Es folgten ausführliche Darlegungen über Entstehung und Zweck der verschiedenen Ämter im Staat, über das Parlament, die Gesetzgebung, das Militär, das Steuerwesen sowie die Einteilung des Staates in Provinzen usw.

Im Anschluss an die Darlegungen über die Demokratie gab es Ausführungen über die Aristokratie und die Monarchie, über das Rechtswesen, über das Verhältnis der Staaten zueinander und schließlich über Krieg und Frieden.

Basedow befleißigte sich einer elementaren und leicht verständlichen Darlegungsweise und machte abstrakte und theoretische Begriffe durch Erzählungen anschaulich (Basedow 1972, II 93 ff.).

Politisch bildende Akzente trug auch eine zweite Besonderheit der philanthropischen Pädagogik, nämlich ihre Bemühung, ihre Internate wie kleine *Schulstaaten* zu organisieren. Das sollte als praktische Vorschule für die erwünschte spätere Anteilnahme am Staatsleben dienen. So sollten bestimmte Gesetze den Schülern in gewissen Abständen vorgelesen werden. Im Dessauer Philanthropinum führte Basedow *Gerichtstage* ein. Dabei wurde den Schülern zuweilen gestattet, als Beisitzer mit abzustimmen oder als Anwälte ihrer Freunde aufzutreten.[14]

Relevant für die politische Erziehung war auch Basedows Idee, in der Schule einen *Edukator* anzustellen, also eine Person, die keinen Fachunterricht erteilen, sondern sich ausschließlich um die Erziehung kümmern sollte. Basedow begründete dies damit, dass die Schule eine Stätte des Einübens von Tugenden sein müsse und dass ohne eine moralische Erziehung der Unterricht nichts sei. Dem Edukator sollte die allgemeine Regelung des Schullebens obliegen, das als eine große Übung im Patriotismus vorgesehen war. In diesem Zusammenhang sollten die Schüler auch *Vereinigungen* bilden mit gewählten Vorständen. Der Edukator hatte die Aufsicht über diese Vereinigungen. Basedow schrieb:

„Also verlange ich für eine ansehnliche Schule der gesitteten Bürger außer den eigentlichen Lehrern einen besonderen Mann, welcher nur durch Übungen der Tugenden lehrt. ... Diesen Schulmann nenne ich einen Edukator ...

Der wahre Patriotismus ist eine starke Neigung, das gemeine Beste fördern zu wollen, und

---

[14] In der Sprache Basedows klang das so: „Gewisse Gesetze werden alle Wochen, andre alle Monate, noch andre alle Quartal feierlich allen oder den Klassen vorgelesen, welche sie angehn. Es sind ordentliche Gerichtstage der Pensionisten. Der Freund gibt für seinen Freund eine Verteidigungsschrift oder eine Abbitte ein, die so vorteilhaft ist, als der Schein der Wahrheit leidet. Das Beisitzen und das Mitstimmen ist eine Belohnung" (Basedow 1965, 219).

eine zureichende Einsicht, es nach seinem Stande zu können. Wie soll diese herrliche Pflanze aufwachsen, wenn wir ihren Samen nicht aussäen? Wer in der Jugend keine besondern Übungen in der Selbstverleugnung zum gemeinschaftlichen Besten gehabt hat, der wird in seinem Leben kein wahrer Patriot, oder die Vorsehung muss ihn durch ganz ungebahnte Wege führen. Die Kinder schließen Gesellschaften; sie wählen Vorsteher und Beamte; sie geben Worte und Handschlag usw. Dies sind lauter Anlässe zu wichtigen Dingen für meinen Edukator. Er muss dahin sehen, dass solche Verbindungen unschuldig bleiben und als Vorbilder von künftigen Realitäten lehrreicher werden, als sie bei den ratlosen Kinderspielen zu sein pflegen. Er muss sogar gewisse Ämter und Subordinationen in der ergötzenden Gemeinschaft der Kinder bestimmen, auch wohl ernsthaftere Übungen dieser Verhältnisse veranlassen, um seinen Schülern auf die ihnen angemessene Stufe der freiwilligen Unterwürfigkeit, Amtstreue, Selbstverleugnung und patriotischen Gesinnung hinaufzuhelfen" (Basedow 1905, 75, 76 f.).

Schließlich versprach sich der Philanthropismus von *öffentlichen Feiern* positive Auswirkungen auf den zu weckenden Patriotismus. Basedow schlug vor, alljährlich einige Feste des Vaterlandes feiern zu lassen. Die Schulen sollten dies zum Anlass nehmen, in den Tagen vorher und nachher von nichts anderem zu reden als vom Vaterland, von großen Exempeln patriotischer Aufopferungen, von den Vorteilen, die man durch den Staat genießt, von den Pflichten, die das Vaterland vom Einzelnen erwartet, und davon, „wie dasselbe unter den großen Gesellschaften die uns nächste sei, dass wir in ihm dem menschlichen Geschlechte dienen, und dass die Religion eben deswegen zur vorzüglichen Liebe des Vaterlandes verbinde."

Dass Basedows Patriotismus keine nationalistische Tendenz aufwies, zeigt seine Bemerkung über die bei den Festen zu singenden patriotischen Lieder: „Patriotische Lieder, o welch ein Schatz sind dieselben! Wenn nur nicht andre Nationen durch ihren Inhalt verachtet oder beleidigt werden, welches dem vernünftigen Patriotismus gänzlich zuwider ist."

Basedow ergänzte seinen Vorschlag noch durch die Vorstellung, spezielle Feste für die Jugend zu veranstalten: „Vornehmlich müsste man in Städten und Dörfern abgesonderten Haufen der *Jugend*, unter Aufsicht ihrer Vorgesetzten, auf öffentliche Kosten Lustbarkeiten verschaffen, weil solche frühen Eindrücke von sehr langer und großer Wirkung sind. Die Kinder müssten sich lange vorher auf solche Feste freuen, und von patriotischen Eltern und Anverwandten könnten sie ihnen durch häusliche Lustbarkeiten und Wohltaten noch angenehmer gemacht werden. ... O wenn der Staat an solchen Tagen einige kleine Summen anwendete, um unvermutet und ohne eine gewisse Regel hoffnungsvolle Knaben und Jünglinge zu belohnen und zu ermuntern!" (Basedow 1913, 175 f.)

Bezüglich der von Rousseau aufgeworfenen Frage, ob der Mensch zum Menschen oder zum Bürger gebildet werden sollte, hatten sich die Philanthropen für die Erziehung *zum Bürger* entschieden, für bürgerliche Brauchbarkeit und Nützlichkeit. Die dem Philanthropismus philosophische Seichtigkeit vorwerfenden Neuhumanisten setzten dagegen auf die Bildung des Menschen *zum Menschen*, zur Individualität, zur menschlichen Vollkommenheit und Allseitigkeit, zur „höchsten und proportionierlichsten Bildung seiner Kräfte zu einem Ganzen", wie Wilhelm von Humboldt sagte (Herrmann 1991, 157).

3. Politische Bildung und Erziehung in Deutschland von der Französischen Revolution bis zur Gründung des Kaiserreiches

3.1 Das Bildungssystem zwischen Reform und Restauration

Die Französische Revolution bildete eine große Herausforderung für das überkommene Bildungssystem. Dies gilt insbesondere für den Freiheits- und Gleichheitsgedanken und die Idee, dass Herrschaft nur legitim ist, wenn sie vom Volke ausgeht. Deutschland und vor allem Preußen konnten den revolutionären Ideen nicht lange Widerstand entgegensetzen. Die militärische Niederlage Preußens 1806 setzte aber Reformprozesse in Gang, die auch das Bildungswesen ergriffen. Nach der Niederlage Napoleons kam dann jedoch in Preußen eine restaurative Schulpolitik zum Zuge, die stark auf die Inhalte der politischen Erziehung ausstrahlte.

Die Preisfrage der Erfurter Akademie

Die 1754 gegründete *Erfurter Gesellschaft oder Akademie gemeinnütziger Wissenschaften*, ein Zwischenwesen von Gelehrtenakademie und gemeinnütziger Gesellschaft, löste im Jahre 1793 durch eine Preisfrage eine lebhafte öffentliche Diskussion über die politische Bildung und Erziehung aus.

Die Akademie lobte in dieser von der Französischen Revolution stark bewegten Zeit einen Preis aus für eine populäre Schrift an das deutsche Volk, „wodurch dieses von der Güte seiner Verfassung belehrt und vor den Übeln ungemessener Freiheit und Gleichheit gewarnt werden sollte". Außer dieser Schrift wurde von jedem Bewerber eine theoretische Erörterung der folgenden vier Fragen verlangt:
„1. Auf wievielerlei Arten kann man die Untertanen eines deutschen Staates überzeugen, dass sie unter einer weisen, gerechten und milden Regierung leben?
2. Was heißt bürgerliche Freiheit und auf wievielerlei Wegen lassen sich richtige Begriffe davon unter alle Stände, besonders die niedrigsten Volksklassen verbreiten?
3. Wie müssen zur Erreichung dieses Endzwecks die häusliche Erziehung, der Unterricht in Schulen und auf Universitäten, in den Volksbüchern und Zeitschriften und anderen zur Nationalbildung gehörigen Anstalten eingerichtet werden?
4. Durch welche Mittel kann man, ohne auffallenden Zwang, es dahin bringen, dass die dazu vorgeschlagenen besten Einrichtungen wirklich ausgeführt werden?"

Die Akademie erhielt aus ganz Deutschland nur zwanzig Bewerbungsschriften. Die Fragen hatten vermutlich nicht jedermann zur Bewerbung veranlasst. Denn sie setzten – selbst die zweite, offener gehaltene Frage kann darüber nicht hinwegtäuschen – überall die Richtigkeit und Erhaltenswürdigkeit der bestehenden politischen Verhältnisse voraus. Die Fragen verlangten Reflexionen darüber, wie die Gesinnung der Untertanen auf diese Verhältnisse abgestimmt und Erziehungsmittel für die Erhaltung der öffentlichen Ruhe gefunden werden konnten. Der affirmative Charakter der Fragen war offenkundig. Man kann sie durchaus aber auch als Zeichen der politischen Beunruhigung deuten und als Hinweis darauf, dass man in dieser aufgewühlten Zeit Zuflucht bei der Erziehung suchte.

Die Antworten legten Zeugnis davon ab, wie intensiv sich die Verfasser Gedanken über die Fragen gemacht hatten. Einige Schriften erwiderten gleich auf die erste Frage, dass eine Regierung nicht von ihrer Gerechtigkeit und Milde überzeugen könne, es sei denn, sie regiere gerecht und mild. Die Einsendungen enthielten vor allem Gedanken über die Pflicht der Regierung zur Publizität ihres Handelns. Die Französische Revolution hatte gelehrt, dass jedes

Landesregiment dem Volke Rechenschaft ablegen muss. In vielen Zuschriften meldete sich das Bewusstsein der neuen Zeit zu Wort, dass künftig ohne das Volk, sein Wohlwollen und seine Befriedigung nicht mehr regiert werden könne (Flitner 1957b, 52 f.).

Weit mehr als hundert Jahre vor der tatsächlichen Einführung des staatsbürgerlichen Unterrichts als Schulfach wurde in den Fragen der Erfurter Akademie ein Motiv sichtbar, das auch später häufig eine zentrale Rolle spielte: Politische Bildung in der Schule erschien als notwendig, um *Loyalitätskrisen* in Zeiten gesellschaftlich-politischer Umbrüche abzufangen. Politische Bildung wurde als innenpolitisches Instrument zur *Stabilisierung* gegebener Machtstrukturen betrachtet. Hier, gegen Ende des 18. Jahrhunderts, sollte sie zur Stabilisierung des absolutistischen Staates eingesetzt werden.

Aber selbst die Fragen der Erfurter Akademie machten indirekt und unausgesprochen ein Zugeständnis an das sich seiner selbst bewusst gewordene Volk: Der moderne Staat ist auf die Akzeptanz durch das Volk angewiesen. Dies hatte die Französische Revolution nachdrücklich gelehrt (Sander 1989, 23 f.).

Der Neuhumanismus: Die Bildung des Menschen zum Menschen als höchstes Ziel

Der Neuhumanismus bezeichnet eine nur kurze, aber äußerst wirkmächtige Epoche in der Geschichte des deutschen Bildungswesens. Er war das Fundament der Bildungstheorie der deutschen Klassik. Für knapp zwanzig Jahre, von etwa 1800 bis 1820, bestimmte er das pädagogische Denken. In Gestalt des humanistischen Gymnasiums lebte der Neuhumanismus aber bis zum 20. Jahrhundert fort. Maßgeblicher Repräsentant des Neuhumanismus war Wilhelm von Humboldt (1767-1835). Der Neuhumanismus postulierte Bildungs- und Erziehungsziele, die ihre grundsätzliche Bedeutung bis zur Gegenwart nicht eingebüßt haben. Er verfolgte nämlich das Ideal der Vervollkommnung des Menschen in allen seinen Anlagen. Eingeschlossen hierin war die Freisetzung des Einzelnen zu mündiger Vernünftigkeit.

Der Begriff *Neuhumanismus* setzt die Existenz eines älteren Humanismus voraus. Diesen Humanismus hatte es als Gelehrtenbewegung im Italien der Renaissance gegeben. Er hatte bis Ende des 16. Jahrhunderts auch andere Teile Europas ergriffen. Er suchte das Ideal der rein menschlichen Bildung und Haltung aus den neu entdeckten Werken der Antike zu gewinnen. Ende des 18. Jahrhunderts kam es zu einer wiedererwachenden Beschäftigung mit der Antike. Auslöser dieses Neuhumanismus war Johann Joachim Winckelmanns 1755 erschienene Schrift *Gedanken über die Nachahmung der griechischen Werke in der Malerei und Bildhauerkunst*. Hierdurch gefördert entwickelte sich die neue Altertumswissenschaft, die insbesondere in den Griechen den Ursprung der europäischen Kultur sah.

Für Humanismus und Neuhumanismus galt die griechisch-römische Antike hinsichtlich der Norm vollendeten Menschentums als beispielgebend. Eine hervorgehobene Rolle hatte bei den antiken Griechen die Sprache gespielt. Die *Paideia*, d.h. die Erziehung des Menschen zu seiner wahrhaften Bestimmung, hatte sich auf das in der Sprache aufgehobene vernünftige Denken des Menschen bezogen. Die Sprache hatte als Kriterium gegolten, durch welches der Mensch vom Tier, der Grieche vom Barbaren unterscheidbar war. Für Humanismus wie Neuhumanismus war deshalb ausgemacht, dass menschliche Gesittung prinzipiell über Sprache und Literatur lernbar sei.

Vor diesem Hintergrund erstaunt es nicht, dass der Neuhumanismus das meiste von dem in Frage stellte, was die Aufklärungspädagogik für richtig befunden hatte. Denn diese Pädagogik hatte dafür plädiert, die Kinder zu *brauchbaren* und *nützlichen Bürgern* zu erziehen. Der Neuhumanismus setzte dagegen auf Bildung des Menschen *zum Menschen*, d.h. auf die Entfaltung der Individualität sowie auf menschliche Vollkommenheit und Allseitigkeit. Der Aufklärung wurde vorgeworfen, eine *utilitaristische* Pädagogik zu vertreten, die den Einzelnen nach den Bedürfnissen von Staat und Gesellschaft funktionalisiere. Der Maßstab ihrer Erziehung sei nicht der Mensch als Selbstzweck, sondern die Verwertbarkeit des Menschen. Wie Johann Wilhelm Süvern, ein enger Mitarbeiter Humboldts, sagte, habe die Erziehung bei den Aufklärern keinen anderen Zweck, „als ihre Geschöpfe nur recht bald für den äußern Bedarf zugestutzt" in die Welt zu entlassen (zitiert nach Titze 1973, 93). Es verwundert nicht, dass die Neuhumanisten sich gegen jede Vermengung von allgemeiner und beruflicher Bildung wandten und dass sie den von der Aufklärungspädagogik so stark favorisierten Realien reserviert gegenüberstanden.

Obwohl einige Neuhumanisten die Gelegenheit hatten, wichtige Akzente in der Schul- und Bildungspolitik zu setzen, verstanden sie sich nicht als Fachleute für Erziehungswissenschaft. Der Neuhumanismus war keine pädagogische Richtung im eigentlichen Sinne. Sein Beitrag zu den Fragen von Bildung und Erziehung lag darin, eine bedeutsame *Theorie der Bildung des Menschen* entwickelt zu haben. Das Anliegen der Neuhumanisten war es, auf die Frage nach der Bestimmung des Menschen eine Antwort zu geben. Ihre Antwort war das Ideal der umfassenden Persönlichkeitsbildung. Die Persönlichkeitsbildung wurde als Recht verstanden, auf das alle Menschen einen Anspruch hatten (Blankertz 1982, 89 ff.).

Das Ziel der umfassenden Persönlichkeitsbildung verlangte bei der Übertragung auf die staatlich organisierte Schule die Anwendung zweier grundlegender Prinzipien: Zum einen auf curricularer Ebene die Forderung nach einer *allgemeinen* Menschenbildung, d.h. nach einer Bildung des Menschen *als Menschen* und nicht als Träger einer späteren Berufsrolle. Zum anderen auf schulorganisatorischer Ebene die Forderung nach einer Bildung für *alle* Menschen, d.h. nach einer Bildung, die für *jeden* Menschen den *gleichen* Kern enthielt (Kraul 1982, 48).

Wilhelm von Humboldt setzte die wesentlichen wissenschafts- und bildungstheoretischen sowie bildungspolitischen Akzente des Neuhumanismus. Er definierte Bildung als den Weg des Individuums zu sich selber. Diesen Weg fasste er auf als eine unendliche Aufgabe, so dass Bildung gar nicht abschließbar sei. Humboldt wollte keiner Individualität eine andere Form aufzwingen als die, die gerade ihr angemessen war. Gleichwohl setzte er mit der *Humanität* dem empirischen Menschen eine über ihn hinausweisende und doch innerlich verbundene Norm. Den Maßstab für die Humanität fand Humboldt bei den Griechen. Der moderne Mensch konnte nach Humboldt durch das Studium der Griechen erfahren, was Menschsein *eigentlich* bedeutete. „*Eigentlich*" hieß: jenseits der nationalen, konfessionellen und ständisch-beruflichen Begrenzungen, die Humboldts Gegenwart prägten.

Die Vorbildfunktion des antiken Griechenland führte Humboldt dazu, dem Unterricht in Griechisch eine entscheidende Funktion zuzusprechen. Dem Studium der alten Sprachen maß er generell einen weit über den bloßen Spracherwerb hinausreichenden Bildungswert zu: Die Kenntnis der verschiedenen Sprachen mit den in ihnen enthaltenen Ansichten von der Welt vermochte, so Humboldts Annahme, den Einzelnen zu einem vertieften Verständnis seiner selbst und der Welt zu führen. Dagegen hatte Humboldt kein Verständnis für ein Unterrichtsfach, in dem *politische Gegenwartsfragen* besprochen werden konnten. Dies war aber nicht einfach Ignoranz. Humboldt und die anderen Neuhumanisten erwarteten vielmehr, dass der philologisch gebildete Mensch wie selbstverständlich auch sittlich gebildet war. Sittliche Bildung, so die Mutmaßung, versetze das Individuum in die Lage, sich auch im politischen Raum adäquat zu verhalten (Blankertz 1982, 104, Sander 1989, 28).

Reformvorstellungen des Neuhumanismus

Nach der vernichtenden Niederlage 1806 gegen Napoleon stand Preußen vor der Aufgabe einer inneren Erneuerung des Staates. Die alte, von Absolutismus und ständischer Gesellschaft gekennzeichnete Ordnung galt als tiefster Grund für die Niederlage. Denn diese Ordnung hatte den Staat nicht als Sache des Volkes, sondern als Angelegenheit der Dynastie und der von ihr in Dienst genommenen Beamten betrachtet. Die Aufgabe der Untertanen hatte darin bestanden, zu gehorchen, Steuern zu zahlen und für das Heer das Menschenmaterial zu liefern. Diese Ordnung hatte einen Geist der reinen Passivität erzeugt.

Die Erneuerung des Staates verlangte, den schöpferischen Kräften des Volkes Raum zu geben. Preußen konnte nur Zukunft haben, wenn es auf die *Selbsttätigkeit* und *Selbstverantwortung* aller Staatsbürger setzte. Dies verlangte eine Beteiligung der Staatsbürger am öffentlichen Leben, also beispielsweise die Selbstverwaltung in den Gemeindeangelegenheiten. Voraussetzung der Wiedergeburt Preußens und Deutschlands war letztlich eine Reform der Erziehung. Dabei musste diese Erziehung auf das Selbstdenken und die Selbsttätigkeit des Einzelnen setzen. Der Neuhumanismus bot die Gewähr hierfür (Paulsen 1897, 277 ff.).

Das pädagogische Reformwerk wurde insbesondere von Wilhelm von Humboldt sowie von Johann Wilhelm Süvern (1775-1829) auf den Weg gebracht. Im Jahre 1808 wurde im preußischen Ministerium des Innern eine „Sektion für den Kultus und den öffentlichen Unterricht" eingerichtet, deren Direktor von Dezember 1808 bis Juni 1810 Humboldt war. Humboldt war zwar nicht dem Titel, aber der Aufgabe nach der erste preußische Kultusminister. Er übte sein Amt aber nur für achtzehn Monate aus. Ein eigenes Ministerium der geistlichen und Unterrichtsangelegenheiten wurde in Preußen erst 1817 eingerichtet. Wichtigster Mitarbeiter Humboldts war Johann Wilhelm Süvern, der 1809 zum Staatsrat der Sektion für Kultus und Unterricht ernannt wurde und hier über ein Jahrzehnt sehr aktiv war. Süvern war vorher Professor der Philologie in Königsberg gewesen.

Wie Süvern über das pädagogische Reformwerk und dessen Zusammenhang mit der Politik dachte, hatte er im Winter 1807/08, also während der tiefsten Erniedrigung Preußens, in einer Vorlesung dargelegt. Die Vorlesung ist ein Dokument des hohen Idealismus, der den Neuhumanismus auszeichnete. Süvern hatte ausgeführt:
„Eine bedächtige und planmäßige Befreiung der Menschheit von den moralischen und politischen Übeln, die sie so sehr drücken, beruht aber hauptsächlich auf einer totalen Reformation zweier Künste, in welcher die Wiedergeburt der Volksmassen und der Staaten ganz enthalten ist, der *Politik* und der *Pädagogik*, der Staats- und der Erziehungskunst. ... Sie haben beide denselben erhabenen Gegenstand, den Menschen. Ihn wollen sie bilden, die Erziehungskunst den Einzelnen zu einer sich selbst immer vollkommener entwickelnden lebendigen Darstellung der Idee des Menschen, die Staatskunst Vereine von Menschen zu einer Darstellung der Vernunftidee von einer vollkommen organisierten Gesellschaft. ... Beide sind hilfreich füreinander und stehen in Wechselwirkung; die Erziehungskunst, indem sie die Menschen so bildet, dass sie als Glieder in das große Kunstwerk der Staatsorganisation eingreifen können und – das höchste, was ein Verein durch Vernunftideen geleiteter Kräfte erreichen kann zu bewirken – imstande sind, ihr Geschäft als freie Kunst zu üben und in der Kunstvollkommenheit fortzuschreiten; die Staatskunst, indem sie der Pädagogik nicht subjektive eigensüchtige Zwecke aufdringt, sondern ihr alle Hilfsmittel und Erleichterungen verschafft. Beide demnach sind verwandt, höhere Künste als sie gibt es nicht, aber die Politik ist die höchste. Denn der echte Staatskünstler leitet die Menschheit zum letzten Ziel ihres Strebens in der Geschichte, er verbindet, richtet und leitet alle Tätigkeiten Einzelner zu diesem einen Zweck, er ist Erzieher im Großen, Vorsteher der großen Bildungsanstalt der Menschheit" (zitiert nach Titze 1973, 97 f.).

3. Von der Französischen Revolution bis zur Gründung des Kaiserreiches

Humboldt vertrat bei der Reform des preußischen Schulwesens zwei wichtige Grundsätze[15]: Der erste Grundsatz bestimmte den Vorrang der *allgemeinen Menschenbildung* vor jeder speziellen Berufsbildung. Er wandte sich deshalb gegen eine Schule, in der die Realien dominierten. Er befürchtete, dass in diesen Schulen eine Spezialbildung betrieben würde. Humboldts Grundsatz lautete: „Alle Schulen, deren sich nicht ein einzelner Stand, sondern die ganze Nation oder der Staat für diese annimmt, müssen nur allgemeine Menschenbildung bezwecken." Gelten solle die Regel: „Die Organisation der Schulen bekümmert sich um keine Kaste, kein einzelnes Gewerbe" (zitiert nach Giese 1961, 71 f.).

Der zweite hieraus abgeleitete Grundsatz verlangte, dass es nur *einen* allgemeinbildenden Unterricht geben könne. Das Schulwesen müsse ein nach Altersstufen gegliedertes Einheitsschulsystem sein. Humboldt schrieb wörtlich: „Denn der gemeinste Tagelöhner und der am feinsten Ausgebildete muss in seinem Gemüt ursprünglich gleichgestimmt werden, wenn jener nicht unter der Menschenwürde roh und dieser nicht unter der Menschenkraft sentimental, schimärisch und verschroben werden soll" (zitiert nach Giese 1961, 72).

An anderer Stelle[16] sprach Humboldt von drei *aufeinander* folgenden Stadien des Unterrichts, nämlich dem Elementarunterricht, dem (gelehrten) Schulunterricht und dem Universitätsunterricht. Diesen drei Stadien sollten drei Schulanstalten entsprechen: Die Elementar- oder Bürgerschule, die gelehrte Schule, d.h. das Gymnasium, und die Universität (Giese 1961, 65 f.). Wenn Humboldt von der Elementarschule sprach, dann meinte er nicht die Schule des armen Volkes, sondern die Schule, in der die Grundlagen der menschlichen Bildung für alle Kinder im gleichen Sinne zu legen waren. Die Elementarschule sollte für alle Kinder während der ersten Schuljahre verbindlich sein. Auf ihr sollten nur diejenigen Schüler verbleiben, die nach Beendigung dieser ersten Zeit nicht auf die gelehrte Schule wechselten. Auf der Elementar- und Bürgerschule sollten Lesen, Schreiben und Rechnen gelehrt werden. Daneben sollte Unterricht in Gesellschaft, Geschichte und Geographie und in noch weiteren Realien erteilt werden (Giese 1961, 71). Auf der gelehrten Schule sollte philosophischer, d.h. altsprachlicher Unterricht in Latein und Griechisch hinzutreten.

Nach den Anregungen Humboldts schuf Süvern den Lehrplan des Gymnasiums. Die *Anweisung über die Einrichtung der öffentlichen allgemeinen Schulen* vom 12. Januar 1816 bestimmte als Ziel des Unterrichts die Ausbildung der „organischen Denkkraft". Der Lehrplan sah im Wesentlichen Unterricht in Sprachen und Wissenschaften vor. Zu den Sprachen gehörten Latein, Griechisch und Deutsch sowie Hebräisch für zukünftige Theologen. Zu den Wissenschaften zählten so heterogene Fächer wie Mathematik, Naturwissenschaften, Geographie und Geschichte sowie Religion. Das Schwergewicht lag eindeutig auf Latein, Griechisch und Mathematik. Für Geschichte und Geographie waren in jedem Schuljahr drei Wochenstunden vorgesehen. Religion war mit jeweils zwei Wochenstunden veranschlagt (Blättner 1973, 186).

Das Scheitern der Schulreform des Neuhumanismus

Die Krönung der preußischen Schulreform sollte das von Süvern entworfene, am 27. Juni 1819 vorgelegte Unterrichtsgesetz sein. Es trug den Namen *Entwurf eines allgemeinen Gesetzes über die Verfassung des Schulwesens im Preußischen Staate* (Giese 1961, 93 ff.). In 113 Paragraphen regelte es das gesamte Schulwesen Preußens nach einheitlichen Prinzipien. Diese

---

[15] Beide Grundsätze veröffentlichte Humboldt am 27. September 1809 in den *Unmaßgeblichen Gedanken über den Plan zur Errichtung des Litauischen Stadtschulwesens* („Litauischer Schulplan").

[16] Gemeint ist Humboldts Gutachten *Über die mit dem Königsbergischen Schulwesen vorzunehmenden Reformen* („Königsberger Schulplan") vom Sommer 1809.

Prinzipien waren maßgeblich vom Neuhumanismus bestimmt. Es schwangen aber auch Elemente von Fichtes Nationalerziehungsgedanken mit.

So formulierte Süvern in dem Promemoria (Denkschrift) zum Gesetzentwurf: „Jeder Staat wirkt durch seine Verfassung, Gesetzgebung und Verwaltung erziehend auf seine Bürger ein, ist gewissermaßen eine Erziehungsanstalt im Großen, indem er unmittelbar durch alles, was von ihm ausgeht, seinen Genossen eine bestimmte Richtung und ein eigentümliches Gepräge des Geistes wie der Gesinnung gibt" (zitiert nach Giese 1961, 90). Eine solche Nationalerziehung im Großen müsse durch eine National-Jugendbildung vorbereitet und fundiert werden. Diese müsse selbstverständlich mit dem Geist des Staates übereinstimmen.

Der Gesetzentwurf legte in § 1 fest, dass die allgemeinen Schulen der allgemeinen Bildung des Menschen, nicht aber dessen Berufsvorbereitung dienen sollten. Die bildungspolitischen Leitgedanken wurden in § 2 aufgeführt. Dort hieß es: „Die öffentlichen allgemeinen Schulen sollen mit dem Staate und seinem Endzwecke in dem Verhältnisse stehen, dass sie als Stamm und Mittelpunkt für die Jugenderziehung des Volks die Grundlage der gesamten Nationalerziehung bilden. Die Erziehung der Jugend für ihre bürgerliche Bestimmung auf ihre möglichste allgemeinmenschliche Ausbildung zu gründen, sie dadurch zum Eintritt in die Staatsgemeinschaft zweckmäßig vorzubereiten und ihr treue Liebe für König und Staat einzuflößen, muss ihr durchgängiges, eifriges Bestreben sein."

Der Gesetzentwurf sah in § 3 ein in allgemeine Elementarschulen, allgemeine Stadtschulen und Gymnasien gestuftes Bildungssystem vor. Alle Schulen sollten gemäß § 4 der allgemeinen Menschenbildung dienen, so „dass sie zusammen wie eine einzige große Anstalt für die National-Jugendbildung betrachtet werden können." Wie § 6 ausführlich darlegte, sollte es Trennungen nach Geschlechtern, Ständen und Konfessionen nicht geben. Vielmehr war der öffentlichen allgemeinen Schule auf jeder ihrer Stufen aufgegeben, „dass sie die allgemeine Bildung ihrer Schüler innerhalb der ihr gezogenen Grenze recht gründlich fördere, um jeden derselben so weit zu führen, dass er nach Fähigkeit, Neigung und Verhältnissen zur besondern Anleitung für irgend eine äußere Bestimmung übergehen und, je besser im Allgemeinen vorbereitet, dieser mit desto mehr Selbsttätigkeit, Einsicht und Geschick sich widmen kann."

Gemäß § 7 sollte die Schule als allgemeine Bildungsanstalt „den ganzen Menschen umfassen, sowohl von Seiten des die Bildung des Wissens und Könnens bezweckenden Unterrichts als auch der die praktische Bildung zur sittlichen Tätigkeit in sich begreifenden Disziplin." Zur Sittlichkeit des Charakters gehörte laut § 9 wesentlich „treue Anhänglichkeit an König und Staat und rücksichtsloser Gehorsam gegen Gesetze und gesetzliche Ordnung. Diese in der Jugend zu beleben und zu befestigen und durch alle den Schulen zu Gebote stehenden Mittel darauf hinzuwirken, dass jede derselben eine Pflanzstätte redlicher Vaterlandsliebe sei, wird allen Lehrern und Lehrerinnen zur heiligsten Pflicht gemacht."

Süverns Entwurf wurde auf dem Dienst- und Gutachterweg herumgereicht und 1826 endgültig in den Akten vergraben. Der Entwurf wurde also nicht Gesetz. Es kam in Preußen überhaupt nicht zu einem allgemeinen Schulgesetz. Die Schulverwaltung füllte die Lücke notgedrungen mit Verordnungen über Lehrpläne und Prüfungen aus.

Einer der maßgeblichen Kritiker des Gesetzentwurfes war Ludolf von Beckedorff. Beckedorff leitete von 1820 bis 1827 als vortragender Rat das Referat für das evangelische Elementarschulwesen im preußischen Kultusministerium. Seine weniger pädagogisch als vielmehr politisch bestimmte Kritik verriet eine konservativ-restaurative Grundhaltung.

Ohne den Namen direkt zu erwähnen, warf er dem Entwurf vor, von Fichtes Ideen inspiriert zu sein: „Der Grundsatz des Entwurfs von einer sogenannten *gesamten Nationalerziehung*, das heißt von einer möglichst gleichförmigen Ausbildung aller Stände ist irrig, und seine

3. Von der Französischen Revolution bis zur Gründung des Kaiserreiches

Meinung von dem Anteile, den die Schulen und der Unterricht an dieser Erziehung nehmen sollen, ist übertrieben" (Schweim 1966, 241).[17]

Beckedorff kritisierte insbesondere den egalitären Grundzug des Gesetzentwurfes. Der Entwurf setze voraus, „dass der Zweck des Staates eine Gleichförmigkeit der Bildung seiner Bürger verlange, und zwar der Bildung nicht bloß zu einer übereinstimmenden Gesinnung, sondern auch zu gleichartigen Kenntnissen und Fertigkeiten." Diese Ansicht münde zwangsläufig in der Meinung „von einer durch die bürgerliche Gesellschaft (die Staatsgemeinschaft) herzustellenden *allgemeinen Gleichheit* aller Menschen." Dies widerspreche aber der natürlichen Ungleichheit der Menschen. Die Ungleichheit sei auch keineswegs von Nachteil, denn sie zwinge die Menschen zur Kooperation und bilde damit das einigende Band der Gesellschaft (Schweim 1966, 225 f.).

Beckedorff schloss daraus für die Schule: „Es gibt nun einmal verschiedene Stände und Berufe in der menschlichen Gesellschaft; sie sind rechtmäßig; sie sind unentbehrlich. Allen zugleich kann kein Einzelner angehören, für einen muss er sich entscheiden. Wann soll denn der Zeitpunkt eintreten, wo diese Entscheidung gefasst und also der besondere Bildungs- und Vorbereitungsweg betreten wird? Irgendeinmal muss dies doch geschehen, und je später, desto schlimmer. Je länger der Jugend die Verschiedenheit der menschlichen Verhältnisse verheimlicht wird, als eine desto größere Last muss sie ihr hinterher erscheinen; ja eben dieser lange Traum und Wahn einer allgemeinen Gleichheit wird nicht bloß die nachfolgende Ungleichheit umso drückender machen, sondern auch die früher Gleichen und Vereinten umso schroffer trennen und umso feindseliger gegeneinander stellen" (Schweim 1966, 226 f.).
Folglich benötige man nicht ein einheitliches Schulsystem, in dessen verschiedenen Stufen dasselbe, wenn auch in unterschiedlicher Ausführlichkeit und Vollkommenheit gelehrt werde. Man bedürfe vielmehr verschiedenartiger Berufs- und Standesschulen, also „nach bisheriger alter Weise *guter Bauern-, Bürger- und Gelehrtenschulen.*" Hier würden die Schüler von Kindesbeinen an auf ihre künftige Bestimmung vorbereitet werden. Eine gleichartige Abrichtung in Kenntnissen und Fertigkeiten sei nicht erforderlich. Erforderlich sei eine übereinstimmende Bildung lediglich auf dem Felde der Religion und der Sittlichkeit (Schweim 1966, 229).

Beckedorff krönte seine Kritik mit der Bemerkung, dass die „sogenannte allgemeine Bildung" vielleicht für Republiken mit demokratischer Verfassung taugen könnte. Mit monarchischen Institutionen vertrage sie sich aber gewiss nicht (Schweim 1966, 229).

Beckedorffs Kritik war insofern bemerkenswert, als sie die gesellschaftsverändernden Implikationen des neuhumanistischen Bildungsprogramms deutlich benannt hatte. Es verwundert deshalb nicht, dass sich dieses Programm in der Zeit der Restauration und der Karlsbader Beschlüsse nicht durchsetzen ließ. Der Geist des Restaurationszeitalters misstraute jeder substantiellen Änderung der überkommenen Verhältnisse. Man wollte keine Staatsbürger, sondern Untertanen.

Bleibende Wirkung erzielte der Neuhumanismus lediglich mit der Einrichtung des *Gymnasiums*. Dieses Gymnasium ruhte auf den antiken Sprachen und der Mathematik als den Säulen formaler Bildung. Es hielt bewusst Distanz zu aller Lebenspraxis und zu Politik und Gesellschaft seiner Zeit. Dieses Selbstverständnis war so durchschlagend, dass das Gymnasium bis

---

[17] Ebenfalls ohne Erwähnung des Namens wurde Fichte an anderer Stelle des Gutachtens mit den folgenden scharfen Worten kritisiert: „Schon seit länger als einem Jahrzehnt ist die wundersame Lehre aufgekommen von einem vermeintlichen Grundverderben der jetzt lebenden älteren Generationen, welche als unheilbar aufgegeben und womöglich durch eine besser gebildete Jugend ersetzt und beschämt werden müsse; eine Lehre, deren verderbliche Wirkungen sich bereits höchst auffallend erwiesen haben" (Schweim 1966, 231).

zum Ende des 19. Jahrhunderts von dem Gedanken beherrscht war, es dürfe sich nicht mit dem praktischen Leben und folglich nicht mit der politisch-sozialen Welt befassen, wolle es seinen Auftrag geistiger Menschenbildung mit Anstand erfüllen.

Politische Bildungswirkung sollte im Gymnasium vor allem von der Beschäftigung mit den als vorbildlich eingestuften antiken Griechen ausgehen. Man darf aber daran zweifeln, ob die mit dem altsprachlichen Unterricht verbundenen Hoffnungen auf politische Bildsamkeit die Schulpraxis erreichten. Denn der Sprachunterricht war stofflich überbürdet und sehr stark von der Grammatik geprägt. Vom Geist der griechischen Freiheit und der allgemeinbildenden Kraft des sprachlichen Unterrichts dürfte nur wenig bei den Schülern angekommen sein (Paulsen 1897, 293 f.).

Stärkere Bildungswirkung dürften vom Unterrichtsfach Geschichte und Geographie ausgegangen sein. Weithin wurde von diesem Fach erwartet, dass es irgendwie zur politischen Bildung beitragen werde. Die Auseinandersetzung mit der Geschichte sollte den Schülern Kenntnis der „inneren und äußeren Verhältnisse jetzt existierender Staaten" vermitteln und sie befähigen, „sich die großen Weltveränderungen neuerer Zeit befriedigend" zu erklären. Ferner spielte die rhetorische Ausbildung im Geschichtsunterricht eine erhebliche Rolle. Man kann darin eine Intention erkennen, die Schüler zur aktiven Teilnahme an der öffentlichen politischen Auseinandersetzung zu befähigen (Kraul 1982, 56 f.).

Restaurative Schulpolitik in Preußen von 1819 bis 1848

Die preußische Schulpolitik ließ sich in den Jahren von 1819 bis 1848 vom Gedanken der Restauration leiten. Verantwortlicher Politiker dieser Zeit war Kultusminister Karl Freiherr vom Stein zum Altenstein, der von 1817 bis 1840 die preußische Schulpolitik leitete. Auslöser der restaurativen Schulpolitik waren die im August 1819 gefassten Karlsbader Beschlüsse zur Unterdrückung der nationalen und liberalen Bewegung. Am 30. Oktober 1819 erging eine Anweisung des Kultusministers an die Schulaufsichtsbehörden, angesichts der „in dem deutschen Schul- und Unterrichtswesen wahrgenommenen Gebrechen und Ausartungen ... jedem Keime der Ausartung und des Verderbens ... zeitig und nachdrücklich entgegenzuarbeiten" (zitiert nach Kraul 1982, 51).

Auf die Gymnasien bezogen hieß es: „Nicht weniger notwendig ist, durch die nachdrücklichsten Maßregeln zu verhindern, dass kein Lehrer der höhern Schulanstalten durch die Tendenz seines Unterrichts die Jugend zu der dünkelhaften Anmaßung veranlasse, als stehe ihr schon ein eigenes Urteil über die Zeitereignisse und die öffentlichen Angelegenheiten zu und als sei sie besonders berufen, in die Gestaltung des öffentlichen Lebens tätig einzugreifen oder gar eine erträumte bessere Ordnung der Dinge herbeizuführen." Das „Einmischen der Politik in den Geschichtsunterricht" habe zu unterbleiben. Denn dies könne zur Folge haben, dass der Jugend „die Unbefangenheit ihres Blicks in die Vergangenheit getrübt" werde. Außerdem bringe ein solcher Gegenwartsbezug die Gefahr mit sich, dass die Jugend „ihren inhaltsleeren Gefühlsvorstellungen von einem erträumten bessern Zustande des öffentlichen Lebens Wirklichkeit und Dasein" verschaffen wolle. Ein strenger Unterricht in den Grenzen der Schule und „namentlich ein gründlicher und ernster Unterricht in der Religion" seien als Mittel gegen derartige Missstände im Schulunterricht einzusetzen. Abschließend wurden aufgeführt, worauf es ankommen sollte: „Besonders ist in allen die Handhabung einer guten Disziplin betreffenden Fällen alles unnötige Raisonnieren und Diskutieren mit der Jugend zu vermeiden, damit sie früh lerne, ohne Widerrede den vorgeschriebenen Gesetzen zu folgen, sich willig der bestehenden Obrigkeit zu unterwerfen und die bürgerliche Ordnung, welche eben auf pünktlicher Befolgung dessen, was Recht ist, beruht, durch die Tat anzuerkennen" (zitiert nach Kraul 1982, 52).

3. Von der Französischen Revolution bis zur Gründung des Kaiserreiches

Was der preußische Staat sich von seinen Elementar- bzw. Volksschulen positiv erwartete, findet sich in dem Aufgabenkatalog formuliert, den vom Stein zum Altenstein 1829 mit Zustimmung des Königs aufstellte. Die folgenden Grundsätze besaßen über das ganze 19. Jahrhundert hin für die preußische Schulpolitik maßgebliche Gültigkeit. Die Volksschulen sollten „dahin wirken, dass das Volk
1. den christlichen Glauben einfach und dem Evangelio gemäß, aber mit Lebendigkeit und Innigkeit auffasse und ergreife;
2. in diesem Glauben den Grund und Antrieb zu einem sittlichen und durch festen christlichen Glauben glücklichen Leben finde;
3. innerhalb des von Gott angewiesenen, beschränkten Kreises klar und wahr denke;
4. seine Gedanken in diesem Kreise kurz und bündig auszusprechen;
5. fremde, seine Sphäre berührende und betreffende Gedanken leicht und richtig aufzufassen vermöge;
6. dass es lesen, schreiben, rechnen und singen lerne;
7. dass es seinen Regenten und sein Vaterland liebe, mit dessen Einrichtungen, Gesetzen usw. nach Bedürfnis und Maßgabe seines Standpunktes bekannt, mit seinem Zustande zufrieden sei und in seiner Sphäre ruhig und befriedigt lebe;
8. die unerlässlichen gemeinnützigen Kenntnisse von der Natur, deren Behandlung und Benutzung, Gesunderhaltung des Leibes usw. erlange;
9. dass es in Summa mit einem kräftigen, gewandten Leibe, geweckten Geiste und richtigen Gefühle Gott, dem Könige und dem Vaterlande und sich selbst dienen könne und wolle" (zitiert nach Leschinsky/Roeder 1976, 73).
Spätestens die Punkte 7 und 9 dieses Aufgabenkataloges machten jedem Lehrer klar, dass die Schule vorrangig der Stabilisierung der gegebenen politischen Ordnung dienen sollte.

Eine Reihe weiterer Maßnahmen des Kultusministeriums zielte darauf, alle *Politica* aus der Schule zu verweisen. So wurde 1831 verboten, Tagesbegebenheiten oder Gegenstände der Politik zu Beispielen, Diktaten und ähnlichem heranzuziehen. Entsprechend wurde aus den Abiturnormen die Bestimmung für das Fach Geschichte gestrichen, „genaue Bekanntschaft mit der Entwicklung, Verfassung und den inneren Verhältnissen der jetzt bestehenden Staaten" zu vermitteln.
Insgesamt gilt festzustellen, dass der Unterricht über Politik seinen Ende des 18. Jahrhunderts erreichten Stand so gut wie überall wieder preisgeben musste (Flitner 1957b, 141 ff.).

Preußische Schulpolitik in christlich-konservativem Geist von 1848 bis 1870

Die Revolution von 1848 verstärkte noch die restaurativen Tendenzen der preußischen Schulpolitik. Deutlich wurde dies in der Ansprache König Friedrich Wilhelms IV. auf einer Seminarlehrerkonferenz im Februar 1849. Diese Konferenz war einberufen worden, um ein Unterrichtsgesetz vorzubereiten und die Lehrerbildung neu zu regeln. In Preußen gab es 1837 insgesamt 45 Lehrerseminare. In ihnen wurden die Volksschullehrer ausgebildet. Die Seminare galten als liberal.
Der König nutzte die Gelegenheit, den versammelten Seminardirektoren und Seminarlehrern die Schuld am Ausbruch der Revolution zuzuweisen. Er fuhr sie mit den Worten an: „All' das Elend, das im verflossenen Jahre hereingebrochen, ist Ihre, einzig Ihre Schuld, die Schuld der Afterbildung, der irreligiösen Menschenweisheit, die Sie als echte Weisheit verbreiten, mit der Sie den Glauben und die Treue in dem Gemüte Meiner Untertanen ausgerottet und deren Herzen von Mir abgewendet haben. Diese pfauenhaft aufgestutzte Scheinbildung habe Ich schon als Kronprinz aus innerster Seele gehasst und als Regent alles aufgeboten, um sie zu unterdrücken. Ich werde auf dem betretenen Wege fortgehen, ohne Mich irren zu lassen; kei-

ne Macht der Erde soll Mich davon abwendig machen" (zitiert nach Michael/Schepp 1973, 313).

Der König berief Karl Otto von Raumer zum Kultusminister. Der neue Minister war mit dem König darin einig, dass den Herausforderungen der Zeit nur auf der Basis des traditionellen christlichen Ordnungsdenkens begegnet werden könne. Dieses müsse neu befestigt werden, um der revolutionären Flut den Damm legitimer Ordnung und Autorität entgegensetzen zu können.

Die bedeutendste Wirkung der Raumerschen Amtsperiode ging von den drei *Regulativen* vom 1., 2. und 3. Oktober 1854 aus. Diese waren von Ferdinand Stiehl verfasst worden und betrafen die Grundsätze für die Ausbildung an den evangelischen Lehrerseminaren sowie Einrichtung und Unterricht der evangelischen Elementarschulen. Ferdinand Stiehl, ursprünglich Seminarlehrer und Seminardirektor sowie für einige Jahre Mitglied der konservativen Fraktion im preußischen Abgeordnetenhaus, war ab 1844 im preußischen Kultusministerium in der Volksschulverwaltung tätig.

Die Stiehlschen Regulative waren von einer staatspatriotischen Tendenz gekennzeichnet. Statt einer vielseitigen Allgemeinbildung sollte in den Seminaren das gelehrt werden, was zu den elementaren Aufgaben des Lehrers gehörte. Die Lehrer sollten daran mitwirken, „dass die Jugend erzogen werde in christlicher, vaterländischer Gesinnung und in häuslicher Tugend". Es passte zu diesem Auftrag, dass die zukünftigen Lehrer während ihrer Ausbildung sich nicht durch das Lesen klassischer Literatur ablenken lassen sollten. Dagegen sollte in den Lektürekanon Aufnahme finden, „was nach Inhalt und Tendenz kirchliches Leben, christliche Sitte, Patriotismus und sinnige Betrachtung der Natur zu fördern und nach seiner volkstümlich anschaulichen Darstellung in Kopf und Herz des Volkes überzugehen geeignet ist" (zitiert nach Rönne 1855, 907).

Die Regulative bedeuteten auch eine scharfe Ablehnung des neuhumanistischen Konzepts einer einheitlichen, auf dem Prinzip der Selbsttätigkeit fundierten Grundbildung. So hieß es im 3. Regulativ unmissverständlich: „Der Gedanke einer allgemein menschlichen Bildung durch formelle Entwicklung der Geistesvermögen an abstraktem Inhalt hat sich durch die Erfahrung als wirkungslos und schädlich erwiesen."

Dem Neuhumanismus setzte Stiehl ein konservativ und staatskirchlich geprägtes Erziehungskonzept entgegen: „Das Leben des Volkes verlangt seine Neugestaltung auf Grundlage und im Ausbau seiner ursprünglich gegebenen und ewigen Realitäten und auf dem Fundament des Christentums, welches Familie, Berufskreis, Gemeinde und Staat in seiner kirchlich berechtigten Gestaltung durchdringen, ausbilden und stützen soll. Demgemäß hat die Elementarschule, in welcher der größte Teil des Volkes die Grundlage, wenn nicht den Abschluss seiner Bildung empfängt, nicht einem abstrakten System oder einem Gedanken der Wissenschaft, sondern dem praktischen Leben in Kirche, Familie, Beruf, Gemeinde und Staat zu dienen und für dieses Leben vorzubereiten" (zitiert nach Rönne 1855, 921).

Es ging den Regulativen nicht in erster Linie um Verstandesbildung, sondern um die Prägung der Gesinnung. So hieß es an einer Stelle des 3. Regulativs: „Wo es aus der Kirche, dem Vaterlande und der Natur in das Leben tretenden Tatsachen gilt, *da geht der Unterricht in Feier und Betrachtung über*, die vorzugsweise das Gemüt, den Willen und Charakter erfasst *und die Kinder schon früh sich als Glieder einer von Gott geordneten Gemeinschaft erkennen lässt*" (zitiert nach Rönne 1855, 926).

Es erstaunt nicht, dass die Regulative dem Religionsunterricht eine zentrale Rolle im Elementarunterricht beimaßen. Sechs Wochenstunden in Religion standen zwölf Stunden in Lesen und Schreiben, fünf Stunden in Rechnen und drei Stunden im Gesang gegenüber. Für die älteren Kinder waren fakultativ noch drei Stunden für Vaterlands- und Naturkunde und eine

Stunde für Zeichnen vorgesehen. Der historisch-politische Bereich war mithin in der Elementarschule eher unbedeutend.

Gleichwohl achteten die Regulative darauf, dass in den Schulen das Richtige vermittelt wurde. So verpflichtete das 3. Regulativ den Lehrer mit deutlichen Worten, „durch lebendiges Wort die Jugend einzuführen in die Kenntnis der Geschichte unserer Herrscher und unseres Volkes wie der göttlichen Leitung, die sich in derselben offenbart, und Herz und Sinn der Schüler mit Liebe zum König und mit Achtung vor den Gesetzen und Einrichtungen des Vaterlandes zu erfüllen" (zitiert nach Rönne 1855, 925). Patriotische Lieder und patriotische sowie kirchliche Gedenktage sollten als Anknüpfungspunkte dienen. Die Gedenktage seien feierlich zu begehen. Genannt wurden der Krönungstag von 1701, Luthers Geburts- und Todestag, die Schlacht bei Waterloo, die Geburtstage von Friedrich Wilhelm III. und Friedrich Wilhelm IV., die Völkerschlacht bei Leipzig und der Reformationstag.

Diesen Vorgaben entsprach der vom 1. Regulativ vorgesehene Unterricht in Geschichte und Geographie an den Lehrerseminaren. Beide Fächer sollten das Vaterland in den Mittelpunkt stellen. Denn es sei die Aufgabe der künftigen Lehrer, „bei dem heranwachsenden Geschlecht und in ihrer Umgebung Kenntnis der vaterländischen Erinnerungen, Einrichtungen und Personen aus der Vergangenheit und Gegenwart und damit Achtung und Liebe zu der Herrscherfamilie vermitteln zu helfen." (zitiert nach Rönne 1855, 908). Der Geschichtsunterricht sollte sich folglich auf die deutsche und vornehmlich auf die preußische Geschichte beschränken. Ausdrücklich abgelehnt wurde dagegen eine Unterrichtung in allgemeiner Weltgeschichte. Eine solche Unterrichtung würde nämlich nur Unklarheit und Verbildung erzeugen.

Die Regulative blieben 18 Jahre lang in Kraft, nämlich bis 1872. Ihre politische Absicht war unmissverständlich: Das gesamte Schulleben sollte auf einem christlich-konservativen Geist ruhen. Das Bildungswesen sollte hinter den von der Aufklärungspädagogik und dem Neuhumanismus erreichten Stand zurückgeführt werden.

3.2 Theoretische Konzeptionen zur politischen Bildung und Erziehung

Die Zeit um die Wende vom 18. zum 19. Jahrhundert mit ihren Umbrüchen regte Wissenschaftler der verschiedenen Disziplinen zu theoretischen Entwürfen über die Aufgaben der Schule an. In den Entwürfen spielte die politische Bildung und Erziehung eine nicht unerhebliche Rolle. Neben den Staatserziehungswissenschaftlern verdient insbesondere Johann Gottlieb Fichte Aufmerksamkeit.

Die Systeme der Staatserziehungswissenschaft

Die ersten *Monographien* zur politischen Bildung und Erziehung überhaupt gehen auf Autoren zurück, die üblicherweise als Staatserziehungswissenschaftler bezeichnet werden. Der Begriff *Staatserziehungswissenschaft* bezeichnet den gemeinsamen Nenner wissenschaftlicher Arbeiten, die sich insbesondere mit zwei Fragen auseinander setzten: Erstens mit der Frage, ob und in welcher Weise die Erziehung Angelegenheit des Staates sei. Und zweitens mit der Frage, woraufhin der Staat erziehen müsse. Diese zweite Frage berührte das Aufgabenfeld der politischen Bildung und Erziehung unmittelbar.

Die Staatserziehungswissenschaftler wirkten in der verhältnismäßig kurzen Zeitepoche von etwa fünfundzwanzig Jahren. Das erste Werk erschien 1787, das letzte 1810. Die Staatserziehungswissenschaftler standen unter dem Eindruck der kantischen Philosophie. Das führte dazu, dass sie einen starken Hang zum Systematisieren verspürten.
Bedeutsame Vertreter der Staatserziehungswissenschaft waren der an verantwortlicher Stelle in der Schulverwaltung tätige *Heinrich Stephani*, der in Halle lehrende Kameralwissenschaft-

ler *Christian Daniel Voß*, der Wittenberger Professor für Natur- und Völkerrecht *Karl Heinrich Ludwig Pölitz* sowie der Königsberger Philosophieprofessor *Wilhelm Traugott Krug*.

Die *Titel* der Werke der Staatserziehungswissenschaft verraten, worum es ihren Vertretern ging: *Über die Erziehung sofern sie ein Gegenstand der Politik ist. Von der Verbindung der häuslichen Erziehung mit der öffentlichen. Versuch über die Erziehung für den Staat – als Bedürfnis unsrer Zeit, zur Beförderung des Bürgerwohls und der Regentensicherheit. Über die Erziehung des Menschengeschlechts durch den Staat. Von der Erziehung zum Patriotismus und über Bürgerschulen. Die Erziehung des Menschen zum Staatsbürger. Ideen über Nationalerziehung besonders in Rücksicht auf die Königlich Preußischen Staaten. System der öffentlichen Erziehung. Über einige Hindernisse, die den Erfolg der Erziehung und die vermehrte Wohlfahrt der Staaten aufhalten. Die Erziehungswissenschaft, aus dem Zwecke der Menschheit und des Staates praktisch dargestellt. Erziehung und Aufklärung einer Nation durch den Staat. Über das wahre Verhältnis des Staates zur Erziehung. Der Staat und die Schule, oder Politik und Pädagogik in ihrem wechselseitigen Verhältnisse zur Begründung einer Staatspädagogik dargestellt.*

Heinrich Stephanis Plädoyer für eine weltbürgerliche Erziehung

In weit höherem Maße als alle Pädagogen vor ihm erkannte und berücksichtigte Heinrich Stephani (1761-1850) die Aufgabe der Schule, staatsbürgerliche Bildung und Erziehung zu pflegen. Die hierfür maßgeblichen Werke waren der 1797 veröffentlichte *Grundriss der Staatserziehungswissenschaft* sowie das *System der öffentlichen Erziehung* aus dem Jahr 1805. Das *System der öffentlichen* Erziehung erlebte 1813 die zweite Auflage. Stephani war zunächst Leiter des Kirchen- und Schulwesens in der unterfränkischen Grafschaft Castell gewesen. 1808 wurde er zum bayerischen Schulrat berufen. Er wirkte in Augsburg, Eichstätt und Ansbach. Stephani war sehr stark von Kant beeinflusst. Dies ist leicht an seinem Bemühen zu erkennen, die Vielfalt der erzieherischen Aspekte streng zu systematisieren.

Der erste Teil von Stephanis Staatserziehungswissenschaft befasste sich mit der „Erziehung des Menschen als Menschen", der zweite mit der Erziehung „des Menschen als Bürger". Diese beiden Teile, so Stephani, behandelten den *gesamten* Stoff der Erziehung. Alles, was sich nicht entweder auf die Vervollkommnung der menschlichen Natur *an sich selbst* oder auf die Vervollkommnung derselben durch den *gesellschaftlichen Umgang* beziehe, gehöre nicht in das Gebiet der Erziehung. Es versteht sich, dass nur die Erziehung des Menschen als Bürger etwas mit politischer Bildung und Erziehung zu tun hat.

Die *Erziehung zum Menschen* begriff Stephani so, dass sie aus vier Teilen bestand, nämlich der *physischen*, der *ästhetischen*, der *intellektuellen* und der *praktischen* Erziehung.
Die *physische* Erziehung habe es zu tun mit der organischen Ausbildung des Körpers, der Gesundheitserziehung, der „natürlichen Gewandtheit des Körpers" sowie der „Schönheit des Körpers". Die *ästhetische* Erziehung diene der Bildung des Geschmackssinnes, des Sinnes für Wahrheit und des sittlich religiösen Gefühls.
Die *intellektuelle* Erziehung gliedere sich in die *formale* Bildung des Verstandes, die *materiale* Bildung des Verstandes und die Bildung des Gedächtnisses. Während zu der formalen Verstandesbildung und Gedächtnisbildung nichts weiter zu sagen ist, verhält es sich mit der materialen Bildung anders. Diese differenzierte Stephani nämlich in eine Fülle von Gegenständen aus: So in die Naturbeschreibung, die Physik, die Mathematik und die „Kenntnis unserer selbst", womit die Anthropologie gemeint war. Die Naturbeschreibung gliederte er noch einmal auf, nämlich in Astronomie, Geographie, Mineralogie, Botanik, Zoologie und Chemie.
Die *praktische* Erziehung schließlich unterteilte Stephani in die pragmatische und die moralische Erziehung. Die *pragmatische* Erziehung ziele auf das Erlernen der Kunst, ein glückseli-

ges Leben zu führen. Die *moralische* Erziehung ziele auf Sittlichkeit. Sie verlange einen Moralunterricht sowie eine „religiöse Beihilfe" (Stephani 1813, 87-113).

Nach Stephani hat die *Erziehung zum Bürger* den Zweck, „dem Menschen diejenigen Kenntnisse und Fertigkeiten beizubringen, die sich unmittelbar auf die gesellschaftlichen Verhältnisse beziehen, in welchen er mit den anderen Menschen stehet" (Stephani 1797, 64). Diese Kenntnisse und Fertigkeiten seien teils solche, welche „allen Staatsmitgliedern" nützlich seien, teils solche, die nur für „gewisse Klassen" notwendig und brauchbar seien. Die ersteren machten die *generelle*, die letzteren die *spezielle* Erziehung aus. Die generelle Erziehung unterteile sich noch einmal in die *weltbürgerliche* und die *staatsbürgerliche* Erziehung.

Dem Verhältnis der weltbürgerlichen oder kosmopolitischen Erziehung zur staatsbürgerlichen Erziehung widmete Stephani erhebliche Aufmerksamkeit. Unschwer ist dabei die Herkunft seines Kosmopolitismus aus der kantischen Philosophie zu erkennen. Das Besondere an Stephani ist, dass er die Erziehung zum weltbürgerlichen Bewusstsein als die grundlegendere betrachtete. Die staatsbürgerliche Erziehung dürfe die vorrangige weltbürgerliche Erziehung nicht konterkarieren und damit aufheben.

Die *weltbürgerliche Erziehung*, so Stephani, leite sich ab aus dem Vernunftspruch, dass die Menschen sich als Mitglieder der ganzen über den Erdboden verbreiteten Menschenfamilie zu betrachten hätten. Dieser Menschenfamilie sei aufgegeben, „sich immer mehr dem Zustande des allgemeinen Friedens und gegenseitiger brüderlicher Hilfsleistung zur Realisierung der gemeinschaftlichen Bestimmung zu nähern." Außer in diesem *natürlichen* Gesellschaftszustand befänden sich die Menschen aber noch in einem *besonderen* Gesellschaftsbündnis „mit einem Teil der Menschen zu noch näherer Verbindung für jenen höchsten Zweck unseres Daseins." Daher unterteile sich die bürgerliche Erziehung in die weltbürgerliche und in die staatsbürgerliche. „Von diesen verdient die erste vorangestellt zu werden, weil wir eher Mitglieder der großen Menschenfamilie sind als Staatsbürger und *keinesweges aus jenem natürlichen Vereine heraustreten*, um ein künstliches Verein *gegen jenes* zu schließen" (Stephani 1813, 114 f.).

Stephani begründete eingehend, warum der weltbürgerlichen Erziehung der Vorrang zukomme: Er führte hierzu aus: „Augenscheinlich hängt die Erreichung der Bestimmung des ganzen Menschengeschlechts auch davon ab, wie alle seine Mitglieder gegeneinander im allgemeinen gesinnet sind. Je gerechter und liebevoller der Geist werden wird, der sie wechselseitig beseelen soll, und *je inniger das Interesse ist, das sie an der Wohlfahrt ihres ganzen Geschlechtes nehmen*: mit desto größerer Zuversicht lässt sich prophezeien, dass Sittlichkeit und Glückseligkeit sich immer weiter über den Erdboden ausbreiten werden. Jeder Staat hat daher die Verbindlichkeit auf sich, diesen weltbürgerlichen Geist zu pflegen, und würde mit sich selbst (dem Zwecke seines ganzen Wesens) in dem ungeheuersten Widerspruche stehen, wenn er es sich stattdessen zur Maxime machen wollte: bei dem seiner Erziehung anvertrauten Teile des Menschengeschlechtes auf *menschenfeindliche* oder auch nur *lieblose Gesinnungen* gegen die übrigen hinzuwirken" (Stephani 1813, 115 f.).

Stephani erstreckte die weltbürgerliche Erziehung auf fünf Sachgebiete, nämlich auf Recht, Ökonomie, Politik, Geschichte und Statistik. Der Unterricht in der Rechtswissenschaft habe die Aufgabe, „jedem die nötige Kenntnis von den allgemeinen menschlichen Rechten und Verbindlichkeiten mitzuteilen." Durch die ökonomische oder Haushaltungswissenschaft solle jeder lernen, einer Familie vorzustehen. Die Politik vermittle „die Kenntnis von dem Zwecke und der guten Einrichtung eines Staates überhaupt." Die Geschichte müsse als Weltgeschichte gelehrt werden und dabei zeigen, wie die Menschenfamilie ihrer gemeinschaftlichen Bestimmung nachgestrebt habe. Die Statistik solle den Weltbürger lehren, „wie der gegenwärtige politische Zustand seiner Mitbrüder in allen Staaten beschaffen sei."

Die *staatsbürgerliche Erziehung* begründete Stephani wie folgt: „Wir Menschen leben außer dem allgemeinen gesellschaftlichen Verbande noch in einem engern Vereine unserer Kräfte zur Beförderung des höchsten Gutes, welchen man das staatsbürgerliche nennt. Es findet daher auch eine *Erziehung für den Staat* statt, das heißt: eine Bildung aller vereinigten Kräfte, die *für diesen modifizierten Zustand der Menschen* berechnet ist" (Stephani 1813, 120).

Die staatsbürgerliche Erziehung beziehe sich auf den Staat, in dem die Menschen jeweils lebten. So benötige der deutsche Staatsbürger die „Kenntnis der deutschen Sprache, die jeder wohl lesen, schreiben und verstehen muss", die Kenntnis der Geschichte und Verfassung von Deutschland sowie „besondere Kenntnis von dem deutschen Lande, in welchem ein jeder lebt. Der Franke muss folglich den fränkischen Kreis und die für ihn so wohltätige Kreisverfassung kennen lernen usw." Stephani plädierte mit dem zuletzt genannten Gegenstandsbereich also für eine Art *Heimatkunde*.

In den Worten Stephanis nimmt die *spezielle Erziehung zum Bürger* „auf den von der Natur gemachten Unterschied des Geschlechtes bei den Menschen Rücksicht und teilt sich daher in zwei Hauptklassen, in die männliche und in die weibliche."

Um ihren Verantwortungsrollen gerecht zu werden, bräuchten die *Männer* technologische, staatsrechtliche, militärische und berufskundliche Kenntnisse. Mit den *technologischen* Kenntnissen meinte Stephani Kenntnisse, die für die Führung eines Familienhaushaltes nötig waren. Die Männer müssten sich in der „bürgerlichen Verkehrskunde" auskennen, also im Privatrecht, im Geldwesen und in den Maßen. Die Männer bräuchten dieses Wissen, weil sie als Vorsteher von Familien für deren Ernährung zu sorgen hätten.
Aus demselben Grunde benötigten die Männer auch *staatsrechtliche* Kenntnisse, denn als Häupter der Familien übten sie Rechtsgeschäfte für die Familienangehörigen aus.
Die Notwendigkeit *militärischer* Kenntnisse ergebe sich aus dem Umstand, dass die Männer als „der aktive Teil der Staatsbürgerschaft" die Pflicht hätten, „die einander garantierten Rechte und Gesetze (das Vaterland) gegen jeden Feind zu verteidigen; daher gehöret zu einer vollkommenen Erziehung des Bürgers auch die militärische, damit jeder sein Vaterland zu verteidigen verstehe."
Schließlich gebe die *berufskundliche* oder professionelle Erziehung einen Einblick in die Welt der Arbeit. Zu berücksichtigen seien vier große Berufszweige, nämlich die produzierenden (die Landleute), die verarbeitenden (die Handwerker und Künstler), die handelnden (die Kaufleute) Berufe sowie die Staatsbeamten.

Zur Erziehung der *Frauen* gehöre, dass sie als künftige Hausmütter alles zur weiblichen *Hauswirtschaft* Gehörende verstehen lernten. Als künftige Gattinnen müssten sie ihre Rechte und Verbindlichkeiten in der *Familie* wie auch die nötigen Klugheitsregeln im Betragen gegen den Mann und das Gesinde kennen lernen. Schließlich müssten sie als zukünftige Mütter die *Kindererziehung* beherrschen (Stephani 1797, 68 f.).

Stephanis Bedeutung bis in die Gegenwart liegt in seinem Plädoyer für den Primat einer weltbürgerlichen Erziehung. Darin unterschied er sich von seiner Zeit, die auf eine Erziehung zum Patriotismus fixiert war. Da es in der weltbürgerlichen und der staatsbürgerlichen Erziehung eher um Kenntnisvermittlung als um Verhaltensprägung gehen sollte, stellte Stephani im Grunde ein Bildungsprogramm und weniger ein Erziehungsprogramm auf.

Christian Daniel Voß: Sicherheit für die Throne durch politische Bildung

Im Unterschied zu Stephani sprachen die meisten Staatserziehungswissenschaftler unbekümmert aus, dass die Erziehung in erster Linie der Stabilisierung der bestehenden monarchischen Ordnung zu dienen habe. So schrieb Christian Daniel Voß (1761-1821) in seinem aus zwei

Teilen bestehenden *Versuch über die Erziehung für den Staat*: „Von dem Lehrstande muss der Regent, der Staatsdiener, der Staatsbürger die Kenntnisse erhalten, durch ihn zu den Gesinnungen gelangen, welche allein imstande sind, den Thronen Sicherheit, den Staaten Ruhe und Kraft zu gewähren." Voß fügte hinzu: „Der Monarch, der den Lehrstand in seinem Staate gedeihen lässt, ihn sich zu verbinden, seine Kräfte zur Beförderung des Staatszwecks zu benutzen versteht, wird nie Ursache haben, es zu bereuen" (Voß 1799, 82 f.).

Voß sah einen schweren Mangel allen bisherigen Unterrichts darin, dass man immer nur die persönlichen Zwecke des Zöglings, sein späteres Fortkommen, im Auge hatte: Über sein Verhältnis zum Staate, seine Verpflichtung zu diesem bleibe dieser meistens so unwissend, wie sein Herz kalt und teilnahmslos an allem sei, was der Vervollkommnung des Staates diene, ihm selbst aber keine persönlichen Vorteile gewähre (Voß 1799, 124).

Voß forderte daher eine Erziehung zum Staatsbürger, in der den Menschen entsprechende Fertigkeiten, Kenntnisse und Gesinnungen vermittelt würden. Bei einer solchen Erziehung „würde der Staat Hauptgegenstand, der Zweck des Staats Zweck der Erziehung sein. Eine solche Erziehung wäre daher eigentlich *Erziehung für den Staat*", und sie wäre auch „Angelegenheit des Staats" (Voß 1799, 124 f.).

Die Erziehung verlange nun einen besonderen Unterricht: „Sind die Begriffe vom Staat und dessen Zwecke, von Rechten und Pflichten der Staatsbürger, von der Notwendigkeit und dem Werte der obrigkeitlichen Gewalt usw. keine Hirngespinste; ist Patriotismus oder Bürgersinn keine Schimäre: so müssen jene erlernt und dieser erlangt werden können; sie müssen nur durch einen eigentümlichen Unterricht, eine besonders dahin gerichtete Gewöhnung erlangt werden können" (Voß 1799, 125).

Heutige Betrachter muss es erstaunen, dass Voß einen äußerst umfassenden Begriff der Erziehung für den Staat vertrat. Denn er differenzierte diese Erziehung nach zwei Gesichtspunkten in insgesamt sechs Abschnitte. Der *Sache* nach unterschied er die körperliche, die sittliche und die allgemeine staatsbürgerliche Erziehung. Den *zukünftigen Funktionen* der Zöglinge nach unterschied er die Erziehung für die „Bestimmung als Industrie- oder Produktionsbürger", die Staatsdiener- sowie die Regentenerziehung (Voß, 140 f.).

Den Kern bildete zweifellos die allgemeine, also die eigentliche staatsbürgerliche Erziehung. Die Unterweisung über den Staat, seine Zwecke und Einrichtungen sei aus zwei Gründen nötig: Zum einen sorge diese Unterweisung dafür, dass der Einzelne nicht einst den Hetzereien der „politischen Kannengießer und Revolutionsmänner" kritiklos gegenüberstehe. (Voß 1799, 250). Zum anderen bewirke die Unterweisung in politischen Dingen, dass die politische Urteilsfähigkeit wachse. Eine solche sei besonders dringlich, denn: „Es ist eine Art von Halbwisserei verbreitet, welche weit gefährlicher als Unwissenheit ist. Im Urteilen über Staat und Regierung hat sich eine Leichtigkeit und ein rasches Zufahren durch alle Stände verbreitet." Das könne aber nicht geduldet werden (Voß 1799, 255).

Voß nahm im weiteren Verlauf die Perspektive eines Staatsphilosophen ein und führte aus: „Der Staatsphilosoph spricht jedem die Kompetenz des Urteilens durchaus ab, wer nicht wenigstens einiges Studium auf diesen Gegenstand verwandt hat. Der politische Kannengießer hingegen erklärt bei jeder Gelegenheit, dass zu der Beurteilungsfähigkeit alles dessen, was zum Staate und zum Regieren der Staaten gehöre, durchaus nichts weiter erforderlich sei als gesunder Menschenverstand. Der Staatsphilosoph fordert einen besonderen Unterricht für einen jeden Staatsbürger über den Begriff und Zweck des Staats und sein Verhältnis in demselben. Nur unter dieser Bedingung erklärt er ihn für fähig, seine Rechte wahrzunehmen und seine Pflichten zu erfüllen" (Voß 1799, 253 f.).

Es war nur konsequent, dass Voß verlangte, in „jedem Schul- und Erziehungsinstitute sei daher eine Abteilung für den Unterricht in den Staatsbürgerkenntnissen" einzurichten. Der von dieser Abteilung zu besorgende Unterricht solle mit der *Geographie* beginnen. Danach solle sich, je nach Schulart, eine mehr oder weniger eingehende Belehrung über die gegenwärtigen Verhältnisse der Staaten, besonders des eigenen, anschließen. Diese Belehrung bilde zugleich die „schickliche Vorbereitung" für den *Geschichtsunterricht*.
Den Abschluss sollten abstraktere Erörterungen über Wesen und Bestimmung des Staates bilden. In diesem Zusammenhang seien auch die Notwendigkeit des Staates, die daraus sich ableitende Unterwerfung des Einzelnen unter die Obrigkeit wie auch die Rechte und Pflichten der Obrigkeit und der Untertanen aufzuzeigen (Voß 1799, 258 ff.).

Voß erwartete vom staatsbürgerlichen Unterricht beim Zögling die Einsicht, „dass *Gehorsam* gegen Gesetz und Regierung seine erste und wesentlichste Verpflichtung im Staate sei und warum sie es sei." Darüber hinaus werde sich der Zögling daran gewöhnen, „seine egoistischen Forderungen zu mäßigen, sich als ein Teil des Ganzen zu betrachten und nur für dieses Ganze, dessen Teil er ist, Ansprüche an die Inhaber der höchsten Gewalt machen." Letztlich solle der Unterricht den Einzelnen geneigt machen, „sein Wohl und Weh in dem Wohl und Weh des Ganzen zu empfinden." Der so begründete *Patriotismus* werde jedenfalls „den Regierungen ihre Geschäfte in allen Teilen der Staatsverwaltung ungemein erleichtern" (Voß 1799, 261 f., 264).

Voß war kritisch gegenüber den *kosmopolitischen* Tendenzen der Aufklärung eingestellt. Zwar bemerkte er, „allgemeine Staatsbürgerkenntnis begründe mehr den Kosmopolitismus als den Patriotismus", aber genau deshalb müsse die Beziehung auf das eigene Land stets hervorgehoben werden. Es komme nicht auf Kosmopolitismus an, sondern darauf, den „Nationalgeist" zu wecken. Zu diesem Zwecke empfahl er *Nationalfeste* und *patriotische Feiern* (Voß 1799, 268 f.).

Johann Gottlieb Fichtes Konzept der Nationalerziehung

Johann Gottlieb Fichte (1762-1814) war ein an der Politik leidenschaftlich interessierter Philosoph. Er wirkte als Professor an den Universitäten Jena, Erlangen und Berlin. Zunächst ein Anhänger der Französischen Revolution, verschrieb er sich nach der Niederlage Preußens gegen Napoleon dem nationalen Gedanken und der nationalen Erneuerung Deutschlands. Unter persönlicher Gefahr schrieb er 1807 bis 1808 die *Reden an die deutsche Nation*. In diesen Reden formulierte er den Gedanken der *Nationalerziehung*. Die Nationalerziehung war als erzieherisches Gesamtkonzept angelegt. Sie war also nicht lediglich eine neue Form der politischen Bildung und Erziehung. Gleichwohl strahlte sie auf zukünftige politische Bildungskonzeptionen aus.

Auslöser von Fichtes Erziehungstheorie war seine Analyse der Zeitgeschehnisse, die er geschichtsphilosophisch beurteilte. Er sprach von einer welthistorischen Wende, die das Zeitalter der Sünde und des Abfalls beende und das Zeitalter der Ideen einläute. Die soeben ablaufende Zeit sei gekennzeichnet durch das Denken der Aufklärung. Dieses Denken habe einen selbstsüchtigen Individualismus, ein plattes Glückseligkeitsdenken und ein auf gegenseitige Wohlfahrt begrenztes Streben befördert. Dies alles habe zu einem Verfall der Sittlichkeit und der inneren Kraft der Völker geführt (Fichte 1915, 8 ff., 23 ff.).
Das neue Zeitalter der wissenden Vernunft führe dagegen zu einem Leben in der Idee. Ein Leben in der Idee hieß für Fichte, in Religion, Wissenschaft und Kunst, aber auch im Volk und in der Nation Objektivierungen des Göttlichen zu erkennen und daran teilzuhaben.

Die Erziehung müsse die Menschen zum wahren Leben in der Idee führen, d.h. zu den metaphysischen Wurzeln menschlichen Seins, zur Liebe zum Guten schlechthin und damit zur wahren Sittlichkeit (Fichte 1915, 29, 38 ff.). Jeder solle dem Reich der Ideen zugehören können. Denn ohne diese Bindung sei der Mensch im doppelten Sinne dem Tode verfallen: Dem Tod der Seele, denn er glaube an keinen Gott, und dem Tod des Geistes, denn er habe nichts, das ihn über sein zufällig-zeitliches Dasein erhebe.

Die von Fichte geforderte Erziehung kam einer gänzlichen Umschaffung des Menschen gleich. Sie verlangte eine radikale Umkehr im Denken und Handeln. Sie bedeutete eine Abwendung von den Dingen der Sinnenwelt und eine Hinwendung zum Ideenhaften. Fichte schrieb: „In der Regel galt bisher die Sinnenwelt für die rechte, eigentliche, wahre und wirklich bestehende Welt, sie war die erste, die dem Zöglinge der Erziehung vorgeführt wurde; von ihr erst wurde er zum Denken und zwar meist zu einem Denken über diese und im Dienste derselben angeführt. Die neue Erziehung kehrt diese Ordnung geradezu um. Ihr ist nur die Welt, die durch das Denken erfasst wird, die wahre und wirklich bestehende Welt; in diese will sie ihren Zögling, sogleich wie sie mit demselben beginnt, einführen" (Fichte 1915, 155 f.). Den Sinn aller Erziehung gab also die Philosophie vor. Die Politik spielte dabei keine Rolle. Man kann sogar die Feststellung treffen, dass der Inhalt der Erziehung aus der spekulativen Philosophie des deutschen Idealismus stammte (Röhrig 1964, 79 ff.).

Das Ziel der Erziehung zu erreichen hing für Fichte von der *deutschen Nation* ab. Nur das deutsche Volk sei fähig, in Stellvertretung für die gesamte Menschheit sich aus der sittlichen Verderbtheit zu erheben. Denn nur die Deutschen könnten noch ursprünglich denken und echt fühlen. Sie könnten aufgrund ihrer unverbildeten Sprache das antike Erbe in seiner ganzen Tiefe ergreifen und, davon angeregt, gänzlich neue geistige Gebilde hervorbringen. Hinzu komme ihr Freiheitsglaube und ihre schöpferische Begabung. Deshalb seien sie das Urvolk schlechthin (Fichte 1915, 58, 67 ff., 71 ff., 90 f., 109).
Dass Fichte sein großes Erziehungsprogramm auf die deutsche Nation bezog, war folglich nur konsequent. Denn die deutsche Nation musste ja zu jener geistigen Reife geführt werden, derer sie zur Erfüllung ihrer Sendung im Dienste des Menschengeschlechts bedurfte.

Nationalerziehung der Deutschen bedeutete ein Doppeltes: Erhaltung der deutschen Nation und Zurückdrängung des aufklärerischen Individualismus. Die Erhaltung der deutschen Nation solle durch Vaterlandsliebe bewirkt werden. Wenn diese Liebe Bestand haben solle, dann müsse das Vaterland aber als Abbild des Ewigen und Ideenhaften begriffen werden. Fichte formulierte diesen Gedanken so: „Jener zu erzeugende Geist führt die höhere Vaterlandsliebe, das Erfassen seines irdischen Lebens als eines ewigen und des Vaterlandes als des Trägers dieser Ewigkeit und, falls er in den Deutschen aufgebaut wird, die Liebe für das deutsche Vaterland als einen seiner notwendigen Bestandteile unmittelbar in sich selber; und aus dieser Liebe folgt der mutige Vaterlandsverteidiger und der ruhige und rechtliche Bürger von selbst" (Fichte 1915, 156). Sei die *Idee* des Vaterlandes einmal zur Geltung gebracht, falle die Selbstsucht von den Angehörigen der Nation ab. Die Erneuerung des Menschengeschlechts könne dann von den Deutschen aus ihren Anfang nehmen. Zivilisationsverderben, Machtstreben und politische Kämpfe würden schließlich der Vergangenheit angehören.

Fichte verstand unter der Nation nicht das, was man später darunter verstand, nämlich ein durch Blutsverwandtschaft und Geschichte zusammengehörendes Volk. Auch dort, wo Fichte mit großem Pathos von der Vaterlandsliebe sprach, dachte er weltbürgerlich. Als Kantianer war Fichte kosmopolitisch orientiert, nicht nationalistisch. Die deutsche Nation war nur das Medium, durch das die Bildung des Menschengeschlechts zur Geistigkeit auf den Weg gebracht werden sollte.

Für die organisatorische und pädagogische Umsetzung der Nationalerziehung entwickelte Fichte genaue Vorstellungen. Fast alle dieser Vorstellungen waren mit Auswirkungen auf die politische Sozialisation der Zöglinge verknüpft. Einige dieser Vorstellungen hatten darüber hinaus unmittelbare Konsequenzen für die politische Bildung und Erziehung.

Zunächst sprach Fichte mit der *Nation* das „Volk" im ganzen an, also nicht nur das Volk der armen Stände. Die Nation war ihm das Volk jenseits aller Trennungen, war Einheit aller Bürger des Staates. Fichte forderte für die Nationalerziehung, dass sie für alle Stände die gleiche sein müsse (Fichte 1915, 15 f.). In der damaligen Zeit kam diese Forderung einer Provokation gleich, denn sie stand im Gegensatz zur Wirklichkeit des Schulwesens.

Fichte verlangte zweitens vom Staat, er solle *Erziehungsanstalten* in einem Umfang einrichten, dass die Jugend des gesamten Volkes darin aufgenommen werden könne. Entscheidend sei dabei, dass die Zöglinge in diesen Anstalten vollständig von der Welt der Erwachsenen abgeschirmt würden. Denn die erwachsene Generation verharre noch im Zustand der Verderbtheit. Kontakte mit der Erwachsenenwelt führten nur dazu, die Erziehung zum neuen Menschen zu stören. Fichte drückte es so aus, „dass der Zögling von Anbeginn an ununterbrochen und ganz unter dem Einflusse dieser Erziehung stehe und dass er von dem Gemeinen gänzlich abgesondert und vor aller Berührung damit verwahrt werde" (Fichte 1915, 32 f.). Die Kinder müssten herausgenommen werden „aus unserem verpesteten Dunstkreise" und in einer Gesellschaft idealen Geistes und hohen Verantwortungsbewusstseins so lange aufwachsen, „bis sie unser ganzes Verderben gehörig verabscheuen gelernt haben und vor aller Ansteckung dadurch völlig gesichert sind" (Fichte 1915, 180 f.).

Fichte postulierte drittens, die Erziehungsanstalten wie *kleine Schulstaaten* zu organisieren. Die Zöglinge sollten „in Gemeinschaft leben und so ein abgesondertes und für sich selbst bestehendes Gemeinwesen bilden, das seine genau bestimmte, in der Natur der Dinge gegründete und von der Vernunft durchaus geforderte Verfassung habe" (Fichte 1915, 34 f.). In diesen Gemeinwesen werde nicht nur gelernt, sondern auch handwerklich und landwirtschaftlich gearbeitet. Eine Grundregel der Verfassung solle sein, „dass jedem, der in irgendeinem dieser Zweige sich hervortut, zugemutet werde, die andern darin unterrichten zu helfen und mancherlei Aufsichten und Verantwortlichkeiten zu übernehmen" (Fichte 1915, 36). Das dahinterstehende Erziehungsprinzip lautete, dass der Einzelne Pflichten und Verantwortungen im Rahmen einer sich selbst regierenden Körperschaft zu tragen habe.

Fichte nannte als ein weiteres Erfordernis der Erziehungsrepublik, dass sie *Lernen und Arbeiten vereinige* und dass sie ökonomisch ein Abbild des ganzen Staatswesens sei. Sie müsse also versuchen, wirtschaftlich autark zu sein, oder den Zöglingen wenigstens autark erscheinen. Fichte schrieb wörtlich: „Das Grundgesetz dieses kleinen Wirtschaftsstaates sei dieses, dass in ihm kein Artikel zu Speise, Kleidung usw. noch, soweit dies möglich ist, irgendein Werkzeug gebraucht werden dürfe, das nicht in ihm selbst erzeugt und verfertigt sei" (Fichte 1915, 184).

Elementare Arbeiten sollten im Vordergrund der Ausbildung stehen, also Acker- und Gartenbau, Viehzucht und die wichtigsten Handwerke. Damit sei ein doppelter Vorteil verbunden: Zum einen werde die Mehrzahl der Zöglinge für ihre spätere berufliche Bestimmung, die Handarbeit, ausgebildet. Zum anderen erhielten auch adelige Kinder und die Kinder des gehobenen Bürgertums das Bewusstsein davon, sich durch Handarbeit ihr Brot verdienen zu können (Fichte 1915, 182).

Schließlich dachte Fichte auch an den Unterricht. *Verfassungslehre, Bürger-* und *Rechtskunde* sollten die Schüler zur Idee des Gemeinwesens hinführen. Der *Geschichtsunterricht* solle die Schüler für die nationalen Aufgaben begeistern. Er habe deshalb vor allem in die großen Zeiten deutscher Freiheit einzuführen, wie die germanische Abwehr der römischen Expansion und die Freiheiten des mittelalterlichen Stadtbürgertums (Fichte 1915, 35, 106 f., 143 f.).

In die Wirklichkeit der Schule fand der Erziehungsgedanke Fichtes keinen Eingang. Gleichwohl waren für die weitere Entwicklung der politischen Bildung und Erziehung nicht wenige Vorschläge Fichtes von fruchtbarer Bedeutung: So die Ideen der Schülermitverantwortung und der Schulgemeinschaft in der Erziehungsanstalt, das Konzept der Arbeitserziehung sowie der Unterricht in Verfassung, Recht und Geschichte. Revolutionär in der damaligen Zeit wirkte Fichtes Forderung nach einer egalitären, Standesschranken überwindenden Erziehung. Deshalb und weil in Fichtes Nationalerziehung eine Gefahr für das herkömmliche Schulwesen gesehen wurde, war er im Preußen der Restaurationszeit nicht wohl gelitten. So wurde den *Reden an die deutsche Nation* im Jahre 1824 die Druckerlaubnis verweigert.

Mit der Behauptung, dass nur die Deutschen für die Nationalerziehung geeignet seien, lud Fichte seiner Lehre die schwere Hypothek des *Chauvinismus* auf. Und es lässt sich auch nicht ganz bestreiten, dass der von ihm propagierte Schulstaat Züge einer kollektivistischen Erziehung aufwies.

4. Politische Bildung und Erziehung im Deutschen Kaiserreich

4.1 Die unterschiedliche Rolle der politisch bildenden Fächer vor und nach 1889

Generell ist für die Zeit von 1871 bis 1889 zu sagen, dass die staatsbürgerliche Bildung und Erziehung in der pädagogischen Theorie wie in der schulischen Praxis keine große Rolle spielte. So enthielten die Registerbände des *Zentralblattes für die gesamte Unterrichtsverwaltung in Preußen* bis zum Jahre 1888 keinerlei besondere Verfügungen über staatsbürgerliche Erziehung, Bürgerkunde und Wirtschaftslehre. Dies änderte sich mit einem Schlag im Jahr 1889.

Die Bedeutung der staatsbürgerlichen Bildung und Erziehung in Preußen bis 1889

Der preußische Kultusminister Adalbert Falk löste im Jahre 1872 die Stiehlschen Regulative durch die *Allgemeinen Bestimmungen* ab. Diese Bestimmungen enthielten Verfügungen über Einrichtung, Aufgabe und Ziel der preußischen Volksschule. Ein wesentlicher Unterschied zu den Regulativen bestand in der deutlichen Aufwertung der Realien, worunter der Unterricht in Geschichte, Geografie und Naturkunde verstanden wurde. Die Realien wurden in der Mittelstufe und Oberstufe der Volksschule mit jeweils sechs Wochenstunden ausgestattet, was ihnen den Rang eines Hauptfaches verlieh.

Die Vorschriften zu den Inhalten waren von einem sachlichen Duktus beherrscht. Im Geschichtsunterricht sollten aus der älteren deutschen und brandenburgischen Geschichte einzelne Lebensbilder geboten werden. Ergänzend hieß es: „Von den Zeiten des Dreißigjährigen Krieges und der Regierung des Großen Kurfürsten an ist die Reihe der Lebensbilder ununterbrochen fortzuführen." Der Geographieunterricht sollte mit der Heimatkunde beginnen und dann „das deutsche Vaterland und das Hauptsächlichste von der allgemeinen Weltkunde" behandeln (Giese 1961, 173). Geschichts- und Geographieunterricht sollten offenbar der Entwicklung und Festigung nationaler Identität im neu gegründeten Nationalstaat dienen. Die gesellschaftlich-politische Gegenwart blieb als Unterrichtsthema hingegen ausgeklammert.

Auf den Direktorenkonferenzen der Höheren Schulen bildete die staatsbürgerliche Erziehung keinen Beratungsgegenstand (Messer 1912, 53). Eine Ausnahme bildete nur die Schulkonferenz von 1872, auf welcher der Pädagoge Friedrich Wilhelm Dörpfeld eine Ergänzung des Geschichtsunterrichts durch eine elementare Gesellschaftskunde forderte. Diese Forderung fand allerdings keinerlei Resonanz.

Das Interesse an der staatsbürgerlichen Erziehung stieg erst gegen Ende der achtziger Jahre des 19. Jahrhunderts. Der Hauptgrund war das Anwachsen der sozialdemokratischen Partei. Als Reaktion hierauf wurde in der konservativen Publizistik gefordert, an den Schulen *politische Propädeutik* einzurichten. Diese Propädeutik sollte dem Kampf gegen die Sozialdemokratie dienen.

Man muss in diesem Zusammenhang wissen, dass die damaligen politischen Forderungen der Sozialdemokraten mit der gegebenen politisch-gesellschaftlichen Ordnung schlechterdings unvereinbar waren. Ein Aufeinanderzugehen des monarchischen Obrigkeitsstaates und der einer marxistischen Rhetorik folgenden SPD erschien unmöglich. Vielmehr erschien ein Kampf um letzte politische Prinzipien und um die Macht in Staat und Gesellschaft unvermeidbar (Hornung 1962, 15).

Die „Allerhöchste Ordre" vom 1. Mai 1889: Instrumentalisierung der politischen Bildung zur Bekämpfung des innenpolitischen Gegners

Mit der *Allerhöchsten Ordre* Wilhelms II. vom 1. Mai 1889 begann die unmittelbare Indienstnahme der Schule für die Bekämpfung des innenpolitischen Gegners, der den Namen SPD trug. Der noch junge König und Kaiser machte in diesem Erlass keinen Hehl aus seiner Absicht, die Schule für politische Zwecke zu instrumentalisieren. Wilhelm schrieb in kaum zu überbietender Deutlichkeit:

„Schon längere Zeit hat Mich der Gedanke beschäftigt, die Schule in ihren einzelnen Abstufungen nutzbar zu machen, um der Ausbreitung sozialistischer und kommunistischer Ideen entgegenzutreten. In erster Linie wird die Schule durch Pflege der Gottesfurcht und der Liebe zum Vaterland die Grundlage für eine gesunde Auffassung auch der staatlichen und gesellschaftlichen Verhältnisse zu legen haben. Aber Ich kann Mich der Erkenntnis nicht verschließen, dass in einer Zeit, in welcher die sozialdemokratischen Irrtümer und Entstellungen mit vermehrtem Eifer verbreitet werden, die Schule zur Förderung der Erkenntnis dessen, was wahr, was wirklich und was in der Welt möglich ist, erhöhte Anstrengungen zu machen hat. Sie muss bestrebt sein, schon der Jugend die Überzeugung zu verschaffen, dass die Lehren der Sozialdemokratie nicht nur den göttlichen Geboten und der christlichen Sittenlehre widersprechen, sondern in Wirklichkeit unausführbar und in ihren Konsequenzen dem Einzelnen und dem Ganzen gleich verderblich sind. Sie muss die neue und die neueste Zeitgeschichte mehr als bisher in den Kreis der Unterrichtsgegenstände ziehen und nachweisen, dass die Staatsgewalt allein dem Einzelnen seine Familie, seine Freiheit, seine Rechte schützen kann, und der Jugend zum Bewusstsein bringen, wie Preußens Könige bemüht gewesen sind, in fortschreitender Entwicklung die Lebensbedingungen der Arbeiter zu heben, von den gesetzlichen Reformen Friedrichs des Großen und von der Aufhebung der Leibeigenschaft an bis heute. Sie muss ferner durch statistische Tatsachen nachweisen, wie wesentlich und wie konstant in diesem Jahrhundert die Lohn- und Lebensverhältnisse der arbeitenden Klassen unter diesem monarchischen Schutze sich verbessert haben.

Um diesem Ziele näher zu kommen, rechne Ich auf die volle Mitwirkung meines Staatsministeriums. Indem Ich dasselbe auffordere, den Gegenstand in weitere Erwägung zu ziehen, will Ich nicht unterlassen, nachstehende Gesichtspunkte besonderer Beachtung zu empfehlen.

1. Um den Religionsunterricht in dem angedeuteten Sinne fruchtbarer zu machen, wird es erforderlich sein, die ethische Seite desselben mehr in den Vordergrund treten zu lassen, dagegen den Memorierstoff auf das Notwendige zu beschränken.

2. Die vaterländische Geschichte wird insonderheit auch die Geschichte unserer sozialen und wirtschaftlichen Gesetzgebung und Entwicklung seit dem Beginn dieses Jahrhunderts bis zu der gegenwärtigen sozialpolitischen Gesetzgebung zu behandeln haben, um zu zeigen, wie die Monarchen Preußens es von jeher als ihre besondere Aufgabe betrachtet haben, der auf die Arbeit ihrer Hände angewiesenen Bevölkerung den landesväterlichen Schutz angedeihen zu lassen und ihr leibliches und geistiges Wohl zu heben, und wie auch in Zukunft die Arbeiter Gerechtigkeit und Sicherheit ihres Erwerbes nur unter dem Schutze und der Fürsorge des Königs an der Spitze eines geordneten Staates zu erwarten haben. Insbesondere vom Standpunkt der Nützlichkeit, durch Darlegung einschlagender praktischer Verhältnisse, wird schon der Jugend klar gemacht werden können, dass ein geordnetes Staatswesen mit einer sicheren monarchischen Leitung die unerlässliche Vorbedingung für den Schutz und das Gedeihen des Einzelnen in seiner rechtlichen und wirtschaftlichen Existenz ist, dass dagegen die Lehren der Sozialdemokratie praktisch nicht ausführbar sind, und wenn sie es wären, die Freiheit des Einzelnen bis in seine Häuslichkeit hinein einem unerträglichen Zwang unterworfen würden. Die angeblichen Ideale der Sozialisten sind durch deren eigene Erklärung hinreichend gekennzeichnet, um den Gefühlen und dem praktischen Sinn auch der Jugend als abschreckend geschildert werden zu können.

3. Es versteht sich von selbst, dass die hiernach der Schule zufallende Aufgabe nach Umfang

und Ziel für die verschiedenen Stufen der Schulen angemessen zu begrenzen ist, dass daher den Kindern in den Volksschulen nur die einfachsten und leicht fasslichen Verhältnisse dargeboten werden dürfen, während diese Aufgabe für die höheren Kategorien der Unterrichtsanstalten entsprechend zu erweitern und zu vertiefen ist. Insbesondere wird es darauf ankommen, die Lehrer zu befähigen, die neue Aufgabe mit Hingabe zu erfassen und mit praktischem Geschick durchzuführen. Zu diesem Ende werden die Lehrerbildungsanstalten eine entsprechende Ergänzung ihrer Einrichtungen erfahren müssen.

Ich verkenne nicht, welche Schwierigkeiten der Durchführung dieser Aufgabe sich entgegenstellen werden und dass es einer längeren Erfahrung bedarf, um überall das Richtige zu treffen. Aber diese Bedenken dürfen nicht abhalten, mit Ernst und Ausdauer der Durchführung eines Zieles näher zu treten, dessen Verwirklichung nach Meiner Überzeugung für das Wohl des Vaterlandes von hervorragender Bedeutung ist. Das Staatsministerium wolle hiernach die notwendigen Erörterungen in die Wege leiten und nach Abschluss desselben an Mich berichten.

Schloss zu Berlin, den 1. Mai 1889 – Wilhelm R., Fürst von Bismarck" (zitiert nach Michael/Schepp 1973, 409 f.).

Die *Allerhöchste Ordre* machte deutlich, dass aus der Sicht des Monarchen sowohl der Geschichts- als auch der Religionsunterricht ihre legitimatorische Aufgabe nur unzureichend erfüllt hatten. In der Legitimierung der politischen Ordnung die Aufgabe der Schule zu sehen, hatte die Ordre mit der Preisfrage der Erfurter Akademie von 1793 gemeinsam. Auch dort war es darum gegangen, die Untertanen davon zu überzeugen, dass sie unter einer weisen, gerechten und milden Regierung lebten.

Die Ordre verriet ein bestimmtes Verständnis von politischer Bildung und Erziehung: Diese wurde nicht wie in der Aufklärungspädagogik um der Belehrung des Menschen und der Verbesserung der Staatsverwaltung willen eingerichtet. Sie wurde auch nicht, wie es dem Neuhumanismus entsprochen hätte, als ein Moment allgemeiner Menschenbildung angesehen. Politische Bildung und Erziehung sollte vielmehr als politisches Instrument zur Legitimationsbeschaffung bei der Masse der Bevölkerung und als Kampfmittel in der Auseinandersetzung mit der inneren Opposition eingesetzt werden.

Unter einer weiteren Perspektive kann man die Ordre sogar als einen Meilenstein in der Geschichte der politischen Bildung betrachten: Denn erstmals wurde von höchster staatlicher Stelle die Behandlung von politischen Gegenwartsthemen in allen Schulen gefordert und mit präzisen intentionalen, inhaltlichen und zum Teil sogar didaktisch-methodischen Vorgaben versehen (Sander 1989, 42).

Die preußische Regierung in Gestalt des Staatsministeriums griff auftragsgemäß die Anregungen des Königs auf. Sie machte eine Reihe von Vorschlägen für die politische Bildung und Erziehung. Diese wurden am 30. August 1889 vom König genehmigt.

Im Wesentlichen waren drei Maßnahmen vorgesehen. Erstens: In den Lehrerseminaren wurde eine besondere Unterweisung in den elementaren Grundsätzen der Volkswirtschaft eingeführt. Die Kenntnis dieser Grundsätze sollte es den zukünftigen Lehrern möglich machen, die Schüler „vor dem Einflusse sozialdemokratischer Irrlehren und Entstellungen zu bewahren."

Zweitens: In den Volksschulen sollten die vom König verlangten Belehrungen im Religions- und Geschichtsunterricht erteilt werden.

Drittens: Die Höheren Schulen sollten den Geschichtsunterricht bis zum Regierungsantritt Wilhelms II. vorantreiben und die Zeit ab dem Großen Kurfürsten ausführlich behandeln. Weiterhin sollte die Entwicklung der Wirtschaft und der Sozialpolitik vom Beginn des 19. Jahrhunderts bis zur unmittelbaren Gegenwart dargestellt werden. In diesem Zusammenhang hieß es wörtlich: „Die Belehrung über die Verderblichkeit der Sozialdemokratie hat hierbei, ohne in eine nähere Erörterung der sozialistischen Theorien einzutreten, an der Hand des gesunden Menschenverstandes zu erfolgen." Der übrige Lehrstoff der Geschichte sollte entsprechend verringert werden (Messer 1912, 58 f.).

Neuer Bildungs- und Erziehungsauftrag: Die Schule als nationales Integrationszentrum

Im Dezember 1890 fand in Preußen eine Schulkonferenz über Fragen des höheren Unterrichts statt. In seiner Eröffnungsansprache vor dieser Konferenz setzte Wilhelm II. einen neuen bildungspolitischen Akzent. Die Schule sollte mit den dafür geeigneten Fächern als *nationales Integrationszentrum* zur Abwehr „zentrifugaler Tendenzen" fungieren. Hinter dieser Forderung standen vermutlich die Erfahrungen aus dem Kulturkampf mit der katholischen Kirche und aus den Auseinandersetzungen mit der Sozialdemokratie. Möglicherweise war die Forderung aber auch Ausdruck des Neides gegenüber anderen Nationen mit einem kraftvollen Nationalgefühl (Hornung 1962, 17).

Wilhelm führte aus: „Wenn die Schule das getan hätte, was von ihr zu verlangen ist ..., so hätte sie von vornherein von selber das Gefecht gegen die Sozialdemokratie übernehmen müssen. ... Das ist aber nicht der Fall gewesen. Der letzte Moment, wo unsere Schule noch für unser ganzes vaterländisches Leben und für unsere Entwickelung maßgebend gewesen ist, ist in den Jahren 1864, 1866 bis 1870 gewesen. Da waren die preußischen Schulen, die preußischen Lehrerkollegien Träger des Einheitsgedankens, der überall gepredigt wurde. Jeder Abiturient, der aus der Schule herauskam und als Einjähriger eintrat oder ins Leben hinausging, alles war einig in dem einen Punkte: das Deutsche Reich wird wieder aufgerichtet und Elsass-Lothringen wiedergewonnen. Mit dem Jahre 1871 hat die Sache aufgehört. Das Reich ist geeint; wir haben, was wir erreichen wollten, und dabei ist die Sache stehen geblieben.
Jetzt musste die Schule, von der neu gewonnenen Basis ausgehend, die Jugend anfeuern und ihr klar machen, dass das neue Staatswesen dazu da wäre, um erhalten zu werden. Davon ist nichts zu merken gewesen, und jetzt schon entwickeln sich in der kurzen Zeit, seit der das Reich besteht, zentrifugale Tendenzen. ... Wer selber auf dem Gymnasium gewesen ist und hinter die Kulissen gesehen hat, der weiß, wo es da fehlt. Und da fehlt es vor allem an der nationalen Basis. Wir müssen als Grundlage für das Gymnasium das Deutsche nehmen; wir sollten nationale junge Deutsche erziehen und nicht junge Griechen und Römer. ... Ebenso möchte ich das Nationale bei uns weiter gefördert sehen in Fragen der Geschichte, Geographie und der Sage. ... Aber vor allen Dingen müssen wir in der vaterländischen Geschichte Bescheid wissen. ... Warum tauchen so viele unklare, konfuse Weltverbesserer auf? Warum wird immer an unserer Regierung herumgenörgelt und auf das Ausland verwiesen? Weil die jungen Leute nicht wissen, wie unsere Zustände sich entwickelt haben" (zitiert nach Michael/Schepp 1973, 415 ff.).

Wilhelm II. ging es also bildungspolitisch nicht nur um die Bekämpfung des innenpolitischen Gegners, sondern auch um eine inhaltliche Neuorientierung der für die politische Bildung maßgeblichen Fächer. Das Deutsch-Nationale fand er in der Schulwirklichkeit nicht angemessen gewürdigt. Im Kontext der schulpolitischen Auseinandersetzungen der damaligen Zeit war die Ansprache des Kaisers ein offener Affront gegen das humanistische Gymnasium.

Dies wurde von den Anhängern der klassisch-humanistischen Bildung auch so wahrgenommen. Der Kölner Gymnasialdirektor Oskar Jäger war ihr Wortführer. Er widersprach dem Kaiser, indem er einer eingehenden Beschäftigung mit der alten Geschichte den größten Wert für die staatsbürgerliche Bildung der Jugend zumaß. Er räumte ein, dass der Geschichtsunterricht sich nicht auf die alte Geschichte beschränken könne, forderte aber zugleich, ihn nur bis zum Jahre 1871 fortzuführen. Als Begründung führte er an: „Denn hier ist ein wirklicher Abschluss, hier ist sozusagen trockenes, anbaufähiges, historisches Land. Was von 1871 bis auf den heutigen Tag liegt, ist Gegenwart, Politik, aktive Politik, und diese möchte ich von unseren Schulen nach wie vor fernhalten. Die Geschichte gleicht einem großen Strom, unaufhörlich setzt derselbe an seiner Mündung Landmassen ab; aber man kann diese Landmassen nicht sofort in wirtschaftlichen Anbau nehmen, man muss erst warten, bis sie trocken sind. So ist es mit historischem Stoffe auch. Was bis 1871 liegt, ist von der Parteien Hass und Gunst weniger verwirrt, als was seitdem fällt und jetzt geschieht, das ist selbstverständlich; und wir müssen strenge darauf halten, dass wir die Geschichte unseren Schülern auch wirklich als Geschichte geben, dass keine Leidenschaft der Tagesfragen den Lehrer verwirrt und ihm die Ruhe trübt, mit der aller Unterricht und vor allem geschichtlicher Unterricht gegeben werden muss" (zitiert nach Messer 1912, 65).

Trotz dieses Einspruches lagen die Ergebnisse der Schulkonferenz auf der Linie Wilhelms II.: Denn im Jahre 1892 wurden in Preußen Lehrpläne erlassen, die eine deutlich vaterländische Tendenz trugen. So wurde der Deutschunterricht dadurch auf die Belebung des vaterländischen Sinnes verpflichtet, dass er in die germanische Sagenwelt und in die Meisterwerke der nationalen Literatur einführen sollte. Für den Geschichtsunterricht der Höheren Schulen wurde Folgendes vorgeschrieben: „Im Anschluss an die vaterländische Geschichte und die Lebensbilder der einzelnen Herrscher vergleichende Berücksichtigung unserer gesellschaftlichen und wirtschaftlichen Entwicklung bis 1888 unter besonderer Hervorhebung der Verdienste der Hohenzollern, insbesondere um die Hebung des Bauern-, Bürger- und Arbeiterstandes."[18]

Die Aktivitäten Wilhelms II. hatten noch eine weitere Wirkung: Sie gaben nämlich einen Anstoß für die Diskussion um ein *eigenständiges Unterrichtsfach* der politischen Bildung in der Schule. So wurde 1909 in Goslar die *Vereinigung zur staatsbürgerlichen Erziehung des deutschen Volkes* gegründet. Die Vereinigung änderte ihren Namen 1911 in *Vereinigung für staatsbürgerliche Bildung und Erziehung*. Als ihren Zweck bezeichnete sie es, „fern von parteipolitischen und konfessionellen Bestrebungen die staatsbürgerliche Bildung im deutschen Volke zu fördern, namentlich auf die Erziehung der heranwachsenden Jugend zum Verständnis der Grundlagen unseres staatlichen Lebens, zu vaterländischem Verantwortlichkeitsgefühl und staatsbürgerlichem Pflichtbewusstsein zu wirken" (zitiert nach Messer 1912, 87). Darüber hinaus wollte die Vereinigung die deutschen Staatsregierungen bei der Einführung staatsbürgerlichen Unterrichts in den Schulen unterstützen.

Diese Absicht trug schon 1910 erste Früchte. In diesem Jahr nahm die Hauptversammlung der preußischen Seminarlehrer eine Resolution an, in der die Einführung der Staatsbürgerkunde als Unterrichtsfach in den Lehrerseminaren empfohlen wurde. Im Februar 1911 schließlich beschloss das preußische Kultusministerium, in den oberen Klassen der Gymnasien obligatorische Kurse für Staatsbürgerkunde einzuführen. In diesen Kursen sollten die Schüler unter anderem Vorträge über die politische Lage hören und Stadtverordnetenversammlungen besuchen (Messer 1912, 89, 94).

---

[18] *Centralblatt für die gesammte Unterrichts-Verwaltung in Preußen.* Berlin 1892, S. 241. In den *methodischen Bemerkungen* zum Geschichtsunterricht hieß es: „Besonders sicheren Takt und große Umsicht in der Auswahl und Behandlung des einschlägigen Stoffs erheischt die ... Belehrung über wirtschaftliche und gesellschaftliche Fragen in ihrem Verhältnis zur Gegenwart. Je mehr hierbei jede Tendenz vermieden, vielmehr der gesamte Unterricht von ethischem und geschichtlichem Geiste durchdrungen und gegenüber den sozialen Forderungen der Jetztzeit auf die geschichtliche Entwickelung des Verhältnisses der Stände untereinander und der Lage des arbeitenden Standes insbesondere in objektiver Darstellung hingewiesen, der stetige Fortschritt zum Bessern und die Verderblichkeit aller gewaltsamen Versuche der Änderung sozialer Ordnungen aufgezeigt wird: umso eher wird bei dem gesunden Sinn unserer Jugend es gelingen, dieselbe zu einem Urteil über das Verhängnisvolle gewisser sozialer Bestrebungen der Gegenwart zu befähigen" (S. 242).

Imperialistische Tendenzen im Schulunterricht der Jahrhundertwende

In den Jahren nach 1890 gelang es weitgehend, die Schule für die Politik Wilhelms II. in Dienst zu nehmen. Dies hatte noch eine weitere Konsequenz. Ende des 19. Jahrhunderts trug die Außenpolitik des Deutschen Reiches zunehmend imperialistische Züge. Der Gewinn und die Sicherung von Kolonien in Verbindung mit dem Aufbau einer starken Flotte galten als Voraussetzung für den angestrebten „Platz an der Sonne". Es entstanden zahlreiche Verbände, die diese Politik aktiv unterstützen. Hierzu zählten der Deutsche Flottenverein, der Alldeutsche Verband und die Deutsche Kolonial-Gesellschaft.

Diese Verbände übten Druck auf die Kultusministerien aus, dafür Sorge zu tragen, dass der Gedanke der Kolonialpolitik die Jugend erreichte. So forderte die Abteilung Zoppot der *Deutschen Kolonial-Gesellschaft* im Juni 1900, „in den Lehrplänen der Schulen mehr als bisher das auf unsere kolonialen und maritimen Bestrebungen Bezügliche zu berücksichtigen." Im Jahre 1902 verlangte der Deutsche Kolonialkongress, „dass bei der für das wirtschaftliche und staatliche Leben unseres Volkes überaus großen und an Bedeutung noch steigenden Wichtigkeit unserer überseeischen und kolonialen Interessen aller Art deren stärkere Berücksichtigung im Lehrgange unserer Schulen, besonders der höheren, dringend geboten erscheint." Und im August 1908 bat der Deutschnationale Kolonialverein das preußische Kultusministerium um Genehmigung von Vorträgen über Kolonien in den Lehrerseminaren und Schulen, um „das Interesse für unsere Kolonien zu wecken und zu pflegen und damit das Nationalgefühl zu stärken" (Bergmann 1982, 198).

Einen besonderen Akzent trugen jene Forderungen, die darauf zielten, dem Auslandsdeutschtum mehr Beachtung im Unterricht zu schenken. So regte der *Verein für das Deutschtum im Ausland* die Regierungen von Bayern, Preußen und Württemberg an, in den Lehrbüchern mehr als bisher das Deutschtum im Ausland würdigen zu lassen. Im Februar 1910 bat der Verein „um geneigte Anordnung eines laufenden Hinweises auf die Verbreitung und Bedeutung des deutschen Volkstums im Ausland durch geeignete Einführung in den geschichtlichen und geographischen und deutschen Unterricht." Zur Begründung wurde angeführt, es sei allgemeine Überzeugung, „dass die Erweckung des Bewusstseins von der Wichtigkeit des Auslandsdeutschtums für die Erhaltung und Verbreitung unserer Sprache, für die Geltung deutscher Kultur und – nicht zum mindesten – für die Förderung unserer weltwirtschaftlichen Entwicklung in Handel und Industrie zu den vaterländischen Aufgaben des deutschen Schulwesens gehört." Es hieß dann weiter, es sei wünschenswert, wenn im Geschichtsunterricht „mehr als bisher die kolonisatorischen Leistungen des deutschen Volkes im Mittealter nach Nord- und Südosteuropa hin und die selbstständige geschichtliche Fortentwicklung der damals geschaffenen deutschen Siedelungen in den baltischen Provinzen, in den Sudetenländern, Ungarn und Siebenbürgen bei der Geschichte des deutschen Volkes dargestellt" würden (Bergmann 1982, 199).

Das preußische Kultusministerium verhielt sich zu solchen Forderungen abwartend, aber in der Tendenz wohlwollend. Nur von Zeit zu Zeit sprach es direkte Empfehlungen oder verbindliche Anweisungen aus.
So wies das Kultusministerium im Juni 1900 die Oberpräsidenten der preußischen Provinzen an, „bezüglich der aus staatlichen Mitteln unterstützten Volksbibliotheken gefälligst darauf hinzuwirken, dass bei der Auswahl der Bücher auch darauf Rücksicht genommen werde, das Interesse für die vaterländischen Kolonien und für die weitere Entwicklung der Deutschen Flotte durch die Aufnahme geeigneter Schriften zu beleben" (zitiert nach Bergmann 1982, 199 f.). Im Februar 1902 ließ das Kultusministerium über eine inhaltliche Neugestaltung der schulischen Lesebücher Folgendes verlauten: „Der preußische Staat in seiner geschichtlichen Entwicklung und das Deutsche Reich mit seinen über die Reichsgrenzen hinausdrängenden wirtschaftlichen Bestrebungen sind hierbei ausgiebig zu behandeln. Gemäß der erziehlichen

Aufgabe der Schule gehört diesem im weitesten Sinne des Wortes geschichtlichen Stoffe wegen seiner unmittelbar wirkenden ethischen und religiösen Kraft der breiteste Raum im Lesebuche" (zitiert nach Bergmann 1982, 200).

Zwar führte die Kolonialpolitik Deutschlands in Preußen nicht zu neuen Richtlinien, aber immerhin hieß es in einer Anweisung aus dem Jahre 1905, die Volksschule habe in ihrem Lehrplan auf die Weltmachtstellung des Deutschen Reiches gebührend Rücksicht zu nehmen: „Der gesamte Unterricht hat die Ereignisse der Gegenwart ... zu berücksichtigen. ... Die Kolonien sind nunmehr ... Bestandteile des Deutschen Reiches geworden. ... Jeder Patriot hat deshalb den Kolonien gegenüber dieselben Pflichten wie gegen das kontinentale Vaterland. ... Die Schule muss das heranwachsende Geschlecht zur Erfüllung dieser Pflichten ... befähigen. ... Hierzu bieten sich Gelegenheit a) im Religionsunterricht (Aufgabe der Christenvölker, für die Christianisierung der Heiden zu sorgen), b) im Geschichtsunterricht, c) im Unterricht der Erdkunde, d) im naturkundlichen und Rechenunterricht" (zitiert nach Bergmann 1982, 201).

4.2 Politische Bildung und Erziehung als Gegenstand theoretischer Entwürfe

Während des Kaiserreiches entstand eine ganze Reihe ausgearbeiteter Konzeptionen zur politischen Bildung und Erziehung. Keine der Konzeptionen stimmte jedoch mit der Praxis des Kaiserreiches überein. Sie entfalteten deshalb keine praktische Wirkung. Dafür befruchteten sie umso mehr die konzeptionellen Überlegungen zur Staatsbürgerkunde am Beginn der Weimarer Republik.

Friedrich Wilhelm Dörpfeld: Gesellschaftskunde als Ergänzung des Geschichtsunterrichts

Während des Kaiserreiches stellte vor allem der Pädagoge Friedrich Wilhelm Dörpfeld (1824-1893) konzeptionelle Überlegungen zur politischen Bildung an. Er fragte, wie die Schulen politische Bildung jenseits der verordneten Legitimierung des angestammten Herrscherhauses und der Bekämpfung des innenpolitischen Gegners betreiben könnten. Seine auch heute noch bedenkenswerten Vorstellungen fasste er unter dem Begriff *Gesellschaftskunde* zusammen.

Dörpfeld entwickelte seine Gedanken in einer Schrift, die er unter dem Titel *Die Gesellschaftskunde – eine notwendige Ergänzung des Geschichtsunterrichts* im Frühjahr 1889 veröffentlichte. Er führte darin aus, dass die Gesellschaftskunde kein *selbstständiger* Lehrgegenstand sein sollte. Sie sollte organisatorisch vielmehr einen unerlässlichen Bestandteil des Geschichtsunterrichts bilden. Auch den Lehrstoff der Gesellschaftskunde dachte er sich nicht als etwas völlig *Neues* für die Schüler. Denn die konkreten Tatsachen der Gesellschaftskunde seien den Kindern entweder aus ihrem heimatlichen Anschauungskreis her bekannt, oder sie kämen im Geschichtsunterricht vor. Anliegen der Gesellschaftskunde sei es, „dass jene gesellschaftskundlichen Daten, welche im Geschichtsunterricht bisher nur gelegentlich, mithin zerstreut und zerstückt vorkamen und dann laufen gelassen wurden, hinfort nicht den Winden und dem Vergessen preisgegeben sein, sondern sorgfältig *gesammelt*, *aufbewahrt* und *begrifflich geordnet* werden sollen, damit aus dieser begrifflichen Ordnung eine *Übersicht* und *Einsicht* entstehe, welche auch das Einzelne wieder heller beleuchtet." Dörpfeld fügte erläuternd hinzu: „Dieses Sammeln, Aufbewahren und begriffliche Ordnen mag allerdings für viele Schulen etwas Neues heißen; aber es ist nichts Neues hinsichtlich des *Stoffes*, sondern nur hinsichtlich der *Methode*: eine gründlichere Durcharbeitung und Verwertung des Gelernten" (Dörpfeld 1895, 7).

Dörpfeld hielt die Gesellschaftskunde aber nicht nur aus methodischen Gründen für eine zwingend notwendige Ergänzung des Geschichtsunterrichts wie auch des Geographieunterrichts. Er führte auch einen sachlichen Grund an. Diesen bezog er aus seiner Theorie der schulischen Bildungsfächer. Dort unterschied er *sprachliche, formalunterrichtliche* und *sachunterrichtliche* Fächer. Der letzten Gruppe ordnete er die Naturkunde, die Religion und die „Kunde vom Menschenleben (der Gegenwart und Vergangenheit)" zu.

Die *Kunde vom Menschenleben* weise nun eine „große, auffällige *Lücke*" auf: Zwar sei die Geschichte als Kunde vom Menschenleben der *Vergangenheit* „lang und breit genug", aber nicht plausibel sei, dass „das *gegenwärtige* Menschenleben durch die politische *Geographie* allein vertreten sein" solle. Das gegenwärtige Menschenleben könne nämlich nur partiell von der Geographie erfasst werden. Das zeige der Blick auf die lange Reihe der „humanistischen Wissenschaften". Dörpfeld listete die Anthropologie, die Ethnologie, die Volkswirtschaftslehre, die Rechtswissenschaft, die Staatslehre sowie die „Sozialistik", d.h. die Kunde von der Gesellschaft, auf (Dörpfeld 1962, 24).

Dörpfeld vertrat die Auffassung, dass sich der Gegenstandsbereich *gegenwärtiges Menschenleben* aus fünf Teilbereichen zusammensetze, die nichts anderes als die Faktoren menschlicher Kultur seien. Diese Teilbereiche seien das Ethische, die menschliche Seele, Lebensweisen und Sitten, die menschlichen Bedürfnisse und die ihnen entsprechenden beruflichen Tätigkeiten sowie die gesellschaftlichen Zusammenschlüsse. Außer Frage stehe, dass der Religionsunterricht für das *Ethische* zuständig sei. Damit verblieben noch *vier* Teilbereiche für die zu etablierende Gesellschaftskunde, nämlich *Psychologie* (menschliche Seele), *Ethnographie* (Lebensweisen und Sitten), *Wirtschaft* (Bedürfnisse, Arbeit, Berufe) und *Gesellschaft* (Familie, Gemeinde, Kirche, Staat) (Dörpfeld 1895, 15 ff.).

Die Gesellschaftskunde habe die nur von ihr zu leistende Aufgabe, den Kindern bei der Orientierung in der Gegenwart zu helfen. Es sei nicht zu verantworten, die Kinder in der Gegenwart, „wo sie mithandeln sollen, recht *unwissend* zu lassen." Trete der Geschichtsunterricht ohne gesellschaftskundliche Akzentuierung auf, könne er die notwendige Orientierungsfunktion jedenfalls nicht leisten. Mit Hilfe der Geschichte allein, wie sie die Schule lehren könne, wisse nämlich „kein Kind und Erwachsener sich *in den Verhältnissen des gegenwärtigen Menschenlebens zurechtzufinden.*"

Hinzu komme, dass die Gesellschaftskunde dem Geschichtsunterricht „die fast unentbehrliche Unterlage" biete. Denn sie reflektiere allgemein und grundsätzlich über das Menschliche. Diese Reflexion sei die unentbehrliche Voraussetzung für das Verstehen des Menschenlebens der Vergangenheit.

Weiterhin legitimiere sich die Gesellschaftskunde schon aus entwicklungspsychologischen Gesichtspunkten: „Gehört etwas aus der *Geschichte* in den Jugendunterricht, so wird noch eher etwas aus den *gegenwärtigen* menschlichen Verhältnissen und Zuständen hineingehören; denn die Gegenwart, sofern es sich um gefestigte Verhältnisse handelt, liegt dem Kinde näher als die Vergangenheit."

Schließlich rücke die Gesellschaftskunde das Selbstverständnis des Geschichts- und Geographieunterrichts zurecht. Beide Fächer seien stoffüberladen. Weil es bisher keine Gesellschaftskunde gegeben habe, hätten sie sich über Gebühr breitgemacht. Sie müssten sich folglich in Zukunft einschränken (Dörpfeld 1962, 27 f.).[19]

---

[19] Eine Gegenposition zu Dörpfeld vertrat Hermann Schiller, der sich als entschiedener Gegner einer Einführung der Politik als Lehrgegenstand in die Schule bekannte. Schiller setzte auf den Sprach-, Geschichts- und Geographieunterricht, die, wenn sie methodisch auf die Herausbildung von Typen achteten, „gar nicht anders könnten, als auch die staatlichen Einrichtungen des eigenen Landes zu völliger Klarheit zu bringen." In den drei genannten Fächern werde nämlich bei fast allen Unterrichtsgegenständen das Politische auf die eine oder andere Weise angesprochen. Der Lehrer müsse den

Dörpfeld lehnte eine politische Instrumentalisierung der Gesellschaftskunde im Sinne Wilhelms II. ab. „Sollte übrigens die Gesellschaftskunde bloß zum Schutz gegen die Sozialdemokratie in Dienst genommen und ihr pädagogischer Wert lediglich danach bemessen werden, was sie in *dieser* Beziehung zu leisten vermöchte und gerade unter den *jetzigen* Umständen: so wäre doch zu bemerken, dass dies eine höchst unzulängliche Würdigung ihres Wesens und ihrer Bedeutung sein würde. Es erinnert das an jene Überweisen, welche für ihre Person die *Religion* entbehren zu können glauben, aber es doch gern sähen, wenn dieselbe helfen wollte, die unzufriedenen unteren Stände zu beschwichtigen und im Zaume zu halten. Das könnte übel auslaufen" (Dörpfeld 1895, 41 f.).

Dörpfelds Ansatz wies also über das, was von offizieller Seite mit staatsbürgerlicher Erziehung verbunden wurde, weit hinaus. Es überrascht deshalb kaum, dass seine Überlegungen im wilhelminischen Deutschland kaum Resonanz fanden.

Georg Kerschensteiners Theorie der staatsbürgerlichen Erziehung

Georg Kerschensteiner gilt seit seiner Schrift *Staatsbürgerliche Erziehung der deutschen Jugend* aus dem Jahre 1901 als Klassiker der Theorie der politischen Erziehung. Mit dieser Schrift gewann er den Wettbewerb der *Königlichen Akademie gemeinnütziger Wissenschaften zu Erfurt* zur Preisaufgabe: „Wie ist unsere männliche Jugend von der Entlassung aus der Volksschule bis zum Eintritt in den Heeresdienst am zweckmäßigsten für die bürgerliche Gesellschaft zu erziehen?" Die außerordentliche Wirkung der Preisschrift zeigt sich daran, dass sie 1931 ihre zehnte Auflage erlebte.

Kerschensteiners Überlegungen zur politischen Erziehung blieb die praktische Umsetzung im Kaiserreich versagt. Dafür bestimmten sie aber bis in die Weimarer Republik hinein die Diskussion um das Selbstverständnis der Staatsbürgerkunde. Die Weimarer Republik machte mit der Aufnahme der Staatsbürgerkunde in die Verfassung die Vorstellungen Kerschensteiners sogar gleichsam offiziell. Manche seiner Ideen erlebten darüber hinaus noch eine Renaissance nach dem Ende des Dritten Reiches.

Georg Kerschensteiner (1854-1932) wurde 1895 Stadtschulrat und königlicher Schulkommissar von München. 1900 entwickelte er ein wegweisendes Organisationsmodell für die *Fortbildungsschule für Jungen* (Berufsschule) in München. Dieses ihn weltweit berühmt machende Modell war die *Arbeitsschule*. Die Arbeitsschule bildete einen Bestandteil seiner Konzeption der politischen Erziehung. Kerschensteiner war auch politisch aktiv. 1912 wurde er Reichstagsabgeordneter für die Freisinnige Volkspartei.

Der Schlüsselsatz Kerschensteiners lautete, dass das Wesen der staatsbürgerlichen Erziehung in der Erziehung zur rechten, d.h. richtigen *Staatsgesinnung* liege. Dabei sei die staatsbürgerliche Erziehung nicht identisch mit *staatsbürgerlicher Belehrung*. Belehrung im Sinne unter-

---

Schülern dies jeweils bewusst machen. Da sich das Politische in Raum und Zeit als sehr verschieden zeige, müsse durch „Vertiefung in das Einzelne und Zusammenfassung zum typischen Ganzen" ein anschauliches Begriffswissen erzeugt werden. Schiller beanspruchte, mit der Methode der historisch und geographisch gesättigten Typenbildung das gesamte Spektrum der politischen Bildung zur „klaren Anschauung" bringen zu können. Hierzu zählte er die Unterschiede des alten, des mittelalterlichen und des modernen Staates, „die Nation und das Volk, die Stämme, die Stände, die Klassen, das Verhältnis des Staates zur Familie, das Land und seine Einteilung, die verschiedenen Staatsformen, besonders die monarchischen, die gesetzgebenden Gewalten und ihre Befugnisse, die Souveränität, das Staatsoberhaupt und seine Rechte, das eigentliche Staatsregiment, die Rechtspflege, die Kulturaufgaben, die Wirtschaftspflege und das Gemeindewesen bei den verschiedenen Völkern" (Schiller 1888, 402 ff., 406, 429).

richtlicher Unterweisung gehöre zwar dazu, aber sie mache nicht das Ganze aus. Denn sonst wäre derjenige der beste Staatsbürger, der die meisten politischen Kenntnisse besitze. Vielmehr sei es umgekehrt denkbar, ohne staatsbürgerliche Belehrung jemanden zu einem guten Staatsbürger zu machen. Staatsbürgerliche Erziehung dürfe auch nicht mit *sozialer Erziehung* verwechselt werden. Zwar sei die Brüderlichkeit aller Staatsgenossen ein anzustrebendes Ziel, aber sie allein bewirke noch keine rechte Staatsgesinnung. Weiterhin dürfe man die staatsbürgerliche Erziehung nicht mit *politischer Bildung* gleichsetzen. Wer politisch gebildet sei, habe wohl einen scharfen politischen Verstand und besitze womöglich ein gutes politisches Urteilsvermögen, er könne dennoch ein schlechter Staatsbürger sein. Schließlich sei staatsbürgerliche Erziehung keinesfalls mit *parteipolitischer Erziehung* zu verwechseln. Die Jugend parteipolitisch zu beeinflussen, heiße geradezu, der rechten Staatsgesinnung entgegenzuarbeiten (Kerschensteiner 1970, 17).

Die *rechte Staatsgesinnung* bezog Kerschensteiner auf einen Staat, der in der Realität gar nicht existierte. Er nannte ihn den *sittlichen Kultur- und Rechtsstaat*. Dieser sittliche Staat sei das „von allen Gliedern der Gemeinschaft notwendig gewollte Mittel für den gerechten und billigen Ausgleich aller gemeinschaftsfördernden Interessen der grundsätzlich sittlich autonomen Mitglieder der Gemeinschaft und zugleich das von allen notwendig gewollte Mittel zur Verhinderung gemeinschaftsschädlicher Einwirkungen" (Kerschensteiner 1970, 21). Einfache ethische Überlegungen könnten zeigen, „dass der höchste Zweck der menschlichen Tätigkeit die Verwirklichung des Kultur- und Rechtsstaates im Sinne eines sittlichen Gemeinwesens" sei. Deshalb müsse es „das vornehmste Ziel der Erziehung sein, die Menschen für dieses Ideal heranzubilden, und diese Erziehungsaufgabe muss alle die anderen umfassen. Der rechte Staatsbürger ist dann der, der in treuer Hingabe selbstlos der Erreichung und Verwirklichung dieses sittlichen Gemeinwesens dient" (Kerschensteiner 1910, 25).[20]

Kerschensteiner gestand zu, dass der Rechts- und Kulturstaat in seiner Vollendung ein ewig unerreichbares Ideal sei. Gleichwohl sei er keine Utopie. „Die Menschen einer Staatsgemeinschaft können dafür sorgen, dass ihr konkreter Staat, das heißt ihre konkrete staatliche Rechtsordnung, diesem Ideal entgegen sich entwickelt" (Kerschensteiner 1970, 21). Aufgabe der staatsbürgerlichen Erziehung sei es also, „die Bürger so zu erziehen, dass ihre Tätigkeit bewusst oder unbewusst, direkt oder indirekt dazu dient, den konkreten Verfassungsstaat, den sie bilden, diesem unendlich fernen Ideale eines sittlichen Gemeinwesens näher und näher zu führen" (Kerschensteiner 1910, 32). Zur Rechtfertigung seiner idealistischen Konzeption zitierte Kerschensteiner ein Motto aus Kants Vorlesung über Pädagogik: Kinder sollten nicht dem gegenwärtigen, „sondern dem zukünftig möglich bessern Zustande des menschlichen Geschlechtes, das ist *der Idee der Menschheit* und deren ganzer Bestimmung, angemessen erzogen werden" (Kerschensteiner 1910, III).

Hinsichtlich der Position Kerschensteiners gilt festzuhalten: Die staatsbürgerliche Erziehung und die von ihr beabsichtigte Staatsgesinnung bezogen sich nicht auf den empirischen Staat, sondern auf einen aus der Vorstellungswelt abgeleiteten sittlichen Staat. Es ging der staatsbürgerlichen Erziehung damit gar nicht um das Verständnis der bestehenden politischen Ordnung und um die Integration in diese. Es ging vielmehr um deren Überwindung. In gewisser Weise trug die staatsbürgerliche Erziehung damit *missionarischen* Charakter. Man kann verstehen, dass Kerschensteiner die staatsbürgerliche Erziehung nicht auf den wilhelminischen Obrigkeitsstaat bezogen wissen wollte. Würde seine Konzeption in einem demokratischen Verfassungsstaat angewendet werden, dann wäre allerdings auch dieser nicht der normative

---

[20] Kerschensteiner unterschied sich von staatsbürgerkundlichen Vorstellungen des Kaiserreiches wie auch der Weimarer Republik genau dadurch, dass nicht der reale Machtstaat, sondern der ideale Kultur- und Rechtsstaat den normativen Bezugspunkt der angestrebten Staatsgesinnung bilden sollte.

Bezugspunkt der staatsbürgerlichen Erziehung. Denn auch die Demokratie ist nicht bereits schon die Verwirklichung des sittlichen Rechts- und Kulturstaates.

In methodischer Hinsicht beschritt Kerschensteiner Wege, die in der Konsequenz seines Ansatzes lagen. Er führte aus, dass die Menschen von der sittlichen Staatsidee erfasst sein müssten. Das aber bedeute, dass die staatsbürgerliche Erziehung als erstes eine Erziehung zur sittlichen Gesinnung zu leisten habe. Eine solche Gesinnung erzeuge man aber nicht durch Belehrung, sondern durch Handeln.[21] Denn nur im Handeln erfahre man das Bewusstsein der Verantwortlichkeit für das eigene Tun und Lassen und spüre, was selbstloses Wohlwollen bedeute. Die Erziehung zur sittlichen Gesinnung müsse vor allem Erziehung zum sittlichen Gemeinschaftsleben sein. Denn der spätere Erwachsene erfahre sich in erster Linie als in Gemeinschaften lebender Bürger.

Die Erziehung zum sittlichen Gemeinschaftsleben verlange nun eine neue Schulorganisation. Der Geist der Gemeinschaftsidee müsse Einzug in die Schule halten. Dies lege die Abkehr von der bisherigen *Lernschule* und die Hinwendung zur sogenannten *Arbeitsschule* nahe.

Kerschensteiner schlug zur Förderung der Gemeinschaftsgesinnung vier methodische Möglichkeiten vor. Sie sind auch in der Gegenwart noch aktuell.

Erstens: Ermunterung der Schüler zur Gründung *freiwilliger Gemeinschaften* zur Pflege irgendwelcher sachlicher Zwecke, beispielsweise musikalischer, literarischer, sportlicher oder wissenschaftlicher Zwecke. Zweitens: Gestaltung des Unterrichts nach dem Vorbild der *Arbeitsgemeinschaft*. Dies sei möglich in physikalischen und chemischen Schülerübungen sowie in Gestalt von Schulwerkstätten und Schulgärten. Drittens: Einführung der *Selbstverwaltung* im Klassen- und im Schulverband. In Betracht kämen Klassendienste und die Verwaltung der Schülerbücherei. Viertens: Ausgestaltung der Schule zum *Schulstaat*, d.h. Gründung von Organen mit administrativ-legislativen und disziplinarischen Befugnissen. In Betracht kämen ein Schulparlament und ein Schulgerichtshof (Kerschensteiner 1970, 25).

Von der beschriebenen Gestaltung der Schulen, ihrer Schülerverbände, ihrer Arbeitsplätze und Arbeitsmethoden erhoffte sich Kerschensteiner, dass die Zöglinge lernten, einer Gemeinschaft zu dienen, sich an die Pflicht zu gewöhnen, unter freiwilliger Einfügung, Unterordnung, gegenseitiger Rücksichtnahme und nicht zuletzt unter freiwilligen persönlichen Opfern diese Gemeinschaft sittlich zu fördern (Kerschensteiner 1910, 31). Er führte hierzu aus: „Erst wenn diese gemeinsame, gründliche, von Schaffensfreude getragene Arbeit, die im Mittelpunkt des ganzen Unterrichts steht, die Schüler mit wertvollen sozialen Tugenden ausgerüstet hat, erst wenn gewisse Einrichtungen der Selbstregierung, der freiwilligen Unterordnung unter selbstgewählte Führer, der persönlichen Opferbereitschaft im Dienste der geistigen und sittlichen Förderung der Mitschüler die Tugend der rechten Rücksichtnahme ausgelöst und jenes unentbehrliche Verantwortungsgefühl erzeugt haben, das unser Tun und Lassen regieren muss, erst dann wird auch die theoretische Belehrung, der staatsbürgerliche Unterricht im engeren Sinne, den Boden finden, auf dem er Früchte tragen kann" (Kerschensteiner 1910, 41 f.).

Kerschensteiner charakterisierte diesen staatsbürgerlichen Unterricht so: Er ist „nicht Bürgerkunde, Gesetzeskunde, Verfassungskunde oder allgemeine Staatslehre schlechtweg. Er ist in

---

[21] Mit scharfen Worten geißelte Kerschensteiner die politische Bildung seiner Zeit, die nur auf das Mittel der Belehrung setzte: „Historische Belehrungen, wirtschaftliche Unterweisungen, Belehrungen über Einrichtungen, Gesetze und Aufgaben des Staates, Anweisungen, mit den Mitteln des Unterrichts gewisse Parteirichtungen zu bekämpfen, das waren die kümmerlichen und bisweilen direkt falschen Mittel. ... Sie waren freilich die bequemsten und billigsten. ... Wir alle wissen: die bloße Belehrung hat noch niemanden zum Staatsbürger gemacht. Alles Wissen ist nur ein Werkzeug des Handelns. Auf das Handeln aber kommt es an, ob wir gute Staatsbürger sind oder nicht" (Kerschensteiner 1920, 111 f.).

seinem wichtigeren Bestandteil ein ethischer Unterricht." Kerschensteiner ergänzte, dass der ethische Unterricht im Wesentlichen eine Pflichtenlehre sei: „Natürlich bedarf diese Pflichtenlehre gewisser Kenntnisse der Organisation des konkreten Gemeinde- und Staatsverbandes, in dem der Schüler lebt, und seiner wirtschaftlichen und sozialen Verhältnisse. Aber diese Kenntnisse bilden nicht das Wesen des staatsbürgerlichen Unterrichts, wie ich schon eingangs bemerkt habe" (Kerschensteiner 1910, 43 f.).[22]

Einen bedeutsamen Beitrag zur staatsbürgerlichen Erziehung maß Kerschensteiner der *Fortbildungsschule* zu. Die Aufgabe der Fortbildungsschule sah er in Folgendem: „Das *erste* Ziel der Erziehung für die aus der Volksschule tretende Jugend ist *die Ausbildung der beruflichen Tüchtigkeit und Arbeitsfreudigkeit und damit jener elementaren Tugenden, welche die Arbeitstüchtigkeit und Arbeitsfreudigkeit unmittelbar zum Gefolge hat*: der Gewissenhaftigkeit, des Fleißes, der Beharrlichkeit, der Selbstüberwindung und der Hingabe an ein tätiges Leben. Im engsten Anschlusse daran muss außerdem als *zweites* Ziel verfolgt werden: *Einsicht in den Zusammenhang der Interessen aller und des Vaterlandes im besonderen sowie in die Lehre von der körperlichen Gesundheit, Betätigung dieser Einsicht in der Ausübung der Selbstbeherrschung, Hingabe, Gerechtigkeit und einer vernünftigen Lebensführung unter einem starken Gefühl der Selbstverantwortlichkeit*" (Kerschensteiner 1909, 17 f.).

Diese Aufgabenzuschreibung verlangte, die Fortbildungsschule nicht als „Buchschule", sondern als „Arbeitsschule" zu organisieren. Der Schwerpunkt der Schularbeit sollte im praktischen Arbeitsunterricht, nicht in der theoretischen Unterweisung liegen. Orte des Arbeitsunterrichts sollten Schulwerkstätten, Schullaboratorien, Schulgärten und Schulküchen sein. Der praktische Unterricht sollte die Freude und das Interesse der Schüler für ihren Beruf wecken und die dafür erforderlichen Fähigkeiten fördern. Im Arbeitsunterricht sollte darauf geachtet werden, die Schüler konkrete Aufgaben *gemeinschaftlich* bearbeiten und lösen zu lassen.
Auf diese Weise müsse sich der Ehrgeiz des Einzelnen einfügen in den Arbeitsehrgeiz der Gesamtheit. Auch trete die Leistung des Einzelnen nicht aus der Gesamtleistung hervor. Und die Schüler würden gemeinsam Erfolg und Misserfolg erfahren. So entwickele sich das Gefühl der Verantwortlichkeit für das eigene Tun, das im späteren Leben so wichtig sei und das in Deutschland nicht bloß bei den Massen, sondern auch bei den Gebildeten schmerzlich vermisst werde.

Die aus dem Arbeitsunterricht hervorwachsenden Tugenden der beruflichen Kooperation wiesen nach Kerschensteiners Überzeugung einen Bezug zu staatsbürgerlichen Tugenden auf, denn: „Hier lernt der Einzelne sich unterordnen unter andere, hier lernt er schwächere und weniger begabte Mitschüler unterstützen, hier lernt er zum ersten Male verstehen, dass die eigenen, wohlverstandenen Interessen in den Interessen der Gesamtheit aufgehen können und sollen. Aus dieser gemeinsamen Arbeit mit ihrem wohlüberlegten Plane und ihrer wohlgefügten Ordnung wachsen die staatsbürgerlichen Tugenden der Hingabe und Selbstbeherrschung, und in ihr wandeln sich im Dienste einer Gemeinsamkeit die bürgerlichen Tugenden der Sorgfalt, der Gewissenhaftigkeit, des Fleißes und der Ausdauer zu Tugenden der Hingabesittlichkeit" (Kerschensteiner 1909, 70). Ausgehend vom egoistischen Berufsinteresse bereite der Arbeitsunterricht die Schüler somit auf den „höchsten Beruf", den „Beruf des Staatsbürgers",

---

[22] An anderer Stelle bezog Kerschensteiner die Inhalte des staatsbürgerlichen Unterrichts ebenfalls nur zum Teil auf den bestehenden Staat. Der Unterricht habe nämlich „die eigentliche staatsbürgerliche Einsicht zu fördern, teils durch Belehrung über Zweck, Aufgaben und Organisation des Staates, teils durch Betrachtung über das Wesen der Staatsgemeinschaft als der Trägerin der sittlichen Ideen der Gerechtigkeit und Billigkeit, teils durch die Darstellung der Pflichten und Rechte, die dem einzelnen Staatsbürger aus seiner Eigenschaft als sittliche Persönlichkeit im Dienste der Staatsidee erwachsen" (Kerschensteiner 1920, 114).

vor. Berufliche Tugenden müssten deshalb in staatsbürgerliche Tugenden transformiert werden.

Eine Würdigung Kerschensteiners kann die folgenden Stärken seiner pädagogischen Konzeption feststellen. Erstens: Fruchtbar war und ist sein Gedanke der sozialen Erziehung in der Arbeitsgemeinschaft. Zweitens: Zuspruch verdient auch die Idee des politischen Lernens durch Handlungserfahrung in der Schulgemeinschaft. Drittens: Positiv zu bewerten ist ebenso, dass er die im Kaiserreich verfolgte Erziehung zum Untertanen und Patrioten überwand.

Kerschensteiners Konzeption wies aber auch einige Schwächen auf. Erstens: Die Erziehung in der Arbeitsgemeinschaft war eine Erziehung zur Verträglichkeit mit Gleichstrebenden und Gleichgesinnten. Der Umgang mit gesellschaftlichen Konflikten wurde ausgespart. Zweitens: Es ist fragwürdig, ob man, wie es Kerschensteiner tat, die Strukturen einer schulischen Arbeitsgemeinschaft einfach auf die Gesellschaft übertragen kann. Drittens: Kerschensteiner reduzierte die politische Bildung weitgehend auf Sozialerziehung. Die Analyse von Politik spielte in seinem Konzept keine Rolle. Viertens: Jeder bestehende Staat wird durch die Idee des sittlich perfekten Staates abgewertet und damit delegitimiert.

Paul Rühlmann: Die Notwendigkeit eines eigenen Unterrichtsfaches für die politische Bildung

Niemand berührte während der Zeit des Kaiserreiches mit seinen konzeptionellen Vorstellungen stärker Fragestellungen auch der modernen politischen Bildung als Paul Rühlmann (1875-1933). Rühlmann veröffentlichte seine Vorstellungen 1908 in einer auch heute noch lesenswerten Monographie mit dem Titel *Politische Bildung. Ihr Wesen und ihre Bedeutung – eine Grundfrage unseres öffentlichen Lebens*. Rühlmann war nach einem Studium der Geschichte, Geographie und Staatswissenschaft und der Promotion in den Schuldienst gegangen. 1917 nahm er eine Tätigkeit in der Reichsregierung auf. Auch in der Weimarer Republik war er als Referent in mehreren Reichsministerien tätig. Paul Rühlmann kann als einer der maßgeblichen Verfechter der politischen Bildung während der Weimarer Republik gelten.

Für die Notwendigkeit der politischen Bildung führte Rühlmann eine Reihe von Gründen an. Zunächst konstatierte er bei den Deutschen einen erschreckenden Mangel an politischen Kenntnissen. Niemand wisse über die Staatseinrichtungen Deutschlands genau Bescheid. Die Schüler kennten sich in der antiken griechischen Politik minutiös aus, wüssten aber nichts über die Verfassung des gegenwärtigen Deutschlands, über die Außenpolitik und über das moderne Völkerrecht. Es sei daher zu bedenken, „dass bei einer besseren Kenntnis des politisch Tatsächlichen eine Anzahl von Unrichtigkeiten, falschen Anschauungen, schiefen Darstellungen in unserer öffentlichen Meinung überhaupt nicht entstehen könnten" (Rühlmann 1908, 32 ff.).
Zweitens sei „die Forderung der politischen Bildung letzten Endes geboren aus dem demokratischen Gedanken: der fortschreitenden Demokratisierung unseres Staats hat zur Seite zu treten die Politisierung der Massen." Mit der „Politisierung der Massen" meinte Rühlmann die Vermittlung von politischen Kenntnissen und politischer Analysefähigkeit für alle Bevölkerungskreise. Die politische Unterweisung bilde nämlich die notwendige Voraussetzung des allgemeinen Wahlrechts: „Derselbe Staat, der seinen Bürgern das Wahlrecht, das politische Selbstbestimmungsrecht auszuüben erlaubt, derselbe Staat hat auch dafür zu sorgen, dass es so ausgeübt wird, dass daraus für ihn kein Schaden entsteht. Wahlrecht und politische Unterweisung gehören zusammen und sind gegenseitig bedingend; eins ohne das andere ist politischer Widersinn" (Rühlmann 1908, 52).
Drittens ergebe sich das Erfordernis politischer Bildung aus den Eigentümlichkeiten der kommunalen Selbstverwaltung sowie der Schöffengerichtsbarkeit. An der Selbstverwaltung

und der Rechtspflege seien Laien aus dem Volke beteiligt. Diese müssten politisch aufgeklärt sein, wenn ihre Mitwirkung an den öffentlichen Angelegenheiten fruchtbare Wirkungen entfalten solle.

Schließlich verlange Deutschlands Entwicklung zu einem machtvollen Export-, Handels- und Industriestaat mit imperialem Geltungsanspruch „*naturnotwendig eine Steigerung der Volksbildung*. Diese aber kann niemals *eine einseitig technisch-intellektuelle* sein, ihr muss als Ergänzung zur Seite treten *eine ethisch-politische*" (Rühlmann 1908, 58 ff., 67 ff.).

Rühlmann bestimmte als Kernaufgabe politischer Bildung die Förderung des *politischen Denkens*. Politisches Denken habe *politisches Wissen* zur Voraussetzung und *politisches Wollen* als erwünschte Folge. Zum *politischen Wissen* führte er aus, dass der erforderliche Wissensstoff aus den Einzelwissenschaften der Geographie, der Bevölkerungslehre, der Verwaltungslehre und des Staatsrechts stamme. Er müsse unter dem Gesichtspunkt des Staates geordnet und durchdacht werden. Die Politik sei nämlich eine *synthetische Wissenschaft* (Rühlmann 1908, 30 ff.).

Rühlmann betonte, dass das *politische Denken* deshalb den Kern der politischen *Bildung* ausmache, weil Bildung nicht in der Menge des verfügbaren Wissens bestehe, sondern in der denkenden Verarbeitung. Der die Politik kennzeichnende Denkvorgang komme paradigmatisch in der Tätigkeit des Politikers zum Ausdruck. Aristoteles habe vom Politiker verlangt, dass er „ein Kenner des Seienden und ein Macher des Seinsollenden" sein müsse. Danach komme es auf zwei Fähigkeiten an, nämlich auf das „*klare Erfassen* der Dinge, des jeweiligen politischen Zustandes", sowie auf den „scharfen Blick für das *praktisch Erreichbare*, das allein Mögliche". Der Politiker müsse also zwei Fragen beantworten, nämlich die Frage: „Was ist?" und die Frage „Was ist möglich?"

Schon die erste Frage sei „bei dem durchaus zusammengesetzten Charakter einer jeden politischen Entscheidung" schwer zu beantworten. Man könne aber annehmen, dass historische Kenntnisse hierbei nützlich seien. Denn: „Diese Frage kann niemals der beantworten, der nur die gegenwärtigen Verhältnisse kennt, klar sieht nur jemand, der weiß, wie die Dinge *geworden* sind. Erst die Geschichte enthüllt die Gegenwart, sie ist die große Erleuchterin in dem Dunkel unserer Tage."

Andererseits sei die Fähigkeit, die Gegenwart auf Grund der Vergangenheit zu verstehen, „nicht das eigentlich Entscheidende; ihr muss bei dem wahrhaft politischen Kopfe eine andere, bedeutsamere, spezifisch politische, der Zukunft zugewendete Tätigkeit ergänzend zur Seite treten: der Blick für das *politisch Mögliche*, der Sinn für politische Notwendigkeiten und deren Gegenteil, politische Unmöglichkeiten."

Die Politik sei nämlich eine Kunst. Sie entziehe sich folglich der „exakten Wissenschaft" und der „streng zergliedernden, logischen Erfassung." Das historisch-politische Denken stehe deshalb im Gegensatz zum mathematisch-naturwissenschaftlichen Denken. Aber auch die „*einseitig philologische* Ausbildung" sei dem politischen Denken abträglich. Die philologische Akribie, die Treue im Kleinen und der Sinn für unendliche Einzelheiten versperrten nämlich den Überblick über große Tatsachengebiete und erschwerten das Erkennen von Gemeinsamkeiten im Gewirr der Einzeltatsachen (Rühlmann 1908, 36 ff., 42 f.).

Die Frucht des politischen Denkens müsse das *politische Wollen* sein. Rühlmann bezog das Wollen auf das Wohl des Staates, auf die Arbeit an dessen Größe. Dieses Wohl sei für den Politiker das Ziel seiner alltäglichen beruflichen Arbeit. Für die Bürger komme als Ziel des Wollens natürlich nicht die unmittelbare politische Tätigkeit in Betracht, dafür aber das Gefühl, für das Gedeihen des Staates *mitverantwortlich* zu sein. „Dieses politische Verantwortlichkeitsgefühl, auch jedes Einzelnen, ist die schönste und reifste Frucht der politischen Bildung." Rühlmann war sich im Klaren darüber, dass seine Gedankengänge in die Forderung nach Vaterlandsliebe und Patriotismus einmündeten. Der Patriotismus gegenüber dem Nationalstaat sei aber zu rechtfertigen, denn dieser bilde nun einmal den Rahmen aller Kulturentfaltung. Mit dieser Akzentsetzung distanzierte sich Rühlmann vom Patriotismus seiner Zeit, der kriegerisch-militärisch, dynastisch und chauvinistisch orientiert war (Rühlmann 1908, 45 ff.).

Mit Nachdruck trat Rühlmann für ein gesondertes und pflichtmäßiges Unterrichtsfach Politik ein. Politische Bildung als Unterrichtsprinzip lehnte er ab. Er gestand zu, dass die gelegentliche politische Unterweisung im Geschichts-, Geographie-, Sprach- und Religionsunterricht durchaus viel erreichen könne. Aber er gab zu bedenken: „Und doch sehe ich im systematischen politischen Unterrichte einen Vorzug. Weshalb? Die politischen Unterweisungen sind dann dem Zufall und der Willkür entzogen. Sie sind zu wichtig, um dem guten Willen, der besonderen Gelegenheit, dem persönlichen Interesse des jeweiligen Lehrers überlassen zu bleiben." Noch deutlicher führte er einige Zeilen später aus: „Wer unsere Philologen kennt, wird bestätigen, dass viele so gut wie kein politisches Interesse und minimale politische Sachkenntnis besitzen."

Nicht ganz eindeutig war Rühlmann in seinen Vorschlägen für die Bezeichnung des zu etablierenden Unterrichtsfaches. Mal sprach er von *Bürgerkunde*, mal von *Staatslehre*, mal von *Staatskunde* (Rühlmann 1908, 134 ff.).

Erwähnung verdient, dass Rühlmann sich gegen die Instrumentalisierung der politischen Bildung für den Kampf des wilhelminischen Obrigkeitsstaates gegen die Sozialdemokratie wandte: „Abgelehnt wird also bei der Begründung des politischen Unterrichts als Ziel: Bekämpfung der Sozialdemokratie; nein, Nachweis der Berechtigung der sozialen und politischen Formen der Gegenwart, soziale Versöhnung und ethische Staatsauffassung seien die Leitmotive derselben" (Rühlmann 1908, 72).

Rühlmann befasste sich auch mit der Frage, wie im Politikunterricht mit politischen Kontroversen umgegangen werden solle. In diesem Zusammenhang betonte er, dass der Unterricht sich nicht zentral mit praktisch-politischen Fragen befassen solle. Es sei schon viel erreicht, wenn ein gesicherter Wissensfundus vermittelt werde. Wenn aber strittige Fragen thematisiert würden, dann werde ein „geschickter und ernster Lehrer" etwa so reagieren: „Dies ist die eine Ansicht, sie stützt sich auf folgende Gründe; jenes die ebenfalls mögliche Ansicht mit folgenden Gründen. ... Welche die richtige ist, vermag man heute noch nicht abzusehen, vielleicht erlebt ihr in Jahrzehnten die Klärung. Heute darüber zu entscheiden, würde jedem Wahrheitsliebenden übel anstehen" (Rühlmann 1908, 120).

Als fruchtbar kann man die folgenden Gedanken Rühlmanns bezeichnen: Erstens sein Eintreten für ein eigenständiges Unterrichtsfach Politik, das vorrangig der politischen Bildung, weniger der politischen Erziehung dienen sollte. Zweitens die Betonung des politischen Denkens als Kern der politischen Bildung. Was er hierzu ausführte, kommt der politischen Analysefähigkeit nahe, die in der modernen politischen Bildung eine zentrale Rolle spielt. Drittens die strikte Ablehnung einer Funktionalisierung der politischen Bildung im Sinne der Machtbehauptung der den Staat beherrschenden Kräfte. Verbunden hiermit viertens Sensibilität für das Problem der Unparteilichkeit im Politikunterricht.[23]

Diesen positiven Ansätzen steht als nicht weiterführend eigentlich nur die Fixierung auf den eigenen Nationalstaat gegenüber. Von einem engstirnigen Nationalismus, ja Chauvinismus war Rühlmann aber sehr weit entfernt.

---

[23] Ansatzweise nahm Rühlmann den *Beutelsbacher Konsens* von 1976 vorweg, der dem Lehrer jegliche Indoktrination der Schüler verbietet.

Friedrich Wilhelm Foerster: Plädoyer für eine religiös-sittlich fundierte politische Bildung

Eine Außenseiterposition in der Diskussion um die politische Bildung während des wilhelminischen Kaiserreiches nahm der Philosoph und Erziehungswissenschaftler Friedrich Wilhelm Foerster ein. Foerster, 1869 geboren und 1966 gestorben, verließ 1897 Deutschland, nachdem er einige Monate Festungshaft wegen Majestätsbeleidigung abgebüßt hatte. Er war seit 1899 Dozent für Philosophie in Zürich, wurde 1911 als Ordinarius nach Wien berufen und erhielt 1914 eine Professur in München. Er wurde 1933 aus Deutschland ausgebürgert und ging nach Zwischenstationen in Frankreich und Portugal 1942 in die USA.

Foerster war nicht nur Wissenschaftler, sondern auch ein politisch tätiger Mensch. Er griff als politisierender Schriftsteller mehrfach in das politische Geschehen seiner Zeit ein. Dabei wehte in seinen Schriften und Pamphleten der Geist von 1848. Er war ein Gegner des wilhelminischen Obrigkeitsstaates. Lebenslang übte er Kritik an der preußisch-deutschen Politik des 19. und 20. Jahrhunderts (Fischer 1964, 113 f.).

Foersters erziehungswissenschaftliche Werke waren vom Christentum und vom philosophischen Idealismus inspiriert. Er verfocht in den beiden ersten Jahrzehnten des 20. Jahrhunderts Ideen zur politischen Erziehung, die weit vom verbreiteten Nationalstaatsdenken und preußisch-deutschen Patriotismus entfernt waren. Diese Ideen waren eine ebenso heiß bekämpfte wie begrüßte Neuheit. Es gehörte Mut dazu, solche Ideen zu verkünden, waren sie doch der dominanten politischen wie pädagogischen Zeitmeinung weit voraus und richteten sich in mancher Weise scharf gegen sie (Pöggeler 1964, 176). Es erstaunt deshalb nicht, dass Foersters Vorstellungen keine Chance auf Verwirklichung im Kaiserreich hatten.

Foerster publizierte über einen sehr langen Zeitraum. Seinen Grundüberzeugungen blieb er dabei treu. Zum Gegenstandsfeld der politischen Bildung in einem allerdings sehr weiten Sinne äußerte er sich erstmals in einigen Passagen der *Jugendlehre* von 1905.[24] Wichtiger ist aber die Schrift *Staatsbürgerliche Erziehung* von 1910, die 1918 in dritter Auflage als zweiter Teil des umfangreichen Werkes *Politische Ethik und Politische Pädagogik* erschien. Im Jahre 1959 legte Foerster unter dem Titel *Politische Erziehung* eine erneut umgearbeitete Fassung der Politischen Pädagogik vor. Dieses Buch erschien 1964 in zweiter Auflage.

Foerster war sich der Wichtigkeit der *sozialen Erziehung* voll bewusst: Die Einführung in das richtige politische Denken und Handeln bestehe nämlich nicht einfach nur in der direkten politischen Belehrung. Sie erfordere nicht weniger die Sorge um die soziale Haltung des Menschen. Es sei unerlässlich, soziale Bindungen und kooperative Tugenden herauszubilden. Deshalb sei die direkte Übung in lebendigen Arbeitsgemeinschaften, in schulischer Selbstregierung und Selbstverantwortung („School-city") von großer Bedeutung. Foerster nannte dies die Erziehung zum Jasagen und Mitmachen, zur Kooperation und Einordnung.

Foerster vertrat ganz entschieden die Auffassung, dass die politische Bildung zwar mit der sozialen Erziehung beginnen müsse, sich aber hierin keineswegs erschöpfen dürfe. Die Sozialerziehung erzeuge nämlich gerade nicht diejenigen moralischen Qualitäten, „die das moderne Staatsleben mit all seinen besonderen Versuchungen vom Individuum verlangt." Im Gegenteil: Die Sozialerziehung habe die Tendenz, im Individuum den Gruppenegoismus zu fördern.[25] Rhetorisch fragte Foerster: „Oder kann etwa die bloße Übung in kollektiver Arbeits-

---

[24] Foerster erwähnte in dieser für die politische Bildung und Erziehung ansonsten unergiebigen Schrift lobend die *Selbstregierung* der Schüler in den amerikanischen Schulen. Und er stellte einige Überlegungen über das soziale Leben an.

[25] Foerster distanzierte sich folglich von Kerschensteiners Vorschlag, im Arbeitsunterricht das kooperative Verhalten üben zu lassen. Die bloße Übung im Zusammenarbeiten sei gerade kein Schutz „ge-

gemeinschaft und Selbstverwaltung den jungen Menschen wirklich davor schützen, im späten Leben ganz im wirtschaftlichen und politischen Korporationsegoismus unterzugehen? Und kann das Mitglied der School-city, das seinen Egoismus durch gehorsame Einordnung in den Willen der Klasse disziplinieren lernt, nicht gerade durch diese Schulung zum blind gehorsamen Diener einer wirtschaftlichen Clique oder politischen Partei werden?" Die Antwort lag für Foerster auf der Hand: „Ja, man darf sich nicht verhehlen, dass die bloße soziale Erziehung, die nur die allgemeinen kollektiven Gefühle und Fähigkeiten im jungen Menschen entwickelt, zunächst sogar eine Gefahr für die Entfaltung wahrer staatlicher Gesinnung bedeutet, eben weil sie die Neigung zu sozialer Anpassung verstärkt, ohne ein Gegengewicht an Charakterkraft gegenüber der Übermacht der Kameraderie zu geben" (Foerster 1918, 387 f.).

Foerster betonte deshalb, dass die Erziehung zum Neinsagen, zum Nichtmittun, zur „Standhaftigkeit gegenüber der Diktatur des Korpsgeistes und der öffentlichen Meinung" ebenfalls unentbehrlich für die wahre staatsbürgerliche Erziehung sei: „Die Bildung von Charakteren, die dem ungeheuren Magnetismus der Massen und dem Cäsarentum der Majoritäten gegenüber standhaft bleiben und den Mut zur Isolierung haben, muss in der Tat ein ebenso wichtiges Ziel der staatsbürgerlichen Erziehung werden wie die Erzeugung ‚kooperativer' Eigenschaften – denn für den Staat selber, für die Wahrung seiner tiefsten Fundamente, ist es von größter Bedeutung, dass feste Mittelpunkte der Besinnung da sind, die gegenüber den kollektiven Erregungen und Leidenschaften, gegenüber den Wallungen der nationalen Leidenschaft und den Beschränktheiten des Interessentums die ewigen Güter der Kultur und der Seele verteidigen" (Foerster 1918, 389).

Aber noch aus einem anderen Grunde hielt Foerster die Sozialerziehung für unzureichend: Die einen Staat tragende Kultur komme nämlich „aus einer ganz anderen Verfassung der Seele" als derjenigen, welche in der sozialen Kooperation erzeugt werde. Denn die Sozialerziehung sei eine Erziehung zur Verträglichkeit mit Gleichstrebenden und Gleichgesinnten. Die staatliche Kultur sei hingegen eine Einheit von Gegensätzen, und zwar eine Einheit von Gegensätzen in Bezug auf vitale Lebensinteressen und Lebensüberzeugungen. Das Zusammenleben mit Anderswollenden und Andersdenkenden verlange vom Einzelnen den starken Willen, Frieden zu halten und Gegnern gegenüber Gerechtigkeit zu üben. Das aber bedeute, dass das für die Erhaltung des Staates notwendige Ethos „nur durch eine ganz tiefgehende Überwindung des Egoismus erzeugt werden" könne (Foerster 1918, 389).

Foerster sah in der Formung des *Gewissens* die einzige Gewährleistung für eine „Erlösung von der Tyrannei subjektiver Empfindungen" und damit für eine sichere Fundierung des Staatsbewusstseins. Die politische Erziehung müsse also letztlich bis in das seelische Zentrum des Menschen vorstoßen. Jedenfalls führe nur ein hochentwickeltes persönliches Gewissen, nicht aber die bloße Übung in „kollektiver Arbeit", zum erforderlichen Gerechtigkeitsempfinden und folglich zur Überordnung des Staatsgedankens über die Sonderinteressen (Foerster 1918, 391 f.).

Die Gewissensbildung bleibe jedoch sehr oberflächlich und das Gewissen sei egoistischen Anfechtungen nicht gewachsen, wenn in der Seele nicht die Tendenz begründet und befestigt werde, „ihr ganzes Eigenleben einem höchsten Gut zu unterwerfen." Das Gewissen als Ausdruck sittlich-staatlichen Bewusstseins bedürfe daher einer Fundierung in der Religion. „Das Reich des Cäsar selber ist auf die Dauer durchaus auf die Kräfte angewiesen, die aus dem Reiche Christi kommen. Die sichtbare Welt ruht auf der unsichtbaren Welt. Auch die sittliche Welt muss sich im Religiösen verankern: Verlässt sie sich auf bloße Soziologie und Sozialethik, so wird sie nur zu schnell zu einem bloßen Reflex zeitlicher Strömungen und einseitiger

---

gen die kommenden Versuchungen des korporativen Egoismus, der für den Staat mindestens so gefährlich ist wie der persönliche Egoismus" (Foerster 1910, 11 f.).

Interessen und vermag eine universelle staatliche Kultur nicht mehr zu tragen" (Foerster 1918, 392 f.).[26]

Foerster plädierte für eine politische Bildung und Erziehung, die mit den Intentionen der staatsbürgerlichen Erziehung im wilhelminischen Kaiserreich nichts gemeinsam hatte. Denn er maß dem sittlichen und kulturellen Moment, nicht hingegen machtpolitischen und herrschaftslegitimierenden Überlegungen das entscheidende Gewicht im Erziehungsprozess bei.
In diesem Sinne nannte er die ritterliche Erziehung ein Grundelement wahrer politischer Erziehung. Denn diese Erziehung entspreche der wichtigsten Forderung staatsbürgerlicher Ethik, „dass den Gegnern auch im Zusammenprall der schärfsten Gegensätze nicht das Bewusstsein des Verbundenseins in einem höheren Ganzen" verloren gehe. Der Kampf dürfe „nie zu einer völligen Ausschaltung der Liebespflicht gegenüber den Mitmenschen führen" (Foerster 1918, 435; 1964a, 24).
Ebenso sah es Foerster als eine Gefahr der politischen Erziehung an, wenn diese das Erziehungsideal auf den Staat verenge: „Auch dem Staate kann die Seele doch nur dann ihre höchsten Energien zuführen, wenn sie nicht im bloßen Staatsbürgertum verkrüppelt ist. Darum muss die wahre politische Erziehung mit ganzer Klarheit darauf ausgehen, die Erhebung des Staates zum Selbstzweck zu bekämpfen und das politische Streben nur als dienendes Mittel der Gesamtkultur unterzuordnen" (Foerster 1918, 520; 1964a, 93).

Foerster hatte kein Verständnis für die von Kaiser Wilhelm II. geforderte Instrumentalisierung der staatsbürgerlichen Erziehung zur Bekämpfung der Sozialdemokratie. Er räumte ein, dass es im Wesen aller Erziehung zu staatlicher Gemeinschaft liege, „zur Liebe und Treue gegenüber der nationalen Kultureinheit" zu führen. Er erwähnte dann die vom Kaiser geforderte Pädagogik des Patriotismus, bei der „der Lehrer sich für bestimmte Gesinnungen und Urteile einsetzt, die von einem großen Teile des Volkes leidenschaftlich abgelehnt werden." Hiergegen wandte er ein, dass der Sinn der Bürgerkunde völlig verfehlt werde, benutze man sie dazu, „dem sozialdemokratischen Nachwuchs gegenüber die bestehenden Ordnungen zu glorifizieren" (Foerster 1910, 37).
Schließlich sprach sich Foerster gegen eine Überhöhung der eigenen Nation aus, die er als schädlichen *Nationalegoismus* bezeichnete und vom berechtigten Nationalbewusstsein unterschied. Der Nationalegoismus führe zu gegenseitigem Vernichtungskampf und zerstöre damit auch die Entfaltung der nationalen Anlagen der eigenen Nation (Foerster 1964a, 162).[27] Um dem Nationalegoismus vorzubeugen, sprach sich Foerster für eine Ergänzung der „nationalen Erziehung" durch eine „übernationale Erziehung" aus. Der übernationalen Erziehung trug er auf, „die Seele eines Volkes für das aufzuschließen, was es von fremden Völkern lernen kann, um sich ein Gegengewicht gegen die Gefahren seiner Einseitigkeit zu sichern und von fremden Vorzügen umsichtig und einsichtig zu lernen" (Foerster 1964a, 55 f.).

---

[26] Über die Bedeutsamkeit der Religion für die staatsbürgerliche Erziehung äußerte Foerster sich bereits in der Schrift von 1910. Die „allertiefste" staatsbürgerliche Erziehung liege „in der Stärkung des persönlichen Charakters gegenüber dem Druck der Majoritäten, gegenüber der Tyrannei des korporativen Egoismus, gegenüber dem Rausch der nationalen Leidenschaft. ... Diese Befestigung des persönlichen Gewissens gegenüber der heidnischen Allmacht des bloßen Staatswillens aber ist von jeher die größte Kulturleistung der christlichen Religion gewesen, ja, auch ihre größte Leistung für die tiefere sittliche Fundamentierung des Staates selber" (Foerster 1910, 59).

[27] Ursprünglich schrieb Foerster: „Dem Nationalegoismus, der heute geradezu die herrschende Zeitkrankheit und das größte Hemmnis des sittlichen Fortschrittes ist, muss überhaupt das Recht abgesprochen werden, die Sache der nationalen Selbstbehauptung zu vertreten. Er vertritt deren wirkliche Interessen genau so wenig, wie der Ichkultus und Ichkrampf des modernen Menschen die wahren Interessen der Persönlichkeit vertritt. Nationale Kultur kann heute nur noch in dem Maße gedeihen, als die Nation aus der Isolierung heraustritt, aktiv an der Herstellung der Völkergemeinschaft mitarbeitet und für dieses Ziel Opfer zu bringen entschlossen ist" (Foerster 1918, 469 f.).

Foerster sah darüber hinaus sogar die Notwendigkeit einer „weltpolitischen Erziehung". Diese sollte die jungen Menschen „über die Unlösbarkeit unseres Zusammenhanges mit der übrigen Welt" aufklären, Achtung und Liebe für fremden Kulturbesitz wecken und ein Bewusstsein von der Mitverantwortlichkeit für die Weltkultur vermitteln (Foerster 1964a, 158 f.).[28]

Foerster äußerte sich auch über Inhalte und Methoden der politischen Erziehung. Im Staatsbürgerkundeunterricht sollten ethische Gesichtspunkte eine maßgebende Rolle spielen. Beispielhaft nannte er die Idee der Menschenrechte, Humanität und Patriotismus, die Brüderlichkeit innerhalb des eigenen Landes, Toleranz und Fanatismus, Grundsätze für die Reform schlechter Gesetze sowie die Pflege staatsbürgerlicher Tugenden. Die ethische Akzentuierung des Unterrichts sollte einhergehen mit einer Reduzierung des „trockenen Lehrstoffs" über Gesetze, Verwaltung, Institutionen und Wirtschaft (Foerster 1910, 36 ff.; 1964a, 95).

Methodisch favorisierte Foerster das Spiel. Das Spiel sei die einzige Gelegenheit zu direkter Übung in staatlicher Gesinnung. Im Spiel prallten nämlich die stärksten Leidenschaften und Interessen unmittelbar aufeinander. Deshalb lerne man hier, „den Gegner absolut fair zu behandeln und seine Rechte ebenso heilig zu halten wie die eigenen" (Foerster 1918, 390).
Foerster empfahl, die Schule als Staat im Kleinen, d.h. als *Schulstaat*, zu gestalten. Auf Studienreisen in den USA und Großbritannien kurz nach 1900 hatte er entsprechende Einrichtungen wie *school cities* und *junior republics* kennen und schätzen gelernt. Er sah in der Selbstregierung und Selbstgesetzgebung der Schüler sowie in der Einrichtung von Schülergerichten Gelegenheiten für das jugendgemäße praktische Üben des Verantwortungsbewusstseins: „Ich betone das nicht als ein Fanatiker des demokratischen Gedankens, nicht als ein Gegner der Autorität, sondern weil es kein wirksameres Mittel gibt, die Jugend zu politischer Gewissenhaftigkeit und zu politischer Mitarbeit in einem konstitutionellen Staat zu erziehen, als dass man sie frühzeitig übt, verantwortliche Vertrauensposten auszufüllen, selbstgewählten Vertrauensmännern strikten Gehorsam zu leisten und an der Durchführung geordneter Zustände selbsttätig mitzuwirken" (Foerster 1918, 406 f.; 1964a, 26 f.).

Mit guten Gründen kann man Foerster als den Nestor der politischen Bildung Deutschlands im 20. Jahrhundert bezeichnen (Fischer 1964, 129). Denn er übersprang das im Kaiserreich propagierte Konzept der vaterländischen Erziehung und legte das Fundament für eine politische Bildung, die dem freiheitlich-demokratischen Gemeinwesen angemessen ist. Belege hierfür sind sein Plädoyer für ein demokratisches Schulleben, seine Ablehnung des Machtstaates[29] sowie sein Verständnis für die Pluralität der politischen Interessen und Auffassungen.[30]

---

[28] Bereits vor Ende des Ersten Weltkrieges charakterisierte Foerster die weltpolitische Erziehung als „Befreiung von der Selbstsucht": „Darum besteht die grundlegende Aufgabe auch der weltpolitischen Erziehung und Bildung vor allem darin, ein Volk auch in seinem Verhältnis zu den übrigen Völkern vor den Illusionen der Selbstsucht zu bewahren" (Foerster 1918, 486 f.).

[29] „Nie gab es einen größeren Wahn als den, der den Anspruch wagte: Der Staat ist Macht. Nein, Staat wird nur durch Gewissen, innerste Bindung, Erlösung von der Selbstsucht" (Foerster 1964b, 84).

[30] Foerster schrieb, „dass die Idee des wahrhaft sozialen und staatsbildenden Menschen von uns durchaus verlangt, dass wir, ganz gleich, wie radikal unsere Reformpläne seien, stets mit der Tatsache rechnen, dass andere Kreise mit anderen Interessen und Überzeugungen da sind, mit denen wir uns in geordneten Formen auseinandersetzen müssen und deren Rechtssphäre wir genau so heilig halten müssen, wie unsere eigene" (Foerster 1910, 38).

5. Politische Bildung und Erziehung in der Weimarer Republik

5.1 Politische Bildung ohne Konsens: Das Scheitern der Staatsbürgerkunde

Mit dem Ende des Kaiserreichs stellte sich das Problem der politischen Bildung in Deutschland auf prinzipiell neue Weise. Das Reich hatte seine Weltmachtstellung verloren. Der Kaiser und alle Fürsten hatten abgedankt. Die Weimarer Republik beendete den monarchischen Obrigkeitsstaat und schuf eine Verfassung mit starken demokratischen Elementen. Erstmals bot sich die Chance, die politische Bildung als Vorbereitung der nachfolgenden Generation auf das Leben in der Demokratie zu konzipieren.

Artikel 148 Reichsverfassung: Staatsbürgerkunde mit Verfassungsrang

An die Verfassungsgebende Nationalversammlung wurde 1919 eine von 37 Personen des öffentlichen und wissenschaftlichen Lebens unterschriebene Petition gerichtet, die darauf abzielte, die folgende Bestimmung in die Verfassung aufzunehmen: „Inhalt und Geist dieser Verfassung sind zum Lehrfach des Volks- oder Fortbildungs-, des Mittel- und Hochschulunterrichts und in allen Zweigen des öffentlichen Prüfungswesens zum Prüfungsgegenstand zu machen."
Die Sozialdemokraten machten sich die Petition zu eigen. Der Vorschlag fand in den Beratungen aber keine Zustimmung, möglicherweise deshalb, weil man skeptisch war, wie der Unterricht und die Prüfungen auf den „Geist der Verfassung" abgestellt werden könnten. Stattdessen floss der Antrag der linksliberalen Deutschen Demokratischen Partei (DDP) in die weitere Beratung ein: „In allen Schulen ist persönliche und staatsbürgerliche Tüchtigkeit und sittliche Bildung auf deutsch-volkstümlicher Grundlage zu erstreben; Staatsbürgerkunde ist Lehrgegenstand in allen Schulen." Von anderer Seite wurde gefordert, gleichsam als Gegengewicht gegen die Betonung des deutschen Volkstums noch die Formulierung „im Geiste der Völkerversöhnung" aufzunehmen. Schließlich kam noch der Vorschlag hinzu: „Jeder Schüler erhält bei Beendigung der Schulpflicht einen Abdruck der Verfassung" (Boeger 1921, 3 f.).

In den weiteren Beratungen wurde die Einfügung eines zusätzlichen Satzes in den vorgesehenen Verfassungsartikel diskutiert. Dieser Satz lautete: „Beim Unterricht in öffentlichen Schulen ist Bedacht zu nehmen, dass die Empfindungen Andersdenkender nicht verletzt werden." Auf diesen Absatz legte die konservative Deutschnationale Volkspartei (DNVP) großen Wert. So äußerte der Abgeordnete Dr. Albrecht Philipp: „Wir hoffen, dass die gegenwärtige Regierung das nicht bloß im kirchlichen Sinne auffasst, nicht bloß im Sinne der *religiösen* Toleranz, sondern auch im Sinne der *politischen* Toleranz. Wir erwarten, dass auch in einem republikanischen Deutschland in der Schule – und auch anderswo – die Empfindungen der Monarchisten und anderer Leute geschont werden" (Boeger 1921, 10).

Der ursprüngliche Antrag wurde an einer entscheidenden Stelle modifiziert. Hieß es anfänglich, dass Staatsbürgerkunde einen *Lehrgegenstand* bilden solle, so wurde später formuliert, dass Staatsbürgerkunde ein *Lehrfach* sein solle. Der Unterstaatssekretär im federführenden Reichsinnenministerium Heinrich Schulz führte als Begründung für die Änderung an, dass es sich lediglich um eine *stilistische* Korrektur handle (Boeger 1921, 12). Gleichwohl war hier der Keim für eine grundsätzliche Kontroverse darüber gelegt, ob die Staatsbürgerkunde von Verfassungs wegen ein eigenständiges Schulfach war oder nicht. In der späteren Praxis der Weimarer Republik wurde die Unsicherheit darüber, was die Verfassung eigentlich wollte, zu Ungunsten des Schulfaches Staatsbürgerkunde ausgelegt.

Der schließlich verabschiedete Artikel 148 Reichsverfassung hatte folgenden Wortlaut:
„(1) In allen Schulen ist sittliche Bildung, staatsbürgerliche Gesinnung, persönliche und berufliche Tüchtigkeit im Geiste des deutschen Volkstums und der Völkerversöhnung zu erstreben.
(2) Beim Unterricht in öffentlichen Schulen ist Bedacht zu nehmen, dass die Empfindungen Andersdenkender nicht verletzt werden.
(3) Staatsbürgerkunde und Arbeitsunterricht sind Lehrfächer der Schulen. Jeder Schüler erhält bei Beendigung der Schulpflicht einen Abdruck der Verfassung.
(4) Das Volksbildungswesen, einschließlich der Volkshochschulen, soll von Reich, Ländern und Gemeinden gefördert werden."

Vier Grundgedanken kennzeichneten das Selbstverständnis dieser verfassungsmäßig verankerten Staatsbürgerkunde:
Erstens die Förderung der staatsbürgerlichen Gesinnung. Staatsbürgerliche Gesinnung sollte die Abkehr von der Untertanenhaltung ausdrücken. Staatsbürgerliche Gesinnung stand auch für die Einsicht in die existentielle Notwendigkeit einer republikanischen Haltung, d.h. einer Identifizierung mit der neuen Ordnung.
Zweitens der Geist des deutschen Volkstums als Grundlage. Die Betonung des Volkstums war eine Reaktion auf den verlorenen Krieg. Das Volkstum sollte die Sehnsucht nach Einheit und Gemeinschaft symbolisieren. Man kann auch sagen, dass preußische Traditionen bruchlos fortgeschrieben wurden bzw. dass das nationale Element deutliche Konturen behielt.
Drittens der Gedanke der Völkerversöhnung. Dieser Gedanke war aus der Präambel der Verfassung übernommen worden. Dort hieß es, dass das deutsche Volk vom Willen beseelt sei, dem äußeren Frieden zu dienen. Eine innere Spannung dieses Gedankens zur Identifizierung mit dem deutschen Volkstum war nicht zu übersehen.
Viertens die Schonung der Empfindung Andersdenkender. Diese Zusage basierte auf einer Übertragung des Prinzips der religiösen Toleranz auf das Feld der Politik. Sie war Ausdruck des pädagogischen Gebots, sich bei wertbesetzten Themen zu mäßigen und zurückzuhalten. Es bedeutete in der damaligen Situation aber auch, dass Monarchisten und andere Gegner der neuen Republik in der Schule toleriert werden sollten.

Dass der politischen Bildung Verfassungsrang zugebilligt wurde, könnte die Interpretation nahelegen, dass sie von einem Konsens der politischen Kräfte der jungen Republik getragen war. Dies war jedoch nicht der Fall. Nicht wenigen Debattenbeiträgen in der Verfassungsgebenden Nationalversammlung lässt sich entnehmen, dass sie umstritten war und zudem auf zum Teil fragwürdigen politischen Fundamenten beruhte.

So verteidigte der Abgeordnete Eduard Konrad Weiß (DDP) die deutsch-volkstümliche Grundlage der Staatsbürgerkunde mit dem Argument, dass wahrhafte Bildung „nicht erst auf dem *Umwege* über französische und englische und klassische Kultur" erworben werden sollte, „dass das deutsche Bildungsgut in erster Linie *aus deutschem Kulturgut* bestritten werden müsste, um ferner damit auszudrücken, dass in *allen* Schulen und auf *allen* Stufen die *Deutschkunde* den wesentlichen Bestandteil des Unterrichts zu bilden hat" (Boeger 1921, 6).
Der Geist der Völkerversöhnung gab Vertretern mehrerer Parteien Anlass zu kritischen politischen Bekenntnissen. Der Abgeordnete Ludwig August Beuermann von der liberalkonservativen Deutschen Volkspartei (DVP) erklärte: „Das Wort ‚Völkerversöhnung' möchten wir hier gern entbehren. Aus dem furchtbaren Welthass, der auf uns gewälzt worden ist, kann man es füglich von uns nicht verlangen, dass wir gerade *dieses* Wort als Schulziel in unsere Verfassung einsetzen. Aber selbst wenn wir es tun wollten, die Praxis wird die Durchsetzung dieser Idee nicht so einfach zulassen" (Boeger 1921, 7).
Der Abgeordnete Dr. Philipp (DNVP) stimmte dem mit folgenden Worten zu: „Wir würden es als eine historische Anomalie betrachten, wenn in der Verfassung noch vom Geiste der Völkerversöhnung die Rede wäre. Es ist keine unbedingte Notwendigkeit, im jetzigen Stadi-

um der deutschen Geschichte die Erziehung zur Völkerversöhnung verfassungsmäßig festzulegen" (Boeger 1921, 10).
Und selbst der Abgeordnete Dr. Richard Seyfert von der DDP gab zu bedenken: „Erscheint es freilich unter dem Drucke des geistigen Lebens nicht wie eine Selbstentmannung, wenn wir in die Ziele unserer Schule das Ziel der *Völkerversöhnung* hineinarbeiten? Ich habe Verständnis für das Gefühl der Rache, das unter der Schmach auch in unserem Volke entsteht, und doch warne ich die Erziehung davor, dem Gefühle des Hasses sich hinzugeben. Auf einem anderen Wege müssen wir die Wiedergutmachung durch die Erziehung versuchen, auf dem Wege des Rechtes und auf dem Wege der Arbeit. Dieser Weg hat nichts Weichliches. Er ist steinig und steil und erfordert Kraft. Darum fordern wir in dem Zielsetzen für die Erziehung: die Schule soll die Kinder zur *Tüchtigkeit* erziehen. Das ist die alte römische virtus, die auch die Tapferkeit im Kampfe ums Dasein in sich schließt, und eben darum nichts Weichliches an sich hat" (Boeger 1921, 6).

Völlig anders hinsichtlich der Völkerversöhnung argumentierte dagegen die Abgeordnete Anna Blos von der SPD: „Nein, wir Frauen und Mütter wollen *gerade*, dass dieses Wort in die Verfassung hineinkommt; wir wollen, dass die Völkerversöhnung in die Schule hineingetragen wird, und wir wollen als Frauen und Mütter dafür sorgen, dass dieser Geist der Völkerversöhnung aus dem deutschen Volke hinüber in die anderen Völker geht, damit endlich solche Kriege, wie wir sie jetzt erlebt haben, die zu einem wirtschaftlichen Zusammenbruch führen, nie wieder möglich sind" (Boeger 1921, 10 f.).

Eine Bewertung der Debatten der Verfassungsgebenden Nationalversammlung über die politische Bildung kommt um die beiden folgenden Feststellungen nicht herum. Erstens: Es gab keinen echten Neubeginn der politischen Bildung. Sie sollte, wie schon im Kaiserreich, dem Hineinwachsen in den deutschen Staat dienen. In diesem Sinne sollte sie eine positive Einstellung zu allem fördern, was als deutsches Kulturerbe verstanden wurde. Dahinter stand die Überzeugung, dass der deutsche Staat, so wie er war, ein Recht auf Bejahung durch seine Bürger hatte. Dieses Selbstverständnis beherrschte bereits die Forderungen Kaiser Wilhelms II. an die Lehrerschaft in Bezug auf die politische Bildung. Zweitens: Der Debattenverlauf ließ damals schon erkennen, dass der Staatsbürgerkunde in der Schulpraxis kein günstiges Schicksal beschieden sein sollte. Denn sie war eben nicht von einem echten Konsens getragen (Fischer 1970b, 13 f.).

Die Reichsschulkonferenz 1920

Die nun einmal beschlossene Einrichtung der Staatsbürgerkunde veranlasste die verantwortlichen Stellen der Weimarer Republik zu einer Reihe bildungspolitischer Aktivitäten. Hierzu zählte an prominenter Stelle die Reichsschulkonferenz von 1920. Weiterhin gab es Richtlinienbeschlüsse von Vertretern der Unterrichtsbehörden und von Sachverständigen im Reichsministerium des Innern 1922 und 1923. Im Jahre 1924 wurde eine Denkschrift des Reichsministeriums des Innern zur staatsbürgerlichen Bildung herausgegeben.

Die Initiative zur Reichsschulkonferenz kam von der preußischen Regierung bereits Anfang Dezember 1918, also einige Wochen nach Beendigung des Ersten Weltkrieges. Angeregt wurde die Einberufung einer Schulkonferenz, „die aus freiheitlich, neuzeitlich und sozial gerichteten Pädagogen und Sachverständigen bestehen und die gründliche Erneuerung des deutschen öffentlichen Schul- und Erziehungswesens vorbereiten sollte."
Absicht war, alle wertvollen pädagogischen Strömungen zu sammeln, um der Reichsgesetzgebung Orientierungen zu geben. Die Konferenz sollte auch ein Gegengewicht gegen die aus dem Kaiserreich weitgehend übernommene vorwiegend konservative Bürokratie bilden. Die Konferenz hatte sogar eine Grundlage in der Verfassung: Artikel 10 Reichsverfassung über-

trug nämlich dem Reich das Recht, „im Wege der Gesetzgebung Grundsätze ... für ... das Schulwesen einschließlich des Hochschulwesens" aufzustellen. Die Konferenz sollte mithin so etwas wie ein „Clearing-Haus der Ideen" sein (Hoffmann 1970, 365 f.).

Insgesamt waren 723 Teilnehmer auf der Reichsschulkonferenz versammelt. Die thematischen Schwerpunkte waren die Einheitsschule, der Arbeitsunterricht und die Lehrerbildung. Nur diese Themen wurden daher im Plenum behandelt. Die Frage der politischen Bildung und Erziehung hatte auf der Reichsschulkonferenz dagegen keine grundsätzliche Bedeutung. Die Staatsbürgerkunde wurde lediglich in einem Ausschuss behandelt, in dem auch nur 24 Teilnehmer saßen. Im Ganzen gab es 17 Ausschüsse. Die meisten von ihnen waren deutlich stärker besetzt.

Die Randstellung der Staatsbürgerkunde zeigte sich in der Plenarsitzung des zweiten Tages der Konferenz. Das Thema der Sitzung lautete: „Methodische Fragen und Bedeutung einzelner Schulfächer für das gesamte Schulwesen. Insbesondere: Arbeitsunterricht, Werkunterricht, Staatsbürgerkunde, Kunsterziehung, Lern- und Unterrichtsmittel". Obwohl die Staatsbürgerkunde ausdrücklich aufgeführt war, gingen aber weder die drei Berichterstatter, darunter der hoch angesehene Erziehungswissenschaftler Paul Natorp, noch die 32 Diskussionsredner auch nur mit einem Wort auf die Staatsbürgerkunde ein (Hoffmann 1970, 369ff.).

Was während der Konferenz über die Staatsbürgerkunde ausgeführt wurde, lässt sich folglich nur dem Sitzungsprotokoll des entsprechenden Ausschusses entnehmen. Hiernach wurde die ganztägige Sitzung mit den Berichten der beiden Berichterstatter Paul Rühlmann und Gustav Radbruch eingeleitet. Der konservativ-liberale Rühlmann hatte dreizehn Leitsätze aufgestellt. Mit Ausnahme der Leitsätze 4, 8 und 13, die Nebenaspekte berührten, enthielten sie ein durchdachtes Konzept politischer Bildung und Erziehung. Die Leitsätze verdienen es daher, wörtlich zitiert zu werden.

„1. Jedes Staatswesen von Dauer muss bei allen Staatsangehörigen ein Minimum von gemeinsamen ethisch-soziologischen Grundanschauungen voraussetzen können, wenn nicht der jeden Kulturwert zerstörende ‚Kampf aller gegen alle' einsetzen soll.
2. Dieses staatsethische Gemeinsamkeitsminimum zu erzeugen überließ der autoritäre Staat (Obrigkeitsstaat) in der Hauptsache den Staatskirchen und deren Appendix, der Konfessionsschule, die hierbei unterstützt wurden durch das Heer und die Polizei.
3. Die autoritär-gefühlsmäßige Bindung der Massen an den Staatsgedanken reicht aber für den modernen Volksstaat nicht aus, da sowohl die Staatskirchen wie das Heer ihre alte Bedeutung als allgemeine Volkserziehungsfaktoren verloren haben. Für jeden modernen Staat ist es vielmehr eine Lebensfrage, wieweit es ihm gelingt, das konstruktive Gegengewicht zu schaffen gegenüber der allen Staatsbürgern gleichmäßig gewährten individuellen Freiheit: politisches Verantwortlichkeitsgefühl (Staatsgesinnung) in möglichst allen Staatsbürgern. ...
5. Ein ethisch sich auswirkendes Verständnis für die inneren Lebensbedingungen des Staates entwickelt sich hauptsächlich auf zwei Wegen:
a) durch Eingliederung in eine dem Staate ähnliche soziale Lebensgemeinschaft (die intuitiv-willensmäßige Seite der Staatsgesinnung);
b) durch vergleichendes Studium der Staaten nach Werden, Wirken und Vergehen (die wissenschaftlich-erkenntnismäßige Seite).
6. Die Schule als soziale Organisationsform (Schulstaat) bietet eine Reihe Gelegenheiten, die intuitiv-willensmäßige Seite der Staatsgesinnung zu pflegen:
Die Klassengemeinschaft kann bei geschickter taktvoller Leitung des Klassenlehrers und bei Klassenweiterführung eine recht wertvolle Vorschule der staatsbürgerlichen Rechte und Pflichten werden. Die Schülervereine, die gemeinsamen Wanderungen und Ausflüge usw. sind grundsätzlich unter den Gedanken der Selbstverwaltung zu stellen.
Die Lehrwerkstätten der Fortbildungsschule, die Arbeitsgemeinschaften der höheren Schule

können außer ihrem Wert für die Selbstverwaltungsidee zu wesentlichsten Vermittlern des Verständnisses für die praktisch-wirtschaftliche Seite des Staatslebens werden, besonders für den so grundlegenden Vorgang der ‚Arbeit'.
Die Selbstverwaltung der Schule aber findet ihre natürliche Grenze in dem Endzweck jeder Schulorganisation, in dem Erziehungsgedanken. Daher ist ein zu frühes Einsetzen der Schülerselbstverwaltung, vor allem aber ein Hereintragen parteipolitischer Bestrebungen in das Schulleben als Verkennung des Wesens der Schule wie der staatsbürgerlichen Erziehung abzulehnen.
7. Hat diese praktisch-willensmäßige Seite der staatsbürgerlichen Erziehungsarbeit der Schule den Vorzug der Unmittelbarkeit, so bedarf sie besonders für intellektuell gerichtete Naturen der Ergänzung nach der wissenschaftlich-intellektuellen Seite hin, um nicht in politischem Formalismus stecken zu bleiben oder in politische Vielgeschäftigkeit zu versinken.
Das Staatsleben kann Gegenstand wissenschaftlicher Erkenntnis sein
a) durch die analytisch-historische Betrachtungsweise,
b) durch die synthetisch-systematische Betrachtungsweise.
Beide Betrachtungsweisen haben ihre Berechtigungen, aber auch ihre Grenzen:
Die grundsätzlich geschichtlich orientierte Betrachtungsweise bietet eine gewisse Rückendeckung gegenüber parteipolitischer Behandlung einzelner Fragen; sie ist konkret und anschaulich, andererseits ‚relativiert' sie zu leicht alles Grundsätzliche.
Die systematische Betrachtungsweise wird leicht zu abstrakt, zu theoretisch, andererseits ist sie für eine wissenschaftliche Erfassung des Staatslebens unbedingt erforderlich. ...
9. Gegen die Forderung eines gesonderten staatsbürgerkundlichen Lehrfaches werden schwerwiegende Bedenken psychologisch-pädagogischer wie auch politischer Natur erhoben, jedoch sind diese nach dem Vorgang des Auslandes bei ernstlichem Willen zu überwinden. Vorläufig ist die alte Streitfrage durch Artikel 148 Abs. 3 der Reichsverfassung zugunsten des besonderen ‚Lehrfaches' entschieden.
10. In den Volks-, Mittel-, Fortbildungs- und Berufsschulen ist die Staatsbürgerkunde als besonderes Unterrichtsfach mit ausreichender Stundenbesetzung zu erteilen.
In den höheren Schulen ist die Durchtränkung des gesamten Unterrichtsstoffes mit dem Gedanken der staatsbürgerlichen Erziehung anzustreben, deshalb ist eine Verteilung der staatsbürgerkundlichen Teilgebiete auf die einzelnen Fächer nach einem von jeder Schule aufzustellenden Plane zunächst die Grundlage, in den Abschlussklassen aber muss unbedingt eine Zusammenfassung und systematische Behandlung des staatsbürgerkundlichen Unterrichtsstoffes in besonderen und ausreichenden Jahresstunden erfolgen. Aller Erfolg ist bei diesem Verfahren auf die Vorbildung und das politische Verantwortlichkeitsgefühl der Lehrer der einzelnen Fächer gestellt.
11. Der innere Geist des staatsbürgerkundlichen Unterrichts soll nach der Reichsverfassung bestimmt sein durch:
den nationalen Gedanken (‚im Geiste des deutschen Volkstums'),
die Idee der Völkerversöhnung,
den Toleranzgedanken gegenüber Andersdenkenden,
die Idee der sittlichen Verpflichtung gegenüber dem Staatsganzen.
Ein Lehrer, der sich nicht zu diesen Grundgedanken bekennen kann, muss berechtigt sein, die Erteilung der Staatsbürgerkunde abzulehnen.
Jeder Lehrer der Staatsbürgerkunde ist verpflichtet, den Unterricht im objektiv-wissenschaftlichen Sinne zu erteilen, jede Parteiagitation würde als Missbrauch seiner Amtsbefugnisse zu brandmarken sein.
12. Für die Stoffauswahl dieser ausgesprochenen Grenzgebietswissenschaft sind allgemein anerkannte Normen noch nicht vorhanden. Nach Beobachtungen hier und im Auslande besteht keine Meinungsverschiedenheit darüber, dass folgende Teilgebiete wesentliche Bestandteile sind: die Grundlagen der allgemeinen Staats- und Gesellschaftslehre einschließlich der

Staatsethik, ferner die Grundlehren des Wirtschaftslebens und der Auslandkunde, der Verwaltungslehre und des öffentlichen Rechts einschließlich des Völkerrechts.
Die Festsetzung eines vorläufigen Normalstoffplanes würde am zweckmäßigsten einem Ausschuss anvertraut, dem neben Vertretern der Schule ein pädagogisch und allgemein-politisch eingestellter Vertreter der Verwaltung, der Presse und der Diplomatie sowie ein akademischer Lehrer der wissenschaftlichen Politik, der Nationalökonomie und des öffentlichen Rechtes angehören könnte. ..." (Die Reichsschulkonferenz [1920] 1972, 743 ff.).

Rühlmanns Ausführungen waren in vierfacher Hinsicht bemerkenswert:
Erstens: Die politische Bildung sollte der Stabilisierung der politischen Ordnung des demokratischen Staates dienen. Ohne einen Kanon gemeinsamer Grundanschauungen waren Chaos und Bürgerkrieg zu befürchten. Maßgebliche Instanz für die Erzeugung der erforderlichen Anschauungen sollte die Schule sein.
Zweitens: Die gewünschten politischen Einstellungen sollten sich über Interaktionen sowie über Unterrichtsfächer entwickeln. Beim Lernen über Interaktionen sollten Arbeitsgemeinschaften und schulische Selbstverwaltung eine herausgehobene Rolle spielen.
Drittens: Staatsbürgerkunde sollte in den meisten Schulformen ein eigenes Unterrichtsfach bilden. Nur bei den Gymnasien war es vertretbar, sich mit Staatsbürgerkunde als Unterrichtsprinzip zu begnügen. Dennoch sollte in der Abschlussklasse eine systematische Behandlung des Unterrichtsstoffes in besonderen Stunden erfolgen.
Viertens: Die politische Bildung sollte sich nicht an der Geschichte orientieren. Für Rühlmann wies sie eher Bezüge zum Verfassungs- und Völkerrecht sowie zur Wirtschaft auf. Dies stimmte mit den Vorstellungen Radbruchs völlig überein.

Gustav Radbruch konzentrierte sich in seinem Bericht auf die wissenschaftliche Ausbildung der Lehrer für Staatsbürgerkunde. Zunächst betonte er unter Hinweis auf Artikel 148 Reichsverfassung, dass von allen Schulen zweierlei verlangt werde: Erstens die Erteilung staatsbürgerkundlichen Unterrichts in besonderen Stunden. Dies erfordere die Einrichtung eines eigenständigen Unterrichtsfaches. Zweitens die Durchdringung des gesamten Unterrichts mit staatsbürgerlichem Geist. So müsse der fremdsprachliche Unterricht zu staatsbürgerkundlicher Auslandskunde umgestaltet werden. Im Lateinunterricht müsse die römische Rechtsliteratur berücksichtigt werden. Im Deutschunterricht könnten bei der Aufsatzerziehung wirtschafts- und rechtskundliche Themen herangezogen werden. Im Geschichts- und Erdkundeunterricht könnten volkswirtschaftliche, verfassungsrechtliche und völkerrechtliche Tatsachen behandelt werden.
Artikel 148 Reichsverfassung habe für die universitäre Lehrerbildung zwei Konsequenzen: Erstens müssten Studiengänge konzipiert werden, die eine besondere Lehrbefähigung für das Unterrichtsfach Staatsbürgerkunde vermittelten. Zweitens müsse auch den Lehrern der anderen Fächer das erforderliche Maß staatsbürgerlicher Allgemeinbildung vermittelt werden.
Zur Ausbildung im Fach Staatsbürgerkunde führte Radbruch aus: Die Lehrbefähigung für dieses Fach sei nicht notwendig mit der Lehrbefähigung für Geschichte zu verbinden. Sie sei vielmehr mit dem Studium jedes anderen Unterrichtsfaches kombinierbar. Das Studium der Staatsbürgerkunde solle seinen inhaltlichen Schwerpunkt in der Rechtswissenschaft und in der Volkswirtschaftslehre haben. Folgende Wissensgebiete sollten angeboten werden: Deutsche Rechtsgeschichte, Staatslehre und Staatsrecht mit Berücksichtigung des Auslandes, Völkerrecht, theoretische und praktische Volkswirtschaftslehre sowie Finanzwissenschaft.
Alle übrigen Kandidaten des Lehramtes müssten in der Prüfung den Nachweis staatsbürgerlicher Allgemeinbildung erbringen. Zu diesem Zweck müssten sie zwei Pflichtvorlesungen besucht haben, nämlich „Staatsbürgerkunde für Hörer aller Fakultäten" und die „Einführung in die Volkswirtschaftslehre" (Die Reichsschulkonferenz [1920] 1972, 745 f.).

Die anschließende Diskussion im Ausschuss zeigte, dass Rühlmanns und Radbruchs Vorstellungen keineswegs ungeteilte Zustimmung fanden. Vor allem die Geschichtslehrer bekämpften die juristisch gefärbte Staatsbürgerkunde. Sie plädierten für eine enge Anlehnung der Staatsbürgerkunde an den Geschichtsunterricht bzw. für eine Verstärkung des Geschichtsunterrichts selbst. Staatsbürgerkunde als Unterrichtsfach fand kaum Unterstützung. Mehrheitlich befürwortet wurde Staatsbürgerkunde als Unterrichtsprinzip. Wiederholt wurde auch eine stärkere Betonung des Völkischen bzw. des Nationalen gefordert. Mehrfach wurden Befürchtungen geäußert, dass die Staatsbürgerkunde nichts anderes als ein parteipolitischer Gesinnungsunterricht sei.

Symptomatisch für das Stimmungsbild war der Beitrag des Teilnehmers Pflug, über den das Protokoll vermerkte: „Pflug spricht sich mit Entschiedenheit gegen einen besonderen staatsbürgerkundlichen Unterricht aus; er fürchtet, ein solcher Unterricht werde, wenn er nicht auf Geschichte aufgebaut sei, langweilig wirken; deshalb ist ein vertiefter Geschichtsunterricht weitaus vorzuziehen. Dazu kann in den höheren Klassen eine systematische Zusammenfassung aller der staatsbürgerkundlichen Elemente gegeben werden, die bis dahin im Unterricht verarbeitet worden sind. Das Wichtigste bei der staatsbürgerlichen Erziehung ist die Gewinnung der staatsbürgerlichen Gesinnung. Dazu sind vor allen Dingen Lehrer nötig, welche die Gesinnung selbst haben. Das völkische Moment bedarf besonderer Hervorhebung" (Die Reichsschulkonferenz [1920] 1972, 748).

Radbruch nahm Gelegenheit, am Schluss der Aussprache noch einmal seine Sicht zusammenfassend darzustellen. Zum „Lehrgeist" sowie zum Verhältnis des staatsbürgerkundlichen Unterrichts zur Parteipolitik äußerte er sich wie folgt: „Der Staatsbürgerkundeunterricht soll Gesinnungsunterricht sein und doch nicht Parteipolitik werden. Gesinnungsunterricht darf nicht so verstanden werden, dass man auf Gesinnungen hinarbeitet. Man merkt die Absicht, und man wird verstimmt – vergleichen Sie die Folgen des vaterländischen Unterrichts in der Armee. Gesinnung kann nur geweckt werden, wenn man sich einem Manne gegenüber sieht, der selbst Gesinnung hat und zeigt, dass er eine hat. Über den Parteien steht niemand, und wer so tut, als ob er darüber stünde, setzt sich der Heuchelei aus. Also offenes Eingeständnis des Parteistandpunktes, aber kein Werben für die Partei! Die Gesinnung, der der Staatsbürgerkundeunterricht dienen soll, ist in der Verfassung festgelegt."

Kritisch stand Radbruch der Verknüpfung der Staatsbürgerkunde mit dem Geschichtsunterricht gegenüber: „Ich möchte nun aber trotzdem bitten, nicht einfach zu sagen: Der Unterricht liegt zu gleichen Teilen beim Juristen, Historiker und Nationalökonomen. Es handelt sich um etwas Neues. In erster Linie müssen Juristen und Nationalökonomen an dieses Fach heran. Der Historiker soll daneben für die geschichtlichen Fächer (Geschichte der Neuzeit und Verfassungsgeschichte) in Betracht kommen. Es handelt sich immer um die Überbrückung der Kluft zwischen Recht und Volk. Das ist unsere Angelegenheit, und wir tun dem deutschen Volke damit einen Gefallen" (Die Reichsschulkonferenz [1920] 1972, 751 f.).

Dank des Fehlens einer geschlossen argumentierenden Gegenposition verabschiedete der Ausschuss die folgenden Leitsätze zur Staatsbürgerkunde. Sie entsprachen weitgehend den Intentionen Rühlmanns und Radbruchs:

„1. Durchdringung des gesamten Lehrstoffes und Schullebens aller Schulgattungen mit dem Geiste staatsbürgerlicher Gesinnung ist Grundvoraussetzung für jeden Unterrichtserfolg in der Staatsbürgerkunde.

2. Planvolle Verteilung der staatskundlichen Teilwissensgebiete auf die einzelnen Fächer und Klassenstufen bildet die Grundlage des Unterrichts in der Staatsbürgerkunde.

3. In der Abschlussklasse der Volksschulen und in den entsprechenden Klassen der Mittel- und höheren Schulen ist Staatsbürgerkunde als gesondertes Unterrichtsfach mit in der Regel zwei Wochenstunden, in den Fortbildungs- und Berufsschulen in entsprechender Stundenzahl einzusetzen. Lehrstoffe sind nach Maßgabe der verschiedenen Schulgattungen die Grundtatsachen und Grundgedanken der Verfassung, der Wirtschaft, der Verwaltung im steten Hinblick auf Rechte und Pflichten des Staatsbürgers. Das Ausland ist vergleichend heranzuzie-

hen, die überstaatliche Rechtsordnung ist zu berücksichtigen.
4. Von allen Kandidaten des Lehramts, und zwar für alle Schulgattungen, ist in der Lehramtsprüfung der Nachweis staatsbürgerlicher Allgemeinbildung zu fordern.
5. Die besondere Lehrbefähigung für Staatsbürgerkunde kann mit jeder wissenschaftlichen Lehrbefähigung verbunden werden. Es ist erwünscht, dass die volle Lehrbefähigung für Geschichte mit derjenigen für Staatsbürgerkunde verbunden wird.
6. Vorbildung und Prüfung der zukünftigen Lehrer für Staatsbürgerkunde sind Aufgabe der Hochschullehrer der Rechtswissenschaft und der Volkswirtschaftslehre, für die geschichtlichen Fächer auch der Hochschullehrer der Geschichte.
7. Die Ausbildung anderer Lehrergattungen ist entsprechend zu gestalten.
8. Für die schon im Amte stehenden Lehrer sind mehrwöchige staatsbürgerkundliche Kurse, später auch Fortbildungskurse einzurichten" (Die Reichsschulkonferenz [1920] 1972, 755).

Radbruch erstattete den Ausschussbericht an die Vollversammlung. Er referierte den Gang der Beratungen im Ausschuss und erläuterte die verabschiedeten Leitsätze.
Zum ersten Leitsatz führte er aus, was der Ausschuss unter staatsbürgerlicher Gesinnung verstanden wissen wollte: Staatsbürgerliche Gesinnung schließe die Erziehung im Geiste des deutschen Volkstums und der Völkerversöhnung ein. „Eben deshalb hielt der Ausschuss es für überflüssig und eher noch für irreführend, als besonderen Zweck der Staatsbürgerkunde die Erweckung vaterländischen Empfindens ausdrücklich anzuführen. Der Ausschuss stand auf dem Standpunkt, dass, wie das Moralische sich von selbst versteht, so auch das Vaterländische sich für jeden deutschen Schulmann von selbst versteht" (Die Reichsschulkonferenz [1920] 1972, 886).
Im Zusammenhang mit der Erläuterung des Lehrgegenstandes sprach Radbruch auch über den Lehrgeist. Er führte aus, dass der Lehrer erfüllt sein müsse von staatsbürgerlicher Gesinnung, d.h. von Gemeinsinn, Rechtssinn und Sozialsinn, sowie vom Geist des deutschen Volkstums, vom Geist der Völkerversöhnung und von der Schonung der Empfindungen Andersdenkender (Die Reichsschulkonferenz [1920] 1972, 888).

Radbruchs Bericht wurde im Plenum mehr oder weniger nur zur Kenntnis genommen. Es kam zu keiner Resolution der Schulkonferenz über die Staatsbürgerkunde. Die Frage der politischen Bildung und Erziehung erschien den Teilnehmern offensichtlich nicht vordringlich.

Die Richtlinien für die Gestaltung des staatsbürgerlichen Unterrichts 1922 und 1923

Die Wirklichkeit der Staatsbürgerkunde in den Ländern blieb weit hinter den Vorgaben der Reichsverfassung und den von Rühlmann formulierten Leitsätzen der Reichsschulkonferenz zurück. So hatte das Reichsinnenministerium im November 1921 in einem Rundschreiben an die Kultusverwaltungen der Länder nach dem Stand des staatsbürgerlichen Unterrichts gefragt. So sehr die Antworten differierten, das Ergebnis war in einer Hinsicht eindeutig: Nirgendwo war ein eigenes Unterrichtsfach Staatsbürgerkunde eingeführt worden. In der Zusammenfassung des Reichsinnenministeriums hieß es:
„Die in den vorliegenden Maßnahmen (der einzelnen Länder des Reiches) zum Ausdruck kommenden methodischen Gedanken gehen einheitlich dahin, dass es bei der staatsbürgerlichen Belehrung nicht ankomme auf systematische und erschöpfende Behandlung gewisser Stoffgebiete, sondern dass die staatsbürgerliche Belehrung ihr Schwergewicht auf der erziehlichen Seite habe und darum vom Gesamtunterricht getragen und in der Behandlung aller dafür geeigneten Stoffgebiete berücksichtigt werden müsse. Auf den Wert der Schülerselbstverwaltung und des Gemeinschaftslebens der Schule für die staatsbürgerliche Erziehung ist von verschiedenen Unterrichtsverwaltungen ausdrücklich hingewiesen ..." (Denkschrift des Reichsministeriums des Innern 1924, 28).

Es kam auch später nicht zur Einrichtung eines eigenständigen Schulfaches Staatsbürgerkunde. In den *Preußischen Richtlinien zur Aufstellung von Lehrplänen für die oberen Jahrgänge der Volksschule* vom 15. Oktober 1922 wurde Staatsbürgerkunde als „eine dem Verständnis der Altersstufe angepasste Einführung in die staatlichen, wirtschaftlichen und gesellschaftlichen Zustände" definiert. Von gesonderten Stunden war jedoch weder hier noch in anderen Ländern die Rede. In den *Bestimmungen über die Mittelschule* vom 1. Dezember 1925 hieß es im Gegenteil sogar wörtlich: „Für die Staatsbürgerkunde sind besondere Stunden im Lehrplan nicht anzusetzen. Sie ist vielmehr mit dem Geschichtsunterricht aufs engste zu verbinden" (Hoffmann 1970, 380).

Die Fememorde an Politikern der Weimarer Republik Anfang der zwanziger Jahre, insbesondere der Mord an Walter Rathenau im Juni 1922, gaben Anlass für neue Initiativen zur Förderung der Staatsbürgerkunde. So berief das Reichsinnenministerium eine Konferenz der Unterrichtsminister der Länder ein. Diese verabschiedete am 19. Juli 1922 *Richtlinien für die Mitwirkung der Schulen und Hochschulen zum Schutze der Republik*. Bayern stimmte als einziges Land nicht zu. Diese Richtlinien sollten die Grundlage für Erlasse und Verordnungen bilden. Im Vorspann hieß es: „Die Mitwirkung der Schule an der inneren Festigung der Republik umfasst Maßnahmen der staatsbürgerlichen Erziehung und der Disziplin."

Zu den Maßnahmen der *staatsbürgerlichen Erziehung* zählten insbesondere zwei Forderungen:
„1. In den *Lehrbüchern der Geschichte* war bisher die politisch-pädagogische Tendenz die Erziehung der Jugend für die monarchische Staatsform. Es ist notwendig, Geschichtsbücher zu schaffen, die – bei strenger Wahrung der geschichtlichen Wahrheit – diejenigen Tatsachen und Zusammenhänge stärker hervortreten lassen, die geeignet sind, das selbstständige Verantwortungsbewusstsein des republikanischen Bürgers in seiner Stellung zu Staat und Gesellschaft zu wecken und zu erziehen. Für die Darstellung der Geschichte der letzten Jahre muss mit amtlicher Unterstützung eine aktenmäßige Grundlage in knapper Form gegeben werden. Die Schülerbüchereien sind unter den gleichen Gesichtspunkten einer Prüfung zu unterziehen.
2. *Der staatsbürgerliche Unterricht* nach Art. 148 der Reichsverfassung ist, sofern es noch nicht geschehen ist, in allen Schulen lehrplanmäßig einzuführen. Brauchbare Lehrbücher sind unter Mitwirkung der Unterrichtsverwaltung zu schaffen."
Beide Forderungen machten die Mängel der politischen Bildung und Erziehung in den ersten Jahren der Weimarer Republik deutlich: Die Geschichtsbücher glorifizierten die untergegangene monarchische Ordnung. Von einer flächendeckenden Einführung des staatsbürgerlichen Unterrichts konnte keine Rede sein. Und es gab keine brauchbaren Schulbücher für diesen Unterricht.

In *disziplinarischer Hinsicht* wurden vier Maßnahmen angemahnt. Die Maßnahmen sollten Verhaltensdefizite beseitigen, die vermutlich weit verbreitet waren. Adressaten der Ermahnungen waren in erster Linie die Lehrer. Aber auch an die Schüler wurde gedacht.
Die Lehrer wurden als erstes ermahnt, sich der Pflichten des Beamten eines republikanischen Staatswesens zu erinnern: „Es genügt nicht, dass er (d.h. der Lehrer) bei Ausübung seiner amtlichen Tätigkeit jede Herabsetzung der geltenden Staatsform oder der verfassungsmäßigen Regierungen des Reichs oder der Länder vermeidet, sondern er hat die Jugend für die Mitarbeit am Volksstaat heranzubilden, sie zur Mitverantwortung für das Wohl des Staates zu erziehen, Staatsgesinnung zu wecken und zu pflegen."
Vermutlich gegen Lehrer, die aus ihren Sympathien für die untergegangene Monarchie oder für rechte Parteien keinen Hehl gemacht hatten, richtete sich die zweite Ermahnung: „Unvereinbar mit dem Geiste staatsbürgerlicher Erziehung ist jede Beeinflussung der Schüler in parteipolitischem Sinne, wie überhaupt die Fernhaltung der Parteipolitik von der Schule eine Selbstverständlichkeit ist."
Adressat der dritten Ermahnung waren die Schulleitungen: „Auch das Äußere der Schule, der

Wandschmuck der Klassenzimmer, die Gestaltung der Schulfeiern, hat den Anforderungen des neuen Staates Rechnung zu tragen."
Schließlich sollte viertens das Verhalten der Schüler beobachtet werden Die Schüler sollten nämlich „von Vereinigungen ausgeschlossen bleiben, deren Absichten den staatsbürgerlichen Aufgaben der Schulen zuwiderlaufen. Die Schulverwaltungen werden daher dem Vereinsleben der Schüler erhöhte Aufmerksamkeit widmen, insbesondere auch geeignete Maßnahmen zur Verhinderung derartiger Vereinigungen zu ergreifen haben" (Denkschrift des Reichsministeriums des Innern 1924, 16 ff.).

Im Konferenzbeschluss von 1922 wurde auch vereinbart, beim Reichsministerium des Innern einen Ausschuss aus Vertretern der Landesschulbehörden, Historikern, Staatsrechtslehrern und Pädagogen zu etablieren. Dieser sollte den Unterrichtsverwaltungen bei der Umsetzung der beschlossenen Maßnahmen beratend zur Seite stehen.

Im Juni 1923 legte dieser Ausschuss *Richtlinien für die Gestaltung des staatsbürgerlichen Unterrichts* vor. Diese Richtlinien bildeten den Abschluss der letzten größeren Initiative der Weimarer Republik zur Förderung der Staatsbürgerkunde. Sie dokumentierten letztendlich aber das Scheitern des Versuches, der Staatsbürgerkunde den Rang eines eigenständigen Lehrfaches zu verleihen. Denn genau hierauf konnte sich der Ausschuss nicht verständigen, obwohl ihm entsprechende Entwürfe vorlagen. Er konnte sich lediglich dazu durchringen, für die Staatsbürgerkunde in den verschiedenen Schulformen „besondere Stunden" zu fordern. Er machte jedoch keine präzisen Vorgaben über den Anteil dieser Stunden an den Studentafeln. Weiterhin begnügte er sich damit, die staatsbürgerliche Erziehung als Unterrichtsprinzip aller Unterrichtsfächer, insbesondere aber des Geschichtsunterrichts, zu fordern.
Nur oberflächlich befriedigen konnten Formulierungen wie die auf die Volksschule bezogene Feststellung: „Von der Mittelstufe ab treten alle Unterrichtsfächer in den Dienst des staatsbürgerlichen Unterrichts, der nunmehr den Sinn des Kindes für sein Land und sein Volk erschließt." Derselbe Vorbehalt gilt für die das höhere Schulwesen betreffende Aussage: „An den höheren Schulen dient der gesamte Unterricht dem staatsbürgerlichen Gedanken." (Denkschrift des Reichsministeriums des Innern 1924, 68, 80). Solche schön klingenden Formulierungen sollten offensichtlich darüber hinwegtäuschen, dass man nicht bereit war, der Staatsbürgerkunde einen gesicherten Platz in den schulischen Curricula zu verschaffen.

Noch problematischer als dieser mangelnde Wille war das, was der Ausschuss zu den Aufgaben und Inhalten der Staatsbürgerkunde verlauten ließ. Von einer Erziehung zur Völkerverständigung oder gar zur Demokratie war in seinen Beratungen nämlich keine Rede. Stattdessen sollten die Schüler die aus der Zugehörigkeit zur deutschen Volks- und Staatsgemeinschaft erwachsenden Pflichten und Rechte des Staatsbürgers lernen. Denn die Staatsbürgerkunde sei eine „Erziehung für den Staat". Sie solle bei der Jugend die Bereitschaft wecken, „der Volksgemeinschaft zu dienen und sie dadurch zu stärken." Der Unterricht müsse daher getragen sein von einem „Verantwortungsgefühl für das Volks- und Staatsganze, das den Staat als eine lebendige und geschlossene Einheit erkennen lehrt." Auf die Betonung der nationalen Einheit legte man Wert, wurde die Staatsbürgerkunde doch als ein „wesentliches Mittel zur inneren Festigung des Reichs" angesehen. Es entsprach dem etatistischen Selbstverständnis des Ausschusses, von den Volksschülern „Opferwilligkeit für den Staat" zu erwarten. Die Schüler der höheren Schulen sollten demgegenüber zum „Staatserlebnis" hingeleitet und auf eine „kommende geistige Führerschaft" vorbereitet werden (Denkschrift des Reichsministeriums des Innern 1924, 42 f., 68, 81).

Zu den Empfehlungen des Ausschusses passte, was der von 1921 bis 1925 amtierende preußische Kultusminister Otto Boelitz (DVP) sagte: „Nur freie Hingabe an den Staat kann das Bildungsziel des staatsbürgerlichen Unterrichts sein. Kein Sonderfach kann daher diese Aufgaben leisten, sondern nur die Durchdringung des ganzen Schullebens und der gesamten Schularbeit mit Staatsgesinnung" (zitiert nach Geiger 1981, 57). Die Förderung von politischer Analyse- und Urteilsfähigkeit und damit von politischer Mündigkeit spielte in den Überlegungen der Verantwortlichen der Weimarer Republik offenkundig keine Rolle.

Die Wirklichkeit der staatsbürgerlichen Erziehung in den Schulen

Die Chancen für eine die Demokratie stützende politische Bildung waren unter anderem deshalb so schlecht, weil die Staatsbürgerkunde konzeptionell darauf gar nicht ausgerichtet war. Das Grundübel lag schon in der Wahl des Wortes „Staatsbürgerkunde" sowie in der von Artikel 148 Reichsverfassung vorgeschriebenen Aufgabe, staatsbürgerliche Gesinnung hervorzurufen. Denn Wortwahl wie Aufgabenbestimmung verstellten geradezu die Sicht auf die Demokratie.

Das Wort *Staatsbürgerkunde* führte nämlich dazu, dass sich der konzeptionelle Blick auf den Staat konzentrierte, ja verengte. Erschwerend kam hinzu, dass in der pädagogischen Diskussion ein ideologisch überhöhtes Staatsverständnis vorherrschte. Der Staat galt hiernach als ein neutrales, über den Niederungen des gesellschaftlichen Lebens mit seinen Konflikten und eigensüchtigen Interessen schwebendes, Sittlichkeit und Gemeinwohl gewährleistendes Wesen höherer Art. In dieser Sichtweise war die Unterordnung des Individuums unter den Staat nur folgerichtig. Das Staatsverständnis entsprach dem von Heinrich von Treitschke eindrucksvoll formulierten preußisch-deutschen Machtstaatsgedanken. Bezogen auf das Verfassungsleben der Weimarer Republik war dieses Staatsverständnis fiktiv und zugleich ahistorisch. Dennoch war es bei Politikern und Pädagogen wirkmächtig. Und so trug die geforderte staatsbürgerliche Gesinnung Züge von Pflichterfüllung, Vaterlandsliebe und Opferwilligkeit für den Staat. Bruchlos passte hierzu die Abwertung der Parteien und der „Parteipolitik". Auch die Tendenz, die angestrebte Staatsgesinnung *nicht* auf einen spezifisch republikanisch-demokratischen Gehalt festzulegen, lag auf dieser Linie. Letzteres galt als abzulehnende „politische Gesinnung" (Geiger 1981, 66 ff.).

Die im Bildungswesen der Weimarer Republik Tätigen waren in erheblichem Maße zur Umsetzung der formulierten Ziele der Staatsbürgerkunde nicht bereit. Insbesondere die Gymnasiallehrerschaft zeigte wenig Bereitschaft, die neue Republik aktiv zu unterstützen und dies im Unterricht auch zu praktizieren. Entsprechend ihrer ideellen Bindung an die Vergangenheit und dem von ihnen stets betonten humanistischen Bildungsideal hoben die Gymnasiallehrer die geschichtliche Betrachtungsweise des Staates hervor. Mit Vorliebe wurde an die Weimarer Republik der historische Maßstab des machtvollen Bismarck-Reiches angelegt (Kuhn/Massing (Hrsg.) 1990, 55).

Einer wirkungsvollen politischen Bildung und Erziehung standen weitere Hindernisse im Wege. So leistete der Geschichtsunterricht keinen Beitrag zur staatsbürgerlichen Erziehung: In der universitären Ausbildung der Geschichtslehrer spielte die neueste Geschichte nur eine untergeordnete Rolle. Mit dem Anspruch, die staatsbürgerliche Erziehung im Rahmen des Geschichtsunterrichts gleichsam „miterledigen" zu können, war es also nicht weit her. Hinzu kam: Die Geschichtsdidaktik blieb einer ideologischen Überhöhung des Staates und der „großen Persönlichkeit" als Subjekt des Geschichtsprozesses verhaftet. Auch dies musste sich negativ auf eine der Demokratie verpflichtete politische Bildung auswirken. Schließlich gab es kaum Lehrbücher für Staatsbürgerkunde, dafür aber viele Geschichtsbücher. Jedoch erschien bis zum Jahre 1928 für die höheren Schulen kein Geschichtsbuch, das über den Ersten Weltkrieg hinausging (Sander 1989, 61 ff.).

Die Lehrbücher für Staatsbürgerkunde waren methodisch schlecht aufbereitet und nicht geeignet, eine positive Einstellung zur Weimarer Republik zu fördern. „Die meisten Staatsbürgerkunden beschränkten sich strikt darauf, die faktischen Regelungen der Staatsordnung darzustellen. Kaum irgendwo ging man auf die Problematik, die hinter diesen Regelungen steht, ein; die Darlegung des Für und Wider wurde nahezu völlig vermieden, und höchst selten trifft der Leser auf ein unzweideutiges Eintreten für die bestehende, verfassungsmäßige Staatsordnung, auch wurde fast nirgends auf die Bedeutung der Verfassung als bindender Grundlage der Staats- und Rechtsordnung und ihre entsprechende Würde klar hingewiesen. Ein solches Bekenntnis wäre leicht als Verletzung der Pflicht zur Überparteilichkeit aufgefasst worden, da man den bestehenden Staat und seine Ordnung als Ausdruck und Ergebnis von Parteirichtungen ansah, himmelweit entfernt von jenem überparteilichen Staat, der hoch über allen konkreten Ausformungen seiner Idee schwebte" (Becker 1966, 136 f.).

Der staatsbürgerliche Unterricht geschah ganz überwiegend in Form einer sterilen Institutionenkunde. Nicht behandelt wurde in der Regel, was Republik und Demokratie legitimatorisch bedeuten, worin sie sich von der entgegengesetzten monarchisch-autokratischen Herrschaftsform unterscheiden, welche politischen Aufgaben ein Gemeinwesen zu erfüllen hat, dass es über die Bewältigung dieser Aufgaben unterschiedliche Vorstellungen gibt und dass öffentlich ausgetragene politische Konflikte zum Alltag der Demokratie gehören.[31]

Die marginale Stellung der Staatsbürgerkunde in der Schule hatte zur Folge, dass auch die Bemühungen um eine qualifizierte Ausbildung von Lehrern für dieses Fach im Sande verliefen. Sofern Studienmöglichkeiten für Staatsbürgerkunde als Lehrfach überhaupt bestanden, fanden sich kaum Interessenten. Denn das Fach war ja nicht hinreichend in der Schule verankert, was bedeutete, dass absolvierte Prüfungen kaum Einstellungschancen versprachen (Geiger 1981, 57). Im *Handbuch der deutschen Lehrerbildung* von 1930 wurde der staatsbürgerliche Unterricht deshalb nicht mehr eigens erwähnt. In diesem Buch wurde sogar die Verbindung dieses Unterrichts mit dem Geschichtsunterricht abgelehnt: „Aufgabe des Geschichtsunterrichts ist nicht Gesinnungsbildung oder staatsbürgerliche Bildung, ... sondern geschichtliche Bildung."

Der 1927 veröffentlichten Studie *Der gegenwärtige Stand der neuen Lehrerbildung in den einzelnen Ländern Deutschlands und in außerdeutschen Staaten* ließ sich entnehmen, dass an keiner Hochschule das Wahlfach „Staatsbürgerkunde" angeboten wurde. Nur an der Technischen Hochschule Braunschweig waren für das Studium für das Lehramt an Volksschulen „Nationalökonomie und Staatsbürgerkunde" verbindlich vorgeschrieben. An zahlreichen pädagogischen Akademien, insbesondere aber an den süddeutschen Lehrerbildungsanstalten, gab es nicht einmal staatsbürgerkundliche Vorlesungen (Borcherding 1965, 53).

Eine inhaltliche Neuakzentuierung erfuhr die praktizierte politische Bildung durch den Erfolg der sogenannten *Deutschkundebewegung*. Das Motto dieser Bewegung lautete: „Deutschheit ist das Bildungsziel aller höheren Schulen." Deutschtum, deutsches Leben, deutsches Denken und deutsches Fühlen waren die Ziele, auf die die Deutschkundebewegung die Schule verpflichten wollte. Sie postulierte folglich die Deutschkunde als eine übergreifende schulische Aufgabe. Zentrales, aber nicht einziges Fach der Deutschkunde war der Deutschunterricht,

---

[31] Der *Ausschuss für staatsbürgerliche Bildung* im Reichsministerium des Innern empfahl für die Höheren Schulen die folgenden politischen Themenfelder: 1. Grundzüge der Reichs- und Landesverfassung unter besonderer Berücksichtigung der Pflichten und Rechte des Staatsbürgers. 2. Überblick über die Verwaltung von Reich, Land und Gemeinde. Das Wichtigste aus dem Rechtsleben. 3. Das Ausland und seine Verfassung zum Zweck des Vergleichs und zur Erziehung eines tieferen Verständnisses der deutschen Gegenwart. Das Auslandsdeutschtum. 4. Deutschland unter den Weltvölkern. Zwischenstaatliche Beziehungen und überstaatliche Organisationen und Rechtsordnungen. 5. Einführung in die wichtigsten politischen Theorien und in das Parteileben der Gegenwart (Denkschrift des Reichsministeriums des Innern 1924, 80 f.). Die institutionenkundliche Dominanz der Themenfelder 1, 2 und 3 ist evident.

der in der Weimarer Republik zum zentralen Fach in der Schule geworden war. Er verdankte diese Stellung nicht zuletzt dem Konzept der Deutschkunde.

Deutschkunde meinte etwas Dreifaches: Erstens meinte sie eine stoffliche Erweiterung des Deutschunterrichts um das gesamte kulturelle Erbe des deutschen Volkes. Zweitens bezeichnete sie eine curriculare Konzentration der Fächeranordnung in der Schule um das Mittelpunktfach Deutsch herum. Drittens sollte Deutschkunde Unterrichtsprinzip aller Fächer sein: „In *Religion* muss die deutsche Art, Gott zu suchen, im Mittelpunkt stehen, in *Deutsch* das Werden deutschen Wesens in Sprache und Schrifttum, in *Geschichte* die Gestaltung des deutschen Lebenswillens, der zur Tat aufrüttelt, in *Erdkunde* das Werden deutscher Landschaft und Wirtschaft (zitiert nach Dithmar 1981, S. 10). Die deutschkundlichen Fächer hatten hiernach also ihren Wert nicht in sich, sondern vor allem in ihrer gegenseitigen Ergänzung, da sie eine Art Gesamtbild des deutschen Lebens geben sollten.

Ganz offenkundig war der Deutschkunde die Funktion zugedacht, die die klassische Philologie im neuhumanistischen Bildungsverständnis inne gehabt hatte. Die Deutschkunde genoss in der unter dem Trauma der Niederlage im Ersten Weltkrieg leidenden Weimarer Republik jedenfalls große Popularität und schlug sich in zahlreichen Lehrplänen nieder. So traten 1925 in Preußen entsprechende Richtlinien in Kraft: Geschichte, Staatsbürgerkunde, Deutsch und Religion wurden auf die Vermittlung eines nationalen Geschichtsbildes und eines entsprechenden Kulturbewusstseins verpflichtet. Nationales Bildungsgut sollte folglich zum Integrationskern der Bildung werden. Hinter der Idealisierung des Deutschtums stand die Hoffnung auf eine Regeneration der geistigen und kulturellen Kräfte des Volkes mit den Mitteln der Schule. Der deutschkundliche Auftrag bedeutete aber nicht nur nationalistische *Einseitigkeit*, sondern hieß auch *Marginalisierung* des staatsbürgerkundlichen Auftrages. Es passte zum Selbstverständnis der Deutschkundler, dass sie nach Hitlers Machtergreifung keine Schwierigkeit hatten, sich die Erziehungsziele des Nationalsozialismus zu eigen zu machen (Hoffmann 1970, 388 ff.; Sander 1989, 63 f.).

Zusammenfassend ist festzustellen: Die Weimarer Republik scheiterte mit ihrem Projekt einer die Demokratie unterstützenden politischen Bildung und Erziehung. Im Wesentlichen waren hierfür fünf Gründe verantwortlich. Erstens: Es gelang nicht, die Staatsbürgerkunde als eigenständiges Schulfach zu etablieren. Zweitens: Die Konzeption der Staatsbürgerkunde war didaktisch fehlkonstruiert. Sie zielte nicht auf den mündigen Demokraten, sondern auf den sich unterordnenden und opferbereiten Staatsbürger. Drittens: Die staatsbürgerliche Erziehung wurde weitgehend einem vergangenheits- und machtstaatsorientierten Geschichtsunterricht überlassen. Viertens: Eine gefühlsbetonte Deutschkunde instrumentalisierte die für politische Bildung geeigneten Fächer für ihre Zwecke. Fünftens: Die für eine demokratische politische Bildung geeigneten außerschulischen Institutionen waren zu schwach. Zu diesen Institutionen zählte die Berliner Hochschule für Politik, die bis zum Ende der Weimarer Republik politisch bildende Veranstaltungen für Schüler und Lehrer anbot (Vent 1984, 283 ff.). Außerdem gab es noch die Reichszentrale für Heimatdienst, die ebenfalls einen politischen Bildungsauftrag wahrnahm.[32] Allerdings hatte diese Einrichtung in erster Linie die Aufgabe, für die Republik und die jeweils gewählte Regierung mit den Mitteln der Propaganda zu werben (Hoffmann 1970, 430 ff.; Wippermann 1976, 154 ff., 323 ff.).

---

[32] Zum politisch bildenden Angebot der Reichszentrale für Heimatdienst gehörten volksbürgerliche Arbeitsgemeinschaften, staatsbürgerliche Lehrgänge, Redner-Schulungswochen, staatsbürgerliche Bildungstage, studentische Arbeitsgemeinschaften, Lichtbildvorträge und Ausstellungen (Wippermann 1976, 257 ff.).

5.2 Konzeptionen der Staatsbürgerkunde

Die Professoren Eduard Spranger und Theodor Litt beteiligten sich während der Weimarer Republik intensiv an der konzeptionellen Diskussion um die staatsbürgerliche Erziehung. Beide waren geisteswissenschaftlich orientierte Pädagogen. In den Überlegungen beider spielte die Erziehung zum Staat eine herausgehobene Rolle. Eduard Spranger (1882-1963) war konservativ, Theodor Litt (1880-1962) eher liberal eingestellt. Spranger war seit 1919 Professor für Philosophie und Pädagogik in Berlin. Litt hatte dasselbe Amt seit 1919 in Leipzig inne. Theodor Litt war übrigens auch maßgeblich an der Diskussion um die politische Bildung in den Anfangsjahren der Bundesrepublik Deutschland beteiligt.

Während Spranger und Litt Vernunftrepublikaner waren, war Gustav Radbruch (1878-1949) ein überzeugter Anhänger der Weimarer Republik. Radbruch war Professor für Rechtsphilosophie und Strafrechtslehre. Er war daneben sozialdemokratischer Politiker. 1921 und 1923 war er zweimal Reichsjustizminister. Radbruch war leidenschaftlich an der Staatsbürgerkunde interessiert und tat viel für deren Verankerung in der Weimarer Republik. Sein Auftreten auf der Reichsschulkonferenz 1920 belegte dieses Engagement.

Eduard Spranger: Erziehung zum Staat

Eduard Spranger hing dem überkommenen preußisch-deutschen Staatsbegriff an. So vertrat er in seinem Aufsatz *Probleme der politischen Volkserziehung* aus dem Jahr 1928 die Auffassung, dass die „Erziehung zum Staat" Erziehung „zum Dienst an einem Ganzen" sein müsse. Sittlich-politisches Verhalten sei „frei bejahte Einordnung des Einzelnen in den geregelten Sinn- und Wirkungszusammenhang seines Staates." Sittlich-politische Erziehung sei „also zunächst .... Bildung des Einzelnen zum Verstehen, Bejahen und verantwortlichen Mittragen des gegebenen Staates." Verstehen und Bejahen seien innere Vorgänge im Menschen. Politisch wirksam würden sie erst durch das Mittragen. Das Mittragen selbst sei „ein Dienen, d.h. die Hingabe an einen überindividuellen Wert- und Wirkungszusammenhang, der dem bloßen individuellen Lebenstrieb und Lebensanspruch überlegen" sei. Spranger gestand zu, dass der Sinn des Staates für den Einzelnen schwer zu begreifen sei und dass zur vollen Reife der Einsicht nur wenige gelangten. Ganz junge Menschen könnten vermutlich „gleichsam nur die ersten Stufen hinangeführt werden": „Vielleicht ist es schon ein großes Ziel, sie mit Ehrfurcht vor dem Staat zu erfüllen, dessen volles Wesen ihnen notwendig noch verschlossen bleiben muss" (Spranger 1970, 169 f.).

Letztlich komme es in der Beziehung des Einzelnen zum Staat darauf an, „den begrenzten Eigenwillen in dem höheren Willen des Staates aufgehen zu lassen oder die enge Seele mit dem weiten Ethos der freien Pflichterfüllung am Staate zu erfüllen." Diese Unterordnung werde vom *Liberalismus* in Frage gestellt: „Bloße Bildung zur Freiheit *gegen* den Staat" sei jedoch nicht hinnehmbar. Auch die *Demokratie* war für Spranger nur dann legitim, wenn die Bürger vom Geist des überhöhten Staatsbegriffes erfüllt sind: „Und wenn die konsequente Demokratie den Staat auf dem Willen des Volkes aufbaut, so ist dieser Wille sinngemäß nicht das, was dieser oder jener will, sondern nur das, was er für den Staat will, sofern der überlegene Staatsgedanke in seiner Seele lebt, oder vielmehr das, was er unter diesem höheren ethischen Gesichtspunkte wollen *soll*" (Spranger 1970, 170).

Trotz des anklingenden Staatsidealismus wollte Spranger die staatsbürgerliche Erziehung auf die bestehende Republik bezogen wissen: „Gerade in Deutschland werden viele geneigt sein, den Einwand zu erheben, dass politische Erziehung doch nicht nur Erziehung für den gegebenen Staat sein dürfe, sondern Erziehung im Geiste des wahren, des besten, des idealen Staates sein müsse." Hiergegen wandte Spranger ein, dass der Boden, auf dem man sich für den wahren Staat schule, zunächst der wirkliche Staat mit all seinen Mängeln und zeitlichen Bedingtheiten sei. „Denn wir glauben nicht mehr an den einen absolut besten Staat, sondern nur an den hier und jetzt, unter diesen Bedingungen und Verhältnissen möglichen starken und gerechten Staat. ... Nur in der Arbeit am wirklichen Staat arbeitet man auch für den Idealstaat. Nur durch Erziehung im Hinblick auf die Staatsrealität schmiedet man die Kräfte, die sie veredeln können" (Spranger 1970, 171).

Theodor Litts vernunftrepublikanisches Plädoyer für die Staatsbürgerkunde

Theodor Litt trat für ein realistisches, Macht und Herrschaft reflektierendes Staatsverständnis ein. Dieses Staatsverständnis war zwar abstrakt, aber es wahrte Distanz zu jeglicher Idealisierung des Staates und ließ sich daher auf die Wirklichkeit der Weimarer Republik anwenden. In einem Vortrag auf der *Staatsbürgerlichen Woche* 1923 mit dem Titel *Die philosophischen Grundlagen der staatsbürgerlichen Erziehung* legte Litt seine Überlegungen dar. Jede Harmonievorstellung ablehnend, ging er davon aus, dass Staat und Individuum in ständigen spannungsreichen, jeweils neu auszugleichenden Beziehungen zueinander stehen. Der Staat gewährleiste die Sittlichkeit des Individuums und gefährde sie zugleich. Diese Polarität oder Antinomik sei eine Grundwahrheit, von der sich die staatsbürgerliche Erziehung folglich leiten lassen müsse.

Mit dieser Grundwahrheit seien bestimmte Staatsauffassungen nicht vereinbar. Diese dürften daher der staatsbürgerlichen Erziehung nicht zugrunde gelegt werden. Litt zählte vier solcher ungeeigneten Staatsauffassungen auf. Unschwer sind als Begründer oder Verfechter dieser Auffassungen Nietzsche, Hegel, Kant und Marx zu erkennen.

Abzulehnen sei erstens „die Verkündung jener naturalistischen, biologistischen Theoretiker und Propheten des Staatsgedankens, die im Staat das gewaltigste Gebilde rein naturhafter Kräfte vor sich zu sehen glauben und nun, je nach Temperament und Geschmack, sich an den leidenschaftlichen Entladungen seiner Vitalität berauschen oder, jedes Bemühen um eine Zähmung des Raubtieres verachtend, dem Geist der Weltläufigkeit entsagen und sich in seine Heimat zurückziehen heißen."

Zweitens kehre sich die Grundwahrheit „gegen jede Art von Vergötterung des Staats, überhaupt aller organisatorischen Ordnung menschlicher Verhältnisse. Nun und nimmer war und ist der Staat die ‚Verwirklichung des Sittlichen' auf Erden."

Drittens sei ein „Idealstaat", d.h. ein politisches Gebilde, „das in allen seinen Teilen gemäß den Forderungen der Sittlichkeit schlechthin gebaut ist, in dem also der Widerstreit zwischen Staatsräson und persönlichem Gewissen aufgehoben ist", für alle Zeiten undenkbar.

Viertens schließlich sei ein „staatsloser Zustand des menschlichen Lebens" zwar grundsätzlich denkbar, „aber er würde nicht die Vollendung des sittlichen Lebens bringen, sondern die Möglichkeit eines solchen aufheben" (Litt 1926, 33 ff.).

Litts Konzeption stand nicht im Gegensatz zur Weimarer Verfassung. Sie passte auch zur Intention der Staatsbürgerkunde. Wie bei dieser bestand ihr Mangel darin, dass sie die Ebene einer konkreten historisch-politischen Analyse überging. Gesellschaftliche und politische Interessen, Macht- und Einflussfaktoren, der politische Willensbildungs- und Entscheidungsprozess und die Einrichtungen, die das Beziehungsfeld zwischen Staat, Gesellschaft und Individuum bestimmen, blieben außen vor. Hierin unterschied er sich aber nicht von Spranger und anderen Pädagogen der damaligen Zeit (Kuhn/Massing (Hrsg.) 1990, 56 f.).

Gustav Radbruch: Erziehung zum Staatsbewusstsein, zum Rechtssinn und zum sozialen Verantwortungsgefühl

Radbruch legte seine Auffassung in dem Vortrag *Die Aufgaben des staatsbürgerkundlichen Unterrichts* dar. Wie Litt hielt er seinen Vortrag auf der *Staatsbürgerlichen Woche* 1923. Radbruchs Vortrag gibt sehr authentisch wieder, was die Verfechter der Staatsbürgerkunde wollten. Für Radbruch waren die Aufgaben des staatsbürgerlichen Unterrichts restlos der Reichsverfassung selbst zu entnehmen. Voraussetzung war, dass man sie zum Reden zu bringen verstehe.

Radbruch konzentrierte sich auf die von den Schulen zu vermittelnde staatsbürgerliche Gesinnung. Diese Gesinnung könne differenziert werden in *Staatsbewusstsein*, *Rechtssinn* und *soziales Verantwortungsgefühl*.

Mit Nachdruck betonte Radbruch, dass sich das Staatsbewusstsein nicht auf irgendeinen Phantasie- und Ideal-, irgendeinen Vergangenheits- oder Zukunftsstaat beziehen könne, sondern nur auf den konkreten Staat der deutschen Gegenwart, also den Staat der Weimarer Verfassung. Es gehe um eine lebendige Staatsgesinnung, die nichts anderes sei als das selbstständige Verantwortungsbewusstsein des republikanischen Bürgers. Nicht zu verlangen sei, dass jedermann Gesinnungs- und Begeisterungsrepublikaner werde. Erwartet werden könne aber, dass man die Republik „als eine unerschütterliche historische Notwendigkeit absehbarer deutscher Zukunft anerkenne."

Radbruch ging dann noch auf die Überparteilichkeit der Staatsbürgerkunde ein. Er vertrat hier den Standpunkt, dass Parteinahme in diesem Unterricht schlechterdings nicht zu vermeiden sei. Zur Parteinahme seien schließlich auch die Bürger beim Wahlakt verpflichtet. Radbruch warnte vor vermeintlichen Standpunkten über den Parteien. Diese gebe es nicht. Wolle man aber an einer überparteilichen Gesinnung festhalten, fördere man letztlich nur die „Parteiverekelung". Der Unterricht müsse aber die Parteien als notwendige Organe der Verfassung, als unentbehrliche Faktoren des politischen Lebens sehen lernen. Überparteilichkeit im Sinne eines schmalen Stücks „gemeinsam festen Landes inmitten der Sturmflut des Parteikampfs" gebe es nur bezüglich des sozialen Volksstaats, d.h. der demokratisch verfassten Republik (Radbruch 1970, 44 f., 50 f.).

6. Die politische Formierung im Dritten Reich

6.1 Die Indoktrinierung der Schule mit der nationalsozialistischen Ideologie

Theorie und Praxis der Erziehung im Nationalsozialismus stellten einen völligen Bruch mit allen erzieherischen Traditionen des Abendlandes dar. Denn der Nationalsozialismus setzte der Erziehung Ziele, die zuvor und danach nie wieder vertreten wurden.

Da der Nationalsozialismus die politische Erziehung als einen integralen Bestandteil des gesamterzieherischen Handelns verstand und dieses Handeln alle Staatstätigkeit durchzog, hielt er einen institutionell abgegrenzten Ort für die politische Bildung und Erziehung für überflüssig. Der nationalsozialistische Staat begriff sich nämlich als *Erziehungsstaat*. Der nationalsozialistische Erziehungswissenschaftler Karl Friedrich Sturm fasste dieses Selbstverständnis in den folgenden Sätzen zusammen:

„Schließlich ist der totale, organische Staat, nach seiner Wirkung auf die Staatsglieder betrachtet, Erziehungsstaat. Durch sein ganzes Sein und Leben, durch seine Gliederung, seine Funktionen und seine Institutionen formt er alles, was in ihm lebt und wächst, gemäß seinen Normen und zu seinen Zielen. Jede politische Funktion des Staates ist gleichzeitig erzieherische Funktion. Er bezeugt sich als der mächtigste und vornehmste Erzieher. Menschenformung ist für ihn nicht eine Aufgabe neben anderen, sondern eine Seite aller seiner Aufgaben" (zitiert nach Herrmann 1985, 67).

Die nationalsozialistische Erziehungsideologie

Die Erziehung im Dritten Reich basierte auf der nationalsozialistischen Weltanschauung, die Adolf Hitler in seiner halb autobiographischen, halb programmatischen Schrift *Mein Kampf* entwickelt hatte. Zentrale Bestandteile dieser Weltanschauung waren die Rassenlehre, die als Schlüssel der Weltgeschichte begriffen wurde, die Volksgemeinschaftsideologie und das Führer-Gefolgschafts-Prinzip.

Der Begriff *Rasse* stand im Zentrum von Hitlers Weltanschauung. Hiernach wird die Welt von verschiedenwertigen Rassen bewohnt, unter denen die arische oder nordische Rasse dominiert. Nur der Arier sei fähig, Hochkulturen zu begründen. Aus der Überlegenheit des Ariers folge sein notwendiges und selbstverständliches Recht, andere Völker zu unterwerfen. Bedroht werde die Herrschaft der Arier aber durch einen heimtückischen Gegner: das Judentum. Unfähig zu eigener kultureller Gestaltung ziele der Lebenstrieb dieser Gegenrasse dahin, die Kulturen anderer Völker zu zersetzen und zu zerstören. Erst der Nationalsozialismus habe diese Gefahr voll erkannt und deshalb den Juden den Kampf auf Leben und Tod angesagt.

Während die meisten Völker Mischrassen darstellten, seien die Deutschen noch weitgehend reinrassig arisch. Deshalb seien sie das natürliche „Herrenvolk". Allerdings werde ein Jahrhunderte dauernder „Züchtungsprozess" notwendig sein, um die bereits eingetretenen rassischen „Vergiftungen" wieder auszuscheiden (Lingelbach 1987, 20, 26).

Aus der maßgeblichen Rolle der Rassen ergebe sich, dass die Weltgeschichte als Rassengeschichte interpretiert werden müsse. Das weltgeschichtliche Geschehen sei nämlich nichts anderes als die Äußerung des Selbsterhaltungstriebes der Rassen. Die Geschichte sei ein „Kampf ums Dasein", in dem sich der Überlegene zugleich als der Höherwertige erweise. Deshalb komme diesem das „natürliche Recht" zu, den Unterlegenen zu beherrschen.

Die *Volksgemeinschaftsideologie* sollte das Zusammengehörigkeitsbewusstsein aller dem deutschen Volk Angehörigen, der „Volksgenossen", begründen und stärken. Sie sollte zugleich das deutsche Volk von anderen Ethnien abgrenzen. Weiterhin sollte sie auch die Überwindung der Klassen- oder Schichtengesellschaft ausdrücken, welche die Weimarer Re-

publik geprägt habe.
Volksgemeinschaft bedeutete nicht soziale Gleichheit aller Deutschen. Sie bedeutete für den Einzelnen vielmehr Einnahme des ihm zugewiesenen Platzes in einer hierarchischen Ordnung. Prinzipien der Volksgemeinschaft waren Dienstbereitschaft, Treue, Einigkeit, Unterordnung, Gehorsam und Opfersinn für das Volksganze.
Die Volksgemeinschaftsideologie diente schließlich auch der Abgrenzung von anderen, als minderwertig apostrophierten Ethnien sowie der Ausgrenzung bzw. dem Ausschluss unliebsamer Einzelpersonen aus dem „Volksganzen" (Nyssen 1979, 26 f.).

Das *Führer-Gefolgschafts-Prinzip* war Ausdruck der Ablehnung des demokratischen Gleichheitsgedankens. Hitler begründete es zum einen mit dem aristokratischen Prinzip, welches verlange, dass den besten Köpfen die Führung und der höchste Einfluss im Volk zukomme. Er begründete es zum anderen mit der „wahrhaftigen germanischen Demokratie", gemäß der ein frei gewählter Führer unumschränkt befehlen dürfe und dafür die volle Verantwortung für sein Tun und Lassen übernehmen müsse (Hitler 1940, 99). Das Führer-Gefolgschafts-Prinzip lief auf eine bedingungslose Unterwerfung des Einzelnen unter den Willen des jeweils vorgesetzten Führers hinaus. Bezogen auf den obersten Führer führte es zu dessen Glorifizierung, ja Vergöttlichung (Nyssen 1979, 23 ff.).

Die allgemeinen Erziehungsziele des Dritten Reiches lassen sich auf Hitlers pädagogische Maximen zurückführen, die er ebenfalls in *Mein Kampf* aussprach. Als oberstes Erziehungsziel formulierte Hitler in drastischer Eindeutigkeit: „Die gesamte Bildungs- und Erziehungsarbeit des völkischen Staates muss ihre Krönung darin finden, dass sie den Rassesinn und das Rassegefühl instinkt- und verstandesmäßig in Herz und Gehirn der ihr anvertrauten Jugend hineinbrennt" (Hitler 1940, 475 f.).
Es passte zu dieser Zielsetzung, dass Hitler verlangte, die traditionelle Rangskala der Erziehungswerte radikal umzukehren: „Der völkische Staat hat in dieser Erkenntnis seine gesamte Erziehungsarbeit in erster Linie nicht auf das Einpumpen bloßen Wissens einzustellen, sondern auf das Heranzüchten kerngesunder Körper. Erst in zweiter Linie kommt dann die Ausbildung der geistigen Fähigkeiten. Hier aber wieder an der Spitze die Entwicklung des Charakters, besonders die Förderung der Willens- und Entschlusskraft, verbunden mit der Erziehung zur Verantwortungsfreudigkeit, und erst als letztes die wissenschaftliche Schulung" (Hitler 1940, 452).

Die Radikalität dieser Umwertung der Erziehungsziele und eingeschlossen darin auch der schulischen Fächer ergab sich daraus, dass es in der Geschichte der europäischen Pädagogik seit dem antiken Sparta die Vorrangstellung der körperlichen Ertüchtigung nicht mehr gegeben hatte. Seit dieser Zeit galt die „cultura animi", die geistig-sittliche Bildung, als die zentrale Aufgabe von Schule und Erziehung. Die körperliche Erziehung war immer nur ein Moment der angestrebten harmonischen Ausbildung aller menschlichen Fähigkeiten und Kräfte.
Der von Hitler geforderte Vorrang der körperlichen Ertüchtigung bezog sich aber auch gar nicht auf die allseitige Förderung der Persönlichkeit. Sie wurde vielmehr als erforderlich erachtet, um bei den Jungen die spätere Wehrfähigkeit und bei den Mädchen die spätere Gebärfähigkeit zu fördern. Hitler verstand den Sportunterricht mithin als Beitrag zur Wehrertüchtigung (Steinhaus 1981, 67 ff.).

Die in zweiter Linie zu fördernde Charaktererziehung wurde auf ein recht schmales Repertoire von Eigenschaften reduziert. Hierzu zählten Treue, Opferwilligkeit, Verschwiegenheit, Selbstbeherrschung, Verzicht auf Wehleidigkeit, Willens- und Entschlusskraft sowie Verantwortungsfreude in der Form von „eine Antwort ist immer besser als keine" (Hitler 1940, 460 ff.). Die geforderten Charaktermerkmale sollten zu Dispositionen führen, die zum Bestehen eines politischen und militärischen Kampfes benötigt werden. Demgegenüber wiesen sie keinerlei sittliche Bindung an verantwortbare ethische Prinzipien auf. Auch bei der Charaktererziehung ging es Hitler also letztlich um Wehrerziehung (Steinhaus 1981, 71 ff.).

Der „wissenschaftlichen Schulbildung", d.h. der Allgemeinbildung, räumte Hitler nur geringes Gewicht ein. Quantitativ sollte sie auf ein Mindestmaß reduziert werden. Die Berufsausbildung sollte hingegen möglichst effektiv gestaltet sein. So schrieb er, dass es genüge, „wenn der einzelne Mensch ein allgemeines, in großen Zügen gehaltenes Wissen als Grundlage erhält, und nur auf dem Gebiet, welches dasjenige seines späteren Lebens wird, gründlichste Fach- und Einzelausbildung genießt" (Hitler 1940, 468 f.). Die Allgemeinbildung in den gesinnungsbildenden Fächern sollte zudem nicht von Objektivität und Wissenschaftlichkeit geprägt sein, sondern von nationalistisch-rassistischer Parteilichkeit: „Man erziehe das deutsche Volk schon von Jugend an mit jener ausschließlichen Anerkennung der Rechte des eigenen Volkstums und verpeste nicht schon die Kinderherzen mit dem Fluche unserer ‚Objektivität' auch in Dingen der Erhaltung unseres eigenen Ichs" (Hitler 1940, 124).

Insbesondere den Geschichtsunterricht hielt Hitler für geeignet, „Lehrmeisterin für die Zukunft und für den Fortbestand des eigenen Volkstums" zu sein. Er könne den grundlegenden Beitrag zum Aufbau eines „unerschütterlichen Nationalgefühls" leisten. Mehr noch: Dieser Unterricht habe den Sinn, eine „fanatische Nationalbegeisterung zu erzeugen", die in der Einsicht gipfele, dass der völkische Staat um sein Dasein kämpfen müsse (Hitler 1940, 468, 473 f.).

Insgesamt zeichnete sich Hitlers Erziehungsverständnis durch einen ausgeprägten politischen Instrumentalismus aus. Es ging ihm nicht um das Wohl und das Eigenrecht des Kindes, sondern um die Stärkung des als rassisch überlegen angesehenen deutschen Volkes. Die Erziehung war nichts anderes als ein notwendiges Instrument zur Verwirklichung dieses Zweckes. Hitlers Erziehungsprogramm war außerdem geprägt von Amoralität und Zynismus. Denn Kinder und Jugendliche sollten nicht zur Übernahme universaler sittlicher Prinzipien erzogen werden. Sie sollten vielmehr körperlich Schwache, erblich Kranke und rassisch andersgeartete Mitmenschen gering schätzen. Und sie sollten sich ein übersteigertes nationales Selbstbewusstsein aneignen, das mit einer Verachtung der Fremdvölker korrespondierte.

Die Umsetzung der nationalsozialistischen Erziehungsideologie in die Wirklichkeit

Was Hitler vor der Machtergreifung nur gefordert hatte, wurde nach 1933 offizielle Doktrin. Alle nationalsozialistischen Politiker und nahezu alle Erziehungswissenschaftler verlangten von der Schule die Erziehung zum nationalsozialistischen Menschen. Schlüsselbegriffe hierfür waren Rasse, Blut, Boden, Führertum, Gefolgschaft, Volksgemeinschaft, Ehre und Wehr. Der Zugriff auf die junge Generation sollte total sein. Ein Raum für eine noch so begrenzte Autonomie im erzieherischen Handeln war nicht vorgesehen. Denn die Erziehung sollte bruch- und lückenlos in den Dienst der Herrschaftssicherung gestellt sein: Ideologische Indoktrination, Umgehung des Bewusstseins durch geschickte Appelle an Gefühle und Instinkte, Drill und Dressur machten folglich die Erziehungswirklichkeit des Dritten Reiches aus (Blankertz 1982, 272 f.). Im Grunde handelte es sich aber gar nicht um Erziehung, sondern um Formung oder Formierung.

In einer Rede auf einer Konferenz von Länderministern am 9. Mai 1933 sprach Reichsinnenminister Wilhelm Frick klar und unmissverständlich aus, welche Ziele der nationalsozialistische Staat auf dem Erziehungssektor verfolgte. Er machte zugleich deutlich, dass sich das nationalsozialistische Erziehungsverständnis als eine fundamentale Alternative zur abendländischen Überlieferung begriff. Frick führte aus:

„In den letzten drei Monaten haben wir in einem in der deutschen Geschichte unerhörten Ausmaß und unerhörten Tempo die politische Macht im Reich erobert und gegen gewaltsame

Umsturzversuche weitestgehend gesichert.
Jetzt stehen wir vor der schwierigen Aufgabe, auf lange Sicht diese Macht auch innerlich derart zu festigen, dass in alle Zukunft ein Rückfall in die Fehler der Vergangenheit unmöglich wird. Dazu muss die Grundlage in der Erziehung unseres Volkes geschaffen werden. Sie legt den Grundstein für Jahrhunderte. Ihre Aufgabe ist es, die Volksgenossen schon vom frühesten Lebensalter an so zu erfüllen mit dem, was der Sinn unseres Volkstums und der ganzen Nation ist, dass die einmal gewonnene Erkenntnis in Fleisch und Blut übergeht und auf Generationen hinaus durch nichts mehr zerstört werden kann. ...
Die liberalistische Bildungsvorstellung hat den Sinn aller Erziehung und unserer Erziehungseinrichtungen bis auf den Grund verdorben. Unter der Geltung dieser Bildungsvorstellung haben die Schulen nicht erzogen, sondern geschult. Sie haben nicht alle Kräfte der Schüler zum Nutzen von Volk und Staat entwickelt, sondern vorab Kenntnisse zum Nutzen des Einzelnen vermittelt. Sie haben nicht den volksverwurzelten, dem Staat verpflichteten deutschen Menschen geformt, sondern der Bildung der freien Einzelperson gedient. ...
Die nationale Revolution gibt der deutschen Schule und ihrer Erziehungsaufgabe ein neues Gesetz: Die deutsche Schule hat den politischen Menschen zu bilden, der in allem Denken und Handeln dienend und opfernd in seinem Volke wurzelt und der Geschichte und dem Schicksal seines Staates ganz und unabtrennbar zuinnerst verbunden ist. ...
Die Zeit, in der die Ausbildung der selbstherrlichen Einzelpersönlichkeit als die wesentliche Aufgabe der Schule angesehen wurde, ist vorbei. Die neue Schule geht grundsätzlich vom Gemeinschaftsgedanken aus, der ein uraltes Erbteil unserer germanischen Vorfahren ist und demgemäß unserer angestammten Wesensart am vollkommensten entspricht. .... Daher ist die Erziehung des Schülers unter diesen leitenden Gesichtspunkt zu stellen: Die Schule hat im Dienste des Volksganzen zu stehen. Zwar bleibt die Entfaltung der Persönlichkeit nach wie vor bedeutsame Aufgabe, aber den selbstverständlichen Rahmen nicht nur, sondern auch den Richtungspunkt ihrer Entwicklung bildet die Volksgemeinschaft, in die wir hineingeboren sind. Hieraus ergeben sich Volk und Vaterland als wichtigste Unterrichtsgebiete ..." (zitiert nach Kuhn/Massing (Hrsg.) 1990, 85 f.).

Es ging dem Nationalsozialismus um eine totale politische Erfassung der Menschen. Die Erziehung sollte sich deshalb auch nicht auf die Schule beschränken. Vielmehr sollten die jungen Menschen überall auf das nationalsozialistische Gedankengut stoßen. Dieser umfassende Erziehungsanspruch zeigte sich am *Gesetz über die Hitlerjugend* vom Dezember 1936. Dort hieß es:
„Von der Jugend hängt die Zukunft des deutschen Volkes ab. Die gesamte deutsche Jugend muss deshalb auf ihre künftigen Pflichten vorbereitet werden. Die Reichsregierung hat daher das folgende Gesetz beschlossen, das hiermit verkündet wird:
§ 1. Die gesamte deutsche Jugend innerhalb des Reichsgebietes ist in der Hitlerjugend zusammengefasst.
§ 2. Die gesamte deutsche Jugend ist außer in Elternhaus und Schule in der Hitlerjugend körperlich, geistig und sittlich im Geiste des Nationalsozialismus zum Dienst an Volk und Volksgemeinschaft zu erziehen."

Dass die ideologische Erfassung der Menschen aber noch über die Hitlerjugend hinausgehen sollte, verriet Hitler in einer Rede im Dezember 1938 vor Kreisleitern der NSDAP in Reichenberg (Sudetenland). In der von Beifall begleiteten Rede führte er aus:
„Diese Jugend, die lernt ja nichts anderes als deutsch denken, deutsch handeln, und wenn nun diese Knaben, diese Mädchen mit ihren 10 Jahren in unsere Organisation hineinkommen und dort nun so oft zum ersten Mal überhaupt eine frische Luft bekommen und fühlen, dann kommen sie vier Jahre später vom Jungvolk in die Hitlerjugend, und dort behalten wir sie wieder vier Jahre, und dann geben wir sie erst recht nicht zurück in die Hände unserer alten Klassen- und Standeserzeuger, sondern dann nehmen wir sie sofort in die Partei oder in die

Arbeitsfront, in die SA oder in die SS, in das NSKK und so weiter. Und wenn sie dort zwei Jahre oder anderthalb Jahre sind, dann kommen sie in den Arbeitsdienst und werden dort wieder sechs oder sieben Monate geschliffen, alle mit einem Symbol: dem deutschen Spaten. Und was dann nach sechs oder sieben Monaten noch an Klassenbewusstsein oder Standesdünkel da oder da noch vorhanden sein sollte, das übernimmt dann die Wehrmacht zur weiteren Behandlung auf zwei Jahre, und wenn sie dann nach zwei oder drei oder vier Jahren zurückkehren, dann nehmen wir sie, damit sie auf keinen Fall rückfällig werden, sofort wieder in SA, SS und so weiter, *und sie werden nicht mehr frei sein ihr ganzes Leben, und sie sind glücklich dabei*" (zitiert nach Borcherding 1965, 57).

Die Politisierung der Schule und der Fächer

Die Schule sollte vollständig für die Vermittlung der nationalsozialistischen Weltanschauung in Dienst genommen werden. Die Vermittlung sollte zu einer, wie man es nannte, *Politisierung* des Menschen führen. Allen Fächern oblag diese Politisierung als ständige Aufgabe. Aus diesem Grunde war die Staatsbürgerkunde als ein selbstständiges Fach oder als ein fest umrissenes Unterrichtsgebiet im Rahmen anderer Fächer nicht weiter erforderlich.

Der Erziehungswissenschaftler Franz Huber sprach in aller Deutlichkeit aus, was angestrebt war: „Die Jugend muss – kurz gesagt – politisiert werden. Wir wollen in unserer Schule keine theoretischen, sondern politische Menschen bilden, wir wollen Tatmenschen. Wenn wir so die volkhafte Bildung zur völkischen Bildung machen, so wird damit der Schule nichts von ihrem Gehalt genommen, den sie als volkhafte Schule gewonnen hat. Wir geben ihr nur eine andere, nämlich die völkische Schau. Geschichte nationalsozialistisch gesehen; Märchen nationalsozialistisch verstanden; Erdkunde nationalsozialistisch betrieben; Lebenskunde nationalsozialistisch gedacht usw. ... So gilt sowohl für die Auslese wie für die Vermittlung völkischer Bildung der Grundsatz der Politisierung: es gilt unserer deutschen Jugend eine Bildung zu geben, die sie im höchsten Grade einsatzwillig macht. ... Aller Unterricht ist Weltanschauungsunterricht, d.h., alle Lehrgebiete sind weltanschaulich auszurichten. In allen Lehrgebieten bieten sich Anlässe zu weltanschaulicher Betrachtung und Blickrichtung" (zitiert nach Borcherding 1965, 62).

Mit Recht kann man feststellen: „Das nationalsozialistische Verständnis von politischer Formierung der Schüler stellt die radikalste Variante des Verhältnisses von politischer Bildung als Fach und als Prinzip in der deutschen Schulgeschichte dar: die Durchsetzung des Primats der Politik in allen Fächern bei gleichzeitigem Verzicht auf jegliche politische *Reflexion* in einem didaktisch und institutionell abgrenzbaren Bereich" (Sander 1989, 80 f.).

Dass es um Gefühle und Empfindungen und nicht um Reflexion ging, zeigte sich am hohen Rang von Schulritualen und Schulfeiern. So war der „Deutsche Gruß" zu Unterrichtsbeginn und Unterrichtsende vorgeschrieben. Es gab häufige Fahnenappelle auf dem Schulhof. Es wurden viele Anlässe für Schulfeiern gefunden, so der „Tag der nationalen Erhebung", Hitlers Geburtstag, der Tag der Reichsgründung 1871 und das Erntedankfest. Diese Feiern boten ideale Möglichkeiten für die Formierung der Jugend im Sinne des Nationalsozialismus. Sie vermittelten ein intensives emotionales Erleben und machten die Eingliederung der Schule in die Volksgemeinschaft sinnfällig. Typisch war ihr pseudoreligiöser Charakter. Die Feiern sollten erschüttern, „aber auch das Erschauern der Weihe und das Erglühen der Heiligung spürbar machen" (Rossmeissl 1985, 90). Häufig bei der Durchführung solcher Feiern benutzte Begriffe waren Ehrfurcht, Glaube, Begeisterung und Dienst (Keim 1997, 52 ff.).

Die Politisierung der Fächer vollzog sich hauptsächlich in zwei Etappen. Von 1933 bis 1937 galten die Lehrpläne aus der Weimarer Republik im Wesentlichen weiter. Die Weitergeltung

war für den nationalsozialistischen Staat insofern hinnehmbar, als die deutschkundlich ausgerichteten Fächer genügend Anknüpfungspunkte für einen nationalsozialistisch orientierten Unterricht aufwiesen. Zur Absicherung wurden die Lehrpläne jedoch durch Erlasse ergänzt oder modifiziert. Ein bereits am 18. März 1933 datierter Erlass des Reichsministers des Innern machte die Richtung der neuen Schulpolitik unmissverständlich klar: „Die oberste Aufgabe der Schule ist die Erziehung der Jugend zum Dienst am Volkstum und Staat im nationalsozialistischen Geist. Alles, was diese Erziehung fördert, ist zu pflegen; alles, was sie gefährdet, zu meiden und zu bekämpfen" (zitiert nach Nyssen 1979, 84).
Im September 1933 erschien ein Erlass zur Durchsetzung und Behandlung des Rassegedankens in der Schule. Er schrieb vor, dass die Schüler in Vererbungslehre, Rassenkunde, Rassenhygiene, Familienkunde und Bevölkerungspolitik unterrichtet werden sollten. Zu diesem Zweck sollte der Biologieunterricht auf Kosten der Mathematik und der Fremdsprachen ausgedehnt werden. Darüber hinaus sollte Rassenkunde zum Unterrichtsprinzip in anderen Fächern werden. In den Höheren Schulen wurde Rassenkunde zum verbindlichen Prüfungsfach erklärt (Nyssen 1979, 85 f.).

Von 1938 bis 1942 erschienen dann neue Lehrpläne, die den Geist des Nationalsozialismus in voller Reinheit atmeten. Verbunden damit traten auch neue Stundentafeln in Kraft. Diese brachten erhebliche Verschiebungen zugunsten der Fächer, die dem Nationalsozialismus besonders wichtig waren. Es handelte sich um Leibeserziehung, Deutsch, Geschichte und Biologie. Das Fach Leibeserziehung erhielt in allen Schulformen mit fünf Stunden in der Woche neben dem Fach Deutsch die höchste Wochenstundenzahl (Keim 1997, 42 f.).

Der Erlass *Erziehung und Unterricht in der höheren Schule* vom 29. Januar 1938 fasste die nationalsozialistische Erziehungspolitik wie folgt zusammen: „Die deutsche Schule ist ein Teil der nationalsozialistischen Erziehungsordnung. Sie hat die Aufgabe, im Verein mit den anderen Erziehungsmächten des Volkes, aber mit den ihr eigentümlichen Erziehungsmitteln den nationalsozialistischen Menschen zu formen. ... Die nationalsozialistische Revolution der Weltanschauung hat an die Stelle des Trugbildes der gebildeten Persönlichkeit die Gestalt des wirklichen, d.h. durch Blut und geschichtliches Schicksal bestimmten deutschen Menschen gesetzt und an Stelle der humanistischen Bildungsideologie, die bis in die jüngste Vergangenheit fortgelebt hatte, eine Erziehungsordnung aufgebaut, die sich aus der Gemeinschaft des wirklichen Kampfes entwickelt hatte. Nur aus dem Geiste dieser politischen Zucht kann auch echte Bildung als die zentrale Aufgabe der kommenden Schule erwachsen, die die Begeisterungsfähigkeit des jungen Deutschen nicht lähmt, sondern steigert und zur Einsatzfähigkeit fortführt. Jede Bildung, die abseits von dieser nationalsozialistischen Erziehungswirklichkeit erfolgt, bleibt abstrakt und volksfremd, weil sie, selbst wenn der völkische Charakter des Bildungsgutes feststeht, nicht den Menschen in seiner Wirklichkeit, sondern als bloßes Verstandeswesen anspricht" (zitiert nach Kuhn/Massing (Hrsg.) 1990, 91 f.).

Die am 15. Dezember 1939 herausgegebenen *Allgemeinen Richtlinien für Lehrpläne an Volksschulen* drückten besonders deutlich das nationalsozialistische Erziehungsprogramm aus: „Die Aufgabe der deutschen Schule ist es, gemeinsam mit den anderen nationalsozialistischen Erziehungsmächten, aber mit den ihr gemäßen Mitteln die Jugend unseres Volkes zu körperlich, seelisch und geistig gesunden und starken deutschen Männern und Frauen zu erziehen, die, in Heimat und Volkstum fest verwurzelt, ein jeder an seiner Stelle zum vollen Einsatz für Führer und Volk bereit sind. ... Die Volksschule hat nicht die Aufgabe, vielerlei Kenntnisse zum Nutzen des Einzelnen zu vermitteln. Sie hat alle Kräfte der Jugend für den Dienst an Volk und Staat zu entwickeln und nutzbar zu machen. In ihrem Unterricht hat daher nur der Stoff Raum, der zur Erreichung dieses Zieles erforderlich ist. Sie muss sich daher von all den Stoffen frei machen, die auf Grund überwundener Bildungsvorstellungen in sie eingedrungen sind" (zitiert nach Kuhn/Massing (Hrsg.) 1990, 95).

Dem *Geschichtsunterricht* kam naturgemäß eine Schlüsselstellung in der politischen Erziehung der Jugend zu. Man sah die politisch richtige Verwertung der jüngsten Geschichte als so wichtig an, dass schon 1933 allen Schulklassen, gleich welcher Jahrgangsstufe, ein sechswöchiger Kurs über „deutsche Not und die Rettung durch Adolf Hitler und den Nationalsozialismus" verordnet wurde (Rossmeissl 1985, 130).

Wie man sich den Geschichtsunterricht generell dachte, lässt sich gut den *Richtlinien* für das Fach Geschichte in der Volksschule entnehmen. Dort war zu lesen: „Die politische Erziehung in der Volksschule gründet sich in erster Linie auf den Geschichtsunterricht, der die Kinder mit Ehrfurcht vor unserer großen Vergangenheit und mit dem Glauben an die geschichtliche Sendung und die Zukunft unseres Volkes erfüllen soll. Er richtet den Blick auf den schicksalhaften Kampf um die deutsche Volkwerdung, bahnt das Verständnis für die politischen Aufgaben unseres Volkes in der Gegenwart an und erzieht die Jugend zum freudigen, opferbereiten Einsatz für Volk und Vaterland.

Zur Erreichung seines politischen Zieles rückt der Geschichtsunterricht das politische Geschehen entscheidend in den Vordergrund; doch dürfen auch die wirtschaftlichen und kulturellen Fragen nicht vernachlässigt werden. Dabei sind die im deutschen Volke wirksamen rassischen Grundkräfte vorwiegend nordischer Art nachdrücklich herauszustellen und vor allem in den großen Leistungen unseres Volkes und seiner Führer lebendig zu machen. Heldischer Geist und der Gedanke des Führertums in germanisch-deutscher Ausprägung sollen den gesamten Geschichtsunterricht erfüllen, die Jugend begeistern und den Wehrwillen wecken und stärken. An geeigneten Stellen ist den Kindern, vor allem in Mädchenklassen, auch vorbildliches deutsches Frauentum vor Augen zu führen" (zitiert nach Borcherding 1965, 59).

6.2 Vertreter der nationalsozialistischen politischen Pädagogik

Die nationalsozialistische Erziehungsideologie fand während des Dritten Reiches in den Erziehungswissenschaftlern Ernst Krieck und Alfred Baeumler zwei prominente Vertreter. Beide hatten schon während der Weimarer Republik an Hochschulen gelehrt und wissenschaftlich publiziert.

Eine explizite Gegenposition zur staatsbürgerlichen Erziehung war aber vor 1933 schon von Wilhelm Stapel formuliert worden. Stapel war ein einflussreicher Publizist der konservativen Rechten. Er gab die Zeitschrift *Deutsches Volkstum* heraus (Sontheimer 1968, 32).

Wilhelm Stapel: Volksbürgerliche Erziehung als Gegenentwurf zur Staatsbürgerkunde

Wilhelm Stapel (1882-1954) vertrat das Konzept einer *volksbürgerlichen Erziehung*, welches die nationalsozialistische Gemeinschaftsideologie und deren Antiintellektualismus vorwegnahm. Stapel war auch selbst der Auffassung, dass seine Überzeugungen mit der Machtübernahme Hitlers im Jahr 1933 ihre Erfüllung gefunden hatten. Stapels wichtigste Schrift mit dem Titel *Volksbürgerliche Erziehung* war aber bereits 1917 erschienen. Sie erlebte 1920 die zweite und 1928 die dritte Auflage. Bereits während der Weimarer Republik waren seine Überlegungen also auf einen fruchtbaren Boden gefallen (Assel 1969, 38).

Stapel prangerte die Staatsbürgerkunde mit dem Argument an, dass vom staatsbürgerlichen Ideal keinerlei Glaubens- und Überzeugungskraft ausströmen könne. Insbesondere der Staat der Weimarer Republik als das Ergebnis eines politischen Kompromisses verschiedener Parteien vermöge die Herzen der Jugend nicht zu erfüllen. Stapel setzte stattdessen auf das Volk. Während der Staat eine künstliche Ordnung, eine „Zweckgemeinschaft", darstelle, sei das Volk ein natürlicher Organismus, eine „Lebensgemeinschaft".

Stapel führte wörtlich aus: „Wir müssen ... den lebendigen Organismus des Volkes als die höhere Einheit gegenüber dem menschlichen Gebilde des Staates anerkennen. Wir müssen einsehen, dass das Volk Selbstzweck, der Staat nur Mittel zum Zweck ist, dass das Volk eine Lebensgemeinschaft, der Staat nur Zweckgemeinschaft ist. Dann wird die Vergötzung des Staates aufhören, wir werden ihn wieder nüchtern sehen als das, was er in Wirklichkeit ist ... Dann wird auch das Ideal des Staatsbürgers nicht mehr das höchste und einzige sein. Gewiss, wir wollen dem Staate geben, was des Staates ist, aber wir wollen fortan auch dem Volke geben, was des Volkes ist, und zwar dem wirklichen, dem natürlichen, dem gewachsenen Volke, nicht dem Verlegenheitsbegriff der Staatsnation, der ja doch nur Begriff, nicht Wirklichkeit ist. Wir wollen freilich nicht aufhören, Jugend und Volk zu bilden zu den Staatstugenden der Ordnung, Mannszucht und Gerechtigkeit. Aber nicht das allein! Wir wollen vielmehr in ihnen die Tugenden ihres Volkes wecken, dazu und dadurch die Liebe zu ihrem Volk. ...
Was kann der Staat von uns verlangen? Pflichttübung! Eine stolze, kalte Tugend. Aber das Volk kann von uns Liebe verlangen. Denn mein Volk und ich, wir sind ja gleichen Blutes und gleicher Seele. Wir wollen die Pflicht lehren und ins Herz prägen, die der Staat von uns zu fordern berechtigt ist. Aber wir wollen darüber hinaus uns der höheren Gemeinschaft bewusst und ihrer froh werden, aus der heraus wir entstanden sind. Lehrt die Menschen Staatsbürgerkunde, bringt ihnen politisches, juristisches, volkswirtschaftliches Wissen bei, lehrt sie, welche sittlichen Verpflichtungen sie gegenüber dem Staate haben, all das wird trotz aller Mühe nur gelerntes Wissen bleiben. Nie und nimmer werdet ihr dadurch allein die Menschen wirklich zu einer Lebenseinheit verbinden. Aber gebt ihnen unsere deutsche Volksgeschichte, nicht bloß die reichsdeutsche Staatsgeschichte, gebt sie ihnen so, dass sie die Herzen erklingen lässt und zu flutendem Leben wird, öffnet ihnen die Schatzkammern unserer Kultur – ja spürt ihr nicht, wie das lockt und zieht, wie es einem dabei warm ums Herz wird?" (Zitiert nach Kuhn/Massing (Hrsg.) 1990, 78 f.)

Der Staatsbürgererziehung und ihrem Anspruch auf Rationalität begegnete Stapel also mit offenkundiger Geringschätzung. Nicht Staatsbürger wollte er herangebildet sehen, sondern Volksbürger, die sich voll und ganz mit ihrem Volk identifizierten. Denn der Einzelne sei als Glied seines Volkes an den geschichtlich gewachsenen Volksgeist gebunden. Und dieser Volksgeist mit seinen Idealen, Sehnsüchten und Überzeugungen präge die Identität des Individuums ganz wesentlich: „Alle meine Handlungen geschehen vor dem Angesicht meines Volkes. Ich lebe nicht nur mit mir allein, sondern in der Kette der Geschlechter und im Ringe des Volkes. Ich bin sittlich gebunden durch die Treue gegen unsere Vorfahren und durch die Sorge für unsere Nachkommen" (zitiert nach Sontheimer 1968, 246). „Was mein Volk von Urzeiten her erlebte, durch die Jahrhunderte her, das ist in mir, in meinem tiefsten Seelengrund enthalten" (zitiert nach Assel 1969, 45). Diese Prägung verlange, von der Erziehung berücksichtigt zu werden. Wer dagegen verstoße, schädige den Zögling in seinem Innersten und mache aus ihm einen „verlogenen, unnatürlichen, brüchigen Menschen".

Stapel hielt die Vermittlung des Volksgeistes, den er „Volkheit" nannte, deshalb für das eigentliche Erziehungsziel. Die spezifische *Volkheit* der Deutschen erblickte er in der Treue, der Ehrfurcht, im kriegerischen Heldentum, im fanatischen Streben und in der Entsagungskraft (Assel 1969, 46). In der Volkheit offenbare sich der wahre Wille des Volkes. Als das „innere Lebensgesetz" des Volkes stehe sie qualitativ weit über den „äußeren" Gesetzen. Diese ergäben sich aus dem konflikthaften demokratischen Willensbildungsprozess, seien damit also abhängig von der Augenblicksstimmung und der Willkür der Menschenmenge. Der Demokratie mit ihrer Pluralität von Interessen und Sichtweisen brachte Stapel kein Verständnis entgegen. Für ihn konnte die Erziehung zum Demokraten daher kein sinnvolles Ziel sein.

Ernst Krieck: Das Konzept der nationalpolitischen Erziehung

Ernst Krieck (1882-1947) war von 1928 bis 1933 Hochschullehrer an der Pädagogischen Akademie in Frankfurt am Main. Er trat 1932 der NSDAP bei. Drei Monate nach dem Machtantritt der Nationalsozialisten erhielt er den Ruf auf einen Lehrstuhl für Philosophie an der Frankfurter Johann Wolfgang Goethe-Universität, deren Rektor er bald wurde. Im Januar 1934 wechselte er nach Heidelberg, wo er bis 1945 lehrte. 1947 starb er in einem amerikanischen Internierungslager.

Ernst Krieck machte sich 1922 einen Namen mit der Schrift *Philosophie der Erziehung*, die 1930 eine zweite Auflage erlebte. In dieser Schrift vertrat Krieck einen damals neuen, rein deskriptiven Ansatz der Erziehungswissenschaft. Er fragte nicht nach der Begründung von Erziehungszielen, sondern danach, wie die Erziehung tatsächlich überall und zu jeder Zeit abläuft. Zehn Jahre später jedoch vollzog er in seiner bekanntesten und in über zwanzig Auflagen mit über 80.000 Exemplaren verbreitetsten Schrift *Nationalpolitische Erziehung* eine radikale Abwendung von dieser „reinen" Erziehungswissenschaft. Er bekannte sich nun zu einer „völkisch-realistischen" Erziehungswissenschaft. Von 1936 bis 1938 veröffentlichte er eine dreibändige *Völkisch-politische Anthropologie*. Diesem Werk folgte bis 1945 noch eine Reihe weiterer Bücher. Krieck war in den ersten Jahren des Dritten Reiches der einflussreichste und bekannteste Erziehungswissenschaftler. In den späteren Jahren ging sein Einfluss zurück (Keim 1995, 165 f.).

Krieck lieferte dem Nationalsozialismus die gesuchten pädagogischen Begriffe: *Zucht, Züchtung, Menschenformung* und *Typenprägung* drückten hinreichend klar den Gegensatz zu den traditionellen Begriffen *Erziehung, Persönlichkeitsbildung, individuelle Entfaltung* und *persönliche Verantwortung* aus.

Krieck vertrat die Auffassung, dass jeder Staat einen bestimmten Menschentyp züchte. Der jeweilige Menschentyp sei so beschaffen, dass er den Existenzbedingungen des Staates entspreche. In einer völkischen Ordnung übernehme die nationalpolitische Erziehung die Menschenformung. Sie wecke die Rassenwerte und das Rassenbewusstsein, um daraus den völkischen Menschen als neuen Menschentyp zu formen. Der völkische Mensch erblicke in der Hingabe an die völkische Gemeinschaft seine höchste Pflicht. Seine Persönlichkeit bestehe nicht in der Autonomie, die ihn unverwechselbar mache, „sondern allein in der Gebundenheit, Dienstschaft, Gliedschaft" (zitiert nach Assel 1969, 59). Deshalb strebe die nationalpolitische Erziehung auch Konformität und gleichförmige Haltung an. Schließlich sei für den völkischen Menschen der Intellekt unwesentlich. Nicht der kontemplative Mensch, sondern der die heroische Tat bejahende aktive Mensch sei das Ideal.

Der Gegensatz dieser Auffassung zu den Überzeugungen der Aufklärung war evident: Denn die Aufklärungstradition stellte den autonomen Einzelmenschen in den Mittelpunkt. Sie bemühte sich um die harmonische Entfaltung seiner Anlagen sowie um die Förderung der rationalen Erkenntnis (Assel 1969, 58 f.).

Alfred Baeumlers Eintreten für eine völkische Weltanschauungsschule

Alfred Baeumler (1887-1968) war 1929 zum ordentlichen Professor für Philosophie und Pädagogik an der Technischen Hochschule in Dresden ernannt worden. Im April 1933 wurde er auf eine ordentliche Professur für Politische Pädagogik nach Berlin berufen. Diese Professur behielt er bis zum Kriegsende. Baeumler gab zwei führende pädagogische Zeitschriften des Dritten Reiches heraus, nämlich die *Internationale Zeitschrift für Erziehung* und *Weltanschauung und Schule*. Er bekleidete weiterhin das Amt eines Hauptstellenleiters beim *Beauftragten des Führers für die gesamte weltanschauliche Erziehung der NSDAP*, Alfred Rosenberg, und leitete die Planungen für die „Hohe Schule" der Partei. Baeumler war also ein gewichtiger kulturpolitischer Funktionsträger des Nationalsozialismus (Keim 1995, 167). Baeumlers wichtigste Schriften waren 1937 *Politik und Erziehung* und 1942 *Bildung und Gemeinschaft*.

Baeumler war stärker noch als Krieck der eigentliche Repräsentant der nationalsozialistischen Erziehungsideologie. Er vertrat die Auffassung, dass jedes Erziehungssystem in sich eine Aussage über den Sinn der Welt und des Lebens enthalten müsse. Für ihn konnte sich dieser Sinn nur aus den spezifischen rassischen und geschichtlichen Merkmalen eines Volkes ergeben.

Für das deutsche Volk konstruierte er dementsprechend das Idealbild eines aus Griechen- und Germanentum entwickelten heroisch-aktiven und kriegerischen Menschen. In der rassischen Physiognomie des Deutschen sah er drei Elemente eng verknüpft, die zusammen die Vorstellung eines „politischen Soldaten" ergaben: Der Deutsche dränge zur Tat im Sinne geistiger Weltbeherrschung und kultureller Formung. Die geistigen Objektivationen der Deutschen seien das Resultat einer Auseinandersetzung des nordischen Menschen mit ihm feindlichen Ordnungsprinzipien. Die heroische Kraftentfaltung des nordischen Menschen geschehe stets gemäß einer ihm wesenseigenen aristokratischen Wertordnung, in deren Zentrum der Höchstwert Ehre stehe. Das Prinzip der Ehre gebiete, die Freiheit, den Rang und das Ansehen der eigenen Person wie des eigenen Volkes zu verteidigen (Lingelbach 1987, 192).

Die aus diesem Selbstverständnis resultierenden Folgen für die Erziehung lagen auf der Hand: Es galt, die „rassische Grundlebendigkeit" des jungen Deutschen, seine Aktivität und Tatbereitschaft zu wecken. Es galt weiterhin, den jungen Deutschen dahin zu bringen, dass er im Vollzug der ihm höchstmöglichen Leistung für die Volksgemeinschaft die Leitvorstellung des politischen Soldaten verwirkliche (Lingelbach 1987, 193).

Baeumler bestimmte das Verhältnis der schulischen Bildung und der außerschulischen Erziehung in den nationalsozialistischen Organisationen konsequent im Sinne des zu formenden politischen Soldaten. Schulische Bildung diene nicht dem „geistigen Besitz des Gebildeten". Sie sei vielmehr ein geistig-seelischer Vorgang, in dem der Einzelne seine Anlagen und Kräfte im Dienst der Gemeinschaft entwickle. Indem die Schule die Kräfte des Einzelnen durch Unterricht bilde, erziehe sie ihn zugleich für die Gemeinschaft.

Die Institutionen der außerschulischen Erziehung, vor allem also die Hitlerjugend, seien Stätten „unmittelbarer personaler Einwirkung" von „Angesicht zu Angesicht". Sie wirkten auf die Phantasie, das Gemüt und den Willen des Zöglings ein. Sie führten eine „Formationserziehung" durch, deren Ziel die „Zucht" des „Charakters" sei (Lingelbach 1987, 197 f.).

Baeumlers pädagogische Vorstellungen bedeuteten einen radikalen Bruch mit den Wertvorstellungen der Aufklärung und des Christentums. Denn sie wiesen keinerlei Berührung mit dem Postulat der Brüderlichkeit und der mitmenschlichen Solidarität auf. Der Gedanke der Caritas und der des Mitleids mit dem Nächsten waren ihnen fremd. Ebenso fehlte ihnen die Hoffnung auf eine bessere und glücklichere Menschheit (Lingelbach 1987, 201 f.).

Baeumler verstand die Schule als völkische Weltanschauungsschule, die nicht Patrioten oder Staatsbürger heranzuziehen hatte, sondern *Volksgenossen*, die dem politischen Führer bedingungslos folgten. In diesem Sinne verstand er die Schule als *politische Schule*. Baeumler führte in einem 1937 gehaltenen Vortrag aus:

„Die Schule der Volksgemeinschaft ist unmittelbar mit dem politischen Leben verbunden, und ihre höchste Erziehungsaufgabe besteht darin, den heranwachsenden deutschen Menschen vorzubereiten auf das Verständnis der politischen Lage und damit auf das Verständnis der Notwendigkeiten unserer Wehrmacht. Diese Vorbereitung auf das Verständnis unserer politischen Lage muss geschehen über das Verständnis der Handlungen dessen hinweg, der

diese politische Lage meistert. Das ist die These, die ich hier ausführen möchte, die These: dass in aller politischen Erziehung unser Verhältnis zum Führer, richtig verstanden, im Mittelpunkt zu stehen hat. ... Was der Lehrer als Lehrer zu leisten hat, ist die Erziehung zum Verständnis der Aufgaben und Handlungen des Führers. ...
Wenn der Heranwachsende die Volksschule oder die Höhere Schule verlässt, dann muss er ein klares Bild davon haben, welches die Lage des deutschen Volkes in der gegenwärtigen Welt ist und welche Bedeutung die verantwortlichen Entscheidungen des Führers für das gesamte Volk, für jeden einzelnen Volksgenossen und für ihn selber als diesen Einzelnen haben. ... Es handelt sich also um etwas im Grunde äußerst Schlichtes, wie immer in der Schule. Es handelt sich um das Schlichte, dass es eben nicht nur der stürmischen Liebe und Begeisterung bedarf, die zu erwecken und zu pflegen so schön ist, sondern dass es auch noch der verantwortlichen Hervorbringung ganz bestimmter Voraussetzungen bedarf; Voraussetzungen, die unsere werdenden Volksgenossen in den Stand setzen sollen, dem Führer im wahrsten Sinne des Wortes ‚folgen' zu können."

Die praktische Verwirklichung der so umrissenen politischen Erziehung sollte im Geschichts- und Erdkundeunterricht erfolgen. Baeumler erklärte hierzu:
„Ich sehe diese beiden Fächer als politische Fächer in einer neuen Verbindung, in einem neuen Zusammenhang vor mir. Ich sehe diese beiden Fächer untergeordnet, um einmal rein systematisch zu sprechen, dem Oberbegriff Politik. ... Diese beiden Fächer sind vor allem geeignet – und deshalb sind sie die Fächer der politischen Erziehung im engeren Sinne –, die Lage des deutschen Volkes in der Gegenwart, jene Lage also, die dem Führer seine Aufgaben stellt, zum Verständnis zu bringen. ...
Das Ziel des Geschichtsunterrichts muss sein, dass der Schüler eine allgemeine, aber klare Vorstellung von der heutigen Lage des deutschen Volkes zwischen Vergangenheit und Zukunft gewinnt. Das Bild der deutschen Geschichte, das ihm gezeigt wird, soll nicht entworfen werden von einem zeitlosen Standort aus, indem man eben erzählt, wie im deutschen Volke alles ‚geworden' ist, sondern dieses Bild soll entworfen werden von dem Platze aus, den der Führer in der deutschen Geschichte einnimmt, also von der Gegenwart her; denn als Einiger des deutschen Volkes löst der Führer die Vergangenheit von uns ab und eröffnet er eine neue Epoche. ...
So enthüllt sich uns ‚Gegenwart' als politischer Zentralbegriff. Diesen Begriff Gegenwart müssen wir nun auch dem Fach zugrunde legen, das trotz Anthropo-Geographie und Geopolitik mir noch nicht genug politisch aufgefasst zu sein scheint: der Erdkunde. ...
Nötig dagegen ist eine politische Erdkunde, zu der ich schon hoffnungsvolle Ansätze sehe; hierzu rechne ich vor allem einen Versuch der Aufteilung des Stoffes, den man so gemeinhin als erdkundlichen bezeichnet, nach den Lebensräumen des deutschen Menschen, und zwar deshalb, weil hier der Versuch gemacht wird, nicht von den Dingen, der Erde, soweit sie sich als Kulturlandschaft darstellt, auszugehen, sondern vom schaffenden, arbeitenden, politischen Menschen. ...
Die Behandlung der Lebensräume des deutschen Menschen hätte sich zu verbinden mit der Behandlung des Deutschen Reiches, nun nicht nach irgendwelchen geographischen Einheiten, sondern nach seinen Grenzbezirken. Der arbeitende, der handelnde, der politische Mensch oder, kurz gesagt, Arbeit und Grenze, das wären die beiden Stichworte, mit deren Hilfe der Stoff, der sonst in der Erdkunde nach morphologischen, regionalen oder vielleicht auch noch kulturlandschaftlichen Gesichtspunkten aufgeteilt wird, in einer völlig anderen Weise neu aufzuteilen wäre. ... So würde die Erdkunde zu einem wahren politischen Gegenwartsfach" (zitiert nach Kuhn/Massing (Hrsg.) 1990, 100 ff.).

Die von Baeumler skizzierten Umrisslinien der politischen Erziehung zeigen deren völlige Funktionalisierung für die Zwecke des Nationalsozialismus. Es sollte nicht um Reflexivität und eigene Urteilsbildung gehen, sondern um den verstehenden Nachvollzug der Politik

Adolf Hitlers. Zugleich sollte der Unterricht von einer engstirnigen nationalistischen Perspektive geprägt sein. Anders als in der Staatsbürgerkunde der Weimarer Republik war bei Baeumler keine Rede mehr von der Toleranz Andersdenkenden gegenüber und von der Völkerversöhnung.

7. Die Re-education-Politik der alliierten Siegermächte nach dem Zweiten Weltkrieg

7.1 Entnazifizierung und Umerziehung zur Demokratie

Am Beginn der Geschichte der politischen Bildung nach dem Ende des Dritten Reiches stand ein radikaler Bruch mit der jüngsten Vergangenheit. Mit der bedingungslosen Kapitulation der deutschen Wehrmacht am 8. Mai 1945 hatte der deutsche Staat aufgehört zu existieren. Seine Souveränität ging auf die vier Siegermächte USA, Großbritannien, Sowjetunion und Frankreich über. Die Siegermächte übten ihre Herrschaft durch den Alliierten Kontrollrat aus. Daneben verwaltete jede Besatzungsmacht eine eigene Besatzungszone.

Das Potsdamer Abkommen: Basis der Umerziehungspolitik der Siegermächte

Das Potsdamer Abkommen vom 2. August 1945 formulierte, worauf sich die Siegermächte bezüglich der Zukunft Deutschlands hatten einigen können. Drei Ziele standen im Vordergrund: Erstens die völlige Abrüstung und Entmilitarisierung Deutschlands. Zweitens die Entnazifizierung, d.h. die Verurteilung der Kriegsverbrecher, die Internierung der Funktionsträger und die Entfernung aller Nationalsozialisten aus öffentlichen Ämtern. Drittens die Umgestaltung des deutschen politischen Lebens auf demokratischer Grundlage.

Speziell zur Bildung hieß es im Potsdamer Abkommen an siebenter Stelle: „Das Erziehungswesen in Deutschland muss so überwacht werden, dass die nazistischen und militaristischen Lehren völlig entfernt werden und eine erfolgreiche Entwicklung der demokratischen Idee möglich gemacht wird."

Diese Bestimmung war aus der Sicht der Siegermächte völlig konsequent. Sie konnten das völlig pervertierte nationalsozialistische Erziehungssystem nicht bestehen lassen. Denn dieses Erziehungswesen war erklärtermaßen in den Dienst der aggressiven Politik des Nationalsozialismus gestellt worden. Es hatte eine Jugend herangebildet, die bereit gewesen war, andere Länder zu erobern und fremde Völker zu unterjochen. „Die Niederlage der Nationalsozialisten musste daher begleitet werden von der Beseitigung des von ihnen beherrschten Schulwesens, wenn die Sieger nicht Gefahr laufen wollten, nach einiger Zeit erneut mit dem kriegerischen Deutschland konfrontiert zu werden" (Schlander 1981, 40).

Übereinstimmungen zwischen den Siegermächten

Die Siegermächte waren sich darin einig, dass die Deutschen nicht lediglich eine militärische Niederlage erlitten hatten. Durch die Duldung und Unterstützung der Naziherrschaft hatten sie vielmehr eine moralische Katastrophe verursacht. Die westlichen Alliierten neigten dazu, dem „deutschen Volkscharakter" die Schuld zu geben. So vertrat in Großbritannien Lord Robert Gilbert Vansittart in einem von ihm verfassten Memorandum mit dem Titel *The Nature of the Beast* die These: „We are fighting the character of the German people" (Pakschies 1981, 104). Diesen Charakter sah er bestimmt durch Neid, Selbstmitleid, Grausamkeit sowie Wort- und Vertragsbrüchigkeit. In der Geschichte seien die Deutschen vor allem durch aggressives und barbarisches Verhalten aufgefallen (Pakschies 1979, 25 ff.). In den USA sprach man von den „mentally sick German people" und von der „serious spiritual sickness" des deutschen Volkes (Bungenstab 1970, 22).

Hier sollte die Re-education, also die Umerziehung, ansetzen. Im amerikanischen Sprachgebrauch war der Begriff Re-education ursprünglich in der Psychologie, der Sonderpädagogik und der Psychiatrie beheimatet. Er bezeichnete den Heilungsvorgang einer kranken Psyche. So wie man dem Patienten zur Gesundheit verhilft, so sollte den Deutschen zur Demokratie verholfen werden. Der Nationalsozialismus wurde demnach als pathologische Erscheinung angesehen (Rossmeissl (Hrsg.) 1988, 171).

Bis Anfang 1948 waren sich die Siegermächte im Prinzip über die in der Bildungspolitik einzuschlagende Richtung einig. So enthielt die Direktive Nr. 54 der Alliierten Kontrollbehörde in Deutschland vom 25. Juni 1947 zehn Grundsätze zur Demokratisierung des deutschen Bildungswesens. Von den zehn Grundsätzen waren drei von zentraler Bedeutung. In den Grundsätzen 4, 5 und 6 hieß es:
„4. Es sollen die allgemein verbindlichen Schulen ein umfassendes Schulsystem bilden, um allen Jugendlichen gerecht zu werden. Die Begriffe ‚Grundschule' und ‚Höhere Schule' sollten zwei aufeinander folgende Stufen der Ausbildung darstellen, nicht zwei Grundformen oder Arten der Ausbildung, die sich überschneiden.
5. Es sollen alle Schulen größtes Gewicht auf die Erziehung zu staatsbürgerlicher Verantwortung und demokratischer Lebensweise legen und Lehrpläne, Schulbücher, Lehr- und Lernmittel und die Organisation der Schule selbst auf diesen Zweck ausrichten.
6. Es soll Verständnis für andere Völker und Achtung vor ihnen gefordert werden, und darum sollte man dem Studium der modernen Sprachen in den Lehrplänen besondere Aufmerksamkeit widmen, ohne irgendeiner den Vorrang zu geben."

Der zuerst aufgeführte Grundsatz sprach ein Schulsystem an, das die traditionelle deutsche Trennung in höhere und einfache Bildung überwinden und damit den demokratischen Gleichheitsgedanken organisatorisch verankern sollte. Die beiden anderen Grundsätze bezogen sich direkt auf die politische Bildung und Erziehung. Die in diesen beiden Grundsätzen angesprochenen Begriffe waren so allgemein gehalten, dass sie sowohl von der kommunistischen Sowjetunion als auch von den demokratischen Westalliierten akzeptiert werden konnten.

7.2 Die Umerziehungspolitik der einzelnen Siegermächte

Trotz der Einigkeit in Grundsatzfragen verwirklichten die Siegermächte ihre Erziehungspolitik sehr unterschiedlich. Denn nicht der Alliierte Kontrollrat, sondern die Militärgouverneure der vier Besatzungszonen führten die Beschlüsse zur Umerziehung aus. Je nach politisch-kulturellem Selbstverständnis und Herrschaftstradition kam es zu divergierenden Umsetzungen des in Potsdam Beschlossenen. Spätestens 1948 drifteten die drei westlichen Besatzungszonen und die sowjetische Besatzungszone auseinander. Gemeinsam war in allen vier Zonen nur, dass die Schulbücher überprüft und politisch belastete Lehrer entlassen wurden und Lehrpläne genehmigt werden mussten.

Das amerikanische Programm der Re-education

Mit Recht sahen sich die Amerikaner als Hauptträger der Umerziehungspolitik. Vom Aufwand an Menschen und Mitteln her gesehen, hatten sie die größten Möglichkeiten zur Durchsetzung ihrer Pläne. Sie ließen sich von einem Erziehungsoptimismus leiten, der auf einem positiven Menschenbild beruhte. Hiernach ist der Mensch grundsätzlich gut. Ist er vom Gutsein abgewichen, ist er dennoch so formbar, dass er wieder gut gemacht werden kann. Hinzu kam die missionarische Überzeugung der Amerikaner, dass die Demokratie die beste Staats- und Gesellschaftsform sei (Bungenstab 1970, 20, 22).

Die Amerikaner waren sich anfangs nicht einig, wie sie in ihrer Besatzungszone vorgehen sollten. Es standen sich bei der Formulierung der Re-education-Politik zwei Konzepte gegenüber, nämlich ein vom Pessimismus bestimmtes Bestrafungskonzept und ein von der Denkweise des Pragmatismus geprägtes Wiederaufbaukonzept.

Das vom amerikanischen Finanzminister Hans Morgenthau jr. entwickelte *Bestrafungskonzept* sah in der Umwandlung des Landes von einem Industrie- in einen Agrarstaat die notwendige Voraussetzung der Umerziehung. Erst wenn diese Umwandlung abgeschlossen sei, könne mit der eigentlich erzieherischen Arbeit begonnen werden. Um das Schulwesen gründlich vom Geist des Nationalsozialismus zu befreien, müsse man Schulen und Hochschulen ohnehin längerfristig schließen. Danach könne man mit dem Neubau des Schulsystems beginnen. Woraufhin sich das Schulwesen entwickeln sollte, ließ Morgenthau weitgehend offen.

Auch wenn Morgenthaus Vorschläge nicht die alleinige Richtschnur waren, so hatten sie doch für die erste Zeit einen erheblichen Einfluss auf die Gestaltung der Besatzungspolitik. Die das Erziehungswesen betreffenden Anweisungen für die amerikanischen Befehlshaber direkt nach Kriegsende waren stark von Morgenthau bestimmt.

So hieß es in der Direktive für die Kommandierenden Generäle der US-Armee in Deutschland vom 7. Juli 1945:
„Die politischen Richtlinien zielen darauf, den Nazismus und den deutschen Militarismus in jeder Beziehung innerhalb des deutschen Erziehungswesens auszurotten und mittels eines positiven Umerziehungsprogramms nazistische und militaristische Doktrinen vollständig zu eliminieren sowie die Entwicklung des demokratischen Gedankenguts zu fördern. ... Sie werden das deutsche Erziehungssystem in seiner gegenwärtigen Form in dem für die Durchführung der oben genannten politischen Richtlinien notwendigen Maße beaufsichtigen und leiten und dabei soweit wie möglich die Stellen mit Kräften des gegenwärtigen Systems, sofern sie entnazifiziert wurden, besetzen. ... Sie werden die Absetzung aller fragwürdigen, von den Nazis eingeführten Lehrveranstaltungen anordnen und die deutschen Lehrer anweisen, von ihrem Unterrichtsstoff alles auszuschließen,
a) was den Militarismus verherrlicht, auf Kriegsführung, Mobilmachung und Kriegsvorbereitung eingeht – sei es in wissenschaftlicher, wirtschaftlicher oder industrieller Hinsicht – oder das Studium der Militärgeographie fördert;
b) was darauf hinzielt, nazistische Lehren zu propagieren, wiederzubeleben oder zu rechtfertigen oder die Taten der Nazi-Führer herauszustellen;
c) was diskriminierende Maßnahmen aufgrund von Rassenzugehörigkeit, Nationalität, Religionszugehörigkeit oder politischer Einstellung unterstützt;
d) was sich gegen irgendein Mitglied der Vereinten Nationen richtet oder die Beziehungen zu diesem zu zerstören trachtet.
Jeder Verstoß gegen diese Vorschriften gibt Anlass zu unverzüglicher Entlassung und Bestrafung" (Froese (Hrsg.) 1969, 75 ff.).

Morgenthaus Konzept hatte zur Folge, dass sich die amerikanische Besatzungsmacht zu einer Zeit auf rein destruktive Maßnahmen beschränkte, als ihr Einfluss am größten war (Schlander 1981, 43 ff.). Die Kenntnis dieses Konzeptes bewirkte in Deutschland außerdem eine starke emotionale Abwehr, die die Arbeit der Re-education-Offiziere deutlich erschwerte (Lange-Quassowski 1981, 54).

Das *Wiederaufbaukonzept* war von John Deweys *pragmatistischer* Erziehungsphilosophie und Schultheorie beeinflusst. Es bestimmte ab etwa 1947 die amerikanische Re-education-Politik. Die ab 1946 mit der Umerziehungsproblematik befassten Kommissionen und Personen neigten mehr oder weniger deutlich alle dem Pragmatismus zu. Das Wiederaufbaukonzept wollte den Wiederaufbau Deutschlands zu einem demokratischen Staat durch ein bewusst demokratisch strukturiertes Schulsystem fördern. Als Muster eines solchen Schulsystems galt die amerikanische *High School*, d.h. eine alle sozialen Schichten und ethnischen Gruppen aufnehmende Gesamtschule. Nach Auffassung der Amerikaner zeichnete sich eine demokratieförderliche Schule weiterhin durch eine grundsätzliche Offenheit hinsichtlich des Wissens aus. In einer solchen Schule finde nämlich durch den Austausch der verschiedenen Meinungen ein fortwährender Prozess des *trial and error* auf der Suche nach dem jeweils besten Lösungsvorschlag statt. Dogmatischen Wahrheitsansprüchen räumten die Anhänger einer vom Pragmatismus geprägten Schule hingegen keinen Platz ein (Schlander 1981, 50).

Der Pragmatismus der Re-education-Politik zeigte sich nicht nur in der angestrebten Schulform, sondern auch daran, dass sie selbst bewusst unideologisch ausgerichtet war und über keinen bis in alle Einzelheiten festgelegten Plan verfügte. Sie passte sich vielmehr an den raschen Wechsel der Ereignisse in den Nachkriegsjahren an (Kellermann 1981, 87 f., Bungenstab 1970, 29).

Inhaltliche Re-education-Vorstellungen wurden erstmals im Mai und Juni 1945 von einer aus Hochschullehrern zusammengesetzten Beraterkommission des State Department entwickelt. Diese Vorstellungen wurden der Potsdamer Konferenz nicht vorgelegt, weil die Amerikaner nicht sicher waren, ob sie auf dieser Grundlage zu einer gemeinsamen Politik der Alliierten gekommen wären. Erst Mitte 1946 wurden sie zur offiziellen Umerziehungs-Leitlinie in der amerikanischen Zone erklärt. Sie waren damit ein wichtiges Teilstück in der Planung der amerikanischen Erziehungspolitik.

Im Mittelpunkt der Leitlinie standen die folgenden fünf Prinzipien, deren Unvereinbarkeit mit der nationalsozialistischen Doktrin evident war:

„1. Menschen und Nationen schulden einander Verbindlichkeiten. Diese Verantwortlichkeiten sind nicht, wie der Nationalsozialismus behauptete, auf eine einzige Rasse, Nation oder Gruppe beschränkt.

2. Die Würde und Unantastbarkeit des Individuums muss von der Gesellschaft und anderen Individuen respektiert werden. Das Individuum ist nicht, wie der Nationalsozialismus behauptete, nur ein Werkzeug des Staates.

3. Die Bürger haben ihren Teil von Verantwortung für die öffentlichen Angelegenheiten zu tragen, und sie haben das Recht und die Pflicht, an der Regierung, die auf der Zustimmung der Regierten beruht, teilzunehmen.

4. Das ungehinderte Trachten nach Wahrheit ist eine Voraussetzung für die Erhaltung der Gerechtigkeit. Freier Verkehr zwischen Individuen, Gruppen und Nationen ist eine notwendige Bedingung für nationale und internationale Verständigung. Die Erfahrung mit dem Nationalsozialismus beweist, welche bösen Konsequenzen Unterdrückung und Korrumpierung der Wahrheit zeitigen.

5. Toleranz unter verschiedenen Kulturen und Rassen ist die Grundlage nationaler und internationaler Ruhe. Erzwungene kulturelle Einheit, nach Art des Nationalsozialismus, ist die Quelle von Tyrannei und Anarchie" (zitiert nach Bungenstab 1970, 40 f.).

Von kaum zu überschätzender Bedeutung für den Fortgang der amerikanischen Re-education-Politik war der Bericht der sogenannten *Zook-Kommission* vom September 1946. Diese offiziell *United States Education Mission to Germany* genannte und vom Präsidenten des American Council on Education, George F. Zook, geleitete Kommission hatte zuvor die amerikanische Besatzungszone bereist. Sie war von der Regierung beauftragt worden, die geleistete Erziehungspolitik zu bewerten und Empfehlungen für das weitere Erziehungsprogramm zu geben.

Die Vorschläge der Zook-Kommission waren sehr stark von der pragmatistischen Pädagogik geprägt. So betrachtete die Kommission die Demokratie nicht nur als eine Regierungsform, sondern vor allem als eine Lebensform. Gerade die Demokratie als Lebensform könne in der Schule vermittelt werden. Auf die richtige Organisation der Schule komme es folglich entscheidend an. Im einzelnen thematisierte die Kommission die Frage der Schulform, die Bedeutung des Schullebens sowie Inhalte und Methoden in den Unterrichtsfächern.

7. Die Re-education-Politik der alliierten Siegermächte nach dem Zweiten Weltkrieg

Die Kommission plädierte für eine Ablösung des herkömmlichen dreigliedrigen deutschen Schulsystems durch eine *Gesamtschule*. Diese hielt sie für ein Erfordernis, das sich aus dem Prinzip der demokratischen Chancengleichheit zwingend ergebe. Im deutschen Schulsystem würden dagegen Klassenunterschiede schon durch die bloße Organisation der Schule betont. Die Einrichtung von Gesamtschulen sei eine Angelegenheit von höchster Wichtigkeit, denn diese Schulen seien Pflanzstätten der Demokratie. Zur Begründung fügte die Kommission im Wesentlichen drei Argumente an:

Erstens: In der Gesamtschule werde die durch unterschiedliche soziale Herkunft hervorgerufene Ungleichheit während des Schulbesuchs aufgehoben. Kinder unterschiedlicher sozialer Herkunft begegneten hier einander und hätten vor einer Einengung ihres Gesichtskreises durch soziale oder ideologische Komponenten die Möglichkeit, sich gegenseitig kennen und verstehen zu lernen: „Wenigstens kann die Schule alle Kinder ohne Bevorzugung bestimmter Schichten aufnehmen. Und sie kann in alle den Respekt für jede Art von Arbeit hineinpflanzen, ohne jemanden vorzeitig zur Wahl eines Berufes zu verdammen."

Zweitens: Durch den Besuch einer Gesamtschule könnten die Kinder dem autoritären Paternalismus der deutschen Familie graduell entzogen und die Familie selbst könne möglicherweise in demokratischer Richtung beeinflusst werden. Da die demokratische Grundüberzeugung es verbiete, direkt in die Familie als Hort der Privatheit einzugreifen, komme der Schule in dieser Hinsicht umso größere Bedeutung zu.

Drittens: Die Gesamtschule schaffe neue Möglichkeiten, bisher unentdeckte Reserven und Fähigkeiten zu entwickeln. Es sinke nicht das Niveau der Bildung, vielmehr würden neue Quellen für zusätzliche Leistungen erschlossen (Bungenstab 1970, 88 f.).

Zum *Schulleben* führte die Kommission aus, es müsse so aufgebaut sein, „dass es Erfahrungen in demokratischen Lebensformen vermittelt. Kooperative Arbeitsprojekte, Diskussionsgruppen, Schülerräte, Schülerklubs, Projekte für Gemeinschaftsdienst – alle diese möglichen Formen eines gemeinschaftlichen demokratischen Schullebens sollten entwickelt werden" (zitiert nach Lange-Quassowski 1979, 216).

Über den *Lehrplan* hieß es: „Der gegenwärtige Lehrplan der höheren Schule scheint mit Fächern überfüllt, die mit akademischer Tradition überlastet und lebensfremd sind und weder den heutigen noch den künftigen Bedürfnissen der Schüler entsprechen." Hinsichtlich der sozialwissenschaftlichen Fächer wurde eine *methodische Umorientierung* verlangt: „Die Schüler müssen die aktiven Träger des Lernvorgangs sein. Dann werden die Sozialwissenschaften (Geschichte, Geographie, Staatsbürgerkunde und Heimatkunde) vielleicht den Hauptbeitrag zur Entwicklung demokratischen Bürgersinns leisten" (zitiert nach Lange-Quassowski 1979, 216). Das war eine klare Absage an den Belehrungsunterricht und ein Plädoyer für Handlungs- und Projektorientierung.

Die Zook-Kommission empfahl schließlich zur Umsetzung ihrer Vorschläge die Entsendung amerikanischer Social Studies-Experten nach Deutschland. Unter *Social Studies* versteht man in den Vereinigten Staaten alle diejenigen Themenbereiche, die sich mit den Problemen menschlichen Zusammenlebens in der Gesellschaft befassen. Die Empfehlung wurde umgesetzt: Im Frühjahr 1947 bereiste das *United States Social Studies Committee to Germany* die amerikanische Besatzungszone und legte im April 1947 einen 60 Seiten langen Bericht vor.

In diesem Bericht wurde vorgeschlagen, Social Studies, d.h. politische Bildung in erzieherischer Absicht, an den deutschen Schulen einzuführen. Als Aufgabe der Social Studies wurde die Erziehung zum Bürger und, darin eingeschlossen, die Entwicklung demokratischen Bürgersinns angegeben. Auszeichnen sollte sich der Bürgersinn vor allem durch soziale Verantwortung. Verantwortlichkeit sollte empfunden werden für jeden anderen Menschen, für Familie und Gemeinde, den Staat und darüber hinaus die Welt. Verantwortlichkeit sollte sich zeigen in der Bereitschaft, egoistische Interessen hinter das Gemeinwohl zurückzustellen. Sympathie, Hilfsbereitschaft, Fairness, soziales Verständnis und Toleranz wurden als sittliche Grundlagen der sozialen Verantwortung angesehen (Lange-Quassowski 1979, 217 f.).

Die Social Studies-Kommission fasste in zehn Punkten das amerikanische Verständnis von Demokratie zusammen. Diese Punkte markierten den inhaltlichen Nenner des Bildes von Demokratie, das den Deutschen vermittelt werden sollte.
„1. Respekt vor der Würde und dem Wert eines jeden Menschen.
2. Gleiche soziale und politische ‚Privilegien' für alle. In einer gerechten Gesellschaft sollte niemand aufgrund seiner Zugehörigkeit zu einer sozialen Klasse, Familie, Rasse oder Religion benachteiligt werden.
3. Freiheit, seine Meinung zu äußern, und Versammlungsfreiheit als Voraussetzung dafür.
4. Eine Volksregierung, d.h. eine repräsentative Mehrheitsregierung mit angemessenen Minderheitsrechten, vor allem Recht auf Kritik.
5. Das Petitionsrecht.
6. Eine faire Anklage für Angeschuldigte und ein faires Gerichtsverfahren.
7. Gewissens- und Religionsfreiheit.
8. Gleiche Chancen für Bildung und sozialen Aufstieg und größtmögliche ökonomische Sicherheit für alle.
9. Anerkennung der Bedeutung von Kooperation und Kompromiss bei der Lösung von Problemen.
10. Die Verpflichtung von Einzelnen wie von Gruppen, ihren Teil der Verantwortung für das allgemeine Wohlergehen zu übernehmen" (zitiert nach Lange-Quassowski 1979, 217).

Das Anliegen der Social Studies sollte auf vierfache Weise verwirklicht werden.
Zunächst sollten die Social Studies alle Schulfächer als *Unterrichtsprinzip* durchziehen. Den Fächern Heimatkunde, Geschichte, Geographie und Deutsch wurde dabei eine besondere Bedeutung zugemessen.
Zweitens sollten die *Interaktionen* zwischen dem Lehrer und den Schülern vom Geist der Social Studies bestimmt werden. Konkret: Der Lehrer sollte sich nicht als unnahbare Autorität gerieren, sondern eine familienähnliche Atmosphäre erzeugen. Gruppenaktivitäten, bewegliche Tische und Stühle sollten zusätzlich zu einer Auflockerung des Unterrichts führen.
Drittens sollte ein vielfältiges *Schulleben* die erwünschte Bürgerschaftlichkeit fördern. Schülervereinigungen, Schülermitverwaltung, Schulzeitung, Schüleraustausch und Teilnahme an Aktivitäten der demokratisch zu organisierenden Klasse wurden als Möglichkeiten genannt.
Schließlich sollten viertens die Social Studies in den Abschlussklassen in einem speziell dafür vorgesehenen *Fach* betrieben werden. Diese Forderung entsprach den amerikanischen Verhältnissen. Denn in den USA gab und gibt es das Fach *Civics*, d.h. politische Bildung im Sinne einer Staatsbürgerkunde, in dem Kenntnisse über Politik, Gesellschaft und Wirtschaft erworben werden (Lange-Quassowski 1979, 218 ff.).

Gut drei Jahre nach Kriegsende, im August 1948, traf sich der Mitarbeiterstab der Erziehungsabteilung der amerikanischen Militärregierung für Bayern zu einer Konferenz in Berchtesgaden. Auf der Konferenz sollte eine Bilanz der Erziehungspolitik gezogen und das weitere Vorgehen beraten werden.
Diese Konferenz war insofern bemerkenswert, als sie die Unterschiede zwischen amerikanischer und deutscher Bildungskultur sinnfällig machte. Aus der Sicht der amerikanischen Erziehungsoffiziere mangelte es den deutschen Schulen nämlich in mehrfacher Hinsicht an demokratischem Geist.

Auf der Konferenz wurde zunächst das Thema „Das bayerische Erziehungssystem – wie wir es vorfanden" behandelt. In diesem Zusammenhang wurde über das *Schulsystem* Folgendes ausgeführt: „Wahrscheinlich in keinem anderen Punkt ist das deutsche Erziehungssystem so offensichtlich anders als das in den Vereinigten Staaten wie in dem sogenannten Zwei-Wege-

System. Dieses System, das für Jahrhunderte in den meisten europäischen Ländern existiert hat, bedeutet am Ende des vierten Schuljahres die Trennung einer kleinen Gruppe von Kindern vom Rest der Kinder. Dieses System begründet und verstärkt eine Art von Klassenunterscheidung, welche die ganze bayerische Gesellschaft durchzieht. ...
Wenn wir nun die Organisation der weiterführenden Schulen untersuchen, sehen wir, dass sie sich in vielerlei Hinsicht von der amerikanischen High School unterscheiden. ... Hier in Deutschland sind die weiterführenden Schulen fast ausschließlich auf die Vorbereitung für die Universität fixiert und darüber hinaus in verschiedene Hauptgruppen untergliedert. Am liebsten ist den konservativen Bayern das Gymnasium, das Latein und Griechisch unterrichtet. ...
In einem Satz: Das bayerische Erziehungssystem tendiert dazu, Klassenunterschiede zu verfestigen, indem es bevorzugte Schüler am Ende des 4. Schuljahres von der Masse abtrennt und für den Rest ihrer Erziehung separiert hält, und das in einer Weise, die mit wirklich demokratischem Lebensstil unvereinbar ist."

Aber nicht nur das Schulsystem, auch das *Schulklima* und das *Schulleben* wurden als von Amerika sehr verschieden wahrgenommen: „Außerdem gibt es den auffälligen Unterschied in der Beziehung zwischen Lehrern und Schülern. In den Vereinigten Staaten arbeiten Lehrer und Schüler auf eher freundschaftlicher Basis zusammen; die Atmosphäre im Klassenzimmer ist ziemlich locker, bedingt durch kleine Gruppen von Schülern, die oft recht unabhängig an einer Vielzahl von Projekten arbeiten. Das durchschnittliche deutsche Klassenzimmer erweckt immer noch den Eindruck strikter Reglementierung, und die Beziehung zwischen Lehrer und Schüler ist meist recht steif und förmlich.
Bei Besuchen der meisten deutschen Schulen wären Sie auch von dem Fehlen außerlehrplanmäßiger Aktivitäten beeindruckt. Es ist noch immer ungewöhnlich für Schüler, in irgendeiner Art an der Verwaltung der Schule teilzunehmen, und Schülervertretungen sind in vielen Fällen verboten oder entmutigt worden. Das steht in klarem Gegensatz zu unserer eigenen Situation, wo praktisch jede Schule eine Schülervertretung hat und außercurriculare Aktivitäten eine wichtige Rolle im Leben des High-School-Schülers spielen. ..."

Zum Konferenzthema „Das bayerische Erziehungssystem – wie wir es uns wünschen" wurden insbesondere zwei Reformen angemahnt, nämlich die Einführung eines Gesamtschulsystems sowie Aktivitäten im Bereich politischer Bildung und Erziehung. Zum zweiten Punkt hieß es: „Deutsche Lehrer leisten gute Arbeit beim Unterricht in akademischen Fächern wie Latein und Mathematik, aber die Geschichte hat gezeigt, dass sie völlig versagen, wenn es darum geht, die Jugendlichen zu lehren, wie man falsche Propaganda erkennt, wie man fähige Führer auswählt, wie man an der Regierung mitarbeitet – kurz: deutsche Lehrer haben einige große Geister ausgebildet, aber nicht genug gute Staatsbürger.
Hier sind einige Dinge, die an allen Schulen durchgeführt werden sollen, um Jugendliche besser auf ihre Rolle als wertvolle Deutsche und Weltbürger vorzubereiten. Wir möchten, dass der staatsbürgerlichen Verantwortung und der Bedeutung demokratischen Lebensstils mehr Bedeutung beigemessen wird. Wir möchten erreichen, dass dem Studium der Gesellschaft sowie der Entwicklung kooperativer Lebens- und Arbeitsweisen in der Schule mehr Aufmerksamkeit gewidmet wird, anstelle der rein intellektuellen Ausrichtung" (zitiert nach Rossmeissl (Hrsg.) 1988, 210 ff.).

Die Re-education-Politik Großbritanniens und Frankreichs

Früher und länger als die anderen Siegermächte machte sich Großbritannien Gedanken über die Umerziehung der Deutschen nach Beendigung des Krieges. So äußere sich Außenminister Anthony Eden schon im Juli 1941: „Wenn wir den Frieden in unserer Zeit sichern wollen, muss das deutsche Volk vergessen lernen, was ihm beigebracht worden ist, nicht nur von Hitler, sondern während der letzten hundert Jahre von dessen Vorgängern, von so vielen seiner Philosophen und Lehrer, den Anhängern von Blut und Eisen" (zitiert nach Koszyk 1978, 4). Im britischen Außenministerium wurden im Dezember 1943 Überlegungen zur „Regeneration of Germany" entwickelt. Gefordert wurde unter anderem, dass die Deutschen ermuntert werden müssten, sich als verantwortungsbewusste Bürger zu betrachten und nicht als blind gehorsame Untertanen. Betont wurde die Bedeutung eines vorbildlichen Verhaltens der Besatzungsmacht. Man müsse alle Handlungen vermeiden, derentwegen man sich später schämen müsse (Koszyk 1978, 5).

Diesen Vorgaben entsprach dann die Praxis der britischen Umerziehungspolitik. Während die Amerikaner das Schulwesen von Grund auf neu strukturieren wollten und der Einrichtung einer auf Demokratie zielenden politischen Bildung und Erziehung hohe Bedeutung zumaßen, praktizierte die britische Besatzungsmacht eine Politik der Nichteinmischung bzw. der unsichtbaren Steuerung. So verzichteten die britischen Behörden weitgehend auf eigene Reformansätze. Sie gingen davon aus, dass Reformen nicht oktroyiert werden könnten, sondern von den Deutschen selbst initiiert werden müssten. Sie überließen folglich den Deutschen den Neuaufbau des Schulwesens überwiegend selbst. So war es den Länderregierungen ihrer Besatzungszone freigestellt, ob sie ein Schulfach für politische Bildung einführen wollten oder nicht. Nur in Dingen, die sie für nicht tolerabel hielten, griffen die Briten ein (Pakschies 1981, 110).

Der Zurückhaltung in der Schulpolitik entsprach die Bevorzugung indirekter Methoden bei der Förderung des demokratischen Bewusstseins in der Bevölkerung. Die Briten unterstützten demokratische Gruppen, gründeten Gesprächskreise, luden Deutsche nach Großbritannien ein und initiierten einen Dozentenaustausch. Dahinter stand die Überzeugung, dass die menschliche Begegnung wichtiger sei als die Belehrung. Demokratie sollte im persönlichen Umgang erlebt werden. Abgelehnt wurde das bloße Reden und Theoretisieren über die Demokratie.

Die Briten verzichteten auch auf den Begriff *Re-education*. Sie spürten, dass das dahinterstehende Konzept einen starken Eingriff in die Persönlichkeit bedeutete und für die Betroffenen nach Bevormundung klang. Sie sprachen entweder von *Education*, von *Reconstruction* oder von *Reorientation* (Jürgensen 1981, 124 ff.).

Die französische Besatzungsmacht war vom Vorbild des französischen Schulsystems überzeugt. Sie bevorzugte wie die Amerikaner eine Schule für alle und wollte in diesem Sinne die Grundschulzeit auf acht, später wenigstens auf sechs Jahre verlängern. Skepsis zeigte sie insbesondere gegenüber dem Gymnasium: Denn das Gymnasium habe die deutsche Jugend zu romantischen, für den Nationalsozialismus empfänglichen Schwärmern erzogen. Außerdem sei die Auslese für das Gymnasium zutiefst antidemokratisch gewesen (Gagel 1994, 38).

Inhaltlich ließ man die Deutschen im Allgemeinen gewähren und begnügte sich mit Detailkorrekturen. Den Franzosen gefiel es, sich im Bildungssektor als großzügig zu profilieren. Dies war geeignet, die traditionelle Aufgeschlossenheit Frankreichs im Kulturbereich zu dokumentieren (Cheval 1981, 195). Allerdings wollte man das französische laizistische Schulsystem ohne Rücksicht auf die deutsche Tradition einführen. Dies scheiterte jedoch: Der Laizismus stieß auf den starken Widerstand der Kirche in der katholisch geprägten Besatzungszone. Und auch der Angriff auf das Gymnasium wurde von den deutschen Kultusverwaltungen unter Hinweis auf den Wert humanistischer Bildung zurückgewiesen.

Der Sonderweg der sowjetischen Umerziehungspolitik

Die sowjetische Umerziehungspolitik war gekennzeichnet durch eine enge Abstimmung mit den von der Besatzungsmacht gezielt geförderten Kommunisten der KPD bzw. SED. Das hatte den propagandistischen Vorteil, dass nach außen hin schnell die Deutschen als Träger der Erziehungspolitik in Erscheinung traten. Das Zusammenwirken der Besatzungsmacht mit den in der gesamten Zone dominierenden Kommunisten hatte zur Folge, dass die *Volksbildungspolitik* in den Ländern der sowjetischen Besatzungszone von Anfang an ziemlich einheitlich ausgerichtet war. Als die DDR 1949 gegründet wurde, brauchte die Schul- und Bildungspolitik folglich nicht neu koordiniert zu werden. In den Ländern der drei Westzonen gab es dagegen bei Gründung der Bundesrepublik erheblichen Angleichungsbedarf.

Den Weg zu einer von den Westzonen unterschiedenen Bildungspolitik ebnete bereits der Befehl Nr. 40 der Sowjetischen Militäradministration (SMAD) vom 25. August 1945. Dieser Befehl mit dem Titel *Die Vorbereitung der Schulen zum Schulbetrieb* enthielt neben positiv zu bewertenden organisatorischen Maßnahmen, die sich auf die schnelle Wiedereröffnung der Schulen bezogen, schon erste Schritte hin zu einem von der kommunistischen Ideologie beherrschten Bildungssystem. Diese waren allerdings nur bei genauer Lektüre erkennbar. So sollten die Schulen nicht nur frei werden von nazistischen, militaristischen und rassistischen Lehren, sondern auch von „anderen reaktionären Theorien". Die Formel von den „anderen reaktionären Theorien" gestattete der Besatzungsmacht die willkürliche Fernhaltung unerwünschter pädagogischer Positionen vom Erziehungssystem. In diese Richtung wies auch das Verbot des Privatschulwesens. Weiterhin sollten Personen aus „demokratischen, antifaschistischen Kreisen der deutschen Intelligenz" zur pädagogischen Arbeit herangezogen werden. Schließlich sollte das Leitungs- und Lehrpersonal „umgeschult" werden. Auch diese Maßnahmen standen einer Funktionalisierung im Sinne eines kommunistischen Bildungswesens offen (Froese (Hrsg.) 1969, 84 f.).[33]

Die geplante ideologische Ausrichtung des Schulsystems war ebenfalls spürbar in der gemeinsamen Kundgebung von KPD und SPD zum Thema *Demokratische Schulreform* am 4. November 1945. Auf dieser Kundgebung war der politisch-ideologische Führungsanspruch der KPD unüberhörbar. Der kulturpolitische Exponent der KPD Anton Ackermann hielt das Hauptreferat. Ackermann unterschied zunächst progressive und reaktionäre Kräfte, sprach dann vom „grausigen Erbe des Hitlerfaschismus im Erziehungswesen" und ging schließlich auf die Weimarer Republik und die künftige Schulpolitik ein. Als Grundfehler von 1918 bezeichnete er, dass die Weimarer Republik „keine wirkliche Neugeburt der Schule" hervorgebracht hatte, weil die „alten Mächte nicht wirklich entthront worden waren." Im Anschluss an diesen ideologischen Vorspann stellte Ackermann die Grundzüge des zukünftigen Schulwesens vor. Diese waren nicht weit von den reformpädagogischen Vorstellungen aus der Weimarer Zeit entfernt und wurden deshalb von den Teilnehmern zustimmend aufgenommen: Demokratisierung des Schulwesens, gleiche Bildungschancen für alle, Trennung zwischen Kirche und Schule. Billigung aufgrund ihrer unverfänglichen positiven Formulierung fand Ackermanns Ausruf: „Unser Erziehungsziel ist der wahre Humanismus, worunter wir die Erziehung zu einer lebendigen und kämpferischen Demokratie, zu schöpferischer, friedlicher Leistung des Einzelnen für das Volksganze, die Erziehung zur Freundschaft unter den friedlichen Völkern, zum aufrechten, freiheitlichen, fortschrittlichen und selbstständigen Denken und Handeln verstehen" (zitiert nach Froese 1969, 43 f.).

---

[33] Der Befehl der sowjetischen Besatzungsmacht passte in Sprache und Intention genau zum Aufruf der KPD vom 11. Juni 1945, in dem folgende Maßnahmen gefordert wurden: „Säuberung des gesamten Bildungs- und Erziehungswesens von dem faschistischen und reaktionären Unrat. Pflege eines wahrhaft demokratischen, fortschrittlichen und freiheitlichen Geistes in allen Schulen und Lehranstalten. Systematische Aufklärung über den barbarischen Charakter der Nazi-Rassentheorie, über die Verlogenheit der ‚Lehre vom Lebensraum', über die katastrophalen Folgen der Hitlerpolitik für das deutsche Volk" (zitiert nach Schmitt 1980, 19).

Kern der Schulreform in der sowjetischen Besatzungszone war das *Gesetz zur Demokratisierung der deutschen Schule*, das im Mai und Juni 1946 in den Ländern der Besatzungszone angenommen wurde. Die Kommunisten hatten das Kunststück fertig gebracht, eine „antifaschistisch-demokratische Einheitsfront" vom bürgerlichen bis zum sozialistischen Lager für ihre Politik einzuspannen. Das Gesetz hatte einen ambivalenten Charakter. Denn es enthielt einerseits Bestimmungen, denen sich niemand versagen konnte. So hieß es beispielsweise in Paragraph 1: „Die deutsche demokratische Schule soll die Jugend zu selbstständig denkenden und verantwortungsbewusst handelnden Menschen erziehen, die fähig und bereit sind, sich voll in den Dienst der Gemeinschaft des Volkes zu stellen. Als Mittlerin der Kultur hat sie die Aufgabe, die Jugend frei von nazistischen und militaristischen Auffassungen im Geiste des friedlichen und freundschaftlichen Zusammenlebens der Völker und einer echten Demokratie zu wahrer Humanität zu erziehen."

Das Gesetz enthielt andererseits Bestimmungen, die ein Einfallstor für kommunistische Interpretationen bildeten. So wurde in den Paragraphen 1 und 3 festgelegt, dass der Bildungsanspruch des Einzelnen und die Aufgaben der Schule abhängig sein sollten „von den gesellschaftlichen Bedürfnissen". Und gemäß Paragraph 6 sollte bis zur abschließenden Regelung der Schülermitverwaltung „Vertretern der demokratischen Jugendorganisationen Gelegenheit gegeben werden", „beratend im Schulleben mitzuwirken" (Froese (Hrsg.) 1969, 91 ff.).

Schließlich waren in der sowjetischen Besatzungszone die Pädagogischen Kongresse bildungspolitische Ereignisse mit weichenstellendem Charakter. Insbesondere die Kongresse 1948 und 1949 trugen eindeutige politisch-ideologische Akzente. Sie hatten die immer offenkundiger werdende Spaltung Deutschlands und die Anlehnung an die Sowjetunion zum Thema. So wurde auf dem Kongress 1948 der „politische Lehrer" gefordert, der aktiv „an der Formung der neuen Gesellschaft" mitzuwirken bereit war. Der Kongress 1949 befasste sich mit dem „fortschrittlichen nationalen Kulturgut". Dabei wurden die Kultur der Sowjetvölker und die sowjetische Pädagogik als vorbildlich bezeichnet (Froese 1969, 48 ff.).

7.3 Folgewirkungen der Umerziehungspolitik

Die Umerziehungspolitik war ein erstmaliges und in gewisser Weise einmaliges Experiment. Es ging nämlich um nichts weniger als um den Transfer einer politischen Kultur, die bei den Empfängern nicht populär war. Denn die Deutschen hatten, von Ausnahmen abgesehen, keine positive Einstellung zur Demokratie.

Die Resonanz bei den Deutschen

Aufgrund ihrer Intensität und ihres als missionarisch empfundenen Anspruches war insbesondere die amerikanische Umerziehungspolitik bei den Deutschen sehr unbeliebt. In der Tat stand eine so betriebene Bildungspolitik vor einem doppelten Dilemma. Erstens: Die Demokratie sollte zwar von den Deutschen selbst als die richtige Lebens- und Verhaltensform erkannt und angenommen werden, zugleich wirkte sie aber als ein Oktroi der Siegermacht. Zweitens: Es sollte weder eine amerikanische Demokratie noch ein amerikanisches Schulwesen entstehen, gleichwohl empfanden die Deutschen, dass genau dies beabsichtigt war. Denn die Amerikaner dachten und handelten vor dem Hintergrund ihrer als vorbildlich empfundenen Verhältnisse.

Vor allem der Begriff *Re-education* weckte bei den Deutschen starke Aversionen. Er wurde mit *Erniedrigung* assoziiert. Der Dichter Georg Alexander drückte seine Gefühlslage so aus: „Umerziehung – das hat den üblen Beigeschmack von Schulmeisterei, und dies hat zur Folge, dass das pädagogische Objekt sich von vornherein dem Nachdenken darüber verschließt, ob und inwieweit die Absicht dem eigenen Nutzen entspricht. ... Es ist dahin gekommen, dass die

deutsche Fragestellung nicht mehr lautet: Was haben wir im eigenen nationalen Interesse zu tun? Sondern: Mit welchem Recht maßen sich die Alliierten eine Umerziehung an?" (Zitiert nach Jürgensen 1981, 121)
Der Erziehungswissenschaftler Erich Weniger stellte nicht zu Unrecht fest: „Umerziehung setzt voraus, dass jemand schon erzogen ist, schon etwas Fertiges in sich ist. Dann aber ist er nicht mehr durch Erziehung umzuformen, sondern nur durch Überzeugen, Appell an die Einsicht und Bekehrung. Umerziehung im Sinne einer Veränderung der Erziehungsziele und der Erziehungsmittel endlich kann nur innerhalb eines Volkes selber, aus seinen eigenen Voraussetzungen, seinen eigenen Kräften und Mitteln erfolgen, aus den in ihm enthaltenen Möglichkeiten" (Weniger 1960, 11).

Vor allem Angehörige des Bürgertums verteidigten die Vorstellung einer deutschen kulturellen Überlegenheit gegenüber den Besatzungsmächten. Goethe und Schiller wurden gegen die „Unkultur der Yankees" und die „Barbarei der Russen" ausgespielt. Hierzu passte die verbreitete Ablehnung der amerikanischen High School. Sie stand im Ruf, schlechte Lernergebnisse zu erbringen.[34]

Längerfristige Wirkungen der Umerziehungspolitik

Als Erfolg vor allem der amerikanischen Re-education-Politik kann die Einführung von politischer Bildung als eigenständigem Unterrichtsfach oder zumindest als verpflichtendem Unterrichtsprinzip gewertet werden. Von 1946 bis etwa 1950 verpflichteten nämlich nicht nur die Länder der amerikanischen Zone, sondern auch die Länder der britischen und der französischen Besatzungszone die Schulen zur politischen Bildung. In den Ländern der sowjetischen Besatzungszone wurde bereits Ende 1945 ein Unterricht über Gesellschaft und Politik unter der Bezeichnung *Gegenwartskunde* eingeführt.
Ebenso geht die Etablierung der Politikwissenschaft als der für die Ausbildung von Politiklehrern wie auch für die politische Bildung der Studenten zuständigen Hochschuldisziplin auf den Einsatz der Amerikaner zurück.

Unübersehbar war deshalb der Einfluss der amerikanischen Bemühungen im Beschluss der Ständigen Konferenz der (bundesdeutschen) Kultusminister (KMK) über die *Grundsätze zur politischen Bildung* vom 15. Juni 1950. In den entscheidenden Passagen dieser Entschließung hieß es:
„1. Die politische Bildung erstrebt auf der Grundlage sachlichen Wissens die Weckung des Willens zum politischen Denken und Handeln. In der Jugend soll das Bewusstsein erwachsen, dass das politische Verhalten ein Teil der geistigen und sittlichen Gesamthaltung des Menschen darstellt.
2. In diesem Sinne ist politische Bildung ein Unterrichtsprinzip für alle Fächer und für alle Schularten. Jedes Fach und jede Schulart haben darum nach ihrer Eigenart und Möglichkeit zur politischen Bildung beizutragen. Eine besondere Verantwortung trägt der Geschichtsunterricht, der geschichtliches Denken und Werten mit Verständnis für die Gegenwart verbinden muss.
3. Politische Bildung erfordert Kenntnis der wichtigsten Tatsachen, Formen und Zusammenhänge des gesellschaftlichen, staatlichen und überstaatlichen Lebens. Es wird empfohlen, zur

---

[34] In der Ablehnung der Übertragung des amerikanischen Schulsystems konnten sich die Deutschen auf das *Memorandum über den Bericht der United States Education Mission to Germany* berufen, das eine Gruppe bedeutender deutscher Emigranten formuliert hatte, welche an der Universität Chicago tätig waren. Zu den Unterzeichnern des Memorandums zählten der Historiker Hans Rothfels und der später als Politikwissenschaftler lehrende Arnold Bergstraesser (Weniger 1959, 522).

Vermittlung dieses Stoffwissens und zur Auseinandersetzung mit aktuellen Fragen, soweit dies nicht in anderen Unterrichtsfächern möglich ist, vom 7. Schuljahr ab Unterricht in besonderen Fachstunden zu erteilen. Die Benennung dieses Faches wird freigestellt (Gemeinschaftskunde, Bürgerkunde, Gegenwartskunde, Politik).
4. Die engste Verbindung zwischen Gelehrtem und Gelebtem gilt gerade für diesen Unterricht und bestimmt seine Methode. Ihr dienen unter anderem die Erfahrungen des Zusammenlebens in der Schule, insbesondere die Schülerverwaltung, die freie Diskussion, der Einblick in Betriebe und Verwaltungen, in die Tätigkeit der Gerichte und Parlamente durch Besuche und Vorträge.
5. Es steht zu hoffen, dass solche politische Bildung zu einer Haltung führt, die zu lebendigem Gemeinsinn und entscheidungsfreudiger Mitverantwortung an der Gestaltung des öffentlichen Lebens im Volk und zwischen den Völkern den Weg weist.
6. Zur Lösung dieser Aufgabe ist eine entsprechende Ausbildung und Fortbildung der Lehrer, die Errichtung von Lehrstühlen und Dozenturen oder die Erteilung von Lehraufträgen für Politik und Sozialwissenschaft an Hochschulen aller Art und die Bereitstellung geeigneten Lehrmaterials notwendig. Rundfunk und Schulfilm können dabei wertvolle Hilfe leisten" (Seipp (Bearbeiter), Beschluss Nr. 560 vom 15.6.1950, 1).

Die Amerikaner machten sich natürlich Gedanken darüber, ob ihre Erziehungspolitik auf fruchtbaren Boden gefallen war. Der amerikanische Hochkommissar John J. McCloy bemerkte am 12. Juni 1952 vor dem außenpolitischen Senatsausschuss, dass Westdeutschland seit 1945 große Fortschritte auf dem Weg zur Demokratie gemacht habe. McCloy hielt für entscheidend, „dass die überwiegende Mehrheit der Bevölkerung der Bundesrepublik nachdrücklich für das parlamentarische Regierungssystem eintritt, dass in allen Teilen Deutschlands demokratische Institutionen geschaffen werden und dass sich das demokratische Gedankengut immer mehr durchzusetzen beginnt."

Diese vorsichtig-optimistische Äußerung unterschied sich deutlich von der Einschätzung der Umerziehungspolitik, die McCloy nur ein Jahr zuvor in einer Rundfunkansprache abgegeben hatte. Nach einem Hinweis auf den traditionell autoritären Charakter der gesellschaftlichen Struktur in Deutschland hatte er gesagt: „Abzustreiten, dass ein großer Teil dieser autoritären Denkweise noch heute in Deutschland anzutreffen ist, wäre falsch. Sie ist noch vorhanden in allen Sparten des menschlichen Zusammenlebens. ... In der deutschen Bevölkerung gibt es meiner Meinung nach noch Reste totalitärer Denkungsart, einen gewissen aggressiven Nationalismus und in gewissen Kreisen ein Gefühl der Überlegenheit gegenüber anderen Völkern. Einige Deutsche zeigen ein gewisses Widerstreben, sich über die volle Bedeutung der furchtbaren Verbrechen der Hitlerjahre klar zu werden" (zitiert nach Bungenstab 1970, 151 f.).

8. Politische Bildung und Erziehung in der Bundesrepublik Deutschland während der fünfziger und sechziger Jahre des 20. Jahrhunderts

8.1 Die Einführung der politischen Bildung an den Schulen in den fünfziger Jahren

Die Kultusministerkonferenz stellte in ihrem Beschluss über die *Grundsätze zur politischen Bildung* vom Juni 1950 den Bundesländern die Benennung des für die politische Bildung vorgesehenen Unterrichtsfaches frei. Der Beschluss listete beispielhaft die Bezeichnungen *Gemeinschaftskunde*, *Bürgerkunde*, *Gegenwartskunde* und *Politik* auf. Dieses Offenlassen war Ausdruck der zu diesem Zeitpunkt noch weitgehend ungeklärten terminologischen Lage.[35] Denn sogar die Bezeichnung *Staatsbürgerkunde* aus der Weimarer Republik war trotz der damit gemachten wenig guten Erfahrungen noch im Umlauf: Diese Bezeichnung hatte Eingang in mehrere Länderverfassungen gefunden.[36]

Die Vielfalt der Bezeichnungen für das neue Unterrichtsfach

Es gab in der Zeit von 1947 bis etwa 1951 intensive Diskussionen um die angemessene Bezeichnung des Faches. Dabei stellte sich heraus, dass fast alle vorgeschlagenen Namen nicht nur Vorzüge aufwiesen, sondern auch Nachteile hatten.

Der Name *Staatsbürgerkunde* hatte zwar die Tradition für sich und fand deshalb wohl auch Befürworter[37], er leistete aber der Auffassung Vorschub, dass die politische Bildung auf die Erzeugung von Staatsgesinnung konzentriert oder gar verengt werden sollte. Im Namen schwang außerdem die Vorstellung eines oberhalb der Gesellschaft angesiedelten autonomen Machtstaates mit. Da es nach den Erfahrungen mit dem totalitären Staat aber auf die „Zähmung des Leviathan" ankommen musste, hatte der Name *Staatsbürgerkunde* seine „kindliche Unschuld" verloren.

Der Name *Gemeinschaftskunde* signalisierte eine Abgrenzung zur Staatsbürgerkunde in zweifacher Hinsicht: Er zeigte an, dass zum einen die Behandlung des Staates zugunsten anderer Gemeinschaften zurücktreten und zum anderen die ehemals angestrebte Staatsgesinnung durch andere Zielangaben ersetzt werden sollte. Begründet wurde der Namensvorschlag mit dem Argument, dass jeder Mensch in *naturhafte Gemeinschaften* wie die Familie, die Gemeinde, den Staat und die Menschheit hineingeboren werde. Keiner sei deshalb nur *Einzelmensch*. Jeder sei immer auch *Mitmensch*. Da der Unterricht die für ein Leben in Gemeinschaft notwendigen Kenntnisse und Einsichten vermitteln solle, sei der Name *Gemeinschaftskunde* angemessen.

Gegen den Namen wurde eingewendet, dass der Name *Gemeinschaft* durch die nationalsozialistische Ideologie der Volksgemeinschaft diskreditiert sei. Außerdem seien nicht alle Sozial-

---

[35] Weitere damals diskutierte Namen waren *Gesellschaftskunde*, *Politische Propädeutik*, *Soziale Studien*, *Staats- und Landeskunde* sowie *Politische Gemeinschaftskunde*.

[36] Die Verfassungen von Württemberg-Baden (1946), Baden (1947), Württemberg-Hohenzollern (1947) und Nordrhein-Westfalen (1950) bestimmten in enger Anlehnung an Artikel 148 der Weimarer Verfassung Staatsbürgerkunde als Lehrfach bzw. Lehrgegenstand der Schulen. Das Wort *Staatsbürgerkunde* steht bis heute in der nordrhein-westfälischen Verfassung.

[37] Erwähnt seien Gustav Radbruch, Ludwig Bergsträsser und Otto Seitzer. Alle drei waren intensiv an der Etablierung der politischen Bildung beteiligt.

gebilde als Gemeinschaften anzusehen. Es gebe als soziale Formen auch Gesellschaften und Organisationen, deren Spielregeln mit denen von Gemeinschaften keine Berührung aufwiesen. Der Name *Gemeinschaftskunde* sei sachlich mithin viel zu eng.

Starken Anklang bei vielen fand die Bezeichnung *Sozialkunde*. Dafür gab es mehrere Gründe. Zunächst war Sozialkunde die Übersetzung für die amerikanischen *Social Studies*. Dann konnte man Sozialkunde begreifen als die Kunde *aller* Bezüge zwischen dem Einzelnen und der Gesellschaft. Und man konnte behaupten, dass das Gesellschaftliche Staat und Politik umschließe: Der Staat stelle nur diejenige Form der organisierten Gesellschaft dar, die in Gestalt der Politik verbindliche Entscheidungen für alle produziere. Schließlich beruhte die Popularität des Namens *Sozialkunde* auf dem in zehntausend Exemplaren gedruckten Bericht der *Internationalen Arbeitsgemeinschaft für Sozialkunde in Heidelberg*, auf deren Tagung im Juli und August 1950 sich *Sozialkunde* als Kompromissbezeichnung durchgesetzt hatte.

Gegen den Namen *Sozialkunde* wurde eingewendet, dass er problematische Assoziationen hervorrufe. Der Namensbestandteil *sozial* könne nämlich negativ im Sinne von *asozial*, karitativ im Sinne von *sozialfürsorgerisch* und parteipolitisch im Sinne von *sozialistisch* assoziiert werden. Die Bezeichnung *Sozialkunde* provoziere also Missverständnisse. Kritisiert wurde weiterhin, dass der Terminus das Politische vielleicht impliziere, es aber dennoch nicht zum Ausdruck bringe. Damit sei er nicht umfassend genug (Stammwitz 1993, 31 ff.).

Schließlich fand sich noch die Bezeichnung *Politischer Unterricht*. Seine Berechtigung wurde damit begründet, dass schon in der Schule versucht werden müsse, die falsche Einstellung zur Politik abzubauen. In der Schule müsse bereits gezeigt werden, dass die Politik sich weder in Parteipolitik erschöpfe noch notwendig *Hohe Politik* sei, von der nur Experten etwas verstünden. Die Bezeichnung sollte auch signalisieren, dass der Unterricht sich nicht mit bloßen Beschreibungen, also mit *Kunde*, begnügen dürfe. *Politisch* sei der Unterricht nur dann, wenn die Schüler lernten, sich in politischen Angelegenheiten eine Meinung zu bilden und Stellung zu beziehen.

Gegen die Bezeichnung *Politischer Unterricht* wurde geltend gemacht, dass sie bei Eltern, Lehrern und Schülern negativ besetzt sei und deshalb nur zur Ablehnung des neuen Faches führe. Außerdem würden bestimmte Themen wie Familie, Beruf, Wirtschaft und Recht von der Bezeichnung nicht umfasst (Stammwitz 1993, 36 f.).

Die Folge der begrifflichen Unsicherheit, die sich zum Teil auch divergierenden konzeptionellen Vorstellungen verdankte, war, dass die politische Bildung in den Bundesländern mit unterschiedlichen Bezeichnungen und mit unterschiedlichen Inhalten eingeführt wurde. So gab es in den fünfziger Jahren die *Gemeinschaftskunde*, die *Politische Gemeinschaftskunde*, die *Sozialkunde*, den *Politischen Unterricht* sowie die *Gegenwartskunde*.[38] Die Lehrpläne ließen entweder eine eher *soziologische* oder eine eher *politikwissenschaftliche* Ausrichtung erkennen. Daneben wurde fast immer die Behandlung von Themen zu Wirtschaft und Recht vorgeschrieben.[39]

---

[38] Bremen, Berlin, Baden-Württemberg und Niedersachsen: *Gemeinschaftskunde*; Rheinland-Pfalz und Saarland: *Politische Gemeinschaftskunde*; Bayern und (später) Hessen: *Sozialkunde*; Hessen (ursprünglich) und Hamburg: *Politischer Unterricht*; Schleswig-Holstein und Nordrhein-Westfalen: *Gegenwartskunde*.

[39] Der bayerische gymnasiale Sozialkunde-Lehrplan von 1951 war fast ausschließlich soziologisch bestimmt. Er schrieb zwei Themengruppen vor, nämlich *soziale Bereiche* (A) und *Gesellschaft als Integration sozialer Prozesse* (B). Die Themengruppe A bestand aus folgenden Einzelthemen: 1. Der Einzelne in seinen vielfältigen sozialen Beziehungen; die Rolle der Familie innerhalb der politischen Gemeinde; die Wohngemeinde. 2. Der Mensch im Wirtschaftsleben der Gegenwart. 3. Die soziale Funktion der Technik. 4. Die soziale Funktion von Sprache, Sitte und Brauch. 5. Die Verflechtung des

Da die Kultusministerkonferenz in ihrem Beschluss von 1950 die Einführung von politischer Bildung nur als Unterrichtsprinzip vorgeschrieben, die Einrichtung eines Unterrichtsfaches dagegen lediglich empfohlen hatte, kam es zunächst nicht überall zur Einführung eines selbstständigen Faches.

Flächendeckend in allen Ländern der Bundesrepublik angeordnet wurde nur die politische Bildung als *Unterrichtsprinzip*. Politische Bildung sollte in diesem Sinne als orientierende Maxime alle Fächer und die schulische Erziehungsarbeit befruchten und insbesondere die Haltung der Schüler beeinflussen. Die Einrichtung als Unterrichtsprinzip fiel keinem Bundesland schwer, denn hierfür wurden keine zusätzlichen Unterrichtsstunden benötigt, die zu Lasten anderer Schulfächer gegangen wären. Dies ersparte Konflikte mit den etablierten Fächern und war deshalb in den Kultusverwaltungen populär.

Was die Einrichtung von politischer Bildung als *Fach* anging, so waren drei Länder hiervon nicht betroffen. Hessen, Schleswig-Holstein und Berlin brauchten die politische Bildung als Fach nicht eigens einzuführen, da sie dies bereits vor Gründung der Bundesrepublik getan hatten.[40] Bremen (1949), Bayern (1951), Rheinland-Pfalz (1952) und Baden-Württemberg (1953) waren dann die Länder, die gleich zu Beginn der fünfziger Jahre politische Bildung als *Fach* einführten. Mit deutlicher zeitlicher Verzögerung folgten Nordrhein-Westfalen (1956), Niedersachsen (1957), Hamburg (1959) und das Saarland (1961).[41]

Politische Bildung als Fachunterricht bedeutete in den fünfziger Jahren aber nicht automatisch die Einrichtung eines ausschließlich diesem Zweck gewidmeten eigenständigen Faches. Vielmehr gab es eine Mehrzahl organisatorischer Umsetzungen. Im Wesentlichen kamen fünf Varianten vor:

Menschen in die verschiedenen Rechtskreise. 6. Politische Organisationsformen. 7. Die Stellung der Religion in der Gesellschaft. In der Themengruppe B sollten drei Themen behandelt werden: 1. Der Gesellschaftsbegriff als Ergebnis historischer Entwicklung. 2. Der soziologische Gesellschaftsbegriff. 3. Der Einzelne und die Gesellschaft. Angefügt waren noch einige Wahlthemen mit ebenfalls soziologischer Ausrichtung.
Deutlich anders war der baden-württembergische gymnasiale Gemeinschaftskunde-Lehrplan von 1957 ausgerichtet. Dieser enthielt zwar auch soziologisch bestimmte Themen, hatte seinen Schwerpunkt aber eindeutig in der Politik. So war vorgeschrieben: 1. Grundbegriffe und Grundverhältnisse der gesellschaftlichen Daseinsordnungen (darunter: Arbeitsordnung: Betrieb, Markt, Verkehr; menschliche Beziehungen: Familie, Freundschaft, Verein, Kirche; der Markt und seine Ordnungsvoraussetzungen: Preisbildung, Geld, Währung; Marktwirtschaft und Planwirtschaft). 2. Grundbegriffe und Grundverhältnisse der Ordnungen des öffentlichen Lebens in der Politik (darunter: Recht, Gesetz, Verfassung; rechtsstaatliche Ordnung; Inhalt des Staatsbegriffes: Staatsvolk, -gebiet, -gewalt, -zweck; Hoheitsfunktionen des Staates; Sinn des staatlichen Gewaltmonopols; Repräsentation und Gewaltenteilung; Grundtypen moderner Staaten: rechtsstaatliche Demokratie und totalitärer Einparteienstaat). 3. Staats- und Verwaltungsaufbau der Bundesrepublik Deutschland (darunter: Gemeinde, Kreis, Land, Bund; Grundrechte und -pflichten, Parteien, Verbände). 4. Deutschland in der Weltpolitik der Gegenwart und weltpolitische Institutionen (darunter: Außenpolitik, überstaatliche Einrichtungen, Weltpolitik) (Mickel 1967, 208 f., 215 f.).

[40] Alle drei Länder hatten die politische Bildung bereits 1946 eingeführt. Hessen nannte das Unterrichtsfach mal *Gemeinschaftskunde*, mal *Politischer Unterricht*. Selbst das Wort *Staatsbürgerkunde* tauchte anfänglich noch auf. In den Bildungsplänen von 1957 erhielt das Fach dann den Namen *Sozialkunde*. Schleswig-Holstein entschied sich für die Bezeichnung *Staats- und Landeskunde*. Die 1948 erlassenen Richtlinien sahen für die Staats- und Landeskunde eine enge Verflechtung von Geschichte, Erdkunde, Staatsbürgerkunde und Gegenwartskunde vor. Staatsbürger- und Gegenwartskunde waren dabei keine eigenständigen Fächer, sondern nur Unterrichtsprinzipien. Anfang der fünfziger Jahre wurde der Name *Gegenwartskunde* eingeführt. Die Berliner Vorschriften sprachen zunächst von *Politischer Propädeutik*, 1952 ging man zur Kombination *Geschichte und Gemeinschaftskunde* über (Mickel 1967, 228, 260 f., 267, 325 ff.).

[41] Die Jahresangaben beziehen sich auf die Einführung der politischen Bildung an den Gymnasien.

Erstens politische Bildung als *ordentliches Lehrfach*, d.h. als gleichrangiges und gleichwertiges Fach neben anderen. Politische Bildung hatte in diesem Falle einen eigenen Lehrplan, war mit festen Anteilen im Stundenplan vertreten, wurde benotet und durch einen Fachlehrer vertreten.[42]

Zweitens politische Bildung als *Teilbereich vorwiegend eines anderen Faches*, meistens der Geschichte oder der Geographie. Als Teilbereich trug sie gegebenenfalls einen eigenen Namen, entweder Gemeinschaftskunde oder Sozialkunde, und war im Lehrplan des betreffenden Faches mit festen Inhalten und Stunden verankert.[43]

Drittens politische Bildung als ein *in mehreren Fächern integriertes Fach*. Politische Bildung hatte dann keine festen Inhalte, sondern bezog sich auf Rahmenthemen, die in mehreren Fächern unter deren spezifischen Sichtweisen zu behandeln waren.[44]

Viertens politische Bildung als *Verfügungsstunde*. In diesem Falle wurden politische Themen, meistens aktuelle Fragen, in einer von Zeit zu Zeit angesetzten Unterrichtsstunde behandelt.[45]

Fünftens politische Bildung als *kursorischer Unterrichtsgang*. Politisch bildende Themen wurden nach dieser Maßgabe als Appendix der gesamten Bildungsarbeit zwei- oder dreimal im Jahr in bestimmten Fächern über mehrere Wochen behandelt[46] (Schneider 1975, XVIII).

Thomas Ellweins Studie von 1955 über den Zustand der politischen Bildung

Der Politikwissenschaftler Thomas Ellwein veröffentlichte im Jahre 1955 eine Studie mit dem Titel „Pflegt die deutsche Schule Bürgerbewusstsein?". Diese Studie enthielt einen Zustandsbericht über die schulische politische Bildung in der damals noch jungen Bundesrepublik Deutschland. Ellwein widersprach der verbreiteten These, dass die Jugend politisch uninteressiert sei. Im Gegenteil: Zwar suche man politische Begeisterung und Bekenntnisse vergebens, aber es fehle nicht „an einer sehr weitgehenden Bereitschaft der Schüler", sich auf die Politik einzulassen.

Problematisch sei dagegen die Einstellung vieler Lehrer. Aufgrund ihrer bitteren Erfahrungen mit dem mehrfachen politischen Systemwechsel in Deutschland und insbesondere der Entnazifizierung schreckten vor allem ältere Lehrer vor einer Thematisierung des Politischen zurück.

---

[42] Dies traf, bezogen auf das Gymnasium, für Bayern, Hessen, Baden-Württemberg, Rheinland-Pfalz, das Saarland und ab 1959 für Hamburg zu.

[43] Berlin wählte für das Gymnasium diesen Weg und nannte das betreffende Fach *Geschichte und Gemeinschaftskunde*. Ausdrücklich wurde für die 13. Klasse vorgeschrieben, dass von der Stundenzahl des Faches eine Stunde ausschließlich für die Gemeinschaftskunde zur Verfügung zu stellen war. Bis 1959 verfuhr auch Hamburg so, dass der Geschichtsunterricht Aspekte der politischen Bildung behandeln sollte.

[44] Bremen erklärte, dass die Gemeinschaftskunde kein neues Fach neben anderen Unterrichtsfächern sein sollte. An der Gemeinschaftskunde sollten alle Fächer beteiligt sein. In der vorgeschriebenen Wochenstunde Gemeinschaftskunde sollten in erster Linie soziale und gesellschaftliche Themen von allen Seiten beleuchtet und dabei Anregungen aus anderen Fächern verwertet werden. Auch Niedersachsen vertraute die politische Bildung der Geschichte und der Erdkunde an. Deshalb sollten der Geschichts- und der Erdkundeunterricht nach Möglichkeit in die Hand eines Lehrers gelegt werden.

[45] Diese Lösung galt beispielsweise in Niedersachsen für das fünfte Schuljahr an den Gymnasien. Die Verfügungsstunde wurde vom Klassenlehrer erteilt.

[46] Nordrhein-Westfalen schrieb den Gymnasien vor, in den Klassen 10 bis 12 am Schluss jedes Halbjahres, in Klasse 13 am Schluss des ersten Halbjahres und während eines frei zu wählenden zweiten Zeitraumes drei volle Unterrichtswochen in den Fächern Geschichte und Erdkunde für die politische Unterweisung zu verwenden.

Der Unterricht in politischer Bildung sei aber auch deshalb unbeliebt, weil man so „viele Mängel und Widrigkeiten im deutschen Staatswesen" finde, „die auch von den Schülern immer wieder erkannt und zur Debatte gestellt würden, dass man lieber auf die Behandlung solcher Fragen verzichten wolle, bevor man sich als ehrlicher Mensch gezwungen sehe, allzu sehr zu kritisieren." Die junge Demokratie der Bundesrepublik begegnete in den fünfziger Jahren also noch erheblicher Skepsis.

Weiterhin fühlten sich viele Lehrer überfordert, Unterricht in Politik zu erteilen. Denn kaum jemand sei entsprechend fachwissenschaftlich vorgebildet. Lehrer hätten außerdem auch Angst vor der Methode dieses Faches. Denn sie müssten ständig diskutieren, sehr häufig ihr Nichtwissen zugestehen und darauf verzichten, „im Wesentlichen unanfechtbare Wahrheiten zu verkünden" (Ellwein 1955, 279 ff.).

Ellwein, der sich an vielen Schulen in allen Bundesländern umgesehen hatte, fand deutliche Worte der Kritik über die politische Bildung als *Unterrichtsprinzip*. Dieses von den Kultusministerien so nachdrücklich betonte und befürwortete Prinzip hänge nämlich „in der Regel in der Luft". Im besten Falle würden „gelegentlich Verweisungen auf Gegenwartsfragen in den Unterricht eingeflochten oder auch einmal politische Kommentare geboten und Fragen der Schüler im Ganzen vielleicht mehr als früher beantwortet." Ellwein schrieb, dass er jedoch kaum einem Lehrer begegnet sei, der der Meinung gewesen sei, „mit diesem Prinzip könne im Wesentlichen das notwendige Maß an politischer Bildung vermittelt werden." Ellwein resümierte: „Die nur gelegentliche und beiläufige Bezugnahme auf das Politische ist unzureichend, die Unterordnung der Unterrichtsgestaltung unter das proklamierte Prinzip führt zu ungewollten und im Zweifelsfalle auch falschen und gefährlichen Übersteigerungen" (Ellwein 1955, 288 f.).

Das Gutachten zur Politischen Bildung und Erziehung von 1955

Eine offiziöse Bestandsaufnahme der Situation der politischen Bildung in der Mitte der fünfziger Jahre legte der *Deutsche Ausschuss für das Erziehungs- und Bildungswesen*[47] im Januar 1955 vor. In seinem ausführlichen *Gutachten zur Politischen Bildung und Erziehung* bestätigte er, was Ellwein schon gesehen hatte, ging in seinen Analysen und Empfehlungen aber weit über Ellwein hinaus.

Zunächst legte das Gutachten den *Bedingungsrahmen* für die politische Bildung dar und verband dies mit einer Zeitdiagnose. Zu den Bedingungen gehöre erstens, dass Deutschland geteilt, „politisch verstümmelt" sei. Zudem habe das Grundgesetz nur eine vorläufige Geltung. Zweitens sei die Bundesrepublik Deutschland mit Unterstützung der westlichen Besatzungsmächte gegründet worden. Sie gelte deshalb vielen „noch nicht als die endgültige und dem Willen des Volkes entsprechende Form unseres Staatswesens." Weite Kreise hätten zu diesem Staat ein durch Vorbehalte gebrochenes Verhältnis.
Drittens habe die Gestaltung des öffentlichen Lebens noch nicht überall überzeugende Formen gefunden. Deshalb gelinge es oft nicht, die Zustimmung der Jugend zu finden. Viertens

---

[47] Der *Deutsche Ausschuss für das Erziehungs- und Bildungswesen* wurde im September 1953 aufgrund einer Übereinkunft zwischen dem Bundesinnenminister und den Kultusministern der Länder eingerichtet. Er hatte den Auftrag, das deutsche Erziehungs- und Bildungswesen durch Rat und Empfehlung zu fördern. Entscheidungsbefugnisse standen ihm also nicht zu. Er war von staatlichen Einflussnahmen frei. Der Ausschuss war je zur Hälfte aus Laien und aus Erziehungswissenschaftlern bzw. pädagogischen Praktikern zusammengesetzt. Er verabschiedete seine Empfehlungen einstimmig. Diese drückten damit aus, was bildungspolitisch kompromissfähig war. Insgesamt veröffentlichte der Ausschuss 30 Empfehlungen und Gutachten. Er wurde im Juli 1965 aufgelöst. Seine Nachfolge trat der Deutsche Bildungsrat an.

sei das geschichtliche Bewusstsein noch problematisch. Denn in breiten Schichten gebe es in der Beurteilung des Nationalsozialismus und der Widerstandsbewegung noch keine Übereinstimmung.
Fünftens würden weltanschaulich-politische Gegensätze in Deutschland überschätzt. Diese Gegensätze gehörten aber zur Normalität der Demokratie. Schließlich werde sechstens die politische Bildung durch den Umstand erschwert, dass sich die Schule noch nicht aus den alten obrigkeitsstaatlichen Formen gelöst habe. Lehrer und Eltern seien zudem durch den Wechsel der politischen Systeme und die Erfahrungen der Entnazifizierung unsicher geworden.
Die sechs Erschwernisse zeigten aber nicht, dass die politische Bildung und Erziehung nicht möglich sei. Sie zeigten im Gegenteil, wie nötig sie sei (Deutscher Ausschuss für das Erziehungs- und Bildungswesen 1966, 827 f.). Die Notwendigkeit bestand aus der Sicht des Gutachtens in der Korrektur der politischen Einstellungen eines nicht unwesentlichen Teils der deutschen Bevölkerung und in der Verbesserung der Legitimitätsgeltung der jungen Bundesrepublik.

In einem zweiten Abschnitt befasste sich das Gutachten mit den *pädagogischen Schwierigkeiten* der politischen Bildung und Erziehung. Man kann davon ausgehen, dass die diagnostizierten Schwierigkeiten das Ergebnis von Unterrichtsbeobachtungen darstellten, also die Wirklichkeit der praktizierten politischen Bildung wiedergaben.
Im Wesentlichen listete das Gutachten vier solcher Hemmnisse auf. Es gebe erstens eine Diskrepanz zwischen der von den Bürgern einer Demokratie abverlangten politischen Einsicht und der Lernbereitschaft bzw. dem geistigen Fassungsvermögen vieler Menschen. Die politische Bildung werde zweitens in einem Alter erfahren, „in dem Offenheit und Verständnis für politische Fragen noch nicht vorausgesetzt werden dürfen." Diese Verfrühung sei in der Situation der Bundesrepublik vielleicht nicht zu vermeiden, dennoch sei sie ungünstig.
Der politischen Bildung fehle es drittens an Übungsmöglichkeiten. Lerneffekte würden nur durch das Zusammenspiel von Einsicht und Übung erreicht. Die Beschränkung auf den bloßen Unterricht verführe dagegen zu Abstraktionen, die nicht im Gedächtnis haften blieben. Schließlich gebe es viertens in der politischen Bildung wie in keinem anderen Fach die Gefahr der großen Worte: *Menschlichkeit, Gemeinsinn, Verantwortungsbewusstsein* und *Toleranz* sprächen sich leicht aus, brächten den Lehrer aber in Versuchung, diese Begriffe als Ausdruck der Realität zu nehmen. So werde ein idealistisches Trugbild der politischen Verhältnisse erzeugt. Ebenso problematisch sei es aber, die Wirklichkeit im Lichte der Idealbegriffe zu beurteilen. Ein solcher Moralismus produziere nur eine verneinende Einstellung zur politischen Realität (Deutscher Ausschuss für das Erziehungs- und Bildungswesen 1966, 828 f.).

Das Gutachten erörterte in einem dritten Abschnitt Vorzüge und Nachteile der in der politischen Bildung angewendeten *pädagogischen Ansätze*. Es warnte davor, nur einen Ansatz zu praktizieren. Es schlug stattdessen vor, die verschiedenen Ansätze unter Berücksichtigung der Altersentwicklung der jungen Menschen anzuwenden. Auf diese Weise sollte die im zweiten Abschnitt angesprochene Verfrühung bewältigt werden. Der entscheidende Gedanke war dabei, die politische Bildung „als einen Fortgang durch einen vorpolitischen in den eigentlich politischen Raum" zu verstehen. Das Gutachten entwarf somit ein *genetisches Konzept* von politischer Bildung und Erziehung. Das Konzept setzte sich aus fünf Schritten zusammen.

Den ersten Schritt sah der Ausschuss in der *Gemeinschaftserziehung*, die mit dem kindlichen Spiel einsetze. Gemeinschaftserziehung werde in der Schule dann praktiziert, wenn Lehrer und Schüler das Schulleben in Vertrauen und Zusammenwirken gestalteten. Die Schüler lernten so in anschaulicher Erfahrung, die Schule in anschaulicher Erfahrung zu verstehen. Und sie eigneten sich im eigenen Tun soziale Verhaltensweisen an. „Damit ist ein Ansatz politischer Erziehung gegeben, dessen Grundworte – Kooperation, Gruppenerziehung, Partner-

schaft, Mitbürgerliche Erziehung – zugleich methodische Hinweise enthalten. Es geht dabei um die Pflege der unentbehrlichen Elemente des Lebens unter Mitmenschen, die auf keiner Stufe vernachlässigt werden darf."
Trotz ihrer Vorzüge dürfe die Gemeinschaftserziehung aber nicht verabsolutiert werden. Denn in der Neigung, „sich mit diesen Formen der Gemeinschaftserziehung zu begnügen", könne sich „eine antistaatliche, ja antipolitische Tendenz verbergen, die eine solche Gemeinschaftserziehung um ihren Ertrag für die eigentlich politische Erziehung" bringe.

Den zweiten Schritt politischer Erziehung sah der Ausschuss in bestimmten *Sozial- und Arbeitsformen* des Unterrichts. Gesamtunterricht, Arbeitsunterricht, Gruppenunterricht und Arbeitsgemeinschaften unterstützten die gesellschaftliche und politische Erziehung, weil die Schüler aufeinander bezogen würden. Dennoch bewegten sich diese Formen „ihrer Natur nach nur im Vorhof politischer Bildung." Sie dürften deshalb in ihrer Bedeutung nicht überschätzt werden.

Als dritten Schritt benannte das Gutachten den erzieherischen Wert von *Schülermitverwaltung (SMV)*[48], *Schulgemeinde*, *Schülergericht* und *Schulforum*. Diese Institutionen ließen Verantwortung erfahren und sollten deshalb Gemeinbesitz aller Schulen werden. Sie seien aber nur dann von Wert, wenn nicht versucht werde, sie in Analogie zum Staat zu konstruieren. Denn die Schule sei nun einmal kein parlamentarisch verfasster Staat und könne auch nicht nach seinem Vorbild organisiert werden.

Als vierten Schritt befürwortete der Ausschuss die politische Bildung als *Unterrichtsprinzip* in allen Fächern. Er machte aber auch auf die Grenze dieses Prinzips aufmerksam. Die Funktionalisierung aller Bildungsgebiete nach Maßgabe des Politischen verführe nämlich dazu, „die selbstständigen Bildungsgehalte im Interesse eines politischen Gesinnungsunterrichtes auszumünzen." Außerdem fördere es die Tendenz, dem eigentlichen Politikunterricht auszuweichen.

Als fünften Schritt schließlich plädierte der Ausschuss für politische Bildung als Gegenstand eines besonderen Fachunterrichts. Die Wirkung dieses Faches sei allerdings „bedroht durch die Überfülle des angebotenen Stoffes, die zu einem neuen grenzenlosen Enzyklopädismus" verleite. Dahinter stehe die Meinung, dass man über alles Bescheid wissen müsse, um ein guter Bürger zu werden. Dagegen sei aber einzuwenden, dass bloße Kenntnisse den Menschen weder formen noch verwandeln könnten (Deutscher Ausschuss für das Erziehungs- und Bildungswesen 1966, 830 ff.).

In einem vierten und letzten Abschnitt sprach der Ausschuss *Empfehlungen* aus. Einige dieser Empfehlungen haben bis zur Gegenwart nichts von ihrer Aktualität verloren.
So erteilte das Gutachten jeglicher politischer Propaganda in der Schule eine scharfe Absage. Der Lehrer könne in der politischen Bildung zwar nicht von seinen politischen Überzeugungen absehen. Sie dürften und sollten sogar fruchtbar werden, denn „mit einem farblosen Lehrer" sei „der Schule nicht gedient." Der Lehrer dürfe den Unterricht jedoch nicht zur Werbung

---

[48] Die Kultusministerkonferenz sah sich im November 1963 veranlasst, in einem Beschluss über *Die Schülermitverantwortung und die politische Bildung* den Beitrag der Schülermitverantwortung zur Erziehungsarbeit der Schule eigens herauszustellen. Die Schulleitungen und die Lehrer wurden aufgefordert, die Aktivitäten der Schüler zu unterstützen. „Tätigkeitsgebiete der Schülermitverantwortung sind beispielsweise: Schülerarbeitsgemeinschaften und Interessengruppen (Theatergruppen, Schach-, Buchbesprechungsgruppen, gemeinsames Musizieren, Sportgruppen), Aktivität in der Schulöffentlichkeit (Schülerzeitung, Veranstaltung von Vortragsreihen, von Festen) oder auch Mitarbeit etwa in einem Sozialpraktikum, in einer Jugend-Rotkreuz-Gruppe oder bei der Osthilfeaktion." Es sollten Verfügungsstunden „für die Versammlungen der einzelnen Klassen oder der Klassensprecher der Schule" bereitgestellt werden (Borcherding 1965, 101 f.).

für seine Überzeugung missbrauchen. Ein guter Lehrer werde seine Auffassung den Schülern also nicht verheimlichen. Er werde sie dazu ermutigen, sich mit ihr auseinander zu setzen. Sehr ausführlich ging das Gutachten auf den Beitrag der verschiedenen Unterrichtsfächer zur politischen Bildung ein. Vor allem der Geschichts- und der Geographieunterricht wurden eingehend erörtert. Das Gutachten sah den Wert des Unterrichtsprinzips für die politische Bildung darin, dass es die verschiedenen Sachgebiete fruchtbar mache für politische Einsichten. Es müsse allerdings darauf geachtet werden, dass der Sinn des jeweiligen Faches nicht preisgegeben werde.

Erheblich knapper waren die Ausführungen, die das Gutachten dem Fachunterricht in Politik widmete. Man kann dies als Ausdruck des in den fünfziger Jahren noch nicht gesicherten Status des Faches werten. Die ungesicherte Lage bildete auch den Hintergrund der Aussage über die Fachlehrer und die Frage der Leistungsbewertung. Das Gutachten schrieb hierzu: „Der politische Unterricht setzt Lehrer voraus, die bereit und geeignet sind, ihn zu geben; wo solche Lehrer noch fehlen, ist eher Zurückhaltung als eine nur äußerliche Erfüllung der Forderungen angebracht. Auf Klassenarbeiten und Zensuren sollte in diesem Unterricht verzichtet werden." Den Politikunterricht wollte das Gutachten nur für die älteren Schüler reserviert wissen.

Der Unterricht selbst solle „ein erstes Verständnis der politischen Wirklichkeit" erschließen. Die Schüler müssten „die wichtigsten Zusammenhänge des gesellschaftlichen, staatlichen und überstaatlichen Lebens kennen lernen." Sie müssten „in die Elemente der Rechts- und Wirtschaftsordnung eingeführt werden." Und sie müssten „sich mit den wichtigsten gesellschaftlichen Institutionen vertraut machen: aus den Bereichen der Familie, der Gemeinde, des Landes, des Bundes und der überstaatlichen Einrichtungen, der beruflichen Gliederungen, der Parteien und der Organe der öffentlichen Meinung." Der Fachunterricht ziele auf die politische Reife des jungen Menschen. Diese bestehe darin, begründete politische Urteile abzugeben und verantwortlich politisch handeln zu können (Deutscher Ausschuss für das Erziehungs- und Bildungswesen 1966, 832 ff.).[49]

Die politische Bildung als Gegenstand von Beratungen der Kultusministerkonferenz

Die Kultusministerkonferenz beschäftigte sich in den sechziger Jahren zweimal mit inhaltlichen Fragen der politischen Bildung. Im Februar 1960 fasste sie einen Beschluss zur *Behandlung der jüngsten Vergangenheit im Geschichts- und gemeinschaftskundlichen Unterricht in den Schulen*. Im Juli 1962 beschloss sie *Richtlinien für die Behandlung des Totalitarismus im Unterricht*. Beide Beschlüsse waren Reaktionen auf die politische Situation der Zeit.[50]

---

[49] Dass diese Erwartung immer noch sehr optimistisch war, zeigte das *Institut für Sozialforschung* an der Universität Frankfurt, das im Sommer 1957 den Einfluss des Sozialkundeunterrichts auf das politische Bewusstsein von Studenten untersucht hatte. Das Institut stellte fest, dass der Unterricht offensichtlich nicht in die Bewusstseinsschicht eindringe, in der sich ein handlungsbereites und verständnisvolles politisches Verhalten ausbilde. Der Fachunterricht versehe die Schüler zwar mit Informationen über die formalen Spielregeln der Demokratie, wecke aber nicht deren Interesse. Er gehe gleichsam nicht „unter die Haut" (Habermas 1959, 350).
Zu ähnlichen Ergebnissen gelangte das *Institut für Sozialforschung* bei einer Untersuchung im Sommer 1961: Der Sozialkundeunterricht sei ganz erfolgreich bei der Vermittlung von Kenntnissen über staatliche Institutionen. Es gelinge ihm jedoch nicht, die Disposition zum politischen Engagement zu fördern. Auch bleibe die Identifizierung der Schüler mit dem demokratischen System an der Oberfläche liegen. Die demokratischen Einrichtungen würden weitgehend unreflektiert hingenommen. Liberale und autoritäre Vorstellungen bestünden oft nebeneinander, ohne dass man sich ihrer Widersprüchlichkeit bewusst sei (Teschner 1963, 404 f.).

[50] Beide Beschlüsse wurden im Oktober 1991 aufgehoben.

Der Beschluss von 1960 über die Behandlung der jüngsten, d.h. der nationalsozialistischen Vergangenheit reagierte auf antisemitische Ausschreitungen, welche die Öffentlichkeit stark beunruhigten. Der Deutsche Ausschuss für das Erziehungs- und Bildungswesen hatte einige Tage vorher bereits eine Erklärung zu den Vorfällen abgegeben, in der er Defizite der Schule benannte.[51] Die Kultusministerkonferenz konnte sich deshalb darauf beschränken, Maßnahmen zur Verbesserung der politischen Bildung zu beschließen.

In diesem Sinne wurde angeordnet, dass die Bewerber für alle Lehrämter in den Staatsexamensprüfungen Kenntnisse über rechtsstaatliche Prinzipen sowie über die deutsche Geschichte des 20. Jahrhunderts nachweisen mussten. An den Universitäten sollten weitere Lehrstühle für Politikwissenschaft sowie Lehrstühle oder Lehraufträge für Didaktik der Politik eingerichtet werden. In der Referendarausbildung sollte jeder Lehramtsanwärter in die „Methodik der Gemeinschaftskunde (als Prinzip und als Fach)" eingeführt werden. Jeder Lehrer sollte außerdem die „Beziehungen seines besonderen Fachgebietes zur Zeitgeschichte und zur Gemeinschaftskunde erkennen und herstellen lernen." In der Lehrerfortbildung sollten die Bemühungen um die politische Bildung gefördert werden.

Zum Unterricht über die heikle Epoche des Nationalsozialismus führte der Beschluss aus: „Geschichtliche und politische Tatbestände können in der Schule sachlich übermittelt und erörtert werden. Im bildungsfähigen Alter findet sich der Mensch am ehesten bereit, Vorurteile zu überwinden. Der Lehrer darf deshalb nicht politisieren. Er muss sich aber zur Ordnung des demokratischen und sozialen Rechtsstaates als der Grundlage unserer geistigen, wirtschaftlichen und politischen Existenz entschieden bekennen. Dann wird er im Unterricht an Fragen der politischen Ethik heranführen, zu ihrer Beantwortung ermutigen und zu einer gesitteten Haltung im politischen Leben erziehen können."

Schließlich sollten die Haushalte von Bund und Ländern mehr Mittel zur Förderung der Bundeszentrale bzw. der Landeszentralen für politische Bildung bereitstellen (Seipp (Bearbeiter), Beschluss Nr. 551 vom 12.2.1960, 2 ff.).

Der Beschluss von 1962 über die Behandlung des Totalitarismus war eine Reaktion auf den Kalten Krieg und die Systemauseinandersetzung des Westens mit dem Sowjetsozialismus. Der Beschluss verpflichtete die Lehrer, die Schüler mit den Merkmalen des Totalitarismus sowie den Hauptzügen des Bolschewismus und des Nationalsozialismus vertraut zu machen. Die Absicht war, in den jungen Menschen den Willen zu wecken, „selbst verantwortlich an der Gestaltung der demokratisch-rechtsstaatlichen Ordnung mitzuwirken und zur Abwehr des Herrschaftsanspruchs des Totalitarismus beizutragen." Der Unterricht sollte daher ausdrücklich Partei ergreifen. Der Beschluss formulierte entsprechend: „Bei der Darstellung des kommunistischen und des nationalsozialistischen Totalitarismus sind ihre verwerfliche Zielsetzung und ihre verbrecherischen Methoden deutlich zu machen. Die Tatsache, dass die beiden Systeme einander bekämpft haben, darf nicht über ihre enge Verwandtschaft hinwegtäuschen" (Seipp (Bearbeiter), Beschluss Nr. 552 vom 5.7.1962, 4).

---

[51] Im Wesentlichen stellte der Ausschuss zwei Defizite fest. Erstes Defizit: Die Voraussetzungen für politische Bildung als Unterrichtsprinzip und eigener Unterrichtsgegenstand seien nicht überall geschaffen worden. Auch blieben die Bemühungen an manchen Orten in einer Staatsbürgerkunde oder Sozialkunde stecken, „die für sich allein den jungen Menschen weder gegen die Verführung zur politischen Unmenschlichkeit wappnen noch ihm den Ernst der politischen Aufgaben aufschließen kann, zumal wenn das Wichtigste unterlassen wird: ihm zu sagen und zu deuten, was dem deutschen Volk im letzten halben Jahrhundert widerfahren ist und was es zu verantworten und zu bewältigen hat." Zweites Defizit: Manche Lehrer klammerten die Zeit des Nationalsozialismus aufgrund „fehlenden historischen Abstandes" aus oder behandelten diese Zeit „objektiv", d.h. ohne wertende Kritik und ohne persönliches Engagement des Lehrers (Borcherding 1965, 86).

8.2 Aufwind für die schulische politische Bildung in den sechziger Jahren

Im Herbst 1951 fand in Tübingen eine Konferenz zum Thema *Universität und Schule* statt, auf der Fragen des Bildungswesens diskutiert wurden. Die Teilnehmer einigten sich unter anderem darauf, Änderungen der gymnasialen Oberstufe vorzuschlagen. Die Konferenz ließ sich dabei von der Überzeugung leiten, dass das geistige Leben in den Gymnasien durch die Fülle des Stoffes erdrückt zu werden drohe. „Leistung", so hieß es in der *Resolution über die Lehrpläne der höheren Schulen*, „ist nicht möglich ohne Gründlichkeit und Gründlichkeit nicht ohne Selbstbeschränkung. Arbeiten-Können ist mehr als Vielwisserei. Ursprüngliche Phänomene der geistigen Welt können am Beispiel eines einzelnen, vom Schüler wirklich erfassten Gegenstandes sichtbar werden, aber sie werden verdeckt durch eine Anhäufung von bloßem Stoff, der nicht eigentlich verstanden ist und darum bald wieder vergessen wird." Weil dies so sei, habe die Durchdringung des Wesentlichen der Unterrichtsgegenstände den unbedingten Vorrang vor jeder Ausweitung des stofflichen Bereichs. Die Zahl der Prüfungsfächer im Abitur solle eingeschränkt und die Prüfungsmethoden sollten mehr auf Verständnis als auf Gedächtnisleistung abgestellt werden (Kuhn/Massing (Hrsg.) 1990, 178).

Die Saarbrücker Rahmenvereinbarung von 1960 über die Einführung der Gemeinschaftskunde in der gymnasialen Oberstufe

Die *Tübinger Beschlüsse* von 1951 bildeten den Hintergrund der sogenannten *Saarbrücker Rahmenvereinbarung* vom 29. September 1960. Es handelte sich bei dieser Vereinbarung um einen Beschluss der Kultusministerkonferenz zur Ordnung der Oberstufe der Gymnasien. Intention dieses Beschlusses war, die Zahl der Pflichtfächer zu vermindern, eine Konzentration der Bildungsstoffe herbeizuführen und auf diese Weise eine Vertiefung des Unterrichts zu ermöglichen.

Organisatorisch hatte dies für die politische Bildung zwei Auswirkungen: Zum einen wurde die Gemeinschaftskunde als verbindliches Unterrichtsfach in den Klassen 12 und 13 aller Schultypen eingeführt. Dabei war die Gemeinschaftskunde gedacht als didaktische Klammer für die Fächer Geschichte, Geographie und Sozialkunde. Zum anderen wurde bestimmt, dass die Gemeinschaftskunde Gegenstand der mündlichen Reifeprüfung sein durfte.

Die Kultusministerkonferenz konkretisierte nicht ganz zwei Jahre später ihren grundsätzlichen Beschluss. Am 5. Juli 1962 beschloss sie nämlich *Rahmenrichtlinien für die Gemeinschaftskunde in den Klassen 12 und 13 der Gymnasien*. Einleitend hieß es zum generellen Auftrag der Gemeinschaftskunde, dass sie „in höherem Maße als andere Gebiete die Aufgaben der politischen Bildung und Erziehung zu erfüllen" habe. Als ihre Aufgabe wurde bestimmt: „In der Gemeinschaftskunde soll der junge Mensch in einem angemessenen Umfang lernen, unsere gegenwärtige Welt in ihrer historischen Verwurzelung, mit ihren sozialen, wirtschaftlichen und geographischen Bedingungen, ihren politischen Ordnungen und Tendenzen zu verstehen und kritisch zu beurteilen." Der junge Mensch solle darüber hinaus die „Aufgaben des Bürgers unserer Demokratie nicht nur erkennen, sondern auch fähig und bereit werden, sich im praktischen Gemeinschaftsleben der Schule und später in der gesellschaftlichen, politischen und wirtschaftlichen Welt zu entscheiden und verantwortlich zu handeln." Um dies zu erreichen, müsse der Unterricht „sichere Kenntnisse" und „tiefere Einsichten" in gesellschaftliche Wirkungszusammenhänge und in das „Wesen politischen Entscheidens und Handelns" vermitteln. Die Gemeinschaftskunde führe so zu „philosophischen Fragestellungen" (Seipp (Bearbeiter), Beschluss Nr. 175.2 vom 5.7.1962, 9).

Der Beschluss führte zum Beitrag der drei Fächer zur Gemeinschaftskunde Folgendes auf: Die *Geschichte* habe von der Sache her einen großen und bedeutenden Anteil an den Aufgaben der Gemeinschaftskunde. Denn sie stelle „unbeschadet der ihr eigenen besonderen Auf-

gabe das Erfahrungsfeld politischer Bildung dar" und mache „das Wesen des Politischen und den in seinem Handeln freien und gebundenen Menschen am besten sichtbar." Die *Geographie* trage zum politischen Verständnis der Welt bei und lasse „den jungen Menschen die Bindungen des menschlichen Gemeinschaftslebens an die Erdräume und die Wechselbeziehungen von Mensch und Natur erkennen." Die *Sozialkunde* schließlich führe „in die Ordnung des gesellschaftlichen, politischen und wirtschaftlichen Lebens ein." Sie zeige „Kräftegruppen und Spannungsfelder und die Bedingungen der gesellschaftlichen Neuordnungen." Damit fördere sie die Urteilsfähigkeit, helfe den eigenen politischen Standpunkt zu klären und leiste so einen wesentlichen Beitrag zur politischen Bildung.
Die drei Fächer sollten eng zusammenarbeiten. Zwar lieferten sie facheigene Beiträge, sie dürften aber nicht die übergreifende Aufgabenstellung, d.h. das Verstehen und die Beurteilung der gegenwärtigen Welt, aus dem Auge verlieren.

Hinsichtlich der unterrichtstechnischen Umsetzung ließ der Beschluss den Schulen erheblichen Freiraum. Die Aufteilung des Unterrichts auf die Fachlehrer für Geschichte, Geografie und Sozialkunde sei in verschiedener Weise möglich. So könnten auch zwei Lehrer den Unterricht durchführen. Je nach den Schwerpunkten könne man fachbezogenen Epochenunterricht und fächerübergreifende Kolloquien durchführen. Wichtig sei jedoch immer das gründliche Arbeiten am repräsentativen Beispiel. Ebenso wichtig sei das „gemeinsame Erarbeiten von Stoffbereichen mit übergreifenden geistigen Gehalten." Nachrangig sei das allgemeine Orientierungswissen, d.h. das Faktenwissen.

Der Beschluss enthielt eine Liste der gemeinschaftskundlichen Themenkomplexe. Die Behandlung der insgesamt sieben Komplexe wurde allen Bundesländern verbindlich vorgegeben. Nur die Reihenfolge und die thematischen Schwerpunktsetzungen waren frei.
Erster Themenkomplex: Grundlegende politische, wirtschaftliche und soziale Kräfte und Bewegungen in Europa. Hierzu gehörten im Einzelnen die Russische Revolution von 1917, die industrielle Revolution, der Gedanke des Nationalstaates, der Liberalismus, der Sozialismus und der Imperialismus.
Zweiter Themenkomplex: Die totalitären Ideologien und ihre Herrschaftsformen. Hierzu zählten die Russische Revolution von 1917, die bolschewistische Staats- und Gesellschaftslehre, die faschistischen Bewegungen und der Nationalsozialismus.
Dritter Themenkomplex: Deutschland, seine Stellung in Europa und sein Verhältnis zur Welt. Bestandteile dieses Komplexes waren der Weg vom Ersten zum Zweiten Weltkrieg unter besonderer Berücksichtigung der Weimarer Republik, die deutsche Frage seit 1945, die politischen, gesellschaftlichen und wirtschaftlichen Verhältnisse in West- und Mitteldeutschland, „die zur Zeit unter fremder Verwaltung stehenden deutschen Ostgebiete einschließlich der Oder-Neiße-Linie", Deutschland und die östlichen Nachbarn, Deutschland und die europäische Frage sowie Deutschland und die großen Weltmächte.
Vierter Themenkomplex: Europa und die Welt von heute. Als Schwerpunktsetzungen wurden angeboten Räume und Völker des heutigen Europa, das Problem der Grenzen, die europäische Bewegung, darunter der Europarat, europäische Wirtschaftsvereinigungen und Mächtegruppierungen in Europa und in der Welt.
Fünfter Themenkomplex: Europäisierung – Enteuropäisierung der Erde – Entwicklungsländer. Hier konnten behandelt werden: Die Auflösung der Kolonialreiche, Probleme der Industrialisierung, Demokratisierung und Nationalisierung, exemplarisch ausgewählte Entwicklungsländer sowie die Entwicklungsländer im Spannungsfeld der Weltpolitik.
Sechster Themenkomplex: Der Mensch in Gesellschaft, Wirtschaft und Staat. Dieser stark politisch geprägte Komplex setzte sich zusammen aus den folgenden Einzelthemen: Individuum – Gesellschaft – Staat; Rechtsstaat – Verfassungen – Parteien; Selbstverwaltung – Föderalismus – Zentralismus; Staat – Wirtschaft – Mensch; Gruppen und Verbände in der Wirtschaft; Dorf – Stadt – Verstädterung – Raumplanung; Flüchtlingsprobleme in aller Welt –

Zwangsaussiedlungen – Recht auf Heimat; das politische und sittliche Problem der Macht – die Menschenrechte in Geschichte und Gegenwart.
Siebenter Themenkomplex: Die Eine Welt – Wege zur Sicherung des Weltfriedens. Hier standen folgende Themen zur Wahl: Probleme des Völkerrechts (*bellum iustum, bellum iniustum*), Abrüstungsbemühungen seit den Haager Konferenzen, der Völkerbund, die Vereinten Nationen und das Vordringen in den Weltraum (Seipp (Bearbeiter), Beschluss Nr. 175 vom 5.7.1962, 9 ff.).

Die Saarbrücker Rahmenvereinbarung bedeutete zweifellos eine kräftige Aufwertung der politischen Bildung, denn diese war jetzt doppelt verankert: Zum einen, wie bislang schon, im *Funktionsfach* Sozialkunde, zum anderen im neuen *Gesamtfach* Gemeinschaftskunde (Hartwich 1963, 7). Diese Aufwertung ging zu Lasten der Fächer Geschichte und Erdkunde. Zwar waren diese beiden Fächer in die Gemeinschaftskunde eingebunden, ihre sekundäre Stellung konnte dem aufmerksamen Beobachter dennoch kaum entgehen.[52] Das spürten auch die Vertreter der beiden Fächer. Vor allem Universitätshistoriker und Geschichtslehrer konnten sich nur schwer damit abfinden, dass der Geschichtsunterricht in den beiden oberen Gymnasialklassen seine Eigenständigkeit verlieren und lediglich Funktionsfach des Gesamtfaches Gemeinschaftskunde sein sollte.[53] Neben dem Prestigeverlust litten die Geschichtslehrer insbesondere darunter, dass der sogenannte zweite chronologische Durchgang durch die Geschichte nicht mehr möglich war.

Die Saarbrücker Rahmenvereinbarung wies eine Reihe begrifflicher und konzeptioneller Schwächen auf. Diese waren wohl dem Umstand geschuldet, dass der Beschluss einen Kompromiss darstellte.
Verwirrend war schon die Bezeichnung *Gemeinschaftskunde*. Denn dies war der in mehreren Ländern bereits eingeführte Name für den Unterricht in Politik. Offensichtlich war übersehen worden, dass sich das neue Gesamtfach terminologisch in einigen Ländern mit dem Funktionsfach überschnitt. Denn nicht überall hieß dieses Funktionsfach, wie im Beschluss unterstellt, Sozialkunde (Hartwich 1963, 4).

---

[52] Anderer Auffassung hinsichtlich der Bedeutung der drei Fächer ist Arno Mohr. Für Mohr ist in der Saarbrücker Rahmenvereinbarung die Tendenz unverkennbar, der Geschichte die führende Rolle in der Gemeinschaftskunde einzuräumen und die Sozialkunde in eine Statistenrolle abzudrängen. Auch bei den Beratungen der Rahmenrichtlinien für Gemeinschaftskunde 1961 seien die Vertreter der Politikwissenschaft, Soziologie und Ökonomie übergangen worden. Denn: „Es entsprach den realen Gegebenheiten, dass als alleiniges ‚Sprachrohr' der neuen ‚Gemeinschaftskunde' die Geschichte erscheinen [sollte] und die anderen Fächer ihr jeweils ‚Hilfsdienste' zu erweisen hätten." Mohr beruft sich auf die entsprechenden Protokolle der Sitzungen des Schulausschusses der Kultusministerkonferenz (Mohr 1988, 207 f.).

[53] Der Geschichtslehrerverband betonte bereits am 7. Oktober 1960, also eine Woche nach Erscheinen der Saarbrücker Rahmenvereinbarung, in einer Entschließung die tragende Rolle des Geschichtsunterrichts: „Der Verband der Geschichtslehrer Deutschlands hält es für unbedingt erforderlich, dass bei dieser Neuregelung der Geschichtsunterricht als eigenständiges Fach unverkürzt erhalten bleibt. ... Da die Gemeinschaftskunde (Sozialkunde) eine eigene geistige Struktur besitzt, würde die Verschmelzung beider Fächer ... ihre pädagogische Wirksamkeit nur beeinträchtigen" (zitiert nach Schneider 1975, XLIII).
Der Göttinger Historiker Hermann Heimpel sprach sich auf einer Tagung 1963 nachdrücklich gegen eine *Mediatisierung der Geschichte* unter die Gemeinschaftskunde aus. Der Geschichtsunterricht biete zwar politische Bildung, aber er leiste darüber hinaus noch mehr. Geschichte sei ein Humanum, und dies müsse der Unterricht aufweisen (Roth (Hrsg.) 1963, 80 f.). Während Heimpel sich moderat äußerte, führte sein Kollege Gerhard Ritter aus Freiburg im Breisgau eine Art Kreuzzug gegen die Gemeinschaftskunde und darin eingeschlossen gegen die Politikwissenschaft.

Nicht völlig klar war auch, was die Gemeinschaftskunde eigentlich sein sollte. Einerseits suggerierte der Singular des Wortes *Gemeinschaftskunde*, dass der neue Bildungsbereich organisatorisch als ein Fach betrachtet werden sollte. Andererseits konnte das an einer Stelle im Beschluss auftauchende Adverb *insbesondere* so ausgelegt werden, dass *vorzugsweise*, also nicht einmal ausschließlich, den drei selbstständigen Fächern Geschichte, Erdkunde und Sozialkunde der gemeinschaftskundliche Aufgabenbereich anvertraut werden sollte.[54]

Unklar war weiterhin, was mit der im Beschluss ebenfalls enthaltenen Formel von den *übergreifenden geistigen Gehalten* gemeint sei.[55] Diese Formel wurde von manchen mit der Bemerkung kritisiert, dass es so etwas im Kontext der drei Funktionsfächer gar nicht gebe. Andere verstanden darunter die methodische Aufforderung, fächerübergreifende Fragestellungen zu entwickeln und diese an die Themen heranzutragen.

Strittig war des Weiteren, ob bei allen Themen jeweils alle drei Funktionsfächer gleichermaßen vertreten sein mussten. Schließlich wurde befürchtet, dass die bisher selbstständigen Fächer zu einem amorphen Gesamtunterricht *integriert* werden sollten. Diese Befürchtung konnte jedoch insofern schnell zerstreut werden, als in den einschlägigen KMK-Beschlüssen immer nur von einer *Konzentration* der Bildungsstoffe die Rede war. Gedacht war mithin nicht an eine Integration, sondern an eine *Koordination* der Fächer (Mickel 1965, 32 ff.).

Der Politikwissenschaftler Kurt Sontheimer fasste seine Kritik an der Gemeinschaftskunde in der von der Kultusministerkonferenz beschlossenen Form so zu zusammen: „Von Wilhelm Flitner ist die Idee der Gemeinschaftskunde so verstanden worden: Sie solle sehen lehren, was heute in der politisch-gesellschaftlichen Welt zur Aufgabe geworden ist und wo in dieser Situation die persönliche und kollektive Verantwortung liegt. Ich halte dies für eine sinnvolle Beschreibung des Erziehungsziels. ... Hätte man dieses Problembewusstsein zum Ausgangspunkt der Rahmenrichtlinien gemacht, dann wäre m. E. eine in sich geschlossenere, materialmäßig weniger überfrachtete Konzeption entstanden, als sie nun verbindlich vorliegt. Die Rahmenrichtlinien sind ein undurchdachter Kompromiss zwischen den Fächern; sie geben jedem etwas, das wiederum keinem genug zu sein scheint, machen aber nicht völlig ernst mit der Tatsache, dass es um eine politische Orientierung in unserer Welt geht und dass die Fragen und Probleme dieser unserer Welt auch der Ausgangspunkt für das neue Fach sein müssten" (Sontheimer 1963a, 19).[56]

---

[54] Im Beschluss hieß es, dass die Gemeinschaftskunde *insbesondere* die drei genannten Fächer umfasse.

[55] Der Beschluss sprach davon, dass das gemeinsame Erarbeiten von Stoffbereichen mit *übergreifenden geistigen Gehalten* notwendig sei.

[56] Wie Sontheimer betonte auch Joachim H. Knoll, dass die Gemeinschaftskunde eingeführt wurde, um der *politischen Bildung* zu dienen: „Fraglos ist die Gemeinschaftskunde durch äußere Anlässe zustande gekommen, und die Kultusverwaltungen haben, wie selten, die Besorgnisse der Öffentlichkeit berücksichtigt. Es hatte sich nämlich gezeigt, dass der politische Kenntnisstand der Schüler sämtlicher Schulgattungen unzureichend ist, dass das Engagement weitgehend ausbleibt und dass ein Verständnis für die gesellschaftlichen Umweltphänomene nicht vorhanden ist. Eine Korrektur dieser Misslichkeiten war mit dem bislang praktizierten Sozialkundeunterricht nicht zu erreichen. Hier war eine Form zu finden, die die Vielfalt der uns umgebenden Wirklichkeitsaspekte in den Blick bringt, und das war am ehesten durch eine Fächerkooperation möglich. Damit ist die Gemeinschaftskunde als ein vorrangiges Fach an die Stelle dreier Fächer getreten (Knoll 1964, 88).

Die Politische Weltkunde in den Empfehlungen für die Neuordnung der Höheren Schule von 1964

Offensichtlich als Reaktion auf die streitige öffentliche Debatte über die Saarbrücker Rahmenvereinbarung veröffentlichte der *Deutsche Ausschuss für das Erziehungs- und Bildungswesen* im Oktober 1964 *Empfehlungen für die Neuordnung der Höheren Schule*. In diese Empfehlungen nahm er auch einen Abschnitt über die Gemeinschaftskunde auf. Das Wort *Gemeinschaftskunde* verwendete er aber nicht. Vielmehr sprach er vom *Lehrgang Politische Weltkunde*. Diese terminologische Neuorientierung war natürlich nicht zufällig. Der Ausschuss sah einfach *Politische Weltkunde* als die geeignetere Bezeichnung für das Zusammenwirken der Fächer Geschichte, Erdkunde und Sozialkunde an.

Im Verlauf seiner Ausführungen bemühte sich der Ausschuss auch um eine präzisere Verhältnisbestimmung der Funktionsfächer Geschichte, Erdkunde und Sozialkunde. Insbesondere lag ihm eine Klärung der Beziehung von Geschichte und Sozialkunde am Herzen. Zu diesem Zweck griff er auf das Selbstverständnis der Bezugswissenschaften der beiden Fächer zurück. Der Ausschuss stellte diesbezüglich fest, dass der Geschichts- wie der Politikwissenschaft die „Erhellung des Gegenwartshorizontes" aufgetragen sei. Die Geschichtswissenschaft konzentriere sich dabei auf die geschehenen Dinge (*res gestae*), die Politikwissenschaft hingegen auf die zu tuenden Dinge (*res gerendae*). Beide Wissenschaften stünden deshalb in einem Komplementärverhältnis zueinander. Sie dürften sich daher nicht gegenseitig zu Hilfswissenschaften degradieren. Ein vertieftes Verstehen der Welt sei nämlich nur aus einer *Synopse* historischer und gegenwärtiger Sachverhalte und Kategorien zu gewinnen (Deutscher Ausschuss für das Erziehungs- und Bildungswesen 1966, 582).[57]

Der Ausschuss ging im Anschluss an diese grundsätzliche Klärung daran, die Beiträge der beiden Fächer für die Politische Weltkunde herauszustellen.
Von der *Geschichte* erwartete er fünf Beiträge: Die Geschichte mache erstens die für die heutige politisch-rechtliche und gesellschaftliche Ordnung konstitutiven Überlieferungen bewusst. Sie stifte zweitens die „kollektive Erinnerung" der Nation jeweils neu. Sie stelle drittens mit der Fülle ihrer Anschauungen der politischen Bildung das sekundäre Erfahrungsfeld zur Verfügung. Sie ermögliche viertens die Bildung gehaltvoller, da geschichtlich gesättigter, politischer Begriffe. Sie gestatte fünftens die historische Ortsbestimmung der Gegenwart, da sie ein Epochenbewusstsein habe.
Noch größere Erwartungen verband der Ausschuss mit der *Sozialkunde*: Die strukturanalytische Betrachtung der Sozialkunde bringe erstens das Wirkungsfeld der Politik in den Blick. Dieses setze sich aus sozialen, wirtschaftlichen, kulturellen und staatlich-rechtlichen Bezügen zusammen. Die Funktionsweisen unterschiedlicher politischer Ordnungen könnten so erschlossen werden. Sie gelange zweitens bis zur philosophischen Durchdringung der historischen und gegenwartsbezogenen Einsichten. In diesem Zusammenhang kläre sie die Bedingungen menschenwürdigen Daseins. Sie mache drittens das Aufgabenhaltige der Politik deutlich und thematisiere in diesem Kontext das Gemeinwohl. Sie gestatte viertens das Einüben des politischen Urteils. Sie vermittle schließlich fünftens fundamentale Einsichten in das Wesen der Demokratie. Das bedeute im Einzelnen, dass sie über die Notwendigkeit der Konfliktregulierung, das Erfordernis der Kompromissbildung sowie über das Erfordernis rechtlich regulierter Macht informiere (Deutscher Ausschuss für das Erziehungs- und Bildungswesen 1966, 586, 587 f.).

---

[57] Der Ausschuss machte sich bei der Verhältnisbestimmung der beiden Wissenschaften die Auffassung des Freiburger Politikwissenschaftlers Arnold Bergstraesser zu eigen. Aber auch die Ausführungen über das Funktionsfach Sozialkunde sowie über die Funktionsziele und den Aufgabenkatalog der Politischen Weltkunde atmen den Geist der Politikwissenschaft Bergstraessers.

Der Ausschuss versuchte, *Funktionsziele* und *Bildungsaufgaben* der Politischen Weltkunde zu bestimmen. Er machte dabei seine Ablehnung einer *Abbilddidaktik* deutlich: Der Lehrgang „kann und soll nicht den systematischen Aufbau der beteiligten Wissenschaftsbereiche – auf schulische Möglichkeiten verkürzt – abbilden. Er geht aus auf eine geschichtlich-gesellschaftliche Bildung für unsere Welt, gewonnen aus Erfahrungen und Einsichten."
Unter dieser Vorgabe formulierte er einen Aufgabenkatalog, in dem das Politische eindeutig dominierte. Im Wesentlichen kam es dem Ausschuss auf die folgenden sechs Erfahrungen und Einsichten an:
Es sollte sich erstens die Erfahrung ergeben, dass zum Verstehen eines geschichtlich-politischen Sachverhalts sehr viel Wissen nötig ist. Bestandteile dieses Wissens seien Kenntnisse über natürliche, räumliche und ökonomische Bedingungen, über historische Ursachen, gesellschaftliche Überlieferungen, Gewohnheiten und Institutionen, über wirkmächtige Ideen und Zielvorstellungen sowie eine Ahnung davon, dass unberechenbare Ereignisse eine erhebliche Rolle in der Politik spielen.
Es sollte sich zweitens die Erfahrung ergeben, dass politische Strukturen zugleich bedingt und offen sind: Wer die Bedingtheiten nicht sehe, sei ein politischer Phantast oder Sektierer. Wer die Offenheit nicht sehe, leugne den Freiheitsraum, aber auch die Verantwortlichkeit politischer Entscheidungen.
Es sollte sich drittens die Erfahrung davon ergeben, „was alles zu einem rational begründeten und sittlich verantwortbaren politischen Urteil gehört." Ein rationales politisches Urteil sei durch folgende Einsichten geprägt: Es enthalte den Entwurf einer wünschenswerten und möglichen Gesamtordnung. Diese Gesamtordnung müsse von den Ideen des Friedens, der Freiheit und der Gerechtigkeit bestimmt sein. Partikulare Interessen müssten immer wieder auf das Gemeinwohl bezogen werden. Über das konkrete Gemeinwohl gebe es verschiedene Auffassungen. Politik sei notwendig Auseinandersetzung, was den Kampf um die Macht einschließe.
Es sollte sich viertens die Einsicht ergeben, dass man Politik nur standortgebunden betrachten könne und auch das geschichtliche Bild immer perspektivisch sei.
Es sollte fünftens die Erfahrung „von der gegenwartsgestaltenden Wirklichkeit historischer Entscheidungen und Ereignisse gewonnen werden."
Es sollte sechstens die Einsicht wachsen, dass normativer Ausgangs- und Bezugspunkt der Politik der Mensch als Person sei oder sein müsse. Dies erfordere letztlich Betrachtungen über die „Philosophie des Gemeinwesens" (Deutscher Ausschuss für das Erziehungs- und Bildungswesen 1966, 583 ff.).

Der Deutsche Ausschuss für das Erziehungs- und Bildungswesen skizzierte mit seinem Vorschlag der Politischen Weltkunde eine betont anspruchsvolle politische Bildung. Das galt aber auch schon für die von der Kultusministerkonferenz beschlossene Gemeinschaftskunde. Beide Konzeptionen hielten die Förderung der politischen Urteilsbildung für zentrale Aufgaben der politischen Bildung. Beide Konzeptionen fühlten sich damit dem Ziel politischer Mündigkeit verpflichtet.

8.3 Politische Bildung und Erziehung an den Hochschulen und in der Erwachsenenbildung

In den fünfziger Jahren kam es nicht nur an den Schulen zur Einführung von politischer Bildung. Politische Bildung und Erziehung sollte auch an den Universitäten und Hochschulen sowie in der Erwachsenenbildung betrieben werden. Die Politikwissenschaftler der ersten Generation an den Hochschulen fühlten sich stark der politischen Bildung verpflichtet.

Die Etablierung von Politikwissenschaft und politischer Bildung an den Universitäten

Zu Beginn der fünfziger Jahre gab es eine Reihe von Konferenzen und Tagungen, die sich mit der Frage befassten, ob man an den deutschen *Universitäten* die *Politikwissenschaft* einführen sollte. Die Herausforderung bestand darin, dass diese in den angelsächsischen Ländern wie in Frankreich längst etablierte Wissenschaft in Deutschland keine akademische Tradition aufwies. Die Befürworter der Politikwissenschaft begründeten ihre Position unter anderem mit dem Beitrag der Politikwissenschaft für die gerade in der jungen Bundesrepublik besonders notwendige politische Bildung und Erziehung.

So wurde schon auf der *Konferenz von Waldleiningen* im September 1949 vom einladenden hessischen Kultusminister Erwin Stein beklagt, dass es „in der akademischen Ausbildung der deutschen Jugend an einer intensiven Unterrichtung in den Problemen des internationalen Zusammenlebens und des Zusammenlebens der Völker bisher gefehlt hat." Politik solle „fester Bestandteil des Bildungsganges werden", damit der Vollbürger das zur Erfüllung seiner Pflichten notwendige Wissen erwerbe. Außerdem solle es darum gehen, „die Jugend in einem neuen Geist und in demokratischem Sinne zu erziehen, gegen autoritative wie kollektivistische Versuche und Gefahren zu festigen und sie zu Menschen zu bilden, die in Verantwortung vor dem Ewigen in der Zeit und in dem Volk leben" (Institut zur Förderung öffentlicher Angelegenheiten 1949, 13 ff.).

Die Konferenz verabschiedete eine *Resolution*, in der sie die Einbeziehung der Politikwissenschaft in den Studienplan der Universitäten und Hochschulen als unerlässlich und dringend bezeichnete. Lehrstühle sollten eingerichtet werden. Erwogen werden sollte, die politikwissenschaftlichen Vorlesungen gegebenenfalls für *alle* Studenten verpflichtend und zum Gegenstand von Prüfungen zu machen (Institut zur Förderung öffentlicher Angelegenheiten 1949, 104).

Im März 1950 veranstaltete die Berliner Deutsche Hochschule für Politik eine Tagung zum Thema „Die Wissenschaft im Rahmen der politischen Bildung". Alfred Weber sprach in seinem Grundsatzreferat über den Sinn und die Bildungsaufgabe der Politikwissenschaft. Die Politikwissenschaft hielt er für notwendig als Fundament der politischen Bildung, der sich *alle* Studenten unterziehen müssten. Weber schloss seinen Vortrag mit der Forderung, dass die Politikwissenschaft ihre Ergebnisse in die Öffentlichkeit tragen müsse: „Wir brauchen unbedingt ein solches Hinaustragen an die erwachsene Bevölkerung. *Denn politische Unwissenheit ist eine Krankheit.* Nur politisches Wissen auf der Grundlage politischer Wissenschaft kann den Virustöter hervorrufen, der diese Krankheit einschränkt. ... Die politische Wissenschaft kann ihre Aufgabe, das politische Leben zu entgiften, nicht erfüllen, wenn sie nicht aus ihrer akademischen Eingeschlossenheit herausgeht. ... Erst wenn die politische Wissenschaft ins Ganze des Lebens ausstrahlt, kann sie das werden, worüber ich zu sprechen hatte: *Bildungsfaktor*" (Deutsche Hochschule für Politik Berlin 1950, 14).

Die Teilnehmer der Tagung formulierten eine *Feststellung*, die das Selbstverständnis der Politikwissenschaft beschrieb und in Ziffer 8 auf deren politisch bildende Funktion einging: „Die Wissenschaft von der Politik kann nur einen Beitrag zur politischen Bildung liefern, die Wissen, Erfahrung und Gesittung verbindet. Die Vermittlung eines hohen Maßes politischen Wissens, sachlich und unabhängig dargeboten, ergänzt von Praktikern aus der unmittelbaren Erfahrung, fördert nachhaltig die politische Selbsterziehung des deutschen Volkes" (Deutsche Hochschule für Politik Berlin 1950, 28).

Die *Konferenz von Königstein* im Juli 1950 verstand sich als Fortsetzung der Konferenz von Waldleiningen. Wieder ging es um den Status der Politikwissenschaft und ihre Einführung an den Universitäten. Und wieder betonte man die Bedeutung dieser Wissenschaft für die politische Bildung der Studenten wie auch der Allgemeinheit. An den Diskussionen beteiligten sich

Wissenschaftler, die später in der Politikwissenschaft bzw. in verwandten Disziplinen prominent werden sollten.[58] In mehreren Diskussionsbeiträgen wurde betont, dass die Politikwissenschaft zwar in der politischen Bildung ein zentrales Aufgabenfeld besitze, sie aber darüber hinaus einen hiervon unabhängigen Forschungsauftrag erfüllen müsse.

Die klarsten Äußerungen über Notwendigkeit und Sinn der politischen Bildung kamen von Wolfgang Abendroth, Max Horkheimer und Gerhard Leibholz. Abendroth stellte fest, „dass es nicht nur unseren Studenten, sondern unserem ganzen Volke an politischer Bildung mangelt. Es mangelt dem Studenten an politischer Bildung nicht in dem Sinne, dass es nicht der politischen Ideologien genug gäbe, die ihnen mit mehr oder minder gerechtfertigter philosophischer Begründung gelehrt werden. Deren gibt es übergenug. Es mangelt ihnen an politischer Bildung in dem Sinne, dass ihnen das Verständnis der inneren Zusammenhänge des Politischen fehlt. Es ist also erforderlich, ihnen dieses Verständnis zu erschließen." Horkheimer sagte über den Bildungsauftrag der Politikwissenschaft: „Wir wollen in der Tat durch die politische Erziehung in Deutschland Menschen heranbilden, die innere Freiheit besitzen, die nicht mehr schematisch denken, die in der Lage sind, eigene Erfahrungen zu machen." Leibholz gab zu bedenken: „Es mag wohl sein, dass durch weiteres zusätzliches Fachwissen im allgemeinen die Studenten heute mehr belastet als gefördert werden. Andererseits sollten wir doch – so glaube ich – das, was man die allgemeine politische Bildung nennt, auch nicht unterschätzen. Ich habe die Ehre gehabt, deutsche und englische Studenten zu unterrichten, und glaube mit Bestimmtheit sagen zu können, dass in dem, was allgemeine politische Bildung betrifft, die englischen Studenten den deutschen Studenten ganz erheblich voraus sind und dass dies – von der deutschen Seite gesehen her – ein Manko ist, das beseitigt werden sollte" (Hessisches Ministerium für Erziehung und Volksbildung 1951, 71, 79, 82).

Die Konferenz verabschiedete eine Entschließung, in der es in Ziffer 6 hieß: „Politische Bildung und Erziehung finden ihren festen Grund nur in einem gesicherten politischen Wissen und klaren politischen Erkenntnissen. Fruchtbar werden die Bemühungen um eine politische Bildung aber erst, wenn sie auch den Willen zu politischer Verantwortung wecken, lehren und festigen" (Hessisches Ministerium für Erziehung und Volksbildung 1951, 144).

Die Konferenzen verfehlten ihre Wirkung nicht. Denn im Januar 1954 verabschiedete die Westdeutsche Rektorenkonferenz (WRK) die *Empfehlungen für die politische Bildung und Erziehung an den Universitäten und Hochschulen*. Die Empfehlungen trafen im Wesentlichen Aussagen zu zwei Themenkomplexen, nämlich zur Etablierung der Politikwissenschaft und zur politischen Bildung und Erziehung an den Hochschulen.

Zur Politikwissenschaft hieß es, dass Lehrstühle für dieses Fach eingerichtet werden sollten. Außerdem sollte Politikwissenschaft als Nebenfach beim juristischen Staatsexamen und bei Prüfungen für das höhere Lehramt anerkannt werden.

Zur politischen Bildung und Erziehung wurde ausgeführt, dass diese Aufgabe nicht allein den Lehrstühlen für Politikwissenschaft obliege. So kämen für die politische Bildung *Akademische politische Klubs*, d. h. Arbeitsgemeinschaften von Dozenten und Studierenden, in Betracht. Empfohlen wurde weiterhin, an jeder Universität ein *Forum Politicum* einzurichten, in dem Vertreter des öffentlichen Lebens oder Dozenten verwandter Disziplinen sprechen sollten. Schließlich wurde geraten, Persönlichkeiten mit praktischer politischer Erfahrung zeitlich und thematisch begrenzt mit der Aufgabe politischer Erziehung und Unterrichtung der Studierenden zu betrauen (Neuhaus (Bearbeiter) 1961, 66 f.).

---

[58] Erwähnt seien Wolfgang Abendroth, Max Horkheimer, Gerhard Leibholz, Michael Freund, Ludwig Bergsträsser und Dolf Sternberger. Mit Referaten beteiligt waren Theodor Eschenburg, Theodor Litt und Wilhelm Flitner.

Der Verband deutscher Studentenschaften (VDS) stand dem Gedanken einer universitären politischen Bildung für alle Studierenden positiv gegenüber. So hieß es im Protokoll zum 5. Deutschen Studententag im Mai 1958, „dass die wissenschaftliche Auseinandersetzung mit den Grundfragen der Politologie und der Soziologie während des ganzen Studiums und für alle Disziplinen Berücksichtigung finden muss." Denn „da der Einzelne in seiner Entwicklung mit dem Abitur noch nicht am Ende steht, bleibt der Universität auch eine erzieherische Aufgabe im Hinblick auf die politische Ausbildung." Hierfür komme vorzugsweise die Politikwissenschaft in Betracht, zeige sich doch, „dass gerade die Auseinandersetzung mit Fragen der Wissenschaft von der Politik zu kritischem Durchdenken der politischen Tatbestände befähigt und zur Wachsamkeit gegenüber totalitären, antidemokratischen Tendenzen erzieht" (Neuhaus (Bearbeiter) 1961, 190 f.).

Der übliche Ort der politischen Bildung an den Universitäten war das *Studium Generale*. Man sah in dieser Einrichtung ein Mittel gegen die ausufernde Spezialisierung der Wissenschaften und damit gegen die Vereinzelung und Fragmentierung der Studentenschaft. Institutionalisiert wurde das Studium Generale auf verschiedene Weise. Häufig wurden Vorlesungen für Hörer aller Fakultäten angeboten. Manche Universitäten richteten einen *Dies academicus* ein. Obwohl sich die Universitäten zur politischen Bildung für die Studenten bekannten, war die Praxis jedoch nicht so, dass die politische Bildung angemessene Aufmerksamkeit fand. Nur etwa zehn Prozent der Veranstaltungen im Rahmen des Studium Generale widmeten sich politischen Themen (Mohr 1988, 29 ff.).

Politische Bildung als zentrale Aufgabe der Politikwissenschaft

In den fünfziger Jahren bestimmten politische Pädagogen wie Theodor Litt, Erich Weniger und Eduard Spranger maßgeblich die Diskussion um die politische Bildung. Gleichwohl monopolisierten sie dieses Bildungsfeld aber nicht. Die nach dem Zweiten Weltkrieg unter Anleitung der Amerikaner neu in Deutschland etablierte Politikwissenschaft verstand sich zu dieser Zeit als *Allgemeinbildungswissenschaft* mit politisch bildendem Auftrag.[59] Als ihren Auftrag sah sie es an, die Studenten und damit die geistige Elite der Nation im Geiste der Demokratie zu erziehen. In diesem Sinne betrachteten Vertreter der jungen Wissenschaft es als ihre Aufgabe, über die Erziehung der Bürger wie über die Erziehung des politischen Führungspersonals nachzudenken und konzeptionelle Vorstellungen zu entwickeln.[60] Die meisten Politikwissenschaftler waren allerdings weniger an der politischen Bildung interessiert als an der akademischen Institutionalisierung der Politik (Arndt 1978, 158 f., 262).

Hiervon gab es jedoch einige Ausnahmen. Theodor Eschenburg (Tübingen), Ernst Fraenkel (Berlin), vor allem aber Arnold Bergstraesser (Freiburg) gehörten zu denjenigen Gründungs-

---

[59] Noch in der *Denkschrift zur Lage der Soziologie und der Politischen Wissenschaft*, die Rainer M. Lepsius 1961 im Auftrag der Deutschen Forschungsgemeinschaft veröffentlichte, hieß es unmissverständlich: „Soziologie und Politische Wissenschaft verfolgen in der Tat einen Bildungsanspruch, der sich auf die Bildung des Menschen zum ‚Staats-' und ‚Gesellschaftsbürger' richtet. Ihre Analyse der sozialen und politischen Wirklichkeit und ihr Bemühen, die Gesellschaftsordnung und ihren Wandel zu erklären, sollen der Orientierung des Menschen in der Gesellschaft dienen und die Bezogenheit der menschlichen Existenz auf soziale und politische Strukturen ins Bewusstsein heben" (Wiesbaden 1961, S. 21).

[60] Entsprechende Akzente setzten Carl Joachim Friedrichs Tugendlehre des *Common man*, Dolf Sternbergers Erziehung zur Bürgerschaftlichkeit, Otto-Heinrich von der Gablentz' Gesittungslehre und Arnold Bergstraessers Ausführungen über den politischen Stil (Mohr 1988, 296 ff.).

vätern der Politikwissenschaft, die in der politischen Bildung der jungen Generation eine ganz zentrale politikwissenschaftliche Aufgabe sahen.[61]

Auch wenn das Interesse der überwiegenden Zahl der Politikwissenschaftler an der politischen Bildung nur mäßig ausgeprägt war, bestand doch Einigkeit darüber, dass die Stellung der Politikwissenschaft gefestigt würde, wenn sie mit der Ausbildung der Lehrer für Politik betraut würde. Folglich wurde 1954 bei der *Vereinigung für die Wissenschaft von der Politik*, der Vorläuferin der späteren *Deutschen Vereinigung für Politische Wissenschaft*, eine Kommission gebildet, die den Auftrag erhielt, einen *Studienplan für eine Lehrerprüfung in politischer Wissenschaft* auszuarbeiten.[62] Die Initiative hierfür war von Ludwig Bergsträsser ausgegangen. Bergsträsser hatte sich bereits 1951 in seiner Eigenschaft als Mitglied des Bundestagsausschusses zum Schutze der Verfassung über den Politikunterricht an den Schulen und über die entsprechende Lehrerbildung geäußert.

Auf einer Sitzung der Kommission im Januar 1955 legten Ludwig Bergsträsser und Arnold Bergstraesser jeweils ein Gutachten vor. Das von Ludwig Bergsträsser entwickelte Memorandum über die *Ausbildung der Lehrkräfte für den politischen Unterricht* erwies sich als eine wenig überzeugende unsystematische Ansammlung von 22 Themengebieten. Arnold Bergstraessers Gutachten „über das Hochschulstudium in Vorbereitung auf das Lehramt an Höheren Schulen zur Erwerbung der Fakultas für wissenschaftliche Politik" war von anderem Zuschnitt. Es ging von drei wissenschaftlich zu vermittelnden Kerngebieten aus, nämlich von Grundproblemen der Gesellschaft und des Staates, von Innen- und Weltpolitik sowie von Problemen ökonomischer und juristischer Art. Hinzukommen sollten ein intensives Studium der Geschichte der politischen Philosophie sowie Übungen in Methodik und Didaktik des Politikunterrichts. Bergstraesser wollte in den Examina nicht Faktenwissen prüfen, sondern die Fähigkeit der Absolventen, politische Vorgänge geistig zu erfassen und selbstständig zu beurteilen.

Der Kommission gelang es nicht, ihre Arbeit zu einem Abschluss zu bringen. Auch die Vereinigung für die Wissenschaft von der Politik verhielt sich hinsichtlich der Einführung eines Unterrichtsfaches Politik zurückhaltend. Hierfür war vermutlich nicht zuletzt die Einsicht maßgebend, dass der Bildungsföderalismus ein einheitliches Vorgehen erschwere (Mohr 1987, 82 f.).

Arnold Bergstraesser und Theodor Eschenburg drängten hingegen entschieden auf die Einführung eines selbstständigen Schulfaches für die politische Bildung. Beide hatten sich während der Weimarer Republik bereits für die Staatsbürgerliche Erziehung interessiert. Dieses Engagement griffen sie nach ihrer Etablierung als Universitätsprofessoren wieder auf. Da sie beide in Baden-Württemberg wirkten, ergaben sich vielfältige Möglichkeiten der Zusammenarbeit. Beide wurden 1954 zusammen mit Schulpraktikern in den *Ausschuss für Staatsbürgerliche Erziehung* berufen, der damit beauftragt war, Lehrpläne für das in der Verfassung Baden-Württembergs vorgeschriebene „ordentliche Lehrfach" Gemeinschaftskunde zu erarbeiten. Die besondere Herausforderung bestand darin, dass dieses Fach seinen Platz im schulischen

---

[61] Einige andere Politikwissenschaftler der Gründergeneration äußerten sich wenigstens in Aufsätzen zur politischen Bildung. So erörterte Siegfried Landshut „Die Schwierigkeiten der politischen Erziehung in der egalitären Massengesellschaft" (in: Gesellschaft – Staat – Erziehung 2 (1957), S. 311-315), und Wolfgang Abendroth schrieb „Zum Problem der politischen Erziehung in der Bundesrepublik Deutschland" (in: Fritz Wenzel (Hrsg.): Geographie, Geschichte, Pädagogik. Festschrift für Walther Maas zum 60. Geburtstag. Göttingen 1961, S. 50 - 52).

[62] Mitglieder der Kommission waren Ludwig Bergsträsser, Arnold Bergstraesser, Theodor Eschenburg, Wolfgang Abendroth, Adolf Grabowsky und Franz Fendt.

Fächerkanon erst noch finden musste.[63] Die 1956 fertiggestellten Lehrpläne für das Gymnasium trugen deutlich die Handschrift der beiden Politikwissenschaftler (Detjen 2003, 272, 274, 282 f.).

Die Etablierung des Unterrichtsfaches für politische Bildung bewirkte, dass in den Bundesländern nach und nach die Möglichkeit eingeräumt wurde, an den Universitäten im Rahmen eines Fachstudiums die Fakultas, also die Lehrberechtigung, für das Schulfach Politik zu erwerben. Begonnen hatten hiermit im Jahr 1957 Baden-Württemberg und Hessen. Die vorrangige, wenn auch nicht ausschließliche Bezugswissenschaft dieses Studienganges war die Politikwissenschaft. Politikwissenschaftliche Institute betätigten sich auch an der Fort- und Weiterbildung von Lehrern in politischer Bildung.[64] Das Schulfach Politik trug auf diese Weise wesentlich zur Expansion der Politikwissenschaft seit Beginn der sechziger Jahre bei (Bleek 2001, 315 ff.).

Arnold Bergstraesser (1896-1964) trat in vielfacher Weise als Förderer der politischen Bildung auf. Er veröffentlichte nicht nur eine beträchtliche Zahl gehaltvoller Aufsätze zur schulischen politischen Bildung wie zur politischen Erwachsenenbildung, sondern war auch Initiator, Leiter oder Mitwirkender wichtiger Einrichtungen der politischen Bildung.[65]

Bergstraesser entwickelte seine Vorschläge zur politischen Bildung auf der Basis einer durchdachten politikwissenschaftlichen Theorie, die stark von Aristoteles befruchtet war. Hiernach richtet die Politikwissenschaft ihr Augenmerk auf das Künftige, genauer: auf die zu tuenden

---

[63] Wie schwer es für den Politikunterricht gewesen war, an den Schulen überhaupt Fuß zu fassen, schilderte im Rückblick Theodor Eschenburg. Der *Ausschuss für Staatsbürgerliche Erziehung* hatte zwei Wochenstunden Unterricht in politischer Bildung gefordert und damit den damaligen Kultusminister Wilhelm Simpendörfer in Bedrängnis gebracht. Eschenburg berichtete: Simpendörfer „lud eine Reihe von Oberstudiendirektoren, nach meiner Erinnerung sechs bis acht, Philologen, Historiker und Naturwissenschaftler, zu einer Beratung ein. Das Thema, nämlich die Zahl der Wochenstunden, war ihnen schriftlich bekannt gegeben worden. Die Oberstudiendirektoren ließen sich auf diese Frage überhaupt nicht ein, sondern erklärten nahezu übereinstimmend, dass dieses Fach nicht nur überflüssig, sondern schädlich wäre. Politische Bildungsarbeit der Schule würde in den einzelnen Fächern Altphilologie, Neuphilologie, Deutsch, Geschichte, Geographie, ja sogar in Mathematik (Wahlrecht) geleistet. Ich hatte davon in meiner Schulzeit überhaupt nichts bemerkt. In der Oberprima hatten wir Kapitel aus Aristoteles' Politik gelesen und dabei viel wie gründlich Grammatik und Syntax gelernt. Aber auch von einem Oberstudiendirektor in Tübingen, der mein Nachbar war und es wissen musste, hatte ich erfahren, dass in politischer Bildung nichts geschehe. Die Oberstudiendirektoren beriefen sich auf ‚das Politische als Unterrichtsprinzip' sowie auf die Schülerselbstverwaltung und auf ‚Partnerschaftliches Verhalten' als Vorübung zur Demokratie. Ich hielt dem entgegen: Das vermöge vielleicht den regelrechten Fachunterricht zu ergänzen, aber keinesfalls zu ersetzen. Der eigentliche Sinn des Kampfes wurde schnell deutlich. Simpendörfer hatte erklärt, dass eine Erhöhung der Stundenzahl auf keinen Fall erfolgen dürfe, es mussten also Wochenstunden für Politik von anderen Fächern abgegeben werden. Dazu war nicht ein einziger Oberstudiendirektor bereit. Auch die Lehrerverbände hatten interveniert, hier lernte ich außerwirtschaftlichen Lobbyismus kennen" (Eschenburg 1986, 31).

[64] Führend waren hier die Hochschule für Politik Berlin bzw. das Otto-Suhr-Institut der Freien Universität Berlin sowie das unter Arnold Bergstraessers Leitung stehende Seminar für Wissenschaftliche Politik der Universität Freiburg beteiligt. Der von Dieter Oberndörfer und Hans Maier verantwortete *Bericht über den Weiterbildungskurs für baden-württembergische Gemeinschaftskundelehrer an Höheren Schulen vom 18. Juli bis 5. August 1960 in Freiburg im Breisgau (Waldhof)* im Umfang von 94 Seiten vermittelt einen Eindruck vom hohen Niveau der Weiterbildung.

[65] Erwähnt seien die Politische Akademie Tutzing, die Politische Akademie Eichholz der Konrad-Adenauer-Stiftung, der Beirat für Innere Führung der Bundeswehr, die Kommission zur Beratung der Bundesregierung in Fragen der Politischen Bildung, der Deutsche Volkshochschulverband und die Arbeitsgemeinschaft *Der Bürger im Staat*. Aus letzterer ging später die Landeszentrale für politische Bildung Baden-Württemberg hervor. Bergstraesser war außerdem zeitweilig Präsident der deutschen UNESCO-Kommission.

Dinge (*res gerendae*). Ihre Aufgabe besteht darin, der Staatskunst durch Vordenken zu dienen. Zu diesem Zweck nimmt sie nach Möglichkeit alle jene Wirkungsfaktoren *synoptisch* in den Blick, welche die jeweils gegebene Situation bestimmen und die politische Entscheidung beeinflussen, und versucht, deren Proportionen adäquat zu erkennen. Geschichtliche Ereignisse (*res gestae*) zählen maßgeblich zu diesen Wirkungsfaktoren, darüber hinaus natürlich auch geographische, wirtschaftliche und rechtliche Faktoren (Bergstraesser 1966, 28 f.).

Diese Ortsbestimmung der Politikwissenschaft enthielt zugleich Aussagen über den Kern der Geschichtswissenschaft. Bergstraesser zufolge besteht die Aufgabe der Historiographie in der Analyse abgeschlossener Phänomene, erforschter und überschaubarer Ganzheiten. Die eigentliche Frage der Geschichtswissenschaft lautet deshalb: „Wie ist es gewesen, und welche Bedeutung hat es für uns heute?"

Bergstraesser übertrug die Struktur der beiden Wissenschaften auf die Schule und kam zu folgendem Ergebnis: Der Geschichtsunterricht habe es mit den geschehenen Dingen (*res gestae*) zu tun. Demgegenüber befasse sich der Politikunterricht mit den aufgegebenen Dingen (*res gerendae*). Sein Gegenstand seien die im Fluss befindlichen gesellschaftlichen Phänomene und offenen politischen Probleme. Seine eigentliche Frage laute: „Was hat zu geschehen unter kluger Berücksichtigung hinzunehmender Gegebenheiten?" Angesichts dieser Frage sei es offenkundig, dass die normative Kategorie des Gemeinwohls eine zentrale Rolle spiele. Politische Bildung sei also nicht einfach Gegenwartsanalyse, sondern – aristotelisch formuliert – eine besondere Form der Praxis, nämlich das denkerische Vorwegnehmen oder Nachvollziehen der mit der verbindlichen Regelung der öffentlichen Angelegenheiten verbundenen Anstrengungen.

Die politische Bildung habe deshalb im Kern die Aufgabe, die *politische Urteilsfähigkeit* im dargelegten Sinne zu fördern. Sie habe eine Denkweise zu üben, die sich auf das im Gemeinwesen zu Tuende richte und daher in gewisser Weise ein Abbild des politischen Urteils des Politikers sei. In den Worten Bergstraessers: „Wollen wir einen urteilsfähigen politischen Zeitgenossen erziehen, dann muss er imstande sein, mit anderen Staatsbürgern und gleichsam für den handelnden Staatsmann die Entscheidung auf die Zukunft hin vorauszudenken" (Bergstraesser 1966, 305). Die Bedeutsamkeit dieses Zieles liege darin, dass daraus politisches Verständnis, Kritikfähigkeit und Verantwortungsbereitschaft erwüchsen, mithin Eigenschaften, die den *mündigen Bürger* auszeichneten. Auf solche Bürger sei der demokratische Verfassungsstaat um seiner Existenz willen angewiesen.

Bergstraesser erörterte den Beitrag der anderen Schulfächer zur politischen Bildung. Er gestand zu, dass die Fächer Geographie, Geschichte, Religion und Deutsch sowie die Fremdsprachen jeweils Spezifisches beisteuern könnten. Sie genügten allerdings *allein* nicht dem Anliegen der politischen Bildung, die politische Urteilsfähigkeit zu fördern.
Bergstraesser wandte sich aber nicht nur dagegen, bei der politischen Bildungsarbeit lediglich auf das Unterrichtsprinzip zu setzen. Er hielt ebenso die Partnerschaftserziehung und die Schülerselbstverwaltung für nicht hinreichend (Bergstraesser 1966, 306 f.). „Wir hätten nichts dagegen, wenn die Schule aufgefasst würde als eine Experimentierstation, in der Menschen das Verhalten zueinander und auch im kleinen Rahmen die eigene Willensbildung demokratischer Art lernen würden; aber wir haben sehr viel dagegen, wenn man versäumt, die Kenntnisse zu vermitteln, welche notwendig sind, um die heutige Welt und die Stellung Deutschlands in dieser heutigen Welt zu verstehen" (Bergstraesser 1961, 7).

Mit Nachdruck beharrte Bergstraesser deshalb darauf, dass die politische Urteilsbildung auf soliden Kenntnissen über Politik und Gesellschaft beruhen müsse. Solche Kenntnisse könnten nur in einem selbstständigen Unterrichtsfach Politik vermittelt werden. Dieser Unterricht befasse sich mit vier Sachgebieten, nämlich der Gesellschaft, wozu auch die Wirtschaft zähle, der inneren Politik, der internationalen Politik sowie der Staats- und Sozialphilosophie (Bergstraesser 1963, 60 f.).

Obwohl Bergstraesser Politikwissenschaftler und kein politischer Bildner war, bewies er ein erstaunliches Gespür für die Praxis des Politikunterrichts. So plädierte er für die Anwendung des *exemplarischen Prinzips*: „Es ist selbstverständlich, dass das gründlich ... durchgeführte Lehrbeispiel politisch sehr viel wirksamer bildet, wenn es den nötigen Grad von Abstraktion erreicht, als irgendeine stoffliche Vielwisserei." Bergstraesser wusste auch davon, dass ein guter Unterricht an *Erfahrungen* der Schüler anknüpft: „Unter Pädagogen brauche ich nicht darauf hinzuweisen, dass die Sequenz des im politischen Unterricht zu Entwickelnden besonders sorgfältiger Kontrolle bedarf, denn nur das Anknüpfen an schon bekannte Erfahrungsbestände kann sowohl die Erfahrungsfähigkeit wie ihre Umformung im politischen Sinne entwickeln" (Bergstraesser 1966, 310).

Schließlich setzte sich Bergstraesser mit einem prinzipiellen Problem politischer Bildung auseinander, nämlich mit der Frage oder besser: der Gefahr der politischen Parteilichkeit und Indoktrination. Hierzu äußerte er sich unmissverständlich: Den Lehrern gegenüber müsse unermüdlich wiederholt werden, „dass es sich nicht darum handeln kann, eine Indoktrination der Schüler vorzunehmen, ganz abgesehen von der Frage, ob sich diese Schüler ein solches Verfahren denn gefallen ließen. Vielmehr ist es mit der Absicht, einen mündigen Menschen und einen politisch urteilsfähigen Zeitgenossen auszubilden, unvereinbar, wenn ihm die eigene Stellungnahme und ihre Vorbereitung durch Sachkenntnis und Nachdenken entzogen wird mit Hilfe der Übermittlung vorentscheidender Auffassungen.
Auf der anderen Seite ist dem Lehrer, der an der politischen Bildung sich beteiligt, die Aufgabe gestellt, seine eigene Auffassung klar und mutig zu vertreten. Aber er soll sie zugleich in der Gesinnung eines freiheitlichen Rechtsstaates vertreten, in dem auch gegenteilige Auffassungen zu Worte und Gehör kommen müssen, wenn sie nur sachlich begründet und im Denken dessen, der sie vertritt, eindeutig mit seinen letzten Urteilsmotiven verbunden sind.
Eben in der kontroversen Natur der politischen Fragen liegt auch ihr erzieherischer Wert, und der Unterricht auf der Schule oder im Bereiche der Erwachsenenbildung kann der kontroversen, ja polemischen Eigenart des politischen Lebens selbst nichts zu nehmen versuchen.
Nur derjenige Lehrer wird überzeugen können ..., der seine eigene Auffassung zu begründen vermag und an der entgegengesetzten Meinung nicht den berechtigten Standpunkt, wohl aber die ihr zugrunde liegende Sachkenntnis und die zu verlangende geistige Klarheit durch seine Kritik zu fördern bestrebt ist" (Bergstraesser 1958, 50).

Trotz grundsätzlicher Übereinstimmung mit Bergstraesser legte Theodor Eschenburg (1904-1999) die Akzente etwas anders. Eschenburg kam es eher auf die Kenntnis von Institutionen und Verfahren der politischen Ordnung an. Diese Dinge müssten ganz systematisch gelernt und immer wieder erklärt werden:[66] „Die meisten Menschen sind ja gewohnt, die Institutionen und ihre Aufgabenstellung einfach hinzunehmen, weil sie nun einmal da sind, und viele Eltern und Lehrer sind zu bequem, eine andere Antwort zu geben als die des Hinweises auf die Exis-

---

[66] Dieses Anliegen bestimmte seit jeher Eschenburgs Konzeption der Politikwissenschaft wie auch seine Vorstellungen über die Aufgaben der politischen Bildung. So sah Eschenburg bereits während der Weimarer Republik die eigentliche Aufgabe der politischen Bildung darin, zum „Verstehen des Funktionierens und des Sinnzusammenhangs der Organe" des demokratischen Staates beizutragen. Eine solche politische Bildung könne das Fundament der Loyalität gegenüber Staat und Verfassung schaffen. Wie Eschenburg in diesem Zusammenhang anmerkte, hatte während seiner Studienzeit insbesondere der Staatsrechtslehrer Heinrich Triepel sein Interesse für die Verfassung und die Institutionen des Staates geweckt. Eschenburg hatte dessen Vorlesungen in Berlin ab 1929 besucht. Vgl. Theodor Eschenburg: Also hören Sie mal zu. Geschichte und Geschichten 1904-1933. Berlin 1995, S. 217 f., 243.

tenz schon zu ihrer Zeit. Es gilt, hier den Kindern die Kausalität klar zu machen, sie zum Fragen anzuregen" (Eschenburg 1951, 6).

Eschenburg hielt einen *institutionenkundlichen* Unterricht für einen „wirksamen Impfstoff" gegen „die Demagogie unverantwortlicher Massenparolen, wie wir sie jetzt und in Zukunft immer wieder erleben werden." Es dürfe die heranwachsende Generation „nicht in die Hände marktschreierischer, hochbegabter Demagogen fallen, nur deswegen, weil es ihr an Urteilsfähigkeit fehlt" (Eschenburg 1951, 7).
Eschenburg war überzeugt davon, dass politische Radikalität wie Gleichgültigkeit gegenüber der Politik ihren Grund in der Unkenntnis hätten. Setze man den jungen Leuten die Politik sachlich und nicht einseitig auseinander, erkläre man sie ihnen in ihrer Wirklichkeit und nicht lediglich formal, verschweige man die Mängel nicht und meide man Sensation ebenso wie Doktrin, dann zeigten sie „plötzlich eine erstaunlich gemäßigte politische Haltung". Diese Haltung sei daraus entstanden, „dass man diese Dinge nun erkennt, und mit der Erkenntnis entsteht die Urteilsfähigkeit. Man erkennt auch zugleich die Schranken des politischen Handlungsvermögens. Man lernt, dass man den Staat nicht im Wolken-Kuckucksheim konstruieren kann" (Eschenburg 1951, 7). Eschenburg begriff sein Plädoyer für einen institutionenkundlich bestimmten Politikunterricht also als einen Beitrag zur Stabilisierung des demokratischen Staates.

Eschenburg blieb dieser auf Institutionenkenntnis und Institutionenkritik setzenden Linie lebenslang treu. Noch viele Jahre nach Beendigung seiner Lehrtätigkeit hielt er daran fest, dass Aufgabe des Politikunterrichts die Vermittlung eines *Grundwissens* über die bestehende Ordnung sei. Dieses Grundwissen sei „die unerlässliche Voraussetzung für deren kritische Beurteilung und etwaige Veränderung" (Eschenburg 1986, 37).
Eschenburg fasste seine politisch-bildnerische Position wie folgt zusammen: „Quintessenz meiner eigenen Erfahrungen, auch aufgrund zahlreicher Diskussionen und Gespräche war, dass Demokratie mit ihrem komplizierten System einfach gelernt werden muss. Institutionen, Kompetenzen und Verfahren müssen nüchtern gelehrt, verständlich gemacht werden. Vulgär habe ich damals ausgedrückt: Wir brauchen eine Fahrschule für Politik. Richtig Autofahren kann nur, wer dessen Mechanismus beherrscht. Heute würde ich sagen: Der mündige Bürger fällt nicht vom Himmel" (Eschenburg 1986, 27).

Ernst Fraenkel (1898-1975), Begründer der höchst einflussreichen Neopluralismustheorie, leidenschaftlicher Verfechter der westlichen Demokratie und kompromissloser Gegner jeder Form totalitärer Herrschaft sowie in seinem politikwissenschaftlichen Grundverständnis Arnold Bergstraesser nahestehend, empfand die politische Bildung als eine Herzensangelegenheit.[67] Seine Veröffentlichungen kreisten zwar fast ausschließlich um politikwissenschaftliche

---

[67] In den Korrespondenzen Fraenkels, die im Bundesarchiv Koblenz unter der Bestandssignatur N 1274 lagern, wird dies deutlich. So war Fraenkel im Sommer 1960 in eine Berliner Schulklasse gegangen, um mit den Schülern über Entwicklungspolitik zu sprechen. Diese Stunde misslang allerdings (Bd. 38). Ebenfalls 1960 richtete das Otto-Suhr-Institut Lehrerweiterbildungskurse für Pädagogen ein, die Gemeinschaftskunde unterrichten wollten oder sollten. Diese Kurse wurden in den folgenden Jahren fortgesetzt. Fraenkel war einer der aktivsten Hochschullehrer dort (Bde. 38, 46). Im April 1959 schrieb er seinem Assistenten: „Ich halte es sowohl im Interesse der Politologie als auch im Interesse der Universität für entscheidend wichtig, dass wir uns nicht darauf beschränken, einen relativ kleinen Kreis von Fachpolitologen auszubilden, sondern eine Breitenwirkung auf Studenten mit einem anderen Hauptfach auszuüben versuchen. Ich denke vor allem an die zukünftigen Lehrer. Dies ist aber nur möglich, wenn wir nicht auf einem Isolierschemel sitzen" (Bd. 31).
Die Sorge um eine politikwissenschaftlich vertretbare Ausbildung der Politiklehrer trieb Fraenkel Ende der sechziger Jahren um, als die „Neue Linke", die „Außerparlamentarische Opposition" (APO), das Otto-Suhr-Institut politisch umfunktioniert hatte. Im Januar 1970 schrieb er einem Verlag: „Ich habe mich seinerzeit bereit erklärt, an dem Handbuch mitzuarbeiten, weil ich seit langem die Ausbildung der

Fragen, aber an verstreuten Stellen äußerte er sich auch zu Problemen der politischen Bildung und Erziehung.

In einem Rundfunkvortrag 1958 sprach Fraenkel darüber, welche Formen politischer Bildung und Erziehung für die pluralistische Demokratie geeignet seien. Im Hintergrund seiner Überlegungen standen dabei Erfahrungen mit der Staatsbürgerkunde der Weimarer Republik und wohl auch Eindrücke, die er möglicherweise bei einer Lektüre von Friedrich Oetingers Buch über die Partnerschaftserziehung gewonnen hatte.[68]

Fraenkel erklärte jedenfalls, dass die „Forderung nach Einführung eines staatsbürgerlichen Unterrichts bestenfalls ein sekundäres Problem" sei. Es wäre nämlich verhängnisvoll, „wenn die Schulen glaubten, ihrer Verpflichtung gegenüber der Demokratie schon allein dadurch nachzukommen, dass sie ein- oder zweimal in der Woche das Grundgesetz erläutern." Nicht die Übermittlung eines Minimums von politischem Wissen sei entscheidend, sondern die „allgemeine Charakterbildung": „Wenn es nicht paradox klänge, wäre ich geneigt zu sagen, dass in einer Demokratie die politische Bildung zu bedeutsam ist, um als Spezialfach behandelt zu werden. Sie muss den gesamten Unterrichts- und Erziehungsprozess durchdringen."

Die zukünftigen Bürger müssten darin geschult werden, „den Mittelweg zwischen einem lähmenden Relativismus und einem tötenden Dogmatismus" zu finden. In diesem Sinne sollten sie zur Bildung eigener Urteile ermuntert werden, zugleich aber angehalten werden, „ein Mehrheitsverdikt uneingeschränkt anzuerkennen." Mit einem Wort: Sie sollten lernen, sich ihr eigenes Urteil in Auseinandersetzung mit abweichenden Meinungen zu bilden. Das solle dazu führen, dass die Menschen sich einerseits voller Stolz auf ihr eigenes Urteil verließen, sich andererseits aber voller Bescheidenheit der Grenzen ihrer Urteilsfähigkeit bewusst seien. Erreicht werden könne dieses Ziel nur, wenn die heranwachsenden Menschen mit der Notwendigkeit konfrontiert würden, „zur eigenständigen geistigen Verantwortung zu gelangen". Dies wiederum lasse sich viel leichter durch Demonstration an Beispielen aus dem Erfahrungsbereich des heranwachsenden Menschen als aus dem der „hohen Politik" begreiflich machen. Weiterhin müssten die Interaktionen zwischen dem Lehrer und den Schülern vom Geist demokratischer Gleichheit bestimmt sein. Schließlich müssten im Schulleben die Gebote der Fairness herrschen, „ohne deren Anerkennung die idealste Verfassungsordnung ein toter Buchstabe bleiben muss" (Fraenkel 2002, 146).

Fraenkels Überlegungen zu den Inhalten der politischen Bildung kreisen um die Frage, welche kognitiven Kenntnisse und Fähigkeiten der nachwachsenden Generation vermittelt werden müssten, damit die pluralistisch-rechtsstaatliche Demokratie erhalten bleibe.

In einem 1955 veröffentlichten Aufsatz mit dem Titel *Akademische Erziehung und politische Berufe* befasste er sich unter anderem mit der „Erziehung zur Politik". Auch wenn er hierbei vorzugsweise die universitäre Ausbildung im Blick hatte, so waren seine Überlegungen doch auch auf die allgemeine politische Bildung anwendbar.

Erziehung zur Politik, so Fraenkel, bedeute „Schulung in der Methodik politischen Denkens, d.h. aber Absage an alle *monistischen* Erklärungsversuche politischer Phänomene." Erziehung zur Politik heiße weiterhin „Erlangung einer vertieften Einsicht in die Möglichkeiten und Grenzen politischen Handelns." Das schließe die Absage an die unkritische Haltung zur Poli-

---

Studienräte und Studienassessoren im politischen Unterricht für das wichtigste halte, was die politische Wissenschaft heute praktisch leisten kann. Dies gilt umso mehr, als – zumindest hier in Berlin – die APO alles daran setzt, um die ‚Fachbereiche' zu kontrollieren, die sich mit politisch relevanten Unterrichtsfächern der Schule beschäftigen. Gegen diese Bestrebungen sollte das Handbuch als Gegengewicht dienen" (Bd. 104).

[68] Zur Partnerschaftserziehung Friedrich Oetingers siehe die diesem Konzept gewidmeten Ausführungen in Abschnitt *8.4 Konzeptionen der politischen Pädagogik*.

tik ein, „die durch ein ständiges Schwanken zwischen einer maßlosen Überschätzung und einer skeptischen Unterschätzung der Aufgaben gekennzeichnet" sei, die der Politik im sozialen, wirtschaftlichen und geistigen Leben einer Epoche gesetzt seien. Erziehung zur Politik bedeute schließlich die Erlangung der Fähigkeit, „das Zusammenspiel der verschiedenartigen Komponenten zu erfassen, deren jeweilige Ausbalancierung das Wesen einer konkreten politischen Entscheidung ausmacht. Nur wer in der Lage ist, den Denk- und Willensprozess zu begreifen, der politischen Entscheidungen zugrunde liegt, darf sich politisch geschult nennen" (Fraenkel 1955, 114).
Fraenkel machte in diesen Ausführungen deutlich, dass er das Begreifen der Politik nicht für eine einfache, sondern für eine anspruchsvolle kognitive Angelegenheit hielt. Mit der Absage an den Monismus machte Fraenkel klar, dass er die Politik auf ein pluralistisches Gemeinwesen bezog.

In einer kritischen Replik auf ein Positionspapier des Verbandes Deutscher Studentenschaften zum Unterrichtsfach Sozialkunde machte Fraenkel weitere Aussagen zu seinem Verständnis von politischer Bildung. Stillschweigend setzte er dabei die Angemessenheit eines selbstständigen Unterrichtsfaches für die politische Bildung voraus. Fraenkels Aussagen unterstrichen, dass die politische Bildung für ihn keine wertneutrale Angelegenheit war.
So wandte er sich gegen eine Beschränkung des Unterrichts auf empirisch analysierbare Sachverhalte. Die empirische Dimension sei zwar wichtig, aber der Unterricht dürfe sich nicht von der Beschäftigung mit der Lehre des „guten Staates" und der „guten Gesellschaft" abkapseln. Ohne Berücksichtigung der politischen Philosophie, „ohne Berücksichtigung dessen, was seit Plato die größten Denker der westlichen Welt über das staatliche und gesellschaftliche Leben gedacht und geschrieben haben", sei ein Unterricht in Sozialkunde „sinnlos". Ebenso gehöre es zu den Aufgaben der Sozialkunde, „ein vertieftes Verständnis der sozialen und politischen Anthropologie" herbeizuführen.
Die Sozialkunde dürfe auch nicht „gesinnungslos" sein. Ihre Gesinnung beziehe sich auf den Wert einer gesellschaftlichen und politischen Ordnung, welche die Würde des Menschen respektiere und die unverbrüchliche Herrschaft des Rechts garantiere. Es sei zwar nicht zu beanstanden, wenn der Unterricht Fehlentwicklungen der Demokratie thematisiere, aber ebenso angemessen sei es, „auf den Segen eines echtdemokratischen Regimes hinzuweisen". In diesem Zusammenhang müsse klar sein, dass die Demokratie ohne Bezug auf absolute Werte nicht gelehrt werden könne (Fraenkel 1965, 376).

Fraenkel hielt im März 1966 das Einleitungsreferat auf dem ersten *Kongress zur politischen Bildung*, den der Arbeitskreis deutscher Bildungsstätten organisiert hatte. Er sprach über *Möglichkeiten und Grenzen politischer Mitarbeit der Bürger in einer modernen parlamentarischen Demokratie*. In diesem Vortrag schrieb er der politischen Bildung ins Stammbuch, dass sie die Realität und die geistigen Grundlagen der pluralistischen Demokratie in Kontrastierung zur monistisch-totalitären Demokratie bewusst zu machen habe. Sie müsse daher die Wirklichkeit der differenzierten heterogenen Gesellschaft bewusst machen. Das bedeute automatisch, an Tocqueville anzuknüpfen und sich von Rousseaus Idee einer homogenen Gesellschaft zu distanzieren. Sie müsse sich weiterhin zu der jüdisch-christlich geprägten politischen Anthropologie bekennen, die den Gedanken der Perfektibilität des Menschen für eine Chimäre halte. Und sie müsse Stellung beziehen gegen die vulgärdemokratische Irrlehre von der Aufhebung der Entfremdung in der patriotischen Volksgemeinschaft, die wiederum auf Rousseau, aber auch auf Fichte zurückgehe (Fraenkel 1966, 6 ff.).

Die von Bergstraesser, Eschenburg und Fraenkel vorgelegten konzeptionellen Überlegungen zur politischen Bildung hatten gemeinsam, dass sie in der Förderung der politischen Urteilsfähigkeit die entscheidende Aufgabe dieses Bildungsfeldes sahen. Sie waren ebenfalls gemeinsam der Auffassung, dass die Wissensbestände der damals als Demokratiewissenschaft auftretenden Politikwissenschaft den Inhalt des Politikunterrichts bestimmen müssten. Fraenkel ließ diese Tendenz am deutlichsten erkennen. Weiterhin stand bei ihnen außer Frage, dass der legitimierende Grund für die Existenz der politischen Bildung in der Erhaltung der demokratischen Ordnung liege. Schließlich zeigten Bergstraesser und Fraenkel ein Gespür für die Vermittlungsprobleme der politischen Bildung. Das war insofern bemerkenswert, als beide keine Didaktiker waren.

Politikwissenschaft versus politische Pädagogik: Streit um das angemessene Bürgerleitbild

Anfang der sechziger Jahre sah sich die Politikwissenschaft erneut veranlasst, zu Problemen der politischen Bildung Stellung zu nehmen. Es ging um die Frage nach dem der politischen Bildung in einer Demokratie angemessenen *Bürgerleitbild*. An dieser Diskussion beteiligten sich vorzugsweise Politikwissenschaftler der zweiten Generation.

Auslöser der Diskussion war das in den fünfziger Jahren von Vertretern der politischen Pädagogik konstruierte Bürgerleitbild, das *enthusiastisch-idealistische* Züge trug. Die politischen Pädagogen hatten ihre Vorstellungen ohne Kommunikation mit der Politikwissenschaft entwickelt. Das war nicht verwunderlich, da zu jener Zeit die Politikwissenschaft noch in den Anfängen steckte.

Das politisch-pädagogische Bürgerleitbild schwärmte von der unbegrenzten Mitverantwortung jedes Einzelnen für das politische Geschehen. Es erhob die Forderung, der Bürger müsse um der Demokratie, aber auch um seiner selbst willen aktiv am politischen Geschehen partizipieren. Das Bürgerleitbild supponierte somit ein Volk, das gänzlich aus politisch Interessierten und Verantwortlichen besteht.[69] Die gesamte Erziehung und Bildung wurde diesem Ziel unterstellt. Die politische Pädagogik huldigte insoweit dem Ideal des *politischen Menschen*. Vor dem Hintergrund der gerade überwundenen nationalsozialistischen Diktatur war der Impetus der politischen Pädagogik durchaus nachvollziehbar: Sie wollte der Erziehung die Aufgabe übertragen, die nachwachsende Generation zu lehren, politisch verantwortlich zu handeln. Dahinter stand die Absicht, durch staatsbürgerliches Verantwortungsbewusstsein und partizipatorische Aktivität der Entstehung einer Diktatur ein für allemal vorzubeugen (Detjen 2000a, 21 ff.).

Erich Weniger und Eduard Spranger waren zwei prominente politische Pädagogen, die nachdrücklich das enthusiastisch-idealistische Bürgerleitbild vertraten. Erich Weniger schrieb: „Demokratie fordert die Verantwortung jedes Einzelnen für das politische Geschehen, und das wiederum fordert, dass jeder die in seinem Gesichtskreise zugängliche Einsicht auch erwerbe, die ihm die Möglichkeit echten politischen Handelns erschließt. Die Demokratie ... lässt jeden teilhaben an der politischen Verantwortung. Daraus erwächst die erzieherische Aufgabe, jeden Einzelnen in den Grenzen seiner Begabung und seines Intellekts für die Übernahme dieser Verantwortung und für die Anteilnahme am politischen Leben zu erziehen und zu bilden. ... Auch in dem einfachen Genossen unseres Volkes müssen die sittlichen Kräfte geweckt werden, die ihn zur Freiheit der Entscheidung befähigen ..." (Weniger 1952, 316).

Eduard Spranger rekurrierte in der Begründung seines Plädoyers für die staatsbürgerliche Erziehung direkt auf Rousseau: „*Alle* sind berufen, d.h. ebenso berechtigt wie auch verpflichtet, dem Staate zu dienen und ihn mitzusteuern. Jeder ist zugleich Untertan und Souverän, sagt

---

[69] Kurt Sontheimer fasste dieses Bürgerleitbild in die kritisch-ironisch gemeinten Sätze: „Tua res agitur: es geht in der Politik um Deine ureigensten Angelegenheiten: Niemandem ist es erlaubt, sich der Politik zu entschlagen. Desertion aus der Politik gilt als fast so verbrecherisch wie die Desertion von der kämpfenden Truppe. ‚Du bist der Staat' lautet die simple Formel; wir Bürger tragen samt und sonders politische Verantwortung, denn wir leben in einer Demokratie!" (Sontheimer 1963b, 173)

Rousseau. Wiederum ein Grund für die gesteigerte Wichtigkeit der politischen Erziehung" (Spranger 1957, 47).

Gegenüber den politischen Pädagogen ließen sich die Politikwissenschaftler von einem empirisch gesättigten Realismus leiten, der zudem auf der Kenntnisnahme der Verfassung beruhte. Schon 1957 gab Wilhelm Hennis zu bedenken, dass die Macht des gewöhnlichen Bürgers und damit der Bereich des von ihm überhaupt zu Verantwortenden minimal ist. So zu tun, als ob es unter den Vorzeichen einer repräsentativen Demokratie sowie einer komplexen politischen Wirklichkeit anders wäre, habe schon etwas Ideologisches an sich. Verantwortung sei die Bürde der politischen Amtsträger. Nur bei ihnen sei die notwendige Bedingung für Verantwortlichkeit gegeben, nämlich ein Parlament und eine Wählerschaft, vor denen sie sich rechtfertigen müssten und von denen sie notfalls zum Rücktritt gezwungen werden könnten. Dagegen sei im Rahmen einer freiheitlichen Demokratie nicht ersichtlich, wer (außer dem persönlichen Gewissen des Einzelnen) den Bürger für sein politisches Denken oder Nichtdenken, Handeln oder Nichthandeln zur Verantwortung ziehen könnte (Hennis 1957, 332).

Kurt Sontheimer warf den politischen Pädagogen vor, mit ihrer Partizipationserwartung einem naiv-plebiszitären Demokratieverständnis zu folgen. Sie übersetzten Demokratie einfach mit Volksherrschaft und verlangten folglich, dass alle Staatsbürger in der Lage sein müssten, alle politischen Probleme zu verstehen und über sie zu entscheiden. Die existierende Demokratie sei aber repräsentativ verfasst und beruhe folglich auf dem Gedanken der Arbeitsteilung. Sie mache es möglich, dass mit eigenem Handlungsspielraum ausgestattete Personen – die Repräsentanten – sich ausdauernder und professioneller mit den Problemen des Gemeinwesens befassen könnten als die Bürger. Und sie erteile diesen Personen auch die Befugnis, verbindliche Entscheidungen zu treffen. Die Wirkungsmöglichkeiten des Bürgers seien daher beschränkt. Weil dies so sei, könne der Aufruf zur partizipatorischen Aktivität nur Illusionen nähren, die, ganz entgegen den Absichten, bei Enttäuschungen in eine besonders negative Einstellung zur Demokratie umschlagen könnten (Sontheimer 1963b, 176 f.).

Darüber, dass das Bild des wissenden, rational urteilenden, handlungsfähigen und engagiert am politischen Leben teilnehmenden Bürgers ein von der Realität weit entferntes Idealbild darstellt, waren sich die Politikwissenschaftler einig. Der Politikwissenschaftler Thomas Ellwein befasste sich genauer mit der Figur des Bürgers in der Demokratie. Er warf einen Blick auf die Motive, sich politisch zu engagieren, und unterschied bezüglich der partizipatorischen Aktivität vier Bürgertypen.

Zum ersten Bürgertyp gehörten Menschen, die auf jegliche Teilhabe an der Politik verzichteten. Es sei nicht mit Sicherheit feststellbar, ob diesen Menschen konkrete Beweggründe für politische Partizipation fehlten oder ob sie aus Bequemlichkeit, Schüchternheit oder auch Furcht politisch passiv seien. Der zweite Bürgertyp bestehe aus Menschen, die sich nur aus einem ganz besonderen Anlass in die politische Willensbildung einschalteten. Daher sei ihre Aktivität auf sachlich mehr oder minder eng begrenzte Ziele gerichtet. Zum dritten Bürgertyp zählten Menschen, die sich öfter in die Politik einschalteten. Dieser Personenkreis habe neben aktuellen Beweggründen auch Motive prinzipieller Art. Der vierte Bürgertyp setze sich aus Menschen zusammen, die sich regelmäßig mit politischen Fragen beschäftigten und dies auch in praktisches Handeln umsetzten. Sie seien mindestens an einem Teilbereich der Politik ernstlich interessiert. Ein ganzes Bündel von Motiven könnte ihre politische Aktivität hervorgerufen haben: Interessenwahrnehmung, Einsicht, Sorge, Freude am politischen Geschäft, Verantwortungsgefühl sowie die Bereitschaft, bestimmten Ideen oder Wertvorstellungen zu dienen (Ellwein 1964, 206 f.).[70]

---

[70] Ellweins Unterscheidung lag etwas vereinfacht auch der Antwort der Bundesregierung auf die Großen Anfragen der Fraktionen des Deutschen Bundestages zur politischen Bildung aus dem Jahre

Politische Bildung als Auftrag der Erwachsenenbildung

Nach Ende des Zweiten Weltkrieges war den alliierten Siegermächten klar, dass in der *Erwachsenenbildung* ein wichtiges Potential für die politische Bildung lag. So dekretierte die Kontrollratsdirektive Nr. 56 vom 28. Oktober 1947 mit dem Titel *Grundlegende Richtlinien für Erwachsenenbildung in Deutschland* als Ziel der Erwachsenenbildung, „tätige Helfer für die demokratische Erziehung Deutschlands heranzubilden, indem der erwachsenen Bevölkerung die neuesten sozialen, politischen und wissenschaftlichen Erkenntnisse allgemein zugänglich gemacht werden" (zitiert nach Hufer 1999, 88). Die Erwachsenenbildung hatte es in der Nachkriegszeit jedoch schwer, bei den Bürgern Interesse für politische Bildungsangebote zu gewinnen. Sie musste gegen die politische Apathie argumentieren, die sich als Folge der Erfahrungen mit der nationalsozialistischen Zeit bei vielen eingestellt hatte.

Das Verständnis von politischer Bildung in der freien, d.h. nicht von Parteien getragenen Erwachsenenbildung war dezidiert überparteilich und vom Gedanken der *mitbürgerlichen Erziehung* geprägt. Sie setzte auf die Mobilisierung der „sittlichen Kräfte", war also stark appellativ ausgerichtet (Hufer 1999, 90 ff.). Das 1954 veröffentlichte Buch von Fritz Borinski mit dem Titel *Der Weg zum Mitbürger* drückte das Selbstverständnis der freien politischen Erwachsenenbildung der fünfziger Jahre treffend aus. Von diesen Vorstellungen unterschied sich natürlich die politische Bildungsarbeit der Parteien, die in der politisch-programmatischen Schulung ihrer Funktionäre eine wichtige Aufgabe sahen. Die Parteien gründeten zu diesem Zweck Stiftungen, die neben der Bildungsarbeit noch mit anderen Aufgaben betraut wurden (Olbrich 2001, 344 ff.).

Die Volkshochschulen bemühten sich Ende der vierziger und Anfang der fünfziger Jahre, gesellschaftliche Gruppen und Interessenverbände unter ihrem Dach zu integrieren. Es kam im Oktober 1951 zu einer Kooperation mit den Gewerkschaften, die unter dem Namen *Arbeit und Leben* firmierte. Die Volkshochschulen erhofften sich von dieser Kooperation, die Arbeiter stärker an ihre Bildungsarbeit heranführen zu können. Die zentrale Zielsetzung der *Deutschen Arbeitsgemeinschaft Arbeit und Leben* hieß: „Soziale Probleme denkerisch gestalten, erfassen und über den Beruf hinaus zu zentralen Problemen des Lebens vorstoßen." Die Arbeiterschaft sollte hierdurch befähigt werden, an der Gestaltung des sozialen und gesellschaftlichen Lebens verantwortlich teilzunehmen. In einer Erklärung vom Mai 1952 machte die Arbeitsgemeinschaft deutlich, dass es ihr im Grunde um politische Bildung ging: „Angesichts der sozialen, politischen und völkerrechtlichen Situation der Bundesrepublik, der Notwendigkeit, ihr demokratisches Fundament zu festigen und das gesamte öffentliche Leben demokratisch zu durchdringen, der Gefährdung der Jugend durch antidemokratische Strömungen ist im besonderen Maße politische Bildung notwendig" (zitiert nach Olbrich 2001, 338).

In einem Gutachten vom 29. Januar 1960 mit dem Titel *Zur Situation und Aufgabe der deutschen Erwachsenenbildung* machte der *Deutsche Ausschuss für das Erziehungs- und Bildungswesen* Ausführungen über den politisch bildenden Auftrag der Erwachsenenbildung.

Einleitend stellte das Gutachten fest, dass alle Schichten des Volkes eine gemeinsame politische Grundbildung benötigten. In einer freien Gesellschaftsordnung müsse diese Grundbildung aus „selbstständiger Bildung" resultieren. Denn die in totalitären Staaten übliche Technik der zentralen Massensteuerung verbiete sich von selbst. Nun könne die Schule nicht mehr leisten als eine politische Propädeutik. Und deshalb gelte: „In den Aufgabenkreis der im ei-

---

1968 zugrunde. In dieser Antwort wurde gewissermaßen offiziös eingestanden, dass trotz gleicher Bildungschancen Umfang und Grad der politischen Bildung bei den einzelnen Bürgern unterschiedlich seien. Es ließen sich nämlich (1) politisch nicht bzw. noch nicht interessierte, (2) politisch interessierte und (3) politisch aktive Bürger unterscheiden (Kuhn/Massing (Hrsg.) 1990, 243).

gentlichen Sinne politischen Bildung treten wir erst mit der Erwachsenenbildung ein, weil erst sie es mit Menschen zu tun hat, die sich nicht nur in einem Vorraum der Politik bewegen, sondern sich – ob sie es wollen oder nicht – im unmittelbaren Erfahrungsbereich des politischen Geschehens zu bewähren haben."

Die von der Erwachsenenbildung zu leistende politische Grundbildung umfasse zum einen die Vermittlung *elementarer Kenntnisse* über „Welt und Geschichte, Staat und Wirtschaft". Zum zweiten enthalte sie eine Erziehung zum *mitbürgerlichen Verhalten*, also zur Rücksichtnahme auf den anderen und zur Kooperation. Schließlich habe sie diejenigen *Fertigkeiten* zu übermitteln, von denen der Bestand der Demokratie abhänge. Hierzu gehörten „die Fähigkeit zum kritischen Lesen und Hören, zum freien Sprechen und zur sachlichen Haltung in Diskussion und Debatte." Aber auch der „rechte Umgang" mit den Medien sei den notwendigen Fertigkeiten zuzurechnen. Denn die Medien könnten nur dann zur selbstständigen *Urteils- und Willensbildung* beitragen, „wenn der Bürger fähig und bereit ist, sich ihrer in freier Auswahl zu bedienen, ihre Informationen und Darstellungen kritisch aufzunehmen und selbstständig zu verarbeiten."

Das Gutachten betonte, dass es mit der politischen Grundbildung für alle jedoch nicht getan sei. Der Erhalt der Demokratie gebiete nämlich die *Aktivierung* „lebendiger Minderheiten": „Die Demokratie kann nur funktionieren, wenn in allen regionalen Gemeinschaften vom kleinsten Dorf an, wenn in allen Betrieben, in allen kirchlichen Gemeinden, in den Verbänden und Behörden Menschen wirksam werden, die sich tätig um die öffentlichen Angelegenheiten kümmern." Der Förderung solcher *Aktivbürger* müsse sich die Erwachsenenbildung verstärkt annehmen. Denn bisher habe sich die Gesellschaft um diese „zentrale Aufgabe der politischen Bildung von Erwachsenen" zu wenig gekümmert (Borcherding 1965, 82 f.).

8.4 Konzeptionen der politischen Pädagogik

Als politische Pädagogen lassen sich jene Erziehungswissenschaftler bezeichnen, die sich meistens schon während der Weimarer Republik und dann wieder in der jungen Bundesrepublik mit Fragen der politischen Bildung und Erziehung beschäftigten. Sie übten maßgeblichen Einfluss auf das konzeptionelle Denken der politischen Bildung in den fünfziger Jahren aus.

Friedrich Oetingers Konzept der Partnerschaftserziehung

Im Jahre 1951 legte der Erziehungswissenschaftler Theodor Wilhelm mit seinem Buch *Wendepunkt der politischen Erziehung – Partnerschaft als pädagogische Aufgabe* das erste Gesamtkonzept für die politische Bildung nach dem Ende des Zweiten Weltkrieges vor. Wilhelm, 1906 geboren und ab 1957 Professor für Pädagogik in Kiel, veröffentlichte sein Werk unter dem Pseudonym *Friedrich Oetinger*. Das Buch über die Partnerschaft erlebte 1953 die zweite und 1956 die dritte Auflage. In der zweiten Auflage änderte Oetinger den Titel in *Partnerschaft – Aufgabe der politischen Erziehung*.
Das Buch übte nicht nur für ein Jahrzehnt entscheidenden Einfluss auf die theoretische Diskussion um die politische Bildung aus.[71] Es markierte auch, wie der Titel schon andeutete, einen radikalen Neubeginn im konzeptionellen Selbstverständnis politischer Bildung und Erziehung. Es enthielt eine kategorische Absage an alle Traditionen politischer Erziehung in

---

[71] Weitere Veröffentlichungen Theodor Wilhelms mit Ausführungen über die politische Bildung und Erziehung: *Bausteine der Demokratie in der Volks- und Mittelschule* (1961); *Demokratie in der Schule* (Herausgeber) (1970); *Traktat über den Kompromiss* (1973).

Deutschland und versuchte eine Anknüpfung an den in Amerika verbreiteten Pragmatismus. Für den Pragmatismus stand in erster Linie John Dewey.

Oetinger nahm zunächst eine kritische Würdigung der in den letzten hundertfünfzig Jahren in Deutschland praktizierten politischen Erziehung vor. Dabei unterschied er vier Varianten, nämlich die Erziehung zum Staat, die Erziehung zur Nation, die Erziehung zur Gemeinschaft sowie die Erziehung zur Tat.

Die *Erziehung zum Staat* weise in Deutschland die längste Tradition auf. Sie sei nicht nur Erziehung *für* den Staat, sondern auch Erziehung *im* Staat und *durch* den Staat gewesen. Im Zentrum der Staatserziehung habe die Aufgabe gestanden, die Staatsbürger für den Staat zu aktivieren. Sie habe staatsgerichtete Tugenden wie Pflichtbewusstsein, Sparsamkeit, Leistungswillen und Opfergeist erzeugen sollen.

Als Bezugspunkt der angestrebten Staatsgesinnung habe der ideale Staat fungiert: „Das eigentliche Rückgrat der deutschen Staatserziehung war ... der Hegelsche *Staatsidealismus*. Mit seiner Hilfe war es noch unseren Vätern möglich, sich über alles, was den leibhaftigen Staat anstößig machte, in einem großen geistigen und sittlichen Aufschwung hinwegzusetzen. Der Bürger verriet, so meinte man, gerade dadurch seine wirkliche politische Bildung, dass er ‚hinter' dem leibhaftigen Staat den ‚wahren' und ‚unsichtbaren' erschaute. Am *Idealbild* des Staates lasse sich, so meinte man, der göttliche Ursprung des Staates ablesen, auch des irdischen, der eben darum unserer höchsten Verehrung würdig sei" (Oetinger 1956, 5 f.).

Die *Erziehung zur Nation* habe in Deutschland die Aufgabe gehabt, das Bewusstsein der nationalstaatlichen Einheit zu fördern. Weil Deutschland eine verspätete Nation sei, habe sich in der Erziehung ein übersteigerter Nationalismus breitgemacht. Nationales Pathos und die Betonung der Auserwähltheit der deutschen Nation hätten im Gegensatz zum Gedanken der internationalen Verständigung gestanden. Dagegen gehöre es zum Grundbestand der nationalen Bildungsidee in den westlichen Demokratien, dass die nationale Wesensbestimmtheit und der Universalismus des geistigen Lebens sich gegenseitig bedingten.

Die *Erziehung zur Gemeinschaft* habe zwar christliche Wurzeln, sei in Deutschland aber erst durch das Gemeinschaftserlebnis der Jugendbewegung auf dem Hohen Meißner im Jahre 1913 populär geworden. Dieser Erziehung sei es um die Einbindung des Einzelnen in Gemeinschaftsgebilde gegangen, die sein Fühlen und Denken bestimmt hätten. Abgelehnt worden sei der „kalte" Individualismus. Diese Gemeinschaftserziehung habe sich als stark anfällig für den Nationalsozialismus mit seiner Formel von der „Erziehung zur Volksgemeinschaft" erwiesen.

Besonders verhängnisvoll sei die *Erziehung zur Tat* gewesen, die am Ende der Weimarer Republik erhebliche Popularität besessen habe.[72] Diese Erziehung habe in Anlehnung an Nietzsche den Gegensatz zwischen dem kontemplativen und dem handelnden Menschen betont und auf die Hervorbringung von „Tatmenschen" gesetzt. Denn Tatmenschen verhielten sich aktiv-verändernd, während theoretische Menschen nur räsonierten und die Dinge unverändert ließen. Es habe diesem Verständnis entsprochen, bei der Erziehung auf die „nichtrationalen Bezirke der menschlichen Seele" zu setzen, also auf Phantasie, Gemüt und Willen. Der Tatmensch, so die weitere Annahme, sei ein eminent politischer Typus, der den Raum für echtes politisches Handeln öffne: „Das Tun sei nicht der Diener des Gedankens, große geschichtliche Taten nicht die zufälligen und gefälligen Diener einer Idee; vielmehr zeige der Gedanke ‚nur eine Möglichkeit', während die Tat selber ‚in einem Entschluss von unbegreiflicher Tiefe vorweggenommen' werde" (Oetinger 1951, 14). Das Versprechen der Nationalsozialisten,

---

[72] Oetinger sprach hier vornehmlich Alfred Baeumler an.

man werde nicht reden, sondern handeln, habe angesichts dieser seelischen Vorbereitung seine Wirkung auf die deutsche Jugend jedenfalls nicht verfehlt.

Oetinger schloss in seine Kritik auch die *Umerziehungspolitik* der Alliierten ein. Die von ihnen betriebene Erziehung zur Demokratie sei nämlich nur ein „anderes Etikett für die gleiche Sache". Verstehe man unter Demokratie eine Staatsform, dann müsse man „Erziehung zur Demokratie" genauso als Propaganda bezeichnen wie „Erziehung zum Nationalsozialismus". Denn wiederum werde die Erziehung in den Dienst eines ganz bestimmten politischen Zieles gestellt – „des Stalinstaats in der Sprache des Ostens, des angelsächsischen Parlamentarismus in der Sprache des Westens" (Oetinger 1951, 17; 1956, 16 f.).

Ohne Zweifel brauche Deutschland eine Umkehr in der Erziehung. Diese dürfe aber nicht in der Ersetzung des alten Staatsbildes durch ein neues Staatsbild bestehen. Die neue Erziehung müsse vielmehr bei den *Lebensformen* der Menschen untereinander einsetzen. Anders ausgedrückt: Die Erziehung müsse *unten*, d.h. bei den Verhaltensweisen und Einstellungen der Menschen ansetzen. Denn diese bedingten das Funktionieren *oben* im Staat.

Die Formel von der *Erziehung zur Demokratie* verliere folglich dann ihren Schrecken, wenn sich die Erziehungsarbeit konzentriere auf „das Bemühen um selbstständiges Denken, eine möglichst weit entwickelte Urteilsfähigkeit in politischen Dingen, die Entschlossenheit, die persönliche Überzeugung dem öffentlichen Wettbewerb der Meinungen auszusetzen und die Bereitschaft, die Rechte anderer zu respektieren." Alles dies laufe auf menschliche Qualitäten und Lebensgewohnheiten hinaus (Oetinger 1956, 17).

Erziehung zur Demokratie sei, richtig verstanden, also nicht Erziehung zur Staatsform Demokratie, sondern zu bestimmten individuellen Verhaltensweisen und öffentlichen Gepflogenheiten. Eigentlich wüssten Amerikaner und Engländer dies: „,Education for Democracy' heißt: zu einer bestimmten Lebensart erziehen, die Überzeugung vorbereiten, dass im Miteinander-Reden und Aufeinander-Hören eine brauchbare Lösung entstehe, an das Gute im Menschen glauben, darauf hinwirken, dass die Menschen guten Willens sind usw. Es heißt aber nicht: um Verständnis für die präsidiale oder Kabinettsdemokratie werben. Wenn die ‚Erziehung zur Demokratie' bei uns auch jetzt wieder als Erziehung zu einer Staatsform geschieht, wenn sie ihr Pathos wesentlich aus der Ablehnung der Diktatur bezieht, wird sie zu nichts Gutem und Bleibendem führen." Denn dann würde aus echter Erziehung zur Demokratie staatsbürgerliche Formalerziehung gemacht (Oetinger 1956, 41 f.).

In den angelsächsischen Demokratien sei die Erziehung zur Demokratie grundsätzlich leichter als in Deutschland. Denn dort stehe der Bürger im Gegensatz zur deutschen Tradition nicht in einem unmittelbaren Verhältnis zum Staat, sondern in einem mittelbaren. Er erlebe Politik vor allem im Selfgovernment der Gemeinde. Der deutschen Idee der Pflicht gegenüber dem Staat entspreche die angelsächsische Idee der „Besorgtheit um das Wohlergehen der Mitbürger" (Oetinger 1956, 36).

Die englischen und amerikanischen Lehr- und Handbücher über politische Erziehung – sie heiße dort bezeichnenderweise *Erziehung zur Citizenship* – begännen mit der Stellung des Bürgers in der Gemeinde: „Das praktische Verhalten in Familie, Schule, im Schwimmbad, im Straßenverkehr, in der Eisenbahn, gegenüber den Erwachsenen, bei einem Unfall, in der Kirche usw. nimmt die erste Hälfte des Buches ein. Denn: ,Der Geist und Erfolg einer amerikanischen Gemeinde hängt davon ab, wie die Menschen zusammen leben und arbeiten, ob sie Mut besitzen, sich anständig verhalten und ihre Vernunft zu gebrauchen verstehen'. Das Buch, aus dem wir diesen Satz zitieren, das 700 Seiten umfasst und das zu den führenden amerikanischen Kompendien für den Lehrer der Citizenship gehört, führt den ,Staat' erst mit der Frage ein: ,Wie wird das alles finanziert?', und der Gesichtspunkt, dass der Bürger gegenüber diesem Staat ,Pflichten' habe, taucht erst auf Seite 341 auf" (Oetinger 1956, 23).

Oetinger wollte mit den Hinweisen auf die Funktionsvoraussetzungen der angelsächsischen Demokratien deutlich machen, dass es bei den Deutschen in erster Linie auf die Verbesserung der politischen Kultur ankomme. Die politische Erziehung sollte den sozialen Charakter der Deutschen verbessern. Die verbreitete Untertanengesinnung sollte zum freien Gemeinsinn entwickelt werden (Oetinger 1956, 60).

Der Inbegriff der erwünschten sozialen Verhaltensweisen war für Oetinger die *Partnerschaft*. Partnerschaft sei eine besondere Weise des Verhaltens in einer Gemeinschaft. Sie sei gleichweit entfernt von der „Selbstbezogenheit der humanistischen Persönlichkeit" wie von der „Anonymität des kollektiven Daseins". Sie sei eine Haltung der Offenheit zu anderen hin. Partnerschaft sei deshalb auch nicht identisch mit Sympathie oder Liebe (Oetinger 1956, 89 f., 103).

Mit der Partnerschaft meinte Oetinger im Grunde nur eine Fähigkeit, nämlich die Fähigkeit zur *Kooperation*. Die Erziehung zur Kooperation sollte das überlieferte, vom Staat her strukturierte politische Denken durch eine *genossenschaftlich* bestimmte menschliche Haltung ersetzen. Oetinger fasste die Merkmale dieser Erziehung in zehn Punkten zusammen. Diese Merkmale bezeichneten klar, was Oetinger anstrebte und wovon er sich abgrenzte. Die kooperative Erziehung sollte diejenige politische Erziehung sein,

„1. die von einem Begriff des Politischen ausgeht, bei dem nicht staatliche Macht und nicht individuelle Pflicht im Vordergrund stehen, sondern menschliche Kooperation;
2. die ein Geschichtsbild teilt, in dessen Mittelpunkt nicht Herrschaft und Krieg stehen, sondern die Verteilung der Verantwortung;
3. die den Staat nicht in erster Linie als Kultur- oder Machtstaat, sondern als Rechtsstaat betrachtet;
4. die demgemäß den höchsten politischen Wert weder in der Kultur noch im Volk, sondern im Frieden erblickt;
5. die als regulative politische Instanz weder die Verfassung noch den Führer, sondern die Verständigung achtet;
6. die im Bereich des politischen Handelns Habsucht und Furcht ersetzt sehen möchte durch Solidarität;
7. die den Menschen nicht als Untertan und nicht als Gefolgsmann, sondern als Partner wertet;
8. die das Menschliche weniger im Intellekt und im Willen als im Gemüt aufsucht;
9. die sich nicht durch das Ziel der Bildung oder des Dienstes, sondern durch Brüderlichkeit leiten lässt und
10. die dieses Ziel weniger im Wege der Belehrung oder des Drills als durch Erfahrung und Gewöhnung zu erreichen hofft" (Oetinger 1951, 95 f.).

Oetinger fasste in der Neuauflage seines Buches noch einmal zusammen, wie er sein Erziehungskonzept verstanden wissen wollte. Auch diese Zusammenfassung machte die Zuwendung zu einer vom Pragmatismus getränkten, auf konkrete Erfahrungen setzenden und die Mitmenschlichkeit betonenden Erziehung deutlich:

„1. Partnererziehung lehrt Demokratie nicht als Staatsform, sondern als Lebensform.
2. Sie geht demgemäß von einem Begriff des Politischen aus, bei dem nicht ein Staatsmodell, sondern der Lebenszusammenhang der im Staat vereinten Menschen im Vordergrund steht.
3. Sie verspricht sich politische Bildung weniger von der normalen Wirkung eines Glaubensdogmas als davon, dass wir uns die Fähigkeit erwerben und bewahren, an Erfahrung zu wachsen.
4. Dass das nationalstaatliche Schema der politischen Bildung durch Krieg und Zusammenbruch schwer erschüttert ist, dürfen wir im positiven Sinne als eine besondere Chance unserer Generation deuten, die Politik mit neuer Substanz zu füllen.
5. Diese neue Substanz besteht in der sozialen Bestimmung des Menschen. Indem wir die

Politik aus der Umklammerung durch die Gesetzlichkeit befreien, ist die Bahn frei, dass das Politische und Menschliche sich finden und sich wechselseitig durchdringen.
6. Die Überlieferung der staatsbürgerlichen Pädagogik bietet in praktischen Einzelheiten Hilfe, die wir dankbar annehmen; im Ganzen aber liefert sie durch ihre Nachbarschaft zu den kulturphilosophischen Systemen und Ideologien des Bloßstaatlichen den restaurativen Kräften der Gegenwart ebenso gefährliche Unterstützung wie die nationalpolitische Schulung nach 1933.
7. Das Gelingen des großen Werkes der Erziehung unseres Volkes zu demokratischen Lebensformen hängt nicht so sehr von der Pflege der individuellen Sittlichkeit ab als vielmehr davon, dass wir dem Wohlwollen Gelegenheit geben, sich zu betätigen.
8. Religiöse Kraft kann die Bewältigung der pädagogischen Aufgabe im einzelnen Falle erheblich erleichtern; aber die religiöse Erziehung ist ihrem Wesen nach von der politisch-pädagogischen verschieden" (Oetinger 1956, 85 f.).

Oetinger hielt eine von Kooperation bestimmte Partnerschaft in allen gesellschaftlichen Lebensbereichen für möglich und erforderlich. Der angestrebte Geist partnerschaftlicher Kooperation werde durch eine Reihe von Spielregeln bestimmt. Als die wichtigsten Spielregeln führte Oetinger den Kompromiss, die Toleranz, das Fairplay und die Anerkennung des Mehrheitsprinzips an.

An die Spitze stellte Oetinger den *Kompromiss*. Dieser habe in Deutschland keinen guten Ruf, werde er doch mit „unmännlicher Charakterlosigkeit" und Unentschiedenheit assoziiert. Ganz anders verhalte es sich dagegen in den angelsächsischen Demokratien. Dort beruhe der Kompromiss auf dem „Bewusstsein, dass es sehr wahrscheinlich ist, dass ich zwar in vielem, aber nicht in allem Recht habe." Der Kompromiss sei insofern das Ergebnis eines Wagnisses, des Wagnisses nämlich, die eigene Meinung „dem Test der Öffentlichkeit so lange auszusetzen, bis in Rede und Gegenrede alle nur denkbaren Gesichtspunkte ungehindert in Gang gekommen sind."

Die zweite Spielregel, die *Toleranz*, sei nicht mit Indifferenz zu verwechseln. Sie basiere auf einem „Verhältnis ausdrücklicher Zugewandtheit zum anderen, zum Gegner", weil man wisse, dass man ihn brauche. Das Gegenteil der Toleranz seien Fanatismus, Bekehrungseifer und Ketzerverfolgung.

Die dritte Spielregel sei die *sportliche Gesinnung* oder das Fairplay. Sie komme im Wettbewerb mit anderen zur Geltung und zeichne sich dadurch aus, dass sie den Gegner nicht demütige. Dieser verfalle deshalb im Falle einer Niederlage nicht in Bitterkeit und Ressentiment. Er entgehe auch der Versuchung, Sündenböcke für die Niederlage zu suchen. Die sportliche Gesinnung sei das Gegenmittel gegen das in Deutschland von Carl Schmitt populär gemachte Freund-Feind-Denken.

Auch die vierte Spielregel, die Anerkennung des *Mehrheitsprinzips*, müsse in Deutschland erst noch durchgesetzt werden. Denn hier sei die Auffassung weit verbreitet, dass die Masse einer straffen Führung bedürfe. Außerdem sei nicht von vornherein ausgemacht, dass die Mehrheit die Vernunft auf ihrer Seite habe. Trotz dieser Einwände spreche Entscheidendes für das Mehrheitsprinzip: Ein Mehrheitsbeschluss habe zwar nicht „Richtigkeit" für sich zu beanspruchen, aber er werde nur auf Zeit gefasst. Und dies bedeute, dass im kooperativen Miteinander sich die Wahrheit jeweils erneut herausspielen könne. Das Mehrheitsprinzip verschaffe somit allen Partnern Spielraum für „neue Abenteuer der Wahrheitsfindung" (Oetinger 1951, 144 ff.).

Oetinger bestimmte als Ziel der politischen Erziehung die Erziehung der Menschen zu *kooperativer Haltung*. Die Erziehung zur Kooperation sei aber nichts anderes als ein Spezialfall der *Erziehung zur Gemeinschaft*. Die wirksamste Form der Erziehung *zur* Gemeinschaft sei nun die Erziehung *durch* die Gemeinschaft. Denn das Leben verlaufe *in* Gemeinschaft. Nur das Denken sei ein individueller Prozess: „Um diese Urwahrheiten kommt auch die kooperative

Erziehung nicht herum."

Die Form der Gemeinschaft wiederum, in der sich kooperative Gewohnheiten am ehesten entfalten könnten, sei die auf *genossenschaftlicher Selbstverwaltung* beruhende Gemeinschaft. Eine solche Gemeinschaft unterscheide sich radikal von der hierarchisch organisierten *Dienstgemeinschaft* der Nationalsozialisten. Sie unterscheide sich aber auch von dem, was in der Praxis vieler Schulen als „Arbeitsgemeinschaft" gelte, die in Wirklichkeit aber nur die fachunterrichtliche Belehrung sei. Der belehrende Unterricht sei ein Verfahren der Ökonomie der Kräfte, er habe mit Kooperation aber nichts zu tun. Ziel einer wirklich *kooperativen Gemeinschaft* sei nämlich die „Selbststeuerung der Gemeinschaft durch ihre eigenen Konflikte hindurch."[73] Das ganze Leben einer guten Schule sei deshalb durchzogen von „Aktionssystemen", die den Schülern Gelegenheit zu kooperativem Handeln gäben (Oetinger 1951, 164 ff.).

Oetinger stellte verschiedene Möglichkeiten des Einübens kooperativer Gewohnheiten vor. Bereits der Perspektivenwechsel, zu trainieren im *Rollenspiel*, sei eine solche Möglichkeit: „Man kann Partnerschaft regelrecht üben. Erziehung zur Partnerschaft geschieht vor allem, indem man eigene soziale *Erfahrungen* macht und sich in der Bewältigung einfacher sozialer Situationen übt. ... Es gibt einen durchgehenden methodischen Gesichtspunkt aller Partnererziehung. Er besteht darin, *dass man die Rolle des anderen übernimmt und mitspielt.*"

Allein das *Zusammenleben in der Schule* sei dem angestrebten Ziel aber schon förderlich: „Die *Klasse* führt das Kind früh mit beliebigen anderen Kindern zusammen. Anpassung an ihre Gewohnheiten, Duldung ihrer Meinungen, Gruppenbildungen nach Zuneigungen oder Arbeitsaufgaben, gemeinsame Leiden, gemeinsame Freuden, Korpsgeist, Rebellion, Ver-

---

[73] Unter seinem richtigen Namen Theodor Wilhelm setzte sich Oetinger 1957 mit weiteren Modellen der Gemeinschaftserziehung auseinander, so mit der *individualistischen Gemeinschaft* des Neukantianers Paul Natorp, der *Lebensgemeinschaft* der Reformpädagogik, der *Kulturgemeinschaft* diverser Kulturphilosophen, der *Arbeitsgemeinschaft* Georg Kerschensteiners und der christlichen Vorstellung der *Glaubensgemeinschaft*. Das Gemeinsame dieser Erziehungsvorstellungen sah Oetinger darin, dass der pädagogische Ertrag von der *Intimität* der jeweiligen sozialen Beziehung erwartet worden sei: Im *Privaten* und in der *sozialen Nähe* seien keine Erschwernisse der politischen Erziehungsbemühung gesehen worden. Im Grunde seien alle diskutierten Modelle der Gemeinschaftserziehung beeinflusst von Ferdinand Toennies' Empfehlung, dass die „sittliche Aufgabenstellung der Erziehung" es nahe lege, sich an der Idee der Gemeinschaft zu orientieren und die „bloß gesellschaftlichen Phänomene" zu ignorieren. Folge sei gewesen, dass denjenigen politischen Bewegungen Unterstützung zugeflossen sei, „die versprachen, die Menschen aus der Zerspaltenheit der pluralistischen, von divergierenden Interessen und Anschauungen zerrissenen Gruppierungen zu befreien und in die ‚eigentliche' Gemeinschaft hinein zu erlösen."

Generell gelte: Die erzieherische Macht der Gemeinschaft sei groß. Keine Erziehung könne auf sie verzichten. Dennoch dürfe die Pädagogik nicht durch ihr „Gemeinschaftspathos" die Erkenntnisse der Soziologie, der Ökonomie und der Politikwissenschaft vernachlässigen: „Eine moderne Didaktik der sozialen Erziehung, die von den Grenzen der Gemeinschaft weiß, ist eine dringende Notwendigkeit."
Die politische Erziehung müsse also die *Gesellschaft* in den Blick nehmen.

Es sei möglich, in den vielfältigen Gesellschaftsformen und -vorgängen gewisse *Urphänomene* oder *Urverhältnisse* auf induktivem Wege sichtbar zu machen. Solche Urverhältnisse seien der *Herrschaftszusammenhang* (Freiheit und Abhängigkeit, Gleichheit und Ungleichheit, Kampf und Sichvertragen, Macht, Machtansammlung, Machtkontrolle), das *Leben unter Regeln* (sittliche Normen, Rechtsregeln, Rechtszwang, die Idee der Gerechtigkeit), der *wirtschaftliche Funktionszusammenhang* (persönliches Bedürfnis, nationalökonomischer Bedarf, Produktionsformen) und der *Zusammenhang der demokratischen Wirkungsweisen* (persönliche Initiative, Verantwortung, Wirkungsweisen der öffentlichen Meinung). Oetinger stützte sich bei der Darlegung der pädagogischen Fruchtbarkeit der Urphänomene auf eine Idee Eduard Sprangers (Wilhelm 1958, 223 ff.).

Da Spranger zu den unterrichtlich aufzeigbaren Urphänomenen auch den Staat zählte, dessen Notwendigkeit sich aus der Betrachtung der Dialektik von Macht und Recht ergebe (Spranger 1957, 33 ff.), kann man sagen, dass Oetinger in der erwähnten Veröffentlichung auch den Staat als Gegenstand der politischen Erziehung akzeptierte. Dies wollte Oetinger mit seiner Partnerschaftserziehung eigentlich vermeiden.

schwörungen, Leistungen, alles ist in der Schulklasse viele Jahre hindurch lebendig. Früh entwickelt sich in dieser Gemeinschaft das Gefühl für Recht und Unrecht, früh eine eigene Ehrauffassung, früh ein Empfinden dafür, was anständig und unanständig, was fair, sportlich, hinterhältig, was unerlaubt und ‚schick' ist".

Auch die vielfältigen Ausprägungen der *Schülerselbstverwaltung* – Vertrauensschüler, Vertrauenslehrer, Wahlen, Schülerrat, Schulparlament – seien Übungsstätten des Kooperierens. Ihr Erfolg hänge allerdings stark von der Gesamtatmosphäre der Schule ab (Oetinger 1956, 159 ff.).

Schließlich könnten sogar von der *Haltung des Lehrers* mächtige Impulse zur Kooperationserziehung ausgehen. Der Lehrer dürfe nur nicht den Allwissenden spielen. Er müsse vielmehr sein Wissen und Können „unter das Wagnis des Diskurses der Klassengemeinschaft" stellen: „Dann ist das, was er an Kapital einbringt, genauso ‚Mittel' im Prozess der Wahrheitsfindung wie jede ‚Meinung', jeder Lösungsentwurf eines Schülers, und die einzige Legitimation des Lehrers besteht dann in der vorbehaltlosen Bereitschaft, sich dem Risiko der gemeinsamen Erprobung auszusetzen" (Oetinger 1951, 169).

Zurückhaltend äußerte sich Oetinger zur Einführung eines speziellen *Fachunterrichts* für die politische Bildung. Er berief sich hierbei auf den Pädagogen Hermann Nohl, der sinngemäß ausgeführt hatte, dass sich die Kraft des Lebens nicht durch *Wortbelehrung*, sondern immer nur durch *Tat-Handlung* entwickle. Nur dann, wenn alle Fächer und die Schulatmosphäre vom Geist der Kooperation beseelt seien, sei ein eigenständiger Politikunterricht unbedenklich. Ansonsten sei dem Politikunterricht das Schicksal der Staatsbürgerkunde der Weimarer Republik beschieden, nämlich eine trockene und langweilige Sachkunde zu vermitteln. Auch deshalb, vor allem aber wegen der zentralen Aufgabe, kooperative Gewohnheiten einzuüben, gelte Folgendes: „Wichtiger als alle Systematik (Person – Familie – Volk, Gemeinde – Staat – Welt) ist *die Auswahl derjenigen Situationen des öffentlichen Lebens, wo Menschen mit anderen auszukommen haben*" (Oetinger 1951, 172 ff.). Hierzu passte Oetingers Kritik am Belehrungsunterricht, an Stoffmassen und Wissensüberfütterung: „All dieses Einpauken von Kenntnissen über Verfassung, Verwaltung, politische Verfahrensweisen, Staatsformen und dergleichen ist an sich und für sich genommen völlig sinnlos. Kenntnisse bleiben nur haften, wenn sie sich an vorgängige Erfahrungen anschließen lassen" (Oetinger 1956, 181 f.).

Oetinger listete eine Reihe von Themen für den Fachunterricht in Politik auf. Er legte dabei Wert auf die Feststellung, dass alle Themen vom Verhältnis der Menschen zueinander ausgingen. Was bei der Behandlung der Themen an Kenntnissen zu lernen und an Urteilsfähigkeit einzuüben sei, sei immer an der „politischen" Frage orientiert: „Wie lernen wir, mit anderen Menschen auszukommen?" Die Themen sollten mit Problemsituationen konfrontieren und nicht politisches Theoriewissen vermitteln.[74]

---

[74] Die aufgeführten Fragen bzw. Probleme in den aufgelisteten Themen sowie die Themen selbst stellen eine Auswahl dar. Oetinger führte weitaus mehr Themen und Gesichtspunkte auf.
1. DER HÄUSLICHE FRIEDE (Didaktische Perspektive: Partnerschaft in der Familie und in der Nachbarschaft):
- Sollte man seine Eltern mit Vornamen anreden?
- Was hast du heute zum Tischgespräch beigetragen?
- Wer entscheidet, ob das Radio eingeschaltet werden soll?
- Ist Geschirrabtrocknen für einen Jungen ehrenrührig?
- Aus welchen Ursachen entstehen Streitigkeiten zwischen Nachbarn?
2. IN FREIHEIT LEBEN (Didaktische Perspektive: „Freiheit bedeutet Verantwortlichkeit. Das ist der Grund, weshalb die meisten Menschen sich vor ihr fürchten" (Shaw)):
- Worauf beruht die Wirkung schon der kleinsten Freiheitsstrafe?
- Freiheit und Gleichheit.
- Fördert der Reichtum die Freiheit?
3. MITMACHEN - JA ODER NEIN? (Didaktische Perspektive: Mitmachen mit Verantwortung und mitlaufen

Oetinger forderte daneben eine Kooperation des Politikunterrichts mit anderen Fächern. Er verlangte dabei eine Reduzierung des Stoffes und den „Mut zur Lücke". Wichtig sei immer nur das Nachdenken über Fragen, die sich auf zwischenmenschliche Interaktionen beziehen. Alle Fächer, so Oetingers Forderung, müssten Raum schaffen für die folgenden Fragen: „Wie können wir miteinander auskommen? Welche Kräfte stehen hier gegeneinander? Wie sieht das mit den Augen des Gegners aus? Woran liegt (lag) es, dass der Konflikt nicht gelöst

---

ohne Verantwortung):
- Sollen wir uns für ein Interview zur Erforschung der öffentlichen Meinung über das Amerikabild der Deutschen zur Verfügung stellen, oder sollen wir ein solches Ansinnen höflich ablehnen?
- Wie verhältst du dich im Gottesdienst einer anderen Konfession?
- Ist es richtig, bei einem Streik mitzumachen?
- Das „Mitmachen" als totalitäres Integrationsmittel.

4. DER BETRIEB (Didaktische Perspektive: Partnerschaft im Betrieb):
- Sind Akkordlöhne unsittlich?
- Wen schädige ich, wenn ich nachlässig arbeite?
- Was ist mit „Betriebsklima" gemeint?
- Unfall-, Kranken-, Invaliden-, Arbeitslosenversicherung.

5. MEIN GELD, UNSER GELD (Didaktische Perspektive: Erziehung zum rechten Umgang mit Geld):
- Was hast du deine Eltern gekostet, wenn du 20 bist, und was den Staat?
- Ist Armut ein Segen oder ein Fluch?
- Was lässt sich tun, damit die Steuerehrlichkeit zunimmt?
- Wäre es nicht richtiger, unheilbare Kranke zu töten, statt sie auf öffentliche Kosten am Leben zu erhalten?
- Warum ruft die Regierung immer wieder dazu auf, mehr zu sparen?

6. RECHT UND GERECHTIGKEIT (Didaktische Perspektive: Das Recht ist menschenmögliche Gerechtigkeit. Rechte und Pflichten sind Spielregeln des Zusammenlebens):
- Sollte das Eigentum abgeschafft (eingeschränkt) werden?
- Pflichten sind Rechte anderer.
- Polizeiliche und richterliche Strafen.

7. ÖFFENTLICHE MISSSTÄNDE (Didaktische Perspektive: Es gibt Aufgaben, die keinen Befehl, sondern Initiative erfordern). Wie soll ich mich in folgenden Fällen verhalten:
- Die Nachbarin schlägt fortgesetzt ihr Kind.
- Der Schleusendeckel auf der Straße ist nicht richtig geschlossen.
- Max setzt zum Spaß alte Zehnpfennigstücke in Verkehr.
- Du kannst an die Gemeinde, den Stadtrat, den Rundfunk, die Zeitung und den Bundestagsabgeordneten deines Wahlkreises oder deiner Partei schreiben.

8. SELBSTERKENNTNIS UND URTEILE ÜBER ANDERE (Didaktische Perspektive: Wir müssen uns um das elementare Handwerkszeug der Menschenbeurteilung bemühen):
- Aufgrund welcher äußerer Zeichen fasst man Vertrauen (Misstrauen) gegenüber einem Menschen?
- Besagt es etwas über den Charakter einer Frau, wenn sie raucht, sich schminkt, die Nägel lackiert?
- Kann man von der Leistung ohne weiteres auf den Charakter schließen?
- Soll man eigene Fehler zugeben?

9. HÖFLICHKEIT (Didaktische Perspektive: Sitten sind eingeführte Formen, voneinander Kenntnis zu nehmen):
- Soll ich einen Menschen grüßen, der mir widerlich ist?
- Wen nimmst du per Anhalter mit: einen Studenten mit Rucksack, eine hübsche, gut angezogene Dame, einen hinkenden Mann, eine schwer beladene alte Frau?

10. FAKTOR ÖFFENTLICHE MEINUNG (Didaktische Perspektive: Die öffentliche Meinung ist etwas, an dem ich als Gebender und Nehmender beteiligt bin):
- Wie weit darf eine Zeitung sich nach dem Geschmack der Leser richten?
- Der Einfluss der Geldgeber auf den Inhalt der Zeitung.
- Was kann ich als Leser tun, um das Niveau der Zeitung zu heben?

11. INTER NATIONES (Didaktische Perspektive: Möglichkeiten und Grenzen der Partnerschaft zwischen den Nationen):
- Können internationale Sportveranstaltungen zur politischen Verständigung beitragen?
- Haben einzelne Völker eine „weltgeschichtliche" Sendung?
- Welche Sitten des fremden Volkes machst du als dessen Gast mit, welche nicht?

(Oetinger 1956, 191-206)

wurde? Welche Möglichkeiten stehen (standen) zur Wahl? Was können wir tun, um ähnliche Störungen zu vermeiden? Was können wir tun, um unserer Ansicht darüber politische Wirkung zu verleihen?" (Oetinger 1956, 190)

Oetingers Konzeption fand große Resonanz in der jungen Bundesrepublik. Sie war bei vielen Lehrern, insbesondere bei denen ohne sozialwissenschaftliche Vorbildung, sehr beliebt. Denn sie verpflichtete nicht dazu, sich systematische politikwissenschaftliche und soziologische Kenntnisse anzueignen. Es genügte weitgehend, mit „gesundem Menschenverstand" den Unterrichtsprozess zu gestalten. Die Konzeption entsprach weiterhin dem in den fünfziger Jahren verbreiteten apolitischen Selbstverständnis großer Teile der Lehrerschaft. Sie waren der Notwendigkeit enthoben, sich mit der streitigen Politik auseinandersetzen zu müssen. Schließlich kam Oetingers Konzeption dem Bedürfnis nach Harmonie und einer konfliktarmen Gesellschaft nach, auch wenn dies gar nicht die Intention Oetingers gewesen war. Ihm war es im Wesentlichen um Sozialerziehung sowie um aktivierendes, Selbsttätigkeit ermöglichendes, kooperatives Arbeiten gegangen.

Die politische Pädagogik Oetingers fand neben ungeteilter Zustimmung auch heftige Kritik. Mit dieser Kritik setzte er sich auseinander. So wurde der Partnerschaftserziehung vorgeworfen, dass sie das spezifisch Politische nicht erfasse, also Macht, Herrschaft, Konflikte sowie Institutionen und Verfahren der politischen Entscheidungsfindung nicht thematisiere. Oetinger hielt mit dem Argument dagegen, dass im Sozialen das Politische enthalten sei. Denn die partnerschaftliche Art des Zusammenlebens strahle auf die Qualität von Politik und Staat aus. Abgelehnt werde lediglich die deutsche Staatsmetaphysik mit ihren sittlichen Forderungen nach Hingabe, Opferbereitschaft und Dienst am Ganzen (Oetinger 1956, 268 ff.).
Der Partnerschaftserziehung wurde auch vorgehalten, sie leiste der Illusion Vorschub, der politische Kampf lasse sich zu einem Zustand des ewigen Friedens harmonisieren. Oetinger entgegnete, dass die Partnerschaft den politischen Kampf keineswegs leugne. Die Partnerschaft sei aber das einzig verlässliche Prinzip zur Zügelung des politischen Machtkampfes. Sie bewahre die Macht davor, in Unmenschlichkeit umzuschlagen (Oetinger 1956, 272 ff.).
Eine Würdigung der Vorstellungen Oetingers kommt nicht umhin, auf zwei Schwächen der Konzeption hinzuweisen.
Erstens: Oetinger stellte eine Analogie zwischen Lebenswelt und Politik her, die sachlich nicht gerechtfertigt war. Er unterstellte, dass lebensweltliche Konflikte und ihre partnerschaftlich-kooperative Bewältigung dieselbe Struktur aufwiesen wie politische Konflikte in der Gesellschaft und zwischen den Staaten. Damit ignorierte er aber, dass in der Welt der Politik zwischen den Akteuren in der Regel grundsätzliche Zieldifferenzen bestehen, die nicht allein mit dem guten Willen partnerschaftlicher Kooperation auszugleichen sind.
Zweitens: Oetinger unterschätzte die Bedeutung eines systematischen Politikunterrichts. Politischem Wissen und politischer Reflexion maß er keinen großen Rang zu. Auch wenn er sich nicht direkt gegen den Politikunterricht aussprach, schadeten seine distanzierten Äußerungen dem noch jungen Fach in dessen Bemühen, einen sicheren Status im Kanon der schulischen Unterrichtsfächer zu gewinnen.

Dagegen besteht das bleibende Verdienst Oetingers zweifellos darin, mit seiner radikalen Kritik an den Traditionen politischer Bildung und Erziehung in Deutschland tatsächlich einen Wendepunkt markiert zu haben, hinter den man nicht mehr zurück konnte. Anerkennung verdient auch, dass Oetinger den amerikanischen Pragmatismus für die politische Bildung fruchtbar zu machen versuchte. Denn der Pragmatismus weist eine große Affinität zur Demokratie auf.

Theodor Litts „Die politische Selbsterziehung des deutschen Volkes"

Theodor Litt hatte sich bereits in der Weimarer Republik für die politische Bildung und Erziehung engagiert. Als Gegner des Nationalsozialismus hatte er sich 1937 vorzeitig emeritieren lassen. 1945 ließ er sich reaktivieren und lehrte bis 1947 als Professor für Philosophie und Pädagogik in Leipzig. Danach ging er nach Bonn. Im Jahre 1954 griff er in die Diskussion um die politische Bildung mit einer kleinen Schrift ein, der er den Titel *Die politische Selbsterziehung des deutschen Volkes* gab. Diese Schrift, die 1961 bereits die sechste Auflage erlebte, war eine kritische Auseinandersetzung mit Oetinger. Litt formulierte dabei eine klare Alternative für Inhalte und Ziele der politischen Bildung.

Den Gedanken der *Selbsterziehung* führte Litt ein, um zwei Dinge deutlich zu machen. Die Selbsterziehung sollte erstens als nachträgliche Kritik an der Umerziehungspolitik der alliierten Besatzungsmächte verstanden werden. Sie sollte zweitens signalisieren, dass das traditionelle Erziehungsverhältnis zwischen Älteren und Jüngeren im Nachkriegsdeutschland nicht anwendbar war. Aufgrund ihrer Verstrickung mit dem Nationalsozialismus waren die Älteren für eine politische Erziehung zur Demokratie weder vorgebildet noch geeignet. Die Älteren seien deshalb so gut wie die Jüngeren zu erziehen. Es ergebe sich folglich die außerordentliche Situation, dass ein ganzes Volk sich vor die Notwendigkeit gestellt sehe, „sich zu einer politischen Form durchzuringen, zu der es durch seine Vergangenheit nicht vorgebildet ist" (Litt 1961, 54).

Litt ließ keinen Zweifel daran, dass die politische Bildung und Erziehung auf den demokratischen Staat verpflichtet werden sollte. Im Plädoyer für die Demokratie traf er sich mit Oetinger. Litt hielt allerdings Oetingers Konzeption für ungeeignet. Er warf Oetinger insbesondere vier Mängel vor.

Erster Mangel: Die von Oetinger vorgeschlagene Partnerschaftserziehung passe nur zu Völkern, für die die Demokratie *Lebensform* sei. Denn dort bräuchten keine soziokulturellen Hindernisse überwunden zu werden, um die Demokratie als angemessene politische Ordnungsform zu darzustellen. Vor allem in den USA bezeichne das Wort *Demokratie* ein geistiges Klima, „innerhalb dessen sich *alles* gemeinsame Leben und Wirken, sowohl diesseits als auch jenseits der Grenzen des im spezifischen Sinne Politischen, vollzieht und gestaltet." In Deutschland gebe es aber gar keine Verankerung des Demokratiegedankens in der politischen Kultur. Mit der Demokratie würden eher nationale Katastrophen assoziiert. In Deutschland komme es daher darauf an, erst einmal das Verständnis für die Demokratie als *Staatsform* zu verbreiten. Das sei schon deshalb ein schwieriges Unterfangen, weil der gerade erst gegründete demokratische Verfassungsstaat noch sehr unvollkommen sei. In den Worten Litts galt es, „die werdenden Seelen für eine politische Haltung zu gewinnen, die einstweilen mehr Forderung als Wirklichkeit ist, und für eine Form des Staates zu werben, der selbst im günstigsten Falle erst die Zukunft zu dem ihr gemäßen Inhalt verhelfen wird. Die Schule soll geradezu die Pflanzstätte der Gesinnung sein, die dermaleinst die Demokratie der Deutschen zu voller Blüte erwecken wird" (Litt 1961, 50 f.).

Zweiter Mangel: Die Partnerschaftserziehung habe den *Politikbegriff* ins Soziale und Allgemein-Menschliche aufgelöst und damit völlig verwässert. Als Beitrag zur politischen Erziehung betrachte Oetinger ja die Förderung von Haltungen, die vom sozialen Wohlwollen über die nachbarschaftliche Solidarität und die Genossenschaftlichkeit bis hin zur Menschlichkeit reichten. „Kein Wunder", so Litt, „dass angesichts der inhaltlichen Bereicherung, die dem Begriff des ‚Politischen' damit widerfährt, das im engeren und eigentlichen Sinne ‚Politische' zum ‚Bloßstaatlichen' verblasst und dass der Misserfolg der bisherigen Versuche politischer Erziehung dem ‚monotonen Hinstarren auf den Staat' zu Lasten geschrieben wird." Oetinger finde auch „in *allen* sozialen Gebilden ein gewisses Maß von Macht, Autorität, Überordnung" und setze damit den Verein letztlich gleich mit dem Staat (Litt 1961, 67 f.).

Dritter Mangel: Oetinger berücksichtige viel zu wenig, dass der *Staat* ein Gebilde sui generis sei. Der Staat sei nicht einfach eine Spielart menschlicher Vereinigung neben anderen oder nur der Spezialfall eines weit über ihn hinausgreifenden allgemeinen menschlichen Verhaltens. Der Staat bilde vielmehr die Voraussetzung dafür, dass sich die Gesellschaft friedlich entfalten könne. Nicht Nebenordnung, sondern Über- bzw. Unterordnung kennzeichne deshalb das Verhältnis des Staates zu den gesellschaftlichen Gruppen. Weil Oetinger dies nicht sehe, berücksichtige er auch kaum die Notwendigkeit des staatlichen Gewaltmonopols. Würde der Staat sich ausschließlich nach den Regeln partnerschaftlicher Kooperation verhalten, wäre er nicht in der Lage, die Einhaltung der bestehenden Ordnung auch gegen Widerstand durchzusetzen. Die staatliche Sphäre entziehe sich mithin dem, was in der Partnerschaftserziehung vermittelt werde (Litt 1961, 70 f.). Oetingers Vorschlag – „Man gestalte die Schule so um, dass sie zum ‚Staat im Kleinen' wird und so die Stätte bildet, an der die staatsbürgerlichen Tugenden gleichsam im Kleinformat entwickelt und geübt werden können" – verfehle zwangsläufig die Spezifika des Staates (Litt 1961, 56).

Vierter Mangel: Oetinger unterschätze völlig die Bedeutung der *Macht* und die Rolle des *politischen Kampfes* in einem demokratischen Staat: „Gerade der Demokratie wird also der schlechteste Dienst erwiesen durch eine Theorie der politischen Erziehung, die den politischen Kampf zu einer Verirrung stempelt, die zugunsten des Prinzips friedlicher Kooperation zum Verschwinden gebracht werden müsse. Was sie in Gestalt des politischen Kampfes verneint, das ist nichts Geringeres als das Lebensprinzip der Demokratie. Den Kampf der politischen Überzeugungen nicht zu verleugnen, sondern in seine Rechte einzusetzen: das liegt im Sinne der Staatsform, der uns zuzubilden die geschichtliche Stunde uns zur Pflicht macht" (Litt 1961, 75).

Litts eigene politisch-pädagogische Konzeption stellte die Vermittlung von *Wissen* über Staat und Politik in den Mittelpunkt. Dies implizierte didaktisch-methodisch eine Ablehnung der auf Erfahrungen und konkrete Handlungen setzenden Partnerschaftserziehung. Litt plädierte deshalb so stark für ein kognitives Lernkonzept, weil er der Auffassung war, dass das Wissen die Voraussetzung für vernünftiges Urteilen und Handeln bilde: „Wo der Mensch mit Menschlichem befasst ist, da ist jedes Aufleuchten echter Einsicht schon ein Anderswerden in der Richtung auf das entsprechende Tun – da ist jeder Durchbruch echten Tuns das Aktuellwerden einer die Richtung weisenden Einsicht." Litt resümierte seine Überzeugung mit dem Satz: „Der Deutsche muss recht eigentlich ‚wissen' um den Staat, um ihm durch sein Tun gerecht werden zu können (Litt 1961, 56f.).[75]

---

[75] Litts Position wurde weitgehend von Erich Weniger geteilt. Weniger warf Oetinger vor, mit der Vernachlässigung der staatlichen Sphäre in der politischen Bildung eine *Erziehungsutopie* zu verfolgen. Eine solche ausschließlich „mitbürgerliche" Erziehung führe „zur partikularen und separaten, zur nachbarlichen Enge und Kleinlichkeit." Es sei eben utopisch zu glauben, „dass eine Erziehung nur in diesen engeren Bereichen auf große politische Gesamtaufgaben ausreichend vorbereite oder, von anderer Seite her gesehen, dass die im Großen gegebenen politischen Aufgaben sich in eine unendliche Zahl unmittelbarer Kontaktbildungen nachbarschaftlicher Art aufgliedern und mit deren Mitteln bewältigen ließen" (Weniger 1952, 306 f., 312).
An anderer Stelle führte Weniger die „fast modische Methode der ‚mitbürgerlichen Erziehung'" auf die nach dem Ende des Zweiten Weltkrieges verbreitete Staatsverdrossenheit zurück. Eine Erziehung zu staatsbürgerlicher Verantwortung bleibe vor der eigentlichen Aufgabe stehen, wenn sie den Staat nicht in seiner Wirklichkeit zeige: „Wir müssen dem Staat und der mit ihm geforderten politischen Verantwortung geben, was ihnen gebührt. Alle großen echten Mächte des Lebens, unter ihnen nicht zuletzt der Staat als Wahrer der Rechts- und Friedensordnungen, als Hüter der Bürgerfreiheiten und Menschenrechte, haben Anspruch darauf, unmittelbar, geistig und nach ihren Lebensformen in der

Litt war sich im Klaren darüber, dass eine Wiederbelebung der alten Staatsbürgerkunde aus der Zeit der Weimarer Republik nicht in Frage kommen konnte, obwohl er an deren Konzeptualisierung beteiligt gewesen war. Er räumte selbstkritisch ein, dass die Staatsbürgerkunde als eine trockene Institutionenkunde angelegt gewesen war. Sie habe zwar nützliches Wissen vermittelt, aber dieses Wissen sei nicht geeignet gewesen, bis zu dem Punkt vorzudringen, „an dem sich zwischen Staat und Staatsbürger das rechte Verhältnis herstellt." Es sei ein großer Mangel gewesen, dass sie den „in rastloser Dynamik fortschreitenden" politischen Prozess gänzlich vernachlässigt habe. Außerdem habe die Staatsbürgerkunde nicht zu dem Staat erzogen, „wie er *ist*", sondern zu einem Staat, „wie er *sein soll*" (Litt 1961, 57, 60).

Die Inhalte der Wissensvermittlung sollten sich am Leitbild einer *pluralistischen Demokratie* orientieren. Litt kontrastierte diese Demokratie mit ihrem Antipoden, dem totalitären Staat. In der Demokratie werde offen um die Macht gekämpft, damit vorschwebende Ordnungsvorstellungen durchgesetzt werden könnten. Der Streit der Ordnungsideen sei das Lebensprinzip der Demokratie und nicht etwa ein leidiger Missstand. Denn die Demokratie sei „die permanente Aufforderung zur kämpfenden Auseinandersetzung der in ihrem Schoße vereinigten Gegensätze." Die Demokratie lege „sich nicht auf eine der Kritik entzogene und den Wandel von sich abhaltende Doktrin fest", sondern lasse „ihre Gestalt und Bewegungsrichtung immer von neuem aus dem Wettstreit sich entgegenstehender Vorschläge und Forderungen hervorgehen." Demgegenüber akzeptiere der Totalitarismus nur eine Idee, der er den Rang einer monopolisierten Heilslehre zumesse (Litt 1961, 72, 75, 85).

Abschließend äußerte Litt sich über das *Ziel* der politischen Bildungs- und Erziehungsbemühung. Während im totalitären Staat Erziehung nichts anderes sei als „Dressur zu amtlich vorgeschriebenen Meinungen", komme es in der Demokratie auf den Erwerb politischer Urteilsfähigkeit an. Hierzu benötigten die Menschen „klare Einsicht in die Lebensverhältnisse". Denn nur kraft dieser Einsicht könnten sie „im Widerstreit der um sie werbenden Parteien und Programme ein sachlich begründetes Urteil gewinnen." „Echte Demokratie" stehe und falle „mit der Urteilsklarheit der Staatsbürger" (Litt 1961, 85 f.).

Litt hatte seine Schrift als Kritik an Oetingers Partnerschaftserziehung konzipiert. Insofern war wenig verwunderlich, dass Litt die Unterschiede zu seinem Kontrahenten deutlich betonte. Gleichwohl lagen beide Pädagogen in dem, was sie inhaltlich anstrebten, nicht weit auseinander. Beide wollten die junge Demokratie der Bundesrepublik Deutschland durch Bildungs- bzw. Erziehungsprozesse stärken.

Sie unterschieden sich im zugrunde gelegten Politikbegriff sowie in der didaktisch-methodischen Strategie. Oetinger vertrat einen sehr weiten Politikbegriff, in den er alles einschloss, was politisch relevant ist oder werden kann. Litt akzeptierte nur einen sehr engen Politikbegriff. Politik bezog er ganz eng auf den Staat.

Oetinger plädierte für ein Erziehungskonzept, das „unten" bei den lebensweltlichen Beziehungen und Problemen ansetzte. Das der Demokratie angemessene Verhalten sollte im sozialen Nahraum durch praktisches Tun, also durch Erfahrungslernen, vermittelt werden. Litt vertrat ein Bildungskonzept, das „oben" beim Staat ansetzte. Dort vollziehe sich nämlich die Politik. Die Politik sei ein fernes, fremdes und abstraktes Geschehen, sei also durch eine tiefe Kluft von der Lebenswelt getrennt. Man könne sie nur durch kognitives Lernen rational zu begreifen versuchen. Das der Demokratie angemessene Verhalten setze angemessene Einsichten voraus.

Erziehung zur Geltung zu kommen, veranschaulicht und vergegenwärtigt zu werden" (Weniger 1963, 23 ff.).

Im Grunde standen beiden Konzeptionen nicht konträr, sondern komplementär zueinander. Denn Erfahrungslernen und kognitives Lernen sind keine unvereinbaren Gegensätze, sondern wechselseitige Ergänzungen. Der politischen Bildung und Erziehung ist die Vermittlung von Wissen und Urteilen ebenso aufgegeben wie die Förderung von Einstellungen und Haltungen (Gagel 1994, 74 f.).

Ethischer Personalismus und Wiederbelebung der Nationalerziehung

In den fünfziger und sechziger Jahren dominierten Oetinger und Litt die politisch-pädagogische Diskussion. Gleichwohl gab es neben der Partnerschaftserziehung und der politischen Bildung zum Staat hin noch weitere Positionen, wenn diese auch erheblich weniger Aufmerksamkeit und Verbreitung erfuhren.

Von mehreren Autoren wurde das *Sittliche* als zentraler Gegenstand der politischen Bildungsarbeit betont und gefordert. Auch wenn sich die Ansätze in mancherlei Hinsicht unterschieden, so hatten sie doch die Überzeugung gemeinsam, dass die sittliche Erziehung des Individuums die ganz entscheidende Voraussetzung für das Gedeihen des Gemeinwesens bilde. Sittlichkeit könne aber nur erreicht werden, wenn der Einzelne vom Egoismus abgebracht und mit sozialen Tugenden ausgestattet sei. Dies zu bewerkstelligen, obliege der politischen Bildung und Erziehung als Kernaufgabe. Alle sachlichen Themen der politischen Bildung seien hingegen von nebensächlicher Bedeutung. Diese Position kann man am besten als *ethischen Personalismus* bezeichnen.

Alfred Petzelt (1886-1967) bezog die Erziehung „ausdrücklich und ausschließlich" auf die „Haltung des Ich nach sittlicher Ordnung". Sie habe die Aufgabe, „dass das Ich sich selbst in seiner gesamten Verhaltensmannigfaltigkeit in Ordnung hält, gültig hält, ganz gleich, in welchen Geltungsbezirken es sich bewegt" (Petzelt 1955, 81). Die Erziehung als Charakterbildung müsse nun ganz besonders auf die Du-Beziehung des Ich achten. In diesem Sinne reduzierte Petzelt die staatsbürgerliche Qualität des Einzelnen sowie die Qualität des Staates auf das dialogische Verhältnis der Menschen untereinander: „In der Du-Beziehung liegt die Norm für jedes staatsbürgerliche Verhalten. Der Staat definiert sich durch die Norm der Du-Beziehung seinem Begriffe nach. Er ist so gut und so schlecht, wie wir unsere gegenseitigen Verhältnisse gestalten" (Petzelt 1955, 89).

Zu dieser Auffassung passte Petzelts Warnung vor einer politischen Bildung, die sich mit politischen Sachfragen befasst. Er befürchtete, dass eine solche Bildung die Jugendlichen dazu verführe, „frühzeitig im Urteil staatsbürgerliche Haltung mit politischer Betätigung, womöglich auch Parteien zu verwechseln. So entsteht eine deutliche Verschiebung der Akte des Ich. Sie drängen mehr nach außen als nach der Eindeutigkeit des Ich selbst" (Petzelt 1955, 78).

Weil es so entscheidend auf die Personalität des Einzelnen ankam, hielt Petzelt einen eigenständigen Politikunterricht für überflüssig: „Die staatsbürgerliche Erziehung ist kein Anhängsel der Erziehung. Sie hat keine Methode, denn der Staat ist als dialogisches Verhältnis von Menschen aufzufassen, er ist kein Gegenstand. Staatsbürgerliche Erziehung ist kein Fach mit besonderen Lehrgütern, sondern eine Forderung nach Haltung dem Du, jedem Du, dem zugehörigen Du gegenüber, aus Anlass aller Fächer und Aufgaben" (Petzelt 1955, 94).

Da Petzelt davon ausging, dass die Sittlichkeit der Person auf die Politik ausstrahle und die Sittlichkeit als Qualifikation für den Staatsbürger ausreiche, konnte er Folgendes behaupten: „Sittlich-religiös hochwertige Persönlichkeiten, der eine mag sich mehr, der andere weniger um die Staatsaufgaben zu kümmern Anlass haben, können keine schlechten Staatsbürger sein. Und umgekehrt: Wer noch so eifrig staatsbürgerliche Kenntnisse besitzt und staatspolitisch fähig ist und mit Bezug auf die Wertigkeit seiner Persönlichkeit nicht hoch steht, der kann den

Anspruch auf einen guten Staatsbürger nicht mit Recht erheben, er ist staatsbürgerlich mangelhaft erzogen" (Petzelt 1955, 95).

Heinrich Newe (1903-1979) war ein weiterer Vertreter des ethischen Personalismus. Newe stand der Vermittlung elementaren politischen Wissens nicht ablehnend gegenüber. Er war aber der Auffassung, dass dies nicht in erster Linie Aufgabe der politischen Bildung selbst sei. Die politische Bildung erhalte nicht „Heimatrecht und Residenzpflicht im Bildungsraum", wenn sie „verwissenschaftlicht und verfachlicht" werde. Die Vermittlung politischen Wissens sei nämlich in anderen Fächern zu Hause, vorzugsweise im Geschichts- und Erdkundeunterricht.

Was die politische Bildung aber könne, ja, was nur sie könne, sei, den Heranwachsenden zu helfen, die *Antinomien* der demokratischen Lebensform auszuhalten. Zu diesen Antinomien zählte Newe die Spannungen zwischen dem betrachtenden und dem handelnden Verhalten, zwischen der Vielfalt unterschiedlicher Meinungen und der verbindlichen Entscheidung für einen Standpunkt, zwischen Freiheitssinn und Einordnungswillen, zwischen verantwortlicher Mitbestimmung und Anerkennung von Autorität, zwischen Gemeinschaftssinn und kämpferischem Machtstreben sowie zwischen Anpassung und Selbst- und Mündigsein (Newe 1961, 30 f.).

Die politische Bildung sollte, vergleichbar dem religiösen, sittlichen und mitmenschlichen Bildungsgeschehen, das gesamte Leben der Schule durchdringen. Dabei sollte sie auch die Gefühle des Menschen ansprechen. Denn ohne *Gefühlsbildung* bleibe alles Wissen und Verstehen flüchtig. Die politische Bildung müsse sich daher um alle sinnlichen, seelischen und geistigen Organe des Menschen bemühen. Sie habe „den Schüler existentiell im Wurzelgrund seines Seins zu bewegen, d.h. die politischen Kenntnisse und Verhaltensweisen im Gesamtgefüge des Menschen und der menschlichen Gemeinschaften zu verankern, Überzeugungen zu entwickeln, Wertsinn und Gesinnung auszubilden."

Newe sah fünf mögliche Formen der politischen Gefühlsbildung, nämlich erstens Symbol, Feier, Lied und Brauchtum, zweitens die „Begegnung von Mensch zu Mensch", drittens das „dichterische Bild", viertens Werterfahrungen und fünftens das „Gefühl der Geborgenheit" (Newe 1961, 64 f.).

Die Schule müsse einen demokratischen Lebensstil pflegen, damit die Schüler sich die demokratische Lebensform und das entsprechende Verhalten aneignen könnten. Auf dieses Verhalten kam es Newe im Wesentlichen an. Er bestimmte es mit stark sittlichen Kategorien, wie man dem von ihm aufgestellten Aufgabenkatalog entnehmen kann:

„Interessen für die Angelegenheiten der gesamten Klasse und des Schullebens entwickeln.
Sich bereit finden, freiwillig und selbstverantwortlich an Gemeinschaftsaufgaben mitzuarbeiten und damit auch Opfer für das Gemeinwohl zu übernehmen. Eigener Antrieb und Selbsttätigkeit sind dabei wichtig.
Sich gemeinschaftsdienlich verhalten, d.h. rücksichtsvoll und hilfsbereit, partnerschaftlich und fair mit anderen zusammenarbeiten.
Sich als Mit-Arbeiter fühlen, anderen vertrauen und selbst vertrauenswürdig werden.
Sich aus innerem Antrieb gesittet und ordnungsfreudig verhalten.
Die Pennälerhaftigkeit und den Gedanken einer nur von außen gesetzten Autorität und Verpflichtung überwinden. Abscheu vor Untertanengeist und Duckmäusertum empfinden lernen.
Abneigung wecken vor allem, was mit Zwang und Gewalt einhergeht, was unfrei und ungerecht erscheint, Würde und Rechte des Menschen verletzt.
Wert darauf legen, dass man bei allem, was einen betrifft, auch gehört wird.
Mut zum Bekenntnis, zur freien Meinungsäußerung und eigenen Stellungnahme entwickeln.
Bereit sein, sich der Kritik der Mitschüler und Lehrer zu stellen.
Fähig sein, sich zu behaupten und durchzusetzen, zu überzeugen oder sich überzeugen zu lassen" (Newe 1961, 87 f.).

8. Politische Bildung und Erziehung in der BRD während der fünfziger und sechziger Jahre 153

Gegen die Ziele des ethischen Personalismus als solche ließ sich damals und lässt sich heute nichts einwenden. Umso mehr Widerspruch fand aber die Annahme, dass sittliche Erziehung genüge, um die jungen Menschen auf das politische Leben angemessen vorzubereiten. Moniert wurde die weitgehende Vernachlässigung der gesellschaftlichen und politischen Realität. Erich Weniger kommentierte die Reduktion der politischen Bildung auf die sittliche Erziehung mit folgenden Worten: „Geschichtliche wie individuelle Erfahrungen zeigen, dass es mit einer Art sittlicher Allgemeinbildung nicht getan ist, dass man vielmehr auf konkrete Verantwortung konkret, d.h. im Hinblick auf die kommende Aufgabe durch Appell an die Kräfte des Gefühls, des Willens und der Einsicht vorbereiten muss. Sie zeigen ferner, dass es wohl einmal für einen Einzelnen, nicht aber für uns alle und auf die Dauer eine Rettung vor den Gefahren der Politik durch die Flucht in einen von ihr freien Raum, durch Hinwegsehen oder gar durch Verzicht auf politisches Handeln gibt" (Weniger 1956, 126 f.).

Neben dem ethischen Personalismus gab es den Versuch, den Gedanken der *Nation* wieder in der politischen Bildung und Erziehung zu verankern.[76] Am nachdrücklichsten unternahm diesen Versuch der als Professor für Soziologie des Bildungswesens an der Hochschule für internationale pädagogische Forschung in Frankfurt am Main lehrende Eugen Lemberg (1903-1976). Lemberg, Anfang der fünfziger Jahre Leiter der Schulabteilung im hessischen Kultusministerium, hatte sich wissenschaftlich intensiv mit dem Nationalismus beschäftigt und versuchte nun, die *Nationalerziehung* wiederzubeleben.

Lemberg betrachtete die nach 1945 eingerichtete politische Bildung als defizitär, weil sie konsequent den Gedanken an die Nation ausgeschaltet hatte. Er gestand zu, dass diese politische Bildung den Charakter einer *Therapie* haben musste. Ihr Anliegen musste die „Überwindung des vom Nationalsozialismus ins Wahnsinnige übersteigerten Nationalismus" sein. In diesem richtigen Bestreben seien aber Fehler gemacht worden.

So habe man den Blick für die *Ambivalenz* des Nationalismus verloren: „Der Nationalismus, in dem Bedürfnis nach Hingabe des Einzelnen an eine über ihn hinausreichende gemeinsame Sache begründet, jener Hingabe, die ihn selbst rechtfertigt, erhöht und seinem Leben einen Sinn gibt, kann nämlich sowohl zu positiven wie negativen Ergebnissen führen: zu Selbstaufopferung, Heroismus und geistig-kultureller Leistung einerseits, zur Aufgabe der eigenen Person, zu Fanatismus, Missachtung aller sittlichen Ordnungen im vermeintlichen Dienst an dieser Nation andererseits."
Im Element der Hingabe an die Nation stecke nun ein politisch-pädagogisch höchst relevantes Prinzip, das man keinesfalls außer acht lassen dürfe. Den Nationalismus könne man nicht überwinden, indem man der Jugend mit der eigenen Nation jedes Objekt einer solchen Hingabe wegnehme. Der Nationalismus könne aber und müsse auch sublimiert werden, und zwar dadurch „dass man dieser Hingabe ein würdiges und nach der Gesamtlage annehmbares Objekt zur Verfügung stellt. Darum darf eine politische Bildung nicht auf Verächtlichmachung oder Belangloserklärung der eigenen Nation hinzielen, sondern auf Einordnung dieser Nation in einen größeren Zusammenhang" (Lemberg 1959, 239).

In der politischen Bildung nach 1945 habe man weiterhin übersehen, dass man auf einer „zur Überwindung bestimmter Krankheitserscheinungen angewandten Therapie kein ganzes Bildungs- und Lebensprogramm für eine Nation aufbauen" könne. Insbesondere sei die politi-

---

[76] Die Anhänger der Nationalerziehung stützten ihren Ansatz auf eine Anfang der sechziger Jahre von Rudolf Raasch durchgeführte empirische Untersuchung. Raasch hatte einen Zusammenhang zwischen der politischen Bildung nach 1945 und der bestehenden Staatsverdrossenheit hergestellt. Er hatte weiterhin behauptet, dass das vermittelte antinationale Wissen in seltsamem Kontrast zur nationalen Einstellung der Schüler stehe. Raaschs Untersuchung wurde in der Wissenschaft als unzulänglich kritisiert (Kühr 1980, 72 f.).

sche Pädagogik auf Dauer zur Erfolglosigkeit verurteilt, „wenn sie nicht neben der Kritik am vergangenen System, neben der Propaganda für das eigene und neben einer Erziehung zu politischem und gesellschaftlichem Wohlverhalten auch noch ein Bild der Welt, der Geschichte, eine Grundlage der Selbstdeutung, eine Orts- und Rollenbestimmung der eigenen Gruppe, eine Lehre von den gesellschaftlichen und politischen Kräften in der Welt, mit anderen Worten: ein Weltbild, eine Ideologie zu bieten hat." Man würde sich der Selbsttäuschung hingeben, wollte man annehmen, „dass ein solches Bild ohne die Unterscheidung zwischen einer Wir-Gruppe (*ingroup*) und einer ihr gegenüberstehenden Umwelt oder Fremdgruppe (*outgroup*) möglich ist" (Lemberg 1964, 131 f.).

Mit der Wir-Gruppe sprach Lemberg nicht unbedingt die eigene Nation an. Auf jeden Fall aber sollte es sich bei der Wir-Gruppe um eine „Großgruppe" handeln, die „irgendwie integriert, strukturiert, aber eben doch auch abgegrenzt, irgendwoher bedroht, gegen irgend etwas zu verteidigen" sei. Es könne sich also auch um eine übernationale Ordnung wie beispielsweise Europa handeln. Es komme darauf an, dass der zu Erziehende an ein Ganzes gebunden werde, das ihn übersteige, das seine Hingabe herausfordere und von ihm Leistungen und Opfer verlange. Diese *Hingabefähigkeit* sei ein wesentliches Ziel politischer Erziehung (Lemberg 1964, 132 ff.).

Der Nation bzw. ihrem Surrogat, der Supranation, schrieb Lemberg eine anthropologisch begründete Integrations- und Motivationsfunktion zu. Der Mensch, so schrieb er, bedürfe „der Bindung an eine solch überindividuelle Gruppe oder Ordnung. Aus dem Dienst an ihr rechtfertigt er sich, gewinnt er das notwendige Selbstwertgefühl, schöpft er den Sinn seines Lebens, der nicht einfach in der Befriedigung individueller Bedürfnisse bestehen kann. Erst die Integration in eine solche das Individuum bindende und verpflichtende Gruppe oder Gemeinschaft, die als wertvoll empfunden und geliebt wird, veranlasst den Einzelnen zu jenem Verhalten, das die Pädagogen als politisches Engagement bezeichnen und anstreben. Eine Gesellschaft von nach gut gelernten Spielregeln konkurrierenden Egoisten ist noch kein demokratischer Staat und noch keine Nation" (Lemberg 1965, 6).

Lemberg verband sein Plädoyer für eine Nationalerziehung mit einer deutlichen Kritik an einer politikwissenschaftlich fundierten politischen Bildung. Eine solche Fundierung bewirke nämlich, dass die politische Bildung auf eine Art Staatslehre verengt werde. Ignoriert würde die Vermittlung von Kenntnissen über die „in den Völkern und unter den Völkern wirkenden Kräfte", über „Völkerpsychologie und Machtphysik" sowie über das „Potential" und die „Physiognomie dieser Völker, Staaten und Kulturen" (Lemberg 1959, 238 f.).

Das Konzept der Nationalerziehung wies keine Nähe zum Rechtsradikalismus oder zum Nationalsozialismus auf. Auch sprach es die natürliche Verbundenheit des Menschen mit seiner Heimat, mit Sprache, Kultur und Geschichte seines Volkes an und berührte damit das Identitätsbewusstsein des Einzelnen. Gleichwohl fand die Nationalerziehung nur wenig positive Resonanz in der politisch-pädagogischen Diskussion. Der Kritik ausgesetzt war, dass die Nation, konkret: der nationale Staat, zu einer Art Über-Ich proklamiert wurde, in dessen Dienst der Einzelne seinen Lebenssinn finden sollte. Dies erschien wenig überzeugend. Denn die Nation, so der Einwand, sei ein historisch bedingtes Konstrukt, keinesfalls aber eine Entität von naturrechtlich-metaphysischer Qualität. Zudem berge die Idee der Nation die Gefahr einer Gefühlsmanipulation mit unkalkulierbaren Risiken für den internationalen Frieden. Schließlich dürfe nicht vergessen werden, dass durch die gezielte Aufwertung betont nationaler Haltungen das „ohnehin noch weitgehend provinzielle politische Bewusstsein weiter Kreise unseres Volkes" noch engstirniger würde (Sutor 1973, 93 ff.).

8.5 Das Einfließen didaktischer Überlegungen in die politische Bildung: Der Beginn der Politikdidaktik

In den Tübinger Beschlüssen von 1951 war gefordert worden, die Stofffülle zugunsten des Wesentlichen zu konzentrieren. Dieses Wesentliche sollte in Gestalt des exemplarischen Lernens vermittelt werden. Der Deutsche Ausschuss für das Erziehungs- und Bildungswesen hatte 1955 ganz ähnlich von der politischen Bildung verlangt, Einsichten statt bloßen Wissens zu vermitteln. Beide Forderungen machten deutlich, dass eine lediglich auf vollständige Weitergabe sozialwissenschaftlichen Wissens erpichte politische Bildung keineswegs als geeignet angesehen wurde, den urteilsfähigen und mündigen Bürger hervorzubringen. Es war offenkundig, dass bei der Festlegung der auf das *Wesentliche* bezogenen *Einsichten* die Lernenden und deren Zukunft in Gesellschaft und Staat mit zu berücksichtigen waren. Politikunterricht konnte nicht einfach ein *Abbild* der Politikwissenschaft und der Soziologie sein.

Auch wenn das Wort nicht fiel, waren die in Tübingen und vom Deutschen Ausschuss angestellten Überlegungen *didaktischer* Natur. Die Didaktik befasst sich mit der theoretischen Klärung der Inhalte und Ziele von Unterricht einschließlich ihrer Begründung bzw. Rechtfertigung. Sie antwortet also auf die Fragen des *Was*, des *Wozu* und des *Warum* von Unterricht. Sie ist damit die Wissenschaft von den *Bildungsinhalten*. Ein erweiterter Didaktikbegriff schließt die Probleme der Vermittlung von Wissen, also das *Wie*, mit ein. Didaktik ist dann ein anderes Wort für *Lehrkunst*.

Für die inhaltliche Bestimmung und Strukturierung von Bildungsprozessen ist die Didaktik als Wissenschaft schlechthin unverzichtbar. Denn angesichts der von der Wissensexplosion hervorgerufenen Fülle möglicher Lehrinhalte muss ausgewählt werden. Wenn dieser Auswahlvorgang nicht willkürlich sein soll, bedarf es theoretisch fundierter Prinzipien. Die Entwicklung solcher Prinzipien nimmt die Didaktik vor.

Die Hinwendung zur Didaktik

Ende der fünfziger Jahre kam es in der politischen Bildung zur sogenannten *didaktischen Wende*, die genau besehen eine *Hinwendung zur Didaktik* war. Diese Wende deutete sich während der fünfziger Jahre in der allgemeinpädagogischen Diskussion bereits an. In der Pädagogik gab es nämlich zunehmende Zweifel an der Idee eines verbindlichen und präzise bestimmbaren Kanons von unverzichtbaren Bildungsinhalten. Es wurde für nicht mehr möglich gehalten, einen klassischen Stoffkanon nicht hinterfragbarer Bildungsgüter festzulegen. Parallel zu solchen Zweifeln kam es zu einer Wiederbelebung der geisteswissenschaftlich-hermeneutischen Allgemeinen Didaktik, die sich grundlegende Gedanken über die Allgemeinbildung machte. Dies alles konnte die Diskussion um die politische Bildung nicht unberührt lassen.

Besonderen Einfluss auf die politische Bildung übte die *bildungstheoretische* Didaktik Wolfgang Klafkis aus. Denn diese Didaktik lieferte Kriterien für das zentrale Problem der Inhaltsauswahl. Klafki schlug als Kriterien das *Elementare*, das *Fundamentale* und das *Exemplarische* vor.[77]

Das bedeutete im Einzelnen: Ein Unterrichtsinhalt ist dann bildend, wenn er zunächst einmal *elementar* im Hinblick auf die *Sache* ist. Das heißt: Er muss etwas Allgemeines vermitteln. Dieses Allgemeine kann ein Zusammenhang, ein Prinzip, eine Gesetzmäßigkeit, eine Struktur oder eine sittliche Norm sein. Der Unterrichtsinhalt muss aber auch *fundamental* im Hinblick

---

[77] Schlüsseltext hierfür war Wolfgang Klafkis *Das pädagogische Problem des Elementaren und die Theorie der kategorialen Bildung,* Weinheim 1957.

auf die *Schüler* sein. Das heißt: Er muss eine grundlegende, die Lebensführung beeinflussende Erfahrung oder Einsicht vermitteln. Elementaria und Fundamentalia sollen nach Möglichkeit *exemplarisch*, d.h. am eindrucksvollen, fruchtbaren Beispiel gewonnen werden. Denn das Exemplarische erlaubt die Reduktion der Fülle des Wissbaren auf das Wesentliche. Es verhindert zudem die Anhäufung bloßen Faktenwissens.

Die *didaktische Wende* bestand zum einen darin, dass sich der Diskurs der politischen Bildung und Erziehung von der politischen Pädagogik abwandte. Denn diese sagte nichts über Unterrichtsinhalte aus. Die Veröffentlichungen der politischen Pädagogik boten daher für die Bewältigung von Praxisproblemen wenig Hilfe.

Die Wende zeigte sich aber auch darin, dass die politische Bildung sich gegenüber der Politikwissenschaft verselbstständigte. Mit Hilfe der Didaktik konnte sie der Versuchung widerstehen, den Politikunterricht einfach als die kindgemäße Übertragung des in der Wissenschaft erarbeiteten Wissens zu betrachten. Denn die Elemente einer Wissenschaft sind keineswegs notwendig auch Elemente eines auf Menschenbildung abzielenden Unterrichts.

Ein weiteres Merkmal der didaktischen Wende war die Bemühung, Kriterien für die Auswahl von Inhalten und Zielen der politischen Bildung zu entwickeln. Diese Auswahlkriterien sollten politikwissenschaftlich, psychologisch und erziehungswissenschaftlich abgesichert sein. Auf diese Weise wollte die sich so begründende Politikdidaktik ihren Anspruch untermauern, Wissenschaft zu sein.

Eine letzte Folge der didaktischen Wende war, dass man begann, Planungsinstrumente zur Vorbereitung des Politikunterrichts zu entwickeln. Dies hatte es zuvor nicht gegeben.

Gründervater der sich so verstehenden *Politikdidaktik* war Wolfgang Hilligen, wenn auch das Schlagwort von der didaktischen Wende meistens mit Kurt Gerhard Fischer in Verbindung gebracht wird. Hilligen veröffentlichte seine erste didaktische Schrift *Plan und Wirklichkeit im sozialkundlichen Unterricht* 1955, Fischer publizierte zusammen mit Koautoren das Buch *Der politische Unterricht* 1960. Dritter prominenter Politikdidaktiker der damaligen Zeit war Hermann Giesecke, der aber erst 1965 seine außerordentlich erfolgreiche *Didaktik der politischen Bildung* veröffentlichte. Gemeinsam war ihnen, dass sie als Lerngegenstände *Ausschnitte* aus der politisch-gesellschaftlichen Realität vorsahen, also von vornherein auf enzyklopädische Vollständigkeit in der Bildungsarbeit verzichteten.

Wolfgang Hilligen: Auseinandersetzung mit drängenden gesellschaftlichen Problemen als zentrale Aufgabe der politischen Bildung

Wolfgang Hilligen (1916-2003), ursprünglich Schulrat und später Hochschullehrer für Didaktik der Gesellschaftswissenschaften in Gießen, stellte an den Anfang seiner didaktischen Überlegungen eine *Zeitdiagnose*, die er aus einer Analyse der gesellschaftlichen Wirklichkeit gewann. Hilligen begriff seine Zeit als von Gefahren bestimmt, die entweder zu Wohlergehen oder zum Untergang führten.

Die Gefahren bedeuteten also Herausforderungen für die Menschheit, die bewältigt werden mussten: „Der Mensch hat in der Beherrschung der Naturkräfte weitaus größere Erfolge erzielt als in der Bewältigung der sozialen und personalen Probleme, welche durch diese Herrschaft hervorgerufen wurden. Daher kann es heute in der Schule nicht allein – und nicht so sehr – darauf ankommen, die Erkenntnisse und Ergebnisse der Naturwissenschaft und Technik und daneben Kulturtechniken und einige objektive kulturelle Werte zu vermitteln. Gewiss bleibt auch das notwendig, wenn wir den komplizierten Apparat der arbeitsteiligen Gesellschaft sachlich bewältigen wollen. Aber alle diese Güter und darüber hinaus die Existenz des Menschen sind gefährdet, solange es nicht gelingt, die Zivilisation – das Zusammenleben der Menschen in dieser technisch bestimmten Massengesellschaft – sittlich und geistig zu bewältigen" (Hilligen 1955, 107 f.).

Als vordringliche Aufgabe des Politikunterrichts ergab sich für Hilligen folglich die „Begegnung mit den Erscheinungen und Problemen der heutigen Gesellschaft".[78] Dabei sollten die Heranwachsenden befähigt werden, „die Herausforderungen unserer Zeit zu erkennen und positiv zu beantworten, das heißt: als Mitmenschen, Sozialpartner und Glieder des Staates und der menschlichen Gesellschaft so zu handeln, dass ein menschenwürdiges Dasein gesichert, die Zivilisation sittlich bewältigt und die soziale Gerechtigkeit gefördert wird" (Hilligen 1955, 116). Hilligen band das Ziel der politischen Bildung an Vorstellungen, deren Herkunft aus dem christlich-abendländischen Menschenbild unschwer zu erkennen war. Hierzu bekannte Hilligen sich auch ausdrücklich. Denn: „Die Ziele der Bildung und Erziehung sind letztlich durch das Menschenbild bestimmt, zu dem sich der Kulturkreis bekennt" (Hilligen 1955, 102).

Dass Hilligen didaktisch und nicht politikwissenschaftlich oder soziologisch dachte, zeigten seine weiteren Ausführungen. So schrieb er, dass der Politikunterricht solche Stoffe und Gelegenheiten aufgreifen solle, „an denen sich nicht nur Kenntnisse, sondern Erkenntnisse, Einsichten und Begründungen für das Tun gewinnen und Entscheidungen vollziehen lassen." Schwierige Zusammenhänge könnten dem Verständnis zugeführt werden, wenn man die Kunst beherrsche, sie zu vergeistigen, indem man sie vereinfache. Weiterhin solle die Behandlung von Themen nach Möglichkeit von einem Erlebnis-, Real- oder Begriffskonflikt ausgehen. Generell sollten die Schüler zu selbsttätiger Arbeit angeregt werden.

Sein didaktisches Credo fasste Hilligen so zusammen, „dass grundlegende Einsichten in immer neuen Zusammenhängen gewonnen werden sollten; dass Einzelerscheinungen in Beziehung zur personalen und sozialen Existenz zu setzen sind" und „dass es die den Stoffen innewohnenden erzieherischen Impulse zu sehen, aufzudecken und fruchtbar zu machen gilt" (Hilligen 1955, 118 f., 132).

Hilligen rundete seinen didaktischen Ansatz einige Jahre später ab. In einem Aufsatz, der mit der klassischen didaktischen Frage *Worauf es ankommt* überschrieben war, stellte er fest, dass die Didaktik auf das *Existentielle* zielen müsse. Für die politische Bildung sei nun dieser existentielle Bezug durchaus neu. Denn die Auswahl der Stoffe solle nicht einfach nur Sachstrukturen sichtbar machen. Die Auswahl solle vielmehr Daseinserhellung und Daseinsbewältigung leisten.

Hilligen sah das Dasein seiner Zeit durch drei Gegebenheiten besonders bestimmt. Das waren erstens die weltweite Abhängigkeit aller von allen, zweitens die technische Massenproduktion, die es ermögliche, Güter für alle zu schaffen, und drittens die technischen Macht- und Vernichtungsmittel, welche es nicht mehr erlaubten, Gegensätze bis zur letzten Konsequenz auszutragen. Für Hilligen waren diese drei Gegebenheiten Herausforderungen, von deren Beantwortung das Weiterleben der Menschheit abhing.

---

[78] Konkret hieß dies: „Bekanntschaft mit den großen Gegenwartsfragen, vor allem mit der Bedrohung des Menschen, die sich aus der technischen Entwicklung ergibt, aber auch Zuversicht, dass Rettung möglich ist, wenn die Menschen diese Bedrohung erkennen und es in Selbstbesinnung, Zusammenarbeit und Mitbestimmung auf sich nehmen, diese Fragen zu lösen. Dabei insbesondere: Bekanntschaft mit den Gefahren der Vermassung, Aufhellen von Situationen, in denen der Schüler und die Umwelt ihnen verfallen sind; Anruf zur Selbstbehauptung gegenüber ihrem Sog; Befähigung zu sinnvoller Gestaltung der Muße."
Bei der Aufzählung der weiteren Aufgaben des Unterrichts wich Hilligen aber von seiner didaktischen Grundlinie ab. Die wichtigsten dieser Aufgaben waren „Kenntnis und Übung der sozialen Spielregeln", „Erlebnis des Aufbaues, der Gesetzmäßigkeit und der gegenseitigen Bedingtheit der wichtigsten menschlichen Gemeinschaften, Gesellschaften und Organisationen", „Einblick in das Gefüge der Wirtschaft", „Kenntnis und Erlebnis der demokratischen Staats- und Lebensform und ihrer Aufgaben in Gemeinde, Staat und Welt", „Erziehung zur Achtung vor der Eigenart anderer Völker" und „Achtung vor dem Recht" (Hilligen 1955, 116 f.).

Dass die politische Bildung hierauf eingehen müsse, stand für ihn daher außer Frage. Während aber die Diagnose selbst wertneutral sei, unterschieden sich die daraus zu ziehenden didaktischen Konsequenzen danach, ob sie vom kommunistischen Osten oder vom freiheitlichen Westen vorgenommen würden. Der Osten wisse eindeutige Antworten, die er aus seiner Ideologie beziehe. Der Westen hingegen müsse aufgrund seines Menschenbildes „antinomische, dialektische Konsequenzen" ziehen:

Die Abhängigkeit erfordere, dass Ordnung herrsche, zugleich aber Widerstand gegen die totale Ordnung geleistet werde. Die Massenproduktion verlange gerechte Beteiligung aller, zugleich aber Wettbewerb und damit Ungleichheit. Die Vernichtungsmittel führten zur Selbstvernichtung, wenn man sie kompromisslos einsetze. Unterwerfe man sich dagegen widerstandslos, gebe es keine Entscheidungsfreiheit mehr (Hilligen 1961, 344 ff.).

Aus der Diagnose der Daseinsherausforderungen und den didaktischen Konsequenzen leitete Hilligen die Gegenstände und Ziele der politischen Bildung ab: „Erkenntnis der weltweiten Abhängigkeit und der veränderten Bedingungen für die Produktion und die menschlichen Auseinandersetzungen. Immunisierung gegen extreme Lösungen, die die Menschenwürde oder die Ansprüche der Gesellschaft außer acht lassen. Schärfung des Gefühles für die Grenzen, jenseits derer der Einzelne oder das Ganze Schaden leiden. Einsicht in die Notwendigkeit des politischen Kampfes auf der Grundlage von gemeinsamen Vorstellungen von der – verteidigungswerten – Würde der menschlichen Person. Erziehung zu: Gehorsam *und* Widerstand, Gleichheit *und* Auslese, Kompromiss *und* Kampf." Hilligen fasste die Ziele der politischen Bildung abschließend noch einmal in der einprägsamen Formel „Mitverantwortung, Wahrung der Person, Einhaltung von Spielregeln" zusammen (Hilligen 1961, 350).

Kurt Gerhard Fischer: Exemplarisch gewonnene politische Einsichten als Kern der politischen Bildung

Kurt Gerhard Fischer (1928-2001), ursprünglich Berufsschullehrer und seit 1962 wie Hilligen Hochschullehrer für Didaktik der Gesellschaftswissenschaften in Gießen, markierte mit seinem Buch *Der politische Unterricht* besonders deutlich die Hinwendung zum didaktischen Denken. Dieses Buch erreichte 1975 die dritte Auflage. Weitere wichtige Veröffentlichungen Fischers waren 1970 eine *Einführung in die Politische Bildung*, die es ebenfalls auf drei Auflagen brachte, 1974 eine schmale Publikation über *Theorie und Praxis von Consensus und Dissensus* sowie 1975 ein von ihm herausgegebener Sammelband mit dem Titel *Zum aktuellen Stand der Theorie und Didaktik der Politischen Bildung*. Dieser Band erlebte 1980 sogar die vierte Auflage.

Fischer wies kategorisch das Bemühen um die Vermittlung enzyklopädischer Informationen zurück. Die Orientierung des Unterrichts an der Systematik der Bezugswissenschaften fand ebenfalls seinen Widerspruch. Für unsinnig hielt er auch die Darstellung politischer Theorien sowie die Vermittlung „fertiggemünzter" politischer Moralsysteme. Alle diese Versuche scheiterten nämlich, „gänzlich abgesehen von allen weiter reichenden pädagogischen und psychologischen Einwänden, am Missverhältnis zwischen Stofffülle, zwischen Wissbarkeiten und Unterrichtszeit" (Fischer/Herrmann/Mahrenholz 1960, 15).

Der politischen Bildung sei es hingegen aufgegeben, dasjenige zu vermitteln, was der *Normalbürger* brauche, damit er sich nicht der Übermacht des Politischen ausliefere. Es gehe also nicht um die Schulung von Funktionären. Für den Normalbürger gebe es nun aber keinen „bündigen Kanon politischer Kenntnisse und Erkenntnisse" (Fischer/Herrmann/Mahrenholz 1960, 25).

In der Erläuterung der auf den Normalbürger zugeschnittenen politischen Bildung legte Fischer offen, von welchen Grundannahmen er sich leiten ließ.
Zunächst hielt er fest, dass ein *Belehrungsunterricht* methodisch völlig ungeeignet sei, den Bürger angemessen auszurüsten. Geeignet sei dagegen die – von Lehrer und Schülern *gemeinsam* zu leistende – *geistige Arbeit*, „die auf Selbst- und Standorterkenntnis, auf Einsicht in das Verhältnis von ‚Mensch und Politik' abzielt." Auf diese *Einsicht* oder besser *Einsichten* komme alles an.
Fischer betonte, dass man die erforderlichen Einsichten über die Politik anhand verschiedener Sachverhalte erzeugen könne. Daraus folgerte er: „Die Lehrgüter des politischen Unterrichts sind auswechselbar." Auch jeden Versuch, verbindliche Anweisungen für die zeitliche Reihenfolge politischer Lehrgüter zu erteilen, hielt er für widersinnig. Der Lehrer habe folglich einen erheblichen Entscheidungsspielraum. Seiner Freiheit entspreche aber die pädagogische und politische Verantwortung, „gleichsam von einem zum anderen Augenblicke das Richtige zu tun" (Fischer/Herrmann/Mahrenholz 1960, 16).

Fischer war die Ablehnung einer auf Vollständigkeit setzenden Wissensvermittlung wie auch einer Verbreitung politischen Spezialwissens für spätere Politiker so wichtig, dass er dies eigens noch einmal hervorhob: „Mit der Absage an Enzyklopädismus und Spezialismus entfällt jede Vorstellung eines ‚Bildungskanons' politischen Wissens, der gleichermaßen unerlässlich und ausreichend wäre, um das vernünftige politische Handeln des ‚Jedermann' in unserer Zeit vorzubereiten oder gar sicherzustellen. Wir betonen ganz ausdrücklich, dass jeder Kanon politischer Bildungsgüter fragwürdig ist, gleichviel, ob er als Minimalprogramm, als politische Elementarlehre oder anderswie deklariert angeboten wird" (Fischer/Herrmann/Mahrenholz 1960, 22).
Fischer legte Wert auf die Feststellung, dass die Ablehnung eines Wissenskanons keineswegs Beliebigkeit bedeute. Denn politische Einsichten könnten zweifelsohne nur an politischen Materien gewonnen werden. Der Politikunterricht habe deshalb ausdrücklich Politik und Staat zum Gegenstand. Er verlange darüber hinaus die „Anstrengung des Begriffes", was Informiertheit und Sachvertrautheit voraussetze (Fischer/Herrmann/Mahrenholz 1960, 86 ff.).

Fischer fasste seine Überzeugung so zusammen: „Aus der Tatsache, dass für die politische Bildung der Stoff und seine geistige Durchdringung niemals Selbstzweck, sondern immer Mittel zum Zweck ist, ergibt sich die Aufgabe des Lehrers, nur solchen Stoff in den Unterricht einzubeziehen, an dem politische Einsichten geweckt werden können und unter vielen möglichen Stoffen jenen den Vorzug zu geben, an denen sich Einsichten am besten entfalten lassen" (Fischer/Herrmann/Mahrenholz 1960, 16).
Unmissverständlich fungierten also die Einsichten als Kriterium für die Auswahl von Unterrichtsinhalten. Ebenso deutlich war das Plädoyer für die Anwendung des *exemplarischen Prinzips* in der Absicht, auf diese Weise Einsichten zu wecken.

Fischer sah klar, dass sich das exemplarische Lernen im *Fallprinzip* konkretisieren musste. Das bedeutete, dass als Inhalte des Politikunterrichts immer nur *Ausschnitte* aus der gesellschaftlich-politischen Wirklichkeit, eben Fälle, in Frage kommen konnten. So könnten auch *Tagesereignisse* zum Lehrgut werden, denn an nahezu jedem Tagesereignis lasse sich die Entdeckung machen, „dass wir nicht darüber urteilen können, ohne Hintergründe, Verlauf und Zusammenhänge zu wissen" (Fischer/Herrmann/Mahrenholz 1960, 88). Der Fall oder das Tagesereignis dürfe jedenfalls nicht lediglich Aufhänger oder Einstieg sein, sondern Gegenstand einer Analyse, die Hintergründe und Verflechtungen aufzudecken und in ein Urteil zu münden habe.

Im engen Zusammenhang mit der didaktischen Entscheidung für Fallanalysen stand Fischers Plädoyer für die Berücksichtigung von *Schülerinteressen*. Jede Fallanalyse bedürfe eines *Anstoßes*, der entweder vom Lehrer durch eine „geschickte Provokation" ausgelöst werde oder, besser noch, von den Schülern selbst komme. Auf jeden Fall müsse die innere Anteilnahme der Schüler an der Durchdringung der Sache gewährleistet werden. Anderenfalls erhalte der Unterricht „deklaratorischen Charakter" und laufe auf eine sterile Vermittlung von Sachwissen hinaus. Entspreche der Unterricht aber den Interessen und Fragen der Schüler, würden sie beim Versuch, die Sache zu verstehen, schnell merken, dass es ihnen an Informationen fehle. Dieser empfundene Mangel töte aber nicht den Bildungsprozess, sondern halte ihn vielmehr in Gang. Denn es gehe um die Beantwortung von Fragen der Schüler (Fischer/Herrmann/Mahrenholz 1960, 16 f.).

Der zentrale Gedanke in der Didaktik Fischers war die Idee, dass der Politikunterricht *Einsichten* zu vermitteln habe. Einsichten setzten *Kenntnisse* und *Erkenntnisse* voraus, seien mit letzteren aber auch vielfältig verflochten.

Der Kenntniserwerb beziehe sich auf die „Erarbeitung des Sachlichen", also auf die Klärung von Fakten. Die Erkenntnisfindung bestehe in der „Verarbeitung des Wesentlichen", mithin in der Abstrahierung der Fakten zu Sinnzusammenhängen. Zu Erkenntnissen gelange man, wenn man Hintergründe und Konsequenzen entdecke und Vergleiche anstelle. Erkenntnisse enthielten auch schon Urteile über Segmente der Politik. Einsichten schließlich ergäben sich aus der „Verknüpfung und Verdichtung der Erkenntnisse". In den Einsichten werde das hinter den Dingen stehende Vernünftige manifest und leuchte das Prinzip auf. Da der Politikunterricht zur Demokratie erziehe, bezögen sich die Einsichten naturgemäß auf das Sinngefüge der Demokratie. Einsichten hätten zugleich aber auch einen Bezug zu Haltung und Einstellung des Subjekts, konkret zur Frage: „Was bedeutet das für mich und mein Leben?" Einsichten bezeichneten somit eine Wahrheit, in der das Politische zusammen mit dem Menschsein zum Vorschein komme.

Die Einsichten bildeten folglich das eigentliche Ziel der politischen Bildung: „Elementare politische Einsichten sind zu wecken und derart verständlich bewusst zu machen, dass sie als Maßstäbe zukünftiger politischer Meinungs- und Willensbildung und als Grundlage politisch-vernünftigen Handelns der Staatsbürger dienen können" (Fischer/Herrmann/Mahrenholz 1960, 16, 18, 26).

Fischer hielt die Zahl der *elementaren politischen Einsichten* für überschaubar. Er scheute sich nicht, einen Katalog der im Politikunterricht zu vermittelnden Einsichten aufzustellen. Dieser aus neun Punkten bestehende Katalog bezog sich nicht auf die Politik generell, sondern auf die Demokratie, so wie Fischer sie verstand:

„1. Ohne die Kulturschöpfung ‚Staat' ist menschliches Leben nicht denkbar; denn der Mensch ist nicht geschaffen, ein Einzeldasein zu führen.

2. Politik ist das Ringen um den Besitz von Macht, mittels derer ein bestimmtes Bild staatlicher Ordnung verwirklicht werden soll. Politik ist aber auch der Gebrauch der Macht zur Verwirklichung einer Ordnung.

3. Wer meint, in der Politik heilige der Zweck die Mittel, übersieht, dass der Wert einer Politik nie allein durch den Erfolg bestimmt wird, sondern ebenso durch den Preis, der dafür zu zahlen ist.

4. In der Gesellschaft von heute vermögen Einzelne und gesellschaftliche Intimgruppen nicht mehr, eine als gerecht empfundene Ordnung der Daseinsvorsorge herzustellen. Daher ist dem Staat zu seiner herkömmlichen Aufgabe der Ordnung des Daseins die der Ordnung der Daseinsvorsorge zugefallen.

5. Zur politischen Willensbildung und zur Verwirklichung des Gewollten bedarf es ständiger Integration vieler unterschiedlicher Interessen innerhalb von Verbänden, innerhalb der Parteien und im Parlament.

6. Menschliches Freiheitsstreben richtet sich auf Autonomie in der Entscheidung für Werte und bei ihrer Verwirklichung. Demokratie ist diejenige Herrschaftsform, welche individuelle und Gruppeninteressen am wenigsten einschränkt und damit am wirksamsten den Missbrauch

staatlicher Macht hindert. Deshalb ist Demokratie das ‚geringere Übel'.
7. Die Erhaltung demokratischer Freiheit ist weitgehend eine Frage der politischen Bildung aller Bürger. Politischer Einsicht muss politisches Tun folgen. Denn jedermann ist vom Politischen betroffen. Auch der Unpolitische hat sich politisch entschieden.
8. In der Politik gibt es verschiedene Meinungen. Die ‚richtige' Meinung gibt es nicht. Darum geht es politisch immer um ‚besser oder schlechter', niemals um ‚gut oder schlecht'.
9. Die Alternative zur schlecht funktionierenden Demokratie heißt nicht Diktatur, sondern besser funktionierende Demokratie" (Fischer/Herrmann/Mahrenholz 1960, 28 f.).

Fischers Erwartung war, dass der auf diese Einsichten verpflichtete Politikunterricht bei den Heranwachsenden Zustimmung zur politischen Ordnung der Bundesrepublik Deutschland bewirken werde. Die Einsichten waren bewusst nüchtern gehalten; sie vermieden jegliches Demokratie-Pathos. Denn: „Allein der hier in Rede stehende Realismus wird dem Wesen des Politischen gerecht. Nicht die Hymne auf den ‚herrlichen Westen', auf die ‚geliebte Demokratie' wird die kommende Generation befähigen, ihr politisches Schicksal zu meistern" (Fischer/Herrmann/Mahrenholz 1960, 31).

Der hohe Stellenwert der neun Einsichten ergab sich für Fischer noch aus zwei weiteren Gründen. Zum einen entsprächen die Einsichten nämlich den *Grundüberzeugungen* des demokratischen Staates, „zu denen sich zu bekennen dem Staatsbürger abverlangt wird." Zum anderen seien sie das didaktisch *Elementare* für den Politikunterricht und genügten außerdem dem Gebot *kategorialer Bildung* (Fischer/Herrmann/Mahrenholz 1965, 25).

In einer späteren Veröffentlichung befasste Fischer sich mit der Frage nach dem erkenntnistheoretischen Status der Einsichten, seiner zentralen didaktischen Kategorie. Er kam hierbei zu dem Ergebnis, dass die Einsicht das Durchschauen und Verstehen eines Sachverhalts aus seinem innersten Wesen und seiner Struktur heraus sei. Einsichten beruhten auf Evidenzurteilen und hätten die Gestalt apriorischer Sätze. Sie leuchteten spontan oder als Ergebnis einer Reflexion ein. Sie seien nicht beweisbar. Auf ihnen beruhe aber alle Wissenschaft und Philosophie (Fischer 1972, 36 f.).

Auch das politische Leben in der Demokratie beruhe auf normativen Überzeugungen, die nicht beweisbar seien. Ihre Evidenz zeige sich darin, dass ihre Alternativen zur Diktatur oder totalitären Herrschaft hinführten. Auch diese Herrschaftsformen beruhten somit auf evidenten, wenn auch entgegengesetzten Urteilen (Fischer/Herrmann/Mahrenholz 1965, 36).

Kurt Gerhard Fischer grenzte seine didaktische Konzeption deutlich von der politischen Pädagogik Friedrich Oetingers ab, denn von einer Verhaltenserziehung war bei ihm keine Rede. Er optierte stattdessen für eine Bewusstseinsbildung. Aber auch der Unterschied zu den politisch bildenden Vorstellungen der Politikwissenschaftler der damaligen Zeit war unübersehbar.[79] Denn Fischer richtete das didaktische Denken nicht an der Struktur der fachlichen Bezugswissenschaft, also der Politikwissenschaft, aus, sondern an dem, was er *Menschenbildung* nannte (Fischer/Herrmann/Mahrenholz 1965, 25).

Problematisch an Fischers Didaktik war, abgesehen von der Zeitgebundenheit mancher Einsichten, im Grunde nur die behauptete Unmöglichkeit eines Wissenskanons. Es ist eigentlich nicht einzusehen, dass die Bildung eines solchen um die institutionelle Ordnung des demokra-

---

[79] Fischer führte die Tradition Erich Wenigers und Theodor Litts weiter. Weniger hatte gefordert: „Jeder muss ... einen Grundbestand von Einsichten erhalten, die zur Ausübung seiner politischen Rechte und zur Erfüllung seiner politischen Pflichten notwendig sind." Und Litt hatte postuliert: „Nur wo die Einsicht herrschend geworden ist, dass das Widereinander der sich befehdenden politischen Ideen und Gruppen nicht ein zu beklagendes und zu beseitigendes Gebrechen ist, kann der politische Mensch gedeihen."

tischen Verfassungsstaates kreisenden *Orientierungswissens* unmöglich sein soll. Darüber hinaus ist kritisch zu fragen: Kann es sich der Politikunterricht überhaupt leisten, auf ein solches Wissen zu verzichten, das entscheidende Bereiche der Politik systematisch abdeckt? Die von Fischer und anderen Verfechtern des exemplarischen Lernens geteilte Annahme, dass die Schüler „aus dem Chaos der Daten" eine Systematik oder Elemente einer Systematik entdecken, ist jedenfalls sehr optimistisch.

Hermann Giesecke: Kategoriale Bildung mittels Analyse politischer Konflikte

Hermann Giesecke, 1932 geboren, wirkte als Professor für Pädagogik und Sozialpädagogik an der Universität Göttingen. Er war Schüler und später Wissenschaftlicher Assistent bei Theodor Wilhelm. Anfang der sechziger Jahre war er für drei Jahre in der freien Jugendarbeit tätig. Diese Tätigkeit wirkte sich auf seine didaktische Konzeption aus: Aus seinen Erfahrungen zog er den Schluss, der politischen Bildung zu raten, auf einen systematischen Belehrungsunterricht zu verzichten und auf die Analyse aktueller politischer Konflikte zu setzen. Im politischen Konflikt sah Giesecke einen Wirklichkeitsausschnitt, der geeignet erschien, im Horizont des Alltagsbewusstseins des Normalbürgers eine tragfähige Vorstellung von Politik zu vermitteln.

Gieseckes wichtigste Schrift war die 1965 veröffentlichte *Didaktik der politischen Bildung*. Eine – allerdings grundlegend veränderte – Neuausgabe im Jahr 1972 war bereits die siebente Auflage. 1982 erreichte das Werk sogar die zwölfte Auflage. Giesecke schrieb 1966 über die *Politische Bildung in der Jugendarbeit*. Dieses Werk erreichte 1972 die dritte Auflage. Noch erfolgreicher war seine *Methodik des politischen Unterrichts*, die er 1973 veröffentlichte. Dieses Buch erschien 1984 in der sechsten Auflage.

Gieseckes *Didaktik der politischen Bildung* war nicht nur die erste, sondern ist auch bis heute die am weitesten verbreitete Monographie zur Politikdidaktik. Das Buch griff in einem bis dahin in der Politikdidaktik nicht bekannten Ausmaß sozialwissenschaftliche Erkenntnisse und Kategorien in der Absicht auf, sie für den Politikunterricht fruchtbar zu machen. Es bezog sich insbesondere auf die soziologische *Konflikttheorie* Ralf Dahrendorfs (Giesecke 1965, 102). Es harmonierte aber auch mit der politikwissenschaftlichen *Pluralismustheorie*, in der die Verfolgung von Interessen als legitim und die Regelung interessenbehafteter Konflikte als Aufgabe der Politik betrachtet wurde.

Ralf Dahrendorf hatte 1961 mit dem Aufsatz *Die Funktion sozialer Konflikte* eine einflussreiche soziologische Theorie vorgelegt, die der Wirklichkeit westlicher Gesellschaften und ihren politischen Verfassungen besonders stark entsprach. Die Konflikttheorie war liberal, denn sie sah in den Konflikten zwischen den Menschen eine Auswirkung menschlichen Freiheitsgebrauches.

Dahrendorfs Konflikttheorie bestand im Wesentlichen aus vier Behauptungen. Erstens: Der Konflikt im Sinne einer strukturellen Gegensätzlichkeit einzelner oder von Gruppen ist ein Charakteristikum jeder menschlichen Gesellschaft. Zweitens: Konflikte sind daher nicht Symptome eines pathologischen Zustandes der Gesellschaft. Sie haben vielmehr eine positive Funktion, weil sie Staat und Gesellschaft vor Erstarrung bewahren. Drittens: Konflikte dürfen nicht unterdrückt werden, da dies dysfunktional wäre. Konflikte können auch nicht endgültig gelöst werden. Denn die sozialen Strukturen erzeugen immer wieder neue Konflikte. Viertens: Konflikte können und müssen geregelt werden. Dies ist eine der zentralen Aufgaben der Politik.

Der rationale Umgang mit Konflikten erfordert nach Dahrendorf die Erfüllung von vier Bedingungen. Erstens: Alle Beteiligten erkennen Konflikte als sinnvoll an. Zweitens: Konflikte werden nur geregelt. Auf die endgültige Beseitigung der Ursachen wird verzichtet. Drittens: Die Auseinandersetzungen werden in verbindlicher Weise kanalisiert. Viertens: Die Konfliktbeteiligten einigen sich auf Spielregeln wie Verhandlungen, Vermittlungen und Schlichtungen.

Giesecke wollte den Politikunterricht im Wesentlichen auf die Analyse politischer Konflikte konzentriert wissen. In Konflikten sah er aus vier Gründen das organisierende didaktische Prinzip für die politische Bildung. Konflikte lieferten erstens das entscheidende Definitionsmerkmal für das Politische. Konflikte fungierten zweitens als Prinzip der Inhaltsauswahl für den Politikunterricht. Konflikte ließen sich drittens in Kategorien als Erkenntnisinstrumente entfalten. Und Konflikte ließen sich viertens in Gestalt der Konfliktanalyse in einen Lernprozess umsetzen.

Für Giesecke stand außer Frage, dass als Gegenstand des Politikunterrichts immer nur Politik in Frage kommen könnte. Die Politik selbst definierte er als „etwas Offenes, Umstrittenes", als „das noch nicht Entschiedene". Das Politische zeige sich in der kontroversen Aktualität am sichtbarsten. Das Politische sei also in erster Linie erfahrbar als Konflikt. Der Versuch, das Politische stofflich festzulegen, sei dagegen zum Scheitern verurteilt. Denn die in der Politik verhandelten Gegenstände stammten aus nichtpolitischen Fachzusammenhängen, so aus dem Recht, der Ethik und den jeweiligen Sachgegebenheiten. Nur für das Phänomen der Kontroverse gelte dies nicht. Die Politik sei folglich kein eigener „Seinsbereich" wie die Literatur oder die Religion, „sondern eine Implikation aller Seinsbereiche: Politik ist kein ontologisch fixierbarer Gegenstand, sondern ein jeweiliges Problematischwerden der Massenkommunikation" (Giesecke 1965, 21, 41, 100).

Eben weil Politik das Umstrittene sei, müsse der Politikunterricht Konfliktanalysen betreiben. Nur so werde das Eigentliche von Politik erfahren. Auf jeden Fall verlange der Politikunterricht mehr als die Vermittlung systematischen Wissens. Ein auf Vermittlung beschränkter Unterricht sei insofern unpolitisch, als er nicht zur Parteinahme aufforderte. Parteinahme gehöre aber nun einmal zum Politischen. Ausschließlich systematischer Unterricht reduziere die politische Bildung auf wissenschaftliche Erkenntnis.

Andererseits könne jedoch kein Zweifel daran bestehen, dass die politische Bildung eines zusammenhängenden historischen und politischen Wissens bedürfe. Denn nur dies gewährleiste, dass Informationen zu einem aktuellen Konflikt überhaupt verstanden würden (Giesecke 1965, 22 ff.).

Giesecke bestimmte als zentrales Ziel der politischen Bildung die *politische Beteiligung*. Politische Beteiligung sei ein jedem Bürger von der Verfassung verliehenes Recht. Als Ziel politischer Bildung stehe sie deshalb außerhalb des politischen Streites. Giesecke warnte davor, politische Beteiligung mit politischem Aktivismus zu verwechseln. Die Politik sei kompliziert und könne nicht einfach nebenbei erledigt werden. Dies gelte jedenfalls für die Normal- und Durchschnittsbürger. Politische Beteiligung bestehe daher eher in „passiver Aktivität", d.h. darin, dass man sich nichts vormachen lasse und die Politiker zwinge, bestimmte Dinge nicht zu tun. Die politische Beteiligung zeige sich folglich eher in der vernunftgeleiteten Reaktion als in der unmittelbaren Aktion. Abgesehen hiervon bestehe die politische Beteiligung natürlich in dem Recht, „die je individuellen Interessen ins Spiel zu bringen" (Giesecke 1965, 63 ff., 107, 175).

Giesecke unterschied drei Ebenen des Wissens, auf deren Fundamenten sich der politische Bildungsprozess vollziehe, nämlich das Bildungswissen, das Orientierungswissen und das Aktionswissen.

Das *Bildungswissen* verstand er als einen von der Politik unabhängigen, gleichwohl auf das politische Bewusstsein ausstrahlenden Wissensbereich. Zu diesem Wissen gehörten normative Vorstellungen über das gute Leben und über die politische Ordnung, aber auch Erfahrungen misslungener Versuche, Leben und Zusammenleben zu gestalten. Religiöses, philosophisch-ethisches, literarisches und historisches Wissen seien diesem Wissensbereich zuzurechnen.

Das *Orientierungswissen* stellte sich Giesecke als den eigentlichen Wissenskanon der politischen Bildung vor. Der Kanon bestehe aus Kenntnissen über die gegenwärtige politische, gesellschaftliche und wirtschaftliche Welt. Im Einzelnen setze sich der Kanon aus Wissen über das „System der Produktion und des Marktes", das „System der Verwaltung", das „System der politischen Herrschaft" und das „System der internationalen Politik" zusammen. Das Orientierungswissen ermögliche so das Verstehen des Ganzen der Politik in seinen vielfältigen Verschränkungen.

Das *Aktionswissen* schließlich enthalte das für die Analyse eines konkreten Konfliktfalles erforderliche Wissen. Es aktualisiere das Bildungswissen sowie die sachlich einschlägigen Teile des Orientierungswissens auf den Konflikt hin. Darüber hinaus bestehe es aus zusätzlich zusammengetragenen Informationen sowie aus den Kategorien der Konfliktanalyse (Giesecke 1965, 35 ff., 49 f., 77 ff.).

Giesecke war sich darüber im Klaren, dass der von ihm so nachdrücklich favorisierte politische Konflikt ein schwieriger Lerngegenstand war. Denn Konflikte sind nicht fest umrissen, nicht geordnet und nicht klar definierbar. Konflikte sind vielmehr unbestimmt und komplex. Sie sind unbestimmt, weil das Streitthema je nach Standort verschieden definiert wird. Auch ist die Grenze zum Nichtkonflikthaften nicht klar anzugeben. Konflikte sind komplex, weil eine Vielzahl von Akteuren beteiligt ist, verfassungsrechtliche und gesetzliche Regelungen berührt werden, programmatische Vorstellungen und Absichten eingebracht werden und Machtpotentiale sowie taktische Kalküle angewendet werden. Mit einem Wort: Konflikte bestehen aus einer dynamischen Gemengelage von Faktoren ohne erkennbare Systematik.

Gieseckes didaktische Antwort hierauf lautete, dass die Analyse eines politischen Konfliktes den Besitz von Bildungs- und Orientierungswissen voraussetze. Außerdem forderte er, die Konfliktanalyse mit Hilfe von *Kategorien* durchzuführen. Diese Forderung war das wirklich Neue an Gieseckes Konzeption. Er stellte ein System von elf Kategorien auf, die er aus einer Analyse der politischen Wirklichkeit gewonnen hatte. Die Kategorien waren *Konflikt, Konkretheit, Macht, Recht, Funktionszusammenhang, Interesse, Mitbestimmung, Solidarität, Ideologie, Geschichtlichkeit* und *Menschenwürde* (Giesecke 1965, 102 ff.).

Giesecke betonte, dass die Kategorien sich nicht voneinander ableiten ließen, aber in einem Verhältnis der Interdependenz zueinander stünden. Er hielt weitere Kategorien für denkbar, bemerkte aber, dass dies die Praktikabilität der Konfliktanalyse vermindern würde.

Giesecke sah den Vorteil der elf Kategorien darin, dass sie nicht nur ein angemessenes Verständnis des Politischen, sondern auch und vor allem eine *Strukturierung* der in der Regel unüberschaubaren und verwirrenden politischen Sachverhalte ermöglichten. Die Kategorien bildeten insofern ein *operatives Denkmodell*. Bei einem echten politischen Konflikt kämen sie alle zur Anwendung. Sei dies nicht gegeben, handle es sich bei dem Konflikt nicht um eine wirklich politische Auseinandersetzung.

Weiterhin entschlüsselten die Kategorien den politischen Konflikt, wenn man sie in *Erschließungsfragen* umwandle. Habe man mehrere Konfliktanalysen durchgeführt, erlaubten die Kategorien schließlich wichtige politische *Grundeinsichten* (Giesecke 1965, 116 f., 120 ff.).

Die folgende Übersicht veranschaulicht, worin Giesecke die didaktische Funktion der einzelnen Kategorien sah, welche Erschließungsfragen er aus ihnen ableitete und welche aus den Kategorien zu gewinnenden politischen Grundeinsichten er für möglich hielt. Nicht immer drückte er sich dabei eindeutig aus. Die Übersicht zeigt, dass die Kategorien Interesse und

Mitbestimmung eine Sonderstellung einnahmen. Denn sie bezogen den jeweiligen Konflikt auf die Situation der Lernenden. Das war bei den übrigen Kategorien nicht der Fall.

Kategorien zur Analyse politischer Konflikte

Kategorie	Didaktische Funktion	Erschließungsfrage	Politische Grundeinsicht
1. Konflikt	Es geht um die Aufdeckung des Konfliktes, insbesondere um die Herausarbeitung seines latenten oder manifesten Charakters.	Worin besteht bei einer politischen Situation oder Aktion die Gegnerschaft?	Politik zeigt sich darin, dass Menschen verschiedene Interessen haben, die so aufeinander abgestimmt sein müssen, dass friedliches Zusammenleben möglich bleibt.
2. Konkretheit	Es geht um die möglichst genaue Beschreibung der Positionen, Absichten, Handlungsmöglichkeiten und erwarteten Handlungsfolgen.	Worum geht es im Einzelnen bei der Auseinandersetzung?	Keine politische Situation gleicht der anderen. Das zwingt zur genauen Information. Die Positionen der Konfliktparteien dürfen nicht durch allgemeine Schlagworte gedeutet werden.
3. Macht	Es geht um die Herausarbeitung der tatsächlichen Möglichkeiten, andere zu einem bestimmten gewünschten Verhalten zu veranlassen.	Welche Durchsetzungsmittel zur Aufrechterhaltung einer Situation bzw. zur Verwirklichung einer Aktion können die Akteure einsetzen?	Jedes politische Handeln ist mit Macht verbunden. Ohne Macht ist weder die Ordnung des Zusammenlebens aufrecht zu erhalten noch eine Änderung der Verhältnisse zu erreichen.
4. Recht	Es geht um die Bestimmung des Rechtsrahmens, der einerseits mögliche Formen der Machtgewinnung und Machtanwendung einschränkt, andererseits Privilegien bewahrt.	Welche Rechtsbestimmungen bilden den Rahmen des Konfliktes und werden gegebenenfalls durch eine Situation bzw. Aktion verletzt?	Jedes politische Handeln ist auf seine Rechtmäßigkeit hin zu befragen. Die Kompliziertheit der Rechtsprechung hat friedensstiftende Wirkung.
5. Funktionszusammenhang	Es geht um das Bewusstmachen der Komplexität (Vernetzung) politischer Sachverhalte und Maßnahmen.	Welche Auswirkungen hat eine Situation bzw. Aktion auf andere Bereiche der Gesellschaft jetzt und zukünftig?	Jedes politische Handeln hat eine „Kettenreaktion von Ergebnissen" zur Folge. Es gibt ungewollte Wirkungen, die dennoch politisch verantwortet werden müssen.

6. Interesse	Es geht um das Bewusstmachen der Position des Lernenden im vorliegenden Konfliktfall.	Welche Vorteile oder Nachteile hat die Situation bzw. Aktion für mich (den Analysierenden)?	Politik ist im Wesentlichen Ausgleich von Interessen. Jeder muss sich über seine Interessen im Klaren sein.
7. Mitbestimmung	Es geht um die Ermittlung der vom Grundgesetz abgedeckten Partizipationsmöglichkeiten des Lernenden zur Realisierung seines Standpunktes.	Welche legalen Partizipationsmittel stehen zur Verfügung, um dem Interesse des Lernenden zum Durchbruch zu verhelfen?	Die freiheitliche Verfassung räumt dem Bürger diverse Möglichkeiten politischer Beteiligung ein. Diese zu kennen bzw. nach neuen Partizipationsformen zu suchen liegt im Interesse jedes Einzelnen.
8. Solidarität	Es geht um die Reflexion der Frage nach der angemessenen, d.h. erfolgversprechenden Form der Interessendurchsetzung.	Welche Form kollektiver Organisation und welcher Grad an Loyalität sind erforderlich, um einen Interessenstandpunkt zu verwirklichen?	Die Durchsetzung von Interessen ist abhängig von der Möglichkeit, sich mit anderen verbandsmäßig zusammenzuschließen.
9. Ideologie	Es geht um die Aufdeckung der Motive, an einer Situation festzuhalten bzw. eine Aktion durchzuführen.	Welche Ordnungsvorstellungen haben die Situation hervorgebracht oder prägen die politische Aktion?	Jeder Politik liegt eine Ordnungsvorstellung zugrunde, die zugleich als Beurteilungsmaßstab für konkretes politisches Handeln fungiert. Die Vorstellung kann auch dazu dienen, ein partikulares Interesse als Gemeinwohl auszugeben.
10. Geschichtlichkeit	Es geht um das Bewusstmachen des historischen Entstehungsgrundes einer Situation bzw. einer Aktion.	Welche historische Genese hat die Situation, bzw. welche historische Erfahrung ist handlungsleitend für die Aktion?	Politik hat eine historische Dimension. Geschichtliche Erfahrungen prägen in erheblichem Maße Denken und Handeln der politischen Akteure.
11. Menschenwürde	Es geht um die Prüfung der Auswirkungen einer Situation bzw. Aktion auf den grundrechtlichen Status der Menschen.	Welche die Menschenwürde und die Grundrechte tangierenden Auswirkungen hat eine Situation oder Aktion auf die unmittelbar oder mittelbar betroffenen Menschen?	Normativer Maßstab für alles politische Handeln ist der einzelne Mensch. Seine Würde ist Schutzgut staatlichen Handelns.

Gieseckes Verdienst bestand darin, das kategoriale Lernen in die politische Bildung eingeführt zu haben. Im Unterricht sollte das kategorial geleitete politische Analysieren gelernt werden. Dies ermöglichte einen offenen Unterrichtsprozess, also einen Unterricht, in dem die Ergebnisse nicht determiniert waren.

Giesecke hatte weiterhin mit dem Konfliktbegriff einen sehr fruchtbaren Gedanken in die didaktische Diskussion geworfen. Die Wirkung seines Konzeptes zeigte sich 1968 in der Antwort der Bundesregierung auf die Großen Anfragen der Fraktionen des Deutschen Bundestages zum Stand der politischen Bildung. In dieser Antwort hieß es: „In der politischen Bildungsarbeit wurde bisher häufig eine harmonisierende, verklärende Darstellung der Demokratie gegeben. Die überbetonte Wertschätzung von Gemeinschaft, Verständigung und Partnerschaft führt leicht zu einer Verkennung des Wesens der Politik. Die Ausklammerung von Begriffen wie Interesse, Konflikt und Macht ist im Hinblick auf die politische Bewusstseinsbildung außerordentlich gefährlich. Sie führt dazu, dass der Bürger vielfach keine Einsicht in das Wesen und die Situationsgebundenheit politischer Entscheidungen erhält und daher auch kein Verständnis für sie aufbringt" (zitiert nach Kuhn/Massing (Hrsg.) 1990, 241).

9. Politische Bildung und Erziehung in der Bundesrepublik Deutschland von den siebziger Jahren des 20. Jahrhunderts bis zur Gegenwart

9.1 Politisierung und Entpolitisierung der politischen Bildung

In den siebziger Jahren des 20. Jahrhunderts war die politische Bildung Gegenstand heftigen parteipolitischen Streites. Aber auch in der Politikdidaktik kam es zu einer politischen Polarisierung. Eine allmähliche Beruhigung trat erst im zweiten Drittel der siebziger Jahre ein. Seitdem gewann auch die sachliche Auseinandersetzung wieder die Oberhand. Über die inhaltliche Ausrichtung der politischen Bildung herrscht in der Gegenwart weitgehende Übereinstimmung in der Öffentlichkeit wie unter den Politikdidaktikern. So ist heute an den Veröffentlichungen der Politikdidaktiker nicht zu erkennen, welcher politischen Richtung sie anhängen. In den siebziger Jahren war die Situation genau umgekehrt.

Das Ende des politischen Konsenses durch den Regierungswechsel 1969 und das Aufkommen der Studentenbewegung

Anfang der siebziger Jahre verschärfte sich das politische Klima in der Bundesrepublik Deutschland. 1969 war die bis dahin regierende Große Koalition aus CDU/CSU und SPD durch eine SPD/FDP-Koalition abgelöst worden. Bundeskanzler Willy Brandt setzte neue Akzente in der Außen- und der Innenpolitik. Diese fanden die scharfe Missbilligung der CDU/CSU-Opposition.

So war die neue Ostpolitik der Regierung, die auf Verständigung mit den von der Sowjetunion abhängigen kommunistischen Staaten setzte, heftig umstritten. Die von 1970 bis 1972 geschlossenen Verträge mit der Sowjetunion, mit Polen und der DDR riefen den Unmut der Opposition hervor. Aufgebracht war die Opposition auch über die Reformpolitik im Inneren. Empört war sie insbesondere über den Satz „Wir wollen mehr Demokratie wagen" in der Regierungserklärung von 1969. Diesen Satz empfand sie als Absage an die existierende repräsentative Demokratie. Schließlich geriet auch die Bildungspolitik in den Streit der Parteien. Kontrovers war vor allem die Entwicklung eines integrierten Gesamtschulsystems. Aber auch über die Inhalte der politischen Bildung wurde während einiger Jahre intensiv gestritten.

Es gab in den siebziger Jahren heftige parlamentarische Auseinandersetzungen über die neue Politik. Mehrfach rief die Opposition das Bundesverfassungsgericht an. 1972 scheiterte ein Misstrauensantrag gegen die Regierung nur knapp. Insgesamt mobilisierte und polarisierte die konfrontative Politik die Bevölkerung.

Erhebliche Auswirkungen auf das Selbstverständnis und die Praxis der politischen Bildung hatten freilich die bereits 1968 einsetzenden Wandlungen in der politischen Kultur der Bundesrepublik Deutschland. Diese Wandlungen waren von der Studentenbewegung ausgelöst worden. Die Studentenbewegung folgte marxistischen Denkmustern in der Form, wie sie von der Kritischen Theorie der *Frankfurter Schule* aufbereitet worden war. Dieser Marxismus war insofern undogmatisch, als er nicht einfach den sowjetisch geprägten Marxismus-Leninismus übernahm.

Kennzeichnend für den Marxismus der Kritischen Theorie waren gleichwohl Annahmen, die sich radikal vom damaligen politischen Konsens der Bundesrepublik unterschieden. Zu diesen Annahmen gehörte das Denken in den Begriffen einer antagonistischen Klassengesellschaft sowie eines teleologisch bestimmten Geschichtsverlaufes. Letzterer erlaubte eine Bewertung von politischen Positionen und Theorien als fortschrittlich bzw. rückschrittlich. Angesichts dieser Lage, so wurde behauptet, komme man nicht daran vorbei, einen parteilichen Standpunkt zu beziehen. Weiterhin wurde der Staat als Instrument der herrschenden Klasse begriffen. Hierzu hieß es, dass sich dessen Notwendigkeit nach der Errichtung einer klassenlosen Gesellschaft aber erschöpft haben werde.

Angesichts dieser Überzeugungen war es nicht verwunderlich, dass die Studentenbewegung sich als prononciert politisch links stehend verstand. Als sogenannte *Neue Linke* bildete sie eine Herausforderung für die Vertreter der herkömmlichen politischen und wirtschaftlichen Ordnung, die als *Establishment* kritisiert und verspottet wurden.

Auf drei für die politische Bildung sensiblen Feldern war die Neue Linke besonders wirksam. Sie übte erstens scharfe *Kritik* am gebräuchlichen *pluralistischen Demokratie- und Politikverständnis*. Gemäß diesem Verständnis besteht die Politik in regelförmigen und institutionenbezogenen Aushandlungs- und Entscheidungsprozessen. Eine solche Politik wertete die Neue Linke als *formale Demokratie* und *Elitendemokratie* ab und entwickelte das Gegenbild einer *inhaltlichen Demokratie*. Diese zielte auf eine Intensivierung der Partizipation der Menschen an den sie betreffenden Entscheidungen ab und sollte dadurch dem Einzelnen Selbstbestimmung ermöglichen. Die *Demokratisierung aller Lebensbereiche* war eine von dieser Idee inspirierte politische Forderung, die damals eine breite Resonanz fand. Jürgen Habermas hatte bereits 1961 diese überaus anspruchsvolle Demokratievorstellung in einer Kurzformel zusammengefasst. Sie lautete: „Demokratie arbeitet an der Selbstbestimmung der Menschheit, und erst wenn diese wirklich ist, ist jene wahr."
Letztlich strebte die Neue Linke eine herrschaftsfreie Ordnung an. Im Namen der *Emanzipation der Menschheit* übte sie daher fleißig *Herrschaftskritik*.

Die Neue Linke popularisierte zweitens das *antiautoritäre Denken*. Dieses Denken stellte jede Form von Autorität in Frage. Betroffen von dieser Kritik waren Elternhaus, Kindergarten, Schule, Hochschule, Arbeitswelt und natürlich der Staat. Akzeptanz fanden im Grunde nur diejenigen Formen des Zusammenlebens und Zusammenarbeitens, die auf den Prinzipien der Gleichheit und der Zwanglosigkeit beruhten.
Schließlich favorisierte die Neue Linke eine *Ökonomisierung des politischen Denkens*. Das bedeutete, dass sie die Politik wie auch die Entwicklung der Persönlichkeit als abhängig von den jeweiligen ökonomischen Bedingungen ansah. Diese Sichtweise beruhte auf der Rezeption des Basis-Überbau-Theorems, eines zentralen Gedankens von Karl Marx. Für die Neue Linke war klar, dass hiernach die kritisch bewerteten politischen und gesellschaftlichen Zustände ihre Ursache in der Wirtschaftsordnung haben mussten. Diese nicht als Marktwirtschaft, sondern als Kapitalismus bezeichnete Ordnung galt es folglich zu überwinden. *Antikapitalismus*, ja generell *Systemkritik*, war daher ein weiteres Kennzeichen der Neuen Linken (Gagel 1994, 180 f.).

Parteipolitische Auseinandersetzungen um die politische Bildung in den siebziger Jahren

In den siebziger Jahren gab es heftige Auseinandersetzungen zwischen den beiden großen Parteien über Inhalte und Ziele der politischen Bildung. Der Streit ging darum, ob die politische Bildung eher zur *Systemstabilisierung* oder eher zur *Systemveränderung* berufen sei. Da in der Bundesrepublik Deutschland die Länder die Kulturhoheit besitzen und die Länder entweder CDU-dominierte oder SPD-dominierte Regierungen besaßen, war die Folge, dass es keine übereinstimmende politische Bildung in der Schule mehr gab. Die Länder folgten in ihren Lehrplänen unterschiedlichen didaktischen Konzeptionen. Die politische Bildung geriet zu einem Gegenstand des politischen Streites.

Der Streit entzündete sich vor allem an den Richtlinien für den Politikunterricht. Im Mittelpunkt der Kontroversen standen die hessischen *Rahmenrichtlinien für Gesellschaftslehre*, die von der damaligen SPD-geführten Landesregierung initiiert worden waren. Diese Richtlinien riefen öffentlichen Widerstand hervor, der von der oppositionellen CDU aufgegriffen wurde. Sie gründete 1972 als Vorfeldorganisation den *Hessischen Elternverein*, der als Hauptträger des Kampfes gegen die Rahmenrichtlinien fungierte. Ähnlich kritisch wurden die nordrhein-westfälischen *Richtlinien für den Politischen Unterricht* von 1973 beurteilt. Auch hier griff die oppositionelle CDU das Thema auf und begann eine öffentliche Auseinandersetzung.

Im Februar 1974 kam es zu einer Bundestagsdebatte, in der es um die „Wahrung der verfassungsmäßigen Ordnung in der Bundesrepublik Deutschland" ging. In dieser Debatte monierte die CDU/CSU-Fraktion, dass die Schulen von Systemveränderern missbraucht würden. Sie betonte, dass die Schulen den Auftrag hätten, das Elternrecht und die freiheitliche Ordnung der Bundesrepublik zu bejahen und zu verteidigen.

Neben dem Richtlinienstreit gab es auch eine Auseinandersetzung über Schulbücher, insbesondere über Politiklehrbücher. Insgesamt kam es bis 1980 insgesamt zu 18 von der oppositionellen CDU initiierten Landtagsdebatten über Schulbücher in SPD-regierten Ländern (Gagel 1994, 213; Kuhn/Massing (Hrsg.) 1990, 266).

Die im Zentrum der öffentlichen Auseinandersetzung stehenden hessischen Rahmenrichtlinien für Gesellschaftslehre von 1972 atmeten unübersehbar den Geist der Kritischen Theorie. Sie führten aus: „So ließe sich das oberste Lernziel der Gesellschaftslehre in die Aufgabe fassen, den Schüler zur Teilnahme an der produktiven Gestaltung gesellschaftlicher Realität zu befähigen. Eine solche Formulierung könnte als Aufforderung zur unkritischen Anpassung an bestehende Verhältnisse interpretiert werden, sie kann aber auch auf die Befähigung der Schüler zur Selbst- und Mitbestimmung abzielen. Die an dieser Stelle zu treffende politische Entscheidung orientiert sich am Demokratiegebot des Grundgesetzes. Oberstes Lernziel für eine demokratische Gesellschaft ist demnach die Befähigung zur Selbst- und Mitbestimmung. Diese optimale Teilhabe des Einzelnen an gesellschaftlichen Entscheidungsprozessen ist an die Aufhebung ungleicher Lebenschancen geknüpft."

Die speziellen Ziele des Arbeitsschwerpunktes Sozialkunde sollten sich an den Erfahrungen der Schüler orientieren. Die Richtlinien listeten darunter Erfahrungen auf, als deren Hintergrund unschwer erneut das Gesellschaftsbild der Kritischen Theorie zu erkennen war: „Erfahrungen individueller Ohnmacht gegenüber gesellschaftlichen und politischen Entscheidungen; Erfahrung von Angst, Aggression, Frustration; Erfahrung sozialer Ungleichheit und Ungerechtigkeit in der eigenen Gesellschaft und in der Welt; Erfahrung der Diskrepanz zwischen dem Bekenntnis einer Gesellschaft zu Autonomie, sozialer Demokratie, Emanzipation ... und den Zwängen, denen man täglich ausgesetzt ist" (zitiert nach Kuhn/Massing (Hrsg.) 1990, 270 ff.).

Aus der Kombination des obersten Lernziels mit den so unterstellten Erfahrungen der Schüler leiteten die Richtlinien dann eine Reihe von sozialkundlichen Lernzielen ab. Auch diese Zielbestimmungen waren großenteils von der Kritischen Theorie inspiriert. So wurden folgende Lernziele aufgestellt:

„Lernen, historische, gegenwärtige und denkbare Sozialisationsformen daraufhin zu befragen, inwieweit sie den Prozess der Selbst- und Mitbestimmung fördern, erschweren bzw. verhindern.

Erkennen, dass die Forderung nach Selbst- und Mitbestimmung in den Inhalten und in den Formen ihrer Realisierung zu unterschiedlichen Zeiten von unterschiedlichen Schichten/Klassen bestimmter Gesellschaften aufgegriffen und unterschiedlich bestimmt wurde.

Lernen, dass Selbst- und Mitbestimmung als Sozialisationsziele sowohl der Sicherung von Herrschaft als auch ihrem Abbau gedient haben und dienen (ideologische und utopische Funktion).

Lernen, dass eine grundlegende Veränderung gesellschaftlicher Verhältnisse die Veränderung tradierter Inhalte und Formen der Sozialisation einschließt.
Lernen, dass Sozialisationsformen klassen/schichten/gruppenspezifisch sind" (zitiert nach Kuhn/Massing (Hrsg.) 1990, 272).

Den hessischen Rahmenrichtlinien für Gesellschaftslehre lag ganz offensichtlich ein Gesellschaftsmodell zugrunde, welches den Antagonismus von Klassen, Schichten und Interessengruppen in den Mittelpunkt stellte. Um dies bewusst zu machen, sollte der Unterricht an Negativerfahrungen und Konfliktsituationen anknüpfen. Vor dem Hintergrund des zugrunde gelegten Gesellschaftsbildes war es folgerichtig, dass die Richtlinien der Gesellschaftslehre aufgaben, zur Veränderung der Gesellschaft in Richtung Herrschaftsabbau und mehr Gleichheit beizutragen.

Der gegen die Richtlinien erhobene Vorwurf, sie favorisierten ein bestimmtes gesellschaftspolitisches Programm, präsentierten den Schülern ein dazu passendes vorinterpretiertes Gesellschaftsbild und seien somit nichts anderes als die Fortsetzung der Politik mit pädagogischen Mitteln, war nicht unberechtigt (Sutor 1976, 36).

Die didaktisch sehr aufwendig konstruierten Richtlinien für den Politischen Unterricht in Nordrhein-Westfalen von 1973 waren politisch zurückhaltender formuliert als die hessischen Vorschriften. Sie hielten sich auch mit Inhalten zurück. Dafür konzentrierten sie sich auf Qualifikationen. Diese Qualifikationen trugen ebenfalls deutlich emanzipatorische Züge. Dies ließ sich bereits der *Qualifikation 1* zweifelsfrei entnehmen. Sie lautete: „Fähigkeit und Bereitschaft, gesellschaftliche Zwänge und Herrschaftsverhältnisse nicht ungeprüft hinzunehmen, sondern sie auf ihre Zwecke und Notwendigkeiten hin zu befragen und die ihnen zugrunde liegenden Interessen, Normen und Wertvorstellungen kritisch zu überprüfen."

Den Qualifikationen wurden Lernziele zugewiesen. Deren emanzipatorischer Charakter war ebenfalls unübersehbar. So sollte die Fähigkeit zur Analyse von gesellschaftlichen Zwängen und Herrschaftsverhältnissen ausgebildet werden. Es sollte weiterhin die Fähigkeit zur Anpassung an akzeptierbare Herrschaftsverhältnisse und gesellschaftliche Zwänge ebenso gefördert werden wie die Fähigkeit zum Widerstand gegen nicht akzeptierbare Herrschaftsverhältnisse und gesellschaftliche Zwänge (zitiert nach Kuhn/Massing (Hrsg.) 1990, 273 ff.).

Das Bedenkliche an den Richtlinien war, dass Herrschaftsverhältnisse und gesellschaftliche Zwänge in engste Nähe zueinander gerückt wurden und dass zu den Herrschaftsverhältnissen auch die politische Ordnung zählte. Das politische Gemeinwesen wurde auf diese Weise dem Verdacht mangelhafter Legitimität ausgesetzt. Dagegen gerieten die Qualitäten eines demokratischen Verfassungsstaates sowie die Gemeinwohlverpflichtung aller staatlichen Politik aus dem didaktischen Blick.[80]

Die Kultusminister der von CDU und CSU regierten Bundesländer gaben 1976 eine Schrift mit dem Titel *Politische Bildung. Grundlagen und Zielprojektionen für den Unterricht an Schulen* heraus, die aufgrund der Umschlagfarbe bald den Namen *Gelbe Bibel* erhielt. Diese Schrift, an der Dieter Grosser, Manfred Hättich, Heinrich Oberreuter und Bernhard Sutor mitgewirkt hatten, enthielt ein didaktisches Konzept, das als Alternative zu jenen Ansätzen gedacht war, die der Kritischen Theorie verhaftet waren. Die Minister sprachen im Vorwort die Hoffnung aus, dass die Schrift zur Versachlichung beitragen und letztlich zu einem Konsens über die politische Bildung führen möge.

Die Autoren schrieben in der Einleitung: „Politische Bildung in einer freiheitlichen und offenen Gesellschaft darf nicht indoktrinieren; ebenso wenig kann sie gegenüber den Grundprinzipien der Verfassung in einem individuell beliebigen oder in einem fundamental-kritischen

---

[80] Eine intensive kritische Auseinandersetzung mit den nordrhein-westfälischen Richtlinien findet sich bei Kühr 1980, 189 ff.

Verhältnis stehen. Wertneutrale politische Bildung gibt es nicht. Deshalb müssen die Grundpositionen, die Ziele und die daraus für den Unterricht sich ergebenden Konsequenzen offengelegt werden. Das folgende Konzept zielt auf kritikfähige Identifikation mit den Werten und Normen der Verfassung auf der Basis rationalen Urteilens" (Grosser/Hättich/Oberreuter/Sutor 1976, 7).

Die *Gelbe Bibel* trug deutlich die Handschrift Bernhard Sutors. Es war daher nicht überraschend, dass sie für den Personalismus als Wertbasis der politischen Bildung optierte und die politische Bildung auf die bestehende repräsentative und pluralistische Demokratie verpflichtete. Ebenso wenig erstaunte, dass sie sich für eine Pluralität von wissenschaftlichen Theorieansätzen und Methoden aussprach (Grosser/Hättich/Oberreuter/Sutor 1976, 9 ff.).
Sutors Auffassung war auch in der Formulierung des allgemeinen Zieles der politischen Bildung zu erkennen. Die politische Bildung sollte nämlich die Menschen zur Rationalität des Urteilens über soziale und politische Sachverhalte befähigen. Detailliert listete die *Gelbe Bibel* auf, was sie unter den Kriterien politischer Rationalität verstand. Sie zählte hierzu unter anderem die Einsicht in „die Relativität eindimensionaler Beschreibungen und Deutungen sowie monokausaler und globaler Erklärungsmuster", das Verständnis für die „Tatsache, dass Politik sich stets und notwendigerweise auch als ein Komplex von Herrschafts- und Machtstrukturen (und Prozessen) darstellt" sowie das Bewusstsein von der „Relativität jeder politischen Problemlösung", von der „Notwendigkeit von Institutionen mit begrenzter Zwecksetzung" und von der „Notwendigkeit von Kompromissen für ein gerechtes Zusammenleben" (Grosser/Hättich/Oberreuter/Sutor 1976, 40). Mit diesen Festlegungen war der Gegensatz zum Selbstverständnis der Didaktiken, die der Kritischen Theorie folgten, deutlich markiert.

Die Lage der politischen Bildung in der Gegenwart

In der Gegenwart herrscht weitgehender Konsens über die Aufgaben der politischen Bildung. Man ist sich darüber einig, dass die Förderung der *politischen Urteilsfähigkeit* und, darauf aufbauend, der *politischen Handlungsfähigkeit* den Kernauftrag der politischen Bildung darstellt. Beide Fähigkeiten kennzeichnen den politisch mündigen Bürger einer Demokratie. Beide Fähigkeiten setzen einen gesicherten Bestand an konzeptuellem *Deutungswissen* über Politik, Gesellschaft und Wirtschaft voraus.[81] Verlangt wird darüber hinaus ein Set an *methodischen Fähigkeiten* zur Aneignung und Festigung von Urteils- und Handlungsfähigkeit.

Es besteht Einigkeit darüber, dass die folgenden Gegenstände zum Bestand des konzeptuellen Deutungswissens gehören: Grundrechtsbindung, Gewährleistung politischer Freiheit und Gewaltenteilung als kennzeichnende Merkmale demokratischer Verfassungsstaaten, die Demokratie als Volksherrschaft in ihren Ausprägungen als repräsentative und als plebiszitäre Demokratie, das Sozialstaatsprinzip, die pluralistische Struktur der Gesellschaft, die Marktwirtschaft, die europäische Integration, der Globalisierungsprozess und die Friedens- und Sicherheitspolitik (Gesellschaft für Politikdidaktik und politische Jugend- und Erwachsenenbildung (GPJE) 2004, 9 ff.).

Die Verfechter der politischen Bildung betonen, dass die politische Urteils- und die politische Handlungsfähigkeit zwingend ein eigenständiges Schulfach erfordern, also nicht nebenbei im

---

[81] Nicht einig ist man sich über die Gewichtung der Gegenstandsbereiche Politik, Gesellschaft und Wirtschaft. Es gibt zum einen die Auffassung, dass die drei Gegenstandsbereiche gleichberechtigt nebeneinander stehen. Es gibt zum anderen die Ansicht, dass im Zentrum der politischen Bildung die Politik steht und infolgedessen Gesellschaft und Wirtschaft insofern zur politischen Bildung gehören, als sie politisch bedingt sind sowie auf die Politik ausstrahlen.

Kontext anderer Schulfächer oder des Schullebens erworben werden können. Gleichwohl befindet sich die politische Bildung hinsichtlich der als notwendig erachteten fachlichen Verankerung in einer prekären Lage. Zwar ist in den meisten Ländern der Bundesrepublik Deutschland in der einen oder anderen Form Politikunterricht vorgesehen, dennoch gibt es keine Bestandsgarantie für ihn. Heute noch gültig ist der Beschluss der Kultusministerkonferenz vom 14./15. Oktober 1955. Dieser Beschluss stellt fest: „Geschichte wird in jeder der Klassen 7 bis 11 als Pflichtfach gelehrt. ... Erdkunde wird in jeder der Klassen 5 bis 11 als Pflichtfach gelehrt. In den Ländern, in denen es für die Behandlung sozialkundlicher Sachverhalte in den Klassen 6 bis 11 oder in einem Teil dieser Klassen ein selbstständiges Unterrichtsfach gibt, kann der Erdkundeunterricht – höchstens zweimal für ein Jahr – unterbrochen werden. In den Ländern, in denen es für die Behandlung sozialkundlicher Sachverhalte in den Klassen 6 bis 11 kein selbstständiges Fach gibt, ist Sozialkunde ein maßgebliches Unterrichtsprinzip in anderen Fächern, vor allem in Geschichte und Erdkunde" (zitiert nach Weidinger 1996, 64).

Neben der fehlenden Bestandsgarantie mangelt es dem Schulfach Politik, wiederum im Gegensatz zu den Fächern Geschichte und Erkunde, ebenfalls noch an einer Umfangsgarantie.[82] Das hat zur Folge, dass Politik in der Regel nur in wenigen Klassenstufen unterrichtet wird und das häufig genug auch nur einstündig. Einstündige Fächer genießen bei Lehrern, Schülern und Eltern mit Recht eine geringe Wertschätzung. Es kommt ebenfalls vor, dass Politik mit anderen Fächern kombiniert wird, beispielsweise zu *Geschichte-Sozialkunde-Erdkunde* oder zu *Wirtschaft und Politik*. In solchen Fällen sind die Anteile der Einzelfächer am real erteilten Unterricht schwer zu ermitteln. Falls im Kombinationsfach kein wissenschaftlich ausgebildeter Politiklehrer eingesetzt ist, geht dies aller Erfahrung nach zu Lasten der politischen Bildung. Schließlich wird der Politikunterricht nicht selten fachfremd erteilt. Auch das ist in der Regel kein Beitrag zur Verbesserung der Qualität der politischen Bildung (Weidinger 1996, 64 ff.).[83]

Ebenfalls wenig Anlass zum Optimismus bietet die Lage der *politischen Erwachsenenbildung*, obwohl es eine kaum überschaubare Vielzahl von öffentlichen und freien Trägern gibt. Die flächendeckend angesiedelten Volkshochschulen bieten politische Bildung genauso an wie die parteinahen Stiftungen, die Bildungsinstitutionen der Kirchen und der Gewerkschaften, die Einrichtungen der alternativen Erwachsenenbildung sowie diverse Einzelanbieter.[84]

---

[82] Besonders trostlos ist die Lage des Politikunterrichts im Freistaat Bayern. Das an den Schulen Bayerns am meisten marginalisierte Fach ist nämlich die Sozialkunde. Seine Randexistenz zeigt sich an den ihm zugebilligten Stundenanteilen: Insgesamt nur eine Wochenstunde in den sechs Klassenstufen der Realschule und lediglich 1,5 Wochenstunden in den Klassen 5 bis 10 des Gymnasiums. In der Kollegstufe kann das Fach als Grundkurs gewählt werden, muss sich dabei allerdings gegen die Konkurrenz von Wirtschafts- und Rechtslehre und Erdkunde durchsetzen. Das ist angesichts der in der Sekundarstufe I vermittelten minimalen sozialkundlichen Kenntnisse und der Attraktivität insbesondere von Wirtschafts- und Rechtslehre äußerst schwer. So kommt es, dass zwei Drittel der bayerischen Abiturienten in ihrer gesamten Schullaufbahn 1,5 Wochenstunden Sozialkundeunterricht genossen haben (Detjen 1998, 296 f.).
Der Stundenansatz für Sozialkunde am Gymnasium ist inzwischen leicht verbessert worden. An der Marginalität des Faches hat sich aber nichts geändert. Der Freistaat Bayern vertraut die politische Bildung nach wie vor in erster Linie dem Geschichtsunterricht an, dem ein Vielfaches an Wochenstunden zugebilligt wird.

[83] In einer empirischen Untersuchung gaben befragte Lehrer als wichtigste Ursachen für die Krise des Faches Politik an: Benachteiligung in der Stundentafel, überwiegend fachfremd erteilter Unterricht und Bedeutungsverlust gegenüber dem Geschichtsunterricht (Harms/Breit 1990, 67).

[84] Zu den prominenten Einzelanbietern der politischen Bildung gehören die Akademie für politische Bildung in Tutzing, das Haus Rissen – Internationales Institut für Politik und Wirtschaft in Hamburg und das Gesamteuropäische Studienwerk in Vlotho.

Obwohl viele Veranstaltungen der außerschulischen politischen Bildung finanziell von der Bundeszentrale bzw. der jeweiligen Landeszentrale für politische Bildung gefördert werden, erreicht das Bildungsangebot lediglich eine kleine Minderheit der angesprochenen Menschen. Eine Schätzung geht davon aus, dass in Deutschland pro Jahr nicht mehr als 1,5 Millionen Menschen an Veranstaltungen der politischen Erwachsenenbildung teilnehmen. Das sind maximal zwei Prozent der Weiterbildungsangebote in Anspruch nehmenden erwachsenen Personen. Hinzu kommt, dass die Interessenten kurze Veranstaltungen bevorzugen. Sie billigen der politischen Bildung also nur wenig Zeit zu (Vorholt 2003, 23). Wesentlich günstiger sieht dagegen die Lage der beruflich qualifizierenden Erwachsenenbildung aus. Ganz offensichtlich steht die politische Erwachsenenbildung in hoffnungsloser Konkurrenz zu beruflich verwertbaren Bildungsangeboten der Erwachsenenbildung.

Der geringe Stellenwert der politischen Erwachsenenbildung in der Bildungspolitik zeigt sich beispielhaft an der Enquetekommission *Zukünftige Bildungspolitik – Bildung 2000* des Deutschen Bundestages (11. Wahlperiode). Diese Kommission diskutierte eingehend auch Aspekte der Weiterbildung Erwachsener. Über die politische Erwachsenenbildung finden sich in dem 1990 veröffentlichten, fast 800 Seiten umfassenden Abschlussbericht nur indirekt oder nebenbei Äußerungen (Hufer 1996, 90, 93 f.).

Die unbefriedigende Situation rief in den neunziger Jahren des 20. Jahrhunderts verschiedene Reaktionen hervor. So ist zunächst der *Bericht der Bundesregierung zu Stand und Perspektiven der politischen Bildung in der Bundesrepublik Deutschland* vom 10. Dezember 1991 zu erwähnen. Es hieß dort, dass es von großer Bedeutung für die Demokratie wäre, wenn politische Bildung als spezielles Fach in allen Jahrgangsstufen unterrichtet würde (Bericht der Bundesregierung zu Stand und Perspektiven der politischen Bildung in der Bundesrepublik Deutschland 1992, 15). Implizit bestätigte der Text damit, dass die Bundesregierung die bestehende Situation als unzureichend beurteilte.

Sieben Jahre später, am 27. Mai 1998, nahm die Bundesregierung erneut Stellung zur Lage der politischen Bildung in Deutschland. Sie reagierte dabei auf eine Große Anfrage der SPD-Bundestagsfraktion, die sich vor allem für die finanzielle Ausstattung und die thematische Ausrichtung der vom Bund verantworteten politischen Bildung interessierte. Der Bundesregierung kam es in ihrer Antwort darauf an zu zeigen, welche Vielfalt politischer Bildungsmaßnahmen im außerschulischen Bereich sie unterstützte. Ihre Antwort schloss mit der beruhigenden Feststellung: „Die Förderung der politischen Bildung ist stets ein besonderes Anliegen der Bundesregierung gewesen" (Deutscher Bundestag, Drucksache 13/10810, 37).

Im Dezember 1995 erschien ein *Aufruf zur Reform der „Politischen Bildung" in der Schule*, hinter dem sich eine Initiativgruppe aus prominenten Politikwissenschaftlern, Soziologen, Politikdidaktikern und Praktikern der politischen Bildung verbarg. Dieser als *Darmstädter Appell* bekannt gewordene Aufruf führte über den Beitrag der politischen Bildung zur Festigung der politischen Kultur in der Demokratie aus: „Es ist nicht selbstverständlich, dass eine Gesellschaft demokratisch organisiert ist. Und es ist ebenso wenig selbstverständlich, dass ein demokratischer Verfassungsstaat in der Zukunft Bestand hat. Eine offene Gesellschaft und ihre demokratische Ordnung verlangen von ihren Bürgerinnen und Bürgern mehr als andere Gesellschaften. ... Gerade in einer Zeit, in der schwierige Probleme die Grenzen der Problemlösungsfähigkeit auch demokratischer Politik erahnen lassen und autoritäre Scheinlösungen Anziehungskraft gewinnen, bedarf politische Bildungsarbeit verstärkter Unterstützung und neuer Entwicklungsimpulse."

Der Darmstädter Appell verstand unter der geforderten Unterstützung der politischen Bildungsarbeit an erster Stelle die Etablierung eines schulischen Kernfaches für diesen Zweck. Dieses Fach müsse „Informationen über die gesellschaftlichen, wirtschaftlichen, rechtlichen und zeitgeschichtlichen Dimensionen unserer Lebensverhältnisse und deren politische Gestaltung integrieren." Weiterhin hieß es, dass das Kernfach in allen Schulformen und Klassenstufen der Sekundarstufen I und II unterrichtet werden solle. Das Kernfach dürfe jedoch nicht die Geschichte sein, vielmehr müsse es zusätzlich zum Fach Geschichte bestehen. Das Kernfach müsse Pflichtfach in der Hochschulreifeprüfung sein. Wegen seiner Bedeutsamkeit setze dieses Fach eine eigene Lehrbefähigung voraus und dürfe auf keinen Fall fachfremd unterrichtet werden (Darmstädter Appell 1995, 7 f.).

Am 26. Mai 1997 publizierten die Leiter der Bundeszentrale und der Landeszentralen für politische Bildung eine öffentliche Erklärung mit dem Titel *Demokratie braucht politische Bildung*. Diese Erklärung, *Münchner Manifest* genannt, legte das Selbstverständnis der überparteilichen Zentralen für politische Bildung dar. Auch dieser Text hielt fest, dass die politische Bildung, diesmal die im öffentlichen Auftrage, einen unverzichtbaren Beitrag zur Festigung demokratischer Einstellungen und Verhaltensweisen leiste. Am Schluss des Manifests hieß es: „Gewiss lässt sich der Ertrag politischer Bildungsarbeit nicht mit ökonomischen Kategorien von Input und Output berechnen. Ebenso können kurzfristige Effizienzüberlegungen kein taugliches Kriterium für die politische Bildungsarbeit sein. Dennoch ist sicher: Bildung verändert Denken und Verhalten der Menschen, vermittelt Orientierung und ist damit eine Investition für die Zukunft" (Münchner Manifest 1997, 39).

Schließlich weiß sich seit jeher die 1965 gegründete *Deutsche Vereinigung für politische Bildung (DVPB)* dem Anliegen der politischen Bildung verpflichtet. Mit ihren etwa 3.000 Mitgliedern ist sie eine wichtige Interessenvertretung. Ähnliches gilt für die 1999 gegründete *Gesellschaft für Politikdidaktik und politische Jugend- und Erwachsenenbildung (GPJE)*, die sich aber vorrangig als wissenschaftliche Organisation versteht. Ihre etwa 70 Mitglieder sind durch Forschungen in der Politikdidaktik bzw. in der politischen Jugend- und Erwachsenenbildung ausgewiesen.[85]

9.2 Die Polarisierung der Politikdidaktik in den siebziger Jahren

Der Marxismus der Neuen Linken fiel nicht nur in Teilen des politischen Spektrums auf fruchtbaren Boden und fand Eingang in die bildungspolitischen Vorstellungen einiger Bundesländer, er politisierte und polarisierte darüber hinaus die Politikdidaktik.

Die Politikdidaktiker sahen sich nämlich vor die Situation gestellt, zu der von der Neuen Linken ausgehenden Gesellschaftskritik Stellung zu beziehen. Sie mussten insbesondere auf drei Fragen antworten. Erstens: Soll die politische Bildung die bestehende Ordnung stabilisieren oder zu ihrer Überwindung aufrufen? Soll sie also für die Erhaltung oder für eine grundlegende Veränderung der bestehenden Verhältnisse plädieren? Zweitens: Soll die politische Bildung die bestehende Ordnung als im Grunde illegitimen, weil aufhebbaren Herrschaftszusammenhang oder als legitimen Rahmen für die Bemühung um das Gemeinwohl darstellen? Drittens: Soll die politische Bildung für eine auf die staatliche Ordnung beschränkte Demokratie oder für eine Demokratisierung möglichst aller gesellschaftlichen Bereiche eintreten?

Die Antworten auf diese Fragen fielen unterschiedlich aus, und so kam es zu einer Ausdifferenzierung didaktischer Positionen. Da manche Politikdidaktiker ihre Antworten sehr engagiert vortrugen, kam es sogar zu einer Polarisierung innerhalb des didaktischen Diskurses. Das Spektrum erstreckte sich von leidenschaftlicher Abwehr der vom Marxismus ausgehenden Herausforderungen über unterschiedlich starke Grade an Zustimmung bis hin zu Anknüpfungen an einen dogmatisch verstandenen Marxismus. Es gab mithin so etwas wie eine *politische Geographie* innerhalb der Politikdidaktik. Grob ließen sich *konservative* und *progressi*-

---

[85] Einzelheiten über den Gründungsanlass und die Aktivitäten der GPJE finden sich bei Sander 2004, 151 f.

ve, also *rechte* und *linke* Politikdidaktiker unterscheiden. Bei genauerem Hinsehen zeigte sich, dass man die Didaktiker in das Kontinuum einer Rechts-Links-Skala einordnen konnte. Dieses Kontinuum reichte von national-konservativen über liberal-konservative, sozialliberale und demokratisch-sozialistische bis hin zu orthodox-marxistischen didaktischen Positionen.[86]

Mit Ausnahme der wenigen als konservativ eingestuften Politikdidaktiker zeigten sich alle übrigen Positionen mehr oder weniger stark aufgeschlossen für die marxistisch fundierte Kritik der bestehenden politischen Ordnung. Das hatte zur Folge, dass es während der siebziger Jahre in den politikdidaktischen Konzeptionen zu einer Verlagerung des thematischen Schwerpunktes der politischen Bildung kam. Nicht mehr die Erhellung und Vermittlung der politischen Ordnung sollte im Zentrum der Bildungsbemühung stehen, sondern die kritische Analyse der Gesellschaft zwecks Aufdeckung unkontrollierter ökonomischer Herrschaft. Nicht mehr Einsichten in das Funktionsgefüge der gegebenen Ordnung galten als Kernaufgaben der politischen Bildung, sondern das Erkennen der gesellschaftlichen Grundkonflikte und die Ausbildung von Kritikfähigkeit.

Didaktikern, die sich dieser kritischen Attitüde nicht anschlossen, wurde unterstellt, einer Erziehung zur Anpassung das Wort zu reden. Ihnen wurde *Affirmation* vorgeworfen: Sie trügen durch Zustimmung zur Erhaltung des Bestehenden bei. Es gehörte zum guten Ton der meisten Didaktiker jener Zeit, verdeckt oder offen für eine *Systemveränderung* zu plädieren (Gagel 1994, 176).[87]

Anpassungen an den neuen Zeitgeist: Wolfgang Hilligen und Kurt Gerhard Fischer

Wie stark marxistisches Gedankengut in die Politikdidaktik eingedrungen war und zu einer Linkswendung im konzeptionellen Denken geführt hatte, lässt sich gut an den etablierten Didaktikern Wolfgang Hilligen und Kurt Gerhard Fischer aufzeigen. Beide verstanden sich weder als Marxisten noch als Anhänger der Neuen Linken. Dennoch unterschied sich das, was sie in den siebziger Jahren veröffentlichten, deutlich von ihren Äußerungen in den fünfziger

---

[86] Eugen Lemberg galt als national-konservativer, Bernhard Sutor als liberal-konservativer oder altliberaler Didaktiker. Der sozial- oder linksliberalen Position zugerechnet wurden Wolfgang Hilligen, Hermann Giesecke, Kurt Gerhard Fischer und Walter Gagel. Rolf Schmiederer und Ernst-August Roloff zählten zu den demokratisch- oder radikalsozialistischen Didaktikern. Klaus Wallraven und Wolfgang Christian wurden einer orthodox-marxistischen Position zugeordnet (Hilligen 1976, zwischen 64 und 65; Schmiederer 1977b, 9 ff.; Gagel 1979, 214 f.).

[87] Karl Hermann Tjaden veröffentlichte bereits 1966 einen Aufsatz, in dem die grundsätzliche Alternative schon im Titel *Politische Bildung als Affirmation und Kritik* anklang. Tjaden warf der praktizierten politischen Bildung vor, in Gestalt einer „strikt norm- und institutionsorientierten Erziehung" zur „Erhaltung oder bestenfalls modifizierenden Restitution vorgegebener politisch-gesellschaftlicher Grundstrukturen" beizutragen. Ignoriert werde „die Förderung der konkreten Emanzipation und der demokratischen Mündigkeit aller." Kennzeichnend sei weiterhin der Verzicht der politischen Bildung, ihren Inhalt „als eine Anleitung zu politischer Aktion" zu bestimmen. Ihr Blick beschränke sich auf den demokratischen Rechtsstaat mit seinen Freiheitsgewährleistungen. Damit aber legitimiere sie „einen Bereich von gesellschaftlich reguliertem Zwang" (Tjaden 1966, 379, 381).
Ganz ähnlich, nämlich *Politische Bildung – Integration oder Emanzipation?* – lautete die von Franz Heinisch formulierte Alternative. Deutlicher noch als Tjaden postulierte Heinisch eine emanzipatorische politische Bildung: „Sie hat sich in spezifischer Weise an dem Ziel zu orientieren, die Menschen aus Bedingungen zu befreien, die ihrer Selbstfindung und Selbstbestimmung entgegenstehen, von Abhängigkeiten zu lösen, die die freie Entscheidung der Menschen über das, was mit ihnen geschieht, verhindern." Und weiter: Die politische Bildung „hat aus der Analyse der gesellschaftlichen Antagonismen die Perspektive einer besseren, weil dem Stand der Produktivkräfte adäquateren und die realen Interessen und Bedürfnisse der Menschen befriedigenderen Art der Organisation der Gesellschaft aufzuzeigen" (Heinisch 1970, 172, 174).

und sechziger Jahren und verriet den nachhaltigen Einfluss der Kritischen Theorie auf ihr Denken.

Wolfgang Hilligens Neuorientierung begann bereits 1968. In diesem Jahr stellte er auf einem Kolloquium zum Thema *Die deutsche Unruhe* seine neue didaktische Sichtweise vor. Er führte bei dieser Gelegenheit aus, dass der bisherigen politischen Bildung nicht ohne Grund vorgeworfen werde, durch eine „Erziehung zur Anpassung" den Protest der Studentenbewegung provoziert zu haben. Ihre Kennzeichen seien die Anpassung an den „Status quo" und die unreflektierte Wiedergabe und Reproduktion der Verfassungswirklichkeit (Die deutsche Unruhe 1970, 22, 24).

In das Zentrum seiner Überlegungen stellte Hilligen drei Optionen, von denen er meinte, dass sie den Minimalkonsens der politischen Bildung repräsentierten. Als erste Option nannte er die Unantastbarkeit der Menschenwürde. Als zweite Option führte er die Notwendigkeit an, „Voraussetzungen für die Entwicklung der Menschenwürde, Autonomie, Emanzipation, Chancengleichheit aller zu schaffen." Die dritte Option bezeichnete er als „Notwendigkeit, Spielraum und Institutionen für Alternativen zu schaffen und zu erhalten" (Die deutsche Unruhe 1970, 22).

Bei der ersten Option räumte Hilligen ein, dass weiten Teilen der protestierenden Jugend der Wert der Menschenwürde nicht hinreichend bewusst sei. Er ergänzte zur Abgrenzung, dass die marxistisch-leninistische Doktrin und Praxis dem Menschenwürdegedanken nicht gerecht würden.

Die zweite Option war neu. Sie hatte in Hilligens ursprünglichen Erziehungszielen gefehlt. Dafür verzichtete Hilligen jetzt auf die zu jenen Erziehungszielen gehörende *Mitverantwortung*. Die zweite Option umfasste für Hilligen die Überwindung von Ungleichheiten und die Möglichkeit, das gesellschaftliche und staatliche Leben mitzubestimmen. Die Notwendigkeit der Option begründete er damit, dass sich in der Bundesrepublik die „Teilungen zwischen Oben und Unten" verstärkt hätten, und zwar, wie Hilligen in Übereinstimmung mit der Neuen Linken meinte, im Widerspruch zur Verfassung.

Die dritte Option war eine großzügige Weiterentwicklung des früheren Erziehungszieles *Einhaltung von Spielregeln*. Hilligen bezog diese Option vor allem auf die Regelung von Konflikten. Er sprach sich in diesem Zusammenhang nicht nur für den geregelten Austrag von Konflikten aus, sondern, viel radikaler, auch für die Aufhebung der Ursachen von Konflikten. Das bedeutete, nicht nur die sichtbaren, also die manifesten, sondern auch die verborgenen, mithin die latenten Konflikte aufzudecken (Die deutsche Unruhe 1970, 23). Die Nähe zur marxistischen Konflikttheorie war an dieser Stelle besonders deutlich spürbar.

Kurt Gerhard Fischer modifizierte seinen Katalog der politischen Einsichten, den er der politischen Bildung 1960 aufgegeben hatte, im Jahre 1970. Während er 1960 den Wert der Demokratie vor allem darin gesehen hatte, dass sie den Missbrauch von Macht verhindere, setzte er die Akzente jetzt deutlich anders. Nun hieß es, dass die demokratische Politik nach „maximaler Mitwirkung aller Bürger" strebe und sich durch die Respektierung von „Gleichheit und Selbstbestimmung" legitimiere.

Fischer ging noch über diese Formulierungen hinaus und behauptete, demokratische Politik ziele „auf die Überflüssigkeit der gesellschaftlichen Institution ‚Staat' ab." Die „definitorische Maxime demokratischer Politik" sei deshalb der „Abbau von Fremdbestimmung und Herrschaft in ihrer Wechselseitigkeit zugunsten von Selbstbestimmung als Verfügungsautonomie von Individuen und Gruppen in allen Bereichen der gesellschaftlichen Praxis" (Fischer 1970a, 112 f.).

Unter dem Titel *Emanzipation als Lernziel der Schule von morgen* griff Fischer einen weiteren zentralen Gedanken der Kritischen Theorie auf. Zwar forderte er ganz im Sinne des liberalen Kritischen Rationalismus eine semantische Operationalisierung des Begriffes *Emanzipation*, um einen willkürlichen politischen Gebrauch der Vokabel auszuschließen, aber an der Notwendigkeit der Emanzipation ließ er keinen Zweifel. Die korrespondierenden Begriffe Herrschaft und Unterdrückung bedürften allerdings ebenfalls der Konkretisierung, „und zwar so, dass sie sich als gesamtgesellschaftlich bedeut- und wirksam, als gruppenspezifisch und das Individuum determinierend zu erkennen geben." Andernfalls seien sie zu unbestimmt und unterlägen der Ideologisierung (Fischer 1972, 81 f.).

Entsprechend den Intentionen der Kritischen Theorie verlangte Fischer, Lernziele aufzustellen, die zu „emanzipatorischem und – dann! – emanzipiertem Verhalten" befähigten. Im Einzelnen sollten die Schüler erkennen, dass sie in Abhängigkeit lebten und gehalten würden. Sie sollten lernen, diese Abhängigkeiten auf ihre Zwecke hin zu befragen, und erkennen „dass Abhängigkeiten abgebaut werden können." Zwar müssten sie auch erkennen, „dass es Grenzen für den Abbau von Abhängigkeiten gibt", aber sie sollten dennoch üben, „die Grenzen der unüberwindlichen Abhängigkeiten zu erproben und hinauszuschieben" (Fischer 1972, 83).

Fischer betonte immer wieder seine Offenheit und seine Nähe zum Kritischen Rationalismus. Gleichwohl wandelte er in den siebziger Jahren unübersehbar in den Spuren der Kritischen Theorie. So sagte er an einer Stelle, es verstehe sich für ihn von selbst, „dass der Emanzipationsprozess die historische Aufgabe ist und bleibt" (Fischer 1975, 68).

Hermann Giesecke: Von der liberalen zur marxistisch geprägten Politikdidaktik

Die deutlichste Kehrtwendung unter den etablierten Didaktikern vollzog jedoch Hermann Giesecke. Er reagierte dabei zunächst auf die marxistisch inspirierte Kritik an seiner *Didaktik der politischen Bildung* von 1965. In der dritten Auflage dieser Schrift aus dem Jahre 1968 antwortete er in einem Anhang seinen Kritikern. Giesecke war offenkundig von der Kritik des Gewerkschafters Helmut Dahmer besonders beeindruckt. Dieser hatte geschrieben: „Politische Pädagogik, die heute wirklich etwas lehren will, hätte als ‚negative' Pädagogik zunächst einmal zu zeigen ..., dass die Macht schon verteilt ist und dass es nicht einfach auf ‚Beteiligung' ankommt, sondern auf ‚Gegen-den-Strom-Schwimmen', nicht auf bloße Informiertheit, sondern auf kritisches Durchdringungsvermögen, nicht auf guten Willen, sondern auf List, Hartnäckigkeit, Selbstständigkeit und Phantasie: auf menschliche Fähigkeiten also, die jedem Einzelnen von früh auf ausgetrieben werden, weil sie für den Bestand des Systems, wie es ist, nicht ‚funktional' sind" (Giesecke 1968a, 201).

Giesecke sah sich durch die Kritik veranlasst, die politischen Prämissen seiner Didaktik offenzulegen. Bezeichnenderweise unterlegte er seiner inhaltlich *unveränderten* Didaktik ein Grundverständnis, das er unverkennbar der Kritischen Theorie entnommen hatte. Demokratisierung, so schrieb Giesecke, sei „das fundamentale Generalthema der neueren Geschichte überhaupt." Die Wirklichkeit der bundesrepublikanischen Gesellschaft sei „eine ständige Herausforderung, die jeweils konkreten Möglichkeiten weiterer Demokratisierung als *Aufgabe* zu thematisieren und praktisch in Angriff zu nehmen." Insgesamt gehe es um eine „Fundamentaldemokratisierung", d.h. „um den Abbau überflüssiger Herrschaft von Menschen über Menschen und die allgemeine Kontrolle der notwendigen Herrschaft", und zwar „im Rahmen *aller* gesellschaftlichen Beziehungen, nicht zuletzt auch der pädagogischen" (Giesecke 1968a, 211 f.).

Wie sehr Giesecke von der Kritischen Theorie geprägt war, machte er bereits 1967 in einem Vortrag deutlich. Er führte dort aus: „Es muss bei Politikern wie bei Pädagogen die Einsicht Fuß fassen, dass Politische Bildung eine *kritische Institution* ist, und zwar kritisch gegenüber allem, was Herrschaft ist. Als Institution gehört sie in die Nähe der parlamentarischen Opposition ..., und sie gehört nicht in die Nähe der Regierenden, der Bürokratie und der planmäßig betriebenen Bewusstseinsindustrie. Sie ist mehr Erziehung zum Ungehorsam als zum Gehorsam, mehr zum Nein als zum Ja." Die pädagogischen Institutionen „können und müssen sich konzentrieren auf das, was das Individuum stark, selbstständig und widerstandsfähig macht" (Giesecke 1968b, 284).

Seine Anlehnung an die Kritische Theorie machte Giesecke in der *Neuen Ausgabe* seiner *Didaktik der politischen Bildung* von 1972 explizit. Ausdrücklich bezog er hier seine Überlegungen auf die *Frankfurter Schule*, die „den fortgeschrittensten wissenschaftlichen Diskussionsstand" repräsentiere. Keine politische Didaktik dürfe „hinter diese Position mehr zurückgehen", wolle „sie sich nicht dem Vorwurf der willkürlichen Handhabung theoretischer Prämissen aussetzen" (Giesecke 1972, 119).
In Übernahme eines von Jürgen Habermas entwickelten Schemas bekannte Giesecke sich zu „dem ‚erkenntnisleitenden Interesse' an zunehmender Emanzipation und Demokratisierung". Dies verlange, „in den jeweils aktuellen Strömungen und Kontroversen die im Sinne jenes Interesses ‚rückschrittlichen' von den ‚fortschrittlichen' Momenten zu sondieren und sich mit den letzteren zu verbünden" (Giesecke 1972, 9).
Die Kritische Theorie nutzte Giesecke, um „Rolle und Aufgabe der politischen Bildung in einem inhaltlich verstandenen Demokratisierungsprozess näher zu bestimmen." Dieser Prozess lasse sich durch Rückgriff auf die Geschichte seit der Französischen Revolution erhellen. Geschichte könne hiernach als ein Prozess begriffen werden, „in dem Klassen und Gruppen um ihre politische Emanzipation, also um Freiheit von denjenigen, die über ihr Schicksal einseitig verfügen können, gegen andere Klassen und Gruppen kämpfen" (Giesecke 1972, 120).

Den Grundmustern der Kritischen Theorie entsprachen auch Gieseckes weitere Ausführungen über die politische Bildung.
So plädierte er für die *Demokratisierung* aller nur möglichen menschlichen Beziehungen, „was immer das, z.B. im Eltern-Kind-Verhältnis, im Einzelnen auch konkret heißen mag."
So sprach er sich für *politische Parteilichkeit* aus: Die politische Bildung könne nämlich vor dem Hintergrund des historischen Emanzipationsprozesses nicht neutral sein, denn sie sei „selbst ein Stück eigentümlicher politischer Tätigkeit: sie ist für die Interessen des Lehrlings, des Arbeiters, des ‚Sozialfalles', des Jugendlichen und somit folgerichtig gegen die Interessen des Meisters, des Unternehmers, der Fürsorgebehörde, der Schulbehörde usw., allgemeiner: sie ist für die Interessen und Bedürfnisse des jeweils Schwächeren, Ärmeren, Unterprivilegierten."
So postulierte er die *Befähigung zur Emanzipation* als erstes allgemeines Lernziel der politischen Bildung: „Wenn es *politisch* darum gehen muss, den politischen Prozess der Demokratisierung in die Zukunft zu verlängern, so müssen unter pädagogischem Aspekt solche Kenntnisse, Fähigkeiten und Fertigkeiten gelernt werden, die dazu befähigen; und das sind vor allem solche, die vergleichsweise unterprivilegierte Gruppen zur Erkenntnis und Durchsetzung ihrer Interessen benötigen" (Giesecke 1972, 126 ff.).

Es lag in der Konsequenz der Hinwendung zur Kritischen Theorie, dass Giesecke das *oberste Ziel* der politischen Bildung neu akzentuierte. Hatte er dies 1965 in der *politischen Beteiligung* gesehen, so sprach er 1972 von der *Mitbestimmung*. Diese wollte er nun aber nicht einfach nur im Sinne von *Mitmachen* in Institutionen und Organisationen verstanden wissen, sondern als „deren planmäßige Veränderung in Richtung auf zunehmende Demokratisierung der Gesamtgesellschaft."
Giesecke differenzierte das oberste Lernziel in fünf *Funktionsziele* aus. Diese ergaben sich aus der Frage: „Welche Kenntnisse, Fähigkeiten und Fertigkeiten müssen gelernt werden, damit in charakteristischen politischen Handlungssituationen Mitbestimmung optimal realisiert und durchgesetzt werden kann?" (Giesecke 1972, 139, 143) Von diesen Funktionszielen war nur eines, nämlich das *Training selbstständiger Informationsermittlung und Informati-*

onsverarbeitung, politisch neutral. Denn dieses Ziel beschränkte sich auf die Aneignung bestimmter Arbeitstechniken.

Den anderen Funktionszielen verlieh Giesecke unverfängliche Bezeichnungen. Das konnte aber nicht darüber hinwegtäuschen, dass sie alle den Geist der Kritischen Theorie atmeten, mithin marxistische Züge trugen. So schien das Funktionsziel *Analyse aktueller Konflikte* nichts anderes zu sein als eine Übernahme aus der Didaktik von 1965. Gieseckes Erläuterung verriet dem Leser aber, dass es hierbei um die Fähigkeit gehen sollte, „sich im Sinne des allgemeinen Fortschritts an Demokratisierung und der Durchsetzung der eigenen Interessen in manifesten Konflikten zu engagieren und diese möglichst auf die latenten zurückzuführen."

Das *Training systematischer gesamtgesellschaftlicher Vorstellungen* erinnerte an das in der Didaktik von 1965 geforderte Bildungs- und Orientierungswissen. Giesecke integrierte allgemeines Wissen über Politik, Wirtschaft und Gesellschaft auch durchaus in das Training, wollte es aber mit den „fortgeschrittenen sozialwissenschaftlichen Erkenntnismodellen" angereichert wissen. Darunter verstand er nicht ausschließlich, aber doch ganz wesentlich die marxistische Interpretation.

Das *historische Bewusstsein* sollte entwickelt werden, da Giesecke es als unentbehrlich für die inhaltliche Bestimmung des weiteren Demokratisierungsprozesses ansah. Die Bildung dieses Bewusstseins wollte er aber nicht einem inhaltlich offenen Geschichtsunterricht anvertrauen. Vielmehr sollte der Unterricht so angelegt sein, „dass er den *Prozess der gelungenen bzw. gescheiterten Demokratisierung erklärt.*"

Schließlich sollte es ein *Training praktischer Handlungsformen* geben. Hierunter verstand Giesecke die Ausbildung von Fähigkeiten, die generell als sinnvoll gelten und nie umstritten waren. Hierzu gehörten die Fähigkeit, mit Rechtstexten umzugehen, die Fähigkeit, Diskussionen zu leiten und zu protokollieren, die Fähigkeit, politische Urteile und Forderungen wirksam zu artikulieren und zu formulieren, sowie die Fähigkeit, sich mit anderen zu Interessenkoalitionen zusammenzuschließen. Schon problematischer, aber im Kontext marxistischen Verständnisses nachvollziehbar, war die Fähigkeit, „überlegte Freund-Feind-Unterscheidungen zu treffen und die Zahl der möglichen Gegner der eigenen Interessen so gering wie möglich zu halten." Insgesamt ging es Giesecke bei diesem Funktionsziel darum, die Schüler mit strategischen Fähigkeiten der *unmittelbaren Demokratie* auszustatten. Sie sollten politische Mitbestimmung an der gesellschaftlichen *Basis*, z.B. in Betrieben und Schulen, praktizieren können (Giesecke 1972, 144 ff.).

Gieseckes Politikdidaktik von 1972 folgte einer Geschichtsinterpretation, die zu keiner Zeit einen allgemeinen Konsens genoss. Die Didaktik versperrte sich durch ihre explizite Parteinahme der Pluralität von Geschichtsdeutungen und Gesellschaftstheorien. Sie instrumentalisierte die vom Steuerzahler finanzierte öffentliche Schule für die Verwirklichung eines bestimmten politischen Programms.

Politische Bildung im Auftrag der Gesellschaftsveränderung: Rolf Schmiederers politikdidaktische Position zu Beginn der siebziger Jahre

Rolf Schmiederer, 1928 geboren und bereits 1979 gestorben, war von 1972 bis 1974 zunächst Professor für Didaktik der Gesellschaftswissenschaften an der Universität Gießen, um dann bis zu seinem Tode als Professor für Didaktik der Sozialkunde an der Universität Oldenburg zu wirken.

Schmiederer schrieb drei wichtige Bücher über die politische Bildung. Am Anfang stand *Zur Kritik der Politischen Bildung. Ein Beitrag zur Soziologie und Didaktik des politischen Unterrichts*, das 1971 veröffentlicht wurde und 1977 bereits die sechste Auflage erlebte. Dann folgte im Jahr 1972 *Zwischen Affirmation und Reformismus. Politische Bildung in Westdeutschland seit 1945*. Diese historisch angelegte Studie erreichte 1975 die dritte Auflage.

Schließlich publizierte Schmiederer 1977 das Werk *Politische Bildung im Interesse der Schüler*. Während das letzte Werk neue didaktische Akzente setzte, vertrat Schmiederer in den beiden zuerst geschriebenen Büchern eine emanzipatorische Politikdidaktik, deren Anleihen beim Marxismus unübersehbar waren.

Den Ausgangspunkt von Schmiederers didaktischen Überlegungen bildete eine Zeitdiagnose. In dieser Diagnose erschienen die entwickelten Industriegesellschaften als Gesellschaften im *Überfluss*. Daraus, so Schmiederer, ergebe „sich die Chance für eine weitgehende Befreiung des Menschen von entfremdeter Arbeit: die Gesellschaft kann immer mehr auf den Zwang zur Arbeit verzichten; das Leistungsprinzip als vorrangige Grundlage menschlichen Zusammenlebens wird immer überflüssiger."

Aber damit noch nicht genug. Marxschen Theoremen getreulich folgend, erhoffte sich Schmiederer vom Überfluss eine Abschaffung staatlicher Herrschaft: „Mit dem Verschwinden des Zwangs zur ständigen, maximalen Leistungssteigerung entfällt weitgehend auch die gesellschaftliche Notwendigkeit von Herrschaft, die ihre einzige legitime Begründung in der materiellen Daseinssicherung des Menschen, in der ‚Verteilung des Mangels' hat. An die Stelle von Herrschaft und Repression könnte die Kooperation freier und gleicher Menschen treten, an die Stelle von Konkurrenzkampf Solidarität. Das heute bestehende System der abstrakten und formalen Gleichheit, das verbunden ist mit konkreter gesellschaftlicher Ungleichheit, könnte überwunden werden zugunsten eines Systems der realen und konkreten Gleichheit des Menschen: also einer Demokratisierung der Gesellschaft. Entfällt aber die ökonomische Notwendigkeit von Herrschaft, dann bedeutet dies die Chance für die Emanzipation des Menschen – denn Emanzipation bedeutet letztlich die Befreiung von Herrschaft" (Schmiederer 1971, 32 f.).

Angesichts dieser Aussichten gab Schmiederer der politischen Bildung auf, zur *Demokratisierung* der Gesellschaft und zur *Emanzipation* der Menschen beizutragen (Schmiederer 1971, 38; 1974, 71). Dabei bedeutete Demokratisierung „insbesondere den Abbau überflüssiger und daher irrationaler Herrschaft von Menschen über Menschen" sowie „Erweiterung der gesellschaftlichen Freiheit des Menschen." Erziehung zur Demokratie könne folglich nur „Stärkung des Widerstandes gegen Ausbeutung und Herrschaft" heißen.

Schmiederer scheute sich nicht, deutlich auszusprechen, welche Funktion er der Politischen Bildung zudachte: „Politische Bildung als ‚Erziehung zur Demokratie' bedeutet Teilnahme am Kampf um die Transformation der bestehenden Gesellschaftsordnung: Sie muss die bestehenden Herrschaftsverhältnisse transzendieren, indem sie zum Widerstand gegen autoritäre Strukturen, gegen Repression und Manipulation erzieht und indem sie versucht, politisches Desinteresse, entpolitisiertes Bewusstsein und die Ohnmacht des Menschen gegenüber dem Herrschaftsapparat zu überwinden" (Schmiederer 1971, 38 f.).

Die Emanzipation begriff Schmiederer als subjektive Seite der Demokratisierung. Sie bestand für ihn in der Selbstbestimmung und der Selbstverwirklichung der Menschen, konkret in der „Befreiung von überflüssig gewordener Herrschaft und Unmündigkeit, von entfremdeter Arbeit und Lustverweigerung" (Schmiederer 1971, 33, 41).

In das Zentrum der politischen Bildung stellte Schmiederer die *Analyse von Herrschaft*, und zwar in ausgesprochen kritischer Absicht. Denn die Analyse sollte die Aufhebung von Herrschaft intendieren. Dies entsprach Schmiederers politischer Zielvorstellung: Herrschaft sollte durchschaut und abgebaut werden und, wie von Marx und Engels gefordert, schließlich transformiert werden in die „Verwaltung von Sachen". Die politische Bildung sollte weiterhin *kritische Aufklärung* über die bestehenden gesellschaftlichen Abhängigkeiten und deren Ursachen leisten. Sie sollte ebenfalls *Ideologiekritik* betreiben. Schließlich sollte sie den Schülern nahelegen, „ausgehend von der Analyse bestehender Verhältnisse, für sich und andere gesellschaftspolitische Zielsetzungen im Sinne einer ‚realen Utopie' zu entwickeln" (Schmiederer 1971, 39 ff., 60 f.; 1974, 72).

Zu diesen Vorstellungen passte, dass Schmiederer eine geistes- und ideengeschichtlich orientierte politische Bildung ebenso ablehnte wie einen auf die Vermittlung von Institutionen, Staatsorganen und Organisationen konzentrierten Unterricht. Stattdessen plädierte er für Themen, die inhaltliche Bezüge zur Emanzipation und zu Emanzipationsbewegungen aufwiesen (Schmiederer 1971, 58; 1974, 74).

Schmiederer verstand sich als ein Didaktiker, der einer demokratisch-sozialistischen Theorie der Gesellschaft folgte (Schmiederer 1972, 181). Es war daher nicht erstaunlich, dass er die Neue Linke ausgesprochen positiv beurteilte. In ihr sah er eine Oppositionsbewegung, die das Bestehende in Frage stellte und zur Verantwortung zog: „Erstmals seit über 100 Jahren steht in Deutschland ein größerer Teil der Intelligenz nicht mehr auf Seiten der etablierten oder einer vergangenen Ordnung, sondern bekennt sich zu den Ideen des Fortschritts und des Sozialismus – und sieht seine Interessen identisch mit denen der Mehrheit der Bevölkerung" (Schmiederer 1972, 157).

Schmiederer neigte zu dichotomisierenden Sichtweisen. In diesem Sinne behauptete er, dass politische Bildung prinzipiell nur zwei Funktionen erfüllen könne: „Sie kann einerseits eine in die Zukunft weisende, fortschrittliche, den bestehenden gesellschaftlichen Zustand transzendierende, und andererseits eine affirmative, den Status quo konservierende und die bestehenden Herrschaftsverhältnisse verteidigende Funktion haben" (Schmiederer 1971, 22 f.).

An anderer Stelle differenzierte Schmiederer zwischen politischer Bildung als *Affirmation* und politischer Bildung als *Kritik*. Erstere diene der bestehenden Ordnung, ihrer Macht und ihren Institutionen. Zu einer derartigen politischen Bildung komme es, wenn die didaktischen Entscheidungen aus der Verfassung abgeleitet würden. Letztere zeichne sich demgegenüber dadurch aus, dass sie vor einer kritischen Befragung des Bestehenden nicht Halt mache. Eine solche politische Bildung beziehe ihre Wertmaßstäbe aus dem Kontext historisch-gesellschaftlicher Analyse, d.h. auf historisch-dialektischem Wege (Schmiederer 1974, 57 f., 69).

Schmiederer scheute nicht davor zurück, die politische Bildung für den Kampf um die von ihm als notwendig angesehene Gesellschaftsveränderung zu instrumentalisieren. Er trug ihr auf, zum „Widerstand gegen autoritäre Strukturen, gegen Repression und Manipulation" zu erziehen. Sie sollte kritisches Engagement erzeugen und gar Anleitung für politisches Handeln geben. Der Politikunterricht verlange die Einbeziehung der politischen Aktivität, denn er intendiere das „Lernen für das Leben": „Manches, was für das politische Handeln entscheidend ist, kann nicht abstrakt gelernt werden, kann nur das Ergebnis einer reflektierten Praxis sein: so etwa die Solidarität unter in gleicher Weise Engagierten und Betroffenen oder die für jedes politische Handeln notwendige Kommunikation unter den Beteiligten, aber auch etwa das praktische Verhalten in Konfliktsituationen, z.B. im Streik, bei Demonstrationen, auf Versammlungen usw." (Schmiederer 1971, 38 f., 54).

Schmiederers politikdidaktischer Entwurf blieb nicht ohne Kritik. Ganz offensichtlich vertrat er eine dogmatisch geschlossene Position, die Freund und Feind klar zu unterscheiden wusste, dafür aber die Wirklichkeit des demokratischen Verfassungsstaates verfehlte. Schmiederers Didaktik zeigte keinerlei Verständnis für die Bedeutung politischer Institutionen. Herrschaft wurde ausschließlich negativ gesehen und offenkundig mit nicht gerechtfertigter Macht und Gewalt verwechselt. Besonders schwerwiegend war, dass Schmiederer keinerlei Bedenken hatte, die Schüler im Sinne einer ganz bestimmten politischen Blickrichtung zu manipulieren.

Bernhard Sutor: Politische Bildung auf der Basis des Grundgesetzes und als Erziehung zu politischer Rationalität

Bernhard Sutor, 1930 geboren, war ursprünglich als Fachleiter für Sozialkunde und politische Bildung am Staatlichen Studienseminar für das Lehramt an Gymnasien in Mainz tätig. Er wurde Anfang der siebziger Jahre in die Richtlinienkommission für Sozialkunde bzw. Gemeinschaftskunde des Landes Rheinland-Pfalz berufen. Sutor gelang es, diese in der ersten Hälfte der siebziger Jahre verabschiedeten Lehrpläne ganz maßgeblich zu prägen. Er erlangte bundesweite Aufmerksamkeit, weil er sich als einer der wenigen Didaktiker jener Zeit erwies, die nicht der Kritischen Theorie folgten. Sutor unterzog die Kritische Theorie vielmehr einer ausführlichen und philosophisch fundierten Kritik. 1978 erhielt er einen Ruf der Katholischen Universität Eichstätt auf den Lehrstuhl für Didaktik der Sozialkunde. Diesen Lehrstuhl hatte er bis zu seiner Emeritierung 1995 inne.

Sutor schrieb viele Bücher. Seine Publikationstätigkeit erstreckte sich nicht nur auf die politische Bildung, sondern auch auf die politische Philosophie und die christliche Gesellschaftslehre.

Im Bereich der politischen Bildung trat er erstmals 1971 mit einer umfangreichen *Didaktik des politischen Unterrichts* an die Öffentlichkeit. Dieses Werk erreichte 1973 die zweite und 1980 die dritte Auflage. Im Jahre 1976 publizierte er auf Anregung der Niedersächsischen Landeszentrale für politische Bildung die Abhandlung *Grundgesetz und politische Bildung. Ein Beitrag zur Wiedergewinnung eines Minimalkonsenses im Streit um den Politikunterricht*. Der Titel verriet die Spannungen, die damals in der politischen Bildung herrschten. Die Abhandlung war auf weiten Strecken eine kritische Auseinandersetzung mit den emanzipatorischen Ansätzen in der Politikdidaktik.

Ebenfalls 1976 erschien *Politische Bildung – Grundlagen und Zielprojektionen für den Unterricht an Schulen*. An dieser schmalen Schrift waren neben Sutor noch andere Autoren beteiligt. Die Schrift erzielte in der damaligen bildungspolitischen Diskussion große Resonanz, da sie von den Kultusministern der CDU- und CSU-regierten Bundesländer herausgegeben wurde.

Im Jahre 1984 legte Sutor unter dem Titel *Neue Grundlegung politischer Bildung* eine aus zwei Bänden bestehende Neubearbeitung seiner *Didaktik* von 1971 vor. Schließlich veröffentlichte er 1994 *Politik. Ein Studienbuch zur politischen Bildung*. Dieses Werk erschien 2001 in einer gründlichen Neubearbeitung.

Sutor gründete seine Politikdidaktik auf einer personalistischen Anthropologie in Verbindung mit einer Politikwissenschaft, die sich als praktisch versteht. Während er seinen Personalismus aus griechischem und christlichem Denken bezog, folgte er in der Politikwissenschaft der aristotelischen Tradition. Diese Fundierung brachte Sutor von vornherein in einen prinzipiellen Gegensatz zum Marxismus der Kritischen Theorie.

Sutor führte aus, dass sich die Personalität im unbedingten Wert des Menschen, d.h. in seiner Würde, ausdrücke. Hieraus ließen sich Freiheit und Gleichheit des Menschen unmittelbar ableiten. Das Personsein zeige sich weiterhin in der Gesellschaftlichkeit und Geschichtlichkeit des Menschen.

Gesellschaftlichkeit bedeute: Der Mensch ist ein soziales und politisches Wesen (*ens sociale et politicum*). Er lebt nicht zufällig, sondern seinsnotwendig in einem politischen Gemeinwesen, d.h. in einer Herrschaftsordnung. Das Gemeinwesen bringt ein Gemeinwohl hervor, dessen der Mensch zur Entfaltung seiner personalen Anlagen bedarf.

Geschichtlichkeit heiße: Der Mensch ist ein endliches Wesen. Er ist nicht durch seine Umwelt determiniert, muss also situationsbedingte Entscheidungen fällen und kann deshalb das Gute und Gesollte verfehlen. Was auch immer der Mensch tut, aufgrund seiner Fehlbarkeit ist ihm ein vollendetes Menschsein in vollkommener Gesellschaft verwehrt. Eine ideale Ordnung für immer ist nicht möglich. Unvollendbarkeit und Vorläufigkeit kennzeichnen daher alle Versu-

che, die politischen Verhältnisse zu gestalten. Auch die Zukunft ist offen. Der Mensch geht aber nicht in reiner Gegenwart auf. Er kann sich hiervon distanzieren und Traditionen bilden. Diese helfen ihm bei der Bewältigung der Gegenwart (Sutor 1973, 34 ff.).
Politik bedeute: Die Menschen müssen eine Ordnung des Zusammenlebens aufbauen, die das aufgegebene Gemeinwohl verwirklichen kann. Hierfür ist eine auf Dauer eingerichtete staatliche Herrschaftsordnung vonnöten. Der Staat bedarf der Macht, um seinen Regelungen Verbindlichkeit zu verschaffen. Die Politik selbst ist Kunst und nicht einfach Technik. Politik ist erstens Kunst, weil ihr die Eindeutigkeit theoretischer Erkenntnisse fehlt. Sie ist immer Handeln unter Ungewissheit und damit risikobehaftet. Politik ist zweitens keine sachneutrale Technik, weil sie es mit Menschen und deren Interessen und Wertauffassungen zu tun hat (Sutor 1973, 39 ff.).

Angesichts der Zerstrittenheit in der Politikdidaktik schlug Sutor vor, das Grundgesetz als Legitimations- und Konsensbasis der politischen Bildung heranzuziehen. Dies erschien ihm deshalb plausibel, weil sich in einer Verfassung die politischen und die Wertüberzeugungen der betreffenden Gesellschaft widerspiegeln. Er verwies zudem darauf, dass selbst die marxistisch orientierten Didaktiker ihre Konzepte gern als Verwirklichung eines Verfassungsauftrages interpretierten.

Sutor erkannte im Grundgesetz ein zugrunde gelegtes Menschen- und Politikverständnis, das seiner personalen Anthropologie und seiner praktischen Politikauffassung weitgehend entsprach: Das Grundgesetz gehe von der personalen Würde des Menschen aus. Der Mensch sei gekennzeichnet durch individuelle Freiheit, soziale Bindung und Geschichtlichkeit. Das Grundgesetz konstituiere weiterhin eine politische Ordnung, deren Institutionen auf das Gemeinwohl verpflichtet seien. Es gehe von der Notwendigkeit gesamtgesellschaftlich verbindlicher Regelungen aus und deshalb auch von einer dauerhaft existierenden Herrschaftsordnung. Das Grundgesetz mache ferner keinen bestimmten Zukunftsentwurf verbindlich. Vielmehr legitimiere es den offenen politischen Streit um die Gestaltung des Gemeinwesens. Es erteile schließlich teleologischen Vorstellungen einer perfekten, durch Herrschaftsfreiheit gekennzeichneten Gesellschaft eine Absage. Dies alles bedeutete nach Sutor, dass die Kritische Theorie mit ihrem Emanzipationspostulat und ihrer Hoffnung auf eine konfliktfreie Gesellschaft keinen Rückhalt im Grundgesetz besaß (Sutor 1976, 38, 49, 53).

Sutor stellte zutreffend fest, dass das Grundgesetz eine pluralistische politische Ordnung begründete. Pluralismus sei gleichbedeutend mit der Legitimität einer Vielfalt von Ideen, Wertvorstellungen, Theorien und Konzeptionen. Mit Recht forderte Sutor, dass sich die politische Bildung im öffentlichen Schulwesen deshalb nicht einseitig einer sozial- oder politikwissenschaftlichen Theorie verschreiben dürfe. Dies heiße nämlich Parteinahme für eine bestimmte Sichtweise der Gesellschaft. Die politische Bildung müsse vielmehr die Pluralität der Theorien und Ansätze beachten. Dies gelte insbesondere bei der Curriculumentwicklung.

Sutor sprach mit diesen warnenden Hinweisen Versuche an, Lehrpläne einzig und allein auf der Grundlage der Kritischen Theorie zu konstruieren. Er nannte dies die Fortsetzung der Politik mit pädagogischen Mitteln. Außerdem führe die isolierte Anwendung nur einer Theorie zu bedenklichen Verengungen und Einseitigkeiten in den Curricula. Um dies zu verhindern, plädierte Sutor dafür, verschiedene Theorien bzw. Forschungsansätze auf die Gegenstände des Politikunterrichts anzuwenden. Die Theorien könnten sich gegenseitig ergänzen und korrigieren und so die Komplexität gesellschaftlich-politischer Probleme verdeutlichen (Sutor 1974, 12 ff., 26f.; 1976, 103 f., 106).[88]

---

[88] Sutor illustrierte seinen Vorschlag anhand des Themas *Politische Wahlen*. Der empirisch-analytische Forschungsansatz sei geeignet, Wählerverhalten zu erklären und zu prognostizieren. Der normative Ansatz könne den Sinn von Wahlen verdeutlichen. Die Kritische Theorie könne die Enthül-

Sutor gab der politischen Bildung das Ziel vor, zur *politischen Rationalität* zu erziehen: „Ziel politischer Bildung ist die Vermittlung von Fähigkeit und Bereitschaft zu politischer Beteiligung durch möglichst unvoreingenommene Information, gewissenhafte Urteilsbildung und verantwortliche Entscheidung nach Maßgabe der Grundnormen einer freiheitlich-demokratischen Ordnung." Diese Kurzformel enthielt kognitive und affektive Elemente, denn die Rationalität sollte sich im Urteilen wie im Verhalten erweisen.

Sutor betonte, dass die inhaltliche Richtung der Beteiligung nicht festgelegt sei. Sie könne sich als Zustimmung oder Kritik, als Anpassung oder Widerstand äußern. Auch das Urteil dürfe nicht vorab festgelegt werden. Die politische Bildung müsse so konzipiert sein, dass sie dem Einzelnen im Urteil eine freie Parteinahme ermögliche. Dies dürfe nicht dadurch zunichte gemacht werden, dass der Unterricht von vornherein parteilich sei. Sutor machte mit diesen Hinweisen auf einen grundlegenden Unterschied zwischen seiner Konzeption und den der Kritischen Theorie folgenden Didaktiken aufmerksam, die ausnahmslos Einsicht in den repressiven Charakter der bestehenden Gesellschaft sowie die Bereitschaft zum emanzipatorischen Verhalten forderten.

Sutor wollte politische Rationalität keineswegs mit einer rationalistischen Verkürzung des Politischen auf Zweck-Mittel-Relationen verwechselt wissen. Es ging ihm um die Befähigung zum kategorial bestimmten und einsichtig begründeten Urteil. Der Bürger sollte nicht unreflektiert handeln oder ideologischen Positionen anderer folgen. Und es ging ihm um den verantwortbaren Umgang mit der Sache Politik, die für ihn in der menschenwürdigen Gestaltung des gemeinsamen Zusammenlebens bestand. Sutor resümierte: „So verstanden, entspricht ‚politische Rationalität' dem politischen System einer freiheitlich-demokratischen Ordnung als dessen von den Bürgern zu schaffende Rahmenbedingung politischer Kultur" (Sutor 1976, 103, 112 f.).

Auch hinsichtlich der durch die politische Bildung zu fördernden Verhaltensziele unterschied sich Sutor von seinen Kontrahenten. Er lehnte ein Lernen durch politische Aktion ab. Keine Einwände hatte er gegen die Bereitschaft zum Konflikt und zur Interessenwahrnehmung, sofern dies mit der Bereitschaft zur Kooperation und zum Kompromiss gekoppelt war. Machtkalkül sollte durch Partnerschaft, kritische Distanz durch Loyalität gedämpft werden (Sutor 1976, 110, 114).

Sutor fasste seine Vorstellungen so zusammen: „Ziel ist ein kommunikatives und kooperatives Verhalten bei Interessenwahrnehmung und Konfliktregelung, d.h. die Fähigkeit und Bereitschaft, die eigenen Interessen wahrzunehmen, aber in Respekt vor den Interessen der anderen; Konflikte nicht zu scheuen oder zu vertuschen, aber sie nach allgemein anerkannten Regeln so schlichten zu wollen, dass der gesellschaftliche Friede gewahrt wird und jeder Beteiligte die Regelung als gerecht empfinden kann" (Sutor 1973, 284).

Sutor konzipierte nicht nur eine von der Emanzipationspädagogik deutlich unterschiedene Didaktik, er setzte sich mit dieser Pädagogik auch intensiv auseinander. Dabei erkannte er durchaus Gemeinsamkeiten zwischen seiner personalen Konzeption und den emanzipatorischen Entwürfen. Mündigkeit und Fähigkeit zur individuellen Selbstbestimmung als zentrale Postulate der Kritischen Theorie seien nämlich ebenfalls Merkmale personaler Selbstentfaltung (Sutor 1973, 333).

In aller Schärfe wies Sutor aber die Arroganz emanzipatorischer Pädagogen zurück, den Absolutheitsanspruch der marxistischen Theorie zu teilen, die „Totalität von Gesellschaft und Geschichte begreifen zu können." Abgesehen davon, dass dieses Begreifen nicht das Ergebnis wissenschaftlicher Arbeit sein könne, führe der erhobene Anspruch zu einer fatalen Neigung

---

lung von Manipulationstendenzen in der Wählerwerbung in den Vordergrund stellen (Sutor 1974, 14 f.).

emanzipatorischer Erziehungskonzepte: Sie sähen nämlich die bestehenden Verhältnisse im Lichte ihres festen Gesellschafts- und Geschichtsbildes ausschließlich negativ und konfrontierten sie mit dem Idealbild einer nur vage umrissenen künftigen Gesellschaft (Sutor 1976, 19).

Auch die Formel, dass ein Mehr an Freiheit und Gleichheit kompatibel sei mit dem Abbau von Herrschaft, stellte Sutor in Frage. Denn es verhalte sich eher umgekehrt: Eine auf mehr Freiheit und Gleichheit zielende Politik intensiviere Bindungen und stärke die Institutionen, gebe dem Staat also mehr Macht (Sutor 1973, 335 f.). Überhaupt sei das Demokratieverständnis der Kritischen Theorie unterkomplex. Sie erhoffe sich alles von der Demokratisierung und übersehe dabei, dass der demokratische Verfassungsstaat nicht nur der Partizipation als Zielwert verpflichtet sei. Das Gemeinwesen müsse Sachaufgaben effizient bearbeiten können, und die Entscheidungen der Verantwortungsträger müssten zurechenbar sein (Sutor 1974, 21).

Die Emanzipationspädagogik zeige ebenfalls zu wenig Verständnis für Traditionen. Ihr Geschichtsverständnis vernachlässige das Bewahrenswerte und setze fast nur auf Veränderung. Sie lege sich in der immer nur konkret zu beantwortenden Frage nach Bewahren und Verändern vorweg generell und damit ideologisch auf Verändern fest (Sutor 1974, 17).

Schließlich warf Sutor seinen Gegnern eine parteiliche Inanspruchnahme des Grundgesetzes vor. Sie unterlägen der Versuchung, „statt alternative politische Möglichkeiten im Rahmen des Grundgesetzes zu erörtern, bestimmte politische Programme als Einlösung von Verheißungen des Grundgesetzes darzustellen und sie so der Kritik und der Frage nach möglichen Nachteilen zu entziehen" (Sutor 1976, 101).

Sutor sah sich während der siebziger Jahre immer wieder Angriffen seitens emanzipatorisch orientierter Politikdidaktiker ausgesetzt. Er selbst scheute aber auch vor Attacken auf seine Gegner nicht zurück. Keine Seite konnte die andere überzeugen. Dies hing auch damit zusammen, dass die politische Bildung zur damaligen Zeit ein Politikum ersten Ranges war. Eine Zuordnung der Didaktiker zu den beiden großen parteipolitischen Lagern der Bundesrepublik ließ sich leicht vornehmen. Sie erfuhren von diesen Lagern Bestätigung und verharrten nicht zuletzt deshalb auf ihren Positionen.

9.3 Entspannung im Streit der Politikdidaktiker um die politische Bildung

Im Herbst 1976 lud der Leiter der Landeszentrale für politische Bildung von Baden-Württemberg Siegfried Schiele die maßgeblichen Politikdidaktiker zu einer Tagung nach Beutelsbach (Remstal) ein. Er wollte alle am Streit um die politische Bildung Beteiligten an einen Tisch bringen und mit ihnen versuchen, einen Minimalkonsens zwischen den unterschiedlichen didaktischen Standpunkten zustande zu bringen.

Der Beutelsbacher Konsens von 1976

Bernhard Sutor und Rolf Schmiederer vertraten auf der Tagung in Beutelsbach die am weitesten auseinander liegenden Positionen.

Sutor plädierte auf der Tagung nachdrücklich für einen inhaltlichen Minimalkonsens auf der Basis der Verfassungsgrundwerte, wie sie in Artikel 1 und 20 GG niedergelegt sind. Zu den Bestandteilen dieses Konsenses zählte er die personale Menschenwürde als Grundlage sowie die Freiheit, die Gerechtigkeit und den Frieden als Ziele der Politik. Während Sutor einen Konsens hierüber für möglich hielt, räumte er ein, dass ein Konsens über die Begründung und Herleitung der Grundwerte, also über deren metaphysische Qualität, kaum zu erreichen sei. Er sah hierfür aber auch gar keine Notwendigkeit (Sutor 1977, 158 ff.).

Schmiederer erblickte keine Chance auf einen Konsens in den wissenschaftlichen und politischen Begründungen der verschiedenen Didaktikkonzeptionen. Die Gegensätze seien zu tief und in unvereinbaren wissenschaftstheoretischen Annahmen begründet. Auch das Grundgesetz bilde keine Konsensbasis. Denn es sei auslegungsbedürftig. Insofern würden sich immer bestimmte Verfassungsinterpretationen gegenüberstehen. Über die in den Didaktiken als jeweils wünschenswert dargestellten politischen Handlungsintentionen werde sich ebenfalls kein Konsens herstellen lassen. Schmiederer sah aber Möglichkeiten einer Übereinstimmung „im Bereich der auf Unterricht gerichteten Vorschläge und Überlegungen, also im ‚eigentlichen' zentralen Aufgabenfeld von Didaktik" (Schmiederer 1977a, 133 ff.).

Im weiteren Verlauf deutete Schmiederer an, wie er sich einen konsensfähigen Politikunterricht vorstellte. Er sprach von einem *offenen* und *kritischen* Unterricht: „‚Offen' soll heißen, dass die im Unterricht anzustrebenden Erkenntnisse, Einsichten und Urteile nicht schon im voraus feststehen, dass der Unterricht selbst ‚pluralistisch' ist in seinen Inhalten, Informationen und Arbeitsweisen, und dass der Lehrer bzw. Didaktiker auch solche Lernergebnisse ermöglicht und bejaht, die mit seinen eigenen Vorstellungen, mit seinen eigenen (Vor-)Urteilen und Wertungen nicht übereinstimmen." *Kritisch* war für ihn die Auffassung eines Politikunterrichts, „die keinen politisch-gesellschaftlichen Inhalt einer Analyse und einer Bewertung entziehen will und die auch nicht aus Angst, das ‚Gute' und ‚Richtige' könne sonst Schaden leiden, bestimmte Themen vor Analyse, also vor Kritik bewahren will und zum Mittel der Tabuisierung, der Indoktrination oder der Manipulation greifen muss."

Schließlich regte Schmiederer an, didaktische Konzeptionen und Richtlinien sollten auf die Angabe richtunggebender, d.h. werthaltiger Ziele verzichten und sich auf instrumentelle Ziele wie die Befähigung zur Informationsverarbeitung, zur Analyse und zu eigener Urteilsbildung beschränken (Schmiederer 1977a, 142 f.).

Die Gesprächsatmosphäre in Beutelsbach war vom Willen zur Verständigung bestimmt.[89] Dies bestätigte Hans-Georg Wehling von der Landeszentrale für politische Bildung als Beobachter der Tagung. Wehling schrieb, dass nach seinen Eindrücken drei Grundprinzipien bei den Didaktikern unwidersprochen geblieben seien:

„1. *Überwältigungsverbot*. Es ist nicht erlaubt, den Schüler – mit welchen Mitteln auch immer – im Sinne erwünschter Meinungen zu überrumpeln und damit an der ‚Gewinnung eines selbstständigen Urteils' zu hindern. Hier genau verläuft nämlich die Grenze zwischen Politischer Bildung und *Indoktrination*. Indoktrination aber ist unvereinbar mit der Rolle des Lehrers in einer demokratischen Gesellschaft und der – rundum akzeptierten – Zielvorstellung von der Mündigkeit des Schülers.

2. Was in Wissenschaft und Politik *kontrovers* ist, muss auch im Unterricht kontrovers erscheinen. Diese Forderung ist mit der vorgenannten aufs engste verknüpft, denn wenn unterschiedliche Standpunkte unter den Tisch fallen, Optionen unterschlagen werden, Alternativen unerörtert bleiben, ist der Weg zur Indoktrination beschritten. Zu fragen ist, ob der Lehrer nicht sogar eine *Korrekturfunktion* haben sollte, d.h., ob er nicht solche Standpunkte und Alternativen besonders herausarbeiten muss, die den Schülern (und anderen Teilnehmern politischer Bildungsveranstaltungen) von ihrer jeweiligen politischen und sozialen Herkunft her fremd sind.

Bei der Konstatierung dieses zweiten Grundprinzips wird deutlich, warum der persönliche Standpunkt des Lehrers, seine wissenschaftstheoretische Herkunft und seine politische Meinung verhältnismäßig uninteressant werden. Um ein bereits genanntes Beispiel erneut aufzugreifen: Sein Demokratieverständnis stellt kein Problem dar, denn auch dem entgegenstehende andere Ansichten kommen ja zum Zuge.

3. Der Schüler muss in die Lage versetzt werden, eine *politische Situation* und seine *eigene*

---

[89] Das war schon daran zu erkennen, dass beispielsweise Schmiederer in seinem Referat mehrfach zustimmend seinen Kontrahenten Sutor erwähnte. Hans-Georg Wehling sprach nachträglich von einer rationalen Auseinandersetzung unter Gentlemen (Wehling 1977, 181 f.).

Interessenlage zu analysieren sowie nach Mitteln und Wegen zu suchen, die vorgefundene politische Lage im Sinne seiner Interessen *zu beeinflussen*. Eine solche Zielsetzung schließt in sehr starkem Maße die Betonung *operationaler Fähigkeiten* ein, was aber eine logische Konsequenz aus den beiden vorgenannten Prinzipien ist" (Wehling 1977, 179 f.).[90]

Die drei Prinzipien – das Überwältigungsverbot, das Kontroversitätsgebot (auch: Authentizitätsgebot) und das Gebot der Förderung von Analyse- und Interessendurchsetzungskompetenz – wurden als *Beutelsbacher Konsens* bekannt. Obwohl der Konsens nicht formal beschlossen wurde, wird er im Grundsatz bis heute von allen Vertretern der politischen Bildung anerkannt.

Politische Bildung im Interesse der Schüler: Die Pragmatisierung der Politikdidaktik Rolf Schmiederers

Der Bonner Politikwissenschaftler Hans-Helmuth Knütter publizierte 1979 einen Aufsatz mit dem Titel *Die pragmatische Wende im schulischen Politikunterricht*. Dort erläuterte er, dass er mit dem Adjektivattribut *pragmatisch* die Beschränkung der politikdidaktischen Reflexion auf das „Machbare und Erreichbare" meinte. Die Pragmatisierung sei gleichbedeutend mit einer Abwendung von globalen theoretischen Entwürfen, aber auch mit einer Entpolitisierung und Entideologisierung. Eine pragmatische politische Bildung kümmere sich um konkrete, praxisnahe Aufgaben. Sie praktiziere Bescheidenheit und zeige Augenmaß (Knütter 1979, 150).[91]

Rolf Schmiederer veröffentlichte 1977 eine neue Didaktik der politischen Bildung, die in ihrem Titel *Politische Bildung im Interesse der Schüler* bereits andeutete, dass sie die grundsatzpolitische und wissenschaftstheoretische Ebene mit ihren prinzipiellen Kontroversen verlassen wollte. Schmiederer schrieb ausdrücklich, dass seine neue Didaktik das Kriterium *Praktikabilität* in den Vordergrund stelle, um die Diskrepanz zwischen Theorie und Praxis zu

---

[90] Der dritte Grundsatz blieb nicht unumstritten, da er das Gemeinwohl außer Acht ließ. Der Heidelberger Politikdidaktiker Herbert Schneider unternahm zweimal den Versuch einer Umformulierung. Sein Vorschlag von 1987 lautete: „Der Schüler (Erwachsene) soll in die Lage versetzt werden, politische Probleme zu analysieren und sich in die Lage der davon Betroffenen hineinzuversetzen sowie nach Mitteln und Wegen zu suchen, wie er die Problemlösung im Sinne seiner Interessen unter Berücksichtigung der Mitverantwortung für das soziale Ganze beeinflussen kann." 1996 schlug Schneider folgende Formulierung vor: „Der Schüler (Erwachsene) soll dazu befähigt werden, politische Probleme zu analysieren und sich in die Lage der davon Betroffenen hineinzuversetzen sowie nach Mitteln und Wegen zu suchen, wie er die Problemlösung im Sinne seiner wohlverstandenen Eigeninteressen unter Berücksichtigung seiner Mitverantwortung für das soziale Zusammenleben und das politische Ganze beeinflussen kann."
Des Weiteren gab es auch Ergänzungsvorschläge. Sie bezogen sich auf das Problem, dass die drei Prinzipien blind gegenüber extremistischen Positionen waren. Nach dem Kontroversitäts- oder Authentizitätsgebot hätten sie gleichberechtigt mit verfassungsstaatlichen Auffassungen Eingang in den Unterricht finden müssen. Um dem vorzubeugen, schlug der Gießener Politikdidaktiker Wolfgang Sander 1994 das folgende Prinzip vor: „Politische Bildung versteht sich als Teil einer demokratischen politischen Kultur. Sie will mit pädagogischen Mitteln an der Erhaltung und Weiterentwicklung der Demokratie mitwirken, denn nur demokratisch verfasste Gesellschaften können die pädagogisch intendierte Mündigkeit der Schülerinnen und Schüler akzeptieren."
Der Magdeburger Didaktiker Gotthard Breit unterbreitete 1996 folgenden Ergänzungsvorschlag: „Dem Jugendlichen soll im Politikunterricht Gelegenheit gegeben werden, über die Bedeutung von Freiheit und Demokratie und über die Voraussetzungen und Möglichkeiten von politischer Beteiligung nachzudenken."

[91] *Pragmatik*, *Pragmatisierung* und *pragmatisch* dürfen nicht mit der philosophischen Position des *Pragmatismus* in eins gesetzt werden, obwohl dies immer wieder in der Literatur geschieht. Das Adjektiv von Pragmatismus wäre *pragmatistisch*.

verringern. Sie nehme deshalb Abschied von gesellschaftspolitischen Zielsetzungen und begnüge sich mit *pragmatischen*, d.h. realisierbaren Zielsetzungen (Schmiederer 1977b, 38, 43).

Ausführlich ging Schmiederer auf die Notwendigkeit der Pragmatisierung ein. Die Politikdidaktik befinde sich nämlich in dem Dilemma, als wissenschaftliche Disziplin einerseits grundsätzliche Erwägungen anstellen zu müssen, andererseits damit aber genau die Bedürfnisse der Adressaten, d.h. der Lehrer und auch der Schüler, zu verfehlen: „*Einerseits* erfordert didaktisches Bemühen eindeutige Zielangaben und deren klare politische und wissenschaftliche Begründung, *andererseits* sind solche differenzierten und aufwendigen wissenschaftlichen Bemühungen und Auseinandersetzungen um ‚Oberste Lernziele', allgemeine Erziehungsnormen und ihre wissenschaftliche Begründung weit abgehoben von der täglichen Schulpraxis und ihren Problemen, daher oft offensichtlich irrelevant" (Schmiederer 1977b, 31).

Schmiederer legte aber Wert auf die Feststellung, dass er sich mit der Pragmatisierung keinesfalls von seiner ursprünglichen didaktischen Überzeugung verabschiedet habe. Er gehe auch künftig davon aus, dass der historische Entwicklungsprozess zum Abbau gesellschaftlicher Fremdbestimmtheit führen werde. Er halte daher an der Utopie der Emanzipation fest. Schmiederer blieb auch seiner Vorliebe für Dichotomien treu. Er unterschied weiterhin affirmative bzw. apologetische auf der einen und kritisch-offene bzw. emanzipatorisch-orientierte Erziehungs- und Bildungskonzeptionen auf der anderen Seite. Allein schon mit der Begriffswahl deutete er seinen Standort an (Schmiederer 1977b, 45, 88).

Schmiederer gestand zu, dass er die pragmatische Beschränkung seiner Politikdidaktik auch deshalb vorgenommen habe, um ihre Akzeptanz zu erhöhen. Werde eine Didaktik darüber hinausgehend philosophisch, wissenschaftstheoretisch und politisch begründet, sei sie nur noch sehr eingeschränkt konsensfähig (Schmiederer 1977b, 88).

Schmiederer konzentrierte sich in seinen didaktischen Überlegungen auf den Unterricht und stellte dabei die Bedürfnisse, Interessen und Erfahrungen der Schüler in den Mittelpunkt. Zunächst unterschied er *fremdbestimmten* und *schülerzentrierten* Unterricht. Den fremdbestimmten Unterricht nannte er auch gebundenen Unterricht. Denn dort gehe es um die Anpassung der Schüler an festliegende Zielvorstellungen. Der schülerorientierte Unterricht hingegen sei ein offener Unterricht. Die Schüler erhielten hier die Chance, eigene Vorstellungen von der gesellschaftlichen Umwelt zu entwickeln. Im gebundenen Unterricht stehe der Gegenstand, im offenen Unterricht dagegen der Schüler im Zentrum (Schmiederer 1977b, 46 f.).

Im *fremdbestimmten* Unterricht komme es zu einem entfremdeten Lernen. Das heiße im Einzelnen: Der Unterricht orientiere sich an irgendeiner Sachsystematik, was die Schüler zu Objekten der entsprechenden Sachvermittlung degradiere. Die Schüler dürften den Unterrichtsprozess nicht mitbestimmen. Der Lehrer bestimme allein über die Inhalte und Methoden und trete im „Unterweisungsprozess" als Wissensvermittler, Korrekturperson, Zensor und Überwacher auf. Die Schüler könnten die Lernergebnisse praktisch nicht verwerten. Gelernt werde für „Lohn", d.h. für gute Noten, nicht aber um des Lernens willen (Schmiederer 1977b, 50 f., 55).

Ganz anders verhalte es sich beim *schülerzentrierten* Politikunterricht. Gegenstand dieses Unterrichts sei die gesellschaftliche Wirklichkeit des Schülers, d.h. seine reale Existenz als Kind, Schüler, Konsument, Geschlechtswesen, Lehrling, angehender Arbeiter oder Arbeitsloser. Themen des Unterrichts seien mithin Familie und Sozialisation, Wohnen und Freizeit, Partnerbeziehungen und Sexualität, Schule und Erziehung, Kommunikation und Manipulation

sowie Arbeitswelt, Beruf und Lebensversorgung (Schmiederer 1977b, 117, 174).[92]
Der schülerzentrierte Unterricht sei gekennzeichnet dadurch, dass er die Mitbestimmung der Schüler im Unterricht erlaube und die Bedürfnisse und Interessen der Schüler berücksichtige. Er nehme seinen Ausgang von der Sozialerfahrung und der Lebensrealität der Schüler. Er achte darauf, dass die Lernergebnisse reale Bedeutung für das Leben der Schüler hätten. Methodisch gehe er problem- und projektorientiert vor (Schmiederer 1977b, 131).
Weiterhin indoktriniere der Unterricht nicht. Denn er solle den Schülern dazu verhelfen, selbst Werte, Urteile und Verhaltensdispositionen zu finden. Der Unterricht beschränke sich deshalb weitgehend auf die Vermittlung formaler Fähigkeiten wie Analyse-, Kommunikations- und Urteilsfähigkeit, Selbsterkenntnis, Umwelterkenntnis und Kritikfähigkeit. Diese Fähigkeiten bildeten die Voraussetzung für das selbstständige Entwickeln eigener Handlungsintentionen (Schmiederer 1977b, 82 ff.).

Schmiederer ordnete dem schülerzentrierten Politikunterricht einen Zielrahmen zu, den er als *pragmatisch* verstanden wissen wollte: „Ziel politischer Bildung ist die Ermöglichung von Information und realer politischer Umwelterfassung, von Selbstreflexion und Selbsterkenntnis; beides als Basis für eigene Urteilsfähigkeit und eigene Handlungsintentionen. ... Politische Bildung will der Befreiung von selbstverschuldeter und unverschuldeter Unmündigkeit und Unwissenheit dienen, also der Aufklärung in einem zeitgemäßen Sinn des Wortes." Hinzu sollte die Befähigung kommen, *reale Utopien* zu entwickeln.

Schmiederer schloss seine Überlegungen mit der folgenden Bemerkung ab: „Ein offener und kritischer Unterricht im Sinne dieser vorgestellten Zielperspektive ist emanzipatorisch, ohne dass ‚Emanzipation' als Ziel von Unterricht selbst angegeben wird" (Schmiederer 1977b, 91 f.).

Der letzte didaktische Gesamtentwurf: Bernhard Claußens Kritische Politikdidaktik von 1981

Der Hamburger Erziehungswissenschaftler Bernhard Claußen, 1948 geboren, ist ein Politikdidaktiker, der engagiert der Kritischen Theorie folgte und folgt. In vielen, zum Teil sehr umfangreichen Monographien konzipierte er eine *Kritische Politikdidaktik*. Daneben veröffentlichte er eine Vielzahl von Aufsätzen. Den Beginn machte die *Kritische Politikdidaktik. Zu einer pädagogischen Theorie der Politik für die schulische und außerschulische Bildungsarbeit* aus dem Jahre 1981. Im selben Jahr erschien im Umfang von fast 500 Seiten die *Methodik der politischen Bildung. Von der pragmatischen Vermittlungstechnologie zur praxisorientierten Theorie der Kultivierung emanzipatorischen politischen Lernens*. 1984 veröffentlichte Claußen die Abhandlung *Politische Bildung und Kritische Theorie. Fachdidaktisch-methodische Dimensionen emanzipatorischer Sozialwissenschaft*.

Claußen trat erst im Jahre 1981 mit seinen didaktischen Vorstellungen an die Öffentlichkeit. Zu diesem Zeitpunkt waren die Kontroversen um die politische Bildung bereits abgeflaut. Claußen bediente sich in seinen Schriften einer anspruchsvollen Sprache und einer komplizierten Syntax. Ausführlich stellte er zudem die Ableitungszusammenhänge zwischen seinen konzeptionellen Ideen und dem abstrakten Gedankengut der Kritischen Theorie dar. Beides führte dazu, dass seine Werke nicht einfach zu verstehen sind. Das erschwerte die Rezeption

---

[92] Schmiederer listete noch einige weitere Themen auf, nämlich *politische Institutionen und Partizipation, Produktion und Distribution, Ökonomie, Macht und Herrschaftsverhältnisse* sowie *internationale Probleme und Konflikte und Möglichkeiten ihrer Lösung*. Er gab zu, dass es sich hierbei allenfalls um indirekte Lebens- und Erfahrungsbereiche der Schüler handle. Ihre Aufzählung stelle einen Kompromiss dar.

seiner Didaktik und behinderte deren Verbreitung. Obwohl Claußen eine prononciert linke Didaktik präsentierte, geriet er wohl aus diesen Gründen nicht in den Streit um die politische Bildung hinein.

An den Anfang seiner Überlegungen stellte Claußen den Gegensatz zwischen *traditioneller* und *kritischer* Theorie. Unter die traditionelle Theorie subsumierte er in Übernahme der in der Politikwissenschaft verbreiteten Trias der Theorieansätze die *normativ-ontologische* und die *empirisch-analytische* Politikdidaktik. Beide Didaktiken nähmen sich des Tradierten an und bewegten sich innerhalb der bestehenden Gesellschaft. Beide seien an der Systemerhaltung interessiert.

Zur kritischen oder progressiven Theorie zählte Claußen die *dialektisch-historische* Politikdidaktik. Diese greife „Probleme aus Widersprüchen in der gesellschaftlichen Wirklichkeit" auf, die zumeist „Ausfluss konkreter Besitz- und Herrschaftsverhältnisse" seien. Sie entwerfe eine konkrete „Utopie besserer Gesellschaft", d.h. einer Gesellschaft freier Individuen. Insofern arbeite sie an einer Systemveränderung. Darüber hinaus helfe sie, die kritisierte Praxis bestehender politischer Bildung zu überwinden, und bereite eine Praxis politischer Bildung vor, die zur Teilnahme an der Verwirklichung einer besseren Gesellschaft befähige (Claußen 1981a, 14 f., 18f.).

Claußen charakterisierte die von ihm kritisierte Praxis politischer Bildung als *politische Halbbildung* und meinte damit eine affirmative politische Bildung. Diese kennzeichne die Wirklichkeit des politischen Lernens im Alltag wie auch die des organisierten politischen Lernens in Schule und Erwachsenenbildung. Claußen fand harte Worte für das Resultat der affirmativen Erziehung: „Das gemeinschaftliche *Produkt* ist deswegen noch immer jener ... *autoritäre Sozialcharakter*, der zu kollektivem Narzißmus, Antiintellektualismus und Antiutopismus neigt, weil ihn Unterwerfungsbereitschaft, Aggressionen gegen Fremdgruppen, Aberglaube, Projektionsverhalten und Realitätsverlust kennzeichnen" (Claußen 1987, 165 f.).

Claußen bekannte sich zur Kritischen Theorie, weil er ihrem emanzipatorischen Selbstverständnis viel abgewinnen konnte: Diese Theorie stehe nämlich im Dienste des humanen Subjekts, das durch die realen Lebensverhältnisse bedroht sei. Sie entfalte eine demokratischsozialistische Gesellschaftstheorie und nehme Partei für Unterdrückte, Ausgebeutete und Bedrohte. Ihr Gedankengebäude sei nicht hermetisch geschlossen. Sie plädiere für konsensbildende Prozesse symmetrischer Kommunikation, in denen gerechte, verträgliche und praktikable Ziele bestimmt würden. Schließlich stelle sich die Kritische Theorie selbst zur Disposition. Sie vertrete einen „dogmatischen Undogmatismus" (Claußen 1987, 153 ff.).

Claußen war sich im Klaren darüber, dass er mit seiner Option für die Kritische Theorie in deutliche Distanz zum bestehenden demokratischen Verfassungsstaat der Bundesrepublik Deutschland geriet. Diese Distanz drückte sich darin aus, dass er den Staat als Ausdruck der bürgerlichen Klassenherrschaft begriff (Claußen 1984, 76). Folgerichtig postulierte er, dass die politische Bildung vehemente Kritik am Spätkapitalismus üben und Widerspruch zur Herrschaft anmelden müsse (Claußen 1987, 164).

Claußen formulierte als oberstes Lehrziel der politischen Bildung die „Erhaltung und Erweiterung der Selbstverfügungsfähigkeit von Subjekten". Dieses Ziel trug nach Claußen einen Selbstbefreiungsakzent und implizierte darüber hinaus ein Destruktionselement bezüglich des verbreiteten Gehorsams. Die *Selbstverfügungsfähigkeit* setzte sich nach Claußen aus Identität, Vernunft und Kompetenz zusammen.

Um Selbstverfügungsfähigkeit zu erreichen, solle der Politikunterricht erstens zur *Identitätsfindung* durch rückhaltlose Aufklärung über politische Sachverhalte beitragen. Dies solle geschehen durch „die Schaffung von Gelegenheiten für die Erschütterung von dichotomischem, monokausalem, ahistorischem, naturhaftem oder sonst wie schablonisiertem Denken über

Politik und Gesellschaft" (Claußen 1984, 203 ff.).
Der Unterricht solle zweitens zur *Vernunftbesinnung* durch Kritik beitragen. Dies solle geschehen durch die Bereitstellung von Alternativinformationen und dadurch, „dass jegliches Geschehen zur Disposition steht" (Claußen 1984, 211).
Der Unterricht solle drittens einen *Kompetenzerwerb* durch direkte oder indirekte Handlungsorientierung ermöglichen: „Direkt kann die Handlungsorientierung sein, indem im Verlaufe einzelner Lernsequenzen für die daran Beteiligten konkrete kurz-, mittel- und langfristige Ausblicke auf notwendige und mögliche Verrichtungen, Schrittfolgen oder Aktionen samt der ihnen zugehörigen Sachverständigkeiten, Befugnisse und Motivationen und Fertigkeiten sich ergeben oder ausgehandelt werden. Indirekt wird die Handlungsorientierung sein, wenn die gewonnenen Einsichten, Erkenntnisse, Geschicklich- und Tüchtigkeiten nicht unmittelbar verwertbar sind, sondern zu einem später abrufbaren Reservoir von Sachkundigkeit, Problem- und Interessenbewusstheit sowie Fähigkeiten sich verdichten" (Claußen 1984, 218).

Die Politikdidaktik seit den achtziger Jahren: Pragmatisierung und Pluralisierung der Ansätze

Die Diskussion über Aufgaben und Inhalte der politischen Bildung stand in den achtziger Jahren weitgehend im Zeichen einer Pragmatisierung von Antworten und Lösungsansätzen. Die wissenschaftstheoretischen und politischen Grundsatzdiskussionen hatten sich Ende der siebziger Jahre erschöpft und wurden zunehmend als fruchtlos empfunden. Zu dieser Entwicklung passte, dass die vormals so heftig umstrittenen hessischen Richtlinien für Gesellschaftslehre Schritt für Schritt entideologisiert wurden. Zwischen 1974 und 1982 wurden sie insgesamt siebenmal überarbeitet mit dem Ziel, die Zustimmung der Parteien, der Elternverbände, der Kirchen und der Gewerkschaften zu erreichen. Im schließlich freigegebenen Entwurf waren alle politisch umstrittenen Elemente ausgeklammert.

Zwar blieben in den Richtlinien für den Politikunterricht Unterschiede zwischen den CDU- und CSU-regierten und den SPD-regierten Ländern bestehen, die Polarisierung hatte aber deutlich abgenommen. Lediglich in der *Friedenserziehung* blieben starke Gegensätze bestehen. Die Kultusministerkonferenz konnte sich 1983 nicht auf eine gemeinsame Empfehlung zur Friedenserziehung einigen. Es wurden zwei kontroverse Fassungen verabschiedet. Der von den Kultusministern der CDU- und CSU-regierten Länder konzipierte Entwurf ging von der damals aktuellen Bedrohung durch die Sowjetunion aus und betrachtete die NATO und die Bundeswehr als zentrale Instrumente zur Sicherung des Friedens in Freiheit. Das Abschreckungsgleichgewicht wurde als Bedingung für die Sicherung des Friedens bezeichnet. Der Entwurf der SPD-Kultusminister wies dagegen enge Bezüge zur kritischen Friedensforschung und deren weit gefasstem Friedensbegriff auf (Kuhn/Massing (Hrsg.) 1990, 292).

Seit Bernhard Claußens Kritischer Politikdidaktik erschienen keine politikdidaktischen Gesamtentwürfe mehr. Es begann eine *nachkonzeptionelle* Phase mit einer Vielfalt didaktischer Fragestellungen und Akzentsetzungen, die bis zur Gegenwart anhält.
Kennzeichen dieser nachkonzeptionellen Phase war zunächst, dass die Theoriediskussion zugunsten der Erörterung von praxisnahen Problemen zurücktrat. Es gab zweitens Bemühungen, das Verhältnis der Politikdidaktik zu den fachlichen Bezugswissenschaften zu klären. Die Politikwissenschaft, die Soziologie, die Wirtschaftswissenschaft und die Rechtswissenschaft kamen hierfür in Frage. Es herrschte drittens Klärungsbedarf hinsichtlich des Verhältnisses der politischen Bildung zum Geschichtsunterricht. Viertens reflektierte man über lernpsychologische Voraussetzungen politischer Bildungsprozesse und fragte nach dem Zusammenhang von kognitivem und moralischem Lernen (Hilligen 1985, 254). Weiterhin reagierte die Politikdidaktik auf wichtige gesellschaftliche und politische Entwicklungen und versuchte, sie für

Lernprozesse fruchtbar zu machen. Schließlich gab es eine Hinwendung zur Empirie der quantitativen und qualitativen Unterrichtsforschung.

Anfang der achtziger Jahre kam es zu einer Expansion des *Subjektiven* in der Politikdidaktik. Initiiert wurde diese Expansion von der Pädagogik, die einen neuen Sozialisationstyp unter den Jugendlichen ausgemacht hatte. Dieser Typ wies einen starken Ichbezug in Verbindung mit einem schwachen Selbstwertgefühl auf. Ein großes Subjektivierungsverlangen war gekoppelt mit der Suche nach Geborgenheit und Bestätigung durch das Angenommensein von anderen. Objektbezogenen Kenntnissen maß dieser Jugendliche demgegenüber nur geringe Bedeutung bei.

Die politikdidaktische Schlussfolgerung lautete, dass der Unterricht auf die Lebenswelt Bezug nehmen müsse. Es entwickelte sich eine *subjektorientierte* politische Bildung, die einer Betroffenheitspädagogik folgte. Denn sie erklärte die empfundene subjektive Betroffenheit zum ausschlaggebenden didaktischen Moment. Als wichtig wurde das Erleben von räumlicher Nähe und „sozialer Zärtlichkeit" in der Lerngruppe erklärt. Das Lernen sollte im Lebenszusammenhang der Gemeinde stattfinden. Stadtteilarbeit galt als konkrete politische Bildung. Wissen, das nicht unmittelbar praktisch, d.h. subjektiv befriedigend verwertet werden konnte, galt als überflüssig und Begriffsarbeit als „Begriffsfetisch".

Selbst Didaktiker, die dieser extremen Form politischer Bildung nicht folgen wollten, erkannten an, dass der Lebensweltansatz auf das *Brückenproblem* aufmerksam gemacht hatte, d.h. auf die zu überwindende Kluft zwischen der Lebenswelt des Einzelnen und den abstrakten Systemstrukturen von Politik und Gesellschaft. Sie rieten, im Alltag der Schüler das Politische aufzusuchen und so die strukturelle Distanz der Jugend zur Politik aufzuheben (Gagel 1994, 289 ff.).

Ebenfalls in den achtziger Jahren neu entdeckt wurde das aus der Reformpädagogik stammende didaktisch-methodische Prinzip der *Handlungsorientierung*. Methodisch bedeutet Handlungsorientierung die Abkehr vom Belehrungsunterricht. Handlungsorientiertes Lernen sollte sich auszeichnen durch Selbsttätigkeit, Sozial- und Erfahrungsbezug, sollte mithin aktives und sozial-kommunikatives Lernen sein. Aufgesucht und bearbeitet werden sollten nach Möglichkeit reale, ansonsten simulierte Handlungsfelder. Didaktisch versprach man sich davon die Überwindung des durch die Mediendominanz verursachten „allmählichen Verschwindens der Wirklichkeit", wie es der Pädagoge Hartmut von Hentig nannte.

Die Handlungsorientierung behielt ihre Aktualität als didaktisch-methodisches Prinzip auch während der neunziger Jahre. Dafür legten mehrere Tagungen Zeugnis ab, die thematisch der Handlungsorientierung gewidmet waren.[93]

Mitte der achtziger Jahre kam es zur Übernahme sozialwissenschaftlicher *Zeitdiagnosen* in die politische Bildung. Besonders einflussreich war die gegenwartskritische Theorie der *Risikogesellschaft*, die der Soziologe Ulrich Beck 1986 veröffentlichte. Ein viel gebrauchtes Stichwort in der politikdidaktischen Diskussion dieser Zeit war auch die *Globalisierung*. Die Risikogesellschaft und die Globalisierung tauchten in Politiklehrplänen auf und wurden in Schulbüchern didaktisch aufbereitet.

Eng im Zusammenhang mit den Zeitdiagnosen stand die Idee, die Inhalte der politischen Bildung mit Hilfe von *Schlüsselproblemen* neu zu durchdenken. Auslöser dieser Idee war der

---

[93] Tilman Grammes hielt 1994 auf der Fachtagung *Politikunterricht in Niedersachsen* zum Thema *Handlungsorientierung im Politikunterricht* das gleichnamige Hauptreferat. Die Landeszentrale für politische Bildung Baden-Württemberg veranstaltete 1998 eine Tagung zum selben Thema und veröffentlichte die Tagungsbeiträge in einem umfangreichen Sammelband (Gotthard Breit/Siegfried Schiele (Hrsg.): Handlungsorientierung im Politikunterricht. Schwalbach/Ts. 1998, 348 Seiten).

Erziehungswissenschaftler Wolfgang Klafki, der erstmals 1983 in einem Vortrag epochaltypische Schlüsselprobleme in das Zentrum eines von ihm entwickelten neuen Allgemeinbildungskonzeptes gestellt hatte. Allgemeinbildung, so Klafki, bedeute, „ein geschichtlich vermitteltes Bewusstsein von zentralen Problemen der Gegenwart und – soweit voraussehbar – der Zukunft zu gewinnen, Einsicht in die Mitverantwortlichkeit aller angesichts solcher Probleme und Bereitschaft, an ihrer Bewältigung mitzuwirken." Zwar sei ein Konsens über die Lösung und die Mittel zu den Lösungen solcher Schlüsselprobleme nicht zu erwarten, aber eine Übereinstimmung hinsichtlich der Wichtigkeit der Probleme sei denkbar.

Mit den Schlüsselproblemen meinte Klafki Strukturprobleme von gesamtgesellschaftlicher, meistens sogar übernationaler bzw. weltumspannender Bedeutung. Er listete fünf solcher Schlüsselprobleme auf, nämlich die Friedensfrage, die Umweltfrage, die gesellschaftlich produzierte Ungleichheit, die Gefahren und die Möglichkeiten der neuen technischen Steuerungs-, Informations- und Kommunikationsmedien sowie die menschliche Sexualität in ihrer Spannung zwischen individuellem Glücksanspruch, zwischenmenschlicher Verantwortung und Anerkennung des jeweils anderen (Klafki 1996, 56 ff.).

Es war wenig erstaunlich, dass die Politikdidaktik dem Allgemeinbildungskonzept Klafkis großes Interesse entgegenbrachte. Denn ganz offenkundig handelte es sich bei den meisten Schlüsselproblemen um Gegenstände der politischen Bildung.

Ein weiterer didaktischer Akzent der achtziger Jahre war die *Zukunftsbewältigung*. Die Zukunftsbewältigung sollte nicht grundsätzlich die auf die Thematisierung der Risikogesellschaft sowie der Schlüsselprobleme gerichtete politische Bildung verändern. Sie sollte jedoch deren existentielle Qualität eindringlicher vor Augen führen. Begründet wurde dieser didaktische Diskussionsstrang von Peter Weinbrenner, der eine Umorientierung der Politikdidaktik unter dem Aspekt *Zukunftssicherung als Thema und Qualifikation* vorschlug.

Weinbrenner berief sich auf den Philosophen Hans Jonas, gemäß dem die Zukunft der Menschheit den größten überhaupt nur denkbaren Gegenstand der Verantwortung darstellt: „Wenn dem so ist, und ich denke, es gibt in der Tat nichts Wichtigeres als die Sicherung des Überlebens von Mensch und Natur, dann folgt daraus, dass die Zukunft der Menschheit in ihrer existentiellen Bedrohung auch zu einem vordringlichen Thema und damit zum Gegenstand von Lernprozessen gemacht werden muss. Dies ist der Ausgangspunkt der hier in Umrissen skizzierten *Zukunftsdidaktik*." Angesichts begrenzter Ressourcen auf der Erde forderte Weinbrenner die paradigmatische Umorientierung vom Wachstums- zum Begrenzungsparadigma. Der Unterricht solle aber nicht bei der Beschwörung von Risiken und Katastrophen stehenbleiben, sondern vielmehr die Entwicklung von Risikobewusstsein fördern: „Das ist das neue Lernziel einer Zukunftsdidaktik in aufklärerischer Absicht" (Weinbrenner 1989, 31, 42).

Die Abdeckung der folgenden Inhaltsbereiche hielt Weinbrenner für besonders wichtig: Die Sicherung des Friedens trotz steigender Rüstungslasten, die Sicherung der Welternährung trotz steigenden Bevölkerungswachstums, die Sicherung der natürlichen Lebensgrundlagen trotz steigender Umweltbelastung, die Sicherung lebenswichtiger Energien und Rohstoffe trotz zunehmender Erschöpfung der Ressourcen sowie die Sicherung der Lebensbedingungen der Dritten Welt trotz zunehmenden Auseinanderklaffens der Schere zwischen Arm und Reich (Weinbrenner 1980, 303).

Bei Weinbrenner fungierte der Zukunftsbegriff mithin als didaktische Integrationsformel. Leitmotivisch sollte die Zukunftsangst, die in Jugendstudien vielfach nachgewiesen wurde, überwunden und Risikobewusstsein aufgebaut werden. Methodisch orientierte sich das Konzept am Modell der Zukunftswerkstätten, dem Versuch, ökonomisches, ökologisches und politisches Lernen zu verknüpfen.

Weinbrenner war insofern erfolgreich, als der Zukunftsakzent in den nordrhein-westfälischen Richtlinien für den Politikunterricht von 1987 Aufnahme fand.[94]

Intensiv diskutiert wurde in den achtziger und neunziger Jahren auch die Rolle der *Moral- und Werteerziehung* in der politischen Bildung. Ein Auslöser der Diskussion war der seit den siebziger Jahren empirisch feststellbare gesellschaftliche Wertewandel weg von homogenisierenden Pflicht- und Akzeptanzwerten hin zu individualisierenden Selbstentfaltungswerten. Vorgestellt und erörtert wurden verschiedene didaktische Ansätze, so der erinnernde Rückgriff auf die klassischen Kardinaltugenden, die Thematisierung der Verfassungsgrundwerte im Politikunterricht und die Fruchtbarmachung der Moralpsychologie und Moralerziehung Lawrence Kohlbergs für Zwecke der politischen Bildung.[95]

Nach der Jahrtausendwende befasste sich die Politikdidaktik mit der Frage, ob nicht das *Demokratielernen* den didaktischen Kern der politischen Bildung bilden sollte. Angestoßen wurde die Frage von Projekten wie *Erfahrene Demokratie* und *Demokratie lehren und lernen*, die von wissenschaftlichen Vertretern der Schulpädagogik angeleitet und organisiert wurden. Diese *Demokratiepädagogen* vertraten die Auffassung, dass der Aufbau demokratischer Gesinnung und die Verankerung der Bereitschaft, Verantwortung zu übernehmen, bedeutsame, wenn nicht sogar die wichtigsten Aufgaben der politischen Bildung seien.

Unterstützung fand dieses Programm auf der internationalen Ebene durch den Europarat. Er legte 1997 das Projekt *Education for Democratic Citizenship* auf und rief das Jahr 2005 zum *European Year of Citizenship through Education* aus. In Deutschland gab es mehrere Tagungen zum Demokratielernen.[96]

Für die Demokratie und damit gegen die Politik als Zentralbegriff der didaktischen Bemühungen sprach sich unter anderem der in der Wissenschaft von der politischen Bildung tätige Gerhard Himmelmann aus. Himmelmann wandte den Demokratiebegriff nicht nur auf den Staat an. Er sprach vielmehr von der Demokratie als Lebens-, als Gesellschafts- und als Herrschaftsform. Auf allen drei Ebenen sollten der Demokratiegedanke und demokratische Verhaltensweisen vermittelt werden (Himmelmann 2001, 33 ff., 266 ff.). Himmelmann fand mit seinem Ansatz Zustimmung, aber auch Widerspruch. Ihm wurde entgegengehalten, dass die Politik der leitende Aspekt der politischen Bildung bleiben müsse.

Die Pluralität der Fragestellungen und Ansätze macht deutlich, dass die Politikdidaktik einerseits von der produktiven Aufnahme und Verarbeitung von Begriffen und konzeptionellen

---

[94] Dort wurde in den Lernzielkatalog eine neue, elfte Qualifikation eingefügt. Sie lautete: „Fähigkeit und Bereitschaft, Verantwortung für die Sicherung der Lebensbedingungen zukünftiger Generationen zu übernehmen und im Interesse der Erhaltung der natürlichen Lebensgrundlagen an der Entwicklung alternativer Produktions- und Lebensformen mitzuwirken."

[95] Die Landeszentrale für politische Bildung Baden-Württemberg veranstaltete 2000 eine Tagung zum Thema *Werte in der politischen Bildung*. Die Tagungsbeiträge wurden in einem umfangreichen Sammelband veröffentlicht: Gotthard Breit/Siegfried Schiele (Hrsg.): Werte in der politischen Bildung. Schwalbach/Ts. 2000, 464 Seiten.

[96] So veranstaltete die Landeszentrale für politische Bildung Baden-Württemberg 2002 eine einschlägige Tagung. Die Tagungsbeiträge wurden in einem ansehnlichen Sammelband veröffentlicht: Gotthard Breit/Siegfried Schiele (Hrsg.): Demokratie-Lernen als Aufgabe der politischen Bildung. Schwalbach/Ts. 2002, 340 Seiten.
Die Sektion Politische Wissenschaft und Politische Bildung der Deutschen Vereinigung für Politische Wissenschaft veranstaltete 2004 eine Tagung zum Thema *Demokratie in Fachwissenschaft, Pädagogik und Didaktik des politischen Unterrichts*. Die Tagungsbeiträge, ergänzt um weitere einschlägige Aufsätze, wurden in einem Sammelband publiziert: Gerhard Himmelmann/Dirk Lange (Hrsg.): Demokratiekompetenz. Beiträge aus Politikwissenschaft, Pädagogik und politischer Bildung. Wiesbaden 2005, 316 Seiten.

Vorstellungen der fachlichen Bezugswissenschaften und der Pädagogik lebt, andererseits politisch und gesellschaftlich aktuelle Geschehnisse und Strukturen reflektiert. Ein Ende der politikdidaktischen Diskussion ist daher nicht zu erwarten.

10. Politische Bildung und Erziehung in der DDR

10.1 Gegenwartskunde als Unterrichtsprinzip und Unterrichtsfach

Am 1. Oktober 1945 wurde in den Schulen der sowjetischen Besatzungszone der Unterrichtsbetrieb wieder aufgenommen. Ein „neuer Geist" sollte in die Schulstuben einziehen. In diesem Rahmen sollte auch über den faschistischen „Ungeist" aufgeklärt werden. Der hierfür naturgemäß in Betracht kommende Geschichtsunterricht wurde aufgrund noch nicht vorhandener neuer Lehrpläne sowie der politischen Belastung vieler Geschichtslehrer um ein Jahr verschoben.

Um dennoch mit der Aufklärungsarbeit beginnen zu können, wurde im Laufe des ersten Schuljahres ein gesellschaftspolitischer Unterricht eingeführt, für den man den Namen *Gegenwartskunde* wählte. Konkreter Anlass hierfür waren die am 20. November 1945 beginnenden Nürnberger Kriegsverbrecherprozesse.

Der Beginn 1945: Gegenwartskunde als Unterrichtsprinzip

Die mit einer Wochenstunde veranschlagte Gegenwartskunde hatte ursprünglich keine klare Zielsetzung und auch keinen genau umschriebenen Gegenstand. Zum Zeitpunkt ihrer Einführung 1945 erschien lediglich der Hinweis, dass die Stunde im Grundsatz als Zeitungslesestunde durchgeführt werden könne mit anschließender Besprechung wichtiger Ereignisse und Probleme der Gegenwart (Haase 1977, 10). Auf diese Weise sollten neben den Nürnberger Prozessen auch das Flüchtlingsproblem, die Bodenreform, der wirtschaftliche und kulturelle Wiederaufbau, die Selbstverwaltung der Gemeinden, die Parteien und Gewerkschaften sowie die Vereinten Nationen und der Zweite Weltkrieg behandelt werden.

Die Gegenwartskunde sollte kein selbstständiges Fach, sondern *Unterrichtsprinzip* sein. Die Lehrerkollegien sollten selbst darüber befinden, in welchen Fächern welche Fragen zu behandeln waren. Dadurch sollte gewährleistet werden, dass in *allen* Fächern ein neuer Geist herrsche und politische Fragen nicht auf ein Fach und auf bestimmte Lehrer abgeschoben werden konnten. Tatsächlich wurde Gegenwartskunde aber als Fach unterrichtet. Denn solange das Schulfach Geschichte nicht wieder eingeführt war, übernahm sie die dafür vorgesehenen Stunden. Nach der zum Teil bis 1948 verzögerten Wiedereinführung des Geschichtsunterrichts wurde Gegenwartskunde meist als dessen Bestandteil weiter unterrichtet.

Auf Beschluss der Konferenz der Volksbildungsminister vom 19. Dezember 1945 sollten mit der Erteilung von Gegenwartskunde nur solche Lehrer betraut werden, die „entschiedene Gegner aller nazistischen, militaristischen und imperialistischen Theorien und Tendenzen" waren. In den Grundschulen konnte diese Forderung schnell erfüllt werden. Denn hier hatte ein schneller Austausch des Lehrpersonals stattgefunden. An die Stelle der wegen ihrer Mitgliedschaft in der NSDAP in der Mehrzahl entlassenen *Altlehrer* waren die in Schnellkursen vorbereiteten *Neulehrer* gesetzt worden.

In den Oberschulen war die Vorgabe dagegen nicht ganz so einfach umzusetzen. Weil die Tätigkeit in diesen Schulen eine fachwissenschaftliche Ausbildung voraussetzte, konnten die schon im Dritten Reich beschäftigten Lehrer nicht kurzfristig ersetzt werden. Da im Laufe der Jahre die neu ausgebildeten Lehrer aber ein zunehmend strenges Auswahlverfahren durchlaufen mussten, war nach einer gewissen Zeit auch an den Oberschulen die gewünschte politische Orientierung der Lehrer gesichert (Schmitt 1980, 20).

Bis etwa 1949 wurde die Gegenwartskunde nicht ausschließlich, aber doch auch mit reformpädagogischen Argumenten legitimiert. Das bedeutete, dass die Gegenwartskunde die Schüler nicht auf dem schnellsten Wege zu einem vorab definierten „richtigen" politischen Wissen führen sollte. Die Gegenwartskunde sollte vielmehr Chancen für Reflexionen bieten. So wurde in den Richtlinien von 1947 normiert: „Erzieherisch wichtig ist für die Jugendlichen ... insbesondere die freie Aussprache, nicht der belehrende Vortrag. ... Das Wesen der Gegenwartskunde ist nicht die politische Ansprache, die Propaganda, sondern die Erkenntnisschulung" (Benner/Fischer/Gatzemann/Göstemeyer/Sladek 1996, 274 f.). Man muss allerdings hinzufügen, dass der von der Reformpädagogik gewünschte arbeitsunterrichtliche Stil mit Gruppenarbeit, gelockertem, freiem Unterrichtsgespräch, Berücksichtigung der Wünsche und Vorschläge der Schüler von den frisch eingestellten Neulehrern kaum praktiziert wurde. Sie waren pädagogisch derart ungenügend ausgebildet, dass ihre Gegenwartskundestunden weniger den Charakter von Unterrichts- als den von Agitationsstunden trugen (Schmitt 1980, 21).

Die Einführung der Gegenwartskunde als obligatorisches Unterrichtsfach 1949

Beginnend mit 1949, dem Jahr der Gründung der DDR, erfolgte eine neue *Legitimierung* und *Inhaltsbestimmung* der Gegenwartskunde. Dies entsprach dem historisch-materialistisch begründeten Fortschrittsdenken der SED, die den „Übergang zum Sozialismus" zur politischen Grundlinie erklärte. So wurde auf dem IV. Pädagogischen Kongress im August 1949 die Reformpädagogik verurteilt. Gleichzeitig wurde die Sowjetpädagogik als Vorbild dargestellt. Der geforderte neue Lehrer sollte sich als *politischer* Lehrer verstehen, der sein Handeln an den Lehren des Marxismus-Leninismus orientierte. Als für die politische Bildung einzig geeignete Referenzwissenschaft wurde die marxistisch-leninistische Theorie ins Spiel gebracht. Inhaltlich sollte die Gegenwartskunde den auf dem Pädagogischen Kongress als Erziehungsziel hervorgehobenen *demokratischen Patriotismus* auf den neu gegründeten Staat beziehen. Das hieß konkret, dass den Schülern ein „festes Verhältnis zum sozialistischen Staat" zu vermitteln war. Außerdem sollte die Gegenwartskunde helfen, eine weitere Forderung des Kongresses zu verwirklichen, nämlich die an die Schule gerichtete Forderung, umfassende feste Kenntnisse als Voraussetzung für ein *wissenschaftliches Weltbild* zu vermitteln. Mit diesem Weltbild war natürlich der Marxismus-Leninismus gemeint.

Da die bis dahin betriebene Gegenwartskunde diesen Ansprüchen nicht genügte, beschloss der III. Parteitag der SED im Juli 1950, Gegenwartskunde als *obligatorisches* Schulfach mit zwei Wochenstunden in den Klassen 5 bis 12 einzuführen.[97] Das Fach sollte mit dem aktuellen politischen Geschehen vertraut machen, zum Verständnis der staatlichen Ordnung der DDR führen und schließlich über den Stand des „nationalen und sozialen Befreiungskampfes des deutschen Volkes" informieren. Seit dem Schuljahr 1953/54 gab es feste Jahrespläne, in deren Zentrum der Staatsaufbau der DDR stand. Im Schuljahr 1954/55 wurden erstmals Teile des Marxismus-Leninismus Unterrichtsgegenstand, und zwar in Gestalt der marxistisch-leninistischen Lehre von Staat und Nation.

Im Zuge der Entstalinisierung in der Sowjetunion Mitte der fünfziger Jahre kam es zu einer Lockerung der stofflichen Vorgaben. Die Lehrer erhielten auf diese Weise mehr Freiraum in der Unterrichtsgestaltung. Etwa ein Drittel der Stunden konnten sie selbstständig gestalten. Über die Reduzierung und sogar die Abschaffung der Gegenwartskunde wurde öffentlich diskutiert. Ende 1957 wurde diese Diskussion aber als Folge des „Revisionismus" gebrandmarkt und der alte Zustand der Gegenwartskunde weitgehend wiederhergestellt.

---

[97] Ab dem Schuljahr 1951/52 wurde in den Klassen 7 bis 12 der Unterricht auf eine Wochenstunde reduziert.

Insgesamt war die Gegenwartskunde ein *Stiefkind* unter den Fächern. Denn es gab weder speziell hierfür ausgebildete Lehrer noch eine Fachdidaktik, noch eine Fachzeitschrift. Selbst im *Deutschen Pädagogischen Zentralinstitut*, in dem alle Unterrichtsfächer eigene Referenten hatten, fehlte ein Referent für Gegenwartskunde (Schmitt 1980, 22 f.).

10.2 Staatsbürgerkunde im Zeichen des Marxismus-Leninismus

Mit dem Namen *Staatsbürgerkunde* griff die DDR auf die Bezeichnung für die politische Bildung aus der Weimarer Republik zurück. Die Umbenennung hatte vermutlich mehrere Gründe. Zum einen sollte damit wohl die Verbundenheit der DDR mit den demokratischen Traditionen der deutschen Geschichte ausgedrückt werden. Denn gleichberechtigte Staatsbürger zu werden, war das Ziel des dritten und vierten Standes im 19. und 20. Jahrhundert gewesen. Zum anderen drückte der Wortbestandteil *Staat* klarer als *Gemeinschaft* oder *Gesellschaft* aus, dass es in diesem Unterricht um *Politik* gehen sollte (Haase 1977, 1 f.).

Die Einführung der Staatsbürgerkunde 1957

Am 1. September 1957 wurde das Fach Gegenwartskunde gestrichen und durch das Fach *Staatsbürgerkunde* ersetzt. Mit der Abwendung von der Bezeichnung *Gegenwartskunde* wollte man terminologisch dokumentieren, dass es nicht mehr um die unsystematische Behandlung aktueller Fragen gehen sollte.
Staatsbürgerkunde war in den Klassen 8 bis 12 zu unterrichten. Inhaltlich orientierte sich das Fach an der Forderung des V. Parteitages der SED im Juli 1958, in den Schulen verstärkt den Marxismus-Leninismus zu propagieren. Das Ministerium für Volksbildung erhielt den Auftrag, die Staatsbürgerkunde so zu konzipieren, dass den Schülern Grundkenntnisse in marxistisch-leninistischer Philosophie und politischer Ökonomie vermittelt wurden. Die auf dieser Basis erstellten Lehrpläne machten in fast völliger Abkehr von der Institutionenkunde für alle Klassenstufen folgende Gegenstände verbindlich: den dialektischen und historischen Materialismus, die Lehre vom Klassenkampf und die politische Ökonomie.

Hiergegen erhoben sich aber Einwände. Vor allem der Sekretär des Zentralkomitees der SED Kurt Hager machte geltend, dass der Schule bei der Vermittlung des Marxismus-Leninismus Grenzen gesetzt seien. Er sah die Gefahr einer „gewissen Verballhornung und einer gewissen Versimplung der Weltanschauung der Arbeiterklasse." Nur in der 11. und 12. Klasse hielt Hager eine philosophische Propädeutik für möglich.
In der Konsequenz dieser Kritik wurde der Lehrplan 1959/60 so geändert, dass die Institutionenkunde wieder Gewicht erhielt. Die wichtigsten Unterrichtsgegenstände waren die Entstehung der DDR, ihr Staatsaufbau und die Rolle der Jugend im Sozialismus. Nur die Lehrpläne für die Erweiterte Oberschule mit ihren 11. und 12. Klassen enthielten in bescheidenem Umfang Themen zum Marxismus-Leninismus.

Die Staatsbürgerkunde etablierte sich in diesen Jahren als eigenständiges Fach, insbesondere in Abgrenzung zum Geschichtsunterricht. 1959 wurde die Fachzeitschrift *Geschichte in der Schule* umbenannt in *Geschichtsunterricht und Staatsbürgerkunde*. An den Instituten für Marxismus-Leninismus mehrerer Hochschulen entstanden Abteilungen für Staatsbürgerkunde. Und es wurden erste Lehrstühle für die Methodik der Staatsbürgerkunde eingerichtet (Schmitt 1980, 24 f.).

Der systematische Ausbau des marxistisch-leninistischen Charakters der Staatsbürgerkunde seit 1963

Der VI. Parteitag der SED 1963, der den „umfassenden Ausbau des Sozialismus" zur strategischen Aufgabe erklärt und eine Neukonzeption des Bildungssystems gefordert hatte, markierte den Beginn der nächsten Phase der Staatsbürgerkunde. Die Vorgabe der Staatspartei wurde im *Gesetz über das einheitliche sozialistische Bildungssystem* vom 25. Februar 1965 umgesetzt. Dieses Gesetz bildete den Rahmen für den Auftrag der Schule und darin eingeschlossen der Staatsbürgerkunde. Es legte auch die Grundsätze der Lehrerbildung fest.

Das Schulgesetz begründete den Rang der *staatsbürgerlichen Erziehung* als *Kernstück* der gesamten sozialistischen Bildung und Erziehung. So bestimmte das Gesetz als grundlegende Ziele und Aufgaben des Bildungssystems die *Liebe* des Einzelnen zur Arbeit und zur Arbeiterklasse sowie seine *Identifizierung* mit dem sozialistischen Staat. Der angestrebte sozialistische Staatsbürger sollte sich durch diese beiden Einstellungen auszeichnen. Staatsbürgerliche Erziehung war deshalb das die Ziele und Inhalte aller Fächer determinierende Prinzip. Alle Stufen und alle Bereiche des Bildungswesens dienten ihrer Realisierung. Selbst die Jugendorganisation, die *Freie Deutsche Jugend* (FDJ), und die Kinderorganisation, die *Jungen Pioniere*, wurden in den Bildungs- und Erziehungsauftrag eingespannt. Staatsbürgerliche Erziehung war also nicht ausschließlich nur der Staatsbürgerkunde aufgetragen.

Die Erziehung zum *sozialistischen Bürger* war sehr umfassend gedacht. So sollten die Schüler mit gründlichen mathematischen, naturwissenschaftlichen, technischen und ökonomischen Kenntnissen ausgerüstet werden, um später im wirtschaftlichen Produktionsprozess optimal eingesetzt werden zu können. Gleichzeitig sollten ihnen „feste Grundlagen der sozialistischen Weltanschauung" vermittelt werden. Sie sollten am Arbeitsprozess teilnehmen, denn dies sei ein entscheidendes Mittel staatsbürgerlicher Erziehung. In der jungen Generation werde so nämlich „die Liebe zur Arbeit und zur Arbeiterklasse geweckt und gefestigt". Außerdem würde die Jugend im „sozialistischen Kollektiv" jene staatsbürgerlichen Fähigkeiten und Eigenschaften ausbilden, die sie befähigten, „in unserer sozialistischen Demokratie mitzuarbeiten, mitzuplanen und mitzuregieren."

Dem Unterricht in den *Gesellschaftswissenschaften*, zu denen Geschichte, Staatsbürgerkunde und Geographie zählten, wurde aufgetragen, den Schülern „ein System historischen und politischen Grundlagenwissens, vor allem der marxistischen Geschichtswissenschaft, der politischen Ökonomie und des dialektischen und historischen Materialismus" zu vermitteln. Speziell die Staatsbürgerkunde sollte in lebensnaher Weise ökonomische, philosophische und politische Grundkenntnisse vermitteln und damit in den Marxismus-Leninismus einführen.

Von der *Lehrerbildung* wurde verlangt, dass alle hiermit beauftragten Ausbildungsstätten gewährleisten müssten, „dass politisch und weltanschaulich gefestigte Lehrer ausgebildet werden, die unter der Führung der Partei der Arbeiterklasse treu und konsequent für den Sozialismus eintreten und fest mit dem Volke verbunden sind." Die Lehrer müssten die ihnen anvertrauten Kinder „zu begeisterten und tatenfreudigen Sozialisten erziehen." Den Lehrerstudenten seien deshalb „feste marxistisch-leninistische Kenntnisse zu vermitteln." Die Wirksamkeit der politischen und ideologischen Erziehung in der Lehrerbildung sei zu erhöhen (Borcherding 1965, 138 ff.).

Dem Schulgesetz vorausgegangen war bereits 1963 die Einsetzung der *Arbeitsgruppe Ideologische Erziehung der Schuljugend*. Diese Arbeitsgruppe war bei der *Ideologischen Kommission* des Politbüros der SED angesiedelt. Sie konzipierte im Vorgriff auf das geplante Schulgesetz die Ziele und Inhalte der Staatsbürgerkunde neu. Die von ihr erstellten Lehrpläne wurden schon im Schuljahr 1964/65 in Kraft gesetzt. Durchgängiger Unterrichtsgegenstand war der Marxismus-Leninismus, ergänzt durch das Programm und die aktuellen Beschlüsse der SED.

Diese Grundlinie wurde bis zum Ende der DDR nicht mehr verlassen, sondern in verschiedenen Lehrplanrevisionen nur aktualisiert.

Gerhard Neuner, Präsident der *Akademie der Pädagogischen Wissenschaften*, erläuterte die Staatsbürgerkunde-Lehrpläne wie folgt: „Die Lehrpläne für den Staatsbürgerkundeunterricht sind so angelegt, dass die Vermittlung solider grundlegender Kenntnisse des Marxismus-Leninismus und die schöpferische Anwendung der marxistisch-leninistischen Lehre durch die Partei der Arbeiterklasse auf die konkreten Entwicklungsprozesse und Erscheinungen eine Einheit darstellen. Im Staatsbürgerkundeunterricht wird der Marxismus-Leninismus in Aktion gelehrt. Die Beschlüsse der SED, insbesondere des VIII. Parteitages, und der Reichtum der Ideen und Erfahrungen der KPdSU haben daher mit Notwendigkeit großen Einfluss auf den konkreten Inhalt der Lehrpläne, bewirken Akzentuierungen beziehungsweise Korrekturen im Inhalt und teilweise im Aufbau der Lehrpläne" (zitiert nach Biskupek 2002, 16). Diese 1972 getroffene Aussage hätte ebenso gut auch 1989 gemacht werden können.

Der Auftrag an das Bildungssystem: Schaffung der sozialistischen Persönlichkeit

Seit dem VI. Parteitag der SED 1963 galt die Vorgabe, den jungen DDR-Bürger zur „allseitig entwickelten sozialistischen Persönlichkeit" zu erziehen. Die *sozialistische Persönlichkeit* zeichnete sich durch vier wesentliche Merkmale aus, nämlich durch vielseitiges Wissen und Können, durch sozialistisches Bewusstsein, durch sozialistisches moralisches Verhalten sowie durch eine optimistische Lebensauffassung. Für die staatsbürgerliche Erziehung waren vor allem das sozialistische Bewusstsein und die sozialistische Moral relevant.

Das *sozialistische Bewusstsein* wurde durch sieben Grundüberzeugungen definiert, die man auch als ideologische Grundsätze bezeichnen kann. Diese sollten das Handeln und Verhalten der sozialistischen Persönlichkeit bestimmen und als Maßstäbe für die Bewertung von Situationen und Herausforderungen dienen. In der Formulierung der *Aufgabenstellung des Ministeriums für Volksbildung und des Zentralrates der FDJ zur weiteren Entwicklung der staatsbürgerlichen Erziehung der Schuljugend der DDR* aus dem Jahre 1969 waren dies
1. „die Überzeugung von der historischen Mission der Arbeiterklasse ...";
2. „die Überzeugung vom objektiven Charakter der Entwicklung in Natur und Gesellschaft ...";
3. „die Überzeugung von der Gewissheit, dass die Zukunft der ganzen Menschheit der Sozialismus ist ...";
4. „die Überzeugung von der historischen Aufgabe der DDR und der Verantwortung der Jugend bei der Gestaltung des entwickelten gesellschaftlichen Systems des Sozialismus ...";
5. „die Überzeugung von der entscheidenden Rolle der ruhmreichen Sowjetunion und der sozialistischen Staatengemeinschaft in der weltweiten Auseinandersetzung zwischen Sozialismus und Imperialismus";
6. „die Überzeugung, dass Demokratie, Freiheit und Menschlichkeit nur dort gesichert sind, wo das werktätige Volk unter Führung der Arbeiterklasse und ihrer Partei die politische Macht ausübt";
7. „die Überzeugung, dass die Jugend ihres eigenen Glückes Schmied ist, indem sie die Rechte und Pflichten gegenüber der sozialistischen Gesellschaft bewusst wahrnimmt ..." (zitiert nach Bundesministerium für innerdeutsche Beziehungen (Hrsg.) 1985, 366).

Die *sozialistische Moral* sollte das moralische Gesicht des neuen, sozialistischen Menschen zeigen. Die sozialistische Moral wurde bereits auf dem V. Parteitag der SED im Juli 1958 in einem aus zehn Geboten bestehenden Tugendkatalog verkündet. Fast alle Gebote wiesen einen Bezug zur Gesellschaft auf. Ebenso dominierten staats- und produktionsrelevante Tugenden. Die Gebote hatten den folgenden Wortlaut:

„1. Du sollst dich stets für die internationale Solidarität der Arbeiterklasse und aller Werktätigen sowie für die unverbrüchliche Verbundenheit aller sozialistischen Länder einsetzen.
2. Du sollst dein Vaterland lieben und stets bereit sein, deine ganze Kraft und Fähigkeit für die Verteidigung der Arbeiter- und Bauernmacht einzusetzen.
3. Du sollst helfen, die Ausbeutung des Menschen durch den Menschen zu beseitigen.
4. Du sollst gute Taten für den Sozialismus vollbringen, denn der Sozialismus führt zu einem besseren Leben für alle Werktätigen.
5. Du sollst beim Aufbau des Sozialismus im Geiste der gegenseitigen Hilfe und der kameradschaftlichen Zusammenarbeit handeln, das Kollektiv achten und seine Kritik beherzigen.
6. Du sollst das Volkseigentum schützen und mehren.
7. Du sollst stets nach Verbesserung deiner Leistungen streben, sparsam sein und die sozialistische Arbeitsdisziplin festigen.
8. Du sollst deine Kinder im Geiste des Friedens und des Sozialismus zu allseitig gebildeten, charakterfesten und körperlich gestählten Menschen erziehen.
9. Du sollst sauber und anständig leben und deine Familie achten.
10. Du sollst Solidarität mit den um ihre nationale Befreiung kämpfenden und den ihre nationale Unabhängigkeit verteidigenden Völkern üben" (Borcherding 1965, 132).

Das Bildungs- und Erziehungsziel, die sozialistische Persönlichkeit zu fördern, war nicht allein der staatsbürgerlichen Erziehung anvertraut. Hinzu traten die Kollektiv- und die Arbeitserziehung, die Erziehung zu bewusster Disziplin und die polytechnische Bildung. Diese Erziehungsansätze waren in erster Linie für Wissen, Können und Moral zuständig.
Kollektiverziehung meinte Erziehung im Kollektiv, durch das Kollektiv und für das Kollektiv. Die *Arbeitserziehung* zielte darauf, dass die Kinder und Jugendlichen eine sozialistische Arbeitshaltung erwarben, körperliche und geistige Arbeit liebten und die Arbeiterklasse achteten. Die *Erziehung zu bewusster Disziplin* sollte die Bereitschaft und Fähigkeit wecken, das individuelle Verhalten entsprechend den Normen der sozialistischen Gesellschaft aktiv und selbstständig aus innerem Antrieb zu steuern. Die *polytechnische Bildung* schließlich sollte die Schüler mit den Anforderungen der Berufs- und Arbeitswelt bekannt machen (Bundesministerium für innerdeutsche Beziehungen (Hrsg.) 1985, 366 f., 732 f., 1023).

Die *Staatsbürgerkunde* nahm insofern die Schlüsselstellung in der staatsbürgerlichen Erziehung ein, als ihr die Vermittlung des ideologischen *Wissens* und die politische *Überzeugungsbildung* oblagen. Diesen Beitrag konnte nur sie leisten. Die Staatsbürgerkunde sollte in diesem Sinne ein „lebendiges Sozialismusbild" vermitteln und die „Auseinandersetzung mit der imperialistischen Ideologie" führen. Mit der imperialistischen Ideologie waren die geistigen Grundlagen der marktwirtschaftlich organisierten westlichen Demokratien gemeint.

Die Staatsbürgerkunde nahm für sich in Anspruch, „exaktes, anwendungsbereites Wissen" zu vermitteln. Fünf ideologisch eng zusammengehörende Bereiche machten ihren *Wissenskanon* aus: Erstens Kenntnisse über den dialektischen und historischen Materialismus, über die marxistisch-leninistische Philosophie, über die „allgemeinen Gesetzmäßigkeiten der gesellschaftlichen Entwicklung", über die „Rolle der Arbeiterklasse bei der Durchsetzung des gesetzmäßigen Untergangs des Kapitalismus und des Sieges des Sozialismus". Zweitens Kenntnisse über das „Wesen des Kapitalismus und des Imperialismus", speziell über das „Wesen der kapitalistischen Ausbeutung", über die „Stellung der Arbeiterklasse im Kapitalismus", über den „Imperialismus am Vorabend der proletarischen Revolution" sowie über die „Menschenfeindlichkeit des Imperialismus". Drittens Kenntnisse über das „Wesen des Sozialismus und Kommunismus", über die „führende Rolle der Arbeiterklasse und ihrer marxistisch-leninistischen Partei", über „ökonomische Gesetze des Sozialismus" sowie über die „ökonomische Politik der Partei". Viertens Kenntnisse über den Charakter der Gegenwart, über die „Rolle der Sowjetunion im revolutionären Weltprozess" sowie über „Grundfragen der Strategie und Taktik der internationalen kommunistischen und Arbeiterparteien." Fünftens Kenntnisse über Grundzüge der sozialistischen Moral (Piontkowski 1975, 18).

Der so beschaffene Wissenskanon sollte die Schüler *befähigen*, „vom Klassenstandpunkt der Arbeiterklasse an alle gesellschaftlichen Erscheinungen heranzugehen." Dies sollte die Fähigkeit einschließen, „den Sozialismus, die Arbeiterklasse und ihre marxistisch-leninistische Partei gegen ideologische Angriffe des Klassengegners überzeugend zu verteidigen." Parteilichkeit war also ausdrücklich erwünscht (Piontkowski 1975, 20 f.).

Die Staatsbürgerkunde sollte schließlich die Schüler von bestimmten politischen Einstellungen *überzeugen*. Zu diesen Einstellungen zählten der „proletarische Internationalismus", die „Solidarität mit den kämpfenden Völkern" der Dritten Welt, die „Liebe zum sozialistischen Vaterland", „Hass und Abscheu gegenüber den reaktionären Kräften", die „Überzeugung von der Überlegenheit des Sozialismus" sowie die Überzeugung „vom Sieg des Sozialismus und Kommunismus in der ganzen Welt" (Piontkowski 1975, 22).

Das gesamte Programm war von *strenger Parteilichkeit* durchzogen. Dies galt aber nicht als Mangel, sondern als unabänderliches Kennzeichen der „Weltanschauung der Arbeiterklasse": Das Besondere des Marxismus-Leninismus sei nämlich gerade die „Einheit von strenger Wissenschaftlichkeit und offener Parteilichkeit". Die Qualität des Unterrichts in der Staatsbürgerkunde hänge deshalb auch wesentlich von der „parteilichen Haltung" des Lehrers ab (Piontkowski 1975, 15, 41).

Der DDR-Führung genügte die dogmatische Geschlossenheit des Fachunterrichts jedoch noch nicht. Über den Staatsbürgerkundeunterricht hinaus sollte das gesamte *Schulleben* der politisch-ideologischen Erziehung dienen. So ordnete das Ministerium für Volksbildung wöchentliche Flaggenappelle an. Jährlich wurde den Schulen eine Liste von Feiertagen, die zumeist einen politischen Hintergrund hatten, vorgeschrieben. Hierfür waren Feierstunden oder öffentliche Veranstaltungen zu organisieren. Ein weiteres Instrument der politischen Erziehung waren die freiwilligen Arbeitsgemeinschaften, die sich zu einem nicht unbeträchtlichen Teil mit politischen Fragen befassten (Schmitt 1980, 94 f.).

Besondere Erwähnung verdient der seit 1978 eingeführte *Wehrunterricht*, der zum Bestandteil von Bildung und Erziehung an den allgemeinbildenden Schulen erklärt wurde. In den neunten und zehnten Klassen mussten jeweils mehrere Doppelstunden *Fragen der sozialistischen Landesverteidigung* gewidmet werden. Wehrausbildung war auch Gegenstand von Arbeitsgemeinschaften. In ihnen wurden Grundfragen der Landesverteidigung behandelt und mit einer Gelände-, Schieß-, Schutz- und Sanitätsausbildung verbunden (Bundesministerium für innerdeutsche Beziehungen (Hrsg.) 1985, 1467 f.). An der Wehrerziehung beteiligten sich auch außerschulische Träger wie die Pionierorganisation „Ernst Thälmann", die FDJ, die Gesellschaft für Sport und Technik (GST) und die Nationale Volksarmee (NVA).

Eine Beurteilung der Staatsbürgerkunde der DDR muss zunächst feststellen, dass dieses Fach keinerlei *Reflexivität* zuließ, sondern ausschließlich auf *Affirmation* bedacht war.[98] Das Fach

---

[98] Der affirmative Charakter kam besonders deutlich in den Staatsbürgerkunde-Lehrbüchern zum Vorschein. Die Lehrtexte präsentierten sich in der Form systematischer, autoritativer und endgültige Wahrheiten referierender Abhandlungen. Die Aufgabenstellungen dienten nicht der eigenständigen Auseinandersetzung mit den Sachverhalten, sondern der Kontrolle, ob die vorgetragenen Inhalte auch richtig verstanden worden waren. Ein Beispiel (entnommen aus Schmitt 1980, 122) kann dies illustrieren. Die Aufgaben zum Abschnitt „Grundfragen der Strategie der Arbeiterklasse im Kampf zur Überwindung des Kapitalismus" im Lehrbuch der neunten Klasse lauten wie folgt:
„1. Legen Sie dar, wie die Partei das Klassenbewusstsein der Arbeiterklasse entwickelt und den Kampf der Arbeiterklasse um die Eroberung der politischen Macht leitet!
2. Durch welche Eigenschaften zeichnet sich ein Kommunist aus? Werten Sie dazu den Brief Ernst

sollte die staatstragende Ideologie in den Köpfen der nachwachsenden Generation verankern. Es sollte entscheidend dazu beitragen, die Menschen zu funktionierenden Mitgliedern des sozialistischen Staates zu qualifizieren. Das Fach hatte wie kein anderes die Funktion, die kommunistische Herrschaftsordnung zu stabilisieren. Eine eigenständige Auseinandersetzung mit der Politik, das Zeichen für *politische Mündigkeit*, hätte diese Funktionen in Frage gestellt und war deshalb im Konzept der Staatsbürgerkunde nicht vorgesehen.

Ganz besonders problematisch war die dem dichotomen Weltbild des Marxismus-Leninismus entsprechende Reduzierung der Politik auf das Freund-Feind-Denken. Aber nicht nur das Denkschema war fragwürdig. Außerordentlich nachdenklich muss stimmen, dass die Staatsbürgerkunde *politischen Hass* auf den als Imperialismus titulierten Feind erzeugen sollte.

Schließlich ist festzuhalten: Die in der DDR praktizierte Staatsbürgerkunde befand sich mit ihrer Forderung nach Parteilichkeit im unvereinbaren Gegensatz zu jeder Form aufgeklärter politischer Bildung.

10.3 Der politische Umbruch 1989

Im Juni 1989 sollte der IX. Pädagogische Kongress stattfinden. In der Deutschen Lehrerzeitung wurden die Bürger aufgefordert, sich mit Vorschlägen und Ideen zur „Qualifizierung der Bildungs- und Erziehungsarbeit" an der Vorbereitung des Kongresses zu beteiligen. Dieser Aufforderung folgten viele Menschen.

Die Verweigerung von Reformen

Über 400 Wortmeldungen wurden von der Antragskommission des Pädagogischen Kongresses angenommen. Kritische Anregungen, in denen eine grundlegende Erneuerung des Bildungssystems gefordert wurde, wurden jedoch unterschlagen. 250 Eingaben tauchten erst nach 1989 im Archiv des Ministeriums für Volksbildung auf. 50 davon waren mit dem Vermerk „MfS" versehen. Sie sollten also dem Ministerium für Staatssicherheit zur weiteren „Bearbeitung" übergeben werden.

Eine Analyse dieser Eingaben zeigte, dass es den Verfassern auf eine Entideologisierung des Bildungswesens ankam. Abgeschafft werden sollte auch der Zwang zur Teilnahme an der vormilitärischen Ausbildung, die die Voraussetzung für die Zulassung zu weiterführenden Bildungseinrichtungen war.

Eine Auseinandersetzung mit den angemahnten Reformen fand auf dem Kongress nicht statt. Eine Entideologisierung der Schule hätte das Ende des Konzepts der sozialistischen Persönlichkeitsbildung bedeutet. Volksbildungsministerin Margot Honecker erwähnte daher in ihrem Grundsatzreferat mit keinem Wort die vielfältig vorgebrachte Kritik. Der Grundtenor ihrer Ausführungen lautete, genauso weiterzumachen wie bisher. Der Staatsbürgerkunde wies sie dabei eine zentrale Rolle zu: „Das Fach Staatsbürgerkunde ist ein in seiner Bedeutung für die sozialistische Erziehung, für die Vermittlung unserer Ideologie durch nichts zu ersetzendes, unverzichtbares Fach ... und leistete ... immer schon einen großen Beitrag dazu, wissen-

---

Thälmanns aus!
3. Begründen Sie, warum die Imperialisten und ihre Massenmedien die ideologischen Angriffe auf die marxistisch-leninistischen Parteien verstärken!
4. Kennzeichnen Sie die objektive Grundlage des Bündnisses der Arbeiterklasse mit der werktätigen Bauernschaft!
5. Warum ist das Bündnis der Arbeiterklasse mit den anderen werktätigen Klassen und Schichten möglich und notwendig?
6. Warum ist die Bauernschaft der Hauptverbündete der Arbeiterklasse?"

schaftlich begründete Lebenspositionen herauszubilden, Lebensorientierungen zu vermitteln, klassenmäßig geprägte Einsichten in grundlegende gesellschaftliche, politische und ideologische Zusammenhänge zu gewinnen." Sie forderte die Lehrer auf, die Schüler von der „Wahrhaftigkeit und Lebendigkeit des wissenschaftlichen Sozialismus am Beispiel der revolutionären Praxis" zu überzeugen (zitiert nach Biskupek 2002, 21f.).

Die Krise der DDR war nach den Sommerferien 1989 in den Schulen unübersehbar. Viele Menschen hatten im Sommer die günstigen Fluchtmöglichkeiten in den Westen genutzt. In vielen Klassen fehlten Schüler und in vielen Lehrerkollegien Pädagogen. Die Lehrer, insbesondere die Staatsbürgerkundelehrer, waren verunsichert. Sie wussten auf die Fragen der Schüler nach der Ausreisewelle keine plausiblen Antworten. Sie schwankten zwischen Parteitreue und eigener Beurteilung der DDR-Realität.

Im Oktober 1989 nahm die Welle von Protesten und Demonstrationen in allen Teilen der DDR zu. Die Staats- und Parteiführung trat am 18. Oktober zurück. Zwei Tage später vollzog auch Volksbildungsministerin Margot Honecker diesen Schritt. Die Nachfolger beendeten die Medienzensur. Die bisher gleichgeschaltete Presse konnte sich der Reformdiskussion öffnen. Das Volksbildungsministerium erhielt eine Flut von Vorschlägen zur Änderung des Bildungswesens. Die Entideologisierung, die Entmilitarisierung und die Demokratisierung standen im Vordergrund der Forderungen.
Am 6. November 1989 wurde der Wehrunterricht eingestellt. Ebenso wurden die Inhalte des Staatsbürgerkundeunterrichts und Teile des Geschichts- und Geographielehrplans ausgesetzt. Damit hatte die Staatsbürgerkunde ihren Erziehungsauftrag verloren (Biskupek 2002, 23 f.).

Vorschläge für eine Neugestaltung der politischen Bildung

Im Ministerium für Volksbildung gingen von September 1989 bis Januar 1990 Hunderte von Briefen ein, die Ideen für eine Neugestaltung des Schulwesens und der politischen Bildung vortrugen. Viele dieser Schreiben enthielten Aussagen über die vom ideologischen Dogmatismus geprägte Wirklichkeit der bisherigen Staatsbürgerkunde.

So verfassten Lehrer einer Berliner Schule ein Positionspapier, in dem sie eine radikale Neuorientierung der Staatsbürgerkunde forderten: „Bereiche im Hinblick auf die Wissensaneignung sollten staatsbürgerliche Rechte und Pflichten, Inhalt der Verfassung, Zivil- und Familienrecht u. ä. sein. Dieses Fach muss dem Meinungsaustausch und Meinungsstreit dienen. Nur wirkliches Faktenwissen darf zensiert und bewertet werden ... Nie wieder dürfen Schüler in einen weltanschaulichen Zwangskonflikt geführt werden." Ähnliche Forderungen erhoben Lehrer einer Dresdener Schule: „Beseitigung der ideologischen Bevormundung und Manipulierung der Schüler. Staatsbürgerkunde soll Argumentationslehre, Gesetzeskunde und Erkennen von gesellschaftlichen Gesetzmäßigkeiten enthalten." Schüler einer siebten Klasse schrieben: „In Staatsbürgerkunde wollen wir nicht nur die guten Seiten des Sozialismus kennen lernen, sondern auch die schlechten Seiten des Sozialismus lernen."

Andere Schreiben enthielten Vorschläge für ein neues Fach anstelle der Staatsbürgerkunde. Eltern einer Schule in Finsterwalde forderten: „Streichung des Faches Staatsbürgerkunde, bis unter vollkommen anderem Lehrplan und Namen für unsere Kinder eine Art Lebenskunde entstanden ist." Schüler aus Schwerin verlangten: „Ebenfalls fordern wir die Einführung eines völlig neuen Faches: Sozialverhalten. Dieses Fach könnte ab dem 7. Schuljahr unterrichtet werden. Es soll sich mit dem Benehmen gegenüber anderen Menschen beschäftigen. ... Staatsbürgerkunde sollte nicht ganz wegfallen. Wir wollen, dass Wissen, keine Meinungen zensiert wird." Die Gewerkschaftsgruppe einer Schule ebenfalls aus Schwerin gab zu bedenken: „Vorschläge für neue Fächer: statt Staatsbürgerkunde ‚Staatserziehung'. ... Rechte und Pflichten eines Bürgers, Verfassungskenntnis, Umweltfragen usw., Familienerziehung, Ökologische Erziehung, Gesundheitserziehung als Inhalte in das Fach Staatserziehung einfließen lassen." Und eine Mutter aus Leipzig schrieb: „Abschaffung eines Faches Staatsbürgerkunde, stattdessen Einführung eines Faches Gesellschaftskunde, das beinhalten sollte: Philosophie, Psychologie, Religionen, Staatsformen, Vorbereitung auf Ehe, Familie."

Gemeinsam war den vielfältigen Anregungen, dass das neu zu etablierende Fach jeglichen Dogmatismus und Meinungsdruck zu vermeiden habe. Inhaltlich sollte es sich mit Gegenständen beschäftigen, die bisher unterdrückt worden waren, also mit Religion und nichtmarxistischer Philosophie, mit so grundlegenden Problemen wie Umwelt und Frieden, aber auch mit Fragen der praktischen Lebensbewältigung.

Während dieser Phase des gesellschaftlichen Umbruchs war der Einfluss des westdeutschen Bildungssystems unbedeutend. In den Zuschriften war keine Rede davon, *Politische Bildung*, *Sozialkunde* oder *Gemeinschaftskunde* als Fach einzuführen (Biskupek 2002, 48 ff.).

Das Ministerium für Bildung gab am 21. Februar 1990 die Anweisung, das Fach Staatsbürgerkunde in den Stundentafeln durch ein neues Fach mit dem Namen *Gesellschaftskunde* zu ersetzen. Wenig später, am 16. März 1990, wurden *Rahmenpläne für den Gesellschaftskundeunterricht (Erprobungsplan)* veröffentlicht. Diese sollten im Schuljahr 1990/91 verbindliche Arbeitsgrundlage des neuen Faches werden. Dazu kam es aber wegen der absehbaren deutschen Vereinigung nicht mehr. Die Rahmenpläne wiesen einen stark lebenskundlichen Akzent auf, was angesichts der öffentlich diskutierten Reformvorschläge sowie der unsicheren politischen Lage wenig verwunderlich war.

Die Übernahme politikdidaktischer Konzeptionen aus der alten Bundesrepublik erfolgte erst, nachdem sich 1990 auf dem Gebiet der DDR die Länder etabliert hatten. Der Grund hierfür lag darin, dass es in der DDR keine fundierten Debatten zu einer „anderen" politischen Bildung gegeben hatte. Es gab mithin keine Entwürfe, die man nun hätte frei- und umsetzen können (Sander 2004, 108 ff.).

Teil III:
Politische Bildung der Gegenwart

11. Aufgaben und Ziele der politischen Bildung

11.1 Politische Mündigkeit als oberstes Ziel der politischen Bildung

Im Begriff *Politikbewusstsein* bündeln sich in gewisser Weise alle Ziele der politischen Bildung. Zu diesen Zielen gehört es, das Interesse an Politik zu wecken, die Voraussetzungen für eine selbstständige politische Analyse- und Urteilsfähigkeit zu schaffen sowie eine Identifizierung mit den Werten der Menschenwürde und der Demokratie anzubahnen (Ackermann/Breit/Cremer/Massing/Weinbrenner 1994, 9).

Ein so beschaffenes Politikbewusstsein basiert auf einer Voraussetzung, deren Bedeutung kaum überschätzt werden kann. Die gemeinte Voraussetzung ist die *Mündigkeit* des Menschen. Die Mündigkeit des Menschen gilt in der Gegenwart unbestritten als das höchstrangige Erziehungs- und Bildungsziel der Schule. Alle weiteren Erziehungs- und Bildungsaufgaben müssen mit der Mündigkeit vereinbar sein. Man kann auch sagen, dass diese Aufgaben im Grunde nur Konkretisierungen oder Anwendungen der Mündigkeit sind.

Der Begriff der Mündigkeit

Mündigkeit ist ein komplexer Begriff. Ganz generell lässt sich sagen, dass die Mündigkeit mit der Fähigkeit zu selbstständiger Lebensführung identisch ist. Diese Fähigkeit schließt die Fähigkeit zum eigenverantwortlichen Tun sowie zum eigenständigen Urteilen und Entscheiden ein. Es versteht sich, dass sich aus diesen Eigenschaften für die Schule die Aufgabe ergibt, die Lernenden zu wachsender Selbstständigkeit und fortdauernder Entwicklung ihrer geistigen Kräfte zu führen. Die Schule muss folglich den Verstand der Lernenden schulen, sie zu selbstständigen Denkleistungen führen und auch ihre Kritikfähigkeit ausbilden. Mündigkeit verlangt darüber hinaus die Vermittlung eines Grundstocks an Wissen in den diversen Lebenssachbereichen. Schließlich gehört zur Mündigkeit die Bereitschaft, Verstand und Vernunft dem Gefühl überzuordnen.

Alles dies zusammen versetzt den mündigen Menschen in die Lage, neue Situationen vernünftig, d.h. reflexiv, zu bewältigen. Die Mündigkeit zeigt sich mithin als das Vermögen zum Gebrauch der eigenen Vernunft. Der Vernunftgebrauch entspricht dem anthropologischen Merkmal, dass der Mensch ein vernunftbegabtes Wesen ist. Der Vernunftbegabung verdankt es der Mensch, dass er das eigene Leben einer blinden heteronomen Bestimmung zu entreißen und selbst zu gestalten vermag. Die Vernunftbegabung ermöglicht es dem Menschen schließlich, Verantwortung mit dem Risiko zu übernehmen, sich in Übel und Schuld zu verstricken (Maier 1981, 40).

Das wohl berühmteste und wirkmächtigste Verständnis von Mündigkeit stammt von Immanuel Kant. Kant sah in der Förderung der Mündigkeit das Anliegen der Aufklärung. Er identifizierte die Mündigkeit weitgehend mit dem Selbstdenken: „Aufklärung ist der Ausgang des Menschen aus seiner selbst verschuldeten Unmündigkeit. Unmündigkeit ist das Unvermögen, sich seines Verstandes ohne Leitung eines anderen zu bedienen. ... Sapere aude! Habe Mut, dich deines eigenen Verstandes zu bedienen! ist also der Wahlspruch der Aufklärung." Kant hielt die Unmündigkeit für weit verbreitet. Er machte dafür Faulheit und Feigheit der Menschen verantwortlich. „Es ist so bequem, unmündig zu sein. ... Ich habe nicht nötig zu denken, wenn ich nur bezahlen kann; andere werden das verdrießliche Geschäft schon für mich übernehmen."[99]

---

[99] Immanuel Kant, Beantwortung der Frage: Was ist Aufklärung? Kant-Werkausgabe. Herausgegeben von Wilhelm Weischedel. Band XI. Frankfurt am Main 1978, S. 53.

Kant bezog das Selbstdenken und damit die Mündigkeit auf den sittlich autonomen Menschen. Damit meinte er einen Menschen, der nicht in gesetzlos-anarchischer Weise denkt und handelt, sondern dem vernünftigen Teil seines Willens, das heißt dem Sittengesetz, folgt. Der mündige Mensch wendet hiernach in praktischen Fragen den kategorischen Imperativ an. Er entscheidet sich mithin dafür, nur verallgemeinerungsfähige Maximen zur Grundlage seines Handelns zu machen.

Mündigkeit führt bei Kant folglich nicht zur Beliebigkeit des Handelns. Sein Konzept der Mündigkeit anerkennt eine sittliche Bindung. Mündigkeit verlangt nach Kant zwar die Beseitigung von äußerer Unfreiheit, erschöpft sich aber nicht hierin. Anders gesagt: Mündigkeit ist für Kant mehr als nur die Negation der den Willen determinierenden Faktoren. Die mündige Person sieht sich nämlich positiv aufgefordert, das Sittengesetz zur Richtschnur ihres Handelns zu machen.

Kant vertritt mithin ein gemäßigtes Mündigkeitsverständnis. Es gibt auch ein radikales Verständnis von Mündigkeit, welches keinerlei Bindung mehr anerkennt und den Menschen in die völlige Freiheit des Entscheidens und Handelns entlässt. Erziehungs- und Bildungsprozesse stehen in der ständigen Versuchung, diesem verlockenden, aber hoch problematischen Mündigkeitsbegriff nachzugeben.

Ein umfassender Mündigkeitsbegriff stammt von dem Erziehungswissenschaftler Heinrich Roth. Nach Roth weist der mündige oder auch reife Mensch im Wesentlichen folgende Merkmale auf: Er ist körperlich voll entwickelt. Seine geistig-sittliche Welt ist strukturiert und differenziert. Er hat einen bestimmten Charakter als inneren Halt, also eine Identität. Mit der Welt bildet er ein produktives Gleichgewicht. Das heißt: Er weiß um seine Fähigkeiten wie um seine Grenzen. Er hat zu sich selbst einen gewissen inneren Abstand erreicht, der es ihm ermöglicht, Dinge auch aus anderen Perspektiven zu betrachten. Ein Grundstock an Erkenntnissen, Fertigkeiten und Werthaltungen bildet die Basis für ein autonomes Verhalten zur Welt (Roth 1976, I 434 ff.).

Instruktiv sind Roths Ausführungen über die Barrieren, die ein Mensch auf dem Weg zur Mündigkeit überwinden muss. Roth nennt vier Barrieren. Die erste Barriere ist die eigene Natur: Der Mensch muss seine ursprüngliche Abhängigkeit von Instinkten und inneren Reizen überwinden und sie durch frei intendiertes Handeln ablösen. Die zweite Barriere liegt in der äußeren Natur, d.h. in den Sachen. Der Mensch muss die ihn betreffende Sachwelt meistern, damit er nicht von ihr beherrscht wird. Die dritte Barriere sind die Mitmenschen, die eine Berücksichtigung erfordern. Der Mensch muss bei seinem Handeln daher immer auch den sozialen Bezug im Auge haben. Er muss darüber hinaus das soziale Handeln zum politischen Handeln erweitern können. Die vierte Barriere besteht in den moralischen Prinzipien, die als Orientierungsanleitungen und Handlungsanweisungen für das individuelle, soziale und politische Handeln fungieren. Der Mensch muss sich von jenen humanen Prinzipien leiten lassen, welche die Menschheit im Laufe ihrer Kulturgeschichte entwickelt hat. Ein noch so fundiertes Selbst- und Weltverständnis bleibt ungenügend, wenn es moralisch blind ist (Roth 1976, II 385 ff.).

Bei Roth fungiert als Ziel aller Erziehungs- und Bildungsbemühungen die *moralisch-mündige Handlungsfähigkeit* des Individuums. Diese beruht auf zwei Voraussetzungen, nämlich auf der Selbstbestimmung und auf der Sittlichkeit. Das Individuum kann selbstbestimmt oder autonom handeln, wenn es Sachverstand (Sachkompetenz) und soziale Einsichtsfähigkeit (Sozialkompetenz) besitzt. Das Individuum handelt sittlich, wenn es den großen ethischen Prinzipien wie Freiheit, Gerechtigkeit und Brüderlichkeit nachzukommen versucht (Roth 1976, II 388 f.). Mündig ist also nicht derjenige Mensch, der sich einfach frei verhält. Mündig ist derjenige, der sich verantwortlich zu entscheiden und hiernach zu handeln vermag. Die

Mündigkeitsvorstellung Roths weist somit eine große Nähe zum gemäßigten Mündigkeitsverständnis Kants auf.

Der Stellenwert der politischen Mündigkeit in der Demokratie

Die Bedeutsamkeit des Zieles *Mündigkeit* für politische Bildungs- und Erziehungsprozesse ergibt sich aus dem Umstand, dass der demokratische Staat in nicht geringem Maße auf die Mündigkeit der in ihm vereinigten Bürger angewiesen ist. Mit dem Pathos der Kritischen Theorie postulierte Theodor W. Adorno in diesem Sinne: Eine Demokratie, „die nicht nur funktionieren, sondern ihrem Begriff gemäß arbeiten soll, verlangt mündige Menschen. Man kann sich verwirklichte Demokratie nur als Gesellschaft von Mündigen vorstellen. Wer innerhalb der Demokratie Erziehungsideale verficht, die gegen Mündigkeit, also gegen die selbstständige bewusste Entscheidung jedes einzelnen Menschen, gerichtet sind, der ist antidemokratisch, auch wenn er seine Wunschvorstellungen im formalen Rahmen der Demokratie propagiert" (Adorno 1970, 112).

Dass eine Erziehung hin zur Mündigkeit erforderlich ist, resultiert insbesondere aus zwei Charakteristika der Demokratie. Erstens: Die Demokratie basiert auf einer offenen Gesellschaft. Sie ist also geprägt von einer Vielzahl der Meinungen, von der Konkurrenz unterschiedlicher politischer Konzeptionen und von der Pluralität der Weltanschauungen. Zweitens: Die Demokratie erlaubt den Bürgern vielfältige Weisen der Teilnahme am politischen Prozess. Sie erlaubt ebenso die Kontrolle der Herrschaft durch die Bürger, wie sie vor allem im Wahlakt zum Ausdruck kommt.
Die offene Gesellschaft verlangt vom Bürger die kognitive Anstrengung, sich in der Fülle der Positionen und Auffassungen zu orientieren, kritisch abzuwägen, sich begründet zu entscheiden und sich dann gegebenenfalls mit anderen rational darüber auseinanderzusetzen. Ähnliches gilt für die diversen politischen Partizipationsmöglichkeiten. Sie fordern dem Bürger zusätzlich die Fähigkeit und die Bereitschaft zum politischen Engagement ab. Für den Wahlakt schließlich ist die Fähigkeit zum rationalen politischen Urteilen gefragt.

Für den Bestand der Demokratie gilt: Sie verträgt es nicht, wenn breite Volksschichten auf Dauer abseitsstehen. Sie verträgt es auch nicht, wenn das politische Wissen und die politische Urteilskraft der Bürger zu gering ausgeprägt sind. Der Anspruch der Demokratie, politische Mitwirkungsfreiheit zu gewähren, ist nur sinnvoll, wenn die Bürger dieser Freiheit in *politischer* Mündigkeit und Reife gegenüberstehen. Deshalb ist die Erziehung zur politischen Mündigkeit zwar nicht identisch mit der Erziehung zur Demokratie, aber doch ein wichtiger Beitrag dazu.
Die Entwicklung der politischen Mündigkeit entspricht aber nicht nur einem Erfordernis des demokratischen Systems. Sie ist auch vom Menschen her geboten. Denn die politische Mündigkeit entspricht dem abendländischen Menschenbild. Hiernach kommen dem Menschen aufgrund seiner Fähigkeit zu sittlicher Selbstbestimmung unabdingbare Würde, rechtliche Selbstverantwortung für die ihm zurechenbaren Handlungen und moralische Mitverantwortung für die von ihm beeinflussbaren gesellschaftlichen und politischen Verhältnisse zu.

Der Stellenwert der politischen Mündigkeit des Bürgers in der Demokratie zeigt sich besonders deutlich, wenn man politische Ordnungen zum Vergleich heranzieht, die ausdrücklich nicht auf den empirisch feststellbaren Willen des Volkes rekurrieren.[100] Hier bietet sich für

---

[100] Obwohl Kant nicht von der *politischen Mündigkeit* des Volkes sprach, lässt sich seinen diversen Äußerungen entnehmen, dass er diese, wenn nicht als gegeben, so doch als funktional erforderlich für die allein legitime republikanische (oder vaterländische) Regierungsform ansah.
So schrieb er: „Die gesetzgebende Gewalt kann nur dem vereinigten Willen des Volkes zukommen."

die jüngere Vergangenheit der Blick auf die nationalsozialistische Diktatur an. Das Dritte Reich bot der Mündigkeit des Einzelnen nicht den geringsten Raum. Vielmehr erhob es die vollständige Entmündigung der Person geradezu zum politischen Programm. Indem der „Führer" versprach, für jeden zu denken, zu entscheiden und zu handeln, leistete er der bequemen Abschiebung aller Verantwortung nach oben Vorschub. Es erstaunt nicht, dass der Erziehung im Dritten Reich nach dieser Vorgabe nichts an der Heranbildung mündiger, d.h. urteilsfähiger und kritischer Menschen gelegen war. Erziehungsziel war vielmehr der seiner Individualität beraubte und somit gleichgeschaltete Mensch. Dieser Mensch sollte zugleich gläubiger und fanatischer Parteigänger des Nationalsozialismus sein (Ebersold 1980, 110).

Man kann den Gegensatz zwischen freiheitlicher Demokratie und totalitärer Despotie gut mit den Begriffen Mündigkeit und Hörigkeit kennzeichnen. Mündigkeit zeichnet sich dadurch aus, dass Bürger frei und unbefangen das Gute und Schlechte, das Rechte und Unrechte erörtern und sich danach entscheiden. Hörigkeit ist eine geistlose und subalterne Art der Treue, die alles gutheißt, was die jeweilige Regierung getan hat und tut. Angesichts der Tatsache, dass der Mensch ein Vernunftvermögen besitzt, kann man Hörigkeit nur als ein pathologisches, also krankhaftes Verhalten bezeichnen (Sternberger 1980, 32).

Elemente der politischen Mündigkeit

Die politische Mündigkeit besteht aus spezifisch politischen Elementen. Dies muss so sein, denn sonst wäre sie mit der allgemeinmenschlichen Mündigkeit identisch. Es versteht sich außerdem, dass die politische Mündigkeit den Intentionen der übergeordneten allgemeinmenschlichen Mündigkeit nicht widersprechen darf.
Die politische Mündigkeit des Bürgers in der Demokratie setzt sich im Wesentlichen aus drei Qualitäten zusammen. Zunächst gehört zur politischen Mündigkeit ein Bestand an *politischem Wissen*. Mit diesem Wissen ist weniger ein vereinzeltes Faktenwissen als vielmehr ein konzeptuelles Deutungswissen gemeint, welches eine Orientierung im unübersichtlichen Feld der Politik erlaubt.
Dann ist das *politische Verantwortungsbewusstsein* ein Bestandteil der politischen Mündigkeit. Der Einzelne hat zwar im Regelfall keinerlei rechtliche Verantwortung für das Gedeihen des Gemeinwesens. Aber die politische Mündigkeit mutet ihm so etwas wie ein moralisches Verantwortungsbewusstsein zu. Dieses besteht darin, der Politik ein Mindestmaß an Aufmerksamkeit zu schenken, dabei intentional auf das Wohl des demokratischen Gemeinwesens bedacht zu sein sowie in politischen Dingen rational und nicht affektiv zu urteilen und zu handeln.

Kant begründete dies damit, dass nur der vereinigte und zugleich übereinstimmende Wille des Volkes in der Lage sei, niemandem Unrecht zu tun. Denn in diesem Willen beschließe jeder, was er über andere beschließe, auch über sich selbst. Niemand tue sich aber selbst willentlich Unrecht an. Mit diesen Bemerkungen gab Kant ein elementares Urteil über das politische Urteilsvermögen des Volkes ab. Vgl. Immanuel Kant, *Die Metaphysik der Sitten*. Kant-Werkausgabe. Herausgegeben von Wilhelm Weischedel. Band VIII. Frankfurt am Main 1977, S. 432.
An anderer Stelle unterzog Kant die sogenannte väterliche Regierung einer ätzenden Kritik, da sie die Mündigkeit des Volkes mit Füßen trete. Diese Regierung, „wo also die Untertanen als unmündige Kinder, die nicht unterscheiden können, was ihnen wahrhaftig nützlich oder schädlich ist, sich bloß passiv zu verhalten genötigt sind, um, wie sie glücklich sein sollen, bloß von dem Urteile des Staatsoberhaupts, und, dass dieser es auch wolle, bloß von seiner Gütigkeit zu erwarten: ist der größte denkbare Despotismus (Verfassung, die alle Freiheit der Untertanen, die alsdann gar keine Rechte haben, aufhebt)." Immanuel Kant, *Über den Gemeinspruch: Das mag in der Theorie richtig sein, taugt aber nicht für die Praxis*. Kant-Werkausgabe. Herausgegeben von Wilhelm Weischedel. Band XI. Frankfurt am Main 1978, S. 145 f.

Schließlich bilden *Partizipation* und *Engagement* einen Bestandteil der politischen Mündigkeit. Mündigkeit liegt aber nicht erst dann vor, wenn ein Maximum an politischem Engagement und politischer Partizipation praktiziert wird. Denn dies käme einem Zwang zur Aktivität gleich, was mit der die Mündigkeit ausmachenden Selbstständigkeit des Denkens und Handelns nicht vereinbar wäre. Politische Mündigkeit ist daher bereits dann gegeben, wenn der Einzelne weiß, wie er gegebenenfalls politisch aktiv werden kann, und wenn er imstande ist abzuschätzen, welche Anstrengungen dabei auf ihn zukommen und welche Erfolgsaussichten sein Engagement hat.

Die Erziehungs- und Bildungsaufgabe *politische Mündigkeit* muss mit den Bedingungen der *freiheitlichen Demokratie* kompatibel sein. Diese Demokratie zeichnet sich durch ein hohes Maß an Freiheit und einen weitgehenden Verzicht auf Festlegungen aus. Sie schreibt den Menschen also nicht vor, wie sie leben sollen. Es gehört zur Freiheit der Bürger in der Demokratie und ist Ausdruck ihrer Mündigkeit, selbst zu bestimmen, wie sie ihr Leben gestalten wollen. Sie müssen lediglich die Rechte anderer respektieren und sich an die Gesetze halten. Die politische Bildung muss sich deshalb zurückhalten, ein fest umrissenes Bürgerleitbild vorzugeben, auf das hin Lernprozesse anzulegen sind. Denn in der Demokratie gibt es eine Mehrzahl legitimer Bürgerrollen (Sander 2001, 39).

Zwar muss die politische Bildung auf eine Verankerung der politischen Mündigkeit im Bewusstsein der Menschen hinwirken. Politische Mündigkeit impliziert aber nicht gleichförmiges politisches Verhalten. Die politische Bildung kann folglich die politische Mündigkeit fördern und zugleich die Menschen darin unterstützen, für sich die je eigene Bürgerrolle zu finden. Die politische Bildung darf sich diese aus dem Freiheitsprinzip folgende Zurückhaltung auch deshalb leisten, weil die Demokratie es durchaus erträgt, wenn Menschen sich dazu entscheiden, sich politisch wenig oder sogar überhaupt nicht zu engagieren.[101]

Die Zurückhaltung auf der Basis des demokratischen Freiheitsprinzips hat einen weiteren Effekt: Sie bewirkt, dass die politische Bildung sich nicht als Anleitung für – möglicherweise einseitiges – politisches Handeln verstehen darf. Denn sie kann nicht vorweg wissen, ob und mit welchen Zielen die Lernenden politisch handeln wollen. Die politische Bildung muss deshalb eine gewisse Distanz zur praktischen Politik wahren. Worauf sie aber Wert legen muss, ist die Förderung kritischer Reflexivität und selbstständigen politischen Urteilens (Sander 1988, 19 f.).

11.2 Exkurs: Konkurrierende Bürgerleitbilder in der politischen Bildung

Hinsichtlich der Intensität der einzelnen Elemente politischer Mündigkeit und damit hinsichtlich der Frage, über welche Qualitäten der demokratische Bürger verfügen muss, gab es im Laufe der Zeit unterschiedliche Antworten.

Besonders verführerisch war für viele die Vorstellung des Bürgers als eines selbstständigen politischen Alleskönners, der aufgeschlossen, interessiert, informiert, rational denkend, moralisch gefestigt und aktiv-partizipatorisch handelt sowie entscheidungs- und problemlösungsfähig ist (Himmelmann 1996, 82). In der Absicht, dieses Idealbild des Bürgers zu ironisieren, wurde die folgende Suchanzeige aufgegeben: „Gesucht: der autonome, sachbezogen motivierte, interessierte, produktive, risikobereite, unabhängige, kreative, kritische, rationale, handlungsbereite, sich selbst bestimmende und selbst aktivierende Bürger" (Behrmann 1979, 19).

---

[101] Es ist die Frage, ob man trotz des zweifellos wichtigen Freiheitsmomentes gut beraten ist, die politische Bildung sinnkonstituierend als Anstiftung zur Freiheit zu begreifen, wie es Wolfgang Sander (2001, 42) tut. Im Begriff der Freiheit schwingt immer das Moment der Beliebigkeit mit.

Das enthusiastisch-idealistische Bürgerleitbild der politischen Pädagogik

Nicht Politikwissenschaftler und auch nicht Didaktiker der politischen Bildung, sondern geisteswissenschaftlich ausgerichtete Pädagogen bestimmten in den fünfziger und sechziger Jahren des 20. Jahrhunderts die Diskussion über das angemessene Bürgerleitbild in der politischen Bildung. Das von ihnen konstruierte Bürgerleitbild trug *enthusiastisch-idealistische* Züge, ging es doch von einer faktisch unbegrenzten Bereitschaft des Einzelnen zum politischen Engagement aus.

Fritz Borinski wünschte sich den jungen Menschen als „aktiven Träger und Mitarbeiter des freien Volksstaates". Anzustreben sei zu diesem Zweck das Ethos des *demokratischen Mitbürgers*. Darunter verstand Borinski das Ethos eines freien, gleichen und brüderlichen Verhaltens. Die Freiheit manifestiere sich im Bewusstsein der Verpflichtung zur eigenverantwortlichen Mitarbeit am öffentlichen Leben. Gleichheit bedeute konkret Selbstbewusstsein im Umgang mit Behörden. Brüderlichkeit meine gegenseitige Hilfe, Nächstenliebe, Kameradschaft und Solidarität (Borinski 1954, 57 f., 71 f.).[102]

Erich Weniger teilte der politischen Bildung und Erziehung zwei Aufgaben zu. Zum einen sollte sie der Erziehung von jedermann zur unmittelbaren und aktiven Teilnahme am politischen Geschehen und an der politischen Verantwortung dienen: „Jeder in unserem Volk soll nach dem Gesetz, das wir uns jetzt gegeben haben, politisch mündig und instand gesetzt werden, als reifer Mensch seinen Anteil an der politischen Aufgabe zu übernehmen, er soll Vollbürger unseres Staates, ein lebendiges Glied unseres Volkes werden." Weniger nannte dies die *politische und staatsbürgerliche Erziehung im engeren Sinn*. Zum anderen sollte es bei der politischen Erziehung um *Funktionärsschulung* gehen, die notwendig sei, weil die meisten eine Mitverantwortung in engeren Kreisen, so in den politischen Gruppen und Jugendgruppen, in den Gewerkschaften und Berufsverbänden, erwarte (Weniger 1963, 20 f.).

Mit noch mehr Pathos als Weniger formulierte Heinrich Newe Anfang der sechziger Jahre sein Bürgerleitbild. Die Demokratie verlange „einsichtige, sachkundige, urteilsfähige und verantwortungsbewusste Menschen, die außerdem gutwillig, anpassungsfähig und diszipliniert" seien. Weiterhin werde vom Bürger gefordert, „sich einzufügen, Opfer zu bringen, selbstlos zu dienen, Gruppen- und Parteiinteressen zu überwinden, sich fair und rücksichtsvoll, geduldig und nachsichtig zu verhalten und mit anderen zusammenzuarbeiten." Er müsse außerdem den Willen zum vernünftigen Gespräch, zum Ausgleich und Kompromiss besitzen (Newe 1961, 18). Andererseits verlangte Newe vom Bürger, in der gesellschaftlichen, politischen und wirtschaftlichen Welt verantwortlich und „freudig mitzuwirken und sich notfalls kämpferisch zu behaupten." Er solle sich entscheidungswillig und tätig der Gegenwart und Zukunft zuwenden (Newe 1963, 16).[103]

---

[102] Das von Borinski erwähnte Erziehungsziel des demokratischen Mitbürgers weist auf eine Kontroverse innerhalb der politischen Pädagogik bezüglich der anzustrebenden Bürgerqualität hin, die bis in die Gegenwart nachwirkt. Diese Anfang der fünfziger Jahre ablaufende Kontroverse kreiste um die Frage, ob in erster Linie der sozial eingestellte *Mitbürger* oder aber der politisch sachkundige *Staatsbürger* anzustreben sei, ob also Tugenden des sozialen Zusammenlebens oder aber politische Grundkenntnisse und Tugenden der politischen Beteiligung zu fördern seien. Die beiden maßgeblichen Kontrahenten waren die Pädagogen Theodor Wilhelm, der sich hinter dem Pseudonym Friedrich Oetinger verbarg, und Theodor Litt. In Eduard Spranger und Erich Weniger fand Litt Verbündete.

[103] Es gab nur wenige Stimmen, die skeptisch fragten, ob der Bürger die an ihn gestellten Anforderungen auch wirklich erfüllen könne. Zu diesen Stimmen gehörte Walter Weymann-Weyhe. Da er aber die hohen Anforderungen für berechtigt hielt, stellte er zugleich auch die Demokratie in Frage: „In jedem Falle wird es sich aber nun darum handeln, dass das Volk, wenn es die Rechte der demokratischen Freiheit für sich fordert, auch wirklich befähigt ist, in allen politischen Fragen mitzureden. Das ist eine

Wie erklärt sich die Faszinationskraft des enthusiastisch-idealistischen Bürgerleitbildes auf die politischen Pädagogen? Denkbar wäre, dass ihnen als humanistisch gebildeten Personen das antike Athen als großes abendländisches Vorbild vorschwebte. Dort war erstmals in großem Umfang eine politische Erziehung im Rahmen einer demokratischen Ordnung entstanden. Denn die Polis setzte voraus, dass jeder freie Bürger in dem Umfange allseitig gebildet war, dass er in öffentlichen Dingen sinnvoll mitreden und auch ein öffentliches Amt übernehmen konnte.

Die Praxis des sich umfassend an der Politik beteiligenden Bürgers kann somit auf eine ehrwürdige Tradition zurückblicken. Der erste Theoretiker des politischen Bürgers war daher auch der Athener Aristoteles. Von ihm stammt die Vorstellung, dass der Staat – die Polis – eine geordnete Gemeinschaft von Bürgern darstellt und ein Bürger derjenige ist, der an den Regierungsgeschäften seiner Polis teilnimmt.[104] Schon bei Aristoteles findet sich also die Idee, dass der eigentliche Gehalt des Bürgerseins in politischer Partizipation besteht.

Aber nicht nur Aristoteles, auch Jean-Jacques Rousseau favorisierte die Idee eines vom Gemeinsinn geprägten Bürgers. Rousseau verstand die Tugend des Bürgers als Habitus, das Wohl des Gemeinwesens höher zu schätzen als die je eigenen Interessen. Der auf diese Weise als tugendhaft bestimmte Einzelne ist in seinem politischen Wollen am Gemeinwohl und an öffentlicher Verantwortung orientiert. Er identifiziert sich mit dem Gemeinwesen als seiner *Res publica*. Der Status des Bürgers definiert sich folglich in erster Linie von den politischen Teilnahmerechten her. Die Bürgerschaft begreift sich als sittlicher Lebenszusammenhang freier und gleicher Rechtsgenossen. Diese Sichtweise, der auch die politische Pädagogik folgte, ist am besten als *Republikanismus* zu bezeichnen (Detjen 1999, 11).

Man kann der politischen Pädagogik zugute halten, dass sie – wie übrigens die meisten Lehrpläne und Richtlinien der fünfziger und sechziger Jahre – einem naiven Optimismus hinsichtlich der zu erreichenden Ziele folgte und dass sie sich außerdem nicht in einer sozialwissenschaftlich zureichenden Sprache ausdrücken konnte. Man wird der politischen Pädagogik auch einen entschiedenen Willen zur Etablierung der Demokratie zubilligen können. Dennoch muss man darauf bestehen, dass die politische Bildung sich von einer nüchternen Beurteilung ihrer Wirkungsmöglichkeiten leiten lassen muss und auf keinen Fall eine realitätsferne demokratische Ideologie verkünden darf (Ellwein 1955, 277). Genau diesen Fehler machte aber die politische Pädagogik.

So betrieb sie mit der Forderung nach *verantwortlichem Handeln* eine Art demokratischen Aktivitätskult: Der Bürger sollte umfassend für das Gedeihen des Gemeinwesens verantwortlich sein. Der Bürger wurde aber bei den entscheidenden Fragen im Stich gelassen, wo er Verantwortung übernehmen oder verantwortlich handeln konnte und wie er es tun sollte. Da auch keine Instanz genannt wurde, der gegenüber der Bürger sich zu verantworten hatte, blieb die Verantwortlichkeit imaginär und reduzierte sich auf ein irgendwie dem Mitmenschen und dem Gemeinwesen geschuldetes Verhalten. Im Grunde war die von der politischen Pädagogik geforderte Erziehung zur Verantwortung nicht mehr als ein Schlagwort.

Die freiheitliche Demokratie sieht eine rechtliche Verantwortung des Bürgers für das Wohl des Gemeinwesens nicht vor. Will man dennoch am Verantwortungsbegriff im Sinne von Zuständigkeit oder rechtlicher Kompetenz festhalten, reduziert sich die Verantwortung für den Bürger auf Wahlen und Abstimmungen. Wofür auch immer er sich dabei entscheidet, es gilt, dass er für seine Optionen nicht zur Rechenschaft gezogen werden kann. Die von der

---

notwendige Voraussetzung, und in ihr hat von jeher die Fragwürdigkeit der demokratischen Verfassung bestanden" (Weymann-Weyhe 1954, 343).

[104] Aristoteles, *Politik*, Drittes Buch, 1275 a.

politischen Pädagogik vorgetragene Auffassung, dass der Bürger Verantwortung für den Staat trage, beruht bei genauerem Hinsehen nur auf symbolischer Zurechnung. Das Volk als Gesamtheit der Bürger ist in der repräsentativen Demokratie weit eher Referenz- als Handlungssubjekt.

Die Verfassung der freiheitlichen Demokratie gewährleistet in erster Linie Freiheit. Sie erzwingt nur ein Minimum an Tugend. Sie basiert auf dem Grundgedanken der Trennung von Legalität und Moralität. Diese Trennung ermöglicht es dem Bürger, im Rahmen der allgemeinen Gesetze sein Leben nach eigener Fasson zu gestalten. Die Verfassung mutet ihm die Preisgabe seiner Eigeninteressen nicht zu. Zugespitzt könnte man sogar formulieren, dass die in der Verfassung kodifizierten Grundrechte geradezu den Egoismus legitimieren. Offensichtlich bildet nicht der Republikanismus die geistige Folie der Verfassung. Es ist eher der Liberalismus mit seiner Annahme, dass die Freiheit Leistungsenergien zu mobilisieren vermag, die den objektiven Effekt einer Gemeinwohlförderung haben (Isensee 1991, 67 f.).

Ähnliche Vorbehalte wie gegen die Rede von der Verantwortung ergeben sich auch gegen die Forderung der politischen Pädagogik, der Bürger müsse um der Demokratie, aber auch um seiner selbst willen aktiv am politischen Geschehen *partizipieren*. Ganz generell ist hierzu zu sagen, dass es nicht automatisch um eine Demokratie umso besser steht, je mehr Bürger sich beteiligen. Eine hohe Wahlbeteiligung ist nicht unbedingt ein sicheres Indiz für demokratische Stabilität und Bürgersinn.

Die Verfassung der repräsentativen Demokratie gewährt zwar Partizipationsmöglichkeiten, aber sie setzt unausgesprochen nur einen mittleren Grad bei der Beteiligung der Bürger voraus: Eine zu geringe Beteiligung steht für Friedhofsruhe, eine zu intensive Beteiligung für eine dem Durchschnittsmenschen nicht eigentümliche politische Hyperaktivität.[105] So geht das Grundgesetz von einem Bürgerbild aus, in dem als *ein* Element der partizipatorisch aktive Bürger aufgehoben ist, in dem aber auch das Moment der privaten Freiheit und damit der Passivität enthalten ist. Grundsätzlich kann ja eine Verfassung nicht einfach nur auf den aktiven Bürger setzen, sie muss auch mit dem passiven rechnen. Das bedeutet, dass die Verfassung die Funktions- und Handlungsfähigkeit des Staates selbst dann sicherstellen muss, wenn die Bürger ihm keine partizipatorische Aufmerksamkeit schenken. Dieses Erfordernis wird vom Grundgesetz erfüllt. Es hat dafür Sorge getragen, dass die Verfassungsorgane weithin abgekoppelt vom Engagement der Bürger agieren können.

Der politische Aktivist als Leitbild der emanzipatorischen politischen Bildung

In den siebziger Jahren des 20. Jahrhunderts dominierte in der Diskussion um die politische Bildung für etwa zehn Jahre das Bürgerleitbild der *emanzipatorischen politischen Bildung*. Es wies einerseits eine Gemeinsamkeit mit dem Leitbild der politischen Pädagogik auf, unterschied sich andererseits aber auch radikal von diesem. Die von der Kritischen Theorie herkommende politische Bildung erklärte Kritik an der als ungerecht empfundenen Herrschaft im Namen der Emanzipation der Menschen zur zentralen Bildungsaufgabe. Politische Bildung müsse Partei ergreifen und könne deshalb nicht neutral sein. Sie ziele ein kritisches politi-

---

[105] „Es gehört zu den staatspädagogischen Stereotypen der politischen Volksbildner, jedermann sei moralisch verpflichtet, sich über die Teilnahme an Wahlen hinaus politisch zu engagieren. Würde das gemeinplätzige Programm einmal realisiert, so bräche das politische System der Bundesrepublik in der levée en masse zusammen. Es lebt davon, dass sich die Bürger ihren Neigungen und Fähigkeiten gemäß differenziert in verschiedenen Lebensbereichen engagieren. Der freiheitlichen Demokratie ist im übrigen die Idee eines rechtlichen oder moralischen Primats des Politischen über die anderen Lebensbereiche, etwa über die Arbeitswelt, fremd" (Isensee 1991, 75 f.).

sches Bewusstsein an, das mit einer Praxis korrespondiere, welche konkret politische Beteiligung zwecks Änderung der gesellschaftlich-politischen Ordnung bedeute (Mollenhauer 1968, 151, 159). Es ging dieser Bildungsrichtung also darum, die Heranwachsenden zur *politischen Aktivität* zu führen – hierin lag die Gemeinsamkeit mit dem Selbstverständnis der politischen Pädagogik –, aber dies sollte in gesellschaftskritischer Absicht geschehen.

Die Vertreter der emanzipatorischen politischen Bildung warfen der politischen Pädagogik vor, als Bildungsziel zwar die Anteilnahme am öffentlichen Leben zu postulieren, aber diese Teilnahme auf das *Mitmachen* in den bestehenden Organisationen und Institutionen zu beschränken. Eine solche Teilnahme, welche die Respektierung der gegebenen Grenzen politischer Verhaltensweisen beinhalte, könne aber nicht zu einem reflektierten Bewusstsein und zu einem kritischen Engagement führen. Der dauernde Appell an Verantwortung sei in Wirklichkeit die Aufforderung, die etablierten Mächte nicht zur Diskussion zu stellen und deren Interessen zu dienen. Faktisch, so das resümierende Urteil über die politische Pädagogik, habe diese die „demokratisch frisierte" Eingliederung der Menschen in das „Establishment" zum Ziel (Giesecke 1968b, 278, 283; Schmiederer 1971, 44 ff.).

Die dagegen in Stellung gebrachte emanzipatorische Bildung sollte kritisch sein gegenüber allem, „was Herrschaft ist". Daher verstand sie sich eher als Erziehung zum Ungehorsam denn zum Gehorsam. Sie intendierte die Aufhebung von Herrschaft, die sie mit Demokratisierung, d.h. plebiszitärer Ausweitung, und mit Emanzipation, d.h. der Erweiterung der Freiheit des Menschen, identifizierte. Emanzipation wiederum setzte sie gleich mit dem mündigen, autonomen Menschen, d.h. mit einem Menschen, der als Subjekt die Entwicklung der Gesellschaft selbst in die Hand nimmt. Deswegen lauteten die Schlagworte der emanzipatorischen politischen Bildung *Selbstbestimmung* und *Selbstverwirklichung*.[106]

Das hinter dieser politischen Bildung stehende Leitbild war bestimmt von der Vorstellung eines Bürgers, der sich im Sinne des Fortschrittes der Gesellschaft für die Emanzipation engagierte. *Engagement* wurde verstanden als Aktion. Der Bürger sollte aktiv werden. Deshalb sollten die Unterrichtsgegenstände für spätere Handlungssituationen brauchbar sein (Giesecke 1972, 145). Als Kriterium erfolgreichen Politikunterrichts galt, dass aus dem Gelernten praktisches Handeln entstehe (Schmiederer 1971, 54).

Die Kritik dieses von den Anhängern der emanzipatorischen Bildung leidenschaftlich verfochtenen Leitbildes fällt ähnlich aus wie bei der politischen Pädagogik. Es wurde nämlich wiederum ein politischer Aktivbürger, wenn diesmal auch mit gesellschaftsverändernder Attitüde, unterstellt. Hinzu kam, dass den zukünftigen Bürgern nicht zugestanden wurde, selbst zu eigenen politischen Positionen zu gelangen. In der Gewissheit, im Besitz einer zutreffenden Diagnose gesellschaftlicher Herrschaftsverhältnisse zu sein, und im Bewusstsein, die richtige politische Überzeugung zu haben, kam der emanzipatorischen politischen Bildung gar nicht in den Sinn, dass man auch zu anderen politischen Schlüssen gelangen könnte.

Da aber die Freiheit des politischen Urteilens das Minimum an politischer Autonomie in einer Demokratie darstellt, erwies sich das Bürgerleitbild dieser politischen Bildung trotz der nachdrücklichen Betonung von Emanzipation und Selbstbestimmung als heteronom bestimmt. Es

---

[106] Als Beispiel für die Denkweise der emanzipatorischen politischen Bildung kann die Argumentation des Didaktikers Ernst-August Roloff dienen. Roloff deduzierte aus Artikel 1 GG (Würde des Menschen) die Norm, dass Herrschaft abgebaut werden müsse, da Herrschaft Fremdbestimmung sei. Die radikale Inanspruchnahme der Grundrechte führe zu einer institutionellen Ausweitung der Mitentscheidung des Volkes. Dadurch entstehe eine Staatsgewalt, die nicht lediglich vom Volke ausgehe, sondern von ihm selbst ausgeübt werde. Demokratie bedeute nämlich, dass der Staat von Menschen getragen werde, die fähig seien, selbst zu entscheiden (Roloff 1974, 1/152, 2/25, 2/28).

stellte gegenüber dem Leitbild der politischen Pädagogik keinen Fortschritt, sondern einen Rückschritt dar.

Das differenzierend-realistische Bürgerleitbild der gegenwärtigen politischen Bildung

Nach dem Abebben der emanzipatorischen Welle kamen in der politischen Bildung zunehmend Stimmen zu Wort, die ein Bürgerleitbild zu etablieren suchten, das mit den wirklichen Verhaltensweisen des Durchschnittsbürgers ebenso übereinstimmt wie mit den Erwartungen der Verfassung an den Bürger. Die meisten politischen Bildner der Gegenwart gehen ausgesprochen oder unausgesprochen von diesem Leitbild aus, das sich aus mehreren Gründen am besten als *differenzierend-realistisch* bezeichnen lässt.

Das Leitbild ist *differenzierend*, weil es die Bürger nicht über einen Kamm schert und nicht von allen das gleiche Maß an politischer Aktivität verlangt. Es ist *realistisch*, weil es in dreifacher Weise die Gegebenheiten der Gegenwart berücksichtigt: Es nimmt erstens zur Kenntnis, dass Politik nicht für jeden Bürger eine wichtige Angelegenheit darstellt. Es berücksichtigt zweitens die kognitiven Qualitäten, insbesondere die politische Urteilsfähigkeit, des Normalbürgers. Es legt drittens die Funktionsweise einer repräsentativen Demokratie zugrunde und beschreibt Verhaltensrollen der Bürger, die dieser Demokratie angemessen sind.

Das Leitbild geht davon aus, dass sich im Verhältnis zum politischen Engagement verschiedene Bürgertypen feststellen lassen und dass dieser Sachverhalt dauerhaft ist, sich also weder durch Appelle noch durch Erziehungsmaßnahmen ändern lassen wird. Unter Inkaufnahme einer gewissen Abstrahierung von der vielgestaltigen Wirklichkeit gibt es vier Typen von Bürgern: Erstens politisch völlig desinteressierte Personen, zweitens begrenzt interessierte, aber ansonsten passive Zeitgenossen, drittens zur gelegentlichen politischen Aktivität bereite Bürger und schließlich viertens hochinteressierte, von der demokratischen Ordnung zutiefst überzeugte und zum politischen Dauerengagement bereite und befähigte Aktivbürger. Diese Auflistung der Bürgertypen zeigt, dass die Demokratie den politischen Aktivbürger, der sich ständig um die Angelegenheiten des Gemeinwesens kümmert, nicht als Regelfall annehmen kann.[107]

Es gibt respektable Gründe dafür, dass die meisten Menschen nur mäßig an der Politik teilnehmen. Die von der Soziologie entwickelte Rollentheorie kann verdeutlichen, warum viele Bürger politisch passiv bleiben: Jedes Individuum muss in einer Leistungs- und Industriegesellschaft sehr unterschiedliche Rollen wahrnehmen und entsprechende Erwartungen erfüllen. Es ist gefordert als Ehepartner, als Familienmitglied, als Mitglied eines Freundeskreises, einer Nachbarschaft oder eines Vereins. Der Einzelne muss dann noch seine Berufsrolle und die Rolle als Konsument erfüllen. Angesichts dieser Fülle von Rollenerwartungen wundert es

---

[107] Selbst in den über eine lange Demokratietradition verfügenden Vereinigten Staaten genügen die meisten Bürger nicht den hehren Ansprüchen republikanischen Verhaltens. Dort unterscheidet man den *öffentlichen Bürger* (*public citizen*) vom *privaten Bürger* (*private citizen*) und beide vom *perfekten Privatier* (*perfect privatist*). Ersterer ist identisch mit dem Aktivbürger, letzterer ist nichts anderes als der an Politik nicht Interessierte. Die meisten Amerikaner sehen sich einerseits nicht ständig in einer Pflicht zu Aktivitäten dem Gemeinwesen gegenüber. Sie wollen andererseits aber ihre Bürgerrechte gewahrt wissen und zeigen sich durchaus interessiert an den öffentlichen Angelegenheiten. Sie lesen daher Zeitung, verfolgen im Fernsehen die politischen Ereignisse, gehen wählen und sind Mitglied in der einen oder anderen Freiwilligenorganisation. Bei diesem Engagement lassen sie es aber bewenden (Wendt 1996, 52). Dieser Grad der politischen Beteiligung ist kennzeichnend für die Figur des *privaten Bürgers*.

nicht, dass die meisten Menschen ihre Rolle als Staatsbürger zurückhaltend wahrnehmen und Partizipationschancen nur sporadisch nutzen.

Aber selbst wenn von Seiten des Einzelnen Partizipationsbereitschaft eingebracht wird, ist in Betracht zu ziehen, dass dieser Einzelne der großen Zahl in der Regel komplizierter politischer Entscheidungsmaterien nur sehr begrenzte Aufnahme- und Verarbeitungskapazitäten entgegensetzen kann. So muss schon derjenige, der sich lediglich in einer überregionalen Tageszeitung gründlich über die aktuellen politischen, wirtschaftlichen und kulturellen Ereignisse informieren will, täglich etwa 50.000 Wörter aufnehmen. Dabei ist dieser Leser noch nicht über die Lokalpolitik informiert. Da die gründlichere Befassung mit einem Thema zumeist auch die Lektüre von Büchern erfordert, könnte der politisch interessierte Bürger einen großen Teil des Tages nur auf die Informationsaufnahme und Informationsverarbeitung verwenden. Eigentlich müsste er sich zudem noch vergewissern, dass er auch objektiv informiert wird. Er müsste also gegebenenfalls die Berichterstattung mehrerer Tageszeitungen miteinander vergleichen. Offensichtlich ist nicht möglich, was hier gefordert wird. Der Umfang der vorhandenen Informationen lässt sich individuell nicht mehr bewältigen und verarbeiten. Die Erwartung, der Einzelne könne auf der Basis umfassender Informationen sich rational am politischen Geschehen beteiligen, ist daher nicht haltbar (Behrmann 1978, 162).

Hinzu kommt, dass es in vielen Fällen eher rational ist, sich politisch nicht zu engagieren und zu organisieren. Denn die Kosten für Organisation, Information, Verständigung und Konsensbildung sind hoch, der Ertrag dagegen unsicher und gering. Dass dies so ist, ergibt sich aus der einfachen Überlegung, dass der Bürger Zeit, Energie und Sachverstand zur Verfügung stellen muss, wenn er politisch partizipiert. Jede politische Partizipation bedeutet nämlich ein Opfer an sonst freier Zeit, erfordert Motivation und Einsatzbereitschaft und verlangt einen erheblichen Grad an Informiertheit über das anstehende Sachproblem sowie über die Instanzen und Verfahrensweisen. Die persönlich-biographischen Kosten, Mühen und Belastungen, die zu überwindenden Widerstände sowie die möglicherweise begrenzten Folgewirkungen eines politischen Engagements lassen den politisch aktiven Bürger, der dies alles in Kauf nimmt, fast als heroische Ausnahmefigur erscheinen (Himmelmann 1996, 84 f.).

In diesem Zusammenhang stellt sich die grundsätzliche Frage, unter welchen Bedingungen Individuen überhaupt zur Wahrnehmung von Partizipation bereit sind. Es spricht viel für die Annahme, dass eine Person umso mehr zu politischer Partizipation neigt, je höher sie den Einfluss der Politik auf ihr Leben einschätzt, je positiver sie ihre politische Urteilsfähigkeit und ihre Einflusschancen bewertet, je stärker die Partizipation in ihrem sozialen Umfeld als Norm gilt, je mehr sie von ihrer politischen Umgebung in eine politische Richtung gedrängt wird, je positiver sie die politische Ordnung bewertet und je höher ihre Bildung, ihr Einkommen und ihr Berufsstatus sind (Behrmann 1974, 309).

Diese sehr allgemeinen Voraussetzungen müssen sicherlich erfüllt werden. Vermutlich muss aber noch mehr hinzukommen, wenn eine vorhandene Disposition in eine konkrete partizipatorische Aktivität umschlagen soll, die über die Teilnahme an Wahlen hinausgeht. Empirische Analysen haben zu folgendem Set von zusätzlichen Bedingungsfaktoren geführt: Erstens: Es muss ein konkreter *Ich-Bezug* hergestellt werden können. Es müssen also konkrete Betroffenheit und dringliche Bedeutsamkeit vorliegen. Zweitens: Es muss ein *Sozial-Bezug* hergestellt werden können. Das heißt, es muss die Möglichkeit von Diskussion und Handeln in Gruppen bestehen, zumindest muss die Gründung einer Gruppe Gleichgesinnter in Aussicht stehen. Drittens: Es muss eine *Erfolgsaussicht* gegeben sein. Genauer: Die Unerträglichkeit einer Situation und die Dringlichkeit ihrer Änderung müssen so in Relation zur Erwartung eines möglichen Erfolges stehen, dass sich Kosten und Nutzen in einem angemessenen Verhältnis befinden (Himmelmann 1999, 155). Partizipation, so könnte resümierend festgehalten werden, versteht sich ganz offensichtlich nicht von selbst. Sie bedarf auf jeden Fall einer starken Motivation.

Vielleicht ist ein hohes Maß an aktiver Partizipation bei kritischer Betrachtung des Denkens und Verhaltens des Normalbürgers gar nicht besonders wünschenswert. Es gibt jedenfalls genügend wissenschaftlich fundierte Stimmen, die dem politischen Alltagsbewusstsein und -verhalten der Bürger mit einer gehörigen Portion Skepsis begegnen und sich genau deshalb als *realistisch* verstehen.[108] Sie bemängeln eine hohe Anspruchshaltung, die gekoppelt ist mit geringer Anstrengungsbereitschaft auf dem Felde politischer Aktivitäten. Sie beanstanden weiterhin Wissenslücken und Vorurteile. Und sie diagnostizieren den Willen des Volkes als fehlerhaft, widersprüchlich und verführbar (Himmelmann 1998, 38 ff.).

Die Schwächen der Bürger fallen in einer repräsentativen Demokratie nun allerdings nicht so schwer ins Gewicht wie in einer plebiszitären Demokratie. Denn die repräsentative Demokratie erwartet gar nicht die ständige politische Beteiligung aller Bürger. Sie entlastet die Bürger geradezu von partizipatorischer Aktivität, ohne jedoch den Zugang zu ihr zu versperren. Es entspricht geradezu der Logik der repräsentativen Demokratie, dass die Bürger in bestimmten Phasen des politischen Prozesses aktiv, in anderen dagegen passiv sind. Die ihnen zugemutete partizipatorische Aktivität besteht vorrangig in der Teilnahme an Wahlen. Dabei sollten sie sich nach Möglichkeit von rationalen und nicht von emotionalen Erwägungen leiten lassen. Das Spektrum der weiteren Partizipationsmöglichkeiten reicht von der Kommunikation mit gewählten Repräsentanten über die Teilnahme an politischen Diskursen, die Mitgliedschaft in Bürgerinitiativen, Verbänden und Parteien bis hin zu Petitionen und Demonstrationen.
Die erwartete Passivität bezieht sich auf die Rechtsgehorsamspflicht und, daraus abgeleitet, die Friedenspflicht. Man könnte dies auch als Loyalität gegenüber den vom Volk gewählten Amtsträgern und deren Entscheidungen bezeichnen.

Der demokratische Staat lebt in erster Linie davon, dass die Bürger die demokratische Ordnung innerlich bejahen. Das schließt politischen Aktivismus nicht unbedingt ein. Gleichwohl ist dem demokratischen Staat die Bereitschaft der Bürger zur politischen Teilnahme nicht gleichgültig. Denn es ist nicht nur Ausdruck demokratischen Selbstverständnisses, sondern auch Zeichen gelungener Integration in die politische Ordnung, wenn die Bürger auf ihr Gemeinwesen verändernd oder bewahrend Einfluss zu nehmen suchen. Die politische Bildung muss also durchaus auf eine entsprechende Bereitschaft zielen. Sie sollte sich aber vor einer *demokratischen Märchenerzählung* hüten und daher nicht das idealistische Bild eines jederzeit partizipationsbereiten oder zur Partizipation verpflichteten Bürgers zeichnen.

Schaut man in die Wirklichkeit des politischen Lebens, dann lassen sich mit einer gewissen Großzügigkeit vier Bürgertypen unterscheiden, und zwar politisch Desinteressierte, reflektierte Zuschauer, interventionsfähige Bürger und Aktivbürger.[109]

---

[108] Als klassische Textquelle für eine realistische Einschätzung der Bürger gelten die *Federalist Papers* aus der Gründungszeit der Vereinigten Staaten von Amerika. Die Autoren dieser Sammlung von Essays, die sich der Ausgestaltung der Verfassung widmeten, rechneten nicht mit guten Staatsbürgern. Ihr Verfassungsmodell beruhte vielmehr auf einem gerüttelten Maß an Misstrauen gegenüber den Bürgern. Sie plädierten für die Gründung einer repräsentativ verfassten Republik, die mit einem Minimum an politischer Partizipation der Bürger auskommen sollte, nämlich der Beteiligung an Wahlen.

[109] Paul Ackermann (1998, 14 ff.) unterscheidet in einer Typologie von Bürgerleitbildern der politischen Bildung neben den reflektierten Zuschauern, den interventionsfähigen Bürgern und den politischen Aktivbürgern noch Bürger als Interessenvertreter, soziale Aktivbürger (als Ausfluss der Bürgergesellschaft) sowie schließlich Unions- und Weltbürger. Hierzu ist zu sagen, dass die Bürger als Interessenvertreter in gewisser Weise auch politische Aktivbürger sind. Die sozialen Aktivbürger bilden eine ei-

Die zahlenmäßig große Gruppe der *politisch Desinteressierten* nimmt für sich das Recht in Anspruch, sich um Politik nicht zu kümmern und von ihr in Ruhe gelassen zu werden. Bei genauerem Hinsehen bilden die politisch Desinteressierten eine sehr heterogene Gruppe. Es gibt nämlich neben dem eigentlich Desinteressierten noch den Unpolitischen, den apathisch Machtlosen, den Außengeleiteten, den autoritätsgebundenen Charakter, den Untertan und den Mitläufer. An den letzteren Charakteren wird deutlich, dass das Desinteresse vor allem in der mangelnden Bereitschaft zur Partizipation besteht, was aber nicht gleichbedeutend mit einem unpolitischen Standort sein muss (Scholz 1982, 102 ff.). Im Gegenteil: Unter dem Deckmantel des Desinteresses kann sich ein gefährliches Gemisch an vorurteilsbeladenen politischen Vorstellungen entwickeln, das sich bei passender Gelegenheit entladen und in Gestalt populistischer Bewegungen den demokratischen Staat bis an seine Grundfesten erschüttern kann.

Die *reflektierten Zuschauer*[110] sind Bürger, die von der Politik so viel verstehen, dass sie sich nichts vormachen lassen. Sie besitzen so viel Wissen von den Zusammenhängen des politischen Lebens, dass sie die politische Welt nicht als eine fremde, ihrer Einsicht entzogene betrachten. Sie mischen sich zwar nicht in die Politik ein, nehmen aber Kenntnis von den politischen Abläufen und sprechen im jeweiligen persönlichen Umfeld über Politik. Sie gehen zur Wahl und beteiligen sich an Abstimmungen. In dieser Hinsicht sind sie also partizipatorisch aktiv. Sie sind mithin auf keinen Fall unpolitisch, es ist lediglich so, dass sie sich nicht aktiv politisch engagieren.

Man mag einwenden, dass ein reflektierter Zuschauer unter dem Gesichtspunkt des politischen Engagements eher die Schwundstufe eines Staatsbürgers darstellt. Hiergegen ist aber mit Nachdruck zu betonen, dass dieser Bürger reflektiert ist, also zumindest relativ verständig über Politik urteilen kann. In diesem Zusammenhang ist daran zu erinnern, dass die Demokratie ein überaus kompliziertes Regierungssystem darstellt. Die Legitimitätsgeltung des demokratischen Regierungssystems hängt davon ab, dass die meisten Bürger seine Funktionslogik begriffen haben. Die Demokratie ist deshalb zu ihrer Erhaltung darauf angewiesen, dass die meisten Bürger zumindest das Niveau des reflektierten Zuschauers erreicht haben. Die Verfassung erwartet nicht, dass jeder politisch engagiert ist. Sie erwartet aber von jedem so etwas wie Bürgersinn. Dieser Bürgersinn zeigt sich, abgesehen von sozialen Verhaltensweisen im Nahbereich, ganz wesentlich im Denken und Sprechen über Politik sowie in der Qualität des politischen Urteilens (Hennis 1962, 107).[111]

Die *interventionsfähigen Bürger* unterscheiden sich von den reflektierten Zuschauern dadurch, dass sie über politische Kenntnisse und Urteilsvermögen hinaus die Fähigkeit und die Bereitschaft besitzen, sich in die Politik einzumischen. Sie zeigen zwar kein dauerhaftes politisches Engagement, sind aber in der Lage, situationsbezogen aktiv in die Politik einzugreifen.

---

gene, mit politischen Aktivbürgern nicht zu verwechselnde Gruppe. Unions- und Weltbürger sind der Zielperspektive nach interventionsfähige Bürger im supranationalen Rahmen.

[110] Das Bild des Bürgers als eines Zuschauers entwickelte Wilhelm Hennis (1957, 337): Der Bürger müsse vom „politischen Spiel" so viel verstehen wie der Zuschauer eines Fußballspiels von den Vorgängen auf dem Spielfeld. Er müsse also die politischen Spielregeln kennen, über Unterscheidungsvermögen hinsichtlich des Gelungenen und Misslungenen verfügen sowie Könner und Versager identifizieren können.

[111] Wilhelm Hennis sah sich mit der Kritik konfrontiert, dass es zu wenig sei, den Bürger lediglich zur Zuschauerhaltung zu führen. So monierte Andreas Flitner, dass die Qualifizierung zum Zuschauer gar kein Ziel sei, da die jungen Menschen von selber Zuschauer seien. Auch verberge sich hinter dem Zuschauer die Leitvorstellung des passiven Bürgers (Flitner 1957a, 450). Dieser Kritik ist entgegenzuhalten, dass Hennis vom Bürger Reflexivität forderte. Er soll die Regeln der Politik verstehen und über Politik urteilen können. Beides verlangt erhebliche kognitive Anstrengungen.

Sie verfügen mithin über die Tüchtigkeit oder Tugend der politischen Interventionsfähigkeit. Interventionsfähigkeit heißt, dass man sich in das politische Geschehen dann einzumischen vermag, wenn es geboten erscheint. Dies impliziert die Fähigkeit, beurteilen zu können, wann die Einmischung nötig wird und wie sie möglichst wirkungsvoll gestaltet werden kann.

Die Ausübung der Rolle eines interventionsfähigen Bürgers ist von wichtigen kognitiven und prozeduralen Kompetenzen sowie habituellen Dispositionen abhängig. Dieser Bürger bedarf fundierter Kenntnisse über Institutionen, Verfahrensweisen, Gesetze und politische Sachthemen. In prozeduraler Hinsicht benötigt er politisches Beurteilungsvermögen sowie strategische Fähigkeiten, um Partizipationschancen mit Aussicht auf Erfolg wahrnehmen zu können. So muss der interventionsfähige Bürger die konkret vorhandenen Einflusschancen und Beteiligungsmöglichkeiten kennen. Er muss rational die Erfolgschancen einer Intervention kalkulieren können. Er muss die Bereitschaft entwickeln, das als notwendig Erkannte auch in die Tat umzusetzen. Er muss schließlich über kommunikative und taktische Fertigkeiten verfügen, um in der Praxis bestehen zu können. Habituell sieht sich der interventionsfähige Bürger mit der Erwartung konfrontiert, der demokratischen Verfassungsordnung Loyalität entgegenzubringen. Dies gilt zwar für andere Bürger im Prinzip ebenso, ist bei interventionsfähigen Bürgern aufgrund ihres Einwirkens auf den politischen Prozess aber ganz besonders erforderlich (Buchstein 2000, 11 ff.).

Interventionsfähig ist nur jemand, der bestimmte psychische Voraussetzungen erfüllt. Hierzu zählen mindestens die folgenden drei Bedingungen: Erstens politisches Interesse, ausgedrückt in der wachen Beobachtung des politischen Tagesgeschehens und dem Wunsch nach einer Teilnahme am politischen Prozess aufgrund eigener Entscheidung. Zweitens Selbstvertrauen und Selbstachtung, um die mit der politischen Aktivität verbundenen Belastungen auf sich zu nehmen. Drittens der stark vom Bildungsgrad abhängige Glaube an den eigenen Einfluss. Das alles bedeutet, dass interventionsfähige Bürger vermutlich eine Minderheit in der Gesellschaft sind.

Die *politischen Aktivbürger* sind Bürger, die das politische Geschehen aktiv mitbestimmen wollen und können. Das Politische nimmt bei diesen Bürgern einen sehr hohen Stellenwert ein. Sie haben sich zur Mitgliedschaft und zur Mitarbeit in Parteien, Interessenverbänden oder ideellen Vereinigungen entschlossen und streben zum Teil auch die Übernahme politischer Mandate an. Dieser Bürgertyp stellt insofern eine Steigerungsform des interventionsfähigen Bürgers dar, als der Aktivbürger nicht lediglich sporadisch in die Politik eingreift, sondern sich dem dauerhaften öffentlichen Engagement verschrieben hat. Aus dieser Gruppe rekrutiert sich daher auch das politische Führungspersonal eines Gemeinwesens. Die Erfahrung lehrt, dass nur wenige Menschen zur politischen Aktivbürgerschaft bereit sind.

Hinsichtlich der Motive lassen sich die Aktivbürger in zwei Gruppen einteilen. Die Aktivbürger der einen Gruppe widmen ihre Kraft der Durchsetzung partikularer Interessen, von deren Bedeutsamkeit für die davon Betroffenen sie überzeugt sind. Die Aktivbürger der anderen Gruppe sind unmittelbar gemeinwohlorientiert. Nicht die möglichst weitgehende Berücksichtigung eigennütziger Interessen ist ihr Handlungsmotiv, sondern die sachliche und wertmäßige Richtigkeit zum Wohle des Ganzen. In einer freiheitlichen Demokratie sind beide Motive legitim. Man wird aber wohl nur den Aktivbürgern der zweiten Gruppe den Ehrentitel *Citoyen* zubilligen können.

Es steht außer Zweifel, dass die Funktionsfähigkeit eines freiheitlichen Gemeinwesens stark davon abhängt, dass es genügend politische Aktivbürger gibt. Die vielen politischen Wahlämter auf kommunaler, gliedstaatlicher und gesamtstaatlicher Ebene können nur besetzt werden, wenn ausreichend Menschen für Kandidaturen bereitstehen. Aber auch das Leben in den Organisationen der politischen Willensbildung würde ohne Aktivbürger erlöschen. Weil aber viel Idealismus dazu gehört, die Mühen eines politischen Aktivbürgers auf sich zu nehmen, bilden diese Bürger in der Gesellschaft nur eine kleine Minderheit.

Wenn man nicht an den staatlichen Bereich denkt, sondern an die überschaubaren Bereiche von Nachbarschaft, Gemeinde, Schule, Kirche und Beruf, wird deutlich, dass hier weniger politische als vielmehr soziale Aktivitäten erforderlich sind. Das gedeihliche Zusammenleben im Nahbereich kann nur funktionieren, wenn es genügend *soziale Aktivbürger* gibt.
Soziale Aktivbürger sind im besten Sinne des Wortes *bürgerschaftlich* tätig. Ihr bürgerschaftliches Ethos bewährt sich im Umgang mit dem Nächsten und in der Bereitschaft, Aufgaben in der unmittelbaren Umgebung zu übernehmen. Es zeichnet sich aus durch Dialogbereitschaft, Gemeinsinn, Hilfsbereitschaft, Übernahme öffentlicher Ehrenämter, Selbstorganisation und Selbsthilfe. Im Rahmen der sozialen Lebensbeziehungen wird mithin so etwas wie eine *Bürgergesellschaft* praktiziert und kommt es bei den betreffenden Personen zur Annäherung an das klassische republikanische Bürgerideal.

Der demokratische Staat rechnet damit, dass nicht nur einige wenige Idealisten im sozialen Nahraum mehr praktizieren als lediglich Eigennutz. Das sittliche Ethos einer sozialen Aktivbürgerschaft in den privaten und familiären, beruflichen und gesellschaftlichen Wirkungsfeldern ist allerdings nicht rechtlich erzwingbar. Es ist aber moralisch gefordert. Insofern ist es nicht nur der politischen Bildung, sondern der Schule insgesamt aufgegeben, für eine soziale Aktivbürgerschaft zu werben (Detjen 2002c, 76 f., 82, 86).

Die politische Bildung hat den generellen Auftrag, junge Menschen zu *politisch* mündigen Bürgern zu formen, zumindest aber deren späteres Bürgersein anzubahnen. Auch wenn die Demokratie mehrere zulässige Bürgerrollen kennt und die politische Bildung dies grundsätzlich anzuerkennen hat, ist es keine Frage, dass Desinteressierte nicht das Idealbild des demokratischen Bürgers repräsentieren. Auf der anderen Seite ist es aber keineswegs erforderlich, alle jungen Menschen zu späteren Aktivbürgern zu formen, selbst wenn der politische Aktivbürger das offene oder heimliche Ideal jedes politischen Bildners ist. Es ist schon viel gewonnen, wenn die politische Bildung sich erfolgreich um die Heranbildung von möglichst vielen reflektierten Zuschauern und nicht zu wenigen interventionsfähigen Bürgern bemüht.

Denn junge Menschen zu reflektierten Zuschauern, mithin zu Zeitungslesern mit kritischem Verstand, zu machen, verlangt bereits erhebliche Anstrengungen. Niemand wird nämlich mit den Merkmalen politischer Reflexivität geboren. Auch das Interesse für Politik kann nicht ohne weiteres vorausgesetzt werden. Es muss vielmehr erst hervorgerufen werden. Dann muss die Bereitschaft, sich mit Hilfe von Medien zu informieren, geweckt und die Fertigkeit dazu geübt werden. Es ist klar, dass hierzu auch die Fähigkeit zur kritischen Medienanalyse gehört. Weiterhin bedarf der reflektierte Zuschauer natürlich eines gesicherten Grundwissens über politische Institutionen und Verfahrensweisen in der Demokratie. Am schwierigsten ist die Vermittlung der politischen Analyse- und Urteilsfähigkeit. Diese Fähigkeit setzt nämlich ein nicht geringes Abstrahierungs- und Transfervermögen voraus, was wiederum nur mittels erheblicher kognitiver Anstrengungsbereitschaft zu erlangen ist.

Die Vermittlung der politischen Interventionsfähigkeit erfordert zusätzliche Bildungsbemühungen. Denn der interventionsfähige Bürger muss in der Lage sein, auf verschiedenen politischen Handlungsfeldern effektiv zu agieren. Er bedarf also bestimmter schriftlicher und gestalterischer Fertigkeiten, wie das Formulieren eines Leserbriefes, das Abfassen einer Beschwerde oder gar einer Petition sowie das Gestalten eines Flugblattes oder eines Plakates. Er benötigt organisatorische Fähigkeiten, wie das Werben von Gleichgesinnten für eine politische Intervention, das Gründen einer Organisation und die Durchführung einer Versammlung oder Kundgebung.¹¹²

Interventionen müssen sich nicht unbedingt auf die „große Politik" beziehen. Es gibt sie auch in bescheidenem Rahmen auf kommunaler Ebene. Ausdruck der Interventionsfähigkeit ist folglich auch die Bereitschaft, sich an Formen der Bürgermitwirkung auf kommunaler Ebene zu beteiligen (Ackermann 2004, 178 ff.; Detjen 2000b, 148 ff.).

Der politische Aktivbürger als Maximalziel des Bildungsprozesses verlangt keine eigens hierauf abgestimmten Bildungs- und Erziehungsbemühungen. Die Bereitschaft zur Aktivbürgerschaft dürfte von der betreffenden Person selbst ausgehen. Denkbar und wünschenswert ist, dass diese Bereitschaft durch eine gelungene politische Bildung angestoßen oder verstärkt wird. Denn es gehört zum Selbstverständnis politischer Bildung, zur politischen Aktivität im Rahmen der Verfassungsordnung zu ermuntern (Detjen 1999, 29).

Die politische Pädagogik neigte in der Frühzeit der Bundesrepublik Deutschland dazu, ihr spezifisches Anliegen als allgemeines Interesse zu betrachten und zu glauben, jeder müsse sich für Politik interessieren. Ganz ähnlich dachte die emanzipatorische politische Bildung der siebziger Jahre. Beide Positionen ließen außer Acht, dass der Bürger nicht gezwungen werden kann, sich für Politik zu erwärmen und partizipatorisch aktiv zu werden.

Die politische Bildung der Gegenwart weiß, dass Nüchternheit die ihrem Geschäft angemessene Haltung ist. Sie ist sich darüber im Klaren, dass nach aller Erfahrung die meisten Schüler die Schule nicht als Aktivbürger und auch nicht als Interventionsbürger verlassen. Dagegen sprechen allein schon die zeitlichen und sachlichen Beschränkungen des Politikunterrichts. Die Schwärmerei vom Aktivbürger kann unter *einem* Gesichtspunkt gerechtfertigt werden: Ohne kontrafaktische Idealisierung lassen sich nämlich Vorstellungen vom richtigen Handeln und von erstrebenswerten persönlichen Qualifikationen nicht aufbauen. Deshalb sollte die politische Bildung den überdurchschnittlich an Politik interessierten und dauernd an ihr teilnehmenden Bürger als ihr Traumziel oder, besser formuliert, als die regulative Idee ihrer Tätigkeit nennen dürfen.

11.3 Im Zentrum der politischen Bildungsbemühung: Die Förderung der politischen Urteilsfähigkeit

Die Menschen urteilen ständig über Politik, ob ihnen dies nun bewusst ist oder nicht. Alle Erfahrung zeigt, dass sie sich in ihren Urteilen stark von ihren Bedürfnissen und Interessen, ihren Gefühlen und Assoziationen sowie ihren Erwartungen und Erfahrungen bestimmen lassen. Darüber hinaus sind ihre Urteile geprägt davon, welches Bild von der Politik sie aus den Medien oder aus den Gesprächen mit ihrem jeweiligen sozialen Umfeld gewonnen haben. Politische Urteile basieren schließlich häufig auf einer vereinfachenden, einseitigen und oberflächlichen Sicht der Realität.

Politische Alltagsurteile, Vorurteile und Stammtischparolen

Politische Alltagsurteile haben deshalb oft lediglich die Form von Meinungen. Eine Meinung bezeichnet ein unsicheres Wissen, das mit Wertungen und Willenselementen eng verbunden ist. Dahinter stehen manchmal dezidierte Überzeugungen, nicht selten aber auch nur augenblickliche Stimmungen und emotionale Betroffenheiten. Aus diesen Gründen werden Mei-

---

[112] Zu Recht mahnt Gerhard Himmelmann (1996, 92 f.) an, dass die politische Bildung in diesem Zusammenhang nicht verschweigen darf, was die Wahrnehmung einer aktiven Bürgerrolle real und subjektiv bedeutet und welche Lasten sie mit sich bringt.

nungen häufig kämpferisch und mit Leidenschaft vorgetragen. Ihr Rationalitätsgehalt wird dadurch in aller Regel nicht begünstigt (Sutor 1997a, 97).
Politische Alltagsurteile können auch eine Entlastungsfunktion haben. Sie dienen dann dem Zweck der Rechtfertigung praktizierten politischen Verhaltens. Mitunter erfüllen sie noch die Funktion der Aggressionsableitung, der geistig-emotionalen Stabilisierung und der politischen Immunisierung (Hättich 1977, 43).
Gern übernehmen die Menschen Fremdurteile, wenn diese sie in ihren Auffassungen bestätigen. Dies erspart nicht nur die eigene Denkanstrengung, sondern vermittelt auch das Gefühl, mit dem politischen Strom zu schwimmen. Verbreitet sind also unreflektierter politischer Konformismus und Jasagertum. Es gibt aber auch unreflektierten Nonkonformismus und prinzipielles Neinsagertum. Dies ist dann ein Konformismus mit umgekehrten Vorzeichen (Metzger 1960, 35).

Auch Schüler urteilen über Politik. Häufig tun sie dies monokausal. Meist verwenden sie dabei Urteilskriterien, die wenig reflektiert sind. So spielen Emotionen eine erhebliche Rolle. Oder die Schüler legen als Urteilskriterium ausschließlich ihre individuellen Interessen zugrunde und fragen nur, ob die betreffende politische Entscheidung ihnen Vor- oder Nachteile bringt. Oder sie neigen zu einer Moralisierung politischer Fragen und wenden dabei mit Vorliebe abstrakte moralische Werte an: Sie fragen dann, ob eine politische Entscheidung nach Maßgabe dieser Werte prinzipiell gut oder schlecht ist. Sie neigen also zur Gesinnungsethik. Oder sie nutzen ideologische Versatzstücke und urteilen danach, ob eine politische Entscheidung ihrem Weltbild entspricht oder nicht. Oder sie machen Sympathie und Vertrauen für Personen zum ausschlaggebenden Kriterium und richten ihr Urteil danach aus, ob die in der politischen Angelegenheit involvierten Personen sympathisch oder unsympathisch sind (Massing 1995a, 216 f.; Massing 1997, 116; Kuhn/Massing 2003, 149).

Bilden politische Alltagsurteile bereits generell einen Anlass, zu ihrer Verbesserung politische Bildungsanstrengungen zu unternehmen, so gilt dies verstärkt für zwei besondere Ausformungen von Alltagsurteilen, nämlich für *Vorurteile* und *Stammtischparolen*.

Urteile, die auf einer wenig gesicherten Wissensbasis beruhen, kann man *Vorausurteile* nennen. Solche Vorausurteile können sich verfestigen und entwickeln sich dann leicht zu *Vorurteilen*. Diese erweisen sich in der Regel als kritikfest und einwandsimmun. Vorurteile kommen häufig dadurch zustande, dass an die Stelle einer objektiven Überprüfung des Vorausurteils anhand der sozialen Realität gleichsam die mittelbare Bestätigung durch eine sozial verankerte Realität tritt: Man hält für erwiesen, was eine Mehrzahl von Personen, insbesondere subjektiv für respektabel gehaltene Gruppen und Personen der eigenen sozialen Umwelt, als wahr ansieht bzw. dafür erklärt (Rölke 1982, 336).
Ein Vorurteil zeichnet sich durch fünf Merkmale aus. Erstens: Es ist von vornherein ein falsches Urteil, oder sein Wahrheitsanspruch ist hinreichend widerlegt worden. Zweitens: Es ist ein voreiliges Urteil. Das heißt, es ist nicht oder nur sehr ungenügend durch Erfahrung oder Reflexionen gestützt. Drittens: Es ist ein generalisierendes Urteil. Es bezieht sich also nicht nur auf einen Einzelfall, sondern auf alle oder zumindest die meisten ähnlich gelagerten Fälle. Viertens: Das Vorurteil hat häufig den stereotypen Charakter eines Klischees, das immer leicht zur Hand ist und meistens in apodiktischer Weise formuliert und vorgetragen wird. Fünftens: Es grenzt sich von Urteilen, Hypothesen oder Vorausurteilen dadurch ab, dass es als falsch bestimmt ist und dennoch an ihm festgehalten und sein Wahrheitsanspruch weiterhin behauptet wird (Grammes 1997a, 45 f.).

Stammtischparolen bilden eine besonders primitive Form des Vorurteils. Sie werden dann artikuliert, wenn hemmende Barrieren weggefallen sind. Dies ist der Fall, wenn Alkohol geflossen ist oder wenn man sich vergewissert hat, dass nur Gleichgesinnte anwesend sind. Stammtischparolen enthalten häufig aggressive Potentiale. Hinter Aggressionen verbergen sich wiederum häufig Frustrationen. Diese werden in Parolen umgesetzt. Nicht selten treten in Stammtischparolen auch politische Großmachtphantasien zutage. Stammtischparolen bergen die Gefahr in sich, dass sie zur politischen Mobilisierung instrumentalisiert werden (Grammes 1997a, 49).

Begründungen für die Förderung der politischen Urteilsfähigkeit

Für die Förderung der politischen Urteilsfähigkeit als eine zentrale Aufgabe der politischen Bildung lassen sich drei Begründungen anführen. Diese gehören sachlich zwar eng zusammen, lassen sich analytisch aber trennen. Die übergreifende Gemeinsamkeit der drei Begründungen ist der Gedanke, dass die Politik in der Demokratie, das legitimierende Prinzip der Demokratie und die Urteilsfähigkeit der Bürger sich gegenseitig bedingen.

Zunächst ist auf die Eigentümlichkeit der *Politik* als *kommunikatives Geschehen* hinzuweisen. Dieses kommunikative Moment gilt jedenfalls für eine Politik, die weder eschatologisch noch machiavellistisch bestimmt ist. Unter dieser Voraussetzung ist Politik nämlich weder Vollzug eines vorgegebenen alternativlosen Heilsplanes noch rücksichts- und skrupellose Machterhaltung. Sie ist vielmehr ein auf das Gemeinwohl gerichteter, ständig neue Situationen bewältigender Handlungsmodus. In diesem Modus bilden das Interpretieren fremder Absichten und das Abgleichen dieser Absichten mit den eigenen Intentionen wichtige Teilschritte. Politisches Handeln heißt mithin, Sachverhalte des gesellschaftlichen Zusammenlebens reflektiert nach Gemeinwohlkriterien zu entscheiden. In der politischen Praxis geht es also nicht einfach um Machtdurchsetzung. Viel besser gekennzeichnet ist die politische Praxis durch den Hinweis, dass bei ihr die Bemühung um *kommunikative Wahrheit* eine große Rolle spielt. Der Anspruch kommunikativer Wahrheit bedeutet für die politischen Akteure, ihre politischen Optionen und die nachfolgenden politischen Entscheidungen mit Argumenten vernünftig zu begründen. Mit einem Wort: Das politische Geschäft unterliegt den Anforderungen der *Rationalität*.
Die Annahme, dass die Politik eine im Kern rationale Auseinandersetzung um die konkrete Gestalt des Gemeinwohls ist, bildet die unverzichtbare *sachlogische* Voraussetzung dafür, in der Förderung der politischen Urteilsfähigkeit der Bürger eine wichtige Bildungsaufgabe zu sehen. Folgte die Politik nur historischen Gesetzmäßigkeiten oder gehorchte sie lediglich der überlegenen Macht oder dem charismatischen Führer, gäbe es keine Veranlassung, der politischen Urteilsfähigkeit der Bürger Aufmerksamkeit zu schenken.

Ein zweiter Grund für das Erfordernis, die politische Urteilsfähigkeit zu fördern, liegt im Legitimationsprinzip der *Demokratie*. Die Demokratie setzt nämlich die Fähigkeit der Bürger voraus, die Politik selbstständig und mit einem Mindestmaß an Rationalität zu beurteilen. So werden die Bürger in regelmäßigen Abständen aufgefordert, als Wähler ein Urteil über die Kompetenz von Parteien und Personen zur Lösung schwieriger Sachprobleme abzugeben. Dies können die Bürger nur leisten, wenn sie die politischen Sachverhalte wenigstens so weit kennen, dass sie haltlose Versprechungen von sorgfältig erarbeiteten Problemlösungsstrategien zu unterscheiden vermögen (Grosser 1987, 165).
Darüber hinaus ist es ein weiteres Kennzeichen der Demokratie, dass sie die Bürger zur Teilnahme am öffentlichen Leben ermuntert. Sie eröffnet viele Gelegenheiten, sich in autonomen Organisationen und Netzwerken gesellschaftlich und politisch zu engagieren. Sich erfolgreich zu engagieren hat zur Voraussetzung, dass man auftauchende Fragen und Probleme kompetent beurteilen kann.
Die Demokratie profitiert, wenn die Bürger rational, also argumentativ und diskursiv, über Politik sprechen und urteilen. Es steht zu erwarten, dass die Steigerung der Rationalität politi-

schen Urteilens die Fähigkeiten zu politischer Beteiligung und die Qualität politischer Beteiligung steigert (Sutor 1984, II/46).

Sinnvoll ist die Förderung der politischen Urteilsfähigkeit schließlich drittens um des *Menschen* und *Bürgers* willen. Dies ergibt sich schon allein aus der Überlegung, dass es in der politischen Bildung ganz entscheidend um die *Qualifizierung* der Menschen zur Politik geht. Dass zu dieser Qualifizierung an prominenter Stelle die Fähigkeit zum rationalen Urteilen gehören muss, resultiert aus dem Sachverhalt, dass die Menschen ständig über Politik urteilen. Weil dies so ist, ist es sinnvoll, bereits Schüler das politische Urteilen üben zu lassen.
Hinzu kommt, dass die Menschen andauernd der Versuchung zu Vorausurteilen und Vorurteilen ausgesetzt sind. Man darf sich nicht der Illusion hingeben, dass die Menschen nach der Diktaturerfahrung des Dritten Reiches zukünftig vor politischer Verführung und politischen Irrationalismen gefeit seien. Denn es ist bequem, Parolen zu übernehmen, Schlagworte nachzusprechen und dem Konformitätsdruck der öffentlichen Meinung nachzugeben.
Die Qualifizierung des Einzelnen zum rationalen politischen Urteilen ist noch aus weiteren Gründen angebracht: So kann man sagen, dass die politische Urteilsfähigkeit die Voraussetzung für eine Partizipation ist, die diesen Namen verdient. Denn ohne ein eigenes begründetes Urteil über politische Programme, Leistungen und Personen nimmt der Einzelne nicht wirklich angemessen an der Politik teil. Er lebt entweder seine Vorurteile aus oder wird manipulierbar und dabei Objekt der politischen Absichten anderer.
Weiterhin ist festzuhalten, dass jeder Bürger mit seinen Urteilen und seinem Verhalten die Urteilsbildung anderer beeinflusst. Ebenso wird er selbst von den Urteilen und dem Verhalten anderer beeinflusst. Diese gegenseitige Abhängigkeit verlangt vom Einzelnen die größtmögliche Rationalität des Urteilens.
Schließlich ist generell zu bedenken: Inadäquate Urteile verfälschen das Bild der Wirklichkeit und bewirken ein inadäquates Verhältnis zu ihr. Handeln, das auf unzureichenden Urteilen beruht, kann zur Erfolglosigkeit oder zur Verkehrung der eigenen Intentionen führen. Aus der Sicht des Individuums spricht also alles dafür, das politische Analysieren und Urteilen zu lernen.

Merkmale politischer Urteile

Urteile im weitesten Sinne sind *Aussagen* eines Individuums über Personen oder Sachen, die entweder nur *konstatierenden* oder zusätzlich *qualifizierenden* Charakter haben. In beiden Fällen definiert das Individuum sein Verhältnis zur Welt. Denn jedes Urteil enthält, explizit oder implizit, eine subjektive Situationsbestimmung und eine subjektive Weltdeutung.

Anknüpfend an die Unterscheidung von konstatierenden und qualifizierenden Aussagen kann man sagen, dass es *zwei* grundlegende Urteilstypen gibt, nämlich *deskriptive* und *normative* Urteile. In deskriptiven oder Sachurteilen wird etwas *festgestellt*, *gedeutet* oder *erklärt*. In normativen Urteilen wird etwas *bewertet* oder *vorgeschrieben*.
Es liegt auf der Hand, dass in normativen Urteilen auch deskriptive Elemente enthalten sind. Insofern bilden deskriptive Urteile die Basisform des Urteilens. Sie können zu normativen Urteilen erweitert werden, indem die Feststellungen mit Bewertungen und Handlungsvorgaben versehen werden.
Eine Sonderform bilden die *Vergleichsurteile*. Es gibt sowohl deskriptive als auch präskriptive Vergleiche (Weinbrenner 1997, 74 f.).

Normative Urteile beziehen entweder *Stellung* oder empfehlen *Handlungen* bzw. schreiben diese vor. Im Falle von Stellungnahmen handelt es sich um *Werturteile*. In Werturteilen wird etwas als *gut* oder *schlecht* bezeichnet. In der Regel geschieht dies mit Abstufungen, Differenzierungen und Einschränkungen. Fast immer legen Werturteile eine bestimmte Handlung

nahe. Sie sprechen die Handlungsvorschrift aber nicht aus.
Artikuliert werden Handlungsempfehlungen oder Handlungsvorschriften dagegen in *präskriptiven Urteilen*. Diese Urteile sprechen aus, dass etwas zu *tun* oder zu *unterlassen* sei. Auch hier werden in der Regel inhaltliche oder modale Differenzierungen vorgenommen.

In der Politik dominieren normative Urteile. Die Politik begnügt sich nicht mit bloßen Feststellungen, Erklärungen, Schlussfolgerungen oder interpretierenden Deutungen. Denn Politik ist Handeln. Politische Urteile sind deshalb in aller Regel *normative* Urteile. Sie bewerten politische Sachlagen wie auch das Handeln politischer Akteure nach zugrunde gelegten Wertmaßstäben. Man kann auch sagen, dass sie Urteile sind, in denen *wertorientiert Stellung bezogen* wird: Der betreffende Sachverhalt oder die betreffende Person wird entweder als *gut* bzw. *geeignet*, d.h. den Erwartungen entsprechend, oder als *schlecht*, *defizitär* bzw. *ungeeignet* bewertet.

Ist der Gegenstand eines politischen Urteils eine *Entscheidungssituation*, dann ist es darüber hinaus *vorschreibend*. Das Urteil hat dann die Form, dass etwas politisch *getan* oder *unterlassen* werden *sollte*.

Politische Urteile beziehen sich auf die Regelung von Angelegenheiten, die das Zusammenleben von Menschen zum Gegenstand haben. Oder sie enthalten Einschätzungen der Qualität politischer Akteure. Jedenfalls sind *immer* Menschen betroffen. Zwangsläufig spielt deshalb auch die Moral in politischen Urteilen eine wichtige Rolle. Insbesondere sind politische Gerechtigkeits- und Gemeinwohlvorstellungen moralisch affiziert. Politische Urteile dürfen gleichwohl nicht mit Moralurteilen gleichgesetzt werden.

Moralurteile fallen in der Regel viel rigider aus als politische Urteile. Das liegt daran, dass Moralurteile in erster Linie oder gar ausschließlich ethischen Prinzipien gerecht zu werden versuchen. Sie streben unbedingte Geltung an. Moralurteile tendieren deshalb zur Gesinnungsethik. In Moralurteilen spielt folglich die empirische Situation eine untergeordnete Rolle und werden Interessen- und Machtkonstellationen völlig vernachlässigt. Eine rein moralische Orientierung kann der Komplexität der Politik deshalb nicht gerecht werden. Man kann zwar moralisch über Politik urteilen. Ausschließlich nach moralischen Kriterien über Politik zu urteilen heißt aber, nicht angemessen über Politik zu urteilen (Massing 2003, 92 f.).[113]

In politische Urteile fließt eine Fülle empirischer Sachverhalte aus Politik und Recht, Gesellschaft und Wirtschaft ein. Diese Sachverhalte liegen aber nicht klar und einfach zutage. Sie müssen vielmehr interpretiert werden. Die Sachverhalte haben zudem eine historische Dimension, welche ihre Beharrungskraft oder ihre Veränderbarkeit anzeigt. Dies muss bei der Urteilsfällung ebenfalls berücksichtigt werden. Speziell für politische Entscheidungsurteile gilt, dass sie Folgen für Menschen unterschiedlicher sozialer Lagen und Befindlichkeiten sowie unterschiedlicher politischer Haltungen haben. Diese möglichen Auswirkungen auf die diversen gesellschaftlichen Gruppen und deren denkbare Reaktionen sind ebenfalls in die Urteils-

---

[113] Der Versuch Peter Weinbrenners, politische und moralische Urteile anhand der Eigentümlichkeiten der moralischen Urteile zu qualifizieren, kann nicht recht überzeugen.
Moralische Urteile zeichneten sich durch Präskriptivität, durch Universalisierbarkeit sowie durch den Zwang zur Rechtfertigung aus. Dies könne auch auf politische Urteile zutreffen. In einem solchen Falle fielen politisches und moralisches Urteil zusammen. Während die drei Eigentümlichkeiten konstitutiv für moralische Urteile seien, gelte dies nicht für politische Urteile. Politische Urteile seien somit allgemeiner, und moralische Urteile bildeten folglich eine Untergruppe des politischen Urteils (Weinbrenner 1997, 75).
Weinbrenner übersieht, dass politische Urteile grundsätzlich anders gelagert sind als moralische Urteile. Politische Urteile haben eine viel höhere Komplexität zu bewältigen, werden unter Ungewissheit gefällt und müssen die vermuteten Reaktionen der verschiedenen Gruppen von Betroffenen in ihr Kalkül einbeziehen.

findung einzubeziehen.
Die besondere Schwierigkeit des politischen Urteilens besteht nun darin, dass das Gewicht der diversen Faktoren nicht eindeutig bestimmbar ist. Ergänzend kommt hinzu, dass die Politik dynamisch und in mancherlei Hinsicht wenig transparent ist. Wer politisch urteilt, vollzieht also einen denkerischen Akt unter den Bedingungen von Unsicherheit.
Hinzu tritt, dass politische Urteile nicht umhin kommen, Partei zu ergreifen. Sie basieren auf Abwägungsüberlegungen. Dies ist angesichts knapper Ressourcen und unterschiedlicher Entscheidungsoptionen nicht zu vermeiden. Politische Urteile sprechen sich also für etwas oder gegen etwas bzw. für jemanden oder gegen jemanden aus.

Kognitive Ansprüche an das politische Urteilen

Die politische Urteilsbildung vollzieht sich in der Auseinandersetzung des Individuums mit der Außenwelt. Die Menschen unterscheiden sich darin, in welcher Weise sie die von außen einströmenden Einflüsse verarbeiten, koordinieren, integrieren und differenzieren. Das Alter und damit der Grad ausgebildeter kognitiver Fähigkeiten spielen hierbei eine große Rolle. Hinzu kommen unterschiedliche Interpretationen der Wirklichkeit und divergierende Wertauffassungen. Alles dies führt dazu, dass politische Urteile unterschiedlich ausfallen.

Politische Urteile unterscheiden sich aber nicht nur in ihren Inhalten, sondern auch im Grad ihrer *Reflexivität*. Die Reflexivität eines politischen Urteils hängt im Wesentlichen von vier Faktoren ab.[114]
Der erste Faktor ist das *Wissen* über die im Urteil angesprochene Sache. Das Urteil gewinnt an Qualität, wenn es in ein umfassendes Wissen eingebettet ist. Im Bildungsprozess muss daher politisches Orientierungs- und Deutungswissen vermittelt werden.
Der zweite Faktor sind *Einstellungen* oder *Werte*. Es ist ein Unterschied, ob dem Urteil partikulare, d.h. nicht verallgemeinerbare politische Wertüberzeugungen oder die universalen Grundwerte des demokratischen Verfassungsstaates zugrunde liegen, also Menschenwürde, Freiheit, Gleichheit, Gerechtigkeit und Frieden. Und es ist ein Unterschied, ob sich das Individuum die Werteinstellungen reflexiv erarbeitet hat oder ob sie von ihm nur rezeptiv übernommen worden sind.
Der dritte Faktor sind *theoretische Deutungsmuster*, mit deren Hilfe das Individuum die Wissenselemente und Wertauffassungen in übergreifende Sinnzusammenhänge integrieren und ordnen kann. Mit den Deutungsmustern sind wissenschaftlich reflektierte Konzepte gemeint, die Kategorien zur Einordnung von Sachverhalten und Werten bereitstellen. Das aus den Dimensionen Polity, Policy und Politics bestehende *analytische Politikverständnis* ist ein solches Deutungsmuster. Ein anderes Deutungsmuster orientiert sich an den *Denkschritten der politischen Urteils- und Entscheidungsfällung* und besteht aus einer Situationsanalyse, einer Erörterung politischer Handlungsmöglichkeiten und schließlich einer Entscheidungsfindung. Ein weiteres Deutungsmuster bezieht sich auf die *Beurteilung von Personen*. Hier kommen Kriterien wie Sachkompetenz, Integrationsfähigkeit, Durchsetzungsvermögen und Vertrauenswürdigkeit zum Tragen.
Der vierte Faktor sind *psychische Grundqualifikationen* oder *Dispositionen* wie Empathie, Rollendistanz, Ambiguitätstoleranz und Kommunikationskompetenz. Diese Dispositionen ermöglichen dem Individuum den Perspektivenwechsel, die Distanzierung von prägenden Verhaltensmustern, das Ertragen fehlender Eindeutigkeiten und den Austausch von Gedan-

---

[114] Die nachstehenden Ausführungen folgen zu einem guten Stück Weinbrenner 1997, 76 ff. In Weinbrenners Darlegung sind Überlegungen aus Weinreich-Haste 1984, 84 f. eingeflossen.

ken. Sind diese Dispositionen vorhanden, dann erhöht das zweifellos die Qualität des politischen Urteils.

Gefühle der Antipathie oder Sympathie beeinträchtigen die *Vernünftigkeit* des politischen Urteils ganz erheblich. Generell stehen Gefühle in Spannung zur Vernunft. Die *Vernunft* fungiert aber als wichtiger Maßstab für die Qualität eines Urteils. Sie manifestiert sich in der *logischen Schlüssigkeit* des Urteils. Die Schlüssigkeit wiederum zeigt sich an der Berücksichtigung logisch-erkenntnistheoretischer sowie sachlogisch-politischer Kriterien.

Der *logisch-erkenntnistheoretische* Teil der Schlüssigkeit setzt beim Urteilenden mindestens folgende Fähigkeiten voraus: Erstens die Fähigkeit, Urteile ohne innere *Widersprüche* zu formulieren. Zweitens die Fähigkeit, den richtigen *Modus* eines Urteils zu wählen, was voraussetzt, Beschreibungen und Erklärungen von Bewertungen und Imperativen unterscheiden zu können. Drittens die Fähigkeit, *Mehrdeutigkeiten* in Sachverhalten erkennen und entsprechend im eigenen Urteil berücksichtigen zu können. Viertens die Fähigkeit, sich *eindeutig* ausdrücken zu können.

Die *sachlogisch-politische* Rationalität setzt beim Urteilenden ebenfalls mehrere Fähigkeiten voraus. Erstens die Fähigkeit, jede politische Entscheidungssituation zu begreifen als eine Konstellation *objektiver* Sachgegebenheiten und *subjektiver* Intentionen der beteiligten Akteure. Zweitens die Fähigkeit, beabsichtigte *Folgen* und unbeabsichtigte *Nebenfolgen* von Entscheidungen bereits im Urteil zu antizipieren. Drittens die Fähigkeit, das *Wünschbare* in Abhängigkeit vom Gegebenen und Möglichen zu sehen. Viertens die Fähigkeit zu erkennen, dass *moralisch gut begründete* Forderungen unter Umständen *negative* Folgen zeitigen können. Fünftens die Fähigkeit, die Relativität monokausaler und globaler Erklärungsmuster zu erkennen (Grosser/Hättich/Oberreuter/Sutor 1976, 38 ff.).

Nicht nur das beurteilende Subjekt hat sich beim Denkakt der Rationalität zu befleißigen. Auch die zu beurteilende Politik unterliegt dem Rationalitätskriterium, und dies in der zweifachen Gestalt als *Zweckrationalität* oder *Effizienz* und als *Wertrationalität* oder *Legitimität*. Beide Rationalitäten sind entsprechend im Urteilsvorgang zu berücksichtigen.

Die *Zweckrationalität* meint eine *optimale* Relation zwischen einem beliebig gesetzten politischen Zweck und den zu seiner Verwirklichung benötigten Kosten. Zweckrationalität ist folglich weitgehend identisch mit *Effizienz*. Effizienz bedeutet soviel wie Wirksamkeit, Ergiebigkeit und gegebenenfalls Schnelligkeit. Effizienz ist zweifellos ein wichtiges Beurteilungskriterium für die Politik. Hieran werden auf jeden Fall die Politiker gemessen. Eine effiziente Politik kann bestehen in wirksamer Interessenbefriedigung, in dauerhaftem Machterhalt oder in gesellschaftlich-staatlicher sowie ökonomischer Stabilität. Über die sittliche Qualität einer effizienten Politik sagt die Zweckrationalität jedoch nichts aus.

Die *Wertrationalität* bringt den moralischen Gesichtspunkt in die Politik hinein. Nun gibt es sehr verschiedene Wertesysteme. In der Regel verleihen sie ihren jeweiligen Anhängern die Gewissheit, richtig zu handeln. Überzeugend wertrational ist aber nur dasjenige politische Handeln, das sich an *anerkennungswürdigen* Werten orientiert. Derartige Werte müssen *universalisierbar* sein, d.h. jedermanns Zustimmung finden können. Der westlichen Zivilisation entstammen solche die Politik prägen sollende Werte. Es handelt sich um die Werte *Menschenwürde*, *Freiheit* und *Gleichheit* sowie *Gerechtigkeit* und *Frieden*. Menschenwürde, Freiheit und Gleichheit markieren menschenrechtliche Standards. Gerechtigkeit und Frieden lassen sich zusammenfassen im Begriff des *Gemeinwohls*. Ein weiterer wichtiger politischer Grundwert im Zeitalter der Demokratie ist die *Partizipation* der Entscheidungsbetroffenen an den Entscheidungen. Eine Politik, die diesen Grundwerten folgt, genießt *Legitimität*. Legitimität ist damit das zweite wichtige Beurteilungskriterium für die Politik (Hättich 1977, 26; Massing 1995a, 219 f.).

Politische Urteile lassen sich aber noch in einer anderen Hinsicht differenzieren: Gemeint ist die *Urteilsperspektive*. Die Urteilsperspektive bezieht sich auf die Position oder Sichtweise, die man einer politischen Sachlage gegenüber einnehmen kann. Es ist nämlich ein Unterschied, ob man sein Urteil aus der Perspektive eines *(partei-)politischen Akteurs* oder eines von Politik *Betroffenen* fällt. In beiden Perspektiven mischen sich, wenn auch unterschiedlich gewichtet, eigennützige Überlegungen mit Gemeinwohlgesichtspunkten. Schließlich gibt es noch die übergreifende Perspektive des *politischen Systems*. Diese Perspektive könnte man auch die des *idealen Staatsbürgers* nennen, dem es nicht um eigene Vorteile, sondern nur um das Gedeihen des Gemeinwesens geht. Die *rationale* politische Urteilsfähigkeit schließt also auch ein Wissen davon ein, dass Urteile *perspektivenabhängig* sind und sich deshalb unterscheiden können. Die Rationalität verlangt mithin nicht, dass die Urteile einhellig sein müssen (Massing 1995a, 222 f.).

Gegen die Beschränkung der Urteilsperspektive auf das politische System, mithin auf den Nationalstaat, lässt sich einwenden, dass damit die Fähigkeit der Urteilskraft, an der Stelle wirklich *jedes* anderen zu denken, mutwillig begrenzt wird und das politische Urteil dadurch politisch partikular, nämlich auf das Wohl des eigenen Gemeinwesens fixiert bleibt. Die menschliche Urteilskraft verfügt jedoch über die von Kant sogenannte „erweiterte Denkungsart" und ist deshalb in der Lage, auch die Position von Menschen anderer Länder in die politische Überlegung einzubeziehen. Sie sollte idealerweise sogar den Standpunkt eines Weltbetrachters oder Weltbürgers einnehmen. Um ein nationalstaatlich verengtes politisches Denken zu überwinden, ist es jedenfalls erstrebenswert, eine *transnationale politische Urteilskraft* zu fördern (Juchler 2005, 127 ff., 143 ff.).

Kriterienraster des politischen Urteils[115]

Rationalitäts-kriterium	Sichtweise des politischen Akteurs	Sichtweise des von Politik Betroffenen	Sichtweise des politischen Systems
Effizienz (Zweckrationalität)	Erfolgreicher Einsatz der eigenen Machtmittel? Wahl der richtigen Strategie? Volle Ausnutzung des Rechts und der Kompetenzen? Zutreffende Interpretation der Interessen der Betroffenen? Übereinstimmung mit dem eigenen Programm? Berücksichtigung der Entscheidungsfolgen? Erhöhung der eigenen Wahlchancen?	Berücksichtigung der eigenen Interessenlage? Erhöhung des individuellen Nutzens? Verringerung der individuellen Lasten?	Verbesserung des Verwaltungshandelns? Sparsamer Umgang mit öffentlichen Mitteln? Stabilisierung der politischen Ordnung? Erhöhung der Folgebereitschaft der Bevölkerung?

---

[115] Das Kriterienraster modifiziert ein Schema, das Peter Massing konzipiert hat (Massing 1997, 125).

Legitimität (Wertrationalität)	Transparenz des Entscheidungsprozesses? Partizipation der Bevölkerung am Entscheidungsprozess? Gerechte Verteilung von Lasten und Wohltaten? Orientierung am Gemeinwohl? Berücksichtigung der Verfassungsprinzipien?	Reagieren auf Interessenartikulationen seitens der Bevölkerung? Transparenz des Entscheidungsprozesses? Chancen auf Mitbestimmung? Zumutbarkeit unter Gerechtigkeitsgesichtspunkten? Förderung der individuellen Entfaltung?	Förderung des Gemeinwohls? Berücksichtigung der Verfassungsprinzipien? Beachtung der Zukunft des Gemeinwesens?

Das Rationalitätskriterium verlangt schließlich eine bestimmte *Qualität des Urteilsvorganges* selbst. Gemeint sind die Begründungspflicht und das Erfordernis der Diskursivität. Dahinter steht die Erkenntnis, dass politische Urteile nicht richtig oder falsch sind. Sie sind allenfalls besser oder schlechter. Ihre Qualität zeigt sich anhand der im Diskurs vorgetragenen Begründungen. Die Begründungen beziehen sich in erster Linie auf die Rationalitätskriterien Effizienz und Legitimität sowie auf die eingenommene Urteilsperspektive. Diskursivität meint, dass die Urteile sich im Dialog erörtern lassen sollen. Das politische Urteilsvermögen entsteht erst in dialogischer Praxis. Dialogische Praxis wiederum verlangt, dass die Bewertungsmaßstäbe offengelegt und die Urteile öffentlich gerechtfertigt werden. Genau dies kennzeichnet die politische Kommunikation in freiheitlichen Gemeinwesen (Massing 2003, 94).

Die Vermittlung der politischen Urteilsfähigkeit

Die Thematisierung politischer Urteile und der Umgang mit politischen Urteilen gehören zu den anspruchsvollsten Aufgaben der politischen Bildung. Erstaunlicherweise ist es in den Schulen aber häufig so, dass diesen Aufgaben nur wenig Zeit und wenig Aufmerksamkeit gewidmet werden. In der Praxis sieht es so aus, dass kurz vor Ende der Unterrichtsstunde die Schüler noch kurz nach ihrer Meinung zu einem Problem oder einer Entscheidung gefragt werden. Der Begriff *Meinung* macht dabei die geringe Erwartung schon deutlich, die man an das Urteil knüpft. Eine Meinung ist etwas sehr Persönliches. Und als Meinung ist jede Äußerung irgendwie gleichwertig. Die Schüler äußern jedenfalls ihre Meinungen, die sie bezeichnenderweise mit dem Satz beginnen: „Meine ganz persönliche Meinung ist ...". Der Unterricht endet also nicht mit begründeten Urteilen, sondern mit unverbindlichen Meinungsäußerungen.
Zu einer Erörterung gehaltvoller Urteile, divergenter Perspektiven oder von Gründen, mit denen die jeweiligen Urteile gerechtfertigt werden, kommt es nur höchst selten. Auf diese Weise gerät aus dem Blick, dass Urteile – und Meinungen sind im Kern Urteile – qualitativen Mindestanforderungen entsprechen müssen und sich auch qualitativ durch ihre Begründungen unterscheiden (Massing 1997, 122; Massing 2003, 95).

Die Förderung der politischen Urteilsfähigkeit verlangt zwingend eine vorausgehende oder zeitlich parallel laufende Förderung der *politischen Analysefähigkeit*. Denn ein ernstzunehmendes politisches Urteil setzt eine stimmige politische Analyse voraus. Die zu beurteilenden Sachverhalte müssen nämlich zunächst in ihren Eigenschaften identifiziert werden. Ebenso müssen ihre Kontexte herausgearbeitet werden.
In der politischen Bildung beziehen sich politische Urteile zum einen auf Gegebenheiten des

realen politischen Geschehens. Hierzu zählen Ereignisse, Konflikte, Entscheidungen, Probleme und Aufgaben, dann Institutionen und Verfahren der Politik und schließlich Personen des öffentlichen Lebens. Die politischen Urteile beziehen sich zum anderen auf politische Aussagen, Programme, Theorien, Ideologien und Denkweisen, also auf Widerspiegelungen der Politik im *Bewusstsein* der Menschen.
In beiden Fällen sind die jeweiligen Zusammenhänge komplex. Aspekte, Hintergründe und Beziehungen zu anderen Gegebenheiten liegen nicht einfach offen zutage. Sie müssen also analysiert werden. Ohne eine solche politische Analyse kann es schwerlich zu einem fundierten politischen Urteil kommen.

Eine politische Analyse kann in sehr verschiedenen kognitiven Tätigkeiten bestehen. Diese sind zu üben, damit sie zunehmend besser beherrscht werden. Etwas politisch zu analysieren bedeutet, Fragestellungen zu entwickeln, Aspekte herauszuarbeiten, Voraussetzungen zu ermitteln, Implikationen aufzudecken, Schlussfolgerungen zu ziehen, Vergleiche anzustellen, Beispiele zur Illustrierung zu konstruieren, Behauptungen zu prüfen, Sachverhalte ein- und zuzuordnen, Gründe zu benennen, Zusammenhänge zu entdecken, Unterschiede und Gemeinsamkeiten zu erkennen, Phänomene zu erklären, Sachverhalte aus anderen Perspektiven zu betrachten, Alternativen abzuwägen und Sichtweisen zu kontrastieren.

Zu einer Förderung der eigentlichen politischen Urteilsfähigkeit kann es nur kommen, wenn die Urteilsbildung immer wieder ausdrücklich zum Gegenstand des Bildungsprozesses gemacht wird. Trügerisch ist die Hoffnung, dass die Fähigkeit, politische Urteile zu formulieren und zu begründen, sich nebenbei erreichen lasse. Da politische Urteile kategorial bestimmt sind, liegt es auf der Hand, kategoriale Bildung zu betreiben. Es bietet sich an, die vorhandenen Urteilskategorien zunächst ins Bewusstsein der Lernenden zu heben, das Ensemble der Kategorien dann zu ordnen, vorsichtig zu erweitern und zu differenzieren und schließlich zusätzliche Kategorien einzuführen.

Es gibt eine Reihe von *methodischen Strategien*, das politische Urteilen zu fördern.[116] Die Methoden kann man danach unterscheiden, ob sie nur zur nachträglichen Reflexion gefällter politischer Urteile auffordern oder ob sie verlangen, eigene politische Urteile zu formulieren. Die zweite Variante ist zweifellos kognitiv anspruchsvoller. In der Regel erfordert der Einsatz der Methoden, die diese Variante umsetzen, viel Zeit.

Die Unterrichtsstrategie *Metakommunikation* besteht darin, von Schülern anlässlich einer politischen Streitdiskussion gefällte politische Urteile zur Grundlage einer nachträglichen Reflexion mit genau diesen Schülern zu machen. Dabei kommt es darauf an, Urteile daraufhin zu prüfen, welche politischen Kategorien sie enthalten und wie gehaltvoll sie begründet sind. In diesem Zusammenhang ist die Einsicht vorsichtig anzubahnen, dass es niedere und höhere Argumentationsniveaus gibt.
Die Unterrichtsstrategie *Auseinandersetzung mit professionellen Urteilen* befasst sich vergleichend mit mehreren Kommentaren von Journalisten zu einem politischen Thema. Auch hier ist der Blick auf die verwendeten Urteilskategorien zu richten sowie herauszuarbeiten, welche Urteilsperspektiven eingenommen worden sind.
Ähnlich verläuft die Unterrichtsstrategie *Entschlüsseln der in Karikaturen enthaltenen politischen Urteile*. Das Besondere an Karikaturen ist, dass sie einseitige, provokante und verkürzte Urteile über Sachverhalte, Ereignisse und Personen darstellen. Da diese Urteile in ikonischer Repräsentation vorliegen, müssen sie zunächst sprachlich symbolisiert werden. Dann gilt es, sie mit der eigenen Auffassung zum betreffenden Sachverhalt zu konfrontieren. Schließlich

---

[116] Die folgende Darlegung der Unterrichtsstrategien folgt weitgehend Kuhn 2003, 170 ff.

kann man metakommunikativ nach politischen Kategorien und Urteilsperspektiven in den Karikaturen sowie in den eigenen Urteilen fragen.

Nicht auf das Reflektieren bereits gefällter Urteile, sondern auf das Formulieren gegenwarts- und zukunftsbestimmender Urteile sind die folgenden beiden Unterrichtsstrategien ausgerichtet.

Das *Planspiel* verlangt in der Regel eine zweifache Urteilsbildung. Da politische oder gesellschaftliche Gruppen die Akteure sind, muss zunächst in den jeweiligen Kleingruppen eine Position entwickelt werden, in der neben inhaltlichen Aspekten auch taktische Überlegungen eine Rolle spielen. Mit dieser Position gehen die Akteure dann in die Verhandlung mit den anderen Gruppen. Am Runden Tisch werden die Positionen und Forderungen vorgetragen, Interessen und Machtverhältnisse geklärt, Abwägungen vorgenommen und Lösungen gesucht. Die ursprünglichen Positionen wie die gefundenen Lösungen sind nichts anderes als politische Urteile.

Wie keine andere Unterrichtsstrategie dient die *Pro-Contra-Debatte* der Förderung der politischen Urteilsbildung. Es geht hier ganz zentral um das Begründen von politischen Positionen. Schüler treten als Anwälte auf, die in Plädoyers einem am Ende abstimmenden, also urteilenden Publikum die wichtigsten Argumente für und gegen eine Entscheidung vermitteln müssen. Im Anschluss kann man die geäußerten Argumente in einer Metakommunikation einer kritischen Sichtung unterziehen.

Ebenfalls überaus geeignet ist die Unterrichtsmethode der *Fallanalyse*. Gegenstand einer solchen Analyse ist ein Auszug aus der realen politischen Welt, entweder in Gestalt einer politischen Situation, eines politischen Problems, eines politischen Konfliktes oder einer politischen Entscheidung. Bei der Analyse von Situationen, Problemen und Konflikten kann man politische Handlungsoptionen erörtern lassen. Diese sind argumentationslogisch nichts anderes als politische Urteile.

Interessanter sind jedoch Fälle, die in eine politische Entscheidungssituation einmünden, in denen von den Lernenden also eine Entscheidung verlangt wird. Der Schwierigkeitsgrad von Entscheidungssituationen kann sehr unterschiedlich sein. Eher einfach ist eine Entscheidung, wenn sie in einer Ja-Nein-Alternative besteht. Der Lernende muss für eine der beiden Möglichkeiten optieren und seine Option mit Hilfe der politischen Rationalitätskriterien Effizienz und Legitimität und unter Einnahme einer Urteilsperspektive begründen.

Deutlich schwieriger ist eine Entscheidungssituation, wenn es um die Ausformulierung von Politikinhalten geht, wenn also eine bestimmte Regelungsmaterie konkret gestaltet werden muss.

In jedem Falle stellen politische Urteile im Sinne von Entscheidungsfindungen komplexe Denkleistungen dar. Sie basieren auf dem Dreischritt von Situationsanalyse, Möglichkeitserörterung und Entscheidungsfällung (Sutor 1984, II/72; Sutor 1997a, 102 ff.). Sie bilden das politische Entscheidungshandeln der politischen Akteure nach. Darin liegt ihr didaktischer Wert.

Die Situationsanalyse bemüht sich um eine möglichst genaue Erkenntnis der Faktoren, welche die politische Entscheidungssituation bestimmen. Sie muss also den Entscheidungsgegenstand in seinen diversen Sachaspekten bestimmen sowie ihn in seinem Gewordensein und damit seiner Veränderbarkeit begreifen. Sie muss weiterhin herausarbeiten, welche Akteure welche Interessen haben und von welchen weltanschaulichen oder ideologischen Interpretationsmustern sie sich leiten lassen. Die Möglichkeitserörterung prüft die Verwirklichungschancen verschiedener Optionen vor dem Hintergrund der gegebenen Bedingungen. Sie fragt folglich nach Machtpotentialen, Verfahrensvorschriften, Beteiligungsrechten von Institutionen, Koalitionsmöglichkeiten und Kompromisschancen. Die Entscheidungsfällung schließlich besteht in der begründeten Wahl einer Option. Diese Option muss die Rationalitätskriterien der Effizienz und der Legitimität erfüllen. Im Idealfall integriert sie das Gedeihen des politischen

Systems, das Wohl der Menschen sowie die auf Machterhaltung gerichteten Interessen der politischen Akteure.

Grenzen der politischen Urteilsfähigkeit

Die dank der politischen Bildung vermittelte Urteilsfähigkeit über Politik darf nicht mit der Fähigkeit verwechselt werden, über alle wichtigen politischen Sachprobleme verständig urteilen zu können. Angesichts der Vielfalt und der Komplexität vieler politischer Sachverhalte wäre das eine ganz unrealistische Erwartung. Es gibt zwar politische Sachverhalte, bei denen dem informierten Laien ein ausreichend begründetes selbstständiges Urteil möglich ist. Aber es gibt ebenso andere Sachverhalte, die derart komplex und schwierig sind, dass nur Experten zu einem begründeten selbstständigen Urteil fähig sind.[117]

Die politische Bildung dient der Allgemeinbildung, nicht der Ausbildung von Experten zu den verschiedenen Politikfeldern. Man wird Schüler kaum zu Experten diffiziler politischer Sachverhalte machen können. Nur auf den ersten Blick erscheint es daher plausibel, an den mangelhaften Sachkenntnissen der Menschen gerade in den besonders wichtigen und schwierigen Fragen der Politik anzusetzen. Die Sachkenntnisse Politikfeld für Politikfeld zu verbessern, läuft jedoch auf eine Weitergabe von Faktenwissen hinaus, das nicht situiert ist und folglich schnell vergessen wird. Die Anhäufung solchen Wissens geht weiterhin zu Lasten der Zeit, die andernfalls für das Üben des politischen Urteilens zur Verfügung stünde.

Als Ausweg ist vorgeschlagen worden, eine didaktische Umgewichtung vorzunehmen. Hiernach soll der Unterricht nicht so sehr die Fähigkeit fördern, Urteile nach dem Muster politischer Entscheidungen abzugeben. Er soll vielmehr zum Urteilen darüber befähigen, ob Politiker angemessen mit politischen Sachverhalten und mit Personalfragen umgehen. Die Menschen sollen also beurteilen können, wie Politiker vorzugehen haben, wenn sie Sachen und Personen gerecht werden wollen (Grosser 1987, 175).
Ein anderer Vorschlag zielt darauf, in den Menschen ein Grenzbewusstsein auszubilden, d.h. die Kompetenz zu fördern, Status und Reichweite des eigenen Wissens einschätzen zu können (Grammes 1997a, 29).

Gemeinsam ist den beiden Vorschlägen, dass sie die Schwierigkeiten des politischen Urteilens dadurch zu vermeiden suchen, dass nicht mehr politisch geurteilt wird. Man kann dies kaum als überzeugende didaktische Antwort bezeichnen. Es führt kein Weg daran vorbei, das

---

[117] Der Politikwissenschaftler Dieter Grosser unterscheidet drei Schwierigkeitsgrade des politischen Urteilens. Er macht den Schwierigkeitsgrad maßgeblich davon abhängig, ob der betreffende Sachverhalt von den Experten beherrscht wird.
Schwierigkeitsgrad I: Es liegen ausreichende Erfahrungen vor. Die Sachkenner sind sich in der Analyse und Bewertung der Erfahrungen im Wesentlichen einig. Der interessierte Laie kann den Argumenten der Sachkenner weitgehend folgen, weil sie seinen Erfahrungen entsprechen oder die Komplexität der Sachverhalte sich ohne Verfälschung stark vereinfachen lässt.
Schwierigkeitsgrad II: Die Sachverhalte sind komplex. Die Sachkenner sind sich in der Analyse weitgehend einig. Bei der Bewertung zeigen sich dagegen Differenzen, entweder als Folge unterschiedlicher Interessen oder Prioritäten. Der Laie kann der Analyse der Sachkenner teilweise, meist aber nur unvollständig folgen. Er kann die Argumente aber nicht selbstständig auf Zuverlässigkeit prüfen. Er ist aber in der Lage, seine eigenen Interessen selbstständig und unter ausreichender Kenntnis der Sachprobleme zu definieren, entsprechende Prioritäten zu setzen und Forderungen zu artikulieren.
Schwierigkeitsgrad III: Es handelt sich um hochkomplexe Sachverhalte. Die Experten sind sich in der Analyse nicht einig, und zwar nicht nur wegen gegensätzlicher Interessen, sondern weil die Faktenbasis unzureichend ist. Es kommt zu unterschiedlichen Bewertungen und Handlungsempfehlungen. Der Laie hat keine Möglichkeit mehr, sich an die Sachkenner zu halten. Er weiß nicht, welche Position von der gründlichsten Sachanalyse gestützt wird (Grosser 1987, 167 f.).

politische Urteilen zu üben. Denn die Urteilsfähigkeit ist ein entscheidendes Qualitätsmerkmal des Bürgers in der Demokratie.

11.4 Politische Bildung für die Ausübung der Bürgerrolle: Die Förderung politischer und sozialer Handlungsfähigkeiten

Der demokratische Verfassungsstaat erzwingt keine öffentlichen Aktivitäten seiner Bürger. Gleichwohl ist es ein Zeichen lebendiger Demokratie, wenn die Bürger an der politischen Öffentlichkeit unter der Voraussetzung teilnehmen, dass die Wertgrundlagen des Verfassungsstaates beachtet werden. Eine Teilnahme an der politischen Öffentlichkeit ist jedoch nur unter zwei Bedingungen erfolgreich. Der Bürger muss erstens ein Wissen über Teilnahmerechte und Mitwirkungsmöglichkeiten besitzen. Und er muss zweitens über ein gewisses Handlungsrepertoire verfügen. Es versteht sich, dass erfolgreiches politisches Handeln weiterhin verlangt, dass man klar umrissene Ziele hat, die zudem noch im Horizont des Erreichbaren liegen müssen.

Verwandt, aber nicht identisch mit *politischen* Aktivitäten sind *soziale* Aktivitäten. Während politisches Handeln immer Einfluss auf die Gestaltung der allgemeinen Angelegenheiten nehmen will, sind soziale Aktivitäten auf die Gestaltung des sozialen Nahraumes gerichtet. Sie finden statt in Vereinen, Verbänden, Initiativen, karitativen Freiwilligenorganisationen und anderen Formen. Mit einem Wort: Soziale Aktivitäten sind Ausdruck bürgerschaftlichen Engagements. Ein solches Engagement ist außerordentlich bedeutsam für die Qualität des gesellschaftlichen Zusammenlebens.

Der politischen Bildung ist aufgegeben, Fähigkeiten zur Teilnahme an der Politik zu entwickeln, ja zu trainieren sowie ein Wissen über Partizipationsmöglichkeiten zu vermitteln. Dabei geht es im Regelfall nicht um eine professionelle Ausbildung von Berufspolitikern. Eine solche Ausbildung ist allenfalls in der Erwachsenenbildung denkbar. Es geht um die Förderung politischer Handlungsfähigkeiten[118] für den Normalbürger. Daneben ist die Befähigung zu einem bürgerschaftlichen Engagement ebenfalls eine wichtige Aufgabe der politischen Bildung.

Systematik der Handlungsfähigkeiten

Die vielfältigen im öffentlichen Raum benötigten Handlungsfähigkeiten kann man nach verschiedenen Kriterien einteilen. So kommen *politische Basisfähigkeiten* bei jeder Form öffentlicher Teilnahme zur Anwendung. Diese Fähigkeiten beziehen sich zu einem großen Teil auf die sprachliche Artikulation sowie auf den sozialen Umgang miteinander. Daraus folgt, dass ihre Förderung nicht nur dem Politikunterricht aufgegeben ist.

Ein spezielles Handlungsfeld stellen die politischen Medien dar. Den angemessenen Umgang hiermit kann man *politische Medienkompetenz* nennen. Diese Kompetenz ist deutlich spezieller als die allgemeine Medienkompetenz, die vor allem den Umgang mit neuen Informations- und Kommunikationstechnologien meint.

Dann gibt es zwei Varianten der eigentlichen *politischen Handlungsfähigkeit*. Zum einen bezieht sich politisches Handeln nämlich auf das *Innenleben* von Organisationen. Zum anderen gibt es politisches Handeln, das auf die Beeinflussung *Dritter* oder den Umgang mit *Außen-*

---

[118] Das politische Urteilen ist natürlich auch ein Handeln. Man kann daher fragen, ob die Unterscheidung in politische Handlungsfähigkeit und politische Urteilsfähigkeit wirklich überzeugend ist. Es wäre zu überlegen, statt von politischer *Handlungsfähigkeit* besser von politischer *Interaktionsfähigkeit* oder *Partizipationsfähigkeit* zu sprechen.

stehenden gerichtet ist. Die jeweils erforderlichen Fähigkeiten sind durchaus verschieden. Schließlich lässt sich noch *soziales Handeln* identifizieren. Dieses prägt die Aktivitäten bürgerschaftlicher Organisationen. Da diese Organisationen aber äußerst vielfältige Sachaufgaben wahrnehmen und die Aufgaben jeweils besondere Sachkenntnisse erfordern, lassen sich in politischen Bildungsprozessen keine hierauf abgestimmten spezifischen Handlungsfähigkeiten trainieren. Zu einem angemessenen Verhalten in bürgerschaftlichen Organisationen tragen vor allem die politischen Basisfähigkeiten bei.

Das Ensemble der *politischen Basisfähigkeiten* ist sehr umfangreich. Zu ihnen gehören zum einen sprachlich-rhetorischen Fähigkeiten, wie Fragen gezielt zu stellen, Argumente präzise zu formulieren, eine Sache auf den Punkt zu bringen, komplexe Zusammenhänge verständlich darzustellen sowie eigene Meinungen und Urteile sachlich zu vertreten. Zum anderen gehören zu den Basisfähigkeiten Fähigkeiten mit sozialer Akzentuierung, wie die Fähigkeit, sich in die Situation, Interessenlage und Denkweise von anderen zu versetzen, die Fähigkeit, sich durchzusetzen, aber auch Kompromisse zu schließen, sowie die Fähigkeit, Konflikte zu moderieren und Streit zu schlichten.

Die *politische Medienkompetenz* besteht zum einen in der Fähigkeit, die Logiken medialer Politikpräsentation entschlüsseln zu können. Voraussetzung dieser Fähigkeit ist ein Wissen darüber, dass die Medien mit Hilfe von Agenda-Setting, Agenda-Cutting und Skandalisierung ganz wesentlich die Wahrnehmung der Politik steuern. Zur Medienkompetenz gehört zum anderen die Fähigkeit, die Medien für die eigene Teilnahme an der politischen Öffentlichkeit nutzen zu können. Das beginnt mit dem klassischen Leserbrief, setzt sich fort mit dem eigenen Presseartikel und der Pressekonferenz und endet mit der Inszenierung einer Medienkampagne (Sander 2001, 68).

Die eigentlichen *politischen Handlungsfähigkeiten* bestehen in zum Teil komplexen organisatorischen sowie rhetorischen Befähigungen. Politisch handlungsfähig ist, wer Ideen formulieren, Konzepte entwickeln, Vorhaben planen, Veranstaltungen organisieren, Versammlungen leiten, politische Diskussionen moderieren, Redebeiträge vor größerem Publikum liefern, öffentliche politische Reden halten sowie Gefolgschaften organisieren und mobilisieren kann.
Es ist leicht zu sehen, dass manche dieser Fähigkeiten in der Schule nur angebahnt werden können und einer Vertiefung und Ergänzung in der politischen Erwachsenenbildung bedürfen.

Politische und soziale Handlungsfelder

Das Spektrum politischer Beteiligungsmöglichkeiten ist äußerst vielfältig. Bei der politischen Beteiligung kann man *konventionelle* von *unkonventionellen* Partizipationsformen unterscheiden. *Konventionell* ist eine Partizipation, wenn sie rechtlich erlaubt und gesellschaftlich allgemein anerkannt ist. Typisch hierfür sind die Teilnahme an Wahlen und Abstimmungen, die Mitgliedschaft in Parteien und Verbänden, die Wahrnehmung des Petitions- und des Demonstrationsrechts, Unterschriftensammlungen, Planungszellen und Beiräte. Der Bezugspunkt der konventionellen Partizipation ist in der Regel die *repräsentative Demokratie*.
Unkonventionell ist eine Partizipation, wenn sie neu und wenigstens für einige Zeit ungewöhnlich ist. Typisch hierfür sind Bürgerinitiativen und die Bildung von Menschenketten. Bestimmte Varianten der unkonventionellen Partizipation bewegen sich im Grenzbereich von Legalität und Illegalität. Hierzu gehören Boykottaufrufe, unfriedliche Demonstrationen, Sitzblockaden, Gebäudebesetzungen und Formen des Zivilen Ungehorsams. Unkonventionelle Partizipationsformen stehen fast immer in Spannung zur *repräsentativen Demokratie* und deren Entscheidungen.

Es wird häufig unterschätzt, über welche politischen Handlungsmöglichkeiten die Bürger verfügen.

Allein auf *kommunaler* Ebene gibt es außerhalb der Wahl der Ratsmitglieder und der Wahl sowie Abwahl des Bürgermeisters eine Vielzahl von Interventionsmöglichkeiten. Die Gemeindeordnungen kennen den Einwohnerantrag, das Bürgerbegehren, den Bürgerentscheid, Anregungen und Beschwerden, die Bürgerbefragung, die Einwohnerfragestunde, die Einwohnerversammlung und die Mitarbeit in Beiräten. Nicht in den Gemeindeordnungen, dafür aber im Baugesetzbuch ist die Beteiligung der Bürger an der kommunalen Bauleitplanung vorgeschrieben. Die Bürger haben gesetzlich verbriefte Möglichkeiten, ihre Vorstellungen hinsichtlich der Gestaltung ihres unmittelbaren Lebensraumes zu artikulieren und ihre Anregungen der Gemeinde zur Kenntnis zu geben.[119]

Auf *Landes-* und *Bundesebene* gibt es neben den Wahlen zu den gesetzgebenden Körperschaften das über eine lange Tradition verfügende Petitionsrecht sowie Volksbegehren und Volksentscheide.

Zu den *elementaren* Formen der Partizipation gehört es, die öffentliche Meinungsbildung zu beeinflussen sowie mit einem Anliegen an die Öffentlichkeit zu gehen. Schon als einzelne Person hat man die Möglichkeit, mit einem Leserbrief öffentlich Stellung zu nehmen, mit einem „offenen Brief" an die Öffentlichkeit zu appellieren, mit einem Flugblatt oder Plakat Aufmerksamkeit zu gewinnen, mit einem Informationsstand einen bestimmten Personenkreis zu erreichen und mit einer Dokumentation Forderungen zu belegen (Ackermann 2004, 72 ff.).[120]

Die *klassisch-konventionelle* Form der politischen Beteiligung ist die Mitwirkung an der politischen Willensbildung im Rahmen einer Partei. Denn das Grundgesetz gibt den Parteien auf, an der politischen Willensbildung des Volkes mitzuwirken. Das Parteiengesetz listet drei Funktionen auf, die den Verfassungsauftrag konkretisieren. So sollen die Parteien die aktive Teilnahme der Bürger am politischen Leben fördern, zur Übernahme öffentlicher Verantwortung befähigte Bürger heranbilden und sich durch Aufstellung von Bewerbern an den Wahlen in Bund, Ländern und Gemeinden beteiligen. Hinzu kommt, dass das Grundgesetz wie auch das Parteiengesetz die Parteien verpflichten, ihre innere Ordnung nach demokratischen Grundsätzen zu gestalten. Dies soll gewährleisten, dass die einfachen Parteimitglieder den politischen Kurs der Partei mitbestimmen können.

Auch wenn die Wirklichkeit der Parteien von oligarchischen Tendenzen bestimmt wird, Parteiführungen also die maßgeblichen inhaltlichen Akzente setzen, heißt das nicht, dass einfache Mitglieder völlig einflusslos sind. Parteiführungen bedürfen immer der Zustimmung der Mitgliederbasis, was aber nichts anderes heißt, als dass sie den vermutlichen Reaktionen der Mitglieder zu entsprechen versuchen.

Einfache Parteimitglieder auf der Ortsverbandsebene haben verschiedene Möglichkeiten, Einfluss zu nehmen. Sie können an Mitgliederversammlungen teilnehmen und dort das Wort er-

---

[119] Die Beteiligung der Bürger an Planungs- und Entscheidungsprozessen ist nicht nur bei der Bauleitplanung vorgeschrieben. Das Verwaltungsverfahrensgesetz enthält eine detaillierte Regelung des Anhörungsverfahrens für alle durch Rechtsvorschrift angeordneten Planfeststellungsverfahren. Andere Gesetze mit Spezialregelungen über die Mitwirkungsrechte von Bürgern, Einwohnern und gegebenenfalls anerkannten Verbänden sind das Naturschutzgesetz, das Immissionsschutzgesetz, das Abfallbeseitigungsgesetz, das Straßengesetz, das Wassergesetz und das Flurbereinigungsgesetz. Die Beteiligung erfolgt meist über eine Einsichtnahme ermöglichende öffentliche Auslegung der entsprechenden Unterlagen sowie die Möglichkeit, innerhalb bestimmter Fristen Einwendungen zu erheben (Detjen 2000b, 152).

[120] Die elementaren Formen der Partizipation gehören üblicherweise auch zum Handlungsrepertoire von Bürgerinitiativen sowie von Nichtregierungsorganisationen, wenn diese lokal agieren.

greifen. Sie können Parteiämter übernehmen. Sie können sich zu Delegierten für die nächsthöheren Ebenen und Parteitage wählen lassen. Sie können kommunale Probleme diskutieren und dadurch das Entscheidungsverhalten der kommunalen Amtsträger beeinflussen. Sie können sich als Bewerber für öffentliche Wahlämter aufstellen lassen (Ackermann 2004, 118).[121]

Nicht übersehen werden dürfen die Handlungsmöglichkeiten des Einzelnen im Umgang mit *Verwaltungsbehörden*. Die Behörden sind gemäß dem Verwaltungsverfahrensgesetz grundsätzlich verpflichtet, den Einzelnen beim Umgang mit der Verwaltung mit Rat und Tat zu unterstützen. Der Einzelne hat auch das Recht, Einsicht in ihn betreffende Akten zu nehmen. Dann ist es keineswegs so, dass Entscheidungen von Behörden passiv-resignativ hingenommen werden müssen. Gegen Verwaltungsakte gibt es nämlich die Möglichkeit, Widerspruch einzulegen. Dies zwingt die Behörde, die Angelegenheit noch einmal zu überprüfen. Nach Durchführung des Widerspruchsverfahrens kann gegebenenfalls beim Verwaltungsgericht geklagt werden. Schließlich kann jedermann nach Erschöpfung des Rechtsweges Verfassungsbeschwerde einlegen, wenn er sich durch die öffentliche Gewalt in einem seiner Grundrechte verletzt fühlt (Ackermann 2004, 168 ff.).

Von politischer Beteiligung strikt zu trennen sind *soziale* Aktivitäten. Diese sind häufig von der moralischen Motivation des Gemeinsinns gespeist. Selbstorganisierte sportliche, gesellige und kulturelle Tätigkeiten, Hilfen für sich selbst und andere sowie der Einsatz für das Wohl des örtlichen Gemeinwesens kennzeichnen das Selbstverständnis von Vereinen, karitativen Organisationen, Nachbarschaftshilfen, Selbsthilfegruppen, Freiwilligenagenturen und Stadtteilinitiativen. Diese Vergesellschaftungen sozialisieren und integrieren die Bevölkerung, trainieren prosoziale organisatorische Fähigkeiten und selektieren sozialaktive Persönlichkeiten. Sie bilden darüber hinaus einen vorpolitischen Raum der Meinungsbildung. Deswegen gelten sie auch als *Schule der Demokratie* (Detjen 2002c, 76 ff.).

Der vorrangige Beitrag des Einzelnen in den Vereinen und Freiwilligenorganisationen liegt darin, an der Erfüllung der jeweils gesetzten Zwecke mitzuarbeiten. Dies verlangt *Fachwissen* sowie darauf bezogene *Fertigkeiten*. Hierzu kann die politische Bildung nichts beisteuern. Der Einzelne ist aber auch aufgefordert, nach Möglichkeit für ein demokratisches Innenleben zu sorgen. Das verlangt den Einsatz politischer Handlungsfähigkeiten. Darüber hinaus sind bestimmte soziale Kompetenzen gefordert, wie die Fähigkeit, eine Gruppe organisieren und leiten, Konflikte moderieren sowie Mitglieder und Nachwuchs werben zu können (Detjen 2002c, 82 f.).

Methoden zur Förderung politischer und sozialer Handlungsfähigkeiten

Politisches Handeln ist gekennzeichnet durch Interaktionen kooperierender wie auch kompetitiver Gruppen. Gekennzeichnet sind die Interaktionen durch hohe Redeanteile. Politisches Handeln dient der Lösung von Problemen durch Entscheidungen. Will man politische Handlungsfähigkeiten fördern, müssen also Methoden angewendet werden, die das interaktive Lernen und das politische Sprechen fördern.

An herausragender Stelle sind hierfür *Planspiele* geeignet. Planspiele sind Spielmodelle, in denen Entscheidungsprozesse simuliert werden. Sie sind so konstruiert, dass gegensätzliche Interessen oder Absichten mehrerer politischer Akteure aufeinanderprallen, die Akteure vor verschiedenen Handlungsalternativen stehen, Verhandlungen und Kompromissfindungen sich

---

[121] Die für Parteien geltenden politischen Handlungsmöglichkeiten des Einzelnen lassen sich weitgehend übertragen auf Aktivitäten im Rahmen von Interessenverbänden.

als notwendig erweisen und ein hoher Entscheidungsdruck besteht. Die Spieler schlüpfen in die Rolle politischer Akteure und müssen versuchen, ihre Position so weit wie möglich zu realisieren.
Konfliktaustragung und Entscheidungsfindung erfolgen in intensiven Kommunikations- und Interaktionsprozessen. Diese Prozesse finden innerhalb der einzelnen Spielgruppen statt, wenn es darum geht, zur Durchsetzung der jeweiligen Position bestimmte Strategien und Taktiken zu entwickeln, Kompromisslinien sowie unaufgebbare Essentials zu definieren. Interaktionsprozesse finden aber auch zwischen den Spielgruppen statt, wenn diese aufeinandertreffen und es darum geht, die Strategien der Gegner zu identifizieren, deren Reaktionen zu testen sowie Bündnispartner zu gewinnen. Handeln im Planspiel heißt somit, Probleme zu analysieren, Alternativen abzuwägen, Strategien und Taktiken zu entwickeln, Zustimmungen zu organisieren sowie Entscheidungen zur Verwirklichung aufgestellter Ziele zu treffen (Massing 2004d, 164 f.).

Weitere geeignete Methoden zur Vermittlung politischer und sozialer Handlungsfähigkeiten stammen aus der amerikanischen Tradition der *Civic Education*. Diese Tradition legt viel Wert auf ein Lernen durch *Sprechen*, durch *Entscheiden* und durch *Handeln*. Sie ist aufgeschlossen für *deliberative* Kommunikation und *gemeinsames* Handeln zur Lösung von Problemen. Sie will so die Konfliktlösungs- und Konsensfindungsfähigkeit entwickeln.
Die *Sprechkompetenz* soll durch Übungen im Diskutieren, Debattieren und Deliberieren gefördert werden. Alle drei Sprechformen sind zweifellos relevant für politische Beteiligung wie für soziale Aktivitäten. Geht es beim *Diskutieren* lediglich um einen Austausch kontroverser Meinungen, so ist beim *Debattieren* das rhetorische Ausreizen festgelegter unterschiedlicher Positionen gefragt. Das *Deliberieren* dient dagegen der Suche nach einer Lösung, die für alle Kontrahenten tragfähig ist.
Die *Handlungskompetenz* soll durch Projektlernen gefördert werden. Wichtig ist, dass die Schüler dabei individuelle *Verantwortung* übernehmen und selbstständig *Entscheidungen* treffen können. Die Projekte müssen außerdem Aufgaben enthalten, welche die Fähigkeit zur komplexen *Planung* und zum kritischen *Denken* schulen.
Von besonderer Bewandtnis ist das *Youth Leadership Training*. Dieses Training geht von der Annahme aus, dass politische Initiativen wie bürgergesellschaftliche Aktivitäten auf Personen mit *Führungsqualitäten* angewiesen sind. Führer sind Individuen, die Gestaltungsideen haben, diese umsetzen und andere Individuen nachhaltig zur Mitarbeit und Teilhabe an einem Projekt motivieren können. Das *Youth Leadership Training* dient der Entwicklung von *Leadership-Skills* bei jungen Menschen. Zu diesen *Skills* gehören folgende Fähigkeiten: Eigene Ziele und Visionen formulieren können, Konzepte entwickeln können, Ideen visualisieren und präsentieren können, in der Öffentlichkeit frei sprechen können, Teams bilden, motivieren und stärken können, interpersonell kommunizieren können sowie moderieren und Streit schlichten können (Sliwka 2001, 23 ff.).

11.5 Weitere Aufgaben der politischen Bildung: Vermittlung methodischer Fähigkeiten und sozialwissenschaftlicher Analysekompetenz (Wissenschaftspropädeutik)

Methodische Fähigkeiten

Die politische Bildung kann die Menschen nicht mit einem Bestand an Sachwissen ausstatten, das sie in die Lage versetzt, auch zukünftige politische Ereignisse sicher einzuschätzen, politisch zu beurteilen und handelnd zu bewältigen. Denn es nicht absehbar, welche Situationen, Probleme und Konflikte auf die Menschen zukommen werden. Die politische Bildung muss daher die Menschen dazu befähigen, dass sie sich *selbstständig* notwendiges Wissen beschaffen, Informationen kritisch beurteilen und für den eigenen Nutzen selektieren sowie das erarbeitete Wissen weitergeben können. Dies verlangt von der politischen Bildung, in ihren Lernprozessen eine *Kultur der Selbstständigkeit* zu pflegen. Nur so können die Lernenden die eigene Organisation ihres Lernens auch trainieren.

Ein Großteil der methodischen Fähigkeiten, die im Rahmen der politischen Bildung trainiert werden müssen, ist nicht fachspezifischer Art und damit auch in nichtpolitischen Kontexten anwendbar. Das Umgekehrte gilt ebenfalls: Die methodischen Fähigkeiten sind auch außerhalb der politischen Bildung in anderen fachlichen Zusammenhängen erwerbbar.

Methodische Fähigkeiten in dem bezeichneten Sinne sind die Techniken sinnfälligen Lesens, der Umgang mit verschiedenen Textsorten, das gezielte Suchen nach Informationen in Nachschlagewerken, Fachbüchern und im Internet, das Interpretieren von Schaubildern, Diagrammen, Statistiken und Karikaturen, die Beherrschung von Gesprächsformen und Präsentationstechniken sowie die Fähigkeit, Referate zu konzipieren und vorzutragen (Sander 2001, 72 f.; Gesellschaft für Politikdidaktik und politische Jugend- und Erwachsenenbildung (GPJE) 2004, 17 f.).

Insbesondere die Fähigkeit zum Lesen ist in ihrer Bedeutsamkeit für die politische Bildung kaum zu überschätzen. Denn die Politik findet vorrangig im Medium der Sprache statt. Die Lesekompetenz bildet somit die Voraussetzung für das politische Urteilen und Handeln. Lesekompetent zu sein bedeutet, geschriebene Texte verstehen und nutzen und auf diese Weise das eigene Wissen weiterentwickeln zu können. Lesekompetenz verlangt, aus Texten Informationen ermitteln sowie Bedeutungen konstruieren und Schlussfolgerungen aus einem oder mehreren Teilen des Textes ziehen zu können. Und sie verlangt, einen Text mit eigenen Erfahrungen, Wissensbeständen und Ideen in Beziehung zu setzen. Das schließt ein, die Gültigkeit zentraler Textaussagen auf der Basis allgemeinen Weltwissens zu bewerten. Ebenso gehört dazu, den logischen Aufbau eines Textes und die Angemessenheit einer Textart kritisch zu bewerten.

Die methodischen Fähigkeiten selbstständiger Wissensaneignung kann man den sogenannten kognitiven *Schlüsselkompetenzen* zuordnen, mit denen sich die Kognitionspsychologie ausführlich beschäftigt hat. Die selbstständige Wissensaneignung wird von der Kognitionspsychologie als *selbstreguliertes Lernen* bezeichnet. Ein solches Lernen verlangt den Erwerb von Wissen über die allgemeinen Regeln des Lernens und des Gedächtnisses, über verschiedene Lernstrategien zur Erreichung unterschiedlicher Ziele sowie über unterschiedliche Schwierigkeitsgrade und Anforderungsbesonderheiten von Aufgaben. Eine weitere, gerade in der politischen Bildung wichtige methodische Fähigkeit ist das *fächerübergreifende Problemlösen*. Damit ist ein zielorientiertes Denken und Handeln in unvertrauten Situationen gemeint, für deren Bewältigung folglich keine Routinen verfügbar sind (Detjen 2005c, 85).

Sozialwissenschaftliche Analysekompetenz (Wissenschaftspropädeutik)

Über die Vermittlung genereller methodischer Fähigkeiten hinaus obliegt es der politischen Bildung auch, die Lernenden ansatzweise mit *wissenschaftlichen* Methoden, Denkweisen und Inhalten bekannt zu machen. Man nennt dies *Wissenschaftspropädeutik*.

Die Aufforderung, in das wissenschaftliche Arbeiten einzuführen, geht auf zwei schon lange zurückliegende, aber bis zur Gegenwart gültige bildungspolitische Vorgaben zurück. Im Beschluss der Kultusministerkonferenz vom 28. und 29. September 1961 mit dem Titel *Didaktische und methodische Gestaltung der Oberstufe der Gymnasien* heißt es noch relativ unbestimmt: Der Schüler „soll propädeutisch in wissenschaftliche Arbeitsweisen eingeführt werden und lernen, mit Gegenständen und Problemen der Erfahrung, des Erkennens und des Wertens seinem Alter entsprechend selbständig und sachgerecht umzugehen." Der Beschluss der Kultusministerkonferenz vom 2. Dezember 1977 mit dem Titel *Empfehlungen zur Arbeit in der gymnasialen Oberstufe in der Sekundarstufe II* listet detaillierter auf, worin die Wissenschaftspropädeutik bestehen soll. Hiernach sind dem wissenschaftspropädeutischen Arbeiten vier Ziele vorgegeben, nämlich die Kenntnis wesentlicher Strukturen und Methoden von Wissenschaften, das Verständnis der komplexen Denkformen von Wissenschaften, die Einsicht in Zusammenhang und Zusammenwirken von Wissenschaften und schließlich das Erkennen von Grenzen wissenschaftlicher Aussagen.

Der auch andere schulische Fächer betreffende Auftrag zur Wissenschaftspropädeutik bezieht sich naturgemäß vorrangig auf den Unterricht in der gymnasialen Oberstufe. Gleichwohl kann das Fundament hierfür bereits in jüngeren Jahrgängen gelegt werden. Es bestehen gute Chancen für wissenschaftspropädeutisches Arbeiten, wenn Lernende fähig sind, Fragen sachlich präzise und sprachlich eindeutig zu stellen. Ebenso müssen sie imstande sein, Informationen selbstständig zu erarbeiten, was unter anderem einschließt, Dokumente interpretieren und neue Informationen in bestehende kognitive Schemata einordnen zu können. Weiterhin müssen sie fähig sein, angemessene Methoden zur Bearbeitung von Problemen zu wählen. Schließlich müssen sie Ergebnisse formulieren und reflektieren können. Dies verlangt, beschrittene Erkenntniswege und verwendete Urteilsmaßstäbe nachträglich beschreiben und in ihrer Eignung beurteilen zu können.

Im Rahmen der politischen Bildung wissenschaftspropädeutisch zu verfahren bedeutet, auf die Sozialwissenschaften in ihren Konkretisierungen als Politikwissenschaft, Soziologie und Wirtschaftswissenschaft zu rekurrieren. Dabei lassen sich materiale und formale Gesichtspunkte differenzieren. Der materiale Gesichtspunkt bezieht sich auf die Gegenstandsbereiche der Sozialwissenschaften. Wissenschaftspropädeutik im materialen Sinne heißt folglich, die Lernenden mit ausgewählten wissenschaftlichen Erkenntnissen bekannt zu machen. Der formale Gesichtspunkt bezieht sich auf die Vorgehens- und Denkweisen, also Methoden der Sozialwissenschaften. Die Lernenden sollen mithin sozialwissenschaftlich-analytisch arbeiten, wenn dies auch nur ansatzweise geschehen kann.

Wissenschaftspropädeutik zu praktizieren kann ganz Unterschiedliches bedeuten. So wird wissenschaftlichen Standards bereits in der korrekten Handhabung selektiv eingeführter wissenschaftlicher Fachbegriffe Genüge getan. Anspruchsvoller ist es, empirische Methoden der Datengewinnung und hermeneutische Methoden der Textauslegung zu trainieren. Ein anderer Aspekt ist die Reflexion des Zusammenhanges von Wissenschaft und der Verwertung wissenschaftlichen Wissens. Der Umgang mit Theorien oder Theoriestücken stellt ein besonders hohes Niveau an Wissenschaftspropädeutik dar (Reinhardt 1997, 23 ff.).

Der speziell auf das Methodenlernen bezogene Teil der Wissenschaftspropädeutik vermittelt grundlegende Kenntnisse über sozialwissenschaftliche Verfahrensweisen. Die Lernenden erfahren etwas über die Begriffs-, Hypothesen- und Modellbildung in den Sozialwissenschaften und werden somit zum sozialwissenschaftlichen Analysieren befähigt.

Wissenschaftspropädeutik ist es schließlich auch, wenn die Lernenden generell etwas über Wissenschaften erfahren. Hierzu gehören Kenntnisse über Leistungen und Grenzen der Wissenschaften sowie Einblicke in grundlegende wissenschaftliche Verfahrens- und Erkenntnisweisen. Ebenso gehören dazu Einsichten in die Möglichkeiten wissenschaftlichen Zusammenwirkens und in die Begrenztheit und Vorläufigkeit wissenschaftlicher Aussagen sowie ein Wissen um die Abhängigkeit wissenschaftlicher Ergebnisse von den zugrunde gelegten Fragestellungen. Nicht zu vergessen sind Hinweise darauf, dass es individuelle und gesellschaftliche Bereiche gibt, die mit Hilfe wissenschaftlicher Methoden nicht zureichend erfasst werden können (Behrmann/Grammes/Reinhardt 2004, 375 ff.).

Wissenschaftspropädeutisch geeignete Methoden

Der Wissenschaftspropädeutik entspricht unterrichtsmethodisch am ehesten das *forschende Lernen*. Dieses Lernen gibt den Lernenden Gelegenheit, mit ihren eigenen Kräften politische Einstellungen zu ermitteln, Sachverhalte aus der politisch-sozialen Umwelt zu eruieren oder sich um die Lösung von Problemen aus diesem Bereich zu bemühen. Was als Ergebnis forschenden Lernens am Ende herauskommt, ist zu Beginn nicht bekannt. Viel hängt von der Fragestellung, der Kommunikation innerhalb der Lerngruppe und der gewählten Forschungsstrategie ab. Forschendes Lernen weist mithin eine Nähe zum *Projektunterricht* auf.

Um dem Anspruch forschenden Lernens gerecht zu werden, ist es wichtig, dass die gewählten Vorgehensweisen Ähnlichkeiten mit wissenschaftlichen Forschungsmethoden aufweisen. *Recherchen* als Vorbereitung von Dokumenten- oder Inhaltsanalysen, *Interviews* und *Umfragen* sowie *Expertenbefragungen* gehören zweifellos zu den etablierten Instrumenten sozialwissenschaftlicher Forschungspraxis. Sie sind auch im Rahmen politischer Bildungsbemühungen anwendbar.

Eine nachahmenswerte Form hat das forschende Lernen in der *Politikwerkstatt* gefunden. Dort erforschen junge Menschen mit diversen Instrumenten der empirischen Sozialforschung aktuelle politische Probleme ihres Nahbereiches (Moegling 2003, 10 ff.). In der außerschulischen politischen Jugend- und Erwachsenenbildung ist forschendes Lernen ebenfalls nicht unbekannt: *Geschichts-* und *Planungswerkstätten* sowie *Projekte* zu besonderen Daten und Ereignissen verlangen Recherchen, Interviews und Expertenbefragungen. (Detjen 2005a, 565 ff.).

11.6 Eine besondere Aufgabe der politischen Bildung: Förderung der Werte- und Moralerziehung

Die Legitimierung der Werte- und Moralerziehung

Die Werte- und Moralerziehung ist kein eigentlicher und ausschließlicher Gegenstand der politischen Bildung. Werte- und Moralerziehung findet in vielen Schulfächern statt, insbesondere im Religions- und Ethikunterricht. Ebenso haben das Zusammenleben in der Schule sowie der Umgang von Lehrenden und Lernenden miteinander Auswirkungen auf die Wertebildung.
Die Gegenstände der Werte- und Moralerziehung leiten sich aus den Erziehungs- und Bildungszielen der Schule ab. Diese Ziele sind stark von den Grundwerten des *demokratischen Verfassungsstaates* sowie vom Wert des *Friedens* zwischen den Völkern und Staaten bestimmt. Als zu vermittelnde Werte kommen hiernach die Würde des Menschen, Freiheit und Gleichheit, Gerechtigkeit, Demokratie sowie innerer und äußerer Frieden in Betracht. Alle diese Werte sind nicht privater, sondern öffentlicher Natur. Deshalb berührt die Werte- und Moralerziehung zwangsläufig das Aufgabenfeld der politischen Bildung.

Das Erfordernis einer Werte- und Moralerziehung gerade in einem demokratisch verfassten Gemeinwesen ergibt sich aus mehreren Überlegungen. Zunächst muss man sehen, dass die Demokratie stärker als andere Staatsformen abhängig ist von einem Konsens in der Bevölkerung über die sie legitimierenden Werte. Der Aneignung dieser Werte ist folglich ein hoher Stellenwert im Bildungsprozess einzuräumen.
Dann gilt es, Folgendes zu bedenken: Weil die Demokratie ihren Bürgern einen besonders großen Freiheitsraum gewährt, ist sie auf ein nicht unerhebliches Maß an Moralität im Tun der Menschen angewiesen. Dem demokratischen Gemeinwesen kommt es vor allem auf den Aspekt der Moralität an, der sich in bestimmten öffentlichen Tugenden zeigt. Solche Tugen-

den sind der Rechtsgehorsam, die Gerechtigkeit im Verhalten der Menschen untereinander, die solidarische Sorge um die Schwächeren, die Bereitschaft zum bürgerschaftlichen Engagement und das Eintreten für die demokratische politische Ordnung. Von diesen öffentlichen Tugenden zu trennen ist die private Moral. Denn die weitgehende, wenn auch nicht vollkommene Trennung zwischen der Moralität der Menschen als sittliche Wesen und ihrer Legalität als Bürger ist ein Kennzeichen freiheitlicher Gemeinwesen (Sutor 1997b, 83).

Schließlich muss gesehen werden, dass Politik nicht wertneutral ist. Politische Entscheidungen tangieren immer die nicht spannungsfrei zueinander stehenden Grundwerte der Freiheit, Gleichheit und Gerechtigkeit. Die Ergebnisse des politischen Tuns werden am politischen Wert des Gemeinwohls gemessen, in dessen Zentrum die Würde eines jeden Mitgliedes des Gemeinwesens steht. Das Verhalten von Politikern wird an Amtstugenden gemessen, hinter denen sich die klassischen vier Kardinaltugenden der Klugheit, der Gerechtigkeit, der Tapferkeit oder Standfestigkeit und der Mäßigung verbergen (Sutor 1997b, 45 ff., 65 ff., 98 ff.).[122]

Grundsätzliche Probleme der Werte- und Moralerziehung

Die Werte- und Moralerziehung ist mit einigen schwerwiegenden Problemen konfrontiert. So ist der Wertbegriff alles andere als eindeutig. Werte sind nämlich ein sehr heterogenes Phänomen. Denn es gibt nicht nur politische Grundwerte, sondern auch religiöse, ästhetische und sittliche Werte. Es gibt auch rein individuelle Werte, was nichts anderes als persönliche Vorlieben für irgend etwas meint. Schlechthin alles kann für einen Menschen „wertvoll" sein.

Für die Werte- und Moralerziehung im Kontext der politischen Bildung kommen in erster Linie die politischen Grundwerte in Betracht. In den Horizont der politischen Bildung passen darüber hinaus noch sittliche Werte. Diese Werte haben etwas Unbedingtes an sich, d.h., sie verpflichten um ihrer selbst willen. Sittlichen Wertcharakter tragen Einstellungen und Handlungen wie beispielsweise der Schutz fremden Lebens, die Gerechtigkeit auf der Basis der Gegenseitigkeit, die Toleranz gegenüber Andersdenkenden und die Sorge für den Schwächeren. Werden solche sittlichen Werte praktiziert, fördert dies ohne Zweifel das Zusammenleben in einer Gesellschaft.

Die Werte- und Moralerziehung ist mit der Spannung zwischen Relativismus und Skeptizismus auf der einen und Dogmatismus sowie Indoktrination auf der anderen Seite konfrontiert. Diese Spannung ist Ausdruck eines prinzipiellen moralphilosophischen Erkenntnisproblems. Dieses Problem betrifft den erkenntnistheoretischen Status von Werten, speziell von sittlichen Werten, sowie von moralischen Auffassungen. Es gibt nämlich einen Streit darüber, ob man Werte überhaupt erkennen und bestimmen kann und ob es eine objektive und insofern universale Moral gibt.

Die relativistische Position hält die Objektivität von Werten und die Universalität von Moral für nicht nachweisbar. Plausibel erscheint der Relativismus vor dem Hintergrund des empirischen Sachverhaltes, dass die Menschen sehr vielen und sehr unterschiedlichen Werten und moralischen Auffassungen folgen. Diesen noch nicht problematischen Sachverhalt nennt man *deskriptiven Relativismus*. Problematisch ist dagegen der *normative Relativismus*. Denn er vertritt die Auffassung, dass man im Grunde alle Werte und Moralen als gleichberechtigt ansehen müsse, weil das Erkenntnisvermögen des Menschen im Bereich der Lebenspraxis nichts Objektives feststellen könne. Zumindest ließen sich Werte und Moralauffassungen nicht mit

---

[122] Die Evidenz der Zusammengehörigkeit von Ethik, Moral und politischer Bildung ist so groß, dass der Vorwurf, Moralerziehung sei konservativ-affirmativ und deshalb aus der Sicht einer sich der Emanzipation verpflichtet fühlenden Theorie der politischen Bildung abzulehnen, selbst von Anhängern einer solchen Theorie nicht länger als stichhaltig angesehen wird (Henkenborg 1992, 16, 26f., 64 f.).

zwingenden Argumenten widerlegen. Es liegt auf der Hand, dass diese Auffassung zwangsläufig zu einem moralischen Skeptizismus führt.

Die entgegengesetzte Position geht davon aus, dass der Mensch intuitiv oder diskursiv objektive und damit wahre Werte erkennen kann. Wenn aber bestimmte Werte diese Eigenschaft haben, dann sind sie nicht nur im Bildungsprozess zu vermitteln, sondern entgegengesetzte Werte auch zu tabuisieren. Aus diesem Grunde verdient diese Position nicht zu Unrecht die Bezeichnung *dogmatisch* und muss sich vorwerfen lassen, dass sie zur Indoktrination führt. Ganz offenkundig kommt die Werte- und Moralerziehung nicht umhin, einen Mittelweg zwischen Skeptizismus und Indoktrination zu finden.

Ein weiteres Problem besteht im gesellschaftlichen *Wertewandel*. Dieses Problem hat allerdings nicht die Virulenz der anderen Probleme. Denn der Wertewandel bezieht sich nicht auf Verfassungsgrundwerte und auch nicht auf Moralprinzipien. Gegenstand des Wertewandels sind vielmehr partikulare Vorstellungen über Fragen des Lebensstils. So lassen sich seit etwa zwanzig Jahren eine Abkehr von Pflicht- und Akzeptanzwerten und eine Hinwendung zu Selbstentfaltungswerten feststellen. Dies hat zweifellos Auswirkungen auf das individuelle und soziale Verhalten der Menschen. Gleichwohl wird die speziell von der politischen Bildung zu leistende Werte- und Moralerziehung im Kern nicht vom Wertewandel getroffen. Denn Thema dieser Erziehung sind die tragenden Werte des politischen Gemeinwesens sowie moralische Prinzipien und die dahinterstehenden Werte.

Zielperspektiven der Werte- und Moralerziehung

Als allgemeinstes Ziel der Werte- und Moralerziehung kann man die Entwicklung von *moralischer Sensibilität* bezeichnen. Diese Sensibilität schließt die Fähigkeit zu moralischer Reflexion und Argumentation sowie die Fähigkeit und Bereitschaft zum moralischen Handeln ein. Mit dieser Aufgabenzuschreibung ist ein Bezug zur politischen Bildung allerdings noch nicht hergestellt. Ein solcher Bezug liegt erst dann vor, wenn der Lernende sich sowohl taugliche moralische Kriterien bei der Beurteilung und Bewältigung von Problemen gesellschaftlicher, wirtschaftlicher und politischer Art angeeignet als auch Einsicht in die tragenden Werte einer freiheitlich-demokratisch organisierten Gesellschaft gewonnen hat.

Die Versuchung ist groß, bei der Verwirklichung der zuletzt erwähnten Zielvorstellung auf das Konzept der sogenannten *Wertevermittlung* zurückzugreifen. Dieses Konzept begreift die Werte- und Moralerziehung als einen Kulturübertragungsprozess. Hiernach wird es als Aufgabe der Erziehung angesehen, bewährte Werte, Moralprinzipien und Tugenden von einer Generation auf die folgende zu übertragen. Eine so gestaltete Werte- und Moralerziehung konzentriert sich folglich auf die Weitergabe des Etablierten, ohne seine Vorzugswürdigkeit zum Gegenstand von Reflexionsprozessen zu machen.

Methoden der Wertevermittlung sind die Instruktion, die Verstärkung des Erwünschten durch Belohnung und das Trainieren. Die Wertevermittlung setzt also auf Belehrung und Übung und hofft auf Nachahmung. Damit leistet sie aber keinen Beitrag zu einer Erziehung zu moralischer Mündigkeit und sittlicher Urteilsfähigkeit. Denn es geht ihr lediglich um die Zustimmung und Aneignung von akzeptierten Werten, Moralprinzipien und Tugenden. Dabei ist es der Wertevermittlung im Grunde gleichgültig, ob die Zustimmung wohldurchdacht oder nur opportunistisch motiviert ist. Dies ist jedoch in sittlicher Hinsicht keineswegs gleichgültig: Denn die Zustimmung zu bestimmten Werten und Moralauffassungen kann zwar Ausdruck von Reife sein. Sie kann aber auch das Ergebnis bloßen Konformismus sein.

Dass die Wertevermittlung nicht geeignet ist für die Werte- und Moralerziehung, liegt aber vor allem daran, dass sie den Charakter einer Konditionierung und Manipulation trägt. Kritische Reflexivität ist in diesem Konzept jedenfalls nicht vorgesehen. Schließlich dürfte eine so ausgerichtete erzieherische Bemühung auch wenig Früchte tragen. Denn Werte und Moral müssen verstanden worden sein, bevor sie wirklich das Leben bestimmen können.

Das kognitionspsychologische Konzept der Moralerziehung Lawrence Kohlbergs

Das Konzept der kognitionspsychologisch fundierten Moralerziehung vermeidet die Extreme der Indoktrination und des Relativismus. Es lehnt die indoktrinierende Konditionierung im Sinne vorgegebener Werte ebenso ab wie die Auffassung, dass es keine vernünftigen Unterscheidungskriterien zwischen tragfähigen und weniger tragfähigen moralischen und wertmäßigen Überzeugungen gibt. Die zentrale Behauptung lautet, dass sich *Moralurteile* und die hinter ihnen stehenden Werte in qualitativ höhere und niedere Stufen unterscheiden lassen.

Es versteht sich, dass es unter dieser Voraussetzung im Bildungsprozess darum gehen muss, die *moralische Urteilsfähigkeit* zu fördern. Da nun die Moral zwar nicht ausschließlich, aber doch ganz wesentlich eine Angelegenheit des Denkens ist, kommt es darauf an, die kognitive Qualität von Moralurteilen zu verbessern. Der Sache nach beziehen sich Moralurteile sehr häufig auf Handlungen, die mit der Verteilung von Vorteilen und Belastungen zwischen Menschen verknüpft sind. Solche Handlungen haben damit Fragen der *Gerechtigkeit* zum Gegenstand.

Für die Moralentwicklung lautet die zentrale psychologische Annahme, dass die Menschen mit wachsendem Alter und durch Auseinandersetzung mit der sozialen Umwelt immer differenziertere und komplexere moralische Denkstrukturen entwickeln. Diese Entwicklung gestattet es den Menschen, Konflikte zwischen ihrem Selbst und ihrer Umwelt immer besser zu lösen. „Besser" bedeutet dabei „gerechter". Die Lösung eines Verteilungsproblems gilt diesem Verständnis zufolge als umso gerechter, je umfassender und gleichgewichtiger die Interessen aller von einer Handlung Betroffenen berücksichtigt werden.

Das Konzept der Moralerziehung basiert auf der kognitiven Entwicklungspsychologie des Amerikaners Lawrence Kohlberg. Diese Psychologie versucht, das allen Menschen Gemeinsame und somit Universelle der kognitiven Entwicklung zu bestimmen. In Anlehnung an den Genfer Psychologen Jean Piaget stellte Kohlberg ein Stufenkonzept der moralkognitiven Entwicklung auf. Dieses enthält vier wesentliche Behauptungen:

Erstens: Die Entwicklungsstufen bilden eine invariante, d.h. nicht umkehrbare Sequenz. Es gibt folglich eine niedrige Anfangsstufe und eine das höchste Niveau repräsentierende Endstufe. Der Mensch entwickelt sich in Richtung des jeweils nächsthöheren Niveaus. Ein einmal erreichtes Niveau wird beibehalten. Rückentwicklungen gibt es nicht.

Zweitens: Die Stufen sind durch „hierarchische Integration" gekennzeichnet. Das bedeutet, dass die höheren Stufen die kognitiven Strukturen der niedrigeren Stufen integrieren oder in sich aufheben. Das hat zur Folge, dass ein Individuum die Denkweisen der von ihm überwundenen Moralstufen ohne weiteres verstehen kann.

Drittens: Die Stufen sind „strukturierte Ganzheiten". Das heißt, dass ein Individuum konsistent in allen moralischen Fragen auf ein und derselben Stufe argumentiert. Die betreffende Stufe markiert also tatsächlich den jeweils erreichten kognitiven Entwicklungsstand.

Viertens schließlich: Moralurteile und ihre Begründungen basieren auf weltweit ähnlichen Kategorien. Diese bilden folglich die universelle Sprache oder Tiefendimension der Moral. Kognitiv gestufte Moralurteile sind folglich in allen Kulturen anzutreffen. Entgegen dem Relativismus kann also davon gesprochen werden, dass es universelle moralische Denkstrukturen gibt (Kohlberg 1997, 85).

11. Aufgaben und Ziele der politischen Bildung

Kohlberg unterschied sechs Stufen der Moralentwicklung, für die er universelle Geltung beanspruchte. Die sechs Stufen ordnete er drei Niveaus zu, nämlich der präkonventionellen, der konventionellen und der postkonventionellen oder auch prinzipienorientierten Moral. Während die Niveaus die grundsätzliche Qualität eines Urteils ausdrücken, differenzieren die Stufen die Niveaus lediglich weiter aus.

Die Moralstufen unterscheiden sich darin, woran jeweils eine als gerecht empfundene Handlung gemessen wird. Auf der Stufe 1 sind es das eigene Wohlergehen und die Vermeidung von Bestrafung. Auf der Stufe 2 ist es die Orientierung an strategischer Tauschgerechtigkeit mit einer anderen Person. Auf Stufe 3 gilt als gerecht, was den Erwartungen von Bezugspersonen aus dem Nahbereich entspricht, während auf Stufe 4 gerecht ist, was der Aufrechterhaltung von Gesetz und Ordnung dient. Auf der Stufe 5 orientiert sich die Gerechtigkeit an den Prinzipien der Gesellschaftsvertragstheorie. Stufe 6 schließlich bezieht die Gerechtigkeit auf den sogenannten moralischen Standpunkt, der prüft, ob eine Handlung für jeden nur denkbaren Menschen zumutbar ist (Kohlberg 1981, 108 ff.).[123]

Die Moralentwicklung folgt offenkundig einer bestimmten Logik: Auf den Stufen 1 und 2 orientiert sich der Urteilende an konkreten Konsequenzen. Auf den Stufen 3 und 4 richtet sich der Urteilende nach der Zustimmung oder Missbilligung von Menschen aus seinem Umfeld bzw. nach institutionalisierten Geboten und Verboten. Dabei verbirgt sich hinter den Geboten und Verboten nichts anderes als der gesetzesförmig gewordene Wille einer Gesellschaft. Auf den Stufen 5 und 6 wird das Urteil bestimmt von einem Gefühl der Verpflichtung gegenüber vernünftigen Prinzipien um ihrer selbst willen.

Anhand dieser Ausrichtungen wird deutlich, warum die Stufen 1 und 2 präkonventionelles, die Stufen 3 und 4 konventionelles und die Stufen 5 und 6 postkonventionelles Niveau haben. Auf dem präkonventionellen Niveau weiß der Mensch noch nichts von geltenden Regeln. Auf dem konventionellen Niveau tut er nichts anderes, als geltenden Regeln zu folgen. Erst auf dem postkonventionellen Niveau hat er die Fähigkeit, geltende Regeln gedanklich außer Kraft zu setzen. Der Mensch ist nun außerdem in der Lage, über die Gründe nachzudenken, warum

---

[123] Die Moralstufen 5 und 6 sind philosophische Konstrukte, und zwar stellen sie eine Rezeption von Moralphilosophien dar, die im europäisch-amerikanischen Kontext als modern gelten und im Diskurs westlicher Philosophen allgemein anerkannt sind. Man könnte zugespitzt formulieren, dass sie dem Ideengut des Rationalismus und des Individualismus entspringen sowie politisch am Liberalismus orientiert sind, und Kohlberg folglich entgegenhalten, dass er für bestimmte Ideale wirbt, die kulturkreisgebunden und nicht, wie die Theorie behauptet, universell sind.
So entspricht die Moralstufe 5 dem Gesellschaftsvertragsdenken der Aufklärung. In spannungsreicher Synthese enthält dieses Denken als legitimierende Zwecke des Zusammenschlusses die Förderung des allgemeinen Nutzens (Wohles) und den Schutz individueller Rechte der Gesellschaftsmitglieder. Als notwendig hierzu werden allgemeine Gesetze angesehen, die Rechte und Pflichten gemäß der Kalkulation des Gesamtnutzens verteilen. Auf der Moralstufe 5 zu urteilen heißt, sich in die Position eines Verfassungs- und Gesetzgebers zu versetzen. Dieser Blickwinkel bewirkt, dass man die Gesetzgebung als einen genetischen Prozess mit kontingenten Resultaten erkennt. Man sieht, dass die Gesetze und Regeln nicht naturgegeben und insofern nicht in Frage zu stellen, sondern nach Maßgabe des Gesellschaftszweckes änderbar sind. Hierin liegt der entscheidende Unterschied zur Moralstufe 4. Nach Kohlberg enthält Stufe 5 die Moral, die in den Verfassungsdemokratien des Westens institutionalisiert worden ist.
Die philosophischen Autoritäten der Moralstufe 6 sind vor allem Immanuel Kant und John Rawls. Entscheidend für diese Stufe ist, dass hier nach universalen, für alle Menschen (die Menschheit) gültigen Prinzipien geurteilt werden muss. Kulturell Relatives darf folglich keine Rolle spielen. Diese Ausschließung macht die erwähnten Philosophen aufgrund ihres auf Verallgemeinerung von Grundsätzen und Maximen zielenden sowie auf die Festlegung eines inhaltlich Guten weitgehend verzichtenden Denkens attraktiv. Kants Autonomieforderung und kategorischer Imperativ sowie Rawls' Gerechtigkeit als Ergebnis einer fairen Entscheidung unter Ungewissheitsbedingungen erfüllen Kohlbergs Anforderungen für ein Moralurteil auf der Stufe 6.

bestehende Regeln in Geltung sind. Und er kann darüber reflektieren, wie Regeln beschaffen sein sollten, wenn ihnen allgemeine Anerkennung zukommen soll.

Man könnte die drei Niveaus auch *egozentrisch*, *soziozentrisch* und *universalistisch* nennen. Denn die Ausweitung der sozialen Perspektive ist offensichtlich der tragende Zug der Moralentwicklung. Diese Ausweitung ist am deutlichsten in den postkonventionellen Stufen erkennbar. Hier wird nämlich nicht mehr auf der Grundlage konkret spürbarer Konsequenzen oder sinnlich wahrnehmbarer Zustimmungen geurteilt. Geurteilt wird vielmehr nach Maßgabe einer idealen Rollenübernahme für alle von der jeweiligen Handlung betroffenen Menschen. Dies setzt echte moralische Autonomie, d.h. Emanzipation von geltenden Konventionen wie von der eigenen Interessenlage, voraus. Urteile auf diesem Niveau genügen deshalb dem Kriterium der Verallgemeinerungsfähigkeit. Jeder, der rational und unvoreingenommen, d.h. vom moralischen Standpunkt aus, urteilt, kann ein solches Urteil annehmen. Deshalb ist der Endpunkt der Moralentwicklung hiermit erreicht (Reinhardt 1999, 24 ff.).

Das Konzept der moralkognitiven Entwicklungspsychologie lässt sich tabellarisch darstellen. Gezeigt werden kann so, dass sich die sechs Moralstufen unterscheiden hinsichtlich der jeweils eingenommenen sozialen Perspektive, des jeweils angewendeten Gerechtigkeitskriteriums und des jeweiligen Motivs, das als gerecht Erkannte auch zu befolgen.

Stufen der moralischen Entwicklung

Moralstufe	Soziale Perspektive	Gerechtigkeitskriterium	Motivation zur Befolgung des Gerechten
1. Präkonventionelles moralisches Niveau			
Heteronome Moral	Egozentrische Perspektive / Ich	Gehorsam. Befolgen der Anordnungen der überlegenen Autorität	Vermeidung von Bestrafung
Individualistische Tauschmoral	Konkret individualistische Perspektive / Ich und Du	Gegenseitiger, gleichwertiger Nutzen	Befriedigung eigener Bedürfnisse unter Anerkennung der Bedürfnisse des anderen
2. Konventionelles moralisches Niveau			
Gruppenmoral	Gruppenperspektive / Wir	Erfüllung des Wohles anderer bzw. der Erwartungen anderer an die eingenommene Rolle	Verlangen, die Zuneigung der anderen zu erhalten
Gesellschaftsmoral	Perspektive der Gesamtgesellschaft / Wir alle	Befolgung der Gesetze	Gewährleistung des Funktionierens der Institutionen
3. Postkonventionelles moralisches Niveau			
Individualistisch-utilitaristische Ethik	Perspektive der im Gesellschaftsvertragsmodell enthaltenen Prinzipien (Freiheit, Gleichheit, Schutz und	Legitimität der Verfolgung partikularer Interessen unter der Bedingung der Respektierung von Leben und Freiheit jedes Gesell-	Gefühl der Verpflichtung gegenüber den legitimierenden Prinzipien des Gemeinwesens

	Wohl aller in einer Gesellschaft vereinigten Personen)	schaftsmitgliedes sowie der Förderung des allgemeinen Wohls	
Universalistisch-deontologische Ethik	Perspektive des Standpunktes der Moral (Moralische Autonomie. Gedankliche Prüfung von Ansprüchen nach Maßgabe von Wohlwollen und Reversibilität. Verpflichtung zur Universalisierung)	Der Mensch als Zweck an sich selbst	Glaube an die Gültigkeit universaler moralischer Prinzipien

Kohlberg sprach weder von Werten noch von der Entwicklung eines Wertebewusstseins. Man könnte deshalb meinen, dass sein Konzept keinen Beitrag zur *Werteerziehung* leistet. Stellt man allerdings in Rechnung, dass in den Begründungen der Gerechtigkeitsurteile ebenfalls Werte zum Ausdruck kommen, gelangt man zu einem anderen Ergebnis. Die impliziten Werte sind, in aufsteigender Folge, individuelles Wohlbefinden, nützliche Folgen für sich selbst und den anderen, Anerkennung durch die Gruppe, Aufrechterhaltung der gesellschaftlichen und politischen Ordnung, Fairness, d.h. Gleichheit, in der Verteilung von Rechten und Pflichten beim gedanklichen Akt der Verfassungsgründung sowie schließlich Autonomie bei moralischen Entscheidungen, ergänzt durch Wohlwollen und Sympathie für jedes einzelne Glied der Menschheit (Detjen 2000c, 316). Man muss allerdings zugeben, dass Kohlbergs Interesse der Entwicklung des Moralbewusstseins galt, nicht der Entwicklung des Wertebewusstseins.

Methodische Möglichkeiten der Werte- und Moralerziehung

Für die *Moralerziehung* empfahl Kohlberg zwei Vorgehensweisen, nämlich die Etablierung einer sogenannten *Gerechten Schulgemeinschaft (just community)* sowie die Erörterung von *Dilemmageschichten*. Diese Geschichten sollten eine Art *sokratischen Moralunterricht* begründen, in dessen Zentrum offene und freie Diskussionen von Wertkonflikten stehen und dessen Ziel die Verbesserung der moralischen Urteilsqualität ist. Eine solche Stimulierung des Moralbewusstseins bewertete Kohlberg als nicht indoktrinierend, weil sie keine inhaltlichen moralischen Überzeugungen tangiert (Kohlberg 1987, 33 ff.).

Eine *Gerechte Schulgemeinschaft*, man könnte auch von einer *demokratischen Schulgemeinde* sprechen, erlaubt den Schülern die Mitwirkung an der Gestaltung des Schullebens sowie an der Regelung von innerschulischen Gerechtigkeitskonflikten. Eine solche Mitwirkung trägt nun nach Kohlberg erheblich zur Moralerziehung bei. Denn in diversen schulischen Mitwirkungsgremien werden Probleme des Schulalltags unter Gerechtigkeitsgesichtspunkten erörtert. Dies fördere das moralische Urteilsvermögen auf eine sehr praktische Weise. Darüber hinaus lernten die Schüler auch, was Demokratie sei. Deshalb liefere die Gerechte Schulgemeinschaft auch einen Beitrag zur politischen Bildung (Kohlberg 1987, 39 f.; Reinhardt 1999, 123 ff.).

Die Erörterung von *Dilemmageschichten* findet im Unterricht statt. Bei der Dilemmamethode werden kurze und einfach strukturierte Problemgeschichten erzählt. In diesen Geschichten steht eine Person vor der Situation, sich zwischen zwei Alternativen entscheiden zu müssen. In diese Person sollen sich die Lernenden hineinversetzen und an deren Stelle virtuell handeln. Die Entscheidungssituation ist so beschaffen, dass zwei etwa gleichgewichtige moralische Güter sich konkurrierend gegenüberstehen. Sie ist gleichzeitig so konstruiert, dass die Person keinen Kompromiss schließen kann. Ebenso ist es ihr verwehrt, die Bedingungen so zu ändern, dass sie eine Entscheidung vermeiden könnte. Mit anderen Worten: Die Person muss eine Entscheidung treffen und dabei zwangsläufig ein moralisches Gut verletzen.

Die Lernenden werden zur Entscheidung aufgefordert und gebeten, diese moralisch zu begründen. Nicht auf die Entscheidung, sondern auf die Begründung kommt es der Moralerziehung ganz wesentlich an. Denn in der Begründung zeigt sich das moralische Urteilsniveau der betreffenden Person. In der anschließenden Auswertung wird über die Tragfähigkeit der vorgebrachten Begründungen gesprochen. Dabei soll sich das Gespräch nach Möglichkeit eine Stufe oberhalb des in der Lerngruppe dominanten Moralniveaus bewegen. Auf diese Weise sollen die Lernenden das kognitive Ungenügen ihrer augenblicklichen Moralstufe spüren und sich der nächsthöheren Stufe öffnen.

Die Moralerziehung hat insgesamt das Ziel, jeden Lernenden auf das ihm zugängliche höchste Moralniveau zu heben. Dies ist idealerweise die Moralstufe 6. Denn diese Stufe repräsentiert die „eigentliche" Moral.

Es gibt mehrere Dilemmatypen. Am bedeutsamsten sind hypothetische und fachspezifische Dilemmata. *Hypothetische Dilemmata* sind künstlich konstruierte Fallsituationen. Sie stellen den Entscheidungskonflikt in reiner Form dar. Sie erleichtern deshalb die Konzentration auf die dilemmatische Situation. Allerdings sind sie meistens sehr lebensfern. Die Begründungen bleiben deshalb relativ unverbindlich. Denn die Lernenden müssen eine Übertragung ihrer Entscheidung auf die Wirklichkeit nicht befürchten.

Fachspezifische Dilemmata sind mit den im Fachunterricht verhandelten Sachen inhaltlich verknüpft. Diesem Typus sind auch die *politischen Dilemmata* zuzuordnen. In diesen Dilemmata sind nicht Einzelpersonen, sondern Kollektive bzw. deren Repräsentanten die vor einer dilemmatischen Entscheidung stehenden Akteure. Inhaltlich geht es um Politik, nicht um individuelle Handlungen. Es ist keine Frage, dass politische Entscheidungssituationen moralisch belangvoll sind. Denn in ihnen kollidieren nicht nur Werte miteinander, auch die Ergebnisse müssen moralisch verantwortbar sein (Dobbelstein-Osthoff 1995, 55; Reinhardt 1999, 68 f.).

Grenzen der Moralerziehung für die politische Bildung

Kohlberg sah einen engen Zusammenhang zwischen Moralerziehung und politischer Bildung. In beiden Bereichen, so seine Überzeugung, spiele die Gerechtigkeit eine große Rolle.[124] Und beide Bereiche strebten eine kognitive Entwicklung an, die zum Verstehen des Prinzipiellen führe: Die Prinzipien der Freiheit, der Gleichheit und der Würde des Menschen definierten nicht nur die Moralstufen 5 und 6, sondern machten auch die Legitimitätsgeltung des demokratischen Verfassungsstaates aus. Außerdem lasse sich eine Parallele zwischen moralischen und politischen Urteilen feststellen. Eine Person urteile nämlich in moralischen und politi-

---

[124] Bei genauerem Hinsehen zeigt sich, dass in Kohlbergs Konzept nur Gerechtigkeitskonflikte thematisiert werden, die der sogenannten *Tauschgerechtigkeit* (*iustitia commutativa*) zuzurechnen sind. Interpersonelle Gerechtigkeitskonflikte bilden aber nur einen Teil der umfassender zu denkenden Gerechtigkeitsbeziehungen. So gibt es außerdem noch die *Verteilungsgerechtigkeit*, auf die die staatliche Gemeinschaft dem Einzelnen gegenüber verpflichtet ist, sowie die Gerechtigkeit, die der Einzelne dem Gemeinwesen schuldet. Die philosophische Tradition nannte die erste Beziehung *iustitia distributiva* und die zweite *iustitia legalis*. Beide Gerechtigkeitsverhältnisse weisen engste Berührungen mit dem Politischen auf und legen eine Thematisierung in der politischen Bildung nahe. In der Kohlberg-Theorie bleiben sie jedoch merkwürdig unterbelichtet.

schen Dingen auf demselben kognitiven Niveau. Daraus lasse sich schließen, dass politische Bildung und Moralerziehung sich gegenseitig verstärkten (Kohlberg 1981, 115; Kohlberg 1987, 36).

Gegen die undifferenzierte Anwendung der Moralerziehung im Politikunterricht gibt es mehrere Einwände.
Der erste Einwand lautet, dass die Moralerziehung die Wirklichkeit von Ökonomie, Gesellschaft und Politik nicht richtig trifft. Der Grund hierfür liegt darin, dass die Kohlberg folgende Moralerziehung die Moralstufe 6 im Grunde für die einzig angemessene Moral hält. Diese Stufe legt sie nämlich als den eigentlichen Maßstab an alles menschliche Handeln an. Damit übersieht sie aber, dass die Menschen sich in sehr unterschiedlichen Rollen bewähren müssen. Diese Rollen entsprechen den jeweils eigenen Handlungsrationalitäten im sozialen Nahbereich, im Wirtschaftsleben, im Wirkungsfeld gesellschaftlicher Interessengruppen sowie im Bürger-Staat-Verhältnis.
So befinden sich wirtschaftliche Aktivitäten in einer Marktwirtschaft auf der Moralstufe 2. Der Zusammenhalt in Familie, Nachbarschaft und Vereinen verläuft auf der Moralstufe 3. Dasselbe gilt für die Aktivitäten der Interessenverbände. Der Einzelne als gesetzesunterworfener Bürger verhält sich moralisch völlig korrekt, wenn er auf Moralstufe 4 denkt und handelt. Politiker sollten sich auf der Moralstufe 5 befinden. Denn sie müssen die legitimierenden Prinzipien des demokratischen Gemeinwesens bei der politischen Gestaltung im Auge behalten. Die Stufe 6 wird eigentlich nur in der Extremsituation von Gewissensentscheidungen aktualisiert. Diese Situation tritt bei Politikern wie bei Bürgern nur selten auf. Das Denken auf der Moralstufe 6 ist in der Politik sogar problematisch, da sie das kompromisshafte politische Handeln delegitimiert. Denn die Anwendung der Moralstufe 6 auf die Politik leistet einem Prinzipienrigorismus Vorschub. Es ergibt sich somit, dass die Moralerziehung mit ihrer auf die Moralstufe 6 gerichteten Zielperspektive der politischen Wirklichkeit nicht gerecht wird (Detjen 2000c, 327 f.).

Ein zweiter Einwand gegen die Anwendung der Moralerziehung im Rahmen der politischen Bildung lautet, dass die Moralerziehung im Verhältnis zur Politik unterkomplex ist. Denn die in der Moralerziehung angewendeten Dilemmageschichten sind einfach strukturiert. Politische Fragen dagegen sind gekennzeichnet durch Komplexität, Dynamik und Vernetzung. *Komplexität* meint, dass eine Fülle von Komponenten in der einen oder anderen Weise auf ein politisches Problem einwirkt. Hierzu gehören geschichtliche Erfahrungen, räumliche Gegebenheiten, sozialstrukturelle Verhältnisse und rechtliche Regelungen. Aber auch Meinungen, Interessen, Ideologien sowie politisch-programmatische Absichten spielen eine Rolle. *Dynamik* meint, dass sich die Problemlage dauernd ändern kann, wobei Umfang und Tempo der Veränderung nicht vorhersehbar sind. Mit *Vernetzung* ist die gegenseitige Abhängigkeit der Faktoren gemeint. Diese macht es kaum möglich, Faktoren isoliert zu beeinflussen. Aus dem Zusammenspiel von Dynamik und Vernetzung ergeben sich häufig nicht beabsichtigte Nebenfolgen politischer Entscheidungen. Dies alles soll sagen: Eine politische Entscheidungslage ist völlig anders beschaffen als eine persönliche Dilemmasituation (Detjen 2000c, 328 f.).

Schließlich entsprechen politische Dilemmasituationen fast nie den Vorgaben der Moralerziehung. So sind die Entscheidungsalternativen in der Regel nicht moralisch gleichwertig. Und die Entscheidungssituation der Politiker ist fast nie binär, besteht also in der Regel nicht aus nur zwei Alternativen. Außerdem gilt in der Politik der Kompromiss als die hohe Kunst der Entscheidungsfindung. Die Moralerziehung lässt in den Dilemmageschichten Kompromisslösungen aber gerade nicht zu.

Es zeigt sich also, dass die Moralerziehung und die politische Bildung nicht bruchlos zusammenpassen. Im Mittelpunkt der politischen Bildung müssen Gegebenheiten und Probleme aus Gesellschaft, Politik und Wirtschaft stehen. Zur Lösung von Problemen in diesen Realitätsbereichen tragen moralische Erwägungen nur begrenzt bei. Sie können lediglich schlechthin unsittliche Lösungen ausschließen. Das situationsspezifisch Gebotene können sie hingegen nicht hinreichend konkret bestimmen.

Es kann durchaus sinnvoll sein, ein politisches Problem auf ein Entscheidungsdilemma von Politikern zuzuspitzen. Man kann so deutlich machen, dass sich in der Politik Werte- und Moralfragen stellen. Auf jeden Fall muss die Dilemmasituation im Anschluss jedoch wieder in den politischen Kontext gestellt werden. Es muss deutlich werden, dass der Entscheidungskonflikt in ein komplexes Bedingungsgefüge eingebunden ist. Tut man dies nicht, fördert man einen gesinnungsethischen Rigorismus. Ein solcher Rigorismus gehört jedoch nicht zum Zielkanon der politischen Bildung.

Insgesamt zeigt sich: Es gibt im Kontext der politischen Bildung zwei Berührungspunkte von Politik und Moral. Zum einen ist die Moral konstitutiver Bestandteil der Politik. Zum anderen gehört die Moral zum Kanon allgemeiner Erziehungsziele.
Der erste Berührungspunkt macht klar, dass die Moral auch in der politischen Bildung eine Rolle spielen muss. Die Erörterung politischer Dilemmasituationen kann das Bewusstsein dafür schärfen, dass die Politik häufig vor moralischen Konflikten steht. Weil aber die Moral in der Politik nur ein Faktor unter vielen ist, relativiert sich ihre Bedeutung in der politischen Bildungsbemühung.
Der zweite Berührungspunkt zeigt, dass die Moral auf alle schulischen Fächer und damit auch auf die politische Bildung ausstrahlt. Unter diesem Blickwinkel hat die Moralerziehung im Sinne der Anregungen Kohlbergs einen festeren Stand. Denn es steht außer Frage, dass diese Erziehung die moralische Sensibilität erhöht und das moralische Urteilsvermögen verbessert. Es kann also nicht schaden, Dilemmasituationen gelegentlich auch in den politischen Bildungsprozess einzuspeisen. Dabei darf aber nicht vergessen werden, dass dies dann nicht politische Bildung im eigentlichen Sinne ist.

11.7 Politisch bildende Aspekte allgemeiner Erziehungsaufgaben der Schule: Lebenshilfe, soziales Lernen, interkulturelles Lernen, Friedenserziehung und Umwelterziehung

Lebenshilfe

Bei der *Lebenshilfe* handelt es sich um keinen originären Gegenstand der politischen Bildung. Lebenshilfe ist ein allgemeiner Auftrag der Schule. Das aber heißt, dass sie auch auf die politische Bildung ausstrahlt.

Pädagogisch-anthropologisch legitimiert sich die Lebenshilfe aus der Pflicht der Schule, die Selbstkompetenz oder Selbstbestimmung des Einzelnen im Sinne moralisch-mündiger Handlungsfähigkeit zu fördern. Sie soll den Einzelnen darin unterstützen, ein hinreichendes Selbstvertrauen und ein stabiles Selbstwertgefühl zu entwickeln. Anders formuliert: Die Lebenshilfe soll das Selbstständigwerden in der Spannung von Freiheit und Bindung fördern. Sie soll aber auch helfen, prophylaktisch die Spannung auszuhalten, die in aller Regel zwischen dem selbstgewählten Lebensanspruch und der späteren Lebenswirklichkeit besteht.

Die Lebenshilfe besteht im Wesentlichen in Hilfen zur individuellen Bewältigung von Aufgaben, denen der junge Mensch im jetzigen und im zukünftigen Leben gegenübersteht. Mithin findet Lebenshilfe statt, wenn Fragen des persönlichen Lebens angesprochen werden und die Lernenden zu deren verantwortlicher Bewältigung angeleitet werden. Die Lebenshilfe ist Ausfluss des didaktischen Prinzips der *Lebensweltorientierung*. Dieses Prinzip verlangt, dass

Lerngegenstände einen Bezug zum Alltag der Lernenden aufweisen müssen und ihre konkreten Bedürfnisse zu berücksichtigen sind.

Nun beansprucht die Lebenshilfe vor allem in der Primar- sowie in der Sekundarstufe I einen erheblichen Teil der gesamten Unterrichtsarbeit. Sie prägt schon aus diesem Grunde auch den Fachunterricht in politischer Bildung. In der Primarstufe wird Lebenshilfe beispielsweise geleistet, wenn im Rahmen der Gesundheitserziehung über Körperpflege und Ernährungsregeln gesprochen wird. Zur Lebenshilfe gehören ebenfalls die Sexual-, die Verkehrs- und die Freizeiterziehung. Ähnlich verhält es sich in der Sekundarstufe I. Denn auch hier gibt es diese Erziehungsaufgaben. Hinzu kommt noch die Vorbereitung auf das Arbeits- und Wirtschaftsleben.

Die Lebenshilfe im Kontext der politischen Bildung kann ganz unterschiedliche methodische Formen annehmen. So kann man über das Verhalten bei Behörden sprechen oder das Ausfüllen amtlicher Formulare trainieren. Lebenshilfe liegt auch vor, wenn Bewerbungsgespräche geübt und Strategien überlegt werden, wie man mit Enttäuschungen umgehen kann. Weiterhin ist es Ausdruck der Lebenshilfe, wenn Freizeitgewohnheiten, Erwartungen an den späteren Lebenspartner und Berufswünsche thematisiert werden. Lebenshilfe ist es schließlich auch, wenn über Drogen und Suchtgefahren sowie über Rechte und Pflichten Heranwachsender gesprochen wird.

Im Rahmen des Fachunterrichts in politischer Bildung kommt die Lebenshilfe am ehesten bei der *Analyse von Fällen* zum Tragen. Fälle sind konkrete Begebenheiten oder Ereignisse. In ihnen spiegeln sich allgemeine politische Verhältnisse oder Probleme wider. In einem Fall agieren oder reagieren Menschen, die in einer bestimmten Weise von Politik betroffen sind. Ein Fall löst nicht selten Betroffenheit in dem Sinne aus, dass sich die Lernenden fragen, wie sie in einer entsprechenden Situation handeln sollten. Eine solche Frage aufzugreifen und zum Gegenstand der Erörterung zu machen, ist ein Beitrag zur Lebenshilfe (Breit 1992a, 390; Breit 1992b, 85 f.).

Insgesamt lässt sich festhalten, dass die Lebenshilfe eine eminent wichtige pädagogische Aufgabe ist. Es ist deshalb legitim, dass auch die politische Bildung einen Teil der ihr gewidmeten Zeit für die Lebenshilfe verwendet. Dies gilt, obwohl die Lebenshilfe nur sehr indirekt einen Beitrag zum Politiklernen leistet.[125]

Soziales Lernen

Ähnlich wie bei der Lebenshilfe handelt es sich auch beim *sozialen Lernen* um keinen eigentlichen Gegenstand der politischen Bildung. Das soziale Lernen ergibt sich vielmehr aus dem allgemeinen Erziehungs- und Bildungsauftrag der Schule. Gleichwohl wird man sagen können, dass das soziale Lernen eine innere Beziehung zur politischen Bildung aufweist. Denn Ziel des sozialen Lernens ist das Erlernen von Verhaltensweisen, die das gedeihliche Zusammenleben von Menschen ermöglichen. Solche Verhaltensweisen sind der vorurteils- und aggressionsfreie Umgang miteinander, der gewaltfreie Austrag von Konflikten sowie Rück-

---

[125] Lebenshilfe und soziales Lernen dürften im praktizierten Politikunterricht einen überproportional hohen Stellenwert zu Lasten der Auseinandersetzung mit Politik einnehmen. Lehrende begründen dies gern damit, dass die Politik nicht das Interesse der jungen Menschen treffe. Ein Politikunterricht ohne Politik verfügt aber über keinen unverwechselbaren Gegenstand und keine spezifische Aufgabe mehr (Massing 1995b, 63 f.).

sichtnahme, Höflichkeit, Hilfsbereitschaft und Fairness. Das soziale Lernen erinnert somit daran, dass von der Schule ein Beitrag zur Sozialisation des Menschen erwartet wird.[126]

Dem sozialen Lernen kommt ein besonderes Gewicht in der Primarstufe zu. Es ist auf dieser Stufe ein wichtiger Bestandteil der fächerübergreifenden Bildungs- und Erziehungsaufgaben. Die Bedeutung des sozialen Lernens in der Primarstufe zeigt sich auch darin, dass es den sozialwissenschaftlichen Teil des Sachunterrichts stark prägt.[127] Insgesamt sorgt das soziale Lernen für eine Art *politischer Grundbildung*, denn soziale Verhaltensweisen gehören ohne Zweifel zur Qualifizierung des demokratischen Staatsbürgers.[128]

Der hohe Rang des sozialen Lernens gerade in der Primarstufe ergibt sich daraus, dass die sozialen Verhaltensmuster erwachsener Menschen erheblich von den in jungen Jahren praktizierten Interaktionsmustern geprägt sind. Diese Interaktionsmuster sind aber in vielen Fällen defizitär. Denn die kindliche Lebenswelt ist im Regelfall gekennzeichnet durch einen Mangel an Situationen, in denen Verantwortung verlangt wird. Auch fehlen Spiel- und Erfahrungsräume, die selbstständige soziale Erfahrungen ermöglichen. Hinzu kommt, dass viele Eltern nicht bereit sind, ihren Kindern sinnvolle Grenzen zu setzen. Praktiziert wird häufig ein unbegrenztes Gewährenlassen im Sinne einer *Non-Frustration-Erziehung*.

Eine so beschaffene Lebenswelt wirkt sich auf das Sozialverhalten von Kindern nachteilig aus. Viele Kinder sind unselbstständig und brauchen ständig Anregung von außen. Zugleich sind sie stark ich-bezogen. Das zeigt sich darin, dass sie rechthaberisch sind und das stete Bedürfnis haben, im Mittelpunkt zu stehen. Im Umgang mit anderen Menschen mangelt es ihnen häufig an elementarer Anpassungsfähigkeit wie auch an der Bereitschaft, die Situation des Gegenübers wahrzunehmen, sich in diesen einzufühlen und kompromissbereit zu sein. Auch aggressives Verhalten gegenüber Mitschülern ist nicht selten.

Die Erfolgsaussichten des sozialen Lernens hängen sehr stark von der Entwicklung des sozialen Verstehens ab. Dieses Verstehen ist wiederum abhängig von der Entwicklung der Fähigkeit zur *Rollen- oder Perspektivenübernahme*. Menschen müssen nämlich Motive, Gefühle, Absichten, Erwartungen und Standpunkte ihrer Interaktionspartner interpretieren können,

---

[126] Der Ausdruck *soziales Lernen* steht in begrifflicher Konkurrenz zum Ausdruck *Sozialerziehung*. Zwar werden beide Begriffe mehr oder weniger synonym gebraucht, dennoch unterscheiden sie sich in ihrer Bedeutung. Das Wort *Sozialerziehung* bezeichnet nämlich das zielgerichtete Bemühen um soziales Lernen. Dagegen bezeichnet der Ausdruck *soziales Lernen* eher den Vorgang des Lernens in der sozialen Interaktion. Soziales Lernen ist umfassender als Sozialerziehung, insofern es permanent und allerorten und selbst ohne Intention stattfindet. Aber auch bezogen auf den engeren Kontext der schulischen Erziehungsbemühung dominiert der Begriff *soziales Lernen*. Der Grund hierfür ist wohl die Herkunft der Sozialerziehung aus der Sozialpädagogik, also aus einer Sparte der Erziehungswissenschaft, die keinen direkten Bezug zur Schule hat.

[127] Ein Beispiel: Im Lehrplan für die bayerische Grundschule heißt das entsprechende Lernfeld im Heimat- und Sachunterricht *Individuum und Gemeinschaft*. Die darunter rubrizierten Themen atmen nicht ausschließlich, aber ganz überwiegend den Geist des sozialen Lernens. Die Themen lauten nämlich *Spielen, Lebensgemeinschaft Familie, Zusammenleben in der Schule, Zusammenleben in der Gemeinde*.

[128] So heißt es im Lehrplan für die bayerische Grundschule unter der Rubrik *Fächerübergreifende Bildungs- und Erziehungsaufgaben*: „Im Sinne einer politischen Grundbildung werden in der Grundschule soziale Lernprozesse initiiert und unverzichtbare Werte menschlichen Zusammenlebens erfahrbar gemacht. Durch die Förderung sozialer Verhaltensweisen wie Rücksichtnahme, Verantwortungsbereitschaft, Solidarität, Toleranz, Urteilsfähigkeit und die Bereitschaft, Konflikte friedlich zu lösen oder auszuhalten, werden die Schüler auf ein Leben als Staatsbürger in einer demokratischen Gesellschaft vorbereitet. Unterricht und Schulleben sollen dem Schüler ermöglichen, in die Rolle des verantwortungsbewussten, autonomen Staatsbürgers hineinzuwachsen."

wenn die Interaktion für beide Seiten befriedigend verlaufen soll. Dies geht aber nur, wenn man die Perspektive des anderen einnehmen bzw. die zugrunde liegende Situation mit den Augen des anderen sehen kann.

Die Entwicklungspsychologie zeigt, dass eine Zweite-Person-Perspektivenübernahme frühestens mit etwa sieben Jahren möglich ist. Das Kind kann sich erst ab diesem Alter an die Stelle eines anderen versetzen und die Erwartung hegen, dass der andere dies ebenso tun wird. Mit etwa zehn Jahren ist sogar eine Dritte-Person-Perspektivenübernahme möglich. Diese Perspektive gestattet es, aus dem Selbst herauszutreten und die Position eines beobachtenden Ichs einzunehmen. Diese Position ermöglicht es, Menschen als Subjekte zu sehen, die über wechselseitige Handlungen und deren Auswirkungen nachdenken. Auf diesem Entwicklungsniveau wird auch eingesehen, dass die Beteiligten ihre Perspektiven miteinander koordinieren müssen. Ab dem Alter von etwa zwölf bis fünfzehn Jahren erweitert sich die Perspektive nochmals. Der Heranwachsende ist jetzt in der Lage, die Perspektive des *generalisierten Anderen*, d.h. der Gesellschaft, zu übernehmen (Breit 1991, 6 ff.; Herdegen 1999, 26 ff.).

Für das soziale Lernen ergibt sich die Förderung eines Denkens und Handelns auf *Gegenseitigkeit* als gemeinsamer Nenner aller Bemühungen. Gegenseitigkeit meint dabei eine innere Grundhaltung, die sich von der Fixierung auf die eigene Person löst. Sie bedeutet für die Person eine Balance ihrer Ich-Identität zwischen einem personalen Pol und einem sozialen Pol. Dabei besteht der personale Pol aus Selbstbestimmung, Selbstbehauptung und Selbstbewusstsein. Der soziale Pol zeigt sich als Eingehen auf die personale Identität und die Erwartungen anderer. Gegenseitigkeit bedeutet auch, gerechten Ausgleich, ausgewogene Verteilung von Einfluss und symmetrische Struktur der Kommunikation als wünschenswert zu betrachten. Auf gesellschaftlicher Ebene begünstigt das Gegenseitigkeitsdenken Strukturen, die ein gleichberechtigtes Miteinander aller Menschen ermöglichen.

Soziales Lernen versucht, acht Ziele zu verwirklichen. Sie lauten, schlagwortartig verkürzt, Kommunikation, Kooperationsfähigkeit, Solidarität, angemessenes Konfliktverhalten, Ich-Identität, Empathie, Toleranz und Umgang mit Regeln.
Die *Kommunikation* besteht in der Fähigkeit und Bereitschaft, sich verständlich zu machen und andere zu verstehen. Ein wichtiges Merkmal der Kommunikation ist das aktive Zuhören. Ein weiteres Merkmal ist, Gefühle austauschen zu können. Die Kommunikation ist angemessen, wenn man eigene Gefühle zum Ausdruck bringen und die Gefühle anderer verstehen und akzeptieren kann. Die Kommunikation spielt eine große Rolle bei der Bewältigung von Konflikten. Wer nicht über sprachliche Kommunikationsfähigkeit verfügt, neigt dazu, Konflikte gewaltsam zu lösen.
Die *Kooperationsfähigkeit* besteht darin, Ziele und Mittel mit anderen abzusprechen und in konkrete Handlungsschritte umzusetzen. Dies schließt die Bereitschaft ein, zugunsten gemeinsamer Ziele und Handlungen eigene Interessen und Bedürfnisse zurückzustellen.
Die *Solidarität* besteht in der Fähigkeit und Bereitschaft zu gemeinsamen Handlungen in kleineren und größeren Gruppen sowie im Bewusstsein der Zusammengehörigkeit. Die Solidarität besteht aus mehreren Einzelzielen. So in der Bereitschaft, anderen zu helfen, gemeinsam für benachteiligte Mitglieder der Gruppe einzutreten und gemeinsam für die Änderung einer unbefriedigenden Situation einzutreten.
Angemessenes Konfliktverhalten liegt vor, wenn das Individuum fähig und bereit ist, konstruktiv mit Konflikten umzugehen. Man kann auch sagen, dass faires Streiten gelernt worden ist. Zentraler Bestandteil der Konfliktfähigkeit ist die Kompromissfähigkeit.
Die *Ich-Identität* oder Selbstbejahung bildet sich in der Ausbalancierung eigener Bedürfnisse und Fähigkeiten mit fremden Erwartungen und Forderungen. In der Ich-Identität drücken sich Selbstwertgefühl, Selbstbestimmung, Angstfreiheit, Durchsetzungsvermögen sowie Urteils- und Entscheidungsfähigkeit aus.
Die *Empathie* besteht in der Fähigkeit und Bereitschaft, sich in die Rolle eines anderen zu

versetzen, sich in seine Lage einzufühlen und das Ergebnis dieser Bemühung in das eigene Verhalten einzubeziehen. Empathie führt zu sozialer Sensibilität.

Die *Toleranz* zeigt sich in der Fähigkeit und Bereitschaft, eigene Maßstäbe nicht zu verabsolutieren, andere Menschen in ihrem Anderssein zu respektieren und Vorurteile zu hinterfragen.

Der *Umgang mit Regeln* besteht in der Fähigkeit und Bereitschaft, wichtige Regeln des Zusammenlebens zu erarbeiten, zu beachten und gegebenenfalls zu revidieren. Weiterhin gehört dazu, die Notwendigkeit von Interaktionsregeln einzusehen, nichtsymmetrische Interaktionsregeln abzulehnen und Prozesse der Regelbildung einleiten zu können (Petillon 1993, 112 ff.).

Die Methoden des sozialen Lernens sind vielfältig (Fritz 1993, 166 ff.).[129] Es ist grundsätzlich günstig, wenn die Lernprozesse ihren Ausgang von sozialen Ereignissen oder sozialen Situationen und Problemen der Klassen- oder Schülergemeinschaft nehmen. Auf diese Weise wird die Bewältigungsbereitschaft der Kinder am ehesten angesprochen.

Nicht unwichtig ist die Vermittlung von Kenntnissen über das Funktionieren des Sozialverbandes Schulklasse. Denn solche Kenntnisse können auf andere Vergesellschaftungsformen übertragen werden. Es entsteht so etwas wie *soziales Wissen*. Bestandteile eines solchen Wissens können wünschbare Formen der Kooperation, Gesprächsregeln sowie die Außenseiterproblematik sein.

Von besonderer Bedeutung für das soziale Lernen sind *Rollenspiele*. Rollenspiele simulieren ein Stück Wirklichkeit. Die Spieler orientieren sich in ihrem Handeln an mehr oder weniger präzise definierten sozialen Rollen. Für das soziale Lernen günstig ist es, wenn die Schüler Rollen spielen können, die einen konkreten Bezug zu ihrer Lebenserfahrung haben. Schulische und Alltagssituationen zu spielen ermöglicht ihnen die Reflexion und Aneignung von Verhaltensweisen, die zu ihrem Lebenshorizont gehören.

Mit Hilfe von Rollenspielen können Menschen ihr eigenes Handeln besser verstehen lernen und sich auch in das Denken, Fühlen und Handeln anderer Bezugspersonen einfühlen. Rollenspiele erleichtern das Verständnis für die Rollen anderer. Sie ermöglichen das Ausprobieren unterschiedlicher Konfliktlösungsmuster. Und sie sind eine Trainingsgelegenheit, eigene Interessen zu artikulieren und durchzusetzen (Massing 1998, 15 f.).

Interkulturelles Lernen

Die Vereinigung Europas und eine weltweit zunehmende Migration bringen in der Schule Menschen unterschiedlicher kultureller Herkunft zusammen. Das *interkulturelle Lernen* ist die pädagogische Antwort auf die Realität der multikulturellen Gesellschaft. In einer solchen Gesellschaft wohnen Menschen mit unterschiedlicher Sprache, Kultur, Religion und Tradition beieinander. Dabei gibt es sowohl gegenseitige Beeinflussung und Bereicherung als auch Segregation und Isolation zwischen den Kulturen.

Im interkulturellen Lernen wird Wert auf das gemeinsame Lernen von Menschen unterschiedlicher nationaler bzw. ethnischer Herkunft gelegt. Es nimmt bewusst Bezug auf die unterschiedlichen kulturellen Erfahrungen der Lernenden. Dabei hebt es die Gemeinsamkeiten hervor, ohne die Unterschiede zu ignorieren. Angestrebt wird, dass die kulturellen Unterschiede akzeptiert werden. Wichtig ist beim interkulturellen Lernen außerdem, dass die Angehörigen

---

[129] Fritz listet insgesamt 165 Übungen zum sozialen Lernen auf. Sie reagieren auf ganz verschiedene Problemkreise des sozialen Zusammenseins. Nur ein Teil der Übungen weist eine Beziehung zu den aufgeführten Zielen des sozialen Lernens auf. Diese Übungen thematisieren das Erforschen, Erfahren und Trainieren von Rollen sowie die Zusammenarbeit in Gruppen.

der Mehrheitskultur zu den Mitgliedern der Minderheitenkulturen gleichberechtigte Beziehungen pflegen. Gefördert werden soll also die Solidarität mit ethnischen und kulturellen Minderheiten. Eine Negierung des Fremden oder auch nur seine Geringschätzung verstieße gegen das Prinzip des gleichberechtigten Umganges. Eine solche Haltung wäre Ausdruck des Ethnozentrismus oder kulturellen Rassismus.[130]

Beim interkulturellen Lernen steht also der richtige *Umgang mit kultureller Differenz* im Mittelpunkt der Bemühungen. Dieser richtige Umgang muss gleichermaßen von den Angehörigen der Mehrheitskultur wie von denen der Minderheitenkulturen gelernt werden. Interkulturelles Lernen ist also kein einseitiger Appell an die Einheimischen, wenn diese aufgrund ihrer Überzahl und ihres Vorteils, zur Dominanzkultur zu gehören, auch den größeren Beitrag zu leisten haben. Interkulturelle Kompetenz für Angehörige der Mehrheit bedeutet, achtungsvoll, einfühlsam und kundig auf kulturelle Differenzen eingehen zu können.
Angehörige der Minderheiten müssen in erster Linie die Fähigkeit erwerben, mit den widersprüchlichen Anforderungen zweier Kulturen produktiv umgehen zu können, denen sie täglich ausgesetzt sind (Nieke 2000, 200). Sie müssen aber auch zur Respektierung derjenigen Werte der Mehrheitskultur erzogen werden, welche das reibungslose Zusammenleben im Alltag gewährleisten. Und sie müssen dazu gebracht werden, die politischen Grundwerte des aufnehmenden Landes zu respektieren.

Das interkulturelle Lernen ist in gewisser Weise ein *Sonderfall des sozialen Lernens*, bei dem es darum geht, positive soziale Verhaltensmuster auf Angehörige anderer Kulturen anzuwenden. Die Zielmarken heißen Abbau von Vorurteilen, Toleranz, Einfühlungsvermögen, Konflikt- und Kooperationsfähigkeit sowie Solidarität. Der Abbau von Vorurteilen soll die diskriminierende Behandlung von Menschen aus fremden Kulturen verhindern oder zumindest verringern. Kulturellen Abweichungen soll mit Toleranz begegnet werden. Die Empathiefähigkeit bezieht sich speziell auf die konkrete Lage von Migrantenkindern. Das gedankliche Hineinversetzen in deren Lage soll Sympathie wecken. Die Kooperations- und Konfliktfähigkeit ist gefordert bei der Aushandlung unverzichtbarer Verhaltensstandards im gemeinschaftlichen Umgang.

Schließlich dient das interkulturelle Lernen der *Befähigung zum interkulturellen Dialog*. Gegenstände eines solchen Dialogs sind umstrittene Geltungsansprüche von religiösen Werten, Geschlechterrollen und kulturellen Traditionen. Ebenso ist das schwierige Problem der kulturellen Kontextualität und Universalisierbarkeit von Werten und Normen ein Thema des interkulturellen Dialogs.[131]

Das interkulturelle Lernen ist fünf verhaltensprägenden *Zielvorstellungen* verpflichtet. Es soll erstens Toleranz oder Gelassenheit gegenüber fremden Lebensweisen und Lebensstilen bewirken. Es soll zweitens Respekt gegenüber anderen Kulturen fördern. Dieser Respekt schließt die Erkenntnis ein, dass die fremden Kulturen eine jeweils eigene Rationalität besit-

---

[130] Als Ethnozentrismus bezeichnete Adorno die Tendenz des Individuums, „völkisch zentriert" zu denken und zu handeln. Hierzu gehört eine starre Bindung an die eigene Ethnie, die mit einer Abwertung alles Fremdartigen kombiniert ist. Kultureller Rassismus liegt vor, wenn über die Abwertung des Fremden hinaus noch die Unvereinbarkeit der Lebensweisen sowie die Unaufhebbarkeit der Unterschiede betont werden (Auernheimer 2003, 86, 97).

[131] Folgende Handlungsregeln für interkulturelle Dialoge lassen sich formulieren: 1. Weder eine Verteidigungshaltung noch eine missionarische Haltung annehmen. 2. Die Person von der Sache trennen. 3. Nicht die Ideale der eigenen Kultur mit der befremdlichen sozialen Realität der anderen vergleichen. 4. Keine prinzipiellen Lösungen suchen, sondern Lösungen für die jeweilige Situation finden. 5. Den Kampf um die kulturelle Identität anerkennen, aber den Rang der individuellen Freiheits- und Gleichheitsrechte verteidigen (Auernheimer 2003, 141).

zen und auf ihre Weise sittliche und ästhetische Werte verkörpern. Das interkulturelle Lernen soll drittens zur Einsicht führen, dass die eigene Kultur und Lebensweise nur eine unter vielen ist und nicht automatisch den Vorzug verdient. Es soll viertens Sensibilität wecken für Stigmatisierungen ethnischer Gruppen, speziell von Einwanderern. Die fünfte und höchste Zielvorstellung des interkulturellen Lernens besteht in der *kulturellen Synthese*. Eine solche Synthese liegt vor, wenn Menschen Elemente anderer Kulturen in das eigene Weltbild aufgenommen haben.

Das interkulturelle Lernen verläuft in der Primarstufe vorrangig in Gestalt des sozialen Lernens. Ein Bezug zur Politik und zur politischen Bildung ist gleichwohl gegeben. Denn der anzustrebende Umgang einheimischer und ausländischer Kinder soll dem Prinzip der Gleichheit und Nichtdiskriminierung gehorchen. Dieses Prinzip ist nichts anderes als die Anwendung des Gleichheitsgrundrechts im sozialen Nahbereich. Das Fundament dieses Grundrechts wiederum ist das legitimierende Prinzip des Grundgesetzes überhaupt, nämlich die Würde des Menschen, nicht nur die der Deutschen.

Der politisch bildende Aspekt des interkulturellen Lernens kommt in der Sekundarstufe unvergleichlich stärker als in der Primarstufe zur Geltung. So lassen sich im Fachunterricht der politischen Bildung die Ursachen der Migration und die Folgen für die Aufnahmeländer besprechen. Die ökonomische, soziale und politische Situation der Migranten kann erarbeitet werden. Der Begriff der Nation kann Gegenstand der Erörterung sein. Und Nationalismus und Rassismus können einer Kritik unterzogen werden.

Schließlich sollte in der Sekundarstufe auch die Kernproblematik der multikulturellen Gesellschaft zum Gegenstand von Reflexionsprozessen werden. Diese besteht in der Spannung zwischen den Prinzipien der Anerkennung und Gleichheit aller Kulturen und dem Sachverhalt, dass es autochthone Kulturen mit archaischen Gebräuchen gibt, die im klaren Gegensatz zum universellen Anspruch der Menschenrechte stehen. Diese Spannung setzt sich fort in den beiden prinzipiell denkbaren Antworten, nämlich dem Kulturrelativismus und dem ethischen Universalismus (Nieke 2000, 95, 108 ff.).

Es gibt eine Fülle methodischer Zugänge zum interkulturellen Lernen. Wenn es darum geht, etwas über die Lage von Migranten zu erfahren, empfehlen sich explorative Verfahren wie die Befragung und die Sozialstudie oder aufsuchende Verfahren wie die Erkundung und die Exkursion. In Interaktionsspielen kann man Selbsteinschätzungen, Identifikationen, Abgrenzungen und Fremdheitsgefühle zur Sprache bringen. Weiterhin gibt es biographische und literarische Zugänge. So kann man Lebensgeschichten Einheimischer und Zuwanderer miteinander vergleichen. Oder man liest Migrations- oder Reiseliteratur (Auernheimer 2003, 158 f.).

Friedenserziehung

Die *Friedenserziehung* gehört unbestritten zu den Aufgabenfeldern der Schule. Sie ist unmittelbarer Ausfluss der in den Verfassungen und Schulgesetzen der Länder kodifizierten Bildungs- und Erziehungsziele. So selbstverständlich die Friedenserziehung sich heute ausnimmt, so wenig ist sie es, wenn man sie historisch betrachtet. Gerade in Deutschland herrschte lange Zeit eher eine *Kriegserziehung* oder eine *Erziehung zur Wehrhaftigkeit* vor. Dies gilt jedenfalls für das wilhelminische und das nationalsozialistische Deutschland. Selbst in der Weimarer Republik konnte trotz des klaren Verfassungsgebotes, zur *Völkerversöhnung* zu erziehen, die Tradition der Kriegserziehung nicht wirklich gebrochen werden.

Der Frieden ist ein politisches Gut. Seine Bewahrung bedarf folglich politischer Anstrengungen. Hierfür sind die Politiker zuständig. Man könnte also schließen, dass eine Friedenserziehung überflüssig sei. Denn die wenigsten Schüler werden später verantwortliche politische

11. Aufgaben und Ziele der politischen Bildung

Positionen bekleiden. Dagegen spricht allerdings ein bemerkenswerter Satz, der sich in der Gründungscharta der UNESCO befindet. Er lautet: „Da Kriege in den Köpfen der Menschen beginnen, muss in den Köpfen der Menschen Vorsorge für den Frieden getroffen werden." Eine Erziehung zum Frieden, genauer: zur Friedensbereitschaft oder Befürwortung des Friedens sowie zur Friedensfähigkeit, ist also keineswegs überflüssig. Hinzu kommt, dass der Friedensbereitschaft nach aller Erfahrung beträchtliche mentale Hindernisse im Wege stehen. So Aggressionen, Vorurteile Fremden gegenüber, ausschließlich auf das eigene Land begrenzte Loyalitätsempfindungen, nationalistische Überheblichkeiten und fest verwurzelte Feindbilder.

Der Frieden hat zwei negativ konnotierte Gegenbegriffe, nämlich *Gewalt (violentia)* und *Krieg*. Der Gewaltbegriff wiederum gliedert sich auf in personelle und strukturelle Gewalt.[132] *Personelle Gewalt* bedeutet, physischen Zwang gegen andere zur Durchsetzung eigener Absichten anzuwenden. Eine solche Gewalt liegt vor, wenn Personen oder Sachen absichtlich verletzt oder vernichtet werden. Das entsprechende individuelle Verhalten ist die Gewalttätigkeit. Sein Gegenteil ist die Friedfertigkeit.
Strukturelle Gewalt, ein von der kritischen Friedensforschung verwendeter und popularisierter Begriff, bezeichnet bestimmte gesellschaftliche Verhältnisse bzw. Strukturen. Diese bewirken, dass nicht jeder Angehörige der betreffenden Gesellschaft seine Anlagen voll entfalten kann, obwohl dies eigentlich möglich ist. Erst die Beseitigung dieser strukturellen Gewalt, identisch mit der Herstellung vollkommener sozialer Gerechtigkeit, mache einen echten oder *positiven Frieden* möglich. Solange dies nicht der Fall sei, existiere lediglich ein *negativer Frieden*, der nicht mehr sei als nur die Abwesenheit von Krieg. Strukturelle Gewalt und positiver Frieden werden in der Perspektive der kritischen Friedensforschung gebraucht zur Qualifizierung negativer bzw. positiver gesellschaftlicher Zustände.
Der eigentliche oder klassische Gegenbegriff zum Frieden ist der *Krieg*. Frieden ist danach der innerstaatliche oder zwischenstaatliche Nicht-Krieg. Das Bild des Krieges ist allerdings sehr vielfältig. So gibt es die klassischen Kriege als große militärische Konflikte zwischen Staaten. In der Regel lässt sich bei diesen Kriegen identifizieren, wer Aggressor und wer Verteidiger ist. Es gibt die neuen Kriege, in denen der Staat sein Monopol der Kriegsgewalt verloren hat. Diese Kriege werden nicht erklärt. In ihnen spielen paramilitärische Verbände, Söldnereinheiten und Milizen tragende Rollen. Und es gibt terroristische Kriege, in denen global vernetzte Organisationen als nichtstaatliche Akteure ein von ihnen abgelehntes Gesellschaftssystem bekämpfen. Alle diese Kriege und der von ihnen herausgeforderte Frieden sind Phänomene der internationalen Politik.

Die Friedenserziehung muss also drei Ebenen berücksichtigen, nämlich die Individuen, die Gesellschaft und das internationale politische System. Auf jeder dieser drei Ebenen stellt sich das Verhältnis von Frieden und Nichtfrieden anders dar. Folglich nimmt die Friedenserziehung auf jeder Ebene eine eigene Gestalt an.

Mit der *individuellen Ebene* sind die Köpfe der Menschen gemeint. Die Einstellungen der Menschen zu Gewalt und Krieg sind für die Bewahrung des innergesellschaftlichen und des internationalen Friedens insofern von Bedeutung, als hiervon die öffentliche Meinung bestimmt wird. Die öffentliche Meinung wiederum kann Druck auf die Politik ausüben. Problematisch für die Erhaltung des inneren und äußeren Friedens können deshalb Vorurteile und Feindbilder sein. Das Ziel der Friedenserziehung auf dieser Ebene muss also die Bekämpfung von Vorurteilen und nationalistisch begründeten Stereotypen sein. Zur Friedenserziehung auf

---

[132] Außer Betracht bleiben kann die Amtsgewalt (*potestas*), über die die Inhaber staatlicher Ämter verfügen.

individueller Ebene gehört aber auch das Ziel, dass das Individuum mit eigenen und fremden Aggressionen angemessen umgehen kann.

Mit einer gewissen Berechtigung kann man sagen, dass die Friedenserziehung auf der individuellen Ebene vom sozialen Lernen abgedeckt wird. Denn ohne Zweifel tragen kommunikative Kompetenz, Konfliktfähigkeit, Empathie, Solidarität, Kooperationsfähigkeit und Toleranz zur Friedfertigkeit bei. Und die Einübung eines friedlichen Verhaltens im persönlichen Bereich kann Aggressionen gegenüber dem Nächsten dämpfen. Die Frage ist allerdings, ob im sozialen Lernen wirklich der geeignete Ansatz liegt, der politischen Dimension des Friedens gerecht zu werden.

Mit Recht kann man daran zweifeln, dass sich durch eine pädagogische Beeinflussung des Sozialverhaltens junger Menschen der Frieden in den Staaten und zwischen den Staaten einstellen wird. Nicht zu bestreiten ist allenfalls, dass soziales Lernen zur Entwicklung einer humanen Alltagskultur beitragen kann. Ein Beitrag zur Sicherung und Entwicklung des Friedens im Sinne der Überwindung des Krieges ist soziales Lernen aber nicht. Dies muss gegen die gerade im Primarbereich populäre Auffassung gesagt werden, Friedenserziehung müsse bei den sozialen Beziehungen der Kinder beginnen. Diese Auffassung übersieht nämlich, dass es keinen direkten Zusammenhang zwischen dem Umgang mit Konflikten im sozialen Nahbereich und der Entstehung bzw. Verhinderung von Kriegen gibt. Kriege sind nicht die Summe individueller Aggressionen. Und die Bekämpfung von Vorurteilen und Stereotypen im Nahbereich hat nicht den internationalen Frieden zur Folge.

Gleichwohl ist das soziale Lernen für die Friedenserziehung nicht belanglos. Das soziale Lernen kann nämlich für die Friedenserziehung günstige Voraussetzungen schaffen. Denn es fördert diejenigen psychischen Dispositionen, die dem Einzelnen eine positive Bewertung politischer Friedensbemühungen nahelegen. Zu erwähnen sind in diesem Zusammenhang Selbstvertrauen und Ich-Stärke. Diese Eigenschaften mindern die Anfälligkeit für Vorurteile, Feindbilder und auch Kriegspropaganda. Sie sind auch eine Bedingung dafür, sich gegen übermächtigen Meinungsdruck auf ein eigenes Urteil einzulassen (Dettmar-Sander/Sander 1996, 177 f.).

Mit der *gesellschaftlichen Ebene* der Friedenserziehung sind die teils verborgenen, teils offenkundigen Gewaltstrukturen der Gesellschaft gemeint. So gibt es insbesondere Zusammenhänge zwischen der Sozialstruktur und der Friedensbereitschaft einer Gesellschaft. Unter der Voraussetzung extremer sozialer Ungleichheiten nimmt erfahrungsgemäß die Bereitschaft zum anomischen Verhalten zu. Gesellschaftliche Gewaltstrukturen zeigen sich außerdem in der Diskriminierung ethnischer Minderheiten. Diese Diskriminierung kann bis hin zu offener körperlicher Gewaltanwendung reichen. In Gesellschaften mit starker Migration ist die Notwendigkeit einer auf Gewaltprävention gerichteten Friedenserziehung offenkundig. Es ist klar, dass die Friedenserziehung hier enge Berührungspunkte mit dem interkulturellen Lernen aufweist.

Generell muss eine auf die Stabilisierung des innergesellschaftlichen Friedens gerichtete Friedenserziehung die *Sensibilität für Gewalt* gegen Menschen erhöhen. Man weiß, dass sich der Prozess der Zivilisation der zunehmenden Kontrolle von Affekten verdankt. Man weiß ebenso, dass die wichtigste Sperre gegen den Ausbruch von Gewalt die sogenannte Ekelschranke ist. Es kommt folglich in der Erziehungsbemühung darauf an, die Ekelschranke zu erhöhen (Nicklas 1997, 364 f.).

Um ein gewaltfreies multikulturelles Zusammenleben zu ermöglichen, muss die Friedenserziehung bei den Menschen *multiple Loyalitäten* aufzubauen versuchen. Unter Loyalität wird das Zugehörigkeitsgefühl eines Menschen zu einer ethnischen, religiösen oder kulturellen Gemeinschaft oder zu einem bestimmten Land verstanden. Eine multikulturelle Gesellschaft ist nur lebensfähig, wenn die Menschen mehrstufige oder multiple Loyalitäten herausbilden. Das meint beispielsweise für Zuwanderer aus der Türkei, dass sie gleichzeitig eine türkische, eine deutsche und eine europäische Loyalität leben können müssen. Auf diese Weise kann es zu einer Relativierung des ethnischen Absolutismus kommen. Wie schwierig dieses Ziel zu erreichen sein dürfte, zeigt sich in Abgrenzungs- und Ausgrenzungstendenzen sowohl der Minderheiten als auch der Mehrheit.

Die Friedenserziehung muss sich schließlich um eine *Beseitigung von Vorurteilen und Feindbildern* gegenüber Fremden in der eigenen Gesellschaft bemühen. Ethnische Vorurteile hängen häufig mit dem Wunsch des Menschen nach einer positiven Identität zusammen. Eine solche Identität wird in erheblichem Maße durch die Zugehörigkeit zu einer sozialen Gruppe bestimmt. Eine soziale Gruppe leistet jedoch nur dann einen Beitrag zu einer positiven individuellen Identität, wenn sie selbst positiv bewertet wird. Dies geschieht in aller Regel durch Vergleiche, bei denen die eigene Gruppe erhöht und idealisiert, die Fremdgruppe dagegen abgewertet und mit negativen Attributen versehen wird. Dieser Zusammenhang macht den Abbau von Vorurteilen und Feindbildern so schwierig. Ein Ausweg könnte darin bestehen, die Menschen zum Aufbau sozialer Identitäten anzuleiten, ohne dass sie Vergleiche mit anderen anstellen. Die Erfolgsaussichten dieses Versuches sind allerdings ungewiss (Nicklas 1997, 367 ff.).

Sofern sich die Friedenserziehung auf das *internationale politische System* bezieht, ist sie stark abhängig vom Stand der internationalen Beziehungen. Es ist ein Unterschied, ob die gesamte Staatengesellschaft durch Anarchie und das Sicherheitsdilemma geprägt ist und Aufrüstung und die Androhung von Kriegen fast zwangsläufig folgen, ob in einzelnen Regionen der Welt Staaten durch ihre Politik ein Sicherheitsrisiko für andere Staaten darstellen, ob rational nicht berechenbare terroristische Gruppen einen nicht erklärten Krieg führen oder ob Kooperations- und Integrationsmuster die internationalen Beziehungen bestimmen.

Da nicht zu erwarten ist, dass der ewige Frieden ausbricht, lautet die generelle Vorgabe für die Friedenserziehung, die Logik des internationalen politischen Systems, Kriege und Kriegsursachen sowie Konzepte der Friedenssicherung zu thematisieren. Ihr Ziel muss es sein, das Bewusstsein von der gegenseitigen Abhängigkeit der Staaten und ihrer Bewohner herauszubilden. Sie muss grundsätzlich für eine Politik der internationalen Verständigung werben. Letztlich muss sie so etwas wie eine Weltbürger-Erziehung anstreben. Die Friedenserziehung muss sich aber vor der Illusion hüten, es könnte mit Hilfe der Erziehung das Problem der internationalen Friedenssicherung gelöst werden. Kriege wurzeln in Interessen, Ideologien und Machtansprüchen, nicht jedoch in der Erziehungsgeschichte der beteiligten Völker.

Eine Krieg und Frieden thematisierende Friedenserziehung ist nur im Rahmen der politischen Bildung als Fachunterricht verantwortbar. Sie konkretisiert sich in der kognitiven Auseinandersetzung mit internationalen Konflikten sowie in der politischen Urteilsbildung über Fragen der Friedenssicherung, der Konfliktbeendigung und der Friedensstiftung. Dabei muss sie sich hüten vor einer gesinnungsethischen Moralisierung der in der Regel hochkomplexen Fragen der internationalen Politik. Ihr sind vielmehr differenzierte und multiperspektivische Analysen aufgetragen. Die politische Bildung kommt bei diesem Unterfangen nicht umhin, auf strategische Fragen, außenpolitische Handlungslogiken und Theorien des Krieges einzugehen (Sander 2005b, 450 ff.).

Methodisch dürften für die auf die internationale Politik bezogene Friedenserziehung in erster Linie *Fallstudien* und *Planspiele* über internationale Ereignisse und Konflikte in Betracht kommen. Beide methodischen Vorgehensweisen verlangen Konstellationsanalysen, Möglichkeitserörterungen und Entscheidungsüberlegungen. Damit liefern sie einen Beitrag zur Erhellung der Komplexität von Entscheidungen im Bereich der internationalen Politik. Und sie bewahren vor sachlich unzureichender Schwarz-Weiß-Malerei.

Umwelterziehung

Die *Umwelterziehung* zählt seit Beginn der siebziger Jahre des vergangenen Jahrhunderts zu den zentralen Aufgabenfeldern der Schule. Hinter der Umwelterziehung steht die Einsicht, dass Umweltressourcen sich auf Dauer nicht ohne gravierende Rückwirkungen auf die Lebensqualität heutiger und zukünftiger Generationen nutzen lassen. Zu dieser Einsicht kam es aufgrund von Umweltverschmutzungen und -katastrophen sowie Energiekrisen im globalen Ausmaß. Die Ungewissheit möglicher Auswirkungen von Umweltbelastungen macht den Umweltschutz zu einer grundlegenden Aufgabe der Daseinsvorsorge. Hierbei treffen unterschiedliche Risikowahrnehmungen, Interessen und Kosten-Nutzen-Überlegungen aufeinander. Umweltschutz ist deshalb ein Politikum. Folglich ist auch die politische Bildung tangiert.

Die Kultusministerkonferenz fasste am 17. Oktober 1980 den Beschluss *Umwelt und Unterricht*. Dort heißt es: „Für den Einzelnen und die Menschheit insgesamt sind die Beziehungen zur Umwelt zu einer Existenzfrage geworden. Es gehört daher auch zu den Aufgaben der Schule, bei jungen Menschen Bewusstsein für Umweltfragen zu erzeugen, die Bereitschaft für den verantwortlichen Umgang mit der Umwelt zu fördern und zu einem umweltbewussten Verhalten zu erziehen, das über die Schulzeit hinaus wirksam bleibt" (Seipp (Bearbeiter), Beschluss Nr. 669 vom 17.10.1980, 1).

Der Konferenzbeschluss verlangt zu seiner Implementierung mehrere Schritte. So muss die Schule erstens Kenntnisse über die Lebensgrundlagen der Menschen vermitteln. Dann muss sie über Formen der Umweltbelastung und der Umweltzerstörung informieren. Sie muss weiterhin über Verursacher dieser Belastungen und Zerstörungen aufklären. Fernerhin müssen Chancen politischer Einflussnahme auf Beibehaltung oder Änderung des Umganges mit der Umwelt beurteilt werden. Abschließend muss die Einsicht vermittelt werden, dass eine Umkehr im Umweltverhalten neue Denkweisen und die Bereitschaft erfordert, sich hierauf auch einzulassen.

Die Schritte machen deutlich, dass die Umwelterziehung nicht einem, sondern mehreren Lernbereichen zugeordnet ist. So verlangen die beiden ersten Schritte die Anwendung natur- und geowissenschaftlicher Erkenntnisse und Methoden. Denn es muss je nach Umweltproblem über Luft, Wasser und Boden sowie über Abgase, Abwässer, Müll, Pestizide und Bodenversiegelung gesprochen werden. Die beiden nächsten Schritte erfordern dagegen Herangehensweisen aus den Wirtschafts- und Sozialwissenschaften. Denn hier geht es um den ökonomischen Umgang mit knappen Ressourcen sowie um die Abwälzung von Umweltlasten auf die Allgemeinheit. Und es geht um eine Einschätzung der Möglichkeiten der Politik, Änderungen durchzusetzen. Der letzte Schritt schließlich bedeutet eine Rückwendung zum Individuum und seiner Einsichtsfähigkeit.

Konzentriert sich die Umwelterziehung auf die politische Perspektive, dann bietet es sich an, anhand konkreter Umweltprobleme unterschiedliche Interessen aufzugreifen, Prozesse der Interessenaushandlung, der Willensbildung und Entscheidungsfindung sowie politische Programme zu analysieren und zu beurteilen. Dabei müssen die Lernenden darin unterstützt werden, die Umweltqualität und den umweltpolitischen Handlungsbedarf zu bewerten, die Rahmenbedingungen für umweltverbessernde Maßnahmen einzuschätzen und schließlich die Angemessenheit umweltverbessernder Maßnahmen unter Berücksichtigung ihrer beabsichtigten und unbeabsichtigten Handlungsfolgen zu beurteilen (Kahlert 2005, 434 ff.).

Es zeigt sich, dass der Gegenstandsbereich Umwelt stark kognitiv bestimmt ist. Man könnte also statt von *Umwelterziehung* auch von *Umweltbildung* sprechen. Denn der erzieherische Akzent gelangt allenfalls in der Forderung des Konferenzbeschlusses, Bereitschaft für den verantwortlichen Umgang mit der Umwelt zu fördern und zu einem umweltbewussten Verhalten zu erziehen, zum Ausdruck. Da es aber letztlich auf ein umweltentsprechendes Verhalten ankommt, ist die Bezeichnung Umwelterziehung dennoch gerechtfertigt.

Seit dem Weltklimagipfel 1992 in Rio de Janeiro mit der dort verabschiedeten Agenda 21 wird der Umweltschutz als eine *gesellschaftspolitische Gestaltungsaufgabe* begriffen. Die Agenda insistiert nicht nur auf ein ressourcenschonendes Wirtschaften und Leben, sondern hat auch den sozialen Ausgleich zwischen Arm und Reich, zwischen den hochindustrialisierten und den Entwicklungsländern im Blick. Umwelterziehung wird nun verstanden als *Bildung für nachhaltige Entwicklung*. Eine nachhaltige Entwicklung gilt zugleich als zukunftsfähig, als umweltgerecht und als Beitrag zur internationalen Gerechtigkeit. Sie ist das Bestreben, im globalen Maßstab für heutige und künftige Generationen hohe ökologische, ökonomische und kulturelle Standards zu erreichen.

Die Agenda 21 postuliert eine Art *ökologischer Gestaltungskompetenz*. Damit ist eine Problemlösungs- und Handlungskompetenz gemeint, mit der die Zukunft der Sozietäten, in denen man lebt, in aktiver Teilhabe im Sinne nachhaltiger Entwicklung modifiziert und modelliert werden kann. Die Gestaltungskompetenz erinnert daran, dass die Zukunft offen ist (Haan 1999, 260, 264, 269 ff.).
Die ökologische Gestaltungskompetenz setzt sich aus mehreren Teilkompetenzen zusammen. So gehört dazu die Fähigkeit, vorausschauend zu denken, mit Unsicherheit sowie mit Zukunftsprognosen, -erwartungen und -entwürfen umgehen zu können. Dann ist es erforderlich, interdisziplinär arbeiten zu können. Dies ist notwendig, weil Probleme nachhaltiger Entwicklung in der Regel nicht durch eine Fachwissenschaft oder mit einfachen Handlungsstrategien zu bewältigen sind. Ein weiteres Erfordernis ist die Fähigkeit zu weltoffener Wahrnehmung, transkultureller Verständigung und Kooperation. Denn die Umwelt muss in ihrem weltweiten Bindungs- und Wirkungszusammenhang erfasst und lokalisiert werden können. Fernerhin bedarf es für die Durchführung von Aktionen der Fähigkeit, dafür benötigte Ressourcen unter den Gesichtspunkten der Nachhaltigkeit zu taxieren, Netzwerke der Kooperation aufzubauen sowie mögliche Nebenfolgen einzukalkulieren. Schließlich ist es sinnvoll, distanziert über individuelle wie kulturelle Leitbilder reflektieren zu können. Man erkennt hierbei, dass das eigene Verhalten kulturell bedingt ist (Haan 2004, 41 f.).
Eine Umwelterziehung, die sich der Förderung der Gestaltungskompetenz verpflichtet fühlt, trägt deutlich politisch bildende Züge. Allerdings verlangt diese Form der Umwelterziehung keinen Fachunterricht in politischer Bildung. Sie realisiert sich eher in fächerübergreifenden Projekten und im Schulleben.

Bewährte Methoden der Umwelterziehung sind die *Zukunftswerkstatt* und die *Szenariotechnik*. Beide Methoden fördern die reflexive Auseinandersetzung mit der Zukunft. Sie generieren Zukunftswissen im Sinne eines Wissens über die globale und langfristige Existenzsicherung von Mensch und Natur.
Bei der Zukunftswerkstatt entwerfen Lernende wünschbare, mögliche, aber auch utopische Zukünfte und überprüfen deren Durchsetzungsmöglichkeiten. Bei der Szenariotechnik werden Vorstellungen über positive und negative Entwicklungen in der Zukunft zu umfassenden Bildern und Modellen zusammengefasst. Anschließend werden Konsequenzen aus den entwickelten Szenarien gezogen und Handlungs- bzw. Zukunftsstrategien entwickelt, die dazu dienen, unerwünschten Entwicklungen entgegenzuwirken und erwünschte Entwicklungen zu fördern (Weinbrenner/Häcker 1991, 115, 144 ff.; Weinbrenner 1995, 432 ff.).

11.8 Besonderheiten des Aufgaben- und Zielkataloges der politischen Erwachsenenbildung

Im Unterschied zur schulischen politischen Bildungsarbeit ist die politische Erwachsenenbildung durch Vielstimmigkeit in der Zieldiskussion bestimmt. Der Grund hierfür ist die Pluralität der Träger der politischen Erwachsenenbildung. So gibt es neben den kommunalen Volkshochschulen kirchliche, gewerkschaftliche und arbeitgebernahe Bildungsinstitutionen, weiterhin Parteienstiftungen sowie Bildungseinrichtungen alternativer Gruppen und neuer sozialer Bewegungen.

Genereller Auftrag der politischen Erwachsenenbildung

Von wenigen Ausnahmen abgesehen ist die politische Erwachsenenbildung keine staatliche Veranstaltung.[133] Sie unterliegt deshalb keinem bindenden öffentlichen Auftrag. Gleichwohl kann man in der Festigung und Verbreitung des demokratischen und europäischen Gedankens sowie im Eintreten für den Frieden den kleinsten gemeinsamen Nenner der politischen Erwachsenenbildung sehen. Diese Ziele sind jedenfalls in den Förderrichtlinien der Bundeszentrale für politische Bildung aufgeführt, die viele Veranstaltungen der politischen Erwachsenenbildung finanziell unterstützt und deshalb starken Einfluss ausübt (Reichling 1999, 149).[134]

Ergänzend listete die Bundesregierung 1991 einen Aufgaben- und Zielkatalog für die schulische wie für die außerschulische politische Bildung auf. Zu den aufgeführten Zielen gehören Informationen über Faktoren und Funktionszusammenhänge politischer, gesellschaftlicher und ökonomischer Prozesse, Akzeptanz von Demokratie und Pluralismus, Befähigung zur politischen Analyse und zum politischen Handeln, Bereitschaft zu Toleranz und Engagement

---

[133] Zu den Ausnahmen gehört in erster Linie die Bundeswehr. Im Soldatengesetz heißt es in Paragraph 33: „Die Soldaten erhalten staatsbürgerlichen und völkerrechtlichen Unterricht. Der für den Unterricht verantwortliche Vorgesetzte darf die Behandlung politischer Fragen nicht auf die Darlegung einer einseitigen Meinung beschränken. Das Gesamtbild des Unterrichts ist so zu gestalten, dass die Soldaten nicht zugunsten oder zuungunsten einer bestimmten politischen Richtung beeinflusst werden. Die Soldaten sind über ihre staatsbürgerlichen und völkerrechtlichen Pflichten und Rechte im Frieden und im Kriege zu unterrichten." Der Stellenwert der politischen Bildung in der Bundeswehr zeigt sich unter anderem darin, dass sie in einer Zentralen Dienstvorschrift (ZDv 12/1) geregelt ist. Daneben gibt es weitere Richtlinien für die konkrete Gestaltung der Bildungsarbeit.
Aber auch die Ersatzdienstleistenden erhalten politische Bildung. Gemäß Zivildienstgesetz sollen sie mindestens zweimal während ihrer Dienstzeit für die Teilnahme an staatsbürgerlichen Seminaren aus dem Angebot des Bundesamtes für den Zivildienst freigestellt werden (Vorholt 2003, 59 ff., 76 ff.).
Schließlich gibt es politische Bildung im Rahmen der Ausbildung zum gehobenen und höheren Polizeidienst. Politische Bildung in der Polizei verfolgt drei Zielsetzungen: Sie soll erstens zur kritisch-rationalen Auseinandersetzung mit der beruflichen und politischen Wirklichkeit beitragen. Sie soll zweitens dem Ziel dienen, Kompetenzen auszubilden, um sich besser im beruflichen und politischen Umfeld zu orientieren. Und sie soll drittens dazu beitragen, in den häufig konflikthaften Handlungsfeldern des polizeilichen Alltags wertbezogene, den Intentionen des Grundgesetzes entsprechende Entscheidungen treffen und umsetzen zu können. Insgesamt soll sie den Demokratisierungs- und Zivilisierungsprozess der Polizeiorganisation weiter voranbringen (Schulte 2003, 21 f.).

[134] In Ziffer 2.1 der *Richtlinien zur Förderung von Veranstaltungen der politischen Erwachsenenbildung durch die Bundeszentrale für politische Bildung* vom 5. März 2002 heißt es: „Politische Bildung soll Kenntnisse über Gesellschaft und Staat, europäische und internationale Politik einschließlich der politisch und sozial bedeutsamen Entwicklungen in Kultur, Wirtschaft, Technik und Wissenschaft vermitteln. Sie soll die Urteilsbildung über gesellschaftliche und politische Vorgänge und Konflikte ermöglichen, zur Wahrnehmung eigener Rechte und Interessen befähigen und zur Beachtung der Pflichten und Verantwortlichkeiten gegenüber Mitmenschen, Gesellschaft und Umwelt sowie zur Mitwirkung an der Gestaltung einer freiheitlichen und demokratischen Gesellschafts- und Staatsordnung anregen."
Über die Voraussetzungen zur Anerkennung als förderungswürdiger Träger heißt es in Ziffer 3.2 der Richtlinien: „Neue Träger können auf Antrag von der Bundeszentrale für politische Bildung anerkannt werden, wenn sie die parlamentarisch-repräsentative Willensbildung bejahen, sich in ihrem Selbstverständnis zur freiheitlichen und demokratischen Grundordnung bekennen und dabei die Gewähr für eine den Zielen des Grundgesetzes förderliche politische Bildungsarbeit bieten."

sowie zum Abbau nationaler Egoismen (Bericht der Bundesregierung zu Stand und Perspektiven der politischen Bildung in der Bundesrepublik Deutschland 1992, 3 f.).

Im Münchner Manifest von 1997 erinnern die Bundes- und Landeszentralen für politische Bildung daran, dass die von ihnen verantwortete politische Bildung im öffentlichen Auftrag einen „unverzichtbaren Beitrag zu persönlicher und gesellschaftlicher Orientierung sowie zur Entwicklung und Festigung demokratischer Einstellungen und Verhaltensweisen" leistet. Und sie nehmen für sich in Anspruch, Menschen zur aktiven Beteiligung an politischen Prozessen zu motivieren und zu befähigen sowie ihnen Hilfestellung angesichts der rasanten gesellschaftlichen, ökologischen und politischen Umbrüche zu geben (Münchner Manifest 1997, 37).

Spezifische Leistungen der politischen Erwachsenenbildung

Die politische Erwachsenenbildung trägt in mehrfacher Hinsicht zum Funktionieren der Demokratie bei. Sie ermuntert zum politischen Engagement und zur Übernahme von Ehrenämtern. Sie schult politisches Personal. Sie thematisiert öffentlich bedeutsame Herausforderungen und Probleme, um Orientierung und Hilfestellung zu geben. Schließlich leistet sie auch einen Beitrag zur Kommunikation, zum Dialog sowie zur politischen Kultur im weitesten Sinne (Reichling 1999, 147).[135]

Man kann in der politischen Erwachsenenbildung eine Dienstleistung sehen, die vier Leistungen für den Bürger erbringt. Sie erlaubt erstens, *Politik besser verstehen und beurteilen zu lernen*. Die politische Erwachsenenbildung ist nämlich so etwas wie ein Kompetenzzentrum, in dem man sich zuverlässig informieren kann. Sie gestattet zweitens, *etwas über sich selbst zu erfahren*. Denn sie bietet gewissermaßen einen anderen, d.h. sozialwissenschaftlich angeregten Blick auf biographische Erfahrungen. Sie hilft, Lebenserfahrungen vor dem Hintergrund gesellschaftlicher und politischer Kontexte neu und bereichernd wahrzunehmen. Die politische Erwachsenenbildung bietet drittens einen *Ort der Verständigung*. In dieser Hinsicht fungiert sie als Forum des politischen Diskurses der Gesellschaft, in dem Menschen ernsthaft, aber ohne den Zwang, sich politisch festlegen zu müssen, mit anderen über die sie bewegenden öffentlichen Fragen sprechen können. Und viertens ermöglicht die politische Erwachsenenbildung, *Kompetenzen zu lernen*, mit denen man sich im privaten Kreis wie in der politischen Öffentlichkeit erfolgreich artikulieren kann (Sander 2001, 181 f.).[136]

---

[135] So erklärte der *Arbeitskreis deutscher Bildungsstätten* 1995 in einem Papier mit dem Titel *Die Demokratie braucht Politische Bildung* die mögliche Kommunikations- und Meinungsbildungsfunktion zu einem primären Anliegen der politischen Erwachsenenbildung: „Politische Bildung ist heute in der Hauptsache ein Angebot zur Orientierung, zur Kommunikation, zum Dialog und zur Bewältigung von politischen Umbrüchen und den Folgen tiefgreifenden sozialen und kulturellen Wandels. ... Politische Bildung zielt auf die soziale Scharnierstelle zwischen Individuum und Gesellschaft. Sie vermittelt zwischen den alltäglichen Lebenswelten ihrer Adressaten und den immer unübersichtlicher werdenden systemischen Strukturen des Politischen. ... Politische Bildung hilft zur Öffnung des sozialen Raums, indem sie Menschen aus verschiedenen Klassen, Schichten und Milieus sowie mit unterschiedlichen Lebensstilen und Lebensführungen an festen Lernorten zusammenführt und politische Diskurse ermöglicht, die zwischen den abgeschotteten Lebenswelten kaum noch stattfinden" (zitiert nach Reichling 1999, 155).

[136] Konzeptionell stehen sich in der politischen Erwachsenenbildung zwei Extreme gegenüber. So gibt es die Position, dass die Bildungsbemühung in der *Tradition der Aufklärung* stehen solle und damit Befreiung aus Unmündigkeit und Fremdbestimmung sowie Parteinahme für die allgemeine Demokratisierung zum Ziel haben müsse. Stets sei daher die Komplexität gesellschaftlicher Zusammenhänge zu berücksichtigen. Es dürfe nicht auf Fakten, Wissen und Theoriezusammenhänge verzichtet werden, wenn eine komplizierte Welt zu erklären versucht werde. Politisches Begreifen müsse sich an

substantiellen Kriterien wie Konflikt, Interesse, Macht, Herrschaft, Konsens, Öffentlichkeit und Legitimität orientieren. Eine solche sich als emanzipatorisch begreifende politische Erwachsenenbildung anerkenne keine apodiktischen Gewissheiten und unumstößlichen Wahrheiten. Sie fördere Kritikfähigkeit vor allem durch die Betonung kognitiver Bewusstseinsstrukturen (Hufer 1992, 9, 163 f.; Hufer 2001, 16, 34).

Auf der anderen Seite gibt es die Wirklichkeit einer politischen Erwachsenenbildung, die sich der *neuen Subjektivität* verschrieben hat. Hier geht es um zwischenmenschliche Kommunikation, Alltagswissen, Lebenswelt und Selbstkonzepte. Gefühle spielen eine wesentliche Rolle. Ängste werden thematisiert. Man geht Biographien nach. Der Alltag, das Milieu und das soziale Umfeld sind von entscheidender Bedeutung. Authentizität und Identität haben den Rang von Schlüsselbegriffen. Das rational-intellektuelle Wissenschaftsverständnis wird hingegen mit Skepsis betrachtet. Anhänger der neuen Subjektivität sehen Politik allerorten, also auch in nahezu jedem Feld des Alltags (Hufer 1992, 55 ff.).

12. Gegenstandsfelder und Inhalte der politischen Bildung

12.1 Gegenstandsfelder und Inhalte der schulischen politischen Bildung

Es ist nicht einfach, die Gegenstandsfelder und, daraus abgeleitet, die Inhalte der schulischen politischen Bildung zu bestimmen. Das hängt hauptsächlich mit einem Merkmal des der politischen Bildung gewidmeten Unterrichtsfaches zusammen, das in der schulischen Fächerlandschaft ziemlich einmalig ist. Gemeint ist der Sachverhalt, dass die politische Bildung mehrere Bezugswissenschaften aufweist. Ganz unstreitig gehören zu diesen Bezugswissenschaften die Politikwissenschaft und die Soziologie. Sofern kein eigenes Schulfach Wirtschaft existiert, werden wirtschaftliche Fragestellungen und Themen ebenfalls der politischen Bildung zugeordnet.[137] Damit gehört dann auch die Wirtschaftswissenschaft zu den Bezugsdisziplinen. Schließlich werden Fragen des Rechts und des Rechtssystems in der Schule erörtert. Dieses Sachgebiet hat ebenso wie die Wirtschaft Aufnahme in die politische Bildung gefunden. Somit fundiert auch die Rechtswissenschaft die politische Bildung.

Man kann sich leicht vorstellen, dass die vier Bezugswissenschaften bei der Bestimmung schulischer Curricula in einer Konkurrenzsituation zueinander stehen. Die Curricula könnten folglich ganz unterschiedliche inhaltliche Schwerpunkte aufweisen. Nimmt man noch den Umstand hinzu, dass die Inhalte didaktisch verschieden akzentuiert werden können, wäre es wenig erstaunlich, wenn die Lehrpläne der politischen Bildung in den Bundesländern sehr voneinander abwichen.[138]

Analysen der schulischen Lehrpläne zeigen jedoch, dass es trotz der föderalen Vielfalt in Deutschland auf der Ebene der Unterrichtsgegenstände der politischen Bildung so etwas wie einen inhaltlichen Kanon gibt. Vermutlich aus pragmatischen Gründen der Vergleichbarkeit von Prüfungsleistungen am Ende von Schullaufbahnen hat sich ein Konsens herausgebildet, welcher der politischen Bildung ein identifizierbares Aussehen verleiht.

Nicht vergessen sollte man, dass auch Politikdidaktiker Anstrengungen unternommen haben, das von der politischen Bildung abzudeckende Spektrum der Gegenstände zu bestimmen.[139]

---

[137] Das Gegenstandsfeld Wirtschaft wird in den Gymnasien der meisten Bundesländer in einem eigenständigen Fach behandelt. In einigen Ländern gibt es eine Kombination mit dem Gegenstandsfeld Recht. Die Bezeichnungen schwanken zwischen *Wirtschaft*, *Wirtschaftslehre*, *Wirtschaft und Recht* sowie *Arbeit – Wirtschaft – Technik*.

[138] Für ein hohes Maß an Verschiedenheit der Lehrpläne könnte auch sprechen, dass es bis heute keine einheitliche Bezeichnung des Schulfaches für politische Bildung gibt. Folgende Bezeichnungen sind allein für den gymnasialen Bereich im Umlauf: *Sozialkunde* (Bayern, Rheinland-Pfalz, Mecklenburg-Vorpommern, Sachsen-Anhalt, Thüringen), *Gemeinschaftskunde* (Baden-Württemberg, Niedersachsen [Sekundarstufe II], Hamburg [Sekundarstufe II]), *Politische Bildung* (Brandenburg), *Politik und Wirtschaft* (Hessen, Schleswig-Holstein, Niedersachsen [Sekundarstufe I], Nordrhein-Westfalen [Sekundarstufe I]), *Sozialwissenschaften* (Nordrhein-Westfalen [Sekundarstufe II], Berlin [Sekundarstufe II]), *Gemeinschaftskunde – Rechtserziehung – Wirtschaft* (Sachsen), *Politik – Gesellschaft – Wirtschaft* (Hamburg [Sekundarstufe I]), *Politik* (Saarland, Bremen [Sekundarstufe II]), *Sozialkunde/Weltkunde* (Berlin [Sekundarstufe I]) und *Welt-/Umwelt-/Gemeinschaftskunde* (Bremen [Sekundarstufe I]).

[139] Das Studienbuch *Politik* von Bernhard Sutor und Joachim Detjen ist der Versuch, auf über 500 Seiten das gesamte Panorama der politischen Bildung darzustellen (Sutor/Detjen 2001). Zum Anspruch des Studienbuches heißt es: „Inhaltlich soll es alle Wissensgebiete abdecken, über die der politisch gebildete Bürger unserer Demokratie heute orientiert sein sollte. Insoweit verfolgt es den Zweck, *Grundwissen* in konzentrierter und übersichtlicher Form darzustellen. Das Buch ist aber kein ‚Leitfaden', der nur systematisiertes Wissen vermitteln soll. Beabsichtigt ist vielmehr eine problemorientierte Darstellung politischer Zusammenhänge unserer Zeit in dem ständigen Bemühen, sie theoretisch zum Zweck des Begreifens ‚auf den Begriff zu bringen'" (9). Wichtig ist den Autoren, dass die

Gegenstandsfelder und Inhalte der politischen Bildung in der Primarstufe

In der Grundschule findet die politische Bildung in der Regel im Integrationsfach Sachunterricht statt. Dieser Unterricht enthält Anteile aus den Natur- und den Sozialwissenschaften. Die Lehrpläne für den Sachunterricht sind relativ offen gehalten. Das Lernen findet ohne enge Anlehnung an wissenschaftliche Bezugsdisziplinen statt.

Die politische Bildung in der Primarstufe orientiert sich an der sozialen Lebenswirklichkeit von Kindern und hilft ihnen bei der Bewältigung von Alltagssituationen. Sie klärt sie aber auch über fundamentale Probleme der Gegenwart auf. Letzteres soll die Kinder auf ein Leben als Bürger eines demokratischen Gemeinwesens vorbereiten.

Die politische Bildung veranlasst die Kinder folglich, sich mit ihren Beziehungen zu Gleichaltrigen, Erwachsenen, Fremden und Angehörigen des anderen Geschlechts auseinanderzusetzen. Sie klärt die Kinder über ihre Rolle in den sozialen Gebilden Familie und Schule auf. Sie vermittelt Kenntnisse über den politischen Nahraum, also die Gemeinde und deren Aufgaben.

Fülle möglicher Gegenstände unter dem Leitaspekt des Politischen gebündelt wird. „Alle unsere Problemanalysen sind von dem Versuch geleitet, das Politische an ihnen herauszuarbeiten und verstehbar zu machen. Das ‚Formalobjekt' Politik leitet die Reduktion und die Strukturierung der inhaltlichen Vielfalt" (9).

Der Kern der Politik ist im Abschnitt *Politikverständnis – politische Grundbegriffe – politische Ethik* repräsentiert (27-83). Im Einzelnen werden hier die verschiedenen Aspekte des Politikbegriffes (Politik als Praxis, nicht als Technik, Politik im weiteren und im engeren Sinne), die wichtigsten Kategorien des Politischen in ihren polaren Spannungen (Kommunikation – Integration, Partizipation – Repräsentation, Interessen – Gemeinwohl, Konflikt – Kompromiss, Macht – Recht, Gesellschaft – Staat) sowie die Grundzüge der politischen Ethik (Wahrheit und Ideologie, Politik und Moral, Loyalität und Widerstand, Gewissen und Politik) dargestellt.

Der Abschnitt *Innere Politik im freiheitlichen Verfassungsstaat* (84-251) enthält eine Art Regierungskunde über das politische Gemeinwesen der Bundesrepublik Deutschland. Regierungskunde ist mehr als eine auf die Darstellung formaler Zuständigkeiten beschränkte Institutionenkunde. Es wird folglich darüber informiert, wie im freiheitlichen Verfassungsstaat der Bundesrepublik Deutschland regiert wird. Dargelegt werden die Legitimitätsgrundlagen und Prinzipien des freiheitlichen Verfassungsstaates, die politische Integration in der parteienstaatlichen Demokratie sowie die Repräsentationsorgane im politischen Entscheidungsprozess.

Der Abschnitt *Grundfragen der Wirtschafts- und Gesellschaftspolitik* (252-365) hat Konzept, Erfolge und Probleme der Sozialen Marktwirtschaft zum Gegenstand. Den Abschnitt leitet eine soziologische Beschreibung der Industriegesellschaft ein. Es folgt dann eine Darlegung von Grundbegriffen des Wirtschaftens sowie wirtschaftlicher Ordnungsmodelle, bevor das Konzept der Sozialen Marktwirtschaft vorgestellt wird. Im Zentrum des Abschnittes stehen aber nicht ökonomische, sondern politische Fragen. Es geht um wirtschaftlich-soziale Ordnungspolitik, gesellschaftspolitische Strukturprobleme, Fragen der Umweltpolitik sowie schließlich um Herausforderungen, die von der Globalisierung ausgehen.

Der Abschnitt *Internationale Politik* (366-553) führt zunächst in Grundbegriffe internationaler Politik ein, um eine Grundlage für das Verstehen zu schaffen. Es folgen dann Ausführungen über europäische Sicherheitsstrukturen, über die europäische Einigung, über Entwicklungspolitik, über Krisen und Kriege im Staatensystem sowie über das Konzept der kollektiven Sicherheit im Rahmen der Vereinten Nationen.

Eine auf die Bedürfnisse der politischen Bildung zugeschnittene umfassende Darstellung des Politikbegriffes, der Demokratie sowie des politischen Systems der Bundesrepublik Deutschland stammt von Klaus Rothe. Im Vorwort heißt es über die Absicht des Buches: „Es geht in ihm nicht um eine systematische Darstellung von Institutionen, sondern darum, am Beispiel von Politikgestaltung im demokratischen Institutionengefüge der Bundesrepublik den Prozess von Politik selbst verständlich und in seinen Wesenszügen nachvollziehbar zu machen. ... Es ist die Überzeugung des Verfassers, dass sich mit der Einsicht und dem angemessenen Verstehen dessen, was Politik ihrem Wesen nach und ihrer realen Erscheinung nach immer war und stets bleiben wird, ein Wunsch nach demokratischen, politischen Verfahren und eine innere Bejahung von Demokratie verbinden werden. Dies zu fördern, ist die Absicht politischer Bildung" (Rothe 2000, 9).

Sie regt zum Nachdenken darüber an, wie mit der eigenen Zeit sinnvoll umgegangen werden kann. In diesem Zusammenhang erörtert sie Fragen der Freizeitgestaltung, des Konsumverhaltens und des Umganges mit den Medien. Schließlich initiiert sie Lernprozesse über die Sachbereiche Arbeit, Umwelt und Frieden. Dabei thematisiert sie auch die Schattenseiten, also Arbeitslosigkeit, Umweltverschmutzung und Unfrieden bzw. Krieg (Herdegen 1999, 52 ff.).

Über diesen Kernbereich hinaus gibt es noch weitere Inhalte, die auf dem Niveau einer *politischen Grundbildung* in der Primarstufe vermittelt werden können. Ein Einblick in das Politische ist möglich, wenn Kinder den Unterschied zwischen Privatheit und Öffentlichkeit gelernt und begriffen haben, dass die öffentliche Sphäre der kollektiven Übereinkunft über die sie bestimmenden Regeln und Institutionen bedarf. Ebenso gibt es vielfältige Chancen für das *Demokratielernen* im Zusammenhang mit der Selbstorganisation der Klassengemeinschaft. Wichtige Elemente der Demokratie wie das Gleichheitsprinzip, das Mehrheitsprinzip, der Minderheitenschutz, die Wahlrechtsgrundsätze, das Repräsentationsprinzip, das plebiszitäre Prinzip, die Zusammengehörigkeit von Zuständigkeit und Verantwortung, die Spannung zwischen Vertrauen und Misstrauen sind anhand der Klassensprecherwahl, der Praxis eines Klassenrates sowie diverser Klassendienste vermittelbar (Behrmann 1996, 123 ff., Richter 2002, 166 ff.).
Selbst die sehr weit vom Nahraum der Kinder entfernt liegenden Regionen *Europa* und *Dritte Welt* sind dem Sachunterricht zugänglich. In der Regel wissen die Kinder über Medien, Erwachsenengespräche oder Begegnungen mit Migranten etwas über diese Regionen. Dies kann zum Anlass für problemorientierte Gespräche genommen werden (Reeken 2001, 67 ff.).

Gegenstandsfelder und Inhalte der politischen Bildung in der Sekundarstufe I

Die Lehrpläne zur politischen Bildung der Sekundarstufe I der verschiedenen Schulformen zeigen insofern ein heterogenes Bild, als sie unterschiedlich strukturiert sind und sich auch in ihren Anforderungen unterscheiden. Man gewinnt den Eindruck, dass es zu keinen länderübergreifenden Absprachen und Verständigungen darüber gekommen ist, welche Lerninhalte unabdingbar sind. Das Spektrum der vorgeschriebenen oder empfohlenen Themen ist jedenfalls sehr breit. Gleichwohl lassen sich sechs Themenkomplexe feststellen:
1. Gestaltung sozialer Beziehungen (in der Regel Gegenstand der Jahrgangsstufe 7 oder 8), 2. Demokratische Ordnung und politische Willensbildung, 3. Internationale Politik und Friedensordnung, 4. Recht und Rechtsordnung, 5. Wirtschaftsordnung und Wirtschaftspolitik (einschließlich Berufswahlorientierung) und 6. Medien.
Die Komplexe umfassen die Gegenstandsfelder Gesellschaft, Politik, Recht, Wirtschaft und Kommunikation.

Die Themenkomplexe *Gestaltung sozialer Beziehungen* und *Demokratische Ordnung und politische Willensbildung* sind in allen Bundesländern und allen Schularten vertreten. Sie bilden offensichtlich den curricularen Kern der politischen Bildung in der Sekundarstufe I. Nur wenige Bundesländer verlangen hingegen eine Auseinandersetzung mit unterschiedlichen politischen und wirtschaftlichen Systemen, insbesondere mit dem Sozialismus und speziell mit der Situation in der untergegangenen DDR (Trommer 1999, 89).[140]

---

[140] Die Gegenstandsfelder und Inhalte der politischen Bildung in der Sekundarstufe I haben sich in den vergangenen 25 Jahren kaum geändert. Eine Lehrplananalyse von Anfang der achtziger Jahre des vergangenen Jahrhunderts ergab folgende Schwerpunktthemen: 1. Familie, Schule, Freizeit, 2. Vorurteile, Randgruppen, Rollen, 3. Kommunalpolitik, 4. Politisches System der Bundesrepublik Deutschland, Parteien und Wahlen, 5. Medien, 6. Recht, 7. Wirtschaft, 8. Friedenspolitik, internationale Bezie-

Der Themenkomplex *Gestaltung sozialer Beziehungen* umfasst die Themen Familie, Schule, Gemeinschaft und Gemeinde. Beim Gegenstand *Familie* sollen sich die Lernenden vor allem mit der Bedeutung der Familie für die Entwicklung des Kindes, mit den Regeln des Zusammenlebens und der Bewältigung von Konflikten in der Familie, aber auch mit dem Wandel von Wertvorstellungen und dem staatlichen Schutz der Familie auseinandersetzen. Beim Gegenstand *Schule* wird die Erörterung der Schulordnung sowie der schulischen Mitbestimmungsmöglichkeiten empfohlen. Gesprochen werden soll ebenfalls über die Übernahme von Verantwortung, aber auch über Schulangst, Anpassungsdruck und geschlechtsspezifische Diskriminierung im Unterricht. Der Gegenstand *Jugendliche in der Gemeinschaft* befasst sich mit Wir-Gefühl und Gruppendruck, mit der Funktion von Leitbildern und dem Problem der Identitätsfindung, mit Gewalt und Sucht und ihren Ursachen sowie mit den Lebensbedingungen von Jugendlichen anderer Kulturkreise. Das räumliche Umfeld der Jugendlichen ist meistens auf die *Gemeinde* beschränkt. Daher wird nahegelegt, sich mit der Kommunalpolitik zu befassen. Manchmal steht aber auch allgemeine Landeskunde mit den Möglichkeiten und Grenzen der Landespolitik im Vordergrund (Trommer 1999, 91).[141]

Der Themenkomplex *Grundlagen der demokratischen Ordnung und politische Willensbildung*, den man auch *Politische Ordnung der Bundesrepublik Deutschland* nennen könnte, verlangt die Auseinandersetzung mit dem Grundgesetz, den Verfassungsorganen, der Struktur und Funktion von Bundestag und Bundesregierung, der Gesetzgebung des Bundes, den Besonderheiten des Sozialstaates sowie dem föderalen Aufbau der Bundesrepublik Deutschland. Speziell zur politischen Willensbildung soll den Schülern Wissen über Parteien, Wahlrecht und Wahlsystem sowie über die Stellung des Bürgers und seine Mitwirkungsmöglichkeiten im demokratischen Staat vermittelt werden (Trommer 1999, 91, 93).[142]

---

hungen, Dritte Welt, 9. Bundesrepublik Deutschland und DDR. Ähnliches gilt übrigens auch für die Sekundarstufe II (Henning/Müller/Schlausch 1982, 226-231, 308-313).

[141] Eine Synopse der häufigsten Einzelthemen zum Komplex *Gestaltung sozialer Beziehungen* zeigt folgendes Bild:
1. Jugendliche in der Familie: *Familie*: Erziehung, elterliche Sorge, Rechte und Pflichten sowie gegenseitige Verantwortung von Eltern und Kindern, Regeln des familiären Zusammenlebens, Generationsprobleme, unvollständige Familien, Generationenvertrag, staatlicher Schutz für die Familie, Familienpolitik, Jugendschutzmaßnahmen. *Gleichberechtigung der Geschlechter*: Schicht-, geschlechts- und kulturspezifische Rollenmuster, unterschiedliche Erziehung von Jungen und Mädchen, Rollenbilder, Rollenerwartungen, Emanzipation, Partnerschaft.
2. Jugendliche in der Schule: Rechte und Pflichten von Schülern, Zusammenleben im Klassenverband, Außenseiterproblematik, Schulpflicht, Schulordnung, Mitwirkungs- und Mitbestimmungsmöglichkeiten in der Schule (Klassensprecher, Schülervertretung).
3. Jugendliche in der Gemeinschaft: *Freizeit und Freundeskreis*: Identitätsfindung, Freundeskreis, Jugendverbände, jugendliche Subkulturen, Gruppendruck, Normenverletzung, Zivilcourage, Freizeitgestaltung, Freizeiteinrichtungen, Sexualität. *Andere Kulturen*: Jugendliche anderer Kulturen, Vorurteile, Ausländerpolitik, Integration, Assimilation, Migrationsursachen. *Gewalt/Sucht*: Jugendsekten, Gewalt, Kriminalität, Aggressionen, Gewaltverhinderung, Suchtmittel, Ursachen des Suchtmittelkonsums.
4. Gemeinde als Lebens- und Lernort von Jugendlichen: *Aufgaben und Funktionsweise der Gemeinde*: Kommunale Selbstverwaltung, Gemeindeorgane, Kommunalpolitik, Finanzen der Gemeinde. *Mitwirkungsmöglichkeiten*: Bürgerinitiativen, ehrenamtliches Engagement, Lokalpresse, Wahlen, Mitwirkung Jugendlicher in der Politik, Bürgerbegehren und Bürgerentscheid (Trommer 1999, 105 ff.).

[142] Eine Synopse der häufigsten Einzelthemen zum Komplex *Politische Ordnung der Bundesrepublik Deutschland* zeigt folgendes Bild:
1. Grundgesetz: Entstehungsgeschichte, Grundrechte, Demokratieprinzip, Gewaltenteilung, Sozialstaatlichkeit, Rechtsstaatlichkeit, Verfassungsänderung, Bundesverfassungsgericht.
2. Parlamentarische Demokratie: Parteiendemokratie, repräsentative Demokratie, Bundesstaat, Rechtsstaat, Sozialstaat, Zusammenwirken der Verfassungsorgane, Koalition, Kontrolle der Regierung, Opposition, Konflikt, Kompromiss, Konsens, Abgeordneter, Fraktion, Fraktionsdisziplin, freies

12. Gegenstandsfelder und Inhalte der politischen Bildung

Der Themenkomplex *Internationale Politik und Friedenssicherung* setzt sich aus mehreren Elementen zusammen: Die Europäische Union, ihre Aufgaben, Ämter und Entscheidungsprozesse sowie das Problem der europäischen Staaten generell und die Einbindung Deutschlands im Besonderen. Hierzu gehören der Zwang zur Harmonisierung und der Ausbau supranationaler Kompetenzen. Weiterhin gehören die Bundeswehr und ihre Einbindung in die NATO zum Themenkomplex. Dasselbe gilt für die internationale Friedenssicherung, in deren Zusammenhang die Aufgaben der Vereinten Nationen, die UN-Menschenrechtserklärung, der Nord-Süd-Konflikt sowie der Ost-West-Konflikt erörtert werden sollen. Ein weiteres Element ist die Entwicklungspolitik (Trommer 1999, 93 f.).[143]

Der Themenkomplex *Recht und Rechtsordnung* hat die Aufgabe, das Rechtsbewusstsein zu schärfen und Kenntnisse über den Rechtsstaat, die Grundrechte sowie die Rechtsprechung zu vermitteln. Ebenso gehören Informationen über die Rechtsstellung Jugendlicher sowie die Behandlung von Rechtsfragen des Alltags hierher (Trommer 1999, 94).[144]

Der Themenkomplex *Wirtschaft und Wirtschaftspolitik* hat je nach Bundesland einen unterschiedlichen Stellenwert. Der Stellenwert hängt davon ab, ob das Gegenstandsfeld Wirtschaft in das Schulfach politische Bildung integriert ist oder ein eigenständiges Schulfach begründet. Schüler sollen in diesem Komplex Kenntnisse über wirtschaftliches Handeln, die Soziale

---

Mandat, Formen und Probleme der Basisdemokratie, Verwaltung.
3. Gesetzgebung: Gesetzgebungsprozess, Gesetzesinitiative, Einfluss von Medien und Verbänden, Anhörungsverfahren, Mitwirkung des Bundesrates, Vermittlungsverfahren, Volksbegehren und Volksentscheid.
4. Sozialstaat: Sozialstaatsgebot, Sozialpolitik, Versicherungsprinzip, Versorgungsprinzip, Fürsorgeprinzip, Wohlfahrtsverbände, Sozialstruktur und Einkommensverteilung, Sozialpflichtigkeit des Eigentums, Familienlastenausgleich, Jugendschutzgesetz, Armut, Lebenschancen.
5. Föderalismus: Konkurrierende Gesetzgebung, Finanzausgleich, Länderkompetenzen.
6. Parteien: Aufgaben der Parteien, innerparteiliche Demokratie, Parteienfinanzierung.
7. Wahlen: Wahlrechtsgrundsätze, aktives und passives Wahlrecht, Wahlverhalten, Kandidatenaufstellung, Wahlkampf, Wahlprogramm, Verhältniswahl, Mehrheitswahl, Fünfprozentklausel, Wahlrecht für Ausländer.
8. Interessenvertretung: Bürgerinitiativen, Verbände, Demonstrationen (Trommer 1999, 107 f.).

[143] Folgende Einzelthemen gehören zum Komplex *Internationale Politik und Friedenssicherung*:
1. Europäische Integration: Organe der EU, Entscheidungsprozesse der EU, Wirtschafts- und Währungsunion, Subventionen, Erweiterung der EU.
2. Bundeswehr: Einbindung in die NATO, Wehrpflicht, Wehrgerechtigkeit, Kriegsdienstverweigerung, vertrauensbildende Maßnahmen, Friedensbewegung, Abrüstung, Rüstungskontrolle, Einsatz im Rahmen der UNO.
3. Internationale Friedenssicherung: Vereinte Nationen, Völkerrecht, Weltinnenpolitik, internationaler Terrorismus.
4. Entwicklungspolitik: Situation der Entwicklungsländer, Motive der Entwicklungspolitik, Migration, multinationale Konzerne, gerechte Weltwirtschaftsordnung (Trommer 1999, 109 f.).

[144] Zum Komplex *Recht und Rechtsordnung* zählen folgende Einzelthemen:
1. Rechtsstaat: Rechtsordnung, Gewaltenteilung, Menschenwürde, Gleichberechtigung, Freiheitsrechte und Gleichheitsrechte, Grundrechtsgarantie, Rechtssicherheit, Grundrechtsverletzungen.
2. Rechtsgebiete und Rechtswege: Verfassungsgerichtsbarkeit, Instanzen der Gerichtsbarkeit, Prozessordnung, Unabhängigkeit der Gerichte, Rechtswegegarantie, Richter, Staatsanwalt, Schöffe, Verteidiger, Zeuge.
3. Ziele der Rechtsprechung: Gerechtigkeit, Schuld als Voraussetzung für Strafe, keine Strafe ohne Gesetz, Abschreckung, Resozialisierung, Strafvollzug.
4. Rechtsfragen des Alltags: Zivilrecht, Familienrecht, Strafrecht, Verwaltungsrecht, Kaufvertrag, Datenschutz.
5. Jugendliche im Rechtsstaat: Geschäftsfähigkeit, Rechtsfähigkeit, Deliktsfähigkeit, Strafmündigkeit, Jugendschutz (Trommer 1999, 110 f.).

Marktwirtschaft, den Geld- und Kapitalmarkt, den Arbeitsmarkt sowie über den technischen Fortschritt und den sozialen Wandel erwerben. Zu diesem Themenkomplex gehören aber auch das Betriebspraktikum und die Berufswahlorientierung (Trommer 1999, 94).[145]

Der Themenkomplex *Medien* soll die Lernenden bekannt machen mit den Aufgaben und Organisationsformen der Medien, ihrer Funktion als Informationsquelle, der Pressefreiheit und der Gefahr der Manipulation durch die Medien (Trommer 1999, 94).[146]

Gegenstandsfelder und Inhalte der politischen Bildung in der Sekundarstufe II

Analysiert man die schulischen Lehrpläne der politischen Bildung in der Sekundarstufe II, so zeigen sich erhebliche Ähnlichkeiten mit dem inhaltlichen Profil der Sekundarstufe I. Es lassen sich aber auch Unterschiede feststellen. Ein Unterschied besteht darin, dass es mehr Schwerpunktthemen als in der Sekundarstufe I gibt. Ein anderer Unterschied betrifft den Sachverhalt, dass die Gegenstände stärker in ihren systemischen und prinzipiellen Zusammenhängen herausgestellt werden, was von den Lernenden deutlich anspruchsvollere Reflexionsleistungen als in der Sekundarstufe I verlangt.

Bezüglich des Themenkanons werden zum einen die Schwerpunktthemen der Sekundarstufe I weitergeführt, wenn auch mit leichter Modifizierung. Das überrascht wenig: Die Weiterführung der Schwerpunkte ist der Identität des Faches geschuldet. So lassen sich fünf, von den Inhalten der Sekundarstufe I nicht grundlegend abweichende Themenkomplexe ausmachen: 1. Gesellschaftliche Strukturen und sozialer Wandel, 2. Politisches System der Bundesrepublik Deutschland (Verfassungsordnung und politische Prozesse), 3. Internationale Politik und globale Strukturen, 4. Wirtschaftsordnung, Wirtschaftspolitik und globalisierte Wirtschaft sowie 5. Recht und Rechtsordnung.

---

[145] Der Komplex *Wirtschaft und Wirtschaftspolitik* besteht aus folgenden Einzelthemen:
1. Grundzüge wirtschaftlichen Handelns: Bedürfnisvielfalt, Bedarfsdeckung, Konsumverhalten, Konsumgüter, Investitionsgüter, private und öffentliche Güter, Güterknappheit, Einkommen, Gewinnorientierung, ökonomisches Prinzip, Produktionsfaktoren, Sozialprodukt, Leistungsbilanz, Angebot und Nachfrage, Markt, Marktformen, Verbraucher, Preisbildung, Wettbewerb, Werbung, Gewinn, Investition, Wirtschaftskreislauf, Konjunktur, Unternehmerfreiheit, Konzentrationsprozesse, Einkommensarten, außenwirtschaftliche Verflechtungen.
2. Soziale Marktwirtschaft: Vorgaben des Grundgesetzes, Eigentums-, Wettbewerbs-, Arbeits- und Sozialordnung, Kartellgesetz, Monopol, Konjunktur-, Stabilitäts-, Wachstums- und Beschäftigungspolitik, Finanzpolitik, Strukturpolitik, magisches Viereck, Sozialversicherung, Sozialhilfe, Beschäftigungspolitik, Sozialpflichtigkeit des Eigentums, öffentlicher Haushalt.
3. Geld- und Kapitalmarkt: Funktionen des Geldes, Geldwert, Geld und Währung, Wechselkurs, Geldpolitik, Kreditinstitute, Kredite, Geldanlagen, Zahlungsverkehr, Börse, Inflationsursachen.
4. Arbeitsmarkt: Rationalisierung, Automatisierung, Arbeitsteilung, technischer Wandel, Berufsausbildung, Arbeitsplatzsicherheit, Konkurrenz, Tarifautonomie, Mitbestimmung, Streik und Aussperrung.
5. Technischer Fortschritt und gesellschaftlicher Wandel: Unternehmenskonzentration, Umweltgefährdung, Ökobilanz, Energiepolitik, Zukunft der Arbeitsgesellschaft (Trommer 1999, 111 f.).

[146] Der Komplex *Medien* besteht aus folgenden Einzelthemen:
1. Aufgaben und Organisationsformen der Medien: Private und öffentliche Medien, Massenmedien, politische Funktionen der Medien.
2. Informationsquelle: Informations- und Meinungsbildung, Informationsvielfalt, Informationsfreiheit.
3. Pressefreiheit: Presserecht und Pressefreiheit, Persönlichkeitsschutz, Gegendarstellungsrecht, Meinungsfreiheit, Zensur.
4. Manipulation: Pressekonzentration, Meinungsmacht, Indoktrination.
5. Kritische Nutzung: Kontrolle und Kritik, Darstellung von Politik (Trommer 1999, 113).

Zum anderen kommen zwei Themenkomplexe hinzu, die in der Sekundarstufe I fehlen, nämlich: 6. Politische Ideen und Theorien sowie 7. Vergleich verschiedener politischer Systeme. Einen eigentümlichen Platz nimmt schließlich die Wissenschaftspropädeutik ein. Schon den Bezeichnungen lässt sich entnehmen, dass die drei hinzugekommenen Bereiche das komplexere und abstraktere Lernniveau der Sekundarstufe II repräsentieren. Aber auch für die weitergeführten Themenkomplexe gilt, dass die Gegenstände differenzierter als in der Sekundarstufe I zu analysieren, zu interpretieren und zu bewerten sind und dass die in politischen Urteilen angewendeten Maßstäbe im Grad ihrer Universalität ansteigen sollen. Zunehmend sollen die Lernenden sich systemischen sowie theoriegeleiteten Betrachtungsweisen öffnen. Schließlich wird von ihnen mehr Selbstständigkeit sowie die Fähigkeit erwartet, sozialwissenschaftliche Methoden anzuwenden.

Einige Themenkomplexe sind so substanzreich, dass sie die thematische Struktur von Schulhalbjahren bestimmen. Dies gilt vor allem für die Komplexe *Gesellschaftliche Strukturen und sozialer Wandel, Politisches System der Bundesrepublik Deutschland, Internationale Politik und globale Strukturen* sowie *Wirtschaftsordnung, Wirtschaftspolitik und globalisierte Wirtschaft*. Die übrigen Themenkomplexe erfüllen eher eine Erweiterungs- und Vertiefungsfunktion.

Bezieht man die Themenkomplexe auf Gegenstandsfelder, so zeigt sich, dass das Gegenstandsfeld Politik mit vier Nennungen die Bildungsvorgaben klar dominiert. Die Gegenstandsfelder Gesellschaft, Wirtschaft und Recht sind jeweils einmal vertreten.

Die Dominanz des Politischen nimmt noch weiter zu, wenn man berücksichtigt, dass in den Gegenstandsfeldern Gesellschaft und Wirtschaft politische Aufgabengebiete enthalten sind, wie Sozialpolitik, Integrationspolitik, Strukturpolitik, Konjunkturpolitik, Umweltpolitik und anderes mehr. Schließlich enthält auch das Gegenstandsfeld Recht in nicht unerheblichem Maße politische Aspekte. Dies ergibt sich aus dem Umstand, dass Recht und Politik einander wechselseitig bedingen: Das Recht entsteht als Ergebnis politischer Willensbildungs- und Entscheidungsprozesse und bildet zugleich die strukturelle Voraussetzung für weiteres politische Handeln. Der eminent politische Charakter des Rechts liegt insbesondere bei den Grund- und Menschenrechten auf der Hand.

Eine grobe Analyse der Lehrplaninhalte für die politische Bildung in der Sekundarstufe II ergibt das folgende Bild:[147]

Der Themenkomplex *Gesellschaftliche Strukturen und sozialer Wandel* enthält im Wesentlichen die nachstehenden Inhalte: Sozialisation, soziale Gruppen, anomisches Verhalten (Gewalt, Extremismus), gesellschaftliche Entwicklungstendenzen, Bevölkerungsentwicklung, Migration, Wertewandel, soziale Ungleichheit, soziale Mobilität, Rollentheorie, Strukturmodelle der Gesellschaft (Schichttheorie, Klassentheorie), Systeme der sozialen Sicherung, Sozialpolitik, Integrationspolitik.

---

[147] Die Analyse basiert auf der Auswertung vorliegender Lehrpläne für die Sekundarstufe II der Gymnasien. Sie konzentriert sich auf die Lerngegenstände. Sie ignoriert folglich die didaktischen Zugangsweisen. Die Lehrpläne wurden in einem Zeitraum von 1990 bis 2004 verfasst.
Bayern: Sozialkunde (1990), Sachsen: Gemeinschaftskunde – Rechtserziehung – Wirtschaft (1992), Niedersachsen: Gemeinschaftskunde (1994), Brandenburg: Politische Bildung (1994), Berlin: Sozialwissenschaften (1995), Rheinland-Pfalz: Sozialkunde (1998), Thüringen: Sozialkunde (1999), Nordrhein-Westfalen: Sozialwissenschaften (1999), Mecklenburg-Vorpommern: Sozialkunde (1999), Baden-Württemberg: Gemeinschaftskunde (2001), Schleswig-Holstein: Wirtschaft und Politik (2002), Bremen: Politik (2002), Hessen: Politik und Wirtschaft (2003), Sachsen-Anhalt: Sozialkunde (2003), Hamburg: Gemeinschaftskunde (2004).

Besonders umfangreich ist der Themenkomplex *Politisches System der Bundesrepublik Deutschland (Verfassungsordnung und politische Prozesse)* ausgestaltet. Daraus lässt sich schließen, dass er den Kern der politischen Bildung in der Sekundarstufe II ausmachen soll. Folgende Stichwörter umreißen die Inhalte dieses Themenkomplexes: Parlamentarisches Regierungssystem, Parteiendemokratie, wehrhafte Demokratie, Staatsfundamentalnormen (Demokratie-, Rechtsstaats-, Sozialstaatsprinzip), Volkssouveränität, Föderalismus, Gewaltenteilung und Gewaltenverschränkung, Pluralismusprinzip, Opposition, Repräsentation und Partizipation, Wahlen und Wahlrechtsgrundsätze, Mehrheitsprinzip, Parlament, Regierung, Verfassungsgericht, Zusammenspiel der Verfassungsorgane bei der Gesetzgebung, Parteien, Verbände, Medien.

Der Themenkomplex *Internationale Politik und globale Strukturen* setzt sich aus sehr heterogenen Elementen zusammen: Deutsche Außenpolitik, Instrumente der Außenpolitik, Europäische Union und europäische Integration[148], Vereinte Nationen und die Sicherung des Friedens, Strukturen der Staatenwelt (Gleichgewicht, Hegemonie, Abhängigkeit, Bipolarität, Multipolarität, Integration), Friedens- und Sicherheitspolitik, Menschenrechtspolitik, Völkerrecht, Nord-Süd-Gegensatz, Entwicklungsländer und Entwicklungspolitik, Erscheinungsformen und Ursachen der Globalisierung, Weltinnenpolitik, Theorien der internationalen Beziehungen.

Der Themenkomplex *Wirtschaftsordnung, Wirtschaftspolitik und globalisierte Wirtschaft* ist durch folgende Inhalte geprägt: Vergleich von Planwirtschaft und Marktwirtschaft, Soziale Marktwirtschaft, Wettbewerb und Konzentrationsprozesse, Marktwirtschaft und Ökologie, Wirtschaftspolitik (Konjunkturpolitik, Wachstums- und Strukturpolitik, Stabilisierungspolitik), Ziele und Zielkonflikte der Wirtschaftspolitik (magisches Vier- bzw. Sechseck), wirtschaftspolitische Konzeptionen (Nachfragetheorie, Angebotstheorie, Globalsteuerung, Monetarismus), Wirtschaftstheorien (Klassischer Wirtschaftsliberalismus, Neoliberalismus, Marxismus), Wirtschaftsethik, wirtschaftliche Integration Europas (Europäischer Binnenmarkt, Wirtschafts- und Währungsunion), Globalisierung der Weltwirtschaft, Neugestaltung der Weltwirtschaftsordnung.

Zum Themenkomplex *Recht und Rechtsordnung* gehören im Wesentlichen die folgenden Inhalte: Grund- und Menschenrechte, soziale Normen und Rechtsnormen, Zivilrecht, Funktionen des Rechts, Recht und Gerechtigkeit, staatliches Gewaltmonopol und Selbstjustiz, Rechtspositivismus und Naturrecht.[149]

Der Themenkomplex *Politische Ideen und Theorien* umfasst in erster Linie politische Grundströmungen wie den Liberalismus, den Konservatismus und den Sozialismus bzw. Marxismus sowie die Klassiker des staatstheoretischen Denkens (hauptsächlich Hobbes, Locke, Rousseau, Montesquieu, Federalist Papers, gelegentlich Aristoteles und Machiavelli). Eine wichti-

---

[148] Der Gegenstandsbereich *Europa* ist nur mit Mühe einem Themenkomplex zuzuordnen, denn er ist vieldimensional angelegt. Er enthält Aspekte der Internationalen Politik, der Wirtschaft wie auch der politischen Systemlehre. Dies wird bei einem Blick auf die thematischen Vorschläge klar, die die Lehrpläne machen: Die Europäische Union als supranationale Organisation. Die Europäische Union als Akteur der Friedens- und Sicherheitspolitik. Fortführung der europäischen Integration. Der europäische Binnenmarkt. Die europäische Wirtschafts- und Währungsunion. Die Institutionen der Europäischen Union. Entscheidungsprozesse der Europäischen Union. Die Europäisierung der nationalen Gesetzgebung.
In einigen Lehrplänen bildet Europa deshalb ein Querschnittsthema, das in mehreren Themenkomplexen auftaucht.

[149] Der Gegenstandsbereich *Rechtsstaat* könnte mit guten Gründen ebenfalls dem Themenkomplex *Recht und Rechtsordnung* zugeordnet werden. Da der Rechtsstaat aber eine Staatsfundamentalnorm darstellt, wurde er dem Komplex *Politisches System der Bundesrepublik Deutschland* zugeschlagen.

ge Rolle spielen noch Demokratietheorien (Konkurrenz- und Identitätstheorien) und politische Utopien. Sporadisch wird die Totalitarismustheorie erwähnt. Vereinzelt soll die Ideologie des Nationalsozialismus mit der marxistisch-leninistischen Ideologie der DDR verglichen werden.

Der Themenkomplex *Vergleich verschiedener politischer Systeme* bezieht sich meistens auf das amerikanische Regierungssystem. Mitunter sollen Vergleiche mit Frankreich, Großbritannien, anderen Mitgliedstaaten der Europäischen Union oder den Transformationsländern Osteuropas angestellt werden. Manchmal wird auch generell verlangt, autoritäre und demokratische Herrschaftsformen miteinander zu vergleichen. Eine Sonderrolle spielt die untergegangene DDR, die Anlass zum Vergleichen in verfassungspolitischer, wirtschaftlicher und gesellschaftlicher Hinsicht bietet.[150]

Die *Wissenschaftspropädeutik* bildet keinen eigentlichen Themenkomplex. Sie ist vielmehr Ausdruck der Erwartung, Gegenstände der verschiedenen Themenkomplexe aus dem Blickwinkel von Theorien und Erklärungsversuchen zu betrachten sowie in geeigneten Fällen Methoden empirischer Sozialforschung und hermeneutischer Textexplikation anzuwenden.

Von der Primarstufe zur Sekundarstufe II: Graduierungen sozialen und politischen Wissens

Die Gegenstandsfelder und Inhalte der politischen Bildung auf den verschiedenen Schulstufen existieren nicht an sich, d.h. ohne Reflexionshintergrund. Sie sind das Resultat didaktischer Überlegungen. In ihnen spiegeln sich Entwicklungsstand und Entwicklungsdesiderate sowie Auffassungs- und Verarbeitungsvermögen der Lernenden wider.

Hinter den Lerngegenständen in der Primarstufe steht vorzugsweise die Perspektive des sozialen Umganges. In der Sekundarstufe I tritt die systemisch-institutionelle Perspektive hinzu. In der Sekundarstufe II kommt dann noch die sozialwissenschaftliche Perspektive dazu. Sinn und Zweck der Bildungsbemühung bestehen in der Primarstufe vorrangig im Bewältigen des Alltags, in der Sekundarstufe I im Verstehen der Systemlogiken von Politik, Wirtschaft und Recht und in der Sekundarstufe II im Gewinnen intersubjektiver Erkenntnis (oder zumindest im nachvollziehenden Verstehen wissenschaftlichen Vorgehens). Man kann auch vom sozialen Lernen in der Primarstufe, vom Lernen sozialer Systeme in der Sekundarstufe I und vom sozialwissenschaftlichen Lernen in der Sekundarstufe II sprechen.

Anspruchsvoller Unterricht in der Sekundarstufe II schließt alle drei Perspektiven ein. So kann man einen Konflikt aus der Perspektive der Lebenswelt als situativen Streit mit einem anderen Menschen, aus der Perspektive der Systeme als Fall vor Gericht, als streitige Debatte im Parlament oder als wirtschaftlichen Entscheidungskonflikt, aus der Perspektive der Sozialwissenschaften als Streit zwischen wissenschaftlichen Experten behandeln. Der Konflikt kommt in den drei Perspektiven jeweils anders zum Vorschein (Behrmann/Grammes/Reinhardt 2004, 366 ff.).

---

[150] Die DDR taucht als Gegenstand des Politikunterrichts in der Sekundarstufe II nur noch in den Lehrplänen weniger Bundesländer auf. So in Brandenburg, Thüringen, Sachsen, Berlin, Rheinland-Pfalz und Schleswig-Holstein. Offenkundig ist die DDR mittlerweile zum Gegenstand des Geschichtsunterrichts geworden.

12.2 Die Bestimmung von Gegenstandsfeldern und Inhalten der schulischen politischen Bildung

Lehrpläne entstehen nicht naturwüchsig. Sie bilden das Resultat von Auswahlprozessen, in die vielfältige Gesichtspunkte eingeflossen sind, darunter auch politische. Die Auswahlprozesse stehen zum einen vor der Frage nach den Lerninhalten und deren Begründbarkeit. Sie stehen zum anderen vor der Frage der Legitimierung des ihnen jeweils zugrunde liegenden Verfahrensweges.

Die inhaltliche Bestimmung der politischen Bildung stellt insofern eine Besonderheit dar, als gesellschaftliche Gruppen gerade hier versuchen, ihre Sichtweisen und Interessen Geltung zu verschaffen.[151]

Das Problem der Legitimierung schulischer Lerngegenstände und Bildungsziele

Lerngegenstände und Bildungsziele für die Schule können ganz unterschiedlich zustande kommen. In früheren Jahrhunderten geschah dies in Gestalt landesherrlicher Erlasse. Im Zeitalter der Demokratie fehlte einer solchen Vorgehensweise jegliche Legitimität. Zwar werden auch heute Lehrpläne letztlich politisch gesetzt, aber sie kommen nicht einfach durch eine Entscheidung der Regierung zustande. Sie sind vielmehr das Ergebnis eines nach institutionalisierten Regeln verlaufenden Zusammenspiels praktischen und theoretischen Expertentums. Der Akt der politischen Zustimmung bildet lediglich den Schlusspunkt des Verfahrens.

Lehrpläne werden von Lehrplankommissionen erstellt, die im Auftrag des entsprechenden Kultusministeriums handeln. In den Kommissionen befinden sich erfahrene Lehrer, Fachdidaktiker und, wenn auch selten, Fachwissenschaftler. Die Kommissionen haben meist einen großen Gestaltungsspielraum. Denn die Vorgaben des Ministeriums beschränken sich in der Regel auf wenige und allgemeine Prinzipien. Die Kommissionen haben deshalb die Chance, Erfahrungen und fachdidaktische Kompetenz zur Geltung zu bringen. Rechtlich üben sie zwar

---

[151] Diese These lässt sich belegen. Seit Ende der neunziger Jahre des vergangenen Jahrhunderts wird die bildungspolitische Diskussion durch ein neues Thema bereichert. Es geht um mehr ökonomische Bildung in den Schulen, nach Möglichkeit in Gestalt eines eigenständigen Schulfaches. Hinter dieser Forderung stehen einflussreiche gesellschaftliche Gruppen.
Den Anfang machte 1998 die *Bundesvereinigung der Deutschen Arbeitgeberverbände*. In einem Memorandum erklärte sie die ökonomische Bildung zu einem wichtigen Teil der Allgemeinbildung. Deutlicher wurde das *Deutsche Aktieninstitut*, das seinen mit prominenten Didaktikern besetzten *Beirat für ökonomische Bildung* 1999 ein umfangreiches Memorandum zur ökonomischen Bildung veröffentlichen ließ. Dieses Memorandum fordert für die Gymnasien ein eigenständiges Fach Ökonomie im Sekundarbereich I und II.
Das gewichtigste Memorandum für die Einführung eines eigenständigen Ökonomieunterrichts wurde im Jahr 2000 veröffentlicht. In einer konzertierten Aktion der *Bundesvereinigung der Deutschen Arbeitgeberbände*, des *Deutschen Gewerkschaftsbundes*, von Elternverbänden, Lehrern und Wissenschaftlern wird in diesem Memorandum die Notwendigkeit des Faches Wirtschaft eindringlich begründet.
Es erstaunt nicht, dass die Memoranden-Flut die politische Ebene erreichte und dort Reaktionen auslöste. Der Präsident der Kultusministerkonferenz begrüßte zwar die Initiativen und sprach sich auch für eine Stärkung der wirtschaftlichen Bildung aus, lehnte aber die Einführung eines eigenen Unterrichtsfaches *Wirtschaft* ab: „Die Welt in noch mehr Unterrichtsfächer aufzuteilen, entspricht gerade nicht der Erkenntnis, dass wir interdisziplinäres Lernen und Denken stärker fördern müssen." Ganz anders reagierte jedoch die Konferenz der Wirtschaftsminister der Länder. Auf ihrer Herbsttagung im November 2001 sprachen sich diese Minister einstimmig für ein eigenständiges Schulfach *Wirtschaft* aus. Zwar konnten sich die Wirtschaftsminister gegen die Kultusminister nicht durchsetzen, letztere verstärkten aber deutlich die wirtschaftskundlichen Anteile des Politikunterrichts. In mehreren Ländern wurde das Unterrichtsfach *Politik* in *Wirtschaft und Politik* umbenannt.

nur die Funktion der Beratung aus, faktisch jedoch liegt die inhaltliche Gestaltungskompetenz bei ihnen. Weitgehend bestimmt so pädagogische, didaktische und fachwissenschaftliche Professionalität die Inhalte der Lehrpläne (Gagel 2000, 355).

Die Mitglieder von Lehrplankommissionen wissen, dass schulische Curricula mit den Verfassungsnormen übereinstimmen müssen. Dies bedeutet in erster Linie, dass die Bildungsgegenstände nicht gegen die legitimierenden Verfassungsgrundwerte (Menschenwürde, Freiheit, Gleichheit, Gerechtigkeit, Frieden, Demokratie) verstoßen dürfen.

Die Lehrplanarbeit auf dem hochsensiblen Feld der politischen Bildung wäre möglicherweise leichter, wenn die Verfassung einige inhaltliche Vorgaben machte. Das Grundgesetz schweigt jedoch zur politischen Bildung. Hingegen erwähnen einige Landesverfassungen die politische Bildung. In der Regel äußern sie sich aber nicht zu den Gegenständen der politischen Bildung. Aber selbst wenn sie Ausführungen hierüber enthielten, müssten sie sich auf relativ abstrakte Festlegungen beschränken. Aus abstrakten Aussagen lassen sich jedoch keine konkreten Inhalte deduzieren. Mithin ist die Lehrplanarbeit eine schöpferische Tätigkeit.

Erschwert wird das Geschäft der Lehrplankonstruktion durch den Umstand, dass Unterrichtsgegenstände nicht ausschließlich durch fachwissenschaftliche Kompetenz zu bestimmen sind. Das hat zwei Gründe: Zum einen vertritt die Wissenschaft nur selten einhellige Auffassungen. Zum anderen sind Lerngegenstände nicht einfach Abbilder wissenschaftlicher Erkenntnisse. Ein Sachverhalt kann nur Lerngegenstand werden, wenn er sich aus didaktischen Gründen als sinnvoll oder erforderlich erweist. Lehrplankommissionen kommen also aus diesem Grund um ein eigenständiges Gestalten nicht herum. Der Gestaltungsprozess setzt sich aus erziehungswissenschaftlichen, fachwissenschaftlichen, fachdidaktischen, lernpsychologischen und entwicklungspsychologischen Erwägungen zusammen.

Der die Lehrpläne legitimierende Akt ist die fachöffentliche, aber mehr noch die allgemein-öffentliche Diskussion. Hierfür sind in der Regel Anhörungen vorgesehen. Die Vertretungen der Eltern und interessierte Fachverbände geben ihre Stellungnahmen ab. Diese führen gegebenenfalls zu Modifizierungen der Lehrplanentwürfe. Die abschließende Diskussion findet idealerweise im Parlament statt. Damit wird deutlich, dass Lehrpläne politische Akte sind, die den Härtetest der parlamentarischen Zustimmung bestanden haben (Kuhn/Moritz/Kendschek 1992, 317 ff.).

Didaktische Kriterien für die Auswahl von Gegenstandsfeldern und Inhalten

Die Schwierigkeit bei der Bestimmung von Inhalten in der politischen Bildung ergibt sich aus dem Umstand, dass die Politik kein eindeutig abgegrenzter Realitätsbereich ist, sondern intentionales soziales Handeln. Schlechterdings alles im menschlichen Zusammenleben kann daher Gegenstand politischer Auseinandersetzung und Regelung werden. Gesellschaft, Wirtschaft und Recht sind zwar eindeutiger zu bestimmen, in der politischen Bildung stehen diese Realitätsbereiche aber in Funktion zum Politischen. Das meint: Die Vermittlung von Kenntnissen über diese Realitätsbereiche stellt keinen Eigenwert dar, sondern dient dem Begreifen politischer Konstellationen.[152]

---

[152] Anders wäre die Situation, ginge man von einem Integrationsfach *Sozialwissenschaften* aus, in dem die Bezugswissenschaften Soziologie, Politikwissenschaft und Wirtschaftswissenschaft gleichberechtigt nebeneinander stehen. In diesem Fall genösse die Politik keinen Vorrang. Stattdessen versuchte der Unterricht, die gesellschaftliche Wirklichkeit in ihrer Komplexität zu erfassen, was im Prinzip bedeutet, bei jedem Gegenstand die soziologische, politikwissenschaftliche und ökonomische Zugriffsweise neben- bzw. nacheinander anzuwenden. Beim Thema *Europäische Integration* hieße

Die Auswahl der Gegenstandsfelder und Inhalte kann mit Hilfe dreier didaktischer Kriterien geschehen. Diese Kriterien sind Zukunftsbedeutsamkeit (für das Leben der Menschen), permanente Aktualität (im Sinne mittel- und langfristiger gesellschaftlicher Probleme) sowie Verknüpfbarkeit mit systematisch-wissenschaftlichen Grundfragen der Politik und, abgeleitet davon, der Gesellschaft, der Wirtschaft und des Rechts. Unschwer ist zu erkennen, dass sich hinter diesen Kriterien die Pole Mensch, Gesellschaft und Wissenschaft verbergen.

Das Kriterium *Zukunftsbedeutsamkeit* besagt, dass diejenigen Gegenstände auszuwählen sind, die vermutlich von besonderer Wichtigkeit für das zukünftige Leben der nachwachsenden Generation sind. Man könnte das Kriterium auch *objektive Bedeutung* in Kontrastierung zu subjektiver Betroffenheit nennen. Zukunftsbedeutsamkeit ist kein Widerspruch zu der Aufgabe für die Schule, den überlieferten kulturellen Bestand einer Gesellschaft weiterzugeben. Denn auch tradierte Gehalte beziehen ihre Legitimation aus der Einschätzung, Bedeutsames für Gegenwart und Zukunft der Schüler sowie zur Bewältigung gegenwärtiger und künftiger Probleme beitragen zu können.

Das Kriterium *permanente Aktualität* macht darauf aufmerksam, dass sich die politische Bildung nicht in Tagesaktualitäten verlieren darf. Sie darf andererseits aber auch nicht in der Vermittlung wissenschaftlich-systematischer Erkenntnisse erstarren. So wie die bloße Aktualität unverbindlich bleibt und nur mühsam zu kategorial geordneten Einsichten weitergeführt werden kann, so entbehrt die wissenschaftliche Systematik in der Regel des Politischen, also des Streites um kollektive Regelungen.

Dem Kriterium der permanenten Aktualität nachzukommen bedeutet, epochaltypische *Schlüsselprobleme* gesamtgesellschaftlicher, wenn nicht übernationaler oder gar weltumspannender Bedeutung zu behandeln. Was ein Schlüsselproblem ist, ergibt sich nicht aus der theoretischen Analyse, sondern lässt sich nur pragmatisch bestimmen. Eine Orientierung an Zeitdiagnosen kann dabei hilfreich sein. Übersehen darf man dabei allerdings nicht, dass diese meistens kontrovers sind.

Schlüsselprobleme sind Kriegsverhinderung und Friedenssicherung, die Überwindung von Hunger und Elend in der Welt, eine den Menschenrechten entsprechende politische Ordnung, die gerechte Verteilung von Lasten und Wohltaten in einer Gesellschaft sowie die Beendigung des Raubbaues an der Natur und die Sicherung der natürlichen Bedingungen menschlichen Lebens.[153]

Das Kriterium *systematisch-wissenschaftliche Grundfragen der Politik (der Gesellschaft, der Wirtschaft, des Rechts)* soll nicht nur gewährleisten, dass die politische Bildung bis zum Kern

---

das beispielsweise, die kulturelle Vielfalt in der gemeinsamen Zivilisation (Gesellschaft), europäische Institutionen (Politik) und den Binnenmarkt (Wirtschaft) zur Sprache zu bringen. Beim Thema *Recht* müsste über Zivil- und Strafrecht (Gesellschaft), Verfassungsrecht (Politik) und Eigentumsrecht (Wirtschaft) gesprochen werden (Behrmann/Grammes/Reinhardt 2004, 398 f.).

[153] Dass Schlüsselprobleme didaktisch so bedeutsam sind, ergibt sich aus der Aufgabe der politischen Bildung, Lernenden eine kognitive Orientierung in ihrer Umwelt zu ermöglichen. Diese Orientierung wird dadurch ermöglicht, dass sie mit fundamentalen Problemen, d.h. Herausforderungen, bekannt gemacht werden. Die Beschäftigung mit den fundamentalen Problemen führt zu einem Wissen der grundlegenden Merkmale der Welt.
Es gibt verschiedene Listen von Schlüsselproblemen, die gleichwohl auch Übereinstimmungen aufweisen. Wolfgang Klafki nennt die Friedensfrage, die Umweltfrage, die soziale Ungleichheit, die Gefahren der modernen Technologien und das Verhältnis zwischen den Geschlechtern (Klafki 1990, 302 ff.). Wolfgang Hilligen erwähnt die weltweite Interdependenz, die kaum noch kontrollierbare wissenschaftlich-technische Entwicklung, die Möglichkeit der Selbstvernichtung der Menschheit durch die Zerstörung der Lebensgrundlagen und das Angewiesensein auf mediale anstelle von primärer Erfahrung (Hilligen 1991, 22).

der Politik (der Gesellschaft, der Wirtschaft, des Rechts) vorstößt, sondern auch zurückgreift auf erklärende wissenschaftlich-theoretische Erkenntnisse und Konzeptionen. Dieser Rückgriff soll die Wissenschaftsorientierung der politischen Bildung sicherstellen (Sutor 1984, II/112 ff., 117).

Die drei didaktischen Kriterien sind noch zu allgemein, um mit ihnen allein die Gegenstandsfelder und Inhalte der politischen Bildung bestimmen zu können. Hierzu bedarf es weiterer Kriterien. Es spricht einiges dafür, zu diesem Zweck ein praktisches Politikverständnis in Verbindung mit den normativen Prinzipien des freiheitlichen Verfassungsstaates anzuwenden. Praktisches Politikverständnis heißt, Politik als die kommunikativ zu bewältigende ständige Aufgabe zu begreifen, den Menschen ein gutes Leben zu ermöglichen. Unter den Bedingungen eines freiheitlichen Verfassungsverständnisses bedeutet dies die Berücksichtigung der Prinzipien Freiheit, Gerechtigkeit und Frieden.[154]

Es ergeben sich drei Leitfragen für die politische Bildung: 1. Wie ist individuelle und politische *Freiheit* im politischen Gemeinwesen möglich? 2. Wie ist soziale *Gerechtigkeit* im Zusammenleben der Menschen möglich? Wie ist *Frieden* zwischen den Völkern möglich? Die Leitfrage nach der Freiheit führt zur normativ geprägten Erörterung der *politischen Ordnung des eigenen Gemeinwesens*: Die politische Meinungsbildung und der Einfluss der Massenmedien, die Rolle der Verbände und Parteien in der politischen Willensbildung, die Verfassung und das Regierungssystem, die Rechtsordnung und die Rechtspolitik. Aus der Leitfrage nach der Gerechtigkeit folgt die ebenfalls normativ bestimmte Auseinandersetzung mit Problemen der *Gesellschaft* und der *Wirtschaft*: Gesellschaftliche Strukturen sowie Sozial- und Gesellschaftspolitik, Wirtschaft und Wirtschaftspolitik. Der Leitfrage nach dem Frieden sind die vielfältigen Probleme der *internationalen Politik* zuzuordnen (Sutor 1984, II/118).[155]

12.3 Das politische Entscheidungssystem als zentraler Gegenstand der politischen Bildung

Eine politische Bildung, welche das politische Entscheidungssystem des eigenen Gemeinwesens und die dieses System konstituierenden politischen Institutionen ausblendet, verfehlt die politische Wirklichkeit. Die Vermittlung von Institutionen ist also unverzichtbar. Sie begegnet gleichwohl erheblichen Schwierigkeiten. Die kritisch gemeinte Formulierung „trockene Institutionenkunde" drückt diese Schwierigkeit aus.

Politische Institutionen im *engeren* Sinne sind die Verfassungsorgane, also die Regierung (Kabinett, Ministerien), das Staatsoberhaupt, das Parlament (gegebenenfalls erste und zweite Kammer) und unter Umständen das Verfassungsgericht. Weiterhin kann man diesen Institutionen die Verwaltungsbehörden, die Straf- und Zivilgerichte sowie die föderalen und kommunalen Einrichtungen zurechnen. Politische Institutionen im *weiteren* Sinne sind die an der politischen Willensbildung beteiligten gesellschaftlichen Organisationen wie die Parteien, die

---

[154] Die inhaltliche Struktur der politischen Bildung an das praktische Politikverständnis sowie an die Normativität des Verfassungsstaates zu binden ist überzeugender, als lediglich zu sagen, dass im Zentrum des Curriculums der politischen Bildung die kategoriale Konfliktanalyse stehe (Behrmann/Grammes/Reinhardt 2004, 350 f.). Aus der Konfliktanalyse ergeben sich nämlich keine Gegenstandsfelder und Inhalte. Das Analysieren politischer Konflikte als solches enthält noch keinen Bildungswert. Nicht vergessen werden sollte schließlich, dass die politische Bildung keine wertneutrale Veranstaltung ist. Als eine solche erscheint sie aber, wenn als ihr Kern lediglich die Analyse von Konflikten behauptet wird.

[155] Lediglich der den Nahraum junger Menschen berührende Themenkomplex *Gestaltung sozialer Beziehungen* passt nicht in dieses didaktische Begründungsschema, das nachdrücklich politische Probleme und Aufgaben in das Zentrum der politischen Bildung stellt.

Verbände und die Massenmedien. Institutionellen Charakter tragen auch rechtlich geregelte Bestimmungen und Handlungsmuster wie die Verfassung, die Gesetze, die Wahlen, das Mehrheitsprinzip und anderes mehr. Sie sind Institutionen, weil sie Regelsysteme zur Herstellung und Durchführung allgemeinverbindlicher Entscheidungen darstellen.

Politische Institutionen sind ein Sonderfall gesellschaftlicher Institutionen. Sie besitzen daher auch deren Merkmale. Das heißt, sie sind „auf Dauer gestellte, durch Internalisierung verfestigte Verhaltensmuster und Sinnorientierungen mit regulierenden sozialen Funktionen" (Massing 2005c, 316).

Die Bedeutsamkeit von Institutionenwissen

Die politischen Institutionen sind in der politischen Bildung nicht ein Thema unter vielen anderen. Es handelt sich vielmehr um einen Gegenstandsbereich, der für das angemessene Verständnis der Demokratie von zentraler Bedeutung ist. Denn die Demokratie ist nicht einfach Selbstregierung des Volkes, sondern eine auf die Leistungsfähigkeit von Institutionen angewiesene Herrschaftsordnung. Die Bedeutsamkeit institutioneller Regelungen zeigt sich darüber hinaus im gesamten neuzeitlichen Staatsdenken, das man auf die Frage nach dem richtigen Verhältnis von institutionalisiert-staatlicher Integrationsleistung auf der einen und Selbstorganisation der Gesellschaft auf der anderen Seite reduzieren kann.[156]

Eine Befragung von Sozialwissenschaftlern nach den aus ihrer Sicht wichtigsten Themen für die Schule ergab denn auch eine bevorzugte Nennung des Themenkomplexes „Politische Institutionen" (Gagel 1989a, 388 f.). Lehrpläne, Lehrbücher und auch Lehrer selbst sehen in der Vermittlung der institutionellen Ordnung des Gemeinwesens ebenfalls den Schwerpunkt der schulischen politischen Bildung. Dahinter steht die Einschätzung, dass eine politische Kultur, die um Voraussetzung, Sinn und Wert von Institutionen nicht mehr weiß, die Kontinuität dieser Institutionen nicht mehr zu verbürgen vermag.

Die Relevanz eines reflektierten Institutionenwissens zeigt sich auch in einigen weiteren Sachverhalten. So sind die Institutionen der genuine Ort politischen Handelns. In ihnen werden rechtsverbindliche Entscheidungen getroffen. Interaktionen und Verhaltensweisen politischer Akteure können nur angemessen begriffen werden, wenn die institutionellen Regeln und Prozeduren verstanden worden sind, denen sie unterliegen. Hinzu kommt, dass Institutionen nicht einfach formale Gerüste von Einrichtungen und Verfahrenswegen sind. Sie tragen in sich eine normative Dimension. Sie sind nämlich Ausdruck politischer Vorstellungen und Ziele. Anders formuliert: Institutionen sind Ausdruck der zentralen Ordnungswerte, die in einer Gesellschaft vorherrschen. Dass dies so ist, wird klar, wenn man sich den Legitimationsgegensatz zwischen monarchischem Prinzip und dem Prinzip der Volkssouveränität vorstellt. Der Sinn von Institutionen wandelt sich nämlich nach der zugrunde gelegten Legitimitätsidee. Nicht zu vergessen ist schließlich, dass Institutionen Ausdruck historischer Erfahrungen und eines verfassungspolitischen Programms sind (Oberreuter 1985, 186 f., 202, 254).

---

[156] Thomas Hobbes gab auf diese Kernfrage des Politischen eine staatsabsolutistische, John Locke eine marktgesellschaftlich-liberale und Jean-Jacques Rousseau eine identitär-radikaldemokratische Antwort. Aus den drei Klassikern lassen sich auch heute noch interessante Perspektiven ableiten, mit denen man politische Institutionen betrachten kann. Macht man sich die Hobbessche Sichtweise zu eigen, ist die Frage wichtig, inwieweit Institutionen als politische Führungs- oder Machtinstrumente gebraucht oder missbraucht werden. Aus der Lockeschen Sicht sind die Aspekte der Machtbegrenzung, der Konkurrenz und der individuellen Freiheitssicherung institutionell beeinflusster Politik bedeutsam. Die Rousseausche Perspektive betont den Aspekt realisierter bzw. verhinderter unmittelbarer politischer Teilhabe durch institutionenvermittelte Politik (Sarcinelli 1991, 41).

Defizite im Institutionenbewusstsein der Bürger

Untersuchungen haben starke Defizite bei Kenntnissen über die politischen Institutionen in der Bundesrepublik Deutschland gezeigt. Die Institutionen des parlamentarischen Regierungssystems funktionieren, ihr Sinn ist gleichwohl vielfach in Vergessenheit geraten. Und somit gibt es eine Kluft zwischen der Stabilität der Institutionen und dem Wissen der Bürger über die Institutionen. Institutionen können aber kaum überlebensfähig sein, wenn ihr Sinn im Bewusstsein der Bürger nicht mehr präsent oder sogar nicht mehr akzeptiert ist. Eine Identifikation mit der politischen Ordnung kommt dann nicht mehr zustande. Die Folgen sind Ignoranz, Orientierungslosigkeit und Gleichgültigkeit.

Es gibt tiefgreifende Störungen im Verhältnis zwischen den Bürgern und der zentralen politischen Institution *Parlament*. Diese Störungen haben ihre Ursache im ungenügenden Wissen der Bürger über die Funktionslogik des Parlamentes im parlamentarischen Regierungssystem sowie, abhängig davon, über die Praxis der Abgeordnetentätigkeit.[157]

Zur partiellen Erklärung der misslichen Lage kann allenfalls angeführt werden, dass die von den Institutionen betriebene Politik doppelgesichtig ist. Es besteht nämlich eine tiefe Kluft zwischen den Erfordernissen einer möglichst öffentlichkeitswirksamen Darstellung von Politik einerseits und den Mechanismen politischer Problemlösungsprozesse sowie inner- und zwischeninstitutioneller Entscheidungsprozesse andererseits.

Diese Kluft lässt sich besonders gut am Bundestag demonstrieren, der eine außerordentlich komplizierte und unanschauliche Institution ist. Viele seiner Aktivitäten bleiben großenteils intransparent. Was von den Medien vermittelt wird, ist nur ein winziger Ausschnitt der parlamentarischen Wirklichkeit: Es sind die Plenarsitzungen des Parlamentes. Hier wird mit Vorliebe das Bild eines halbleeren Plenums präsentiert, vor dem die immer gleichen Spitzenpolitiker agieren und den verbalen Schlagabtausch praktizieren. Dies widerspricht der Vorstellung, die viele Bürger von der parlamentarischen Debatte haben. Hiernach hat die Debatte den Zweck, unentschlossene Abgeordnete von einer Position zu überzeugen. Es ist wenig erstaunlich, dass vor diesem Hintergrund dem Parlament keine Sympathien zuwachsen.

Da das populäre Bild des Parlaments aber nicht systemgerecht ist, wird klar, dass der politischen Bildung hier eine wichtige Aufgabe zukommt. Denn ohne eine kritische Auseinandersetzung mit der normativen Überfrachtung der parlamentarischen Debatte, ohne eine kritische Betrachtung des Parlaments als eines Resonanzbodens der Parteipolitik, ohne eine Beschäftigung mit der Frage, warum Debatten im Plenum nicht der Suche nach, sondern der Legitimierung von Entscheidungen dienen, ohne eine intensive Auseinandersetzung mit dem in der Regel symbolischen Charakter der Plenarverhandlungen in der Öffentlichkeit ist die Institution Parlament nicht zu verstehen. (Sarcinelli 1991, 51 f.).

Generell trifft die folgende Einschätzung zu: Viele Bürger lehnen aufgrund einer dünnen Kenntnislage zentrale Merkmale des parlamentarischen Regierungssystems ab oder beurteilen dieses System anhand antiquierter Kategorien. Dabei ist der gängige Maßstab ihrer Urteile das gattungsgeschichtlich ältere konstitutionelle Regierungssystem mit seinem Gegenüber von Regierung und Parlament. Zu diesem Systemtyp passt die verbreitete Sichtweise von der *eigentlichen* Gewaltenteilung zwischen Exekutive und Legislative, wobei die Exekutive einfach

---

[157] Abgeordnete diagnostizierten unter anderem folgende Missverständnisse der Bürger hinsichtlich der Abgeordnetentätigkeit: Abgeordnete müssten überall anwesend sein, alles wissen und können sowie dauernd der Meinung ihrer Zuhörer sein. Sie hätten Weisungsbefugnis gegenüber Behörden und könnten ohne Rücksicht auf Mehrheiten, erzielte Kompromisse und parlamentarische Kompetenzen politische Positionen durchsetzen. Sie kümmerten sich nur vor Wahlen um die Belange der Bevölkerung. Leere Plenarsäle zeugten von der Faulheit der Abgeordneten (Patzelt 1994, 217 ff.).

mit der Regierung und die Legislative einfach mit dem Parlament identifiziert wird.[158] Ebenso ist die von vielen Bürgern negativ bewertete Fraktionsdisziplin zwar unerlässlich für das Funktionieren des parlamentarischen Regierungssystems, aber eben nicht unbedingt notwendig für das konstitutionelle System. Letzteres gilt vielen Bürgern also offensichtlich als das eigentliche demokratische Regierungssystem.

Insgesamt lässt sich eine Art *latenter Verfassungskonflikt* zwischen der Funktionsweise des parlamentarischen Regierungssystems und den Vorstellungen der Bürger über dieses System diagnostizieren (Patzelt 1998, 91 ff.).

Problematische Wege der Vermittlung von Institutionenwissen

Institutionen stehen in einem verfassungspolitischen und verfassungshistorischen Sinnzusammenhang. Wird dieser Zusammenhang ausgeblendet, kommt es zu einer rein *positivistischen* Präsentation des politischen Institutionensystems. Eine solche Vorgehensweise erschöpft sich in der Darstellung von Konstruktionsprinzipien und formellen Zuständigkeiten. Die Institutionen hängen dabei gleichsam in der Luft. Ihr Sinn wird nicht mehr begriffen.

Was nützt beispielsweise die Kenntnis, dass es einen Bundestag und einen Bundesrat gibt, wenn der Grund dieses institutionellen Sachverhaltes nicht klar ist? Der Hinweis, dass im Bundesrat die Länder vertreten sind, ist noch keine sinnerklärende Begründung. Denn warum sollen die Bundesländer an den politischen Entscheidungen des Bundes beteiligt werden?

An diesen Fragen wird deutlich, woran eine positivistische Institutionenkunde krankt: Sie reiht institutionelle Daten aneinander, stellt zwischen diesen zuwenig Beziehungen her und erklärt ihren Sinn entweder überhaupt nicht oder nur durch andere nicht begründete, also ihrerseits nicht einsichtige Sachverhalte (Hättich 1985, 69 f.).

Ungenügend ist die Vermittlung der politischen Institutionen auch dann, wenn versäumt wird, die Institutionen in ihren aktiven Beziehungen zueinander und in Aktion vorzuführen. Es führt zu einem falschen Politikbild, wenn Institutionen als *statische* Gebilde dargestellt werden. In Wirklichkeit sind Institutionen „Pumpstationen" für den politischen Kreislauf der Politik. Sie füllen den ihnen vorgegebenen verfassungsrechtlichen Kompetenzrahmen aus durch ein formelles, halbformelles und oft informelles, gleichwohl aber politisch folgenreiches Aushandlungs- und Absprachegeflecht sowie durch kooperations- und koordinationsdemokratische Prozeduren. Das aber bedeutet, dass man institutionelles Handeln als systemisches Handeln verdeutlichen muss: „Überhaupt wird es darauf ankommen, Institutionen nicht nur als Organi-

---

[158] Dass sich im Bewusstsein der Bürger die Gewaltenbalancierung und Machtkontrolle im politischen System immer noch weitgehend an einer Vorstellung orientiert, die aus einem trivialisierten und dogmatisierten Bild der Überlegungen Montesquieus stammt, ist wohl nicht zuletzt den Aufbereitungen in Schulbüchern zu verdanken. Das Schiefe und Falsche pflanzt sich offenkundig von einem Schulbuch zum nächsten fort.
So beabsichtigte Montesquieu keineswegs, die drei staatlichen Grundfunktionen auf je ein Staatsorgan aufzuteilen und diese Träger voneinander zu trennen. Es ging ihm vielmehr um eine soziale Gewaltenteilung zwischen Krone, Adel und Volk. Außerdem sprach Montesquieu nicht von Gewaltentrennung. Vielmehr postulierte er eine Gewaltenverschränkung. Schon der Ausdruck *Gewaltenteilung* ist irreführend, handelt es sich doch vielmehr um eine *Gewaltenverteilung*. Unzureichend ist auch die Vorstellung, in der Regierung lediglich ein ausführendes Organ („Exekutive") zu sehen. Die Regierung ist das Organ der politischen Führung. Der magische Blick auf Montesquieu verstellt auch den Blick darauf, dass die Opposition Ausdruck einer neuen und sehr vitalen Gewaltenteilung ist. Schließlich ist die Rechtsbindung der Politik ein weiteres Element der Machtkontrolle. Sie impliziert spezifische Eingriffs- und Kontrollmöglichkeiten der Rechtsprechung gegenüber der politischen Entscheidung, wie es in der Verfassungsgerichtsbarkeit zum Ausdruck kommt (Oberreuter 1985, 209 ff.).

sations- oder Normsysteme, sondern auch als Handlungs- und Kommunikationssysteme – und zwar nach innen wie nach außen – in den Blick zu nehmen" (Sarcinelli 1991, 47).

Schließlich gibt es ein *normativ* defizitäres Vorgehen bei der Vermittlung von Institutionenwissen. Ein solcher Mangel liegt vor, wenn nicht deutlich wird, dass das Institutionengefüge eines politischen Systems nichts anderes als der Reflex anthropologischer sowie gesellschafts- und politiktheoretischer Annahmen ist, die ihren Ausdruck in staatsorganisatorischen Fixierungen finden (Oberreuter 1985, 255).

Geeignete didaktische Aufbereitungen politischer Institutionen

Eine bloße Institutionenkunde ist unzureichend. Sie verstößt gegen das Erfordernis, die Komplexität der Politik im Bildungsprozess aufscheinen zu lassen. Das Gebot der Komplexität verlangt, dass die politischen Institutionen in Beziehung gesetzt werden sowohl zum politischen Prozess als auch zu den Politikinhalten. Denn politische Institutionen sind *politische Akteure*. Sie müssen daher unter dem Aspekt ihres Handelns begriffen werden. Folglich müssen bei der Institutionenvermittlung die Entscheidungsprozesse in ihrem agonalen Charakter und ihrer komplexen Struktur zum Vorschein kommen (Gagel 1989a, 390).

Günstig ist eine *problemorientierte* Vermittlung der politischen Institutionen. Zu diesem Zweck werden Institutionen in einen politischen Problemhorizont gestellt. Den Lernenden begegnen die Institutionen dann nicht mehr als formale Organisationen, deren Struktur sie lernen müssen. Vielmehr setzen sie sich mit einem politischen Problem auseinander und lernen dabei die Bedeutung politischer Institutionen kennen (Deichmann 1996, 23 f.).

Wichtig ist die *Überwindung der Distanz* zwischen der Alltagswelt und der Welt der politischen Institutionen. Diese Distanz hat ihren Grund darin, dass der Normalbürger keinen direkten Bezug zu den politischen Rollenträgern und deren Handlungszwängen hat. Die Politik vollzieht sich in räumlichen, sachlichen, zeitlichen und sozial-personellen Bezügen, die von der Alltagswelt sehr verschieden sind.

Die Distanz lässt sich verringern, wenn Institutionen als Interaktionssysteme betrachtet werden. Entweder legt man Institutionen aus dem nahen, also bekannten Umfeld zugrunde, oder man lässt das Handeln politischer Institutionen simulativ nachspielen. In beiden Fällen wird deutlich, dass die in den Institutionen agierenden Menschen nach Rollenmustern handeln, die dem Zweck der jeweiligen Institution entsprechen. In Alltagssituationen verhalten sich Menschen auch so, dass sie ihre Ziele erreichen.

Eine andere Möglichkeit besteht darin, dass die in Alltagsweltinteraktionen zu beobachtenden Regeln und die diesen entsprechenden normativen Prinzipien in Beziehung gesetzt werden zu den regulativen Ideen, die in die politischen Institutionen eingegangen sind. Damit ist ein Kontakt zu den Institutionen hergestellt. Im weiteren Verlauf werden dann die von den Institutionen getroffenen Entscheidungen mit den regulativen Ideen konfrontiert (Deichmann 1996, 35 ff.).

Geeignet ist auch eine didaktische Perspektive, welche Institutionen *at work* zeigt. Dies kann geschehen, indem die *Binnenperspektive* der in Institutionen handelnden Akteure verstärkt in den Bildungsprozess einbezogen wird. Die Binnenperspektive öffnet einen Einblick in die Mikropolitik von Institutionen, d.h. in das formelle, vor allem aber das informelle Handeln von Politikern. Dahinter steht der Sachverhalt, dass informelle Aushandlungsprozesse, also Aktivitäten hinter den Kulissen, in der Politik eine kaum zu überschätzende Rolle spielen. Wer etwas von der Mikropolitik weiß, besitzt eine Basis für eine abwägende Reflexion der Handlungsspielräume und Handlungsgrenzen von Politikern.

Man darf allerdings die Schwierigkeiten dieses didaktischen Ansatzes nicht unterschätzen:

Die Mikropolitik ist oft unsichtbar. Von skandalträchtigen Ausnahmen abgesehen, finden mikropolitische Dokumente üblicherweise keine Resonanz in den Medien. Sie sind daher oft nur über umfangreich angelegte Recherchen zu gewinnen (Grammes 1994b, 183 ff.).

Politische Institutionen sind von Menschen gemacht und deshalb änderbar. Sie sind so etwas wie historisch geronnene politische *Interessen*. Also besitzen auch demokratische Institutionen, Regeln und Verfahrensweisen immer einen Interessenaspekt. Sie repräsentieren Interessen, die sich gegen andere durchgesetzt haben. Daraus folgt, dass Institutionen sich unter dem Gesichtspunkt von Interessen analysieren lassen. Institutionenkundliches Lernen ist gut beraten, den Interessenaspekt in den Blick nehmen (Massing 2005c, 317 f.).

12.4 Die Rolle der Geschichte in der politischen Bildung

Die historische Dimension spielt in der schulischen politischen Bildung eine besondere Rolle. Dies ist bereits daran ersichtlich, dass es im schulischen Fächerkanon das Unterrichtsfach Geschichte gibt, das sich seit jeher als politisch bildendes Fach versteht. Dass die Geschichte in hohem Grade politisch ist, zeigt sich darin, dass Diktaturen in der Regel die Geschichte in ihrem Sinne umschreiben lassen und den Geschichtsunterricht auf ihre Linie verpflichten. Daneben existiert als ebenfalls der politischen Bildung verpflichtetes Fach der Politikunterricht. Politische Bildung umfasst offensichtlich mehr als das, was zu den Inhalten des der Gegenwart und der absehbaren Zukunft verpflichteten Politikunterrichts gehört.

Hält man die historische Dimension für einen tragenden Bestandteil der politischen Bildung, dann stellen sich einige Fragen. Erstens: Inwiefern findet der Sachverhalt, dass die Gegenstände der politischen Bildung eine geschichtliche Herkunft haben, Berücksichtigung im Politikunterricht? Zweitens: Welche Bedeutung haben die historische Bildung und damit der Geschichtsunterricht für die politische Bildung? Drittens: In welchem Verhältnis steht die Zeitgeschichte zu den beiden Fächern der politischen Bildung?

Die Funktion der Geschichte im Politikunterricht

Geschichtlichkeit ist eine Grundkategorie des Politischen. Es gibt nämlich schlechterdings kein politisches Problem und keinen politischen Konflikt, die ohne Erhellung ihrer geschichtlichen Bedingtheit hinlänglich verstehbar wären. Geschichte ist also notwendig zum Verstehen der *Genese* politischer Konstellationen.

Geschichtlichkeit ist aber nicht nur *eine*, das Verstehen politischer Problem- und Konfliktlagen erleichternde Kategorie. Sie ist vielmehr eine Qualität *aller* zur Politik gehörenden Phänomene. Alle politisch relevanten Objektivationen, wie die politischen Institutionen, die rechtlichen Regelungen und die Machtverhältnisse, sind ebenso geschichtlich geprägt wie die subjektiv-intentionalen Faktoren der Politik, also die Interessen, die politischen Deutungsmuster und die Ideologien.

So sind die Normen und Institutionen des freiheitlichen Verfassungsstaates nicht geschichtslos-abstrakte, beliebig machbare und veränderbare Spielregeln. Vielmehr sind sie das Ergebnis geschichtlicher Kämpfe und politischer Grundentscheidungen und deshalb in ihrem rechtlich-politischen Sinn nur von diesem Kontext her angemessen zu erfassen. Ebenso weisen die politisch legitimierenden Grundwerte Menschenwürde, Freiheit und Gerechtigkeit eine geschichtliche Tradition auf. Selbst die allgemeinsten politischen Grundbegriffe sind trotz ihres abstrakt-philosophischen Aussehens ohne ihre Geschichte nicht verstehbar.

Dies alles bedeutet: Das Geschichtliche wird nicht hinlänglich erfasst durch den schmalen Spalt der Frage nach der Genese eines konkreten Problems oder Konfliktes. Der Filter einer aktuellen politischen Konstellation ist viel zu dicht, als dass durch ihn hindurch Geschichte auch nur in dem Maße fassbar würde, wie sie zum Verständnis des Politischen nötig ist (Sutor 1979, 92).

Der Politikunterricht verhält sich mit seiner Zuwendung zur Geschichte ähnlich wie die Sozialwissenschaften. Diese greifen in die Vergangenheit zurück, um entweder die Genese der Gegenwart oder, durch historischen Vergleich, die Strukturen der Gegenwart deutlicher zu erfassen. Der Politikunterricht zieht seinerseits die Vorgeschichte der Gegenwart zu deren Erklärung heran oder untersucht bestimmte geschichtliche Zustände oder Prozesse in Kontrast oder Ähnlichkeit zur Gegenwart. Immer aber gilt für den Politikunterricht: Das Historische hat keinen Eigenwert, es bleibt in einer heuristischen Hilfsfunktion (Jeismann 1992, 564).

Generell ist zu sagen: Geschichte bildet ein Rückgrat der politischen Bildung. Denn ohne das Wissen von der geschichtlichen Bedingtheit des Politischen sind die Menschen politische Analphabeten. Deshalb darf politische Bildung nicht als reine Gegenwartskunde konzipiert werden. Dies wäre ein geschichtsvergessener „Präsentismus". Es ist daher konsequent, dass auch der Politikunterricht eine historische Dimension enthält (Steinbach 1998, 120).

Der Beitrag des Geschichtsunterrichts zur politischen Bildung

Die geschichtliche Dimension des Politikunterrichts reicht nicht aus, um der Bedeutung der Geschichte für die politische Bildung gerecht zu werden. Der Geschichtsunterricht muss hinzukommen. Geschichtsunterricht und Politikunterricht haben es mit demselben Wirklichkeitsausschnitt und damit demselben Gegenstand zu tun, nämlich mit dem menschlichen Zusammenleben. Sie sind in ihren Bildungsperspektiven allerdings nicht identisch. Während der Geschichtsunterricht in erster Linie die Frage zu klären versucht, wie die Menschen ihr Zusammenleben gestaltet haben, interessiert den Politikunterricht stärker die Frage, wie die Menschen ihr Zusammenleben gestalten sollen.[159] Beide Fächer sind damit aufeinander verwiesen. Ihre Begrifflichkeiten sind ähnlich. Im Gegenstandsbereich berühren sich beide Fächer nicht nur, sondern überschneiden sich, wenn auch aufgrund der unterschiedlichen Bildungsperspektiven nur teilweise. Weil sie sich unterscheiden, können sie sich nicht gegenseitig ersetzen. Sie müssen sich folglich ergänzen (Pandel 1997, 319, 321).

Der Geschichtsunterricht dient nicht einfach der Vermittlung vergangener Geschehnisse. Seine Fragen stammen aus gegenwärtigem und zukunftsbezogenem Erkenntnisinteresse. Es geht im Geschichtsunterricht ganz wesentlich darum, die *heutige* Welt aus der Geschichte zu verstehen. Seine Aufgabe ist die historische Ortsbestimmung der Gegenwart. Dahinter steht die Vorstellung, dass Geschichte nicht lediglich Vergangenheit ist, sondern die in der Erinnerung der Menschen wirksame *Gegenwart von Vergangenheit*.
Das Ziel des Geschichtsunterrichts, das *Geschichtsbewusstsein*, drückt dieses Selbstverständnis aus. Geschichtsbewusstsein ist nämlich das beständige Wissen darum, dass der Mensch und alle von ihm geschaffenen Einrichtungen und Formen seines Zusammenlebens in der Zeit existieren, also eine Herkunft und eine Zukunft haben, dass sie nichts darstellen, was stabil, unveränderlich und ohne Voraussetzungen ist.
Geschichtsbewusstsein ist also mehr als bloßes historisches Faktenwissen oder reines Interesse an der Vergangenheit. Es umgreift den Zusammenhang von Geschichtsdeutung, Gegenwartsverständnis und Zukunftsperspektive (Jeismann 1997, 42).

---

[159] Dies entspricht der Konzentration der Politikwissenschaft auf die *res gerendae*, während die Geschichtswissenschaft sich der *res gestae* annimmt (Bergstraesser 1966, 28 f.).

Empirisch zeigt sich das Geschichtsbewusstsein in dem Sachverhalt, dass das Selbstverständnis der in einer Gesellschaft vereinigten Menschen und Gruppen eine geschichtliche Dimension hat. In diesem Selbstverständnis sind das Bewusstsein von der Vergangenheit sowie Einstellungen zu dieser Vergangenheit enthalten. Menschen leben mit Geschichtsbildern. Sie sehen sich in ihren Möglichkeiten und Grenzen von Früherem bestimmt. Sie suchen ihre Identität in Auseinandersetzung mit Vergangenem, das sie als wirksam erfahren.

Aber auch in der sozialen und politischen Auseinandersetzung ist das Geschichtsbewusstsein wirksam anwesend. Denn alle öffentlichen Probleme sind geschichtlich geworden. Die der Bewältigung der Probleme dienenden Anstrengungen richten sich zwar auf die Zukunft, sie sind aber bedingt durch Geschehenes. Das Geschehene wiederum spiegelt sich im Geschichtsbewusstsein. Dieses wirkt auf die Wahrnehmung der Probleme und die Art und Weise des Umganges mit ihnen ein. Weil also Geschichtsbilder und Geschichtsdeutungen auf die Interpretation und die Lösung politischer Probleme ausstrahlen, ist das Geschichtsbewusstsein eigentlich ein *geschichtlich-politisches Bewusstsein* (Sutor 1979, 83; Sutor 2005, 353 f.).

Die Förderung des Geschichtsbewusstseins ist eine Aufgabe, deren Erfüllung den Politikunterricht allein schon deshalb überfordern würde, weil er über keine adäquaten Kategorien verfügt. Aus diesem Grunde schon ist ein eigenständiger Geschichtsunterricht unentbehrlich.

Das Lernpotential der Geschichte besteht darin, dass sie ein sekundäres Erfahrungsfeld zur Gewinnung anthropologischer, sozialer und politischer Erkenntnisse darstellt. Das Erfahrungsfeld ist sekundär, weil das Vergangene nicht unmittelbarer Erfahrung zugänglich ist, sondern methodisch über Quellen erschlossen werden muss.

Im Wesentlichen führt die Auseinandersetzung mit der Geschichte zu folgenden Erfahrungen, deren Bedeutung für das politische Bewusstsein außer Frage steht.

Erstens: Geschichte vermittelt die Erfahrung des *Prozesshaften* im Sozialen mit Hilfe der Kategorien Dauer, Wandel, Veränderbarkeit. Besonders wichtig für das Verstehen des Sozialen ist die Erkenntnis, dass auch relativ dauerhafte Strukturen und Institutionen dem Wandel unterliegen.

Zweitens: Geschichte vermittelt die Erfahrung der *Mehrdimensionalität* menschlicher Situationen und Konstellationen. Sie macht die Komplexität eines Bedingungszusammenhanges erfahrbar. Sie wirkt der Neigung entgegen, sich mit einfachen und monokausalen Erklärungen zufrieden zu geben.

Drittens: Geschichte vermittelt die Erfahrung der *Kontingenz* menschlich bewirkten und erlittenen Geschehens. Kontingenz heißt, dass das Gewordene nicht notwendig so geworden ist, wie es ist. Es hätte auch anders kommen können.

Viertens: Geschichte stellt den Menschen *Alternativen* vor Augen. Weil sie in Kontrast zur Gegenwart steht, relativiert sie die gewohnten Ordnungsformen und Wertorientierungen.

Fünftens: Geschichte bietet ein Reservoir bisheriger *politischer Erfahrungen*. Sie macht abgeschlossene Prozesse sichtbar. Anhand dieser Prozesse kann sie Programme und Handlungen an Erfolgen und Misserfolgen messen (Sutor 1979, 95 f.; Sutor 2005, 350, 353).

Der Geschichtsunterricht kann nicht die Gegenwart allein zum Maß für die Wahrnehmung der Vergangenheit machen. Er richtet die Aufmerksamkeit darüber hinaus auf die Eigenart der Vergangenheit selbst, welche durch ihre gegenwartsbestimmenden Erscheinungen nicht ausdefiniert ist. Die Vergangenheit hat immer einen Überschuss an Andersartigem und Fremdem. Diesen Überschuss zu erfassen gehört zu den wesentlichen Elementen historischer Bildung. Als Bemühung um Erkenntnis der Fremdheit, der Andersartigkeit, der besonderen Existenz von Mensch und Gesellschaft, die ganz unabhängig von ihrer Gegenwartsbedeutung von Belang ist, bestimmt der Geschichtsunterricht seinen eigenen Lernzielbereich für eine Bildung des Menschen. Auf diesem unmittelbaren Zugang zur Vergangenheit muss der Geschichtsunterricht schon deshalb bestehen, weil man nie weiß, welche Vergangenheit für Gegenwart und Zukunft relevant werden wird (Jeismann 1992, 565).

Der Geschichtsunterricht bietet folglich ein gewisses Gegengewicht zum Gegenwartsbezug des Politikunterrichts. Er schafft immer wieder Distanz zur Gegenwart. Damit bringt er einen Reflexionswiderstand in die politische Bildung ein, den man als *Besonnenheit* bezeichnen kann. Kern dieser Besonnenheit ist das durch Vergegenwärtigen geschichtlicher Abläufe, Ursachen und Wirkungen gewonnene Wissen um die Ambivalenz und Kontingenz politischer Programme und Maßnahmen, Planungen und Wirkungen. Man kann es auch ein Wissen um die Bedeutung der ungewollten Nebenfolgen und letztlich um die Ungewissheit und folglich um die laufende Korrekturbedürftigkeit politischen Verhaltens und Handelns nennen (Jeismann 1992, 566).

Der Ort der Zeitgeschichte in der politischen Bildung

Die Zeitgeschichte ist die Geschichte der Mitlebenden. Sie geht gleichsam mit den lebenden Generationen mit und ist daher nicht datierbar. Sie umfasst sowohl die allgemeine politische Geschichte während der Lebenszeit der jetzt existierenden Menschen als auch die Verarbeitung der von diesen Menschen je individuell erlebten Geschichte (Becher 1985, 197 ff.). Sie ist also zum einen die Vorgeschichte der die Gegenwart bewegenden öffentlichen Probleme und Konflikte und zum anderen die Anwesenheit des von den Menschen selbst Erfahrenen in ihrer Erinnerung und ihrem politischen Bewusstsein. Zeitgeschichte meint mithin ein Doppeltes, nämlich einerseits einen objektiv gegebenen Kontext noch nicht lange zurückliegender und deshalb die Gegenwart stark bestimmender Geschehnisse sowie andererseits einen psychologisch-politischen Kontext subjektiver Deutungen über diese Geschehnisse (Sutor 1986, 390).

Die Zeitgeschichte steht für eine besonders hohe Intensität der Verbindung von geschichtlichem und politischem Bewusstsein. Die Menschen lassen nämlich ihre Deutungen der Zeitgeschichte in ihre politischen Urteile einfließen. Denn das jeweils Erlebte prägt und bewegt die Menschen viel stärker als die jenseits der unmittelbaren Erfahrung liegende Vergangenheit.

Die Frage lautet, ob die Zeitgeschichte den letzten Abschnitt des Geschichtsunterrichts bildet, oder ob sie nicht eine engere Verbindung mit dem Politikunterricht aufweist, gleichsam als dessen anschauliches Substrat fungiert. Die Antwort hierauf ist schwer zu geben. Zweifellos ist die Zeitgeschichte auch Geschichte und von der übrigen Geschichte nicht ablösbar. Auf der anderen Seite ist ihre Zusammengehörigkeit mit gegenwärtigen politischen Problemen und Konflikten qualitativ anders, als dies für die übrige Geschichte der Fall ist. Ohne den zeitgeschichtlichen Kontext kann Politik überhaupt nicht begriffen werden.

Dass die Zeitgeschichte eine sehr hohe Affinität zum Politikunterricht aufweist, zeigt sich am nur pragmatisch zu lösenden Problem, wie weit man die Genese politischer Grundphänomene, Probleme und Konflikte zurückverfolgen kann und soll. Der Politikunterricht muss irgendwo einen „Schnitt machen", wenn er sich nicht übernehmen will. Er kann nicht die ganze Geschichte angemessen aufbereiten. Für den Politikunterricht bietet es sich folglich an, die Gegenstände im zeitgeschichtlichen Kontext zu erfassen und die übrige Geschichte dem Geschichtsunterricht zu überlassen. Mithin scheint es sinnvoll zu sein, den Politikunterricht als einen zeitgeschichtlich-politischen Unterricht zu konzipieren (Sutor 1986, 392, 398).

12.5 Das Gegenstandsfeld Wirtschaft als Bestandteil der politischen Bildung

Sachverhalte und Probleme der Ökonomie bilden einen autonomen Wirklichkeitsbereich. Die Wirtschaft ist mithin nicht einfach ein Teilgebiet der Politik. Insofern versteht sich eine Integration wirtschaftlicher Themen in die politische Bildung nicht von selbst. Die Wirtschaft weist zwar Berührungspunkte mit der Politik auf, reicht aber weit über die Politik hinaus. Deshalb lassen sich mit der Wirtschaft auch didaktische Zielvorstellungen verbinden, die nicht einfach der politischen Bildung zugerechnet werden können.[160]

Wirtschaft als integraler Teil der politischen Bildung

Trotz der Autonomie des Wirklichkeitsbereiches Wirtschaft gehört die Ökonomie zu den Gegenstandsfeldern der politischen Bildung. Politik und Wirtschaft stehen nämlich in einem Verhältnis der *Interdependenz* zueinander. Denn es gibt ökonomische Bedingungsfaktoren der Politik. Und es gibt politische Bedingungsfaktoren der Wirtschaft. Die Interdependenz ist so eng, dass weder Politik ohne Ökonomie noch Ökonomie ohne Politik verstanden werden können.

Im Einzelnen besteht die Interdependenz aus *vier* Abhängigkeitsbeziehungen:
Erstens: Ökonomische Prozesse und ihre Ergebnisse bilden Voraussetzungen für politische *Handlungsspielräume* und *Gestaltungsmöglichkeiten*. Denn nur wenn die materielle Basis vorhanden ist, können politische Intentionen verwirklicht werden.
Zweitens: Ökonomische Prozesse haben Auswirkungen auf die *Stabilität von Regierung* und *Staat*. So wirken sich Vollbeschäftigung, Geldwertstabilität und Wirtschaftswachstum günstig auf die Wahlchancen von Regierungsparteien aus. Langanhaltende Wirtschaftskrisen können hingegen in systemgefährdende politische Krisen umschlagen.
Drittens: Die Politik trifft die grundlegende Entscheidung über die *Wirtschaftsordnung*. Ihr obliegen auch die Modifizierung der Ordnung sowie die Einführung eines anderen Ordnungsmodells. Darüber hinaus greift die Politik auf mannigfache Weise gestaltend in den Wirtschaftsprozess ein. Das vielfältige Instrumentarium der Wirtschafts- und Sozialpolitik zeigt dies deutlich an. Außerdem beeinflusst die Politik ganz generell die Wirtschaft. So hat ein Regierungswechsel nicht selten Auswirkungen auf die Investitionsbereitschaft der Unternehmer und die Streikbereitschaft der Gewerkschaften. Und mit der zunehmenden Intervention des Staates in die Wirtschaft verstärkt sich die Neigung der Wähler, die jeweilige Regierung für das optimale Funktionieren der Wirtschaft verantwortlich zu machen.
Viertens: *Politische Ordnung* und *wirtschaftliche Ordnung* stehen in einem engen Verhältnis zueinander. Es spricht viel dafür, dass die freiheitliche Demokratie und die auf Privateigentum an Produktionsmitteln basierende Marktwirtschaft sich gegenseitig bedingen. Umgekehrt gibt es eine Art Symbiose zwischen Autokratie und Zentralverwaltungswirtschaft. Unterstützt wird die These vom engen Verhältnis politischer und wirtschaftlicher Ordnung durch den Sachverhalt, dass in den großen Ordnungsentwürfen der politischen Philosophie fast immer Aussagen über die Gestaltung der Wirtschaftsverfassung enthalten sind.

Die Relevanz der Ökonomie für die politische Bildung resultiert noch aus einer zweiten Überlegung, die nicht an die Interdependenz, sondern an die *Differenz* von Politik und Wirtschaft anknüpft. Diese Überlegung geht von dem Sachverhalt aus, dass die Politik in ein Netzwerk von Bedingungen aus diversen Realitätsbereichen eingebunden ist, die jeweils einer *eigenen Handlungslogik* gehorchen. Diese Eigenlogiken müssen verstanden werden, wenn politisch angemessen geurteilt werden soll.
Ein solcher Realitätsbereich, und zwar ein an Bedeutung kaum zu überschätzender, ist die Wirtschaft. Ihre Eigenlogik besteht zum einen in der gemäß dem Prinzip ökonomischer Rationalität erfolgenden Produktion von Gütern und Dienstleistungen und zum anderen im

---

[160] So lässt sich mit dem Gegenstandsbereich Wirtschaft auch die Intention verbinden, junge Menschen dazu zu befähigen, sich in ökonomischen Lebenssituationen und Handlungsfeldern als Konsumenten, Berufswähler, Erwerbstätige und, ganz generell, als Wirtschaftsbürger sicher zu orientieren.

Marktwettbewerb als dem Koordinations- und Lenkungsinstrument wirtschaftlicher Aktivitäten.

Nicht selten muss beim politischen Urteilen eine Abwägung zwischen unterschiedlichen Handlungslogiken vorgenommen werden. So muss, was politisch zweckmäßig ist, nicht unbedingt ökonomisch sinnvoll sein. Umgekehrt kann es sein, dass das ökonomisch Zweckmäßige keine politische Akzeptanz findet. Die politische Bildung hat deshalb darauf hinzuwirken, dass die Subjekte die Eigenlogiken anderer Realitätsbereiche in ihr politisches Urteilskalkül einbeziehen (Detjen 2006, 69).

Ökonomische Inhalte der politischen Bildung

Drei Segmente des Wirklichkeitsbereiches Wirtschaft weisen eine unmittelbare Nähe zur Politik auf. Das erste Segment ist die Wirtschaftsordnung, das zweite Segment ist die Wirtschaftspolitik, und das dritte Segment sind die internationalen Verflechtungen der Wirtschaft.

Dass die *Wirtschaftsordnung* politische Implikationen hat, liegt auf der Hand. Fragen wie „Soll die Wirtschaft marktförmig organisiert sein?", „Auf welchen Gebieten und mit welchen Einschränkungen soll das Marktprinzip Anwendung finden?", „Welche Rolle soll der Staat in der Wirtschaft übernehmen?" und „Welche Unternehmensformen sollen zugelassen werden?" sind eminent politische Fragen.

Bei der *Wirtschaftspolitik* liegt das politische Moment bereits im Begriffswort offen zutage. Die Wirtschaftspolitik umfasst ein weites Spektrum an politischen Aktivitäten des Staates. Es reicht, systematisch gesehen, von der Ordnungspolitik über die Prozesspolitik bis hin zur Strukturpolitik. Ein Vielzahl von *Politiken* ist in diese Systematik eingeschlossen: so Wettbewerbs-, Verbraucher-, Konjunktur-, Stabilitäts-, Geld-, Fiskal-, Einkommens-, Arbeitsmarkt-, Beschäftigungs-, Sozial-, Infrastruktur-, Umwelt-, Währungs-, Außenhandels- und Entwicklungspolitik. Aus der Vielzahl der Politiken folgt allerdings nicht, dass sie in enzyklopädischer Breite in der politischen Bildung behandelt werden müssen. Eine exemplarische Thematisierung mag durchaus genügen, um zwei Dinge zu zeigen, die *politisch bildend* wirken: Erstens den Grundsatz der Zuständigkeit des Staates für das Wirtschaftsgeschehen und zweitens die Verpflichtung des Staates, in der Wirtschaftspolitik ethische Grundwerte zu berücksichtigen, die sich im Begriff Gemeinwohl zusammenfassen lassen.

Die *internationalen Verflechtungen der Wirtschaft* stützen sich stark auf regionale und globale Organisationen und Regime. Diese Organisationen und Regime regeln die transnationalen ökonomischen Prozesse. Sie selbst sind aber Ausdruck politischen Wollens. Ebenso hat die Globalisierung der Märkte nicht nur wirtschaftliche Aspekte, denn sie verlangt aufgrund ihrer immensen Auswirkungen auf das Wohl der Menschen in den verschiedenen Staaten politische Reaktionen.

Grundlegende Merkmale des Wirtschaftens und der Wirtschaft bilden einen weiteren Gegenstand der politischen Bildung. In Gestalt einer elementaren Wirtschaftskunde sind nämlich Kenntnisse zu vermitteln, die den Lernenden das *Verstehen* von Wirtschaft und Wirtschaftsprozessen erlauben. Dieses Verstehen ist notwendig, damit in politischen Urteilen die gegebenenfalls involvierte Handlungslogik der Wirtschaft auch Berücksichtigung findet und diese Urteile dadurch erst dem Anspruch der Sachangemessenheit gerecht werden können.

In der *elementaren Wirtschaftskunde* müssen auf jeden Fall drei Sachbereiche vermittelt werden. Erstens: *Grundsachverhalte des Wirtschaftens* wie Bedürfnisvielfalt, Güterknappheit, Arbeitsteilung, Produktionsfaktoren, Funktionen des Geldes, Funktionen des Marktes, Marktformen, Preisbildung, Wettbewerb, Sozialprodukt, Wirtschaftskreislauf sowie das ökonomische Prinzip. Zweitens: die *privaten Haushalte* mit den Aspekten Einkommen, Konsum und

Sparen. Drittens: die *Unternehmen* mit den Aspekten Unternehmensformen, Mitbestimmung, Investition, Produktivität, Rentabilität und Wirtschaftlichkeit (Detjen 2006, 70 f.).

Anforderungen an das Verstehen wirtschaftlicher Zusammenhänge

Um wirtschaftliche Zusammenhänge zu verstehen, müssen sich Lernende im Wesentlichen drei grundlegende Denkmuster aneignen, nämlich das Denken in den Strukturen der ökonomischen Verhaltenstheorie und der Neuen Institutionenökonomik, das Denken in komplexen Wirkungszusammenhängen sowie das Denken in ordnungspolitischen Zusammenhängen.

Die *ökonomische Verhaltenstheorie* geht davon aus, dass alle sozialen Phänomene Ergebnisse individuellen Handelns sind. Dies gilt auch für Kollektivgebilde wie Unternehmen, Verbände und Parteien. Was immer diese Gebilde tun, es ist ein Tun der in ihnen handelnden Individuen.
Die Theorie nimmt weiterhin an, dass Individuen sich *eigennützig* verhalten. Der Nutzen muss nicht unbedingt monetärer Natur sein. Der Nutzen kann auch in Ansehen oder Macht bestehen. Es kann sich sogar um den Nutzen Dritter handeln. Entscheidend ist, dass jedes Individuum selbst festlegt, worin es seinen Nutzen sieht.
Die Theorie unterstellt ferner, dass Menschen sich *rational* verhalten. Die Rationalität beruht auf einem Kosten-Nutzen-Vergleich. Rational ist es, diejenige Handlungsalternative zu wählen, die in der jeweiligen subjektiven Sicht den größten Vorteil zu bringen verspricht.
Die Theorie geht darüber hinaus davon aus, dass die grundlegenden Präferenzen der Menschen, also deren Wünsche und Ziele, gleich sind. Zu diesen Präferenzen gehören Gesundheit, Ansehen und angenehme Sinnesempfindungen. Unterstellt wird, dass die Individuen ihre *Präferenzen stabil* halten. Das bedeutet: Wenn Individuen ihr Verhalten ändern, geht dies nicht auf geänderte Präferenzen zurück, sondern auf geänderte *Handlungsbedingungen*, die auch als *Restriktionen* bezeichnet werden. Die Handlungsbedingungen bestehen entweder aus *Anreizen* oder aus *Sanktionen*.
Die Theorie behauptet schließlich, dass man durch die Änderung der Handlungsbedingungen das Verhalten der Individuen ändern kann. Anders formuliert: Die Menschen, egal ob es sich um Verbraucher, Arbeitnehmer, Unternehmer, Manager, Rentner oder Politiker handelt, reagieren ungeachtet ihrer persönlichen Wertüberzeugungen in vorhersagbarer Weise auf eine Veränderung der Handlungsbedingungen. Im Zentrum der Theorie stehen deshalb Anreize und Sanktionen, wobei letztere im Grunde nur negative Anreize sind. Wenn ein Verhalten als unbefriedigend diagnostiziert ist, muss man also die Anreize ändern (Hedtke 2002b, 14).

Hier schließt die *Neue Institutionenökonomik* an. Sie betrachtet Institutionen als funktional auf Rationalität und Effizienz ausgerichtete normative Anreizsysteme. Institutionen in diesem Verständnis haben die Aufgabe, das Verhalten der Individuen über die Veränderung von Kosten-Nutzen-Verhältnissen zu steuern.
In diesem Zusammenhang spielt der Terminus *soziales Dilemma* eine wichtige Rolle. Ein solches Dilemma liegt vor, wenn Individuen rational ihre Nutzenkalküle verfolgen und dabei auf kollektiver Ebene ein unerwünschtes Ergebnis herauskommt. Individuell rationales Handeln bringt in diesem Falle also ein kollektiv irrationales Resultat hervor. Viele wichtige Probleme moderner Gesellschaften wie Umweltschädigungen, die Ausbeutung der sozialen Sicherungssysteme und die Staatsverschuldung zu Lasten der zukünftigen Generationen lassen sich als soziale Dilemmata begreifen.
Für solche Situationen schlägt die Institutionenökonomik gezielte Änderungen der institutionellen Anreizstruktur vor. Diese können das Verhalten in die richtige Richtung lenken und damit das betreffende soziale Dilemma aufheben (Hedtke 2002a, 179).

Das *Denken in komplexen Wirkungszusammenhängen* folgt aus dem Sachverhalt, dass ökonomische Entscheidungen nicht nur beabsichtigte Wirkungen, sondern auch unbeabsichtigte Neben- und Folgewirkungen aufweisen. So wirken sich wirtschaftspolitische Maßnahmen auf zahlreiche volkswirtschaftliche Variablen aus. Wirtschaftliche Vorgänge sind mithin durch Interdependenzen gekennzeichnet, die sehr häufig weit über nationale Grenzen hinauswirken.

Das *Denken in ordnungspolitischen Zusammenhängen* bezieht sich auf den Umstand, dass arbeitsteiliges Wirtschaften notwendig eine Koordination erfordert. Diese kann entweder dezentral durch Angebot und Nachfrage oder zentral durch einen verbindlichen Plan erfolgen. Die Koordination findet unter den Bedingungen einer Eigentumsordnung statt. Diese entscheidet über die Verfügungsrechte an Produktionsmitteln und über Anreiz- und Sanktionsmechanismen (Kruber 2000, 290 f.).

Die Erschließung des Gegenstandsfeldes Wirtschaft

Wirtschaften lässt sich als Nutzen-Kosten-Optimierung in komplexen Wirkungszusammenhängen im Rahmen einer politisch gesetzten Wirtschaftsordnung begreifen. Wirtschaftliche Entwicklungen und wirtschaftspolitische Maßnahmen berühren ferner stets die Interessen von Menschen und lösen deshalb Aktivitäten und Konflikte aus. Wirtschaften hat schließlich immer auch eine ethische Dimension. Denn es tangiert gesellschaftliche Werte wie Freiheit, Gleichheit, Gerechtigkeit und Gemeinwohl.

Der Wirklichkeitsbereich Wirtschaft setzt sich aus einer Reihe von ökonomischen *Stoffkategorien* zusammen. Diese sollten bei der Auswahl von Lerngegenständen Berücksichtigung finden und der Analysebemühung die Richtung weisen. Denn die Stoffkategorien entwickeln sich zu *Bildungskategorien*, wenn man die den Stoffkategorien zugehörigen ökonomischen Grundeinsichten auf immer neue Lerngegenstände anwendet, dadurch als für die Ökonomie typisch erkennt und auf weitere Sachverhalte überträgt, die man mit ihrer Hilfe verstehen kann. Die ökonomischen Stoffkategorien fungieren somit als Denkinstrumente der Realitätserschließung (Kruber 2000, 293).

Das Ensemble der Stoffkategorien setzt sich aus zwölf Elementen zusammen. 1. *Knappheit*: Die Verwendungskonkurrenz von Ressourcen äußert sich in Knappheit von Mitteln im Verhältnis zu den Zielen, d.h. Bedürfnissen der Menschen. 2. *Kosten, Nutzen*: Knappheit erfordert Kosten-Nutzen-Überlegungen und Entscheidungen gemäß dem ökonomischen Prinzip. 3. *Arbeitsteilung*: Wirtschaften erfolgt arbeitsteilig in spezialisierten Berufen und Betrieben. 4. *Marktkoordination*: Wirtschaftsprozesse bedürfen der Koordination, die in der Marktwirtschaft überwiegend über Märkte im Wettbewerb erfolgt. 5. *Wirtschaftskreislauf*: Wirtschaften vollzieht sich, vermittelt durch Geld, in Wirtschaftskreisläufen zwischen Haushalten, Unternehmen, Staat und Ausland. 6. *Zielkonflikte*: Wirtschaften ist mit Interdependenzen und Zielkonflikten verbunden. 7. *Unerwünschte Probleme*: Wirtschaften ist mit materiellen und sozialen Ungleichheiten und ökologischen Problemen verbunden. 8. *Staatseingriffe*: Zur Bewältigung dieser Probleme sind in Gestalt von Wirtschafts-, Sozial- und Umweltpolitik Eingriffe des Staates in den Wirtschaftsablauf und die Wirtschaftsordnung erforderlich. 9. *Interessenkonflikte*: Wirtschaftliche Veränderungen und wirtschaftspolitische Eingriffe berühren in unterschiedlicher Weise die Interessen Einzelner und von sozialen Gruppen und rufen deren Reaktionen hervor. 10. *Wertbezug*: Wirtschaftspolitische Entscheidungen berühren grundlegende gesellschaftliche Werte (Freiheit, Gleichheit, Gerechtigkeit, Gemeinwohl) und lösen daher politische Auseinandersetzungen aus. 11. *Wirtschaftsordnung*: Wirtschaften erfolgt in einer politisch gesetzten Rahmenordnung (Wirtschaftsordnung). 12. *Politische Gestaltung der*

Ordnung: Die Wirtschaftsordnung unterliegt der politischen Gestaltung und Legitimierung (Kruber 2000, 292 f.).[161]

Das Ensemble der Stoffkategorien lässt erkennen, dass Wirtschaft und Politik symbiotisch aufeinander bezogen sind. Die Thematisierung eines ökonomischen Gegenstandes verlangt die Grenzüberschreitung hin zur Politik. Denn nur so wird dem Lernenden einsichtig, dass beispielsweise seine wirtschaftliche Lebenssituation nicht ausschließlich von ökonomischen, sondern auch von politischen Entscheidungen abhängt. Der Einzelne muss die ökonomischen Zusammenhänge und die politischen Steuerungen gleichermaßen durchschauen, wenn er zu einem fundierten Urteil über die wirtschaftliche Lage kommen will (Kruber 2001, 3).

Der enge Zusammenhang von ökonomischer und politischer Bildung

Ökonomische Bildung und politische Bildung können nicht voneinander isoliert werden. Beide Bildungsbemühungen orientieren sich an denselben Bildungszielen, nämlich Mündigkeit, Urteilsfähigkeit und Handlungsfähigkeit. Ebenso gibt es einen breiten gemeinsamen Kern bei den Inhaltsfeldern wie auch viele Gemeinsamkeiten in den Lernmethoden.

Besonderheiten ökonomischen Lernens zeigen sich bei der Volkswirtschaftslehre als der maßgeblichen Bezugswissenschaft und den von dieser Wissenschaft ausgehenden Leitkategorien (Knappheit, Kreislauf) wie auch bei der Qualifizierung für ökonomisch geprägte Lebenssituationen (Berufswahl, Erwerbstätigkeit, Konsum) als besonderer Bildungsaufgabe (Hedtke 2005, 336 ff.).

Die ökonomische Verhaltenstheorie ist eine Theorie, die zwar am intensivsten in der Wirtschaftswissenschaft diskutiert wurde und dort als dominanter Analyseansatz fungiert, gleichwohl in der Anwendbarkeit nicht auf diese Wissenschaft beschränkt ist. Denn als *Rational Choice-Theorie* hat die ökonomische Verhaltenstheorie längst Eingang in die Politikwissenschaft gefunden. Sie kann mittlerweile als disziplinübergreifendes sozialwissenschaftliches Paradigma gelten. Sie ist also in vielen Zusammenhängen einsetzbar (Kruber 2001, 5 f.; Hedtke 2002b, 30 ff.).

Die politische Bildung sollte sich daher die ökonomische Verhaltenstheorie zu eigen machen. Mit Hilfe dieser Theorie kann man eben nicht nur wirtschaftliches, sondern auch politisches Handeln sowie gesellschaftliches Verhalten erklären.[162] Darüber hinaus ermöglicht die Neue Institutionenökonomik ein Nachdenken darüber, wie man unerwünschtes Verhalten verändern kann.

12.6 Politische Bildung als kategoriale Bildung

Bildung ereignet sich in der Begegnung des Menschen mit der kulturellen Wirklichkeit. In dieser Begegnung findet eine *doppelseitige Erschließung* statt: Der Mensch eignet sich eine

---

[161] Zusätzlich zu den ökonomischen Stoffkategorien müssen Lerngegenstände bestimmte didaktische Kriterien erfüllen. So sollte der Lerngegenstand eine über den Tag hinausreichende Bedeutsamkeit aufweisen. Er sollte sich zum Entscheidungstraining eignen, d.h. ein offenes Problem enthalten, welches verschiedene Lösungsmöglichkeiten zulässt. Er sollte bei den Schülern Betroffenheit auslösen. Und er sollte sich zum Erlernen ökonomischer Verhaltensweisen eignen (Kruber 1994, 55 f.).

[162] Beispiele für die Erklärungskraft der ökonomischen Verhaltenstheorie sind Wahlverhalten und Konsum, Berufswahl und Familienplanung, Verhandlungen über Regierungskoalitionen und Gehaltstarife, Parteiprogramme und Unternehmensleitbilder. Generell ist die Theorie anwendbar bei den Handlungstypen Verhandeln, Wählen, Kommunizieren, Konkurrieren und Kooperieren.

Wirklichkeit an und wird dank der dabei vollzogenen Erfahrungen und Einsichten für diese Wirklichkeit erschlossen. Die objektbezogene Seite verschränkt sich also mit der subjektbezogenen Seite von Bildung.

Der Erziehungswissenschaftler Wolfgang Klafki drückte diesen Zusammenhang so aus: „Bildung nennen wir jenes Phänomen, an dem wir – im eigenen Erleben oder im Verstehen anderer Menschen – unmittelbar der Einheit eines objektiven (materialen) und eines subjektiven (formalen) Momentes innewerden. Der Versuch, die erlebte Einheit der Bildung sprachlich auszudrücken, kann nur mit Hilfe dialektisch verschränkter Formulierungen gelingen: Bildung ist Erschlossensein einer dinglichen und geistigen Wirklichkeit für einen Menschen – das ist der objektive oder materiale Aspekt; aber das heißt zugleich: Erschlossensein dieses Menschen für diese seine Wirklichkeit – das ist der subjektive oder formale Aspekt zugleich im ‚funktionalen' wie im ‚methodischen' Sinne" (Klafki 1963b, 43).

Die doppelseitige Erschließung kann nun aber nicht bei jedem beliebigen Inhalt stattfinden. Nur Inhalte mit einem spezifischen Merkmal lösen echte Bildungsprozesse aus. Dieses notwendige Merkmal besteht darin, dass in dem jeweiligen *besonderen* Inhalt etwas *Allgemeines* enthalten sein muss. Es geht also darum, dass dem Lernenden in der bildenden Begegnung immer ein allgemeiner, über das Besondere hinausweisender Sachverhalt gegenübertritt. Er lernt so nicht nur den – relativ unwichtigen – konkreten Inhalt kennen, sondern eignet sich vor allem das darin eingeschlossene Allgemeine an. Diese Aneignung lässt sich als *kategoriale Bildung* bezeichnen. Das Ergreifen des Allgemeinen ist also gleichbedeutend mit dem Erwerb von Kategorien. Dies ist durchaus plausibel, denn Kategorien sind allgemeine Begriffe, mit deren Hilfe der Mensch Erfahrungen, Einsichten und Sinneswahrnehmungen ordnet. Kategorien versetzen ihn zudem in die Lage, in Zukunft ähnlich strukturierte Inhalte selbstständig zu erschließen. Hierin besteht der besondere Wert der kategorialen Bildung.

Grundsätzliches zur kategorialen Bildung in der politischen Bildung

Nicht nur in der politischen Bildung, sondern in jedem Bildungsbereich beziehen sich die allgemeinen Inhalte und damit die Kategorien auf die prägenden Strukturen eines Wirklichkeitsbereiches. Kategorien treten also nicht von außen an die Sachen heran. Vielmehr werden sie an den Sachen durch den Vorgang der Abstrahierung gewonnen. Diese Herkunft macht sie geeignet, die komplexe Vielfalt der Erscheinungen sachgemäß zu ordnen und so einen Überblick über den betreffenden Wirklichkeitsbereich zu geben.

In der politischen Bildung öffnen die Kategorien Zugänge zum Politischen. Sie schlagen eine Brücke zwischen den konkreten Gegenständen und dem Strukturellen, Typischen und Prinzipiellen der Politik. Sie machen damit die prägenden Elemente des Politischen deutlich. Kategorial geleitete Bildung trägt somit zu einem fundierten Verstehen der Politik bei. Eine solche Bildung ist auf dem Gebiet des Politischen deshalb besonders wünschenswert, weil das Politische durch rasch wechselnde Lagen und – häufig genug – durch unübersichtliche Konstellationen gekennzeichnet ist.

Politische Kategorien haben ihr Zentrum im Begriff der Politik. Dieser Begriff der Politik muss mehrere Anforderungen erfüllen, wenn er geeignet sein soll, die Basis kategorialer Bildungsprozesse abzugeben. Er muss erstens hinreichend weit sein, um die Komplexität der politischen Wirklichkeit einzufangen. Es darf nicht geschehen, dass wichtige Aspekte des Politischen ausgeblendet bleiben. Der Politikbegriff muss andererseits so konkret sein, dass der Bereich des Politischen von anderen gesellschaftlichen Bereichen abgegrenzt ist. Das Spezifische der Politik muss zum Vorschein kommen. Der Politikbegriff muss sich weiterhin eignen, die Komplexität der politischen Wirklichkeit zu reduzieren und zu systematisieren. Mit seiner Hilfe muss die politische Wirklichkeit strukturiert und selektiert werden können.

Der Politikbegriff muss sich schließlich in ein kategoriales Analyse- und Suchinstrument umformulieren lassen (Massing 1995b, 76).

Es gibt mehrere nebeneinander bestehende Kategoriensysteme. Sie unterscheiden sich in erster Linie in ihrer Architektur, weniger in ihrer inhaltlichen Ausrichtung. Die in den Systemen enthaltenen Kategorien überschneiden sich zum Teil sogar.
Kategorien sind keine logischen Ableitungen aus politischen oder sozialwissenschaftlichen Theorien. Sie werden vielmehr pragmatisch als Einsichten am Gegenstand Politik gewonnen. Sie sind eine Art praktisch-topisches Ensemble von Grundfragen an die Politik.
Trotz ihres pragmatischen Entstehungszusammenhanges verbergen sich hinter den Kategoriensystemen bestimmte Auffassungen von Politik und Gesellschaft. Diese müssen in politischen Bildungsprozessen zur Sprache kommen. Denn nur so zeigt sich überhaupt der eigentliche Bedeutungsgehalt der Kategorien.

Kategorienschema „Dimensionen der Politik"

Aus dem englischen Sprachraum stammt ein Politikverständnis, das für analytische Zwecke sehr geeignet ist. Es begreift Politik als einen Wirklichkeitsbereich, in dem im Rahmen von Institutionen und Regeln streitig interagiert wird, um Probleme zu lösen. In etwas anderer Formulierung kann man sagen, dass Politik ein Geschehen ist, in dem innerhalb *fester Formen* um der Verwirklichung *bestimmter Inhalte* wegen *konflikthafte Prozesse* stattfinden.

Die Politik wird in diesem Verständnis an drei Dimensionen festgemacht. Die erste Dimension ist die politische *Ordnung* oder *Form* (*Polity*). Die zweite Dimension bezeichnet die politischen *Inhalte* oder *Ziele* (*Policy*). Die dritte Dimension betrifft den politischen *Prozess* oder das politische *Handeln* (*Politics*). Jede Dimension enthält eine Mehrzahl von Kategorien.

Politik vollzieht sich grundsätzlich in einem Ordnungsrahmen, der die Bedingungen des politischen Handelns angibt, politische Prozesse also in bestimmte Bahnen lenkt. Der Rahmen ist zwar nicht unveränderbar, aber doch nicht beliebig und zu jeder Zeit veränderbar. Denn er ist selbst „geronnene" Politik oder das festgeschriebene Ergebnis einstmals und gegebenenfalls immer noch vorliegender Machtverhältnisse. Er neigt dementsprechend zur Beharrung. Auf nationaler Ebene wird der Ordnungsrahmen weitgehend durch die *Verfassung* und die *Rechtsordnung* festgelegt. In der internationalen Politik sind zwischenstaatliche und internationale *Abkommen* sowie die Normen des *Völkerrechts* wichtige Ordnungselemente.
Der Ordnungsrahmen besteht aber nicht nur aus der geschriebenen Verfassung und den Rechtsnormen, sondern auch aus der mentalen Verfasstheit der Gesellschaft, die als *politische Kultur* bezeichnet wird. Die hier versammelten politischen Orientierungs- und Verhaltensmuster, Wertüberzeugungen und Loyalitäten beeinflussen den politischen Prozess und die politischen Inhalte vermutlich nicht weniger stark als die geschriebene Verfassung.

In der Politik geht es um die Verwirklichung bestimmter *inhaltlicher Vorstellungen* bzw. um die Lösung gesellschaftlicher *Probleme*. Dies ist ganz offenkundig der Sinn politischer Tätigkeit überhaupt. Von ihr wird erwartet, die Gestaltung der gesellschaftlichen Verhältnisse so vorzunehmen, dass die Betroffenen die Lösung für sich als förderlich oder zumindest als nicht unzumutbar akzeptieren. Zu diesem Zweck entwickeln Parteien und Regierungen *Programme* und versuchen, sie in *Entscheidungen* umzuwandeln.
Die Gestaltungsaufgabe der Politik wird auch deutlich in den Bezeichnungen für die verschiedenen staatlichen Politikfelder wie beispielsweise Außenpolitik, Wirtschaftspolitik, Umweltpolitik, Sozialpolitik und Bildungspolitik. Diese Politiken machen die Gesamtheit der *materiellen Politik* aus.
Häufig erscheinen die Gegenstände der materiellen Politik als pragmatisch und als rein sach-

lich. Das täuscht aber darüber hinweg, dass die Politik *immer* interessengebunden und wertorientiert ist. Dies ergibt sich aus dem Umstand, dass jedes politische Programm bestimmte Prioritäten setzt. Prioritäten implizieren aber, dass es neben den bevorzugten auch vernachlässigte Interessen und Werte gibt.

Besonders sichtbar ist Politik in ihrer Gestalt als *konflikthafter Prozess*. Denn in der Politik werden strittige Fragen öffentlich ausgetragen. Der Streit selbst bezieht sich auf die *politische Willensbildung* und *Entscheidungsfindung*. Um in dieser Hinsicht erfolgreich zu sein, ist der Kampf um *Macht* und *Einfluss* unerlässlich. Deswegen ist der politische Alltag stark von der Auseinandersetzung um Machtanteile zwischen den verschiedenen Gruppen und Personen bestimmt.

Im Rahmen dieser Auseinandersetzung werden *strategische* und *taktische* Maßnahmen erwogen und gegebenenfalls durchgeführt. Zu diesen Maßnahmen können die Suche nach Bündnispartnern, die Ausnutzung von Verfahrensvorschriften, die Bemühung um *Kompromisse*, aber auch das kompromisslose Durchsetzen der eigenen Position gehören.

Diese politischen Handlungsweisen gelten für alle an der Politik beteiligten *Akteure*. Akteure sind einmal Personen wie beispielsweise Regierungsmitglieder, Parlamentarier, Parteifunktionäre und Interessenverbandsvertreter. Akteure sind aber auch Kollektive, also Parteien, Parlamentsfraktionen, die Regierung, Interessenverbände, Medien, soziale Bewegungen und letztlich – in Gestalt der Wählerschaft – das Volk.

Für die *Regierung* gilt in besonderem Maße, dass sie Macht besorgen und erhalten muss. Denn nur so kann sie ihre politischen Vorstellungen verwirklichen. Auch muss sie ihre Vorstellungen mit den Wünschen und Bedenken der gesellschaftlichen Gruppen abgleichen und aus der Kombination ein schlüssiges Gesamtkonzept entwickeln. Hieran zeigt sich, dass es der Politik stets auch um die Besorgung von Zustimmung durch die Bevölkerung geht. Generell ist somit der Politik die Suche nach *Konsens* eigentümlich.

Zur Dimension *Polity* gehören die folgenden Kategorien: Internationale Abkommen, Verfassung, Gesetze, andere Rechtsnormen, Geschäftsordnungen, Kompetenzen (staatlicher Institutionen), politische Kultur. Der Dimension *Policy* sind die nachstehenden Kategorien zuzuordnen: Staatliche Politikfelder, gesellschaftliche Probleme, politische Programme, politische Lösungsvorschläge, politische Entscheidungsinhalte. Zur Dimension *Politics* gehören Kategorien, die mit dem Handeln politischer Akteure verbunden sind: Interessenartikulation, Interessendurchsetzung, Machteinsatz, Konfliktstrategien, Verhandlungen, Kompromisssuche, Konsensfindung (Ackermann/Breit/Cremer/Massing/Weinbrenner 1994, 31 f.).

Das Kategorienschema *Dimensionen der Politik* zeichnet sich durch Übersichtlichkeit und eine klare Trennung der einzelnen Dimensionen aus. Dies erleichtert zweifellos den analytischen Zugriff auf die Politik. Es ist allerdings nicht auszuschließen, dass sich die Dimensionen mit den ihnen zugeordneten Kategorien verselbstständigen. Das kann dann geschehen, wenn die Dimensionen schematisch der Reihe nach, also getrennt, analysiert werden. Es besteht mithin die Gefahr der Zergliederung des politischen Realzusammenhanges.

Außerdem kann immer nur eine Momentaufnahme der Politik gelingen. Denn es wird im Kontinuum einer politischen Entwicklung ein bestimmter Zeitpunkt zugrunde gelegt und der Analyse unterzogen. Der Prozesscharakter der Politik droht auf diese Weise verloren zu gehen. Die Politik erscheint als etwas Statisches ohne Entwicklung und Vorgeschichte und ohne Zukunft.

Weiterhin sind die drei Dimensionen bloß formale Differenzierungen und als solche inhaltsleer. Sie lassen sich mit allen nur denkbaren Inhalten füllen. Denn sie enthalten keine Kriterien für das politisch Gesollte bzw. das Inhumane und Illegitime. In normativer Hinsicht sind sie folglich blind. Ihr Vorteil liegt dafür in der heuristischen Funktion.

Schließlich lassen sich aus den drei Dimensionen keine Kriterien für die Auswahl von Inhalten entnehmen. Denn schlechterdings alle politischen Sachverhalte sind dreidimensional strukturiert (Massing 1995b, 78 ff.).

Kategorienschema „Politikzyklus"

Man kann Politik auch beschreiben als eine prinzipiell *endlose* Kette von Versuchen zur Bewältigung gesellschaftlicher Gegenwarts- und Zukunftsprobleme. Knapper ausgedrückt: Politik kann verstanden werden als *ständiger* Prozess der Verarbeitung und Lösung öffentlicher Probleme. Diesem Verständnis von Politik liegt das Modell des *Politikzyklus* zugrunde, das aus der politikwissenschaftlichen Policy-Forschung stammt (Massing 1995b, 83 ff.).

Der Politikzyklus gliedert den politischen Prozess modellhaft in sechs Phasen. Jede Phase wird durch eine zentrale politische Kategorie bestimmt.

Phase 1: Ein gesellschaftliches *Problem* tritt ins öffentliche Bewusstsein. In der Regel geschieht dies dadurch, dass ein latentes Problem durch Forderungen seitens gesellschaftlicher Gruppierungen Resonanz in der Öffentlichkeit findet. Meistens wirken die Medien hierbei als Verstärker mit. Das Problem erscheint auf diese Weise als dringlich. Es verlangt eine baldige politische Lösung.

Phase 2: Besitzt das Problem hinreichende Publizität, kommt es alsbald zu *Auseinandersetzungen* zwischen den politischen Akteuren. Im Mittelpunkt stehen dabei die politischen Parteien. Begleitet wird diese Auseinandersetzung durch Stellungnahmen und Forderungen betroffener Interessenverbände. Die Auseinandersetzung wird inhaltlich bestimmt von der Konkurrenz verschiedener Lösungsvorschläge.

Phase 3: Beendet wird die politische Auseinandersetzung durch eine politische *Entscheidung* der zuständigen Verfassungsorgane. Diese Entscheidung kann in einem Regierungsbeschluss, in der Verabschiedung eines Gesetzes oder im Erlass einer Rechtsverordnung bestehen. Selbst wenn es nicht zu einer Entscheidung kommt, liegt eine Entscheidung vor. Denn auch Nichtentscheidungen sind Entscheidungen.

Phase 4: In der Regel sind politische Entscheidungen grundsätzlich-allgemeiner Natur. Sie müssen noch konkretisiert werden, damit sie für die Verwaltung anwendbar sind. Diese Umsetzung nennt man *Implementierung*. Die Implementierung politischer Entscheidungen unterliegt in der Regel nicht dem öffentlichen Streit. Sie findet in den Fachabteilungen der Ministerien statt. Die Implementierung ist hiermit aber noch nicht beendet. Letztlich reicht sie bis zum Vollzug der betreffenden Entscheidung durch eine Behörde bzw. durch einen Beamten. Das heißt konkret, dass die Implementierung bei den Bürgern endet. Auf diese beziehen sich in irgendeiner Weise jedenfalls alle binnenpolitischen Entscheidungen.

Phase 5: Politische Entscheidungen und ihre Implementationen wirken sich auf die Adressaten, also die Bürger, aus. Die Wirkungen lösen *Bewertungen* aus. Das Spektrum der Bewertungen reicht von der ungeteilten Zustimmung über den Wunsch nach Modifizierung bis hin zur kategorischen Ablehnung.

Phase 6: Die Bewertungen können auch zu *Reaktionen* in Form politischer Handlungen führen. Beispiele für *individuelle negative* Reaktionen sind Leserbriefe, Beschwerden bei Politikern und Enthaltungen bei der nächsten Wahl. *Kollektive negative* Reaktionen sind Petitionen, Streiks, Demonstrationen und – im Extremfall – Parteineugründungen. Die Reaktionen der Betroffenen, aber auch die Erfahrungen mit der getroffenen Entscheidung sowie geänderte äußere Umstände können zu einer *erneuten Problematisierung* der betreffenden Materie führen. Ist diese öffentlichkeitswirksam, setzt sich der Politikzyklus von neuem in Bewegung (Massing 1995b, 84 ff.; Massing 1999c, 28 ff.).

Politische Bildung nach Maßgabe des Politikzyklus zu betreiben bedeutet, ausgesuchte politische Entscheidungsprozesse kategorial zu analysieren. Es kommen folgende Kategorien dabei

12. Gegenstandsfelder und Inhalte der politischen Bildung

Das politikwissenschaftliche Analysemodell des Politikzyklus

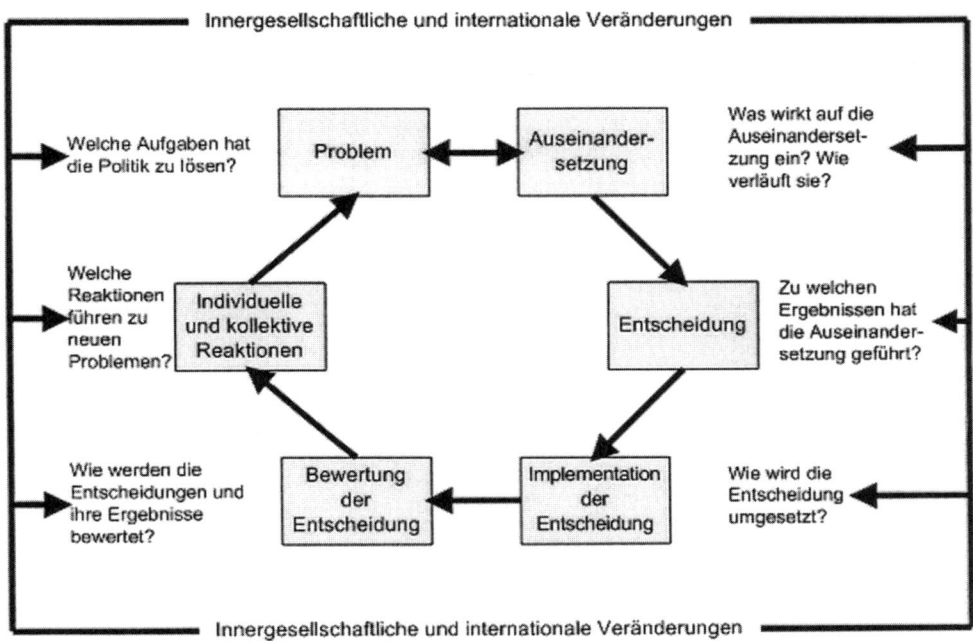

Kategoriale Implikationen des Politikzyklus

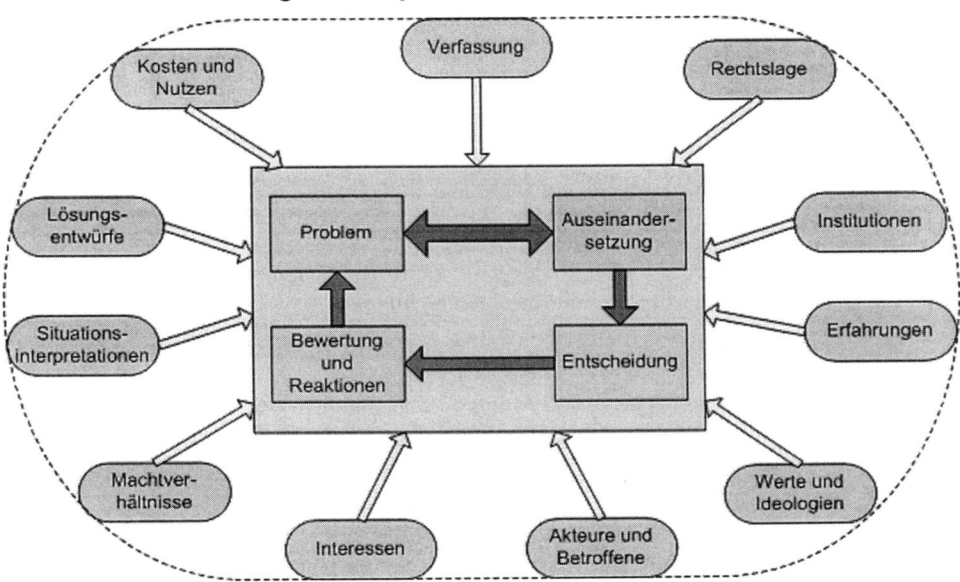

zur Anwendung: Verfassung, Rechtslage, (beteiligte) Institutionen, politische Akteure, (von Entscheidungen) Betroffene, Erfahrungen (der Akteure und der Betroffenen), zugrunde liegende Werte und Ideologien (der Akteure und der Betroffenen), involvierte Interessen,

Machtverhältnisse, Situationsinterpretationen, (eingebrachte) Lösungsentwürfe, Kosten und Nutzen (aus der Sicht der Akteure und der Betroffenen) (Massing 1995b, 93 ff.; Massing 1999c, 34 f.).

Der Politikzyklus hat einen großen analytischen Vorzug: Er vermag deutlich den Prozesscharakter von Politik aufzuzeigen. Er demonstriert, dass ein momentaner politischer Konflikt eine Vergangenheit hat und in die Zukunft hineinreichen wird. Da der Politikzyklus sich am Fortgang des politischen Geschehens orientiert, vermeidet er eine isolierte institutionelle oder aufgabenbezogene Betrachtungsweise. Er verknüpft diese Aspekte vielmehr mit dem politischen Prozess. Die Interdependenz und Komplexität der Politik wird auf diese Weise erfasst. Der Politikzyklus kommt damit der politischen Wirklichkeit sehr nahe.

Der Politikzyklus weist aber noch weitere Stärken auf: So wirkt er einem simplifizierenden und technizistischen Politikverständnis entgegen. Einem solchen Verständnis zufolge ist Politik relativ einfach zu bewerkstelligen und funktioniert wie die Umsetzung einer technischen Planung. Der Politikzyklus zeigt demgegenüber, dass die Politik ein anspruchsvolles Geschäft ist. So müssen die politischen Entscheidungsträger zunächst eine angemessene Problemsicht haben. Dann müssen sie für ihre Vorstellungen Mehrheiten finden und schließlich auch mögliche Reaktionen einkalkulieren. Außerdem zeigt der Politikzyklus, dass politische Lösungsentwürfe und darauf basierende Entscheidungen immer schon den Keim der Korrektur in sich tragen. Der Politikzyklus vermittelt also die wichtige Einsicht, dass die Politik immer wieder revidiert und korrigiert werden muss, mithin nichts Perfektes ist (Massing 1995b, 88).

Didaktisch bedeutsam ist schließlich die sachliche Nähe des Politikzyklus zum demokratischen Verfassungsstaat. Denn das Modell unterstellt eine offene politische Willensbildung und eine freie politische Kommunikation zwischen Betroffenen und Akteuren. Der Politikzyklus entspricht damit der Vorgabe, dass die politische Bildung keine wertfreie Veranstaltung ist, sondern die Demokratie stärken soll. Man kann auch sagen, dass die Anwendung des Politikzyklus implizit Ausdruck der Befürwortung einer freiheitlichen Demokratie ist.

Der Politikzyklus hat allerdings auch einige Nachteile. So suggeriert er, dass der reale politische Prozess wohlgeordnet nach dem Muster der sechs Phasen verläuft. Dies ist aber nicht der Fall. In der Wirklichkeit sind die Phasen weder klar unterschieden noch deutlich voneinander getrennt. Sie überschneiden sich häufig und laufen teilweise parallel. So ist schon die den Zyklus auslösende Kategorie *Problem* nur schwer fassbar. Denn Probleme sind keine objektiven Größen. Sie existieren nicht an sich. Es gibt auch keine Institution, die für die Problemformulierung zuständig wäre. Die Definition eines Problems unterliegt üblicherweise schon dem Streit. Darüber hinaus wird ein Problem erst dann zu einem *politischen* Problem, wenn es den Gegenstand einer politischen Auseinandersetzung bildet.

Zumindest implizit unterstellt der Politikzyklus, dass politische Probleme automatisch sachangemessene politische Problemlösungsprozesse auslösen. Nun kann es aber sein, dass durchsetzungsstarke Akteure es schaffen, dass bestimmte Aspekte nicht beachtet, umdefiniert oder abgewiesen werden. Ebenso kann es sein, dass politische Probleme aufgrund anders gewichteter Dringlichkeiten gar nicht in den Politikzyklus gelangen.

Der Politikzyklus erweckt schließlich den Eindruck, als ob die Politik immer und ausschließlich ein an der Sache orientierter politischer Problemlösungsprozess sei. Zwar ist sie dies den Intentionen der Verfassung nach und funktioniert auf weiten Strecken auch genauso, für die politischen Akteure spielen aber ganz andere Motive ebenfalls eine Rolle: So die Versorgung von Parteianhängern mit lukrativen Posten, die Ausschaltung missliebiger Konkurrenten und deren Fernhaltung von Machtpositionen sowie nicht zuletzt die Verbesserung der eigenen materiellen Lage. Außerdem gibt es auch so etwas wie eine *Pathologie der Politik*. Damit sind Korruption, Lügen, Betrug sowie Verrat und politische Gewalttaten gemeint (Massing

1995b, 89 f.).
Es kann sein, dass das Politikbild der Lernenden sehr stark von den Schattenseiten der Politik bestimmt ist. Lehrende sollten diese Phänomene nicht bestreiten. Sie sollten das Augenmerk der Lernenden aber behutsam von hier wegführen. Denn das Telos der Politik ist und bleibt die Lösung gesellschaftlicher Probleme.

Insgesamt gilt: Man darf den Politikzyklus nicht für die Wirklichkeit selbst halten. Er stellt nur ein analytisches Modell dar. Dieses hat allerdings erhebliche heuristische Erklärungskraft.

Kategorienschema „Polare Spannungen des Politischen"

Jede Politik hat eine anthropologisch-philosophische Tiefendimension. Das dem freiheitlichen Verfassungsstaat zugrunde liegende Politikverständnis hat seine Wurzel in Denkbemühungen der europäischen Tradition von der Antike bis zur Gegenwart. In dieser Tradition herrscht bis zur Gegenwart Übereinstimmung darüber, dass der Mensch eine Person ist.

Der Personbegriff wird durchaus verschieden ausgelegt, Einigkeit besteht aber über den Doppelcharakter des Menschseins: Der Mensch findet einerseits nicht änderbare Grundstrukturen vor, sieht andererseits sein Leben zur Gestaltung aufgegeben. Man kann diese Befindlichkeit auch als *Polarität* von Gegebensein und Aufgegebensein oder von Bestimmtsein und Sich-Bestimmen bezeichnen. Die Missachtung des Gegebenseins, also der natürlichen Bedingungen menschlichen Lebens und des überlieferten kulturellen Bestandes, überschätzt die Fähigkeit des Menschen, seine Zukunft zu entwerfen. Umgekehrt führt die Missachtung des Aufgegebenseins zur Verewigung des Bestehenden und damit zur Erstarrung. Das Gegebene und das Aufgegebene sind also spannungsvoll aufeinander bezogen. Sie gehören zusammen, begrenzen aber zugleich einander (Sutor 1984, I/57 ff.).

Generell besteht die menschliche Daseinsbewältigung darin, Spannungsverhältnisse von Elementen oder Prinzipien, die sich gegenseitig bedingen und begrenzen, zum Ausgleich zu bringen. In diesen nicht auflösbaren Spannungen entfaltet sich auch das menschliche Leben in Gesellschaft. Politisches Gestalten bewegt sich also zwischen Polen und muss die Spannung zwischen ihnen aushalten.

Die auf diesem anthropologisch-philosophischen Fundament ruhende politische Bildung ist gehalten, die Einsicht zu vermitteln, dass die Politik die polaren Spannungen nicht aufheben kann. Sie hat plausibel zu machen, dass die Politik sich immer nur um den situationsabhängigen Ausgleich zwischen den Polen bemühen kann. Verzichtete sie darauf, die Spannungsverhältnisse explizit zu machen, wäre sie einseitig und damit im negativen Sinne ideologisch.

Die Polaritäten des Politischen zeigen sich in einer Reihe politischer Grundbegriffe. Jeweils zwei Grundbegriffe stehen sich dabei in Spannung gegenüber. Die Grundbegriffe sind zugleich zentrale Kategorien der Politik. Im Wesentlichen handelt es sich um die folgenden zehn Kategorienpaare.

Kommunikation – Integration: Politik setzt eine freie öffentliche Kommunikation voraus. Die Kommunikation bedarf aber eines Minimums an Integration in Gestalt gemeinsamer Normen und Institutionen. Institutionen und Normen können einerseits eine freie Kommunikation gefährden, andererseits ist ohne solche Integrationsmechanismen Kommunikation nicht möglich.

Macht – Recht: Die Spannung zwischen den Polen Macht und Recht ist mit Händen zu greifen. Zum einen kann Macht ohne Recht zu unmenschlichen Verhältnissen führen. Zum anderen ist Recht ohne Macht unwirksam. Aufgabe der Politik ist es, gesellschaftliche Macht durch Recht zu bändigen. Sie bedarf dazu aber selbst der staatlichen Macht. Generell gilt: Das

Recht muss durch Macht geschützt werden. Die Macht ist aber gleichzeitig die größte Bedrohung des Rechts.

Prozess – Ordnung: Der politische Prozess bedarf der Ordnung, soll er nicht zu ungezügelter Anarchie führen. Denn Ordnungselemente bringen Regelmäßigkeit in den Prozess und zähmen seine Dynamik. Das Verhalten der Prozessteilnehmer wird berechenbar. Die Ordnung verhindert gewaltsame Auseinandersetzungen. Eine zu strikte Ordnung kann den Prozess aber auch ersticken.

Gesellschaft – Staat: Die Gesellschaft ist die Gesamtheit der sozialen Beziehungen, in denen die Menschen eines begrenzten Gebietes leben. In der Gesellschaft herrschen Vielfalt und Autonomie. Handlungsfähigkeit nach außen sowie Verbindlichkeit nach innen gewinnt die Gesellschaft aber nur, wenn es den Staat als Wirkungseinheit gibt.
Gesellschaft und Staat dürfen weder zusammenfallen noch völlig getrennt sein. Sie müssen vielmehr in Spannung aufeinander bezogen sein. Die Identität von Staat und Gesellschaft kann zu totalitärer Herrschaft führen. Die völlige Trennung ist Kennzeichen eines Obrigkeitsstaates.

Interessen – Gemeinwohl: Interessen sind Bedürfnisse, die Individuen aufgrund ihrer sozialen Lage haben. Interessen sind immer partikular, auch wenn sie von mitgliederstarken Interessenverbänden artikuliert werden. Interessen stehen daher in Spannung zum Gemeinwohl. Das Gemeinwohl kann zwar verschiedene Interessen in sich aufnehmen, bringt diese aber gleichwohl nach sozialethisch geprägten übergeordneten Kriterien zum Ausgleich. Das Gemeinwohl besteht also zu einem erheblichen Teil aus Interessen. Es relativiert diese aber zugleich.

Dissens – Konsens: Eine freiheitliche Gesellschaft ist geprägt von einer Vielfalt der Interessen, Überzeugungen und Weltanschauungen. Dies führt dazu, dass über Problemdefinitionen und Problemlösungen in der Regel Dissens herrscht. Die Gesellschaft würde auseinanderbrechen, gäbe es nicht einen Konsens über Spielregeln der Politik und über Grundwerte des Gemeinwesens. Dieser Konsens darf aber nicht so weitreichend sein, dass er die Pluralität der Auffassungen und damit die Möglichkeit von Dissens zerstören würde.

Konflikt – Kompromiss: In einer freiheitlichen Gesellschaft werden die sozialen Beziehungen stark von Konflikten bestimmt. Damit Konflikte nicht zu einem Bürgerkrieg entarten, müssen die Akteure zu Kompromissen bereit sein. Kompromisse setzen das Vorhandensein eines Minimums von Gemeinsamkeiten bei den Konfliktgegnern voraus. Insofern Konflikte sehr tiefgreifend sind, erfahren sie durch Kompromisse eine Mäßigung.

Partizipation – Repräsentation: Partizipation und Repräsentation sind die beiden grundlegenden Modi demokratischer Herrschaftsausübung. Partizipation bezeichnet die direkte Teilnahme des Volkes an der politischen Entscheidung in Form des *Plebiszits*. Ein Plebiszit zeichnet sich unter anderem dadurch aus, dass niemand für das Ergebnis verantwortlich gemacht werden kann. Auf der anderen Seite ist Repräsentation Herrschaftsausübung durch besondere Organe. Diese handeln im Namen des Volkes, aber ohne dessen bindenden Auftrag. Die in den Organen handelnden Personen können für ihre Entscheidungen zur Verantwortung gezogen werden. Ihre Verantwortlichkeit zeigt sich darin, dass sie sich vor den Wählern für ihre Entscheidungen rechtfertigen müssen.
Das Besondere ist nun, dass auch ein Plebiszit repräsentative Züge trägt. Denn es nimmt nicht das gesamte Volk an einer Entscheidung teil. Kinder dürfen nicht abstimmen. Alte und Kranke können nicht an der Entscheidung teilnehmen. Also fungieren die an der Abstimmung Teilnehmenden als Repräsentanten der Nichtteilnehmenden. Die Repräsentation wiederum basiert insofern auf Partizipation, als die Repräsentanten durch eine demokratische Wahl bestimmt werden.
Die unbegrenzte Ausweitung des plebiszitären Entscheidungsmodus minimiert eine verant-

wortliche Herrschaftsausübung. Auf der anderen Seite kann eine ausschließlich repräsentativ organisierte Herrschaft zur Entfremdung der Herrschaftsunterworfenen von der politischen Ordnung führen, da dem Volk außer dem Wahlakt keine Entscheidungsbefugnis zusteht.

Freiheit – Gleichheit: Freiheit und Gleichheit sind die beiden Hauptgrundrechte, die unmittelbar aus der *Menschenwürde* fließen. Sie stehen in unaufhebbarer Spannung zueinander. Freiheit ist die Fähigkeit zu sittlicher Selbstbestimmung. Ihr Kern ist die Gewissensfreiheit. Freiheit bedeutet aber auch Handlungsfreiheit mit der Konsequenz, dass die Individuen unterschiedlich erfolgreich agieren. Der Freiheitsgebrauch kann also zu sozialer Ungleichheit führen. Die Gleichheit ist insofern mit der Freiheitsverbürgung verbunden, als allen Individuen die gleiche Freiheit zukommt. Gleichheit darf aber nur rechtliche Gleichheit sein. Es muss also Gleichheit vor dem Gesetz herrschen, und es müssen die politischen Mitwirkungsrechte für alle gleich sein. Ein Verständnis der Gleichheit im Sinne einer *Ergebnisgleichheit* würde die Freiheit aufheben.

Effizienz – Legitimität: Effizienz und Legitimität sind Rationalitätskriterien der Politik. Mit Hilfe dieser Kriterien lassen sich politische Entscheidungen beurteilen. Man kann auch sagen, dass die beiden Kriterien Gemeinwohlmaßstäbe sind.
Die Effizienz entspricht dabei der sogenannten *Zweckrationalität*. Zweckrational ist eine Entscheidung dann, wenn sie die zur Erreichung eines beliebigen politischen Zweckes geeigneten Mittel einsetzt. Die Eignung erweist sich unter anderem darin, ob Aufwand und Nutzen in einem vertretbaren Verhältnis stehen und ob unerwünschte Nebenfolgen ausgeschaltet werden können.
Die Grenzen der Effizienz zeigen sich darin, dass Politik nicht nur effektiv sein soll, sondern auch an die Grundwerte menschenwürdigen Zusammenlebens gebunden ist. Die Berücksichtigung dieser Werte macht die *Legitimität* der Politik aus. Man kann auch sagen, dass die Idee der *Wertrationalität* sich in der Kategorie Legitimität fassen und bündeln lässt. Die Legitimität der Politik misst sich aber nicht nur am höchsten Wert der Menschenwürde. Legitimitätsfördernd ist es auch, wenn die Politik Partizipation zulässt und dem Gebot der Transparenz genügt. Weiterhin gewinnt eine Entscheidung an Legitimität, wenn sie die Lebensinteressen zukünftiger Generationen und die Erhaltung der natürlichen Lebensgrundlagen berücksichtigt. Die Schwierigkeit des Legitimitätskriteriums zeigt sich darin, dass Politik aus verschiedenen Perspektiven beurteilt werden kann. Es ist ein Unterschied, ob man Politik aus der Sicht eines politisch Handelnden oder aus der Sicht eines von der Politik Betroffenen beurteilt.
Generell gilt: Effizienz und Legitimität stehen in Spannung zueinander. Denn Effizienz kann in der öffentlichen Wertschätzung derart an Gewicht gewinnen, dass sie als solche schon legitimierend wirkt. Umgekehrt kann eine Politik des „guten Willens" einen derart hohen Grad an Legitimität besitzen, dass ihre Erfolglosigkeit nicht mehr bemerkt oder in Kauf genommen wird (Sutor 1984, I/85 ff.; Sutor/Detjen 2001, 36 ff.).

Das Kategorienschema *polare Spannungen des Politischen* verlangt einen kognitiv besonders anspruchsvollen Unterricht. Denn es müssen nicht nur die Kategorien selbst zur Sprache kommen. Es muss darüber hinaus die Einsicht vermittelt werden, dass zwischen ihnen Spannungen bestehen, die aus guten Gründen nicht aufgehoben werden dürfen.

Die Einbeziehung von Gesellschaftstheorien in das kategoriale Ensemble

Die Kategorien der politischen Bildung stammen aus den fachlichen Bezugswissenschaften. Die wichtigste Bezugswissenschaft ist zweifellos die Politikwissenschaft. Nimmt man die Soziologie als gleichrangige Bezugsdisziplin hinzu, kommt es zu einer Erweiterung des kategorialen Gefüges um die von dieser Wissenschaft entwickelten Gesellschaftstheorien.

Es lassen sich klassische von modernen Gesellschaftstheorien unterscheiden. Die Kategorien der Schemata *Dimensionen der Politik*, *Politikzyklus* und *polare Spannungen des Politischen* stimmen mit dem Paradigma klassischer Gesellschaftstheorien überein. Dieses Paradigma geht von festen gesellschaftlichen Strukturen aus. Es konzentriert sich auf die Frage, wie angesichts von Interessenunterschieden und Interessenkonflikten der Zusammenhalt der Gesellschaft und das Gemeinwohl gewährleistet werden können.

Moderne Gesellschaftstheorien sehen die Gesellschaft anders als die klassischen Theorien. Dies zeigt sich zum einen darin, dass sie von einer Entstrukturierung (Verflüssigung) des Sozialen ausgehen. Sie heben folglich Pluralismus, Ungewissheit und Segmentierung hervor. Sie thematisieren die Entstrukturierung durch Kategorien wie Differenz, Ambivalenz, Dissens und Grenzen. Weitere wichtige Kategorien sind Risiko und Globalität. Zum anderen betonen moderne Gesellschaftstheorien das Eigenleben oder die Eigenlogik der symbolischen Dimension von Vergesellschaftung. Sie sehen die Gesellschaft nicht als äußere gegebene Ordnung, sondern als Resultat von beständigen Informations-, Sinngebungs- und Definitionsprozessen, durch die Menschen erst eine geordnete und stabile Umwelt erzeugen. Die Wirklichkeit wird sozusagen ständig neu produziert. Hierzu passen die Kategorien Deutungsmuster, Lebensstile und Gefühle. Zu den modernen Gesellschaftstheorien zählen schließlich auch feministische Theorien. Diese unterstreichen die Relevanz der Kategorie Geschlecht (Henkenborg 1997, 97 ff.).

Nimmt man die aus den modernen Gesellschaftstheorien stammenden Kategorien auf, entsteht ein hochkomplexes Kategoriensystem. Es liegt dann nahe, die Fülle der Kategorien in der Absicht zu ordnen, dass sich ein sachlogisch plausibles Kategorienschema ergibt. Ein entsprechender Ordnungsversuch gliedert die Kategorien nach vier Dimensionen. Diese Dimensionen sind die Bezogenheit von Politik auf die eigene Situation, die Feststellung über politische Tatsachen („Was ist?"), die Feststellung über kausale Beziehungen und Prognosen über wahrscheinliche Zukünfte („Was ist möglich?") und Schlüsse über das Seinsollende („Was soll sein?") (Henkenborg 1997, 101).

Gesellschaftstheoretisch fundiertes Kategorienschema

1. Bezogenheit auf die eigene Situation

Kategorie	Schlüsselfragen
Bedeutsamkeit	Welche objektive und subjektive Gegenwarts- und Zukunftsbedeutung hat der Fall, das Problem, der Konflikt für die Lernenden?
Verstehen	Welches Wollen und Empfinden haben die jeweils anderen? Worin unterscheiden sich eigene und fremde Empfindungen, Deutungsmuster und Handlungen?
Identifikation	Mit welchen Beteiligten, Gefühlen, Deutungsmustern und Handlungen identifizieren sich die Lernenden? Welche werden abgelehnt?

2. Feststellung über politische Tatsachen („Was ist?")

Kategorie	Schlüsselfragen
Akteure/Beteiligte	Wer sind die Betroffenen? Wer sind die Akteure? Wie sehen die Beteiligten sich gegenseitig?
Bedürfnisse/Interessen	Um welche Bedürfnisse geht es? Welche Interessen haben die Betroffenen und die Akteure? Welche Strategien zur Interessendurchsetzung werden entwickelt?

Problemdruck/Leidensdruck	Worin besteht der Problem- bzw. Leidensdruck? Wer beeinflusst und entscheidet über die Definition des Problems bzw. des Leidens?
Gewordenheit	Welche ökonomischen, politischen und kulturellen Strukturen haben die Situation verursacht? Was ist die Vorgeschichte der Situation? Welche räumlichen Bedingungen sind bedeutsam?
Geschlecht	In welcher Form üben Männer Herrschaft über Frauen aus? Welche geschlechtsspezifischen Diskriminierungen gibt es? Welche Geschlechterstereotype liegen vor?
Deutungsmuster	Von welchen Deutungsmustern lassen sich die Beteiligten leiten? Welche Werte, Ideen, Utopien, Ideologien, Lebensziele, Wünsche, Leitbilder und Vorbilder sind in den Deutungsmustern enthalten? Welche Deutungskonkurrenzen sind feststellbar? Welche Verständigungen gibt es zwischen den unterschiedlichen Deutungsmustern?
Gefühle	Welche Rolle spielen Ärger, Zorn, Angst, Ekel, Freude, Furcht, Liebe, Scham, Schuld, Traurigkeit, Verachtung und Zufriedenheit?
Lebensstile	Welche Lebensstile bezüglich Konsumverhalten, Freizeitgewohnheiten, Geselligkeits-, Partnerschafts- und Heiratsverhalten werden gepflegt? Wie ist die Mediennutzung? Wie verhält es sich mit der Kirchenbindung und dem Wahlverhalten?
Chancen	Welche Chancen für die Betroffenen und die Akteure sowie für Gesellschaft und Politik lassen sich erkennen?
Gefahren/Risiken	Wie sind Gefahren und Risiken einzuschätzen? Welche Unterschiede in der Gefahren- bzw. Risikoeinschätzung gibt es? Welche Auseinandersetzungen um Zurechenbarkeit und Verantwortung gibt es?

3. Feststellung über kausale Beziehungen und Prognosen über wahrscheinliche Zukünfte („Was ist möglich?")

Kategorie	Schlüsselfragen
Ungewissheit	Welche Informationen fehlen zur angemessenen Einschätzung der Situation? Ist eher Handeln oder Nicht-Handeln verantwortbar?
Ziele/Prinzipienkonflikte	Welche Ziele sollen erreicht werden? Mit welchen Prinzipienkonflikten ist dabei zu rechnen?
Veränderbarkeit	Welche Alternativen zur Erreichung eines bestimmten Zieles sind denkbar? Welche Konsequenzen hat die Realisierung bestimmter Lösungsvorschläge?
Institutionen/Organisationen	Welche Institutionen bzw. Organisationen sind beteiligt? Welche Aufgaben haben sie? Wie sind sie aufgebaut? Welchen Steuerungsproblemen sehen sich die Institutionen bzw. Organisationen ausgesetzt?
Recht	Welche internationalen und nationalen Gesetze und Normen spielen eine Rolle? Welche besondere Rolle spielen verfassungsrechtliche Prinzipien?
Globalität	Welche Rolle spielen die Weltwirtschaft, die internationale Arbeitsteilung, die Staatenwelt, die militärische Weltordnung? Welche Rolle spielen soziale Bewegungen?
Partizipation	Welche formalen Mitbestimmungsmöglichkeiten haben die Betroffenen? Welche informellen Einflussmöglichkeiten haben sie? Gibt es Unterschiede in den Einflussmöglichkeiten?
Grenzen	Welche Grenzen für politische Planbarkeit und Machbarkeit gibt es? Welche Grenzen sollte die Politik beachten?

Konflikt	Worum geht es in dem Konflikt? Welche Ursachen haben ihn hervorgerufen? Wie verläuft der Konflikt?
Konsens	Worüber herrscht bei den Konfliktgegnern Übereinstimmung? Zu welchen Gegenständen kann Konsens hergestellt werden?
Differenz/Dissens	Worin bestehen unterschiedliche und unterscheidbare Auffassungsperspektiven, Standpunkte und Interessen? Woran scheiterte bisher eine Konsensbildung?
Kompromiss	Lassen sich unterschiedliche Auffassungsperspektiven, Standpunkte und Interessen aufheben oder pluralistisch koordinieren?
Macht/Herrschaft	Welche Herrschaftsverhältnisse lassen sich feststellen? Auf welchen Faktoren beruht die eingesetzte Macht? Welche instrumentellen Modalitäten der Macht werden angewendet?
Ergebnisse der Politik	Welche Interessen, Werte und Ziele sind stark, weniger stark oder gar nicht berücksichtigt worden? Wie werden die Ergebnisse von den Akteuren und den Betroffenen bewertet? Welche Reaktionen lösen die Ergebnisse aus? Welche unbeabsichtigten Nebenfolgen lassen sich feststellen?

4. Schlüsse über das Seinsollende („Was soll sein?")

Kategorie	Schlüsselfragen
Effizienz	Welche Lösungsvorschläge sind am schnellsten und einfachsten zu realisieren? Welche Lösungsvorschläge erscheinen am wirksamsten oder wirtschaftlichsten?
Legitimität	In welcher Weise werden Ansprüche der Gerechtigkeit sowie Toleranz, Solidarität und ökologische Verantwortbarkeit berücksichtigt bzw. verletzt?
Wohlergehen (des Einzelnen)	Welche Lösungsalternative entspricht meinen Bedürfnissen und Wünschen, Neigungen und Stimmungen am ehesten?

(Henkenborg 1997, 114 ff., Kategorien und Schlüsselfragen leicht modifiziert)

Das die verschiedenen Gesellschaftstheorien integrierende Kategorienschema ist extrem umfangreich. Die Frage liegt nahe, ob sich die Anzahl der Kategorien didaktisch reduzieren lässt, um das Schema leichter handhabbar zu machen, ohne dabei jedoch gesellschaftstheoretisch „naiv" zu werden. Eine einfache Antwort dürfte kaum möglich sein. Gleichwohl muss man sehen, dass es sich bei dem Kategorienschema um den Versuch handelt, den aktuellen Diskussionsprozess in den Sozialwissenschaften möglichst lückenlos zu integrieren. Es darf jedoch bezweifelt werden, dass die aus den modernen Gesellschaftstheorien stammenden Kategorien den gleichen Stellenwert haben wie die herkömmlichen Kategorien. Diese fangen nämlich die Spezifika der Politik bereits erschöpfend ein. Die zusätzlichen Kategorien haben deshalb eher die Funktion, in gesonderten Fällen den analytischen Blick zu erweitern.

Das Konzept der kategorialen Bildung in der kritischen Diskussion

Das Konzept der kategorialen Bildung nimmt für sich in Anspruch, den fachlichen Kern der politischen Bildung zu repräsentieren. Das Konzept weist aber offensichtlich einige Schwachpunkte auf. Denn wie sich den diversen kategorialen Schemata entnehmen lässt, gibt es offensichtlich nicht die eine, allgemein anerkannte Systematik von Kategorien.

Es spricht einiges dafür, die Ursache für diesen wenig befriedigenden Sachverhalt im unklaren Status des Begriffes *Kategorie* zu sehen. Der Begriff stammt aus der Philosophie. Für

Aristoteles waren Kategorien die allgemeinsten Eigenschaften aller nur vorkommenden Gegenstände.[163] Kant gab den Kategorien im Sinne seiner transzendentalen Logik eine neue Bedeutung. Er fasste sie als Gedankenformen, als Verstandesbegriffe, an die das Denken gebunden ist. Hiernach verleihen Kategorien der bloßen Wahrnehmung erst den Charakter einer Erkenntnis.[164]

Gibt es allein schon in der Philosophie zwei sehr verschiedene Verständnisse dessen, was Kategorien sind, so erweitert sich das Bedeutungsspektrum noch, wenn der Begriff der Kategorie auf die Fachwissenschaften übertragen wird. Kategorien gelten hier als Grundbegriffe, unter denen eine Fachwissenschaft ihre Erkenntnisse zusammenfasst und ordnet. Hierbei ist nicht von vornherein klar, ob die Kategorien sich eher auf die jeweilige Wissenschaft oder eher auf den von der betreffenden Wissenschaft erfassten Wirklichkeitsbereich beziehen (Sander 2001, 60).[165]

Geht man gleichwohl davon aus, dass die vorrangige Funktion der Kategorien im Bereich der politischen Bildung darin besteht, Erkenntnisse der Sozialwissenschaften über Politik sowie über die Gegenstandsbereiche Gesellschaft und Wirtschaft auf den Begriff zu bringen, so bleibt dennoch zu bedenken, dass gerade in den Sozialwissenschaften plurale und kontroverse Auffassungen verbreitet sind und unterschiedliche Begriffe verwendet werden. Das aber bedeutet, dass die diversen kategorialen Systeme der politischen Bildung zwangsläufig Rekonstruktionen des Wissens bestimmter wissenschaftlicher Theorien oder Schulen in didaktischer Absicht sind.
Die Rekonstruktionen sind umso konsistenter, je mehr sie sich an eine wissenschaftliche Richtung anlehnen. Die Didaktik liefert sich damit aber der betreffenden wissenschaftlichen Schule aus und negiert außerdem die Pluralität der wissenschaftlichen Auffassungen. Integriert die Didaktik umgekehrt die Pluralität der wissenschaftlichen Positionen, wird ihr Kategoriensystem unübersichtlich und nicht mehr handhabbar (Sander 2001, 61 f.).

Gegen kategoriale Schemata wird ein zentraler Vorwurf erhoben. Der Vorwurf lautet, dass die Schemata von Sachlogiken, nicht von Lernlogiken her konzipiert seien. Sie sagten mithin etwas darüber aus, was aus fachwissenschaftlicher Sicht für bedeutsam gehalten werde. Sie sagten aber nichts oder nur wenig aus über die Lernbarkeit der kategorial bestimmten Gegenstände. Aufgrund ihrer Verankerung in der wissenschaftlichen Systematik neige die kategoriale Bildung auch zum Systematisieren der Gegenstände. Damit aber komme die politische Bildung der fatalen Neigung nach, die Welt als etwas Fertiges und Portionierbares abzubilden. Kategorien wirkten auf diese Weise wie „Werkzeuge der Weltdomestizierung". Ein kategorial bestimmter Unterricht biete jedenfalls keinen systematischen Ort für den Umgang mit prinzipiellem Nichtwissen, für Irritationen und für das Risiko des Unbekannten. Die Politik stecke nun einmal voller Überraschungen. Dem müsse die politische Bildung auch entsprechen. Kategoriale Bildung sei hierfür aber gerade nicht geeignet (Sander 2001, 63).

---

[163] Aristoteles listete zehn Kategorien auf: Substanz, Quantität, Qualität, Relation, Ort, Zeit, Tun, Leiden, Sichverhalten und Sichbefinden.

[164] Kant stellte nach den Arten des logischen Urteils eine Tafel aus zwölf Kategorien auf, die er in vier Gruppen einteilte. Hiernach sind Einheit, Vielheit und Allheit Kategorien der *Quantität*. Realität, Negation und Limitation sind Kategorien der *Qualität*. Substanz, Kausalität und Wechselwirkung sind Kategorien der *Relation*. Möglichkeit, Dasein und Notwendigkeit sind Kategorien der *Modalität*.

[165] Der Vorwurf einer unklaren Zuordnung der Kategorien ist bezüglich der Politikdidaktik nicht stichhaltig. Denn die von der Politikdidaktik diskutierten Kategorien bezeichnen von der Fachwissenschaft hervorgehobene allgemeine Strukturen des politisch-gesellschaftlichen Wirklichkeitsbereiches.

Die politische Bildung ist durch die vorgetragenen Einwände zweifellos herausgefordert, über die Tragfähigkeit des Konzepts kategorialer Bildung nachzudenken. Sie muss sich in erster Linie fragen, ob die Einwände derart stichhaltig sind, dass das Konzept als gescheitert zu betrachten und folglich aufzugeben ist.

Für eine solche radikale Konsequenz gibt es jedoch kein wirklich überzeugendes Argument. Zunächst handelt es sich bei den Kategorien der vorgestellten Schemata um Aussagen über die Wirklichkeit und nicht um Aussagen über die Wissenschaft. Die Aussagen über die Wirklichkeit sind aber wissenschaftlich reflektiert. Das unterscheidet die Kategorien von Begriffen aus dem Alltagsverstand.

Dann unterscheiden sich die von der Politikwissenschaft inspirierten kategorialen Schemata inhaltlich nur sehr wenig voneinander. Besonders deutlich wird dies bei den Schemata *Dimensionen der Politik* und *Politikzyklus*. Ebenso ist keines der beiden Schemata einer bestimmten politikwissenschaftlichen Schule so ausschließlich zuzuordnen, dass damit die Zurückweisung einer anderen Richtung verbunden wäre und folglich ein Verstoß gegen das Pluralitätsgebot vorläge.

Beide Schemata haben den Vorteil, mit dem demokratischen Verfassungsstaat kompatibel zu sein, was für eine auf die Werte dieses politischen Ordnungsmodells verpflichtete politische Bildung von nicht geringer legitimatorischer Bedeutung ist. Diese Vereinbarkeit mit dem Verfassungsstaat kann auch das anspruchsvolle Kategorienschema „Polare Spannungen des Politischen" für sich in Anspruch nehmen. Dasselbe gilt für das besonders komplexe gesellschaftstheoretische Kategorienschema und auch für die Kategorien zur Erfassung ökonomischer Gegenstände.

Der Vorwurf, die kategorialen Schemata nähmen den Lernenden die Chance, sich auf Ungewöhnliches und Sperriges einzulassen, träfe die politische Bildung dann, wenn sie dem kategorialen Lernen eine Monopolstellung einräumte. Zwar wird man davon ausgehen können, dass eine als kategoriale Bildung angelegte politische Bildung diesem Lernen eine Priorität einräumt, aber dies muss nicht Ausschließlichkeit bedeuten. Es ist kein Widerspruch zur kategorialen Bildung, wenn phasenweise anderes Lernen praktiziert wird.

Für das Konzept der kategorialen Bildung spricht schließlich das lernpsychologische Argument, dass Lernen auf Strukturen angewiesen ist. Einzelheiten werden vergessen, Strukturen hingegen nicht. Da Kategorien die Strukturen der Wirklichkeit abbilden, ist kategoriale Bildung unverzichtbar. Darüber hinaus zeigt sich in den Kategorien die Identität des fachlichen Zusammenhanges. Diese könnte nicht mehr ausgemacht werden, würde man auf Kategorien verzichten.

12.7 Der Aufbau eines Wissenskanons in der politischen Bildung

Wissen ist im Kontext von Bildungsprozessen ein facettenreiches Phänomen. So kann man darunter in Anlehnung an das aus Schüler, Lehrer und Sache bestehende didaktische Dreieck empirisch-beschreibend das Alltagswissen der Schüler, das Professionswissen der Lehrer und das wissenschaftliche Wissen aus den fachwissenschaftlichen Bezugsdisziplinen verstehen. Man kann hinsichtlich des zu vermittelnden Wissens, also in eher normativer Perspektive, differenzieren zwischen *deklarativem Wissen* und *prozeduralisiertem Wissen*.[166] Man kann

---

[166] Deklaratives Wissen ist Faktenwissen über Sachverhalte, Begriffe und Konzepte. Es ist insofern ein totes Wissen, als ihm ein Anwendungsbezug fehlt. Prozeduralisiertes Wissen geht über das deklarative Wissen hinaus. Es zeichnet sich dadurch aus, dass es Wissensbestände zunehmend automatisch verknüpfen und auf Handlungssituationen anwenden kann. Bei der Wissensvermittlung ist folglich darauf zu achten, dass sich aus deklarativem Wissen ein prozeduralisiertes Wissen entwickelt.

weiterhin *Systemwissen*, *Regelwissen*, *Begründungswissen* und *Handlungswissen* unterscheiden. Man kann schließlich bezüglich der Tiefe oder Intensität *Deutungswissen* von *Orientierungswissen* und dieses von *Faktenwissen* abheben. Die politische Bildung bliebe weitgehend folgenlos, wenn sie der Frage nach der Qualität und den Inhalten des zu vermittelnden Wissens auswiche.

Die Notwendigkeit eines Wissenskanons

Es ist eine wichtige Aufgabe der politischen Bildung, einen Grundbestand an politischem Wissen zu vermitteln, der über das kategoriale Gerüst hinausgeht. Die Notwendigkeit eines zu vermittelnden Wissenskanons ergibt sich ganz grundsätzlich aus dem Sachverhalt, dass er die kognitive Voraussetzung für die Teilhabe der Bürger am politischen Prozess bildet. Ohne fundiertes Wissen fehlte der politischen Teilhabe das Moment der Rationalität.

Der Einwand, die Politik sei eine fluide Angelegenheit und es könne deshalb keine festen Lehrgüter in der politischen Bildung geben, verfängt aus kognitionspsychologischen Überlegungen nicht. Zwar zeichnet sich die Politik durch einen schnellen Wechsel der Lagen aus, aber das Begreifen dieser Lagen wäre zusätzlich erschwert, gäbe es keinen Wissenskanon, von dem aus neue Informationen sinnvoll interpretiert und verarbeitet werden können.

Die Kognitionspsychologie schreibt dem Vorwissen eine entscheidende Funktion für die Informationsverarbeitung und die Konstruktion neuen Wissens zu. Anders formuliert: Damit ein wissenserzeugendes Denken möglich wird, muss schon Wissen vorhanden sein, welches gleichsam als Ausgangsmaterial für gehalterweiternde Denkprozesse dient (Seel 2003, 23). Die Inhalte dieses Wissens ermöglichen den Lernenden den Aufbau eines mentalen Netzwerkes mit Knotenpunkten von Vorwissen. An diese Knotenpunkte können neue Informationen angeknüpft werden (Spitzer 2000, 42 ff.; Mietzel 2003, 215 ff.).

Das *Novizen-Experten-Paradigma* unterstreicht die Bedeutung gefestigten Wissens für das Lernen. Experten sind diejenigen, die über einen höheren Wissensstand als die Novizen verfügen. Ihre kognitiven Schemata versetzen sie in die Lage, schnell bedeutsame Gegebenheiten zu erkennen, sie kognitiv zu verarbeiten und geeignete Lösungsstrategien zu entwickeln. Diese Überlegenheit ist allerdings auf jene Inhaltsdomäne beschränkt, für die das Spezialwissen verfügbar ist. Jedenfalls können geringere intellektuelle Fähigkeiten durch gute Vorkenntnisse durchgängig kompensiert werden. Insgesamt ist für den Lernerfolg weniger die Intelligenz als kognitive Determinante entscheidend als vielmehr das inhaltsspezifische Vorwissen (Weinert 1996, 16 f.; Mietzel 2003, 277 ff.).

Die Inhalte des Wissenskanons

Der von der politischen Bildung zu vermittelnde Wissenskanon muss bestimmt sein von Inhalten, die es erlauben, die Welt des Politischen zu verstehen und in ihr urteils- sowie handlungsfähig zu sein.[167]

Erfahrungsgemäß fällt dies Lehrenden schwer. Auch in den Lehrplänen dominiert häufig deklaratives Wissen.

[167] Die Notwendigkeit der Bildungsvermittlung ist nicht mit dem Hinweis Carl Deichmanns erledigt, dass die Menschen in Alltagsweltinteraktionen ein politisches Deutungs- und Ordnungswissen entwickeln. Denn hier handelt es sich lediglich um subjektiv gewonnenes Wissen, in welches historische Erfahrungen und Vorstellungen von einer wünschenswerten Zukunft eingeflossen sind. Diese skeptische Einschätzung bleibt bestehen, auch wenn Deichmann feststellt, dass sich das in Alltagsweltin-

Ein solches Wissen kann nicht lediglich aus bloßem *Faktenwissen* bestehen. Denn Faktenwissen ist nicht nach Maßgabe überzeugender Relevanzkriterien generiert. Es enthält partikulares und isoliertes Wissen. Es ist folglich nicht ohne weiteres qualifiziert, auf neue Sachverhalte übertragen und damit in Denkprozessen angewendet zu werden.
Politisches Orientierungswissen ist schon hilfreicher für die Urteils- und Handlungsfähigkeit. Denn dieses Wissen repräsentiert das Wesentliche eines Sachgebietes. Es ist das Ergebnis einer Abstrahierung von Einzelheiten. Es erlaubt dem Subjekt, sich in einem bestimmten Bereich zurechtzufinden. In der Summe hilft das Orientierungswissen dem Individuum, sich im Leben zu orientieren.

Politisches Deutungswissen geht noch über Orientierungswissen hinaus. Elementare Formen dieses Wissens geben die Bedingungen für die Existenz und die Eigenschaften von Sachverhalten an. Komplexere Formen des Deutungswissens sind sozialwissenschaftliche Modelle oder Theorien. Mit Hilfe des Deutungswissens lassen sich mithin Geschehnisse verstehen und erklären. Es gestattet dem Individuum auch, neue Wahrnehmungen und Informationen zu strukturieren und in bestehende kognitive Schemata einzuordnen. Auf dem Feld der Politik ist Deutungswissen ein Wissen über den Sinngehalt und die innere Logik gesellschaftlicher Systeme. Genauer: Politisches Deutungswissen bezieht sich auf die Funktionslogik von Institutionen und Ordnungen in Staat, Gesellschaft und Wirtschaft (Detjen 2005b, 182).

Das für die politische Bildung relevante Deutungswissen erstreckt sich auf die folgenden fünf Bereiche: Das *Rechtsstaatsprinzip* mit den Aspekten Grundrechtsbindung der Politik, Gewaltenteilung als geteilte und kontrollierte politische Macht, Unabhängigkeit der Gerichtsbarkeit und Gesetzmäßigkeit des Verwaltungshandelns. Das *Demokratieprinzip* mit den Aspekten repräsentative und plebiszitäre Demokratie, Parteiendemokratie, Verantwortlichkeit der Regierung, Ausübung von Opposition und pluralistische Gesellschaft. Das *Sozialstaatsprinzip* mit den Aspekten Subsidiarität und Solidarität. Die Ordnung der *Sozialen Marktwirtschaft* mit den Aspekten Markt und Wettbewerb sowie wirtschafts- und sozialpolitische Funktionen des Staates. Strukturen der *internationalen Politik* mit den Aspekten europäische Integration, Globalisierung sowie Friedens- und Sicherheitspolitik (Gesellschaft für Politikdidaktik und politische Jugend- und Erwachsenenbildung (GPJE) 2004, 21 f.). Mit Ausnahme des zuletzt aufgeführten Gegenstandsfeldes beziehen sich die Bereiche des Deutungswissens sachlich auf die Ordnung von Politik, Gesellschaft und Wirtschaft der Bundesrepublik Deutschland.

Konzeptuelles Deutungswissen liegt vor, wenn die Lernenden begriffen haben, dass Politik Entscheidungsfindung und Vermittlung im Feld der Pluralität von Ansprüchen, Forderungen, Wertungen und Interessen ist. Vor dem Hintergrund dieses Wissens werden sie nicht zu der Einschätzung neigen, dass eine kompromisshafte Politik Ausdruck von Versagen ist. Zum Deutungswissen gehört auch ein Verständnis für den Sinn komplizierter politischer Verfahrensweisen und institutioneller Gefüge in einer parlamentarisch-föderalen Demokratie. Ebenso wichtig ist es, den Sinn rechtsstaatlicher Grundsätze wie die richterliche Unabhängigkeit, das Recht auf den gesetzlichen Richter, den Anspruch auf rechtliches Gehör sowie das Verbot rückwirkender Strafgesetze begriffen zu haben (Rothe 1993, 162 f., 169 ff., 175).

Ein weiterer wichtiger Bestandteil des Deutungswissens ist die Einsicht in die von der Politik unterschiedene Handlungslogik der Wirtschaft. Deren Eigenlogik besteht zum einen in der gemäß dem Prinzip ökonomischer Rationalität erfolgenden Produktion von Gütern und Dienstleistungen und zum anderen im Marktwettbewerb als dem Koordinations- und Lenkungsinstrument wirtschaftlicher Aktivitäten. So muss, was politisch sinnvoll ist, nicht unbe-

---

teraktionen erworbene Wissen aus politischem Zukunftswissen, politischem Erinnerungswissen, politischem Regelwissen, politischem Handlungs- und Verhaltenswissen sowie politischem Institutionenwissen zusammensetzt (Deichmann 2004, 182 ff.).

dingt ökonomisch sinnvoll sein. Umgekehrt kann das, was ökonomisch zweckmäßig ist, politisch nicht akzeptabel sein.
Zum Deutungswissen hinsichtlich der internationalen Politik gehört unter anderem die Einsicht, dass das System der internationalen Beziehungen im Unterschied zu einem Staat kein Monopol legitimer physischer Gewaltsamkeit kennt und dass sich daraus streitige, aber auch kooperative Mechanismen der Interessenwahrnehmung und Interessendurchsetzung der Staaten entwickelt haben.

12.8 Möglichkeiten der Strukturierung von Lerngegenständen

Die Lehrpläne bestimmen die Unterrichtsgegenstände nur umrisshaft. Lehrende müssen daher eigenständige Entscheidungen treffen. Sie müssen Ausschnitte aus dem Bereich des Politischen auswählen und als Lerngegenstände rekonstruieren. Dieses Problem ist deshalb für den Bereich der Politik so schwierig, weil zu den wesentlichen Konstanten der Politik ihre Wandelbarkeit gehört. Durch Wandelbarkeit sind jedenfalls die tagtäglich zu beobachtenden politischen Geschehnisse gekennzeichnet. Eine höhere Konstanz weisen nur die in regulativen politischen Ideen, Verfassungsnormen und Institutionen sich manifestierenden Strukturprinzipien der Politik auf.
Eine weitere Schwierigkeit für die Aufbereitung von Lerngegenständen ist, dass sich in vielen Fällen die Interessen der Lernenden gerade auf solche Fragen, Probleme und Kontroversen richten, die in der Tagespolitik eine große Rolle spielen, die aber möglicherweise in kurzer Zeit bereits vergessen sind.

Die grundsätzliche Alternative: Systematisches oder exemplarisches Vorgehen

Die Lerngegenstände der politischen Bildung haben entweder systematische oder exemplarische Gestalt. Beide didaktischen Formen haben ihre Berechtigung. Gleichwohl verdient das exemplarische Vorgehen aus verschiedenen Gründen den Vorzug.

Systematisch aufbereitete Lerngegenstände zeichnen sich durch das Bemühen um Vollständigkeit und sachlich geordnete Systematik aus. Die didaktische Aufbereitung erfolgt in der Regel in Anlehnung an die Systematik der wissenschaftlichen Bezugsdisziplin. Zur systematischen Vermittlung sind Lerngegenstände geeignet, wenn sie abstrakt, also weit von der Lebens- und Vorstellungswelt der Lernenden entfernt sind. Ebenso bietet sich eine systematische Vermittlung an, wenn der Lerngegenstand zeitlos oder dauerhaft ist, wenn er also nicht an bestimmte zeitliche Ereignisse gebunden ist. Der Lernprozess selbst ist deduktiv strukturiert. Absicht eines systematischen Lehrganges ist also die Vermittlung allgemeingültigen Wissens. Die Aktivität der Lernenden besteht nicht ausschließlich, aber doch maßgeblich in der passiv-rezeptiven Aufnahme der dargebotenen Inhalte.

Exemplarisch aufbereitete Lerngegenstände sind nach Maßgabe des Fallprinzips strukturiert. Das bedeutet, dass ein abgegrenztes, konkretes und in der Regel aktuelles Ereignis den Lerngegenstand bildet. Das Ereignis muss für bestimmte Aspekte der Politik symptomatisch sein. Der Lernprozess ist induktiv ausgerichtet. Man bleibt also nicht bei der Analyse des Falles stehen. Dieser fungiert eher als Auslöser für weiterreichende Reflexionsprozesse. Absicht des Fallprinzips ist also, aus dem Fall sich ergebende prinzipielle Einsichten über Politik zu gewinnen. Das Fallprinzip verlangt verschiedene aktive Denkanstrengungen, so das Analysieren, Recherchieren und Urteilen (Gagel 2000, 57 ff.).

Ein häufig genutztes Anwendungsfeld für das systematische Vorgehen ist das politische Institutionensystem. In Form von Lehrgängen werden die Bestandteile der politischen Ordnung des Gemeinwesens und ihre jeweiligen Funktionen erarbeitet. Unter motivationspsychologi-

schen Gesichtspunkten haben Lehrgänge allerdings den Nachteil, dass sie unanschaulich sind und das Strittige der Politik weitgehend ausblenden.
Es darf auch nicht vergessen werden, dass die systematische Vermittlung der Institutionen ein Bild der Politik fördert, welches nicht falsch, aber doch einseitig ist. Es wird nämlich das Bild einer geordneten, funktionierenden politischen Welt gezeichnet. Die von der Politik zu lösenden Probleme, die politischen Konflikte sowie das Unvollkommene und auch Skandalöse der Politik bleiben hingegen ausgeklammert.

Das exemplarische Vorgehen orientiert sich vorrangig an *politischen Problemen*.[168] Dabei werden Problemsituationen bevorzugt, die eine Nähe zur Lebenssituation der Lernenden aufweisen, zur Parteinahme herausfordern und eine Identifikation mit den im Fall agierenden Personen ermöglichen. Auf diese Weise wird subjektive Betroffenheit erzeugt, die dazu anhält, sich längere Zeit ernsthaft mit dem Problem, seinen Hintergründen, Auswirkungen, institutionellen Zusammenhängen und Lösungsmöglichkeiten zu beschäftigen.
Wie für den systematischen Lehrgang gilt auch für das Fallprinzip, dass der Gegenstand Politik nicht inhaltsneutral aufbereitet wird. Lässt der Lehrgang die Politik aber als wohlgeordnet erscheinen, so präsentiert das Fallprinzip die Politik umgekehrt als problembeladen, unvollkommen und für bestimmte Gruppen von Betroffenen als ungerecht.

Es ist nicht einfach zu bestimmen, was ein Problem ist. Probleme sind perspektivenabhängig. Insofern gibt es keine objektive Definition des Problembegriffes. Gleichwohl weisen politische Probleme in der Regel drei Merkmale auf.
Erstens *Dringlichkeit*. Das meint, dass der betreffende Sachverhalt Gefährdungen mit sich bringt, insbesondere solche für die Existenz und das Wohlergehen von Gruppen oder das Ganze der Gesellschaft. Dringlichkeit impliziert Bedeutsamkeit, ergänzt durch den Zwang zum Handeln.
Zweitens *Ungewissheit*. Das bedeutet, dass man die Problemlösung noch nicht kennt. Es gilt also, Lösungswege zu suchen. Dabei kann die Schwierigkeit der Lösung in der betreffenden Sache liegen. Sie kann ihre Ursache aber auch in der politischen Durchsetzbarkeit haben.
Drittens *Konkretheit*. Das meint, dass es Betroffene sowie an der Definition und an der Lösung des Problems beteiligte Akteure gibt. Ein allgemeines gesellschaftliches Problem wird mithin zu einem politischen Problem, wenn sich wesentliche politische Akteure zum Handeln veranlasst sehen (Gagel 2000, 94 f.).

So bedeutsam exemplarische Analysen sind, so schwer tun sich doch Lehrende mit diesem didaktischen Vorgehen. Dafür gibt es im Wesentlichen zwei Gründe. Zum einen fällt es Lehrenden schwer, exemplarische Lerngegenstände eigenständig auszuwählen, zu gewichten und zu strukturieren. Sie bevorzugen stattdessen eine enzyklopädische oder abbilddidaktische Behandlung von Gegenständen. Steht aber einmal ein Fall im Mittelpunkt, geschieht es zum anderen leicht, dass der Lernprozess am Fall haften bleibt. Es wird dann das Verallgemeinerbare

---

[168] Daneben gibt es noch Fälle und Situationen. Der *Fall* ist ein Ereignis, also ein Vorfall oder ein Vorgang mit Aktionscharakter. Der Fall lässt sich zeitlich, nicht immer aber räumlich abgrenzen. Er hat also einen Anfang und ein Ende. Er ist konkret, insofern in ihm Personen und Institutionen, Organisationen und Gruppen auftreten. Beispiele für Fälle sind Gesetzgebungsprozesse, Gerichtsverfahren, Demonstrationen und kriegerische Ereignisse.
Die *Situation* ist eine Konstellation oder Lage, die den Rahmen abgibt für das Handeln einer oder mehrerer Personen bzw. kollektiver Akteure. Die Situation ist deshalb immer konkret. Damit die Beteiligten rational handeln können, müssen sie ihre Situation definieren oder interpretieren. Die Situationsdefinition kann unterschiedlich, ja gegensätzlich ausfallen. Denkbar ist auch, dass die Beteiligten die Situation zu verändern suchen. In einer jeweils spezifischen Situation stehen beispielsweise ein Politiker, ein Gewalttäter, ein Umweltschutzaktivist und ein pflegebedürftiger Mensch (Gagel 2000, 79 ff.).

und Prinzipielle, das sich im Fall abbildet und das sich daraus erkennen lassen soll, nicht ausreichend herausgearbeitet. Es kommt mit anderen Worten nicht zur Inhaltsgeneralisierung und zum Transfer. Und es wird auch die methodische Chance versäumt, das Verallgemeinern zu üben (Massing 1999c, 9).

Zonen des Politischen in den Lerngegenständen

Beschränkt man die Lerngegenstände der politischen Bildung auf politische Geschehnisse wie Willensartikulationen, Konflikte und Entscheidungsprozesse, kommt man nicht an der Feststellung vorbei, dass diese *austauschbar* sind. Diese Austauschbarkeit bedeutet aber keinesfalls, dass die Lerngegenstände *beliebig* sind. Denn die Lerngegenstände der politischen Bildung bestehen aus mehreren Schichten. Auf die angemessene Berücksichtigung der *tieferliegenden* Schichten kommt es dabei an, da in ihnen das Bleibende und Bedeutsame der Politik zum Ausdruck kommt.

Idealtypisch lassen sich drei Schichten oder Zonen des Politischen unterscheiden. Erstens politische Situationen und Probleme von äußerst kurzer Dauer, die gleichwohl das Interesse der Menschen zu wecken vermögen. Zweitens Problemlagen und Konstellationen, welche die Politik erkennbar über einen längeren Zeitraum hinweg prägen. Drittens das grundsätzliche, die Menschen über die gesamte bekannte Kulturgeschichte hinweg betreffende klassische politische Problem, das Zusammenleben von Menschen in Gesellschaften regeln zu müssen. Diese drei Zonen kann man als Oberfläche der Politik, als mittlere politische Zone und als Kern der Politik bezeichnen.

Die *Oberfläche der Politik* ist identisch mit der alltäglichen Politikwahrnehmung. Es ist der Bereich der Routinen und Sensationen des politischen Alltagsgeschäfts. Hierher gehören die öffentlichen Kontroversen, der überwiegende Teil der Gesetzgebung, der Lobbyismus, die Aktivitäten von Bürgerinitiativen, Parteiversammlungen, Wahlkämpfe, die Austragung von Konflikten sowie kommunalpolitische Entscheidungen. Es ist die Zone, auf die sich die Meinungen und Urteile der Bürger beziehen und auch beziehen müssen. Denn in diesem Bereich fallen die konkreten Entscheidungen, zu denen man sich urteilend und gegebenenfalls handelnd verhält. Es ist aber auch der Bereich, dessen Gegenstände ständig und schnell wechseln. Dies ist die Zone, für welche die These von der Austauschbarkeit der Lerngegenstände gilt.

Die *mittlere politische Zone* besteht aus politischen Problemen und damit politischen Aufgaben von erkennbar längerer Dauer und grundsätzlicherer Bedeutung. Nicht selten stehen die Phänomene der Oberfläche in einer Wechselbeziehung zu diesen tieferliegenden Problemen. Zum längerfristigen Aufgabenbestand gehören die Sicherung der Demokratie, die Verwirklichung sozialer Gerechtigkeit, die Sicherung der natürlichen Lebensgrundlagen, die humanverträgliche Förderung technologischer Entwicklungen, die Entwicklung tragfähiger transnationaler ökonomischer, gesellschaftlicher und politischer Strukturen und nicht zuletzt die Sicherung des Friedens.

Der *Kern der Politik* besteht in der Aufgabe, die gemeinsamen Angelegenheiten regeln und das allgemeine Miteinanderauskommen sichern zu müssen. Die politische Bildung kann ihren Gegenstand, das Politische, letztlich nur angemessen treffen, wenn sie bis zu diesem allgemeinen Problem von Politik als einer dauernden menschlichen Aufgabe durchdringt. Es geht hier darum, sich mit dem Sachverhalt auseinanderzusetzen, dass der Mensch ein *zoon politikon* ist. Die politische Bildung berührt auf dieser Ebene also die praktische Philosophie. Und sie thematisiert grundlegende Erfindungen der Zivilisationsgeschichte, wie Verträge, den Staat, die Grund- und Menschenrechte, die Gewaltenteilung, das Rechtsstaatsprinzip, die repräsentative Demokratie, den Sozialstaat, die Gewerbefreiheit und die Marktwirtschaft.

Die Lerngegenstände der politischen Bildung sind idealtypisch so strukturiert, dass sie Aspekte aus allen drei Zonen in ihrer wechselseitigen Verflechtung repräsentieren. Nach dieser Maßgabe werden Geschehnisse, Situationen, Probleme und Konflikte aus dem Bereich der alltäglichen Politikwahrnehmung in ihren Beziehungen zu mittel- und längerfristig bedeutsamen Problemlagen sowie unter der Frage erschlossen, was sich an ihnen über die grundsätzliche Problematik des Politischen als einer menschlichen Aufgabe lernen lässt (Sander 2001, 107 ff.).

Das Modell der Mehrdimensionalität der politischen Realität

Einen anderen Zugang zur Politik eröffnet das Modell der mehrdimensionalen sozialen und politischen Realität. Das wissenssoziologische und interaktionstheoretische Ansätze verarbeitende Modell geht davon aus, dass die Realität aus drei Dimensionen besteht, hinter denen sich im Kern subjektive Interessen, politische Institutionen und regulative politische Ideen verbergen.

Zur *subjektiven* Dimension zählen Einstellungen, Bedürfnisse, Interessen sowie Alltagsvorstellungen der Individuen. Die subjektive Dimension ist zugleich eine intersubjektive Wirklichkeit. Denn jeder weiß, dass auch die anderen sich an subjektiven Interessen, Ideen und Sinninterpretationen orientieren.

Zur Dimension der *gesellschaftlichen und politischen Objektivationen* zählen bewusst geschaffene bzw. aus Interaktionen hervorgegangene feste Strukturen. In den Objektivationen haben sich Interessen, Erfahrungen und Ideen niedergeschlagen. An hervorragender Stelle gehören zu den Objektivationen Institutionen im staatlichen, aber auch im internationalen Rahmen.

Zur Dimension der *regulativen Ideen* zählen Vorstellungen, mit deren Hilfe Handlungen sowie Institutionen legitimiert werden. Verbreitete und anerkannte regulative Ideen sind Freiheit, Gleichheit, Toleranz, soziale Gerechtigkeit, Gemeinwohl und Frieden.

Nach den Vorgaben des Modells müssen die Lerngegenstände so strukturiert werden, dass die Interdependenz, also die wechselseitige Abhängigkeit und Beeinflussung der drei Dimensionen thematisiert wird. Die Interdependenz zeigt sich einerseits darin, dass sich in Institutionen bestimmte subjektive Interessen oder bestimmte Problemkonstellationen niedergeschlagen haben. Sie zeigt sich andererseits darin, dass Institutionen auch Ideen repräsentieren (Deichmann 1996, 17 ff.; Deichmann 2004, 223 ff.).

Das Modell der politischen Problem- und Entscheidungsanalyse

Die politische Bildung soll kategoriale Bildung sein, sie soll den Aufgaben- und Entscheidungscharakter der Politik erfahrbar machen, und sie soll die politische Analyse- und Urteilsfähigkeit entwickeln. Diese Vorgaben kann die politische Bildung dann in hohem Maße erfüllen, wenn sie den Bildungsprozess so anlegt, dass in ihm das politische Problembewältigungen kennzeichnende Denken, Reden und Handeln praktiziert wird. Hierfür ist besonders die politische Problem- und Entscheidungsanalyse geeignet, die eine Variante des Fallprinzips, also des exemplarischen Lernens, darstellt.

Politische Problem- und Entscheidungsanalysen sind dann fruchtbar, wenn sie drei Bedingungen erfüllen. Erstens müssen die in ihnen verwendeten Kategorien dem für Politik typischen Ineinander von objektiv-strukturellen Faktoren und subjektiv-intentionalen Momenten Rechnung tragen. Zweitens müssen die Kategorien den Polaritäten des Politischen gerecht werden. Die Spannungen dürfen also nicht zugunsten des jeweils einen Pols aufgelöst werden. Und drittens müssen die Kategorien alle Fragedimensionen ins Spiel bringen, die zum Verstehen und Beurteilen von Politik sowie zum Bedenken von Handlungsmöglichkeiten notwendig sind. Sie müssen außerdem nach einem Verlaufsschema angeordnet sein, das dem auf Handeln abzielenden politischen Denken entspricht (Sutor 1984, II/71).

Das politische Problem- und Entscheidungsdenken verläuft idealtypisch in drei Stufen. Diese Stufen sind die *Situationsanalyse*, die *Möglichkeitserörterung* und die *Entscheidungsfindung*. Den drei Stufen entsprechen bestimmte geistige Tätigkeitsformen. So der Situationsanalyse das Informieren und Analysieren, der Möglichkeitserörterung das Erörtern und Abwägen und der Entscheidungsfindung das Deliberieren und abschließende Urteilen. Vergleichbar verläuft auch der Bildungsprozess (Sutor 1980, 109).

Die Situationsanalyse ist geleitet von der Frage „*Was ist?*". Sie setzt sich aus den folgenden Einzelfragen zusammen: Welches *Problem* bzw. welcher *Konflikt* steht zur Diskussion? Welche *Interessen* sind involviert? Wer sind die an der Problembearbeitung bzw. an der Konfliktaustragung *Beteiligten*? Welche *Meinungen* zum Sachverhalt werden vertreten? Von welchen *Interpretationen* der Situation lassen sich die Beteiligten leiten? Welche *Ideologien*, d.h. auf Interessen beruhende Überzeugungen, bestimmen die Meinungen und Interpretationen? Welche *geschichtliche Genese* liegt dem Problem bzw. Konflikt zugrunde, und welches Gewicht hat sie? Welche *sozialstrukturellen* Bedingungen wie Partei- und Verbandsstrukturen, geographische und ökonomische Sachverhalte sowie Denkweisen und Mentalitäten beeinflussen das Problem bzw. den Konflikt?

Die Möglichkeitserörterung ist geleitet von der Frage „*Was ist politisch möglich?*". Sie besteht aus den folgenden Einzelfragen: Wie sind die *Macht* und die *Organisationsstärke* der Beteiligten hinsichtlich der Durchsetzung der von ihnen vertretenen Positionen einzuschätzen? Welche Vorgaben bezüglich möglicher politischer Lösungsvorschläge machen das *Recht*, die *Verfahrensregeln* und die Kompetenzen der beteiligten *Institutionen*? Welche Auswirkungen können die politische *Beteiligung* bestimmter Akteure bzw. die Wahrnehmung von *Mitbestimmung* dazu Berechtigter auf die Problem- oder Konfliktlösung haben? Mit welchen *Koalitionen* muss man rechnen, und welche Taktiken werden sie einschlagen? Welche Chancen haben *Kompromisse*? Welche *Zielkonflikte* stehen schnellen Einigungen entgegen und bedürfen notfalls der Vermittlung?

Die Entscheidungsfindung ist geleitet von der Frage „*Was soll geschehen?*". Zu ihr gehören die folgenden Einzelfragen: Welche der möglichen Entscheidungen entspricht am besten den *Grundwerten* des demokratischen Verfassungsstaates, also der Menschenwürde, der individuellen Freiheit, der sozialen Gerechtigkeit und dem internationalen Frieden? Welche Lösung entspricht am ehesten dem *Grundkonsens* der Verfassung? Welche Lösung kommt dem *Gemeinwohl* am nächsten, setzt also das Allgemeininteresse in Abhebung von partikularen Interessen am ehesten durch? Welche Lösung ist den davon betroffenen Menschen am ehesten *zumutbar*? Wird das von einer Lösung Bezweckte auch tatsächlich *bewirkt*? Gibt es *ungewollte Folgen*? Sind die Folgen und Nebenfolgen *verantwortbar* gegenüber den betroffenen Menschen, gegenüber den Institutionen, gegenüber den Gemeinwesen insgesamt? (Sutor 1984, II/72 ff.)

12.9 Inhaltliche Schwerpunkte der politischen Erwachsenenbildung

Die politische Erwachsenenbildung ist nicht nur hinsichtlich der Festlegung ihrer Bildungsziele frei, sie kann auch frei befinden über die Themen ihres Bildungsangebotes. Die Träger der Erwachsenenbildung kommen gleichwohl nicht daran vorbei, bei der Formulierung ihres Angebotes auf die sie umgebenden Verhältnisse und Rahmenbedingungen Rücksicht zu nehmen. Es sind fünf Faktoren, die beim Zustandekommen der Programm- und Veranstaltungstitel eine Rolle spielen: Erstens die zeitgeschichtlichen Umstände mit ihren gesellschaftlichen, politischen und ökonomischen Problemen und Herausforderungen. Zweitens die Bildungspolitik und die von ihr beschlossenen Gesetze und Regelungen. Drittens die Bildungsträger und die mit ihnen zusammenhängenden bzw. hinter ihnen stehenden Partei- und Verbandsinteressen. Viertens die Teilnehmer und ihre Erwartungen an den Besuch von Veranstaltungen zur politischen Bildung. Fünftens schließlich die politischen Bildner und ihre Fähigkeiten (Hufer 1992, 96).

Es erstaunt nicht, dass es aufgrund der vielfältigen Abhängigkeiten spürbare Veränderungen im Bildungsangebot gegeben hat und auch in Zukunft geben wird. So gab es in den achtziger Jahren des letzten Jahrhunderts eine Tendenz zur Aufweichung des Politischen. Die Politik wurde aus ihrer Verbindung mit Staat und Gesellschaft herausgelöst und kleingearbeitet zu alltagsbedeutsamen Lebensqualitätsfragen (Hufer 1992, 98).

Das Spektrum der Themen der politischen Erwachsenenbildung

Das Bild der von der Erwachsenenbildung angebotenen politischen Themen ist bunt. Die Abgrenzung zu nichtpolitischen Themen ist nicht immer leicht vorzunehmen. Einen recht zuverlässigen Überblick über das tatsächliche Geschehen geben die Tätigkeitsberichte der Bundeszentrale für politische Bildung. Diese Berichte differenzieren die von der Bundeszentrale finanziell geförderten Bildungsveranstaltungen nach Themenschwerpunkten und nach Trägergruppen. Daraus kann man ersehen, welche Themenschwerpunkte besonders nachgefragt werden und welche Affinitäten es zwischen Trägergruppen und Themenschwerpunkten gibt.[169]

Klar erkennbar in den Berichten der Bundeszentrale ist die Vorliebe der einzelnen Trägergruppen für bestimmte Themen. Die Themen wiederum hängen mit den Interessen und Wünschen der Zielgruppen zusammen, die von den jeweiligen Bildungsträgern bevorzugt bedient werden. So konzentrieren sich gewerkschaftliche Träger auf die Themen Arbeitsplätze sowie Betriebs- und Personalräteschulung. Die Einrichtungen der Arbeitgeberverbände thematisieren dagegen stark Fragen der Wirtschafts- und Finanzpolitik. Alternative Einrichtungen setzen sich vorzugsweise mit Ökologieproblemen und alternativen Projekten auseinander. Die den Parteien nahestehenden Bildungsträger befassen sich stärker als andere mit den Fragen von Staat und Demokratie.

---

[169] Beispielsweise listete der Bericht für 1988 folgende 21 Themenschwerpunkte auf: 1. Parlamentarische Demokratie (Parteien, Institutionen, Gesellschaftspolitik, politische Kultur, Wertediskussion), 2. Zeitgeschichte, historisches Bewusstsein, 3. Politische Ideologien, politischer Extremismus, 4. Sozialpolitik, Gesundheitspolitik, Versorgungsrecht, 5. Wirtschafts- und Finanzpolitik, 6. Bildungspolitik, politische Bildung als Thema, 7. Arbeitsplätze, berufliche Bildung, neue Technologien am Arbeitsplatz, Mitbestimmung, 8. Ökologie, Energiepolitik, alternative Projekte, 9. Medienkunde, neue Kommunikationsmedien, Öffentlichkeitsarbeit, 10. Deutschlandpolitik, 11. Europapolitik, europäische Institutionen, 12. Außenpolitik, Entwicklungspolitik, internationale Politik, 13. Friedenssicherung, 14. Zwischenmenschliche Kommunikation, Rhetorik, Methodik/Didaktik, 15. Familienseminare, 16. Frauen in der Gesellschaft, 17. Betriebs- und Personalräteschulung, 18. Ausländerpolitik, Asylrecht, 19. Gen- und Reproduktionstechnologien, 20. Kommunalpolitik, 21. Sonstige Themen.
Die Veranstalter wurden folgenden zwölf Trägergruppen zugeordnet: 1. CDU/CSU-nahe Einrichtungen, 2. SPD-nahe Einrichtungen, 3. FDP-nahe Einrichtungen, 4. Alternative Einrichtungen, 5. Evangelische Einrichtungen, 6. Katholische Einrichtungen, 7. Europäische Einrichtungen, 8. Gewerkschaftliche Einrichtungen, 9. Arbeitgebereinrichtungen, 10. Einrichtungen für die jüngere Generation, 11. Sonstige Bildungsstätten, 12. Sonstige Verbände (Hufer 1992, 103).

Das inhaltliche Profil der politischen Erwachsenenbildung

Das inhaltliche Profil der politischen Erwachsenenbildung ist klarer zu erkennen, wenn die von der Bundeszentrale für politische Bildung erfassten vielen Themenschwerpunkte zu wenigen, dafür komplexen Themengruppen zusammengefasst werden.
Der Themengruppe 1 *Politische Integrationsprobleme und Demokratieentwicklung in Deutschland und Europa* lassen sich die Themenschwerpunkte demokratische Gesellschafts- und Staatsordnung, Europapolitik und europäische Integration, Zeitgeschichte und Deutschlandpolitik zuordnen. Die Themengruppe 1 repräsentiert den klassischen Gegenstandsbereich der politischen Bildung.
Zur Themengruppe 2 *Ökonomische Entwicklung, soziale Integration und soziale Konflikte* gehören die Betriebs- und Personalräteschulung sowie die Themenschwerpunkte Arbeit und neue Technologien, Sozialpolitik, Gesundheitspolitik, Renten und Wirtschaftspolitik. Die Themengruppe 2 trägt ökonomische und wirtschaftspolitische Akzente.
Die Themengruppe 3 *Kommunikation, Arbeitsmethoden und Medien in Politik und politischer Bildung* besteht aus den Themenschwerpunkten Kommunikation und Rhetorik, Methodik und Didaktik, neue Medien und Medienpädagogik sowie Bildungspolitik und politische Bildung als Thema. Die Themenschwerpunkte der Themengruppe 3 beziehen sich eher auf pädagogische als auf politische Probleme und Gegenstände. Es geht hier um Aufgaben wie die Vermittlung kommunikativer Schlüsselqualifikationen sowie um Fragen der Erneuerung und Erweiterung des didaktischen und methodischen Handlungsrepertoires, einschließlich der Frage nach den Einsatz- und Nutzungsmöglichkeiten neuer Medien in der politischen Bildung. Und es geht um die Auseinandersetzung über die Identität von politischen Bildnern und politischer Bildung. Dies hat viel zu tun mit Selbstreflexion und interner Fortbildung politischer Erwachsenenbildner.
Die Themengruppe 4 *Neue politische Themen und soziale Bewegungen* umfasst ein sachlich heterogenes Themenfeld. Gemeinsam ist den Themen, dass sie Anliegen und Sichtweisen der in den achtziger Jahren des vergangenen Jahrhunderts entstandenen alternativen Bewegungen widerspiegeln. Themenschwerpunkte sind Ökologie, alternative Projekte, Entwicklungspolitik, Dritte Welt, Friedenssicherung, Frauen und Gesellschaft sowie Ausländer- und Asylrecht (Körber 1999, 232 ff.).

Die Bundeszentrale für politische Bildung bindet seit 2001 einen Teil ihrer Fördergelder daran, dass die Bildungsträger ihre Arbeit an jährlich neu ausgegebenen inhaltlichen Schwerpunktthemen ausrichten. Diese aus Beratungen der Bundeszentrale mit den Bildungsträgern hervorgegangenen Schwerpunktthemen sollen die Aktualität bzw. Dringlichkeit sowie den politisch-gesellschaftlichen Charakter der Bildungsgegenstände gewährleisten. Im Zentrum der Schwerpunktthemen stehen die Gegenstandsbereiche Demokratie und Europa. Bedeutsam sind ebenfalls die Komplexe Gewalt, Medien und Migration.

Man darf bei alledem nicht vergessen: Die politische Erwachsenenbildung wird im Verhältnis zu anderen Sparten der Erwachsenenbildung nicht sehr stark nachgefragt. Sie ist deshalb keine Bildung für die Massen. Sie ist eher Multiplikatorenbildung für politisch aktive Minderheiten (Körber 1999, 226).

13. Didaktische Prinzipien und methodische Zugangsweisen der politischen Bildung

13.1 Didaktische Prinzipien der schulischen politischen Bildung

Didaktische Prinzipien sind grundlegende Handlungsregeln für die Planung und Lenkung von Unterricht. Sie helfen bei der Auswahl und Begründung von Zielen, Inhalten, Methoden und Medien des Unterrichts (Pohl 2004, 302). Sie fungieren aber auch als Maßstab, an dem verwirklichter Unterricht gemessen werden kann.

Didaktische Prinzipien als solche sind nicht fachspezifisch. Sie können in vielen fachlichen Lernzusammenhängen zur Anwendung kommen. Zu politikdidaktischen Prinzipien werden sie erst durch ihre inhaltliche Ausgestaltung sowie durch das Gefüge ihres Zusammenwirkens. Beides kann sich in anderen Fächern anders darstellen (Sander 2001, 121).

Die Unvermeidbarkeit didaktischer Prinzipien

Didaktische Prinzipien kommen unvermeidlich zur Anwendung, wenn es um die Gestaltung von Unterricht geht. Denn kein Unterricht kann die ganze, umfassende Wirklichkeit mit allen ihren Details vollständig an die Schüler vermitteln. Unterricht kann immer nur Ausschnitte aus der komplizierten und vielschichtigen Wirklichkeit aufnehmen und vermitteln. Es ist also notwendig, die Komplexität der Wirklichkeit mit Hilfe plausibler Unterrichtskriterien, d.h. didaktischer Prinzipien, zu transformieren. Die didaktische Transformation darf sich aber nicht nur an der Sache orientieren. Vielmehr muss eine Vermittlung zwischen der Sachstruktur der Fachinhalte und der Lernstruktur der Lernenden angestrebt werden.

Die didaktische Transformation wird oft missverstanden als bloße Reduktion des Umfanges der betreffenden Inhalte. Nicht weniger wichtig als eine solche *quantitative* Begrenzung ist jedoch die *qualitative* Strukturierung durch die Rückführung und Konzentration komplexer Sachverhalte auf ihre wesentlichen Elemente. Eine nicht zu unterschätzende Rolle spielt hierbei die Wahl der Vermittlungsmethoden.

Auf jeden Fall wird durch das didaktisch-methodische Handeln eine spezifische Unterrichtswirklichkeit inszeniert, welche die eigentliche Wirklichkeit symbolisiert. Damit ist gesagt, dass die im Unterricht dargestellte Wirklichkeit die Wirklichkeit der Welt nicht unmittelbar abbildet. Denn die unterrichtliche Inszenierung bietet den Lernenden bestimmte Blickwinkel und Sichtweisen auf die Inhalte. Die Lernenden lernen die Inhalte somit immer nur perspektivisch kennen. Das aber heißt, dass der Unterricht die Inhalte der Welt in gewisser Weise jeweils neu und anders *rekonstruiert* (Jank/Meyer 1991, 80 ff.).

Es gibt eine breite Palette von Inszenierungsmustern. Diese Muster enthalten sowohl didaktische Perspektiven auf den Gegenstand als auch methodische Arrangements. So können Inhalte nach dem Muster einer *Lernwerkstatt* erarbeitet werden. Lernende produzieren, experimentieren, vergleichen, bauen Modelle und stellen Hypothesen und Theorien auf. Sie hantieren in Sprach-, Bilder- und Symbolwerkstätten. Inhalte können aber auch nach dem Muster eines *Lernschnellweges* vermittelt werden. Die Inhalte werden dann als vorbereitete „Häppchenkost" verabreicht. Die Zeitökonomie spielt hier eine große Rolle. Weiterhin können Inhalte nach dem Muster einer *Museumsbesichtigung* inszeniert werden. Bedeutsame Produkte der ästhetischen, wissenschaftlichen und technischen Kultur werden den staunenden Lernenden vor Augen geführt. Schließlich kann die Erarbeitung von Inhalten nach dem Muster einer *Expedition ins Ungewisse* erfolgen. Es wird versucht, Unbekanntes und Merkwürdiges durch Selbsttätigkeit zu begreifen. Es kommt zu Versuch und Irrtum. Die Lernenden lassen sich in diesem Falle auf das Risiko von Lernumwegen ein. Der damit verbundene höhere Zeitaufwand wird in Kauf genommen (Jank/Meyer 1991, 83).

Die Funktionen didaktischer Prinzipien

Didaktische Prinzipien haben die zentrale Funktion, die *Sachlogik* der realen Welt und die *Psychologik* der Lernenden so zu vermitteln, dass beide zur Geltung kommen. Die Strukturen und Zusammenhänge einer Sache müssen nämlich mit dem vorhandenen Wissen und den Lernmöglichkeiten der Adressaten der Bildungsprozesse abgeglichen werden. Didaktische Prinzipien sollen also so etwas wie eine *praktische Konkordanz* herstellen.

Bei genauerer Betrachtung erfüllen didaktische Prinzipien drei Aufgaben: Sie sorgen zum einen für eine kluge *Auswahl* der Lerngegenstände, indem sie das Bedeutsame aus der unendlichen Fülle des existierenden Wissens herausfiltern. Sie sorgen zum anderen für eine geeignete *inhaltliche Strukturierung* der Gegenstände, indem sie bestimmte Seiten der Inhalte hervorheben und dafür andere außer Acht lassen. Und sie sorgen schließlich für eine wirksame *Aufbereitung* der Gegenstände, indem sie die Lern- und Motivationsstrukturen der Lernenden berücksichtigen. Sie tun dies, indem sie den *Sachanspruch* zwar ernstnehmen, aber nicht verabsolutieren. Sie rekonstruieren die Sache nämlich so, dass sie von den Lernenden auch aufgenommen werden kann.

Das entscheidende Kriterium für die Bedeutsamkeit von Inhalten bilden die Gegenwart und die erwartbare Zukunft der *Lernenden*. Denn diese sollen sich mit dem erworbenen Wissen, den angeeigneten Fähigkeiten und den gewonnenen Überzeugungen jetzt und später angemessen in der Welt bewegen können. Die Bedeutsamkeit bemisst sich aber auch an der *Sache* selbst. So ist das Bleibende oder Strukturell-Aktuelle grundsätzlich wichtiger als das Flüchtige oder Tagesaktuelle. Dasselbe gilt für das Allgemeine im Verhältnis zum Besonderen.

Im Kontext der politischen Bildung konkretisiert sich das didaktische Kriterium der Bedeutsamkeit hauptsächlich darin, dass die Lernenden auf der Basis von Wissen, Fertigkeiten und Einstellungen politisch analysieren, urteilen und Handlungsoptionen entwickeln können, die den Werten des demokratischen Verfassungsstaates sowie des internationalen Friedens entsprechen.

Die Sachlogik didaktischer Prinzipien

Es gibt keine fest umrissene Zahl didaktischer Prinzipien zwecks Steuerung politischer Bildungsprozesse. Weitgehender Konsens besteht aber darüber, dass die folgenden Prinzipien ganz zentral dazugehören: kategoriales Lernen, exemplarisches Lernen, Kontroversitätsprinzip, Problemorientierung, Schülerorientierung, Handlungsorientierung und Wissenschaftsorientierung.[170] Daneben gibt es einige weitere anerkannte, wenn auch nicht so fundamentale

---

[170] Darüber hinaus vertreten Politikdidaktiker hier und da die folgenden Prinzipien: Alltagsorientierung, Erfahrungsorientierung, Situationsorientierung, Biographieorientierung, Ganzheitlichkeit, Geschlechterorientierung, Konfliktorientierung, Methodenorientierung, Subjektorientierung, Zukunftsorientierung und anderes mehr (Pohl 2004, 322, 342). Zum Teil sind diese Orientierungen in den allgemein anerkannten didaktischen Prinzipien enthalten, zum Teil verkörpern sie lediglich Auffassungen einzelner Didaktiker.

Prinzipien, wie Alltags- oder Lebensweltorientierung, Situationsorientierung und Erfahrungsorientierung.[171]

Ein jüngst unternommener Systematisierungsversuch nennt sechs fachdidaktische Prinzipien, nämlich Konfliktorientierung, Problemorientierung, Handlungsorientierung, Fallprinzip, Zukunftsorientierung und politisch-moralische Urteilsbildung (Reinhardt 2005b, 75). Dieser Ansatz, der seine Plausibilität dadurch zu gewinnen versucht, dass er als fachdidaktisches Prinzip nur anerkennt, wem mindestens eine Methode zugeordnet werden kann, ist nicht in jeder Hinsicht überzeugend.[172]

Didaktische Prinzipien legitimieren sich pragmatisch aus ihrer Brauchbarkeit für Bildungsprozesse. Sie sind keine Geschöpfe abstrakt-theoretischer didaktischer Reflexionen, sondern Ergebnisse von Erfahrungen. Ihr Status ist der von *Klugheitsprinzipien*.[173]

Man kann die didaktischen Prinzipien nach verschiedenen Gesichtspunkten unterteilen. Ein Kriterium ist, ob die Prinzipien eher bei der *Sache* oder eher bei den *Lernenden* angesiedelt sind. Ein anderes Kriterium ist, ob sie eher auf die *Auswahl* und *Strukturierung* der Lerngegenstände oder eher auf die Art und Weise der *Vermittlung* der Lerngegenstände gerichtet sind.

Das Verhältnis der didaktischen Prinzipien zueinander ist nicht frei von Spannungen. Zwar sind mehrere Prinzipien durchaus miteinander kompatibel und ergänzen sich deshalb ohne Schwierigkeiten, dafür lassen sich andere Prinzipien nur mit Mühe miteinander vereinbaren.[174] So stehen Alltags- oder Lebensweltorientierung und Schülerorientierung jeweils in Spannung zur Wissenschaftsorientierung. Schon deshalb ist es schwierig, allen Prinzipien in einem Unterrichtsvorhaben Geltung zu verschaffen.

Darüber hinaus ist es zweifelhaft, ob es zwingend erforderlich ist, dass sie alle ausnahmslos Berücksichtigung finden müssen, wenn ein Lerngegenstand als didaktisch legitimiert gelten soll.

---

[171] Diese drei didaktischen Prinzipien hängen sachlich eng zusammen. Alltags- oder Lebensweltorientierung meint, politische Lernprozesse an den Alltag bzw. die Lebenswelt der Lernenden anzubinden. Es geht darum, eine Verbindung herzustellen zwischen der Alltagswelt und der Welt der Politik. Situationsorientierung bedeutet, problemhaltige Situationen aus der Erfahrungswelt der Lernenden im Bildungsprozess zu thematisieren. Erfahrungsorientierung verlangt, politikrelevante Erfahrungen der Lernenden einzubeziehen und auf diese Weise deren subjektive Handlungskompetenz zu entwickeln.

[172] So wird behauptet, dass das exemplarische wie das kategoriale Lernen deshalb keine fachdidaktischen Prinzipien seien, weil ihnen keine fachspezifischen Methoden entsprächen. Übersehen wird hierbei aber, dass das exemplarische Lernen mit dem Fallprinzip identisch ist, dem in methodischer Hinsicht die Fallanalyse und die Fallstudie entsprechen. Der Ausschluss des kategorialen Lernens erklärt sich vermutlich aus der Abneigung der Verfasserin gegenüber dem Lehrgang. Kategoriales Lernen findet aber auch in der Konfliktanalyse statt, der die Verfasserin einen prominenten Stellenwert einräumt (Reinhardt 2005b, 14 f., 78 ff.).

[173] Im Gebrauch fachdidaktischer Prinzipien spiegelt sich das Berufswissen von Lehrern wider. Bestandteile dieses Berufswissens sind Kenntnisse über die Aufgaben der politischen Bildung (*normatives Wissen*), über die Ergebnisse der fachlichen Bezugswissenschaften (*fachwissenschaftliches Wissen*) sowie über die alltäglichen Zugänge junger Menschen zur Politik (*Alltagswissen*) (Reinhardt 2005b, 13 f.).

[174] Es ist daher zu harmonisch gedacht, wenn man die didaktischen Prinzipien mit Scheinwerfern vergleicht, welche die Lernmöglichkeiten in der Auseinandersetzung mit Politik jeweils unterschiedlich ausleuchten, hinzufügt, dass manche Prinzipien sich auch überschneiden, und schließlich feststellt, dass optimal konstruierte Lerngegenstände solche sind, die im Schnittfeld der verschiedenen Lichtkegel liegen (Sander 2001, 121). In dieser Sichtweise wird das Spannungsmoment zwischen den didaktischen Prinzipien ignoriert.

Weiterhin ist es eine Gefahr, wenn bestimmte didaktische Prinzipien mit Hoffnungen überfrachtet, dann verabsolutiert und gegen andere Prinzipien ausgespielt werden. Dies gilt insbesondere für das didaktische Prinzip der Handlungsorientierung, dem in den Augen nicht weniger Theoretiker und Praktiker der politischen Bildung der Rang eines kanonischen Prinzips zukommt.

Es wird auch leicht vergessen, dass die meisten didaktischen Prinzipien polare Ergänzungen haben. Obwohl diese weniger prominent sind, dürfen sie nicht ignoriert werden. Ihnen kommt eine Art didaktischer Korrektur- oder Ausgleichsfunktion zu. Ihre Nichtberücksichtigung hätte einen didaktisch verarmten und einseitigen Unterricht zur Folge.[175]

So darf das exemplarische Lernen keineswegs das *systematische Lernen* ausschließen. Das Kontroversitätsprinzip darf nicht dahingehend missverstanden werden, dass über politisch *Unbestrittenes* und gesellschaftlichen *Konsens* geschwiegen werden müsste. Problemorientierung kann nicht heißen, ein Bild von Politik zu zeichnen, in der es nur Probleme, also unbefriedigende Zustände, gibt. Vielmehr muss die politische Bildung auch einen Eindruck von der *Geordnetheit* und *Funktionsfähigkeit* von Politik, Gesellschaft und Wirtschaft vermitteln. Handlungsorientierung als Chiffre für einen interaktiven Unterricht bedarf der Ergänzung durch *Denkorientierung*, d.h. durch einen Unterricht auf der Basis rein kognitiver Anstrengungen. Kategoriales Lernen als Ausdruck der Rationalität politischer Bildung kann nicht bedeuten, dass *Emotionales* und *Nichtrationales* radikal aus den Lernprozessen zu verbannen wären. Schülerorientierung kann nicht so weit gehen, dass vom Anspruch der *Sache* auf begriffliche Klärung und reflexive Aneignung nichts übrigbleibt. Wissenschaftsorientierung schließlich darf nicht zu einer Abwertung oder, entgegengesetzt, zu einer Verwissenschaftlichung der alltäglichen *Lebenspraxis* führen.

Es ist eine nicht unerhebliche Frage, ob den didaktischen Prinzipien das gleiche Gewicht zukommt. Geht man davon aus, dass die politische Bildung vor allem die politische Analyse- und Urteilsfähigkeit fördern sowie zum Verstehen politischer Zusammenhänge und zur Akzeptanz des demokratischen Verfassungsstaates beitragen soll, dann kann man den didaktischen Prinzipien *nicht* das gleiche Gewicht zumessen. Führte beispielsweise die *Schülerorientierung* im Grenzfall zu der Situation, dass eine Lerngruppe sich nur mit Problemen ihrer Lebenswelt, nicht aber mit systemischen Fragen aus Politik, Gesellschaft und Wirtschaft beschäftigen wollte, dann wäre das nicht akzeptabel.

Es gibt gute Gründe, dem didaktischen Prinzip des *kategorialen Lernens* einen besonders hohen Stellenwert zuzusprechen. Denn Kategorien als über Abstraktionsverfahren gewonnene allgemeine Begriffe sind in der Lage, Geschehnisse, Probleme, Institutionen und Regeln von Politik, Gesellschaft und Wirtschaft kognitiv zu strukturieren und damit Analyse- und Urteilsprozesse zu ermöglichen.

Einschränkend kann allenfalls hinzugefügt werden, dass der Primat des kategorialen Lernens insbesondere für den Politikunterricht der *Sekundarstufen* gilt. In der *Primarstufe* spielen die *Situations-* und die *Erfahrungsorientierung* eine entscheidendere Rolle als das kategoriale Lernen. Dennoch darf auch in der Primarstufe das Kategoriale nicht ausgeblendet werden. Das Kategoriale ist nämlich die Garantie dafür, dass über Politik, Gesellschaft und Wirtschaft und nicht über irgendetwas anderes gesprochen wird.

---

[175] Für die polaren Ergänzungen haben sich bislang allerdings noch keine allgemein anerkannten Bezeichnungen durchgesetzt. Dies mag ihre verbreitete Nichtbeachtung in der politikdidaktischen Diskussion erklären.

Kategoriales Lernen

Kategoriales Lernen als didaktisches Prinzip folgt aus der prinzipiellen Entscheidung, politische Bildung als kategoriale Bildung anzulegen.[176] Kategorien erfüllen mehrere für das Lernen bedeutsame Funktionen: Sie reduzieren die Fülle der Phänomene auf das Wesentliche. Sie ermöglichen den Transfer, also die Übertragung auf andere Situationen. Sie spiegeln zwar nicht zeitlos Gültiges, aber doch Dauerhaftes wider. Und sie erleichtern die Strukturierung neuer Informationen und damit das Verstehen.

Kategorien werden üblicherweise in *Schlüsselfragen* umformuliert. Mit diesen Fragen treten die Lernenden an politische Geschehnisse, Forderungen, Probleme und Strukturen heran. Vermittels der Fragen soll das Wesentliche, das Verallgemeinerbare der jeweiligen Gegebenheit aufgeschlossen werden. Die Lernenden gewinnen auf diese Weise ein Bild über die Elemente, welche Politik, Gesellschaft und Wirtschaft konstituieren.
Die Schlüsselfragen fungieren zugleich auch als Instrumente didaktisch geleiteter Unterrichtsplanung. Denn das didaktische Prinzip des kategorialen Lernens beansprucht selbstredend, dass der Unterricht kategorial strukturiert ist.

Eine kategorial geleitete politische Bildung hat zum Ziel, bei den Lernenden die Gewohnheit und die Fähigkeit auszubilden, bei der Beschäftigung mit politischen Fragen gleichsam gewohnheitsmäßig kategorial bestimmte Schlüsselfragen zu stellen, in Kategorien zu denken und mit diesen die Gegenstände zu analysieren und zu beurteilen (Massing 1999c, 11).

Kategoriales Lernen verlangt nicht, dass immer alle Kategorien zur Anwendung kommen müssen. Es ist zulässig, kategorial unterschiedliche Akzente zu setzen. Akzentuierungen sind schon deshalb nicht vermeidbar, weil das Vorkommen von Kategorien auch von der jeweils angewendeten Methode abhängig ist. Es muss lediglich sichergestellt sein, dass einzelne Kategorien nicht systematisch ausgeblendet werden.

Kategoriales Lernen setzt einen langen Lernprozess voraus. Denn Kategorien sind abstrakte Begriffe, die den Lernenden an konkreten Gegenständen aufgehen müssen. Der Lernprozess geschieht somit über einen Wechsel von Konkretion und Abstraktion. Dieser Wechsel muss immer wieder vollzogen werden. Nur so lassen sich Kategorien und kategoriale Schlüsselfragen kognitiv fest verankern. Es verbietet sich jedenfalls ein Vorgehen, bei dem zu Beginn des Bildungsprozesses eine Liste von Kategorien in der Erwartung eingegeben wird, dass die Lernenden sämtliche Kategorien sofort adäquat verstünden und richtig anzuwenden wüssten (Sutor 1984, II/72 f.).

Exemplarisches Lernen

Exemplarisches Lernen meint vertieftes Lernen an konkreten Fällen.[177] Fälle im Rahmen der politischen Bildung sind die jeweils tagesaktuellen Fragen, Affären, Skandale und Konflikte, aber auch persönliche Probleme, Schicksale und Notlagen. Das Persönliche hat häufig einen politischen Hintergrund. Fälle enthalten Individuelles und implizit Allgemeines. Das Individuelle sind die jeweils konkreten Besonderheiten des Falles. Das Allgemeine drückt sich in Kategorien, Prinzipien oder Regelmäßigkeiten aus. Hierauf kommt es dem exemplarischen

---

[176] Zum Konzept der kategorialen Bildung siehe die Ausführungen in Abschnitt *12.6 Politische Bildung als kategoriale Bildung*.

[177] Zum exemplarischen Lernen siehe auch die Ausführungen über die grundsätzliche Alternative zwischen dem systematischen und dem exemplarischen Vorgehen in Abschnitt *12.8 Möglichkeiten der Strukturierung von Lerngegenständen*.

Lernen an. Exemplarisches Lernen darf deshalb also keineswegs die Aneignung der Besonderheiten in den Mittelpunkt des Lernprozesses stellen. Denn diese drücken nicht das Allgemeingültige aus.

Das Lernen muss sich vielmehr auf die Herausarbeitung des Kategorialen, Prinzipiellen und Regelhaften konzentrieren. Nur so werden nämlich Einsichten gewonnen, die über das konkrete Beispiel hinausweisen und das Strukturelle des betreffenden Gegenstandsfeldes erschließen. Anders formuliert: Am Exemplum muss das Allgemeine so deutlich gemacht werden, dass es als Kategorie, Prinzip, Struktur oder Regel an einem neuen Besonderen wiedererkannt werden kann. Ist dies gelungen, dann ermöglicht das Allgemeine, neue besondere Sachverhalte zu ordnen, zu erklären, zu vergleichen und zu verknüpfen. Exemplarisches Lernen lebt somit vom Pulsschlag von Abstrahierung und Rekonkretisierung. Dieser Pulsschlag ermöglicht ganz wesentlich den Aufbau fester kognitiver Strukturen (Hilligen 1991, 34).

Das exemplarische Lernen hat also den Erwerb eines kategorialen Wissens sowie das Gewinnen von Einsichten in Prinzipien, Strukturen und Regelmäßigkeiten zum Ziel. Es greift zwar auf konkrete Gegebenheiten zurück, sieht in der Aneignung des mit diesen Gegebenheiten verbundenen Stoffwissens aber nicht das eigentliche Ziel.

Gerade für den Wirklichkeitsbereich Politik gilt: Die Einzelheiten exemplarischer Fälle sind didaktisch deshalb ohne Belang, weil es in der Politik keine Wiederholung des Identischen gibt. Andererseits weisen politische Probleme, Aufgaben und Prozessabläufe durchaus Ähnlichkeiten und damit Gemeinsamkeiten auf. Und die dem politischen Handeln zugrunde liegenden Prinzipien sind relativ stabil (Fischer 1993, 41). Daraus folgt, dass es sich lohnt, in exemplarischen Fällen das Allgemeine der Politik herauszuarbeiten. Methodisch verlangt das exemplarische Lernen also die Anwendung des *Fallprinzips*. Der Lernweg verläuft somit induktiv vom Konkreten zum Abstrakten.

Das exemplarische Lernen ist eine Antwort auf das exponentielle Wachstum positiven Wissens. Es ist auch eine Antwort auf das rasche Sinken der „Halbwertzeit" der Informationsfülle. Hinzu kommt, dass die Menge des gesellschaftlich vorhandenen Informationswissens immer größer ist als das wirklich Wissenswerte. Das Wissenswerte wiederum umfasst mehr als das, was dem einzelnen Menschen jeweils zu wissen möglich ist. Begleitet wird die Informationsexplosion bei vielen Menschen durch eine Implosion an kategorialem Orientierungswissen. Das hat zur Folge, dass die Urteilskraft abnimmt.

Das schnelle Anwachsen des positiven Wissens macht dessen Verarbeitung in Form der Akkumulation, also als Versuch enzyklopädischer Wissensweitergabe, von vornherein aussichtslos. An einer quantitativen didaktischen Reduktion und einer qualitativen didaktischen Strukturierung führt kein Weg vorbei (Grammes 2005a, 94).[178]

---

[178] Das exemplarische Prinzip weist eine große Tradition in der Pädagogik auf. Nur zwei Belege seien genannt. Johann Amos Comenius (1592-1670) schrieb in seiner *Didactica magna*: „Den Geist mit einem Wust von Büchern oder Worten zu belasten, ist nutzlos ... Daher müssen ... grundlegende Lehrbücher, die wenig umfangreich, aber wirklich brauchbar sind, ausgesucht oder neu verfasst werden. Sie sollen ... in wenigen Worten viel enthalten, d.h. den Lernenden die grundlegenden Dinge vor Augen führen ..., in wenigen, aber ausgesuchten und leicht fassbaren Lehrsätzen und Regeln, aus denen alles Übrige von selbst verständlich wird."
Johann Friedrich Herbart (1776-1841), der Nachfolger Kants auf dessen Königsberger Lehrstuhl, kritisierte „Vielwisserei und Flattersinn" mit folgenden Sätzen: „Werden wir uns in die Objekte verlieren, um in dem Katalog der ... Lektionen keinen wissenswürdigen Gegenstand zu vergessen? ... Hier dunstet uns die schwüle Atmosphäre der Verlegenheit entgegen, in welcher der Eifer der Lehrer und Schüler so oft erstickt, die da nicht glauben, vielseitige Bildung zu erreichen, wenn sie nicht vielen Apparat anhäufen. ... Sie laufen allen Gelegenheiten nach und erreichen nichts als Ermüdung."
Das exemplarische Prinzip ist auch durch ein Dokument aus der Gegenwart legitimiert. Die *Tübinger Beschlüsse* der Kultusministerkonferenz über die Lehrpläne der Höheren Schulen aus dem Jahre

Das exemplarische Lernen ist nicht unumstritten. Der zentrale Vorwurf lautet, dass gemäß diesem didaktischen Prinzip die Inhalte des Lernens offenkundig *beliebig* sind. Zutreffend ist, dass Fälle aufgrund ihrer schnell abnehmenden Aktualität austauschbar sind. Allerdings zielt das exemplarische Lernen letztlich auch auf eine Systematik im Kategorialen. Die Systematik ruht zunächst aber nur im Kopf des Lehrenden. Sie bildet sich bei den Lernenden erst nach und nach heraus. Die Lernenden müssen die Systematik gleichsam aus dem Chaos der Informationen aufspüren. Dies verlangt, dass im Laufe der Zeit das gesamte Spektrum der Kategorien abgedeckt werden muss (Fischer 1993, 44 f.).
Hinzu kommt: Das exemplarische Lernen schließt systematisches Lernen in informierenden und orientierenden Lehrgängen keineswegs aus. Dieses Lernen vermittelt notwendiges Überblickswissen.

Das exemplarische Lernen weist eine natürliche Nähe zum *Induktionsprinzip* auf. Damit ist aber eine weitere Problematik verbunden, die sich aus der Schwäche von Induktionsschlüssen erklärt. Ein Induktionsschluss schließt vom Einzelnen auf das Allgemeine, also auf eine Regel, ein Gesetz, ein Prinzip oder eine Kategorie. Die Logik einer Induktion lautet: So wie in dem vorliegenden Fall müsste es doch auch in allen strukturhomologen Fällen zugehen. Induktionsschlüsse erscheinen dem Alltagsverstand durchaus plausibel. Allerdings zerstört bereits ein signifikantes Gegenbeispiel die behauptete Verallgemeinerung (Grammes 2005a, 102 f.).

Das exemplarische Lernen beruht auf einer zentralen Voraussetzung. Seine Intention, der Transfer des an einem Fall gelernten Allgemeinen auf neue Fälle, ist nämlich nur aufgrund von *Analogien* möglich. Analogie meint, dass in verschiedenen Sachverhalten oder Ereignissen ähnliche Strukturen vorhanden sind, damit Übertragungen von dem einen untersuchten Fall auf andere Fälle möglich sind.

Analogien haben einen Nachteil: Sie verleiten zu verfälschenden Schlüssen, wenn die Strukturhomologien zu schwach sind. So können die Beziehungsmuster in der Familie nicht einfach auf den Staat übertragen werden. Privatverschuldung und Staatsverschuldung sind sehr verschieden. Das Familienoberhaupt ist etwas völlig anderes als das Staatsoberhaupt. Zu fehlerhaften Analogieschlüssen kommt es, wenn unterschiedliche gesellschaftliche Ebenen aufeinander bezogen werden. Generell ist zu beachten, dass jeder Fall etwas Besonderes enthält, was nicht verallgemeinert werden kann (Herdegen 2001, 112).

Kontroversitätsprinzip

Schulischer Unterricht findet unter zwei Bedingungen statt, die die Gestaltung von Bildungsprozessen stark bestimmen. Die erste Bedingung ist die gesellschaftliche Pluralität. Die zweite Bedingung ist der Sachverhalt, dass die Schule eine staatliche Zwangseinrichtung ist.
Ausdruck der Pluralität sind die Vielzahl der gesellschaftlichen Interessen, politischen Positionen und weltanschaulichen Überzeugungen sowie deren konflikthaftes Miteinander. Schule als staatliche Einrichtung bedeutet wiederum, dass alle Kinder gemeinsam unterrichtet werden. Die gesellschaftliche Pluralität spiegelt sich damit in der Zusammensetzung der Klassen

---

1951 enthalten den folgenden Passus: „Leistung ist nicht möglich ohne Gründlichkeit und Gründlichkeit nicht ohne Selbstbeschränkung. Arbeiten-Können ist mehr als Vielwisserei. Ursprüngliche Phänomene der geistigen Welt können am Beispiel eines einzelnen, vom Schüler wirklich erfassten Gegenstandes sichtbar werden, aber sie werden verdeckt durch eine Anhäufung von bloßem Stoff, der nicht eigentlich verstanden ist und darum bald wieder vergessen wird. ... Durchdringung des Wesentlichen der Unterrichtsgegenstände hat den unbedingten Vorrang vor jeder Ausweitung des stofflichen Bereichs."

wider. Daraus ergibt sich die Frage, welche unterrichtlichen Inhalte allen dem staatlichen Schulzwang Unterworfenen zumutbar sind.
Zumutbar dürfte wohl das sein, worüber in der Gesellschaft ein breiter Konsens herrscht. Schwieriger ist dagegen die Frage zu beantworten, ob und, wenn ja, wie die Schule mit Lerngegenständen umgehen soll, die in der Gesellschaft umstritten sind. Da in einer freiheitlichen Gesellschaft der Schutz der Pluralität der Auffassungen und Interessen ein hohes Gut darstellt, besteht kaum ein Zweifel daran, dass es der Schule verwehrt ist, jeweils eine in der Gesellschaft vertretene Position von Staats wegen als verbindlich zu erklären. Denn dies käme einer Diskriminierung aller anderen Positionen gleich.

Der politischen Bildung stellt sich in ganz besonderer Weise die schwierige Frage, wie sie die Pluralität des Denkens und Meinens handhaben soll. Denn der Politik ist der Streit der Auffassungen und Interessen eigentümlich. Es führt deshalb kein Weg daran vorbei, dass im Bildungsprozess Stellung zu strittigen Fragen bezogen wird und Urteile darüber gefällt werden. Die politische Bildung muss auf die Frage antworten, wie sie mit dem Strittigen umgehen und wie Lehrende sich auf diesem sensiblen Feld verhalten sollen. Eine allgemein akzeptierte Lösung des Problems für die schulische politische Bildung liegt seit 1976 mit dem *Beutelsbacher Konsens* vor.[179]

Für das Kontroversitätsprinzip sind insbesondere zwei Grundsätze des Beutelsbacher Konsenses von Belang, nämlich das Überwältigungsverbot und das Kontroversitätsgebot.

Das *Überwältigungsverbot*, das man auch Indoktrinationsverbot nennen kann, hat folgenden Wortlaut: „Es ist nicht erlaubt, den Schüler – mit welchen Mitteln auch immer – im Sinn erwünschter Meinungen zu überrumpeln und damit an der Gewinnung eines selbstständigen Urteils zu hindern. Hier genau verläuft nämlich die Grenze zwischen Politischer Bildung und Indoktrination. Indoktrination aber ist unvereinbar mit der Rolle des Lehrers in einer demokratischen Gesellschaft und der ... Zielvorstellung von der Mündigkeit des Schülers."

Das *Kontroversitätsgebot* lautet: „Was in Wissenschaft und Politik kontrovers ist, muss auch im Unterricht kontrovers erscheinen. Diese Forderung ist mit der vorgenannten (d.h. der Forderung, Indoktrination zu unterlassen – der Verf.) aufs engste verknüpft, denn wenn unterschiedliche Standpunkte unter den Tisch fallen, Optionen unterschlagen werden, Alternativen unerörtert bleiben, ist der Weg zur Indoktrination beschritten." Das Kontroversitätsgebot kann man auch *Dissensgebot* oder *Authentizitätsgebot* nennen. Die Bezeichnung Dissensgebot ergibt sich aus der Überlegung, dass die Uneinigkeit in politischen und wissenschaftlichen Fragen den Regelfall darstellt. Die Bezeichnung Authentizitätsgebot soll ausdrücken, dass der Unterricht die Wirklichkeit des Dissenses möglichst authentisch wiedergeben soll.[180]

Der Beutelsbacher Konsens äußert sich nicht über Ziele und Gegenstände des Politikunterrichts. Er macht den Lehrenden folglich keine Vorgaben über inhaltliche Akzentuierungen und Schwerpunktsetzungen. Dafür konzentriert er sich auf einen bestimmten Aspekt des pädagogischen Handelns, nämlich darauf, wie sich Lehrende bei politischen Streitfragen verhal-

---

[179] Zum Beutelsbacher Konsens siehe die einschlägigen Ausführungen in Abschnitt 9.3. *Entspannung im Streit der Politikdidaktiker um die politische Bildung*.

[180] Die außerschulische politische Bildung befindet sich in einer komfortableren Position als der schulische Politikunterricht. Ihre Träger sind (mit Ausnahme der öffentlich finanzierten Volkshochschulen sowie der Bundeswehr, des Zivildienstes und der Polizei) frei darin, einen bestimmten politischen Standpunkt zu beziehen und diesen in Abgrenzung zu anderen Auffassungen zu vermitteln. Die gesellschaftliche Pluralität spiegelt sich in der Vielfalt der Trägerlandschaft. Von einer Überwältigung kann auch deshalb keine Rede sein, weil niemand zur Teilnahme am Bildungsangebot eines Trägers gezwungen werden kann.

ten sollen. Da solche Streitfragen die Überzeugungen und damit das Persönlichkeitsrecht der Lernenden tangieren, ist die Bedeutung dieses Konsenses für die Praxis der politischen Bildung kaum zu überschätzen. Welcher politischen Position mit welcher Intensität auch immer der Lehrende zuneigt, er ist gehalten, die Lernenden zur eigenständigen Auseinandersetzung zu ermutigen. Und er muss er das, was „dagegen spricht", im Unterricht zu Wort kommen lassen.

Das Kontroversitätsgebot ist eingängig formuliert und scheint auf den ersten Blick keine Schwierigkeiten in der Anwendung zu bereiten. Seine Probleme und seine Grenzen zeigen sich erst bei genauerem Hinsehen.

So sind wissenschaftliche und politische Streitfragen nicht nur komplex, sondern auch durch eine Vielzahl von Positionen gekennzeichnet. Es ist daher mühsam, zunächst die Haltung der verschiedenen Akteure zu ermitteln und dann noch das Gewicht der vorgetragenen Argumente einzuschätzen. Noch schwieriger wird es, wenn das Streitthema wissenschaftliche Fachkenntnisse voraussetzt. Diese Kenntnisse müssten Lehrende und Lernende sich erst erarbeiten, damit sie dem sachlichen Gehalt der betreffenden Kontroverse überhaupt gerecht werden.

Ein weiteres Problem wirft die Frage auf, ob man im Unterricht auch auf Standpunkte von Parteien eingehen soll, die nicht im Parlament vertreten sind. Die Pluralität der Parteien endet ja nicht bei den Parteien, welche in den Parlamenten vertreten sind. Zu bedenken ist allerdings, dass mit der Aufnahme jeder zusätzlichen politischen Position die Unübersichtlichkeit zunimmt.

Generell kann man festhalten, dass es unmöglich ist, alle wissenschaftlich und politisch kontroversen Positionen zu einer bestimmten Fragestellung zu präsentieren und in den Erörterungsprozess einzubeziehen. Aus pragmatischen Gründen führt kein Weg daran vorbei, sich auf grundlegende Positionen zu beschränken. Der Lehrende ist daher legitimiert, die Positionsvielfalt so zu vereinfachen, dass die wesentlichen Konfliktlinien zum Vorschein kommen (Herdegen 2001, 125).

Ein grundlegendes Problem ist die Frage, ob politisch *extremistische* Auffassungen gleichwertig und gleichberechtigt mit anderen im Unterricht vorzustellen sind. Die extremistischen Ränder sind nun einmal ein Bestandteil der politischen Wirklichkeit. Die Pluralität endet nicht bei den gemäßigten Positionen.

Das Kontroversitätsgebot des Beutelsbacher Konsenses gibt auf dieses hochsensible Problem keine Antwort. Eine Antwort ist aber unumgänglich. Sie könnte wie folgt aussehen: Extremistische Positionen sind aus dem Diskurs auszuschließen, weil die schulische politische Bildung der demokratischen politischen Kultur verpflichtet ist (Sander 1996, 32). Völlig befriedigen kann diese Antwort jedoch nicht. Denn sie schließt eine gewisse Entmündigung der Lernenden ein: Man beschützt sie gleichsam aus paternalistischen Gründen vor extremistischen Versuchungen. Außerdem lässt diese Lösung offen, wo genau die Grenze zwischen noch tolerierbaren radikalen und unakzeptablen extremistischen politischen Positionen verläuft.

Das Kontroversitätsprinzip verlangt, Lerngegenstände so auszuwählen und zu strukturieren, dass die kontroverse Struktur des Politischen erkennbar wird. Das Prinzip wendet sich damit gegen die „Glättung" der Lerngegenstände hin zur Vermittlung einer geschönten, heilen Welt. Wie die empirische Unterrichtsforschung weiß, unterliegen jedoch nicht wenige Lehrende einer solchen Versuchung zur Harmonisierung. In der Praxis des Unterrichts kommt es dann zu einem unauffälligen Verschwinden von Kontroversität. So gibt es sublime Kommunikationsmuster der Überwältigung: Lehrende überhören Einwände, harmonisieren Gegensätze und appellieren an das Wahre, Schöne und Gute. Nicht auszuschließen ist auch eine gesinnungsethische Kommunikation der *political correctness*, die unbequeme Auffassungen skandalisiert (Grammes 2005b, 138).

Das Kontroversitätsprinzip gehört zum Kern der Berufsethik der in der schulischen politischen Bildung Tätigen. Dahinter steht die Auffassung, dass sich die politische Bildung von dogmatischer parteipolitischer Schulung oder weltanschaulichem Gesinnungsunterricht unterscheiden soll. Offene, aber auch sublime Manipulation durch Unausgewogenheit bzw. Parteilichkeit gilt als schwere Verletzung des pädagogischen Ethos. Dasselbe gilt für den selektiven Umgang mit Wissenschaft, wo nur Belege für vorgefertigte Positionen gesucht werden.

Um dem Kontroversitätsprinzip gerecht zu werden, muss der Lehrende in ganz verschiedene Rollen schlüpfen. Sein Verhalten ist abhängig davon, wie das Kontroverse in der Lerngruppe repräsentiert ist. Es lassen sich hinsichtlich dieses Kriteriums drei ganz verschiedene Typen von Lerngruppen unterscheiden, nämlich die argumentationsheterogene, die argumentationshomogene und die apathisch-indifferente Lerngruppe.

Eine *argumentationsheterogene* Lerngruppe zeichnet sich im Idealfall dadurch aus, dass die verschiedenen Standpunkte annähernd gleichmäßig vertreten sind. Üblicherweise sind die Lernenden dann auch hinreichend politisch interessiert. Da die Lerngruppe selbst die politische Kontroverse gleichgewichtig repräsentiert, kann der Lehrende sich weitgehend zurückhalten. Er nimmt die Rolle eines *Moderators* im Widerstreit der Argumente wahr. Dies ist zweifellos eine besonders angenehme Rolle.
Denkbar ist jedoch auch eine scharfe Polarisierung in der Lerngruppe. Die Polarisierung kann sogar einen hohen Grad an aggressiver Emotionalisierung annehmen. In diesem Fall muss der Lehrende versuchen, den vermutlich dennoch unterschwellig vorhandenen Minimalkonsens unter den Lernenden bewusst zu machen. Bei einer kontroversen Diskussion muss der Lehrende darauf achten, dass er sich nicht von eine Seite vereinnahmen lässt, also koaliert (Reinhardt 1988, 69 f.).

Die *argumentationshomogene* Lerngruppe wirft oberflächlich gesehen keinerlei Probleme auf: Die Lernenden gelangen schnell zu einem Konsens. Aufgrund der Einigkeit in der Sache herrscht eine entspannte Kommunikation vor. Allerdings ist die Gefahr der politischen Einseitigkeit bei dieser Konstellation sehr groß. Denn die gegebenen realen politischen Kontroversen sind nicht repräsentiert. Gegenpositionen werden nicht ernsthaft erörtert, sondern sind eher Gegenstand der Polemik und dienen der Bestätigung der eigenen Position.
Der Lehrende muss in diesem Fall gegensteuern. Er kann die Lerngruppe nicht moderierend sich selbst überlassen. Den Lernenden müssen die problematischen Implikationen ihres schnellen Urteilens klar gemacht werden. Vor allem muss der Lehrende entgegenstehende und gegebenenfalls tabuisierte Positionen verwalten, indem er sie in ihren inhaltlichen Aussagen vertritt. Er nimmt also die Rolle des *provozierenden Advocatus Diaboli* ein. Das Paradoxe dieses Verhaltens besteht darin, dass der Lehrende selbst besonders einseitig argumentiert und damit das Indoktrinationsverbot zu verletzen scheint. Aber dies geschieht nur aus didaktischen Gründen. Bei alledem geht es nicht darum, die Lernenden zu einer Änderung ihrer Auffassung zu veranlassen. Sie sollen lediglich mit anderen Standpunkten konfrontiert werden, um daran das eigene Urteil zu schärfen (Reinhardt 1988, 70 f.; Grammes 2005b, 135).

Die *apathisch-indifferente* Lerngruppe gilt als die schwierigste Konstellation. Aktuelle politische Kontroversen lassen eine solche Lerngruppe weitgehend kalt. Hier muss der Lehrende die Rolle des *Animateurs* übernehmen. So schildert er vielleicht dramatische Konsequenzen einer bestimmten Position, stellt paradoxe Bezüge zu Bekanntem her und deutet das Schweigen der Lerngruppe in eine Zustimmung zu einer provokanten These um (Reinhardt 1988, 72).

Überwältigungsverbot und Kontroversitätsgebot verlangen nicht, dass der Lehrende seine persönliche Auffassung verschweigen muss. Eine gewisse Zurückhaltung ist ihm zu empfehlen, damit kein Konformitätsdruck auf die Lernenden ausgeübt wird. Es ist auch nicht das Ziel der politischen Bildung, dass der Lehrende seine politischen Anschauungen an die nachwachsende Generation „vererbt". Anderseits ist die Abgabe einer eigenen Stellungnahme geboten, damit der Lehrende nicht in die Position des objektiv über allen Kontroversen schwebenden Wissenden gerät.

Grundsätzlich gilt es, den Unterschied zwischen Parteilichkeit und Parteinahme nicht aus den Augen zu verlieren. *Parteilichkeit* ist gegeben, wenn eine politische Position absolut gesetzt und für verbindlich erklärt wird. *Parteinahme* ist dagegen die persönliche Entscheidung für eine gewisse Auffassung. Sie bleibt offen für Infragestellung und Revision (Reinhardt 1988, 67).

Nachbildungen öffentlicher Gesprächsformen werden dem Kontroversitätsprinzip methodisch besonders gerecht. Zu solchen geeigneten Lehrmethoden zählen die Pro-Contra-Debatte, die Podiumsdiskussion und die Talkshow. Dem Kontroversitätsprinzip kommt man auch nach, wenn Lernende zum Perspektivenwechsel ermuntert werden (Grammes 2005b, 134).

Problemorientierung

Problemorientierung heißt, Lerngegenstände danach auszuwählen und zu strukturieren, dass der Kern des Politischen, nämlich das Bearbeiten und Lösen öffentlicher, d.h. politischer Probleme, deutlich wird.

Politische Probleme haben sehr unterschiedliche Reichweiten. Es gibt die *alltäglichen* Probleme der verschiedenen Politikfelder, wie Außen-, Wirtschafts-, Verkehrs-, Bildungs-, Sicherheitspolitik und andere Politiken mehr. Diese Probleme bilden das Routinegeschäft der Politik. Sie bestimmen für Wochen und Monate, manchmal auch für mehrere Jahre die politische Agenda. Dann gibt es Problemlagen, welche die Politik über einen sehr langen Zeitraum hinweg prägen. Es handelt sich um *epochaltypische* Schlüsselprobleme, die häufig globale Züge tragen und für die Gegenwart und Zukunft der Menschheit von überragender Bedeutung sind. Hierzu gehören die ökologische Problematik, die Friedensfrage, die von den modernen Technologien ausgehenden Herausforderungen sowie die Spannung zwischen sozialer Gleichheit und Ungleichheit. Schließlich kann man die Aufgabe, das Zusammenleben von Menschen in Gesellschaften regeln zu müssen, als das *die gesamte Menschheitsgeschichte* begleitende politische Kardinalproblem begreifen.[181]

Für den Grundsatz der Problemorientierung gibt es nicht nur fachliche, in der Natur der Politik liegende Gründe. Es gibt auch wichtige lernpsychologische Gesichtspunkte. Denn Probleme sind ein besonders geeigneter Auslöser von Lernprozessen. Probleme fordern nämlich in einem hohen Maße zur geistigen Auseinandersetzung auf (Aebli 1978, 256, 272 ff.).

Politische Probleme weisen in kognitionspsychologischer Hinsicht zwei Besonderheiten auf, die sie beispielsweise von mathematischen Denkproblemen stark unterscheiden. Zum einen sind politische Probleme *unklar definiert*. Damit ist gemeint, dass das zu erreichende Ziel sehr unbestimmt ist, die relevanten Informationen nicht vollständig vorliegen und auch eindeutige Kriterien fehlen, nach denen die Angemessenheit der Lösung zu beurteilen wäre (Mietzel 2003, 274). Zum anderen sind politische Probleme *hochkomplex*. Damit ist gemeint, dass die Zusammenhänge eines solchen Problems intransparent sind, die Zieldimension multipel ist, eine große Zahl von Variablen berücksichtigt werden muss, diese Variablen vielfältig mitein-

---

[181] Zu den politischen Problemen siehe die Ausführungen über die Zonen des Politischen in Abschnitt *12.8 Möglichkeiten der Strukturierung von Lerngegenständen*.

ander verknüpft sind, die Problemkonstellation sich dynamisch entwickelt und Effekte der Lösung zeitversetzt auftreten (Seel 2003, 343).

Aus den Besonderheiten politischer Probleme folgt, dass die Problemorientierung in der politischen Bildung nicht die Erwartung an Lernende begründen kann, eindeutige Lösungen politischer Probleme entwickeln zu können. Erwartet werden kann von ihnen hingegen, dass sie Probleme aus unterschiedlichen Perspektiven wahrnehmen und verschiedene Problemlösungen geistig durchspielen können (Sander 2001, 125). Erwartet werden kann auch, dass Lernende mit der Zeit die Einsicht gewinnen, wie schwer es in der Politik ist, angemessene Problemlösungen zu finden. Diese Einsicht bewahrt die Menschen davor, zu hohe Ansprüche an die Politik zu stellen.

Das didaktische Prinzip der Problemorientierung verlangt, dass die erörterten Probleme den Charakter der Ernsthaftigkeit aufweisen. Die Probleme dürfen also nicht fiktiv sein. Und sie dürfen nicht einfach nur als motivierender Einstieg in den Unterricht fungieren. Weiterhin müssen sie aus der Sicht der Lernenden als bedeutsam empfunden werden, weil sie andernfalls keine Denkaktivitäten auslösen. Schließlich müssen sie politische Lösungen zulassen. Probleme sollten auch keine Katastrophenängste auslösen. Denn Untergangsängste ermutigen nicht zu selbstständigem Denken, sondern führen zu Resignation und Apathie.

Ein hinreichend stark problemorientiert akzentuierter Bildungsprozess kann die Entwicklung problemlösenden Denkens fördern. Ein solches Denken kann dann als fest verankert gelten, wenn Lernende von sich aus eine problemhaltige Frage geklärt haben wollen, aus eigenem Antrieb nach Wegen zur Lösung eines als drängend empfundenen Problems suchen sowie sich selbstständig für einen Lösungsweg entscheiden. Problemlösendes Denken erfordert allerdings Zeit. Denn es führt leicht zu Abweichungen, Irrwegen und Komplikationen (Breit 2005, 109 f.).

Schülerorientierung

Schülerorientierung meint die Ausrichtung von Lernprozessen an den Interessen, Bedürfnissen und Erwartungen der Lernenden. Dabei soll sich die Ausrichtung sowohl auf die Inhalte als auch auf die methodische Gestaltung der Lernprozesse beziehen.
Der didaktische Grundsatz betont, dass die Lernenden als Subjekte der politischen Bildung ernstgenommen werden müssen. Deshalb sollen sie auch an der Planung und Durchführung des Unterrichts mitwirken. Sie sollen auf diese Weise an die Selbstbestimmungsfähigkeit herangeführt werden. Das didaktische Prinzip nimmt damit für sich in Anspruch, einen Beitrag zur Demokratieerziehung zu leisten.
Die Schülerorientierung steht in Spannung zu einem an vorgegebenen Inhalten und Zielen orientierten Unterricht, berücksichtigt ein solcher Unterricht doch nicht die konkreten Bedürfnislagen der Lernenden.
Die Forderung, dass Lernprozesse anschlussfähig sein müssen an Vorwissen und Voreinstellungen der Lernenden, harmoniert zwar mit der Schülerorientierung, ist selbst aber kein Ausfluss des politikdidaktischen Prinzips.[182]

In einem Buch mit dem programmatischen Titel *Politische Bildung im Interesse der Schüler* entwickelte der Politikdidaktiker Rolf Schmiederer den Grundsatz der Schülerorientierung. In diesem Buch setzte er sich kritisch mit dem von ihm als lehrer- und stoffzentriert qualifizier-

---

[182] Hingegen sieht Wolfgang Sander die größte Bedeutung der Adressaten-, d.h. der Schülerorientierung gerade darin, dass dieses Prinzip die Anschlussfähigkeit des Lernprozesses an vorhandene Wissensnetze sicherstellt (Sander 2001, 122).

ten herkömmlichen Unterricht auseinander. Er bemängelte, dass dieser Unterricht die Lernenden zu Objekten der *Konditionierung* nach Maßgabe von Stoffkatalogen und Lernzielvorgaben mache. Sie erführen in diesem Unterricht nicht, dass Politik mit ihrem Leben, ihren Interessen, ihren Wünschen und Bedürfnissen zu tun habe. Der solcherart „objektivistische" Unterricht führe daher zwangsläufig zu einem *entfremdeten* Lernen, und dies in dreifacher Hinsicht: Die Schüler seien im Unterrichtsprozess fremdbestimmt. Sie könnten die Lernergebnisse praktisch nicht verwerten. Und sie lernten nicht um des Lernens willen, sondern für gute Noten (Schmiederer 1977b, 50).

Gegen einen solchermaßen fremdbestimmten Unterricht setzte Schmiederer ein Lernen, das weitgehend *selbstbestimmt* und *selbstverantwortlich* stattfinden sollte. Vor allem aber sollten seine Ergebnisse *reale Bedeutung* für das Leben der Schüler haben. Um dies zu bewirken, müssten im Mittelpunkt des Politikunterrichts die konkreten Lebenssituationen der Schüler stehen, also deren Existenzen als Kinder oder Heranwachsende, als Mädchen oder Jungen, als Angehörige von Einheimischen oder Migranten und als angehende Auszubildende oder Studenten.
Diese Schwerpunktsetzung solle grundsätzlich gewährleisten, dass Erfahrungen ausgetauscht und reflektiert werden könnten. Aus den Erfahrungsbereichen sollten vorzugsweise solche Fragen ausgewählt werden, die für das gegenwärtige und zukünftige Leben von Schülern besondere Bedeutung hätten und einen Problemdruck ausübten. Das didaktische Prinzip der *Schülerorientierung* sollte somit auch die didaktischen Grundsätze der *Erfahrungsorientierung*, der *Situationsorientierung*[183] und der *Problemorientierung* einschließen.
Schülerorientierter Unterricht sollte weiterhin durch *forschende* und *entdeckende* Aktivitäten geprägt sein. Positiv bewertete Schmiederer auch ein *exemplarisches* und *projektorientiertes* Lernen. Hingegen sollte es auf den an die Systematik der fachwissenschaftlichen Inhalte gebundenen Unterricht ausdrücklich nicht ankommen. Die Persönlichkeitsentwicklung der Schüler sei nämlich wichtiger als die Vermittlung der wissenschaftlichen Systematik, welche die Schüler ohnehin nicht berühre (Schmiederer 1977b, 146 ff.).

Die Anwendung des didaktischen Prinzips der Schülerorientierung ist mit einer Reihe von Problemen behaftet.
So setzt das Prinzip stillschweigend voraus, dass Schüler *intrinsisch* zum selbstständigen Lernen *motiviert* sind. Es darf jedoch bezweifelt werden, ob die unterstellte Neugierde und der angenommene Wissensdrang wirklich ungeteilt in den Lerngruppen vorhanden sind.
Die Ermittlung der *Schülerinteressen* ist mit einem hohen pädagogischen Risiko behaftet. Die artikulierten Interessen können oberflächlich und kurzatmig sowie mit Klischees und Vorurteilen behaftet sein. Erschwerend kommt hinzu, dass angesichts zunehmend heterogener werdender Lerngruppen kaum noch von übereinstimmenden Interessen ausgegangen werden kann. Stattdessen muss man von Differenzen und individuellen Unterschieden in Deutungen und Deutungsmustern ausgehen (Schelle 2005, 87).
Ein *gruppendynamisches* Problem besteht darin, dass einzelne Schüler besonders eloquent sind und die Lerngruppe mit ihren Vorschlägen dominieren (Steger 1988, 55). Andere Schüler sind dagegen apathisch, desinteressiert und initiativlos oder wirken zumindest so. Die Chance, dass sich die Anregungen der aktiver wirkenden Schüler durchsetzen, ist hoch. Das aber heißt, dass die passiven Schüler fremdbestimmt lernen, was jedoch gerade verhindert werden soll.

---

[183] Situationsorientierung bedeutet, dass die Lernenden sich mit Gegenständen beschäftigen sollen, die Ausschnitte aus dem alltäglichen Leben darstellen. Das meint Situationen des Lebens der Schüler wie auch desjenigen anderer Jugendlicher sowie allgemein von Menschen der eigenen Gesellschaft wie auch anderer Gesellschaften. Die Gegenstände stammen aus Bereichen, in denen die Lernenden Erfahrungen haben oder jetzt oder später machen können. Sie haben einen Bezug zu Alltag und Lebenswelt (Gagel 1988, 40).

Weiterhin: Die Schülerorientierung kann dazu führen, dass der Unterricht sich auf *unmittelbare* Erfahrungen, Interessen und Betroffenheiten reduziert. Sachverhalte und Probleme abstrakteren Charakters bleiben möglicherweise unerörtert. Nicht wenig spricht außerdem für die Vermutung, dass Schüler nur schwer dazu zu bringen sind, ihre subjektiven Standpunkte und Alltagsgewissheiten, zu deren Artikulation sie zunächst ermuntert worden sind, zugunsten anspruchsvoller und begründeter Erkenntnisse zu verlassen.
Schließlich muss festgehalten werden, dass das didaktische Prinzip der Schülerorientierung der Vermittlung *systematischen Wissens* entgegensteht. Dies gilt jedenfalls dann, wenn man *nur* schülerorientierten Unterricht gelten lässt.

Der Interessenbegriff, der bei der Schülerorientierung eine so zentrale Rolle spielt, ist mehrschichtig. Es lassen sich nämlich mit einer gewissen Berechtigung *subjektive* und *objektive* Interessen unterscheiden. Subjektive Interessen sind situationsspezifische persönliche Bedürfnisse, Vorstellungen und Phantasien, deren Verwirklichung für eine Person nützlich oder vorteilhaft ist. Jeder Mensch weiß ohne große Schwierigkeiten seine subjektiven Interessen zu nennen. Weniger bewusst ist den meisten Menschen, dass ihre subjektiven Interessen in gesellschaftliche und ökonomische Strukturen eingebunden sind. Die kognitive Verarbeitung der objektiven sozialen Situation könnte zu einer Modifizierung der subjektiven Interessen führen und auf diese Weise so etwas wie das Bewusstsein einer objektiven Interessenlage und damit objektiver Interessen schaffen.

Objektive Interessen bilden also die Folie für die Richtigkeit oder Angemessenheit subjektiver Interessen. Wenn Menschen sich nämlich darüber irren, was in ihrer Situation für sie von Vorteil ist, oder sie bewusst und manipulativ hierüber getäuscht werden, dann lässt sich dies nur feststellen, wenn es objektive Interessen gibt. Daraus lässt sich folgern, dass das Erkennen objektiver Interessen eine Aufgabe der politischen Bildung darstellt. Hiergegen ist aber skeptisch anzumerken, dass der Begriff des objektiven Interesses eine nicht unbedenkliche Voraussetzung enthält. Denn es wird unterstellt, dass man vorweg definieren kann, was ein objektives, d.h. wahres Interesse ist. Es besteht also die Gefahr einer dogmatischen Fixierung.[184] Dies aber würde mit dem Ansatz der Schülerorientierung völlig unvereinbar sein.

Nur wenn man das objektive Interesse als eine *didaktische* Kategorie versteht, die dem Lernprozess eine Richtung verleiht, kann es legitimiert werden. Objektive Interessen werden dann ganz allgemein als gesellschaftliche Problemlagen begriffen, in die subjektive Lebensprozesse eingebettet sind. Die politische Bildung ist hiernach gehalten, gesellschaftliche Probleme zu thematisieren, um das Bewusstsein zu fördern, dass individuelle Befindlichkeiten immer auch durch die gesellschaftliche Lage mitbestimmt sind (Gagel 2000, 123 f.).

Wenn die Schülerorientierung nicht bei der Thematisierung subjektiver Horizonte stehen bleibt, sondern sich erweitert zur Gesellschafts- und Politikanalyse, erfüllt sie ein weiteres wichtiges didaktisches Erfordernis, nämlich nicht nur Betroffenheit auszulösen, sondern auch Bedeutsames zu vermitteln.

Über subjektive Interessen zu sprechen vermag *Betroffenheit* zu wecken. Insbesondere wird Betroffenheit ausgelöst, wenn Bedürfnisse nicht befriedigt werden. Betroffenheit ist nämlich eine seelische Befindlichkeit, die sich in der Empfindung von Unlustgefühlen manifestiert. Der Bezugspunkt einer Betroffenheit kann verschieden sein. Von einer *direkten* Betroffenheit lässt sich sprechen, wenn dem Subjekt selbst etwas von außen zustößt oder zugestoßen ist. Eine *indirekte* Betroffenheit liegt vor, wenn anderen etwas zustößt, deren Schicksal aber Empathie hervorruft. In beiden Fällen machen Lernende emotionsgeladene Erfahrungen. Lern-

---

[184] Der Dogmatismus wurde am krassesten vom Marxismus-Leninismus praktiziert, der in der Gewissheit handelte, „objektive Klasseninteressen" bestimmen zu können.

prozesse finden also eine günstige Ausgangsbedingung vor, wenn ganz im Sinne der Schülerorientierung bei subjektiver Betroffenheit angesetzt wird.[185]

Die Betroffenheit ist nun jedoch eng an die *Mikrowelt* des individuellen Lebens und des sozialen Nahraumes gebunden. Der didaktische Beitrag eines Unterrichts, der die Mikrowelt nicht überschreitet, beschränkt sich auf Lebenshilfe und Sozialerziehung und erreicht damit nicht das Niveau der eigentlichen politischen Bildung. Denn das Gesellschaftliche und das Politische bleiben unthematisiert.

Die Schülerorientierung ist folglich didaktisch weiterzudenken. Der politische Lernprozess muss in der Besonderheit der subjektiven Interessen und Bedürfnisse das Allgemeine der gesellschaftlichen Lage und des politisch Aufgabenhaltigen suchen und entdecken. Mit einem Satz: Die Perspektive der Mikrowelt muss erweitert werden zur Perspektive der *Makrowelt*, d.h. der Welt der Politik. Dann und nur dann erfüllt der Lernprozess das Kriterium der objektiven *Bedeutsamkeit*. Das Umgekehrte gilt aber auch: Das *Bedeutsame* aus der Makrowelt des Politischen muss in subjektive Betroffenheit übersetzt werden. Denn nur so spüren die Lernenden, dass die Politik sie existentiell *betrifft*.

Gleichwohl gebührt dem Kriterium der Bedeutsamkeit der didaktische Vorrang vor dem der Betroffenheit. Lerngegenstände sind also nur dann für die politische Bildung geeignet, wenn sie eine allgemeine politische Problemkonstellation enthalten. Es kann nicht genügen, allein subjektive Interessen und Bedürfnisse zum ausschlaggebenden Faktor bei der Wahl von Unterrichtsthemen zu machen. Dies ist schon allein deshalb nicht ausreichend, weil junge Menschen auch über Sachverhalte und Sichtweisen informiert werden müssen, die ihnen bislang nicht geläufig sind.

Die der Politik eigentümliche objektive Bedeutsamkeit stellt sicher, dass Probleme erörtert werden, die nicht nur die jeweilige Lerngruppe angehen, sondern viele Menschen, im äußersten Fall, bei globalen Themen, sogar die gesamte Menschheit. Das Kriterium der Bedeutsamkeit berechtigt schließlich auch dazu, Lerngegenstände einzuführen, die *nicht* im Erfahrungs- und Interessenbereich der Lernenden liegen (Gagel 2000, 168 ff.). Das aber heißt, dass die Schülerorientierung nicht das letzte didaktische Wort haben kann.

Trotz dieser Relativierung ist das didaktische Prinzip der Schülerorientierung nicht unwichtig. Es mahnt ganz grundsätzlich, Unterricht auch aus der Sicht der Lernenden zu betrachten. Es erinnert weiterhin daran, den Lernenden die Chance zur Artikulation ihres Vorverständnisses sowie ihrer Vorstellungen, Fragen und Ansprüche einzuräumen. Es fordert auch dazu auf, Deutungen, Interpretationen, Meinungen und Urteile der Lernenden ernstzunehmen. Schließlich legt es einen Unterrichtsstil nahe, der eher einer sokratischen Gesprächsführung gleicht als einer belehrenden Instruktion (Schelle 2005, 87 ff.).

---

[185] Betroffenheit kann allerdings auch zum Extrem gesteigert werden. Das ist der Fall, wenn es zur Mode wird, *betroffen* zu sein und andere *betroffen* zu machen. Insbesondere die politische Erwachsenenbildung ist nicht gefeit vor einer Tendenz zur *Subjektivierung*. Eine solche *Betroffenheitspädagogik* ist gekennzeichnet durch die Kultivierung des Ichs, das Lob der Nähe, die Verflüchtigung der Strukturen, die Entwertung des Kognitiven und die These, dass Beziehungen wichtiger seien als Inhalte. Aus dieser Entwicklung kann man die Folgerung ziehen, dass Betroffenheit als einziges didaktisches Auswahlkriterium von Politik wegführt und insofern politische Bildungsprozesse eher verhindert als fördert (Gagel 2000, 159 f.).

Handlungsorientierung

Eine erste Annäherung an das didaktische Prinzip der Handlungsorientierung bietet die vom Erziehungswissenschaftler Hilbert Meyer entwickelte Definition des handlungsorientierten Unterrichts. Diese nicht speziell auf die politische Bildung bezogene Definition lautet: „Handlungsorientierter Unterricht ist ein ganzheitlicher und schüleraktiver Unterricht, in dem die zwischen dem Lehrer und den Schülern vereinbarten Handlungsprodukte die Organisation des Unterrichtsprozesses leiten, so dass Kopf- und Handarbeit der Schüler in ein ausgewogenes Verhältnis zueinander gebracht werden können" (Meyer 1994, II 402). Handlungsorientierter Unterricht geht davon aus, dass Lernen nicht nur im Kopf stattfindet, sondern mit Kopf, Herz und Hand abläuft. Er baut weiterhin darauf, dass Menschen, insbesondere junge Menschen, neugierig sind, dass sie fragen und staunen können, dass sie ihre Umwelt erfahren und auf den Prüfstand der Experimentierlust stellen wollen (Meyer 1994, II 403).

Die Handlungsorientierung ist ein didaktisches Prinzip, das in scharfer Opposition zum dozierenden Lehren und rezeptiv-passiven Lernen steht. Unvereinbar ist es mit einem bloßen „Reden über etwas" und einem „Katechisieren von Lernstoff" (Klippert 1991, 9). Gegen einen „verkopften" Unterricht setzt das Prinzip ein Lernen, bei dem die Schüler möglichst selbstständig agieren und interagieren und dabei etwas produzieren. Deshalb steht es auch lehrerzentrierten Verfahrensweisen entgegen. Überhaupt fungiert der Lehrer eher als Moderator, Organisator und Berater, jedenfalls nicht als Vermittler zugerichteten Wissens.

Generell ist Handlungsorientierung nicht kompatibel mit einem Unterricht, der Begriffe und Wissensinhalte aus Büchern holt und als fertige Erkenntnisse vermittelt. Hingegen wird dem Prinzip Folge geleistet, wenn Lernende in aufgabenhaltige Situationen versetzt werden, die sie durch eigene Aktivitäten bewältigen müssen. Handlungsorientierung bedeutet weiterhin Verzicht auf inhaltliche Vollständigkeit und fachwissenschaftliche Systematik. Handlungsorientierung heißt, Gegenstände nach dem Prinzip des exemplarischen Lernens auszuwählen. Zusammenfassend lässt sich formulieren: Handlungsorientierung führt weg vom „reproduktiven Informationsunterricht" und führt hin zu einem „produktiven Explorationsunterricht" (Klippert 1988, 76).

Handlungsorientierter Unterricht soll zum Handeln befähigen. Eine Handlung ist eine zielgerichtete, also intentionale Tätigkeit. Sie ist eine proaktive oder reaktive Auseinandersetzung mit einer Situation bzw. mit einer Abfolge von Situationen. Eine Handlung beginnt auf der Basis einer Situationsdeutung. In der Handlung selbst sind Handlungsintention, Handlungsorganisation und Handlungsevaluation integrativ verflochten. Dies bedeutet: Die Befähigung zum Handeln schließt begrifflich die Erkenntnisleistungen mit ein, die sinngerichtetes Handeln erst ermöglichen. Handeln und Denken sind somit keine Gegensätze. Vielmehr setzt jede Aktion eine Kognition voraus. Handeln ist das Fortführen und Umsetzen von Denken (Gudjons 1994, 43).

Die Handlungsorientierung ist ein pädagogischer Hoffnungsträger, der Unterricht zu einer lebendigen und sinnvollen Veranstaltung machen kann. Für handlungsorientierte Lernprozesse spricht deshalb auch eine Reihe von Gesichtspunkten.

So lässt sich die Handlungsorientierung lernpsychologisch gut begründen. Lernen ist ein aktiver Prozess, der aus der Auseinandersetzung des Individuums mit seiner Umwelt erwächst. Die Grundform der Auseinandersetzung ist Handeln, Tätigsein, allgemein: Arbeit. Die handelnde, im wörtlichen Sinne *be-greifende* Auseinandersetzung mit den Dingen bildet die Basis für die Entwicklung des Denkens. Es spricht deshalb viel dafür, den Aktivitätscharakter des Lernens zu respektieren und zu fördern und entsprechende Lernbedingungen zu arrangieren (Terhart 1997, 175).

Die Handlungsorientierung ist eine pädagogische Antwort auf den tiefgreifenden Wandel des kulturellen Aneignungsprozesses von Kindern und Jugendlichen in einer Welt, in der die Erfahrungen aus zweiter Hand jene aus erster Hand zu überlagern beginnen. Es gibt immer weniger Gelegenheiten für anregende sinnlich-unmittelbare Erfahrungen im tätigen Umgang mit Dingen und Menschen. Daraus folgt, nach didaktischen Ansätzen zu suchen, welche Eigentätigkeit und Unmittelbarkeit unterstützen und nicht auf Sekundärerfahrung und das Konsumieren von Resultaten gerichtet sind, welche also einen handelnden Umgang mit Lerngegenständen ermöglichen und einen deutlichen Bezug zur Lebenswelt der Schüler aufweisen (Gudjons 1994, 12 f., 21).

Handlungsorientierte Lernprozesse vermögen wichtige Kompetenzen zu vermitteln. Da diese Lernprozesse stark durch Interaktionen und Kooperationen bestimmt sind, können bedeutsame soziale Tugenden gefördert werden, wie Rücksichtnahme, Umgang mit Dominanz und Zurückhaltung, Arbeit an Beziehungen und Kommunikation untereinander durch gemeinsamen Bezug auf eine Sache.

Sofern Politik den Gegenstand handlungsorientierter Lernprozesse bildet, erwerben Schüler Fähigkeiten, die ihnen ein späteres Handeln in Gesellschaft und Politik erleichtern. Sie können ein individuelles Handlungsrepertoire für die politische Meinungsbildung und die politische Auseinandersetzung in der Gesellschaft gewinnen (Massing 1998, 9).

Das Begriffswort Handlungsorientierung wird nicht selten in einem emphatisch-naiven Sinne verwandt. Dabei wird übersehen, dass der Begriff des Handelns einen sehr weiten Umfang hat und daher ziemlich leer ist. Handeln ist nämlich ein universell verbreiteter Sachverhalt. Schlechthin jedes menschliche Verhalten, mit dem ein subjektiver Sinn verbunden wird, ist Handeln. Handeln ist gewissermaßen unausweichlich. Es umfasst monologisches Schweigen und öffentliches Reden genauso wie aktives Tun.

Von dieser Problematik ist zwar nicht der didaktische Grundsatz, dafür aber das Begriffswort *Handlungsorientierung* betroffen. Gegen seine Verwendung gibt es erhebliche Vorbehalte. Denn jeder Unterricht ist durch Handeln geprägt. Selbst das erarbeitende Unterrichtsgespräch, das Herzstück des Lehrgangsunterrichts, ist handlungsorientiert, sind doch die Fragen des Lehrers und die Antworten der Schüler zweifellos Handlungen. Auch das Nachdenken im Unterricht ist eine Handlung.

Das ausschließlich kognitive Handeln ist nun aber gerade nicht das, was mit der Formel von der Handlungsorientierung gemeint ist. Deshalb ist es angebracht, nach einer treffenderen Bezeichnung zu suchen. *Lernen in Interaktion* könnte eine solche Bezeichnung sein (Reinhardt 2005a, 147). Dieses Begriffswort deckt nicht nur äußeres Tun ab, sondern umfasst ebenso kognitive Aktivitäten. Es schließt, zumindest indirekt, auch das Moment der gemeinsamen Verständigung über Ziele und Vorgehensweisen zur Bewältigung einer Aufgabe ein. Nun hat sich aber im allgemeinen Sprachgebrauch der Begriff Handlungsorientierung durchgesetzt. Es ist deshalb nur schwer vorstellbar, dass dieser wenig geeignete Begriff durch einen besser geeigneten abgelöst wird.

Die Handlungsorientierung ist ein didaktisches Prinzip und nicht lediglich eine Unterrichtsmethode. Gleichwohl wirkt sich die Handlungsorientierung wie kaum ein anderes didaktisches Prinzip auf die Wahl der Methoden aus. Sie setzt sich aus sieben Elementen zusammen: Ganzheitlichkeit, Öffnung der Schule, Produktorientierung, Schüleraktivität, Schülerinteressen als Ausgangspunkt des Lernprozesses, Lernen mit Kopf, Herz und Hand sowie Beteiligung der Schüler an Planung, Durchführung und Auswertung des Unterrichts.

Ganzheitlichkeit hat zwei Aspekte. Zum einen bezieht sie sich auf die Lernenden und meint dann ein Lernen mit Kopf, Herz und Hand. Ausgeschlossen werden soll mit dieser Maxime die Privilegierung einer Dimension. Zum anderen bezieht sich Ganzheitlichkeit auf die Gegenstände des Unterrichts und ist prinzipiell als Plädoyer für fächerübergreifenden Unterricht zu verstehen. Abgelehnt wird im Grunde die curriculare Zerstückelung der Realität nach den Kriterien fachwissenschaftlicher Zugänge (Grammes 1997b, 12).[186]

Öffnung von Schule bedeutet, den Unterricht zur Realität hin zu öffnen. Hiermit soll dem Sachverhalt entgegengewirkt werden, dass die Erfahrungen aus zweiter Hand, d.h. aus den Medien, jene aus erster Hand überlagern. Die originale Begegnung ist pädagogisch wertvoller als die symbolische Repräsentation.

Es gibt drei Möglichkeiten, die Schule zu öffnen: Man sucht außerschulische Lernorte auf, um Erfahrungen mit den dort vorhandenen Wissensbeständen und Handlungsweisen zu machen. Außerschulische Lernorte erfordern vom Lehrenden allerdings eine intensive Vorbereitung, da sie nicht didaktisiert sind. Geeignete Methoden für das Lernen außerhalb der Schule sind die Erkundung, die Befragung und das Praktikum. Man kann auch außerschulische Lernorte in den Unterricht hineinholen. Die einschlägige Methode hierfür ist die Expertenbefragung. Und schließlich kann man außerschulische Lernorte simulieren. Als Methoden kommen Rollen-, Plan- und Konferenzspiele in Betracht (Grammes 1997b, 21).

Produktorientierung meint, dass am Ende eines Unterrichtsvorhabens ein Ergebnis stehen muss, das Gebrauchs- oder Mitteilungswert für die Lernenden hat. Das Ergebnis kann in einem inneren oder einem äußeren Produkt bestehen. *Innere* Produkte sind Kenntnisse und Fertigkeiten, *äußere* Produkte sind Gegenstände und Aktionen wie Ausstellungen oder Aufführungen.

Das Produkt muss einen Bezug zur Politik aufweisen, wenn es nicht beliebig sein soll. Politik besteht im Kern in der verbindlichen Entscheidung streitiger Angelegenheiten. Der Politikunterricht kann natürlich nicht selbst Entscheidungen fällen, er kann aber über Entscheidungen reflektieren. Produktorientierung könnte also heißen, Entscheidungsfindungsprozesse im Klassenzimmer zu repräsentieren (Grammes 1997b, 27). Dies lässt sich methodisch in Gestalt eines Streitgesprächs oder einer Entscheidungssimulation umsetzen. Die Abläufe können aufgezeichnet und veröffentlicht werden.

Bei der *Schüleraktivität* geht es um die Selbsttätigkeit der Schüler in der Absicht, Selbstständigkeit und Verantwortlichkeit zu fördern. Dieser Aspekt der Handlungsorientierung trägt Züge einer Vorbereitung der Lernenden auf die Wahrnehmung der Bürgerrolle in der Demokratie. Denn von den Bürgern werden selbstständiges Denken und das Gefühl einer Verantwortung für das Wohl des Gemeinwesens erwartet. In dieser Hinsicht ist die Schüleraktivität in besonderer Weise didaktisch legitimiert.

Die Schüleraktivitäten drücken sich generell in *kommunikativen Akten* sowie spezifisch in *materieller* und *geistiger Produktion* aus. Beispiele für kommunikative Akte sind der Gedankenaustausch, der Diskussions- und Redebeitrag sowie das Planungsgespräch. Beispiele für Produktionen (unterschiedlichsten Niveaus) sind der Vortrag, die Tabelle, das Schaubild, das Plakat, die Wandzeitung, die Reportage, das Hörspiel, das Video, die Fotodokumentation und die Ausstellung.

Grundsätzlich können sich die Schüleraktivitäten auf zwei Handlungsebenen abspielen, nämlich auf der realen sowie auf einer simulierten Ebene. Auf die *reale* Ebene beziehen sich Ak-

---

[186] Tilman Grammes hat noch eine weitere Interpretation der Ganzheitlichkeit vorgelegt, die sich direkt auf die politische Bildung bezieht. Hiernach bedeutet Ganzheitlichkeit die integrative Berücksichtigung der drei Kontexte Alltag, politische Ordnung (Organisationen und Institutionen) und Sozialwissenschaften. Integration soll heißen, dass die drei Kontexte in Beziehung gesetzt werden und dabei ihre Unterschiede sowie ihre Abhängigkeiten deutliche Konturen gewinnen. So soll die politische Bildung vorbereiten auf die Bewältigung des Alltagslebens, auf das Verständnis der politischen Ordnung sowie auf die Anwendung sozialwissenschaftlicher Wissensbestände und Methoden (Grammes 1997b, 13).

tivitäten wie die Erkundung, die Expertenbefragung, das Straßeninterview und die Sozialstudie. *Simulativ* sind dagegen Aktivitäten spielerischen Charakters wie Rollen-, Entscheidungs-, Plan- und Konferenzspiele. Aber auch die Pro-Contra-Debatte, die Talkshow und die Zukunftswerkstatt sind der simulativen Ebene zuzuordnen (Klippert 1991, 12 f.).

Schülerinteressen als Ausgangspunkt des Lernprozesses zu nehmen gehört zu den Kernmerkmalen und zugleich zu den am schwierigsten zu erfüllenden Bedingungen der Handlungsorientierung. Der Sinn dieser Forderung ist klar: Es soll einerseits Motivation aufgebaut und andererseits verhindert werden, dass eine Distanz der Lernenden zum Gegenstand auftritt. In der Praxis ist es jedoch heikel, die Schülerinteressen zu ermitteln. Denn es muss nicht unbedingt authentisch sein, was Schüler als ihre Interessen ausgeben. Außerdem können die Interessen divergieren. Ungünstig ist es daher, wenn der Lehrer einfach danach fragt, was die Schüler interessiert.[187]

Die von Pestalozzi stammende Maxime *Lernen mit Kopf, Herz und Hand*, nicht identisch mit der populären Formel vom *Lernen mit allen Sinnen*, richtet sich insbesondere gegen die traditionelle Hochschätzung des *Kopfes*, also des Denkens. Ihr Argument für die *Hand* lautet, dass das praktische Handeln die geistige (Vor-)Arbeit anwendet und gewissermaßen vollendet. Das *Herz* steht für die emotional-affektive Beteiligung an Handlungen des Kopfes oder der Hand. Diese Beteiligung fördert das Einlassen auf Lernprozesse.

Es gibt verschiedene Möglichkeiten, dem Erfordernis der emotionalen Beteiligung gerecht zu werden. Zum einen sind Lernarrangements geeignet, in denen nicht nur gedacht, agiert und interagiert wird, sondern auch *Affekte* und *Emotionen* zu ihrem Recht kommen. Rollenspiele, aber auch Planspiele entsprechen diesem Erfordernis in hohem Maße. Zum anderen ist an die räumliche Lernumgebung zu denken. Politik findet in Räumen statt, die ganz verschiedene Gefühle auslösen. Die Sitzordnung eines Parlaments, das Rednerpult sowie die im Plenarsaal angebrachten Symbole der staatlichen Einheit bewirken andere Emotionen als die räumliche Anordnung in einem Gerichtssaal. Ebenso werden in einem verräucherten, mit Plakaten behängten Versammlungssaal während des Wahlkampfes ganz andere Stimmungen geweckt als in dem sachlich-nüchtern gestalteten und mit Akten gefüllten Büro eines Abgeordneten. Es ist sinnvoll, diese die Physiognomie der Politik stark bestimmenden Äußerlichkeiten bei der Gestaltung von Lernumgebungen zu berücksichtigen. Auf diese Weise wird die Authentizität der entsprechenden Lernvorhaben deutlich erhöht.[188]

Die *Beteiligung der Schüler an Planung, Durchführung und Auswertung des Unterrichts* ist kein spezifisch politikdidaktischer, sondern ein allgemein pädagogischer Grundsatz. Dennoch gibt es einen Bezug zu den Zielen der politischen Bildung, nämlich zur Demokratieerziehung. Wenn Lehrer und Schüler sich gemeinsam über Ziele, Verfahren und die Ergebnisbeurteilung des Unterrichts verständigen müssen, verlangt dies eine *symmetrische Kommunikationsstruktur*. In einer solchen Struktur kann man den Vorschein von Demokratie sehen, denn die De-

---

[187] Ein anregender Vorschlag, diese Schwierigkeit zu bewältigen, stammt von Tilman Grammes. Er schlägt vor, in einer *mäeutischen* Einstiegsphase vorhandene Deutungsmuster zum Unterrichtsthema im Gespräch freizulegen. Die Schüler werden aufgefordert, sich zu einem vorgelegten Bild oder einer vorgetragenen Provokation zu äußern. Die dabei artikulierten Deutungsmuster geben dem Lehrer Informationen über Anknüpfungsmöglichkeiten und über den didaktisch weiter einzuschlagenden Weg. Voraussetzung dieses Verfahrens ist, dass der Lehrer das Unterrichtsthema bereits festgelegt hat (Grammes 1997b, 42).

[188] Von Tilman Grammes stammt die Anregung, in den Schulen Lernbüros für politische Bildung einzurichten, in denen die Physiognomie der Politik sinnlich widergespiegelt wird. Ein solches Lernbüro fungierte dann als Fachraum für politische Bildung, ähnlich den Fachräumen für den naturwissenschaftlichen und den fremdsprachlichen Unterricht (Grammes 1997b, 36, 38).

mokratie basiert auf dem Gleichheitsgedanken.
Schwierig ist die Auswertung handlungsorientierten Unterrichts im Hinblick auf die Bewertung von Schülerleistungen. Rein äußerliche Fähigkeiten wie die Darstellungskunst bei einem Rollenspiel, das handwerkliche Geschick bei der Zusammenstellung einer Präsentation oder das dominante Verhalten in einem Konferenzspiel sollten nicht Gegenstand einer Bewertung sein. Bewertet werden sollten dafür die Qualität von Argumenten und die Reflexionstiefe, die man fertigen Produkten ansehen kann (Grammes 1997b, 44 ff.).

Die Handlungsorientierung ist ein beachtenswertes didaktisches Prinzip mit einer Reihe von Vorzügen. So kann man davon ausgehen, dass Lernende sich mit einem Unterricht identifizieren, an dessen Planung und Durchführung sie aktiv beteiligt worden sind. Auch ist die These empirisch gesichert, dass Menschen besser lernen und das Gelernte länger behalten, wenn sie es selbst erlebt haben bzw. am Zustandekommen der Lernergebnisse maßgeblich mitgewirkt haben. Weiterhin integriert handlungsorientiertes Lernen inhaltlich-fachliches, methodisch-strategisches und sozial-kommunikatives Lernen. Handlungsorientierung ist auch nicht bloßes Tun bzw. bloße Spielerei. Erst die Verknüpfung des Tuns mit kognitiver Verarbeitung, Distanzierung und Bewertung, also die Einbringung von Reflexivität, macht Handlungsorientierung aus. Schließlich fördert Handlungsorientierung die Methodenkompetenz, müssen die Lernenden doch methodisch einfallsreich sein und die gewählten Methoden auch selbst praktizieren.

Die Handlungsorientierung weist aber auch einige Probleme auf. So wird im Unterschied zum Lehrgangsunterricht vom Lehrer sehr viel mehr Arbeit verlangt. Diese Mehrbelastung resultiert vor allem aus dem hohen organisatorischen Vorbereitungsaufwand. Handlungsorientierter Unterricht sprengt auch fast immer den Rhythmus des in Stunden eingeteilten Schultages und ist deshalb häufig nicht durchführbar. Dies ist zwar kein pädagogischer, dafür aber ein pragmatischer Einwand. Weiterhin leitet sich der unterrichtliche rote Faden aus dem angestrebten Handlungsprodukt her und nicht unbedingt von der Sach- und Fachstruktur. Das kann dazu führen, dass die der politischen Bildung aufgegebene kategoriale Bildung in den Hintergrund gedrängt wird. Schließlich besteht immer die Gefahr, dass Begeisterung und Schwung auf die Durchführungsphase beschränkt bleiben und die Reflexion zu kurz kommt. Nicht ausgeschlossen ist auch vordergründiger Aktionismus, der den Schülern zwar Spaß macht, aber inhaltlich fruchtlos bleibt.

Somit bleibt festzuhalten, dass der Handlungsorientierung und den ihr entsprechenden methodischen Arrangements keinesfalls eine didaktische Monopolstellung zukommt. Der auf Systematik angelegte Lehrgangsunterricht hat weiterhin seine Berechtigung. Dasselbe gilt für exemplarisch angelegte Fallanalysen und Fallstudien. Andererseits sollte die Handlungsorientierung aber einen angemessenen Platz im schulischen Unterricht erhalten. Anwenden lässt sie sich insbesondere in Projektwochen.

Wissenschaftsorientierung

Wissenschaftsorientierung bedeutet, dass das in der politischen Bildung vermittelte Wissen sozialwissenschaftlich zuverlässig sein muss. Wissenschaftsorientierung bedeutet hingegen nicht, dass nur wissenschaftliches Wissen Lerngegenstand sein darf. Von bestimmten Lerngelegenheiten in der Sekundarstufe II der Gymnasien abgesehen fungiert die politische Bildung nämlich nicht als sozialwissenschaftliche Propädeutik. Schließlich ist es auch nicht Aufgabe der politischen Bildung, auf ein sozialwissenschaftliches Studium vorzubereiten.

Die Wissenschaftsorientierung gewährleistet, dass wissenschaftliche Forschungsergebnisse und Theorien zutreffend dargestellt werden. Sie stellt sicher, dass Fachbegriffe richtig gebraucht werden. Sie sorgt dafür, dass keine für das Verständnis eines Gegenstandes wesentlichen wissenschaftlichen Erkenntnisse ausgeblendet werden. Sie verhindert, dass als widerlegt geltende Tatsachenbehauptungen verbreitet werden. Sofern Lernende selbst forschend lernen, müssen die Methoden, mit denen sie dies tun, wissenschaftlich verantwortbar sein (Sander 2001, 129).

Wissenschaftsorientierung bedeutet in didaktischer Hinsicht, ein zutreffendes Bild von den Wissenschaften zu vermitteln. So gelten die Wissenschaften zwar als Quelle für die Inhalte und als Maßstab für das Falsche und Richtige, es muss aber vermittelt werden, dass wissenschaftliche Erkenntnisse immer nur relativ und vorläufig gesichertes Wissen hervorbringen. In den Wissenschaften werden häufig unterschiedliche und kontroverse Auffassungen vertreten. Daraus folgt, das wissenschaftlich Umstrittene im Unterricht auch als umstritten darzustellen. Trotz seiner Vorläufigkeit und Unsicherheit ist wissenschaftliches Wissen methodisch gewonnenes Wissen. Dies unterscheidet es grundsätzlich vom Alltagswissen und begründet seine Vorzugswürdigkeit. Speziell sozialwissenschaftliches Wissen zeichnet sich außerdem dadurch aus, dass es systemisches Wissen über die Umwelt bereithält. Selbst wenn man also respektiert, dass das Alltagswissen alltägliche Lebenssituationen zu bewältigen vermag und deshalb durchaus eine Berechtigung in sich trägt, gilt es doch, die Brauchbarkeit wissenschaftlichen Wissens als Wissen zur kognitiven Orientierung in der von Systemen geprägten Umwelt gebührend zu betonen (Gagel 2005, 157 f., 163, 166 f.).

13.2 Grundlegendes über Unterrichtsmethoden in der schulischen politischen Bildung

Unterrichtsmethoden dienen der Inszenierung von Lernprozessen. Sie geben Auskunft über die Modalitäten, die bei der Erarbeitung oder Bearbeitung eines Themas zur Anwendung kommen. Methoden sind ein vielschichtiges Phänomen. So können sie sich auf die *Makrostruktur* des Unterrichts beziehen. Sie kennzeichnen dann den Lehr- und Lernweg einer ganzen Unterrichtseinheit bzw. eines komplexen Lernvorhabens. Sie können sich aber auch auf die *Mikrostruktur*, d.h. auf die Gestaltung einer Unterrichtsstunde oder gar nur einzelner Abschnitte einer Stunde, beziehen. Konkrete unterrichtliche Interaktionen sowie die Werkzeuge oder Arbeitstechniken zur Erschließung von Gegenständen sind nicht selbst Unterrichtsmethoden, sondern stellen deren kleinste Bestandteile dar.

Unterrichtsmethoden setzen sich aus verschiedenen Elementen zusammen. So wird im Unterricht immer irgendwie gehandelt. Die unterrichtlichen *Handlungsformen* wiederum sind durch bestimmte *soziale Beziehungsmuster* gekennzeichnet. Unterricht hat schließlich auch eine Zeitstruktur. Das bedeutet, dass Methoden spezifische *Verlaufsformen* aufweisen.

Methoden sind seit jeher ein wichtiger Gegenstand allgemeindidaktischer Theoriebemühung. Die Funktion der Fachdidaktiken ist es, die generellen Überlegungen zu den Unterrichtsmethoden auf die spezifischen Belange der jeweiligen Fächer zu übertragen. Diese Funktion obliegt damit auch der Wissenschaft von der politischen Bildung.

Die Terminologie zur Unterrichtsmethodik ist insgesamt nicht einheitlich. Auch in sachlicher Hinsicht ist die Terminologie nicht in jeder Hinsicht befriedigend.[189]

---

[189] Diese Lage zwingt zur Konstruktion einer Begrifflichkeit, die den Gegebenheiten so nahe wie möglich zu kommen versucht. Wer dies tut, kann jedoch nicht sofort auf allgemeine Zustimmung rechnen.

Reflexionsebenen der Unterrichtsmethodik

Die theoretische Reflexion des Methodenaspekts von Unterricht wird als *Unterrichtsmethodik* bezeichnet. Unterrichtsmethodische Reflexionen finden auf drei Ebenen statt. Diese Ebenen dürfen nicht miteinander verwechselt werden, da sie das methodische Handeln auf unterschiedlichen Abstraktionsniveaus beleuchten.

Auf der *oberen* Ebene befasst sich die Methodik mit der *Makrostruktur* des Unterrichts, d.h. mit den spezifischen *Lehr- und Lernwegen* oder *methodischen Großformen* eines Unterrichtsfaches. Man spricht auch von *Makromethoden, Methodenkonzeptionen* oder *Lehrmodellen*. Gemeint sind jeweils typologische Modelle oder umfassende Entwürfe unterrichtlicher Handlungszusammenhänge, die im Regelfall einer Unterrichtseinheit oder einem Lernvorhaben die spezifische didaktische Prägung verleihen. Makromethoden können aber auch eingesetzt werden, um nur Abschnitte eines Lernvorhabens zu gestalten. Ein solches Lernvorhaben ist dann durch die Abfolge mehrerer Makromethoden gekennzeichnet.
Makromethoden unterscheiden sich durch die Kommunikationsstruktur, den Lernmodus, die fachspezifische Aufgabenerfüllung, die Struktur des Lehr-Lern-Prozesses und das Ausmaß der Planbarkeit. Aufgrund dieser Unterschiede lässt sich nicht mit jeder Makromethode jede didaktische Absicht verwirklichen. Vielmehr ist es so, dass jede Makromethode immer nur bestimmte Aspekte des Aufgabenspektrums eines Unterrichtsfaches abdeckt.

Es gibt in der politischen Bildung nicht sehr viele Makromethoden. Im Wesentlichen lassen sich fünf *Grundformen* nennen. Diese Grundformen sind der *systematische Lehrgang*, die *exemplarische Fallmethode*, die *explorative Untersuchung*, das *wirklichkeitssimulierende Spiel* und die *kooperative Produktion*. Jede dieser Grundformen kennt *Varianten*, so dass die politische Bildung über eine Palette von etwa fünfzehn Makromethoden verfügt. Die Zuordnung der Varianten zu den Grundformen bereitet mitunter Probleme. Denn es kommt vor, dass die Varianten der einen Grundform auch Merkmale einer anderen Grundform aufweisen.

Auf der *mittleren* Ebene befasst sich die Methodik mit der *Mikrostruktur* des Unterrichts, also mit Inszenierungstechniken zur Gestaltung von Unterrichtsphasen. Mikromethoden können eine ganze Unterrichtsstunde strukturieren. Sie können aber auch kürzer sein und dann beispielsweise nur die Einstiegs- oder die Erarbeitungsphase prägen. Mikromethoden können innerhalb von Makromethoden zum Einsatz kommen. Sie können aber auch eigenständig eingesetzt werden, um Stunden außerhalb makromethodisch bestimmter Unterrichtseinheiten zu gestalten. Mit einer Mikromethode lässt sich jedenfalls keine ganze Unterrichtseinheit bestreiten. Nicht ganz unbedenklich ist es, dass in der unterrichtlichen Praxis der Einsatz von Mikromethoden häufig aus rein motivationspsychologischen und nicht aus didaktischen Gründen erfolgt.

Viele Mikromethoden sind nicht speziell auf die politische Bildung bezogen. Das schließt aber nicht aus, dass sie für Zwecke der politischen Bildung didaktisiert werden können.[190]

---

[190] Beispiele hierfür sind das Brainstorming und das Fish-Bowl. Beim *Brainstorming* äußern die Teilnehmer ihre Gedanken zu einem Thema. In der Regel halten sie die Einfälle in Gestalt von Stichworten an der Tafel oder auf einer Wandzeitung fest. Nach dieser Kreativphase werden in einer Auswertungsphase die Einfälle erläutert, geordnet und bewertet.
Ein *Fish-Bowl* (Aquarium) ist ein Verfahren zum Austausch von Gruppenarbeitsergebnissen zu Themen, die eine Diskussion zulassen. Die Sprecher der Arbeitsgruppen sitzen mit einem Moderator (Lehrer) in einem Innenkreis. Ein zusätzlicher freier Stuhl befindet sich ebenfalls im Innenkreis. Die übrigen Schüler sitzen in einem Außenkreis. Die Gruppensprecher tragen ihre jeweiligen Arbeitsergebnisse vor. Jeder Schüler kann direkt im Anschluss an einen Bericht das Wort ergreifen, sei es, dass er den Bericht ergänzen möchte, sei es, dass er eine widersprüchliche Position vortragen will. Zu diesem Zweck wechselt er vom Außenkreis auf den freien Stuhl im Innenkreis. Nach der Intervention

13. Didaktische Prinzipien und methodische Zugangsweisen der politischen Bildung

Eine gerade für Zwecke der politischen Bildung besonders geeignete Mikromethode ist das *Rollenspiel*.[191] Überhaupt sind Spiele in vielen unterrichtlichen Zusammenhängen einsetzbare Mikromethoden. In ihnen kommt auch besonders klar zum Ausdruck, dass Methoden Inszenierungen sind.
So gibt es eine Reihe *aktivierender* Methoden mit spielerischem Charakter, die bei geschickter Aufbereitung die politische Bildung bereichern können. Hierzu zählen die Streitlinie, das Positionenspiel und das Prioritätenspiel (Gugel 1994, 140 ff.).[192] Es gibt *assoziative* Mikromethoden zur Gestaltung von Einstiegen. Sie nehmen ihren Ausgangspunkt von Illustrationen, Texten, akustischen Signalen, Kartenspielen oder Denkanstößen des Lehrenden und versuchen, bei den Lernenden Assoziationen zu wecken (Scholz 2004, 104). Wiederum andere Mikromethoden nutzen die Wirkung, die speziell von *Bildern* ausgeht. Hierzu gehören das Konzipieren und Herstellen von Plakaten, Collagen und Fotomontagen, das Entwerfen und Verfremden von Symbolen, die Visionengalerie[193] und die sogenannte Karikaturenrallye (Gugel 1994, 198 ff.). Schließlich gibt es *szenische* Spielformen. Sie reichen von der szenischen Improvisation und dem Bauen eines Standbildes über das szenische Umsetzen von Textvorlagen und das Durchspielen offener Schluss- oder Entscheidungssituationen bis hin zur Kabarettszene mit ihren Überbetonungen und Verfremdungen (Scholz 2004, 154 f.).

Auf der *unteren* Ebene befasst sich die Methodik mit den *kleinsten* Elementen des Unterrichts. Diese Elemente konstituieren den konkreten Ablauf des Unterrichtsprozesses. Es sind zum einen Interaktionseinheiten und zum anderen Arbeitstechniken oder Werkzeuge zur Be-

---

wechselt der Schüler wieder in den Außenkreis und gibt damit anderen Schülern Gelegenheit, das Wort zu ergreifen.

[191] Das Rollenspiel kann, wenn auch selten, sogar als Makromethode eingesetzt werden. Deshalb und weil es den Archetypus des wirklichkeitssimulierenden Spiels bildet, wird es in den Ausführungen über das Spiel in Abschnitt *13.3 Die Makromethoden der schulischen politischen Bildung* näher vorgestellt.

[192] Die *Streitlinie* ist einsetzbar bei einem kontroversen Gegenstand, der viele Aspekte enthält. Die Lerngruppe wird in zwei Hälften geteilt. Jedem Schüler steht ein anderer im Abstand einer Armlänge gegenüber. Die Streitfrage wird nun im Partnerdialog ausgetragen. Die Spielleitung (Lehrer) hat vorher festgelegt, welche Linie welche Position vertritt. Denkbar ist es, dass die Spielleitung nach einiger Zeit einen Rollenwechsel anordnet.
Beim *Positionenspiel* übernimmt jeweils ein Schüler eine Pro- bzw. eine Contra-Position zu einem streitigen Gegenstand. Beide Schüler müssen ihre Argumentation sorgfältig vorbereiten. Der Pro-Redner stellt sich in die eine Ecke, der Contra-Redner in die gegenüberliegende Ecke des Raumes. Alle übrigen Schüler halten sich in der Mitte des Raumes auf. Nun tragen die beiden Redner abwechselnd je ein Argument vor. Die Zuhörer verändern nach jedem Argument je nach Zustimmung oder Ablehnung ihren Standort im Raum. Sie können aber auch stehen bleiben, wenn sich der Grad der Zustimmung bzw. Ablehnung nicht geändert hat. Sich auf einen Redner zuzubewegen bedeutet Zustimmung, sich wegzubewegen Ablehnung. Es wird also auf jedes Argument mit Bewegung oder Stehenbleiben reagiert. Nach dem Austausch von zehn bis zwölf Argumenten wird das Spiel abgebrochen. An der Stellung und Verteilung der Zuhörer lässt sich die Überzeugungskraft der Positionen ablesen.
Das *Prioritätenspiel* macht Einstellungen zu einem Thema deutlich und zwingt dazu, diese zu begründen und mit anderen auszutauschen. Es werden Gruppen zu vier bis sechs Schülern gebildet. Jede Gruppe erhält zu einem politischen Gegenstand zehn Aussagen (Begriffe, Statements). Die Aufgabe besteht darin, vier Aussagen ersatzlos zu streichen und die restlichen sechs in eine Reihenfolge von 1 bis 6 zu bringen, wobei 1 die wichtigste Aussage bedeuten soll. Die Gruppen erhalten die Vorgabe, zu einer einhelligen Auffassung zu gelangen. Nach der Gruppenarbeit werden die Ergebnisse im Plenum vorgestellt und begründet.

[193] In der *Visionengalerie* werden Zukunftsvorstellungen bildhaft ausgedrückt. Jeder Schüler malt auf einem großen Blatt Papier seine Zukunftsvorstellung. Die Arbeitsanweisung kann sehr offen sein und beispielsweise lauten: „Wie stellst du dir unsere Zukunft in vierzig Jahren vor?" Sie kann aber auch konkret sein und nach dem Aussehen der eigenen Gemeinde in zehn Jahren fragen.

wältigung konkreter Aufgaben.
Interaktionseinheiten sind mit Sinn und Bedeutung belegte Routinehandlungen des Unterrichts wie beispielsweise das Vormachen, das Zuhören, das Beobachten, das Fragen, das Antworten, das Geben eines Impulses oder das Erteilen eines Arbeitsauftrages. Die Interaktionseinheiten bestimmen den Alltag des Unterrichts.
Arbeitstechniken sind beispielsweise das Schreiben, das Lesen, das Rechnen, das Berichten, das Erklären und das Interpretieren. Zu den *spezifischen* Arbeitstechniken der politischen Bildung gehören das Auswerten einer Quelle, einer Statistik oder eines Schaubildes, das Interpretieren einer Karikatur, eines Plakates oder eines politischen Textes, das Gestalten einer Wandzeitung, das Schreiben eines Leserbriefes, das Moderieren einer Diskussion und das Interviewen einer Person (Ackermann/Gaßmann 1991, 6 ff.). Die Arbeitstechniken müssen von den Lernenden beherrscht werden, wenn die Makromethoden mit der Aussicht auf Erfolg zum Einsatz kommen sollen.

Elemente von Unterrichtsmethoden

Jede Unterrichtsmethode setzt sich aus den drei Elementen *Handlungsform*, *Sozialform* und *Verlaufsform* zusammen. In den Makromethoden kommt eine Mehrzahl von Handlungsformen und Sozialformen zur Geltung. Die Verlaufsform, d.h. die zeitliche Phasengliederung des Unterrichts, ist in den Makromethoden zwar nicht genau festgelegt, dennoch kann man sagen, dass jede Makromethode eine bestimmte Verlaufsform favorisiert. In den Mikromethoden sind hingegen die Handlungs-, die Sozial- und die Verlaufsform genau bestimmt (Meyer 1994, I 145 f.).
Mit den *Handlungsformen* sind die Formen und Verfahren der vom Lehrer und von den Schülern im Unterricht geleisteten Arbeit zwecks Aneignung von Wirklichkeit gemeint. Man könnte deshalb auch von *Arbeitsformen* oder *Aktionsformen* sprechen.
Handlungsformen werden leicht mit *Mikromethoden* verwechselt. Denn in den Mikromethoden dominiert der Handlungsaspekt. Handlungsformen sind jedoch nicht das Ganze, sondern nur ein Element jeder methodischen Inszenierung. Handlungsformen haben einen definierten Anfang, eine innere Zielgerichtetheit und zumeist auch ein klar definiertes Ende. Durch häufige Anwendung werden sie mit der Zeit routinisiert und ritualisiert. Lehrende und Lernende wissen dann, was sie tun müssen und was von ihnen erwartet wird. In solchen Fällen könnte man auch von *Handlungsmustern* sprechen.
Typische Handlungsformen sind Gespräche, Referate, Debatten, Befragungen, Textarbeit, Experimente und Mitschriften (Meyer 1994, I 124 ff.).

Die *Sozialformen* regeln die Beziehungsstruktur des Unterrichts. Da es fast immer um ein Lernen mit anderen geht, könnte man auch von *Kooperationsformen* sprechen. Die Sozialformen haben einen räumlichen und einen Kommunikation und Interaktion regelnden Aspekt. In räumlicher Hinsicht wird die Beziehung der Lernenden untereinander und zum Lehrer vor allem durch die Sitzordnung bestimmt. So können eine streng nach vorn ausgerichtete Bankordnung einen lehrerzentrierten Frontalunterricht, eine Anordnung nach Gruppentischen einen Gruppenunterricht und ein Sitzkreis einen die Gleichheit aller Teilnehmer unterstreichenden Klassenunterricht nahelegen. Hinsichtlich der Kommunikations- und Interaktionsstruktur unterscheidet man Frontalunterricht (oder Klassenunterricht)[194], Gruppenunterricht, Partnerarbeit und Einzelarbeit. Weitere Möglichkeiten gibt es nicht (Meyer 1994, I 136 ff.).

---

[194] Im Gegensatz zum Wort *Klassenunterricht* enthält das Begriffswort *Frontalunterricht* einen abwertenden Akzent. Viele Benutzer assoziieren mit diesem Wort eine starke Lehrerzentriertheit. Die Verwendung des Wortes *Frontalunterricht* geht dann einher mit einer Kritik oder Ablehnung dieser Sozial-

Die *Verlaufsformen* bezeichnen den zeitlichen Ablauf des Unterrichts. Gelegentlich wird auch von *Unterrichtsschritten*, *Artikulationsmustern* oder einfach vom *methodischen Gang* des Unterrichts gesprochen.
Der klassische Ablauf einer einzelnen Unterrichtsstunde wie auch einer ganzen Unterrichtseinheit besteht aus den Schritten Einstieg, Erarbeitung, und Ergebnissicherung. Jeder Schritt erfüllt bestimmte Funktionen. So soll der *Einstieg* Vorkenntnisse und Vorerfahrungen in Erinnerung rufen, eine Orientierung über den geplanten Ablauf geben, Interesse und Aufmerksamkeit auf das neue Thema lenken und eine Fragehaltung wecken. In der *Erarbeitung* arbeiten die Lernenden sich in einen neuen Sinn-, Sach- oder Problemzusammenhang ein, um Sach- und Fachkompetenz aufzubauen. In der Regel wenden sie dabei das Gelernte auf neue Sachverhalte an, vollbringen somit eine geistige Transferleistung. Daneben bauen sie eine Methodenkompetenz auf und verbessern ihre soziale und kommunikative Kompetenz. Die *Ergebnissicherung* dient der Protokollierung und Dokumentation der Unterrichtsergebnisse. Dadurch wird die Verbindlichkeit der Unterrichtsarbeit gesichert. Die Ergebnissicherung dient weiterhin der Übung und Vertiefung der von den Lernenden angeeigneten Kenntnisse, Fähigkeiten und Fertigkeiten (Meyer 1994, II 122 ff., 151, 165 f.).

Der Unterricht erhält einen einsichtigen und nachvollziehbaren Aufbau, wenn er dem methodischen Grundrhythmus von Einstieg, Erarbeitung und Ergebnissicherung folgt. Der Dreischritt weist allerdings einen recht hohen Grad von Lehrerzentriertheit auf. Aber selbst wenn dies vermieden werden soll, kommt der Lehrende nicht daran vorbei, in jeder Unterrichtsstunde den Unterrichtsablauf zeitlich zu strukturieren. Ein gewisse Ausnahme bilden selbstorganisierte Lernprozesse der Schüler.

Der methodische Gang des Unterrichts kann groß- oder kleinschrittig angelegt sein. Das Unterrichtstempo kann hoch, aber auch langatmig sein. Es kann beschleunigt, aber auch entschleunigt werden (Meyer 1994, I 130 ff.).

Weiterhin kann der Unterrichtsgegenstand nach ganz unterschiedlichen Gesichtspunkten strukturiert werden. Die jeweilige Struktur bestimmt ganz entscheidend den Ablauf der Erarbeitungsphase.
So kann der Ablauf *synthetisch* (Teile zu einem Ganzen zusammensetzend) oder *analytisch* (ein Ganzes in seine Teile zergliedernd) angelegt sein. Er kann vom Einfachen zum Komplizierten oder vom Komplizierten zum Einfachen führen. Er kann vom Vertrauten zum Fremden oder vom Fremden zum Vertrauten führen. Er kann vom Eindeutigen und Gewissen zum Zweideutigen und Ungewissen, Widersprüchlichen und Paradoxen führen. Er kann vom Abstrakten zum Konkreten oder vom Konkreten zum Abstrakten führen. Er kann *deduktiv* (von der grundsätzlichen Klärung eines Sachverhaltes zu Beispielen und Anwendungen führend) oder *induktiv* (aus Einzelheiten und konkreten Anwendungen auf das Allgemeine schließend) angelegt sein (Meyer 1994, II 110).

Kriterien zur Klassifizierung von Unterrichtsmethoden

Unterrichtsmethoden lassen sich nach verschiedenen Gesichtspunkten klassifizieren. Die Klassifizierungen verleihen den fünf makromethodischen Grundformen der politischen Bildung ihr spezifisches Profil.

---

form. Der Frontalunterricht muss jedoch nicht lehrerzentriert sein. Er kann einhergehen mit einem hohen Maß an Schüleraktivität.

Nimmt man als Kriterium die Struktur des Lehr-Lern-Prozesses, lassen sich die Methoden danach unterscheiden, ob sie einen linearen oder einen konzentrischen Unterricht begründen. Eine *linearer* Unterricht liegt vor, wenn der Lehrprozess nach einem festen kognitiven Schema von Sachverhalt zu Sachverhalt schreitet. Ein *konzentrischer* Unterricht zeichnet sich dadurch aus, dass ein Problem oder eine Aufgabe im Mittelpunkt steht, zu deren Lösung auf jeweils geeignete Instrumente und Informationen zurückgegriffen wird. Mit Ausnahme des Lehrganges etablieren alle anderen Makromethoden der politischen Bildung einen konzentrischen Unterricht.

Nimmt man als Kriterium das Ausmaß der Planbarkeit, lassen sich geschlossene und offene Methoden unterscheiden. *Geschlossen* ist eine Methode, wenn die Unterrichtsschritte in einem hohen Maße planbar sind. Bei einer geschlossenen Methode ist auch der zu veranschlagende Zeitraum weitgehend kalkulierbar. *Offen* ist eine Methode, wenn nur der Anfang geplant werden kann, weil der weitere Verlauf vom Lernprozess abhängig ist. Dies bedeutet, dass die Dauer einer thematischen Auseinandersetzung ebenfalls kaum planbar ist. Die Entscheidung für geschlossene oder offene Methoden hängt stark vom Unterrichtsgegenstand ab. Liegt über den Unterrichtsgegenstand definites, d.h. gesichertes und abgeschlossenes Wissen vor, das im Sinne einer kulturellen Aneignung einfach nur weitergegeben werden soll, bietet sich die Wahl einer geschlossenen Methode an. Ist der Unterrichtsgegenstand hingegen problem- und aufgabenhaltig und fordert deshalb zu einer intensiven Auseinandersetzung auf, liegt die Wahl einer offenen Methode nahe. Von den Makromethoden der politischen Bildung ist der Lehrgang eindeutig dem geschlossenen Typ und sind die explorative Untersuchung und die Produktion eindeutig dem offenen Typ zuzuordnen. Die Fallmethode und das Spiel lassen sich teils als geschlossene, teils als offene Methoden kennzeichnen.

Nimmt man als Kriterium die Kommunikationsbeziehung zwischen dem Lehrenden und den Lernenden, gibt es Methoden mit symmetrischer und Methoden mit asymmetrischer Kommunikation. Eine *symmetrische* Kommunikation liegt vor, wenn Lehrer und Schüler den gleichen Wissensstand haben oder der Lehrer sich bemüht, seinen Wissens- und Erfahrungsvorsprung nicht einzubringen. *Asymmetrisch* ist die Kommunikation, wenn das Wissensgefälle den methodischen Gang entscheidend bestimmt. Von den Makromethoden der politischen Bildung ist der Lehrgang aufgrund des Wissensvorsprunges des Lehrers eindeutig asymmetrisch. Bei der Fallmethode und bei der explorativen Untersuchung wechseln Asymmetrie (Aufgabenstellung und Hilfeleistung durch den Lehrer) und Symmetrie (Quellenauswertung, Datenerhebung und Beurteilung durch die Schüler). Beim Spiel und bei der Produktion dominieren symmetrische Interaktionen.

Eine weitere Unterscheidung ist die zwischen denkorientierten und handlungsorientierten Methoden. *Denkorientiert* sind diejenigen unterrichtlichen Inszenierungen, die ausschließlich auf Kopfarbeit setzen. *Handlungsorientiert* sind diejenigen Methoden, die insofern ganzheitlich bestimmt sind, als sie neben der Kopfarbeit noch Interaktionen und gegebenenfalls Handarbeit verlangen. Von den Makromethoden der politischen Bildung sind der Lehrgang eindeutig und die Fallmethode überwiegend denkorientiert. Die explorative Untersuchung, das die Wirklichkeit nachstellende Spiel und die Kooperation verlangende Produktion sind dagegen handlungsorientiert.[195]

---

[195] Man kann Unterrichtsmethoden auch nach Wissensformen klassifizieren, zu denen sie passen. So passt zum *lebensweltlichen Wissen* das Rollenspiel, da es das Trainieren von Konfliktaustragung und Konfliktschlichtung erlaubt. Das *Institutionenwissen* wird durch Erkundungen, Fallstudien und Planspiele gefördert. Dem *wissenschaftlichen Wissen* entsprechen die Sozialstudie, das Interview und die Szenariomethode (Grammes 1998, 792 f.).
Ebenso ist es möglich, fachspezifische Unterrichtsmethoden auf fachdidaktische Prinzipien zu bezie-

Darbietende, erarbeitende und entdeckenlassende Lehrverfahren und ihnen entsprechende Lernmodi

Die Unterrichtsmethodik unterscheidet idealtypisch drei Lehrverfahren, nämlich darbietende, erarbeitende und entdeckenlassende Verfahren.[196] Den drei Lehrverfahren entsprechen auf Seiten der Schüler drei Lernmodi. Die Lehrverfahren unterscheiden sich hinsichtlich der Aktivitätsanregung für die Lernenden wie auch hinsichtlich der Darbietung des Unterrichtsgegenstandes. Systematisch gesehen sind Lehrverfahren und Lernmodi Handlungsformen des Unterrichts.

Darbietende Lehrverfahren dienen der direkten Wissensvermittlung. Sie bieten sich an, wenn der Lehrende einen inhaltlich begrenzten und klar strukturierten Wissens- oder Problembereich präsentieren will und die Schüler diesen nachvollziehen und in ihr Wissen und Denken aufnehmen sollen. Darbietende Lehrverfahren sind also hochgradig lehrergesteuert (Terhart 1997, 142).
Darbietende Lehrverfahren verlangen vom Lehrenden eine intensive kognitive Aneignung sowie eine gründliche didaktische Aufbereitung des zu vermittelnden Stoffes. Geeignete Handlungsformen sind der Lehrervortrag und die Demonstration.[197]
Darbietende Lehrverfahren werden häufig abwertend beurteilt. Der Vorwurf lautet, dass die Lernenden zu Passivität und Rezeptivität erzogen würden. Hiergegen ist zu sagen, dass aufmerksames Zuhörenkönnen durchaus wichtig ist und gelernt sein will (Adl-Amini 1994, 67). Hinzuzufügen ist, dass Phasen der Darbietung sinnvoll oder gar notwendig sind, wenn man in ein Sachgebiet einführen oder Ergebnisse zusammenfassen will. Außerdem entsprechen darbietende Lehrverfahren dem Prinzip der Zeitökonomie. Sie erlauben die Vermittlung vieler Informationen in kurzer Zeit. Eine Schwäche darbietender Lehrverfahren ist jedoch, dass bei einer Aneinanderreihung vieler neuer Informationen diese nur in den Kurzzeitspeicher gelangen und nach einiger Zeit vergessen werden. Es empfiehlt sich deshalb, Informationsphasen inhaltlich nicht zu überfrachten (Einsiedler 1981, 117 f.).
Darbietende Lehrverfahren können phasenweise in allen Makromethoden der politischen Bildung auftauchen. Ein stärkeres Gewicht haben sie allerdings nur im Lehrgang. Den darbietenden Lehrverfahren entspricht ein *rezeptiver* Lernmodus.

---

hen und zu erklären, dass ein Prinzip nur dann ein fachdidaktisches Prinzip ist, wenn sich ihm mindestens eine Methode zuordnen lässt. Für diesen nicht in jeder Hinsicht überzeugenden Ansatz steht Sibylle Reinhardt. Ihre Zuordnung sieht wie folgt aus: Der Konfliktorientierung entspricht die Konfliktanalyse, der Problemorientierung die Problemstudie, der Handlungsorientierung das Projekt und die „Bürgeraktion", dem Fallprinzip die Fallanalyse und die Fallstudie, der Zukunftsorientierung das Planspiel, die Zukunftswerkstatt und die Szenariotechnik und der politisch-moralischen Urteilsbildung das politische Entscheidungsdenken und die Dilemmamethode (Reinhardt 2005b, 75 ff.). Der Lehrgang findet in diesem System keinen logischen Ort. Ebenso darf bezweifelt werden, ob das Planspiel zwingend an die Zukunftsorientierung zu binden ist.

[196] Anfang der sechziger Jahre des letzten Jahrhunderts unterschied Josef Dolch drei Typen von Unterrichtsmethoden. Er nannte sie den darbietend-gebenden Typ, den herausholend-erörternden Typ und den anreizend-aufgebenden Typ. Die Ähnlichkeit mit der gegenwärtigen Begrifflichkeit ist offenkundig (Adl-Amini 1993, 91).

[197] Eine Variante darbietender Lehrverfahren ist die *direkte Instruktion*. Sie zeichnet sich durch folgende Merkmale aus: Der Unterricht führt ohne Umweg in gerader Richtung auf das kognitive Unterrichtsziel zu. Der Lehrervortrag steht im Mittelpunkt. Der Lehrer stellt den Stoff verständlich dar. Er verhält sich direktiv, gibt also oft Anweisungen und steuert so den Unterricht. Der Unterricht ist aber nicht eigentlich lehrerzentriert. Er ist vielmehr sachzentriert. Die Schüler lernen rezeptiv und trotzdem aktiv. Sie werden umfassend informiert (Aschersleben 1999, 123).

Erarbeitende Lehrverfahren zeichnen sich dadurch aus, dass die Unterrichtsführung teils festgelegt, teils offen ist für divergierende Denkaktivitäten. Der Unterrichtsgegenstand wird als noch ungeklärt dargestellt. Er muss folglich im Austausch der Gedanken entwickelt werden. Erarbeitende Lehrverfahren leben daher vom Gespräch (Einsiedler 1981, 121 f.).
Es gibt viele verschiedene Gesprächsformen. Im Rahmen der erarbeitenden Lehrverfahren kommt zum einen das *zielorientierte Gespräch* in Betracht. Ein solches Gespräch läuft auf ein (im Lehrerkopf) schon festgelegtes Ziel hinaus. Es lässt aber auch Raum für Suchbewegungen der Lernenden. Urform dieser Gesprächsform ist die Kunst des sokratischen Gespräches (Mäeutik).
In Betracht kommt zum anderen das *problemhaft-heuristische Gespräch*. Dieses Gespräch gibt den Lernenden einen großen Spielraum für die Lösungssuche. Zwar lenkt der Lehrer das Gespräch durch verschiedene Stimuli (Fragen, Denkanstöße, nonverbale Signale), die Schüler können aber weitgehend selbstständig Gedanken äußern, Erfahrungen einbringen, Schlussfolgerungen ziehen und Ideen für Problemlösungen entwickeln. Diese Gesprächsform passt zu Gegenständen, die eine argumentative Auseinandersetzung, wertende Stellungnahmen, Interpretationen und eine kritische Durchdringung verlangen (Gudjons 2003, 192 f.).
Erarbeitende Lehrverfahren kommen hauptsächlich im Lehrgang und bei Anwendung der Fallmethode vor. Ihnen entspricht ein *erarbeitend-problemlösender* Lernmodus.

Entdeckenlassende Lehrverfahren weisen einen geringen Strukturierungsgrad auf. So erhalten die Lernenden im Vergleich zu den beiden anderen Lehrverfahren nur wenige Lernhilfen und Anleitungen. Der Unterrichtsgegenstand wird nicht in „fertiger Form" präsentiert. Die Lernenden müssen weitgehend selbstständig Sachstrukturen herausarbeiten und in ihre kognitive Struktur transformieren und integrieren. Eine abgeschwächte Form ist das gelenkte Entdecken, bei dem der Lehrer die Suchbewegungen mit Impulsen steuert (Einsiedler 1981, 125 f.). Entdeckenlassende Lehrverfahren verlangen von den Lernenden Induktionstätigkeiten. Denn sie müssen über das dargebotene Material hinaus eigenständig Erkenntnisse bilden. In einem kreativen Akt gelangen die Lernenden über das Vermittelte bzw. bisher Bekannte oder Erfahrene hinaus zu neuem, erweitertem Wissen. Dem entdeckenden Lernen wohnt daher eine Lernqualität inne, bei der Eigentätigkeit und aktive Auseinandersetzung mit der Umwelt ein Maximum erreichen. Dabei werden nicht nur neues Wissen und neue Fähigkeiten via Entdeckung erworben, sondern es wird auch ein Wissen entwickelt, wie man in offenen, problemhaltigen Situationen mit seinem vorhandenen Wissen und mit seinen vorhandenen Fähigkeiten umgehen kann (Terhart 1997, 149).
Von den Makromethoden der politischen Bildung sind insbesondere die explorative Untersuchung und, mit Abstrichen, die Produktion dem entdeckenlassenden Lehrverfahren zuzuordnen. Entdeckendes Lernen weist Gemeinsamkeiten mit forschender Tätigkeit auf. Deshalb kann man sagen, dass den entdeckenlassenden Lehrverfahren ein *forschend-entdeckender* Lernmodus entspricht.

Lehrervortrag, Unterrichtsgespräch und Textarbeit als zentrale unterrichtliche Handlungsformen

In allen Makromethoden der politischen Bildung gibt es Phasen des Frontalunterrichts (oder Klassenunterrichts). Dieser Unterricht spielt insbesondere im Lehrgang und bei Anwendung der Fallmethode eine erhebliche Rolle. Der Frontalunterricht ist stark von zwei Handlungsformen geprägt, nämlich vom Lehrervortrag und vom Unterrichtsgespräch. Während der Lehrervortrag dem darbietenden Lehrverfahren entspricht, bildet das Unterrichtsgespräch den Kern der erarbeitenden Lehrverfahren.
Eine weitere bedeutsame unterrichtliche Handlungsform ist die Textarbeit. Sie kommt in allen Makromethoden der politischen Bildung vor, wenn auch mit unterschiedlichem Gewicht. Der

Textarbeit entsprechen als Sozialformen der Gruppenunterricht, die Partnerarbeit und die Einzelarbeit.

Der *Lehrervortrag* hat ein schlechtes Image: Ihm haftet der Geruch des Altmodischen und Autoritären an. Darüber hinaus wird er den rezeptiven Formen des Lernens zugerechnet und ihm in der Folge vorgeworfen, dass er die Lernenden zur Passivität und zu einer bequemen Konsumhaltung führt. Die Lernenden gewöhnten sich so sehr an den Lehrer als Hauptinformationsträger, dass sie seinen Informationen unkritisch vertrauten und gar nicht erst versuchten, Gegenpositionen zu formulieren und Gegeninformationen zu suchen.

Nun muss ein Lehrervortrag keineswegs autoritär sein. Und er ist auch nicht altmodisch und deshalb überholt. Vielmehr ist er unverzichtbar, wenn Wissensbestände im Zusammenhang mitgeteilt werden sollen. Auch wenn er Lernende zum Zuhören zwingt, ist Zuhören keine passive Haltung. Es verlangt hohe Konzentration, die Fähigkeit zum logischen Mitdenken, die Fähigkeit, bisherige Erfahrungen und Kenntnisse mit dem Vorgetragenen zu verbinden und daraus Fragen und Einwände abzuleiten. Schließlich hat der Lehrervortrag den Vorteil, besonders zeitökonomisch zu sein: Er ist ein probates Mittel, um Sachverhalte schnell, gerafft, strukturiert und verständlich auf den Punkt zu bringen. Insgesamt gilt: Der Lehrervortrag ist weder undemokratisch noch unzeitgemäß.

Abhängig vom jeweiligen Sprechakt kann man das Berichten, Beschreiben, Erzählen, Schildern, Rezitieren und Referieren als Varianten des Lehrervortrages bezeichnen (Aschersleben 1999, 93). Abhängig von der jeweiligen Situation kann man vorbereitete und unvorbereitete Lehrervorträge unterscheiden. Ein vorbereiteter Lehrervortrag ist bewusst für eine bestimmte Station des Unterrichtsverlaufes eingeplant. Der spontane, unvorbereitete Lehrervortrag ergibt sich aus der Unterrichtssituation.

Im Rahmen der politischen Bildung zeichnet sich ein guter Lehrervortrag durch eine fünf bis höchstens zehn Minuten dauernde mündliche Erläuterung eines sozialwissenschaftlichen Begriffs oder Zusammenhanges aus. Der Lehrervortrag kann in allen Phasen des Unterrichts eingesetzt werden: Zur Einführung und zur Wiederholung am Stundenanfang, als Resümee und Ergebnissicherung am Stundenende. Er kann als Informationsinput gegeben werden, um den Lernenden einen Überblick zu verschaffen. Er kann auch eine Zusammenfassung sein, um viele im Raum stehende Fragen zu beantworten (Massing 2004a, 13 f., 19).

Das *Unterrichtsgespräch* kommt vor allem im Frontalunterricht (Klassenunterricht) zum Tragen. Es gibt mehrere Varianten des Unterrichtsgesprächs. Man kann sie sinnvoll nach dem wachsenden Grad der Freiheit für die Schüler und dem abnehmenden Grad der Lenkung durch den Lehrer einteilen.

Die intensivste Steuerung durch den Lehrer erfolgt beim *katechetischen Frageunterricht*. Ein solcher Unterricht besteht aus dem ständigen Wechsel von enggeführten Fragen und knappen Antworten. Die Denkrichtung ist genau festgelegt. Ein eigenständiges Suchen und Überlegen der Schüler ist nicht vorgesehen. Der Form nach handelt es sich um einen reinen Abfrageunterricht. Ein solcher Unterricht versucht, ein eng eingegrenztes Thema direktiv in kleinen Schritten zu vermitteln. Er erinnert an das Katechisieren, d.h. an das *Eintrichtern* von Wissensstoff.

Der *fragend-entwickelnde Unterricht* lässt den Schülern etwas mehr Freiraum. Hier geht es nämlich nicht um einen abzufragenden Wissensstoff, sondern um eine eigenständige Erkenntnis oder Einsicht. Gleichwohl besteht dieser Unterricht aus einer größeren Zahl relativ enger Lehrerimpulse. Denn der Lehrer kennt das Ziel des Gesprächs und versucht, die Schüler durch hinführende Fragen zur gewünschten Erkenntnis zu bringen. Umwege sind nicht erwünscht. Deshalb erhalten die Schüler kaum Möglichkeiten zur selbstständigen Auseinandersetzung mit dem Gegenstand.

Das *Lehrgespräch* trägt eher dialogischen Charakter. Der Lehrer hält sich mit Impulsen weitgehend zurück, um den Schülern einen Freiraum beim Suchen nach Lösungen zu geben. Wenn er Impulse gibt, dann formuliert er diese möglichst offen. Die Schüler dürfen abweichende Wege gehen und kritische Positionen beziehen. Das Gespräch besteht aus einer vergleichsweise großen Zahl von Schülerbeiträgen. Das Lehrgespräch ist didaktisch angemessen, wenn es nicht um die Vermittlung festen Wissens geht, sondern um die Erörterung von Fragen und Problemen.

Das *freie Gespräch*, insbesondere die *Schülerdiskussion*, ist eine Art Diskurs, d.h. eine hierarchie- und sanktionsfreie Form der Auseinandersetzung mit einer Sache. Es zählt allein die Kraft des Argumentes. Das Ergebnis ist weitgehend offen. Geleitet wird dieses Gespräch idealerweise von einem Schüler. Falls der Lehrer diese Rolle übernehmen muss, beschränkt er sich auf die Rolle des Moderators (Aschersleben 1999, 111 ff.; Gudjons 2003, 192 f.).

Die vier Formen des Unterrichtsgesprächs lassen sich zwei intentionalen Typen zuordnen: So gibt es den *ziel-* oder *ergebnisorientierten* Gesprächstyp. Er ist logisch konsequent im Hinblick auf das angestrebte Ergebnis aufgebaut. Er ist geprägt von der direktiven Führung durch den Lehrer. Der katechetische Frageunterricht und der fragend-entwickelnde Unterricht gehören dem ziel- oder ergebnisorientierten Gesprächstyp an. Ganz anders verhält es sich mit dem *offenen* Gesprächstyp. Hier fehlt es an einem eindeutig definierten Ziel. Das Gespräch kann sich deshalb frei entfalten. Diskussionen, Ideensammlungen und Meinungserkundungen sind durch diese Situation gekennzeichnet. Von den Formen des Unterrichtsgesprächs sind das Lehrgespräch und das freie Gespräch dem offenen Typ zuzuordnen (Gudjons 2003, 61).

Unterrichtsgespräche verlangen vom Lehrer zwei besondere Fähigkeiten. Die eine Fähigkeit ist das Zuhören- und Schweigenkönnen. Offenkundig fällt dies Lehrern besonders schwer. Denn der Anteil des Lehrers an der gesprochenen Gesamtwortzahl im Klassenunterricht liegt nicht selten bei 60 bis 80 Prozent. Das aber bedeutet, dass Zuhören die häufigste Schülertätigkeit ist (Fina 1978, 12).

Die andere Fähigkeit ist die Kunst des Fragenkönnens. Die *Lehrerfrage* erfüllt eine ganze Reihe von Funktionen: Sie kann den Unterrichtsprozess initiieren und steuern. Sie kann die Schüler motivieren, aktivieren und dirigieren. Sie kann Vorkenntnisse ermitteln oder zu neuen Erkenntnissen führen. Sie kann Wissen abprüfen oder einen Denkprozess anregen.

Fragetechnisch gesehen gibt es geschlossene und offene Fragen, Wissens- und Denkfragen sowie konvergente und divergente Fragen. Der Lehrer muss sich dessen bewusst sein, dass jeder Fragetyp bei den Befragten eine bestimmte kognitive Operation erzeugt. Er muss sich überlegen, ob er wirklich die jeweilige Operation und nicht eigentlich eine andere auslösen möchte.

Auf *geschlossene* Fragen kann man nur mit Ja oder Nein antworten. Es sind Entscheidungs- oder Bekenntnisfragen. Sie wirken wie ein Verhör. Geschlossene Fragen sollten daher weitgehend vermieden werden. *Offene* Fragen werden mit den Fragepronomen „wer", „was", „wann", „wozu", „warum" und „wie" eingeleitet. Sie geben dem Antwortenden Gelegenheit, sich ausführlicher über den Gegenstand der Frage zu äußern.

Wissensfragen beziehen sich in der Regel auf bereits Gelerntes. Die ausgelöste kognitive Operation ist das Erinnern oder Wiedererkennen. Wissensfragen sind berechtigt, wenn es um die nachdrückliche Einprägung gelernter Sachverhalte geht. Sie lösen allerdings kein eigenständiges Denken aus. Dies tun hingegen die *Denkfragen*. Diese Fragen stellen die Lernenden vor neuartige Situationen oder Probleme. Sie fordern sie auf, ihre vorhandenen kognitiven Schemata zu aktivieren und auf die neue Herausforderung anzuwenden.

Konvergente Fragen zielen auf ein eindeutiges Ergebnis. Es gibt nur *eine* gewünschte, d.h. richtige Antwort. Konvergente Fragen verlangen konvergentes Denken, d.h. die Anwendung eines ganz bestimmten, für die Beantwortung der Frage erforderlichen Denkweges. *Divergente* Fragen kennen keine eindeutigen und in diesem Sinne richtigen Antworten. Vielmehr sind mehrere sinnvolle Antworten möglich. Divergente Fragen lösen divergentes Denken aus. Das meint, dass die Befragten frei in der Wahl ihrer Denkwege und der ihnen relevant erscheinenden Gesichtspunkte sind. Divergente Fragen können somit originelle Gedanken zutage fördern.[198]

Die besondere Bedeutung des Unterrichtsgesprächs für die Entfaltung von Lernprozessen in der politischen Bildung ergibt sich aus dem engen Zusammenhang von *Gespräch* und *Demokratie*.
Sprechenkönnen ist in einer Demokratie eine besonders wichtige politische Kompetenz. Der Bürger muss fähig sein, politisch relevante Probleme des Alltags in Begriffe zu fassen und kommunikativ zu vermitteln. Die Fähigkeit, sich differenziert ausdrücken zu können, verbessert auch die Klarheit des politischen Denkens. Das Kommunizieren lernen Menschen vorzugsweise im Gespräch. Dies allein rechtfertigt schon den Einsatz des Unterrichtsgesprächs in der politischen Bildung.
Hinzu kommt eine zweite Überlegung: Die Demokratie lebt vom Gespräch unter Gleichen. Daher ist es eine der vornehmsten Aufgaben der politischen Bildung, die Fähigkeit zum Dialog zu entwickeln und zu trainieren.
Im Unterrichtsgespräch muss also die Idee des Diskurses oder des Dialoges erkennbar sein. Das Unterrichtsgespräch sollte sich mithin auszeichnen durch eine möglichst symmetrische Struktur der Kommunikation, Offenheit für Alternativen, den Willen, den anderen zu verstehen sowie die Bereitschaft, gegnerische Argumente zu bedenken, eigene Positionen in Frage stellen zu lassen und Fragen zu Ende zu denken. Zusammengefasst: Das Unterrichtsgespräch muss so organisiert werden, dass es vor allem ein Ort gemeinsamen Problemlösens und diskursiver Verständigung ist (Massing 1999b, 32 f.; Massing 2005b, 501 ff.).

Das geforderte dialogische sprachliche Handeln entspricht nicht dem verbreiteten Sprechen im Unterricht. Im Unterricht werden die Sprechakte großenteils von Routinen und Ritualen bestimmt, die der Logik der Schule und nicht der des demokratischen Dialoges folgen. So weist der fragend-entwickelnde Unterricht zweifellos eine Spannung zur diskursiven Verständigung über politische Sachverhalte auf.
Andererseits muss eingeräumt werden, dass in der politischen Bildung die Notwendigkeit besteht, Begriffsdefinitionen und Wissen über Institutionen und Verfahrensweisen einzuführen. Diese Notwendigkeiten entziehen sich zweifellos der diskursiven Verständigung.
Die politische Bildung kennt aber nicht wenige Gelegenheiten, in denen dialogische Gespräche praktiziert werden können. So gibt es das *sachklärende* Gespräch, das der gedanklichen Auseinandersetzung mit etwas politisch zu Erfassendem und zu Klärendem gilt. Es gibt das *interpretierende* Gespräch, das die Nachrichten und Informationen in Texten auf ihre Aussage, ihren Sinngehalt, ihren ideologischen Charakter hin befragt, deutet und auslegt. Es gibt das *meinungsbildende* Gespräch über unterschiedliche Auffassungen, Einstellungen, Bewertungen und Urteile zu den unterschiedlichsten Sachverhalten. Und es gibt das *Metagespräch* über den Verlauf und den Erfolg des Miteinandersprechens.
Immer gilt für Gespräche über Politik, dass die betreffende Sache aus mehreren Perspektiven zu beleuchten ist. Dieses Erfordernis verlangt vom Lehrenden, sich zunächst auf die Schülerperspektiven einzulassen, sie dann aber gegebenenfalls zu hinterfragen, zu kontrastieren, zu differenzieren und notfalls sich zu distanzieren (Weißeno 2004, 54 ff.).

Die *Arbeit mit Texten* nimmt in einer ganzen Reihe schulischer Unterrichtsfächer einen hohen Rang ein. Zu diesen Fächern zählt auch die politische Bildung. Der Grund hierfür liegt darin,

---

[198] Eine konvergente Frage könnte lauten: „Welche Kontrollrechte gegenüber der Bundesregierung hat der Bundestag?" Eine divergente Frage wäre beispielsweise: „Welche Auswirkungen auf die Stellung des Bundeskanzlers hätte ein Selbstauflösungsrecht des Bundestages?"

dass die Politik in hohem Maße in sprachlichem Handeln besteht, welches üblicherweise in Texten verschriftlicht wird. Politik wird auf diese Weise in Zeitungsberichten und -kommentaren, Flugblättern, Propagandabroschüren, Programmschriften, Briefen, Sitzungsprotokollen, Redemanuskripten, Gesetzestexten, Vertragstexten und Memoiren überliefert. Das Politische erschließt sich somit ganz wesentlich erst durch die Lektüre von Texten. Dabei handelt es sich im Unterschied zu fiktionalen Texten, mit denen sich der Literaturunterricht befasst, um nicht frei erfundene Texte.

Texte stellen die wichtigste Informationsquelle für die politische Bildung dar. Daraus resultiert die Notwendigkeit, dem Analysieren und Interpretieren von Texten einen großen Stellenwert einzuräumen. Es geht darum, die Lernenden zu befähigen, aus Texten Informationen zu ermitteln, ein allgemeines Verständnis des Textes aufzubauen, über Inhalt und Form des Textes zu reflektieren und den Text mit eigenen Erfahrungen und Ideen in Beziehung zu setzen.

Das Analysieren und Interpretieren von Texten soll auf ihr Verstehen hinauslaufen. Das Verstehen von Texten ist aufgrund der sogenannten *hermeneutischen Differenz* ein anspruchsvolles Unternehmen. Die hermeneutische Differenz zeigt sich als rhetorische Differenz, da die diversen Textsorten unterschiedliche sprachliche Mittel einsetzen, um ihre Botschaft zu vermitteln. Sie zeigt sich zusätzlich als historische Differenz, wenn der Text älteren Datums ist (Kuhn 2005, 512).

Das hermeneutische Verstehen setzt sich aus mehreren Schritten zusammen. Der Verstehensprozess beginnt mit dem Bewusstwerden des *Vorverständnisses* der betreffenden Sache. Dieses ist das Ergebnis der bisherigen Auseinandersetzung mit der Sache. Es resultiert insbesondere aus Leseerfahrungen und Gesprächen über den Gegenstand.
Dann folgt das Gewinnen eines *vorläufigen Textverständnisses*. Dieses ergibt sich aus einem intensiven Lesen des betreffenden Textes, bei dem Auffälliges, Klärungsbedürftiges, Fragwürdiges, aber auch Zustimmungswürdiges notiert wird. Bei schwierigen Texten muss nötigenfalls Satz für Satz gelesen werden.
Verbessert wird das vorläufige Textverständnis, wenn die Lernenden ihre Ergebnisse untereinander austauschen. Auf diese Weise lassen sich Verstehensschwierigkeiten beheben und ergeben sich möglicherweise neue und besser begründete Sichtweisen. Eine Ursache für diese Ausdehnung des Verstehenshorizontes liegt in den jeweils unterschiedlichen Vorverständnissen, die das vorläufige Textverständnis der Lernenden in je eigener Weise prägen. Durch den Gedankenaustausch ergibt sich jedenfalls so etwas wie eine *hermeneutische Spirale*, d.h. eine Aufwärtsbewegung im Verstehen.
Zu einem *vertieften Textverständnis* gelangen die Lernenden, wenn sie sich vor Augen führen, dass jeder Text in einen Handlungszusammenhang eingebettet ist und insofern die Antwort des Autors auf eine Frage oder ein Problem darstellt. Falls der Autor seine Problemstellung nicht selbst klar ausspricht, muss sie rekonstruiert werden. Die Ermittlung der Frage-Antwort-Relation führt zum Erfassen der Intention des Autors. Sinnvoll ist, auch zu fragen, an welche Adressaten der Autor explizit oder implizit gedacht hat und zu welchem Verhalten er sie vermutlich bringen wollte. Erweitert wird das Textverständnis schließlich durch den Einbezug der Biographie des Autors, der zeitgeschichtlichen Situation, in der er schrieb, und der Wirkungsgeschichte des Textes von seiner Erstveröffentlichung bis zur Gegenwart.
Zu einer Art *Gesamtverständnis* gelangen die Lernenden, wenn sie den Text abschließend auf sich selbst beziehen. Zu diesem Zweck sollten sie sich fragen, welche Bedeutung der Text für ihr politisches Denken hat und ob er gegebenenfalls eine Antwort auf eine sie beschäftigende Frage darstellt. Falls die Lernenden mit dem Text inhaltlich nicht einverstanden sind, sollte am Schluss der geistigen Auseinandersetzung mit dem Text eine kritische Stellungnahme stehen.

Um bei den Lernenden ein „ontologisches Missverständnis" auszuschließen, sollte der Lehrende betonen, dass politische Texte nie die Wirklichkeit selbst sind, sondern immer eine Wirklichkeit *konstruieren*. Zwar enthalten politische Texte in der Regel Beschreibungen von Ausschnitten der Wirklichkeit, aber diese Beschreibungen sind subjektiv gefärbt. Jeder Autor gibt nämlich die Wirklichkeit in seiner eigenen Sprache, nach eigener Gewichtung sowie nach eigenen Ordnungs- und Ablaufregeln wieder. Um nicht einem naiven Textverständnis zu unterliegen, müssen Texte von den Lernenden also *rekonstruiert*, d.h. in die Entstehungssituation rückübersetzt werden. Dabei entstehen allerdings zwangsläufig neue Filtereffekte. Denn die Lernenden können nicht anders, als ihr je individuelles Wissen in die Textrekonstruktion einzubringen (Weißeno 1993b, 15 f.).

Bei der Textarbeit ist fernerhin darauf zu achten, dass das Indoktrinationsverbot und das Kontroversitätsgebot des Beutelsbacher Konsenses[199] Beachtung finden. Politische und wissenschaftliche Kontroversen müssen also auch durch die Auswahl der Texte kontrovers erscheinen. Dies kann entweder dadurch geschehen, dass im Text selbst die kontroversen Positionen erscheinen, oder dadurch, dass die Positionen durch verschiedene Texte dargestellt werden. Dabei muss jede Position durch den ausgewählten Text gleich überzeugend vertreten sein, um eine ungewollte Überwältigung und Beeinflussung der Lernenden zu vermeiden.

Schließlich darf eine weiteres Problem der Arbeit mit Texten nicht vergessen werden. Häufig werden nämlich politische Texte für die schulische Arbeit verkürzt. Man nutzt sie gewissermaßen als „Steinbruch" für schulische Zwecke. So werden aus längeren Texten einige wenige Passagen herausgenommen, weil in ihnen Begriffe oder Auffassungen auftauchen, die im Unterricht behandelt werden sollen. Auch wenn Textkürzungen aus pragmatischen Gründen legitimierbar sind, darf nicht vergessen werden, dass hiermit die Wirklichkeit zusätzlich gefiltert wird. Stellt der Ursprungstext bereits eine Wirklichkeitskonstruktion dar, wird durch die Kürzung eine erneute Konstruktion vorgenommen. Im Extremfall kann durch die doppelte Konstruktion ein völlig falsches Bild der Wirklichkeit erzeugt werden (Massing 2004c, 44).

Methodische Phantasie: Genetisches Prinzip und kreative Herangehensweisen an Texte

Lehrende müssen methodisch einfallsreich sein. So sollten sie sich bei der Frage, wie politische Institutionen, Verfahrensregeln und Ereignisse vermittelt werden können, darüber im Klaren sein, dass es hierfür zwei prinzipielle Herangehensweisen gibt.

Man kann politische Tatsachen und Geschehnisse zum einen als feste Gegebenheiten darstellen. Dies erfüllt in einem nicht geringen Ausmaß die Erwartung der Lernenden, mit zuverlässigem Wissen versorgt zu werden. Man kann vielleicht sogar annehmen, dass das Verlangen nach *definitem*, d.h. gesichertem Wissen bei Schülern sehr groß ist. Gibt der Lehrer diesem Verlangen nach, verhält er sich aber in gewisser Weise *positivistisch*: Das Bestehende wird vermittelt, weil es nun einmal besteht. Und das Bestehende wird, da es doch vernünftig sein muss, als so und nicht anders sein könnend vermittelt. Der Lehrer provoziert bei den Rezipienten auf diese Weise jedoch kein Nachdenken. Es kommt folglich auch zu keinem echten Verstehen.

Zum anderen kann man das Bestehende als das Ergebnis intentionaler Handlungen darstellen. Studiert wird das Werden einer Sache. Ein „fertiger" Sachverhalt wird gewissermaßen in seine Entstehungsgeschichte aufgelöst. Dabei geht es aber nicht um Historisches, sondern um

---

[199] Einzelheiten zum Beutelsbacher Konsens in Abschnitt *9.3 Entspannung im Streit der Politikdidaktiker um die politische Bildung*.

Genetisches. Es kommt also nicht auf den Nachvollzug historischer Abläufe mit Hilfe von Quellen an, sondern auf die Rekonstruktion des Anfangs- oder Ausgangspunktes einer Sache mit Hilfe eigener Überlegungen.
Eine solche Herangehensweise folgt dem *genetischen Prinzip*. Dieses Prinzip zielt darauf ab, dass Lernende den Ursprung und den Aufbau von Sachen reflexiv entdecken. Erwartet wird, dass reflexives Entdecken zu einem begründeten Verstehen führt.
Die genetische Methode richtet das Lehren also am Entstehen von Sachen aus. Der methodische Blick richtet sich zugleich auf die Anfangs- und die Endgestalt einer Entwicklung. Voraussetzung hierbei ist, dass der betreffende Gegenstand tatsächlich eine Entwicklung durchgemacht hat. Das genetische Prinzip anzuwenden bedeutet dann, dasjenige, was sich verwandelt hat, zurückzuverwandeln zum Anfang. Zu fruchtbaren Momenten führt das genetische Prinzip dann, wenn sich scheinbar unbewegliche Zustände als „beweglich" erweisen (Berg 1995, 349).

Der Erziehungswissenschaftler Heinrich Roth hat die Idee des genetischen Prinzips treffend so umschrieben: „Kind und Gegenstand verhaken sich ineinander, wenn das Kind oder der Jugendliche den Gegenstand, die Aufgabe, das Kulturgut in seiner ‚Werdensnähe' zu spüren bekommt, in seiner ‚Ursprungssituation', aus der heraus er ‚Gegenstand', ‚Aufgabe', ‚Kulturgut' geworden ist. Darin scheint uns das Geheimnis und Prinzip alles Methodischen zu liegen. Indem ich nämlich – und darauf kommt es allein an – den Gegenstand wieder in seinen Werdensprozess auflöse, schaffe ich ihm gegenüber wieder die ursprüngliche menschliche Situation und damit die vitale Interessiertheit, aus der er einst hervorgegangen ist." Zusammenfassend heißt es einige Sätze später: „Alle methodische Kunst liegt darin beschlossen, tote Sachverhalte in lebendige Handlungen zurückzuverwandeln, aus denen sie entsprungen sind: Gegenstände in Erfindungen und Entdeckungen, Werke in Schöpfungen, Pläne in Sorgen, Verträge in Beschlüsse, Lösungen in Aufgaben, Phänomene in Urphänomene" (Roth 1970, 116).

Es gibt eine Reihe von Anwendungsmöglichkeiten des genetischen Prinzips in der politischen Bildung. Sogenannte *Inselgeschichten* versetzen Lernende in die Situation, dass sie ganz allein auf sich gestellt ihr Zusammenleben organisieren und dabei Institutionen und Regeln erfinden müssen. Das Urmodell der Inselgeschichten bildet die Gemeinwesengründung der Pilgerväter im Jahre 1620 an der Ostküste Nordamerikas. In sogenannten *Gründegeschichten* fragt man, welche Anlässe bzw. Gründe zur Gründung bestehender Institutionen und Strukturen geführt haben. Diese Anlässe können lebensweltliche Beschwernisse, aber auch politisch-institutionelle Notwendigkeiten oder wissenschaftliche Erkenntnisse gewesen sein (Grammes 1998, 786 ff.).

Je nachdem, welchen Entwicklungspfad man verfolgt, ergeben sich unterschiedliche Genesen. Die *Individualgenese* deckt Anlass und Herkunft der je eigenen Sorgen, Träume oder Identitätsvorstellungen auf. Die *Ideengenese* fragt, bei welchen Anlässen von wem mit welchen Absichten bestimmte Institutionen „erfunden" wurden. Die *Realgenese* verfolgt den äußeren Entstehungsanlass von Institutionen und Strukturen. Die *logisch-systematische Genese* versucht, im Gedankenexperiment oder mit Hilfe von Modellvorstellungen die Notwendigkeit bestimmter Regelungen nachzuweisen (Grammes 2005a, 100).[200]
In allen Fällen verfolgt genetisches Lehren dieselbe Absicht, nämlich Lernende intrinsisch in die Dynamik der jeweiligen Wissenskonstruktion zu verwickeln, indem Phänomene in einem frühen, ungelösten und irritierenden Entwicklungsstadium präsentiert werden. Auf diese Wei-

---

[200] Es gibt noch weitere Genesen. Andreas Petrik nennt die *Menschheitsgenese* (Entstehung von Vorstellungen auf der Menschheitsebene), die *Wissenschaftsgenese* (Entwicklung wissenschaftlicher Methoden), die *aktual-politische Genese* (spontane und direkte Bewältigung politischer Probleme) und die *historisch-politische Genese* (Durchsetzung politischer „Erfindungen" in Umbruchssituationen) (Petrik 2004a, 5 f.; Petrik 2004b, 279).

se sollen Neugier geweckt, Alltagsdeutungen angeregt und der Ehrgeiz, eigene Ideen zu entwickeln, herausgefordert werden (Petrik 2004b, 276).

Kreative Herangehensweisen sind insbesondere bei der Textarbeit geboten. Die Textarbeit verflacht nämlich häufig zu einer bloßen Unterhaltung über den Text. Sie besteht dann im Lesen des Textes, in Fragen, die der Lehrer zum Text stellt, und in Antworten der Schüler auf die Fragen.
Eine kreative Textarbeit sieht hingegen ganz anders aus, wie die folgenden Beispiele zeigen. So kann man Argumente suchen lassen: Die Argumente eines Textes werden in Gruppenarbeit aufgelistet. Anschließend wird nach Gegenargumenten gesucht. Man kann eine Rede umschreiben lassen: Die Rede eines Politikers wird in ihren Aussagen ins Gegenteil umgekehrt und dann vorgetragen. Man kann einen Text in andere Sprachformen bringen lassen: Ein Interview wird als Zeitungsmeldung, als Flugblatt und als Leserbrief formuliert. Man kann kontroverse Texte zum Anlass eines Streitgesprächs nehmen: Die Argumentationen der Texte werden in Gruppen herausgearbeitet, auf ihre Stichhaltigkeit überprüft, gegebenenfalls ergänzt und in einem Streitgespräch ausgetragen (Breit/Weißeno 2003, 69).

Es gibt noch weitere Möglichkeiten, kreativ mit Text- und Bildmaterialien umzugehen. So kann man über eine Quelle, die ein konkretes Ereignis thematisiert, eine *Spinnweb-Analyse* entwerfen lassen. Zeitungsberichte enthalten häufig nur knappe Hinweise über Ursachen und Folgen von Ereignissen. Es kann mithin intellektuell reizvoll sein, den Horizont der Quelle unter der Frage von Ursachen und Folgen zu überschreiten. Hierzu dient die Spinnweb-Analyse. In die Mitte eines großen Blattes Papier schreiben die Schüler die weiterführende Frage, also entweder die nach den Ursachen oder die nach den Folgen des betreffenden Ereignisses. Dann suchen sie nach Antworten auf die gestellte Frage, gruppieren ihre Antworten in Stichworten um die Ausgangsfrage und ziehen Verbindungslinien zwischen den gefundenen Stichworten. In einem weiteren Schritt werden dann die Hintergründe der unmittelbaren Ursachen bzw. die weiteren Auswirkungen der unmittelbaren Folgen gesucht. So entsteht ein graphisch gestaltetes Produkt, das im Idealfall dem Netz einer Spinne gleicht. Erfahrungsgemäß fließen auch Vorurteile und falsche Sachaussagen in die Antworten ein. Die Spinnweb-Analyse kann also deutlich machen, wie Schüler denken, wie differenziert oder undifferenziert ihr Gesellschafts- und Politikverständnis ist.

Ein anderes Verfahren ist das *Verfassen eines Ich-Textes*: Die Schüler versetzen sich in eine Rolle hinein, die ihnen über eine Bild- oder Textquelle präsentiert wird. Aus der Perspektive der übernommenen Rolle schreiben sie einen Ich-Text, beispielsweise über den Tagesablauf der präsentierten Person. Voraussetzung dieser methodischen Variante ist, dass die als Ausgangspunkt gewählte Quelle Lebenssituationen oder Handlungsweisen zum Ausdruck bringt. Sie muss also biographisch akzentuiert sein. Ein reiner Sachtext ist ungeeignet. Das Verfassen eines Ich-Textes eignet sich besonders für das Gegenstandsfeld Minderheiten. Denn durch den erzwungenen Perspektivenwechsel werden Empathie und Toleranz gefördert.

Die klassische Form des Perspektivenwechsels ist die *Produktion der Gegensicht*. Zu diesem Zweck nimmt man eine Quelle und lässt die dort vertretene Position aus der entgegengesetzten Sicht neu entwerfen. Auf diese Weise wird erfahrbar, dass politische Quellen perspektivisch sind. Der naive Glaube, dass Quellen neutral oder interesselos sind, wird gründlich destruiert. Im geglückten Falle wird die Einsicht gefördert, dass verschiedene Standpunkte und Perspektiven ihre Berechtigung haben. Das Verfahren erzieht somit zu einer pluralistischen Grundhaltung. Voraussetzung für die Anwendung des Verfahrens ist, dass die Originalquelle in ihren Grundzügen verstanden wurde. Ebenso muss bei den Schülern ein Mindestmaß an gedanklicher Klarheit über die einzunehmende Perspektive sowie über das betreffende politische Sachgebiet herrschen (Janssen 1999, 19 ff.).

Der innere Zusammenhang von Inhalt und Methode

Unterrichtsmethoden sind generell nicht inhaltsneutral. Denn sie prägen nicht unerheblich das Bild der mit ihrer Hilfe vermittelten Inhalte. Speziell die Unterrichtsmethoden der politischen Bildung stehen sogar in einer inneren Beziehung zur politischen Ordnung. Fühlt sich ein Staat einer politischen Ideologie verpflichtet und stattet er diese mit kanonischer Geltung aus, liegt es nahe, diese Doktrin bruchlos weiterzugeben und möglichst fest in den Köpfen der Schüler zu verankern. Geeignet hierfür sind fast ausschließlich rezeptive Vermittlungsformen.[201] Zu einer freiheitlichen Demokratie passen dagegen Methoden, die ein selbstständiges, kritisches und problemlösendes Lernen ermöglichen (Mickel 2003, 24).

Grundsätzlich gilt: Unterrichtsmethoden sind nicht beliebig wählbar. Das erste Gütekriterium für die eingesetzte Unterrichtsmethode lautet nämlich Gegenstandsangemessenheit. Mit anderen Worten: Bei der Wahl der Unterrichtsmethode muss man der inneren Logik der Sache folgen (Adl-Amini 1994, 62). „Richte dich bei der Wahl der Lehrform nach der Natur des Gegenstandes!" So formulierte Mitte des 19. Jahrhunderts bereits Adolph Diesterweg. Diese Aussage unterstreicht, dass in den Gegenständen die jeweils geeignete Methode schon angelegt ist. Noch stärker formuliert: Unterrichtsmethoden müssen Maß an den Dingen nehmen. Sie dürfen sich nicht zum Maß der Dinge machen (Grammes 1997b, 25).

Methoden, die zum Lerngegenstand passen, kann man *konstitutive Methoden* nennen. Sie konstituieren nämlich den Gegenstand so, wie es von der Sache her angemessen oder wie es vom Lehrenden aus didaktischen Gründen beabsichtigt ist.

Man darf nicht vergessen, dass durch die Art und Weise der methodischen Gestaltung das Bild des Gegenstandes zumindest unterschwellig bestimmt wird. So vermittelt ein Lehrgang über die Ordnung der politischen Institutionen das Bild eines Gemeinwesens, in dem der politische Prozess vernünftig geregelt ist. Eine Fallanalyse über die soziale Notlage eines Menschen vermittelt hingegen ein ganz anderes Bild. Hier entsteht bei den Lernenden das Bild eines problembeladenen oder defizitären Gemeinwesens. Man kann verallgemeinernd sagen: Es gibt Methoden, die auf eine Tradierung des Gegebenen hinauslaufen, und es gibt Methoden, die das Gegebene eher problematisieren (Glass/Gagel 1988, 178; Mickel 1996, 7 f.).

13.3 Die Makromethoden der schulischen politischen Bildung

Es gibt eine unbegrenzte Zahl von Unterrichtsmethoden, sofern man unterrichtliche Inszenierungen auf der Mikroebene einer Unterrichtssituation über die Mesoebene einer Unterrichtsstunde bis hin zur Makroebene einer Unterrichtseinheit in den Methodenbegriff einbezieht. Weiterhin erwachsen aus der alltäglichen Praxis der Bildungsbemühungen immer wieder neue methodische Anregungen. In der Literatur findet man deshalb ein kaum überschaubares Angebot an methodischen Vorschlägen. Häufig ist dabei jedoch nicht klar, ob es sich um Makromethoden handelt oder ob es lediglich Handlungsformen sind, die sich als Mikromethoden ausgeben.

Die Makromethoden in ihren *Grundformen* des systematischen Lehrganges, der exemplarischen Fallmethode, der explorativen Untersuchung, des wirklichkeitssimulierenden Spiels und der kooperativen Produktion decken die prinzipiellen Möglichkeiten der politischen Bildung, Unterrichtseinheiten zu inszenieren, im Wesentlichen ab. Ein Lernvorhaben wird also in der Regel auf der Basis einer *Variante* dieser Makromethoden inszeniert. Dies schließt aber

---

[201] Als typisch in dieser Hinsicht kann die Staatsbürgerkunde der DDR gelten.

13. Didaktische Prinzipien und methodische Zugangsweisen der politischen Bildung

nicht aus, dass innerhalb einer Unterrichtseinheit phasenweise auch andere Makromethoden zum Einsatz kommen.

Der systematische Lehrgang: Synthetischer und analytischer Lehrgang

Keine Methode der politischen Bildung hat ein so negatives Image wie der Lehrgang.[202] Hierzu passt, dass er in der didaktischen Literatur weitgehend vernachlässigt wird. Als auf Kopfarbeit setzende denkorientierte Methode genießt der Lehrgang bei weitem nicht die Popularität handlungsorientierter Inszenierungen. Er ist denkbar ungeeignet, methodische Phantasien anzuregen. Dennoch dürfte keine Methode den Alltag der schulischen politischen Bildung so sehr bestimmen wie der Lehrgang. Dies erkennt man an der Vielzahl von Unterrichtsmodellen, am Aufbau von Schulbüchern wie auch an empirischen Studien (Kurtenbach 1988, 165).[203]

Dem Lehrgang entspricht der *darbietend-rezeptive* Lernmodus. Er dient vorzugsweise der Vermittlung wichtiger Begriffe und systematisch geordneten Wissens von strukturell aktueller Bedeutung, im weiteren Sinne der Weitergabe von Orientierungswissen. Im Lehrgang gewinnen die Lernenden wie bei keiner anderen Methode mithin die Erfahrung, dass zum Verstehen von Politik Wissen gehört und dass politisches Handeln Informiertheit voraussetzt. Wenn es um das Erlernen zuverlässiger Sachkenntnisse geht, ist der Lehrgang somit allemal didaktisch gerechtfertigt. Lehrgänge kann man mit gutem Grund daher auch als das Rückgrat der politischen Bildung bezeichnen.

Die Verlaufsform des Lehrganges ist im Grundsatz so beschaffen, dass der Lehrer ein festumrissenes und sozialwissenschaftlich gesichertes Sachgebiet in sinnvoll gegliederten Schritten darbietet. Der Unterrichtsprozess ist so angelegt, dass das vorab festliegende, sich zunächst aber nur im Kopf des Lehrers befindende Ergebnis nach Möglichkeit in der vorgesehenen Zeit erreicht wird. Mit einem Wort: Der Lernprozess ist ergebnisorientiert ausgerichtet, nicht prozessorientiert. Dem Lernen selbst kommt damit kein didaktischer Eigenwert zu. Aus der Ergebnisorientierung folgt, dass Lehrgänge in der Regel relativ straff organisiert sind.

Kennzeichnend für den Lehrgang ist die kontinuierliche Lenkung durch den Lehrer, der als wissenschaftlich gebildeter fachlicher Experte auftritt. Die Kommunikation ist also nicht symmetrisch, sondern komplementär. An Handlungsformen dominieren das Lehrgespräch, die Textarbeit und der Lehrervortrag (Gagel 1986, 196).

Der Lehrgang verlangt als Sozialform keineswegs zwingend den Frontalunterricht (Klassenunterricht). Er ist auch mit Gruppenunterricht sowie Partner- und Einzelarbeit kompatibel. Immer ist es jedoch so, dass der Lehrer gegenüber den Schülern die Sache vertritt und deren Bearbeitungsstruktur organisiert (Giesecke 1978, 47).

Der Lehrgang folgt der Eigengesetzlichkeit der jeweiligen Sache. Im Regelfall nimmt er seinen Ausgang von den Elementen der Sache und führt durch deren Verknüpfung systematisch zu immer komplexeren Sachverhalten. Der Aufbau des Lehrganges ergibt sich jedenfalls im Wesentlichen aus der fachwissenschaftlichen Analyse des Gegenstandes. Die Darbietung des

---

[202] Als typisch hierfür kann die auf die Unterrichtsplanung bezogene Formulierung „… und dann wird es doch wieder ein Lehrgang – was tun?" gelten (Reinhardt 2005b, 222). Den Lehrgang gibt es in vielen Schulfächern. Überall ist sein Ansehen gering. Eine Ursache hierfür liegt vermutlich darin, dass er mit Frontalunterricht gleichgesetzt wird, womit dann für viele automatisch eine Abwertung verbunden ist.

[203] Die als Frage verkleidete Feststellung Kurtenbachs „Lehrgang – ein didaktisches Fossil von großer Lebendigkeit?" trifft also zu.

Gegenstandes orientiert sich mithin an der Sachlogik, nicht an den Interessen der Lernenden und nicht unbedingt an deren Lernlogik.
Die Gefahr ist kaum von der Hand zu weisen, dass der Lehrgang zu einem reinen Instruktionsunterricht verkommt. Damit dies nicht geschieht, empfiehlt es sich, kontroverse Informationen zu präsentieren sowie Phasen interaktiver Kommunikation und freier Diskussion einzufügen (Claußen 1981b, 247).

Die allgemeine Didaktik kennt eine ganze Reihe von Lehrgangsarten, so den *synthetisch-linearen*, den *sachlogisch-systematischen*, den *konzentrisch erweiternden*, den *genetischen* und den *ganzheitlich-analytischen* Lehrgang (Glöckel 1996, 190 ff.).
In der politischen Bildung kommen im Wesentlichen zwei Lehrgangsarten in Betracht, nämlich der synthetische und der analytische Lehrgang. Der *synthetische* Lehrgang zielt auf die Erschließung eines neuen Sachgebietes. Der Reihe nach werden die Elemente der Sache eingeführt, wobei man sich vom Einfachen zum Zusammengesetzten und Komplexen bewegt. Der *analytische* Lehrgang geht den umgekehrten Weg. Am Anfang steht ein komplexer Sachverhalt, der schrittweise zerlegt und ausdifferenziert wird. Der analytische Lehrgang setzt die wenigstens umrisshafte Kenntnis des betreffenden komplexen Zusammenhanges voraus, weil sonst ein Verstehen nicht möglich ist. Er hat eine gewisse Ähnlichkeit mit einem Problemlösungsverfahren (Gagel 1986, 210 ff.).

Der Einsatz der Lehrgangsmethode bietet sich an, wenn es um die Vermittlung der institutionellen Ordnung des Gemeinwesens und um die Thematisierung von politischen Akteuren, d.h. von Organisationen des Willensbildungsprozesses, geht. Eine solche Vermittlung muss keine trockene Institutionenkunde sein. Das Lehrgangsprinzip steht einer methodisch anregenden Gestaltung des Unterrichtsprozesses keinesfalls entgegen. So empfiehlt es sich, die systemische Welt der Politik so häufig wie möglich mit den Perspektiven der Lernenden in Beziehung zu setzen.

Ein synthetischer Lehrgang über die politische Ordnung auf Gemeindeebene könnte beispielsweise die folgenden nacheinander zu durchschreitenden Stationen umfassen: Aufgaben der Gemeinde, Finanzierung der Gemeinde, Rat und Verwaltung, Spielregeln im Rat, Möglichkeiten der Bürgerbeteiligung, Beteiligung von Kindern und Jugendlichen an der Kommunalpolitik.
Ein ebenfalls synthetisch angelegter Lehrgang über die Akteure des politischen Willensbildungsprozesses könnte mit den Parteien beginnen und dabei auf die Aufgaben der Parteien, parteipolitische Programme, die Finanzierung der Parteien und das Gebot innerparteilicher Demokratie eingehen. Weitere Gegenstände könnten dann die politischen Einflussmöglichkeiten der Interessenverbände, die Rolle der Medien zwischen kommunikativer Mittlertätigkeit und politischer Parteinahme sowie die Wählerschaft als machtzuteilende und machtentziehende Instanz sein.

Ein analytischer Lehrgang über eine bestimmte politisch bedeutsame Institution oder Organisation könnte aus den nachstehenden Schritten bestehen:
Erster Schritt: Versuch einer vorläufigen Stellungnahme. Schlüsselfragen: Wie schätze ich die Institution bzw. die Organisation gefühlsmäßig und rational ein? Welche Meinungen sind darüber in der Gesellschaft vorhanden?
Zweiter Schritt: Aufgaben und Ziele der Institution bzw. der Organisation erarbeiten. Schlüsselfragen: Was tut die Institution bzw. die Organisation? Wie wird die Institution bzw. die Organisation in der Öffentlichkeit wahrgenommen?
Dritter Schritt: Sich selbst befragen. Schlüsselfrage: Welche Bedeutung hat die Institution bzw. die Organisation für mich und mein zukünftiges Leben?
Vierter Schritt: Rückblick in die Geschichte. Schlüsselfragen: Wie ist die Institution bzw. die Organisation entstanden? Wie hat sie sich entwickelt?

Fünfter Schritt: Den Aufbau beschreiben und nach Möglichkeiten politischer Einflussnahme fragen. Schlüsselfragen: Welchen Einfluss übt die Institution bzw. die Organisation aus? Welchen Einflüssen unterliegt sie selbst?
Sechster Schritt: Kritik zusammentragen und politische Forderungen formulieren. Schlüsselfragen: Unter welchen Gesichtspunkten wird die Institution bzw. die Organisation kritisiert? Welche Forderungen müssten verwirklicht werden, um eine Besserung zu erreichen?
Siebenter Schritt: Möglichkeiten der Veränderung einschätzen. Schlüsselfrage: Mit welchen Schwierigkeiten muss bei einer Umsetzung von Forderungen nach Änderung gerechnet werden?
Achter Schritt: Nach Folgen für das eigene Leben fragen. Schlüsselfrage: Was folgt aus der Bearbeitung der Institution bzw. der Organisation für mich selbst in persönlicher wie in politischer Hinsicht? (Janssen 1992, 36 f.)[204]

Die exemplarische Fallmethode: Fallanalyse und Fallstudie

Die Fallmethode genießt in der politischen Bildung hohes Ansehen. Ihr wird zugesprochen, das sachgemäße Analysieren, Bewerten, Beurteilen und Entscheiden politischer und gesellschaftlicher Sachverhalte besonders gut fördern zu können. Diese Fähigkeiten zu trainieren gehört zu den vorrangigen Aufgaben der politischen Bildung. Daher ist die Fallmethode die den Intentionen der politischen Bildung möglicherweise am besten entsprechende Makromethode.

Das Wort *Fall* steht ganz allgemein für eine exemplarische Gegebenheit. Diese Gegebenheit betrachtet die Fallmethode nicht als Mittel oder Aufhänger für die systematische Wissensvermittlung. Die Gegebenheit selbst ist vielmehr eigentlicher Gegenstand des Unterrichts. Da der Fall eine Gegebenheit der politischen oder gesellschaftlichen Wirklichkeit ist, verkörpert er eine konkrete, die Analyse lohnende Erscheinungsform der Realität (Glass/Gagel 1988, 178).

Die Fallmethode gibt es in einer ganzen Reihe von Varianten. Die beiden wichtigsten Varianten sind die *Fallanalyse* und die *Fallstudie*. Didaktisch eng verwandt mit der Fallanalyse sind die *Situationsanalyse* und die *Problemanalyse*.[205] Sie unterscheiden sich von der Fallanalyse durch den etwas anders strukturierten Gegenstand, nicht aber durch die Art des Unterrichtsprozesses. Dagegen ist die Fallstudie durch einen eigenen methodischen Gang gekennzeichnet.

Allen Varianten der Fallmethode ist der *erarbeitend-problemlösende* Lernmodus gemeinsam. Vorherrschende Handlungsformen sind das Lehrgespräch und die Textarbeit. An Sozialformen wird der Frontalunterricht (Klassenunterricht) praktiziert, der aber häufig von Einzel- und Partnerarbeit sowie Gruppenunterricht unterbrochen wird.

---

[204] Ein vereinfachtes Verlaufsmodell eines analytischen Lehrganges über Institutionen bzw. Organisationen kann folgendermaßen aussehen. Erster Schritt: Den Aufbau beschreiben und die Arbeit der Institution bzw. der Organisation erklären (Wie ist die Institution bzw. die Organisation aufgebaut? An welchen Aufgaben bzw. Zielen orientiert sich ihre Arbeit?). Zweiter Schritt: Sich einfühlen und die Möglichkeiten politischer Einflussnahme klären (Wie wird die Arbeit der Institution bzw. der Organisation von den daran Beteiligten gesehen? Wie wird versucht, von außen auf die Institution bzw. die Organisation Einfluss zu nehmen?). Dritter Schritt: Kritik und politische Forderungen erarbeiten und einschätzen (Inwiefern wird die Institution bzw. die Organisation kritisiert? Welche Forderungen ergeben sich für mich als Lernenden aus der Bearbeitung der Kritik?) (Janssen 2002, 39 f.).

[205] Weitere Varianten der Fallanalyse sind die Analyse *politischer Tagesereignisse, umstrittener politischer Forderungen, allgemeiner gesellschaftlicher Probleme* und *aktueller politischer Konflikte*. Siehe hierzu die Ausführungen über die exemplarische Fallmethode weiter unten in diesem Abschnitt.

Das Ergebnis einer Fallanalyse bzw. einer Fallstudie ist nicht eindeutig fixierbar. Der Lernprozess ist daher auch nicht ausschließlich ergebnisorientiert ausgerichtet. Er ist zu einem guten Teil prozessorientiert. Das heißt, dass das Analysieren, Erörtern, Urteilen und Entscheiden bei der Fallmethode didaktischen Eigenwert besitzen. Die Lenkung des Unterrichtsprozesses durch den Lehrer ist schwächer ausgeprägt als beim Lehrgang. Dies gilt insbesondere für die Fallstudie. Folglich ist auch die Kommunikation stärker symmetrisch bestimmt als beim Lehrgang. Symmetrisch wird die Kommunikation dann, wenn die Lernenden beginnen, eigenständig den Fall zu bearbeiten, über Lösungen nachzudenken und ihr Urteil zu fällen.

Die Fallmethode verlangt die *Inhaltsgeneralisierung* des betreffenden Falles. Das meint, dass im Fall etwas Allgemeines, Prinzipielles enthalten sein muss, das sich herauslesen lässt und übertragbar ist. Um ein Lernen am Fall zu ermöglichen, darf der Fall also nicht im Beliebigen angesiedelt sein. Ebenso ist die *Methodengeneralisierung* wichtig. Das meint, dass die Bearbeitung eines Falles die Anwendung eines bestimmten Frageraster erfordert, welches auf die Bearbeitung anderer Fälle übertragbar sein muss.

Fälle basieren grundsätzlich auf *Konstruktionen* sowie auf didaktischen *Rekonstruktionen*. Fälle manifestieren sich nämlich in Texten. Das heißt, dass sie nicht einfach objektive Gegebenheiten sind, sondern durch Sprache und Sinn gestaltet, mithin konstruiert sind. Der Lehrende kann Fälle aber auch aus einer Kette verschiedener Dokumente oder Quellentexte zusammenstellen, sie mithin rekonstruieren. Wofür ein Fall exemplarisch steht, ist ebenfalls das Ergebnis eines Konstruktionsvorganges. So gibt der Lehrende einem Fall in Gestalt einer didaktischen Entscheidung einen allgemeinen Sinn. Aber auch die Lernenden versehen den Fall mit Sinn. Dieser kann von Individuum zu Individuum verschieden sein (Gagel 2000, 82 ff.).[206]

Meint das Wort *Fall* generell eine exemplarische Gegebenheit, so ist ein *Fall* im Kontext einer Fallanalyse eine Begebenheit oder ein Ereignis, also ein Vorgang mit Aktionscharakter. Dieser Vorgang ist zeitlich, jedoch nicht unbedingt räumlich abgegrenzt. Er hat einen Anfang und ein Ende. Ein Fall ist insofern konkret, als er sich Personen und Institutionen, Organisationen und Gruppen zuordnen lässt. Didaktisch gesehen ist es vorteilhaft, wenn der Fall aktuell ist. Aktualität ist aber nicht zwingend erforderlich.

Zu einer Fallanalyse gehören die folgenden typischen Fragen: Wer ist beteiligt? Worum geht es? Welche Absichten verfolgen die Beteiligten? Welche Mittel zur Durchsetzung ihrer Absichten wenden sie an? Wie verläuft das Ereignis? (Gagel 2000, 80 ff.)

Von einem Fall unterscheidet sich eine *Situation* dadurch, dass sie kein äußeres, chronologisch darstellbares Ereignis darstellt. Vielmehr geht es um eine in der Regel soziale Lage, die von den daran Beteiligten definiert wird. Die Definition einer Situation besteht darin, dass ihr jeder Beteiligte einen Sinn zuschreibt, der nicht einfach nur von den äußeren Rahmenbedingungen bestimmt ist. Eine erhebliche Rolle in der Sinnkonstruktion spielen die je eigene Vorgeschichte, das je eigene Weltverständnis und die je eigenen Erwartungen an die Situation und an die anderen Beteiligten. Die subjektiv geprägten Sinndeutungen werden beim Zusammentreffen der Beteiligten ausgehandelt.

Eine Situationsanalyse ist von den folgenden Fragen gekennzeichnet: Welches sind die objektiven Rahmenbedingungen für die Situation? Welche Haltungen bringen die Beteiligten in die

---

[206] Dieses auf didaktische Freiheit setzende Vorgehen entspricht dem allgemein anerkannten Überwältigungsverbot und ist auf jeden Fall akzeptabler als die Verpflichtung der Fallmethode auf Emanzipation und gesellschaftskritische Aufklärung. Vor dem Hintergrund einer solchen dogmatischen Verpflichtung wundert die folgende Aussage nicht: „Eine *theorielose Auswahl und Auswertung eines Falles* gerät in die Nähe einer blinden Aktion. Die Formel ‚ich muss es darauf ankommen lassen' heißt nichts anderes, als die Reflexion dem Zufall zu überlassen" (Hobbensiefken 1973, 435).

Situation ein? Wie definieren die Beteiligten die Situation? Welche Auswirkungen sind mit den verschiedenen Definitionen verknüpft? Welche Folgen hat die sich durchsetzende Definition? (Gagel 2000, 86 ff.)

Ein *Problem* unterscheidet sich von einem Fall ebenfalls durch das Fehlen eines chronologischen Ablaufes. Ein Problem ist ein als unerwünscht oder gar unerträglich angesehener Zustand, der deshalb verändert werden soll. In der Regel gilt die Änderung als dringlich. Zugleich herrscht Unklarheit über den richtigen Lösungsweg. Es gibt vom Problem Betroffene sowie an der Definition und an der Lösung des Problems Beteiligte.
Eine Problemanalyse geht den folgenden Fragen nach: Worin besteht das Problem? Welches Ausmaß besitzt das Problem? Wie ist das Problem entstanden? Wer ist von dem Problem betroffen? Welche Lösungsvorschläge liegen vor? Welche Interessen verfolgen die Verfechter der verschiedenen Lösungsvorschläge? Welche Folgen und unbeabsichtigten Nebenfolgen sind bei der Verwirklichung der Vorschläge vorhersehbar? (Gagel 2000, 93 ff.)

Fallanalysen, Situationsanalysen und Problemanalysen sind prinzipiell auf zwei Ebenen möglich, nämlich einer konkreten oder *lebensweltlichen* sowie einer abstrakten oder *politischen* Ebene. Man könnte auch von *Mikrowelt* und *Makrowelt* sprechen. Auf der konkreten Ebene handeln Einzelpersonen bzw. sehen sich fremder Behandlung ausgesetzt, interpretieren ihre Lebenslagen oder sehen sich vor Probleme gestellt. Auf der abstrakten Ebene agieren bzw. reagieren Politiker, indem sie politische Situationen interpretieren oder versuchen, politische Probleme zu bewältigen.
Analysen der Mikrowelt haben einen großen didaktischen Vorteil, sofern die Fälle, Situationen und Probleme aus der Vorstellungs- und Lebenswelt der Lernenden stammen. Die Lernenden benötigen für die Analyse dann nämlich keine politischen Vorkenntnisse. Mit der vorhandenen Erfahrung können sie den Fall, die Situation oder das Problem untersuchen. Zumeist schwierig an Analysen der Mikrowelt ist allerdings die Verallgemeinerung des Lebensweltlichen zu politischen oder gesellschaftlichen Sachverhalten.
Bei Analysen der Makrowelt verhält es sich genau umgekehrt. Mit ihrer Alltagserfahrung erlangen Schüler nur schwer einen Zugang zu den Gedanken und Gefühlen von Politikern sowie zu den Rahmenbedingungen der Politik. Dafür erübrigt sich die Verallgemeinerung, weil die Ebene der Politik ja bereits betreten ist (Breit/Eichner 2004, 90).

Hinsichtlich der Verlaufsform von Analysen empfiehlt es sich, die Untersuchung auf der lebensweltlichen Ebene zu beginnen. Hierfür gibt es zwei Vorgehensweisen. Man kann einen Fall, eine Situation oder ein Problem entweder aus der *Außenperspektive* oder aus der *Binnenperspektive* der daran beteiligten Personen analysieren. Die Wahl der Binnenperspektive verleiht der Analyse eine größere Anschaulichkeit. Um die Binnenperspektive einzunehmen, versetzen sich die Lernenden in die Lage, Gedanken und Gefühle der fremden Personen hinein und versuchen, den betreffenden Sachverhalt mit deren Augen zu sehen. In diesem Zusammenhang müssen sie sich fragen, ob sie sich genauso oder anders verhalten hätten.
Die Fähigkeit der sozialen Perspektivenübernahme besitzt der Mensch etwa vom Alter von acht Jahren an (Breit 1991, 6 ff.). Mit Hilfe dieser Fähigkeit beginnen die Schüler, das sich abbildende fremde Schicksal selbst mit- und nachzuerleben. Die Denkoperation der sozialen Perspektivenübernahme eröffnet die Chance, Betroffenheit auszulösen. Wird diese ausgelöst, nehmen die Schüler Anteil, sind von Mitgefühl erfüllt oder zeigen sich empört, wenn sie die Lebensumstände der fremden Personen mit ihrem Gerechtigkeitsempfinden nicht in Übereinstimmung bringen können.
Nicht zuletzt zur eigenen Entlastung versuchen die Schüler, durch Nachdenken eine Lösung für die Betroffenen zu finden. Problemlösendes Denken wird also angebahnt. Die Schüler lösen sich bei der Suche nach einer Problemlösung von dem konkreten Fall. Sie erkennen, dass nicht allein die konkret vorstellbaren Einzelpersonen aus dem untersuchten Fall, sondern alle in derselben Lage befindlichen Menschen betroffen sind. Sie stoßen somit zu einem all-

gemeinen Problem vor. Die Schüler prüfen dann, ob die Problemlage als gesellschaftliches und somit von der Politik zu lösendes Problem anerkannt werden müsste. Wenn sie zu dem Schluss kommen, dass die Politik zuständig ist, analysieren und beurteilen sie das politische Problem und mögliche Problemlösungen. Im geglückten Fall vollziehen sie diese Operationen aus unterschiedlichen Perspektiven (Breit 1996, 79).

Es gilt also grundsätzlich: Die Analyse darf nicht bei der Erhellung der lebensweltlichen Ebene stehenbleiben. Man muss den Übergang vom konkreten Einzelschicksal zur Politik finden. Nun weisen die in der Lebenswelt verankerten Fälle, Situationen und Probleme fast immer Bezüge zur Makrowelt der Politik auf. Obwohl sie jeweils nur Einzelnes darstellen, enthalten und repräsentieren sie politisch Allgemeines. Ganz entscheidend ist es also, die Brücke vom Alltag der Lebenswelt hinüber zur Politik zu betreten. Man spricht deshalb von der *Brückenbildung* zwischen Mikrowelt und Makrowelt (Gagel 2000, 104 ff.).

Die Brücke kann von zwei Seiten betreten werden: Die Lernenden betreten sie von der Mikrowelt, wenn sie im Alltag von Menschen das Politische entdecken. Sie betreten sie von der Makrowelt, wenn sie umgekehrt den Bezug zwischen der Politik und den davon betroffenen Individuen herstellen.

Analysieren Schüler Alltagsgeschichten und entdecken sie die sich darin abbildenden politischen Probleme, Konflikte und Strukturen, so lernen sie mit der Zeit, wie der Schritt vom alltäglichen Wahrnehmen zur Analyse und Beurteilung von Politik zu vollziehen ist. Analysieren Schüler Vorkommnisse der Politik und entdecken sie, dass die abstrakten Aussagen sich auf den Alltag von Menschen auswirken, so lernen sie mit der Zeit, dass Politik eine Sache ist, die sie angeht.

Es gibt Vorschläge, wie die Lehr- und Lernwege, d.h. die Verlaufsformen einiger weiterer Varianten der Fallanalyse aussehen könnten. In diesen Vorschlägen beginnt die Analyse immer mit der Makroebene von Politik und Gesellschaft. Und sie endet immer mit der Frage, was das Politisch-Gesellschaftliche für das individuelle Leben bedeuten könnte (Janssen 1992, 31 ff.).

Die erste Variante ist die Bearbeitung *politisch problematischer Tagesereignisse*. Sie besteht in fünf analytischen Schritten.
Erster Schritt: Das Ereignis nachempfinden und bewerten. Schlüsselfragen: Was ist geschehen, und wie reagiere ich gefühlsmäßig und rational auf das Ereignis?
Zweiter Schritt: Hintergründe aufarbeiten. Schlüsselfragen: Welche Vorgeschichte führte zu dem Ereignis? Welche gesellschaftlichen Rahmenbedingungen begünstigten das Ereignis?
Dritter Schritt: Politische Antworten diskutieren. Schlüsselfragen: Wie reagieren gesellschaftliche Gruppen und politische Akteure, welche Forderungen stellen sie, und was ist davon jeweils zu halten?
Vierter Schritt: Politische Zukunft einschätzen. Schlüsselfragen: Welche Chancen sind den diversen Vorschlägen einzuräumen? Mit welchen Widerständen ist zu rechnen?
Fünfter Schritt: Nach Folgen für das eigene Leben fragen. Schlüsselfrage: Was folgt aus der Bearbeitung des Ereignisses für mich selbst in persönlicher wie in politischer Hinsicht?

Die zweite Variante besteht in der Bearbeitung *umstrittener politischer Forderungen*. Sie setzt sich aus sechs Schritten zusammen.
Erster Schritt: Die Forderung erläutern und Stellung nehmen. Schlüsselfragen: Was wird gefordert, was ist davon zu halten?
Zweiter Schritt: Gefühle verstehen. Schlüsselfrage: Welche Hoffnungen und Befürchtungen prägen den Streit um die Forderung?
Dritter Schritt: Sich mit Begründungen auseinandersetzen. Schlüsselfrage: Welche Argumente sprechen für oder gegen die Forderung?
Vierter Schritt: Versuch einer Konkretisierung und politischen Einordnung der Forderung.

Schlüsselfragen: Wie könnte die Umsetzung der Forderung aussehen? Wer kämpft politisch für bzw. gegen die Forderung?
Fünfter Schritt: Die politischen Kräfteverhältnisse einschätzen. Schlüsselfrage: Welche Chancen auf Durchsetzung haben die Anhänger bzw. Gegner der Forderung?
Sechster Schritt: Nach Folgen für das eigene Leben fragen. Schlüsselfrage: Was folgt aus der Bearbeitung der Forderung für mich selbst in persönlicher wie in politischer Hinsicht?
Die dritte Variante ist die Bearbeitung *allgemeiner gesellschaftlicher Probleme*. Sie besteht in acht Schritten.
Erster Schritt: Problematische Sachverhalte beschreiben und Stellung nehmen. Schlüsselfragen: Worin zeigt sich das allgemeine gesellschaftliche Problem? Wie reagiere ich darauf?
Zweiter Schritt: Betroffene verstehen. Schlüsselfrage: Wie erleben die unmittelbar Betroffenen die Situation?
Dritter Schritt: Sich selbst befragen. Schlüsselfrage: Welche Bedeutung hat das Problem für mich?
Vierter Schritt: Ursachen erkennen. Schlüsselfragen: Worauf ist das Problem zurückzuführen? Welche Erklärungen sind überzeugend?
Fünfter Schritt: Politische Möglichkeiten der Problembegrenzung kritisch untersuchen. Schlüsselfrage: Welche politischen Maßnahmen könnten geeignet sein, den Betroffenen zu helfen?
Sechster Schritt: Problemlösungen suchen. Schlüsselfrage: Welche Lösungsmöglichkeiten könnten durchsetzungsfähig sein?
Siebenter Schritt: Zukunft vorwegnehmen. Schlüsselfrage: Welche Zukunft ist zu erwarten, wenn eine politische Bewältigung des Problems misslingt oder unterbleibt?
Achter Schritt: Nach Folgen für das eigene Leben fragen. Schlüsselfrage: Was folgt aus der Bearbeitung des Problems für mich selbst in persönlicher wie in politischer Hinsicht?

Die vierte Variante besteht in der Bearbeitung *aktueller politischer Konflikte*. Sie setzt sich aus sieben Schritten zusammen.
Erster Schritt: Bestimmung des Konfliktes und der Konfliktparteien. Schlüsselfragen: Warum wird politisch gestritten? Wer ergreift welche Partei?
Zweiter Schritt: Sich selbst befragen. Schlüsselfrage: Welche Bedeutung hat der Konflikt für mich und mein zukünftiges Leben?
Dritter Schritt: Die Vorgeschichte betrachten und die Positionen der Konfliktparteien erläutern. Schlüsselfragen: Wie ist der Konflikt entstanden? Welche Interessen und Positionen liegen im Streit miteinander?
Vierter Schritt. Den Konflikt in seinem Zusammenhang mit allgemeinen gesellschaftlichen Problemen sehen und beurteilen. Schlüsselfrage: Welche allgemeine gesellschaftliche Problemlage spiegelt sich im aktuellen Konflikt wider?
Fünfter Schritt: Machtverhältnisse einschätzen. Schlüsselfragen: Welche Machtpotentiale stehen den Kontrahenten zur Verfügung? Welche Mittel der politischen Auseinandersetzung sind zu rechtfertigen, welche nicht?
Sechster Schritt: Kompromisse suchen und beurteilen. Schlüsselfragen: Welche Kompromisse sind möglich? Wie sind die Kompromisse politisch zu beurteilen?
Siebenter Schritt: Nach Folgen für das eigene Leben fragen. Schlüsselfrage: Was folgt aus der Bearbeitung des Konfliktes für mich selbst in persönlicher wie in politischer Hinsicht?

Die *Fallanalyse* dient in erster Linie der Förderung des politischen Analysierens, Bewertens und Beurteilens. Diese Intention gilt auch für die diversen Varianten in Gestalt der Situations- und Problemanalyse sowie der Analyse politischer Tagesereignisse, umstrittener politischer Forderungen, allgemeiner gesellschaftlicher Probleme und aktueller politischer Konflikte.

Die *Fallstudie* verfolgt eine deutlich andere Zielsetzung als die Fallanalyse. Ihre vorrangige didaktische Intention besteht darin, die Problemlösungs- und Entscheidungsfähigkeit zu trainieren. Sie soll den Grundstein zu einem begründeten, selbstständigen Entscheidungsverhalten legen. Die Lernenden werden zu diesem Zweck in eine problemhaltige Situation versetzt, die sie zu einer Abwägung von Lösungsalternativen und schließlich zu einer Entscheidung zwingt. In gewisser Weise simulieren die Lernenden also das reflektierte Entscheidungshandeln anderer Personen.

Die Fallstudie ist seit langem in der sozialökonomischen Bildung verankert. Sie wird aber auch im wirtschaftswissenschaftlichen Hochschulstudium sowie in der militärischen Ausbildung von Offizieren praktiziert. Eine Heimstatt hat die Fallstudie auch in der juristischen Kasuistik.

Die Fallstudie basiert auf einer intensiven Erarbeitung umfangreichen Materials, das in der Regel in Textform präsentiert wird. Erwartet wird, dass die Lernenden sich gegebenenfalls selbstständig zusätzliches Material beschaffen. Sie müssen also selbst erkennen, welche Kenntnisse sie zur Problemlösung benötigen (Weber 1995, 25). Hieran kann man schon ersehen, dass sich der Einsatz der Fallstudie bei jüngeren Schülern verbietet.

In der Fallstudie hat der Fall eher eine methodische als eine inhaltliche Funktion. Er dient gewissermaßen nur als ein realitätsnahes Beispiel. Das Kriterium für die Auswahl eines Falles ist in erster Linie seine Eignung als Instrument für die Vermittlung von methodischen Fähigkeiten wie Problemlösungs- und Entscheidungsfähigkeit. Es geht also weniger um eine exemplarische Vermittlung von Sachverhalten.

Der Fallstudie liegt ein Fall im Sinne einer möglichst wirklichkeitsgetreuen Aufbereitung einer tatsächlichen Begebenheit zugrunde. Diese Begebenheit kann ein Gerichtsprozess, eine unternehmerische Entscheidungssituation oder ein politisches Entscheidungsproblem sein. Es kann sich aber auch um eine Situation aus der Lebenswelt handeln. Dabei werden möglichst alle relevanten Faktoren in der chronologischen Reihenfolge präsentiert. Die Aufbereitung kann aus der Sicht derjenigen Person vorgenommen werden, von der eine Entscheidung verlangt wird. Dies kann ein Richter, ein Manager, ein Politiker, aber eben auch eine Privatperson sein. Die Lernenden werden dann mit der Frage konfrontiert, was sie anstelle der betreffenden Person tun würden (Grammes/Tandler 1991, 214).

Es gibt verschiedene Varianten der Fallstudie. Sie unterscheiden sich in der Darstellung der Fall-Vorlage, der Aufbereitung von Informationen sowie der Problemfindung und Problemlösung.

Bei der *Case-Study-Method* ist der Fall sehr umfangreich, da neben der Fallschilderung auch das gesamte Informationsmaterial beigefügt ist. Das didaktische Schwergewicht liegt in der Analyse des Sachverhaltes und im Erkennen verborgener Probleme.

Bei der *Case-Problem-Method* werden die Probleme vorgegeben. Es geht vor allem darum, Lösungsvarianten zu finden und die Entscheidungen ausführlich zu diskutieren.

Bei der *Case-Incident-Method* wird der zu bearbeitende Fall unvollständig und lückenhaft dargestellt. Im Mittelpunkt steht deshalb der Prozess der Informationsbeschaffung.

Die *Stated-Problem-Method* zeichnet sich dadurch aus, dass bereits fertige Lösungen und deren Begründungen präsentiert werden. Es geht didaktisch darum, die Lösungen zu vergleichen, kritisch zu beurteilen und eventuell nach alternativen Lösungen zu suchen (Kaiser 1983, 21 f.).

In der Fallstudie analysieren die Lernenden in selbstständiger Gruppenarbeit eine vorgegebene Problemsituation und suchen nach Problemlösungen. Bei dieser Suche stellen die Arbeitsgruppen unterschiedliche Lösungsmöglichkeiten gegenüber und wägen deren jeweilige Vor- und Nachteile gegeneinander ab, bevor sie zu einer begründeten Entscheidung kommen

(Buddensiek 1992, 11).
In der Fallstudie überwiegt der Gruppenunterricht als Sozialform. Nur am Ende, bei der Vorstellung und Erörterung der Gruppenarbeitsergebnisse, kommt es zum Frontalunterricht (Klassenunterricht), bei dem aber der Lehrer die zurückhaltende Rolle eines Moderators spielt. Während der Gruppenarbeit fungiert der Lehrer weitgehend als ergänzender Informationslieferant.

Eine Fallstudie verläuft in sechs Phasen. Am Beginn steht die *Konfrontation* mit einem Problemfall. In dieser Phase stellen die Lernenden in ihren Gruppen die Symptome des Problems heraus. Sie ermitteln Ursachen und machen sich bereits Gedanken über eine mögliche Lösung. Dazu müssen sie Zielvorstellungen entwickeln.
Danach folgt die Auswertung und Beschaffung von *Informationen*, die zur Problemlösung erforderlich sind. Die Gruppen werten das bereitgestellte Informationsmaterial aus. Gegebenenfalls beschaffen sie sich zusätzliche Informationen.
In der sich anschließenden Phase der *Exploration* diskutieren die Gruppen alternative Lösungsmöglichkeiten und untersuchen möglichst viele verschiedene Lösungswege. Das Denken in Alternativen wird geschult.
Hiernach kommt es in den Gruppen zur *Resolution*, d.h. zur begründeten Entscheidung für eine Lösungsvariante. Dies setzt voraus, dass die verschiedenen Lösungsmöglichkeiten in ihren Vor- und Nachteilen gegenübergestellt und bewertet werden. Die getroffene Entscheidung wird mitsamt den Faktoren, die zur Entscheidung geführt haben, schriftlich festgehalten.
Es schließt sich die wichtige Phase der *Disputation* an. In dieser Phase stellen die Gruppen ihre Entscheidungen im Plenum vor. Sie sprechen alle Argumente an, die für, aber auch gegen ihre Entscheidung sprechen. Die anderen Gruppen prüfen die vorgetragenen Argumente auf ihre Stichhaltigkeit. Möglicherweise werden die Entscheidungen aufgrund der Disputation modifiziert.
Am Schluss steht die *Kollation*, d.h. der Vergleich der Gruppenlösungen mit den in Wirklichkeit getroffenen Entscheidungen (Franke 1981, 16 f.; Kaiser 1983, 26 ff.; Weber 1995, 26).

Fallstudien beziehen sich auf Einzelfälle. Sie sagen nichts darüber aus, wie häufig die in der Fallschilderung beschriebenen oder vergleichbaren Probleme in der Wirklichkeit auftreten. Bei unkritischer Verwendung von Fallstudien besteht die Gefahr, dass die Lernenden Einzelfälle vorschnell generalisieren (Buddensiek 1992, 17).

Die explorative Untersuchung: Erkundung und Sozialstudie

Wie der Name schon andeutet, ist die explorative Untersuchung[207] eine Methode, in der das *forschend-entdeckende* Lernen praktiziert wird. Untersuchungsgegenstand ist ein Ausschnitt der realen Welt. Der besondere Wert dieses Lernens besteht darin, dass es wissenschaftspropädeutische Züge trägt. Forschend-entdeckendes Lernen ist das genaue Gegenteil des rezeptiven Lernens im Lehrgangsunterricht. Es ist durch eine weitgehend offene Lehr-Lern-Situation gekennzeichnet. Auch ist das Ergebnis einer explorativen Untersuchung zu Beginn nicht bekannt. Es hängt stark von der Fragestellung, der Kommunikation innerhalb der Lerngruppe sowie der gewählten Untersuchungsmethode ab. Die Möglichkeiten des Lehrers, ein exploratives Unterrichtsvorhaben detailliert zu planen, sind folglich sehr begrenzt.

---

[207] Das Adjektivattribut *explorativ* soll ganz allgemein den erkundend-ausforschenden Charakter der Methode *Untersuchung* hervorheben. Es liegt auf der Hand, dass das Explorative hier in einem anderen Sinne gebraucht wird als in der empirischen Sozialforschung. Dort dient die Exploration der Formulierung von Hypothesen. Eine explorative Studie bildet in der Sozialforschung damit eine Vorstufe der eigentlichen Datenerhebung.

Den verschiedenen Varianten der explorativen Untersuchung sind bestimmte Merkmale gemeinsam. Didaktisch am bedeutsamsten ist wohl, dass diese Methode den Lernenden Erfahrungen in *Realsituationen* ermöglicht. Die Wirklichkeit wird nicht über eine symbolische Repräsentation in Texten, Schaubildern und abstrakten Begriffen erfasst, sondern so, wie sie in einer Realbegegnung unmittelbar erscheint. Die unmittelbare Wahrnehmung von Ausschnitten der Realität steuert so dem „allmählichen Verschwinden der Wirklichkeit" (Hartmut von Hentig) entgegen. Mit der Intention, die Trennung von Schule und Leben zu überwinden und einen lernenden Zugang zur Wirklichkeit – und nicht zur symbolischen Abbildung der Welt – zu eröffnen, steht die explorative Untersuchung in der Tradition der deutschen und der amerikanischen Reformpädagogik.

Kennzeichnend ist fernerhin, dass die explorative Untersuchung einen *längeren Zeitraum* in Anspruch nimmt. Ihr Verlauf gliedert sich in eine Vorbereitungs-, eine Durchführungs- und eine Auswertungsphase. Während in der Durchführungsphase sinnliche Erfahrungen und konkret operationales Handeln dominieren, kommt es in der Auswertungsphase zur intellektuellen Reflexion. Es werden also Erfahrungen nicht nur angeeignet, sondern auch geistig verarbeitet.

Ein weiteres wichtiges Merkmal ist der relativ hohe Grad an *selbstständiger Schülertätigkeit*. Die explorative Untersuchung verlangt von den Schülern interaktive, kommunikative und planerische Anstrengungen. So wirken sie bei der konkreten Festlegung des unterrichtlichen Vorgehens mit, und auch die Auswertung liegt weitgehend in ihren Händen. Ebenso ist die Durchführung, d.h. die Informationsbeschaffung, durch selbstständige Schülertätigkeit gekennzeichnet. Die Schüler sind also Lernsubjekte, die ihren Lernprozess zu einem guten Teil selbst verantworten. Sie dürfen sich Lernerfolge selbst zuschreiben, können andererseits Misserfolge nicht auf andere abwälzen.

Kennzeichnend ist weiterhin eine nicht ausschließlich, aber doch großenteils *symmetrische Kommunikation* zwischen Lehrer und Schülern. Dem Lehrer kommt eine fachlich führende Funktion eigentlich nur bei der Aufgabenstellung, bei der Vermittlung der Untersuchungsmethoden sowie bei expliziten Hilfestellungen zu. Hiervon abgesehen reduziert sich seine Tätigkeit auf die beratende Begleitung. Vom Lehrer wird also Zurückhaltung erwartet.

Bei der explorativen Untersuchung gibt es kein Lernergebnis in Form abfragbaren Wissens. Das Ergebnis bezieht sich immer nur auf einen kleinen Ausschnitt der gesellschaftlichen Realität, der nicht einmal unbedingt verallgemeinerbar ist. Wichtig ist daher der *Prozess des methodisch gesteuerten Lernens* selbst. Die Methode ist gewissermaßen Gegenstand und nicht lediglich Mittel des Unterrichts. Die Schüler gewinnen auf diese Weise eine allgemeine Methodenkompetenz hinsichtlich eigenständigen Lernens sowie ansatzweise eine Kompetenz in der Anwendung elementarer sozialwissenschaftlicher Methoden. Und sie verbessern ihre Kommunikations- und Kooperationsfähigkeit, mithin ihre Sozialkompetenz.

Es gibt hauptsächlich zwei Varianten der explorativen Untersuchung, nämlich die *Erkundung* und die *Sozialstudie*. Die beiden Varianten unterscheiden sich hinsichtlich ihrer Komplexität. Die Erkundung ist eine elementare Form der explorativen Untersuchung. Auf höherem Niveau nimmt sie die Gestalt der Sozialstudie an. Der explorativen Untersuchung werden gelegentlich noch weitere Varianten zugerechnet: Dazu gehören der Unterrichtsgang, die Besichtigung, das Praktikum und das Expertengespräch.

Der *Unterrichtsgang* ist didaktisch deutlich anspruchsloser als die Erkundung. Er bildet eine Art Vorform der Erkundung. Der Unterrichtsgang wird vorzugsweise in der Primarstufe praktiziert. Da er keine Unterrichtseinheit konstituiert, ist er eher den Handlungsformen als den Makromethoden zuzurechnen.

Ebenfalls anspruchsloser als die Erkundung, wenn auch häufig mit ihr verwechselt, ist die *Besichtigung*, der man auch den *Besuch* von Institutionen und Produktionsstätten zuordnen kann. Die Besichtigung ist eine Art Schwundstufe der Erkundung. Ihr geht es lediglich darum, etwas anzusehen oder zu erleben. *Ansehen* kann man Gebäude, Baudenkmäler, Plätze, Betriebe, öffentliche Institutionen und Ausstellungen. Dabei können natürliche oder künstliche Gegenstände sowie Bilder und Schriftdokumente betrachtet werden. *Erleben* kann man Inszenierungen von Handlungen wie Gerichtsverhandlungen und Parlamentssitzungen. Erleben kann man aber auch routinierte Abläufe, wie dies für den industriellen Produktionsprozess typisch ist.

Bestenfalls kann die Besichtigung der Informationsbeschaffung dienen. Eine solche Informationsbeschaffung ist allerdings mit mehreren Mängeln behaftet. So nehmen die Schüler bei einer Besichtigung eine rein passiv-rezeptive Rolle ein. Von Ausnahmen abgesehen können sie nämlich die am Besichtigungsort tätigen Menschen nicht befragen. Dies gilt jedenfalls, wenn Produktionsabläufe bei Betriebsbesichtigungen oder formalisierte Prozesse im Gericht und im Parlament beobachtet werden. Den Schülern bleibt nur übrig, Beobachtungen, Fragen und Skizzen festzuhalten, die dann im nachfolgenden Unterricht abgearbeitet werden können. Wenn das vorgegebene Besichtigungsprogramm einen bestimmten Umfang erreicht, können die Schüler durch die Fülle der Eindrücke überfordert werden. Das Ergebnis ist dann eine undifferenzierte Oberflächlichkeit oder ein kognitives Durcheinander. Das aber bedeutet, dass Besichtigungen für den Unterrichtserfolg von geringer Effizienz sind. Didaktisch gerechtfertigt sind Besichtigungen eigentlich nur dann, wenn sie die Anschauung eines Realitätsausschnittes vermitteln, die bedeutsam ist, nur in dieser Form angeboten wird und zu keinem anderen Zeitpunkt stattfinden kann (Detjen 2004b, 196).

Man könnte das *Praktikum* als eine weitere Variante der explorativen Untersuchung bezeichnen. Das Praktikum ist eine außerhalb der Schule abzuleistende praktische Tätigkeit, die mehrere Wochen dauert. Es hat die generelle Aufgabe, das Defizit an praktischen Erfahrungen zu reduzieren, das sich zwangsläufig aus der Trennung der Schule vom wirklichen Leben ergibt. Im handelnden Umgang mit den am Praktikumsort vorgefundenen Gegebenheiten, Zweckbestimmungen, Arbeitsvorgängen und Konflikten sollen die Schüler soziale Eindrücke und gegebenenfalls politische oder wirtschaftliche Kenntnisse gewinnen. Sie sollen darüber hinaus aber auch aktiv beobachten und Menschen befragen, die ihnen begegnen. Ihre Erkenntnisse und Reflexionen sollen sie in einem abschließenden Praktikumsbericht zusammenfassen. Das Praktikum trägt also durchaus explorative Akzente.

Aus Sicht der politischen Bildung sind viele Praktikumsorte vorstellbar: So Parteien, Gewerkschaften, Massenmedien, Kirchen, Interessenverbände, soziale Vereinigungen, Verwaltungen sowie Parlament und Regierung. Diese Praktikumsorte werden jedoch kaum aufgesucht. Curricular etabliert hat sich lediglich das *Betriebspraktikum*. Insofern bezieht sich das Praktikum faktisch nur auf die Arbeits- und Berufswelt und damit auf einen Bereich, der nicht zur politischen Bildung gehört.

Schließlich kann man auch der *Expertenbefragung* den explorativen Charakter nicht absprechen. Die Expertenbefragung ist aber weniger eine Makromethode als vielmehr eine Handlungsform, die im Rahmen von Erkundungen oder Sozialstudien eingesetzt wird. Es ist nicht völlig ausgeschlossen, dass eine Expertenbefragung eine ganze Unterrichtseinheit prägt, aber ihr Einsatz als Handlungsform ist wahrscheinlicher (Massing 1998, 54).

In einer Expertenbefragung werden einem Spezialisten oder Sachverständigen zur Klärung eines Sachverhaltes vorbereitete Fragen gestellt. Erwartet wird, auf diese Weise Informationen zu erschließen, die auf anderen Wegen nur schwer oder gar nicht zu erhalten sind. Die Befragung kann in der Schule stattfinden. Sie kann aber auch am Arbeitsplatz des Experten erfolgen. In beiden Fällen öffnet die Expertenbefragung den Unterricht der politisch-gesellschaftlichen Realität außerhalb der Schule.

Für den Erfolg einer Expertenbefragung kommt der Auswahl des Experten eine besondere Bedeutung zu. Dabei empfiehlt es sich, den Begriff des Experten nicht zu eng zu fassen. Experten sind nicht nur fachlich qualifizierte oder wissenschaftlich ausgebildete Spezialisten. Im Prinzip ist jeder, der in einer öffentlichen Angelegenheit Partei, d.h. Beteiligter oder Betroffener, ist, Experte in dieser Angelegenheit (Massing 2004b, 230). Dennoch greift man im Regelfall auf Personen zurück, die sich professionell in ihrem Metier auskennen. Experten in diesem Sinne sind also der Leiter eines Jugendzentrums, der Drogenberater, der Jugendrichter, der Jugendoffizier, der Unternehmer, der Betriebsrat, der Bürgermeister, der Stadtkämmerer, der Umweltdezernent und der Landtags- sowie der Bundestagsabgeordnete. Es kann didaktisch durchaus reizvoll sein, auch zwei oder mehr Experten mit unterschiedlichen Auffassungen einzuladen und zu befragen (Detjen 2005a, 573).[208]

Eine Expertenbefragung bedarf einer intensiven Vorbereitung. Der Lehrer muss zunächst den Experten gründlich über drei Dinge informieren, nämlich über das *Thema* der Unterrichtseinheit, über das *Vorwissen*, das *Denk- und Abstraktionsvermögen* und die *Einstellungen* der Lerngruppe sowie über den *unterrichtlichen Vorlauf* und die *konkrete Vorbereitung* der Lernenden auf die Befragung. Auf diese Weise wird verhindert, dass der Experte über die Köpfe der Lernenden hinwegredet. Der Experte seinerseits weiß, dass er gegebenenfalls mit naiven, unqualifizierten und respektlosen Fragen konfrontiert werden kann.

Noch wichtiger ist die Vorbereitung der Lerngruppe. Schüler verhalten sich erfahrungsgemäß zurückhaltend, wenn Fremde im Klassenraum auftreten. Der Lehrer sollte sich also nicht darauf verlassen, dass die Schüler schon irgendwie spontan Fragen stellen werden. Es wäre auch illusorisch anzunehmen, Schüler würden ohne vorheriges Durchdenken vernünftige Fragen zu einem politischen Sachverhalt entwickeln. Deshalb müssen die Fragen im Vorbereitungsunterricht gründlich erarbeitet werden. Es empfiehlt sich, die Abfolge der Fragen festzulegen, die Fragen einzelnen Schülern oder kleinen Gruppen zuzuordnen sowie zu bestimmen, wer die erste Frage stellt. Eine intensive Vorbereitung erhöht darüber hinaus die Wahrscheinlichkeit, dass die Schüler sich nicht mit ausweichenden Antworten zufrieden geben und Nachfragen stellen. Zur Vorbereitung gehört auch, dass der Lehrer die Schüler über die Person des Experten, dessen Werdegang und dessen Tätigkeit informiert (Detjen 2005a, 573 f.).

Optimal ist es, wenn bei der Durchführung nicht der Lehrer, sondern ein Schüler die Rolle des Moderators bei der Befragung einnimmt. Die Lernenden müssen angehalten werden, sich Notizen zu machen. Es kann auch ein Protokollant eingeteilt werden. Möglicherweise erlaubt der Experte eine Tonband- oder Videoaufzeichnung.

Im Anschluss an die Befragung müssen die Antworten ausgewertet und in den thematischen Zusammenhang der Unterrichtseinheit gestellt werden. In der Auswertungsphase muss auch darüber reflektiert werden, ob und inwieweit der Experte die politische Realität verzerrt oder einseitig dargestellt hat. Experten müssen nicht objektiv sein. Sie vertreten häufig eine dezidierte politische Meinung oder Position. Um das Überwältigungsverbot sowie das Kontroversitätsgebot nicht zu verletzen, müssen in der Phase der Auswertung bzw. Urteilsbildung auch andere politische Positionen als die des Experten ausreichend deutlich werden (Massing 1998, 57; Massing 2004b, 236).

Eine Expertenbefragung ist keine Diskussion mit dem Experten, jedenfalls nicht zu Beginn. Eine Diskussion kann sich jedoch anschließen. Die Versuchung vor allem bei älteren Schülern ist jedoch groß, schon frühzeitig in eine Diskussion einzutreten, insbesondere dann, wenn der Experte eine den vorherrschenden Meinungen der Lerngruppe widersprechende Auffassung

---

[208] Sich um ein Wahlmandat bemühende Politiker sollten in den letzten acht Wochen vor einer Wahl jedoch nicht zu einem Gespräch eingeladen werden. Die Gefahr der Einseitigkeit und der unterschwelligen Wahlwerbung ist zu groß (Wolf 1992, 742 f.).

vertritt. Das Umgekehrte kann aber auch passieren, wenn nämlich die Lernenden trotz der Vorbereitung keinen eigenen Standpunkt gewonnen haben, den sie argumentativ vertreten können. Die Folge ist dann, dass Befragung und Diskussion dahinplätschern.

Die Wirksamkeit von Expertenbefragungen leidet nicht selten unter bestimmten Unvollkommenheiten. So stellen Lernende häufig sogenannte *Einpunktfragen*, d.h. Fragen sehr geringer Komplexität. Experten reagieren darauf aber vielfach nicht mit knappen Antworten, sondern weitschweifig mit allgemeinen Sentenzen und Ausführungen, die das Thema nur am Rande berühren. Experten benutzen auch, ohne es zu merken oder zu wollen, eine Fachsprache, die nicht mehr verstanden wird. Ebenso können Experten manchmal nicht der Verlockung widerstehen, einen Vortrag zu halten. Es kann ferner sein, dass sich nebensächlich oder anekdotenhaft vorgetragene Äußerungen viel stärker einprägen als die eigentlich wichtigen Aussagen.

Neben der Expertenbefragung kommen als weitere Handlungsformen explorativer Untersuchungen das *Interview* und die *Umfrage* in Betracht. Bei beiden Handlungsformen geht es darum, von den Befragten zu erfahren, wie sie bestimmte Sachverhalte sehen und beurteilen. Es wird also nach Einstellungen, Erinnerungen und Wahrnehmungen gefragt.

Das *Interview* ist ein Gespräch mit einer einzelnen oder mehreren ausgesuchten Personen. Die *Umfrage* ist anonymer. Sie holt beispielsweise bei Passanten auf der Straße Meinungen und Stellungnahmen ein. Der Kreis der Befragten ist bei einer Umfrage auch deshalb erheblich größer, weil man mit ihrer Hilfe zu repräsentativen Aussagen gelangen möchte. Das Interview unterscheidet sich von der Umfrage weiterhin dadurch, dass es offener gehalten ist: Der Gesprächsablauf wird nicht durch einen festen, unverrückbaren Fragenkatalog gesteuert. Es gibt nur einen Interviewleitfaden.

Das Interview und die Umfrage verlangen eine intensive Vorbereitung, bei der vor allem der Arbeits- bzw. Forschungsplan zu entwickeln ist: Welche Hypothesen gibt es zum Fragegegenstand? Welche Fragen sind vor diesem Hintergrund sinnvoll? Welche Personen bzw. welche Segmente aus der Bevölkerung sollen befragt werden? Dann sind der *Interviewleitfaden* bzw. der *Fragebogen* zu erstellen. Als Anhalt gilt: Ein Interview darf höchstens dreißig Minuten dauern. Ein Fragebogen darf maximal fünfzehn Fragen enthalten. Die Interviewtechnik sollten die Lernenden in Rollenspielen üben.
Bei der Durchführung ist darauf zu achten, dass die Antworten aufgezeichnet werden. Das bereitet bei Fragebögen keine Probleme. Bei Interviews ist es günstig, wenn der Interviewte seine Erlaubnis für eine Tonbandaufzeichnung gibt. Andernfalls gibt es nur die Möglichkeit, sich Stichwortnotizen zu machen.

Bei der Erstellung eines Fragebogens ist der Formulierung der Fragen besondere Beachtung zu schenken: Die Fragen sollen einfache Wörter enthalten. Fremdwörter sind strikt zu vermeiden. Es empfiehlt sich, die Fragen in kurze Sätze einzukleiden. Die Fragen dürfen den Befragten nicht überfordern. Er muss sie vor dem Hintergrund seiner Erfahrungen und Einsichten beantworten können. Die Fragen dürfen keine bestimmte Beantwortung provozieren: Suggestivfragen sind also verboten. Schließlich ist darauf zu achten, dass die ersten Fragen nicht das Antwortverhalten bei den späteren Fragen beeinflussen.

Was immer bei Interviews und Umfragen geantwortet wird: Die Lernenden müssen wissen, dass die Antworten subjektive Einschätzungen, keine objektiven Tatsachenerkenntnisse wiedergeben. Und ihnen muss klar sein, dass man nie weiß, ob die gegebenen Antworten wahrhaftig sind (Detjen 2005a, 570 ff.).

Die *Erkundung* ist durch drei Merkmale gekennzeichnet. Erstes Merkmal: Eine Erkundung ist eine *Realitätsbegegnung* mit der Alltags- oder Umgebungswelt der Lernenden, gegebenenfalls aber auch mit anderen Ausschnitten der Welt.

Zweites Merkmal: Eine Erkundung ist *interaktionell* angelegt. Das meint, dass die Lernenden untereinander sowie mit den Menschen am Erkundungsort interagieren. Die Interaktionen bestehen in Vorbereitungsgesprächen, Planungsabsprachen, Informationsaktivitäten am Erkundungsort sowie Auswertungsarbeiten nach der Erkundung. Wichtig ist, dass die Lernenden bei den vielfältigen Interaktionen möglichst selbstständig sind. Hinzu kommt schließlich, dass Erkundungen häufig arbeitsteilig organisiert sind. Der Grund hierfür ist, dass die zu erkundenden Sachverhalte in aller Regel komplex sind. Das hat zur Folge, dass nicht jeder sich mit allen Aspekten der Sache vertraut machen kann.

Drittes Merkmal: Eine Erkundung ist kein spontanes Unternehmen, sondern basiert auf intensiver *Planung*. Sie geht im idealen Fall aus einer gemeinsamen Planung von Lehrer und Schülern hervor. Die Erkundung setzt bei den Lernenden ein Wissenwollen voraus. Ideal ist es deshalb, wenn eine Erkundung von dem Motiv getragen ist, von ihr Informationen zu Fragen zu erhalten, auf welche die Lernenden wirklich eine Antwort haben wollen. Besonders anspruchsvoll sind Erkundungen, wenn sie Hypothesen prüfen oder anderweitig erworbenes Wissen auf seine Übereinstimmung mit der Wirklichkeit überprüfen wollen (Detjen 2004b, 195 f.).

Die Erkundung ist eine selbstständige Makromethode. Sie lässt sich aber auch im Rahmen einer anderen Makromethode einsetzen. In Betracht kommen insbesondere der Lehrgang, die Sozialstudie und das Projekt. In dieser Hinsicht kann sie ganz verschiedene didaktische Funktionen erfüllen. Dies ergibt sich schon daraus, dass sie zur ersten Einführung in ein neues Unterrichtsthema einsetzbar ist. Sie kann aber auch auf halber Strecke zur Vertiefung und Veranschaulichung des im Unterricht behandelten Themas genutzt werden. Schließlich kann sie am Schluss einer Unterrichtseinheit die Funktion der Ergebnissicherung erhalten.

Setzt man die Erkundung am Beginn einer Unterrichtseinheit ein, kann ihr Zweck darin bestehen, eine Erfahrungsbasis zu schaffen, um von dort aus weiterführende Fragen zu stellen. Es kann aber auch nur darum gehen, überhaupt erst einmal eine Fragehaltung, ein Staunen oder ein Stutzen hervorzurufen. Man nennt eine solche Erkundung *Zugangs-* oder *Erarbeitungserkundung*.

Während einer Unterrichtseinheit kann der Erkundung das Ziel aufgegeben sein, Fragen oder Meinungsverschiedenheiten einer Klärung zuzuführen.

Die Erkundung kann eine Unterrichtseinheit abschließen, indem sie das im Unterricht Erarbeitete vor Ort anwendet und dabei automatisch auf Richtigkeit überprüft. Die erarbeiteten Unterrichtsinhalte können auf diese Weise gefestigt werden. Sie können allerdings auch relativiert werden. Einen solchen Praxistest nennt man *Überprüfungserkundung*.

Alle vorgestellten Einsatzmöglichkeiten zeigen, dass die Erkundung immer im Kontext von Fragen oder Hypothesen stehen muss. Eine Erkundung, die diesen Kontext vermissen lässt, verdient ihren Namen nicht. Sie wäre nicht mehr als Besichtigungstourismus (Detjen 2004b, 200 f.).

Erkundungen finden an außerschulischen Lernorten statt. Neben dem pragmatischen Gesichtspunkt der Erreichbarkeit gibt es einige didaktische Kriterien für die Auswahl von Lernorten. Auch wenn diese Kriterien nicht bruchlos zusammenpassen und daher in der Regel nicht ausnahmslos erfüllt werden dürften, liefern sie doch Anhaltspunkte für die Wahl eines Erkundungsortes.

Das erste Kriterium ist die *Schülerorientierung*. Hiernach empfiehlt es sich, Orte aufzusuchen, die einen Bezug zur Lebens- und Alltagswelt der Schüler haben. Damit sind vor allem Orte gemeint, an denen die Schüler wohnen oder sich in ihrer Freizeit bevorzugt aufhalten. Eine Erkundung solcher Orte ist für Schüler vermutlich sehr lernanregend.

Das zweite Kriterium ist die *Problemorientierung*. Hiernach ist es günstig, wenn der Lernort ein aktuelles politisches Problem repräsentiert. Bei der Suche nach einem Problem bietet sich die kommunale Ebene an. Denn kommunale Probleme lösen aufgrund ihrer Überschaubarkeit und ihrer unmittelbaren Auswirkung auf die Lebensqualität relativ leicht Betroffenheit bei den Schülern aus.

Das dritte Kriterium ist die *Erlebnisqualität*. Hiernach ist es empfehlenswert, wenn die Schüler am Lernort möglichst viele sinnliche und emotionale Erfahrungen machen können. Auf diese Weise werden *Erlebnisinseln* geschaffen. Die Gedächtnispsychologie hat nachgewiesen, dass man sich an Dinge, die sehr intensiv erlebt werden, ein Leben lang erinnern kann.

Die für die politische Bildung geeigneten außerschulischen Lernorte kann man nach Sachgebieten kategorisieren. Es ergeben sich vier Gruppen von Lernorten.

Zur ersten Gruppe gehören Lernorte aus *Politik* und *Verwaltung*: Landratsamt, Rathaus, Gerichte, sonstige Behörden (Polizei, Bundeswehr, Zoll, Bundespolizei), lokale Gliederungen von Parteien und Interessenverbänden.

Lernorte der zweiten Gruppe sind Einrichtungen der *öffentlichen Infrastruktur*: Schulen, Jugendfreizeiteinrichtungen, Kindergärten, Krankenhaus, Mülldeponie, Wasserwerk, Klärwerk, öffentliche Gewässer (Bäche, Flüsse, Kanäle), öffentlicher Personennahverkehr (Bus, Bahn), Straßen, Radwege, Einrichtungen der Katastrophenabwehr (Feuerwehr, Technisches Hilfswerk).

Die dritte Gruppe von Lernorten ist im Bereich von *Wirtschaft* und *Gesellschaft* angesiedelt: Industrie- und Handwerksbetriebe, Geschäfte, Kreditinstitute, Märkte, Genossenschaften, Kammern (Industrie und Handel, Handwerk), Vereine, Kirchengemeinden, bürgerschaftliche Organisationen (Selbsthilfegruppen, karitative Vereinigungen, Bürgerinitiativen, Stadtteilinitiativen).

Schließlich gibt es viertens Lernorte im weiten Feld von *Kultur*, *Medien* und *Freizeit*: Museen, Theater, Denkmäler, Rundfunk, Zeitungsredaktionen, Sportstätten (Detjen 2004b, 201 f.).

Die Erkundung ist ein komplexes Unterrichtsvorhaben. Am Beginn steht die *Vorbereitung*, die sich in zwei Teilphasen untergliedern lässt, nämlich in die ganz am Anfang stehende Vorbereitungsarbeit des Lehrers (Phase I a) und in die sich anschließende Vorbereitung der Lerngruppe im Klassenraum (Phase I b). Danach folgt die *Durchführung* mit den eigentlichen Erkundungsaktivitäten am außerschulischen Lernort (Phase II). Abgeschlossen wird die Erkundung mit einer *Nachbereitung* (Phase III), die der Auswertung dient.

Die Vorbereitungsarbeit des Lehrers (Phase I a) beginnt damit, sich fachlich in die Besonderheiten der vom Erkundungsort repräsentierten Sache einzuarbeiten. Hierzu muss er gegebenenfalls Literatur studieren. Dann muss er auf jeden Fall den Erkundungsort aufsuchen, um sich ein Bild von den räumlichen Verhältnissen und den sonstigen Gegebenheiten zu machen. Bei diesem Besuch sollte der Lehrer bereits schon Beobachtungsschwerpunkte festlegen und den Zeitbedarf kalkulieren. Handelt es sich beim Erkundungsort um eine Einrichtung, in der Menschen tätig sind, gehört zur Vorbereitungstätigkeit unbedingt die Kontaktaufnahme mit den jeweils verantwortlichen Personen. Das ist allein schon deshalb notwendig, weil hiervon der Zugang zum Erkundungsort und der Ablauf der Erkundung abhängen (Detjen 1995, 132 f.).

Die Vorbereitung der Schüler auf die Erkundung (Phase I b) hat eine inhaltliche und eine organisatorische Seite. Die inhaltliche Seite berührt den zu erkundenden Gegenstand. Die organisatorische Seite betrifft die Vorgehensweise bei der eigentlichen Erkundung.

Inhaltlich geht es darum, den Unterricht so zu steuern, dass die Lerngruppe das Bedürfnis verspürt, die behandelte Sache einer Klärung vor Ort zuzuführen. Im idealen Falle entwickeln die Schüler dann von selbst Fragen oder Vermutungen. In einer solchen Lage fällt auch die Formulierung von Erkundungsaufgaben nicht schwer. Aber selbst wenn es nicht so weit kommt und die Schüler kein Erkundungsinteresse verspüren, sollte der Lehrer im Wissen um die Zugänglichkeit eines Erkundungsortes notfalls selbst die Anregung geben, die Sache näher in Augenschein zu nehmen.

Im Anschluss daran müssen die Schüler mit dem Erkundungsgegenstand hinreichend vertraut gemacht werden. Denn ohne jegliche Sachkenntnis können keine Fragen und Hypothesen gebildet werden. Diese sind aber notwendig, um daraus Erkundungsaufgaben für eine Beobachtung oder eine Befragung zu entwickeln. Mit der Formulierung dieser Aufgaben wird die inhaltliche Vorbereitung abgeschlossen.
Organisatorisch geht es darum, die Erkundung so vorzubereiten, dass jeder Schüler weiß, was er am Erkundungsort zu tun hat.

Für die Schüler bildet der Erkundungsgang (Phase II) den erlebnismäßigen Höhepunkt des gesamten Unterrichtsvorhabens. Bei einer gut vorbereiteten und gehaltvollen Erkundung ist den Schülern die Zeit hierfür deshalb auch meistens viel zu kurz.
Die Erkundung vor Ort kann dreifache Gestalt annehmen. Es gibt nämlich die Alleinerkundung, die Gruppenerkundung und die Klassenerkundung. Die Gruppenerkundung bildet den Regelfall.
Die *Alleinerkundung* bietet sich bei kleinen Beobachtungsaufträgen an. Dies ist für jüngere Schüler bereits eine erhebliche Herausforderung, sind sie hierbei doch ganz auf sich allein angewiesen. Die *Gruppenerkundung* findet in Gruppen von zwei bis höchstens fünf Schülern statt. Eine Erkundung in Gruppen zu organisieren liegt nahe, wenn der Erkundungsgegenstand so komplex ist, dass arbeitsteilig vorgegangen werden muss. Eine Gruppenerkundung hat weiterhin den Vorteil, dass die Erkundenden sich gegenseitig stützen können. Bei einer *Klassenerkundung* wird auf jegliche Arbeitsteilung verzichtet. Sie kommt nur in Betracht, wenn Zeit-, Institutionen- oder Sicherheitsgründe eine Aufteilung in Gruppen nicht zulassen.
Erkundet man nicht öffentliche Plätze, sondern Einrichtungen, empfiehlt es sich, die insgesamt zur Verfügung stehende Zeit wie folgt einzuteilen: Am Anfang sollte eine kurze Einführung eines Repräsentanten der aufgesuchten Einrichtung stehen. Dann sollten sich die Schüler zu den Erkundungsplätzen begeben, um ihre Erkundungsaufgaben durchzuführen. Hierfür ist die meiste Zeit vorzusehen. Am Schluss sollten alle Schüler noch einmal für kurze Zeit zusammenkommen, um im Beisein des Repräsentanten der Einrichtung offengebliebene Fragen zu klären.

Die Auswertung des Erkundungsganges (Phase III) soll die Ergebnisse sichten, ordnen, interpretieren und in den gesellschaftlich-politischen Gesamtzusammenhang stellen. Möglicherweise können die gewonnenen Erfahrungen dergestalt verallgemeinert werden, dass das Gesehene exemplarisch für einen generellen Sachverhalt steht. Im Auswertungsgespräch kann man aber auch über den Erkundungsgang selbst im Sinne einer Metareflexion sprechen: Was war besonders gelungen? Welche Probleme mussten bewältigt werden? Was könnte in Zukunft besser gemacht werden?
In methodischer Hinsicht kann die Auswertung als freies Berichten erfolgen. Für den Fall einer Gruppenerkundung können die Gruppen die von ihnen gewonnenen Informationen in Gestalt kleiner Vorträge zur Kenntnis bringen. Es ist ebenfalls möglich, dass die Gruppen vor oder nach dem Auswertungsgespräch ihre Ergebnisse als Protokolle verschriftlichen müssen. Diese Protokolle werden dann in Mappen zusammengefasst und an alle Schüler verteilt. Die Anfertigung einer *Dokumentation* ist ein entscheidender Schritt über die Erkundung hinaus. Denn die Erkundung erweitert sich dadurch zu einem Erkundungsprojekt (Detjen 2004b, 205 ff.).

Was können Schüler mit Hilfe der Erkundung lernen? Richtet man sein Augenmerk auf die formalen Zielsetzungen der politischen Bildung, dann leistet die Erkundung vor allem einen Beitrag zum *sozialwissenschaftlichen Methodenlernen*. Denn die Erkundung verlangt die Anwendung diverser Arbeitstechniken. Den Schülern wird bewusst, dass sie Werkzeuge benötigen, um die gesellschaftlich-politische Wirklichkeit zu erschließen. Solche Werkzeuge sind das Beobachten, Lesen, Zählen, Messen, Befragen, Skizzieren, Notieren, Protokollieren, Fotografieren, Berichten und Dokumentieren.

Inhaltlich gesehen erfasst die Erkundung am ehesten die Mikroebene der Politik, also den *politischen Nahraum*. Das heißt umgekehrt, dass sich die gesamtstaatliche Politik sowie die Sphäre der internationalen Politik der Erkundung weitgehend entziehen. Gegebenheiten der *Gesellschaft* können erkundet werden, sofern sie sich auf lokaler Ebene widerspiegeln. Die örtliche Gemeinschaft sowie die Kommunalpolitik sind mithin die Gegenstandsbereiche, auf die die Erkundung besonders zugeschnitten ist.

Unter optimalen Erkundungsbedingungen können Schüler am Beispiel ihrer Gemeinde sogar das Zusammenspiel der drei Dimensionen der Politik (Policy, Polity, Politics) aufspüren.
Die *Policy-Dimension* ist dabei mit Abstand am leichtesten zugänglich, gehören doch die Aufgaben der Daseinsgrundversorgung (Versorgung mit Wasser und Energie, Abwasser- und Abfallentsorgung, Freizeitmöglichkeiten, Nahverkehr, schulische Bildung) zu den kommunalen Aufgaben. Es bereitet folglich keine großen organisatorischen Schwierigkeiten, untersuchen zu lassen, wie die Gemeinde bestimmte Daseinsgrundfunktionen erfüllt. Auch können lokale Problemstandorte direkt in Augenschein genommen werden. Ebenso gibt es Chancen, sich über aktuelle kommunale Vorhaben direkt von den damit befassten Politikern und Experten informieren zu lassen. Desgleichen lassen sich ökonomische und ökologische Aspekte der lokalen Ebene gut erkunden.
Der Erkundung relativ zugänglich ist auch die *Polity-Dimension*. Dass jegliches kommunale Handeln rechtlich gebunden ist, lässt sich anhand der Beobachtung der Verwaltungstätigkeit sowie der Gemeindeordnung und weiterer gesetzlicher Vorschriften gut zeigen. Es ist ziemlich wahrscheinlich, dass die Schüler auf diesem Wege auch Einsicht in die Notwendigkeit und den Sinn von Regeln gewinnen (Detjen 1995, 137 f.).
Am schwierigsten, wenn vielleicht auch nicht unmöglich, ist die Erkundung der *Politics-Dimension*. Dass um das kommunale Gemeinwohl öffentlich gestritten und deshalb nicht einstimmig abgestimmt wird, können die Schüler beim Besuch einer Gemeinderatssitzung dann beobachten, wenn tatsächlich kontrovers agiert wird. Dies ist bei vielen Punkten auf der lokalen Agenda aber nicht der Fall. Und selbst, wenn öffentlich gestritten wird, ist der vorangegangene nichtöffentliche Prozess der taktischen und strategischen Überlegungen sowie der Absprachen über Personal, Geld und Bündnisse nicht zu sehen. Ebenfalls nicht sehen können die Schüler die partei- oder fraktionsinternen Willensbildungsprozesse. Zwar können die Schüler Partei- und Fraktionsvertreter hierüber befragen, bezweifelt werden darf aber, dass sie brauchbare Antworten erhalten.

Generelle Grenzen der Erkundungsmethode liegen darin, dass ihr Einsatz von den örtlichen Möglichkeiten und Zufälligkeiten abhängt und dass nur das sinnlich Anschauliche der Erkundungsbemühung überhaupt zugänglich ist. Letzteres bedeutet, dass Prinzipien der Politik wie legitimierende Ideen, abstrakte Grundwerte und normative Begründungen mit ihrer metaphysischen Tiefendimension gar nicht erkundet werden können. Dasselbe gilt für Kommunikation und Macht, also für den Kitt, der ein Gemeinwesen zusammenhält (Detjen 2004b, 213 ff.).

Die *Sozialstudie* ist im Kern nichts anderes als eine sozialwissenschaftliche Erweiterung der Erkundung. Sie weist also viele Gemeinsamkeiten mit der Erkundung auf. Sie verfügt aber auch über einige besondere Merkmale, die ihr den Charakter einer eigenständigen Makromethode verleihen. Die didaktische Besonderheit der Sozialstudie liegt vor allem in ihrer *wissenschaftspropädeutischen* Ausrichtung. Wie keine andere Unterrichtsmethode führt sie in das sozialwissenschaftliche Methodenrepertoire ein. Aufgrund ihres wissenschaftlichen Anspruches zwingt sie die Schüler zu hoher Konzentration und stellt ihre kognitive Belastbarkeit auf die Probe. Mit Gewinn kann die Sozialstudie mithin nur bei älteren Schülern eingesetzt werden.

Eine Sozialstudie anzufertigen bedeutet, begrenzte Probleme und Fragestellungen aus Gesellschaft und Politik zu untersuchen und dabei gezielt empirisch ermittelte Befunde (Statistiken,

Befragungsergebnisse) und andere primäre Quellen (Zeitungsmeldungen, Parteiprogramme, Flugblätter etc.) zu verwenden.
Die in der Sozialstudie üblicherweise zur Anwendung kommenden wissenschaftlichen Methoden sind die teilnehmende Beobachtung, die Meinungsumfrage, die Expertenbefragung, das Interview, die Erstellung und Auswertung von Fragebögen, die Analyse von Statistiken, die Interpretation schriftlicher Quellen und das Vergleichen empirischer Daten.
Schon hieran ist erkennbar, dass im Unterschied zur Erkundung in der Sozialstudie das wissenschaftliche Vorgehen einen eigenen Stellenwert besitzt. Gemeinsam mit der Erkundung hat die Sozialstudie aber, dass es um die Hervorbringung sachlich fundierten Wissens geht, nicht jedoch um die Beurteilung einer politischen Entscheidungsfrage.

Auch der Verlauf einer Sozialstudie ist wissenschaftlichem Vorgehen nachempfunden. Es beginnt mit einer Problemformulierung und setzt sich fort mit einer Phase der Hypothesenbildung. Danach erfolgt das hypothesengeleitete Sammeln von Daten. Es schließt sich das Analysieren, Bewerten und Interpretieren der Daten an. Im nächsten Schritt werden die Hypothesen im Lichte der ausgewerteten Daten überprüft und gegebenenfalls modifiziert. Am Schluss steht eine resümierende Beurteilung des gewählten Vorgehens und der gewonnenen Erkenntnisse (Gagel 1986, 213 f.).
Idealerweise sollten die Schüler alle Schritte selbst durchführen. Der Lehrer sollte den Gang der Untersuchung nur indirekt lenken. Er sollte sich als Berater der Schüler verstehen. Sofern die Schüler allerdings das methodische Instrumentarium noch nicht oder nur ungenügend beherrschen, wird sich eine vorgeschaltete Lehrgangsphase nicht vermeiden lassen, in der der Lehrer die Methoden systematisch vermittelt.

Es gibt nicht sehr viele Themen, die in Form einer Sozialstudie bearbeitet werden können. Geeignete Gegenstände sind gesellschaftliche und ökonomische Strukturen im Nahraum, Auswirkungen gesellschaftlicher und ökonomischer Wandlungsprozesse auf einen überschaubaren Raum sowie die politische Bewältigung solcher Prozesse. Einige Beispiele für Themen können dies illustrieren:
„Ökologischer Umbau der Wirtschaft am Beispiel eines wohnortnahen Betriebes"; „Umweltschäden und ihre Beseitigung in einer Region"; „Betriebsstilllegung und Auswirkung auf die soziale Lage einer Gemeinde"; „Untersuchung aller gesellschaftlichen, wirtschaftlichen und infrastrukturellen Gegebenheiten einer Gemeinde (Siedlungs-, Bevölkerungs-, Wirtschafts-, Verkehrsstruktur, Kultur und Bildung, religiös-kirchliches Leben, Vereine, Parteien, gesellschaftliches Leben)"; „Untersuchungen über gesellschaftliche Probleme im örtlichen Nahbereich (Freizeit, Konsum, Obdachlosigkeit, Schulwesen, Arbeitsverhältnisse)" (Detjen 2004b, 216).[209]

Das wirklichkeitssimulierende Spiel: Rollenspiel, Planspiel, Entscheidungsspiel, Pro-Contra-Debatte, Talkshow und Tribunal

Das Spiel ist ein menschlicher Handlungsmodus, der sich vom Ernsthandeln durch einige Besonderheiten unterscheidet. So wird das Spiel im Gegensatz zu ernsten Handlungen um seiner selbst willen betrieben. Handlung als Selbstzweck bedeutet, dass das Ergebnis eines Spieles keine echten Handlungsfolgen hat. In geradezu idealer Weise ermöglicht das Spiel somit risikoloses Probehandeln. Weiterhin kann das Spiel fast immer mit intrinsischer Motivation und

---

[209] Die jährlich von der Bundeszentrale für politische Bildung ausgeschriebenen Schülerwettbewerbe zur politischen Bildung enthalten fast immer lohnende Themen für Sozialstudien. Einige Beispiele: „Wie krank sind unsere Wälder?" „Tourismus – Chancen und Gefahren." „Situation des öffentlichen Personennahverkehrs."

folglich hoher Konzentration der Lernenden rechnen. Schließlich erschafft der Spielende mit seinen Handlungen eine eigene Spielrealität. Dies macht der spielenden Person bewusst, dass die Wirklichkeit eine Konstruktion von Akteuren und somit änderbar ist (Scholz 2004, 53 f.).

Spielerische Lernarrangements sind in Erziehungs- und Bildungsprozessen weit verbreitet. Spiele sind in ihrem Komplexitätsgrad, ihrer didaktischen Funktion und in ihren inhaltlichen und zeitlichen Voraussetzungen aber sehr verschieden.
So stammen viele Spiele aus der Interaktions-, der Gruppen- und der Theaterpädagogik. Spiele mit dieser Akzentsetzung benötigen meistens nur einen relativ geringen Zeitaufwand. Sie sind daher nicht den Makromethoden zuzuordnen. Sie sind allenfalls Mikromethoden. Sofern sie als *Assoziationsspiele* und *szenische Spiele*[210] in der politischen Bildung Anwendung finden, liegt ihr Wert weniger in sachlicher Aufklärung, als vielmehr im Abbau von Defiziten an emotionaler und ästhetisch-sinnlicher Erfahrung (Scholz 2005, 547 f.).
Größeren didaktischen Wert haben *Interaktions-*, *Kooperations-* und *Kommunikationsspiele*, also Spiele zum sozialen Umgang miteinander, zum Abbau von Aggressionen und Gewalt, zur Förderung der interkulturellen Verständigung sowie zur Konfliktbearbeitung und zum Deeskalationstraining. Zwar beinhalten diese Spiele in der Regel keine fachspezifischen Lernformen, gleichwohl können sie personale und soziale Kompetenzen stärken. Auch diese Spiele sind eher den Mikromethoden zuzurechnen (Scholz 2004, 133).

Den Intentionen der politischen Bildung geradezu ideal entsprechen hingegen die *Simulationsspiele*. Die Simulationsspiele sind in der Regel auch so zeitaufwendig, dass sie eine Unterrichtseinheit zu tragen vermögen. Das aber bedeutet, dass sie zu den Makromethoden gehören. Die wichtigsten Simulationsspiele sind das Rollenspiel, das Planspiel, das Entscheidungsspiel, die Pro-Contra-Debatte, die Talkshow und das Tribunal. Eine gewisse Sonderstellung nimmt das Rollenspiel insofern ein, als es eher eine Mikromethode darstellt. Jedoch soll nicht prinzipiell bestritten werden, dass das Rollenspiel gelegentlich auch als Makromethode eingesetzt werden kann.

Das wirklichkeitssimulierende Spiel stellt soziale Interaktionen, politische Auseinandersetzungen oder politische Entscheidungs- und Konfliktregelungsprozesse nach. Es verlangt vom Lernenden die Übernahme einer Rolle, in der er sich angemessen bewegen muss. Er soll so tun, als ob sein Handeln real wäre. Das Spiel ermöglicht somit *situativ-probehandelndes* Lernen. Durch die Rollenübernahme fördert es den Perspektivenwechsel und bewirkt gegebenenfalls Empathie. Da das Spiel zu einem erheblichen Teil aus mündlicher Kommunikation besteht, unterstützt es auch die Redefähigkeit. Liegt dem Spiel eine anspruchsvolle politische Konstellation zugrunde, gewährt es schließlich einen Einblick in die Komplexität politischer Lagen.
Das Spiel misst dem kreativen Denken und Handeln der Spieler größeres Gewicht zu als dem Spielergebnis. Das Spiel ist also prozessorientiert. Die programmierte Steuerung des Spielverlaufs darf folglich nicht so weit gehen, dass sich die Selbsttätigkeit der Lernenden in Pseudohandlungen erschöpft.
Der Lehrer dominiert in der Phase der Spieleinführung. Er muss in das Spiel einführen und die Regeln bekannt geben. Während sich die Lernenden auf ihre Rolle vorbereiten, fungiert der Lehrer als Berater. In der eigentlichen Spielphase beschränkt er sich auf die Rolle eines Beobachters. Er sollte auch dann nicht in das Spiel eingreifen, wenn das Spiel zu scheitern droht. Denn ein anschließendes Gespräch über die Ursachen des Scheiterns kann durchaus

---

[210] Zu den Assoziations- und szenischen Spielen siehe die Ausführungen über die Reflexionsebenen der Unterrichtsmethodik in Abschnitt *13.2 Grundlegendes über Unterrichtsmethoden in der schulischen politischen Bildung*.

wichtige Erkenntnisse auch über das Methodische hinaus erbringen. Im Auswertungsgespräch kann der Lehrer wieder eine steuernde Funktion übernehmen.

Für alle Simulationsspiele gelten folgende Merkmale: Die Lernenden werden in eine problemhaltige, zu Reaktionen auffordernde Situation hineingestellt und sollen dort im Rahmen vorgegebener Rollen handeln. Die Situation ist ein modellhafter Ausschnitt der Realität. Das bedeutet, dass das Spiel nicht alle Gesichtspunkte der Realität wiedergibt. Bestimmte Aspekte werden betont, andere vernachlässigt. Es kommt darauf an, diejenigen Zusammenhänge nachzustellen, die für das Rollenhandeln der Spieler relevant sind.

Zweck von Simulationsspielen ist es, Verhalten, Handeln, Motive, Entscheidungsspielräume, aber auch Zwänge von Personen in Problemkonstellationen oder Entscheidungssituationen erfahrbar, erlebbar und damit sichtbar sowie reflektierbar zu machen. Simulationsspiele unterscheiden sich durch den Grad der inhaltlichen Komplexität, den Umfang der Spielregeln sowie das Ausmaß der Formalisierung und damit der Steuerung des Spielprozesses. Das Spektrum reicht vom freien Durchspielen einer offenen Situation bis hin zum strengen Nachspielen eines abgelaufenen Prozesses (Scholz 2004, 126).

Das *Rollenspiel* bildet das Grundmuster aller Simulationsspiele. Das Rollenspiel ist ein Simulationsverfahren, bei dem Interaktionen konkreter Personen im Zentrum stehen. Die Spieler sollen aber nicht ihre individuellen Besonderheiten zum Vorschein bringen. Vielmehr sind sie Träger einer bestimmten sozialen Rolle und deshalb gehalten, das Typische ihrer Rolle zu spielen. Im Rollenspiel werden auch keine außergewöhnlichen oder gar einmaligen Situationen gespielt. Vielmehr werden typische Handlungen dargestellt.

Solange es sich um Rollen handelt, die im Erfahrungshorizont der Lernenden liegen, benötigen diese keine detaillierten Informationen, um der jeweiligen Rolle gerecht zu werden. Aber bereits so verbreitete Berufsrollen wie die des Polizisten, Sozialarbeiters und Arztes können nur auf der Basis angeeigneten Wissens gespielt werden. Wiederum noch anders sieht es aus, wenn Rollen zu spielen sind, die fern der Lebenswelt angesiedelt sind. Die Rollen eines Ministers, Abgeordneten, Bürgermeisters, Parteivorsitzenden, Unternehmers, Gewerkschaftsfunktionärs und Richters sind ohne intensives Studium des von diesen Rollen jeweils verlangten Verhaltens nicht sachangemessen zu spielen.

Es gibt zwei Arten von Rollenspielen. Beim *offenen* Rollenspiel entwickeln die Lernenden im Rahmen einer vorgegebenen Situation die Spielhandlung selbst. Ihr Einfühlungsvermögen, ihr sprachliches Geschick und ihre Fähigkeit, die Situation im Interesse der verkörperten Rolle zu gestalten, kommen voll zum Tragen. Das offene Rollenspiel bietet sich an, wenn soziales Lernen gefördert werden soll. Ebenso verlangt die Simulation einer politischen Situation fast immer das offene Rollenspiel.

Beim *geschlossenen* Rollenspiel ist die Dramaturgie weitgehend vorgegeben. Hier geht es darum, eine bestimmte, in der Regel erwünschte Handlungsweise nachzustellen. Man spricht auch vom affirmativen Rollenspiel, um auszudrücken, dass das Einüben eines sozial anerkannten Verhaltens angestrebt wird. Das geschlossene Rollenspiel bietet sich an, wenn Lebenshilfe geleistet werden soll. Es besteht häufig aus einer Face-to-face-Situation und benötigt dann nur zwei Spieler.

Zum Rollenspiel eignen sich in hervorragender Weise Konflikte und Ereignisse aus dem Lebens- und Erfahrungsbereich der Schüler. Geeignete Themen sind Konflikte um die Höhe des Taschengeldes, der Streit um das Fernsehen und Auseinandersetzungen in der Schule um die Notengebung. Das Durchspielen von Alltagssituationen in Familie und Schule ermöglicht die Auseinandersetzung mit dieser Wirklichkeit und liefert auf diese Weise einen wertvollen Beitrag zur Lebenshilfe und zum sozialen Lernen. Denn die Schüler lernen unterschiedliche Konfliktlösungsmuster kennen. Und sie üben sich in der Artikulation eigener Interessen. Das lebensweltlich orientierte Rollenspiel ist bereits in der Primarstufe einsetzbar.

Je weiter die im Rollenspiel symbolisierte Situation vom unmittelbaren Erfahrungshorizont der Schüler entfernt ist und je formalisierter und institutionalisierter die einzelnen Rollen sind, umso wichtiger werden die Rollenvorgaben und das Material, mit dessen Hilfe sich Schüler allein oder in Gruppen die jeweiligen Rollen erarbeiten. Der Übergang von Rollen aus dem sozialen Nahbereich zu formalisierten und institutionalisierten Rollen aus Gesellschaft und Politik markiert zugleich den Übergang von der Lebenshilfe und dem sozialen Lernen zum Lernen von Politik (Massing 1998, 15 ff.).

Beim Rollenspiel mit politischem Inhalt ist es wichtig, dass die Rollen so eindeutig und transparent vorgegeben werden, dass der politische Standpunkt der jeweils gespielten Person klar zum Ausdruck kommt. Es bietet sich die Anfertigung von Rollenkarten an, in denen die Ausgangssituation aus der Sicht des Rollenträgers, sein Selbstverständnis und seine Absichten dargestellt sind.

Für die Vermittlung politischer Einsichten ist das Rollenspiel jedoch nur begrenzt einsetzbar. Mit seiner Hilfe lassen sich im Grunde nur Rollenkonflikte und Rollenverhalten von Einzelpersonen darstellen. Weil nämlich das Rollenspiel auf die Simulation von Umwelt verzichtet, entziehen sich ihm komplexe politische Problem- und Entscheidungslagen. So lässt sich mit dem Rollenspiel wohl die Politikwahrnehmung durch Bürger in Gestalt einer Gesprächssituation simulieren. Das Entscheidungsverhalten verantwortlicher Politiker lässt sich mit dem Rollenspiel aber nur schwer nachempfinden. Zur Simulation der politischen Entscheidungsebene ist der Rückgriff auf das Planspiel oder wenigstens das Entscheidungsspiel unumgänglich.

Der Verlauf eines Rollenspiels besteht im Wesentlichen aus vier Phasen. In der *Informationsphase* konfrontiert der Lehrer die Schüler mit der Ausgangssituation. Im anschließenden Gespräch wird die Situation vertieft. Danach wird die Problemstellung herausgearbeitet. In der *Vorbereitungsphase* werden zunächst Arbeitsgruppen gebildet. Jede Gruppe bereitet danach eine Rolle vor. Für die *Durchführungsphase* wird aus den Gruppen jeweils ein Spieler ausgewählt. Die übrigen Schüler erhalten Beobachtungsaufgaben. Der Lehrer achtet auf Wissenslücken und Defizite der Problemwahrnehmung, um sie gegebenenfalls bei der Auswertung zu thematisieren. Die *Reflexionsphase* dient der Auswertung des durchgeführten Spiels. Diese Phase ist sehr wichtig. Sie darf nicht als bloßes Anhängsel, als „kognitive Pflichtübung" betrachtet werden. In der Auswertung müssen die gezeigten Verhaltensweisen, mögliche Verallgemeinerungen und ganz grundsätzlich die Differenz von Spiel und Realität angesprochen werden (Franke 1981, 32; Massing 1998, 21 ff.).

Ein Vorzug des Rollenspiels ist sicherlich, dass es nicht nur Kognitives, sondern auch Emotionales anspricht. Es hilft den Lernenden, eigene Einstellungen und Gefühle zu erkennen und zu verstehen. Es dient somit der Sensibilisierung für eigenes Verhalten und für Prozesse der zwischenmenschlichen Kommunikation.

Nicht übersehen werden darf jedoch, dass das Rollenspiel didaktisch auch misslingen kann. Das ist dann der Fall, wenn vordergründige Aktionsfreude, Spaß- und Spieldominanz die Erkenntnisbildung behindern. Nicht unterschätzt werden darf auch die Möglichkeit, dass Schauspieler, Wichtigtuer und verbal Gewandte sich vordrängen und ohne sachlichen Tiefgang andere an die Wand spielen.

Für die politische Bildung ertragreicher als das Rollenspiel sind politische Entscheidungsspiele, zu denen in erster Linie das *Planspiel* gehört. Das Planspiel ist ein komplexes Rollenspiel mit klaren Interessengegensätzen und hohem Entscheidungsdruck. Es ist so konstruiert, dass gegensätzliche Absichten mehrerer politischer Akteure aufeinanderprallen, die Akteure vor verschiedenen Handlungsalternativen stehen und sich Verhandlungen und Kompromissfindungen als notwendig erweisen. Die Spieler schlüpfen in die Rolle dieser politischen Akteure und müssen versuchen, ihre Position so weit wie möglich zu realisieren.

Als ein primär strategisches Spiel weist das Planspiel eine lange Tradition in der militärischen Ausbildung vor allem der Offiziere auf. Es wird ebenso in der Ausbildung von Führungskräften der Wirtschaft praktiziert. Schließlich finden Planspiele auch zunehmend in der Politikwissenschaft Anwendung. Man setzt sie dort vorzugsweise ein, um Konfliktaustragungen in den internationalen Beziehungen zu simulieren. Da im Planspiel politische Willensbildungs- und Entscheidungsprozesse simuliert werden, liegt seine hohe Eignung für die politische Bildung auf der Hand. Die Komplexität des Planspiels bringt es jedoch mit sich, dass es in der Primarstufe noch nicht einsetzbar ist.[211]

Der Unterschied zum Rollenspiel liegt vor allem darin, dass die Spieler im Planspiel nicht Individuen repräsentieren, sondern politische Akteure. Politische Akteure können Inhaber politischer Ämter, also Einzelpersonen sein. Es können aber auch Institutionen, Parteien, Interessenverbände, ideelle Organisationen, Medien, im Falle von Planspielen zur Internationalen Politik sogar Staaten oder Staatenbündnisse sein. Das Rollenverhalten ist hierdurch in hohem Maße formalisiert. Im Vergleich zum Rollenspiel ist der Spielraum für Rolleninterpretationen daher deutlich geringer.

Ein weiterer Unterschied zum Rollenspiel besteht darin, dass das Planspiel zum Teil detaillierte Rahmenvorgaben hinsichtlich der rechtlichen und wirtschaftlichen Umwelt enthält. Diese Vorgaben sind der Wirklichkeit nachempfunden und unterstreichen den Anspruch des Planspiels, politische Entscheidungslagen möglichst realitätsgetreu abzubilden. Allerdings kann diese Absicht dahin führen, dass das Planspiel zu kompliziert und zu umfangreich wird und sich unter schulischen Bedingungen kaum noch durchführen lässt. Aber auch die entgegengesetzte Tendenz, das Planspiel zu vereinfachen, ist nicht ohne Risiko. Ein zu hoher Grad an Simplifizierung kann die politische Wirklichkeit in wesentlichen Teilen verfehlen (Massing 2004d, 164 f.).

Im Planspiel müssen die Lernenden politische Entscheidungen unter der Bedingung von Ungewissheit fällen. In der Regel gibt es mehrere Akteure, die unabhängig voneinander ihre Politik verfolgen. Keiner weiß, was der andere tun wird. Je nach Interessenlage stehen die Akteure als Kontrahenten oder als potentielle Verbündete zueinander. Es ist möglich, dass sich im Verlaufe eines Planspiels die Beziehungen zwischen den Akteuren ändern.

Um ihre Aufgabe zu bewältigen, müssen sich die Lernenden in die politische Ausgangssituation, das argumentative Bedingungsgefüge und den politisch-rechtlichen Handlungsrahmen ihrer Rollen hineinversetzen. Auf der Basis eingegebener Materialien oder eigener Recherchen müssen sie sich die eigene Position erarbeiten und dabei prospektiv die Positionen anderer Akteure berücksichtigen.

In der Regel werden die politischen Akteure von Spielgruppen repräsentiert. Die Entscheidungsfindung erfolgt deshalb in intensiven Kommunikations- und Interaktionsprozessen innerhalb dieser Gruppen. Sie müssen zur Durchsetzung ihrer jeweiligen Position Strategien und Taktiken entwickeln, Kompromisslinien sowie unaufgebbare Essentials definieren. Interaktionsprozesse finden aber auch zwischen den Spielgruppen statt, wenn diese aufeinandertreffen und es darum geht, die Strategien der Gegner zu identifizieren, deren Reaktionen zu testen sowie Bündnispartner zu gewinnen. In der am Ende des Planspiels stehenden großen Konferenzphase kommen die Positionen der Akteure schließlich zum Austrag. Um sich hier durchzusetzen, wird vor allem sprachliche Überzeugungskraft benötigt.

Das Planspiel setzt sich somit aus einer Kette von Entscheidungsakten zusammen: Entscheidungen innerhalb der eigenen Gruppe, Abmachungen zwischen den Gruppen und die ab-

---

[211] Anderer Auffassung ist Peter Herdegen. Er bezieht das Planspiel allerdings auf das Verhalten von sozialen Gruppen. Wie solche Planspiele, die mit Politik nichts zu tun haben, aussehen sollen, verrät Herdegen allerdings nicht (Herdegen 1999, 100).

schließende Entscheidung in der Gesamtkonferenz über das Problem oder den Konflikt selbst. Handeln im Planspiel heißt somit, Probleme zu analysieren, Alternativen abzuwägen, Strategien und Taktiken zu entwickeln, Zustimmungen zu organisieren, Entscheidungen zur Verwirklichung aufgestellter Ziele zu treffen sowie diese argumentativ zu begründen und gegen Einwände zu verteidigen (Massing 2004d, 165).

Der Ablauf eines Planspiels besteht aus drei Hauptphasen. Das eigentliche Spiel findet in der mittleren Hauptphase statt und setzt sich aus mehreren Teilphasen zusammen.
Die erste Hauptphase ist die *Vorbereitungsphase*. Sie startet mit einer Einführung in das Spiel durch den Lehrer. Er legt dar, worum es im Spiel geht, welche Rollen vorgesehen sind, wie viele Gruppen gebildet werden müssen und wie das Spiel abläuft. Darauf folgend erhalten die Schüler die Spielunterlagen, die meistens in einer Schilderung des zu spielenden Problems oder Konfliktes sowie in Hintergrundinformationen bestehen. Es schließt sich eine Informationsphase an, in der sich die Schüler mit den Materialien vertraut machen. Danach werden die Spielgruppen bestimmt. In der sich anschließenden Ausarbeitungsphase eignen sich die Schüler die gruppen- und rollenspezifischen Informationen an. Sie klären Verständnisfragen in der Gruppe oder fragen den Lehrer. Gegebenfalls nutzen sie bereitgestellte zusätzliche Informationsquellen.
Die eigentliche *Spielphase* setzt ein mit einer Meinungs- und Willensbildungsphase in den Spielgruppen. In dieser Phase müssen sie aus dem schon vorhandenen passiven Wissen aktives, auf die Bewältigung der Situation gerichtetes Wissen machen. Sie müssen ihre Ziele bestimmen, Strategien für deren Durchsetzung entwickeln und Grenzen ihrer Kompromissbereitschaft festlegen. Es folgt eine Interaktionsphase, in der die Spielgruppen untereinander Kontakt aufnehmen. In Verhandlungen suchen sie nach Bündnispartnern, loten Kompromissmöglichkeiten aus und modifizieren gegebenenfalls die eigenen Ziele. Schluss und zugleich Höhepunkt der Spielphase ist die Konferenzphase. Die Spielgruppen treffen mit ihren Positionen aufeinander. Jede Spielgruppe trägt ihre Lösungsvorschläge vor. Es folgt eine argumentative Auseinandersetzung über die Akzeptanz der Vorschläge. Ziel der Konferenz ist die Entscheidung des Falles. Falls nach einer vorgegebenen Zeit keine Einigung zustande kommt, lässt der Konferenzleiter – entweder ein besonders starker Schüler oder der Lehrer – eine Abstimmung durchführen.
Nach Beendigung des Spiels erfolgt die *Reflexionsphase*. An ihrem Beginn steht der Versuch, die Schüler von ihren Rollen zu distanzieren. Dies kann geschehen, indem über den Verlauf des Spiels gesprochen und die Spielanlage mit der Wirklichkeit verglichen wird. Im Zentrum der Auswertung steht jedoch die Frage, welche Erkenntnisse über die Mechanismen der Politik das Spiel vermittelte (Massing 2004d, 169 ff.).

Im Planspiel lernen Schüler strategisches Denken, politischen Perspektivenwechsel und rhetorische Fähigkeiten. Es dient als Übungsfeld für die Vermittlung von Qualifikationen wie Planen und Entscheiden, Disponieren, Kommunizieren und Kooperieren, Argumentieren und Urteilen. Nicht zuletzt erleichtert es auch das Verstehen realer politischer Konflikte.

Obwohl Planspiele einen sehr hohen didaktischen Stellenwert in der politischen Bildung haben, werden sie nur relativ selten durchgeführt. Ein Grund hierfür liegt vermutlich im großen Vorbereitungsaufwand. In der Tat nimmt das dem Lehrer abverlangte Studium der Planspielunterlagen erhebliche Zeit in Anspruch. Damit die Spielgruppen ihre Beratungen räumlich getrennt voneinander durchführen können, erfordert die Durchführung eines Planspiels mehrere Räume. Diese müssen angesichts verbreiteter Raumknappheit in den Schulen erst einmal gefunden werden. Dann sollte ein Planspiel nach Möglichkeit in einem Zug gespielt werden. Hierfür sind eine ganze Reihe von Unterrichtsstunden erforderlich. Im Schulalltag ist dies zwangsläufig mit Stundenplanänderungen verbunden. Schließlich gibt es im Unterschied zur ökonomischen Bildung bislang nur relativ wenige Planspiele zu politischen Themen.

Eine Variante des Planspiels stellt das *Entscheidungsspiel* dar, das man auch Konferenz- oder Verhandlungsspiel nennen kann. Das Entscheidungsspiel ist weniger komplex und verlangt deutlich weniger Aufwand als das Planspiel. Das Entscheidungsspiel ist deshalb organisatorisch leichter zu handhaben. Im Vergleich zum Planspiel konzentriert sich das Entscheidungsspiel nämlich auf die Konferenz- oder Entscheidungsphase. Verzichtet wird auf die zeitaufwendige Interaktionsphase. Dies bedeutet, dass das Entscheidungsspiel in einem Raum stattfinden kann. Räume für Spielgruppen sind nicht erforderlich.

Wie beim Planspiel ist der eigentliche Gegenstand des Entscheidungsspiels eine politische Entscheidungssituation. Das Entscheidungsspiel kann aber auch auf der Ebene des sozialen Lernens angesiedelt sein. Schüler können also auch über das angemessene Verhalten anderen Menschen gegenüber beraten und darüber eine Entscheidung herbeiführen. Ein solches Entscheidungsspiel kommt eher für jüngere Schüler in Betracht.

Das Ablaufschema des politischen Entscheidungsspiels ähnelt dem des Planspiels. Allerdings fallen manche im Planspiel getrennten Phasen hier zusammen.
So umschließt die *Vorbereitungsphase* die Informations- und Ausarbeitungsphase genauso wie die Meinungsbildungs- und Willensbildungsphase. Gleich zu Beginn werden somit Spielgruppen gebildet. Sie erhalten gemeinsame und gruppenspezifische Unterlagen. Die gemeinsamen Unterlagen enthalten die zu entscheidende Problem- bzw. Konfliktlage, den politischen Hintergrund sowie die Zielvorgabe, eine Entscheidung unter optimaler Berücksichtigung der eigenen Position herbeizuführen. Diese Unterlagen dienen dazu, alle Teilnehmer auf den gleichen Informationsstand zu bringen. Die gruppenspezifischen Unterlagen bestehen im Wesentlichen aus Rollenkarten, welche den Standpunkt der Spielgruppe umreißen. Nach dem Studium der Unterlagen legt jede Gruppe ihre Position fest, formuliert Kompromissmöglichkeiten und überlegt, wie den Argumenten der anderen Gruppen begegnet werden kann. Um die Transparenz zu erhöhen, fixieren die Gruppen ihre Anträge und Lösungsvorschläge schriftlich. Schließlich bestimmt jede Spielgruppe bis zu zwei Vertreter, die sie in der Entscheidungskonferenz vertreten sollen.
In der *Konferenz-* oder *Entscheidungsphase* werden die vorgetragenen Positionen verhandelt. Diejenigen Schüler, die nicht direkt an der Konferenz beteiligt sind, erfüllen Beobachtungsaufgaben. Am Schluss wird eine Entscheidung gefällt.
Die sich unmittelbar an die Konferenz anschließende *Auswertungsphase* dient der Rekonstruktion des Willensbildungs- und Entscheidungsprozesses. Die schriftlich fixierten Anträge werden hinsichtlich ihrer Plausibilität geprüft. Die getroffene Entscheidung wird daraufhin befragt, ob sie für alle Beteiligten zumutbar und ob sie nachhaltig ist.

Der didaktische Wert des Entscheidungsspiels entspricht weitgehend dem des Planspiels. Die Konzentration auf den Entscheidungsprozess lenkt den Blick aber zusätzlich darauf, was Schüler über politische Entscheidungen denken. Sie können schnelle Entscheidungen für gute Entscheidungen halten, mathematische Lösungen (Halbe-Halbe) als erstrebenswert betrachten, die einseitige Durchsetzung des Mächtigsten als unvermeidbar ansehen und Verhandlungen als überflüssige symbolische Politik einschätzen. Die politische Bildung findet in der Korrektur solcher Einstellungen ein wichtiges Betätigungsfeld vor (Massing 2004d, 174 ff.).

Die *Pro-Contra-Debatte* ist eine hoch formalisierte, an strengen Regeln orientierte Methode der politischen Bildung, die in erster Linie einen Beitrag zur rationalen politischen Urteilsbildung leistet. In ihr geht es um eine argumentative Auseinandersetzung, die auf einer alternativ formulierten Problem- oder Entscheidungsfrage basiert. Die Debatte wird als inszenierte polare Konfrontation ausgetragen. Die konkrete Durchführung liegt in den Händen einiger weniger Rollenträger, nämlich eines neutralen Moderators, zweier parteiischer Anwälte sowie einiger Sachverständiger. Die übrigen Lernenden fungieren als Publikum, das während der Debatte Beobachtungsaufgaben erfüllt.[212]

Das Grundmuster der Pro-Contra-Debatte stammt aus dem angelsächsischen Kulturraum. Die *Debattierclubs* an englischen und amerikanischen Universitäten weisen eine lange Tradition auf. Debattierclubs gibt es dort aber auch an vielen Schulen. Das Ziel der in den Clubs praktizierten Debatten ist nicht die Einigung, angestrebt wird vielmehr, einen Debattenwettbewerb zu gewinnen. Das Arrangement und der Verlauf der Pro-Contra-Debatte als Unterrichtsmethode sind dagegen im Wesentlichen einer denselben Namen tragenden Sendeserie des deutschen Fernsehens nachgebildet.

Die Debatte unterscheidet sich grundlegend von der Diskussion. In der Diskussion geht es um die Vermittlung von Sichtweisen und um den Austausch von Positionen. Ziel ist es, zu einem Konsens oder einem Kompromiss zu gelangen. In der Diskussion werden deshalb auch Gemeinsamkeiten hervorgehoben. Oder die Diskussionsteilnehmer appellieren an die Auffassungen der anderen, um sie zu Zugeständnissen zu bewegen. Die Diskussion ist eine offene und zeitlich prinzipiell nicht begrenzte Gesprächsform.

Die Debatte ist nicht nur wesentlich strenger geregelt, sondern auch von vornherein zeitlich begrenzt. In der Debatte geht es darum, unterschiedliche bzw. entgegengesetzte Positionen klar herauszuarbeiten, zu begründen, sie vergleichend gegenüberzustellen und durch eine formale Abstimmung den Grad ihrer Akzeptanz herauszufinden. In der Debatte soll die Kraft des überzeugenderen Argumentes ausschlaggebend sein, aber auch der Einsatz taktisch-rhetorischer Mittel gilt als legitim (Massing 1999a, 403 f.).

Auch wenn eine Pro-Contra-Debatte mit einer Abstimmung endet und es folglich einen Sieger und einen Unterlegenen gibt, kommt es nicht eigentlich hierauf an. Wichtiger sind die erarbeiteten und vorgetragenen Begründungen der Positionen sowie diejenigen Begründungsargumente, die das Abstimmungsverhalten des Publikums beeinflusst haben. Denn der Sinn der Pro-Contra-Debatte besteht in der Förderung der Urteilsbildung. Dies geschieht dadurch, dass die Lernenden mit unterschiedlichen Sichtweisen oder Positionen zu einer Fragestellung konfrontiert werden. Diese Sichtweisen sind politische Urteile. In der Vorbereitung der Debatte müssen sie Argumente und mögliche Gegenargumente zu einer Position, also zu einem Urteil, suchen. Während der Durchführung der Debatte lernen die Teilnehmer viele Begründungen kennen, mit denen Urteile gerechtfertigt werden können. Sie erfahren auch, dass sich Argumente im Dialog erörtern lassen. Und sie merken, dass Argumente neben einer rationalen auch eine emotionale Seite haben. Weiterhin lernen sie, dass man in einer Debatte genau zuhören, auf Argumente der Gegenseite eingehen und sie zu widerlegen versuchen muss (Massing 1998, 46 f.).

Die Pro-Contra-Debatte kann nur auf der Basis umfangreichen Wissens über den streitigen Sachverhalt eingesetzt werden. Sie ist kognitiv also besonders anspruchsvoll. Nur dann, wenn die Lernenden den betreffenden Sachverhalt hinreichend intensiv analysiert haben und spüren, dass zwei gegensätzliche Lösungen möglich sind, ist die Pro-Contra-Debatte überhaupt sinnvoll. Es kann sich anbieten, sie an den Schluss einer Unterrichtseinheit zu setzen, die von einer anderen Makromethode geprägt wurde. Sie kann aber auch eigenständig eingesetzt wer-

---

[212] Neben der simulativen Pro-Contra-Debatte gibt es auch eine nicht-simulative Form. Diese liegt vor, wenn die Lernenden nicht als Träger von Rollen agieren, in die sie sich einarbeiten müssen, sondern ihre eigene Position darstellen. In diesem Falle gibt es kein Publikum, da jeder Schüler das Recht hat, sich einzubringen. Ebenso fehlen Anwälte und Sachverständige. Die Debatte benötigt lediglich einen Vorsitzenden, der den Ablauf steuert. Wie bei der simulativen Debatte kommt es am Schluss zu einer Abstimmung.

den. In diesem Fall zählt die zeitaufwendige kognitive Aneignung des Sachverhaltes zur Vorbereitung der Debatte.

Der Problem- oder Entscheidungsfrage kommt eine entscheidende Bedeutung für das Gelingen einer Pro-Contra-Debatte zu. Diese Frage muss ein klares Ja oder Nein zulassen. Die Debatte zerfasert zu einer unverbindlichen Diskussion, wenn mehr als zwei Sichtweisen möglich sind. Günstig ist es weiterhin, wenn in der Frage eine dringlich zu lösende politische Aufgabe zum Ausdruck kommt. Dies unterstreicht die Bedeutsamkeit einer Klärung der Frage und hilft, einen rein rhetorischen Schlagabtausch zu verhindern. In der Vorbereitung einer Pro-Contra-Debatte muss der Lehrer der Frageformulierung also große Aufmerksamkeit schenken. Geeignet sind beispielsweise die folgenden Fragen: Soll der Bundespräsident direkt gewählt werden? Soll die Türkei in die Europäische Union aufgenommen werden? Soll die allgemeine Wehrpflicht abgeschafft werden? (Kuhn/Gloe 2004, 148)

Die Rollenträger müssen genau wissen, welche Aufgaben sie zu erfüllen haben. Der *Moderator* achtet auf die Einhaltung von Spielregeln und Zeitvorgaben. Weiterhin führt er die Abstimmungen durch. Er darf den Verlauf der Debatte inhaltlich nicht beeinflussen. Der Moderator benötigt ein gewisses Maß an Autorität. Notfalls kann diese Rolle auch vom Lehrer übernommen werden.

Die beiden *Anwälte* vertreten die Pro- bzw. die Contra-Seite. Sie haben die bei weitem schwierigste Aufgabe zu bewältigen. Sie müssen zu Beginn die Eingangsplädoyers halten, die Sachverständigen gezielt so befragen, dass ihre Position dadurch gestützt wird, und am Ende die Schlussplädoyers abgeben. Als Anwälte kommen nur besonders leistungsstarke Schüler in Betracht.

Die zwei bis vier *Sachverständigen* artikulieren keine eigenen Positionen, sondern bieten nur Informationen, Erfahrungen und Wissen an. Gleichwohl ist empfehlenswert, die Sachverständigen so zu bestimmen, dass sie jeweils hälftig eine der beiden Seiten sachlich unterstützen.

Das *Publikum* ist Adressat der Argumentation. Es stimmt zu Beginn und am Ende über die Streitfrage ab. Fällt die Schlussabstimmung anders aus als die Anfangsabstimmung, geht dies offensichtlich auf die in der Debatte vorgetragenen Argumente zurück. Während der Debatte beobachtet das Publikum die Rollenträger. Jeweils mehrere Schüler sind zuständig, auf das Debattenverhalten sowie die argumentative Qualität eines Rollenträgers zu achten (Kuhn/Gloe 2004, 149).

Jede Rolle muss in einer Arbeitsgruppe vorbereitet werden. Zwar sollen die Schüler auch selbst recherchieren, aber die maßgebliche Arbeit bei der Bereitstellung informationshaltiger Materialien kommt dem Lehrer zu. Die Materialien müssen so beschaffen sein, dass sich ihnen genügend Argumente für die Streitfrage entnehmen lassen.

Der Gestaltung des Raumes kommt erhebliche Bedeutung zu. Der Moderator sollte so sitzen, dass er alle Beteiligten sehen kann. Die beiden Anwälte sollten leicht versetzt links und rechts von ihm so postiert werden, dass sie sich gegenüberstehen. Vor dem Moderator sitzen die Sachverständigen nebeneinander. Hinter den Sachverständigen befindet sich das Publikum in einem Halbkreis.

Der Ablauf der Pro-Contra-Debatte folgt einer strengen Zeitregie. Am Beginn steht die *Eröffnung*. Der Moderator führt in das Problem ein, erläutert die Debattenregeln und stellt dann die Anwälte und Sachverständigen vor. Er schließt, indem er die Streitfrage explizit nennt. Die Eröffnung dauert nur wenige Minuten. Hiernach erfolgt die *Eingangsabstimmung*. Der Moderator fordert das Publikum auf, die Streitfrage mit *Ja* oder *Nein* bzw. *Dafür* oder *Dagegen* zu beantworten. Das Ergebnis wird an der Tafel festgehalten. Die Abstimmung dauert ebenfalls

Raumeinteilung bei der Pro-Contra-Debatte

[Schaubild: Moderator (oben, mittig); Pro-Anwalt (links) und Contra-Anwalt (rechts); darunter vier Sachverständige nebeneinander; davor das Publikum im Halbkreis]

nur wenige Minuten. Dann erfolgen die *Eingangsplädoyers* der beiden Anwälte, die jeweils mit der appellativen Feststellung enden, dass die eigene Position den Vorzug verdiene. Die Plädoyers sollten nicht länger als jeweils ein bis zwei Minuten dauern. Im Anschluss hieran kommt es zur *Befragung der Sachverständigen*. Abwechselnd befragt jeder Anwalt jeden Sachverständigen. Diese dürfen keine Plädoyers für die eine oder andere Seite abgeben. Jede Befragung sollte einige Minuten dauern. Insgesamt dauert die Befragung bei vier Sachverständigen etwa 20 Minuten. Danach halten die beiden Anwälte die *Schlussplädoyers* von jeweils ein bis zwei Minuten. In diese Plädoyers beziehen sie nach Möglichkeit die Aussagen der Sachverständigen ein. Es empfiehlt sich, den Ablauf vor den Schlussplädoyers für einige Zeit zu unterbrechen, damit die Anwälte ihre Plädoyers mit Hilfe ihrer jeweiligen Arbeitsgruppe konzipieren können. Am Ende des Ablaufs steht die *Schlussabstimmung*. Das Ergebnis wird zum Vergleichen mit der Eingangsabstimmung ebenfalls an der Tafel festgehalten (Massing 1998, 48 ff.).

Im Anschluss an die Debatte erfolgt das *Auswertungsgespräch*. Um eine Rollendistanzierung zu ermöglichen, sollte zuvor die herkömmliche Tischordnung wiederhergestellt werden. Die Auswertung kann am Abstimmungsverhalten des Publikums ansetzen. Es kann gefragt werden, welche Argumente besonders beeindruckend waren und eine Änderung des Abstimmungsverhaltens bewirkten. Es kann über Rationalität und Emotionalität in den Plädoyers gesprochen werden. Und es kann die Technik des Fragens, Plädierens und Antwortens thematisiert werden.

Die Pro-Contra-Debatte kann in der Regel frühestens am Ende der Sekundarstufe I eingesetzt werden. Denn sie setzt einen hohen Kenntnisstand, erhebliche rhetorische Fähigkeiten und ein rasches Erfassen und Kombinieren von Gedankengängen voraus.[213] Aber auch in der Sekundarstufe II gibt es genügend Schüler, die kommunikativ nicht stark sind und deshalb bei dieser Form des Spiels große Hemmungen haben.

Die Pro-Contra-Debatte ist generell eine schwierig anzuwendende Makromethode. Die Chancen zu scheitern sind relativ groß. So kann das zur Verfügung gestellte Vorbereitungsmaterial dazu verführen, vom eigentlichen Thema abzuschweifen. Die eingeräumte Vorbereitungszeit kann sich als zu kurz erweisen. Der formalisierte Ablauf der Debatte engt die Kommunikation stark ein: So können die Anwälte auf Argumente der Gegenseite nicht unmittelbar reagieren, sondern erst im Schlussplädoyer. Gleichwohl ist das Lernpotenzial der Pro-Contra-Debatte so hoch, dass auf ihren Einsatz nicht verzichtet werden sollte.

Die *Talkshow* ist eine Gesprächsrunde zu einem politischen Thema. Sie ist der medialen Inszenierung von Fernsehsendungen nachempfunden, in denen ein Kreis prominenter Gäste ein Thema kontrovers diskutiert. Sie gehorcht damit auch den dramaturgischen Regeln von Unterhaltungssendungen. Die dramaturgischen Mittel bestehen in einem polarisierenden Thema, einigen polarisierenden Gästen und einem Moderator. Der Moderator setzt die Gesprächsimpulse, er provoziert und vermittelt. Die Gäste – Politiker, Interessenvertreter, Experten und Betroffene – stellen ihre Sichtweisen prägnant dem Publikum vor. Das bedeutet, dass die Talkshow nicht trockene politische Informationen, sondern den Schlagabtausch der Akteure und rhetorische Schaukämpfe verspricht. Das bedeutet aber auch, dass der Ausgang eines solchen Streitgespräches häufig mehr interessiert als die Inhalte. Die Nähe zur politischen Wirklichkeit ist dadurch gegeben, dass die Talkshow den Mechanismen heutiger Politikvermittlung in hohem Maße entspricht (Massing 1998, 40 f.; Kuhn 2004, 117).

Die Talkshow weist deutliche Unterscheidungsmerkmale zu den anderen simulativen Methoden auf. Zwar übernehmen die Teilnehmer wie im Rollenspiel eine Rolle, aber diese Rolle ist nicht im Bereich der Lebenswelt angesiedelt. Im Unterschied zum Planspiel fehlt in der Talkshow der Entscheidungsdruck: In der Talkshow gibt es nichts zu entscheiden. Es besteht deshalb auch keine Notwendigkeit zur Konsenssuche oder zu Kompromissen. Dafür liefert die Talkshow Informationen über inhaltliche Positionen zu einem politischen Sachverhalt. Im Verhältnis zur Pro-Contra-Debatte fehlt die strenge Disziplin im Ablauf und in der Argumentation. Dafür bietet die Talkshow Chancen für die Selbstdarstellung der Beteiligten sowie für spektakuläre Überraschungen (Massing 1998, 41 f.).

Neben dem Moderator treten in der Talkshow vier bis höchstens sechs Gäste als Diskutanten auf. Jeder Gast repräsentiert eine bestimmte Rolle. So kann es sich um eine Gesprächsrunde aus Vertretern von Parteien handeln. Denkbar ist aber auch ein Gespräch zwischen je einem Vertreter der Wirtschaft, eines einschlägigen Interessenverbandes, der Kirchen und einer kulturellen Organisation. Belebend wirkt es, wenn ein Gast die Rolle eines von der jeweiligen Materie Betroffenen spielt.

Die Talkshow bedarf einer intensiven Vorbereitung. Ganz zu Beginn muss der Lehrer in die Rolle des Sendeleiters schlüpfen, um ein tragfähiges *Sendekonzept* zu entwerfen. Er muss sich eine lohnende Frage überlegen. Im Prinzip kann in der Talkshow über alles gesprochen werden. Gleichwohl dürften aktuelle Streitfragen aus der Politik, die nach Möglichkeit aus dem Unterricht hervorgegangen sind und zu denen es hinreichend viele kontroverse Sichtweisen gibt, besonders geeignet sein. Der Lehrer muss sich auch Gedanken über die Sitzordnung des

---

[213] Eine vereinfachte Form verzichtet auf die besonders anspruchsvolle Rolle der Anwälte. Dafür nehmen die Sachverständigen eine eindeutige Pro- oder Contra-Position ein, die sie zu Beginn in einem Eingangsstatement vortragen und begründen. Beide Seiten erhalten danach Gelegenheit, die Vertreter der jeweils anderen Position zu befragen. Am Schluss stimmt das Publikum ab (Massing 1998, 52).

Moderators sowie der Gäste und des Publikums machen. Es bietet sich an, die Gäste links und rechts vom Moderator so zu platzieren, dass alle Sichtkontakt zueinander sowie zum Publikum haben.

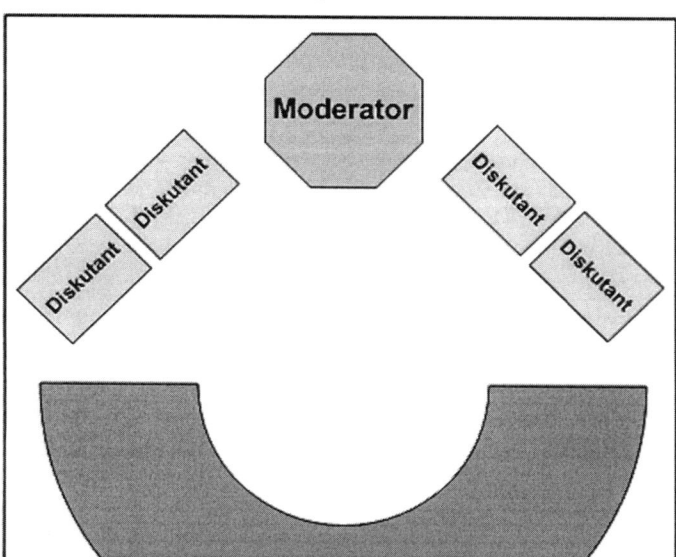

Raumeinteilung bei der Talkshow

Das Gelingen der Talkshow hängt stark vom Moderator ab. Diese Rolle sollte ein eloquenter und durchsetzungsfähiger Schüler spielen. Notfalls muss der Lehrer diese Funktion übernehmen.
Die Vorbereitung der Positionen der Gäste erfolgt in Arbeitsgruppen. Die Bereitstellung geeigneten Materials ist sehr wichtig. Um der Talkshow einen gewissen Tiefgang zu verleihen, müssen sich den Materialien nicht nur die Sichtweisen selbst, sondern auch rechtfertigende Begründungen entnehmen lassen. Während dem Moderator alle Materialien zur Verfügung gestellt werden, erhalten die Gruppen, die die Rolle eines Gastes erarbeiten, nur die auf sie zugeschnittenen Informationen. Bei aktuellen Themen sollten Zeitungen herangezogen werden. Internetrecherchen bei denjenigen Organisationen, die durch einen Rollenträger in der Talkshow vertreten sind, können sinnvoll sein. Am Ende der Vorbereitung bestimmen die Arbeitsgruppen jeweils einen Schüler, der die Rolle des Gastes spielt.
Alle übrigen Schüler bilden das Publikum. Sie erhalten Beobachtungsaufgaben. Es empfiehlt sich, Beobachtungsgruppen zu bilden, die sich jeweils auf eine Person konzentrieren. Beobachtet werden sollten inhaltliche Darlegungen, rhetorisches Auftreten und Eingehen aufeinander.
Die Talkshow beginnt damit, dass der Moderator das Thema nennt und dann mit jedem Gast ein kurzes Gespräch über dessen Person und Funktion führt. Danach eröffnet er das eigentliche Gespräch, indem er einen Gast nach dessen Auffassung fragt. Nach der Antwort wendet

sich der Moderator einem anderen Gast zu, der eine konträre Position vertritt. Es kann sein, dass sich hiernach ein lebendiges kontroverses Gespräch entwickelt. Notfalls muss der Moderator auch provozieren.

Die Talkshow beschränkt sich im Regelfall auf den Moderator und die Gäste. Unter Umständen kann es aber zweckmäßig sein, die Gesprächsrunde zu vergrößern und dem Publikum die Möglichkeit einzuräumen, mit eigenen Fragen und Beiträgen einzugreifen. Wird dies zugelassen, ändert sich zwangsläufig die Auswertungsphase. Denn zugleich Beobachter und Gesprächsteilnehmer zu sein, überfordert schnell (Massing 1998, 43; Kuhn 2004, 121).

Aufgrund des hohen Grades an Emotionalisierung muss nach Beendigung der Talkshow Gelegenheit zur Abkühlung und Rollendistanzierung gegeben werden. Das *Auswertungsgespräch* sollte sich auf mehrere Gesichtspunkte beziehen. Ein Gesichtspunkt sollte die Überzeugungskraft der vertretenen Positionen sein. Dann sollte über die rhetorischen Leistungen gesprochen werden. Weiterhin sollte die vom Inszenierungscharakter der Talkshow ausgehende Verzerrung der politischen Wirklichkeit thematisiert werden.

Die Methode der Talkshow kann frühestens am Ende der Sekundarstufe I eingesetzt werden. Die eigentliche Talkshow nimmt je nach Gegenstand 45 bis 90 Minuten in Anspruch. Nicht zu unterschätzen ist der Vorbereitungsaufwand, für den mehrere Stunden anzusetzen sind. Für die Auswertung ist eine Unterrichtsstunde anzusetzen.

Lernenden macht die Talkshow in der Regel Spaß. Sie wirkt motivierend. Die Talkshow setzt auch leicht Emotionen frei. Auf diese Weise kann es gelingen, Interesse für Politik zu wecken oder die Distanz zum gegebenen Thema zu verringern. Man darf aber nicht vergessen, dass in der Talkshow eine mediale Inszenierung simuliert wird, die aufgrund der Dominanz des Rhetorischen politische Lernprozesse auch blockieren kann.

Das *Tribunal* ist eine weithin vergessene simulative Methode, die dem Gerichtsverfahren nachgebildet ist. Es wird aber keine strafrechtliche oder zivilrechtliche Gerichtsverhandlung simuliert. Vielmehr werden bereits vollzogene reale politische Ereignisse, Handlungen oder Konflikte vor dem Tribunal eines *politischen* Gerichtshofes beurteilt. Man kann auch sagen, dass dem jeweils ausgesuchten Fall der politische Prozess gemacht wird.[214] Das Tribunal ist insofern eine Wirklichkeitssimulation, als sie den Charakter einer Gerichtsverhandlung trägt (Giesecke 1978, 91).

Die Lernenden übernehmen Rollen, wie sie für ein Gerichtsverfahren kennzeichnend sind. Es gibt im Tribunal also Ankläger, Verteidiger, Zeugen, Sachverständige und Richter. Die Träger dieser Rollen haben die didaktische Aufgabe, die unterschiedlichen Perspektiven auf den Sachverhalt zum Vorschein zu bringen. In der Kommunikation zwischen den Rollenträgern wird das Für und Wider der verschiedenen Standpunkte argumentativ erarbeitet. Zweck des Tribunals ist es mithin, den Teilnehmern ein vertieftes Problembewusstsein zu vermitteln. Zu diesem Bewusstsein gehört auch die Einsicht in die Interessengebundenheit oder Parteilichkeit der Politik.

Das Tribunal weist hinsichtlich der Vorbereitung und Durchführung große Ähnlichkeiten mit den anderen simulativen Methoden auf. So werden die Rollen des Anklägers und des Verteidigers in Arbeitsgruppen vorbereitet. Mitglieder der beiden Arbeitsgruppen sind auch Schüler, die im Prozess als Zeugen und Sachverständige für die jeweilige Seite fungieren werden. Diejenigen Schüler, die im Prozess nicht aktiv auftreten, spielen das Gerichtspublikum. Sie erhal-

---

[214] Sehr viele politische Sachverhalte können Gegenstand eines Tribunals sein: Ein Krieg, eine außenpolitische Intervention, eine sozialpolitische Maßnahme, eine polizeiliche Handlung und anderes mehr.

ten Beobachtungsaufgaben.
Aufgrund der Komplexität eines jeden politischen Vorganges ist die Vorbereitung eines Tribunals sehr arbeitsintensiv und bedarf der Bereitstellung umfangreicher Materialien. Denkbar ist aber auch, dass in einem vorangegangenen Lehrgangsunterricht der Gegenstand so ausführlich bearbeitet worden ist, dass die Konturen der gegnerischen Positionen schon deutlich hervorscheinen.

Der Richter leitet die Verhandlung. Es ist nicht seine Aufgabe, am Ende der Verhandlung ein Urteil zu fällen. Abgesehen von der Schwierigkeit, ein in der Regel hochkomplexes Geschehnis gerecht zu beurteilen, steht ein solches Urteil auch in Spannung zum Kontroversitätsgebot des Beutelsbacher Konsenses.[215] Der Richter kann also die Verhandlung mit der dilatorischen Formulierung beenden, dass er sich zur Beratung zurückzieht. Die Lerngruppe kann dies dann zum Anlass nehmen, den Fall im Anschluss frei zu diskutieren. Die Prozessbeteiligten legen dabei ihre Rollen ab und äußern sich vor dem Hintergrund ihrer persönlichen Überzeugungen.

Das Tribunal arbeitet gerichtsförmig. Das bedeutet, dass vor Prozesseröffnung Ankläger und Verteidiger dem Gericht ihre schriftlichen Voten zu übergeben haben. Diese mit Begründungen, Rechtfertigungen und Anträgen zu versehenden Voten stellen bereits eine hohe kognitive Anforderung dar. Sie sind aber unverzichtbar, weil sie den Ausgangspunkt des Tribunals bilden. So fordern sie die jeweilige Gegenseite zur Stellungnahme heraus und bilden die Basis für Sachverständigen- und Zeugenbefragungen (Giesecke 1978, 92 f.).

Das Tribunal kann frühestens am Ende der Sekundarstufe I eingesetzt werden. Während für das eigentliche Tribunal mindestens eine Doppelstunde zu veranschlagen ist, bedarf die Vorbereitung eines deutlich höheren Zeitaufwandes. Auch für die Auswertung ist eine Stunde vorzusehen.
Das Tribunal kann hinsichtlich des verhandelten Gegenstandes aufklärerisch wirken. Es trainiert auch rhetorische Fähigkeiten. Ebenso wird die Fähigkeit zum Perspektivenwechsel gefördert. Nicht übersehen werden darf aber die Gefahr, dass das spielerische Moment bei den Akteuren überhandnimmt und den Ernstcharakter des Tribunals in den Hintergrund drängt.

Die kooperative Produktion: Projekt, Politikwerkstatt, Zukunftswerkstatt und Szenariotechnik

Es gibt in der politischen Bildung Methoden, die weder systematische Kenntnisse vermitteln noch Fälle analysieren, noch auf die Erkundung der realen Welt gerichtet sind und auch nicht soziale Interaktionen sowie politische Handlungen simulativ nachstellen. Diese Methoden konzentrieren sich auf die produktive Bearbeitung von Problemen, wobei der Kooperation aller Beteiligten eine entscheidende Bedeutung zukommt. Die Grundform dieser Methoden kann man als kooperative Produktion[216] bezeichnen. Denn es geht um das gemeinsame Arbeiten an der Lösung eines Problems, das in der Hervorbringung eines Produktes endet. Man kann auch sagen, dass das Produkt dem Lernprozess die Richtung vorgibt. Das Produkt selbst kann gegenständlich-materieller, aber auch begrifflich-ideeller Art sein. Der kooperativen Produktion entspricht daher ein *kreativ-problembearbeitender* Lernmodus.

---

[215] Zum Beutelsbacher Konsens siehe die entsprechenden Ausführungen in Abschnitt *9.3 Entspannung im Streit der Politikdidaktiker um die politische Bildung*.

[216] Der Terminus *Produktion* stammt von Hermann Giesecke. Giesecke schreibt, dass das Organisationsmodell der Produktion in der Jugendbildungsarbeit entwickelt wurde. Die Intention der Produktion besteht darin, das Ergebnis eines gemeinsamen Arbeitsprozesses für andere darzustellen (Giesecke 1978, 49 f.).

Die kooperative Produktion ist geprägt von vielfältigen Schüleraktivitäten. Das Grundmuster dieser Aktivitäten besteht im Planen, Organisieren, Kommunizieren und Herstellen. Die kooperative Produktion verwirklicht somit das didaktische Prinzip der Handlungsorientierung in besonders reiner Form.

Die Aktivitäten haben mit politischem Handeln insofern zu tun, als die Lernenden sich in Selbstständigkeit, Selbstbestimmung und Selbstverantwortung üben sowie Erfahrungen in sachbezogenem Konfliktaustrag und solidarischer Zusammenarbeit sammeln. Denn die kooperative Produktion setzt intensive Beratungsprozesse mit Einigungszwang innerhalb der Lerngruppe voraus. Dennoch muss eingeräumt werden, dass hier nur ein lockerer Bezug zur politischen Bildung vorliegt. Um wirklich politisch bildend zu sein, ist bei der Planung eines Lernvorhabens auf der methodischen Basis der kooperativen Produktion also darauf zu achten, dass das angestrebte Produkt einen Bezug zur Politik aufweist.

Bei der kooperativen Produktion ist der Lehrer im Wesentlichen Arrangeur und Berater. Einen Wissensvorsprung bezüglich des geplanten Produktes besitzt er im Regelfall nicht. Daher ist die Kommunikation stark symmetrisch bestimmt. Auch das Ergebnis der kooperativen Produktion entzieht sich einer detaillierten Planung durch den Lehrer. Zu Beginn ist weitgehend offen, was am Ende herauskommt. Der eigentliche didaktische Wert dieser Methode liegt folglich im Lernprozess selbst.

Die Handlungsformen können äußerst unterschiedlich sein. Sie hängen vom Sachgegenstand und vom Handlungsprodukt ab. Immer jedoch gibt es Gespräche während der Planung, während der Problembearbeitung und während der Produkterstellung. An Sozialformen dominieren Einzel- und Partnerarbeit sowie Gruppenunterricht (Gruppenarbeit). Im Prinzip findet Frontalunterricht (Klassenunterricht) nur zu Beginn beim grundsätzlichen Planungsgespräch, während der Arbeiten bei notwendigen Verständigungsgesprächen und am Schluss bei der Präsentation des Ergebnisses statt.

Die kooperative Produktion findet ihre klassische Anwendung im *Projekt*. Ein Projekt stellt den Versuch dar, Leben, Lernen und Arbeiten derart zu verbinden, dass ein gesellschaftlich relevantes, zugleich der individuellen Bedürfnis- und Interessenlage der Lernenden entsprechendes Problem innerhalb und außerhalb der Schule aufgearbeitet werden kann (Meyer 1994, I 143 f.). Kennzeichnend für ein Projekt ist weiterhin, dass das Lernen konkret und lebensnah stattfinden soll. Es soll nicht theoretisch sein, sondern der Bewältigung von Lebensproblemen dienen. Impliziert ist dabei, dass sich Lernende auf eine Expedition ins Ungewisse einlassen und unterwegs unbekannte und nicht von vornherein festgelegte Lerninhalte entdecken und sich diese erschließen (Adl-Amini 1993, 98).

Das Projektdenken ist sehr eng mit der Philosophie des Pragmatismus verwoben.[217] In dieser Philosophie steht menschliches Handeln im Mittelpunkt der Aufmerksamkeit. John Dewey, einer der Väter des Pragmatismus, entwickelte eine Erziehungsphilosophie, in der die gemeinsame Bewältigung von Lebenssituationen einen hohen Stellenwert einnimmt. Handelnd Erfahrungen zu machen ist hiernach um ein Vielfaches fruchtbarer als theoretisch belehrt zu werden. Die im Rahmen der Bewältigung von Situationen und ihrer nachträglichen Reflexion erworbenen Fähigkeiten und Fertigkeiten sind Instrumente zum wirksamen Verstehen und

---

[217] Die Idee des Lernens am Projekt ist jedoch viel älter als der Pragmatismus. Sie entstand Anfang des 18. Jahrhunderts an italienischen und französischen Kunstakademien, als Studierende des höheren Semesters den Auftrag bekamen, ein Portal, eine Fassade oder eine Kirche selbstständig zu entwerfen. Die Idee breitete sich im 19. Jahrhundert auf die technischen Hochschulen aus. Positive Aufnahme fand der Projektgedanke auch in der deutschen Reformpädagogik im ersten Drittel des 20. Jahrhunderts sowie in den Arbeitsschulkonzepten des nachrevolutionären Russlands (Frey 1993, 30 f., 34 ff., 42 ff.).

Behandeln neuer Situationen. Gutes Unterrichten besteht zu einem erheblichen Teil darin, immer wieder Gelegenheit zur *denkenden Erfahrung* zu geben.
Zusammen mit seinem Mitarbeiter William H. Kilpatrick entwickelte Dewey ab 1919 die Idee des Projektplans. Von Kilpatrick stammt das Projektschema, das sich aus Purposing (Zielsetzung), Planning (Planung), Executing (Ausführung) und Judging (Beurteilung) zusammensetzt (Jung 2005, 16 ff.).

Neun sich gegenseitig beeinflussende Merkmale charakterisieren ein Projekt: Die *Situations- und Umweltorientierung* kennzeichnet die Abkehr von der Wissenschaftssystematik und die Hinwendung zur Bewältigung realer Lebenssituationen. Die *Orientierung an den Interessen der Beteiligten* zielt auf die Berücksichtigung von Bedürfnissen der Lernenden. Der Grundsatz der *Selbstorganisation und Selbstverantwortung* meint, dass Planung und Durchführung so weit wie nur möglich den Lernenden überlassen sind. Die *gesellschaftliche Praxisrelevanz* schützt den Projektgegenstand vor dem Diktat der Zufälligkeit und Beliebigkeit. Sie gewährleistet den gesellschaftlichen Bezug des schulischen Lernens und orientiert es an lokalen, regionalen oder globalen Situationen. *Zielgerichtete Projektplanung* heißt, dass ein plangeleiteter und zielgerichteter Lehr- und Lernprozess angestrebt wird. Es geht also keinesfalls um beliebige, offene Lernsituationen mit zufälligem Ausgang.
Der Grundsatz der *Produktorientierung* bedeutet, dass das Projektlernen sich an dem zu erschaffenden Produkt orientiert. Als Produkte gelten aber nicht nur manuell erschaffene Handlungsergebnisse mit Gebrauchswert, sondern auch Einsichten und Erkenntnisse oder Veränderungen von Haltungen und Einstellungen. Alle diese Produkte haben einen Mitteilungswert. Wichtig ist, dass die Produkte präsentiert und damit öffentlich gemacht werden. Die *Einbeziehung möglichst vieler Sinne* verlangt, dass die Trennung von geistiger und körperlicher Arbeit integrativ überwunden wird. Wenn möglich, sind Kopf, Hände und Gefühl an der Produkterstellung zu beteiligen. Ein weiteres Merkmal ist das *soziale Lernen*. Projektarbeit gelingt nur, wenn gegenseitige Rücksichtnahme und der Wille zur Kooperation vorhanden sind. Und schließlich erfordert das Merkmal der *Interdisziplinarität*, eine Aufgabe oder Problemstellung in ihrem komplexen Lebenszusammenhang zu begreifen. Das aber heißt, dass Kenntnisse aus unterschiedlichen Fachwissenschaften benötigt werden. Dies schließt allerdings nicht kategorisch aus, dass ein Projekt im Rahmen nur eines Unterrichtsfaches bearbeitet wird (Gudjons 1994, 68 ff.; Jung 1997, 19 ff.).

Der idealtypische Verlauf eines Projektes besteht aus fünf Schritten. Am Beginn steht die *Projektinitiative*. Hier geht es darum, eine Aufgabe oder ein Anliegen zu finden, dessen Bearbeitung sinnvoll ist. Im Idealfall geht die Initiative von den Lernenden aus. Es ist aber nicht ausgeschlossen, dass der entscheidende Impuls von außen kommt, dass also die Lerngruppe einen Auftrag über ein zu erstellendes Produkt annimmt. In einer Diskussion wird dann über Annahme oder Modifizierung des Auftrages beraten.
Der zweite Schritt ist der *Projektplan*. Hier verständigen sich die Lernenden über das zu erstellende Produkt und entwickeln einen darauf bezogenen Arbeitsplan. Sie bilden Arbeitsgruppen, die verschiedene Aufgaben bei der Projektbearbeitung zu bewältigen haben.
Als dritter Schritt folgt die *Projektdurchführung*. Die Arbeitsgruppen gewinnen Informationen, koordinieren ihre Vorgehensweisen, tauschen vorläufige Ergebnisse aus, bearbeiten ihre Aufträge und leisten so ihren Beitrag zur Erstellung des Produktes. Das ganze Repertoire handlungsorientierter Methoden kann hier zum Einsatz kommen. Es kann auch erforderlich sein, außerhalb der Schule zu arbeiten. Phasen der Reflexion können die Arbeitstätigkeit unterbrechen.
Den äußeren Abschluss des Projektes bildet die *Produktpräsentation*. Präsentierbare Produkte können Ausstellungen, Dokumentationen, Collagen, Wandzeitungen, Leserbriefe, Vorträge und anderes mehr sein. Die Zunahme an Erkenntnissen oder der Wandel von Einstellungen bei den Lernenden sind ebenfalls Handlungsprodukte, allerdings keine veröffentlichungsfähi-

gen.

Eine Phase der *Metakommunikation* schließt das gesamte Projekt ab. Gelungenes und Misslungenes kommt zur Sprache. Möglichkeiten zukünftiger Projektarbeit werden angesprochen (Bönsch 2000, 218 f.; Jung 2005, 22 ff.).

Projekte können in elementarer Form bereits in der Primarstufe verwirklicht werden. Allerdings dürfte dort aufgrund der dominierenden Lebensweltorientierung ein Bezug zur Makrowelt der Politik nicht einfach herzustellen sein. Umfangreichere Projekte sind erst in den höheren Jahrgängen der Sekundarstufe I möglich.

Projekte sind zeitaufwendige Lernvorhaben. Bei anspruchsvollen Themen können sie die Lernenden über Wochen beschäftigen. Eine Alternative stellen Projektwochen dar, in denen die Schüler ohne Unterbrechung einen Gegenstand bearbeiten können. Nicht selten werden die für die Verwirklichung eines Projektes vorauszusetzenden Kenntnisse und Fertigkeiten unterschätzt. Auch kann es geschehen, dass den Lernenden der lange Atem fehlt, um ein Projekt zu Ende zu bringen.

Projekte enthalten dennoch eine Reihe positiver Lerneffekte: Sie lösen Aufgaben aus dem Leben (existentieller Bezug), schulen Initiative und Verantwortung (sittliches Moment), üben den Gebrauch von Arbeitsmethoden (geistig-technisches Moment) und regen die schöpferische Tätigkeit an (kreatives Moment) (Mickel 1980, 183).

Die Projektmethode sieht sich mit der prinzipiellen Frage konfrontiert, ob sie einen substantiellen Beitrag zur politischen Bildung zu leisten vermag. Man darf nicht vergessen, dass diese Methode ja gerade die Grenzen der bestehenden Fächer überwinden will. Auf diese kritische Frage geben Verfechter der Projektmethode zwei Antworten.

Die erste Antwort lautet, dass das Projektlernen eine besondere Form des politischen und sozialen Lernens darstelle. Denn es bestehe aus einer Vielzahl kommunikativer und diskursiver Prozesse, was nichts anderes sei als gelebte Demokratie. Dann seien die Projektinhalte in der Regel so beschaffen, dass sie in irgendeiner Form zur menschenwürdigen Gestaltung von Gegenwart und Zukunft beitrügen.

Die zweite Antwort lautet, dass bei der Bestimmung eines Projektes die gesellschaftliche Praxisrelevanz beachtet werden müsse. Projekte sollten zudem relativ aktuell sein. Ereignisse und Sachverhalte wie Chemieunfälle, gentechnische Freilandversuche, alarmierende Daten in offiziellen Berichten, Arbeitslosenzahlen, aufflammende Konfliktherde und gesellschaftliche Gewaltausbrüche könnten Anlass sein, anspruchsvolle Projektthemen zu formulieren (Jung 1997, 29 f.).[218]

Eine Variante des Projektes stellt die sogenannte *Politikwerkstatt* dar. Die Politikwerkstatt ist Projektunterricht mit wissenschaftspropädeutischer Ausrichtung. Sie beinhaltet empirische Forschungsaktivitäten, deren mediale Aufbereitung sowie die Inszenierung einer diskursiven Öffentlichkeit über den erforschten Gegenstand.

Die Politikwerkstatt basiert stark auf der Kooperationsbereitschaft aller Beteiligten. In mehrfacher Hinsicht ist sie eine produktorientierte Methode: Als Produkte können zunächst die erarbeiteten Forschungsergebnisse gelten. Diese sind zwar nicht repräsentativ, aber mit zuver-

---

[218] Ein in jeder Hinsicht überzeugendes Konzept eines politisch bildenden Projektlernens liegt mit dem US-amerikanischen Lernwerk „We the People ... Project Citizen" vor. Dieses Lernwerk zielt auf die Herausbildung von Kompetenzen zur aktiven Beteiligung junger Menschen an der Gestaltung vornehmlich kommunaler Angelegenheiten. Ein aus sechs Schritten bestehender projektförmiger Lernweg ist dem Politikprozess nachgestellt: Step I: Identifying Public Policy Problems in Your Community. Step II: Select a Problem for Class Study. Step III: Gathering Information on the Problem Your Class Will Study. Step IV: Developing a Class Portfolio. Step V: Presenting Your Portfolio. Step VI: Reflecting on Your Learning Experience (Koopmann 2005, 110 ff.).

lässigen Methoden erhoben. Produktcharakter tragen auch die zu Veröffentlichungszwecken erstellten Medien. Medienprodukte können Zeitungsartikel, eine Homepage oder gar eine Radiosendung sein. Auch die Herstellung einer diskursiven politischen Öffentlichkeit ist in gewisser Weise ein Produkt. Öffentlichkeit kann hergestellt werden über die Ausrichtung von Veranstaltungen wie Podiumsdiskussionen oder Hearings.

Zur Politikwerkstatt kann es gehören, außerschulische Lerngelegenheiten aufzusuchen, Zeitzeugen zu befragen, historische Spuren zu suchen und Experten zu interviewen. In der Politikwerkstatt kommen mithin vielfältige Arbeitstechniken zur Anwendung. Am Beginn einer Werkstatt stehen Aktivitäten wie das Fragen, das Planen, das Lesen und auch das Diskutieren. Dann folgen Tätigkeiten wie das Organisieren, das Konstruieren von Untersuchungsmethoden, das Erheben von Daten oder das Interviewen von Personen. Schließlich muss gefilmt und aufgezeichnet, geschrieben und redigiert sowie präsentiert werden (Brinner/Ludwig/Moegling/Schurian 2005, 183 ff.).

Hinter der Politikwerkstatt steckt der Menschenbildentwurf des selbstaktiven und mündigen Menschen, „der in der Lage ist, gesellschaftspolitisch Vorgefundenes kritisch wahrzunehmen, zu verarbeiten und in ein auf eigenständige Lebensgestaltung und auf Verbesserung gesellschaftlicher Verhältnisse orientiertes Engagement einfließen zu lassen" (Moegling 2003, 13). Die Politikwerkstatt nimmt den Lernenden als Experten seiner gesellschaftlichen Existenz ernst und stellt seine Fragen, Sichtweisen und Problemlösungen in den Mittelpunkt der Kommunikation.

Der Ablauf der Politikwerkstatt ist in der Regel durch eine Problematisierungs- und Kritikphase, eine Visionsphase, eine Umsetzungsphase und eine Evaluationsphase mit neuer Perspektivenbildung bestimmt.[219] Die Themenfestlegung geschieht unter Berücksichtigung der lebensweltlichen und lebensgeschichtlichen Interessen der Werkstattteilnehmer. Dabei wird im Zweifelsfall in Kauf genommen, dass das Feld der Politik nur ansatzweise gestreift wird (Moegling 2003, 15).

Die Politikwerkstatt ist eine extrem zeitaufwendige und arbeitsintensive Methode. Sie setzt hochmotivierte Lernende mit ausgeprägtem Durchhaltevermögen voraus. Sie verlangt von den Teilnehmern die Anwendung von Methoden der empirischen Sozialforschung. Das bedeutet eigentlich, dass diese Methoden schon beherrscht werden müssen. Falls dies nicht der Fall ist, müssen sie in Lehrgangsphasen während der Werkstatt vermittelt werden. Einsetzbar ist die Politikwerkstatt daher nur in Arbeitsgemeinschaften zur politischen Bildung oder in Intensivkursen der Sekundarstufe II.

Die *Zukunftswerkstatt* ist ganz allgemein eine Zusammenkunft von Personen, die in Sorge um die Zukunft der Menschheit bemüht sind, wünschbare, mögliche, aber auch vorläufig unmögliche Zukünfte zu entwerfen und deren Durchsetzungsmöglichkeiten zu überprüfen.

Die Idee der Zukunftswerkstatt stammt von dem Zukunftsforscher Robert Jungk, der in den achtziger Jahren des letzten Jahrhunderts eine Vielzahl von Zukunftswerkstätten durchführte, um herauszufinden, wie die Bürger über neue Technologien denken und welche Wünsche, Vorstellungen und Visionen, aber auch Ängste und Befürchtungen sie haben (Weinbrenner/Häcker 1991, 115 f.).

Die Besonderheit der Zukunftswerkstatt im Kontext politisch bildender Unterrichtsmethoden ist ihr Gegenstandsbereich, nämlich die Zukunft von Gesellschaft, Wirtschaft und Umwelt. Für die Reflexion dieser Dimension ist sie geeignet wie kaum eine andere Methode. Die Zukunftswerkstatt greift aber auch gegenwärtige Missstände auf, deren Veränderbarkeit für die

---

[219] Die Politikwerkstatt ist in diesen Aspekten an die Zukunftswerkstatt Robert Jungks angelehnt. Zur Zukunftswerkstatt siehe die Ausführungen auf den nächsten Seiten.

Zukunft sie thematisiert.

Mit der Projektmethode und der Politikwerkstatt gemeinsam hat die Zukunftswerkstatt das Erfordernis kooperativen Zusammenwirkens der Beteiligten sowie die Produktorientierung. Das Produkt einer Zukunftswerkstatt sind Vorstellungen über die Zukunft. Diese können in Form einer Präsentation materialisiert werden. Sie können aber auch in Gestalt eines konkreten Projektes umgesetzt werden in konkrete Handlungen.

Die Politikwerkstatt ist eine kreative, ganzheitliche und politisch-aktivierende Methode. Das kreative Moment besteht im Planen, Entwerfen und Entwickeln von Ideen. Die Zukunftswerkstatt fordert die schöpferische Phantasie und den Erfindungsgeist der Teilnehmer heraus. Ganzheitlich ist die Methode, weil sie rational-analysierendes mit intuitiv-emotionalem Lernen verbindet. Politisch-aktivierend ist die Zukunftswerkstatt, da sie Probleme aufgreift, deren ideale Zukunftsgestaltungen auf ihre politische Realisierbarkeit überprüft und versucht, erste Schritte zur praktischen Umsetzung realistischer Vorschläge zu erproben.

Das Ergebnis einer Zukunftswerkstatt ist offen. Es kann vom Lehrenden in keiner Weise geplant werden. Überhaupt spielt der Lehrer hier die Rolle eines Organisators und Moderators und nicht die eines allwissenden und steuernden Experten. Zwar führt er in das Regelwerk der Zukunftswerkstatt ein, danach gibt er aber nur noch Anregungen und sorgt für Informationsmaterial, wenn die Erfahrungsgrundlage bei den Lernenden zu schmal ist.

So offen die Zukunftswerkstatt in inhaltlicher Hinsicht ist, so strikt ist andererseits ihr Ablauf geregelt. Sie besteht aus insgesamt fünf Phasen, wobei drei Hauptphasen von einer vorbereitenden sowie einer nachbereitenden Phase eingerahmt sind.

In der *Vorbereitungsphase* wird das Thema bestimmt. Prinzipiell sind alle Themen geeignet, die von den Teilnehmern als dringend lösungsbedürftig und zugleich lösbar angesehen werden. In der Regel knüpft eine Zukunftswerkstatt an gesellschaftliche Krisensymptome an. Hierfür kommen beispielhaft technische Katastrophen, Energiekrisen, Wachstumsprobleme, Umweltverschmutzungen und mangelnde Ausbildungs- und Arbeitsplätze in Betracht.

In der Vorbereitungsphase muss auch der Raum hergerichtet werden. Die Zukunftswerkstatt verlangt viel Bewegungsspielraum für die Teilnehmer. Eine halbkreisförmige Sitzordnung ohne Tische entspricht dieser Anforderung am ehesten. Zur Dokumentation der Werkstattergebnisse werden große Papierbögen, Papier in Normalformat, Klebeband und Filzstifte benötigt. Es müssen also Tafeln, Stellwände oder Zimmerwände zum Aufhängen dieser Dokumentationen zur Verfügung stehen.

Schließlich werden in der Vorbereitungsphase die für jede der drei Hauptphasen geltenden Spielregeln erläutert.

Die eigentliche Zukunftswerkstatt beginnt mit der *Kritikphase*. Hier geht es um eine möglichst präzise und radikale Kritik des zuvor festgelegten gesellschaftlichen, wirtschaftlichen oder ökologischen Sachverhaltes. Die Teilnehmer notieren stichwortartig ihre Beschwerden, Ängste und Sorgen auf Zetteln. Diese werden für alle sichtbar präsentiert. Es kristallisieren sich mehrere Schwerpunkte heraus. Die Teilnehmer suchen diejenigen Problemaspekte heraus, die sie bearbeiten wollen.

Es folgt die *Phantasie-* oder *Utopiephase*. Hier geht es darum, die in der Kritikphase geäußerte Kritik ins Positive zu wenden. Zunächst werden die Teilnehmer gebeten, jeden Kritikpunkt positiv umzuformulieren. Hiernach werden sie ermuntert, unter Bezugnahme auf die positiven Alternativen im Brainstorming ihrer Phantasie und Kreativität hinsichtlich einer grundlegenden Verbesserung der Lage freien Lauf zu lassen. Es wird ihnen gesagt, dass sie alle Macht und alles Geld haben, um sich eine lebenswerte Zukunft zu schaffen, und dass sie keine Rücksicht auf bestehende Gesetze, Vorschriften, ökonomische oder soziale Zwänge zu nehmen brauchen. Die geäußerten Ideen werden in Stichworten zu Papier gebracht und allen präsentiert. Es ist streng verboten, artikulierte Ideen zu kritisieren oder abzuwerten. Im nächsten Schritt werden die besten Vorschläge herausgesucht und in Kleingruppen zu Projektskizzen bzw. utopischen Entwürfen konkretisiert. Die Gruppen präsentieren ihre Ergebnisse anschließend in möglichst anschaulicher Form den übrigen Teilnehmern. Hierfür gibt es viele Möglichkeiten: Text, Collage, Rollenspiel oder andere Inszenierungen.

Die eigentliche Zukunftswerkstatt schließt ab mit der *Verwirklichungsphase*. Hier geht es darum, die Zukunftsentwürfe und Phantasien wieder mit den realen Verhältnissen zusammenzubringen und Wege und Strategien zur Verwirklichung der als realisierbar eingeschätzten Vorstellungen zu finden. Die Phase beginnt mit einer kritischen Prüfung der utopischen Entwürfe. Gefragt wird dabei insbesondere, ob überhaupt Aussichten auf eine Verwirklichung bestehen. Nach der Ermittlung des Entwurfes mit der höchsten Verwirklichungschance folgt die Entwicklung von Strategien zu seiner Durchsetzung.

Die *Nachbereitungsphase* soll nicht einfach nur der Reflexion der in der Zukunftswerkstatt gemachten Erfahrungen dienen, sondern nach Möglichkeit den Auftakt zu einer Projektarbeit im Sinne einer „permanenten Werkstatt" bilden. Ideal ist es, wenn die Teilnehmer ein kleines und deshalb realisierbares Projekt dort durchführen, wo sie etwas bewirken können, also in der Regel vor Ort. Der Unterschied zwischen schöner Utopie und harter Wirklichkeit zeigt sich ihnen darin, dass sie strategische Überlegungen anstellen, Finanzierungsmöglichkeiten prüfen und nach Bündnispartnern Ausschau halten müssen (Weinbrenner/Häcker 1991, 119 ff.).

Die Zukunftswerkstatt kann in rudimentärer Form bereits in der Primarstufe eingesetzt werden, wenn es zum Beispiel um die Gestaltung des Schulhofes oder eines Spielplatzes geht (Stange 1996, 45 ff., 83 ff.). In höheren Jahrgängen sind Zukunftswerkstätten zu politisch abstrakteren Themen möglich.[220]

Die Zukunftswerkstatt benötigt in Projektform etwa einen Tag. Minimum für jede der drei Hauptphasen sind 90 bis 120 Minuten. Da die Zukunftswerkstatt alle Denkschritte auf Papier dokumentiert, kann sie auch unterbrochen werden. Sie kann folglich auch in einer Reihe von Doppelstunden, d.h. im Rahmen des herkömmlichen Stundenplans, durchgespielt werden.

Die Zukunftswerkstatt trägt einen genuin politischen Charakter. Denn der methodische Dreischritt von Kritik, Utopie und Realisierung folgt im Grunde der Logik des politischen Denk- und Entscheidungsprozesses, der ebenfalls aus einem Dreischritt besteht, nämlich aus Problemdefinition, Zielbestimmung und Entwicklung von Umsetzungsstrategien. Nicht zu vergessen ist, dass die Zukunftswerkstatt Zukunftswissen generiert, also ein Wissen, das angesichts drängender Probleme zunehmend wichtiger wird (Weinbrenner/Häcker 1991, 142 ff.).

Eine weitere Methode zur Stärkung des Zukunftsdenkens ist die *Szenariotechnik*. Mit ihrer Hilfe werden Vorstellungen über positive und negative Veränderungen in der Zukunft zu umfassenden Bildern und Modellen über wahrscheinliche Zukünfte zusammengefasst. Ein Szenario ist weder eine Prognose, bei der auf exakte Informationen aus Gegenwart und Vergangenheit zurückgegriffen wird, noch eine realitätsferne Utopie. Vielmehr werden mit der Szenariotechnik Daten und Informationen mit Einschätzungen und Meinungen so verknüpft, dass als Ergebnis Beschreibungen einer bzw. mehrerer möglicher Zukunftssituationen entstehen.

---

[220] Zukunftswerkstätten sind vor allem in der außerschulischen politischen Bildung verbreitet. Die äußeren Bedingungen für Zukunftswerkstätten sind in den außerschulischen Bildungsstätten erheblich besser als in den Schulen. Denn es gibt keine Störungen durch Raumwechsel, lärmende Mitschüler und Stundenunterbrechungen.

Im Rahmen dieser Methode werden drei Szenarios entwickelt, nämlich ein positives Extrem-Szenario für den bestmöglichen, ein negatives Extrem-Szenario für den schlechtest möglichen und ein Trend-Szenario für den wahrscheinlichen Entwicklungsverlauf. Die Entwicklung dieser drei Szenarios kann von der gesamten Lerngruppe oder arbeitsteilig in Gruppen vorgenommen werden.

Am Beginn steht die *Problemanalyse*. Sie ist insofern wichtig, als nur bei einer klaren Problembezeichnung sinnvoll über Szenarios nachgedacht werden kann. Danach erfolgt die *Bestimmung der Einflussbereiche und Einflussfaktoren*, die auf das zu untersuchende Problem maßgeblich einwirken. Einflussbereiche sind üblicherweise der Mensch, die Gesellschaft und die Umwelt. Die diversen Einflussfaktoren entstammen den genannten Einflussbereichen. Der dritte Schritt besteht in der *Entwicklung von Szenarios*. Wie sich eine gegenwärtige Lage kurz-, mittel- und langfristig zu zunehmend auseinanderführenden Szenarien entwickelt, lässt sich in Form eines Szenario-Trichters bildlich darstellen.

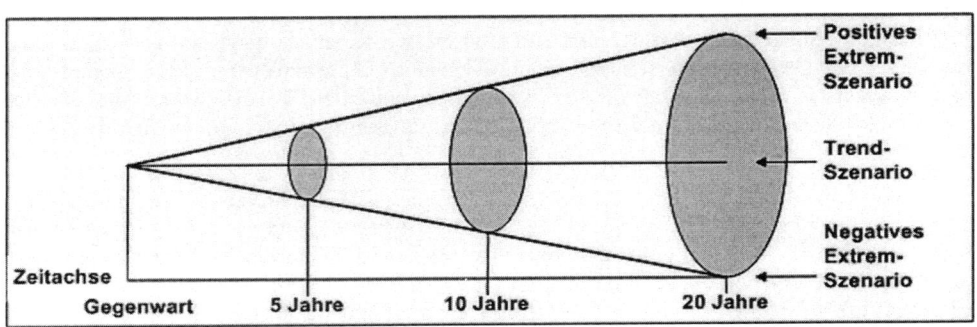

Am Ende steht die Planung von *Strategien* und *Maßnahmen zur Problemlösung*. Es wird gemeinsam überlegt, welche Konsequenzen aus den drei Szenarios zu ziehen sind. Insbesondere interessiert die Frage, was der Einzelne und was die Politiker tun können, um unerwünschten Entwicklungen entgegenzuwirken. Denn es geht bei der Szenariotechnik normativ um eine positive, also zukunftsfähige Gesellschaftsgestaltung. Der Beitrag der Szenariotechnik zur politischen Bildung ist also offenkundig (Weinbrenner 1995, 432 ff.).

13.4 Die Rolle der Medien als Informationsträger in politischen Bildungsprozessen

Medien sind Mittel zur Übertragung von Zeichen. Unterrichtsinhalte werden ausnahmslos durch Medien repräsentiert. Diese weisen eine außerordentlich große Vielfalt auf. Je nach Beschaffenheit können Medien modifizierende, lernförderliche oder lernhemmende Wirkung entfalten. Lehrende müssen sich daher auf die Schwierigkeiten besinnen, die sich für Lernende im Umgang mit dem jeweiligen Medium stellen können. Generell kann man davon ausgehen, dass das Medium umso größere Verständnisprobleme bereitet, je abstrakter es den Gegenstand darstellt (Plöger 1999, 124).

Medien erfüllen eine Mehrzahl von Funktionen. Sie dienen der Unterrichtsführung bzw. der Steuerung des Lernprozesses. Sie können den Unterricht versachlichen und den Blick vom Lehrenden auf die Sache lenken. Mit ihrer Hilfe lassen sich angestrebte Lernergebnisse erzielen. Medien dienen auch der Veranschaulichung. Sie nutzen hierfür die geschriebene und die gesprochene Sprache sowie Bilder und andere Visualisierungen. Schließlich dienen Medien auch dazu, die Eigenaktivität der Schüler zu erhöhen. Ihr Einsatz erlaubt es dem Lehrer, in den Hintergrund zu treten. So stiften sie soziale Beziehungen in den Lerngruppen, fördern das selbstständige Erarbeiten von Sachverhalten und ermöglichen die Selbststeuerung und Selbstorganisation des Lernprozesses (Weißeno 2002, 23 f.).

Da von Ausnahmen abgesehen die Politik in der politischen Bildung nicht unmittelbar sinnlich erlebt wird, ist sie auf eine mediale Repräsentation angewiesen. Die mediale Repräsentation erfolgt üblicherweise in Schulbüchern (Politiklehrbüchern), Text- und Materialiensammlungen, also in didaktisch aufbereiteten Materialien. Politische oder gar politikwissenschaftliche Ganzschriften kommen aufgrund ihres Umfanges eher selten in Betracht. Diese Schriften haben mit Zeitungsberichten, Rundfunk- und Fernsehsendungen gemeinsam, dass ihnen die didaktische Aufbereitung fehlt. Ähnliches gilt für die meisten digitalen Medienprodukte. Die Didaktisierung, d.h. die Abstimmung mit den Zielen des jeweiligen Lernvorhabens, muss der Lehrende selbst vornehmen.

Didaktische Aspekte von Politiklehrbüchern

Politiklehrbücher spielen eine herausgehobene Rolle als Unterrichtsmedium. Sie setzen sich fast immer aus einem von den Autoren verfassten, der informativen Einführung dienenden Darstellungsteil, einem aus Bildern, Diagrammen und Texten bestehenden Materialienangebot sowie einem auf die Materialien bezogenen Aufgabenteil zusammen.
Politiklehrbücher stellen ein entscheidendes Instrument für Planung und Durchführung des Unterrichts dar. Ein wichtiger Grund hierfür liegt darin, dass Schulbücher ganz allgemein einen sicheren, einfachen, unterrichtsnahen und kostengünstigen Zugriff auf die zu behandelnden Gegenstände erlauben. Sie enthalten mit ihrem häufig der Sachsystematik folgenden Aufbau einen inhaltlichen roten Faden für die Unterrichtsplanung.
Welche Inhalte und Methoden Lehrer für ihren Unterricht wählen, wird wesentlich von den Materialien und Hilfen beeinflusst, auf die sie leicht zugreifen können. In dieser Hinsicht ist das Politiklehrbuch fast konkurrenzlos.

Der hohe Rang des Unterrichtsmediums Schulbuch erklärt sich aus seiner Eigenschaft als Druckwerk, welches, einmalig unter allen schulischen Medien, den Filter kultusministerieller Prüfung durchlaufen hat. Es bietet insofern Gewähr dafür, den gesamten Lehrstoff *richtig*, d.h. im Sinne des administrativ Gewollten, abzubilden. Aufgrund seiner Qualität als geprüftes Produkt genießt es in den Augen von Schülern, Eltern und Lehrern den Status eines verbindlich-gültigen Dokumentes. Da es in der Regel während eines gesamten Schuljahres eingesetzt wird, steht es den Schülern schließlich als bleibend-gültige Quelle zur Entnahme von Informationen zur Verfügung.

Ein weiterer Hinweis auf die Bedeutsamkeit des Schulbuches ergibt sich aus dem Umstand, dass Schulbücher in gewisser Weise die allgemein gehaltenen Lehrpläne implementieren. Sie konkretisieren, was die Lehrpläne umrisshaft vorgeben. Es ist deshalb nicht abwegig zu behaupten, dass der Einfluss von Schulbüchern auf den schulischen Unterricht de facto gewichtiger ist als der von Richtlinien und Lehrplänen (Detjen 2002b, 183).

Eine wichtige didaktische Frage ist, welchen Charakter das im Politiklehrbuch dargestellte Wissen aufweist. Schulbuchwissen war früher durch einen hohen Grad an *Definitheit* gekennzeichnet. Definites Wissen ist nicht durchsetzt von Zweifeln an sich selbst. Es ist im Gegenteil seiner selbst und seiner Urteile sehr sicher. Es suggeriert auf diese Weise Endgültigkeit und Unüberholbarkeit. Ein so geartetes Schulbuchwissen stellt sich folglich dar als solides Wissen über Tatsachen und Geschehnisse. Deshalb wird kein Material präsentiert, von dem aus dieses Wissen fragwürdig und ergänzungsbedürftig erscheinen könnte. Definit vorgebrachtes Wissen ignoriert auch, dass wissenschaftliches Wissen durch Vorläufigkeit und Unsicherheit gekennzeichnet ist. Definites Wissen provoziert somit beim Rezipienten kein Nachdenken, sondern legt eher eine Haltung des passiven Aufnehmens nahe.

Zwar ist aus den Politiklehrbüchern der Gegenwart definites Wissen weitgehend verschwunden, aber selbst ein mit weniger Gewissheit formuliertes Schulbuchwissen kann neben offenen auch versteckte Botschaften enthalten, die die Ergebnisse des Unterrichts präformieren können.

Die entscheidende Frage zur Beurteilung eines Politiklehrbuches lautet, ob es ein zutreffendes Bild von Politik vermittelt, ob es also Politik als einen auf normativen Regeln (*Polity*) beruhenden konflikthaften Prozess (*Politics*) darstellt, bei dem es für die von der Politik Betroffenen (Bürger) um die gemeinwohlfördernde Regelung der gemeinsamen Angelegenheiten auf den verschiedenen Politikfeldern (*Policy*), für die Akteure (Politiker) aber stets auch um die Behauptung der je eigenen Machtposition geht.

An sich verlangt dieses Erfordernis im darstellenden Text sowie im Materialienangebot die Übernahme des Politikzyklus, bildet dieser das politische Geschehen doch mit der größten Authentizität ab. Der Politikzyklus ist didaktisch an das exemplarische Prinzip, mithin an Fälle gebunden. Die Darbietung eines Falles wiederum beansprucht sehr viel Platz und hat den Nachteil, schnell zu veralten. Nur wenn ein Fall so präsentiert wird, dass das strukturell Aktuelle in den Blick kommt, kann dieser Nachteil vermieden werden.

Generell kommt es jedoch angesichts des begrenzten Seitenumfanges eines Schulbuches zu einem Dilemma: Einerseits beansprucht das Schulbuch, das gesamte Spektrum des Lehrplanes abzudecken. Andererseits benötigt es sehr viel Platz, um ausgesuchte Fälle in der gebotenen Ausführlichkeit darzustellen.

Das übliche Verfahren in der Schulbucherstellung besteht in der Zusammenstellung von Materialien, meistens in der Form von Textauszügen, die Einzelaspekte des jeweils verhandelten Gegenstandes darlegen. Jede Dimension der Politik (*Polity*, *Politics*, *Policy*) kann auf diese Weise in Form eines Textes Erwähnung finden. Die Gefahr ist aber nicht von der Hand zu weisen, dass aufgrund des *Materialien-Patchworks* Zusammenspiel und Interdependenz der Dimensionen selbst nicht zum Vorschein kommen oder aber bestimmte Dimensionen übermäßig betont werden. Dann entsteht kein realistisches Bild von den Motiven, Möglichkeiten, Grenzen, Eigentümlichkeiten und Hintergründen der Politik. Es kann geschehen, dass die Politik entweder – idealistisch – auf Normativität und Verfassungsrecht oder – machiavellistisch – auf Machterringung und Machtbehauptung reduziert wird. Bei den Lernenden bestätigen sich möglicherweise Vorurteile und Alltagsgewissheiten.

Mit der Formulierung eines Darstellungstextes haben Schulbuchautoren eine komplizierte Aufgabe zu erfüllen. Sie müssen nämlich mit ihrer Darstellung das Interesse junger Menschen erreichen und zugleich dem Kriterium der Wissenschaftlichkeit entsprechen. Darüber hinaus dürfen sie ihren Text nicht so formulieren, dass er keine Fragen offen lässt und eine Auswertung der Materialien überflüssig macht. Deshalb ist es ungünstig, wenn die Lernenden nach der Lektüre der Darstellung den Eindruck haben, nun alles über das Thema zu wissen und keine zusätzlichen Materialien mehr zu benötigen. Nicht unbedenklich ist es auch, wenn der Autorentext bei kontroversen Sachverhalten den Eindruck der objektiven Wahrheit zu erwecken versucht. Ein Ausweg besteht darin, dass die Autoren ihren Text diskursiv gestalten, indem sie einen strittigen Sachverhalt aus verschiedenen Perspektiven beleuchten oder die vertretenen unterschiedlichen Sichtweisen referieren.

Im Politiklehrbuch aufbereitete Materialien werfen weitere Probleme auf. Selbst wenn sie gut ausgewählt sind und kontrastreiche Stellungnahmen zum Ausdruck bringen, ist bisweilen ihr Umfang so knapp gehalten, dass weder der Entstehungszusammenhang noch der argumentative Kontext erkennbar sind. Auch sind sie nicht selten so zugeschnitten, dass sie bestimmte, von den Autoren möglicherweise gewollte Schlussfolgerungen nahelegen. Es liegt dann nicht nur eine didaktisch nicht zu legitimierende Fernsteuerung vor, sondern es ist auch keine vielseitige und fundierte Auseinandersetzung möglich. Materialien müssen also herausfordernden und anregenden Charakter haben, Fragen induzieren und problembezogen interpretierbar sein (Detjen 2002b, 193 ff.).

Nicht unproblematisch sind die in Politiklehrbüchern häufig anzutreffenden schematischen Darstellungen wie Diagramme, Organigramme und modellhafte Illustrationen. Offenkundig werden solche schematischen Abbildungen für besonders geeignet gehalten, Politik und politische Prozesse, aber auch Gegebenheiten aus Wirtschaft und Recht treffend zu veranschaulichen. In den Schemata erscheinen staatliche Institutionen, Einrichtungen der Selbstverwaltung, politische Kräfte, politische Richtungen sowie wirtschaftliche und rechtsförmige Abläufe als deutlich unterscheidbar und klar trennbar. Häufig sind die Schemata auch noch symmetrisch gestaltet, so dass ein Bild durchgängiger Ordnung vermittelt wird. Es ist jedoch die Frage, ob solche Darstellungen der „Unordentlichkeit" und Unübersichtlichkeit der realen Verhältnisse gerecht werden (Besand 2004, 193).

Zwar setzen Politiklehrbücher zunehmend Bilder ein, jedoch wird deren besondere ästhetische Qualität nicht immer fruchtbar gemacht. Häufig dienen die Bilder nämlich lediglich der Motivation, oder sie sollen den Bezug zur Wahrnehmungswelt der Lernenden gewährleisten. Diese sollen durch die Bilder vielleicht angeregt, aber möglichst nicht emotionalisiert werden.
Allzu eindeutige Bilder regen aber weder Denkprozesse noch kritische Reflexion an. Ergiebiger für politische Lernprozesse sind Bilder, die provozieren, zu kontroversen Wahrnehmungen und Auslegungen Anlass geben und neue Sichtweisen anregen. Denn in der politischen Bildung geht es zwar nicht ausschließlich, aber doch nicht unwesentlich um das Kontroverse, um die Vervielfältigung von Deutungsmustern und in diesem Sinne auch um Irritation und Zweifel (Besand 2004, 265 ff.).

Neue Chancen für die politische Bildung durch digitale Medien

Gehören Schulbücher zu den traditionellen Medien, so zählen alle digital bestimmten Informationsträger zu den sogenannten neuen Medien. Auf digitaler Datenverarbeitung beruhen das Internet, Computerprogramme, das Fernsehen, das Radio, Video und zunehmend die Printmedien. Die digitale Informationsverarbeitung hat bereits neue, originäre Medienprodukte hervorgebracht wie Internetseiten, Multimediapräsentationen und Lernsoftware auf verschiedenen technischen Trägern.

Wichtiger aber ist, dass die digitale Informationsverarbeitung zum Standard aller Medienkommunikation und der Computer zum universellen Werkzeug für die Gestaltung der öffentlichen Kommunikation wird. Die digitale Kodierung von Informationen bringt damit die traditionellen Grenzen zwischen den Medien zum Verschwinden.
Weiterhin führt die digitale Datenverarbeitung zu einer immensen Beschleunigung medialer Kommunikationsprozesse. Ohne Zeitverlust gelangen Daten von einer Seite der Erde zur anderen. Es ist möglich, von räumlich weit entfernten Punkten aus in Echtzeit miteinander zu kommunizieren.
Vielleicht am bedeutsamsten ist, dass die digitale Informationsverarbeitung Formen von Interaktivität ermöglicht, die es bisher nicht gab. Es ist möglich, Nachrichten nicht nur von unbegrenzt vielen Teilnehmern zu erhalten, sondern auch an ebenso viele zu verschicken. Man kann mit anderen Personen in einer gemeinsamen virtuellen Umgebung kommunizieren, sei es in Spielen über das Internet oder in Chat-Räumen, sei es in eher arbeitsbezogenen Umgebungen wie in Online-Konferenzen (Sander 2002b, 120 f.).

Es ist damit zu rechnen, dass digitale Medien zunehmend zu selbstverständlichen Arbeitsmitteln der politischen Bildung werden.
So bietet sich das Internet als Quelle für Recherchen an. Das Internet stellt zu jeder Zeit an jedem Ort eine ungeheure Zahl an vielfältigen und aktuellen Informationen zur Verfügung. Zu jedem politischen Problem, zu jedem politischen Akteur und zu jedem politischen Konflikt kann der tagesaktuelle Inhalt von Zeitungen und Rundfunksendungen eingesehen werden. Es gibt darüber hinaus die Möglichkeit, sich die Positionen der beteiligten Akteure auch direkt zugänglich zu machen. Nicht unterschätzt werden darf allerdings, dass die Hemmschwelle zur Veröffentlichung von Gedanken nirgendwo so niedrig ist wie im Internet. Das Problem besteht also nicht darin, an Informationen zu gelangen, sondern darin, das Wichtige und Gehaltvolle vom Unwesentlichen und Unbrauchbaren zu unterscheiden.
Die Kommunikationsdienste des Internets bieten weiterhin die Möglichkeit, mit Fragen direkt an beteiligte Akteure heranzutreten. Mit Aussicht auf Reaktion können sich Lernende an Abgeordnete, Minister und Bürgermeister größerer Städte wenden. Über E-Mail und Online-Konferenzen können Unterrichtsprojekte mit geographisch weit entfernten Schulen durchgeführt werden.
Schließlich dienen die digitalen Medien als Werkzeuge zur Erleichterung diverser handlungsorientierter Tätigkeiten. Hierzu gehören die Textverarbeitung, die Bildbearbeitung und die grafische Gestaltung von Arbeitsergebnissen. Ebenso lassen sich mit Hilfe digitaler Medien Medienprodukte viel leichter erstellen als mit analogen Medien. Dies gilt beispielsweise für bebilderte Dokumentationen, Videos, Multimediapräsentationen und Internetseiten (Besand 2005, 543 ff.).

Das Problem mangelnder Authentizität der Medien

Grundsätzlich gilt, dass die gesellschaftliche Wirklichkeit durch die Medien nicht realitätsgetreu abgebildet wird. Die Wirklichkeit wird vielmehr so dargestellt, wie der Medienproduzent sie ausschnitthaft ausgewählt, belichtet, perspektivisch umgeformt und zusammengestellt hat. Dies lässt sich gut am Fernsehen demonstrieren. Es zeigt Bilder und wirkt dadurch authentischer als berichtende Texte. Es vermittelt gern den Eindruck von Objektivität und Abgeschlossenheit, so als sei klar und eindeutig, was in Wirklichkeit vielleicht äußerst unklar und vielschichtig ist. Der Zuschauer hat gleichwohl den Eindruck, objektiv und vollständig informiert zu werden, weil er doch die „beweisenden" Bilder sieht. Was er allerdings nicht sieht, ist, dass das Gezeigte das Ergebnis eines hochgradigen Konstruktionsprozesses ist.

Was für die Massenmedien zutrifft, gilt auch für die Unterrichtsmedien, seien es nun Texte, Bilder oder schematische Darstellungen. Die im Unterrichtsmaterial repräsentierte politische Wirklichkeit ist von Menschen vertextet oder verbildlicht worden. Die dargestellten Inhalte sind daher nicht die Wirklichkeit selbst. Man muss folglich immer fragen, woher die Medien stammen, wer sie produziert hat und wie sie produziert wurden (Weißeno 2002, 32).

Unterrichtsmaterial besteht häufig aus Texten. Texte, so authentisch sie auch erscheinen mögen, stellen immer schon eine interpretierte und gefilterte Wirklichkeit dar. Das gilt ganz selbstverständlich für Zeitungsausschnitte und Auszüge aus Biographien und wissenschaftlichen Texten. Denn hier haben nicht nur der Journalist bzw. der Biograph und der Wissenschaftler ihre Akzente gesetzt. Zusätzlich hat der Bearbeiter des Unterrichtsmaterials durch Kürzungen oder Umstellungen weitere Akzentuierungen vorgenommen.
Dass Texte die Wirklichkeit nur gefiltert wiedergeben, gilt auch für originale Dokumente wie Protokolle, Vertragstexte und Gesetze. Immer liegt eine Distanz zum realen politischen Geschehen vor. Denn diese Dokumente geben Ergebnisse wieder. In aller Regel schweigen sie über ihr Zustandekommen im Rahmen eines konflikthaften politischen Prozesses. Sie stellen,

um ein Bild zu gebrauchen, nur die Spitze eines Eisberges dar (Grammes/Weißeno 1995, 157 ff.).
Es ergibt sich also, dass die Repräsentation der Politik in Unterrichtsmedien grundsätzlich ein schwieriges Geschäft ist. Diese Feststellung trifft für jede Symbolisierung der politischen Wirklichkeit zu, sei sie sprachlicher oder bildlicher Art. Die Politik wirklich authentisch zu begreifen ist vielleicht gar nicht mit schulischen Mitteln möglich, sondern nur durch eigenes politisches Handeln, und das wohl auch nur im Verlauf eines lebenslangen Erfahrungsprozesses.

Um zu reflektieren, in welchem Ausmaß Medien die Wirklichkeit filtern, ist es notwendig zu klären, auf welcher Wirklichkeitsebene sie sich bewegen. Es lassen sich vier Ebenen unterscheiden, von denen nur die erste nahe am eigentlichen Geschehen angesiedelt ist.
Die *Dokumentenwirklichkeit* besteht in der Wiedergabe eines bestimmten öffentlichen Vorganges in seinen mündlichen und schriftlichen Spuren. Zu dieser Wirklichkeit gehören aufgezeichnete Reden und Diskussionsbeiträge, schriftliche Protokolle und Aktennotizen, Formblätter, Flugblätter und Dokumente anderer Art.
Die *Medienwirklichkeit* ist die von der Dokumentenwirklichkeit abgeleitete und für Zwecke der öffentlichen Rezeption zubereitete, also konstruierte Wirklichkeit. Hierzu zählen Meldungen in Print- und audiovisuellen Medien, Fernsehberichte, Kommentare und Leserbriefe.
Die *Reflexionswirklichkeit* ist das Ergebnis einer reflexiven Abstrahierung und Bewertung des ursprünglichen Geschehens und seiner medialen Resonanz. Hierzu gehören aus zeitlicher Distanz verfasste zusammenfassende Berichte, wissenschaftliche Aufsätze und wissenschaftliche Studien.
Die *didaktische Wirklichkeit* schließlich wird in Schulbüchern und Unterrichtsmaterialien repräsentiert. Diese Medien setzen sich aus einer bunten Mischung von Texten und Bildern aus der Dokumenten-, der Medien- und der Reflexionswirklichkeit zusammen (Grammes 1993, 86).

Didaktische Grundsätze für den Einsatz von Unterrichtsmedien

Auf keiner Ebene repräsentieren die Medien die politische Wirklichkeit wirklich authentisch. Sie filtern die Wirklichkeit und verzerren sie damit auch. Je nachdem, auf welcher Wirklichkeitsebene sich die Medien bewegen, tun sie dies auf unterschiedliche Weise. Die den Medien eigentümliche Filterwirkung darf bei ihrem Einsatz im Unterricht nicht übersehen werden. Es kommt sonst zu falschen Wahrnehmungen.
Hiervor schützen kann nur eine als *interrelational* zu bezeichnende Urteilskraft. Diese hält die unterschiedlichen medialen Ebenen auseinander und reflektiert ideologiekritisch deren jeweilige Filterwirkung (Grammes 1998, 784). Konkret kann das bedeuten, Texte verschiedener Wirklichkeitsebenen, die sich über einen identischen Sachverhalt äußern, miteinander zu vergleichen und dabei deren jeweilige Wahrnehmungsperspektive herauszuarbeiten. Die Lernenden erfahren auf diese Weise etwas von der Filterwirkung der Medien und erkennen, dass Objektivität die Kenntnisnahme mehrerer Informationen aus Quellen verschiedener Wirklichkeitsebenen erfordert sowie die Frage nach Herkunft und Interessen der Medienproduzenten verlangt.
Grundsätzlich sollten jedoch Primärdokumente Vorrang vor allen sonstigen Medien haben, ist der Filtereffekt hier doch geringer als in den Massenmedien, den wissenschaftlichen Reflexionstexten oder gar den *Mischtexten* der Schulbücher (Grammes 1998, 786).[221]

---

[221] Ob allerdings die Idee verwirklichbar ist, statt der Materialienmischung in Schulbüchern für Fotos, Karikaturen, schriftliche Quellen und Statistiken jeweils eigene Bände bereitzustellen und Lehrern und

Lehrende sehen Medien oft verkürzt unter dem Motivationsaspekt. Sie bemühen sich deshalb um möglichst große Abwechslung. Dies darf aber als Auswahlkriterium nur eine nachgeordnete Rolle spielen. Die Medien dürfen auch nicht das Drehbuch des Unterrichts schreiben. Ihnen steht keinesfalls zu, die Entscheidungen über Inhalte, Ziele und Methoden des Unterrichts zu determinieren (Weißeno 2002, 36).
Medien müssen vielmehr daraufhin befragt werden, ob sie einen Beitrag zu einem Unterricht leisten, der über die Verdoppelung von Alltagsgewissheiten hinausführt. Ein erlebnisorientiertes Unterrichtsmedium mag motivierend sein, es erschließt aber nicht automatisch die Welt der Politik. Medien müssen daher so ausgewählt werden, dass der Unterricht auch zum Kern des Politischen vordringt.

Bei der Frage, welche Medien sich für ein konkretes Unterrichtsvorhaben eignen, stehen Lehrende vor erheblichen Auswahlproblemen. Sie sollten sich dabei von folgenden Überlegungen leiten lassen: Kommt das Politische durch das Medium ausreichend zum Vorschein? Ermöglicht das Medium einen Bezug zur Vorstellungs- und Lebenswelt der Lernenden? Welche ideologischen Positionen werden implizit durch das Medium vermittelt? In welcher Weise wirkt sich das Medium auf Interaktion und Kommunikation zwischen Lehrenden und Lernenden aus? (Ackermann/Breit/Cremer/Massing/Weinbrenner 1994, 155 ff.)

13.5 Prinzipien zur Planung von Politikunterricht

Was Unterrichtsplanung ist, lässt sich wie folgt umreißen: Sie ist eine gedankliche Tätigkeit, die antizipiert, was später im Unterricht realisiert werden soll. Sie geht nach bestimmten Kriterien vor, deren Beachtung die alltägliche Unterrichtsvorbereitung systematisiert und dadurch verbessert.

Das Planen von Unterricht gehört zu den zentralen didaktischen Aufgaben eines jeden Lehrers. Aber nicht jeder Lehrer nimmt dies auch so wahr. Lehrer entwickeln im Laufe ihrer beruflichen Tätigkeit nämlich Planungsroutinen, die bewirken, dass die der Planung gewidmete Zeit immer kürzer wird. Planung scheint in dieser Perspektive dann eine eher randständige Tätigkeit zu sein. Mancher erfahrene Lehrer meint sogar, auf Planung weitgehend verzichten und den Unterrichtsverlauf seiner spontanen pädagogischen Intuition im Klassenzimmer überlassen zu können. Es gibt auch Lehrer, die eine eigenständige Planung deshalb für obsolet halten, weil die Fragen des *Was*, *Warum* und *Wozu* des Lehrens und Lernens von den Lehrplänen schon beantwortet seien. Wiederum andere meinen, dass das Schulbuch sie der Notwendigkeit eigener Überlegungen und Entscheidungen enthebe.

Solchen Auffassungen ist aber entgegenzuhalten, dass das Selbstverständnis der politischen Bildung ein derartiges Vorgehen eigentlich verbietet. Die politische Bildung soll jungen Menschen eigenständiges politisches Denken und Handeln vermitteln. Es widerspräche diesem Auftrag, wenn der Lehrer selbst in geistiger Abhängigkeit von Vordenkern (Lehrplan- und Schulbuchautoren) verharrte und orientierungslos bliebe. Außerdem bekommt der Lehrer bei der Behandlung aktueller Themen immer wieder zu spüren, dass er eben doch auf die Fähigkeit zu selbstständiger didaktischer Reflexion und Entscheidung, d.h. auf Planungskompetenz, angewiesen ist (Breit 1993, 38 f.).

Schülern das Arrangement selbst zu überlassen (Grammes/Weißeno 1995, 161), bleibe dahingestellt. Weltfremd mutet diese Idee insofern an, als ihre Verwirklichung zu einer Vervielfachung von Unterrichtswerken führen würde, die von den Nutzern dann auch noch erworben werden müssten.

Grundsätzliches über das Strukturgefüge des Unterrichts

Die für die Planung von Unterricht entscheidenden Begriffe sind von der Allgemeinen Didaktik entwickelt worden. Maßgebliche Anregungen verdankt die Unterrichtstheorie Vertretern der Lehrtheoretischen Didaktik wie Paul Heimann und Wolfgang Schulz. Anfang der sechziger Jahre des letzten Jahrhunderts gewann Paul Heimann durch eine phänomenologische Analyse beobachteter Unterrichtsstunden Einsicht in die invarianten Strukturmomente jeglichen Unterrichts. Hiernach geht es im Unterricht immer darum, irgendwelche Gegenstände (Lernanlässe) in bestimmter Absicht (zu Lernzwecken) und in bestimmten individuellen und gesellschaftlichen Situationen in den Erkenntnis- und Tätigkeitshorizont von Lernenden zu bringen und sich dabei bestimmter Verfahrensweisen, d.h. Methoden und Medien, zu bedienen (Plöger 1999, 108).

Bei genauerem Hinsehen zeigt die phänomenologische Analyse, dass *sechs* Strukturmomente in ihrem Zusammenwirken Unterricht als ein absichtsvolles pädagogisches Geschehen konstituieren. Über *vier* Strukturmomente muss der Lehrende eigenständige Entscheidungen fällen. Es handelt sich um die pädagogischen Absichten (Intentionen), die Themen des Unterrichts (Inhalte), die Verfahren (Methoden) und die Arbeitsmittel (Medien). Diese vier Strukturmomente kann man auch *Entscheidungsfelder* nennen.

Über die *beiden* restlichen Strukturmomente kann der Lehrende nicht entscheiden. Er muss sie als gegeben hinnehmen. Mehr noch: Er muss ihren Einfluss auf die zu treffenden Entscheidungen in Rechnung stellen. Es handelt sich um die am Unterricht beteiligten Menschen mit ihren jeweiligen Eigenschaften (anthropogene Voraussetzungen) sowie um die gesellschaftliche und kulturelle Situation, in welcher der Unterricht stattfindet (soziokulturelle Voraussetzungen). Diese zwei Strukturmomente kann man auch *Bedingungsfelder* nennen. (Schulz 1965, 23).

Strukturmomente des Unterrichts

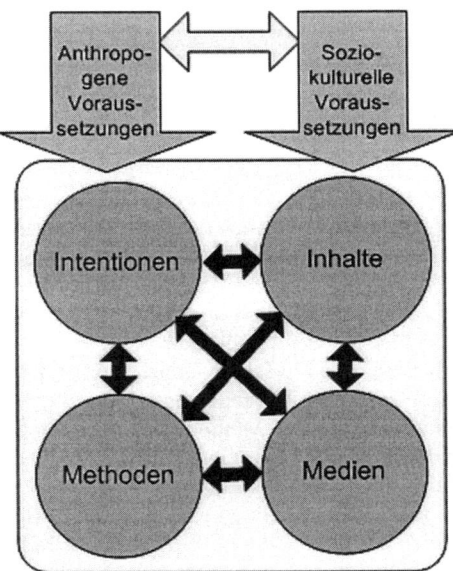

Zu den *anthropogenen Voraussetzungen* zählen die Lernkapazität, die Altersstufenmentalität, das Geschlecht, das umgebende Milieu sowie die Individuallage der einzelnen Schüler. Für die Planung des konkreten Unterrichts wichtiger als allgemeine Feststellungen sind jedoch die methodischen Fertigkeiten, die Denkfähigkeiten, das Vorwissen und die Einstellungen der konkreten Lerngruppe. Der Lehrende benötigt zur angemessenen Einschätzung der anthropogenen Voraussetzungen Kenntnisse der Entwicklungspsychologie, der Lerntheorie und der politischen Sozialisationsforschung.

Das Bedingungsfeld *soziokulturelle Voraussetzungen* ist durch drei Abstufungen gekennzeichnet. Schulisches Lernen ereignet sich nämlich in Situationen unterschiedlicher Reichweite. Zunächst gibt es die Klassensituation, die sich in einem Klassenklima niederschlägt. Hier spielt die Zusammensetzung der Klasse nach Alter, Geschlecht und Konfession eine Rolle. Aber auch Ranggefälle, Rivalitäten und Kooperationsformen bestimmen das Klassenklima. Dann ist die Schulsituation zu berücksichtigen. Sie manifestiert sich im Stundenplan, in der Ausstattung der Schule sowie im Geist des Kollegiums. Schließlich gibt es die soziokulturelle Gesamtsituation, die auf den Unterricht einwirkt. Hier muss man nur an Forderungen oder Erwartungen gesellschaftlicher Gruppen denken oder sich den Druck vergegenwärtigen, der von den Ergebnissen vergleichender internationaler Schulleistungsstudien ausgeht (Plöger 1999, 125, 127).

Zu den soziokulturellen Bedingungen gehören im weiteren Sinne noch die *pädagogischen Vorentscheidungen* sowie die im Unterricht zu verhandelnde *Sache*. Die pädagogischen Vorentscheidungen betreffen die im Schulgesetz bzw. im Lehrplan verankerten obersten Lernziele des Fachunterrichts sowie die curricular vorgegebenen Themenbereiche. Aber auch das eingeführte Schulbuch ist als nicht änderbares Faktum hinzunehmen. Die Elemente der Sache beziehen sich auf das von der Fachwissenschaft bereitgestellte Wissen. Dieses Wissen muss der Lehrer sich durch Einarbeiten in den Sachbereich aneignen.

Die Lehrtheoretische Didaktik betont, dass die vier Entscheidungsfelder nicht beziehungslos nebeneinander, sondern in einem Verhältnis der *Interdependenz* zueinander stehen. Sie beeinflussen sich also gegenseitig. Die Entscheidung über ein Moment strahlt mithin auf die anderen Momente aus. Das bedeutet, dass Entscheidungen über die einzelnen Momente immer nur unter Einbeziehung der übrigen getroffen werden können. Die Interdependenz bewirkt, dass eine lineare Unterrichtsplanung nicht möglich ist. Die vier Strukturmomente müssen so lange in ihrem wechselseitigen Abhängigkeitsverhältnis durchdacht und immer wieder neu ausgewählt bzw. verändert werden, bis sie zueinander passen. Daher verläuft eine Unterrichtsplanung in Vorwegnahmen, Rückgriffen, Sprüngen und Spiralen. Sie ist folglich ein zirkulärer Denk- und Entscheidungsprozess (Breit 1992a, 383).

Insbesondere für die beiden zentralen Strukturmomente *Inhalte* und *Methoden* gilt sogar ein *Implikationszusammenhang*. Damit ist gemeint, dass das eine Strukturmoment implizit eine Vorentscheidung für das andere Moment darstellt. So kann ein bestimmter Inhalt die zu seiner Erschließung passende Methode schon in sich enthalten oder doch wenigstens die Wahl dieser Methode sehr nahelegen. Umgekehrt gibt die Methode weitgehend vor, wie der Inhalt im Unterricht erscheint. Auf jeden Fall hat der Inhalt kein von der Methode losgelöstes Sein. Er wird vielmehr durch das methodische Verfahren konstituiert. Die Methode enthält also ein gegenstandskonstitutives Moment. Das Methodische ist für die Gegenstände mithin sogar konstitutiv und nicht lediglich implizit. Die Methode ist jedenfalls dem Lerngegenstand nicht einfach dezisionistisch, d.h. beliebig angefügt (Gagel 1986, 148 ff.).

Generell ist zu beachten, dass der Implikationszusammenhang neben der positiven auch eine negative Variante hat. Eine positive Implikation bezeichnet die Passung zweier Elemente: Das eine ergibt sich gewissermaßen aus dem anderen. Eine negative Implikation bezeichnet dagegen eine Unverträglichkeit. Sie macht sich dann bemerkbar, wenn versucht wird, einen Inhalt mit ungeeigneten Methoden und fehlleitenden Medien zu verknüpfen.

Inhaltsplanung und Methodenplanung als Kern der Unterrichtsplanung

Umfang und Schwerpunkte der Unterrichtsplanung hängen ab von der Planungsebene. Es gibt drei Planungsebenen, nämlich die *Perspektivplanung* eines Halbjahres, die *Umrissplanung* einer Unterrichtseinheit sowie die *Prozessplanung* einer Unterrichtsstunde. Hinzu kommen Planungskorrekturen im Verlauf einer Stunde.
Steht für den Anfänger die Prozessplanung im Mittelpunkt, bestimmen die Perspektiv- und die Umrissplanung den Alltag des erfahrenen Lehrers. Aus zwei Gründen kommt der Umrissplanung in der Praxis des Unterrichtsalltages die größte Bedeutung zu. Einmal ist ihr Konkretisierungs- und Verbindlichkeitsgrad noch so allgemein, dass der Unterrichtsvollzug flexibel gestaltet werden kann und auch ein Mitsteuern durch die Lernenden verträgt. Zum anderen lässt sie, da sie nicht jeden Tag durchgeführt werden muss, genügend Zeit zum systematischen Bedenken aller Strukturmomente des Unterrichts.[222]

Die Planungsprinzipien für den Politikunterricht entstammen der Allgemeinen Didaktik, insofern der Unterricht eine generelle Struktur hat. Sie entstammen der Fachdidaktik, insofern der spezifische Gegenstandsbereich und die besonderen Zieldimensionen der politischen Bildung betroffen sind.

Die Unterrichtsplanung versucht, unter angemessener Berücksichtigung der Bedingungsfelder auf zwei entscheidende Fragen konstruktive Antworten zu geben: *Was* soll unterrichtet werden? *Wie* kann es unterrichtet werden? Dabei ist die erste, auf den Inhalt bezogene Frage durch die Frage nach dem Ziel oder Zweck zu ergänzen, um den intentionalen Charakter jeder pädagogischen Tätigkeit in die Reflexion einzubinden. Die zweite Frage bezieht sich auf den methodischen Gang, was Überlegungen zum Medieneinsatz einschließt. Als die beiden zentralen Elemente der Planungshandlung ergeben sich somit die mit einer Zielklärung verbundene *Inhaltsplanung* sowie die die Medienwahl einbeziehende *Methodenplanung*.

Die Frage, welcher der beiden Planungsfragen der zeitliche Vorrang zukommt, beantwortet die Didaktik mit dem Primat der Intentionalität des Gegenstandes vor der methodischen Umsetzung.[223] Die Intentionalität wird ganz allgemein bestimmt von der exemplarischen, der Gegenwarts- und der Zukunftsbedeutung des Gegenstandes. Die Intentionalität wird aber auch bestimmt von politikdidaktischen Kriterien, die sich aus den spezifischen Aufgaben der politischen Bildung ergeben. Erst wenn über die Intentionalität sowie über die Struktur des Gegenstandes Klarheit herrscht, ist es sinnvoll, über die methodische Inszenierung nachzudenken.

Bei der *Inhaltsplanung* wird das Thema bestimmt, allgemein- und fachdidaktisch legitimiert, unter sachlichen und didaktischen Gesichtspunkten strukturiert und schließlich mit einer Zielvorstellung (Unterrichtsergebnis) versehen. Das anvisierte Unterrichtsergebnis sollte einen Beitrag zur Kompetenzentwicklung der Lernenden leisten.
Die Inhaltsplanung setzt sich aus drei Teilschritten zusammen. Diese sind die Thematisierung einschließlich der Zielformulierung, die Begründung (Legitimierung) des Themas und die Strukturierung des Gegenstandes.

Die *Thematisierung* ist nicht nur die vielleicht wichtigste Planungsaufgabe, sie bildet auch den Kern des Didaktisierungsvorganges. Denn mit der Konstruktion eines Themas wird ein Sachverhalt der realen Welt in den Horizont der Bildungsbemühung gebracht. Thematisierung

---

[222] Die folgenden Ausführungen beziehen sich aus den genannten Gründen auf die Umrissplanung.

[223] Insbesondere die Bildungstheoretische Didaktik Wolfgang Klafkis betont den Vorrang der Intentionalität (Klafki 1963b, 84 ff.).

bedeutet, die beiden Strukturmomente Intention und Inhalt gedanklich zusammenzufügen. Anders ausgedrückt: Ein bestimmter Gegenstand (Sache, Inhalt) wird mit einer didaktisch bestimmten Zielperspektive (Intention) so in Verbindung gebracht, dass etwas Neues, eben ein Thema, entsteht.
Maßgebliche didaktische Zielperspektiven des Politikunterrichts sind das Analysieren und Beurteilen politischer Aufgaben, Prozesse und Formen (Institutionen, Verfahren) sowie die daraus resultierende Fähigkeit und Bereitschaft zum Handeln (Unterstützen, Intervenieren). Das Ziel kann sich möglicherweise aber auch darauf beschränken, Orientierungswissen zu einem Gegenstand aus Politik, Gesellschaft und Wirtschaft zu vermitteln. Weitere, eher lebensweltliche Intentionen sind die Lebenshilfe und das soziale Lernen. Die Intention kann aber auch sein, einen Beitrag zum interkulturellen Lernen, zur Friedens-, Umwelt- oder Werteerziehung zu leisten oder das sozialwissenschaftliche Methodenlernen zu fördern. Bei der Formulierung eines Themas muss der Lehrer sich also darüber schlüssig werden, welche dieser Zielperspektiven der gewählte Inhalt verwirklichen soll.[224]
Die Zielperspektiven (Intentionen) bilden die Basis für das angestrebte Unterrichtsergebnis. Das Unterrichtsergebnis kann naturgemäß nur antizipiert werden. Es findet seinen Ausdruck in Zielformulierungen. Diese dürfen nicht im Gegensatz zu den didaktischen Intentionen stehen, sondern müssen letztere konkretisieren.

Die *Begründung* bezieht sich auf die Legitimierung des Themas. Hier kann der Planende auf die anthropogenen und die soziokulturellen Voraussetzungen, bei letzteren speziell auf die pädagogischen Vorentscheidungen, zurückgreifen. Auf die Konformität mit den inhaltlichen und intentionalen Vorgaben des Lehrplans hinzuweisen, ist bei der Rechtfertigung eines Themas von nicht zu unterschätzendem Gewicht.
Zur Begründung eines Themas tragen auch die didaktischen Kriterien der Betroffenheit und der Bedeutsamkeit bei. Das Kriterium der Betroffenheit gewährleistet, dass das Unterrichtsvorhaben von den Lernenden als wichtig empfunden wird. *Betroffenheit* liegt folglich dann vor, wenn das Thema Lernende anspricht, ihr Interesse weckt und bei ihnen Gefühle auslöst. Es gibt mehrere Arten von Betroffenheit, nämlich die emotionale Betroffenheit, die Betroffenheit aus Eigeninteresse heraus und die Betroffenheit aus Empathie für andere Menschen. Das Kriterium der Bedeutsamkeit verhindert, dass der Planende eigenen sachlichen Vorlieben nachgibt. *Bedeutsamkeit* kann sich auf das jetzige und zukünftige Leben der Schüler als Bürger im demokratischen Verfassungsstaat beziehen. Sie kann sich aber auch auf das Gedeihen des Gemeinwesens selbst beziehen, im dem die Schüler leben, und damit mittelbar auch auf sie selbst als Mitglieder dieses Gemeinwesens. Schließlich kann Bedeutsamkeit sich auf die Ordnung der internationalen Beziehungen und damit mittelbar auch auf das eigene Gemeinwesen beziehen (Breit/Weißeno 2003, 31, 48 f.).

In der *Strukturierung* erfolgt die von sachlichen und didaktischen Kriterien bestimmte kategoriale Erschließung und Gliederung des Gegenstandes. Wichtig ist hierbei, dass das Aufgaben- und Problemhaltige, die Konflikthaftigkeit sowie die institutionelle Verfasstheit der Politik zum Vorschein kommen. Das politikdidaktische Prinzip der Kontroversität muss durchgängig

---

[224] Das Thema sollte problemorientiert und offen formuliert sein. Es sollte weiterhin so formuliert sein, dass dadurch das Interesse der Schüler geweckt wird. Und es sollte die inhaltliche Struktur des Unterrichts erkennen lassen. Ungünstig ist deshalb die Formulierung „Struktur und Funktion des Bundesverfassungsgerichts". Ansprechend hingegen ist die Formulierung „Entwickelt sich das Bundesverfassungsgericht zum Ersatzgesetzgeber?" Andere Beispiele für gelungene Themenformulierungen: „Lohnt sich angesichts des raschen wirtschaftlichen Wandels noch eine Berufsausbildung?", „Keine Arbeit – keine Zukunft?", „Warum soll man wählen gehen?", „Fällt der Arbeitslose in eine soziale Hängematte?", „Hohe Beiträge – kleine Rente? Ausmaß und Ursachen des Rentenproblems" (Ackermann/Breit/Cremer/Massing/Weinbrenner,1994, 64 ff.; Breit/Weißeno 2003, 32).

Beachtung finden. Dieses Prinzip spiegelt nicht nur die Wirklichkeit der pluralistischen Demokratie wider, sondern verhindert auch politische Einseitigkeiten.

Wie die Inhaltsplanung setzt sich auch die *Methodenplanung* aus drei Teilschritten zusammen. Sie enthält erstens eine Klärung der Zugangsweisen (Medien, Arbeitsmittel), zweitens eine Klärung der Arbeitsweisen (Handlungs- und Sozialformen im Rahmen von Makromethoden und Mikromethoden) und schließlich drittens eine Planung des Verlaufs, so dass der Unterricht aus einer strukturierten Handlungsfolge besteht.

Die Klärung der *Zugangsweisen* markiert den Beginn der Methodenplanung. Bei dieser Klärung geht es um die Zugänglichkeit und Darstellbarkeit des Themas im Unterricht. In der Regel kommt hierfür der Einsatz von Medien und Arbeitsmaterialien in Betracht. Denkbar ist aber auch, dass der Zugang zur Politik an außerschulischen Lernorten gesucht wird.

Die Klärung der *Arbeitsweisen* bezieht sich auf die methodische Inszenierung des Unterrichts. Diese Klärung setzt die Entscheidung über eine Makromethode voraus, da die Arbeitsweisen hiervon stark bestimmt werden. Gegebenenfalls können mehrere Makromethoden in einem Unterrichtsvorhaben zum Einsatz kommen. Ebenso können Mikromethoden Phasen des Unterrichts bestimmen. Aus dem gewählten methodischen Arrangement ergibt sich, welche Handlungs- und Sozialformen zur Anwendung kommen.

Die Planung des *Verlaufs* gibt dem Unterricht eine Struktur. Die Struktur ermöglicht einen zielorientierten und sachlogisch gestuften Lernprozess. Der Verlauf wird wesentlich von der eingesetzten Makro- bzw. Mikromethode bestimmt. Dass die Verlaufsformen sehr unterschiedlich sind, ergibt sich aus den didaktischen Funktionen der jeweiligen Methode. Es ist ohne weiteres einleuchtend, dass jeweils eigene Ablauflogiken das Informieren über politische, gesellschaftliche und ökonomische Sachverhalte, das Analysieren und Beurteilen von Politik, das Untersuchen politisch-gesellschaftlicher Phänomene, das gemeinsame Herstellen von Produkten mit Bezug zu Politik und Gesellschaft sowie das simulative Nachspielen von Alltagssituationen und politischen Entscheidungsprozessen bestimmen.

Nicht übersehen werden darf, dass der Verlauf auch abhängig ist von der Wahl der im Unterricht thematisierten Lernebenen. Es lassen sich drei Lernebenen unterscheiden: Auf der *konkreten* Lernebene wird ein Ereignis aus der Lebens- und Vorstellungswelt der Lernenden untersucht. Auf der *allgemeinen politischen* Lernebene werden Probleme, Prozesse und Strukturen wahlweise der Kommunal-, der Landes-, der Bundes-, der Europa- und der internationalen Politik thematisiert. Auf der *globalen* Lernebene geht es um die Auseinandersetzung mit grenzüberschreitenden existentiellen Menschheitsproblemen. Ein Unterricht, der im Sinne einer Horizonterweiterung die Brücke von der konkreten bis zur globalen Ebene schlägt, nimmt einen anderen Verlauf als ein Unterricht, der sich auf eine Ebene beschränkt (Breit 1993, 48 ff.; Breit/Weißeno 2003, 82 f.).

Insgesamt ergibt sich, dass die Chronologie des realen Unterrichts die Abfolge der Planung umkehrt. Während die Planung mit der Bestimmung des Themas und der Formulierung von Zielen beginnt und mit der Festlegung des Verlaufs endet, wird der Unterricht wesentlich vom Verlauf geprägt und stellen sich die angestrebten Ziele im gelingenden Fall erst am Schluss ein.

Die Planung einer Unterrichtseinheit

Lehrer müssen bei bestimmten Gelegenheiten (Examensprüfung, Besichtigung anlässlich einer angestrebten Beförderung) ihre Unterrichtsplanung in schriftlicher Form vorlegen. Dabei handelt es sich meistens um die *Prozessplanung* einer einzelnen Unterrichtsstunde. Die Prozessplanung ist jedoch nur ein Ausschnitt aus der *Umrissplanung* einer Unterrichtseinheit.

Geht es darum, die Abfolge einer Unterrichtsplanung darzustellen, bietet sich dafür die Umrissplanung an, da sich aus ihr die Schritte der Prozessplanung implizit ableiten lassen.
Selbst wenn im schulischen Alltag die Zeit für schriftliche Unterrichtsplanungen häufig fehlt, müssen die zu einer Planung gehörenden Reflexionsschritte zumindest gedanklich vollzogen werden, wenn Unterricht didaktisch legitimierbar sein soll.

Grundsätzlich gilt: Auch wenn die Unterrichtsplanung zirkulär verläuft, kann ihre schriftliche Fixierung nur linear erfolgen. Das folgende Schema für die Umrissplanung hat sich hierfür bewährt. 1. Sachanalyse. 2. Didaktische Analyse: a) Bezug zum Lehrplan, b) Bedingungsanalyse (anthropogene und soziokulturelle Voraussetzungen), c) Didaktische Zielperspektive/Intentionen, d) Formulierung des Themas, e) Angabe von Lernzielen (angestrebtes Unterrichtsergebnis), f) Ausführungen zum Methodeneinsatz. 3. Geplanter Unterrichtsverlauf: a) Überblick über die Einzelstunden, b) Charakterisierung jeder Einzelstunde.

Schema der Planung einer Unterrichtseinheit

1. Sachanalyse

Darstellung des Unterrichtsinhaltes. Umfang und Akzentuierung abhängig von der zu unterrichtenden Lerngruppe. Begrenzung der Darlegungen auf die Aspekte der Sache, die im Unterricht auch tatsächlich behandelt werden sollen. Ansonsten Gefahr ausufernder Wiedergabe dessen, was der Lehrer generell weiß oder sich angeeignet hat.

2. Didaktische Analyse

a) Bezug zum Lehrplan

Ausdruck der rechtlichen Bindung der Schule. Aber: Notwendigkeit der Konkretisierung der im Lehrplan eher allgemein formulierten Inhalte und Ziele in den Angaben zur didaktischen Zielperspektive/Intention.

b) Bedingungsanalyse

Anthropogene und soziokulturelle Voraussetzungen der Lerngruppe. Einfügung der didaktischen Prinzipien der Betroffenheit und der Bedeutsamkeit. Empfehlung, sich auf diejenigen Aspekte zu beschränken, die sich auf die konkrete Planung auswirken. Ansonsten Gefahr funktionsloser Darlegung von Fakten.

c) Didaktische Zielperspektive/Intentionen

Die Intentionen bestimmen die Aufbereitung der Sache. Je nach gewählter Intention entsteht ein je eigener Unterricht, der sich von intentional anders bestimmten Unterrichtseinheiten zum selben Gegenstand deutlich unterscheidet. Die Intentionen müssen sich in den Lernzielen wiederfinden lassen. Wichtigste Intentionen (allein oder in Kombination): Lebenshilfe, soziales Lernen, Vermittlung von Wissen über politische und gesellschaftliche Sachverhalte, Schulung der politischen Analyse- und Urteilsfähigkeit, Lernen sozialwissenschaftlicher Methoden.

d) Formulierung des Themas

Schülergerechte Umformulierung des intentional bestimmten Inhaltes der Unterrichtseinheit. Besonders geeignet: Problemorientierte Formulierungen.

e) Angabe von Lernzielen

Die Lernziele müssen zu den Intentionen passen. Kognitive, affektive, pragmatisch-instrumentelle Lernziele unterschiedlicher Intensität (Kognitive Ziele: Überblick, Kenntnis, Erkenntnis oder Einsicht in einen Sachverhalt gewinnen. Affektive Ziele: Auf ein wünschenswertes Verhalten aufmerksam werden, Bereitschaft zu einer bestimmten Verhaltensweise entwickeln. Pragmatisch-instrumentelle Ziele: Eine Fähigkeit oder Fertigkeit ausbilden, eine Technik oder Handlungsweise beherrschen).

f) Ausführungen zum Methodeneinsatz

Benennung der zur Anwendung kommenden Makromethode (bzw. Mehrzahl von Makromethoden). Erwähnung gegebenenfalls eingesetzter Mikromethoden. Knappe Kennzeichnung der Verlaufsstruktur der Unterrichtseinheit (analytisches oder synthetisches Vorgehen, linearer oder konzentrischer Verlauf). Eventuell Hinweise auf Handlungs- und Sozialformen.

3. Geplanter Unterrichtsverlauf

a) Überblick über die Einzelstunden

Auflistung der Einzelstunden durch Nennung des jeweiligen Stundenthemas.

b) Charakterisierung jeder Einzelstunde

Angabe des Stundenthemas und der Lernziele. Gliederung der Stunde in Phasen (Grundmuster: Eingabe einer problemhaltigen Information, Informations- und Problemverarbeitung, Vertiefung der gewonnenen Erkenntnisse, Transfer auf neue Sachverhalte). Hinweise auf eingesetzte Medien, Handlungs- und Sozialformen.

13.6 Didaktische und methodische Besonderheiten der politischen Erwachsenenbildung

Die politische Erwachsenenbildung weist in didaktischer und methodischer Hinsicht zwar durchaus Gemeinsamkeiten mit der schulischen politischen Bildung auf, es gibt aber auch deutliche Unterschiede.[225] Die Unterschiede erklären sich im Wesentlichen aus zwei Sachverhalten. Zum einen beruht die Erwachsenenbildung auf der Bereitschaft zur freiwilligen Teilnahme. Zum anderen handelt es sich bei den Teilnehmern eben um Erwachsene, also um Menschen, welche die schulische Sozialisation bereits durchlaufen haben und über erhebliche Lebenserfahrung verfügen. Beide Sachverhalte haben Konsequenzen für die didaktische Aufbereitung wie für die methodische Inszenierung von Lerngegenständen.

Didaktische Prinzipien der politischen Erwachsenenbildung

Die politische Erwachsenenbildung kennt viele didaktische Prinzipien. Über diese Prinzipien herrscht bei den Spezialisten der Erwachsenenbildung eine hohe Übereinstimmung (Scheurich/Pohl/Hufer 2004, 355). Den höchsten Rang nimmt dabei mit der *Adressaten- und Teilnehmerorientierung* ein klassischer Grundsatz aus dem pädagogischen Arsenal der Erwachsenenbildung ein. Die Orientierung an den Besuchern von Bildungsmaßnahmen genießt im Zweifelsfalle sogar Vorrang vor dem Fachlich-Inhaltlichen.

Die Adressatenorientierung ist ein makrodidaktischer, die Teilnehmerorientierung hingegen ein mikrodidaktischer Grundsatz. So bezieht sich die Adressatenorientierung auf die Programmplanung der anbietenden Einrichtung, während die Teilnehmerorientierung auf die konkrete Planung und Durchführung von Veranstaltungen Bezug nimmt (Behrens-Cobet/Richter 1999, 169).

Das Prinzip der *Ganzheitlichkeit* ist Ausdruck einer didaktischen Abwendung von eindimensional wissenschaftsorientierten Lernprozessen. Es richtet sich gegen die Überbetonung kognitiven Lernens. Es hält die Gefühle und Betroffenheiten nicht unterdrückende Persönlichkeitsbildung für wichtiger als die Vermittlung von Fachwissen.

Ganzheitliches Lernen läuft daher auf vielfältige, mehrere Sinne ansprechende Wahrnehmungs- und Reflexionsprozesse hinaus: Zum Repertoire dieses Lernens gehört das assoziativ-intuitive Lernen in Gestalt von Phantasiereisen, assoziativem Schreiben und Malen und der Auseinandersetzung mit Träumen. Geeignet sind auch Wahrnehmungs- und Sensibilisie-

---

[225] Gemeinsam ist vor allem der Grundsatz des exemplarischen Lernens.

rungsübungen sowie Entspannungs- und Bewegungsübungen, da diese Übungen sinnesbezogenes Lernen ermöglichen. Schließlich ermöglichen auch handwerklich-praktische Lernformen ein ganzheitliches Lernen. Nicht übersehen werden darf allerdings, dass beim ganzheitlichen Lernen exaktes Wissen und analytisches, kritisch-distanziertes Denken leicht zu kurz kommen (Behrens-Cobet/Richter 1999, 173).

Ein weiteres didaktisches Prinzip ist die *Biographieorientierung*. Dieses Prinzip bedeutet zum einen, über erzählte Lebensgeschichten, autobiographische Literatur und biographisch relevante Themen und Probleme zu kommunizieren. Biographieorientierung meint zum anderen aber auch, das eigene Leben zu interpretieren.

Methodisch zieht die Biographieorientierung einen hermeneutischen Ansatz nach sich. Denn sie verlangt einen Rückblick auf Zäsuren und Prägungen in der fremden oder der eigenen Lebensgeschichte. Bei diesem Rückblick spielen schon vorhandene Deutungen historischer Phasen, unter Umständen vermittelt über Museen, Gedenkstätten und Medien, eine wichtige Rolle (Behrens-Cobet/Richter 1999, 176 f.).

Wie in der schulischen politischen Bildung gibt es auch in der politischen Erwachsenenbildung den didaktischen Grundsatz der *Handlungsorientierung*. Allerdings hat die Handlungsorientierung in der Erwachsenenbildung einen ganz anderen Sinn. Sie ist nämlich eng mit der pädagogisch-politischen Zielsetzung verbunden, zur politischen Aktion zu befähigen.

Lange Zeit war die Handlungsorientierung politisch hochgradig aufgeladen. Sie bedeutete Parteilichkeit in sozialen Auseinandersetzungen und Engagement für die Emanzipation der abhängig Beschäftigten und anderer sozial Benachteiligter.

Auch heute halten politisch engagierte Träger wie beispielsweise die gewerkschaftlichen Bildungsinstitutionen an einem auf direkte Aktion zielenden Bildungsbegriff fest. Die öffentlich verantwortete politische Erwachsenenbildung in den Volkshochschulen sowie in den Zentralen für politische Bildung hält sich in dieser Hinsicht jedoch zurück (Behrens-Cobet/Richter 1999, 178 f.).

Die Vermittlung wissenschaftlichen Wissens kann in der politischen Erwachsenenbildung nicht als primärer Bezugspunkt für Lernprozesse angesehen werden. Denn gerade die politische Erwachsenenbildung muss sich auf die je eigenen Wirklichkeitskonstruktionen der Teilnehmer einlassen, diese verstehen und als Ausgangspunkt sowie als Basis des Lernprozesses wirksam werden lassen.

Dennoch kann die politische Erwachsenenbildung die *Wissenschaftsorientierung* als didaktischen Anspruch nicht aufgeben. Denn es kann nicht angehen, verfügbares wissenschaftliches Wissen einfach zu ignorieren. Die Bindung an wissenschaftliches Wissen schützt nämlich die Teilnehmer wie auch die Lehrenden vor Selbstbezüglichkeiten.

Man muss allerdings sehen, dass die Wissenschaftsorientierung didaktisch nicht ganz unproblematisch ist. So birgt die „Uferlosigkeit" wissenschaftlicher Literatur für die Lehrenden die Gefahr der Überforderung. Hinzu kommt, dass die Widersprüchlichkeit wissenschaftlicher Forschung und Diskussion dem verbreiteten Bedürfnis der Teilnehmer nach Eindeutigkeit entgegensteht (Behrens-Cobet/Richter 1999, 184).

Das didaktische Prinzip der *Alltagsorientierung* steht in klarer Opposition zu sachsystematisch aufgebauten Veranstaltungen. Denn gemäß diesem Prinzip werden die Inhalte von Lehrveranstaltungen unmittelbar aus dem Alltag entwickelt. Das bedeutet in der Regel, Fälle aus dem Leben zu behandeln. Es bedeutet ferner, über die Ambivalenzen des Alltagslebens zu reflektieren. So ist der Alltag zum einen der überschaubare Raum, in dem Menschen sich auskennen und handeln. Zum anderen wirken unerkannte, von außen kommende Mechanismen auf den Alltag ein und machen ihn teilweise undurchschaubar.

Die Schwierigkeit liegt darin, Lernende dazu zu veranlassen, aus den eigenen Erfahrungshorizonten herauszutreten und sich auf das für Reflexionsprozesse nötige situationsunabhängige

Wissen über gesellschaftliche Zusammenhänge einzulassen. Denn man kann nicht mehr von politischen Bildungsveranstaltungen sprechen, wenn mit Themen wie Haus und Familienarbeit zwar Betroffenheit geweckt wird und Identifikationen ermöglicht werden, aber auf begriffliche Klärungen und Reflexionen verzichtet wird (Behrens-Cobet/Richter 1999, 185 f.).

Wie die schulische politische Bildung kennt auch die politische Erwachsenenbildung das didaktische Prinzip der *Kontroversität*. Allerdings taucht das Prinzip nur recht selten in der Arbeit von Trägern der politischen Erwachsenenbildung auf. Denn die Träger bestimmen die Themen ihrer Veranstaltungen entsprechend ihren politischen Überzeugungen und Interessenlagen. Auch die Teilnehmer gehen davon aus, dass ihnen in den Veranstaltungen statt Kontroversität eher eine Darstellung der Position des Trägers geboten wird.

Gleichwohl ist es in Veranstaltungen häufig so, dass bei strittigen Themen eine mehrperspektivische Darstellung versucht wird und zu diesem Zweck vielfältige Informationen, möglichst aus verschiedenen Quellen, eingebracht werden.

In der politischen Erwachsenenbildung zeigt sich die Kontroversität dann erst richtig deutlich, wenn man die Gesamtheit der verschiedenen Träger und deren politische Verortungen betrachtet. Die Vielzahl der Träger spiegelt die politische Vielfalt der Gesellschaft wider und entspricht der Gestalt der bestehenden politischen Kultur. In ihrer Gesamtheit gewährleisten die Träger die notwendige Ausgeglichenheit in der Bildungslandschaft (Behrens-Cobet/Richter 1999, 187 ff.).

Die didaktischen Prinzipien der *Passung* und der *Gegensteuerung* zielen auf den Habitus und das Handlungsrepertoire der Lehrenden. Die Passung ist ein Planungsprinzip. Sie beschreibt die notwendige Abstimmung von objektiven Lernanforderungen und subjektiven Lernvoraussetzungen. Sie verbindet die Logik der Sache mit den kognitiven Strukturen und Mentalitäten der Lernenden.

Die Gegensteuerung ist ein situatives Prinzip zur Lenkung des Unterrichtsgeschehens. Sie wirkt Tendenzen der Vereinseitigung und Verabsolutierung bestimmter Auffassungen entgegen. Eine Gegensteuerung findet statt, wenn eine bisher nicht artikulierte Sichtweise durch einen Gesprächsbeitrag oder ein Medium zur Geltung gebracht wird. Sie verlangt vom Lehrenden die Bereitschaft zur stellvertretenden Übernahme vernachlässigter Perspektiven sowie zur Verknüpfung gegensätzlicher Perspektiven (Behrens-Cobet/Richter 1999, 191).[226]

Das didaktische Prinzip der *Prozessorientierung* lenkt das Augenmerk auf den Verlauf des Lernprozesses, auf die in ihm stattfindenden Interaktionen sowie auf die ihn prägenden methodischen Aneignungsweisen. Es misst dem Prozess des Lernens einen Eigenwert zu, der gegebenenfalls höher zu veranschlagen ist als der Wert der am Ende des Prozesses stehenden inhaltlichen Erkenntnisse und Einsichten. Die Schritte bei der Bearbeitung eines Themas erlangen ihre Bedeutung nicht erst durch das erzielte Ergebnis, sondern verdeutlichen die Prozesshaftigkeit des Lernens. Prozessorientierung kann bedeuten, den Lernprozess an bestimmten Stellen zu entschleunigen und zu vertiefen (Behrens-Cobet/Richter 1999, 192).

Das didaktische Prinzip der *Pluralität* reagiert auf die zunehmende Fragmentierung in der Gesellschaft, die zu einer Pluralisierung möglicher Lebensmuster, Interessenlagen und Erfahrungen geführt hat. Homogene Teilnehmergruppen werden immer seltener. Die zu erwartenden unterschiedlichen Vorkenntnisse und Deutungsmuster müssen folglich bei der inhaltlichen und methodischen Planung von Veranstaltungen berücksichtigt werden. Didaktisch pro-

---

[226] Die Gegensteuerung entspricht der Rolle des Lehrers als eines provozierenden *Advocatus Diaboli* in argumentationshomogenen schulischen Lerngruppen. Vgl. hierzu die Ausführungen über das Kontroversitätsprinzip in Abschnitt *13.1 Didaktische Prinzipien der schulischen politischen Bildung*.

duktiv werden die Differenzen dann, wenn sie bei der Bearbeitung eines Problems aufeinander stoßen und gegenseitig korrigiert werden (Behrens-Cobet/Richter 1999, 194).

Schließlich spiegelt der didaktische Grundsatz des *kommunikativen Lernens* das Bedürfnis vieler Teilnehmer an Bildungsveranstaltungen nach Kommunikation wider. Dieser Grundsatz macht darauf aufmerksam, der wechselseitigen argumentativen Verständigung genügend Raum zu geben. Er ermahnt die Lehrenden, sensibel mit der Sprache und den Kommunikationsvoraussetzungen der Teilnehmer umzugehen.

Kritisch zu beurteilen ist das Prinzip des kommunikativen Lernens dann, wenn es zum methodischen Selbstzweck verkommt. Das ist der Fall, wenn das Reden möglichst aller Teilnehmer über irgendeine Sache schon als hinreichender Beleg dafür gilt, dass Lernen stattgefunden hat (Behrens-Cobet/Richter 1999, 195).

Methoden der politischen Erwachsenenbildung

Das Methodenrepertoire der politischen Erwachsenenbildung ist nicht nur sehr umfangreich, es vergrößert sich auch ständig. Dieser Zuwachs ist aber weniger das Ergebnis erweiterter Planungsphantasie und verbesserter methodischer Kompetenz der Lehrenden als vielmehr eine Reaktion auf die sich verschlechternden Rahmenbedingungen der politischen Erwachsenenbildung. Zu diesen Rahmenbedingungen gehört es, dass die Erwachsenenbildung zunehmend als berufliche Weiterqualifizierung verstanden wird, was zu einer Abnahme des Interesses an der allgemeinbildenden politischen Bildung führt. Soll also eine Veranstaltung nicht von vornherein scheitern, bedarf es einer intensiven methodischen Reflexion. Die politische Erwachsenenbildung wird sich insgesamt wohl nur über attraktive methodische Zugänge behaupten können.

In der politischen Erwachsenenbildung gibt es nicht *die* eine geeignete Methode. Vielmehr ist die Eignung einer Methode von vielen Faktoren abhängig. Bei der Methodenwahl zu berücksichtigen sind die Zielgruppe, der Inhalt, die angestrebten Ziele, die zeitlichen und räumlichen Rahmenbedingungen sowie die Erfahrung des Pädagogen. Die Anwendung dieser Kriterien schränkt den Kreis der in Frage kommenden Methoden kaum ein. Zu beobachten ist jedoch, dass es eine Tendenz zur Abkehr von einer vorrangigen Betonung des Lustprinzips, des Spaßfaktors und der Spielfreude gibt (Scheurich/Pohl/Hufer 2004, 356).

Geht man davon aus, dass die politische Erwachsenenbildung die in der Schule schon angelegte Fähigkeit zu vernünftiger Urteils- und Entscheidungsfindung verstärken soll, ist dies nur möglich, wenn sie diskursiv-reflexiv vorgeht. Sie muss Informationen vermitteln, Strukturen transparent machen und Zusammenhänge erläutern, damit die Bürger auf einen notwendigen Grundvorrat politischer Kenntnisse zurückgreifen können, wenn sie sich in einer politischen Situation orientieren und entscheiden müssen.

Um diese stark kognitiv bestimmte Aufgabe zu erfüllen, steht der Erwachsenenbildung ein Ensemble bewährter methodischer Zugänge zur Verfügung. Erwähnt seien Vorträge und Vortragsreihen, Kurse, Seminare und Arbeitskreise sowie Expertengespräche und Podiumsdiskussionen.[227]

Neben der Vermittlung von Kenntnissen ist der politischen Erwachsenenbildung auch aufgetragen, Kompetenzen vermitteln, die zur Mitwirkung am politischen Leben befähigen und

---

[227] Eine Sonderstellung im Methodenrepertoire der Erwachsenenbildung nimmt die Exkursion ein. Sie ist eine lebendige, anschauliche Form politischer Bildungsarbeit und deshalb besonders attraktiv. Als erlebnisorientierte, unterhaltsame und unter Umständen sogar spannende Veranstaltungsform trägt sie dem Wunsch vieler Menschen nach aktiver Freizeitgestaltung Rechnung.

ermutigen. Sie führt hiermit die in der schulischen politischen Bildung begonnene Förderung der politischen Handlungsfähigkeit fort. Zu den Handlungskompetenzen gehören verbal-argumentative, streitschlichtende und gremienbezogene Fähigkeiten.
Für dieses Aufgabenfeld gibt es ebenfalls eine Reihe methodischer Zugänge, so das Argumentationstraining, das Debattentraining, das Konflikttraining, Rhetorikkurse, Kurse über die Praxis des bürgerschaftlichen Engagements und Seminare für zukünftige Kommunalpolitiker (Behrens 1999, 208 f.).[228]

Neuere Ansätze der politischen Erwachsenenbildung haben das zur Verfügung stehende Methodenrepertoire vor allem um Phantasie, Kreativität und kommunikative Möglichkeiten erweitert. Diese Ansätze reagieren auf die sogenannte *neue Subjektivität*, gemäß welcher der Lernende nicht allein als rationales Vernunftwesen, sondern als fühlende, tätige und denkende Person betrachtet werden soll. Der Subjektivität zu folgen heißt, nach Verbindungen von handwerklicher, künstlerischer und geistiger Arbeit zu suchen. Es entspricht weiterhin dieser Subjektivität, wenn die Bildungsarbeit im Sinne von Alltags- und Lebensweltorientierung das Lokale und Regionale betont und dafür die Auseinandersetzung mit politisch-systemischen und internationalen Fragen in den Hintergrund stellt. Ferner folgt aus der neuen Subjektivität, den subjektiven und emotionalen Verarbeitungs- und Deutungsmustern der Teilnehmer stärkere Aufmerksamkeit zu widmen (Hufer 1992, 111 f.).

Eine Folge der Neuakzentuierung der politischen Erwachsenenbildung ist das Aufkommen einer Reihe neuer Methoden, so die Zukunfts- und die Geschichtswerkstatt, die Theaterarbeit und die Schreibwerkstatt, die Biographiearbeit und das sogenannte Sokratische Gespräch.

In der *Zukunftswerkstatt* finden einerseits rationale Diskurse, gedanklich-inhaltliche Auseinandersetzungen, Erarbeitungen von Informationen und die Auseinandersetzung mit Expertenmeinungen statt. Gleichrangig gehören zu ihr aber auch affektive Erlebnisse sowie die entsprechenden Verarbeitungs- und Kommunikationsformen. Denn die Zukunftswerkstatt gibt Raum für subjektive Betroffenheit und gruppendynamische Vorgänge.

Mit Hilfe der Zukunftswerkstatt lassen sich Themen aus sehr unterschiedlichen Feldern bearbeiten. Erwähnt seien Ökologie, Frieden, Arbeit, Nord-Süd-Problematik, Gentechnologie, Stadtentwicklung sowie Lebens- und Wohnmodelle (Hufer 1992, 129, 132).

Wie die Zukunftswerkstatt versucht auch die *Geschichtswerkstatt*, etablierte Sichtweisen aufzubrechen. Eine Geschichtswerkstatt erforscht und präsentiert zeitgeschichtliche Themen mit einer Perspektive auf den Nahbereich. Sie beschränkt sich auf die Stadt oder die Region und konzentriert sich dabei auf den Alltag meist der „kleinen Leute". Sie zeigt gern blinde Stellen auf und artikuliert das, was eher unkonventionell erscheint. So fordert sie die Aufstellung von Erinnerungstafeln oder die Abschaffung oder Änderung von Denkmälern.

Methodisch greift die Geschichtswerkstatt auf die Zeitzeugenbefragung (*oral history*) oder das Studium von Zeitungs- und Stadtarchiven zurück.

In einer *Theaterwerkstatt* werden Alltagssituationen, örtliche und überörtliche Konflikte, historische Begebenheiten der Gemeinde sowie Zukunftsvisionen mit künstlerischen Mitteln bearbeitet und schließlich dargestellt. Theaterwerkstätten empfinden sich häufig als Bestandteil einer demokratischen Widerstandskultur. Die Theaterwerkstatt fördert Kreativität und ermöglicht vielfältige gruppendynamische Prozesse.

Eine *Schreibwerkstatt* fördert literarische Ambitionen. Sie setzt Phantasie frei und ermöglicht das Ausprobieren neuer Artikulationsformen und Kommunikationsweisen (Hufer 1992, 148 f.).

---

[228] Eine besondere Hervorhebung verdient das von Klaus-Peter Hufer entwickelte und in vielen Veranstaltungen erprobte Argumentationstraining gegen *Stammtischparolen* (Hufer 1995, 121 ff.).

In der *Biographiearbeit* geht es darum, sich Situationen früheren Lebens zu vergegenwärtigen und sie auf ihre Bedeutung für heutiges Handeln hin zu befragen. Die Biographiearbeit kann sich aber auch auf gegenwärtiges fremdes Leben beziehen. Im Sinne interkulturellen Lernens bemüht sie sich dann um ein begründetes Fremdverstehen.

Das *Sokratische Gespräch* kreist nicht um Themen, die gesichertes Wissen erfordern. Gegenstand eines solchen Gesprächs sind vielmehr Grundfragen des Zusammenlebens, die nicht mit Sachwissen entschieden werden können. Im Sokratischen Gespräch wird kein Wissen angeeignet, sondern vorhandenes Wissen vertieft reflektiert. Dies geschieht durch Nachfragen, Offenlegen zugrunde liegender Annahmen und Aufzeigen möglicher Widersprüche (Hufer 1992, 156 ff.).

Teil IV:
Politikdidaktik – Die Wissenschaft von der politischen Bildung

14. Der Ort der Politikdidaktik im System der Wissenschaften

14.1 Allgemeine Didaktik und Fachdidaktiken

Das Wort Didaktik stammt vom griechischen Verb *didaskein* und kann verschieden übersetzt werden: Es hat zum einen eine aktivische Bedeutung: *Lehren, unterrichten*. Es hat zum anderen eine passivische Bedeutung: *Lernen, belehrt werden, unterrichtet werden*. Schon in der Antike bezog sich das Wort Didaktik also sowohl auf das *Lehren* als auch auf das *Lernen*. Das vom Verb abgeleitete Substantiv *didaxis* bedeutet *Lehre, Unterricht*. Schließlich ist die *didaktike techne* am besten mit *Lehrkunst* zu übersetzen.

Merkmale der Allgemeinen Didaktik

Die Didaktik zählt zum „Herzstück der Pädagogik". Gleichwohl gibt es innerhalb der Erziehungswissenschaft keine einheitliche Definition. Die vielen verschiedenen Definitionen lassen sich zwei Grundverständnissen zuordnen.

In einem *engen* Sinne wird Didaktik als Theorie der Bildungsaufgaben, Bildungsinhalte und Bildungskategorien verstanden. Didaktik in diesem Sinne fragt nach dem Bildungssinn von Lerngegenständen und bemüht sich um die Aufstellung von Auswahlkriterien für die Inhalte des Unterrichts. Fragen der Vermittlung, also der Methodik, gelten diesem Verständnis dagegen als sekundär, da die Methoden von den Inhalten abhängen. Der enge Didaktikbegriff konzentriert sich folglich auf nur einen Teilaspekt des komplexen Unterrichtsgeschehens.

In einem *weiten* Sinne wird Didaktik als Wissenschaft vom Unterricht bzw. als Theorie des Lehrens und Lernens verstanden. Didaktik in diesem Sinne befasst sich demnach mit allen Komponenten des Unterrichts, d.h. mit Inhalten, Zielen, Methoden und Medien sowie den Lernvorgängen selbst. Sie hält das Problem, die *Sachlogik* der Gegenstände mit der *Psychologik* der Lernenden zu vermitteln, für eine zentrale Aufgabe didaktischer Reflexion. Das ist auch der Grund dafür, dass sie Fragen der Lernvoraussetzungen der Schüler in den didaktischen Fokus einbezieht (Klafki 1963a, 21 ff.).
Weil er die Fülle der Lehr-Lernprozesse konstituierenden Komponenten berücksichtigt, hat sich der weite Didaktikbegriff überwiegend durchgesetzt.

Die *Allgemeine Didaktik* produziert Sätze über Unterricht, die nur jenseits oder oberhalb ihres Verwendungszusammenhanges, d.h. des in Schulfächern erteilten Unterrichts, Geltung beanspruchen können. Gemessen daran, dass im Fachunterricht etwas sachlich Bestimmtes gelehrt und gelernt wird, sind die Aussagen der Allgemeinen Didaktik formaler und abstraktprinzipieller Natur. Die Allgemeine Didaktik muss deshalb in Fachdidaktiken übersetzt werden.

Die Allgemeine Didaktik weist insofern aber einen Bezug zu den Fächern auf, als sie über die Legitimierung der Schulfächer und deren Koordination im schulischen Fächerkanon nachdenkt. Dies übersteigt die Fähigkeit der jeweiligen Fachdidaktiken, denn diese können die Fächer nicht aus sich heraus begründen und mit ihren Kategorien auch nicht den Bezug zu anderen Fächern herstellen.

Das Selbstverständnis der Fachdidaktiken

Fachdidaktiken sind Wissenschaften vom Lehren und Lernen in den verschiedenen Unterrichtsfächern. Sie erarbeiten wissenschaftliches Wissen über fachbezogenes Lernen. Man kann sie deshalb auch als *Fachunterrichtswissenschaften* bezeichnen. Weiterhin sind sie die zentralen *Berufswissenschaften* der Lehrer (Heursen 1984b, 90). Denn sie beziehen sich auf die Praxis der Lehrer in den Schulen. Die Fachdidaktiken sind auch schon *Ingenieurwissenschaften* für Lehrer genannt worden (Otte 1984, 99). Denn analog zur Baukunst geht es ihnen um die *Lehrkunst*. Von ihrer Intention her sind die Fachdidaktiken also *handlungsrelevant*. Sie sind allerdings nicht *handlungsdeterminierend*.

Wissenschaftssystematisch befinden sich die Fachdidaktiken in einem Überschneidungsfeld zwischen der Erziehungswissenschaft, insbesondere der Allgemeinen Didaktik, und den Fachwissenschaften. Obwohl sie in ein Beziehungsgeflecht mit diesen Wissenschaften eingebunden sind, sind sie nicht deren Teil. Sie sind eigenständige Wissenschaftsdisziplinen, die sich mit Fragen und Aufgaben befassen, welche nicht Gegenstand anderer Wissenschaften sind. Insofern sind die Fachdidaktiken ein Resultat von Ausdifferenzierungsprozessen im System der Wissenschaften.[229]

Die Nähe der Fachdidaktiken zur Erziehungswissenschaft zeigt sich in dem Sachverhalt, dass die Fachdidaktiken auf die grundlegenden Begriffe der Allgemeinen Didaktik zurückgreifen. Zu diesen Begriffen gehören beispielsweise *Elementarität*, *Fundamentalität* und *Exemplarität* sowie das Prinzip der *kategorialen Bildung*. Von der Allgemeinen Didaktik stammen auch die Instrumente für die *Analyse* und die *Planung* von Unterricht (Gagel 1983, 563 f., 567 ff.). Diese Inkorporierung allgemeindidaktischer Begriffe und Fragestellungen ist der Grund dafür, dass die Fachdidaktiken nicht einfach als Transformationsagenturen für wissenschaftliches Wissen fungieren. Sie sind folglich nicht lediglich Hilfswissenschaften der fachlichen Bezugswissenschaften.

Dass es viele Berührungspunkte mit der Allgemeinen Didaktik gibt, lässt sich auch der folgenden Aufgabenbestimmung für die Fachdidaktik entnehmen, die von der Konferenz der Vorsitzenden Fachdidaktischer Fachgesellschaften (KVFF), der Vorgängerorganisation der deutschen Gesellschaft für Fachdidaktik (GFD), stammt. Hiernach befasst sich die Fachdidaktik im Rahmen ihrer Forschungsarbeit mit der Auswahl, Legitimation und der didaktischen Konstruktion von Lerngegenständen, der Festlegung und Begründung von Zielen des Unterrichts, der methodischen Strukturierung von Lernprozessen sowie der angemessenen Berücksichtigung der psychischen und sozialen Ausgangsbedingungen von Lehrenden und Lernenden. Sie befasst sich außerdem mit der Entwicklung und Evaluation von Lehr- und Lernmaterialien (Konferenz der Vorsitzenden Fachdidaktischer Fachgesellschaften (Hrsg.) 1998, 14).

Für die Eigenständigkeit der Fachdidaktiken gegenüber den fachlichen Bezugswissenschaften spricht aber noch mehr. So ergibt sich der Bildungssinn der Schulfächer nicht aus der Struktur der mit ihnen korrespondierenden Fachwissenschaften. Die Schulfächer sind entweder *artes*, *Künste*, d.h. Weisen des *Könnens* in den verschiedenen Bereichen individuellen oder gemeinsamen Lebens, oder *Kunden*, d.h. Weisen der *Orientierung* in der Wirklichkeit. In beiden Arten von Fächern ist die Perspektive, auf die hin unterrichtet werden soll, der spätere erwachsene Laie, nicht der zukünftige Wissenschaftler (Klafki 1963a, 48). Die Fachwissenschaften

---

[229] Der Ausdifferenzierungsprozess lässt sich gut an der politischen Bildung demonstrieren. Während die Politikwissenschaft ursprünglich der politischen Bildung gewidmet war und ihre Vertreter in den fünfziger und sechziger Jahren des 20. Jahrhunderts ihre Arbeitskraft ganz wesentlich hierfür aufwandten, ist der Bogen politikwissenschaftlichen Denkens heute deutlich weiter gespannt. Die Politikwissenschaft der Gegenwart ist an *harter*, sozialwissenschaftlich geleiteter Forschung orientiert. Die Bildungsfunktion der Politikwissenschaft hat sich dagegen weitgehend erschöpft. Das aber bedeutet, dass die Politikwissenschaft nicht mehr prädisponiert ist für eine „natürliche Ehe" mit der politischen Bildung. Anstelle der Politikwissenschaft hat heute die Fachdidaktik die Zuständigkeit für die politische Bildung (Hartwich 1987, 7 ff.).

sind mithin nur begrenzt konstitutiv für die Schulfächer. Das aber bedeutet, dass sie weder vorausgesetztes Fundament noch letzter und verbindlicher Maßstab sind, an dem sich die didaktische Reflexion zu orientieren hätte. Aus der Sicht der Fachdidaktiken bilden die Fachwissenschaften eher ein Reservoir von Kenntnissen, das je nach Verständnismöglichkeit der Schüler für Bildungsprozesse herangezogen werden kann.

Das Vorhandensein bestimmter Fachwissenschaften ist nicht einmal die notwendige Voraussetzung für die Möglichkeit der Didaktik. Das lässt sich an der Aufgabe der politischen Bildung demonstrieren. Diese wäre nicht gegenstandslos, wenn es keine Politikwissenschaft gäbe. Der Sinn der politischen Bildung ist nicht von der Existenz einer korrespondierenden Fachwissenschaft abhängig. Wäre es anders, dann hätte das Erfordernis einer politischen Bildung in Deutschland erst nach dem Zweiten Weltkrieg auftauchen dürfen, also zum Zeitpunkt der Etablierung der Politikwissenschaft im Fächerkanon der Hochschulen.
Man könnte überspitzt formuliert sogar sagen, dass die Fachdidaktiken beim Fehlen einschlägiger Fachwissenschaften selbst Begriffe, Kategorien und Einsichten entwickeln müssen, die der gestellten Bildungsaufgabe gemäß sind. Sie müssten sozusagen eine *Schulwissenschaft* für ihren jeweiligen Gegenstand aufbauen (Klafki 1963a, 50 f.). Die Eigenständigkeit der Didaktik wird folglich auch besonders deutlich bei der Konstruktion fächerübergreifender Bildungsaufgaben, wie der *interkulturellen Erziehung*, der *Umweltbildung* und der *Sozialerziehung*. Diese Aufgaben sprengen ganz offenkundig die Grenzen der einzelnen Fachwissenschaften bzw. passen zu mehreren Fachwissenschaften.

Es ist trotz alledem kaum zweifelhaft, dass sich jede Fachdidaktik an ihrer fachlichen Bezugswissenschaft (oder ihren fachlichen Bezugswissenschaften) orientieren muss. Zwar ist die Umsetzung der fachlichen Inhalte in Lerngegenstände ein eigener, vom Bildungsgedanken geleiteter, also *genuin didaktischer* Prozess, aber es spricht viel dafür, in der Fachwissenschaft den *Ausgang* der didaktischen Besinnung zu sehen. Denn: „Didaktik ist ja schließlich nicht die Lehre davon, wie man etwas lehrt, wovon man nichts weiß" (Martin Wagenschein, zitiert nach Kopp 1970, 191). Es steht daher außer Frage, dass die Fachwissenschaften das notwendige Reservoir an Wissen und Deutungsperspektiven bereitstellen, um daraus Lerngegenstände entwickeln zu können. Sie bilden darüber hinaus auch ein kritisches Korrektiv für die fachliche Qualität des Unterrichts.

Vor über 40 Jahren vertrat der Pädagoge Theodor Wilhelm sogar die Auffassung, das angemessene Fundament der Didaktik sei nicht die Idee der Bildung, sondern – neben der wissenschaftlichen Anthropologie – die Enzyklopädie der Fachwissenschaften. Sorgfältige Kenntnisnahme der wissenschaftlichen Erkenntnisse sei der Didaktik daher am meisten förderlich. Gerade die Fachwissenschaftler kennten den Rangplatz eines bestimmten Stoffes innerhalb des fachlichen Gesamtzusammenhanges sowie seine Bedeutung für die Menschen am besten. Die Auswahl geeigneter Stoffe sei also keineswegs dem Didaktiker allein möglich. Die Stoffauswahl, die der Lehrer treffen müsse, sei bereits von den Fachwissenschaften her präjudiziert. Das Resümee Wilhelms lautet: „Es ist angesichts dieses Sachverhaltes unwahrscheinlich, dass die Auswahl der Bildungsinhalte und Bildungsstoffe die spezifische Aufgabe der Didaktik ist" (Wilhelm 1970, 365, 370).

Lehnen sich die Fachdidaktiken zu eng an die Fachwissenschaften an, besteht jedoch die Gefahr, *Abbilddidaktiken* zu begründen. Eine Abbilddidaktik geht von einem Parallelismus zwischen Fachwissenschaft und Schulfach aus. Sie sieht in der einschlägigen Fachwissenschaft den unmittelbaren Lieferanten von Lerninhalten, die nur noch nach lern- und entwicklungspsychologischen Gesichtspunkten geordnet und dosiert werden müssen. Trotz ihrer Problematik bestimmt die Abbilddidaktik nicht unerheblich Aufbau und Inhalte von Lehrplänen und Schulbüchern.

Gegen die Abbilddidaktik sprechen zwei Gesichtspunkte. Erstens: In der pädagogischen Praxis wird nicht allein mit wissenschaftlichem Material gearbeitet. Denn zum Einsatz kommen auch Zeitungsartikel, Fernsehsendungen, literarische Texte und selbsterhobene Daten. Zweitens: Werden aber Materialien aus den Fachwissenschaften verwendet, verändern sie im Kontext von Lehr-Lern-Situationen ihren Charakter. Sie sind dann nämlich nicht mehr Bestandteile eines wissenschaftlichen Diskurses, sondern Mittel, um Lernprozesse bei Menschen zu initiieren, die in den wissenschaftlichen Diskurs nicht involviert sind. Entsprechend werden die Materialien nach Kriterien, die nicht aus der Fachwissenschaft stammen, ausgewählt, gekürzt, in neue Kontexte eingebunden und mit Fragen versehen. Das alles bedeutet: In Lehr-Lern-Prozessen wird nicht einfach wissenschaftliches Wissen in verkürzter Form weitergegeben. Es wird vielmehr didaktisch so transformiert, dass es die Gestalt eines Schulwissens annimmt.

Die Rolle der Fachdidaktiken in der Lehrerbildung

Geht man der Frage nach, welche Rolle die Fachdidaktik in der Ausbildung der Lehrer spielte und spielt, empfiehlt es sich, zwischen den verschiedenen Lehrämtern zu unterscheiden. Generell kann man sagen, dass sie in der Gymnasiallehrerausbildung weniger fest verankert ist als in der Ausbildung von Lehrern für Grund- und Hauptschulen, die man verallgemeinernd als Volksschullehrerausbildung bezeichnen kann.[230]

Von einer Fachdidaktik mit wissenschaftlichem Anspruch kann in der Volksschullehrerpädagogik erst seit etwa 1920 gesprochen werden. Dieses Jahr markiert den Beginn der Akademisierung und Professionalisierung der Lehrerbildung. Vorher fand die Ausbildung am Lehrerseminar statt. Ausgebildet wurden die Anwärter zum *Klassenlehrer*. Das Fachliche reduzierte sich auf diejenigen Sachinformationen, die im späteren Unterricht gebraucht wurden. Das „Fachdidaktische" bestand in der Weitergabe unterrichtsmethodischer Fertigkeiten nach dem Muster einer *Meisterlehre*. An den neu gegründeten *pädagogischen Akademien* sollte nun das Studium der Pädagogik die Wissenschaftlichkeit der Ausbildung garantieren. Dabei schloss die Pädagogik fachdidaktische Aspekte ein.

Nach dem Zweiten Weltkrieg wurden die pädagogischen Akademien in *pädagogische Hochschulen* umgewandelt. Die Fachorientierung erfuhr eine deutliche Stärkung. Sie wurde den Fachdidaktiken anvertraut, die im Zusammenhang mit der Gründung der Hochschulen ins Leben gerufen worden waren. Die Fachdidaktiker erhielten eine doppelte Aufgabe: Sie sollten neben der Vermittlung pädagogischer und didaktisch-methodischer Kenntnisse und Fertigkeiten auch noch das notwendige Fachwissen vermitteln. In der Bezeichnung der an den Pädagogischen Hochschulen eingerichteten Professuren spiegelt sich diese doppelte Aufgabe wider. So heißt es zum Beispiel *Deutsch und seine Didaktik* oder *Geschichte und ihre Didaktik*. Die Fachdidaktik erfüllte mit dieser Doppelaufgabe letztlich aber lediglich eine *Surrogatfunktion*: Sie war Ersatz für ein volles Fachstudium.

Bis heute gibt es im Studium für das Lehramt an Grundschulen und an Hauptschulen die sogenannten Didaktikfächer. In diesen sollen in wenigen Semesterwochenstunden Fachwissenschaft und Fachdidaktik vermittelt werden. Die Didaktikfächer sind das Überbleibsel der alten Pädagogischen Hochschulen.

In der Gymnasiallehrerausbildung spielte die Fachdidaktik lange Zeit überhaupt keine Rolle. Die traditionelle Gymnasiallehrerausbildung verlief nach dem Muster des Studiums klassischer Philologien. Es wurde angenommen, dass das fachwissenschaftliche Studium eine umfassende Bildung vermittelt, welche automatisch zu pädagogischem Handeln befähigt. Dies

---

[230] Die folgende Darstellung fußt stark auf Heursen 1984a, 3 ff. und Heursen 1995, 427 ff.

entsprach dem humanistischen Selbstverständnis der deutschen Universität. So schrieb der Germanist Karl Otto Conrady 1966: „Die Universität hat nicht die Aufgabe, die Studenten als Lehrer auszubilden, sondern sie Wissenschaft zu lehren. Das ist nicht widersinnig, sondern im Gegenteil die einzig sinnvolle Vorbereitung für den späteren Beruf." Die Hereinnahme einiger pädagogischer und philosophischer Pflichtveranstaltungen in das Studium bedeutete keine Abkehr von dieser Sichtweise. So kommentierte der *Deutsche Ausschuss für das Erziehungs- und Bildungswesen* im Gutachten *Zur Ausbildung von Lehrern* von 1966 das *Pädagogicum* und *Philosophicum* wie folgt: „Das philosophische und pädagogische Begleitstudium ist auch in seinem erziehungswissenschaftlichen Teil keine Berufsausbildung, die der Idee der Universität widerspräche."

Auch die Erziehungswissenschaft verstand sich nicht als Wissenschaft vom Unterricht. Als geisteswissenschaftliche Pädagogik wandte sie sich nur in bescheidenem Maße der Schule und ihren unterrichtlichen Aufgaben zu. Sie zog es stattdessen vor, bildungsphilosophisches Stratosphärendenken zu pflegen (Jungblut 1972, 612).

Nur an einigen Fakultäten gab es in bestimmten gymnasialen Studiengängen einen fachdidaktischen Studienanteil, der aber meistens nicht obligatorisch war. Häufig beschränkten sich diese Fachdidaktiken darauf, im abbilddidaktischen Sinne die Erkenntnisse der Fachwissenschaften für den schulischen Unterricht aufzubereiten. Generell erfüllte die Fachdidaktik in der Gymnasiallehrerausbildung eine Art Surrogatfunktion: Sie sollte die mangelnde Praxisorientierung der wissenschaftlichen Studiengänge kompensieren.

Ein Wandel in der Einschätzung der Rolle der Fachdidaktik trat um 1970 ein. Der *Wissenschaftsrat* befürwortete in seinen *Empfehlungen zur Struktur und zum Ausbau des Bildungswesens im Hochschulbereich nach 1970* eine berufsorientierte universitäre Lehrerbildung. Ebenfalls 1970 sprach sich der *Deutsche Bildungsrat* im *Strukturplan für das Bildungswesen* dafür aus, Fachdidaktiken mit einem eigenständigen Aufgabenprofil zu etablieren. Die Fachdidaktiken sollten nämlich neben der bisherigen Vermittlung praktischer Fertigkeiten die neue wichtige Funktion übernehmen, „festzustellen, welche Erkenntnisse, Denkweisen und Methoden der Fachwissenschaft Lernziele des Unterrichts werden sollen." Explizit wurde den Fachdidaktiken hier also eine Aufgabe zugesprochen, die weder von der Erziehungswissenschaft noch von den betreffenden Fachwissenschaften erfüllt werden kann.

Die Folge beider Empfehlungen war die Etablierung fachdidaktischer Studienanteile für alle Lehrerstudiengänge in fast allen Bundesländern. Nur Baden-Württemberg sieht für die gymnasiale Ausbildung keine Fachdidaktik vor.

14.2 Das wissenschaftliche Selbstverständnis der Politikdidaktik

Die für die politische Bildung zuständige Fachdidaktik wird üblicherweise als *Politikdidaktik* bezeichnet. Nun weist die politische Bildung mehrere fachliche Bezugswissenschaften auf. Neben der dominanten Politikwissenschaft sind es vor allem die Soziologie und die Wirtschaftswissenschaft. Diese Sachlage macht verständlich, dass auch andere Bezeichnungen für die Fachdidaktik im Umlauf sind. So gibt es Professuren für *Didaktik der politischen Bildung*, für *Didaktik der Politik* sowie für *Didaktik der Sozialwissenschaften und Erziehungswissenschaft unter besonderer Berücksichtigung der Didaktik sozialwissenschaftlicher Fächer*. Dennoch hat sich die Bezeichnung *Politikdidaktik* weitgehend durchgesetzt. Sie macht deutlich, dass es in der politischen Bildung im Kern um Politik geht.[231]

---

[231] Von Soziologen stammt der Versuch einer Schwerpunktverschiebung der politischen Bildung hin zu sozialen und gesellschaftlichen Sachverhalten und Problemen. Es ist dann konsequent, in der Soziologie die maßgebliche fachliche Bezugswissenschaft zu sehen.
„Politische Bildung soll Kompetenzen zur Erkennung, zur Analyse und letztlich vielleicht zur Lösung

Politikdidaktik: Eine synoptische Wissenschaft

Wie alle Didaktiken ist auch die Politikdidaktik eine normative, auf Praxis gerichtete Wissenschaft. Der Charakter einer Wissenschaft kommt ihr aber nur zu, wenn ihre Elemente auch theoretisch fundiert sind. Andernfalls wäre die Politikdidaktik keine Wissenschaft, sondern eine Ansammlung von Alltagserfahrungen und pragmatischen Klugheitsregeln. Es ist also zu fragen, welche Theorien die politikdidaktischen Reflexionsprozesse bestimmen.

Ein Blick in die Literatur zeigt sehr schnell, dass sich die Politikdidaktik aus einer Vielzahl von Wissenschaften zusammensetzt. Zum einen sind es die *fachlichen Bezugswissenschaften*, also in erster Linie die Politikwissenschaft, die Soziologie und die Wirtschaftswissenschaft. Abhängig vom Lerngegenstand können aber durchaus noch weitere Bezugswissenschaften hinzutreten, wie beispielsweise die Rechtswissenschaft, die Moralphilosophie und die Psychologie.

Zum anderen besteht die Politikdidaktik aus einem Set von Theorien aus verschiedenen wissenschaftlichen Disziplinen. Ein nicht unerheblicher Teil dieser Theorien weist Bezüge zur Erziehungswissenschaft auf. Die Theorien kann man *Objekttheorien* nennen, da sie den Gegenstand „Wissenschaft von der politischen Bildung" konstituieren bzw. näher bestimmen. Die Objekttheorien sind großenteils *empirisch-deskriptiver* Natur. Zu dieser Gruppe gehören die pädagogische Anthropologie, die Sozialisationstheorie, die Moralpsychologie, die Entwicklungspsychologie, die Gesellschaftstheorie, die Lerntheorie, die Kognitionstheorie und die Schultheorie. Einige Objekttheorien tragen *normativen* Charakter. So die Demokratietheorie und die Bildungstheorie.

Es ergibt sich, dass die Wissenschaft von der politischen Bildung eine *synoptische* oder *Integrationswissenschaft* ist. Dieses Merkmal teilt sie mit der Politikwissenschaft. Vor über vierzig Jahren stellte Arnold Bergstraesser hierzu fest, dass eine sich aus mehreren Disziplinen zusammensetzende Wissenschaft einer *leitenden Fragestellung* bedarf, die ihr die Identität als *eigenständige* Wissenschaft verleiht. Diese Fragestellung darf nicht bereits von den Bezugswissenschaften okkupiert sein. Bergstraesser sah eine solche identitätsbegründende Fragestellung darin, dass sich die Politikwissenschaft auf die *res gerendae* konzentriert. Sie solle, wie

---

von (individuellen und gesellschaftlich determinierten) Problemen vermitteln, die aus gesellschaftlichen Wandlungsprozessen hervorgehen. Hierfür scheint die Soziologie besser geeignet als die Politikwissenschaft. Sie stellt mehr empirisches Wissen, andere und differenziertere theoretische Zugänge und eben eine besondere Sichtweise zur Verfügung. ... Eine wie auch immer geartete Prädominanz der Politikwissenschaft kann nicht akzeptiert werden, weil sie dem Anliegen der politischen Bildung nur begrenzt gerecht wird" (Lamnek 1997, 172, 194).
Aus soziologischer Sicht gelten die folgenden Themenbereiche als besonders relevant: Bevölkerung bzw. Sozialstruktur, Wandel der Haushaltsstrukturen, Lebensformen und Familien, Veränderungen in Bildungs- und Erwerbsverläufen, soziale Ungleichheit und das System der sozialen Sicherung. Gegen die Politik als Kern der politischen Bildung wird weiterhin angeführt, dass das politische System in gesellschaftliche Prozesse und Strukturen eingebunden ist. Um die Lernenden zu aufgeklärten Staatsbürgern zu machen und gegen totalitäre Systeme und Ideologien zu immunisieren, wird der Beschäftigung mit der Gesellschaft ein höherer Rang eingeräumt als der „Auseinandersetzung mit politischer Theorie, Regierungsmodellen, der Gewaltenteilung usw." Es liegt in der Logik dieses Ansatzes, das Schulfach in *soziale und politische Bildung* umzubenennen (Fuchs/Luedtke 1997, 201 ff.).
Ausdruck der herrschenden Meinung in der Politikdidaktik ist hingegen die folgende Aussage: Die politische Bildung hat „eine primäre Bezugswissenschaft: die Politikwissenschaft, weil Politik die ‚didaktische Mitte' für Politische Bildung und Politischen Unterricht darstellt; andernfalls würde Politische Bildung durch Sozialerziehung oder Wirtschaftslehre ersetzt und damit entpolitisiert" (Gagel 1989b, 74).

14. Der Ort der Politikdidaktik im System der Wissenschaften

Politikdidaktik und ihre Objekttheorien

[Diagramm: Im Zentrum steht POLITIKDIDAKTIK mit den Fragen Was? Wozu? Warum? Wie?

Von oben wirken auf die Bildungstheorie des Politischen ein: Allgemeine Bildungstheorie, Demokratietheorie, Politiktheorie, Verfassungsrecht, Bildungsrecht.

Daraus ergeben sich Rechtlich-politische Vorgaben (Schulgesetz, Lehrplan) und Institutionelle Vorgaben (Schule, Stundenplan; beeinflusst durch Schultheorie).

Links: WISSENSCHAFTEN – Politikwissenschaft, Soziologie, Wirtschaftswissensch.; Begriffe, Aussagen, Theorien, Methoden → Inhalte.

Rechts: LERNENDE – Anthropogene und soziokulturelle Voraussetzungen; Einstellungen, Verhaltensweisen, Gesellsch. Situation, Herausforderungen → Lehren/Lernen. Beeinflusst durch: Pädagogische Anthropologie, Sozialisationstheorie, Moralpsychologie, Entwicklungspsychologie, Gesellschaftstheorie.

Unten: Kognitionstheorie, Lerntheorie.]

er formulierte, der Staatskunst durch Vordenken dienen. Ihr Zweck liege in der Vorbereitung des politischen Urteilens und Handelns. Das aber bedeute: Die Politikwissenschaft sei von ihrem *Telos* her eine *praktische* Wissenschaft (Bergstraesser 1966, 29).

Worin besteht nun die leitende Fragestellung der Wissenschaft von der politischen Bildung? Was macht den Kern dieser Wissenschaft aus? Bei dem Versuch, auf diese Frage eine Antwort zu finden, liegt es nahe, analog zur Politikwissenschaft zu verfahren. Denn die Politikdidaktik hat mit der Politikwissenschaft zwei Besonderheiten gemeinsam: Zum einen den *synoptischen* Charakter und zum anderen die Eigenschaft, auf *Praxis* gerichtet zu sein.

Wie schon bei der Politikwissenschaft darf die gesuchte leitende Fragestellung der Politikdidaktik nicht mit derjenigen einer ihrer fachlichen Bezugswissenschaften, also der Politikwissenschaft, der Soziologie und der Wirtschaftswissenschaft, identisch sein. Die Wissenschaft von der politischen Bildung wäre in diesem Fall keine eigenständige Wissenschaft. Weiterhin gilt: Da die Wissenschaft von der politischen Bildung auf Praxis gerichtet ist, muss die leitende Fragestellung sich auf das spezifische unterrichtliche Tun und dessen *Telos* beziehen.

Ein Blick auf die Objekttheorien zeigt, dass die leitende Fragestellung für die Wissenschaft von der politischen Bildung in der *Bildungstheorie des Politischen* zu finden ist. Dafür lassen sich mehrere Gründe anführen. Erstens: Diese Theorie weist einen unmittelbaren Bezug zum Gegenstandsbereich, nämlich zur Politik, auf. Dies unterscheidet sie von fast allen anderen Objekttheorien. Zweitens: Die Theorie ist in politikwissenschaftlicher und soziologischer Hinsicht gehaltvoll. Sie unterscheidet sich diesbezüglich von einer allgemeinen Bildungstheorie. Drittens: Die Theorie bezieht sich auf die entscheidenden Gegenstände der fachdidaktischen Wissenschaft, nämlich auf die Fragen nach *Inhalten*, *Zielen* und *Begründungen* der fachgebundenen Bildungsbemühung.

Der Zweck der Bildungstheorie des Politischen liegt im *Normativen*. Weil sie sich mit dem *Gesollten* befasst, ist sie – und nur sie! – in der Lage, der *synoptisch* verfassten Politikdidaktik Richtung und Ziel vorzugeben. Die vielfältigen empirischen Objekttheorien geben demgegenüber nur Auskunft über Bedingungen, Wirkungsmöglichkeiten, Verfahrensweisen und Restriktionen des Bildungsgeschehens. Sie können vor unberechtigtem Bildungsoptimismus warnen. Und sie können den Blick für die Realitäten und Schwierigkeiten des Lehrens und Lernens schärfen. Sie können aber nicht die Bildungstheorie substituieren und selbst die Normfrage beantworten. Das alles bedeutet, dass die Bildungstheorie des Politischen *konstitutiven* Charakter trägt, während die übrigen Objekttheorien *regulierende* oder *modifizierende* Funktionen erfüllen (Detjen 2002a, 115 f.).

Elemente der Bildungstheorie des Politischen

Die Beantwortung der Frage nach dem materialen Gehalt der Bildungstheorie des Politischen hat zu berücksichtigen, dass diese Theorie eine Ausdifferenzierung der allgemeinen Bildungstheorie darstellt. Das heißt: Die Bildungstheorie des Politischen darf allgemeinen Bildungszielen nicht widersprechen.

In der Gegenwart bildet unbestritten die Mündigkeit des Menschen das höchstrangige – man kann auch sagen: das allgemeinste – Erziehungs- und Bildungsziel der Schule. *Mündigkeit* ist ein komplexer Begriff. Ganz generell lässt sich aber sagen, dass die Mündigkeit mit der Fähigkeit zu selbstständiger Lebensführung identisch ist. Diese Fähigkeit schließt die Fähigkeit zum eigenverantwortlichen *Tun* sowie zum eigenständigen *Urteilen* und *Entscheiden* ein. Das bedeutet für die Schule: Neben der Förderung von Einstellungen und Handlungsfähigkeiten muss sie insbesondere *Verstand* und *Vernunft* der Lernenden schulen, sie zu selbstständigen *Denkleistungen* führen und auch ihre *Kritikfähigkeit* ausbilden. Dies impliziert die Vermittlung eines Grundstocks an *Wissen* in den diversen Lebenssachbereichen.

Es entspricht der allgemeinen Bildungstheorie und passt zum freiheitlichen Verfassungsstaat, wenn im Mittelpunkt der Bildungstheorie des Politischen der *politisch mündige Bürger* steht. Diese Norm hat zur Konsequenz, die Lernenden mit hierauf abgestimmten *Kompetenzen* auszustatten. Diese Kompetenzen haben aber nicht nur den Zweck, dem Individuum zugute zu kommen. Denn sie sind zugleich dazu bestimmt, die politische Ordnung zu stützen.

Die Kompetenzen des politisch mündigen Bürgers lassen sich in *affektiv-habituelle* Dispositionen, in *instrumentell-prozedurale* Fähigkeiten und in *kognitive* Wissensbestände und Leistungen unterscheiden (Detjen 1999, 10).

Affektiv-habituelle Dispositionen sind Einstellungen oder – in traditioneller Terminologie – *Tugenden*, die der Bürger dem Gemeinwesen zu dessen Bestandserhaltung entgegenbringen muss. Freiheitliche Verfassungsstaaten sind in ihren habituellen Erwartungen sehr anspruchsvoll. Sie verlangen die Bereitschaft zu *rationaler Kommunikation* im Umgang miteinander. Sie bedürfen der *Fairness* und der *Toleranz* in weltanschaulichen und interkulturellen Angelegenheiten. Sie erwarten *bürgerschaftliches Engagement* im sozialen Nahbereich. Sie benötigen einen Sinn für *Gerechtigkeit* und ein Empfinden der *Solidarität* mit den Schwachen. Sie sind angewiesen auf *politische Anteilnahme*, die vom generellen Interesse am politischen Geschehen bis zu aktiver Partizipation reichen kann. Schließlich verlangen sie *Rechtsgehorsam* und gegebenenfalls *Opferbereitschaft*, das Gemeinwesen gegen Bedrohungen von außen zu verteidigen.

Instrumentell-prozedurale Fähigkeiten sind praktische Fähigkeiten. Man kann sie unter der Bezeichnung *politische Handlungsfähigkeit* zusammenfassen. Der Bürger benötigt diese Fähigkeiten, um unterschiedliche Handlungssituationen im gesellschaftlichen Zusammenleben sowie in der politischen Öffentlichkeit erfolgreich bestehen zu können. Zum instrumentell-prozeduralen Komplex zählen die Fähigkeit, sich in die Situation, die Interessenlage und die Denkweise anderer Personen hineinzuversetzen; die Fähigkeit, eigene Meinungen und Urteile sachlich und überzeugend gegenüber anderen zu vertreten; die Fähigkeit, in Konfliktsituationen Aushandlungsprozesse führen zu können; die Fähigkeit, Möglichkeiten der Interessenwahrnehmung zu erkennen und eigene Interessen unter Rücksicht auf die Belange anderer und des Gemeinwohls zu vertreten; die Fähigkeit, Einfluss auf politische Entscheidungsträger zu nehmen und dafür geeignete Mittel zielgerichtet einzusetzen.

Die Bildungstheorie des Politischen besitzt in den *kognitiven Wissensbeständen* und *Leistungen* ihr Herzstück. Der Grund hierfür liegt darin, dass Politik mehr ist als nur das Miteinander und Gegeneinander der Menschen. Politik ist Handeln, und dieses Handeln ist in ein Gefüge von Regeln und Ordnungen eingebunden und intentional auf die Förderung des Gemeinwohls ausgerichtet. Sowohl die Regeln und Ordnungen als auch das Suchen und Ringen um das Gemeinwohl unterliegen den Ansprüchen politisch-kognitiver Rationalität oder Vernunft. Sollen die Lernenden also auf die Politik vorbereitet werden, dann müssen im Zentrum der hierauf gerichteten Bildungsbemühung kognitive Wissensbestände und kognitive Operationen stehen. Denn nur auf diese Weise kann es zu einem angemessenen Verstehen der politischen, gesellschaftlichen und wirtschaftlichen Ordnung und zu einem angemessenen Sich-Verhalten in diesen Ordnungen kommen. Vernachlässigte die politische Bildung diese Aufgabe und beschränkte sich stattdessen auf die Förderung sittlicher Tugenden und auf das Training praktischer Fähigkeiten, würde den Lernenden ein wichtiges Stück *kultureller Weltorientierung* vorenthalten bleiben (Detjen 2005b, 177 ff.).

Mit den *kognitiven Wissensbeständen* und *Leistungen* ist gemeint, dass der Bürger über ein gewisses Niveau an Wissen über Politik, Gesellschaft und Wirtschaft verfügen muss. Und er muss bestimmte kognitive Operationen auf dem Felde der Politik durchführen können.
Beim *Wissen* geht es nicht darum, *Faktenwissen* über Einzelaspekte dieses und jenes Sachverhaltes zu besitzen. Es geht vielmehr um Orientierungswissen sowie um Deutungswissen. *Orientierungswissen* – „to know that" – ist ein Wissen, welches das Wesentliche eines Sachgebietes repräsentiert. Dieses Wissen abstrahiert also von Einzelheiten. Es ist bedeutsam für das Subjekt, denn es erlaubt diesem, sich in einem bestimmten Bereich zurechtzufinden. In der Summe hilft das Orientierungswissen dem Individuum, sich im Leben zu orientieren. *Deutungswissen* – „to know why" – geht darüber hinaus. Es ist ein Wissen über den Sinngehalt und die innere Logik von Systemen. Im Kontext der Politik bezieht es sich auf die Funktionslogik von Institutionen und Ordnungen in Staat, Gesellschaft und Wirtschaft. Zum Deutungswissen gehören auch sozialwissenschaftliche Denkweisen und Theorien.
Mit den *kognitiven Leistungen* sind die politische Analyse- und die politische Urteilsfähigkeit gemeint. Es versteht sich, dass diese Fähigkeiten die Lese- und Verstehensfähigkeit als basale Kompetenz voraussetzen.

15. Die Politikdidaktik als Leitdisziplin der politischen Bildung

15.1 Die Rolle der Politikdidaktik im Unterrichtsalltag

Die *wissenschaftlich* betriebene Didaktik muss deutlich von den *alltagstheoretischen* Didaktiken unterschieden werden. Letztere sind – ganz unvermeidlich – bei allen vorhanden, die irgendwie mit Bildungsprozessen zu tun haben. Lehrer, Schüler, Eltern, Schulaufsichts- und Ministerialbeamte, ja auch Politiker haben jeweils bestimmte Vorstellungen darüber, *was* mit *welchen* Zielen *wie* im Unterricht vermittelt werden soll. Diese Vorstellungen sind von sehr unterschiedlicher Reflexionsqualität. Sie alle reichen jedoch nicht an das Reflexionsniveau der wissenschaftlichen Didaktik heran.

Maßgebliche didaktische Orientierungsinstanzen

Empirisch ist festzustellen, dass in der politischen Bildungsarbeit die wissenschaftliche Politikdidaktik nicht oder allenfalls rudimentär und fragmentarisch als Orientierungsinstanz fungiert. Dafür beherrschen andere Bildungsmächte und Instanzen die didaktische Orientierung der Praktiker.

So üben die *Lehrpläne* einen großen Einfluss auf das unterrichtliche Handeln der Lehrer aus. Aus der Sicht vieler Lehrer haben die didaktischen Fragen nach dem *Was*, dem *Warum* und dem *Wozu* des Lehrens und Lernens in den Lehrplänen ihre verbindliche Antwort gefunden. Lehrpläne formulieren darüber hinaus so etwas wie ein Plansoll, dessen Einhaltung von den Vorgesetzten reklamiert und gegebenenfalls sogar überprüft wird.

Lehrpläne sind politische Setzungen. Sie sind nicht das Ergebnis fachwissenschaftlicher, fachdidaktischer und erziehungswissenschaftlicher Reflexion. Ihr Anspruch liegt nicht darin, *wissenschaftlichen* Ansprüchen zu genügen, sondern *öffentliche* Zustimmung zu finden. Die Zielvorgaben der Lehrpläne entsprechen der Landespolitik, sind mit Eltern- und Lehrerverbänden abgestimmt und berücksichtigen die jeweils aktuellen Trends in der schulpolitischen Diskussion.

Das *Schulbuch* scheint die Lehrer der Notwendigkeit eigener didaktischer Überlegungen und Entscheidungen zu entheben. Dasselbe gilt für Unterrichtsmaterialien und fertig entworfene Unterrichtseinheiten. Das Schulbuch stellt für Lehrer ganz offensichtlich ein entscheidendes Instrument für die Planung und Durchführung des Unterrichts dar. Das maßgebliche Motiv hierfür dürfte darin bestehen, dass das Schulbuch einen sicheren, einfachen und unterrichtsnahen Zugriff erlaubt. Es bietet mit seinem häufig der Sachsystematik folgenden Aufbau einen inhaltlichen roten Faden für die Unterrichtsplanung. Es enthält außerdem Materialien und Aufgabenvorschläge. Der Lehrer wird in seiner Unterrichtsvorbereitung merklich entlastet.

Der hohe Rang des Schulbuches erklärt sich unter anderem aus dem Umstand, dass es den Filter kultusministerieller Prüfung durchlaufen hat. Es bildet aus der Sicht der Lehrer also den gesamten Lehrstoff *richtig* ab. Aufgrund dieses Merkmals genießt es in den Augen von Schülern, Eltern und wohl auch Lehrern den Status eines *verbindlich-gültigen* Dokumentes. Schließlich ist das Schulbuch auch deshalb eine didaktische Großmacht, weil es in gewisser Weise den allgemein gehaltenen Lehrplan implementiert. Es konkretisiert, was der Lehrplan eher umrisshaft vorgibt. Es ist nicht abwegig zu behaupten, dass der Einfluss von Schulbüchern auf den Unterricht de facto erheblich gewichtiger ist als der von Richtlinien und Lehrplänen (Detjen 2001, 460 f.).

Die *Fachleiter* an den Studienseminaren haben außerordentlich starken Einfluss auf das Unterrichtsverhalten von Lehrern. Denn ihre Sichtweise von Unterricht geben sie an die Referendare weiter. Und jeder Lehrer war einmal Referendar. Referendare befinden sich in der unangenehmen Lage, das Professionswissen ihres Fachleiters *habitualisieren* und *routiniert* anwenden zu müssen, wenn sie das Examen ordentlich bestehen wollen.

Zu vermuten ist, dass Fachleiter bereit sind, die Entwicklung der politikdidaktischen Diskussion zu verfolgen und weiterzugeben. Die Referendarausbildung steht nämlich unter dem Anspruch der wissenschaftlichen Fundierung. Die Fachleiter sind daher verpflichtet, die fachdidaktische Diskussion zu verfolgen und fachdidaktisch allgemein Anerkanntes anzuwenden (Weißeno 1993a, 193).

Aus Interviews weiß man, dass Fachleiter dazu neigen, eine *individuelle* Didaktik zu entwickeln, die ihren *Ausbildungsbedürfnissen* entspricht und aus der Lektüre von Praxisberichten, Unterrichtsmodellen, aber auch *selektiv* gelesener didaktischer Fachliteratur gespeist wird. Zwar werden politikdidaktische Fragen im Studienseminar diskutiert, politikdidaktische Kriterien spielen für die Notenfindung aber kaum eine Rolle. Die Beurteilungskriterien der Fachleiter sind überwiegend allgemeindidaktisch orientiert, d.h. an der Lehrerpersönlichkeit des Referendars und an seinem Umgang mit Schülern (Weißeno 1993a, 197 ff.; Grammes 1994a, 166 f.).

Die randständige Rolle der Politikdidaktik im Handeln der Lehrer

Lehrer der politischen Bildung wissen, dass ihre Wirkung und ihre Autorität nicht zuletzt von ihrem fachlichen, mithin *politikwissenschaftlichen*, *soziologischen* und *ökonomischen* Wissen abhängen. Nur auf diese Weise erreichen sie jene Geistesgegenwart im Unterricht, die es ihnen erlaubt, die Fragen der Schüler nach sachlicher Aufklärung wahrzunehmen (Weißeno 1995a, 248). Die Folge ist, dass Lehrer bei Fortbildungen insbesondere an fachwissenschaftlichen Informationen interessiert sind. Auf der anderen Seite wünschen sie konkrete Unterrichtsmaterialien und Unterrichtseinheiten zu aktuellen Ereignissen. Relativ gering ist dagegen der Bedarf an fachdidaktischer Information (Harms/Breit 1990, 135).

Die unwichtigste Rolle in der Praxis der politischen Bildung spielt daher die *wissenschaftliche Politikdidaktik*. Die wissenschaftliche Didaktik ist das, was in der Schule nicht vorkommt. Theorien der wissenschaftlichen Politikdidaktik teilen bislang das Schicksal aller fachdidaktischen Theorien: Sie sind lediglich Ausbildungsdidaktiken, welche allenfalls bis zum Zweiten Staatsexamen zur Kenntnis genommen werden. Nach diesem Examen steigen 90 Prozent der Lehrer aus der Rezeption fachdidaktischer Theorieliteratur aus. Sie beschränken sich auf die Beachtung und Nutzung von Lehrplänen, Schulbüchern und themenbezogenen Handreichungen (Janssen 1990, 303).

15.2 Das Leistungsspektrum der Politikdidaktik

Bei Fachwissenschaftlern wie auch bei Lehrern ist die Vorstellung weit verbreitet, dass es genüge, Inhalte und Strukturen des Unterrichts einfach den Kategorien und Systematiken der Fachwissenschaften zu entnehmen. Dies kann jedoch nicht funktionieren. Die Fachwissenschaften besitzen keine immanente didaktische Struktur. Sie gehen den Fragen nach, für die sie sich als Fach jeweils interessieren. Diese Fragen können völlig andere sein als die, die für Lernende bedeutsam sind.

Die Frage nach der Bedeutsamkeit einer Fähigkeit, einer Einstellung oder einer Kenntnis für Gegenwart und Zukunft von Lernenden ist eine *didaktische*, aber keine fachwissenschaftliche Frage. Die Fachwissenschaften kümmern sich nicht nur nicht um diese Frage. Abgesehen davon vermögen sie mit ihren Mitteln hierauf auch keine Antwort zu geben.

Das Arbeitsprogramm der Politikdidaktik

Didaktische Entscheidungen werden Tag für Tag getroffen. Dies geschieht bei erfahrenen Lehrern routiniert und damit fast unbewusst. Als Experten ihrer Profession haben sie häufig ferner ein Gefühl für Gelungenes und Misslungenes. In vielen Fällen mag dies für einen zufriedenstellenden Unterricht auch genügen.

Dennoch können Alltagsintuitionen und Alltagsroutinen niemals die Qualität empirisch gesicherter Erkenntnisse und methodisch geleiteter Reflexionen erreichen. Dieses Niveau kennzeichnet aber wissenschaftliche Theorien und unterscheidet sie von Alltagstheorien. Da die politische Bildung für die politische Kultur einer Nation von großer Bedeutung ist, liegt ihre *wissenschaftliche* Fundierung im übergeordneten *bildungspolitischen* Interesse. Schon allein deshalb ist die wissenschaftliche Politikdidaktik unverzichtbar. Darüber hinaus bietet sie Erkenntnisse an, die die Praxis in mehrfacher Hinsicht befruchten können.

Die Arbeitsfelder der wissenschaftlichen Politikdidaktik lassen sich drei Komplexen zuordnen. Zum einen entwirft die Politikdidaktik *Konzeptionen* zur Konstituierung des Faches. Politikdidaktische Konzeptionen geben zusammenhängende und begründete Antworten auf die wesentlichen Fragen der politischen Bildung. Zum anderen entwickelt die Politikdidaktik *Werkzeuge* für die Planung, Durchführung und Bewertung von Lehr-Lern-Prozessen. Zu diesen Werkzeugen gehören didaktische Prinzipien, Methodenvorschläge, Anregungen für den Einsatz von Medien sowie Kriterien für die Beobachtung, Analyse und Evaluation von Lernprozessen. Und schließlich ist die Politikdidaktik tätig auf dem Feld der *empirischen Erforschung* politischer Lehr-Lern-Prozesse mit Hilfe qualitativer und quantitativer Methoden (Sander 2005c, 24 ff.).

Politikdidaktische Konzeptionen

Eine didaktische Konzeption ist ein plausibler *Gesamtzusammenhang* von hypothetischen bzw. mehr oder weniger gesicherten Aussagen über die diversen Komponenten des Unterrichts, also über Ziele, Inhalte, Methoden und Bedingungen des Unterrichtens. Eine Konzeption ist zugleich eine *wissenschaftliche* Theorie, d.h. ein System von Begriffen, Definitionen und Aussagen, mit deren Hilfe man etwas erklären sowie eine mögliche Praxis begründen kann (Hilligen 1990b, 296). Man muss allerdings einräumen, dass die in den Konzeptionen enthaltenen normativen Elemente keine im strengen Sinne sozialwissenschaftlichen Aussagen sind. Denn sie sind weder verifizierbar noch falsifizierbar.

Die von den Politikdidaktikern vorgelegten Konzeptionen weisen alle einen *Wertbezug* auf. Der Wertbezug zeigt sich zum einen in der Normenbegründung, die stark von der zugrunde gelegten Wissenschaftstheorie bestimmt ist. Er zeigt sich zum anderen in der als richtig angesehenen Demokratievorstellung. Der Wertbezug zeigt sich drittens im *Zielsystem*. Alle Konzeptionen machen nämlich Angaben über das oberste Ziel der politischen Bildung sowie über die Bedeutsamkeit der diversen Lernzielarten. Die Konzeptionen machen weiterhin Aussagen über die *Inhalte* des Unterrichts. Sie geben in diesem Zusammenhang Kriterien für die Auswahl der Inhalte an und äußern sich über ihren Politikbegriff und ihr Gesellschaftsbild. Die Konzeptionen thematisieren schließlich die *Unterrichtspraxis*. Sie erörtern mithin Aspekte der Unterrichtskommunikation, des Lernprozesses und der Methoden (Gagel 1979, 214 ff.).

Didaktische Konzeptionen enthalten so etwas wie die *Unterrichtsphilosophie* des betreffenden Faches. Sie reflektieren die grundlegenden Fragen des Selbstverständnisses und der Identität des Faches. Zu diesem Zweck integrieren sie die vielfältigen den Unterricht bedingenden Faktoren. Der Charakter der Politikdidaktik als *Integrations-* oder *synoptische* Wissenschaft kommt folglich nirgendwo so deutlich zum Tragen wie in den Konzeptionen. An den Konzeptionen lässt sich aber auch ablesen, dass die wissenschaftliche Politikdidaktik mehr ist als nur eine *Vermittlungswissenschaft* oder gar *Berufswissenschaft*. Sie ist im Grunde eine *Bildungswissenschaft*. Wäre sie lediglich eine Vermittlungswissenschaft, könnte sie sich auf Fragen der Unterrichtspraxis beschränken.

Es gibt verschiedene Konzeptionen der Politikdidaktik. Man könnte sogar von konkurrierenden Theoriemodellen sprechen. Jedenfalls liegen alternative Gesamtbilder von den Aufgaben der politischen Bildung vor. Eine Verfestigung der Unterschiede zu fundamental entgegengesetzten Schulen der Politikdidaktik ist dennoch nicht zu erkennen. Auch ist eine Zuordnung der Politikdidaktiker zu parteipolitischen Positionen nach dem Abklingen der ideologischen Konflikte der siebziger Jahre des 20. Jahrhunderts nicht mehr möglich (Sander 2005c, 26 f.). Dessen ungeachtet ist der – verständliche – Wunsch nach einer einheitlichen politikdidaktischen Konzeption so lange unerfüllbar, wie die Wissenschaft von Kontroversen lebt.

Gleichwohl hat sich im Laufe der Zeit ein Ensemble von Annahmen herausgebildet, über die Konsens besteht. Zu diesem Ensemble gehören die Überzeugung, dass die Politik den Kern des Politikunterrichts bildet; das Verständnis von politischer Bildung als einer von Rationalität geprägten Auseinandersetzung mit Politik; die Anerkennung des Pluralismusgebotes und des Überwältigungsverbotes bei der Aufbereitung und der Durchführung des Unterrichts; die Orientierung an einem Verständnis vom Menschen als Subjekt, dessen Mündigkeit im Sinne von selbstständiger politischer Urteils- und Handlungsfähigkeit durch politische Bildung gefördert werden soll; der Bezug auf die Verfassungsdemokratie als die angemessene politische Ordnung (Sander 2001, 28).

Die große Zeit der politikdidaktischen Konzeptionen waren die siebziger und achtziger Jahre des 20. Jahrhunderts.[232] Ungeachtet ihrer Unterschiede folgten die Konzeptionen durchweg dem *kategorialen* Paradigma.[233] Gemäß diesem Paradigma ist es Aufgabe der politischen Bildung, mit Hilfe von kategorialen Schlüsselfragen das Verallgemeinerbare von Politik aufzuschließen. Dabei entsprechen die kategorialen Schlüsselfragen entweder den Begriffen oder Analyseinstrumenten der Politikwissenschaft, oder aber sie orientieren sich an existentiellen Schlüsselproblemen der Gegenwart.

Neben dem kategorialen Paradigma hat sich unter dem Einfluss von Sozialisationsforschung (Grammes 1986, 11 ff., 412) und konstruktivistischer Kognitionstheorie (Sander 2001, 83 ff.) ein zweites, nämlich *pragmatisches* Paradigma herausgebildet. Die diesem Paradigma folgenden Konzeptionen[234] stellen die Orientierung an Kategorien nicht prinzipiell in Frage. Sie erinnern jedoch daran, dass das Lernen nicht einfach den fachwissenschaftlich geprägten Kategorien folgt. Denn Lernende bringen politische Deutungsmuster bzw. mentale Modelle über die politische Welt, mit einem Wort: subjektive Wissensnetze, immer schon mit. Diese dürfen bei der Gestaltung von Lernprozessen nicht ignoriert werden.

Gemäß dem pragmatischen Paradigma kommt es in der politischen Bildung nicht auf das Vermitteln und Belehren an, sondern auf das Verhandeln differierender Deutungsmuster. Nicht die Vermittlung von Stoff soll hiernach also die Wirklichkeit von Lehr-Lern-Prozessen

---

[232] Politikdidaktische Konzeptionen entwickelten Kurt Gerhard Fischer, Hermann Giesecke, Wolfgang Hilligen, Bernhard Sutor, Ernst-August Roloff, Rolf Schmiederer und Bernhard Claußen.

[233] Zur Problematik des Begriffs *Paradigma* in der Politikdidaktik siehe die Ausführungen zum Thema *Ein konstantes Paradigma oder paradigmatische Vielfalt in der Politikdidaktik?* in Abschnitt *15.4 Aktuelle Kontroversen und Arbeitsfelder der Politikdidaktik*.

[234] Maßgebliche Vertreter dieses Paradigmas sind Tilman Grammes und Wolfgang Sander. Sie haben ihre didaktischen Konzeptionen in den Monographien *Kommunikative Fachdidaktik* (Grammes) und *Politik entdecken – Freiheit leben* (Sander) ausführlich dargestellt.

bestimmen, sondern die Artikulation und Kommunikation subjektiver Bedürfnisse, Erfahrungen, Deutungen und Weltbilder. Ein als Dialog gestalteter Unterricht soll nicht nur den Austausch und die Korrektur vorgefundener Deutungsmuster ermöglichen, sondern auch allen Beteiligten das Gefühl geben, dass ihnen nicht eine bestimmte Sicht der Dinge aufgedrängt wird (Grammes 1986, 356).
Wichtig ist dem pragmatischen Paradigma auch die Bereitstellung geeigneter Lernumgebungen zur Anregung eigenständigen Lernens. Diesem Erfordernis entspricht die Fokussierung der Lernangebote auf exemplarisch ausgewählte problemhaltige Gegenstände. Hinzukommen muss eine stärkere Differenzierung des Arbeitens nach Interessen und Fähigkeiten der einzelnen Lernenden (Sander 2005a, 56 f.).

Werkzeuge zur Planung, Durchführung und Bewertung politischer Bildungsprozesse

Die wissenschaftliche Politikdidaktik hat vor dem Hintergrund der Aufgaben und Ziele der schulischen politischen Bildung ein Ensemble von Werkzeugen entwickelt, mit deren Hilfe Lehr-Lern-Prozesse geplant, durchgeführt, reflektiert und bewertet werden können. Im Wesentlichen lassen sich *didaktische Prinzipien*, *Methodenvorschläge* und *Kriterien der Leistungsbewertung* nennen. Von besonderer Wichtigkeit ist weiterhin das *Instrumentarium zur Planung von Politikunterricht*.

Didaktische Prinzipien sind pragmatisch begründete Selektions- und Legitimationskriterien sowie Gestaltungsprinzipien des Unterrichts. Sie fungieren mithin als Instrumente für die Auswahl und Begründung von Unterrichtsvorhaben wie auch für deren inhaltliche Strukturierung. Sie erlauben es, Ausschnitte der Welt so zu Lerngegenständen zu machen, dass ein erfolgreiches Lernen stattfinden kann.[235]
Die Berücksichtigung bzw. Nichtberücksichtigung der diversen didaktischen Prinzipien schlägt unmittelbar auf die Beschaffenheit des Lehr- und Lernprozesses durch. Didaktische Prinzipien sind mithin keine Schmuck- oder Leerformeln, die irrelevant für die Praxis wären.
Methoden sind Wege des Lernens. Sie definieren Schritte, zeitliche Abläufe und Regeln für die Begegnung mit den Lerngegenständen.[236] Bei der Anwendung bestimmter Methoden trainieren die Lernenden zugleich ihre Fähigkeiten, sich kompetent mit Politik und Gesellschaft auseinander zu setzen. Solche Methoden sind daher selbst Gegenstand der politischen Bildung.[237]
Die wissenschaftliche Politikdidaktik warnt vor einer isolierten Betrachtung von Methoden, bei der Inhalts- und Zielfragen nicht wahrgenommen oder gar bewusst ausgeklammert werden. Praktiker unterliegen leicht der Versuchung, Methoden allein unter *motivationspsychologischen* Gesichtspunkten sowie unter dem technokratischen Blickwinkel *effizienter Einsetzbarkeit* zu betrachten.
Hierbei wird aber vergessen, dass die Methode dem Gegenstand entsprechen muss. Methoden sind nicht beliebig einsetzbar. Häufig ist in den Lerngegenständen sogar die ihnen am ehesten entsprechende Methode enthalten. Es wird auch vergessen, dass die Methode den Gegenstand mitbestimmt. Denn Methoden sind gegenstandskonstitutiv. Das bedeutet, dass das im Unter-

---

[235] Die politikdidaktischen Prinzipien sind in Abschnitt *13.1 Didaktische Prinzipien der schulischen politischen Bildung* dargestellt.

[236] Die Methoden der schulischen politischen Bildung sind in Abschnitt *13.3 Die Makromethoden der schulischen politischen Bildung* dargestellt.

[237] Gegenstandsadäquate Methoden sind insbesondere die Fallanalyse, die Fallstudie, die Erkundung, die Sozialstudie, das Planspiel, das Entscheidungsspiel und die Politikwerkstatt.

richt vermittelte Bild des Gegenstandes zu einem ganz erheblichen Teil Ergebnis der eingesetzten Methode ist. Keine Methode ist gegenstandsneutral (Detjen 2004a, 71 f.).

Die *Leistungsbewertung* in der politischen Bildung bezieht sich auf das politische Wissen, die politische Analyse- und die politische Urteilsfähigkeit sowie auf das Methodenwissen der Lernenden. Die Bewertung mündlicher Leistungen geschieht begleitend zum Unterrichtsgespräch. Die Beurteilung schriftlicher Leistungskontrollen in Tests und Klausuren bezieht sich vor allem auf das Textverständnis, die sachgerechte Darstellung von Zusammenhängen und die begründete Stellungnahme.

Nach anderen Kriterien wird in der *Evaluation* verfahren. Denn eine Evaluation bewertet die Bedingungen, den Verlauf und die Ergebnisse politischer Lernprozesse. Mit Hilfe von Fragebögen werden der Methodeneinsatz, das Verhalten des Lehrenden und die erreichten Lernziele eruiert. Es gibt die Fremdevaluation und die Selbstevaluation. Bei der Selbstevaluation eines Unterrichtsvorhabens durch die Lerngruppe kommt es darauf an, dass möglichst stark von der subjektiven Betroffenheit und Eingebundenheit der Beteiligten in den unterrichtlichen Interaktionsprozess abstrahiert wird (Deichmann 2005, 605 ff., 614 ff.).

Das *Instrumentarium zur Planung von Politikunterricht*[238] erscheint vielen erfahrenen Lehrern als ein Angebot, das allenfalls für Anfänger relevant ist. Es gibt die verbreitete Auffassung, dass die Lehrpläne eigene Planungsüberlegungen und Planungsentscheidungen überflüssig machen. Denn Ziele und Inhalte der einzelnen Unterrichtsvorhaben stünden in den Lehrplänen.

Lehrpläne beeinflussen ohne Frage die Auswahlüberlegungen der Lehrer. Sie können ihnen aber nicht die Entscheidung über Inhalte und Ziele, Methoden und Medien des *konkreten* Unterrichts und damit die eigentliche Planungsarbeit abnehmen. Vor allem bekommen Lehrer bei der Behandlung *aktueller* Themen zu spüren, wie sehr sie auf die Fähigkeit zu selbstständiger didaktischer Reflexion und Entscheidung angewiesen sind. Die Analyse aktueller politischer Probleme und Konflikte ist didaktisch gesehen ein besonders wertvolles Vorgehen. Denn die Lernenden erhalten hier die Gelegenheit, ihre Fähigkeit zur politischen Urteilsbildung und damit einen wichtigen Bestandteil ihrer späteren Bürgerrolle in der Demokratie zu trainieren.

Der bequeme Rekurs auf die Lehrpläne vermag noch aus einem weiteren Grunde nicht zu überzeugen: Die Lehrplanvorgaben stecken nämlich den Gegenstandsbereich der politischen Bildung nur grob ab. Aus fachlicher und pädagogischer Sicht sind sie nicht selten unvollständig, manchmal sogar fragwürdig. Häufig sind sie auch inhaltlich überladen, so dass die Lehrer am Auswählen gar nicht vorbeikommen (Breit/Weißeno 2003, 64).

Empirische Erforschung der politischen Bildung

Es gibt insgesamt nur wenige empirische Studien über die Wirklichkeit der politischen Bildung. Hinzu kommt, dass die empirischen Untersuchungen älteren Datums meistens nicht vor dem Hintergrund politikdidaktischer Fragestellungen entstanden sind.[239] Eine Ausnahme bildet lediglich die 1955 von Wolfgang Hilligen auf Hessen bezogene Bestandsaufnahme *Plan und Wirklichkeit im sozialkundlichen Unterricht*. Für die siebziger und achtziger Jahre des 20.

---

[238] Die Prinzipien zur Planung von Politikunterricht sind in Abschnitt *13.5 Prinzipien zur Planung von Politikunterricht* dargestellt.

[239] Bekannte Studien sind *Student und Politik. Eine soziologische Untersuchung zum politischen Bewusstsein Frankfurter Studenten* (1961) von Jürgen Habermas und anderen sowie *Erziehung zur Anpassung? Eine soziologische Untersuchung der politischen Bildung in den Schulen* (1967) von Egon Becker, Sebastian Herkommer und Joachim Bergmann.

Jahrhunderts ist sogar eine auffällige Empirieabstinenz festzustellen (Weißeno 1993c, 18 ff.). Die wissenschaftliche Politikdidaktik widmet sich verstärkt erst seit Anfang der neunziger Jahre der empirischen Wirklichkeit der politischen Bildung. Sie hat dadurch das lange Zeit bestehende Defizit an empirischem Wissen über ihren Gegenstand ein gutes Stück aufgearbeitet.

Im Wesentlichen betreibt die Politikdidaktik Lerner-, Professions- und Unterrichtsforschung. Während die *Lernerforschung* das didaktische Selbstverständnis von Schülern in den Blick nimmt, untersucht die *Professionsforschung* die Selbstdeutung und das Handlungswissen von Lehrern. Gegenstand der *Unterrichtsforschung* ist die Mikrostruktur politischer Lehr-Lern-Prozesse. Dieser Forschung geht es darum, in der detaillierten Interpretation von Unterrichtsszenen die Bestimmungsfaktoren des Lehrerhandelns sowie manifeste und latente Inhalte unterrichtlicher Kommunikation herauszuarbeiten (Breidenstein 2002, 17).

Der Großteil der empirischen Forschung ist *qualitativ* ausgerichtet. Obwohl es in der politischen Bildung immer Ansätze quantitativer Forschung gegeben hat (Hilligen 1993, 125 ff.), haben entsprechende Forschungsarbeiten von Politikdidaktikern bislang Seltenheitswert.[240] Außerhalb der Politikdidaktik gibt es jedoch immer wieder quantitative Studien.[241] Qualitative Forschung unterscheidet sich von quantitativen Methoden dadurch, dass die Annäherung an die soziale Wirklichkeit mit Hilfe offener, sich schrittweise vortastender Verfahren erfolgt. Auf standardisierte Erhebungsinstrumente wird bewusst verzichtet. Qualitative Forschung will die Alltagstheorien, Binnenperspektiven und Handlungen der am Unterricht Beteiligten zur Sprache bringen und dabei versuchen, die Antriebe aufzudecken, die das Denken und Handeln steuern (Henkenborg/Kuhn 1998, 10 f.).

Qualitative Daten über die Unterrichtswirklichkeit und didaktische Alltagstheorien gewinnt die Forschung durch Interviews, Unterrichtsbeobachtungen und Gruppengespräche. Weitere Zugänge bieten Stundenpläne, Klassenbücher, Berichtshefte, Schülerhefte, Klausuren, Planungsentwürfe, Lehrerautobiographien und schließlich Ton- und Videoaufzeichnungen von Unterrichtsstunden (Grammes 1990, 193 ff.).

Man kann drei qualitative Forschungsrichtungen unterscheiden: So versucht man zum einen, Zugänge zu subjektiven Sichtweisen zu erhalten und subjektiv gemeinten Sinn nachzuvollziehen. Dies ist der Fall bei der Rekonstruktion der didaktischen Auffassungen von Lernern und des Professionswissens von Lehrern. Man bemüht sich zweitens um die Deskription sozialen Handelns, also beispielsweise um die Erfassung der Handlungs- und Aushandlungsprozesse im alltäglichen Unterricht. Die interpretative Unterrichtsforschung ist dieser Perspektive zuzuordnen. Man trachtet schließlich drittens nach hermeneutischen Analysen deutungs- und handlungsgenerierender Tiefenstrukturen. Das tiefenhermeneutische Vorgehen wird angewendet, wenn es um das Verstehen widersprüchlicher Handlungsweisen im Unterricht geht (Henkenborg 2002, 102 f.; Henkenborg 2005, 49 f.).

Über den Wert der empirischen Forschung gehen die Meinungen auseinander. So wird die Auffassung vertreten, dass die Forschungsbemühungen im Grunde nur bestätigen, was in der Politikdidaktik ohnedies vertreten wird (Ackermann 1996, 207). Dann wird beklagt, dass die

---

[240] Zu erwähnen ist einmal die auf Fragebögen basierende quantitative Erhebung zur Lage der schulischen politischen Bildung aus der Sicht der Politiklehrer (Harms/Breit 1990, 17 ff.). Dann hat Volker Meierhenrich mit Hilfe einer schriftlichen Befragung gemessen, inwieweit die von Bernhard Sutor formulierten Grundkategorien politischer Urteilsbildung im politischen Bewusstsein von Schülern eines Gymnasiums verankert sind (Meierhenrich 2003, 163 ff.).

[241] Besonders bekannt wurde die von der *International Association for the Evaluation of Educational Achievement (IEA)* 1994 initiierte und in 28 Ländern durchgeführte *Civic-Education-Studie*.

Einzelstudien kaum miteinander vergleichbar sind, da ihre Fragestellungen und Methoden zu stark differieren. Als weiterer Makel gilt, dass es bisher keine Kriterien in der wissenschaftlichen Fachdidaktik zur Bewertung der Qualität empirischer Forschungsarbeiten gibt. Schließlich wird bemängelt, dass es bisher nicht gelungen ist, ein Forschungsdesign zu entwickeln, welches erlaubt, die Wirkungen des Politikunterrichts im Gesamtfeld der politischen Sozialisation zuverlässig zu isolieren (Sander 2002a, 41).

Für die empirische Forschung wird insbesondere angeführt, dass sie zur Anschlussfähigkeit der Politikdidaktik an die Sozialwissenschaften geführt habe. Die Politikdidaktik sei dadurch zu einer forschenden Disziplin wie andere Sozialwissenschaften auch geworden. Ferner habe vor allem die qualitative Unterrichtsforschung eine Fülle von Material (Stundenaufzeichnungen) hervorgebracht, das in der Lehrerausbildung fruchtbringend eingesetzt werden könne (Henkenborg 2002, 105 f.).

Erträge der empirischen Fachunterrichtsforschung

Schwerpunkt einer ersten Forschungslinie ist die Rekonstruktion der subjektiven Sichtweisen von Schülern (Lernern) über die Politik und den erlebten Politikunterricht. Mit Hilfe von Einzel- und Gruppeninterviews hat die Forschung herausgefunden, dass es verschiedene *Lernertypen* und *Lernerdidaktiken*, d.h. Alltagstheorien von Lernenden über Politikunterricht, gibt.

In einer von Georg Weißeno veröffentlichten Studie wird festgestellt, dass abhängig von den Sozialisationsbedingungen Lerngruppen sich aus politisch, soziologisch und ökonomisch orientierten Lernertypen zusammensetzen. Diese Lernertypen reagieren ganz verschieden auf Lernangebote und Lernstrategien. Das heißt, dass sie je eigene politikdidaktische Vorstellungen haben. So geht der politische Lernertyp Herrschafts- und Machtfragen diskurs- und problemorientiert an, interessiert sich für makrosoziologische Themen und lehnt stofforientierten Unterricht eher ab. Der soziologische Lernertyp misst Identitätsfragen und der eigenen Persönlichkeitsentwicklung hohe Bedeutung zu, befürwortet die Beschäftigung mit der Umwelt und strebt nach sozialwissenschaftlicher Aufklärung und Kritik. Der ökonomische Lernertyp ist generell an harten Fakten und insbesondere an institutionenkundlichem Wissen aus dem politisch-ökonomischen Makrobereich interessiert. Er bevorzugt rezeptives Lernen. Diskussionen begegnet er mit Distanz (Weißeno 1989, 270 ff.).

Aus Interviews mit Hauptschülern und Eindrücken aus beobachtetem Unterricht hat Carla Schelle fünf Lernertypen herauskristallisiert, nämlich den distanzierten, den faszinierten, den betroffenen, den kulturellen und den historischen Lernertyp. Dass Schüler mehr über Politik zu sagen haben, als sie im Unterricht sagen, ist ein weiterer Ertrag der Arbeit von Schelle. Viele Schüler halten ihre Sichtweisen bewusst hinter einer Fassade scheinbarer Teilnahmslosigkeit zurück. Die Folge ist, dass die Lehrer die Schüler für dümmer halten, als sie sind (Schelle 1995, 326 ff.).

Weniger auf gezielter empirischer Forschung als auf langjähriger Beobachtung von Unterricht beruht die Feststellung, dass die Alltagsvorstellungen von Lernenden typische Fehlverständnisse von Politik und Demokratie enthalten. So gibt es die Vorstellungen, dass das Volk politisch homogen denke und handle, dass die Mitwirkung des Einzelnen an der politischen Willensbildung mit politischer Selbstbestimmung identisch sei, dass die Mehrheit immer Recht habe, dass private Gewalt und staatliche Gewalt dasselbe seien, dass das auf Eigeninteresse basierende wirtschaftliche Handeln unmoralisch sei und anderes mehr (Reinhardt 2003, 501 ff.).

Die *Professionsforschung* zeigt auf, dass Politiklehrer in der Praxis hochselektiv mit den im Studium erworbenen Wissensbeständen umgehen. Sie wenden das wissenschaftliche Wissen steinbruchartig nach den Bedürfnissen ihres Alltags an. Dies gilt auch für das von der wissenschaftlichen Politikdidaktik bereitgestellte Wissen. Das Handlungswissen der Lehrer speist sich stark aus dem kollegialen Erfahrungsaustausch und aus der Weitergabe von „bewährten" Rezepten. Erklärt werden kann dieses Verhalten aus den Handlungszwängen, denen Lehrer unterliegen. Im Unterschied zu den Politikdidaktikern müssen sie Tag für Tag den Unterricht bewältigen. Sie haben nur selten die Zeit, um in Muße ihr fachwissenschaftliches und didaktisches Wissen zu erweitern.

Gleichwohl kann man die mangelnde Berücksichtigung wissenschaftlichen Wissens im Alltag des Politikunterrichts als ein Professionalisierungsdefizit diagnostizieren. So geben Politiklehrer für ihr Handeln eher allgemeinpädagogische Begründungen an und erteilen häufig einen unpolitischen Politikunterricht. Und sie folgen subjektiven Theorien und Routinen, die sich nicht selten als Indoktrination, als Neigung zu alltagspolitischen Meinungsgirlanden oder als therapeutische Moderation entpuppen (Weißeno 1992, 243 f.; Weißeno 1995a, 246 f.).

Eine andere Untersuchung zeigt, dass Politiklehrer sehr eigensinnige normative Alltagskonzepte verfolgen und dass sich entlang dieser Konzepte verschiedene Lehrertypen feststellen lassen. Der Lehrertyp *Moderator* sieht seine vorrangige Aufgabe darin, den Prozess der Urteilsbildung durch die Herstellung einer kommunikativen Lernatmosphäre zu unterstützen. Der Typ *Wissensvermittler* stellt die Wissensvermittlung in das Zentrum des Unterrichts. Ein weiterer Typ ist der *Missionar*, der die Schüler mit allen Kräften auf den richtigen Weg führen will (Henkenborg 2002, 100).

Zur Professionsforschung gehören auch Interviews mit Fachleitern. Es hat sich dabei herausgestellt, dass sich das Professionswissen der Fachleiter und das von der wissenschaftlichen Politikdidaktik bereitgestellte Wissen deutlich unterscheiden. Das Fachleiterwissen ist das Ergebnis einer Transformation des wissenschaftlichen Wissens nach Maßgabe eines eigenen normativen Bezugsrahmens und eigener Erfahrungen. Es entwickelt sich so eine individuelle Fachleiterdidaktik. Bestandteile dieser Didaktik sind die Konzentration auf das Handwerklich-Methodische, die Verwendung eines weiten Politikbegriffes, die Betonung allgemeindidaktischer Kategorien und nicht zuletzt das Verständnis von Didaktik als Meisterlehre. Dabei fungiert der eigene Unterricht als Vorbild (Weißeno 1995b, 38 ff.; Weißeno 1998, 204 ff.).

Die empirische Erforschung des Unterrichts folgt weitgehend dem Programm einer dem symbolischen Interaktionismus folgenden *interpretativen Unterrichtsforschung*. Die interpretative Unterrichtsforschung versteht Lernen als interaktive Aushandlung von Bedeutungen. Sie nimmt an, dass Lehrer und Schüler prinzipiell verschiedene Sichtweisen auf den Unterrichtsgegenstand mitbringen. Sie untersucht folglich die Art und Weise der interaktiven Aushandlungsprozesse, das Aufeinanderzugehen und die Versuche, sich im Unterrichtsprozess auf die differierende „Rahmung" des anderen einzustellen und eigene Rahmungen entsprechend zu modulieren (Breidenstein 2002, 20).

Die zentrale Annahme der *Unterrichtsforschung* lautet, dass in jedem Unterricht und damit auch im Politikunterricht verschiedene *Wissensformen* aufeinander treffen, nämlich wissenschaftliches Wissen, Professionswissen und Alltagswissen, und dass am Ende so etwas wie ein *Schulwissen* produziert wird (Grammes 1998, 83 ff.).

Das *wissenschaftliche* Wissen stammt aus Fachwissenschaft, Fachdidaktik und Erziehungswissenschaft. Es ist ein Wissen, das Lehrer im Studium erfahren haben und für den Unterricht nutzen können und auch sollen, das aber nicht speziell für den Gebrauch an Schulen produziert worden ist. Dieses Wissen gehorcht den strengen Rationalitätskriterien der Wissenschaft. Es legitimiert sich nicht durch seine Anwendungstauglichkeit im Unterricht. Ganz anders verhält es sich mit dem *Professionswissen* der Lehrer. Dieses Wissen setzt sich aus vielen Bestandteilen zusammen. Sein maßgebliches Kriterium ist nicht Wahrheit, sondern Brauchbarkeit für die Bewältigung von Handlungsproblemen in der Schule. Das *Alltagswissen* der Lernenden schließlich ist stark lebensweltbezogen. Falls es sich auf Gegenstände des Politikunterrichts bezieht, speist es sich häufig aus der Rezeption von Illustriertenberichten, Fernsehmagazinen oder Unterhaltungen.

Die Unterrichtsforschung zeigt, dass es im Unterricht zu einer *Aushandlung* der Deutungen aus den genannten Wissenskomplexen kommt. Unterricht ist also nicht einfach ein Vorgang der *vertikalen* Wissens- oder Informationsweitergabe vom Lehrer an die Schüler, sondern ein *horizontal* verlaufender Prozess der Wissenstransformation.

Die interpretative Rekonstruktion beobachteten alltäglichen Unterrichts hat vielfältige Professionalisierungsdefizite der Lehrer zutage gefördert: Immer wieder kommt es im Unterricht zu thematischen Engführungen und zur Produktion dogmatischen Wissens. Immer wieder wird die Diskursivität des Lernprozesses unterlaufen. Belegen lässt sich eine Neigung, Eindeutigkeit herzustellen, auch wenn der betreffende Sachverhalt mehrdeutig ist. Hiermit korrespondiert eine Verweigerung des Diskurses mit Andersdenkenden. Insgesamt gibt es eine verbreitete Tendenz zum *pädagogischen Fundamentalismus* (Grammes 1998, 102).

Weiterhin belegt die interpretative Unterrichtsforschung die These, dass Lernende häufig weitergehende Beiträge formulieren, als Lehrer ihnen zutrauen. Lehrer neigen in dieser Situation dazu, die weiterführenden Impulse zu „überhören". Offensichtlich sind bei vielen Lehrern die hermeneutischen Kompetenzen zum Verstehen der Schülerbeiträge nicht hinreichend entfaltet (Grammes/Weißeno 1993, 13).

15.3 Vom Nutzen der Politikdidaktik für die Praxis der politischen Bildung

Das Verhältnis zwischen der universitären Disziplin Politikdidaktik und dem schulischen Unterrichtsfach Politik ist nicht frei von Spannungen. Die Beziehungen zwischen *wissenschaftlichen* Didaktikern und *praktizierenden* Didaktikern, also den Politiklehrern, gelten seit längerer Zeit als gestört. Insbesondere ist den Praktikern die wissenschaftliche Didaktik viel zu theoretisch, d.h. zu wenig anwenderfreundlich. Praktiker ignorieren deshalb weitgehend die Ergebnisse der wissenschaftlichen Didaktik. Nicht wenige Lehrer sind sogar stolz auf ihre Theorieabstinenz. Es ist jedoch die Frage, ob pädagogisches Handeln theorielos sein kann.

Die Unmöglichkeit einer didaktischen Theorieabstinenz

Es ist ein Missverständnis anzunehmen, pädagogisches Handeln in der Schule sei „praktisch" und nicht „theoretisch". Es gibt nämlich keine Praxis ohne Theorie. Theorie ist hierbei verstanden als verallgemeinerndes, also auf künftige Situationen anwendbares Wissen. Das Wissen nun, mit dem Pädagogen ihre berufliche Praxis planen und begründen, ist keineswegs theorielos. Denn in ihrem Handeln wenden sie Vorstellungen darüber an, welche Ziele mit dem Handeln erreicht werden sollen, warum diese Ziele wichtig sind und welche Lernwege sich aus welchen Gründen anbieten (Sander 2005c, 33).

Pädagogisches Handeln ist also immer theoriegeleitet. Wenn es sich bei diesen Theorien nicht um wissenschaftliche Theorien handelt, dann um *Alltagstheorien*. Alltagstheorien sind mehr oder weniger reflektierte und mehr oder weniger begründete Annahmen und Erklärungen über Ziele, Sinn und Zweck des pädagogischen Handelns, über „richtige" und „falsche" Entscheidungen, über Ursachen für Gelingen und Misslingen von Unterricht sowie über Kriterien dafür, was als Gelingen und Misslingen gelten soll (Sander 1997, 24).

In der Pädagogik hat man es folglich nie mit einem Theorie-Praxis-Gegensatz zu tun, sondern, wenn überhaupt, mit einem Theorie-Theorie-Gegensatz, also mit der Spannung zwischen wissenschaftlicher Theorie und Alltagstheorie. Anders gesagt: Wissenschaftler wie Praktiker haben abstrakte Vorstellungen vom Unterricht. Der Unterschied dieser Vorstellungen liegt im

Grad der Reflexivität. Und diesbezüglich gilt, dass die Reflexivität wissenschaftlicher Theorien um ein Vielfaches höher ist als die von Alltagstheorien (Weniger 1975, 38 ff.).

Die Rede von einem Gegensatz zwischen Theorie und Praxis ist noch aus einem weiteren Grund haltlos. Hierfür kann Kant als Zeuge herangezogen werden. Kant sagte in seiner Schrift *Über den Gemeinspruch: Das mag in der Theorie richtig sein, taugt aber nicht für die Praxis* ganz zu Beginn Folgendes über die Theorie: „Man nennt einen Inbegriff selbst von praktischen Regeln alsdann Theorie, wenn diese Regeln als Prinzipien in einer gewissen Allgemeinheit gedacht werden und dabei von einer Menge Bedingungen abstrahiert wird, die doch auf ihre Ausübung notwendigen Einfluss haben. Umgekehrt heißt nicht jede Hantierung, sondern nur diejenige Bewirkung eines Zwecks Praxis, welche als Befolgung gewisser im Allgemeinen vorgestellter Prinzipien des Verfahrens gedacht wird."
Die von Kant vorgenommene Unterscheidung zwischen *Hantierung* und *Praxis* macht deutlich, dass Praxis eine Befolgung von allgemein gedachten, d.h. aber theoretischen Prinzipien ist. Hiernach basiert also auch die unterrichtliche Praxis auf theoretischen Annahmen, jedenfalls dann, wenn sie mehr ist als mechanische Hantierung (Hilligen 1990a, 82).

Dies alles bedeutet: Die in der Praxis Tätigen handeln nach theoretischen didaktischen Maßgaben, auch wenn ihnen diese Bindung häufig gar nicht bewusst ist. Es spricht weiterhin viel dafür, dass die Praktiker nach Alltagstheorien handeln, ihr Unterricht also auf wenig reflektierten und nur oberflächlich begründeten Annahmen beruht.
Im Gegensatz zu didaktischen Alltagstheorien kann die wissenschaftliche Didaktik für sich in Anspruch nehmen, reflektierte Theorie pädagogischer Praxis zu sein. Sie basiert auf Abstrahierungen von Praxiserfahrungen. Die Didaktik ist folglich nicht „unpraktisch" oder praxisfremd, obwohl diese Auffassung bei Praktikern weit verbreitet ist.

Gründe für die Distanz zwischen Politikdidaktik und Unterrichtspraxis

Verantwortlich für die atmosphärischen Störungen zwischen wissenschaftlichen Didaktikern und Unterrichtspraktikern dürfte unter anderem die *Sprache* sein. Praktiker verweigern die Rezeption wissenschaftlicher Werke, wenn sich die wissenschaftliche Kommunikation einer hermetischen Sprache bedient, die nur im kleinen Fachkollegenkreis überhaupt verstanden wird. Dasselbe gilt, wenn die Ableitungs-, Abgrenzungs- und Legitimationsargumentationen in didaktischen Publikationen weit umfangreicher ausfallen als die Darlegung des eigentlichen Anliegens (Sander 1997, 23). Weiterhin zeigen Praktiker wenig Verständnis, wenn sich die Politikdidaktik mit Gegenständen befasst, die nur auf sehr weiten Umwegen eine praxiswirksame Dimension entfalten können.

Nun ist einerseits die Politikdidaktik wie andere Didaktiken auch mit der Erwartung konfrontiert, einen Beitrag zur beruflichen Qualifikation von Pädagogen zu leisten und insofern auf deren späteres unterrichtliches Handeln einzuwirken. Diese Funktion legitimiert die Stellung der Didaktik im Rahmen der Lehrerbildung. Davon, dass angehende Lehrer sich mit wissenschaftlicher Didaktik auseinandersetzen, erhoffen sich die Kultusministerien eine bessere Berufsqualifikation und damit am Ende eine bessere Qualität des Lehrens und Lernens in der pädagogischen Praxis.
Andererseits gilt zu bedenken, dass die Politikdidaktik eine Wissenschaft ist. Sie hat in erster Linie wissenschaftliches Wissen, nicht jedoch Professionswissen zu produzieren. In dieser Hinsicht hat sie sich an wissenschaftlichen Geltungskriterien zu orientieren und nicht an den Kriterien von Praktikabilität in pädagogischen Handlungssituationen (Sander 2001, 32).

Wissenschaftler arbeiten in einem eigenen Bezugssystem mit Vertretern von Nachbarwissenschaften sowie den Fachkollegen anderer Universitäten als Gesprächspartnern. Sie richten sich nach den innerhalb des Wissenschaftssystems mit seinen Regeln für wissenschaftliches Wissen und für wissenschaftliche Kommunikation geltenden Mustern. Daraus resultieren eine spezifische Sprache und eine spezifische Argumentationsweise. Im Wissenschaftssystem ist es auch nicht üblich, Komplexität zu reduzieren. Komplexität wird vielmehr erhöht. Aus diesen strukturellen Gründen besteht also zwangsläufig eine erhebliche Distanz der Wissenschaft zur Praxis. Diese Distanz kann die Politikdidaktik wie andere Didaktiken auch nicht einfach überspringen (Gagel 1990, 286).

Der *Distanzerfahrung* bedarf die Politikdidaktik auch aus wissenschaftsinternen Gründen. Nur wenn ihr ein vom Praxisdruck freies, grundlegendes Nachdenken ermöglicht wird, kann sie tun, was von einer Wissenschaft erwartet wird, nämlich Systeme von Begriffen, Definitionen und Aussagen zu entwickeln. Und nur so kann sie auch ein Innovationspotential für Veränderungen in der pädagogischen Praxis entfalten. Denn erst die Distanz erlaubt ihr die Reflexion, pädagogische Situationen anders zu sehen, als es die Bedingungen des alltäglichen Unterrichtens nahelegen. Die Distanz gestattet es auch, Denkwege für alternative Handlungsmöglichkeiten im Unterricht zu eröffnen.

Aus guten Gründen sind Wissenschaften daher institutionell von der Praxis getrennt. In diesem Sinne wäre es beispielsweise völlig unakzeptabel, würde sich die Politikdidaktik bildungspolitischen Vorgaben wie Stundentafeln, Lehrplänen und der Arbeitsorganisation von Lehrern unterwerfen. Täte sie das, würde sie sich ihres kritischen Potentials und ihrer Innovationsfähigkeit begeben (Sander 1997, 23).

Die Distanz der Politikdidaktik zu den täglichen Problemen der Unterrichtspraxis erklärt sich auch vom *Erkenntnisinteresse* der Wissenschaft her. Handlungsprobleme in der pädagogischen Praxis sind immer konkrete, ja singuläre Probleme. Jede Unterrichtsstunde ist eine nicht wiederholbare Singularität. Jede Lerngruppe ist von jeder anderen verschieden. In diesen je einmaligen Situationen müssen die Lehrer handeln.

Die wissenschaftliche Didaktik interessiert sich hingegen nicht für das Besondere der einzelnen Lehr-Lern-Situation, sondern für das, was an und in ihr *typisch* ist. Denn ein maßgebliches Kriterium für den Geltungsanspruch wissenschaftlichen Wissens ist seine Verallgemeinerbarkeit. Das bedeutet: Die wissenschaftliche Politikdidaktik muss prinzipiell von der Vielzahl der eine pädagogische Situation kennzeichnenden konkreten Merkmale abstrahieren. Dieses Interesse an der Allgemeingültigkeit unterscheidet sie mithin vom Interesse der Praktiker an der konkreten Bewältigung aller eine Unterrichtssituation bestimmenden Faktoren (Sander 2001, 32 f.).

Die Eigentümlichkeiten der wissenschaftlichen Politikdidaktik verbieten es, von ihr eine direkte Anleitung für die Unterrichtspraxis zu erwarten. Niemals kann mithin der Politikunterricht die bruchlose Umsetzung einer politikdidaktischen Konzeption sein. Die Orientierung an einer politikdidaktischen Konzeption ist nicht als schlichte Anwendung, sondern nur als kreativer Prozess denkbar und sinnvoll (Detjen 2004a, 77). Denn eine Konzeption kann keine eindeutigen Handlungsanweisungen geben, weil die konkreten Unterrichtsbedingungen zu unterschiedlich sind. Die Entscheidungen vor Ort muss der Pädagoge mithin in eigener Verantwortung treffen. Es käme seiner Entmündigung gleich, wäre es anders (Grammes 1988, 14).

Orientierungsfunktionen der Politikdidaktik für die Unterrichtspraxis

Mit Nachdruck muss festgestellt werden, dass die Politikdidaktik als Wissenschaft keine *Rezepte* und hantierbaren Schemata liefern kann. Die Politikdidaktik lehnt eine „Rezeptologie" sogar ab. Die Anwendung von Rezepten degradiert das Lehrerhandeln nämlich zur *Handwerkelei* oder, kantisch gesprochen, zur *Hantierung*.

Unterrichtsvorbereitung und Unterrichtsdurchführung sind jedoch *Handlungen*. Jede Handlung besteht aus Ziel und Weg. Wer Unterricht plant, darf sich nicht auf eine Methodenplanung beschränken, er muss auch eine Zielklärung vornehmen. Wenn jemand verspricht, durch die Beschränkung auf das Methodische besonders praxisnah zu sein, dann halbiert er in Wirklichkeit die Praxis. Denn er klammert die Zielklärung aus. Nach diesem Muster sind jedoch Unterrichtsrezepte beschaffen: Man kann sie wie einen Leitfaden oder ein Drehbuch nachspielen, ohne zu wissen, welche Ziele damit erreicht werden (Gagel 1990, 285).

Die Politikdidaktik verspricht den Lehrern also keine Rezepte zur Anleitung ihres Unterrichts. Sie versteht Didaktik nicht als „Meisterlehre" des Nachmachens. Ihr Anliegen ist es vielmehr, den zukünftigen Lehrern in der wissenschaftlichen Ausbildung die *Fähigkeit zum Selbermachen* zu vermitteln.

So vermögen es politikdidaktische Konzeptionen, Lehrern die Komplexität ihres Handelns bewusst zu machen. Sie zeigen ihnen auch die Abhängigkeit ihrer Tätigkeit von Legitimations- und Begründungszusammenhängen. Sofern die Politikdidaktik die Fähigkeit zur Unterrichtsplanung fördert, tut sie dies nicht durch die Weitergabe von Rezepten, sondern durch die Vermittlung geeigneter Denkverfahren. Denn sie begreift zutreffend die Planung von Unterricht als kriteriengeleiteten schöpferischen Prozess, der geistige Selbstständigkeit verlangt.

Die wissenschaftliche Politikdidaktik ist insgesamt gesehen ein Unternehmen, das Lehrer dazu befähigen soll, reflektiert, d.h. mit Selbstkontrolle, zu unterrichten. Über die Hilfe zur Planung des Unterrichts hinaus hat sie deshalb eine *Aufklärungsfunktion*. Aufklärung heißt vor allem, dem Lehrer seine alltäglichen Praktiken bewusst machen. Sie hilft ihm zu erkennen, was er eigentlich tut, schärft also seine Wahrnehmung. Sie leitet ihn dazu an, die Perspektive zu wechseln, Gewohntes anders zu sehen, vertraute Selbstverständlichkeiten in Frage zu stellen und neue Sichtweisen zu erproben. Sie liefert dem Lehrer Bewertungskriterien, ob das, was er tut, richtig, vertretbar, mithin legitimierbar ist. Mit einem Wort: Die wissenschaftliche Politikdidaktik stellt dem Lehrer ein Bündel von Hilfen für reflektiertes didaktisches Handeln bereit. Sie wirkt in dieser Funktion gegebenenfalls aber auch als ein unbequemes Korrektiv des pädagogischen Alltagsbewusstseins.

Die maßgeblichen Beiträge zur Aufklärungsfunktion der Didaktik stammen von der empirischen Forschung.
So lässt sich den Ergebnissen der *Lernerforschung* entnehmen, dass Lernende die Behandlung aktueller Fälle bevorzugen, die emotionale und zugleich rationale Bearbeitung der Sachverhalte fordern, institutionenkundlichen Unterricht eher ablehnen und für eine diskursive Verständigung durch Diskussionen und offenes Unterrichtsklima eintreten. Diese Erkenntnisse können den Politikdidaktikern bei der Überarbeitung ihrer Konzeptionen ebenso helfen wie den Lehrern bei der Verbesserung ihrer Unterrichtspraxis (Weißeno 1992, 251 f.).
Die mit Hilfe von Interviews gewonnenen Erkenntnisse der *Professionsforschung* über das Selbstverständnis der Lehrer liefern instruktives Material für eine fallorientierte Lehrerausund -weiterbildung. Entlang authentischer Einblicke in die didaktischen Alltagstheorien von Praktikern können Aspekte dieser Theorien reflektiert und problematisiert werden. In den Reflexionen können die Unterschiede zwischen wissenschaftlichem und Professionswissen herausgearbeitet und die Alltagsroutinen der Praktiker durch Theorieaussagen erschüttert werden. Umgekehrt werden Didaktiker vor unrealistischen Erwartungen in die unmittelbare Anwendbarkeit didaktischer Theorien bewahrt (Henkenborg 2002, 101).
Die *Fachunterrichtsforschung* trägt möglicherweise am meisten zur Verbesserung der Praxis bei. Dies gilt, obwohl aus den rekonstruktiven Analysen beobachteten Unterrichts unmittelbar nichts folgt. Denn die Unterrichtsbeispiele können im Alltag nicht wiederholt werden. Es ist außerdem denkbar, dass die Betrachtung aufgezeichneter Unterrichtsmitschnitte bei Lehrern subjektive Verunsicherung und Handlungsblockaden auslöst. Aber je mehr Lehrer sich der nicht intendierten Handlungsfolgen ihrer Alltagsroutinen bewusst werden, die Implikationen didaktischer Entscheidungen reflektieren und das Desiderat einer ausgebildeten hermeneuti-

schen Kompetenz zum Verstehen von Schülerbeiträgen erkennen, desto mehr geschieht für eine Verbesserung des Unterrichts (Grammes/Weißeno 1993, 13). Der Stellenwert der Unterrichtsforschung besteht also gerade darin, eine methodisch kontrollierte und wissenschaftlich orientierte Ausbildung pädagogischer Kompetenzen zu ermöglichen (Schelle 2003, 38).

Auf den ersten Blick scheinen die Orientierungsfunktionen der Politikdidaktik von nur geringer Bedeutung zu sein. Die gewonnene Reflexivität kann Lehrer jedoch davor bewahren, „geheimen" Didaktiken, also unbewussten Steuerungen, zum Opfer zu fallen. Weil die Politikdidaktik den Lehrern aber einen Spiegel ihrer defizitären Verhaltensgewohnheiten vorhält, genießt sie bei den Praktikern nur bescheidene Popularität.

15.4 Aktuelle Kontroversen und Arbeitsfelder der Politikdidaktik

Wissenschaften sind keine diskussions- und konfliktfreien Veranstaltungen. Ein Konsens über die Grundannahmen schließt Kontroversen über Einzelfragen oder über die angemessene Reaktion auf Herausforderungen keineswegs aus. Ebenso gelangen Wissenschaften nie an ein Ende. Sie müssen nicht nur ihr Gegenstandsfeld ständig beobachten, sondern auch auf Änderungen in diesem Feld reagieren. Nicht zuletzt erwartet man von den Wissenschaften begründete Antworten auf neue Fragestellungen. Was für Wissenschaften generell gilt, trifft auch auf die Politikdidaktik zu.

Ein konstantes Paradigma oder paradigmatische Vielfalt in der Politikdidaktik?

Man kann mit guten Gründen die Auffassung vertreten, dass die Politikdidaktik eine *normale Wissenschaft* ist. Eine solche Wissenschaft ist gekennzeichnet durch Annahmen, die von allen Mitgliedern einer Forschergemeinschaft geteilt werden.
Der Begriff der normalen Wissenschaft stammt von Thomas S. Kuhn. Nach Kuhn ist die Geschichte der Wissenschaften eine Geschichte wissenschaftlicher Revolutionen. Danach entwickelt sich der Erkenntnisfortschritt keineswegs kontinuierlich. Vielmehr werden in wissenschaftlichen Revolutionen immer wieder grundlegende Denkmodelle, auf denen die Forschung einer Disziplin beruht, umgestürzt und durch völlig andere ersetzt. Das kann man als Paradigmenwechsel bezeichnen. Hat sich ein neues Denkmodell oder Paradigma durchgesetzt, folgt darauf eine Phase normaler Wissenschaft. Dabei bildet das neue Paradigma den Verständigungsrahmen für die wissenschaftliche Tätigkeit.

Für ein festes Paradigma in der Politikdidaktik spricht, dass alle Didaktiker der Gegenwart eine Reihe von Selbstverständlichkeiten teilen. So stellt niemand in Frage, dass die politische Bildung in der Tradition der Aufklärung steht, dass sie die Mündigkeit des Menschen im Sinne selbstständigen und rationalen Urteilens und Handelns fördern will (was Indoktrination ausschließt) und dass die Demokratie eine wünschenswerte politische Ordnung darstellt. Weiterhin wird allgemein akzeptiert, dass zur Politikdidaktik die Erarbeitung theoretischer Konzeptionen, das Nachdenken über didaktische Prinzipien und methodische Arrangements sowie die empirische Forschung gehören (Sander 2002c, 10 ff.).

Trotz der Gemeinsamkeiten ist die Politikdidaktik durch einen ständigen Wechsel der Ansätze und Schwerpunkte gekennzeichnet. Es handelt sich dabei zwar nicht um eigentliche Paradigmenwechsel, aber doch um eine sehr breite Ausfächerung des Grundparadigmas und möglicherweise um erste Tendenzen hin zu einem neuen Paradigma. Auf jeden Fall existiert so etwas wie eine paradigmatische Vielfalt, eine Mehrzahl von *Subparadigmen*, innerhalb des Grundparadigmas.[242]

So ist es nicht abwegig zu behaupten, dass bis in die achtziger Jahre des 20. Jahrhunderts die Politikdidaktik durch das Paradigma der normativen *Vermittlungswissenschaft* geprägt war. Eine Vermittlungswissenschaft sieht ihre vorrangige Aufgabe darin, ein fachdidaktisches Instrumentarium für die Auswahl, Reduktion, Begründung und Vermittlung von Lerngegenständen zu entwickeln. Das Paradigma der Vermittlungswissenschaft wurde jedoch zunehmend brüchig. Das geschah nicht zuletzt aufgrund des wachsenden Einflusses hermeneutischer und ethnomethodologischer Forschungsansätze in den Sozialwissenschaften (Henkenborg/Kuhn 1998, 24 f.).

Es entwickelte sich das Paradigma einer empirischen *Fachunterrichtswissenschaft*, der es um die Aufklärung über fachliche Lernprozesse im Unterricht geht. Vertreter des neuen Paradigmas etikettierten das Paradigma der Vermittlungswissenschaft als vorschreibende, programmlastige „Leitfadenpädagogik" oder „Pädagogik der guten Absichten", die empirisch unterbelichtet sei. Politikdidaktik als Fachunterrichtswissenschaft versteht sich demgegenüber als eine empirische Wissenssoziologie, die sich mit dem Bewusstsein, den Deutungsmustern und den darin liegenden Handlungsdispositionen der Subjekte befasst. Sie untersucht die Sozialisationslagen als Wirkungsbedingungen von Bildungsprozessen, um die darin liegenden Möglichkeiten und Grenzen von produktiven Bildungsprozessen auszuloten (Grammes 1989, 88 ff., 95; Grammes 1994a, 174 f., 180).

Eine zweite Konfliktlinie betrifft die Frage, ob sich die Politikdidaktik als *kategoriale Didaktik* begreifen darf. Seit Beginn des 21. Jahrhunderts gibt es Kritik am kategorialen Paradigma, dem Politikdidaktiker in großer Zahl folgten und immer noch folgen.[243] Diesem Paradigma wird vorgeworfen, den eigenen Anspruch nicht einlösen zu können, mit einer übersichtlichen und in sich stimmigen Liste von Schlüsselbegriffen sowohl den fachlichen Kern der politischen Bildung zu repräsentieren als auch mit diesen Begriffen den methodischen Schlüssel für die Analyse des Gegenstandsfeldes zu besitzen. Denn es gebe in den wissenschaftlichen Bezugsdisziplinen eine Pluralität kategorialer Systeme. Es wird weiterhin moniert, dass der Begriff Kategorie unterschiedlich benutzt wird, so dass der wissenschaftliche Status des Kategorialen unklar ist. Schließlich wird zu bedenken gegeben, dass Kategorien zu einer sachsystematischen Strukturierung des Unterrichts verführen, da sie nicht von der Lernlogik der Subjekte, sondern von der Sachlogik der Gegenstände bestimmt sind (Sander 2001, 59 ff.; Sander 2005a, 53).

Für eine kategoriale Didaktik sprechen jedoch nicht wenige Gründe. Ein wichtiger Grund ist der praktische Nutzen: Kategorien dienen der Reduktion, Strukturierung und Sinnverknüpfung eines didaktisch bestimmten Gegenstandsfeldes. Ohne Kategorien kann das Denken die Vielheit der Anschauungen gar nicht im Bewusstsein ordnen. Kategorien müssen nicht einer bestimmten Philosophie oder Theorie folgen. Bezogen auf die politische Bildung ergeben sich Kategorien ohnehin am ehesten aus einer praktisch-topischen Besinnung dessen, was Politik ausmacht. Es ist auch nicht notwendig, dass die Politikdidaktik sich auf ein Kategorienmodell einigen muss. Es gehört vielmehr zum wissenschaftlichen Diskurs, dass verschiedene kategoriale Systeme nebeneinander bestehen und miteinander um Anerkennung ringen.

Für die Zwecke der politischen Bildung ist ein Kategorien-Ensemble jedenfalls dann brauchbar, wenn es möglichst viele Fragedimensionen abdeckt, die zum Verstehen und Beurteilen

---

[242] Der Einfachheit halber wird im Folgenden auch dann von Paradigmen gesprochen, wenn es sich um Subparadigmen handelt.

[243] Zum kategorialen Paradigma siehe Abschnitt *12.6 Politische Bildung als kategoriale Bildung*.

von Politik und zum Bedenken von politischen Handlungsmöglichkeiten in den diversen Politikfeldern gehören. Aufgrund der engen Beziehung der politischen Bildung zum Gegenstandsfeld Wirtschaft bedeutet kategoriale Bildung durchaus auch, sich gegenüber ökonomischen Kategorien aufgeschlossen zu zeigen.

Der kategorialen Didaktik ist ein Dogmatismus der Art, dass ein Gegenstandsbereich mit Hilfe einer geschlossenen Zahl von Kategorien als abschließend definiert gilt, fremd. Die kategoriale Didaktik geht allerdings davon aus, dass die Kategorien den Gegenstand sachlich zutreffend widerspiegeln, auch wenn dies aufgrund der Abstraktheit der Kategorien immer nur umrisshaft geschehen kann. Insofern folgen Kategorien tatsächlich der Sachlogik und nicht der Lernlogik.

Ebenfalls seit Beginn des 21. Jahrhunderts gibt es die Kontroverse, ob die politische Bildung dem Paradigma des *Demokratielernens* oder dem Paradigma des *Politiklernens* folgen soll.[244] In diesem Paradigmenstreit geht es jedoch nicht darum, dass die eine Seite das Demokratielernen postuliert und die andere Seite die Demokratie ignoriert oder ablehnt. Es geht eher um unterschiedliche Schwerpunktsetzungen.

Das Paradigma des Demokratielernens sieht in der Demokratie den normativen Zentralbegriff der politischen Bildung. Alle Bildungsanstrengungen sollen der kognitiven, mehr aber noch der habituellen Verankerung der Demokratie im Denken und im Handeln der Menschen dienen. Dabei setzt das Demokratielernen stark auf Projekte im lebensweltlichen Bereich der Lernenden. Wie Anhänger des Demokratielernens betonen, sei die Demokratie nämlich nicht nur eine Herrschaftsform, sondern auch und insbesondere eine Lebensform.

Das Paradigma des Politiklernens beharrt darauf, dass die Politik mit guten Gründen im Zentrum der politischen Bildung steht. Vertreter des Politiklernens machen darauf aufmerksam, dass der demokratische Verfassungsstaat als normativer Referenzrahmen der politischen Bildung nicht einfach nur aus der Demokratie besteht. Andere Bestandteile wie das Rechtsstaats- und das Sozialstaatsprinzip könnten nicht einfach auf Demokratie reduziert werden. Die dem Verfassungsstaat aufgegebenen Zielnormen wie Freiheit, Gerechtigkeit, Gemeinwohl und innerer und äußerer Frieden seien ebenfalls nicht aus der Demokratie abzuleiten. Dasselbe gelte von den vielfältigen Phänomenen und Problemen der internationalen Politik, der Wirtschaft und der Gesellschaft.

Die Kontroverse um die Rolle des Konstruktivismus in der Politikdidaktik

In der Politikdidaktik wird seit Jahren kontrovers diskutiert, welche Konsequenzen sich aus dem Konstruktivismus für Theorie und Praxis der politischen Bildung ergeben. Die Bedeutsamkeit der Diskussion ergibt sich aus dem Umstand, dass der Konstruktivismus als interdisziplinäre Erkenntnistheorie in vielen Wissenschaften Eingang gefunden hat.

Der Konstruktivismus ist aber durchaus umstritten. Er wird nicht generell anerkannt. Kritisch wird insbesondere der sogenannte *Radikale Konstruktivismus* gesehen, der die konstruktivistische Sicht am konsequentesten durchdacht hat. Zwar kann man die vom Konstruktivismus ausgehenden Herausforderungen an das bestehende Weltverständnis herunterspielen und sagen, dass er weniger eine in sich geschlossene Theorie als vielmehr einen Denkstil darstellt,

---

[244] Zum Demokratielernen siehe die Ausführungen über die Politikdidaktik seit den achtziger Jahren in Abschnitt *9.3 Entspannung im Streit der Politikdidaktiker um die politische* Bildung.

das enthebt aber gleichwohl nicht von der Notwendigkeit, sich die Folgen des Konstruktivismus für die politische Bildung vor Augen zu führen.[245]

Die herkömmliche, auf dem *Realismus* beruhende Sicht der Welt beruht auf der Überzeugung, dass der Mensch die Welt der Objekte erkennen kann. Diese trivial klingende Voraussetzung wird zwar vom Alltagsverstand und auch von den empirischen Wissenschaften als selbstverständlich vorausgesetzt, ihre Berechtigung wird aber vom Konstruktivismus energisch bestritten.

Der Radikale Konstruktivismus stützt sich stark auf neurobiologische sowie kybernetisch-informationstheoretische Annahmen, die er systemtheoretisch interpretiert. Seine anthropologische und erkenntnistheoretische Kernthese lautet wie folgt: Der Mensch ist ein *operational geschlossenes*, *selbstreferenzielles* und *autopoietisches* System. Begründet wird die These der operationalen Geschlossenheit durch gehirnphysiologische Forschungen. Hiernach baut das Gehirn eine kognitive Wirklichkeit auf, die zum größten Teil nicht durch das Außen, sondern durch das Innen, also die eigene Struktur, determiniert ist. Der Mensch hat keinen direkten und ungebrochenen sensorischen und kognitiven Zugang zur äußeren Realität. Was als sinnliche Wahrnehmung empfunden wird, ist in Wirklichkeit eine vom Gehirn vorgenommene Bedeutungs-Konstruktion. Das Gehirn reagiert nämlich bei der Aufnahme von Umweltinformationen vor allem auf sich selbst, d.h. auf bereits aufgebaute Strukturen und Elemente. Diese durch ein Außen nicht determinierte Selbst-Konstitution wird auch als *Autopoiese* bezeichnet. Ziel der Autopoiese ist die Selbsterhaltung des Systems.

Der Mensch lässt sich also metaphorisch als System begreifen, welches in einer Umwelt agiert. Das System ist autonom in dem Sinne, dass nicht die Umwelt, sondern die Struktur des Systems und seine bisherigen Erfahrungen den Handlungsspielraum bestimmen. Es besteht aber eine strukturelle Kopplung mit der Umwelt, so dass genügend Informationen in das System gelangen können und dessen Ein- und Anpassung an die Umwelt ermöglicht wird. Diese Anregung, Störung oder Impulsgebung von außen heißt *Perturbation*. Der Perturbation sind aber durch die Strukturdeterminiertheit des Systems Grenzen gesetzt.
Strukturdeterminiertheit meint Prägung durch biologische, soziale, kulturelle, biographische und psycho-physische Strukturen. Die Strukturdeterminiertheit gibt es auf unterschiedlichen Ebenen. Die biologische Determiniertheit betrifft die genetisch bestimmten Möglichkeiten und Grenzen des Wahrnehmens der menschlichen Gattung. Die sozio-kulturelle Determiniertheit bewirkt, dass Gesellschaften je eigene Weltbilder und Lebensformen konstruieren. Die Prägung durch biographische Erlebnisse und psycho-physische Faktoren führt dazu, dass jeder Mensch die Umweltinformationen unterschiedlich verarbeitet und folglich zu einer jeweils eigenen Deutung der Welt kommt (Sander 2005a, 48 f.).

Für den Konstruktivismus steht außer Zweifel, dass die operationale Geschlossenheit des Gehirns keine objektiven Aussagen über die Welt zulässt. Aussagen sind immer an Subjekte oder Beobachter gebunden. Man kann deshalb sagen, dass alle Aussagen *beobachterrelativ* sind. Aus der operationalen Geschlossenheit folgt weiterhin, dass die Beobachter ihre Wirklichkeiten nur konstruieren können. Die auf diese Weise hervorgebrachten Wirklichkeiten sind also keine Repräsentationen, Abbildungen oder Darstellungen der Außenwelt, sondern Konstruktionen der Gehirne. Auf jeden Fall ist menschliches Erkennen als Erfassung und Abbildung einer außerhalb des Erkennenden liegenden und an sich seienden Realität prinzipiell unmöglich. Denn die Realität an sich ist unerreichbar. Alles, was Menschen von der Realität wissen, wurde von ihnen erzeugt. Nichts an Wissen wird entdeckt, alles wird konstruiert.

---

[245] Die folgende Darstellung des Radikalen Konstruktivismus folgt weitgehend Detjen 2002a, 118 ff.

Die Existenz einer außerhalb des Menschen liegenden Realität wird jedoch nicht geleugnet. Es wird nur behauptet, dass alles, was Menschen von dieser äußeren Realität wissen können, aus Konstruktionen besteht. Die Summe aller Konstruktionen ist die Wirklichkeit. Das konstruierte Wissen ist jedoch nicht beliebig. Zwar ist die Wahrheit des Wissens nicht erweisbar, dafür aber seine Tauglichkeit für jeweils als relevant eingestufte Kontexte, Interessen und Probleme. Der Radikale Konstruktivismus spricht hier von *Viabilität*. Eine Konstruktion ist dann funktional oder viabel, wenn sie sich biographisch oder gattungsgeschichtlich als lebensdienlich erwiesen hat und von anderen Menschen geteilt wird. Konstruktionen sind mithin nicht nur individueller Natur. Sie finden in sozialen Kontexten gewissermaßen als Ko-Konstruktionen statt und müssen sich dort bewähren. Erkenntnis ist also ein Instrument des Sich-Zurechtfindens oder Überlebens in einer Welt, die als solche jedoch nicht erkennbar ist.

Aus den Annahmen des Konstruktivismus folgt, dass niemand, auch die Wissenschaft nicht, zu objektiv wahren Aussagen im Sinne korrekter Abbilder einer äußeren, gegebenen Welt zu gelangen vermag. Da den Prädikaten „wahr" und „falsch" jegliche ontologische Referenz fehlt, sind sie konstruktivistisch gesehen sinnlos. Dieser rigiden Ablehnung einer *korrespondenztheoretischen* Wahrheitsauffassung entspricht ein *pragmatistisches* Wahrheitsverständnis. Hiernach geht es nicht um wahres, sondern um brauchbares Wissen. Das Wissen soll nicht die Welt beschreiben, sondern Probleme lösen helfen. Letztlich dient es der Autopoiese des Einzelnen bzw. der menschlichen Gattung. Mit dieser Auffassung bringt der Konstruktivismus die klassischen epistemologischen Probleme von Verifikation und Falsifikation sowie von Adäquatheit und Approximativität der Erkenntnis zum Verschwinden.

Die Konsequenzen des Konstruktivismus für die Politikdidaktik sind einschneidend. Denn der Konstruktivismus entzieht den die Politikdidaktik konstituierenden Objekttheorien das kognitive Fundament. Was immer die Objekttheorien sachlich aussagen, in konstruktivistischer Perspektive kann es sich in keinem Fall um wahre, d.h. in Übereinstimmung mit der Realität befindliche Aussagen handeln. Von diesem Urteil sind die rein empirischen Objekttheorien genauso betroffen wie die Objekttheorien, welche aufgrund ihrer Normativität metaphysische oder transzendentale Elemente in sich bergen. In konstruktivistischer Perspektive haben wissenschaftliche Aussagen nur den Charakter von Als-ob-Fiktionen auf der Basis des Viabilitätskriteriums.

Eine völlige Umorientierung erfährt die Bildungstheorie des Politischen. Unter dem konstruktivistischen Zugriff verlieren nämlich die zur Bildungstheorie gehörenden Wissensbestände und Kategorien des Politischen ihren *Verbindlichkeit* stiftenden Charakter. Denn das Wissen bildet die Welt nicht ab, sondern ist das Ergebnis konstruierender Akte der Subjekte. Abhängig von der Strukturdeterminiertheit der jeweiligen Gesellschaft, die ihren Schulen eine Bildungstheorie vorgibt, kann diese völlig unterschiedliche Gestalt annehmen. In empirischer Hinsicht trifft die Vielfalt von Bildungstheorien in Geschichte und Gegenwart sicherlich zu, in normativer Hinsicht bleibt der Hinweis auf Verschiedenheit gleichwohl unbefriedigend. Denn die Viabilität als Kriterium für das von einer Gesellschaft für anerkennenswürdig Gehaltene gewährleistet nicht, dass Humanität und Mündigkeit Aufnahme in eine Bildungstheorie finden.

Der Konstruktivismus hat aber auch Auswirkungen auf die Beschaffenheit der curricularen Vorgaben in den Schulfächern. Diese dürfen inhaltlich nur wenig vorgeben. Denn es muss im Kern darum gehen, die Individuen in der Bildung derjenigen Konstruktionen zu unterstützen, die sich in ihrem Milieu als viabel erweisen. Da die Individuen verschieden sind, dürften auch die jeweils bedeutsamen Inhalte höchst divergent sein. Überspitzt formuliert könnte man sagen, dass der Konstruktivismus zu einer Subjektivierung und Relativierung der Inhalte führt. Auf keinen Fall lässt sich mit Hilfe des Konstruktivismus eine Liste verbindlicher Inhalte ableiten (Detjen/Sander 2001, 130).

Unterstützt wird die Vermutung, dass feste Vorgaben von Inhalten und Zielen fehlen, durch das vom Radikalen Konstruktivismus betonte *Pluralitätsgebot* gegenüber individuellen Wissenskonstruktionen. Jeder Lernende muss mit jeder Sache in je eigener Weise umgehen dürfen. Er darf nicht gezwungen werden, zu denselben Ergebnissen zu kommen wie der Lehrende und die anderen Lernenden. Unter dieser Voraussetzung kann allgemeines Wissen in einer Lerngemeinschaft nur dann zustande kommen, wenn diese sich konsensuell hierauf verständigt. Auf diese Weise entsteht aber kein allgemeingültiges Wissen, sondern allenfalls akzeptiertes und jederzeit aufkündbares Wissen unter dem Gesichtspunkt der Autopoiese.

Worin kann schließlich unter konstruktivistischen Vorzeichen das Ziel der Bildung bestehen? Nicht in Betracht kommen kann, was den zentralen Gedanken der Bildungsphilosophie von der Aufklärung bis zur Gegenwart ausmachte, nämlich der in *objektives Weltwissen* eingeführte Mensch. Als Ziel bleibt eigentlich nur eine Art *Selbstreflexion* auf die Relativität und Subjektgebundenheit der je individuellen Weltsicht übrig. Dies wäre eine Art Aufklärung über sich selbst. Aber Aufklärung über sich selbst macht nur dann Sinn und erscheint als Bildungsbemühung nur dann legitim, wenn damit begründetes, objektives, tatsächliches Wissen über sich selbst vermittelt bzw. angeregt wird. Genau dies ist jedoch auf radikalkonstruktivistischer Grundlage nicht möglich.

Geeigneter scheint der Konstruktivismus als *Lerntheorie* zu sein. Auch wenn er Lernen nicht alleine erklären kann, erlauben doch die mit ihm verbundenen Perspektiven die Entwicklung einer anspruchsvollen Lerntheorie. Der Konstruktivismus versteht Lernen als einen aktiven Prozess des lernenden Subjekts. Hiernach konstruiert das Subjekt ein kognitives Netzwerk, eine geistige Landkarte, in der sein Wissen über die Welt organisiert ist, als eigene Leistung und nicht als Ergebnis einer von außen kommenden Belehrung. Das konstruierte Wissen besteht aus Schemata, Konzepten und mentalen Modellen.

Der Konstruktivismus macht nun darauf aufmerksam, dass das Subjekt weitgehend selbst entscheidet, was von dem, was ihm angeboten wird, in das eigene Konzeptsystem aufgenommen wird und in welcher Weise das geschieht. Daraus folgt die Warnung vor der Annahme, dass das, was gelehrt wird, auch wirklich gelernt wird („Lehr-Lern-Kurzschluss"). Es folgt weiterhin der Hinweis, dass neues Lernen immer anschlussfähig sein muss an vorhandene Wissensnetze der Lernenden. Ohne diesen Anschluss kommt es zu keinem Lernen (Sander 2001, 78 ff.).

Für die Gestaltung von Lehr-Lern-Prozessen hat die konstruktivistische Sichtweise zur Konsequenz, nur noch zurückhaltend vom Unterricht und stattdessen von *Lernumgebung* zu sprechen. Wenn die konstruktivistische Annahme nämlich stimmt, dass das Lernen kaum von außen gesteuert werden kann, ist jede Form belehrenden Unterrichts tatsächlich vergeblich. Allerdings kann das Lernen durch geeignete Angebote und Gelegenheiten angeregt werden. In diesen anregenden Strukturen muss das selbstständige Lernen eine maßgebliche Rolle spielen. Lernumgebungen sind solche für Zwecke des möglichst selbstständigen Lernens gestaltete oder ausgewählte Umwelten. Eine Lernumgebung können ein Klassenraum, ein außerschulischer Lernort, aber auch das Internet sein.

Während im Begriff des Unterrichts die Perspektive des Lehrens aufscheint, legt der Begriff der Lernumgebung die Betonung auf das Lernen. Trotz der Akzentverschiebung muss das Lehren jedoch nicht aufgegeben werden. Das Lehren ist dabei aber eher eine *Lernbegleitung* mit intervenierendem Charakter. Zum Lehrerhandeln kann von Fall zu Fall auch das Angebot von Wissen im Lehrervortrag gehören (Sander 2003, 30 f.; Sander 2005a, 57). Dieses Wissen trägt allerdings das Merkmal des Konstruierten. Es ist deshalb die Frage, ob die Vermittlung von Wissen dieser Dignität wirklich lohnend ist.

Eine gewisse Skepsis gegenüber dem Konstruktivismus ist durchaus angebracht. Die Betonung des Selbstlernens mit dem ausdrücklich in Kauf genommenen offenen Ergebnis des

Lernens stimmt nachdenklich, wenn man sich vor Augen führt, dass die Institution Schule unter dem Anspruch steht, durch gezieltes Lehren das Lernen anzuregen und dabei standardisierten Anforderungen zu genügen. Die Schule ist daher ein Ort, an dem das selbstgesteuerte Lernen zweifellos einen legitimen Platz hat, an dem aber auch stärker instruiertes Lernen stattfinden muss. So müssen die Lernenden mit einer relativ eindeutigen Wissensarchitektur über die Institutionen des Gemeinwesens ausgestattet werden (Weißeno 2003, 35 ff.).
Die konstruktivistisch motivierte Ablehnung einer fachsystematisch orientierten „Instruktionspädagogik" ist nicht sonderlich überzeugend. Kognitionspsychologisch spricht nichts gegen einen lehrergesteuerten, aber schülerzentrierten Unterricht, der die Vermittlung systematischer Kenntnisse anstrebt. Dabei ist es unterrichtsmethodisch allerdings empfehlenswert, dass die Lernenden die relevanten Informationen aktiv, kreativ und situiert erwerben (Manzel 2005, 174 ff.).

Schwerpunkte politikdidaktischer Reflexionen der jüngeren Zeit

Die Kultusministerkonferenz verständigte sich im Jahr 2002 darauf, *nationale Bildungsstandards* für die Schulen entwickeln zu lassen. Das Konzept der Bildungsstandards beruht auf einer Expertise, die von einer Expertengruppe unter der Leitung des Erziehungswissenschaftlers Eckhard Klieme entwickelt wurde.
Der Grundgedanke der Bildungsstandards besteht darin, die Schulen weniger durch inhaltliche Vorgaben (Input-Steuerung) als vielmehr durch die Evaluation ihrer Resultate, gemessen anhand von zu erwerbenden Kompetenzen (Output-Steuerung), zu steuern. Die Bildungsstandards werden folglich als zu fördernde Kompetenzen und nicht als zu vermittelnder Stoff formuliert. Weiterhin legen die Standards fest, welche Kompetenzen Schüler bis zu einer gewissen Jahrgangsstufe erworben haben sollen. Die Kompetenzen sollen so konkret beschrieben werden, dass sie in Aufgabenstellungen umgesetzt und prinzipiell mit Hilfe von Testverfahren erfasst werden können (Klieme u.a. 2003, 13).

Die Begrifflichkeit der Expertise knüpft an lern- und kognitionspsychologische Forschungen an. So wird eine Kompetenz definiert als „die bei Individuen verfügbaren oder durch sie erlernbaren kognitiven Fähigkeiten und Fertigkeiten, um bestimmte Probleme zu lösen, sowie die damit verbundenen motivationalen, volitionalen und sozialen Bereitschaften und Fähigkeiten, um die Problemlösungen in variablen Situationen erfolgreich und verantwortungsvoll nutzen zu können" (Weinert 2001, 27 f.). Eine Kompetenz ist mithin eine Disposition, welche eine Person befähigt, bestimmte Arten von Problemen erfolgreich zu lösen, also konkrete Anforderungssituationen eines bestimmten Typs zu bewältigen. Sie verlangt kognitive Wissensinhalte, die mit der Fähigkeit sowie mit dem Willen zum handelnden Umsetzen verknüpft sind.

Kompetenzen schließen den simultanen Einsatz von Wissen und Können ein. Da es letztlich aber um das Können geht, ist ein Wissen erforderlich, welches zum Können hinführt oder es erleichtert. Ein lediglich aus Faktenkenntnissen bestehendes Wissen, welches außerhalb einer bestimmten Lernsituation nicht anwendbar ist, stellt keine hinreichende Basis für kompetentes Handeln dar.
Bei der Wissensvermittlung ist folglich darauf zu achten, dass sich aus *deklarativem* Wissen ein *prozeduralisiertes* Wissen entwickelt. Deklaratives Wissen ist ein Wissen über Sachverhalte, Begriffe und Konzepte, dem ein Anwendungsbezug fehlt. Es ist daher träges oder gar totes Wissen. Prozeduralisiertes Wissen geht darüber hinaus, indem es das Gewusste zunehmend automatisch zu verknüpfen und auf Handlungssituationen anzuwenden versteht. Dem Inhaber eines solchen Wissens stehen eingeschliffene Muster der gedanklichen Bewegung zur Verfügung (Klieme u.a. 2003, 64 f.).

Die an der Formulierung der Bildungsstandards stark beteiligte Kognitionspsychologie unterscheidet Basiskompetenzen, domänenspezifische Kompetenzen sowie (domänenunspezifische) Schlüsselkompetenzen.

Die *Basiskompetenzen* verkörpern so etwas wie die kulturelle Literalität eines Menschen. Sie bilden die Voraussetzung für die Ausbildung der domänenspezifischen Kompetenzen wie auch der Schlüsselkompetenzen. Zum Ensemble der Basiskompetenzen werden üblicherweise die Beherrschung der Muttersprache, die mathematische Modellierungsfähigkeit, die fremdsprachliche Kompetenz sowie die Kompetenz im Umgang mit den modernen Informationstechnologien gezählt.

Die *domänenspezifischen Kompetenzen* repräsentieren die kognitiven Schemata, Denkmodi und Arbeitsmethoden bestimmter Sachgebiete oder Domänen. Die Domänen spiegeln sich in der Schule vornehmlich in den Unterrichtsfächern wider, unter anderem also auch in der politischen Bildung. Statt von domänenspezifischen Kompetenzen könnte man folglich auch von fachgebundenen Kompetenzen sprechen.

Die *Schlüsselkompetenzen* hingegen sind fachungebundene Fähigkeiten, die man in vielen Bereichen nutzbringend zur Bewältigung von Aufgaben und Problemen einsetzen kann. Schlüsselkompetenzen sind beispielsweise Kommunikationsfähigkeit, Kooperationsfähigkeit, Flexibilität, Kreativität, Problemlösefähigkeit, Transferfähigkeit, Lernbereitschaft, Durchsetzungsvermögen, Entscheidungsfähigkeit und analytisches sowie logisches Denken (Detjen 2005c, 84 f.).

Eine abschließende Anforderung an Kompetenzen ist, dass man das von Schülern erreichte Kompetenzniveau empirisch zuverlässig erfassen können soll. Es müssen daher Aufgaben entwickelt werden, die prüfen, ob eine Person eine angestrebte Handlungsfähigkeit entwickelt hat. Da eine Kompetenz eine Befähigung zur Bewältigung von Aufgaben und Situationen ist, muss sich jede Operationalisierung einer Kompetenz daher auf konkrete Anforderungssituationen beziehen. Auf keinen Fall lässt sich eine Kompetenz mit reinen Wissensabfragen erfassen (Klieme u.a. 2003, 60).

Die Expertise über Bildungsstandards verlangt von den Fachdidaktiken die Entwicklung domänenspezifischer *Kompetenzmodelle*. Diese Modelle sollen die diversen Kompetenzen einer Domäne aufführen und die von einzelnen Jahrgängen zu erreichenden Niveaustufen beschreiben. Eine Kompetenzstufe ist dabei durch kognitive Prozesse und Handlungen von bestimmter Qualität definiert, die Schüler auf dieser Stufe bewältigen können, nicht aber Schüler auf niedrigeren Stufen (Klieme u. a. 2003, 15 f.).

Der von der Expertise über Bildungsstandards ausgehende Auftrag stellt eine große Herausforderung für die Politikdidaktik dar. Zunächst entziehen sich die von der politischen Bildung zu fördernden *Einstellungen* einer Aufnahme in ein Kompetenzmodell. Denn es ist nicht möglich, bei Einstellungen eine Lernprogression zu messen und dafür Niveaustufen anzugeben. Ähnliches gilt für die *politische Handlungsfähigkeit*. Zu unterschiedlich und von nicht beeinflussbaren Parametern abhängig sind politische Handlungssituationen, als dass die politische Handlungsfähigkeit evaluierbar wäre. Anders verhält es sich lediglich mit der *politischen Urteilsfähigkeit*. Denn hier sind kognitive Operationen identifizierbar und in ihrer Performanz überprüfbar (Detjen 2005c, 96).

Die Gesellschaft für Politikdidaktik und politische Jugend- und Erwachsenenbildung (GPJE) hat in ihrem Entwurf *Nationale Bildungsstandards für den Fachunterricht in der Politischen Bildung* die Kompetenz *politische Urteilsfähigkeit* in die drei Teilschritte Vergegenwärtigung, Analyse und Urteilen aufgeteilt. Die Teilschritte repräsentieren ansteigende Schwierigkeitsgrade.

Die *Vergegenwärtigung* besteht im Kern in einer beschreibenden Wiedergabe des jeweiligen Sachverhaltes. Vergegenwärtigen bedeutet im Einzelnen, Sachverhalte strukturiert wiederzugeben und einzelne Aspekte zu identifizieren. Obwohl das Vergegenwärtigen im Grunde eine rein *reproduktive* Tätigkeit ist, verlangt es eine erhebliche kognitive Anstrengung und Konzentration. Denn die Beschreibung muss das Wesentliche der Sache erfassen und es in sprachlich angemessener Form wiedergeben. Um das Wesentliche vom Unwesentlichen unterscheiden zu können, muss das Ganze wenigstens im Ansatz verstanden worden sein. Die den Basiskompetenzen zuzurechnende *Lesekompetenz* spielt bei der Vergegenwärtigung ganz offensichtlich eine tragende Rolle. Die *Analyse* dient dem vertieften Verständnis eines Sachverhaltes und dessen Einordnung in systematische und historische Zusammenhänge. Analyse bedeutet also, Aspekte und Eigenschaften herauszustellen sowie Hintergründe und Beziehungen herauszuarbeiten. Das *Urteilen* schließlich verlangt das selbstständige, methodenbewusste und reflektierte Argumentieren sowie das Beziehen einer rational begründeten Position. Beim Urteilen wird somit die *praktische* Vernunft aktiviert, die man auch die *Stellung nehmende* Vernunft nennen kann. Folglich geht es beim Urteilen um das Bewerten von Sachverhalten und Auffassungen, um das Entwickeln von Handlungsvorschlägen, um das Auswählen von Handlungsalternativen sowie schließlich um das Fällen verantwortbarer Entscheidungen (Detjen 2004c, 48 f.).

Als Maßstab für eine Kompetenzentwicklung im Bereich des politischen Urteilens fungiert der Zuwachs an *Komplexität*. Ein solcher Zuwachs liegt vor, wenn politische Einzelphänomene in strukturelle Zusammenhänge und Problemkonstellationen eingeordnet werden können, wenn bei politischen Entscheidungen nicht nur beabsichtigte Folgen, sondern auch unbeabsichtigte Nebenfolgen mitbedacht werden, wenn die Eigenlogiken anderer Realitätsbereiche als der Politik, also die Eigenlogiken der Ökonomie, der Religion und des Rechts, berücksichtigt werden und wenn beim Bewerten generalisierbare ethische Prinzipien angewendet werden (Gesellschaft für Politikdidaktik und politische Jugend- und Erwachsenenbildung (GPJE) 2004, 15 f.; auch Sander 2001, 57, 64 ff.).

Es ist außerordentlich schwierig, zur Überprüfung der politischen Urteilskompetenz Testformate zu entwickeln. Denn die Fähigkeit zum Urteilen gehört zu den sogenannten *performance standards* und nicht zu den *content standards*, die sich rein auf Wissensbestände beziehen. Die Verbesserung der Urteilskompetenz ist also nicht einfach mit der Zunahme von Wissen identisch. Wissenstests vermögen mithin die Qualität des politischen Urteilens nicht zu messen. Ein Test überprüft nur dann die politische Urteilskompetenz, wenn er die Reflexion und Bewertung eines politischen Sachverhaltes auf der Basis von Fachwissen und Fachbegriffen verlangt. Das bedeutet: Ein Test, der lediglich die Anwendung allgemeinen Weltwissens erfordert, misst nicht die politische Urteilsfähigkeit.

Die bisher entwickelten Tests für die Überprüfung der politischen Urteilsfähigkeit fordern von den Schülern, die in einer Aufgabenstellung gegebenen Informationen zu verarbeiten und von anderen Zusammenhängen zu unterscheiden. Die dargebotenen Informationen müssen in der Antwort anders strukturiert werden. Weiterhin müssen die Schüler sich in Mehrdeutigkeiten zurechtfinden. Sie müssen ferner die politische Kernaussage einer Textvorlage erkennen, was insofern nicht einfach ist, als die politischen Informationen nicht deutlich aus dem Text hervorstechen (Weißeno 2005, 140 f.).

Ein weiteres aktuell erörtertes Problem kreist um die Frage, welche *Kernkonzepte* die Identität der politischen Bildung ausmachen und folglich in Bildungsprozessen zu vermitteln sind. Kernkonzepte sind wissenschaftlich verdichtete Begriffe, die in ihrer Gesamtheit die Konturen einer Domäne, also eines Faches, abbilden. Kernkonzepte werden eingesetzt, um domänenspezifisches Wissen zu erzeugen. Sie dienen auch der konzeptuellen Verbesserung der *mentalen Modelle*, die die Lernenden immer schon mitbringen. Mentale Modelle sind kognitive Konstruktionen, mit denen ein Mensch sein Wissen ordnet und subjektiv plausibel macht. Mentale Modelle enthalten auch Vorstellungsbilder, mit deren Hilfe der Mensch äußere Vorgänge zu begreifen versucht (Weißeno 2006, 128 f.).

Bei Schülern hängen mentale Modelle in der Regel von erfahrungsbegründeten subjektiven Wissensbeständen ab. Wissenschaftlich gesicherte Konzepte spielen demgegenüber kaum eine Rolle. Die Wahrscheinlichkeit, dass Misskonzepte oder Fehlverständnisse Bestandteile der mentalen Modelle sind, ist deshalb recht hoch. Es ist also wichtig, Lernende mit Kernkonzepten zu konfrontieren, damit es in ihren mentalen Modellen zu konzeptuellen Veränderungen kommt.

Es ist bisher nicht abschließend geklärt, welche Kernkonzepte die Domäne Politik bestimmen.[246] Ein erster Versuch nennt *Freiheit, Gleichheit, Solidarität, Frieden, Öffentlichkeit, Macht* und *Legitimität, Interessenvermittlung* und *politische Willensbildung, politische Systeme* und schließlich *Pluralität* (Weißeno 2006, 133 ff.). Denkbar wäre es aber auch, „Erfindungen" der Politik in den Kreis der Kernkonzepte einzubeziehen, also beispielsweise *Repräsentation, Gewaltenteilung* und *Opposition*. Die Politikdidaktik ist jedenfalls gehalten, weiter über Kernkonzepte nachzudenken. Denn sie bilden ein wichtiges Fundament für Wissens- und Kompetenztests.

Insgesamt gilt: Wie jede andere Wissenschaft auch wird die Politikdidaktik nie an ein Ende ihres Fragens und Forschens geraten. Ihr ist die Aufgabe, die politische Bildung mittels konzeptuellen und normativen Denkens wie auch empirischer Forschung voranzubringen, nicht auf begrenzte Zeit, sondern auf Dauer gestellt.

---

[246] Wirtschaftswissenschaft und Wirtschaftsdidaktik haben sich auf die folgenden Konzepte verständigt: Als *Fundamentalkonzepte* gelten Knappheit, Opportunitätskosten, Produktivität, Marktwirtschaft, Institutionen und Leistungsanreize, Tausch, Geld und wechselseitige Abhängigkeit. *Mikroökonomische Konzepte* sind Märkte und Preise, Angebot und Nachfrage, Wettbewerb und Marktstruktur, Einkommensverteilung, Marktversager und die Rolle des Staates. Zu den *makroökonomischen Konzepten* zählen Bruttosozialprodukt, Gesamtangebot, Arbeitslosigkeit, Inflation und Deflation, Geldpolitik und Finanzpolitik. *Konzepte der internationalen Wirtschaftsbeziehungen* sind absolute und komparative Kostenvorteile, Zahlungsbilanz und Wechselkurs (Weißeno 2006, 134).

Literaturverzeichnis

Ackermann, Heike 1996: Der Beitrag der „qualitativen" Unterrichtsforschung für die Politikdidaktik, in: Sowi. Sozialwissenschaftliche Informationen 25. Heft 3, S. 205-212.

Ackermann, Paul 1998: Die Bürgerrolle in der Demokratie als Bezugsrahmen für die politische Bildung, in: Gotthard Breit/Siegfried Schiele (Hrsg.): Handlungsorientierung im Politikunterricht. Schwalbach/Ts., S. 13-34.

Ackermann, Paul 2004: Bürgerhandbuch. Basisinformationen und 57 Tipps zum Tun. Schwalbach/Ts. (3. Aufl.).

Ackermann, Paul/Breit, Gotthard/Cremer, Will/Massing, Peter/Weinbrenner, Peter 1994: Politikdidaktik kurzgefasst. Dreizehn Planungsfragen für den Politikunterricht. Schwalbach/Ts.

Ackermann, Paul/Gaßmann, Reinhard 1991: Arbeitstechniken politischen Lernens kurzgefasst. Stuttgart.

Adl-Amini, Bijan 1993: Systematik der Unterrichtsmethode, in: Derselbe/Theodor Schulze/Ewald Terhart (Hrsg.): Unterrichtsmethode in Theorie und Forschung. Bilanz und Perspektiven. Weinheim, Basel, S. 82-110.

Adl-Amini, Bijan 1994: Medien und Methoden des Unterrichts. Donauwörth.

Adorno, Theodor W. 1970: Erziehung zur Mündigkeit. Vorträge und Gespräche mit Hellmut Becker 1959-1969. Herausgegeben von Gerd Kadelbach. Frankfurt am Main.

Aebli, Hans 1978: Grundformen des Lehrens. Eine allgemeine Didaktik auf kognitionspsychologischer Grundlage. Stuttgart (11. Aufl.).

Arndt, Hans-Joachim 1978: Die Besiegten von 1945. Versuch einer Politologie für Deutsche samt Würdigung der Politikwissenschaft in der Bundesrepublik Deutschland. Berlin.

Aschersleben, Karl 1999: Frontalunterricht – klassisch und modern. Eine Einführung. Neuwied, Kriftel.

Assel, Hans-Günter 1969: Die Perversion der politischen Pädagogik im Nationalsozialismus. München.

Auernheimer, Georg 2003: Einführung in die Interkulturelle Pädagogik. Darmstadt (3. Aufl.).

Basedow, Johann Bernhard 1905: Vorstellung an Menschenfreunde und vermögende Männer über Schulen, Studien und ihren Einfluss in die öffentliche Wohlfahrt. Mit einem Plane eines Elementarbuchs der menschlichen Erkenntnis (1768). Herausgegeben von Theodor Fritzsch. Leipzig.

Basedow, Johann Bernhard 1913: Das Methodenbuch für Väter und Mütter der Familien und Völker (1771). Herausgegeben von Theodor Fritzsch. Leipzig.

Basedow, Johann Bernhard 1965: Das in Dessau errichtete Philanthropin, eine Schule der Menschenfreundschaft (1774), in: Derselbe: Ausgewählte pädagogische Schriften. Besorgt von Albert Reble. Paderborn, S. 215-238.

Basedow, Johann Bernhard 1972: Elementarwerk mit den Kupfertafeln Chodowieckis u. a. (1774). Kritische Bearbeitung in drei Bänden. Herausgegeben von Theodor Fritzsch. Hildesheim, New York.

Becher, Ursula A. J. 1985: Zeitgeschichte, in: Klaus Bergmann u. a. (Hrsg.): Handbuch der Geschichtsdidaktik. Düsseldorf (3. Aufl.), S. 197-201.

Becker, Eberhard 1966: Die Staatsbürgererziehung im Anfang der Weimarer Republik (1918-1924). Tübingen.

Behrens, Günter 1999: Methodische Zugänge, in: Wolfgang Beer/Will Cremer/Peter Massing (Hrsg.): Politische Erwachsenenbildung. Ein Handbuch zu Grundlagen und Praxisfeldern. Schwalbach/Ts., S. 205-220.

Behrens-Cobet, Heidi/Richter, Dagmar 1999: Didaktische Prinzipien, in: Wolfgang Beer/Will Cremer/Peter Massing (Hrsg.): Politische Erwachsenenbildung. Ein Handbuch zu Grundlagen und Praxisfeldern. Schwalbach/Ts., S. 167-203.

Behrmann, Gisela 1996: Demokratisches Lernen in der Grundschule. Voraussetzungen und Möglichkeiten im handlungsorientierten Sachunterricht, in: Siegfried George/Ingrid Prote (Hrsg.): Handbuch zur politischen Bildung in der Grundschule. Schwalbach/Ts., S. 121-150.

Behrmann, Günter C. 1974: Bedingungen politischer Partizipation und die Grenzen politischer Bildung, in: Paul Ackermann (Hrsg.): Politische Sozialisation. Opladen, S. 304-323.

Behrmann, Günter C. 1978: Politik – Zur Problematik des sozialkundlich-politischen Unterrichts und seiner neueren Didaktik, in: Derselbe/Karl-Ernst Jeismann/Hans Süssmuth: Geschichte und Politik. Didaktische Grundlegung eines kooperativen Unterrichts. Paderborn, S. 109-222.

Behrmann, Günter C. 1979: Wissenschaftsbezug und Bezugswissenschaften des politischen Unterrichts, in: Wolfgang W. Mickel (Hrsg.): Politikunterricht im Zusammenhang mit seinen Nachbarfächern. München, S. 9-28.

Behrmann, Günter C./Grammes, Tilman/Reinhardt, Sibylle 2004: Politik: Kerncurriculum Sozialwissenschaften in der gymnasialen Oberstufe, in: Heinz-Elmar Tenorth (Hrsg.): Kerncurriculum Oberstufe II. Biologie, Chemie, Physik, Geschichte, Politik. Weinheim und Basel, S: 322-406.

Benner, Dietrich/Fischer, Gundel/Gatzemann, Thomas/Göstemeyer, Karl-Franz/Sladek, Horst 1996: Sittliche, patriotische und sozialistische Lernzielnormierungen in Bildungs- und Lehrplänen der SBZ und DDR für den Oberstufenunterricht in den Fächern Chemie, Gegenwarts- und Staatsbürgerkunde, Geschichte und Polytechnik, in: Dietrich Benner/Hans Merkens/Thomas Gatzemann (Hrsg.): Pädagogische Eigenlogiken im Transformationsprozess von SBZ, DDR und neuen Ländern. Neue Ergebnisse aus der an der Freien Universität und der Humboldt-Universität zu Berlin eingerichteten Forschergruppe. Berlin, S. 268-286.

Berg, Hans Christoph 1995: Genetische Methode, in: Derselbe/Theodor Schulze: Lehrkunst. Lehrbuch der Didaktik. Neuwied, Kriftel, Berlin, S. 349-360.

Bergmann, Klaus 1982: Imperialistische Tendenzen in Geschichtsdidaktik und Geschichtsunterricht ab 1890, in: Derselbe/Gerhard Schneider (Hrsg.): Gesellschaft – Staat – Geschichtsunterricht. Beiträge zu einer Geschichte der Geschichtsdidaktik und des Geschichtsunterrichts von 1500-1980. Düsseldorf, S. 190-217.

Bergstraesser, Arnold 1958: Politische Bildung in Baden-Württemberg, in: Wirken solange es Tag ist. Festgabe zum 70. Geburtstag für Wilhelm Simpfendörfer. Ohne Ortsangabe, S. 47-53.

Bergstraesser, Arnold 1961: Die Anforderung der Weltlage an die politische Erziehung. Vortrag vor dem Landeskuratorium für Jugendfragen am 9.1.1961. Niederschrift nach

Tonbandaufnahme, S. 3-15. Bundesarchiv Koblenz, Nachlass Arnold Bergstraesser (N 1260/155).

Bergstraesser, Arnold 1963: Der Beitrag der Politikwissenschaft zur Gemeinschaftskunde, in: Heinrich Roth (Hrsg.): Gemeinschaftskunde und Politische Bildung. Ein Arbeitsbericht. Göttingen, S. 57-62.

Bergstraesser, Arnold 1966: Politik in Wissenschaft und Bildung. Schriften und Reden. Freiburg im Breisgau (2. Aufl.).

Bericht der Bundesregierung zu Stand und Perspektiven der politischen Bildung in der Bundesrepublik Deutschland 1992. Deutscher Bundestag, 12. Wahlperiode, Drucksache 12/1773, 10. Dezember 1991, in: Aus Politik und Zeitgeschichte. Sonderdruck (10. April 1992), 24 Seiten.

Besand, Anja 2004: Angst vor der Oberfläche. Zum Verhältnis ästhetischen und politischen Lernens im Zeitalter Neuer Medien. Schwalbach/Ts.

Besand, Anja 2005: Mit digitalen Medien lernen – Lernprodukte und Lernumgebungen, in: Wolfgang Sander (Hrsg.): Handbuch politische Bildung. Schwalbach/Ts. (3. Aufl.), S. 537-546.

Biskupek, Sigrid 2002: Transformationsprozesse in der politischen Bildung. Von der Staatsbürgerkunde in der DDR zum Politikunterricht in den neuen Ländern. Schwalbach/Ts.

Blankertz, Herwig 1982: Die Geschichte der Pädagogik. Von der Aufklärung bis zur Gegenwart. Wetzlar.

Blättner, Fritz 1973: Geschichte der Pädagogik. Heidelberg (14. Aufl.).

Bleek, Wilhelm 2001: Geschichte der Politikwissenschaft in Deutschland. München.

Boeger, Joh. 1921: Staatsbürgerkunde als Lehrfach der Schulen. Berlin.

Bönsch, Manfred 2000: Variable Lernwege. Ein Lehrbuch der Unterrichtsmethoden. Paderborn, München, Wien, Zürich (3. Aufl.).

Borcherding, Karl 1965: Wege und Ziele politischer Bildung in Deutschland. Eine Materialsammlung zur Entwicklung der politischen Bildung in den Schulen 1871-1965. München.

Borinski, Fritz 1954: Der Weg zum Mitbürger. Die politische Aufgabe der freien Erwachsenenbildung in Deutschland. Düsseldorf, Köln.

Breidenstein, Georg 2002: Interpretative Unterrichtsforschung – eine Zwischenbilanz und einige Zwischenfragen, in: Derselbe/Arno Combe/Werner Helsper/Bernhard Stelmaszyk (Hrsg.): Forum Qualitative Schulforschung 2. Interpretative Unterrichts- und Schulbegleitforschung. Opladen, S. 11-27.

Breit, Gotthard 1991: Mit den Augen des anderen sehen – Eine neue Methode zur Fallanalyse. Schwalbach/Ts.

Breit, Gotthard 1992a: Einführung in die Planung von politischem Unterricht, in: Lernfeld Politik. Eine Handreichung zur Aus- und Weiterbildung. Bonn, S. 381-407.

Breit, Gotthard 1992b: Lern- und Erkenntnisebenen im politischen Unterricht. Anmerkungen zu der Schulstunde in Peine, in: Walter Gagel/Tilman Grammes/Andreas Unger (Hrsg.): Politikdidaktik praktisch. Mehrperspektivische Unterrichtsanalysen. Ein Videobuch, S. 77-91.

Breit, Gotthard 1993: Grundzüge eines Planungskonzepts, in: Wolfgang Sander (Hrsg.): Konzepte der Politikdidaktik. Aktueller Stand, neue Ansätze und Perspektiven. Hannover, S. 37-54.

Breit, Gotthard 1996: Lernziel: Politik im Alltag entdecken – Zur Analyse von Fall-Beispielen im Politikunterricht, in: Politische Bildung 29, Heft 1, S. 76-93.

Breit, Gotthard 2005: Problemorientierung, in: Wolfgang Sander (Hrsg.): Handbuch politische Bildung. Schwalbach/Ts. (3. Aufl.), S. 108-125.

Breit, Gotthard/Eichner, Detlef 2004: Die Fallanalyse, in: Siegfried Frech/Hans-Werner Kuhn/Peter Massing (Hrsg.): Methodentraining für den Politikunterricht. Schwalbach/Ts., S. 89-116.

Breit, Gotthard/Weißeno, Georg 2003: Planung des Politikunterrichts. Eine Einführung. Schwalbach/Ts.

Brinner, Anja/Ludwig, Lisa/Moegling, Klaus/Schurian, Hannah 2005: Das WiPoFluenz-Projekt. Ein wissenschaftspropädeutisches Politikwerkstatt-Projekt in der politischen Bildung, in: Volker Reinhardt (Hrsg.): Projekte machen Schule. Projektunterricht in der politischen Bildung. Schwalbach/Ts., S.182-203.

Buddensiek, Wilfried 1992: Entscheidungstraining im Methodenverbund – Didaktische Begründung für die Verbindung von Fallstudie und Simulationsspiel, in: Helmut Keim (Hrsg.): Planspiel, Rollenspiel, Fallstudie. Zur Praxis und Theorie lernaktiver Methoden. Köln, S. 9-24.

Buchstein, Hubertus 2000: Bürgergesellschaft und Bürgerkompetenz, in: Politische Bildung 33, Heft 4, S. 8-18.

Bundesministerium für innerdeutsche Beziehungen (Hrsg.) 1985: DDR-Handbuch. Zwei Bände. Köln (3. Aufl.).

Bungenstab, Karl-Ernst 1970: Umerziehung zur Demokratie? Re-education-Politik im Bildungswesen der US-Zone 1945-1949. Düsseldorf.

Cheval, René 1981: Die Bildungspolitik in der Französischen Besatzungszone, in: Manfred Heinemann (Hrsg.): Umerziehung und Wiederaufbau. Die Bildungspolitik der Besatzungsmächte in Deutschland und Österreich. Stuttgart, S. 190-200.

Claußen, Bernhard 1981a: Kritische Politikdidaktik. Zu einer pädagogischen Theorie der Politik für die schulische und außerschulische Bildungsarbeit. Opladen.

Claußen, Bernhard 1981b: Methodik der politischen Bildung. Von der pragmatischen Vermittlungstechnologie zur praxisorientierten Theorie der Kultivierung emanzipatorischen politischen Lernens. Opladen.

Claußen, Bernhard 1984: Politische Bildung und Kritische Theorie. Fachdidaktisch-methodische Dimensionen emanzipatorischer Sozialwissenschaft. Opladen.

Claußen, Bernhard 1987: Didaktik der Sozialwissenschaften und Politische Bildung im Kontext Kritischer Theorie, in: F. Hartmut Paffrath (Hrsg.): Kritische Theorie und Pädagogik der Gegenwart. Aspekte und Perspektiven der Auseinandersetzung. Weinheim, S. 148-170.

Comenius, Johann Amos 1910: Didactica magna (1632). Übersetzt und herausgegeben von Walther Vorbrodt. Leipzig (2. Aufl.).

Darmstädter Appell 1995: Aufruf zur Reform der „Politischen Bildung" in der Schule, in: dialog. Herausgegeben von der Schader-Stiftung. Sondernummer Dezember '95, S. 5-8.

Debitsch, Friedrich 1927: Die staatsbürgerliche Erziehung an den deutschen Ritterakademien. Halle an der Saale.

Deichmann, Carl 1996: Mehrdimensionale Institutionenkunde in der politischen Bildung. Schwalbach/Ts.

Deichmann, Carl 2004: Lehrbuch Politikdidaktik. München.

Deichmann, Carl 2005: Politische Bildung bewerten: Methoden der Evaluation und Leistungsbewertung, in: Wolfgang Sander (Hrsg.): Handbuch politische Bildung. Schwalbach/Ts. (3. Aufl.), S. 605-618.

Denkschrift des Reichsministeriums des Innern 1924: Staatsbürgerliche Bildung. Entwicklung und Stand seit Inkrafttreten der Reichsverfassung. Leipzig.

Detjen, Joachim 1995: Schüler erkunden die Stadtverwaltung. Bericht über einen handlungsorientierten „Ausflug" ins Rathaus, in: Politische Bildung 28, Heft 4, S. 128-138.

Detjen, Joachim 1998: Ist die Politische Bildung an den bayerischen Schulen gut aufgehoben? Ketzerische Überlegungen zu einem besonderen Kapitel bayerischer Bildungspolitik, in: Günther Köppel (Hrsg.): Lehrerbildung im Wandel. Festschrift 40 Jahre akademische Lehrer/innenbildung in Eichstätt. Augsburg, S. 283-306.

Detjen, Joachim 1999: „Der demokratiekompetente Bürger" - Politikwissenschaftliche Anmerkungen zu einer normativen Leitvorstellung Politischer Bildung. Wolnzach.

Detjen, Joachim 2000a: Bürgerleitbilder in der Politischen Bildung, in: Politische Bildung 33, Heft 4, S. 19-38.

Detjen, Joachim 2000b: Demokratie in der Gemeinde. Bürgerbeteiligung an der Kommunalpolitik in Niedersachsen. Hannover.

Detjen, Joachim 2000c: Werteerziehung im Politikunterricht mit Lawrence Kohlberg? Skeptische Anmerkungen zum Einsatz eines Klassikers der Moralpsychologie in der Politischen Bildung, in: Gotthard Breit/Siegfried Schiele (Hrsg.): Werte in der politischen Bildung. Schwalbach/Ts., S. 303-335.

Detjen, Joachim 2001: Schulbuchdidaktik. Anmerkungen zu Produktion, Rezeption und Didaktik von Schulbüchern zum Politikunterricht, in: Bildung und Erziehung 54, S. 459-482.

Detjen, Joachim 2002a: Bedarf die Wissenschaft von der Politischen Bildung einer normativen Grundlegung? Versuch einer Antwort auf die vom Radikalen Konstruktivismus ausgehenden Herausforderungen für die Politische Bildung, in: Gesellschaft für Politikdidaktik und politische Jugend- und Erwachsenenbildung (Hrsg.): Politische Bildung als Wissenschaft. Bilanz und Perspektiven. Schwalbach/Ts., S. 112-126.

Detjen, Joachim 2002b: Das Schulbuch. Klassisches Medium für den Politikunterricht, in: Georg Weißeno (Hrsg.): Politikunterricht im Informationszeitalter. Medien und neue Lernumgebungen. Schwalbach/Ts., S. 183-197.

Detjen, Joachim 2002c: Die gesellschaftliche Infrastruktur der Demokratie kennen und sich gesellschaftlich beteiligen – Gesellschaftslernen innerhalb des Demokratie-Lernens, in: Gotthard Breit/Siegfried Schiele (Hrsg.): Demokratie-Lernen als Aufgabe der politischen Bildung. Schwalbach/Ts., S. 72-94.

Detjen, Joachim 2003: Die Politikwissenschaft als Geburtshelferin der schulischen Politischen Bildung. Arnold Bergstraessers Beitrag zur Etablierung des Unterrichtsfaches Gemeinschaftskunde und Politik in Baden-Württemberg, in: Thomas Goll/Thomas Leuerer/Tilman Mayer/Hans Georg Merz (Hrsg.): Staat und Politik. Beiträge aus

Politischer Wissenschaft und Politischer Bildung. Festschrift für Paul-Ludwig Weinacht zum 65. Geburtstag. Baden-Baden, S. 268-296.

Detjen, Joachim 2004a: Die wissenschaftliche Politikdidaktik als Leitdisziplin der politischen Bildung, in: Gotthard Breit/Siegfried Schiele (Hrsg.): Demokratie braucht politische Bildung. Schwalbach/Ts., S. 63-80.

Detjen, Joachim 2004b: Erkundungen und Sozialstudien, in: Siegfried Frech/Hans-Werner Kuhn/Peter Massing (Hrsg.): Methodentraining für den Politikunterricht. Schwalbach/Ts., S. 195-226.

Detjen, Joachim 2004c: Politische Urteilsfähigkeit – eine domänenspezifische Kernkompetenz der politischen Bildung, in: Politische Bildung 37, Heft 3, S. 44-58.

Detjen, Joachim 2005a: Forschend lernen: Recherche, Interview, Umfrage, Expertenbefragung, in: Wolfgang Sander (Hrsg.): Handbuch politische Bildung. Schwalbach/Ts. (3. Aufl.), S. 565-576.

Detjen, Joachim 2005b: Politische Urteilsfähigkeit als Kern der Bildungstheorie des Politischen, in: Peter Massing/Klaus-Bernhard Roy (Hrsg.): Politik – Politische Bildung – Demokratie. Festschrift für Gotthard Breit. Schwalbach/Ts., S. 172-189.

Detjen, Joachim 2005c: Welche Schlüsselqualifikationen und Kompetenzen soll die politische Bildung vermitteln?, in: Georg Weißeno (Hrsg.): Politik besser verstehen. Neue Wege der politischen Bildung. Wiesbaden, S. 75-97.

Detjen, Joachim 2006: Wie viel Wirtschaft braucht die politische Bildung?, in: Georg Weißeno (Hrsg.): Politik und Wirtschaft unterrichten. Wiesbaden, S. 62-79.

Detjen, Joachim/Sander, Wolfgang 2001: Konstruktivismus und Politikdidaktik. Ein Chat-Interview mit Joachim Detjen und Wolfgang Sander, in: Politische Bildung 34, Heft 4, S. 128-138.

Dettmar-Sander, Christiane/Sander, Wolfgang 1996: Friedenserziehung in der Grundschule – Aufgaben und didaktische Zugänge, in: Siegfried George/Ingrid Prote (Hrsg.): Handbuch zur politischen Bildung in der Grundschule. Schwalbach/Ts., S. 174-195.

Deutsche Hochschule für Politik Berlin 1950: Die Wissenschaft im Rahmen der politischen Bildung. Vorträge, gehalten vom 16. bis 18. März 1950 in Berlin auf der Tagung der Deutschen Hochschule für Politik, von Alfred Weber und Eugen Kogon. Berlin.

Deutscher Ausschuss für das Erziehungs- und Bildungswesen 1966: Empfehlungen und Gutachten 1953-1965. Gesamtausgabe. Stuttgart.

Die deutsche Unruhe 1970: Ursachen – gegenwärtige Situation – Folgerungen für die politische Bildungsarbeit, in: Aus Politik und Zeitgeschichte, B 3/70, S. 3-30.

Die Reichsschulkonferenz [1920] 1972: Ihre Vorgeschichte und Vorbereitung und ihre Verhandlungen. Glashütten im Taunus.

Dithmar, Reinhard 1981: Der Deutschunterricht in der Weimarer Republik als Wegbereiter des Faschismus, in: Derselbe/Jörg Willer (Hrsg.): Schule zwischen Kaiserreich und Faschismus. Zur Entwicklung des Schulwesens in der Weimarer Republik. Darmstadt 1981, S. 3-32.

Dobbelstein-Osthoff, Peter 1995: Das Kohlberg-Konzept der moralischen Kompetenzentwicklung. Theorie und Ansatzpunkte einer schulpraktischen Umsetzung, in: Landesinstitut für Schule und Weiterbildung (Hrsg.): Werteerziehung in der Schule – aber wie? Ansätze zur Entwicklung moralisch-demokratischer Urteilsfähigkeit. Bönen (2. Aufl.), S. 38-77.

Dörpfeld, Friedrich Wilhelm 1895: Die Gesellschaftskunde – eine notwendige Ergänzung des Geschichtsunterrichts (1889), in: Derselbe: Gesammelte Schriften. Vierter Band, Zweiter Teil. Gütersloh, S. 1-46.

Dörpfeld, Friedrich Wilhelm 1962: Grundlinien einer Theorie des Lehrplans, zunächst für Volks- und Mittelschulen (1873), in: Derselbe: Schriften zur Theorie des Lehrplans. Herausgegeben von Albert Reble. Bad Heilbrunn, S. 5-81.

Ebersold, Günther 1980: Mündigkeit. Zur Geschichte eines Begriffs. Frankfurt am Main.

Einsiedler, Wolfgang 1981: Lehrmethoden. Probleme und Ergebnisse der Lehrmethodenforschung. München, Wien, Baltimore.

Ellwein, Thomas 1955: Pflegt die deutsche Schule Bürgerbewusstsein? Ein Bericht über die staatsbürgerliche Erziehung in den höheren Schulen der Bundesrepublik. München.

Ellwein, Thomas 1964: Politische Verhaltenslehre. Stuttgart.

Engelsing, Rolf 1968: Zur politischen Bildung der deutschen Unterschichten 1789-1863, in: Historische Zeitschrift 206, S. 337-369.

Eschenburg, Theodor 1951: Staatsbürgerlicher Unterricht als Aufgabe, in: Recht und Freiheit. Monatsschrift des Deutschen Bundes für Bürgerrechte 2, Nr. 1, S. 3-8.

Eschenburg, Theodor 1986: Anfänge der Politikwissenschaft und des Schulfaches Politik in Deutschland 1945. Vortrag und Ansprachen anlässlich der Verleihung der Ehrendoktorwürde durch die Philosophische Fakultät I. Augsburg.

Fichte, Johann Gottlieb 1915: Reden an die deutsche Nation (1808). Eingeleitet von Rudolf Eucken. Leipzig.

Fina, Kurt 1978: Das Gespräch im historisch-politischen Unterricht. Ein Kurs für Studenten und Lehrer. München.

Fischer, Kurt Gerhard 1964: Friedrich Wilhelm Foerster, der Nestor der politischen Bildung, in: Friedrich Wilhelm Foerster: Schriften zur politischen Bildung. Besorgt von Kurt Gerhard Fischer. Paderborn, S. 111-130.

Fischer, Kurt Gerhard 1970a: Einführung in die Politische Bildung. Ein Studienbuch über den Diskussions- und Problemstand der Politischen Bildung in der Gegenwart. Stuttgart.

Fischer, Kurt Gerhard 1970b: Einleitung: Das Problem der Politischen Bildung in der Weimarer Republik, in: Derselbe (Hrsg.): Politische Bildung in der Weimarer Republik. Grundsatzreferate der „Staatsbürgerlichen Woche" 1923. Frankfurt am Main, S. 8-41.

Fischer, Kurt Gerhard 1972: Überlegungen zur Didaktik des politischen Unterrichts. Göttingen.

Fischer, Kurt Gerhard 1975: Wie ist Theorienbildung für politische Bildung möglich?, in: Derselbe (Hrsg.): Zum aktuellen Stand der Theorie und Didaktik der Politischen Bildung. Stuttgart (3. Aufl.), S. 55-70.

Fischer, Kurt Gerhard 1993: Das Exemplarische im Politikunterricht. Beiträge zu einer Theorie politischer Bildung. Schwalbach/Ts.

Fischer, Kurt Gerhard/Herrmann, Karl/Mahrenholz, Hans 1960: Der politische Unterricht. Bad Homburg v. d. Höhe, Berlin, Zürich.

Fischer, Kurt Gerhard/Herrmann, Karl/Mahrenholz, Hans 1965: Der politische Unterricht. Bad Homburg v. d. Höhe, Berlin, Zürich (2. Aufl.).

Flitner, Andreas 1957a: Ein neues Bürger-„Modell"?, in: Gesellschaft – Staat – Erziehung 2, S. 448-451.

Flitner, Andreas 1957b: Politische Erziehung in Deutschland. Geschichte und Probleme 1750-1880. Tübingen.

Foerster, Friedrich Wilhelm 1910: Staatsbürgerliche Erziehung. Vortrag gehalten in der Gehe-Stiftung zu Dresden am 12. März 1910. Leipzig.

Foerster, Friedrich Wilhelm 1918: Politische Ethik und Politische Pädagogik. Mit besonderer Berücksichtigung der kommenden deutschen Aufgaben. München.

Foerster, Friedrich Wilhelm 1964a: Politische Erziehung. Freiburg im Breisgau (2. Aufl.).

Foerster, Friedrich Wilhelm 1964b: Schriften zur politischen Bildung. Besorgt von Kurt Gerhard Fischer. Paderborn.

Fraenkel, Ernst 1955: Akademische Erziehung und politische Berufe. Vortrag, gehalten anlässlich der Universitätswoche vom 6.-8. Januar in Berlin, in: Aus Politik und Zeitgeschichte, B VIII/55, S. 109-115.

Fraenkel, Ernst 1965: Grundsätzliches zur Sozialkunde, in: Gesellschaft – Staat – Erziehung 10, S. 375-376.

Fraenkel, Ernst 1966: Möglichkeiten und Grenzen politischer Mitarbeit der Bürger in einer modernen parlamentarischen Demokratie. Besinnung auf das Wesen politischer Erziehung und Bildung, in: Aus Politik und Zeitgeschichte, B 14/66, S. 3-13.

Fraenkel, Ernst 2002: Schule und demokratische Erziehung (1958) (Ursprünglich: Grundforderungen des demokratischen Staates und seiner Verwaltung an die Schule), in: Politische Bildung 35, Heft 3, S. 143-148.

Franke, Peter 1981: Methoden und Medien aus der Sicht sozialer und politischer Bildung im Unterricht der Grund- und Hauptschule. Donauwörth.

Frey, Karl 1993: Die Projektmethode. Weinheim, Basel (5. Aufl.).

Fritz, Jürgen 1993: Methoden des sozialen Lernens. Weinheim und München (3. Aufl.).

Froese, Leonhard 1969: Motivation und Genese der Bildungsreformpolitik in Deutschland seit 1945, in: Derselbe (Hrsg.): Bildungspolitik und Bildungsreform. Amtliche Texte und Dokumente zur Bildungspolitik im Deutschland der Besatzungszonen, der Bundesrepublik Deutschland und der Deutschen Demokratischen Republik. München, S. 13-74.

Froese, Leonhard (Hrsg.) 1969: Bildungspolitik und Bildungsreform. Amtliche Texte und Dokumente zur Bildungspolitik im Deutschland der Besatzungszonen, der Bundesrepublik Deutschland und der Deutschen Demokratischen Republik. München.

Fuchs, Marek/Luedtke, Jens 1997: Gesellschaftsbilder statt Politikmodelle. Sozialstrukturanalyse in der politischen Bildung, in: Siegfried Lamnek (Hrsg.): Soziologie und politische Bildung. Opladen, S. 199-227.

Gagel, Walter 1979: Politik – Didaktik – Unterricht. Eine Einführung in didaktische Konzeptionen des politischen Unterrichts. Stuttgart, Berlin, Köln, Mainz.

Gagel, Walter 1983: Zum Verhältnis von Allgemeiner Didaktik und Fachdidaktik des politischen Unterrichts, in: Zeitschrift für Pädagogik 29, S. 563-578.

Gagel, Walter 1986: Unterrichtsplanung: Politik/Sozialkunde. Studienbuch politische Didaktik II. Opladen.

Gagel, Walter 1988: Situations- und Problemorientierung: Gesichtspunkte der Auswahl und Strukturierung von Lerninhalten, in: Derselbe/Dieter Menne (Hrsg.): Politikunterricht. Handbuch zu den Richtlinien NRW. Rolf Schörken zum 60. Geburtstag. Opladen, S. 39-51.

Gagel, Walter 1989a: Renaissance der Institutionenkunde? Didaktische Ansätze zur Integration von institutionenkundlichem in den politischen Unterricht, in: Gegenwartskunde 38, Heft 3, S. 387-418.

Gagel, Walter 1989b: Thesen zum Verhältnis von Politikwissenschaft und Politischer Bildung, in: Bernhard Claußen/Adolf Noll (Hrsg.): Politische Wissenschaft und Politische Bildung. Eröffnung einer Diskussion. Hamburg, S. 73-76.

Gagel, Walter 1990: Theorie muss in die Praxis vermittelt werden, in: Zur Theorie und Praxis der politischen Bildung. Bonn, S. 284-287.

Gagel, Walter 1994: Geschichte der politischen Bildung in der Bundesrepublik Deutschland 1945-1989. Opladen.

Gagel, Walter 2000: Einführung in die Didaktik des politischen Unterrichts. Ein Studienbuch. Opladen (2. Aufl.).

Gagel, Walter 2005: Wissenschaftsorientierung, in: Wolfgang Sander (Hrsg.): Handbuch politische Bildung. Schwalbach/Ts. (3. Aufl.), S. 156-168.

Geiger, Wolfgang 1981: Staatsbürgerkunde in der Weimarer Republik, in: Reinhard Dithmar/Jörg Willer (Hrsg.): Schule zwischen Kaiserreich und Faschismus. Zur Entwicklung des Schulwesens in der Weimarer Republik. Darmstadt, S. 52-76.

Gesellschaft für Politikdidaktik und politische Jugend- und Erwachsenenbildung (GPJE) 2004: Nationale Bildungsstandards für den Fachunterricht in der Politischen Bildung an Schulen. Ein Entwurf. Schwalbach/Ts.

Giese, Gerhardt 1961: Quellen zur deutschen Schulgeschichte seit 1800. Göttingen.

Giesecke, Hermann 1965: Didaktik der politischen Bildung. München.

Giesecke, Hermann 1968a: Didaktik der politischen Bildung. München (3. Aufl.).

Giesecke, Hermann 1968b: Politische Bildung – Rechenschaft und Ausblick, in: Gesellschaft – Staat – Erziehung 13, S. 277-286.

Giesecke, Hermann 1972: Didaktik der politischen Bildung. Neue Ausgabe. München (7. Aufl.).

Giesecke, Hermann 1978: Methodik des politischen Unterrichts. München (5. Aufl.).

Glass, Ingrid/Gagel, Walter 1988: Fallprinzip und Fallmethode, in: Walter Gagel/Dieter Menne (Hrsg.): Politikunterricht. Handbuch zu den Richtlinien NRW. Rolf Schörken zum 60. Geburtstag. Opladen, S. 175-188.

Glöckel, Hans 1996: Vom Unterricht. Lehrbuch der Allgemeinen Didaktik. Bad Heilbrunn/Obb. (3. Aufl.).

Grammes, Tilman 1986: Politikdidaktik und Sozialisationsforschung. Problemgeschichtliche Studien zu einer pragmatischen Denktradition in der Fachdidaktik. Frankfurt am Main.

Grammes, Tilman 1988: 10 Vorurteile gegen Fachdidaktik, in: Politik unterrichten 4, Heft 2, S. 10-19.

Grammes, Tilman 1989: Was heißt grundlagenorientierte Forschung in der Fachdidaktik? Oder: Einladung zu einer Exkursion, in: Bernhard Claußen/Adolf Noll (Hrsg.): Politische Wissenschaft und Politische Bildung. Eröffnung einer Diskussion. Hamburg, S. 87-105.

Grammes, Tilman 1990: Methoden fachdidaktischer Unterrichtsforschung. Eine Brücke zwischen Theorie und Praxis?, in: Zur Theorie und Praxis der politischen Bildung. Bonn, S. 191-208.

Grammes, Tilman 1993: Kommunikative Fachdidaktik, in: Wolfgang Sander (Hrsg.): Konzepte der Politikdidaktik. Aktueller Stand, neue Ansätze und Perspektiven. Hannover, S. 79-100.

Grammes, Tilman 1994a: Der Anspruch der Politikdidaktik, Allgemeine Didaktik zu sein, in: Meinert A. Meyer/Wilfried Plöger (Hrsg.): Allgemeine Didaktik, Fachdidaktik und Fachunterricht. Weinheim und Basel, S. 165-183.

Grammes, Tilman 1994b: Institutionenbewusstsein und Institutionendidaktik: Willensbildungsprozesse in Institutionen und ihre Erscheinungsformen in Alltagsbewusstsein und Schule, in: Ulrich Sarcinelli (Hrsg.): Öffentlichkeitsarbeit der Parlamente. Politikvermittlung zwischen Public Relations und Parlamentsdidaktik. Baden-Baden, S. 170-192.

Grammes, Tilman 1997a: Bestandsaufnahme und Dokumentation, in: Peter Massing/Georg Weißeno (Hrsg.): Politische Urteilsbildung. Zentrale Aufgabe für den Politikunterricht. Schwalbach/Ts., S. 19-70.

Grammes, Tilman 1997b: Handlungsorientierung im Politikunterricht. Hannover (2. Aufl.).

Grammes, Tilman 1998: Kommunikative Fachdidaktik. Politik – Geschichte – Recht – Wirtschaft. Opladen.

Grammes, Tilman 2005a: Exemplarisches Lernen, in: Wolfgang Sander (Hrsg.): Handbuch politische Bildung. Schwalbach/Ts. (3. Aufl.), S. 93-107.

Grammes, Tilman 2005b: Kontroversität, in: Wolfgang Sander (Hrsg.): Handbuch politische Bildung. Schwalbach/Ts. (3. Aufl.), S. 126-145.

Grammes, Tilman/Tandler, Agnes 1991: Die Fallstudie (Case study), in: Methoden in der politischen Bildung – Handlungsorientierung. Bonn, S. 213-247.

Grammes, Tilman/Weißeno, Georg 1993: Aspekte interpretativer Unterrichtsforschung in der Fachdidaktik, in: Dieselben (Hrsg.): Sozialkundestunden. Politikdidaktische Auswertungen von Unterrichtsprotokollen. Opladen, S. 9-14.

Grammes, Tilman/Weißeno, Georg 1995: Parteien und Wahlen als Unterrichtsthema, in: Verantwortung in einer unübersichtlichen Welt. Aufgaben wertorientierter politischer Bildung. Bonn, S. 153-162.

Grosser, Dieter 1987: Schwierigkeitsgrade beim Urteilen über Politik, in: Siegfried Schiele/Herbert Schneider (Hrsg.): Konsens und Dissens in der politischen Bildung. Stuttgart, S. 165-177.

Grosser, Dieter/Hättich, Manfred/Oberreuter, Heinrich/Sutor, Bernhard 1976: Politische Bildung. Grundlagen und Zielprojektionen für den Unterricht an Schulen. Stuttgart.

Gudjons, Herbert 1994: Handlungsorientiert lehren und lernen. Schüleraktivierung – Selbsttätigkeit – Projektarbeit. Bad Heilbrunn/Obb. (4. Aufl.).

Gudjons, Herbert 2003: Frontalunterricht – neu entdeckt. Integration in offene Unterrichtsformen. Bad Heilbrunn/Obb.

Gugel, Günther 1994: Praxis politischer Bildungsarbeit. Methoden und Arbeitshilfen. Tübingen (3. Aufl.).

Haan, Gerhard de 1999: Zu den Grundlagen der „Bildung für nachhaltige Entwicklung" in der Schule, in: Unterrichtswissenschaft 27, S. 252-280.

Haan, Gerhard de 2004: Politische Bildung für Nachhaltigkeit, in: Aus Politik und Zeitgeschichte. B 7-8, S. 39-46.

Haase, Annemarie 1977: Staatsbürgerkunde in der DDR. Etappen der Entwicklung des Faches und Ansätze der Theoriebildung für Unterrichtsplanung und -gestaltung im Zeitraum von 1945-1970. Diss. Päd. Aachen.

Habermas, Jürgen 1959: Zum Einfluss von Schul- und Hochschulbildung auf das politische Bewusstsein von Studenten, in: Gesellschaft – Staat – Erziehung 4, S. 348-355.

Harms, Hermann/Breit, Gotthard 1990: Zur Situation des Unterrichtsfachs Sozialkunde/Politik und der Didaktik des politischen Unterrichts aus der Sicht von Sozialkundelehrerinnen und -lehrern. Eine Bestandsaufnahme, in: Zur Theorie und Praxis der politischen Bildung. Bonn, S. 13-167.

Hartwich, Hans-Hermann 1963: Zur Einführung: Gemeinschaftskunde, Sozialkunde und ihre auf der Hochschule betriebenen wissenschaftlichen Fächer, in: Derselbe (Hrsg.): Sozialkunde und Sozialwissenschaften. Zur Diskussion um das neue Fach Gemeinschaftskunde. Berlin, S. 4-9.

Hartwich, Hans-Hermann 1987: Politische Bildung und Politikwissenschaft im Jahre 1987, in: Gegenwartskunde 36, 5-17.

Hättich, Manfred 1977: Rationalität als Ziel politischer Bildung. Eine Einführung. München.

Hättich, Manfred 1985: Grundfragen des Politischen und politischen Verhaltens, in: Derselbe u. a.: Die politische Grundordnung der Bundesrepublik Deutschland in Politik- und Geschichtsbüchern. Melle, S. 39-75.

Hedtke, Reinhold 2002a: Die Kontroversität in der Wirtschaftsdidaktik, in: Gesellschaft – Wirtschaft – Politik 51, S. 173-186.

Hedtke, Reinhold 2002b: Wirtschaft und Politik. Über die fragwürdige Trennung von ökonomischer und politischer Bildung. Schwalbach/Ts.

Hedtke, Reinhold 2005: Ökonomisches Lernen, in: Wolfgang Sander (Hrsg.): Handbuch politische Bildung. Schwalbach/Ts. (3. Aufl.), S. 335-346.

Heinisch, Franz 1970: Politische Bildung – Integration oder Emanzipation?, in: Erziehung in der Klassengesellschaft. Einführung in die Soziologie der Erziehung. München, S. 155-183.

Henkenborg, Peter 1992: Die Unvermeidlichkeit der Moral. Ethische Herausforderungen für die politische Bildung in der Risikogesellschaft. Schwalbach/Ts.

Henkenborg, Peter 1997: Gesellschaftstheorien und Kategorien der Politikdidaktik: Zu den Grundlagen einer fachspezifischen Kommunikation in der politischen Bildung, in: Politische Bildung 30, Heft 2, S. 95-121.

Henkenborg, Peter 2002: Interpretative Unterrichtsforschung in der Politischen Bildung. Ansätze, Stand und Perspektiven, in: Georg Breidenstein/Arno Combe/Werner Helsper/Bernhard Stelmaszyk (Hrsg.): Forum Qualitative Schulforschung 2. Interpretative Unterrichts- und Schulbegleitforschung. Opladen, S. 81-109.

Henkenborg, Peter 2005: Empirische Forschung zur politischen Bildung – Methoden und Ergebnisse, in: Wolfgang Sander (Hrsg.): Handbuch politische Bildung. Schwalbach/Ts. (3. Aufl.), S. 48-61.

Henkenborg, Peter/Kuhn, Hans-Werner 1998: Grundfragen qualitativer Unterrichtsforschung in der politischen Bildung. Theoretische und methodische Aspekte, in: Dieselben (Hrsg.): Der alltägliche Politikunterricht. Ansätze – Beispiele – Perspektiven qualitativer Unterrichtsforschung zur politischen Bildung in der Schule. Opladen, S. 9-32.

Henning, Bernd/Müller, Peter/Schlausch, Horst 1982: Inhaltliche Schwerpunkte politischer Bildung in den Lehrplänen der Bundesländer, in: Zur Situation der politischen Bildung in der Schule. Ergebnisse einer Fachtagung der Bundeszentrale für politische Bildung. Bonn, S. 113-317.

Hennis, Wilhelm 1957: Das Modell des Bürgers, in: Gesellschaft – Staat – Erziehung 2, S. 330-339.

Hennis, Wilhelm 1962: Motive des Bürgersinns, in: Theodor Eschenburg/Theodor Heuss/Georg-August Zinn (Hrsg.): Festgabe für Carlo Schmid zum 65. Geburtstag. Tübingen, S. 97-109.

Herdegen, Peter 1999: Soziales und politisches Lernen in der Grundschule. Grundlagen – Ziele – Handlungsfelder. Ein Lern- und Arbeitsbuch. Donauwörth.

Herdegen, Peter 2001: Demokratische Bildung. Eine Einführung in das soziale und politische Lernen in den Klassen 5 bis 10. Donauwörth.

Herrmann, Ulrich 1985: „Völkische Erziehung ist wesentlich nichts anderes denn Bindung". Zum Modell nationalsozialistischer Formierung, in: Derselbe (Hrsg.): „Die Formung des Volksgenossen". Der „Erziehungsstaat" des Dritten Reiches. Weinheim und Basel 1985, S. 67-78.

Herrmann, Ulrich 1991: Die Pädagogik der Philanthropen, in: Hans Scheuerl (Hrsg.): Klassiker der Pädagogik. Erster Band: Von Erasmus von Rotterdam bis Herbert Spencer. München (2. Aufl.), S. 135-158.

Hessisches Ministerium für Erziehung und Volksbildung 1951: Über Lehre und Forschung der Wissenschaft von der Politik. Gesamtprotokoll der Konferenz von Königstein im Taunus vom 15. und 16. Juli 1950. Wiesbaden.

Heursen, Gerd 1984a: Didaktik im Umbruch: Fachdidaktik auf dem Weg zu ihrer Eigenständigkeit, in: Derselbe (Hrsg.): Didaktik im Umbruch. Aufgaben und Ziele der (Fach) Didaktik in der integrierten Lehrerbildung. Königstein, S. 1-21.

Heursen, Gerd 1984b: Lehrerbildung ohne Wissenschaft? Zur Rolle von allgemeiner Didaktik und Fachdidaktik in der Lehrerbildung an der Universität, in: Derselbe (Hrsg.): Didaktik im Umbruch. Aufgaben und Ziele der (Fach-)Didaktik in der integrierten Lehrerbildung. Königstein, S. 76-93.

Heursen, Gerd 1995: Fachdidaktik, in: Dieter Lenzen (Hrsg.): Enzyklopädie Erziehungswissenschaft. Band 3: Ziele und Inhalte der Erziehung und des Unterrichts. Herausgegeben von Hans-Dieter Haller/Hilbert Meyer. Stuttgart, S. 427-439.

Hilligen, Wolfgang 1955: Plan und Wirklichkeit im sozialkundlichen Unterricht. Untersuchungen, Erfahrungen und Vorschläge. Frankfurt am Main.

Hilligen, Wolfgang 1961: Worauf es ankommt. Überlegungen und Vorschläge zur Didaktik der politischen Bildung, in: Gesellschaft – Staat – Erziehung 6, 339-359.

Hilligen, Wolfgang 1976: Zur Didaktik des politischen Unterrichts I. Wissenschaftliche Voraussetzungen – Didaktische Konzeptionen – Praxisbezug. Ein Studienbuch. Opladen (2. Aufl.).

Hilligen, Wolfgang 1985: Zur Didaktik des politischen Unterrichts. Wissenschaftliche Voraussetzungen – Didaktische Konzeptionen – Unterrichtspraktische Vorschläge. Bonn (4. Aufl.).

Hilligen, Wolfgang 1990a: Aktuelle Probleme beim Verhältnis von Praxis und Theorie im Politikunterricht, in: Manfred Mols/Hans-Otto Mühleisen/Theo Stammen/Bernhard Vogel (Hrsg.): Normative und institutionelle Ordnungsprobleme des modernen Staates. Festschrift zum 65. Geburtstag von Manfred Hättich am 12. Oktober 1990. Paderborn, S. 80-95.

Hilligen, Wolfgang 1990b: Zur Theorie und Praxis im Politikunterricht, in: Zur Theorie und Praxis der politischen Bildung. Bonn, S. 295-302.

Hilligen, Wolfgang 1991: Didaktische Zugänge in der politischen Bildung. Schwalbach/Ts.

Hilligen, Wolfgang 1993: Literaturbericht zur Unterrichtsforschung im Politikunterricht, in: Sowi. Sozialwissenschaftliche Informationen 22, Heft 3, S. 125-134.

Himmelmann, Gerhard 1996: Chancen und Grenzen politischer Beteiligung und „Handlungsorientierung" in der Politischen Bildung, in: Politische Bildung 29, Heft 2, S. 81-96.

Himmelmann, Gerhard 1998: Das Bild des Bürgers in der politikwissenschaftlichen Theorie und in der politischen Praxis – Grundlage für „Handlungsorientierung" im politischen Unterricht, in: Gotthard Breit/Siegfried Schiele (Hrsg.): Handlungsorientierung im Politikunterricht. Schwalbach/Ts., S. 35-61.

Himmelmann, Gerhard 1999: Bürger, Politik und Demokratie: Der subjektive Faktor – Theorieansätze zu einer neuen Nüchternheit, in: Politische Bildung 32, Heft 3, S. 153-158.

Himmelmann, Gerhard 2001: Demokratie Lernen als Lebens-, Gesellschafts- und Herrschaftsform. Ein Lehr- und Studienbuch. Schwalbach/Ts.

Hitler, Adolf 1940: Mein Kampf (1925/1927). Zwei Bände in einem Band. Ungekürzte Ausgabe. München (568.-572. Aufl.).

Hobbensiefken, Günter 1973: Zur Fallmethode der politischen Bildung, in: Gegenwartskunde 22, Heft 4, S. 435-448.

Hoffmann, Dietrich 1970: Politische Bildung 1890-1933. Ein Beitrag zur Geschichte der pädagogischen Theorie. Hannover.

Hornung, Klaus 1962: Etappen politischer Pädagogik in Deutschland. Bonn.

Hufer, Klaus-Peter 1992: Politische Erwachsenenbildung. Strukturen, Probleme, didaktische Ansätze. Eine Einführung. Schwalbach/Ts.

Hufer, Klaus-Peter 1995: Argumentationstraining gegen „Stammtischparolen", in: Derselbe (Hrsg.): Politische Bildung in Bewegung. Neue Lernformen der politischen Jugend- und Erwachsenenbildung. Schwalbach/Ts., S. 121-135.

Hufer, Klaus-Peter 1996: Politische Erwachsenenbildung – Situation und Tendenzen, in: Dorothea Weidinger (Hrsg.): Politische Bildung in der Bundesrepublik. Zum 30jährigen Bestehen der Deutschen Vereinigung für Politische Bildung. Opladen, S. 87-96.

Hufer, Klaus-Peter 1999: Historische Entwicklungslinien: Politische Erwachsenenbildung in Deutschland von 1945 bis zum Ende der 90er Jahre, in: Wolfgang Beer/Will Cremer/Peter Massing (Hrsg.): Handbuch politische Erwachsenenbildung. Schwalbach/Ts., S. 87-110.

Hufer, Klaus-Peter 2001: Für eine emanzipatorische politische Bildung. Konturen einer Theorie für die Praxis. Schwalbach/Ts.

Institut zur Förderung öffentlicher Angelegenheiten 1949: Politische Erziehung und Bildung in Deutschland. Ein Bericht über die Konferenz von Waldleiningen 1949. Frankfurt am Main.

Isensee, Josef 1991: Bürgerfreiheit und Bürgertugend – Der Lebensbedarf des freiheitlichen Gemeinwesens, in: Katholische Akademie in Berlin (Hrsg.): Anthropologische Grundlagen des demokratischen Rechtsstaates und seine Weiterentwicklung. Leipzig, S. 58-79.

Jank, Werner/Meyer, Hilbert 1991: Didaktische Modelle. Frankfurt am Main.

Janssen, Bernd 1990: Kritische Thesen zum Verhältnis von politikdidaktischer Theorie und Unterrichtspraxis, in: Zur Theorie und Praxis der politischen Bildung. Bonn, S. 303-307.

Janssen, Bernd 1992: Methodenorientierter Politikunterricht. Perspektiven für eine kritische und kreative politische Bildung. Düsseldorf.

Janssen, Bernd 1999: Kreativer Politikunterricht. Schwalbach/Ts.

Janssen, Bernd 2002: Konzepte zur Sachanalyse und Unterrichtsplanung. Methodenorientierte Politikdidaktik. Schwalbach/Ts. (2. Aufl.).

Jeismann, Karl-Ernst 1992: Thesen zum Verhältnis von Politik- und Geschichtsunterricht, in: Geschichte in Wissenschaft und Unterricht 43, Heft 9, S. 557-569.

Jeismann, Karl-Ernst 1997: Geschichtsbewusstsein – Theorie, in: Klaus Bergmann u. a. (Hrsg.): Handbuch der Geschichtsdidaktik. Seelze-Velber (5. Aufl.), S. 42-44.

Juchler, Ingo 2005: Demokratie und politische Urteilskraft. Überlegungen zu einer normativen Grundlegung der Politikdidaktik. Schwalbach/Ts.

Jung, Eberhard 1997: Projekt – Projektorientierung. Mehr als eine Methode. Schwalbach/Ts.

Jung, Eberhard 2005: Projektpädagogik als didaktische Konzeption, in: Volker Reinhardt (Hrsg.): Projekte machen Schule. Projektunterricht in der politischen Bildung. Schwalbach/Ts., S. 13-34.

Jungblut, Gertrud 1972: Fachdidaktik als Wissenschaft, in: Die deutsche Schule 64, S. 610-622.

Jürgensen, Kurt 1981: Zum Problem der „Political Re-education", in: Manfred Heinemann (Hrsg.): Umerziehung und Wiederaufbau. Die Bildungspolitik der Besatzungsmächte in Deutschland und Österreich. Stuttgart, S. 114-139.

Kahlert, Joachim 2005: Umweltbildung, in: Wolfgang Sander (Hrsg.): Handbuch politische Bildung. Schwalbach/Ts. (3. Aufl.), S. 430-441.

Kaiser, Franz-Josef 1983: Grundlagen der Fallstudiendidaktik – Historische Entwicklung – Theoretische Grundlagen – Unterrichtliche Praxis, in: Derselbe (Hrsg.): Die Fallstudie. Theorie und Praxis der Fallstudiendidaktik. Bad Heilbrunn/Obb., S. 9-34.

Keim, Wolfgang 1995: Erziehung unter der Nazi-Diktatur. Band I: Antidemokratische Potentiale, Machtantritt und Machtdurchsetzung. Darmstadt.

Keim, Wolfgang 1997: Erziehung unter der Nazi-Diktatur. Band II: Kriegsvorbereitung, Krieg und Holocaust. Darmstadt.

Kellermann, Henry 1981: Von Re-education zu Re-orientation. Das amerikanische Reorientierungsprogramm im Nachkriegsdeutschland, in: Manfred Heinemann

(Hrsg.): Umerziehung und Wiederaufbau. Die Bildungspolitik der Besatzungsmächte in Deutschland und Österreich. Stuttgart, S. 86-102.

Kerschensteiner, Georg 1909: Staatsbürgerliche Erziehung der deutschen Jugend. Gekrönte Preisschrift. Erfurt (4. Aufl.).

Kerschensteiner, Georg 1910: Der Begriff der staatsbürgerlichen Erziehung. Leipzig und Berlin.

Kerschensteiner, Georg 1920: Staatsbürgerliche Erziehung, in: Zentralinstitut für Erziehung und Unterricht Berlin (Hrsg.): Die deutsche Schulreform. Ein Handbuch für die Reichsschulkonferenz. Leipzig, S. 108-116.

Kerschensteiner, Georg 1970: Das Wesen der staatsbürgerlichen Erziehung (1925), in: Fritz März (Hrsg.): Soziale und politische Erziehung. Bad Heilbrunn/Obb., S. 15-26.

Klafki, Wolfgang 1963a: Das Problem der Didaktik, in: Zeitschrift für Pädagogik 9, 3. Beiheft, S. 19-62.

Klafki, Wolfgang 1963b: Studien zur Bildungstheorie und Didaktik. Weinheim und Basel.

Klafki, Wolfgang 1990: Allgemeinbildung für eine humane, fundamental-demokratisch gestaltete Gesellschaft, in: Umbrüche in der Industriegesellschaft. Herausforderungen für die politische Bildung. Bonn, S. 297-310.

Klafki, Wolfgang 1996: Neue Studien zur Bildungstheorie und Didaktik. Zeitgemäße Allgemeinbildung und kritisch-konstruktive Didaktik. Weinheim und Basel (5. Aufl.).

Klieme, Eckhard u. a. 2003: Zur Entwicklung nationaler Bildungsstandards. Eine Expertise. Berlin.

Klippert, Heinz 1988: Durch Erfahrung lernen. Ein Prinzip (auch) für die politische Bildung, in: Erfahrungsorientierte Methoden der politischen Bildung. Bonn, S. 75-93.

Klippert, Heinz 1991: Handlungsorientierter Politikunterricht. Anregungen für ein verändertes Lehr-/Lernverständnis, in: Methoden in der politischen Bildung – Handlungsorientierung. Bonn, S. 9-30.

Knoll, Joachim H. 1964: Die Gemeinschaftskunde. Eine kritische Betrachtung der bisherigen Diskussion, in: Zeitschrift für Pädagogik 10, S. 83-93.

Knütter, Hans-Helmuth 1979: Die pragmatische Wende im schulischen Politikunterricht, in: Peter Gutjahr-Löser/Hans-Helmuth Knütter (Hrsg.): Die realistische Wende in der Politischen Bildung. München, S. 147-166.

Kohlberg, Lawrence 1981: Kognitive Entwicklung und moralische Erziehung, in: Lutz Mauermann/Erich Weber (Hrsg.): Der Erziehungsauftrag der Schule. Beiträge zur Theorie und Praxis moralischer Erziehung unter besonderer Berücksichtigung der Wertorientierung im Unterricht. Donauwörth (2. Aufl.), S. 107-117.

Kohlberg, Lawrence 1987: Moralische Entwicklung und demokratische Erziehung, in: Georg Lind/Jürgen Raschert (Hrsg.): Moralische Urteilsfähigkeit. Eine Auseinandersetzung mit Lawrence Kohlberg über Moral, Erziehung und Demokratie. Weinheim und Basel, S. 25-43.

Kohlberg, Lawrence 1997: Die Psychologie der Moralentwicklung. Frankfurt am Main (2. Aufl.).

Konferenz der Vorsitzenden Fachdidaktischer Fachgesellschaften (Hrsg.): Fachdidaktik in Forschung und Lehre. Kiel 1998.

Koopmann, F. Klaus 2005: „Progressive Civic Education" mit „We the People ... Project Citizen", in: Volker Reinhardt (Hrsg.): Projekte machen Schule. Projektunterricht in der politischen Bildung. Schwalbach/Ts., S. 108-126.

Kopp, Ferdinand 1970: Das Verhältnis der allgemeinen Didaktik zu den Fachdidaktiken, in: Detlef C. Kochan (Hrsg.): Allgemeine Didaktik, Fachdidaktik, Fachwissenschaft. Ausgewählte Beiträge aus den Jahren 1953-1969. Darmstadt, S. 187-208.

Körber, Klaus 1999: Inhaltliche Schwerpunkte, in: Wolfgang Beer/Will Cremer/Peter Massing (Hrsg.): Politische Erwachsenenbildung. Ein Handbuch zu Grundlagen und Praxisfeldern. Schwalbach/Ts., S. 221-255.

Koszyk, Kurt 1978: „Umerziehung" der Deutschen aus britischer Sicht, in: Aus Politik und Zeitgeschichte, B 29/78, S. 3-12.

Kraul, Margret 1982: Gymnasium, Gesellschaft und Geschichtsunterricht im Vormärz, in: Klaus Bergmann/Gerhard Schneider (Hrsg.): Gesellschaft – Staat – Geschichtsunterricht. Beiträge zu einer Geschichte der Geschichtsdidaktik und des Geschichtsunterrichts von 1500-1980. Düsseldorf, S. 44-76.

Kruber, Klaus-Peter 1994: Didaktische Kategorien der Wirtschaftslehre, in: Derselbe (Hrsg.): Didaktik der ökonomischen Bildung. Baltmannsweiler, S. 44-57.

Kruber, Klaus-Peter 2000: Kategoriale Wirtschaftsdidaktik – der Zugang zur ökonomischen Bildung, in: Gegenwartskunde 49, S. 285-295.

Kruber, Klaus-Peter 2001: Wirtschaftspolitische Bildung im Lernfeld politische Bildung, in: http://www.sowi-onlinejournal.de/2001-2/wirtschaftspolitische_bildung_kruber.htm (20.09.04), 7 Seiten.

Kuhn, Hans-Werner 2003: Fünf Unterrichtsstrategien, in: Derselbe: Urteilsbildung im Politikunterricht. Ein multimediales Projekt. Schwalbach/Ts., S. 170-197.

Kuhn, Hans-Werner 2004: Die Talkshow, in: Siegfried Frech/Hans-Werner Kuhn/Peter Massing (Hrsg.): Methodentraining für den Politikunterricht. Schwalbach/Ts., S. 117-144.

Kuhn, Hans-Werner 2005: Mit Texten lernen: Textquellen und Textanalyse, in: Wolfgang Sander (Hrsg.): Handbuch politische Bildung. Schwalbach/Ts. (3. Aufl.), S. 509-522.

Kuhn, Hans-Werner/Gloe, Markus 2004: Die Pro-Contra-Debatte, in: Siegfried Frech/Hans-Werner Kuhn/Peter Massing (Hrsg.): Methodentraining für den Politikunterricht. Schwalbach/Ts., S. 145-162.

Kuhn, Hans-Werner/Massing, Peter (Hrsg.) 1990: Politische Bildung in Deutschland. Entwicklung – Stand – Perspektiven. Opladen.

Kuhn, Hans-Werner/Massing, Peter 2003: Interview „„... wie lässt sich denn Politik überhaupt beurteilen?", in: Hans-Werner Kuhn: Urteilsbildung im Politikunterricht. Ein multimediales Projekt. Schwalbach/Ts., S. 147-159.

Kuhn, Hans-Werner/Moritz, Petra/Kendschek, Hardo 1992: Fachdidaktische Grundfragen, in: Lernfeld Politik. Eine Handreichung zur Aus- und Weiterbildung. Bonn, S. 304-333.

Kühr, Herbert 1980: Politische Didaktik. Königstein/Ts.

Kurtenbach, Peter J. 1988: Planung von Lehrgängen im Politikunterricht, in: Walter Gagel/Dieter Menne (Hrsg.): Politikunterricht. Handbuch zu den Richtlinien NRW. Rolf Schörken zum 60. Geburtstag. Opladen, S. 165-174.

Lamnek, Siegfried 1997: Soziologie sozialer Probleme als politische Bildung, in: Derselbe (Hrsg.): Soziologie und politische Bildung. Opladen, S. 165-197.

Lange-Quassowski, Jutta-B. 1979: Neuordnung oder Restauration? Das Demokratiekonzept der amerikanischen Besatzungsmacht und die politische Sozialisation der Westdeutschen: Wirtschaftsordnung – Schulstruktur – Politische Bildung. Opladen.

Lange-Quassowski, Jutta-B. 1981: Amerikanische Westintegrationspolitik, Re-education und deutsche Schulpolitik, in: Manfred Heinemann (Hrsg.): Umerziehung und Wiederaufbau. Die Bildungspolitik der Besatzungsmächte in Deutschland und Österreich. Stuttgart, S. 53-67.

Lemberg, Eugen 1959: Kritische Bemerkungen zur politischen Bildung, in: Die pädagogische Provinz 13, S. 237-243.

Lemberg, Eugen 1964: Nationalismus. II: Soziologie und politische Pädagogik. Reinbek bei Hamburg.

Lemberg, Eugen 1965: Nationalismus als Problem der politischen Erziehung, in: Aus Politik und Zeitgeschichte, B 10/65, S. 3-15.

Leschinsky, Achim/Roeder, Peter Martin 1976: Schule im historischen Prozess. Zum Wechselverhältnis von institutioneller Erziehung und gesellschaftlicher Entwicklung. Stuttgart.

Lingelbach, Karl Christoph 1987: Erziehung und Erziehungstheorien im nationalsozialistischen Deutschland. Ursprünge und Wandlungen der 1933-1945 in Deutschland vorherrschenden erziehungstheoretischen Strömungen; ihre politischen Funktionen und ihr Verhältnis zur außerschulischen Erziehungspraxis des „Dritten Reiches". Frankfurt am Main.

Litt, Theodor 1926: Die philosophischen Grundlagen der staatsbürgerlichen Erziehung, in: Felix Lampe/Georg Franke (Hrsg.): Staatsbürgerliche Erziehung. Breslau, S. 19-38.

Litt, Theodor 1961: Die politische Selbsterziehung des deutschen Volkes. Bonn (6. Aufl.).

Locke, John 1967: Einige Gedanken über die Erziehung (1693). Paderborn.

Maier, Robert E. 1981: Mündigkeit. Zur Theorie eines Erziehungszieles. Bad Heilbrunn/Obb.

Manzel, Sabine 2005: Politisches Lernen – Perspektiven aus der Neurobiologie und dem Konstruktivismus, in: Georg Weißeno (Hrsg.): Politik besser verstehen. Neue Wege der politischen Bildung. Wiesbaden, S. 165-179.

Massing, Peter 1995a: Was heißt und wie ermögliche ich politische Urteilsbildung?, in: Derselbe/Georg Weißeno (Hrsg.): Politik als Kern der politischen Bildung. Wege zur Überwindung unpolitischen Politikunterrichts. Opladen, S. 205-224.

Massing, Peter 1995b: Wege zum Politischen, in: Derselbe/Georg Weißeno (Hrsg.): Politik als Kern der politischen Bildung. Wege zur Überwindung unpolitischen Politikunterrichts. Opladen, S. 61-98.

Massing, Peter 1997: Kategorien politischen Urteilens und Wege zur politischen Urteilsbildung, in: Derselbe/Georg Weißeno (Hrsg.): Politische Urteilsbildung. Zentrale Aufgabe für den Politikunterricht. Schwalbach/Ts., S. 115-131.

Massing, Peter 1998: Handlungsorientierter Politikunterricht. Ausgewählte Methoden. Schwalbach/Ts.

Massing, Peter 1999a: Pro-Contra-Debatte, in: Wolfgang W. Mickel (Hrsg.): Handbuch zur politischen Bildung. Grundlagen, Methoden, Aktionsformen. Schwalbach/Ts., S. 403-407.

Massing, Peter 1999b: Reden – Formen des Gesprächs, in: kursiv. Heft 2, S. 30-35.

Massing, Peter 1999c: Wege zu einem kategorialen und handlungsorientierten Politikunterricht, in: Hans-Werner Kuhn/Peter Massing (Hrsg.): Politikunterricht kategorial und handlungsorientiert. Schwalbach/Ts., S. 5-38.

Massing, Peter 2003: Kategoriale politische Urteilsbildung, in: Hans-Werner Kuhn: Urteilsbildung im Politikunterricht. Ein multimediales Projekt. Schwalbach/Ts., S. 91-108.

Massing, Peter 2004a: Der Lehrervortrag, in: Siegfried Frech/Hans-Werner Kuhn/Peter Massing (Hrsg.): Methodentraining für den Politikunterricht. Schwalbach/Ts., S. 13-22.

Massing, Peter 2004b: Die Expertenbefragung, in: Siegfried Frech/Hans-Werner Kuhn/Peter Massing (Hrsg.): Methodentraining für den Politikunterricht. Schwalbach/Ts., S. 227-238.

Massing, Peter 2004c: Die Textanalyse, in: Siegfried Frech/Hans-Werner Kuhn/Peter Massing (Hrsg.): Methodentraining für den Politikunterricht. Schwalbach/Ts., S. 37-48.

Massing, Peter 2004d: Planspiele und Entscheidungsspiele, in: Siegfried Frech/Hans-Werner Kuhn/Peter Massing (Hrsg.): Methodentraining für den Politikunterricht. Schwalbach/Ts., S. 163-194.

Massing, Peter 2005a: Die Infrastruktur der politischen Bildung in der Bundesrepublik Deutschland – Fächer, Institutionen, Verbände, Träger, in: Wolfgang Sander (Hrsg.): Handbuch politische Bildung. Schwalbach/Ts. (3. Aufl.), S. 62-76.

Massing, Peter 2005b: In Gesprächen lernen: Gesprächsformen in der politischen Bildung, in: Wolfgang Sander (Hrsg.): Handbuch politische Bildung. Schwalbach/Ts. (3. Aufl.), S. 498-508.

Massing, Peter 2005c: Institutionenkundliches Lernen, in: Wolfgang Sander (Hrsg.): Handbuch politische Bildung. Schwalbach/Ts. (3. Aufl.), S. 315-325.

Meierheinrich, Volker 2003: Wie können Schüler politisch urteilen? Kategorien politischer Urteilsbildung im Bewusstsein von Schülerinnen und Schülern. Schwalbach/Ts.

Messer, August 1912: Das Problem der staatsbürgerlichen Erziehung historisch und systematisch behandelt. Leipzig.

Metzger, Wolfgang 1960: Das Problem des unselbständigen Denkens, in: Friedrich-Ebert-Stiftung (Hrsg.): Die politische Urteilsbildung in der Demokratie. Hannover, S. 29-44.

Meyer, Adolf 1991: Wilhelm von Humboldt (1767-1835), in: Hans Scheuerl (Hrsg.): Klassiker der Pädagogik. Erster Band: Von Erasmus von Rotterdam bis Herbert Spencer. München (2. Aufl.), S. 198-216.

Meyer, Hilbert 1994: UnterrichtsMethoden. I: Theorieband. II: Praxisband. Frankfurt am Main (6. Aufl.).

Michael, Berthold/Schepp, Heinz-Hermann (Hrsg.) 1973: Politik und Schule von der Französischen Revolution bis zur Gegenwart. Eine Quellensammlung zum Verhältnis von Gesellschaft, Schule und Staat im 19. und 20. Jahrhundert. Band 1. Frankfurt am Main.

Mickel, Wolfgang W. 1965: Zwanzig Jahre politische Bildung in der Bundesrepublik. Konzeptionen und Thematik des politischen Unterrichts 1945-1965, in: Aus Politik und Zeitgeschichte, B 51-52/65, S. 3-48.

Mickel, Wolfgang W. 1967: Politische Bildung an Gymnasien 1945-1965. Analyse und Dokumentation. Stuttgart.

Mickel, Wolfgang W. 1980: Methodik des politischen Unterrichts (Gemeinschafts-, Sozial- und Politische Weltkunde, Gesellschaftslehre, Sozialwissenschaften). Frankfurt am Main (4. Aufl.).

Mickel, Wolfgang W. 1996: MethodenLeitfaden durch die politische Bildung. Eine strukturierte Einführung. Schwalbach/Ts.

Mickel, Wolfgang W. 2003: Praxis und Methode. Einführung in die Methodenlehre der Politischen Bildung. Berlin.

Mietzel, Gerd 2003: Pädagogische Psychologie des Lernens und Lehrens. Göttingen, Bern, Toronto, Seattle (7. Aufl.).

Moegling, Klaus 2003: Die Politikwerkstatt. Ein Ort politischen Lernens in der Schule. Schwalbach/Ts.

Mohr, Arno 1987: Soll Politikwissenschaft ein Bildungs- oder ein Ausbildungsfach sein? Ein Blick zurück in die 50er Jahre, in: Hans-Hermann Hartwich (Hrsg.): Politikwissenschaft. Lehre und Studium zwischen Professionalisierung und Wissenschaftsimmanenz. Opladen, S. 81-89.

Mohr, Arno 1988: Politikwissenschaft als Alternative. Stationen einer wissenschaftlichen Disziplin auf dem Wege zu ihrer Selbständigkeit in der Bundesrepublik Deutschland 1945-1965. Bochum.

Mollenhauer, Klaus 1968: Erziehung und Emanzipation. Polemische Skizzen. München.

Münchner Manifest 1997: Demokratie braucht politische Bildung. Zum Auftrag der Bundeszentrale und der Landeszentralen für politische Bildung, in: Aus Politik und Zeitgeschichte, B32/97, S. 36-39.

Neuhaus, Rolf (Bearbeiter) 1961: Dokumente zur Hochschulreform 1945-1959. Wiesbaden.

Newe, Heinrich 1961: Der politische und demokratische Bildungsauftrag der Schule. Kiel.

Newe, Heinrich 1963: Politische Weltkunde als fachliche und pädagogische Aufgabe. Kiel.

Nicklas, Hans 1997: Friedenserziehung – Erziehung zur Friedensfähigkeit im Umbruch, in: Wolfgang Sander (Hrsg.): Handbuch politische Bildung. Schwalbach/Ts., S. 361-372.

Nieke, Wolfgang 2000: Interkulturelle Erziehung und Bildung. Wertorientierungen im Alltag. Opladen (2. Aufl.).

Nyssen, Elke 1979: Schule im Nationalsozialismus. Heidelberg.

Oberreuter, Heinrich 1985: Funktion und Bedeutung politischer Institutionen, in: Manfred Hättich u. a.: Die politische Grundordnung der Bundesrepublik Deutschland in Politik- und Geschichtsbüchern. Melle, S. 185-258.

Oetinger, Friedrich 1951: Wendepunkt der politischen Erziehung. Partnerschaft als pädagogische Aufgabe. Stuttgart.

Oetinger, Friedrich 1956: Partnerschaft. Die Aufgabe der politischen Erziehung (Dritte, erneut verbesserte und erweiterte Auflage von ‚Wendepunkt der politischen Erziehung'). Stuttgart.

Olbrich, Josef 2001: Geschichte der Erwachsenenbildung in Deutschland. Bonn.

Otte, Michael 1984: Fachdidaktik als Wissenschaft, in: Gerd Heursen (Hrsg.): Didaktik im Umbruch. Aufgaben und Ziele der (Fach-)Didaktik in der integrierten Lehrerbildung. Königstein, S. 94-120.

Pakschies, Günter 1979: Umerziehung in der Britischen Zone 1945-1949. Untersuchungen zur britischen Re-education-Politik. Weinheim und Basel.

Pakschies, Günter 1981: Re-education und die Vorbereitung der britischen Bildungspolitik in Deutschland während des Zweiten Weltkrieges, in: Manfred Heinemann (Hrsg.): Umerziehung und Wiederaufbau. Die Bildungspolitik der Besatzungsmächte in Deutschland und Österreich. Stuttgart, S. 103-113.

Pandel, Hans-Jürgen 1997: Geschichte und politische Bildung, in: Klaus Bergmann u. a. (Hrsg.): Handbuch der Geschichtsdidaktik. Seelze-Velber (5. Aufl.), S. 319-323.

Patzelt, Werner J. 1994: Das Verhältnis von Bürgern und Parlament – Aufgaben der politischen Bildungsarbeit, in: Gerd Hepp/Siegfried Schiele/Uwe Uffelmann (Hrsg.): Die schwierigen Bürger. Herbert Schneider zum 65. Geburtstag. Schwalbach/Ts., S. 216-239.

Patzelt, Werner J. 1998: Die Bürger – Schwachstelle unseres Gemeinwesens? Ein latenter Verfassungskonflikt, in: Gotthard Breit/Siegfried Schiele (Hrsg.): Handlungsorientierung im Politikunterricht. Schwalbach/Ts., S. 69-100.

Paulsen, Friedrich 1897: Geschichte des gelehrten Unterrichts auf den deutschen Schulen und Universitäten vom Ausgang des Mittelalters bis zur Gegenwart. Zweiter Band. Leipzig (2. Aufl.).

Petillon, Hanns 1993: Soziales Lernen in der Grundschule. Anspruch und Wirklichkeit. Frankfurt am Main.

Petrik, Andreas 2004a: Das genetische Prinzip als Brücke zwischen Lebenswelt und Politik – Eine Lehrkunstwerkstatt zum Thema Zukunft, in: http://www.sowi-onlinejournal.de/2004-1/zukunft_petrik.htm (08.09.2005), 15 Seiten.

Petrik, Andreas 2004b: Produktive Krisen inszenieren – Wie das genetische Prinzip Jugendliche mit Politik sowie Bildungsgang- mit Lehrkunstdidaktik verschwistern kann, in: Matthias Trautmann (Hrsg.): Entwicklungsaufgaben im Bildungsgang. Wiesbaden, S. 270-291.

Petzelt, Alfred 1955: Grundsätzliches zum Problem der staatsbürgerlichen Erziehung, in: Vierteljahrsschrift für wissenschaftliche Pädagogik 31, S. 77-95.

Piontkowski, Siegfried 1975: Der Beitrag des Staatsbürgerkundeunterrichts zur Entwicklung sozialistischer Persönlichkeiten, in: Wolfgang Feige u. a.: Beiträge zur Methodik des Staatsbürgerkundeunterrichts. Berlin (Ost), S. 11-45.

Plöger, Wilfried 1999: Allgemeine Didaktik und Fachdidaktik. München.

Pöggeler, Franz 1964: Der Beitrag Fr. W. Foersters zur Theorie der politischen Erziehung, in: Friedrich Wilhelm Foerster: Politische Erziehung. Freiburg im Breisgau (2. Aufl.), S. 176-184.

Pohl, Kerstin 2004: Politikdidaktik heute – Gemeinsamkeiten und Differenzen. Ein Resümee, in: Dieselbe (Hrsg.): Positionen der politischen Bildung 1. Ein Interviewbuch zur Politikdidaktik. Schwalbach/Ts., S. 302-349.

Radbruch, Gustav 1970: Die Aufgaben des staatsbürgerlichen Unterrichts, in: Kurt Gerhard Fischer (Hrsg.): Politische Bildung in der Weimarer Republik. Grundsatzreferate der „Staatsbürgerlichen Woche" 1923. Frankfurt am Main, S. 42-54.

Reeken, Dietmar von 2001: Politisches Lernen im Sachunterricht. Didaktische Grundlegungen und unterrichtspraktische Hinweise. Hohengehren.

Reichling, Norbert 1999: Ziele und Erwartungshorizonte politischer Erwachsenenbildung, in: Wolfgang Beer/Will Cremer/Peter Massing (Hrsg.): Politische Erwachsenenbildung. Ein Handbuch zu Grundlagen und Praxisfeldern. Schwalbach/Ts., S. 145-165.

Reinhardt, Sibylle 1988: Kontroverses Denken, Überwältigungsverbot und Lehrerrolle, in: Walter Gagel/Dieter Menne (Hrsg.): Politikunterricht. Handbuch zu den Richtlinien NRW. Rolf Schörken zum 60. Geburtstag. Opladen, S. 65-73.

Reinhardt, Sibylle 1997: Didaktik der Sozialwissenschaften. Gymnasiale Oberstufe. Sinn, Struktur, Lernprozesse. Opladen.

Reinhardt, Sibylle 1999: Werte-Bildung und politische Bildung. Zur Reflexivität von Lernprozessen. Opladen.

Reinhardt, Sibylle 2003: Irrige Alltagsvorstellungen im Politikunterricht. Fehlverstehen als Bedingung politischen Lernens, in: Gesellschaft – Wirtschaft – Politik 52, Heft 4, S. 499-505.

Reinhardt, Sibylle 2005a: Handlungsorientierung, in: Wolfgang Sander (Hrsg.): Handbuch politische Bildung. Schwalbach/Ts. (3. Aufl.), S. 146-155.

Reinhardt, Sibylle 2005b: Politik-Didaktik. Praxishandbuch für die Sekundarstufe I und II. Berlin.

Richter, Dagmar 2002: Sachunterricht – Ziele und Inhalte. Ein Lehr- und Studienbuch zur Didaktik. Hohengehren.

Röhrig, Paul 1964: Politische Bildung. Herkunft und Aufgabe. Stuttgart.

Rölke, Peter 1982: Wie entstehen politisch-soziale Vorurteile, und sind sie veränderbar?, in: Bernhard Claußen/Klaus Wasmund (Hrsg.): Handbuch der politischen Sozialisation. Braunschweig, S. 335-366.

Roloff, Ernst-August 1974: Erziehung zur Politik. Eine Einführung in die politische Didaktik. Band 1: Sozialwissenschaftliche Grundlagen (3. Aufl.). Band 2: Didaktische Beispielanalysen für die Sekundarstufe I. Göttingen.

Rönne, Ludwig von 1855: Das Unterrichts-Wesen des Preußischen Staates. Band 1: Das Volksschul-Wesen des Preußischen Staates mit Einschluss des Privat-Unterrichts. Berlin.

Rossmeissl, Dieter 1985: „Ganz Deutschland wird zum Führer halten ...". Zur politischen Erziehung in den Schulen des Dritten Reiches. Frankfurt am Main.

Rossmeissl, Dieter (Hrsg.) 1988: Demokratie von außen. Amerikanische Militärregierung in Nürnberg 1945-1949. München.

Roth, Heinrich (Hrsg.) 1963: Gemeinschaftskunde und Politische Bildung. Ein Arbeitsbericht. Göttingen.

Roth, Heinrich 1970: Pädagogische Psychologie des Lehrens und Lernens. Hannover (12. Aufl.).

Roth, Heinrich 1976: Pädagogische Anthropologie. Band I: Bildsamkeit und Bestimmung (4. Aufl.); Band II: Entwicklung und Erziehung. Grundlagen einer Entwicklungspädagogik (2. Aufl.). Hannover.

Rothe, Klaus 1993: Schüler und Politik. Eine vergleichende Untersuchung bayerischer und hessischer Gymnasialschüler. Opladen.

Rothe, Klaus 2000: Politik verstehen – Demokratie bejahen. Politik und politisches System in der Bundesrepublik Deutschland. München.

Rousseau, Jean-Jacques 1977: Abhandlung über die Politische Ökonomie (1755), in: Derselbe: Politische Schriften. Band 1. Paderborn, S. 9-57.

Rousseau, Jean-Jacques 1979: Vom Gesellschaftsvertrag oder Grundsätze des Staatsrechts (1762). Stuttgart.

Rousseau, Jean-Jacques 1981: Betrachtungen über die Regierung Polens und über deren vorgeschlagene Reform (1771), in: Derselbe: Sozialphilosophische und politische Schriften. München, S. 563-655.

Rousseau, Jean-Jacques 1998: Emile oder Über die Erziehung (1762). Paderborn (13. Aufl.).

Rühlmann, Paul 1905: Die Versuche einer politischen Unterweisung in den deutschen Schulen des 17. und 18. Jahrhunderts, in: Preußische Jahrbücher 122, S. 113-142.

Rühlmann, Paul 1908: Politische Bildung. Ihr Wesen und ihre Bedeutung – eine Grundfrage unseres öffentlichen Lebens. Leipzig.

Sander, Wolfgang 1988: Demokratischer Sozialismus und politische Bildung. Konzepte, Probleme, Perspektiven, in: Derselbe (Hrsg.): Lernen für die Mündigkeit. Perspektiven der politischen Bildung. Marburg, S. 9-30.

Sander, Wolfgang 1989: Zur Geschichte und Theorie der politischen Bildung. Allgemeinbildung und fächerübergreifendes Lernen in der Schule. Marburg.

Sander, Wolfgang 1996: Politische Bildung nach dem Beutelsbacher Konsens, in: Siegfried Schiele/Herbert Schneider (Hrsg.): Reicht der Beutelsbacher Konsens? Schwalbach/Ts., S. 29-38.

Sander, Wolfgang 1997: Theorie der politischen Bildung: Geschichte – didaktische Konzeptionen – aktuelle Tendenzen und Probleme, in: Derselbe (Hrsg.): Handbuch politische Bildung. Schwalbach/Ts., S. 5-45.

Sander, Wolfgang 2001: Politik entdecken – Freiheit leben. Neue Lernkulturen in der politischen Bildung. Schwalbach/Ts.

Sander, Wolfgang 2002a: Empirische Forschung zur schulischen politischen Bildung mit quantitativen Methoden: Defizitanalysen und offene Fragen, in: kursiv. Journal für politische Bildung, Heft 4, S. 41.

Sander, Wolfgang 2002b: Neue Medien in der politischen Bildung – Herausforderungen für Schule und Lehrerausbildung, in: Georg Weißeno (Hrsg.): Politikunterricht im Informationszeitalter. Medien und neue Lernumgebungen. Schwalbach/Ts., S. 118-129.

Sander, Wolfgang 2002c: Politikdidaktik heute – wo steht die Wissenschaft vom politischen Lernen?, in: Gesellschaft für Politikdidaktik und politische Jugend- und Erwachsenenbildung (Hrsg.): Politische Bildung als Wissenschaft. Bilanz und Perspektiven. Schwalbach/Ts., S. 9-19.

Sander, Wolfgang 2003: Vom „Unterricht" zur „Lernumgebung". Politikdidaktische und schulpädagogische Überlegungen zur politischen Bildung nach der Belehrungskultur, in: Gesellschaft für Politikdidaktik und politische Jugend- und Erwachsenenbildung (Hrsg.): Lehren und Lernen in der politischen Bildung. Schwalbach/Ts., S. 21-33.

Sander, Wolfgang 2004: Politik in der Schule. Kleine Geschichte der politischen Bildung in Deutschland. Marburg.

Sander, Wolfgang 2005a: Die Welt im Kopf. Konstruktivistische Perspektiven zur Theorie des Lernens, in: kursiv. Journal für politische Bildung, Heft 1, S. 44-59.

Sander, Wolfgang 2005b: Friedenserziehung, in: Derselbe (Hrsg.): Handbuch politische Bildung. Schwalbach/Ts. (3. Aufl.), S. 442-455.

Sander, Wolfgang 2005c: Theorie der politischen Bildung: Geschichte – didaktische Konzeptionen – aktuelle Tendenzen und Probleme, in: Derselbe (Hrsg.): Handbuch politische Bildung. Schwalbach/Ts. (3. Aufl.), S. 13-47.

Sarcinelli, Ulrich 1991: Politische Institutionen, Politikwissenschaft und politische Bildung. Überlegungen zu einem „aufgeklärten Institutionalismus", in: Aus Politik und Zeitgeschichte, B 50, S. 41-53.

Schelle, Carla 1995: Schülerdiskurse über Gesellschaft: „Wenn du ein Ausländer wärst". Untersuchung zur Neuorientierung schulisch-politischer Bildungsprozesse. Schwalbach/Ts.

Schelle, Carla 2003: Zur Tradition der Unterrichtsforschung zum Politikunterricht mit qualitativen Methoden. Ursprünge, Ergebnisse, Perspektiven, in: kursiv. Journal für politische Bildung, Heft 1, S. 36-41.

Schelle, Carla 2005: Adressatenorientierung, in: Wolfgang Sander (Hrsg.): Handbuch politische Bildung. Schwalbach/Ts. (3. Aufl.), S. 79-92.

Scheurich, Imke/Pohl, Kerstin/Hufer, Klaus-Peter 2004: Außerschulische Bildung heute – Ein Resümee in zwei Teilen, in: Klaus-Peter Hufer/Kerstin Pohl/Imke Scheurich (Hrsg.): Positionen der politischen Bildung 2. Ein Interview zur außerschulischen Jugend- und Erwachsenenbildung. Schwalbach/Ts., S. 340-392.

Schiller, Hermann 1888: Bedarf es eines besonderen neuen Unterrichtsgegenstandes, um den Schülern höherer Lehranstalten die Kenntnis der staatlichen Einrichtungen ihres Vaterlandes zu sichern?, in: Zeitschrift für das Gymnasialwesen 42, S. 401-430.

Schlander, Otto 1981: Der Einfluss von John Dewey und Hans Morgenthau auf die Formulierung der Re-educationpolitik, in: Manfred Heinemann (Hrsg.): Umerziehung und Wiederaufbau. Die Bildungspolitik der Besatzungsmächte in Deutschland und Österreich. Stuttgart, S. 40-52.

Schmiederer, Rolf 1971: Zur Kritik der Politischen Bildung. Ein Beitrag zur Soziologie und Didaktik des politischen Unterrichts. Frankfurt am Main.

Schmiederer, Rolf 1972: Zwischen Affirmation und Reformismus. Politische Bildung in Westdeutschland seit 1945. Frankfurt am Main.

Schmiederer, Rolf 1974: Anmerkungen zur Curriculumentwicklung für den politischen Unterricht, in: Curriculum-Entwicklungen zum Lernfeld Politik. Vorträge und Materialien der Arbeitstagung der Bundeszentrale für politische Bildung „Wissenschaftstheorie, Curriculumentwicklung und Unterrichtspraxis" vom 22. bis 25. Oktober 1973 in Bad Ems. Bonn, S. 55-75.

Schmiederer, Rolf 1977a: Einige Überlegungen zum Konsensproblem in der politischen Bildung, in: Siegfried Schiele/Herbert Schneider (Hrsg.): Das Konsensproblem in der politischen Bildung. Stuttgart, S. 130-151.

Schmiederer, Rolf 1977b: Politische Bildung im Interesse der Schüler. Hannover.

Schmitt, Karl 1980: Politische Erziehung in der DDR. Ziele, Methoden und Ergebnisse des politischen Unterrichts an den allgemeinbildenden Schulen der DDR. Paderborn.

Schneider, Heinrich 1975: Einleitung, in: Derselbe (Hrsg.): Politische Bildung in der Schule. Zur Entwicklung der Diskussion in Deutschland. Zwei Bände. Erster Band: Grundfragen. Darmstadt, S. VII-LXXXI.

Scholz, Ingo 1982: Politische Apathie. Sozialwissenschaftliche Ansätze zur Bestimmung des Apathiebegriffs. Frankfurt am Main.

Scholz, Lothar 2004: Spielerisch Politik lernen. Methoden des Kompetenzerwerbs im Politik- und Sozialkundeunterricht. Schwalbach/Ts. (2. Aufl.).

Scholz, Lothar 2005: Spielend lernen: Spielformen in der politischen Bildung, in: Wolfgang Sander (Hrsg.): Handbuch politische Bildung. Schwalbach/Ts. (3. Aufl.), S. 547-564.

Schulte, Wolfgang 2003: Politische Bildung in der Polizei. Funktionsbestimmung von 1945 bis zum Jahr 2000. Frankfurt am Main.

Schulz, Wolfgang 1965: Unterricht – Analyse und Planung, in: Paul Heimann/Gunter Otto/Wolfgang Schulz: Unterricht. Analyse und Planung. Hannover, S. 13-47.

Schweim, Lothar (Bearbeiter) 1966: Schulreform in Preußen 1809-1819. Entwürfe und Gutachten. Weinheim/Bergstr.

Seel, Norbert M. 2003: Psychologie des Lernens. Lehrbuch für Pädagogen und Psychologen. München, Basel (2. Aufl.).

Seipp, Paul (Bearbeiter): Sammlung der Beschlüsse der Ständigen Konferenz der Kultusminister der Länder in der Bundesrepublik Deutschland. Neuwied, Darmstadt.

Sliwka, Anne 2001: Civic Education – Bildung für die Zivilgesellschaft: Ansätze und Methoden aus dem anglo-amerikanischen Raum. Freudenberg Stiftung (Hrsg.): Demokratie lernen und leben – Eine Initiative gegen Rechtsextremismus, Rassismus, Antisemitismus, Fremdenfeindlichkeit und Gewalt. Gutachten und Empfehlungen. Band II: Das anglo-amerikanische Beispiel. Weinheim.

Sontheimer, Kurt 1963a: Gemeinschaftskunde und Politische Wissenschaft, in: Hans-Hermann Hartwich (Hrsg.): Sozialkunde und Sozialwissenschaften. Zur Diskussion um das neue Fach Gemeinschaftskunde. Berlin, S. 10-21.

Sontheimer, Kurt 1963b: Politische Bildung zwischen Utopie und Verfassungswirklichkeit, in: Zeitschrift für Pädagogik 9, S. 167-180.

Sontheimer, Kurt 1968: Antidemokratisches Denken in der Weimarer Republik. Die politischen Ideen des deutschen Nationalismus zwischen 1918 und 1933. Studienausgabe mit einem Ergänzungsteil „Antidemokratisches Denken in der Bundesrepublik". München.

Spitzer, Manfred 2000: Geist im Netz. Modelle für Lernen, Denken und Handeln. Heidelberg, Berlin.

Spranger, Eduard 1957: Gedanken zur staatsbürgerlichen Erziehung. Bonn (2. Aufl.).

Spranger, Eduard 1970: Probleme der politischen Volkserziehung (1928), in: Derselbe: Staat, Recht und Politik. Herausgegeben von Hermann Josef Meyer. Tübingen, S. 169-191.

Stammwitz, Wolfgang 1993: Von der „Staatsbürgerkunde" zum „Politischen Unterricht". Ein neues Fach im Spiegel seiner Benennungen (1945-1951), in: Hanns-Fred Rathenow/Uwe Richter (Hrsg.): Politische Bildung im Wandel. Festschrift für Wolfgang Northemann. Opladen, S. 29-43.

Stange, Waldemar 1996: Planen mit Phantasie. Zukunftswerkstatt und Planungszirkel für Kinder und Jugendliche. Herausgeber: Deutsches Kinderhilfswerk und Aktion „Schleswig-Holstein – Land für Kinder". Berlin und Kiel.

Steger, Beate M. 1988: Schülerinteressen als Auswahlkriterien von Inhalten, in: Walter Gagel/Dieter Menne (Hrsg.): Politikunterricht. Handbuch zu den Richtlinien NRW. Rolf Schörken zum 60. Geburtstag. Opladen, S. 53-64.

Steinbach, Peter 1998: Geschichte: Vom Rückgrat politischer Bildung, in: Politische Bildung 31, Heft 4, S. 112-126.

Steinhaus, Hubert 1981: Hitlers Pädagogische Maximen. „Mein Kampf" und die Destruktion der Erziehung im Nationalsozialismus. Frankfurt am Main.

Stephani, Heinrich 1797: Grundriß der Staatserziehungswissenschaft. Weißenfels und Leipzig.

Stephani, Heinrich 1813: System der öffentlichen Erziehung. Ein nöthiges Handbuch für alle, welche an derselben zweckmäßigen Antheil nehmen wollen. Erlangen (2. Aufl.).

Sternberger, Dolf 1980: Staatsfreundschaft. Frankfurt am Main.

Stoodt, Dieter 1980: Ist Religionsunterricht Sozialkunde?, in: Politische Didaktik. Heft 4, S. 81-90, Materialienteil, S. 16-45.

Sutor, Bernhard 1973: Didaktik des politischen Unterrichts. Eine Theorie der politischen Bildung. Paderborn (2. Aufl.).

Sutor, Bernhard 1974: Plädoyer für einen pluralen Ansatz in den Curricula politischer Bildung, in: Curriculum-Entwicklungen zum Lernfeld Politik. Vorträge und Materialien der Arbeitstagung der Bundeszentrale für politische Bildung „Wissenschaftstheorie, Curriculumentwicklung und Unterrichtspraxis" vom 22. bis 25. Oktober 1973 in Bad Ems. Bonn, S. 11-28.

Sutor, Bernhard 1976: Grundgesetz und politische Bildung. Ein Beitrag zur Wiedergewinnung eines Minimalkonsenses im Streit um den Politikunterricht. Hannover.

Sutor, Bernhard 1977: Verfassung und Minimalkonsens. Die Rolle des Grundgesetzes im Streit um die politische Bildung, in: Siegfried Schiele/Herbert Schneider (Hrsg.): Das Konsensproblem in der politischen Bildung. Stuttgart, S. 152-172.

Sutor, Bernhard 1979: Geschichte als politische Bildung, in: Wolfgang W. Mickel (Hrsg.): Politikunterricht im Zusammenhang mit seinen Nachbarfächern. München, S. 82-102.

Sutor, Bernhard 1980: Politische Rationalität als Erziehungsziel, in: Heinrich Oberreuter (Hrsg.): Freiheitliches Verfassungsdenken und Politische Bildung. Stuttgart, S. 84-130.

Sutor, Bernhard 1984: Neue Grundlegung politischer Bildung. Band I: Politikbegriff und politische Anthropologie. Band II: Ziele und Aufgabenfelder des Politikunterrichts. Paderborn.

Sutor, Bernhard 1986: Zeitgeschichte und Politikunterricht. Überlegungen zur angemessenen Sachstruktur politischer Bildung, in: Katholische Bildung 87, S. 385-400.

Sutor, Bernhard 1997a: Kategorien politischer Urteilsbildung, in: Peter Massing/Georg Weißeno (Hrsg.): Politische Urteilsbildung. Zentrale Aufgabe für den Politikunterricht. Schwalbach/Ts., S. 95-108.

Sutor, Bernhard 1997b: Kleine politische Ethik. Opladen.

Sutor, Bernhard 2005: Historisches Lernen als Dimension politischer Bildung, in: Wolfgang Sander (Hrsg.): Handbuch politische Bildung. Schwalbach/Ts. (3. Aufl.), S. 347-362.

Sutor, Bernhard/Detjen, Joachim 2001: Politik. Ein Studienbuch zur politischen Bildung. Paderborn.

Terhart, Ewald 1997: Lehr-Lern-Methoden. Eine Einführung in Probleme der methodischen Organisation von Lehren und Lernen. Weinheim, München (2. Aufl.).

Teschner, Manfred 1963: Politische Bildung an höheren Schulen, in: Max Horkheimer (Hrsg.): Zeugnisse. Theodor W. Adorno zum 60. Geburtstag. Frankfurt am Main, S. 402-409.

Titze, Hartmut 1973: Die Politisierung der Erziehung. Untersuchungen über die soziale und politische Funktion der Erziehung von der Aufklärung bis zum Hochkapitalismus. Frankfurt am Main.

Tjaden, Karl Hermann 1966: Politische Bildung als Affirmation und Kritik. Zur soziologischen Bestimmung ihres Begriffs, in: Das Argument 8, S. 361-385.

Trommer, Luitgard 1999: Eine Analyse der Lehrpläne zur Sozialkunde in der Sekundarstufe I, in: Christa Händle/Detlef Oesterreich/Luitgard Trommer: Aufgaben politischer Bildung in der Sekundarstufe I. Studien aus dem Projekt Civic Education. Opladen, S. 69-129.

Vent, Reinhard 1984: Überparteiliche „Politische Propädeutik". Eine Konzeption zur politischen Bildung aus der Endphase der Weimarer Republik, in: Die Deutsche Schule 76, S. 283-294.

Vorholt, Udo 2003: Institutionen politischer Bildung in Deutschland. Eine systematisierende Übersicht. Frankfurt am Main.

Voß, Christian Daniel 1799: Versuch über die Erziehung für den Staat – als Bedürfniß unsrer Zeit, zur Beförderung des Bürgerwohls und der Regenten-Sicherheit. Erster Theil. Halle.

Weber, Birgit 1995: Handlungsorientierte Methoden, in: Bodo Steinmann/Birgit Weber (Hrsg.): Handlungsorientierte Methoden in der Ökonomie. Neusäß, S. 17-45.

Wehling, Hans-Georg 1977: Konsens à la Beutelsbach? Nachlese zu einem Expertengespräch, in: Siegfried Schiele/Herbert Schneider (Hrsg.): Das Konsensproblem in der politischen Bildung. Stuttgart, S. 173-184.

Weidinger, Dorothea 1996: Politische Bildung an den Schulen in Deutschland, in: Dieselbe (Hrsg.): Politische Bildung in der Bundesrepublik. Zum 30jährigen Bestehen der Deutschen Vereinigung für Politische Bildung. Opladen, S. 63-72.

Weinbrenner, Peter 1980: Zukunftssicherung als Thema und Qualifikation – eine Umorientierung in der politischen Didaktik?, in: Gegenwartskunde 29, S. 295-306.

Weinbrenner, Peter 1989: Die Zukunft der Industriegesellschaft im Spannungsfeld von Fortschritt und Risiko, in: Grundfragen der Ökonomie. Bonn, S. 29-50.

Weinbrenner, Peter 1995: Auto 2010 – Ein Szenario zum Thema „Auto und Verkehr", in: Bodo Steinmann/Birgit Weber (Hrsg.): Handlungsorientierte Methoden in der Ökonomie. Neusäß, S. 432-441.

Weinbrenner, Peter 1997: Politische Urteilsbildung als Ziel und Inhalt des Politikunterrichts, in: Peter Massing/Georg Weißeno (Hrsg.): Politische Urteilsbildung. Zentrale Aufgabe für den Politikunterricht. Schwalbach/Ts., S. 73-94.

Weinbrenner, Peter/Häcker, Walter 1991: Zur Theorie und Praxis von Zukunftswerkstätten. Ein neuer Methodenansatz zur Verknüpfung von ökonomischem, ökologischem und politischem Lernen, in: Methoden in der politischen Bildung – Handlungsorientierung. Bonn, S. 115-149.

Weinert, Franz E. 1996: Lerntheorien und Instruktionsmodelle, in: Derselbe (Hrsg.): Psychologie des Lernens und der Instruktion. Göttingen, Bern, Toronto, Seattle, S. 1-48.

Weinert, Franz E. 2001: Vergleichende Leistungsmessung in Schulen – eine umstrittene Selbstverständlichkeit, in: Derselbe (Hrsg.): Leistungsmessungen in Schulen. Weinheim und Basel, S. 17-31.

Weinreich-Haste, Helen 1984: Politische, moralische und soziale Urteilsbildung, in: Arnim Regenbogen (Hrsg.): Moral und Politik. Soziales Bewusstsein als Lernprozess. Köln, S. 77-96.

Weißeno, Georg 1989: Lernertypen und Lernerdidaktiken im Politikunterricht. Ergebnisse einer fachdidaktisch motivierten Unterrichtsforschung. Frankfurt am Main.

Weißeno, Georg 1992: Forschungsfelder und Methoden einer empirisch arbeitenden Politikdidaktik, in: Wolfgang Sander (Hrsg.): Konzepte der Politikdidaktik. Aktueller Stand, neue Ansätze und Perspektiven. Hannover, S. 239-256.

Weißeno, Georg 1993a: Politikdidaktik als Fachleiterdidaktik: Rezeption und Verwendung politikdidaktischen Wissens in der Ausbildung von Referendaren, in: Gegenwartskunde 42, S. 191-201.

Weißeno, Georg 1993b: Über den Umgang mit Texten im Politikunterricht. Didaktischmethodische Grundlegung. Schwalbach/Ts.

Weißeno, Georg 1993c: Zur Tradition empirischer Unterrichtsforschung in der politischen Bildung, in: Tilman Grammes/Georg Weißeno (Hrsg.): Sozialkundestunden. Politikdidaktische Auswertungen von Unterrichtsprotokollen. Opladen, S. 15-33.

Weißeno, Georg 1995a: Politiklehrerinnen und Politiklehrer. Ihre Rolle als politische Erzieher, in: Peter Massing/Georg Weißeno (Hrsg.): Politik als Kern der politischen Bildung. Wege zur Überwindung unpolitischen Politikunterrichts. Opladen, S. 239-251.

Weißeno, Georg 1995b: Welche Wege zum Politischen werden Referendaren in der Ausbildung vermittelt? Ergebnisse einer Befragung von Fachleitern, in: Peter Massing/Georg Weißeno (Hrsg.): Politik als Kern der politischen Bildung. Wege zur Überwindung unpolitischen Politikunterrichts. Opladen, S. 27-60.

Weißeno, Georg 1998: Politikdidaktik aus der Perspektive von Fachleiterinnen und Fachleitern. Ein Beitrag zum Austausch von Profession und Wissenschaft, in: Peter Henkenborg/Hans-Werner Kuhn (Hrsg.): Der alltägliche Politikunterricht. Ansätze – Beispiele – Perspektiven qualitativer Unterrichtsforschung zur politischen Bildung in der Schule. Opladen, S. 201-216.

Weißeno, Georg 2002: Medien im Politikunterricht, in: Derselbe (Hrsg.): Politikunterricht im Informationszeitalter. Medien und neue Lernumgebungen. Schwalbach/Ts., S. 21-38.

Weißeno, Georg 2003: Lehren und Lernen im Politikunterricht, in: Gesellschaft für Politikdidaktik und politische Jugend- und Erwachsenenbildung (Hrsg.): Lehren und Lernen in der politischen Bildung. Schwalbach/Ts., S. 34-44.

Weißeno, Georg 2004: Gespräche führen im Politikunterricht, in: Siegfried Frech/Hans-Werner Kuhn/Peter Massing (Hrsg.): Methodentraining für den Politikunterricht. Schwalbach/Ts., S. 49-64.

Weißeno, Georg 2005: Qualitätsentwicklung durch Bildungsstandards – nur ein Steuerungsproblem?, in: Derselbe (Hrsg.): Politik besser verstehen. Neue Wege der politischen Bildung. Wiesbaden, S. 131-148.

Weißeno, Georg 2006: Kernkonzepte der Politik und Ökonomie – Lernen als Veränderung mentaler Modelle, in: Georg Weißeno (Hrsg.): Politik und Wirtschaft unterrichten. Wiesbaden, S. 120-141.

Wendt, Wolf Rainer 1996: Bürgerschaft und zivile Gesellschaft. Ihr Herkommen und ihre Perspektiven, in: Derselbe u. a. (Hrsg.): Zivilgesellschaft und soziales Handeln. Bürgerschaftliches Engagement in eigenen und gemeinschaftlichen Belangen. Freiburg i. Br., S. 13-77.

Weniger, Erich 1952: Politische und mitbürgerliche Erziehung, in: Die Sammlung 7, S. 304-317.

Weniger, Erich 1956: Die Notwendigkeit der politischen Erziehung, in: Erziehung wozu? Eine Vortragsreihe. Stuttgart, S. 123-134.

Weniger, Erich 1959: Die Epoche der Umerziehung 1945-1949 (I und II), in: Westermanns Pädagogische Beiträge 11, S. 403-410, 517-525.

Weniger, Erich 1960: Die Epoche der Umerziehung 1945-1949 (III und IV), in: Westermanns Pädagogische Beiträge 12, S. 9-12, 74-79.

Weniger, Erich 1963: Politische Bildung und staatsbürgerliche Erziehung. Zwei Denkschriften. Würzburg (2. Aufl.).

Weniger, Erich 1975: Theorie und Praxis in der Erziehung (1929), in: Derselbe: Ausgewählte Schriften zur geisteswissenschaftlichen Pädagogik. Weinheim und Basel, S. 29-44.

Weymann-Weyhe, Walter 1954: Die Mündigkeit als Voraussetzung der Demokratie, in: Die Kirche in der Welt 7, S. 343-346.

Wilhelm, Theodor 1958: Modelle der deutschen Gemeinschaftserziehung, in: Zeitschrift für Pädagogik 4, S. 205-231.

Wilhelm, Theodor 1970: Die erziehungswissenschaftliche Diskussion über die Aufgaben der Didaktik, in: Detlef C. Kochan (Hrsg.): Allgemeine Didaktik, Fachdidaktik, Fachwissenschaft. Ausgewählte Beiträge aus den Jahren 1953-1969. Darmstadt, S. 353-384.

Wippermann, Klaus W. 1976: Politische Propaganda und staatsbürgerliche Bildung. Die Reichszentrale für Heimatdienst in der Weimarer Republik. Bonn.

Wolf, Heinz-Ulrich 1992: Die Expertenbefragung als Methode im Politik- und Wirtschaftslehre-Unterricht, in: Geschichte, Erziehung, Politik 3, S. 739-748.

Personenregister

Seitenzahl normal: Person im Haupttext
Seitenzahl *kursiv*: Person im Fußnotentext
Seitenzahl **fett**: ausführlicher Passus zur Person
„→": Verweis auf einen anderen Eintrag

Abendroth, Wolfgang 127, *127*, 129
Ackermann, Anton 107
Ackermann, Heike 429
Ackermann, Paul 211, *222 f.*, 226, 240 f., 297, 342, 398, *402*
Adl-Amini, Bijan 345, *345*, 354, 386
Adorno, Theodor W. 213
Aebli, Hans 329
Alexander, Georg 108 f.
Aristoteles 15, *15*, 64, 130, *130*, 217, *217*, 276, 307, *307*
Arndt, Hans-Joachim 128
Aschersleben, Karl *345*, 347 f.
Assel, Hans-Günter 93 ff.
Auernheimer, Georg *259*, 260
Augustinus 16
Baeumler, Alfred 93, **95 ff.**
Basedow, Johann Bernhard **27 ff.**, *27 f.*
Becher, Ursula A. J. 289
Beck, Ulrich 194
Beckedorff, Ludolf von **36 f.**
Becker, Eberhard 82
Becker, Egon *428*
Behrens, Günter 409
Behrens-Cobet, Heidi 405 ff.
Behrmann, Gisela 271
Behrmann, Günter C. 215, 221, 244, 277, *280 f.*
Benner, Dietrich 200
Berg, Hans Christoph 352
Bergmann, Klaus 56 f.
Bergmann, Joachim *428*
Bergstraesser, Arnold *109*, *124*, 128, *128*, 129, *129*, **130 ff.**, *130*, 135 f., *287*, 418 f.
Bergsträsser, Ludwig *111*, *127*, 129, *129*
Besand, Anja 395 f.
Beuermann, Ludwig August 72
Biskupek, Sigrid 203, 206 f.
Bismarck, Otto Fürst von 53
Blankertz, Herwig 22, 33, 89
Blättner, Fritz 27, 35
Bleek, Wilhelm 130
Blos, Anna 73
Boeger, Joh. 71 ff.
Boelitz, Otto 80 f.
Bönsch, Manfred 388
Borcherding, Karl 82, 89, 91, 93, *117*, *119*, 139, 202, 204
Borinski, Fritz 138, 216, *216*
Brandt, Willy 169
Breidenstein, Georg 429, 431
Breit, Gotthard *174*, *189*, *194*, *196*, 211, 255, 257, 297, 330, 353, 359 f., 398, 400, 402 f., *402*, 424, 428, *429*
Brinner, Anja 389
Buddensiek, Wilfried 363
Buchstein, Hubertus 224
Bungenstab, Karl-Ernst 99 f., 102 f., 110
Cheval, René 106
Christian, Wolfgang *177*
Cicero, Marcus Tullius 15 f., *16*
Claußen, Bernhard **191 ff.**, 356, *426*
Comenius, Johann Amos **22 f.**, *324*
Conrady, Karl Otto 417
Cremer, Will 211, 297, 398, *402*
Dahmer, Helmut 179
Dahrendorf, Ralf **162 f.**
Debitsch, Friedrich 20
Deichmann, Carl 285, *309 f.*, 314, 428
Detjen, Joachim 130, 136, *174*, 217, 225 f., *240*, 241, 243, 245, 251, 253, *269 f.*, 291 f., 303, 310, 365 ff., 393, 395, 420 f., 423, 428, 434, *439*, 440, 443 f.
Dettmar-Sander, Christiane 262
Dewey, John 101, 140, 386 f.
Diesterweg, Adolph 354
Dithmar, Reinhard 83
Dobbelstein-Osthoff, Peter 252
Dörpfeld, Friedrich Wilhelm 51, **57 ff.**
Ebersold, Günther 214
Eden, Anthony 105 f.
Eichner, Detlef 359
Einsiedler, Wolfgang 345 f.
Ellwein, Thomas **114 f.**, 137, *137*, 217
Engels, Friedrich 182
Engelsing, Rolf 18
Ernst der Fromme (Herzog von Sachsen-Gotha) 17
Eschenburg, Theodor *127*, 128, 129, *129*, 130, **132 f.**, *132*, 135
Falk, Adalbert 51
Fendt, Franz *129*

Fichte, Johann Gottlieb 36, *37*, 41, **46 ff.**, 135
Fina, Kurt 348
Fischer, Gundel 200
Fischer, Kurt Gerhard 66, 73, 156, **158 ff.**, *161*, **177 ff.**, *177*, 324 f., *426*
Flitner, Andreas 17, 19, 32, 39, *223*
Flitner, Wilhelm 123, *127*
Foerster, Friedrich Wilhelm **66 ff.**, *66 ff.*
Fraenkel, Ernst 128, **133 ff.**, *133 f.*
Franke, Peter 363, 375
Freund, Michael *127*
Frey, Karl *386*
Frick, Wilhelm 89 f., 92
Friedrich der Große (König von Preußen) 21
Friedrich Wilhelm (Kurfürst von Brandenburg, der „Große Kurfürst") 51, 53
Friedrich Wilhelm III. (König von Preußen) 41
Friedrich Wilhelm IV. (König von Preußen) **39 f.**, 41
Friedrich, Carl Joachim *128*
Fritz, Jürgen 258, *258*
Froese, Leonhard 101, 107 f.
Fuchs, Marek *418*
Gablentz, Otto-Heinrich von der *128*
Gagel, Walter 106, 151, 170 f., 177, *177*, 194, 279, 282, 285, 311 f., *312*, *331*, 332 f., *333*, 339, 354 ff., 372, 400, 414, *418*, 425, 434 f.
Gaßmann, Reinhard 342
Gatzemann, Thomas 200
Geiger, Wolfgang 81 f.
Giese, Gerhardt 35 f., 51
Giesecke, Hermann 156, **162 ff.**, *177*, **179 ff.**, 219, 355, 384 f., *385*, *426*
Glass, Ingrid 354, 357
Glöckel, Hans 356
Gloe, Markus 380
Goethe, Johann Wolfgang von 109
Göstemeyer, Karl-Franz 200
Grabowsky, Adolf *129*
Grammes, Tilman *194*, 227 f., 237, 244, 277, *280 f.*, 286, 324 f., 327 ff., 336, *336 f.*, 338, *344*, 352, 354, 362, 397, *398*, 424, 426 f., *426*, 429, 431 f., 434, 436 f.
Grosser, Dieter 172 f., 228, 232, 237, *237*
Grotius, Hugo 23
Gudjons, Herbert 334 f., 346, 348, 387
Gugel, Günther 341
Haan, Gerhard de 265

Haase, Annemarie 199, 201
Habermas, Jürgen *118*, 170, 180, *428*
Häcker, Walter 265, 389, 391
Hager, Kurt 201
Harms, Hermann *174*, 424, *429*
Hartwich, Hans-Hermann 122, 414
Hättich, Manfred 172 f., 227, 232, 284
Hedtke, Reinhold 292, 294
Hegel, Georg Wilhelm Friedrich 85, 140
Heimann, Paul 399
Heimpel, Hermann *122*
Heinisch, Franz *177*
Henkenborg, Peter *246*, 304 ff., *429 ff.*, 435, 437
Henning, Bernd *272*
Hennis, Wilhelm 137, 223, *223*
Hentig, Hartmut von 194, 364
Herbart, Johann Friedrich *324*
Herdegen, Peter 257, 271, 325, 327, *376*
Herkommer, Sebastian *428*
Herrmann, Karl 158 ff.
Herrmann, Ulrich 26, 29, 87
Heursen, Gerd 414, *416*
Hilligen, Wolfgang **156 ff.**, *157*, **177 f.**, *177*, 193, *280*, 324, 425, *426*, 428 f., 433
Himmelmann, Gerhard 196, *196*, 215, 221 f., *226*
Hitler, Adolf 83, **87 ff.**, 93, 97 f., 105 f.
Hobbensiefken, Günter 358
Hobbes, Thomas 276, *282*
Hoffmann, Dietrich 74, 79, 83
Honecker, Margot 206 f.
Horkheimer, Max 127, *127*
Hornung, Klaus 51, 54
Huber, Franz 91
Hufer, Klaus-Peter 138, 175, *267 f.*, 316, *316*, 405, 408 ff., *409*
Humboldt, Wilhelm von 29, **32 ff.**, *35*
Isensee, Josef 218, *218*
Jäger, Oskar 54 f.
Jank, Werner 319 f.
Janssen, Bernd 353, 357, *357*, 360, 424
Jeismann, Karl-Ernst 287 ff.
Jonas, Hans 195
Juchler, Ingo 233
Jung, Eberhard 387 f.
Jungblut, Gertrud 417
Jungk, Robert 389, *389*
Jürgensen, Kurt 106, 109
Kahlert, Joachim 264
Kaiser, Franz-Josef 362 f.

Kant, Immanuel 42 f., 47, 60, 85, **211 ff.**, *211*, *213 f.*, *249*, 307, *307*, *324*, 433
Keim, Wolfgang 91, 96
Kellermann, Henry 102
Kendschek, Hardo 279
Kerschensteiner, Georg **59 ff.**, *60 ff.*, *66*, *144*
Kilpatrick, William H. 387
Klafki, Wolfgang 155 f., *155*, 195, *280*, 295, *401*, 413 ff.
Klieme, Eckhard **442 f.**
Klippert, Heinz 334, 337
Knoll, Joachim H. *123*
Knütter, Hans-Helmuth 189
Kohlberg, Lawrence 196, **248 ff.**, *249*, *252*
Koopmann, F. Klaus *388*
Kopp, Ferdinand 415
Körber, Klaus 317
Koszyk, Kurt 106
Kraul, Margret 33, 38
Krieck, Ernst 93, **95 f.**
Kruber, Klaus-Peter 293 f., *294*
Krug, Wilhelm Traugott 42
Kuhn, Hans-Werner 81, 85, 89, 92, 94, 97, 120, *138*, 167, 171 f., 193, 227, *235*, 279, 350, 380, 382, 384, 429, 437
Kuhn, Thomas S. 436
Kühr, Herbert *153*, *172*
Kurtenbach, Peter J. 355, *355*
Lamnek, Siegfried *418*
Landshut, Siegfried *129*
Lange, Dirk *196*
Lange-Quassowski, Jutta-B. 101, 103 f.
Leibholz, Gerhard 127, *127*
Lemberg, Eugen **153 f.**, *177*
Leopold III. Friedrich Franz (Fürst von Anhalt-Dessau) 27
Lepsius, Rainer M. *128*
Leschinsky, Achim 39
Lingelbach, Karl Christoph 87, 96
Litt, Theodor **84 ff.**, *127*, 128, **148 ff.**, *149*, *161*, *216*
Locke, John **23**, 276, *282*
Ludwig, Lisa 389
Luedtke, Jens *418*
Luther, Martin 41
Maas, Walther *129*
Machiavelli, Niccolò 276
Mahrenholz, Hans 158 ff.
Maier, Hans *130*
Maier, Robert E. 211
Manzel, Sabine 442

Marx, Karl 85, 170, 182
Massing, Peter 10 f., 81, 85, 89, 92, 94, 97, 120, *138*, 167, 171 f., 193, 211, 227, 230, 232 ff., *233*, 242, *255*, 258, 282, 286, 296 ff., 313, 323, 335, 347, 349, 351, 365 f., 375 ff., 382, *382*, 384, 398, *402*
McCloy, John J. 110
Meierheinrich, Volker *429*
Messer, August 16, 22, 51, 54 f.
Metzger, Wolfgang 227
Meyer, Hilbert 319 f., 334, 342 f., 386
Michael, Berthold 40, 53 f.
Mickel, Wolfgang W. *113*, 123, 354, 388
Mietzel, Gerd 309, 329
Moegling, Klaus 245, 389
Mohr, Arno *122*, 128, *128*, 129
Mollenhauer, Klaus 219
Montesquieu, Charles de 276, *284*
Morgenthau, Hans jr. 101
Moritz, Petra 279
Moser, Fridrich Karl von 19
Müller, Peter *272*
Napoleon Bonaparte (Französischer Kaiser) 31, 34, 46
Natorp, Paul 74, *144*
Neuhaus, Rolf 127 f.
Neuner, Gerhard 203
Newe, Heinrich **152**, 216
Nicklas, Hans 262 f.
Nieke, Wolfgang 259 f.
Nietzsche, Friedrich Wilhelm 85, 140
Nohl, Hermann 145
Nyssen, Elke 88, 92
Oberndörfer, Dieter *130*
Oberreuter, Heinrich 172 f., 232, 282, *284*, 285
Oetinger, Friedrich 134, *134*, **139 ff.**, *139 f.*, *144 ff.*, 149, 162, *216*, 415
Olbrich, Josef 138
Otte, Michael 414
Pakschies, Günter 99, 106
Pandel, Hans-Jürgen 287
Patzelt, Werner J. *283*, 284
Paulsen, Friedrich 34, 38
Pestalozzi, Johann Heinrich 337
Petillon, Hanns 258
Petrik, Andreas *352*, 353
Petzelt, Alfred **151 f.**
Philipp, Albrecht 71 ff.
Piaget, Jean 248
Piontkowski, Siegfried 205

Platon *15*, 135
Plöger, Wilfried 392, 399 f.
Plutarch *15*
Pöggeler, Franz 66
Pohl, Kerstin 319, *320*, 405, 408
Pölitz, Karl Heinrich Ludwig 42
Pufendorf, Samuel 23
Raasch, Rudolf *153*
Radbruch, Gustav 74, **76 ff.**, 84, **86**, *111*
Rathenau, Walter 79
Raumer, Karl Otto von 40
Rawls, John *249*
Reeken, Dietmar von 271
Reichling, Norbert 266 f., *267*
Reinhardt, Sibylle 244, 250 ff., 277, *280 f.*, 321, *321*, 328 f., 335, *345*, *355*, 430
Reyher, Andreas 17 f.
Richter, Dagmar 271, 405 ff.
Roeder, Peter Martin 39
Röhrig, Paul 47
Rölke, Peter 227
Roloff, Ernst-August *177*, *219*, *426*
Rönne, Ludwig von 40 f.
Rosenberg, Alfred 95 f.
Rossmeissl, Dieter 91, 93, 99, 105
Roth, Heinrich *122*, **212 f.**, 352
Rothe, Klaus *270*
Rothfels, Hans *109*
Rousseau, Jean-Jacques **24 ff.**, 29, 135 ff., 217, 276, *282*
Rühlmann, Paul 16, 18 ff., 28, **63 ff.**, *65*, **74 ff.**
Sander, Wolfgang 3, *5*, 9, 32 f., 53, 81, 83, 91, *176*, *189*, 208, 215, *215*, 239, 243, 262 f., 267, 307, 314, 319, *321*, 327, 330, *330*, 339, 395, 425 ff., *426*, 430, 432 ff., 436 f., 439 ff., 444
Sarcinelli, Ulrich *282*, 283, 285
Schelle, Carla 331, 333, 430, 436
Schepp, Heinz-Hermann 40, 53 f.
Scheurich, Imke 405, 408
Schiele, Siegfried 187, *194*, *196*
Schiller, Friedrich 109
Schiller, Hermann *58 f.*
Schlander, Otto 99, 101 f.
Schlausch, Horst *272*
Schmiederer, Rolf *177*, **181 ff.**, 187 f., **189 ff.**, *191*, 219, 330 f., *426*
Schmitt, Carl 143
Schmitt, Karl *107*, 199 ff., 205, *205 f.*
Schneider, Heinrich 114, *122*
Schneider, Herbert *189*

Scholz, Ingo 223
Scholz, Lothar 341, 373 f.
Schulte, Wolfgang *266*
Schulz, Heinrich 71
Schulz, Wolfgang 399
Schurian, Hannah 389
Schweim, Lothar 37, *37*
Seckendorff, Veit Ludwig von 16 f.
Seel, Norbert M. 309, 330
Seipp, Paul 110, 119 f., 122, 264
Seitzer, Otto *111*
Seyfert, Richard 73
Simpfendörfer, Wilhelm *130*
Sladek, Horst 200
Sliwka, Anne 242
Sokrates *15*
Sontheimer, Kurt 93 f., 123, 136 f., *136*
Speyer, Fürstbischof Damian August von Limburg-Stirum 19
Spitzer, Manfred 309
Spranger, Eduard **84 f.**, 128, 136 f., *144*, *216*
Stammwitz, Wolfgang 112
Stange, Waldemar 391
Stapel, Wilhelm **93 f.**
Steger, Beate M. 331
Stein, Erwin 126
Stein zum Altenstein, Karl Freiherr vom **38 f.**
Steinbach, Peter 287
Steinhaus, Hubert 88 f.
Stephani, Heinrich 41, **42 ff.**
Sternberger, Dolf *127*, *128*, 214
Stiehl, Ferdinand **40 f.**, 51
Stoodt, Dieter 18
Sturm, Karl Friedrich 87
Sutor, Bernhard 154, 172 f., *177*, **184 ff.**, *185 f.*, *188*, 227, 229, 232, 236, 246, *269 f.*, 281, 287 ff., 301, 303, 315, 323, *426*, *429*
Süvern, Johann Wilhelm **33 ff.**
Tandler, Agnes 362
Terhart, Ewald 334, 345 f.
Teschner, Manfred *118*
Thälmann, Ernst *205 f.*
Titze, Hartmut 33 f.
Tjaden, Karl Hermann *177*
Tocqueville, Alexis de 135
Toennies, Ferdinand *144*
Treitschke, Heinrich von 81
Triepel, Heinrich *132*
Trommer, Luitgard 271 ff., *272 ff.*
Vansittart, Lord Robert Gilbert 99

Vent, Reinhard 83
Vorholt, Udo 175, *266*
Voß, Christian Daniel 42, **44 ff.**
Wagenschein, Martin 415
Wallraven, Klaus *177*
Weber, Alfred 126
Weber, Birgit 362 f.
Wehling, Hans-Georg 188, *188*
Weidinger, Dorothea 174
Weinbrenner, Peter **195 f.**, 211, 229, *230 f.*, 265, 297, 389, 391 f., 398, *402*
Weinert, Franz E. 309, 442
Weinreich-Haste, Helen, *231*
Weischedel, Wilhelm *211, 214*
Weiß, Eduard Konrad 72
Weißeno, Georg 349, 351, 353, 393, 396 ff., *398*, 402 f., *402*, 424, 428 ff., 435 f., 442, 444 f., *445*
Wendt, Wolf Rainer *220*
Weniger, Erich 109, *109*, 128, 136, *149 f.*, 153, *161*, 216, *216*, 433
Wenzel, Fritz *129*
Weymann-Weyhe, Walter *216 f.*
Wilhelm II. (Deutscher Kaiser und König von Preußen) 6, **52 ff.**, 59, 68, 71, 73
Wilhelm, Theodor → Oetinger, Friedrich
Winckelmann, Johann Joachim 32
Wippermann, Klaus W. 83, *83*
Wolf, Heinz-Ulrich *366*
Zedlitz, Karl Abraham Freiherr von **20 ff.**
Zook, George F. 102 f.

Sachregister

Seitenzahl normal: Stichwort im Haupttext
Seitenzahl *kursiv*: Stichwort im Fußnotentext
Seitenzahl **fett**: ausführlicher Abschnitt zum Stichwort
„→": Verweis auf einen anderen Eintrag

Abbilddidaktik 125, 312, **415 ff.**
Absolutismus, absolutistisch 4, 34
– aufgeklärter 15
– ethnischer 263
– Staats- *282*
Absolutistischer Fürstenstaat 4, 8, **15 ff.**, *17*, **19 f.**, 27, 32, 34, 263,
Adel 9, 18 ff., 22, 27, 48, *284*
Agenda
– lokale 371
– politische 329
Agenda 21 265
Agenda-Cutting 239
Agenda-Setting 239
Akademischer politischer Klub 127
Aktivbürger 139, 219 f., *220*, 222, 222 f., **224 ff.**, *226*
Alldeutscher Verband 56
Allgemeinbildung 40, 76, 78, 89, 128, 153, 155, 194, 237, *278*
Allgemeine Didaktik 155, 339, 399, 401, **413 f.**, 424, 431 → Didaktik
– Grundlegende Begriffe der 414
Alltagsorientierung *320 f.*, 321, 406, 409
Alltagstheoretische Didaktik 423, **425,** 429, **432 f.**
Alltagswissen *268*, 308, *321*, 339, 431
Altlehrer 199 → Neulehrer
Amerika, amerikanisch (USA) 10, 66, *66*, 69, **99 ff.**, **108 ff.**, *109*, 112, 126, 128, **140 ff.**, *146*, 147 f., 220, 222, 242, *249*, 277, 364, 379, *388*
– Nord- 352
Amoralität 89
Analyse 63, 131, 159, 177, *177*, 188 f., *237*, 263, 280, 293, 296 f., 311 f., 322, 350, 355, 357 ff., 402 ff., 414, 425, 443 f.
– aktueller Konflikte 181
– politischer Konflikte **162 ff.** → Kategorien zur Analyse politischer Konflikte
– von Herrschaft 182
– didaktische 404
– empirische 221
– historisch-gesellschaftliche 183
– historisch-politische 85
– politikwissenschaftliche 299, 426
– politische → Politische Analyse
– politische Problem- und Entscheidungs- 314 → Problemanalyse
– Bedingungs- 404
– Dokumenten- 245
– Entscheidungs- 314
– Fall- → Fallanalyse
– Gegenwarts- 131
– Gesellschafts- 332
– Inhalts- 245
– Konflikt- → Konfliktanalyse
– Konstellations- 263
– Medien- 225
– Problem- → Problemanalyse
– Sach- *237*, 404
– Situations- → Situationsanalyse
– Spinnweb- 353
Analysefähigkeit, Analysekompetenz 172, 191
– politische → Politische Analysefähigkeit
– sozialwissenschaftliche 242 f.
Anthropologie, anthropologisch 20, 58, 154, 211, 254, 285, 288, 301, 439
– pädagogische 418
– personalistische 184 f.
– politische 135
– soziale 135
– völkisch-politische 95
– wissenschaftliche 415
Antiautoritäres Denken 170
Antikapitalismus 170
Antike, antik 3, **15, 32 f., 37 f.,** 47, 63, 88, 217, 301, 413
Antisemitismus, antisemitisch 8, 119
Arbeiterbewegung 7
Arbeitsgemeinschaft 61, 63, 66 f., 74, 76, *83*, 117, *117*, 127, 144, *144*, 205, 389
Arbeitsgruppe → Gruppenarbeit
Arbeitsgruppe Ideologische Erziehung der Schuljugend 202
Arbeitskreis deutscher Bildungsstätten 135, *267*
Arbeitsmethode 61, 317, 388, 443
Arbeitsplatz 3, *274*, *316*, 365
Arbeitstechniken 181, 339, **341 f.**, 370, 389
Arbeitsunterricht **62**, *66*, 72, 74, 117, 200
Aristokratie, aristokratisch 28, 88, 96

artes 414 → Kunden
Ästhetik, ästhetisch 22, 42, 246, 260, 319, 373, 395
Athen, Polis 15, 217
Aufklärung, aufklärerisch (im philosophischen Sinne) 7, 10, 15, 16, 21, 22, 23, 24, 26, 32, 33, 42, 46, 47, 95, 96, 191, 211, *211*, *249*, *267*, 436, 441
Aufklärung, aufklären (im allgemeinen Sinne) 19, 69, *107*, 182, 192, 195, 198, 264, *358*, 373, 385, 424, 430, 435, 437, 441
Aufklärungspädagogik 16, 32 f., 41, 53
Ausschuss für Staatsbürgerliche Bildung *82*
Ausschuss für Staatsbürgerliche Erziehung 129, *130*
Außenpolitik 56, 63, *113*, 169, 276, 296, *316*, 329, *384*
Außerparlamentarische Opposition *133* → Neue Linke
Außerschulische Bildung 7, 191, *326*, *391*
Außerschulische Erziehung 96, 205
Außerschulische Jugendbildung 10, 245
Außerschulische Lerngelegenheiten 389
Außerschulische Lernorte, **336**, **368 f.**, 403, 441
Außerschulische politische Bildung 10 f., 83, **175 f.**, 191, 245, 266
Auswertungsgespräch 370, 373 f., 381, 384 → Kommunikation
Authentizitätsgebot 189, *189*, 326 → Kontroversitätsgebot
Basiskompetenzen 443 → Domänenspezifische Kompetenzen, → Schlüsselkompetenzen
Beirat für ökonomische Bildung *278*
Belehrungsunterricht 103, 145, 159, 162, 194 → Frontalunterricht, → Klassenunterricht
bellum iustum 122 → Völkerrecht
bellum iniustum 122 → Völkerrecht
Beruf 17, 27, 37, 44, 58, 40, 62, 112, 138, 191, 225, *266*, 417
– des Staatsbürgers 62
Berufsausbildung 9, 35 f., 44, 89, *274*, *316*, *402*, 417
Berufspolitiker 238
Berufsschule 8 f., 59, 75, 77
Berufswahl, Berufsorientierung 103, 271, 274, *290*, 294, *294*
Berufswissenschaft 414, 426

Besichtigung **365**, 403
– Museums- 319
Betroffenheit 221, 255, *294*, **332 f.**, *333*, 359, 369, 402, 404 f., 407 → Empathie
– aus Eigeninteresse 402
– aus Empathie für andere Menschen 402
– direkte 332
– emotionale 226, 402
– indirekte 332
– subjektive 194, 280, 312, 333, 409, 428
Beutelsbacher Konsens 65, **187 ff.**, 326 f., *326*, 351, *351*, 385, *385*
Bewusstsein → Sozialistisches Bewusstsein
– von der Wichtigkeit des Auslandsdeutschtums 56
– geschichtlich-politisches 288
– Alltags- 162, 222, 435
– Bürger- 114
– Epochen- 124
– Identitäts- 154
– Geschichts- → Geschichtsbewusstsein
– Grenz- 237
– Institutionen- → Institutionenbewusstsein
– Klassen- 21, 91, *205*
– Kultur- 83
– Moral- 251
– National- 68
– Pflicht- 55, 140
– Politik- → Politikbewusstsein
– Problem- 123, 384
– Rassen- 95
– Rechts- 273
– Risiko- 195
– Selbst- 89, 216, 257
– Staats- 67, **86**,
– Verantwortungs- → Verantwortungsbewusstsein
– Werte- 251
– Zusammengehörigkeits- 87
Bewusstseinsbildung 161, 167
Bezugswissenschaften 124, 130, 158, 161, 193, 197, 269, *279*, 294, 303, 311, *321*, 414 f., 417 ff., *417*
Bildung 3 f., 9, 16, 18, *19*, 20, 23, 25, 29, **32 f.**, **35 ff.**, 40, 42, 54, 64, 72, 83, **88 ff.**, 99 f., 103 f., 106, *128*, 136, 157, 205, 221, 265, 288, 294 f., 317, *324*, 372, 415 f., 441
– des Gedächtnisses 42
– des Verstandes 42

- für nachhaltige Entwicklung 265 → Umwelterziehung
- emanzipatorische 219
- historische 286, 288 → Geschichtsunterricht
- kategoriale → Kategoriale Bildung
- materiale 42
- ökonomische → Ökonomische Bildung
- philosophische → Philosophische Bildung
- politische → Politische Bildung
- polytechnische 204
- sittliche → Sittliche Bildung
- sozialistische 202, 206
- sozialökonomische 362
- staatsbürgerliche → Staatsbürgerliche Bildung
- völkische 91 f.
- Allgemein- → Allgemeinbildung
- Berufs-, Berufsaus- → Berufsausbildung
- Bewusstseins- 161, 167
- Bürger- 17
- Charakter- → Charakterbildung
- Erwachsenen- → Erwachsenenbildung
- Gefühls- 152
- Grund- → Grundbildung
- Menschen- → Menschenbildung
- Multiplikatoren- 317
- National- 31
- Spezial- 35, 159, 309
- Umwelt- → Umwelterziehung
- Volks- → Volksbildung
- Weiter- → Weiterbildung

Bildungsaufgabe 41, 125 f., 211, 215, 218, 228, *256*, 294, 413, 415
Bildungsauftrag 83, 127, 255
Bildungschancen 104, 107, *138*
Bildungsföderalismus 129
Bildungsgegenstand 279, 317
Bildungsgut 72, 83, 92, 155, 159
Bildungsinhalt 155, 413, 415
Bildungsinstitutionen 10, 83, 96, 174, 180, 266, 406 → Bildungsstätten, → Bildungsträger
Bildungskanon 9, 40, 130, 147, 155, 158 f., 161, 164, 204 f., 254, 269, 274, 286, **308 ff.**, 413, 412
Bildungskategorien 293, 413
Bildungsphilosophie, bildungsphilosophisch 417, 441 → Bildungstheorie
Bildungspolitik 33, 36, 54, 73, 100, 107 f., *115*, 169, 175, 184, 243, *278*, 296, 316, *316*, 317, 329, 424, 434

Bildungsprozess 155, 160, 163, 193, 212, 226, 231, 235, 239, 245, 247, 248, 285, 295, 296, 308, 314, 315, 320, 321, *321*, 323, 325, 326, 330, *333*, 373, 415, 423, 427, 437, 444
Bildungsreform → Neuhumanismus
Bildungsstandards 442 f.
Bildungsstätten 135, *174*, 202, *267*, *316*, *391* → Bildungsinstitutionen, → Bildungsträger
Bildungssystem 31, 36, 107, **202 f.**, 206, 208
Bildungstheorien 33, 155, 418, 420, 440 → Didaktik
- der deutschen Klassik 32
- des Neuhumanismus → Neuhumanismus
- des Politischen **419 f.**, 440
Bildungsträger **10 f.**, 205, 266, **315 ff.**, 406 f.
→ Bildungsinstitutionen
Bildungswissen 4, 20, 163 f., 181
Bildungswissenschaft 128, 426
Biographiearbeit 409 f.
Brainstorming *340*, 390
Bundesrepublik Deutschland (BRD) 5, *6*, 9, 84, 107, **110 f.**, **113 ff.**, *113*, 126, *129*, 138 f., 147, 150, 161, **169 ff.**, 174 f., 178 f., 187, 192, 208, *218*, 226, 267, *270 ff.*, 272, 274 ff., 276, 283, 310
Bundesvereinigung der Deutschen Arbeitgeberverbände *278*
Bundeswehr 193, *266*, 273, *273*, 326, 369 → Militär
Bundeszentrale für politische Bildung 10, 119, 175 f., *266*, 316 f., *372*
Bürgeraktion *345*
Bürgerbegehren 240, *272*
Bürgerbeteiligung → Politische Beteiligung
Bürgerentscheid 240, *272*
Bürgerfreiheiten *149* → Freiheit
Bürgergesellschaft *222*, 225, 242
Bürgerinitiative 222, 239, *240*, *272 f.*, 313, 369
Bürgerkunde, Bürgerlehre 17, 48, 51, 61, 65, 68, 110 f.
Bürgerleitbilder **136**, *136*, **215 ff.**, *222*
- der emanzipatorischen politischen Bildung **218 ff.**
- differenzierend-realistisches **220**
- enthusiastisch-idealistisches 136, **216 f.**
- passives *223*
- politisch-pädagogisches 136, 220

Bürgerschaftlichkeit, bürgerschaftlich 104, **225**, **238 f.**, 246, 369, 409, 421
– Erziehung zu 128
Bürgerschule 8 f., 35, 37, 42
Bürgertypen 137, 220, **222**, 224
– Aktivbürger → Aktivbürger
– Bürger als Interessenvertreter *222*
– interventionsfähige Bürger 222 ff., *222 f.*
– politisch Desinteressierte 220, 222 f., 225
– reflektierte Zuschauer 222 f., *222 f.*, 225
– Unionsbürger *222*
– Weltbürger *222*
Case-Incident-Method 362 → Fallstudie
Case-Problem-Method 362 → Fallstudie
Case-Study-Method 362 → Fallstudie
Charakterbildung 23, 67, 134, 151
Chauvinismus, chauvinistisch 49, 65
Christentum, christlich 7, 16, 18, **39 ff.**, 52, 57, 66 f., *68*, 96, 135, 140, *144*, 157, 184
Christlich Demokratische Union (CDU) 169 ff., 184, 193, *316*
Christlich-Soziale Union in Bayern (CSU) 169, 171 f., 184, 193, *316*
Citoyen 24, 224
Civic Education 242, *429*
Civics 104
content standards 444 → *performance standards*
Curriculum → Lehrplan
Darmstädter Appell 175 f.
Debattieren *242*, 379 → Diskutieren
Deduktion, deduktiv 311, 343 → Induktion
Definites Wissen 334, 351, **393 f.**, 410
Demokratie, demokratisch 5 ff., 7, 15, 23, 28, 37, 60 f., 63, 65, 69, 71, 76, 80 ff., 86, 88, 94, **99 ff.**, *107*, 110, *113*, 115 f., *118*, 119 ff., 124, 126, 128, *130*, 131, *132*, **133 ff.**, *136*, *139*, *144*, **147 ff.**, 152, 154, *157*, 160 f., 167, 169 ff., 175, *177*, 181 ff., 186 ff., *189*, 192, 196, 200 ff., 211, **213 ff.**, *216 ff.*, 220, 222 ff., 228, 238 ff., 245 ff., *249*, 251 ff., *256*, 266 f., *266 f.*, *269 f.*, 270 ff., *272 f.*, 276 ff., 282, *282*, 284, 286, 290, 300, 302, 308, 310, 313, 315 ff., *316*, 320, 322, 326 f., 336 ff., 347, 349, 354, 356, 388, 402 f., 409, 425 f., 428, 430, 436, 438
→ Verfassungsstaat
– formale 170
– inhaltliche 170
– liberale 23

– monistisch-totalitäre 135
– parlamentarisch-föderale 310
– parlamentarische 135, *272*, *316*
– plebiszitäre 173, **302 f.**, 310
– pluralistische → Pluralistische Demokratie
– rechtsstaatliche 23
– repräsentative → Repräsentative Demokratie
– soziale 171
– Eliten- 170
– Vulgär- 135
Demokratielernen 196, *196*, 271, **438**, *438* → Demokratieerziehung
Demokratieprinzip *272*, 310
Demokratietheorie 63, 277, 418
Demokratische Märchenerzählung 222
Demokratischer Mitbürger 216 → Bürgerleitbilder
Demokratisierung 63, 100, 107 f., 121, 170, 176, **179 ff.**, 187, 207, 219, *266 f.*
– aller Lebensbereiche 170
– aller nur möglichen menschlichen Beziehungen 180
– der Gesamtgesellschaft 180
Demokratiewissenschaft 135
Demonstration (als Handlungsform im Unterricht) 134, 300, 345
Demonstration (als Interessenvertretung) 183, 207, 222, 239, *273*, 298, *312*
Denkmuster zum Verstehen wirtschaftlicher Zusammenhänge 294 f. → Wirtschaft, → Ökonomie
Deutsche Demokratische Partei (DDP) 71 ff.
Deutsche Demokratische Republik (DDR) 7, 107, 169, **199 ff.**, 203, 205 ff., 271, *272*, 277, *277*, *354* → Sowjetische Besatzungszone
Deutsche Forschungsgemeinschaft (DFG) *128*
Deutsche Kolonial-Gesellschaft 56
Deutsche Vereinigung für Politische Bildung (DVPB) 176
Deutsche Vereinigung für Politische Wissenschaft (DVPW) 129, *196*
Deutsche Volkspartei (DVP) 72, 80
Deutscher Ausschuss für das Erziehungs- und Bildungswesen **115 ff.**, *115*, *119*, **124 f.**, *124*, 138, 155, 417
Deutscher Bildungsrat *115*, 417
Deutscher Flottenverein 56
Deutscher Gewerkschaftsbund (DGB) *278*
Deutsches Pädagogisches Zentralinstitut 201

Deutsches Aktieninstitut *278*
Deutschkunde 72, **82 ff.**, 92
Deutschkundebewegung 82
Deutschnationale Volkspartei (DNVP) 71 f.
Deutschnationaler Kolonialverein 56
Deutschtum 7, 56, 82 f., *83*
– Auslands- 56, *82*
Deutungswissen 173, 214, 231, **309 ff.**, *309*, **421**
Didaktik, didaktisch 83, 91, 120, 136, *145 f.*, 149 f., **155 ff.**, *157*, 161, 165, 187, 236 f., 243, 254, *275*, 277, 279 ff., *280 f.*, 285, 290, *294*, 300, 306 ff., 311 f., *316*, **319 ff.**, *320 f.*, 328, 330 ff., *333*, *337*, 348, 354 ff., *355*, *358*, 362, 364 ff., 368, 371, 373, 375, 377 f., 384, 386, 393 ff., 397 f., 401 ff., **413 ff.**, *418*, 423 ff., *426*, 431 ff. → Politikdidaktik
– als Theorie der Bildungsaufgaben, Bildungsinhalte und Bildungskategorien 413
– als Theorie des Lehrens und Lernens 413
– als Wissenschaft vom Unterricht 413
– der sozialen Erziehung *144*
– Allgemeine → Allgemeine Didaktik
– Alltagstheoretische → Alltagstheoretische Didaktik
– Bildungstheoretische **155**, *401*
– Lehrtheoretische 399 f.
– altliberale *177*
– demokratisch-sozialistische *177*
– individuelle 424
– kategoriale 437 f.
– liberal-konservative *177*
– linksliberale *177*
– orthodox-marxistische *177*
– radikalsozialistische *177*
– sozialliberale *177*
– wissenschaftliche → Wissenschaftliche Didaktik
– Abbild- → Abbilddidaktik
– Ausbildungs- 424
– Fach- → Fachdidaktiken
– Fachleiter- 431
– Geschichts- 81
– Lerner- 430
– Politik- → Politikdidaktik
– Wirtschafts- *445*
– Zukunfts- 195
didaktike techne 413

Didaktisch-methodische Strategie, Unterrichtsstrategie 150, **235 f.**, *235* → Lernstrategie
Didaktische Prinzipien 163, **319 ff.**, **330 ff.**, *344*, 386, 402, **405 ff.**, *407*, 425, 427, *427*, 436 → Kategoriales Lernen, → Orientierung
– der schulischen politischen Bildung 319 ff.
Didaktische Transformation **319**, 414, 431 f.
Didaktische Wende 155 f.
Didaktische Wirklichkeit → Wirklichkeit
Didaktisierung 393, 401
didaskein 413
Die deutsche Unruhe 178
Dies academicus 128
Differenz von Politik und Wirtschaft 290 → Interdependenz
Diktatur 6 f., 136, 141, 161, 214, 229, 286
Dilemma 251 f.
– fachspezifisches 252
– hypothetisches 252
– soziales 292
– Entscheidungs- 254
Dilemmageschichten, Dilemmamethode **251 ff.**, *345*
Diskutieren 38, 115, **241 f.**, 360, 362 f., 382, 385, 389, 424 → Debattieren
Dissensgebot 326
Dogmatismus, dogmatisch 102, 134, 176, 183, 192, 205, 207 f., 246 f., *284*, 328, 332, *332*, *358*, 432, 438
Domänenspezifische Kompetenzen 443 → Basiskompetenzen, → Schlüsselkompetenzen
Drittes Reich 7, 59, **87 ff.**, 93, 95, 99, 199, 214, 229
educatio 3
Education for Democratic Citizenship 196
Edukator 28 f.
Eigenlogik 290 f., 304, 310, 444
Einflusschancen 221, 224, 264
Elementare politische Einsichten 160 f.
Elementarschule 8 f., 18, 22, 35 f., 39 ff.
Eltern 8, 27, 29, 112, 116, 132, *145 f.*, 171, 174, 180, 207, 256, *272*, 279, 393, 423
Elternhaus 90, 170
Elternverband 193, *278*, 279, 423 → Hessischer Elternverein
Emanzipation, emanzipatorisch 7, *15*, **170 ff.**, *177*, **178 ff.**, **182 ff.**, 218 ff., *219*, 226, 250, *268*, *272*, *358*, 406

– als subjektive Seite der Demokratisierung 182
– Befähigung zur 180
Empathie 4, 231, **257 ff.**, 262, 332, 353, 373, 402 → Betroffenheit
England, englisch 23, 72, 126 f., **141 ff.**, 296, 379 → Großbritannien
Entideologisierung 189, 193, 206 f.
Entmündigung 214, 327, 434 → Mündigkeit
Entnazifizierung 99, 101, 114, 116 → Nationalsozialismus, → Re-education
Entpolitisierung 169, 189
Entscheidungsfällung, Entscheidungsfindung, Entscheidungsüberlegung 24, 147, 231, **236**, 242, 253, 263 f., 297, 310, 315, 336, 376, 408
Entscheidungsspiel 337, 372 f., 375, **378**, *427*
– Phasen des 378
Entwicklung
– Alters- 116
– Bevölkerungs- 275
– Curriculum- 185
– Demokratie- 317
– Kompetenz- 401, 444
– Moral- 248 ff.
– Persönlichkeits- 4, 331, 430
– Stadt- 409
Entwicklungspolitik *133*, *270*, 273, *273*, 276, 291, *316*, 317
Entwicklungspsychologie 58, 248, 250, 257, 279, 400, 415, 418
Erarbeitung des Sachlichen 160 → Verarbeitung des Wesentlichen
Erdkunde → Geographieunterricht
Erkenntnistheorie, erkenntnistheoretisch 23, 161, 232, 246, 438 f.,
Erkundung 260, 336 f., *344*, **363 ff.**, 367 ff., *385*, *427*
– Allein- 370
– Erarbeitungs- 368
– Gruppen- 370
– Klassen- 370
– Überprüfungs- 368
– Zugangs- 368
eruditio 3
Ersatzdienst, Zivildienst 10, **266**, *326*
Erster Weltkrieg 9, *69*, 72 f., 81, 83, 121
Erwachsenenbildung 125, 130, 132, **138 ff.**, **174 ff.**, 192, 238 f., 245, **265 f.**, *266 ff.*, **267**, **315 ff.**, *333*, **405 ff.**, *408* → Außerschulische Bildung, → Außerschulische Erziehung, → Außerschulische politische Bildung, → Politische Bildung, → Politische Erwachsenenbildung
– als Dienstleistung 267
– als Kompetenzzentrum 267
– als Ort der Verständigung 267
– Themenschwerpunkte der **315 ff.**, *316*
Erziehung 3 f., 9, 15, *15*, 20 ff., 32 ff., 36, 40, 42 ff., 46 f., 49, 51, 56, 87 ff., 95, 101, 104 f., 109, 136, 141, *144*, 150 f., 157 f., *157*, 190, 205, 255, *272*
– der Frauen 44
– zu bewusster Disziplin 204
– zu politischer Rationalität 184 ff.
– zum Nationalsozialismus 141
– zum Staat **84**, 140
– zum Staatsbürger, zum Citoyen 24
– zum Ungehorsam 180, 219
– zum wahren Menschen 24
– zur Anpassung 177 f., *428*
– zur Bürgerschaftlichkeit *128*
– zur Citizenship 141
– zur Demokratie **141**, 148, 182, 213
– zur Gemeinschaft 140, 143
– zur Kooperation 142 f., 145
– zur Mündigkeit → Mündigkeit
– zur Nation 140
– zur Politik **134 f.**
– zur Tat 140
– zur Verantwortung 217
– zur Wehrhaftigkeit 260 → Wehrausbildung
– affirmative 192
– ästhetische 42
– berufskundliche 44
– demokratische 138
– intellektuelle 42, 415
– kollektivistische 49
– körperliche, Leibes- 88, 92
– kosmopolitische 43
– mitbürgerliche 117, 138 f., *149*
– moralische 42 f.
– nationale 68 → Nationalerziehung
– nationalpolitische 95
– norm- und institutionsorientierte *177*
– ökologische 208
– parteipolitische 60
– physische 42
– politische → Politische Erziehung
– pragmatische 42
– praktische 42

– professionelle 44
– religiöse 143
– ritterliche 68
– sittliche → Sittliche Erziehung
– sittlich-politische 8
– sozialistische 202 ff.
– staatsbürgerliche → Staatsbürgerliche Erziehung
– übernationale 68
– vaterländische 69
– volksbürgerliche 93
– weltanschauliche 95
– weltbürgerliche **42 ff.**, 263
– weltpolitische 69, *69*
– Arbeits- 49, 204
– Aufsatz- 75
– Charakter- 88 f.
– Demokratie- 330, 337
– Familien- 208
– Formations- 96
– Freizeit- 255
– Friedens- → Friedenserziehung
– Gemeinschafts- → Gemeinschaftserziehung
– Gesundheits- 42, 208, 255
– Gruppen- 116
– Individual- 24
– Jugend- 36
– Kinder- 44
– Kollektiv- 204
– Kooperations- → Kooperationserziehung
– Kunst- 74
– Kriegs- 260
– Moral- und Werte- → Moral- und Werteerziehung
– National- → Nationalerziehung
– *Non-Frustration-* 256
– Partner-, Partnerschafts- → Partnerschaftserziehung
– Rechts- *269*, 275
– Selbst- 126, **148**
– Sexual- 255
– Sozial- → Sozialerziehung
– Staats- 140, 207 f.
– Um- → Re-education
– Umwelt- → Umwelterziehung
– Verhaltens- 161
– Verkehrs- 255
– Volks- 74, 84
– Wehr- → Wehrausbildung
– Weltbürger- 263

Erziehungsaufgabe 25, 41, 60, 90, 96, 211, 215 f., 254 ff., *256*
Erziehungsdiktatur 25
Erziehungsideologie 87, 89, 93, 96
Erziehungskunst 34
Erziehungsphilosophie 95, 101, 386
Erziehungspolitik 92, 99 f., 102, 104, 107, 110
Erziehungsprozess 68, 134, 150, 212 f., 373
Erziehungsrepublik 48
Erziehungsstaat 87
Erziehungssystem 96, 99, 101, 104 f., 107
Erziehungstheorie 46
Erziehungsutopie *149*
Erziehungswissenschaft 33, 42, 66, 89, 95, *115*, 139, 156, *256*, 279, 413 f., 417 f., 423, 431 → Staatserziehungswissenschaft
– völkisch-realistische 95
Ethik, ethisch 23, 52, *55*, 57 f., 60, 64 ff., 69, 74, 84, 89, 163 f., 212, 230, *246*, 250 f., 291, 293, 444
– politische 66, 119, *270*
– staatsbürgerliche 68
– Berufs- 328
– Gesinnungs- 227, 230, 254, 263, 327
– Sozial- 67, 302
– Staats- 74, 76
– Wirtschafts- 276
Ethikunterricht 18, 62, 245
Ethnologie, Ethnographie 58
Ethnozentrismus 259, *259*
Europäische Union (EU), europäische Integration 121, 173, 266, *270*, 273, *273*, **276 f.**, *276*, *279 f.*, 310, *316*, 317, 380
Europäisierung
– der Erde 121
– der nationalen Gesetzgebung *276*
Europarat 121, 196
Exemplarische Fallmethode 340, 354, 357, *357*
Exemplarisches Lernen 155, 159, 162, 314, 320, *321*, *323*, **322 ff.**, 331, 334, *405*
Exemplarisches Prinzip 132, 155 f., 159, 311 f., *324*, 338, 357, 361, 370, 394, 427
Exkursion 260, *408*
Expedition ins Ungewisse **319 f.**, 386
Expertenbefragung, Expertengespräch 245, 336 f., **364 ff.**, *366*, 372, 408
Explorative Untersuchung 340, 344, 346, 354, **363 ff.**, *363*, 367
– Varianten der 364 → Besichtigung, → Erkundung, → Expertenbefragung, → Interview, → Praktikum, → Sozial-

studie, → Umfrage, → Unterrichtsgang
Explorative Verfahren 260, 363 → Explorative Untersuchung
Fachdidaktiken 191, 201, 278 f., 321, *321*, 339, *344 f.*, 401, **413 ff.**, *414*, 420, 423 f., *426*, 430 f., 437, 443 → Fachunterrichtswissenschaft
– als Wissenschaften vom Lehren und Lernen in den verschiedenen Unterrichtsfächern 413
– als zentrale Berufswissenschaften der Lehrer 414
Fächerkanon → Bildungskanon
Fachunterricht **9**, 28, 113, 117 f., *118*, *130*, 144, 145, 205, 252, 255, 260, 263, 265, 400, 413, 443 → Unterrichtsprinzip
Fachunterrichtsforschung 430, 435
Fachunterrichtswissenschaft 414, 437 → Fachdidaktik
Fachwissen 20, 127, 241, 405, 416, 444
Fachwissenschaft 115, *196*, 199, 265, 278 f., 307 f., *307*, *321*, 331, 334, 336, 355, 387, 400, **414 ff.**, 423 f., 426, 431
Fairness, Fairplay, fair 69, 104, 134, 143, 145, 152, 216, 251, 256, 420
Faktenwissen 121, 129, 156, 207, 214, 237, 287, *308*, 309 f., **421**, 442
Fallanalyse 159, 236, 255, *321*, 338, *345*, 354, **357 ff.**, *357*, *427*
– Varianten der 360 f.
Fallmethode 340, 344, 346, 354, **357 f.**, *357 f.* → Fallanalyse, → Fallstudie
Fallprinzip 159, 311 f., 314, 321, *321*, 324, *345*, 357
Fallstudie 263, *321*, 338, *344 f.*, **357 f.**, 362 f., *427*
– Phasen der 363
– Varianten der 362 → *Case-Incident-Method*, → *Case-Problem-Method*, → *Case-Study-Method*, → *Stated-Problem-Method*
Familie 3, 22, 40, 43 f., 52, 58, *59*, 103 f., 111 f., *112 f.*, 118, 141, 145, *145*, 190, 204, 208, 220, 225, 253, *256*, 270, *271 ff.*, 272, *294*, *316*, 325, 374, 407, *418*
– Menschen- 43
Familienkunde 92
Finanzpolitik *274*, 316, *316*, 445
Fish-Bowl *340*
Federalist Papers 222, 276
formatio 3

Forschendes Lernen, forschende Aktivitäten 245, 331, 339, 346, 363
Fortbildung → Erwachsenenbildung
Fortbildungsschule 8, 59, **62**, 74, 75, 77
Forum Politicum 127
Frankfurter Schule 169, 180 → Kritische Theorie
Frankreich, französisch 66, 72, 99, **105 f.**, 109, 126, 277, *386*
Französische Revolution 15, 18, 31 f., 46, 180
Freie Demokratische Partei (FDP) 169, *316*
Freie Deutsche Jugend (FDJ) 202 f., 205
Freiheit 24, 27 f., 31, 49, 52, 74, 84, 96, 125, 127, 136, **144 f.**, 152, 159 ff., 173, *177*, 180, 182, 184 f., 187, *189*, 193, 203, 212, *214 ff.*, 215 f., 218 f., 231 f., 245 f., 250, 252, 254, *259*, *273*, 279, 281, *282*, 286, 293, 303, 314 f., 347, *358*, *426*, 438, 445
– Angst- 257
– Entscheidungs- 136, 158
– Gewerbe- 313
– Gewissens- → Gewissensfreiheit
– Handlungs- 303
– Herrschafts- 185
– Informations- *274*
– Meinungs- 104, *274*
– Mitwirkungs- 213
– Presse- *274*, *274*
– Religions- 104
– Un- 212
– Unternehmer- *274*
– Versammlungs- 105
Freiheitlichkeit 7, 69, 73, 107, *107*, 132, 137, 158, 166, 171 f., 186, 214 f., 217 f., *218*, 224, 234, 246 f., *266*, *270*, 281, 286, 290, 300 ff., 326, 354, 420 → Verfassungsstaat
Freisinnige Volkspartei 59
Fremdbestimmter Unterricht, gebundener Unterricht **190**, 331 → Schülerzentrierter Unterricht
Fremdenfeindlichkeit 8
Freund-Feind-Denken 143, 181, 206
Frieden 19, 28, 43, 67, 72, 105, 125, 142, *149*, 154, 165, 187, 193, 195, 204, 208, 231 f., 245, **260 ff.**, *266*, 271, 273, *273*, 276, 279 ff., *280*, 313 ff., *316*, 317, 320, 329, 409, 438, 445
– ewiger 147, 263
– negativer 261

– positiver 261
– Nicht- 261
– Un- 271
– Welt- 122
Friedens- und Sicherheitspolitik 173, *271*, 276, *276*, 310, 329
Friedenserziehung 193, 254, **260 ff.**, 402
Friedensforschung 193, 261
Friedenspflicht 222
Frontalunterricht 342, *342 f.*, 346 f., 355, *355*, 357, 363, 386 → Belehrungsunterricht, → Klassenunterricht
Führer-Gefolgschafts-Prinzip 87 f.
Führungsqualitäten, *Leadership-Skills* 242
Funktionärsschulung 138, 158, 216
Funktionslogik 223, 283, 310, 421
Ganzheitlichkeit, ganzheitlich *320*, **334 f.**, *336*, 344, 356, 390, **405 f.**
Gegenreformation 16
Gegenwartskunde 20, **109 ff.**, *112 f.*, **199 ff.**, 287
Gehorsam, gehorsam 4, 6, 15, 18 f., 21, *27*, 36, 46, 67, 69, 88, 106, 158, 180, 192, 219, 222, 246, 250, 421
– Un- 180, 219, 239
Geisteswissenschaften 84, 155, 216, 417
Geistlichkeit, geistlich → Kirche
Gelbe Bibel 12 f.
Gelehrtenschule 8 f., 16, **19**, 28, 37
Gemeinde, Kommune 18, 22 f., 34, 40, 58, *59*, 62 f., 72, *82*, 103, 111, *112 f.*, 118, 141, 145, *146*, *157*, 194, 199, 224 ff., 240 f., *256*, 266, 270, 272, *271 f.*, 281, 313, *316*, *341*, 356, 368, 371 f., *388*, 403, 409
– kirchliche 139, 369 → Kirche
Gemeinschaftserziehung 116 f., 140, 143, *144*
Gemeinschaftskunde 9, **110 ff.**, *112 ff.*, 114, **118 ff.**, *122 f.*, 129, *130*, 184, 208, *269*, *275*
– Politische *111 f.*, 112
Gemeinwohl 6, 81, 103, 124 f., 131, 152, 166, 172, 176, 184 f., *189*, 217 f., 224, 228, 230, 232 ff., 246, *270*, 291, 293, 302 ff., 314 f., 371, 394, 421, 438
Genese 352, *352* → Genetisches Prinzip
– politischer Grundphänomene 289
– politischer Konstellationen 286
– aktual-politische *352*
– historisch-politische *352*
– historische, geschichtliche 166, 286 f., 315

– logisch-systematische 352
– Ideen- 352
– Individual- 352
– Menschheits- *352*
– Real- 352
– Wissenschafts- *352*
Genetisches Prinzip **351 f.**, 356 → Genese
Geographieunterricht, Geographie (als Unterrichtsfach), Erkunde 8 f., 19 f., 27 f., 35, 38, 41 f., 46, 51, 57 f., *58*, 63 ff., 76, 83, 91, 97, 103 f., *113 f.*, 114, 120 ff., *130*, 131, 152, 174, *174*, 176, 202, 207
Gericht 18 f., 28, 104, 110, *273*, 277, 310, *312*, 337, 362, 365, 369, 384 f. → Tribunal
– politisches 384
– Bundesverfassungs- 169, *272*, *402*
– Schöffen- 63
– Schul-, Schüler- → Schulgericht
– Straf- 281
– Verfassungs- → Verfassungsgericht
– Verwaltungs- 241
– Zivil- 281
Geschichtlichkeit 164, 166, **286 f.**
– des Menschen 184 f. → Gesellschaftlichkeit
Geschichtsbewusstsein **287 f.**, *316* → Bewusstsein
Geschichtsbild 83, 142, 187, 288
Geschichtsphilosophie, geschichtsphilosophisch 46
Geschichtsunterricht, Geschichte (als Unterrichtsfach) 8 f., 19 f., 27 f., 35, 38 f., 41, 43, 46, 48 f., 51, **53 ff.**, *55*, *58*, 65, **76 ff.**, 83, 89, 93, 97, 103 f., 109, *113 f.*, 114, 118, **120 ff.**, *122*, *129 f.*, 131, 152, 174, *174*, 181, 193, 199, 201 f., 207, *277*, **286 ff.**, 416 → Zeitgeschichte
Geschichtswerkstatt 245, **409**
Geschichtswissen 6, 164, 287, 289
Geschichtswissenschaft 124, 131, *287*
– marxistische 202
Gesellschaft für Fachdidaktik (GFD) 414
Gesellschaft für Politikdidaktik und politische Jugend- und Erwachsenenbildung (GPJE) 173, *176*, *176*, 243, 310, 443 f.
Gesellschaft für Sport und Technik (GST) 205
Gesellschaftlichkeit des Menschen 184 → Geschichtlichkeit
Gesellschaftskunde, Gesellschaftslehre **57 ff.**, 75, *111*, 208
– elementare 51

Gesellschaftsordnung, Gesellschaftsform 100, 125, *128*, *144*, 182, 196, 317
– demokratische *266*
– freie 138, *266*
– herrschaftslose 8
– ständische 17
Gesellschaftstheorie 181, **303 ff.**, 308, 418
→ Kategorienschema
– Pluralität von 181
– demokratisch-sozialistische 192
– klassische 304
– moderne 304, 306
Gesellschaftsveränderung, gesellschaftsverändernd 37, **181 ff.**, 219
Gesellschaftsvertrag 24, 28, 249 f., *249*
Gesetzeskunde 61, 207
Gesetzgebung 28, 36, 74, *249*, *273*, 276, *312*, 313
– des Bundes 272
– konkurrierende *273*
– nationale *276*
– soziale 52
– sozialpolitische 52
– wirtschaftliche 52
– Reichs- 73
– Selbst- 69
Gespräch 243, 254, *337*, 342, 346, 349 f., 367, 375, 382 ff., 386 → Sokratisches Gespräch, → Unterrichtsgespräch
– unter Gleichen 349
– dialogisches 349
– freies 348 → Schülerdiskussion
– interpretierendes 349
– meinungsbildendes 349
– offenes 348
– problemhaft-heuristisches 346
– problemorientiertes 271
– sachklärendes 349
– zielorientiertes 346, 348
– Auswertungs- → Auswertungsgespräch
– Bewerbungs- 255
– Experten- → Expertenbefragung
– Gruppen- 429
– Lehr- → Lehrgespräch
– Meta- 349
– Planungs- 336, 386
– Streit- → Streitgespräch
– Verständigungs- 386
– Vorbereitungs- 368
Gesprächsregeln 258
Gesprächsrunde 382, 384 → Talkshow

Gewalt *55*, 152, 255, 257, **261 f.**, 272, *272*, 275, 302, *312*, 317, 373, 388
– Sensibilität für 262
– unter Jugendlichen 8
– obrigkeitliche 45 f.
– personelle 261
– politische 300
– private 430
– strukturelle 261
– Kriegs- 261
– Staats- → Staatsgewalt
Gewaltenteilung, Gewaltenbalancierung *59*, *113*, 173, *213*, 272 f., 276, 283, **284**, 310, 313, *418*, 445 → Gewaltenverschränkung
Gewaltenverschränkung 276, **284** → Gewaltenteilung
Gewaltmonopol des Staates *113*, 149, 261, 276, 311 → Staatsgewalt
Gewerkschaft 11, 138, 174, 179, 193, 199, 207, 216, 266, 290, 316, *316*, 365, 374, 406
Gewissen 67, *69*, *270*
– als Ausdruck sittlich-staatlichen Bewusstseins 67
– persönliches → Persönliches Gewissen
Gewissenhaftigkeit 186
– des Fleißes 62
– politische 69
Gewissensbildung, Gewissensformung 67
Gewissensentscheidung 253
Gewissensfreiheit 21, 104, 303
Gleichheit 10, 25, 27, 31, *144 f.*, 158, 170, 172, 178, 184, 187, 216, 231 f., 245 f., 250 ff., 260, 271, 279, 293, 303, 314, 342, 445
– abstrakte 182
– allgemeine 37
– demokratische 134
– formale 182
– konkrete 182
– reale 182
– rechtliche 303
– soziale 88, 329
– staatsbürgerliche 9
– Chancen- 103, 178
– Ergebnis- 303
– Un- → Ungleichheit
Gleichheitsgedanke 31, 338
– demokratischer 88, 100
Gleichheitsrechte *259*, *273*

Globalisierung 173, 194, *270*, 274 ff., 291, 310
Gottesgnadentum, gottgegeben 6, 18, 39 f.
Gräflich-Waldeckische Schulordnung 19
Großbritannien, britisch 69, 126, 99, **105 f.**, 109, **141 ff.**, 277 → England
Grundschule 8, 100, 199, *256*, 270, 416
Gruppenarbeit 200, *340 f.*, 353, 362 f., 375, 380 f., 383 f., 386 f.
Gruppendynamik 331, 409
Grundbildung 40, 138 f., 256, 271
Gründegeschichte 352 → Inselgeschichte
Grundgesetz 48, 115, 134, 166, **184 f.**, **187 f.**, 218, 240, 260, *266*, 272, *272*, *274*, 279
– als Legitimations- und Konsensbasis der politischen Bildung **185 ff.**
– Demokratieangebot des 171
Grundwissen 133, 202, 211, 225, *269*, *280*
Gutachten „über das Hochschulstudium in Vorbereitung auf das Lehramt an Höheren Schulen zur Erwerbung der Fakultas für wissenschaftliche Politik" 129
Gymnasium 8, 32, **35 ff.**, 54 f., 76, 81, 105 f., 120, 122, 130, 184, 243 f., 338, 416 f.
Handlungsfähigkeit, handlungsfähig, Handlungskompetenz 238, 242, 265, 302, 321, 409, 420, 443
– des Staates 218
– moralisch-mündige 212, 254
– politische → Politische Handlungsfähigkeit
– soziale 238, 241 f.
Handlungsform 339, **342**, 345 f., 354 f., 357, 364 f., 367, 386, 403, 405 → Sozialform, → Verlaufsform
– unterrichtliche 339
Handlungslogik 263, 290 f., 310
Handlungsorientierung 103, 193 f., *194*, 320 ff., **334 ff.**, 344, *345*, 386, 406
Handlungswissen 309, *310*, 429, 431
Heimatkunde 44, 51, 103 f.
Heimat- und Sachunterricht *256*
Hermeneutische Differenz 350
Hermeneutische Spirale 350
Herrschaft **5 ff.**, *5*, 31, 68, 82, 85, 87, 89, 99 f., 119, 121, 133, 135, 142, *144*, 147, 156, 160 f., 164, **170 ff.**, 176 ff., **182 ff.**, 187, 192, 196, 213, 218 f., *219*, *268*, 302 f., 305 f., 430, → Legitimation
– bürgerliche Klassen- 192
– ökonomische 177

– Nazi- 99
– Volks- 137, 173 → Demokratie
Herrschaftskritik 170
Herrschaftsordnung, Herrschaftsform **5 f.**, 8, 82, 121, 160 f., 170, **184 f.**, 196, 277, 282, 438
– kommunistische 206
Herrschaftsverhältnis 7, *172*, 182 f., *191*, 192, 219, 306
Hessischer Elternverein 171
Hitlerjugend **90**, 96
– Gesetz über die 90
Hochschule 79, 82 f., 93, 101, 110, **125 ff.**, 170, 201, *386*, 415 → Universität
Höhere Schulen, höhere Lehranstalten 8, 51, 53 ff., 74 f., 77, 80 ff., 92, 97, 100, 103, 123, 127, 129
– Empfehlungen für die Neuordnung der 124
– Erziehung und Unterricht in den 92
– Resolution über die Lehrpläne der 120
Hörigkeit 214 → Mündigkeit
Ich-Text 353
Idealismus
– deutscher 47
– philosophischer 66
– Staats- 84 f., 140
Identität 192, 212, *268*, 288, 317, 352, 430
– des Individuums 94, 263
– kulturelle *259*
– nationale 51
– personale 257
– positive 263
– soziale 263
– Ich- 257
Identitätsfindung 192, 272, *272*
Identitätstheorie 277
Ideologie 6 f., 81, **87 ff.**, 92 ff., 102 f., 107 f., 111, 121, 127, 137, 143, 154, 158, 164, 166, 171, 186 f., **202 ff.**, 206, 227, 235 f., 253, 263, *270*, 277, 286, 299, 301, 305, 315, *316*, 349, 354, 398, *418*, 426 → Marxismus, → Marxismus-Leninismus, → Nationalsozialismus, → Sozialismus, → Totalitarismus
– demokratische 217
– humanistische Bildungs- 92
– imperialistische 204
– nationalsozialistische Erziehungs- → Nationalsozialistische Erziehungsideologie

– Volksgemeinschafts- → Volksgemeinschaftsideologie
Ideologiekritik 182, 397
Ideologisierung 179
– Ent- → Entideologisierung
Imperialismus, imperialistisch 56, 64, 121, 199, 203 f., 206, *206*
Individualismus 46, 140, *249*
– aufklärerischer 46 f.
– deutscher 47
– neuzeitlicher 24
Individualistische Gemeinschaft *144*
Individualität 29, 32, 33, 214
Individuum 3 ff., 15, 24 f., 28, 33, 66, 81, 85, 94 f., 102, 121, 151, 154, 178 ff., 192, 212, 220 f., 229, 231, 242, 248, *249*, *256*, 257, *259*, 261 f., 264, *267*, *282*, 292, 302 f., 310, 314, 334, 358, 374, 376, *418*, 420 f., 440, 442
Indoktrination, Indoktrinierung 6, *65*, 87, 89, 132, 172, **188**, 191, 246 ff., 251, *274*, 326, 431, 436
Indoktrinationsverbot 326, 328, 351 → Überwältigungsverbot
Induktion, induktiv *144*, 311, **324 f.**, 343, 346 → Deduktion
ingroup, Wir-Gruppe 154 → *outgroup*
Inhaltsplanung **401**, 403 → Unterrichtsplanung
– Drei Teilschritte der 401
Input-Steuerung 442 → Output-Steuerung
Inselgeschichte 352 → Gründegeschichte
Institutionen 3, 7, 37, 69, 82, 87, 110, *113*, 117 f., *118*, 125, 132 f., *132*, 147, 150, 170, 173, 178, 180, 183, 185, 187, *191*, 201, 219, *219*, 224 f., 235 f., 250, *270*, 271, *276*, **281 ff.**, *280*, *282*, 288, 292, 296 f., 299, 301, 305, 310 ff., *310*, *312*, 314 f., *316*, 322, *336*, 349, 351 f., 354, 356, *357*, 358, 365, 370, 376, 395, 402, 421, 430, 435, 440, *445*
– als historisch geronnene politische Interessen 286
– als statische Gebilde 284
– at work 285
– Problemorientierte Vermittlung der 285
– Bildungs- → Bildungsinstitutionen
Institutionenbewusstsein 283 f.
Institutionenkunde, institutionenkundlich 82, *82*, 133, 150, 201, *270*, **281 ff.**, 356, 430, 435

Institutionenökonomik → Neue Institutionenökonomik
Institutionensystem 284, 311
Institutionenwissen **282 ff.**, *310*, *344*, 349, 430 → Institutionenkunde
Instruktion 247, 333, *345*, 356, 442
Instrumentalisierung, Instrumentalismus 89
– der politischen Bildung, der Gesellschaftskunde, der staatsbürgerlichen Erziehung 52, 59, 65, 68, 83, 183
– der öffentlichen Schule 181
– von Stammtischparolen 228
Integrationsmaßnahme, Integrationskurs 6 f.
Interaktion 4, 9 f., 76, 104, 134, 146, *238*, 241 f., 256 ff., *256*, 260, 282, 285, 314, 335, 339, 342, 344, 368, 373 f., 376 ff., 385, 398, 407, 428, 431
– symmetrische 344
– Alltagswelt- 285, *309 f.*
Interaktionseinheiten 341 f.
Interaktionserfahrung 9 f.
Interaktionsstil 10
Interdependenz 164, *280*, 293, 300, 314, 394, 400
– zwischen Politik und Wirtschaft 290 → Differenz von Politik und Wirtschaft
Interessenverband 138, 224, *241*, 253, 297 f., 302, 356, 365, 369, 376, 382
Interkultureller Dialog, interkulturelle Verständigung 259, *259*, 373
Interkulturelles Lernen, interkulturelle Erziehung 254, **258 ff.**, 262, 402, 410, 415 → Soziales Lernen
– als Sonderfall des sozialen Lernens 259
International Association for the Evaluation of Educational Achievement (IEA) *429*
Internationalismus 205
Internet 243, 383, 395 f., 441 → Medien
Intervention, Interventionsfähigkeit 224 ff. → Bürgertypen
Interview 245, 342, *344*, 353, **367**, 372, 389, 424, 435
– Einzel- 430
– Gruppen- 430
– Straßen- 337
iustitia commutativa 252
iustitia distributiva 252
iustitia legalis 252
Jugendbewegung auf dem Hohen Meißner 140

Jugendbildung 36, *385* → Schule, → Außerschulische Jugendbildung
Junge Pioniere 202
Jungvolk 90
just community 10, 251
Karikatur **235 f.**, 243, *397*, 342
Karikaturenrallye 341 f.
Karlsbader Beschlüsse 37 f.
Katechismus, Katechisieren 17 f., 334, 347
– politischer 18 f.
– Speyrscher 19
Kategoriale Bildung *155*, 161 f., 235, **294 ff.**, **306 ff.**, *307*, 314, **323**, *323*, 338, 414, *437*, 438
Kategoriales Lernen **164 ff.**, 308, 320, *321*, **322 f.**
Kategoriales Paradigma 426, **437**, *437* → Pragmatisches Paradigma
Kategorien zur Analyse politischer Konflikte 164 ff. → Analyse
Kategorienschema → Kategoriensystem
– „Dimensionen der Politik" **296 f.**, 304, 308
– Gesellschaftstheoretisch fundiertes **304 ff.**, 308 → Gesellschaftstheorie
– „Polare Spannungen des Politischen" **301 ff.**, 308 → Polaritäten des Politischen
– „Politikzyklus" **298 f.**, 304, 308, 394
Kategoriensystem 296, 304, 307 → Kategorienschema
Kirche, kirchlich 11, 16, 18, 22 f., 34, 40 f., 54, 58, 71, 106 f., *113*, 139, 141, 174, 193, 225, 266, 305, 365, 369, 372, 382
– Staats- 40, 74
Klassenunterricht 342, *342*, 346 ff., 355, 357, 363, 386 → Belehrungsunterricht, → Frontalunterricht
Klugheitsprinzipien 321
Kognitionspsychologie 243, **248**, 309, 329, 442 f.
Kollektivismus, kollektivistisch 26, 126
– erzieherischer 15, 26, 49
Kommunalpolitik *271 f.*, 272, *316*, 356, 371, 409
Kommune → Gemeinde
Kommunikation 183, 190, 222, 238, 242, 245, 257, 267, *267 f.*, *270*, 271, 301, *316*, 317, 327 f., 335, 340, 342, 344, 349, 356, 363, 371, 373, 375 f., 382, 384, 389, 396, 398, 408 f., 427 → Medien
– asymmetrische 344

– deliberative 242
– freie 300 f.
– gesinnungsethische 327
– komplementäre 355
– öffentliche 301, 395
– politische 234, 300
– rationale 420
– symmetrische → Symmetrische Kommunikation
– wissenschaftliche 433 f.
– Massen- 20, 163
– Medien- 395
– Meta- 235 f., 388 → Auswertungsgespräch
– Unterrichts- 425, 429
Kommunikationskompetenz, Kommunikationsfähigkeit 191, 231, 257, 364, 443
Kommunikationssystem 285
Kommunikative Wahrheit 228
Kommunikatives Lernen 408
Kommunismus, kommunistisch 52, 100, **106 ff.**, 119, 158, 169, 204 ff.
Kommunistische Partei der Sowjetunion (KPdSU) 203
Kommunistische Partei Deutschlands (KPD) 106 f., *107*
Konferenz der Vorsitzenden Fachdidaktischer Fachgesellschaften (KVFF) 414
Konferenz der Wirtschaftsminister der Länder *278*
Konferenz von Königstein 126 f.
Konferenz von Waldleiningen 126,
Konfliktanalyse 163 f., 236, *281*, *321*, *345*
Konflikttheorie
– liberale **162**
– marxistische 178
Konformismus 227, 247 → Nonkonformismus
Konservatismus, konservativ 36, 40, 51, 71, 73, 84, 93, 105, 176 f., *246*, 276
– christlich- 39, 41
– liberal- 72, 74, 177, *177*
– national- 177, *177*
Konstruktivismus, konstruktivistisch 426, **438 ff.**
– als Lerntheorie 441
– Radikaler **438 ff.**, *439*
Kontroversitätsgebot **188 f.**, *189*, **326 ff.**, 351, 366, 385 → Authentizitätsgebot
Kontroversitätsprinzip 320, 322, **325 ff.**, 402, 407, *407*
Kooperationsbereitschaft 4, 186, 387 f.
Kooperationserziehung 66, 139, **142 f.**, 145

Kooperationsfähigkeit 139, 257, 259, 262, 265, 364, 443
Kooperative Produktion 103, 105, 340, 354, **385 f.**, 390 → Projekt, → Politikwerkstatt, → Szenariotechnik, → Zukunftswerkstatt
Korrespondenztheoretische Wahrheitsauffassung 440
Kosmopolitismus 7, 26, 43, 46 f.
Krieg 19, 21, 26, 38, 65, 94, 96, 101, 142, **261 ff.**, *266*, *270*, 271, 280, *312*, *384* → Gewaltmonopol
– Abwesenheit von 261
– Dreißigjähriger 15, 20, 51
– Kalter 119
– klassischer 261
– neuer 261
– terroristischer 261, 263
– Bürger- 76, 302
– Nicht- 261
– Welt- → Erster Weltkrieg, → Zweiter Weltkrieg
Kriegsdienstverweigerung *273* → Ersatzdienst
Kriegsverbrecher 99, 199
Kritische Theorie 169, **171 ff.**, **178 ff.**, 184 ff., *185*, 191 f., 213, 218
Kritischer Rationalismus 179
Kulturphilosophie, kulturphilosophisch 143, *144*
Kultusministerkonferenz (KMK) 111, 113, *117*, **118 ff.**, *122*, 123, 125, 174, 193, 243 f., 264, *278*, *324*, 442
Kunden 414 → *artes*
Landeszentrale für politische Bildung 10, 119, *130*, 175 f., 184, 187 f., *194*, *196*, 267
Lebenschancen 171, 178, *273*
Lebenshilfe *21*, **254 f.**, *255*, 333, 374 f., 402, 404
Lebenskunde 18, 91, 207 f.
Lebensweltorientierung 194, 254, 321, *321*, 388, 409
Legislative, legislativ 61, **283 f.**
Legitimation, legitim, legitimieren 5, 6 f., 31, 40, 53, 63, 82, 84, 116, 136, 145, 172, *177*, 178, 185, 199 f., *213*, 215, 223, 228, 232, 234, 236, 245, *249*, 250, 252 ff., 260, *268*, *270*, 278 ff., 282 f., 286, 297, 303, 306, 308, 311, 314, 321, 327, 332, 336, 351, 371, 379, 395, 401 f., 404, 413 f., 427, 431, 433, 435, 441 f., 445
– Herrschafts- 6 f., 31, 57, 68, 176, 182

Lehr-Lern-Kurzschluss 441
Lehr-Lern-Prozess 340, 344, 413, 416, **427 ff.**, 441
Lehr-Lern-Situation 363, 416, 434
Lehrbuch, Schulbuch 56, 79, 81, 100, 171, 194, *205*, 282, *284*, *324*, 355, **393 ff.**, 397 f., *397*, 400, 415, **423 f.**
– als verbindlich-gültiges Dokument 423
– Didaktische Aspekte von 393 ff.
Lehrerbildung 39, 53, 74, 76, 78, 82, 109 f., 119, 129 f., *133*, 202, **416 f.**, 424, 430, 433, 435
Lehrerfrage 348
– divergente 348 f.
– geschlossene 348
– konvergente 348
– offene 348
– Denk- 348
– Wissens- 348
Lehrertypen 431
– Missionar 431
– Moderator 431
– Wissensvermittler 431
Lehrervortrag 345 ff., *345*, 355, 441
Lehrgang 311 f., *321*, 335, 338, 344 ff., *345*, **354 ff.**, *355*, 358, 363, 368, 372, 385, 389
– analytischer, ganzheitlich-analytischer **355 f.**, *357*
– genetischer 356
– konzentrisch erweiternder 356
– sachlogisch-systematischer 356
– synthetischer, synthetisch-linearer **355 f.**
– systematischer 340, 354 f.
Lehrgespräch **348**, 355, 357
Lehrkunst 155, 413 f.
Lehrplan, Curriculum 9, 19, 21, 33, 35 f., 55 ff., 79 f., 83, 91 f., 100, 103, 105, 112, *112 f.*, 114, 120, 129 f., 170, 184 f., 199, 201 ff., 207, 217, *256*, 269 ff., *269*, *271*, 274 f., *275 ff.*, **278 f.**, *281*, 282, *309*, 311, *324*, 336, 365, 393 f., 398, 400, 402, 404, 415, **423 f.**, 428, 434, 440
Lehrplankommission 278 f.
Lehrverfahren 345 f. → Unterrichtsmethode
– anreizend-aufgebendes *345*
– darbietendes 345 f., *345* → Instruktion
– darbietend-gebendes *345*
– entdeckenlassendes 345 f.
– erarbeitendes 345 f.

– herausholend-erörterndes *345*
Leistungsbewertung 118, **427 f.**
Lernen mit allen Sinnen 337
Lernen mit Kopf, Herz und Hand 337
Lernerforschung 429, 435
Lernertypen 430
– betroffener 430
– distanzierter 430
– faszinierter 430
– historischer 430
– kultureller 430
– ökonomischer 430
– politischer 430
– soziologischer 430
Lerngegenstand 156, 164, 255, *275*, **277 ff.**, 293, *294*, **311 ff.**, 320 f., *321*, 326 f., 329, 333, 335, 338, 354, 400, 405, 413 ff., 418, 427
– Exemplarisch aufbereiteter 311 f.
– Legitimierung schulischer 278 f.
– Strukturierung von 311 ff., *323*, *329*
– Systematisch aufbereiteter 311 f.
– Zonen des Politischen in den 313
Lerngruppe 245, 252, 322, **328**, 331, 333, *341*, 363, **366**, 369, 385 ff., 392 f., 393, 400, 404, *407*, 428, 430, 434
– „Soziale Zärtlichkeit" in der 194
– apathisch-indifferente 328
– argumentationsheterogene 328
– argumentationshomogene 328
Lernlogik 307, 356, 437 f.
Lernmodus 340
– erarbeitend-problemlösender 346, 357
– forschend-entdeckender 346
– kreativ-problembearbeitender 385
– rezeptiver 345, 355
Lernort *267*, *272*
– Didaktische Kriterien für die Auswahl von außerschulischen 368 f.
– Vier Gruppen von außerschulischen 369
– außerschulischer **336**, **368 f.**, 403, 441
Lernpsychologie 193, 279, 308, 329, 334, 442
Lernstrategie 243, 430 → Didaktisch-methodische Strategie
Lernziel 171 f., 178 ff., 190, 195, *196*, 288, 331, 400, 404 f., 417, 425, 428
Leserbrief 225, 239 f., 298, 342, 353, 387, 397
Liberalismus, liberal, liberalistisch 23, 38, 39, 72, 84, 90, *118*, 121, 162, **177 ff.**, *177*, 218, *249*, 276 → Konservatismus
– alt- *177*

– konservativ- 74
– links- 71, *177*
– marktgesellschaftlich- *282*
– sozial- 177, *177*
– Neo- 276
– Wirtschafts- 276
Logik 222, 239, 249, 263, 304, 307, 325, 349, 354, 391, 407, *418*
– Ablauf- 403
– Eigen- → Eigenlogik
– Funktions- → Funktionslogik
– Handlungs- → Handlungslogik
– Lern- → Lernlogik
– Psycho- 320, 413
– Sach- → Sachlogik
– System- → Systemlogik
Logik (als Disziplin) 27
Loyalität 4, *132*, 166, 186, 222, 224, **261 ff.**, *270*, 296
– deutsche 263
– europäische 263
– multiple 262 f.
– türkische 263
Loyalitätskrise 32
Makromethode **340 ff.**, *341*, **354 f.**, 357, 364 f., 368, 371, 373, 379, 382, 403 f.
– Fünf Grundformen von 340, 354
Makrowelt 333, 359 f., 388 → Mikrowelt
Manipulation, manipulieren 182 f., *186*, 188, 190, 207, 229, 247, 274, *274*, 328, 332
– Gefühls- 154
Marktwirtschaft *113*, 173, 204, 253, 274, 276, 290, 293, 310, 313, *445* → Soziale Marktwirtschaft
Marxismus, marxistisch 51, 169, **176 ff.**, **181 f.**, **184 ff.**, 202, 208, 276
Marxismus-Leninismus, marxistisch-leninistisch 7, 169, 177, **200 ff.**, *206*, 277, *332*
Massenmedien *206*, 274, 281 f., 365, 396 f.
Medien 3, 139, 225 f., 239, 271, *271*, *273 f.*, 274, 276, 283, 286, 297 f., 305, 317, 319, 336, 356, 369, 376, 382, 384, 388 f., **392 ff.**, 403, 405 ff., 413, 425, 428
– Mangelnde Authentizität der 396 → Wirklichkeit
– analoge 396
– audiovisuelle 395, 397
– digitale 393, **395 f.** → Internet
– neue *316*, 317, 395 → Internet
– öffentliche *274*
– politische 238

– private *274*
– Informations- 195
– Kommunikations- 195
– Massen- → Massenmedien
– Print- 395, 397
– Steuerungs- 195
Mediendominanz 194
Medienkampagne 239
Medienkompetenz 238
– politische 238 f.
Medienkunde *316*
Medienzensur 207, *274*
Mehrdimensionalität
– der politischen Realität 314 → Dimension
– menschlicher Situationen und Konstellationen 288
Meinungsbildung → Politische Meinungsbildung
Menschenbildung 33, 35 f., 38, 53, 156, 161
Methode
– der historisch und geographisch gesättigten Typenbildung *59*
– Arbeits- → Arbeitsmethode
– Erkundungs- 371
– Fall- → Fallmethode
– Forschungs- 245
– Lehr- 329
– Lehrgangs- 356
– Lern- 294
– Makro- → Makromethode
– Mikro- → Mikromethode
– Projekt- 388, 390
– Prüfungs- 120
– Unterrichts- → Unterrichtsmethode
– Untersuchungs- 389
– Vermittlungs- 319
Methodenlernen 244
– sozialwissenschaftliches 370, 402
Methodenplanung 401, **403**, 435
– Drei Teilschritte der 403
Methodenvorschläge 425, 427
Migration, Migranten 258 ff., 262, 271, *272 f.*, 275, 317, 331
Migrationsliteratur 260
Mikromethode **340 ff.**, 354, 373, 403 f.
Mikrowelt 333, 359 f. → Makrowelt
– des individuellen Lebens 333
– des sozialen Nahraumes 333
Militär, Streitkräfte 3, 10, 16, 20, 28, 44, 65, 88, 206, 261, 305, 362, 376 → Bundeswehr

Militärgeographie 101
Ministerium für Staatssicherheit (MfS) 206
Mitbestimmung 152, *157*, 164 ff., 171, **180 f.**, 190 f., 224, 234, 240, 272, *272*, *274*, 292, 305, 315, *316* → Mitverantwortung, → Selbstbestimmung, → Verwaltung
Mittelalter, mittelalterlich 8, **15 f.**, 20, 22, 49, 56, *59*
Mittelstufe 51, 80 → Oberstufe
Mitverantwortung 64, 69, 79, 110, 136, 158, 178, *189*, 195, 216 → Mitbestimmung, → Selbstbestimmung, → Verwaltung
– moralische 213
– Schüler- 49, *117*
Möglichkeitserörterung 231, **236**, 263, 315
Monarchie, monarchisch 6 f., 21, 28, 37, 44 f., **51 ff.**, *59*, 71 f., 79, 82, 282
Moral, moralisch 4, 19, 22, 24, 28, 34, 42 f., 66, 78, 99, 193, 196, 203 f., 212 ff., 218, *218*, 225, 227, 230, 232, 241, **245 ff.**, *246*, *249*, *270*, 430
– heteronome 250
– objektive 246
– private 246
– sozialistische 203, 205
– universale 246
– Gesellschafts- 250
– Gruppen- 250
– Tausch- 250
Moral- und Werteerziehung 196, **245 ff.**, *246*, 402
Moralisierung 227
– gesinnungsethische 263
Moralismus 116
Moralphilosophie, moralphilosophisch 246, *249*, 418
Moralstufen **248 ff.**, *249*, 252 f.
Moralsystem 158
Moralurteil **229 f.**, *230*, **248 ff.**, *249*, 254, 321, *345*
Multimedia 395 f.
Münchner Manifest 176, 267
Mündigkeit, mündig **4 ff.**, *5*, 32, 81, 125, 131 ff., 152, 155, 173, *177*, 186, 188, *189*, 206, **211 ff.**, *213 f.*, 219, 225, 247, 254, 294, 326, 389, 420, 426, 436, 440 → Entmündigung, → Hörigkeit
– Barrieren auf dem Weg zur 212
– Elemente der politischen 214 f.

– Straf- *273*
– Un- → Unmündigkeit
Nachbarschaft 3, *145 f.*, 148, *149*, 220, 225, 241, 253
Nationale Volksarmee (NVA) 205 → Militär
Nationalerziehung 36 f., **46 ff.**, 151, 153 f., *153*
Nationalisierung 121
Nationalismus, nationalistisch 7, 26, 29, 47, 65, 83, 89, 98, 110, 140, **153**, 260 f.
– Ambivalenz des 153
Nationalökonomie 76, 82, *144*
Nationalsozialismus, nationalsozialistisch 7, **87 ff.**, 99, 102, 106, 110 f., 116, 119, *119*, 121, 136, 138, 140 f., 144, 148, 153 f., 214, 260, 277
Nationalsozialistische Deutsche Arbeiterpartei (NSDAP) 90, 95, 199
Nationalsozialistische Erziehungsideologie 87, 89, 93, 96
Nationalsozialistische Weltanschauung 7, 87, 91, 92
Naturwissenschaft, naturwissenschaftlich 8, 20, 35, 64, 156, 202, 264, 270, *337*
Neue Institutionenökonomik **292**, 294
Neue Linke *133*, 170, 176 ff., 183 → Außerparlamentarische Opposition
Neuhumanismus, neuhumanistisch 4 f., 7, 29, **32 ff.**, 40 f., 53, 83
Neulehrer 199 f. → Altlehrer
Neuzeit, neuzeitlich 6, 24
Nonkonformismus 227 → Konformismus
Novizen-Experten-Paradigma 309
Oberstufe 51, 120, 243 f. → Mittelstufe
Objekttheorien **418 ff.**, 440 → Politikdidaktik
Obrigkeit 3, 17 f., 21 f., *27*, 38, 45 f.
Obrigkeitsstaat **6 f.**, 10, 51, 60, 65 f., 71, 74, 116, 302
Öffentliche Meinung 63, 67, 118, *144*, *146*, 229, 261
Öffentlicher Bürger *220* → Privater Bürger, → Perfekter Privatier
Öffentlichkeit 25, 119, *123*, 126, 143, 169, 240, 242, *268*, 271, 283, 298, *316*, 356, 389, 445
– diskursive 388 f.
– politische 238 f., 267, 389, 421
– Schul- *117*
Ökologie, ökologisch 195, 208, 265, 267, 276, 293, 306, 316 f., *316*, 329, 371 f., 390, 409
Ökologische Gestaltungskompetenz 265

Ökonomie, ökonomisch 19, 43, 48, 104, *122*, 125, 129, 144, *144*, 170, 176 f., 182, *191*, 195, 202, 204, 232, 253, 260, 264 ff., *270*, *274*, *278 f.*, **289 ff.**, *290*, *294*, 305, 308, 310 f., 313, 315 ff., 332, 371 f., 377, 390, 403, 424, 430, 438 → Denkmuster, → Wirtschaft
– Politische 24 f., 201 f.
– Makro- *445*
– Mikro- *445*
– National- → Nationalökonomie
– Sozial- 362
– Zeit- → Zeitökonomie
Ökonomische Bildung 44, 195, 202, *278*, **291 ff.**, 305, 308, 313, 315 ff., 371, 372, 377, 424, 430, 438
Ökonomische Verhaltenstheorie **292**, 294, *294* → Rational Choice-Theorie
Ökonomisierung des politischen Denkens 170
oral history 409
Organisationen 3, 10, *82*, 112, *113*, *157*, 171, 176, 180, 183, 219, 224 f., 228, 238 f., 261, 285, 305, *312*, *336*, 356 ff., *357*, 383, 414
– bürgerschaftliche 239, 369
– gesellschaftliche 281
– globale 291
– ideelle 376
– karitative 238, 241
– kulturelle 382
– nationalsozialistische 90, 96
– regionale 291
– supranationale 276
– Freiwilligen- *220*, 238, 241
– Jugend- 10, 108, 202
– Kinder- 202, 205
– Nichtregierungs- 240
Orientierung
– Adressaten- *330*, 405
– Alltags- → Alltagsorientierung
– Biographie- *320*, 406
– Denk- 322, 344
– Erfahrungs- *320 f.*, 321 f., 331
– Ergebnis- 355
– Geschlechter- *320*
– Gewinn- *274*
– Handlungs- → Handlungsorientierung
– Konflikt- *320*, 321, *345*
– Methoden- *320*
– Lebenswelt- → Lebensweltorientierung
– Problem- → Problemorientierung

– Produkt- **335 f.**, 387, 390
– Projekt- 103
– Prozess- 358, 407
– Schüler- → Schülerorientierung
– Situations- → Situationsorientierung
– Subjekt- 194, *320*
– Teilnehmer- 405
– Umwelt- 387
– Wissenschafts- → Wissenschaftsorientierung
– Zukunfts- *320*, 321, *345*
Orientierungswissen 121, 162 f., 181, 231, 309 f., 324, 355, 402, **421**
outgroup, Fremdgruppe 154 → *ingroup*
Output-Steuerung 442 → Input-Steuerung
Pädagogicum 417
Pädagogik, pädagogisch 4, 6, 10, 17, 23, 26 f., 33 f., 36, 42, 48, 59 f., 63, 66, 72 f., 75 f., 79 f., 81 f., 85, 88, 95 f., 107 f., *115*, 116, *122*, 132, *133*, 139, 143, *144*, 154 f., 158 f., 172, 179 f., 185, 194, 197, 200, 206 f., 216, 254 f., 258, 262, 279, 317, *324*, 326, 328, 331, 334 ff., 398 ff., 405, 408, 413, 416 ff., 428, 431 ff.
– der guten Absichten 437
– des Patriotismus 68
– existentielle 24
– geisteswissenschaftliche 417
– philantropische → Philantropismus
– politische → Politische Pädagogik
– pragmatistische 102 → Pragmatismus
– sowjetische 108, 200
– staatsbürgerliche 143
– utilitaristische 33
– Aufklärungs- → Aufklärungspädagogik
– Betroffenheits- 194, *333*
– Demokratie- 196
– Emanzipations- 186 f.
– Gruppen 373
– Instruktions- 442
– Interaktions- 373
– Leitfaden- 437
– Medien- 317
– Reform- → Reformpädagogik
– Schul- 196
– Sonder- 99
– Sozial- *256*
– Staats- 42, *218*
– Theater- 373
– Volksschullehrer- 416
Paradigma → Politikdidaktik

– der normativen Vermittlungswissenschaft 437
– der empirischen Fachunterrichtswissenschaft 437
– des Demokratielernens 438
– des Politiklernens 438
Parlament, parlamentarisch 28, 110, 117, 135, 137, 160, 169, 179, *266*, 276 f., 279, 281, **283 f.**, *283*, 297, 327, 337, 365
– Schul- 61, 145
Parlamentarismus 141 → Demokratie, → Regierungssystem
Partei 11, 18, 55, *61*, 67, 72, 77, 81, *82*, 86, 90, 93, 96, *113*, 118, 121, 138, *146*, 150 f., 160, 169 f., 174, 193, 199, *205*, 222, 224, 228, 239 ff., *241*, *266*, *271 ff.*, 272, 276, 281, 292, *294*, 296 ff., 300, 313, 315 f., *316*, 327, 356, 365, 369, 371 f., 374, 376, 382
– kommunistische 205
– marxistisch-leninistische 204 f., *206* → Marxismus, Marxismus-Leninismus
– rechte 79
– Arbeiter- 205
– Regierungs- 290
– Staats- 202
Parteiendemokratie *270*, 276, 310
Parteiengesetz 240
Parteilichkeit, 27, 132, 170, 180 f., 186 f., 205 f., **328 f.**, 384, 406
– nationalistisch-rassistische 89
– Über- 82, 86, 138, 176
– Un- 65
Parteinahme 86, 163, 181, 185 f., *267*, 312, **329**, 356
Parteipolitik, parteipolitisch 10, 55, 60, 75, 77, 79, 81 f., 112, 169 f., 187, 216, 233, 283, 328, 356, 426
Partizipation → Politische Partizipation
Partizipationschancen 221, 224
Partizipationserwartung 137
Partizipationsfähigkeit *238*
Partizipationsformen 166
– elementare 240, *240*
– konventionelle 239
– unkonventionelle 239
Partizipationsmittel 166
Partnerschaftserziehung 131, 134, *134*, 139, 142, 144, *144*, **142 ff.**
Patriotismus, patriotisch 7, 17, 19, 21, **26 ff.**, **40 ff.**, **44 ff.**, 64 ff., 68 f., 135
– demokratischer 200
– Staats- 40

Peergroup 3
Perfekter Privatier *220* → Öffentlicher Bürger, → Privater Bürger
performance standards 444 → *content standards*
Permanente Aktualität 280 → Systematisch-wissenschaftliche Grundfragen, → Zukunftsbedeutsamkeit
Personalismus 173, 184
– ethischer 151 ff.
Persönliches Gewissen 67, *68*, 85, 137
Persönlichkeitsbildung **33**, 95
Perspektive des generalisierten Anderen 257
Perspektivenübernahme 256, 407
– soziale 359
– Dritte-Person- 257
– Zweite-Person- 257
Philanthropismus, philanthropisch 10, **26 ff.**
Philosophicum 417
Philosophie, philosophisch 20, 29, 41, 43, 47, 85, 120, 127, 161, 184, *189*, 190, 201, *249*, *252*, 286, 301, 306 f., 313, 386, 417, 437 → Bildung
Philosophie des Gemeinwesens 125
Philosophische Bildung 21, 35, 120, 124, 129, 164, 202, 208
Physiognomie der Politik 337
Planspiel 236, **241 f.**, 263, 336 f., *344 f.*, 372 f., **375 ff.**, *376*, 382, *427*
– Drei Hauptphasen des 377
Pluralismus, pluralistisch 135, *144*, 170, 173, 185, 188, 266, 276, 304, 306, 310, 353, 407, 426 → Demokratie
– weltanschaulicher 7, 213, 325 → Weltanschauung
– Neo- 133
Pluralisierung 193
Pluralismustheorie 162
Pluralistische Demokratie 134 f., 150, 170, 173, 403
Pluralität 445 → Pluralismus
– Didaktisches Prinzip der 407
– der Parteien 327
– der Träger der politischen Erwachsenenbildung 266
– kategorialer Systeme 437
– politischer Ansprüche, Forderungen, Interessen und Meinungen 69, 94, 302, 310, 325 ff.
– von Geschichtsdeutungen und Gesellschaftstheorien 181

– wissenschaftlicher Fragestellungen, Theorieansätze, Positionen und Methoden 173, 185, 196, 307
– gesellschaftliche 325, *326*
Pluralitätsgebot des Radikalen Konstruktivismus gegenüber individuellen Wissenskonstruktionen 441 → Konstruktivismus
Polaritäten des Politischen **301 f.**, 314 → Kategorienschema
Policy 231, **296 ff.**, 371, *388*, 394
Polis → Athen
political correctness 327
Politics 231, **296 f.**, 371, 394
Politik (als Politikbereich)
– Ausländer- *272*, *316*
– Außen- → Außenpolitik
– Bevölkerungs- 92
– Besatzungs- 101
– Beschäftigungs- *274*
– Bildungs- → Bildungspolitik
– Deutschland- *316*, 317
– Energie- *274*, *316*
– Entwicklungs- → Entwicklungspolitik
– Erziehungs- → Erziehungspolitik
– Europa- *316*, 317
– Familien- *272*
– Finanz- → Finanzpolitik
– Friedens- und Sicherheits- → Friedens- und Sicherheitspolitik
– Geld- *274*, 445
– Gesellschafts- 281, *316*
– Gesundheits- *316*, 317
– Innen- 129, 169
– Integrations- 275
– Kolonial- 56 f.
– Kommunal- → Kommunalpolitik
– Konjunktur- *274*, 275 f.
– Landes- *272*, 423
– Lokal- 221
– Menschenrechts- 276
– Partei- → Parteipolitik
– Rechts- 281
– Schul- → Schulpolitik
– Sozial- → Sozialpolitik
– Stabilisierungs- *274*, 276
– Struktur- *274*, 275 f., 291
– Umwelt- → Umweltpolitik
– Umerziehungs- → Umerziehungspolitik
– Verkehrs- 329
– Volksbildungs- 107

– Wachstums- *274*, 276
– Weltinnen- *273*, 276
– Wirtschafts- → Wirtschaftspolitik
Politik (als Unterrichtsfach) 9, 17, 19, 27 f., 43, 65, 110 f., 115, 129 ff., 174, *269*, *278*, 432
Politik und Wirtschaft (als Unterrichtsfach) *269*, *275* → Wirtschaft und Politik
Politikbewusstsein *118*, **211**, 222, *428 f.*
Politikdidaktik 119, 129, **155 ff.**, 172 f., **175 ff.**, *196*, 208, 216, 236 f., 243, 269, *307*, 310, 319, *320*, *322*, 330, *333*, 337, 401 f., 413 ff., **417 ff.**, *418*, **423 ff.**, *426 f.*, **433 ff.**, *438*, 442 ff. → Didaktik
– als synoptische Wissenschaft 418 f.
– Expansion des Subjektiven in der 194
– Konzeptionen der → Paradigma
– Leistungsspektrum der 424
– Objekttheorien der → Objekttheorien
– Rolle des Konstruktivismus in der 438 → Konstruktivismus
– Verschiedene Konzeptionen von 426 → Kategoriales Paradigma, → Pragmatisches Paradigma
– Wissenschaftliches Selbstverständnis der 417
– Kritische 191 ff.
– demokratisch-sozialistische 177, 183
– dialektisch-historische 192
– empirisch-analytische 192
– konservative 176 f.
– liberal-konservative 177
– liberale 179
– linke 177 ff., 192
– marxistische 177 ff.
– national-konservative 177
– normativ-ontologische 192
– orthodox-marxistische 177
– progressive 176 f.
– rechte 177
– sozialliberale 177
– wissenschaftliche → Wissenschaftliche Politikdidaktik
Politikdidaktische Theorieabstinenz 432
Politikunterricht 20, 25, 65, 117 f., 129, *130*, 131 ff., 135, 145 ff., 151, 155 ff., 159 ff., 171, 174, *174*, 183 ff., 188 f., *189*, *194*, 196, 219, 226, 238, 253, *255*, *277 f.*, 286 ff., 322, 326, *326*, 331, 336, 398, 401 f., 426 ff., *428*, 430 ff., 434
– Instrumentarium zur Planung von 428

– Prinzipien zur Planung von 398 ff. → Strukturmomente
Politikverständnis 185, *270*, 296, 301, 353
– analytisches 231, 296
– pluralistisches 170
– praktisches 281, *281*
– simplifizierendes 300
– technizistisches 300
Politikwerkstatt 245, 385, **388 ff.**, *389*, 427
– Phasen der 389
Politikwissenschaft, politikwissenschaftlich, 76, 109, 112, 119, *122*, **124 ff.**, *124*, 129, *132 f.*, **135 ff.**, *144*, 147, 153 ff., 161 f., 174 f., 184 f., 189, 192 f., 216, 244, 269, *279*, *287*, 294, 296, 298 f., 303, 308, 376, 393, *414*, 415, 417 ff., *418*, 424, 426
– Bildungsauftrag der 127
Politikzyklus → Kategorienschema
Politische Analyse *189*, 234 f., 266, 332, 357 ff., *417*, 428 → Analyse
Politische Analysefähigkeit 63, 65, 81, 211, 225, 234, 314, 322, 404, 421, 428
Politische Artikulation 5, 238
Politische Basisfähigkeiten 238 f.
Politische Beteiligung, Bürgerbeteiligung 34, **163**, 166, 179 f., 186, 218 f., 222, 224, 229, **239 ff.**, 267, 315, 356
Politische Bildung 1, 3 ff., *5 f.*, 7 ff., 7, 12, 15 ff., 19 ff., *21*, *27*, 28, 31 f., 38, 41 f., 46, 48 f., 51 ff., 57, *59*, 60, *61*, 63 ff., *66*, 68 ff., *69*, 72 ff., 76, 78 f., 81 ff., 87, 91, 99 f., 103 ff., **109 ff.**, *111*, *113 f.*, *117*, *119*, *122 f.*, **124 ff.**, *129 f.*, *132*, *137 ff.*, **138 ff.**, 145, 147 f., *149*, 150 ff., *153*, 161 ff., 167, 169 f., 172 ff., *173 f.*, *177*, *189*, 191 ff., *194*, *196*, 199 ff., 206 ff., 211, 213, 215 ff., *215*, *219*, 222, *222*, 225 f., *226*, 228 f., 234, 237 ff., 241 ff., *246*, 251 ff., *252*, *256*, 260, 263 ff., **266 f.**, 269 ff., *269 ff.*, 273 ff., *276*, *280 f.*, 286 f., 289 ff., 294 f., 298, 300 f., 303, 306 ff., 313 f., 316 f., 319 f., *321*, 322 f., *323*, 326, *326*, 328 ff., 332 ff., *336 f.*, 337 ff., *341*, 349 f., *351*, 352, 354 ff., 365, 369 f., *372 f.*, 373, 375 ff., 385 f., *385*, 388 f., *391*, 392 f., 395 f., 398, 400 f., 405 ff., *407 f.*, 411, *414*, 415, 417 ff., *417 f.*, 421, 423 ff., *427 ff.*, 432, 436 ff., *437 f.*, 443 ff.

– als Affirmation 183
– als Dienstleistung 267
– als Kompetenzzentrum 267
– als Kritik 183
– als Ort der Verständigung 267
– Drei Leitfragen für die 281
– Empirische Erforschung der 428 ff., *428* → Lernerforschung, → Professionsforschung, → Unterrichtsforschung
– Genetisches Konzept von 116
– Ökonomische Inhalte der 291
– Themenkomplexe der **121 f.**, 127, **271 ff.**, *276*, *281*, 282
Politische Bildung (als Unterrichtsfach) 9, 113, 208, *269*, 273
Politische Entscheidungsfindung 24, 85, 147, 231, 236, 242, 253, 264, 297, 310, 315, 336, 376, 408
Politische Erwachsenenbildung 10, 130, 138, 174 f., 239, **265 ff.**, *266 ff.*, **315 ff.**, *333*, **405 ff.**, *408*
– Didaktische und methodische Besonderheiten der 405 ff.
– Methoden der 408 ff.
Politische Erziehung 3 ff., *5*, 15, 17 f., 20, 22, 24 f., *27*, 28, 31, 41, 46 f., 49, 51, 53, 57, 65 ff., *66*, 71, 73 f., 78 f., 81, 83 f., 87, 93, 97, 100, 103, 105 f., 111, 115 ff., 120, 125 ff., *129*, 131, 134, 139, *139*, 141 ff., *144*, 146 f., 149, *149*, 151, 153 f., 156, 169, 199, 205, 216 f.
– Genetisches Konzept von 116
– Theorie der 59, 149
Politische Handlungsfähigkeit 137, **173**, **238 f.**, *238*, 241 f., 294, 309 f., 409, 421, 426, 443 → Handlungsfähigkeit
Politische Institutionen → Institutionen
Politische Jugendbildung 10
Politische Katechismen **18 f.**
Politische Meinungsbildung 5, 160, 240, 241, *267*, *274*, 281, 334, 378
Politische Ökonomie 201
Politische Ordnung **4 ff.**, *5*, 15, 17, 24, 39, 53, 60, 76, 120, 124, 132, 135 f., 148, 161, 164, 172, 177, 185, 213, 219, 221 f., 233, 246, 251, 272, *272*, 280 f., 283, 290, 296, 303, 308, 311, *336*, 354, 356, 420, 426, 436
Politische Pädagogik 66, 79, 93, 128, **136 f.**, 139, 143, 147, 149, 151, 153 f., 156, 179, *189*, 191, *196*, **216 ff.**, *216*, 226, 406
Politische Partizipation 136, 170, 187, *191*, 213, 215, 217 f., **221 ff.**, *222*, 226, 229, 232, 234, 238, *270*, 276, 302 f., 305, 421 → Schulische Partizipation
– Bedingungsfaktoren von 221 f.
– elementare Formen der 240, *240*
– klassisch-konventionelle 240
– konventionelle 239
– unkonventionelle 239
Politische Philosophie 129, 135, 184, 292
Politische Propädeutik 51, *111*, *113*, 138
Politische Rationalität 173, **184**, **186**, 228 f., 232 f., 236, 303, 309, 426
Politische Sozialisation **3 f.**, 48, 430 → Sozialisation
– intendierte 3
– funktionale 3
Politische Weltkunde 9, **124 f.**, *124*, 269
Politische Willensbildung 24, 85, 94, 131, 137, 160, 224, 240, *266*, 271 f., 275, 281, 297, 300, 356, 371, 376 ff., 430, 445
Politischer Unterricht 112, *112 f.*, 171 f., *418* → Politikunterricht
Politisches Alltagsurteil 226 f. → Politisches Urteil, → Stammtischparole, → Vorurteil
Politisches Denken **64 ff.**, 109, 134, 137, 142, 233, 315, 349 f., 398
– Ökonomisierung des 170
Politisches Handeln 10, *61*, 134, 136, 140, 142, 153, 166, 183, 212, 215, **238**, *238*, 266, 282, 294, 296, 324, 355, 386, 397
Politisches Urteil 4, 38, 45, *55*, 68, 118, 125, 134, 149 ff., 159 ff., 181, 186, 188, 191, 213, **226 ff.**, *230*, **236 ff.**, *237 f.*, 243, 252, *266*, 275, 283, 289, 291, 294, 311, 313, 315, 326, 333, *345*, 349, 377, 379, 393, 421, *429*, 443 f. → Urteil
– Logische Schlüssigkeit des 232
– Schwierigkeitsgrade des *237*
Politisches Wissen 5, **64**, 94, 126, 134, 145, 147, 149 ff., 159, 163, 181, 200, 202, 213 f., 223, 231, 238 f., 272, 277, 287, 309 f., 338, 349, 355, 404, 421, 428
Politisches Wollen **64**, 217, 291
Politisierung
– der Fächer 91

– der politischen Bildung **169 ff.**
– der Massen 63
– der Schule 91
– des Menschen 91
– Ent- → Entpolitisierung
Polity 231, **296 f.**, 371, 394
Pragmatisches Paradigma 426 f. → Kategoriales Paradigma
Pragmatismus **101 f.**, 140, 142, 147 *189*, 386, *386*, 404
Praktikum 336, **364 f.**
– Betriebs- 274, 365
– Sozial- *117*
Preußen, preußisch 7, 21, 31, **34 ff.**, **38 ff.**, 46, 49, **51 ff.**, *55*, 66, 72 f., 79 ff., 83 f.
Primarstufe 255 f., 260, 270 f., 277, 322, 364, 374, 376, 388, 391 → Sekundarstufe
Privater Bürger *220* → Öffentlicher Bürger, Perfekter Privatier
Pro-Contra-Debatte 236, 329, 337, 372 f., **378 ff.**, *379*, *382*
Problemanalyse 236, *270*, **314**, **357 ff.**, 361, 392
Problemorientierung 320 ff., **329 ff.**, *345*, 368
Problemstudie *345*
Produktiver Explorationsunterricht 334 → Explorative Verfahren, → Reproduktiver Informationsunterricht
Professionsforschung **429 ff.**, 435
Professionswissen 308, 424, 429, 431, 433, 435
Projekt (als Methode der politischen Bildung) 103, 105, 196, 242, 245, 265, *345*, 368, **385 ff.**, *386*, 390 f., 396, 438
– Fünf Schritte des 387
– Arbeits- 103
– Erkundungs- 370
Projektlernen, Projektunterricht 242, 245, 331, *386*, 387 f., **388** → Projekt
Projektwoche 338, 388 → Projekt
Propädeutik
– philosophische 201
– politische → Politische Propädeutik
– sozialwissenschaftliche 338
– Wissenschafts- → Wissenschaftspropädeutik
Propaganda, propagieren 6 ff., 69, 83, 101, 105, 107, 117, 141, 154, 200 f., 213, 350
– Kriegs- 262
Psychologie, psychologisch 58, 75, 99, 156, 158, 208, 248, 289, 320, 413, 418
– Entwicklungs- → Entwicklungspsychologie
– Gedächtnis- 369

– Kognitions- → Kognitionspsychologie
– Lern- → Lernpsychologie
– Moral- 196, 418
– Motivations- 311, 340, 427
– Völker- 154
Rahmenpläne für den Gesellschaftskundeunterricht (DDR) 208
Rahmenrichtlinien für die Gemeinschaftskunde in den Klassen 12 und 13 der Gymnasien 120, *122*, 123
Rahmenrichtlinien für Gesellschaftslehre (Hessen) 171 f., 193
Rassenhygiene 92
Rassenkunde 92
Rassenlehre **87 ff.**, 92, 95, 101 f., *107*
Rassismus 260 → Rassenhygiene, → Rassenkunde, → Rassenlehre
– kultureller 259, *259*
Rational Choice-Theorie 294 → Ökonomische Verhaltenstheorie
Rationalismus 249
– Kritischer → Kritischer Rationalismus
Rationalität 94, 227 f., 232 ff., 236, 259, 292, 309, 381, 426, 431
– des Urteilens 173, 228. f.
– politischer Bildung 322
– ökonomische 290, 310
– politisch-kognitive 421
– politische → Politische Rationalität
– sachlogisch-politische 232
– Handlungs- 253
– Wert- 232, 234, 303
– Zweck- 232 f., 303
Realfächer 16 f.
Realien 8, 17, 19 f., 27 f., 33, 35, 51
Re-education, Umerziehung, Education, Reconstruction, Reorientation 7, **99 ff.**, **105 ff.**, 141, 148
Rechtswissenschaft 43, 58, 76, 78, 193, 269, 418
Referat 243, 342
Reformation 16, 41
Reformpädagogik 16, 22, 107, *144*, 194, 199 f., 364, *386*
Regierung 18, 23 f., 31, 45 f., 51, 79, 83, 102, 105, *146*, 214, *214*, 217, *272*, 276, 278, 281, 283 f., *284*, 290, *294*, 296 ff., 310, 365, *418*
– vaterländische 21, *213*
– Bundes- *130*, *137*, 167, 175, 266 f., *272*, 349
– Mehrheits- 104

– Selbst- 61, 66, *66*, 69, 282
– Volks- 104
Regierungsform 21, 24, 102, *213*
Regierungskunde *270*
Regierungssystem 223, 281
– der USA 277
– demokratisches 223, 284
– konstitutionelles 283
– parlamentarisches 110, 276, **283 f.**
Regulative Ideen 285, 311, 314
Reichsschulkonferenz **73 f.**, **76 ff.**, 84
Reichszentrale für Heimatdienst 83, *83*
Relativismus, relativistisch 134, 246, 248
– deskriptiver 246
– normativer 246
– Kultur- 246
Religion, religiös 21, 27, 29, 37, 39, 42, 46, 52, 57, 59, 66 f., *68*, 71 f., 83, 91, 101, 104, *113*, 143, 151, 163 f., 208, 246, 258 f., 262, 372, 444 → Christentum, → Gottesgnadentum
– bürgerliche 25
Religionsunterricht, Religion (als Unterrichtsfach) 10, 18, 35, 38, 40, 43, 52 f., 57 f., 65, 131, 143, 152, 245
Repräsentation *113*, *270*, 271, 276, **302**, 445 → Demokratie
– der Politik in Unterrichtsmedien 397
– mediale 393
– symbolische 336, 364
Repräsentative Demokratie 137, 169, 173, 218, 220 222, 239, *272*, **302 f.**, 310, 313 → Repräsentation
Reproduktiver Informationsunterricht 334 → Produktiver Explorationsunterricht
res gerendae 124, 131, *287*, 418
res gestae 124, 131, *287*
Restauration, restaurativ 31, 36 f., 38 f., 49, 143
Rhetorik, rhetorisch, Redekunst 20, 38, 239, 242, *316*, 317, 350, **377 ff.**, 409
– marxistische 51
Ring politischer Jugend 10
Risikogesellschaft 194 f.
Rollenspiel 144, **258**, 336 ff., 341, *341*, *344*, 367, **372 ff.**, 382, 391
– Vier Phasen des 375
– Zwei Arten von 374
Rollentheorie 220, 275
Rollenträger 285, 375
– der Pro-Contra-Debatte 378, 380

– der Talkshow 382 ff.
Rollenübernahme 250, 256, 373
Saarbrücker Rahmenvereinbarung **120 ff.**, *122*, 124
Sachlogik 307, 320, 356, 413, 437 f.
Sachunterricht 58, 256, *256*, **270 f.**
Sachwissen 160, 242, 410, **431**
Schema der Planung einer Unterrichtseinheit 404 f.
Schlüsselfrage 304 ff., **323**, 356 f., 360 f., 426
Schlüsselkompetenzen 443 → Basiskompetenzen, → Domänenspezifische Kompetenzen
– kognitive 243
Schlüsselproblem **194 f.**, 280, *280*, 426
– epochaltypisches 329
Schulbuch → Lehrbuch
Schule 3 ff., **8 ff.**, **16 ff.**, 22, 26 ff., 32 f., **35 ff.**, 41 f., 46, **51 ff.**, *58*, 61, *66*, 69, 71 ff., 76 ff., 82 f., *82*, **87 ff.**, 95 ff., 100 ff., *107*, *111*, 114 ff., *117*, 124 f., 129, *130*, 131 f., 134, *134*, 138, *139*, 141, 144 f., 148 f., 152, 156, 170 ff., *174*, 175, 178, 181, 184, 190, 192, **199 ff.**, 211, 225 f., 234, 239, 245, 254 ff., *256*, 258, 260, 264, 269 f., *271 f.*, 272, 278, *278*, 280, 282, *324*, 325 f., 335 f., *337*, 349, 364 f., 369, 374, 377, 379, 386 f., *391*, 396, 400, 404, 408, 414, 417, 420, 424, 426, 431 f., 440, 442 f. → Schulen
– als nationales Integrationszentrum 54
– Gesetz zur Demokratisierung der deutschen 108
– Öffnung von Schule 336
– höhere → Höhere Schulen
– politische 96
– Arbeits- 59, 61 f.
– Buch- 62
– Lern- 61
Schulen, Ausbildungsstätten:
– Bauernschule 21, 37
– Berufsschule → Berufsschule
– Bürgerschule → Bürgerschule
– Elementarschule, öffentliche Muttersprach- → Elementarschule
– Fortbildungsschule → Fortbildungsschule
– Gelehrtenschule → Gelehrtenschule
– Gesamtschule 101, **103**
– Grundschule → Grundschule
– Gymnasium → Gymnasium

– Hauptschule 8, 416
– Hochschule → Hochschule
– Kadettenanstalt 20, 27
– Kunstakademie *386*
– Küsterschule 22
– Landschule 8 f., 21
– Lateinschule 8, 22 f., 28
– Militärakademie 20
– Mittelschule 75, 79, *139*
– Oberrealschule 8
– Oberschule 8, 199, 201
– Pädagogische Akademien 82, 416
– Pädagogische Hochschulen 416
– Realgymnasium 8
– Realschule 8, *174*
– Ritterakademie 9, **20**, 27
– Stadtschule 8, 22, 36
– Universität → Universität
– Volkshochschule → Volkshochschule
– Volksschule → Volksschule
Schüleraktivität, schüleraktiv **334 ff.**, *343*, 386
Schülerdiskussion 348 → Gespräch
Schülerinteressen 159, 331 f., 335, 337 → Schülerorientierung
Schülerorientierung 320 ff., **330 ff.**, *330*, 368
Schülerzentrierter Unterricht **190 f.**, 442 → Fremdbestimmter Unterricht, gebundener Unterricht
Schulgericht *28*, 61, 69, 117
Schulische Partizipation 10 → Politische Partizipation
Schulmethodus 18
Schulorganisation 35, 59, 61, 74 f., 100, 102 f., 105 → Schulstaat
Schulpflicht 8, 15 f., 22, 71 f., *272*
Schulpolitik 31, 33, **38 f.**, 92, 106 f.
Schulstaat 10, 28, 48 f., 61, 69, 74
Schulverwaltung 36, 41, 78 ff., 106, 113, *123*
Sekundarstufe 260, 322 → Primarstufe
– I *174*, 176, 255, *269*, **271**, *271*, 274 f., 277, 381, 384 f., 388
– II 176, 244, *269*, *272*, **274 ff.**, *275*, 277, 338, 382, 389
Selbstbestimmung 63, 170 f., *177*, 178, 182, 186, 212 f., 219, 254, 257, 303, 330 f., 386, 430 → Mitbestimmung, → Mitverantwortung, → Verwaltung
Selbstverfügungsfähigkeit 192
Sinnenwelt 47
Sittenlehre, Gesittungslehre 27, *27*, *128*
– christliche 52

Sittliche Bildung 26, 33, 36 ff., 42 f., 66, 71 f., 88, 153
Sittliche Erziehung 45, 61, 151, 153
Sittlichkeit, Gesittung, sittlich 26, 32 f., 36 ff., 42, 46 ff., **60 ff.**, *62*, 67 f., *68*, 75, 81, 84, 85, 89 f., 94, 104, 109, 122, 125 f., 136, 138, 140, 143, *144*, *146*, 147, **151 ff.**, 212 f., 217, 225, 232, 246 f., 254, 260, 303, 388, 421
Sittlicher Kultur- und Rechtsstaat 60 f., *60*
Situationsanalyse 231, 236, 315, **357 ff.**, 361
Situationsorientierung *320 f.*, 321 f., 331, *331*, 387
Skeptizismus 246 f.
– moralischer 247
Sokratisches Gespräch *15*, 251, 333, 346, **409 f.** → Gespräch, → Unterrichtsgespräch
Solidarität 4, 96, 142, 164, 166, 182 f., 216, 246, *256*, **257**, 259, 262, 306, 310, 386, 421, 445
– internationale 204 f.
– nachbarschaftliche 148
Sowjetische Besatzungszone 100, 108 f., 199 → Deutsche Demokratische Republik
Sowjetunion, sowjetisch 99, 100, **106 ff.**, 169, 193, 200, 203 f.
Sozialdemokratie, sozialdemokratisch 51 ff., 59, 65, 68, 71, 84
Sozialdemokratische Partei Deutschlands (SPD) 51 f., 73, 107, 169 ff., 175, 193, *316*
Soziale Grundeinstellung, soziale Haltung 4, 66
Soziale Marktwirtschaft *270*, *274*, 276, 310 → Marktwirtschaft
Sozialerziehung 3 f., 23, 60, 63, 66 f., *144*, 147, *256*, 333, 415, *418*
Soziales Lernen 4, 10, 194, **254 ff.**, 262, 277, 338, 374 f., 378, 387 f., 402, 404
Sozialform *341 f.*, **342**, 347, 355, 357, 363, 386, 403, 405 → Handlungsform, → Verlaufsform
Sozialisation 4, 171 f., 190, 194, 256, 275, 430, 437 → Politische Sozialisation
– schulische 405
Sozialisationsforschung 400, 426
Sozialisationsinstanzen 3
Sozialisationstheorie 418
Sozialisationswirkung 3

Sozialismus, sozialistisch 52 f., 108, 112, 119, 121, 177, 183, 192, **200 ff.**, 214, 271, 276
- Ausbau des 202
- wissenschaftlicher 207
- Sowjet- 119
Sozialistik 58 → Sozialwissenschaft, → Soziologie
Sozialistische Einheitspartei Deutschlands (SED) 106, **200 ff.**
Sozialistisches Bewusstsein, sozialistische Persönlichkeit **203 f.**, 206
Sozialkompetenz 212, 364, 373
Sozialkunde, sozialkundlicher Unterricht 9, 18, **112**, *112 f.*, 114, *118 f.*, 120 ff., *122 ff.*, 135, 156, 171, 174, *174*, 181, 184, 208, *269*, *275*, 428
Sozialphilosophie 132
Sozialpolitik 52 f., *273*, 275, 281, 290 f., 293, 296, *316*, 317
Sozialstaat 173, 272, *272 ff.*, 276, 310, 313, 438
Sozialstudie 260, 337, *344*, **363 ff.**, 368, **371 f.**, *372*, *427*
Sozialwissenschaft, Sozialwissenschaften, sozialwissenschaftlich 103, 110, 147, 155, 162, 181, 185, 194, 217, **242 ff.**, 264, 267, 270, 275, 277, 282, 287, 294, 296, 306 f., 310, *336*, 338 f., 347, 355, 364, 370 f., 389, 402, 404, *414*, 417, 421, 425, 430, 437
Sozialwissenschaften (als Schulfach) *269*, *275*, *279*
Soziologie, soziologisch 67, 74, 112, *112 f.*, *122*, 128, *128*, *144*, 147, 155, 157, 162, 175, 181, 193, 220, 244, 269, *270*, *279*, 303, 417 ff., *417 f.*, 424, *428*, 430 → Sozialwissenschaften
- Makro- 430
- Wissens- 314, 437
Spezialisierung 128, 159, 293
Spiel 69, *256*, 341, 344, **372 ff.**, 395, 408
- szenisches 341, 373, *373*
- wirklichkeitssimulierendes → Wirklichkeitssimulierendes Spiel
- Assoziations- 373, *373*
- Entscheidungs- → Entscheidungsspiel
- Interaktions- 260, 374
- Karten- 341
- Kommunikations- 373
- Konferenz- 336 ff., 378
- Kooperations- 373

- Plan- → Planspiel
- Positionen- 341, *341*
- Prioritäten- 341
- Rollen- → Rollenspiel
- Verhandlungs- 378
Sprechenkönnen 349
Staats- und Landeskunde *111*, **113**
Staatsbürger *15*, 24, 26, 34, 37, 42, 43 ff., 60, *60 ff.*, 68, 83, 94, 96, 105, 137, 140, 150 ff., 160 f., 201 f., *216*, 221, *222*, 223, 233, 256, *256*, *418* → Staatsbürgertum
Staatsbürgerkunde 9, 18, 55, 57, 59, 69, **71 ff.**, 91, 93 f., 98, 103 f., 111, *111*, *113*, *119*, 134, 145, 150, *201 ff.*, 205, *354*
Staatsbürgerliche Bildung 51, 54, 55, 73, 76, 78, 82, *82 ff.*, 266
Staatsbürgerliche Erziehung 3 f., 24, 26, 29, 32, 36, 42 ff., 51, 55, **59 ff.**, 66 ff., *68*, 75, 77 ff., *82 f.*, **83 ff.**, 93, 129, *130*, 136, *149*, 151, 202 ff., 216
- Theorie der 59
- allgemeine 45
- körperliche 45
- sittliche 45
Staatsbürgerliche Tugend 62, 69, 140, 149, 203
Staatsbürgerlicher Unterricht 32, 46, 55, 61 f., *62*, 78 ff., 82, 86, 134, *266*
- Richtlinien für die Gestaltung des 78, 80
Staatsbürgertum 68 → Staatsbürger
- allgemeines 17
Staatserziehungswissenschaft **41 f.**, 44
Staatsgewalt 52, *113*, 183, *219*, 241, *261*, 430 → Gewaltmonopol
Staatskunde, Staatslehre 17, 58, 61, 65, 75 f., 121, 154
Staatskunst 15, **34**, 131, 419
Staatsphilosophie, staatsphilosophisch 24, 45, 132
Staatsrecht 20, 44, 64, 76, 80
Staatswissenschaft, staatswissenschaftlich 16, 63, 75
Stammtischparole 226 ff., *409* → Politisches Alltagsurteil, → Politisches Urteil, → Vorurteil
Stated-Problem-Method 362 → Fallstudie
Statistik (als Unterrichtsfach) 43
Stiehlsche Regulative **40 f.**, 51
Streitgespräch 336, 353, 382
Streitlinie 341, *341*
Strukturmomente von Unterricht 399 f.

Studium Generale 128
Subsidiarität 310
Symmetrische Kommunikation 192, 337, **344**, 358, 364, 386
Systematisch-wissenschaftliche Grundfragen der Politik (der Gesellschaft, der Wirtschaft, des Rechts) 280 f. → Permanente Aktualität, → Zukunftsbedeutsamkeit
Systemlogik 277, 310, 421
Szenario 391 f.
– positives Extrem- 392
– negatives Extrem- 392
– Trend- 392
Szenariotechnik, Szenariomethode 265, *344 f.*, 385, **391 f.**
Szenario-Trichter 392
Talkshow 329, 337, 372 f., **382 ff.** → Gesprächsrunde
Tauschgerechtigkeit 249, *252*
Terrorismus, terroristisch 261, 263, *273*
Textarbeit 342, 346 f., **349 ff.**, 357
Theorie der schulischen Bildungsfächer 58
Theorie-Praxis-Gegensatz 432
Theorie-Theorie-Gegensatz 432
Toleranz 4, 69, 75, 98, 102, 104, 116, 143, 246, *256*, **257 ff.**, 262, 266, 306, 314, 353, 420
– politische 71
– religiöse 71 f.
Totalitarismus, totalitär 6, 10, 110 f., *113*, 118 f., 121, 128, 133, 135, 138, *146*, 150, 161, 186, 214, 302, *418*
Totalitarismustheorie 277
Tribunal 372 f., **384 f.**, *384*
Tübinger Beschlüsse 120, 155, *324*
Tugend 23, 26 ff., 62 f., 94, 217 f., 224, 247, 420
– der politischen Beteiligung *216*
– des sozialen Zusammenlebens *216*
– bürgerliche 62
– häusliche 40
– kooperative 66
– öffentliche 245 f.
– produktionsrelevante 203
– sittliche 421
– soziale 61, 151, 335
– staatsbürgerliche, staatsgerichtete, staatsrelevante → Staatsbürgerliche Tugend
– Amts- 246
– Kardinal- 196, 246

– Staats- 94
Tugendkatalog 203
Tugendlehre *128*
Überwältigungsverbot **188 f.**, **326**, 328, *358*, 366, 426
Umerziehungspolitik 99 f., 106, 108 ff., 141, 148 → Re-education
Umfrage 245, **367**
– Meinungs- 372
Umwelterziehung, Umweltbildung 254, **264 f.**, 402, 415
Umweltpolitik *270*, 275, 291, 293, 296
Ungleichheit 10, 37, 103, *144*, 158, 170, 178, 182, 195, 262, 275, *280*, 293, 303, 329, *418* → Gleichheit
United States Education Mission to Germany 102, *109*
United States Social Studies Committee to Germany 103
Unmündigkeit 182, 191, 211, *214*, 267
Universalismus 140, 250 f.
– ethischer 260
Universität 31, 35, 76, 81, 105, 119 f., 122, **125 ff.**, *133*, 134, 379, 417, 432 f. → Hochschule
UNESCO *130*, 261
UNO → Vereinte Nationen
Unterricht → Unterrichtsforschung
– als horizontal verlaufender Prozess der Wissenstransformation 432
– als Vorgang der vertikalen Wissens- und Informationsweitergabe 432
Unterrichtsfach 5 f., 9, 33, 38, 55, 63, 65, **76 ff.**, 80, 102, 109 ff. **113 f.**, *113*, 118, 120, 129 ff., 135, 147, 174, 199 ff., 269, *278*, 286, 340, 349, 387, 413, 432, 443
Unterrichtsforschung **429 ff.**, 436 → Fachunterrichtswissenschaft
– empirische 327, 430
– interpretative 429, 431, 432
– qualitative 194, 430
– quantitative 194
– Fach- → Fachunterrichtsforschung
Unterrichtsgang 364
– kursorischer 114
Unterrichtsgegenstand 20, 26, 52, *58*, *119*, 120, 200 ff., 219, 269, 279, 311, *325*, 343 ff., 431
Unterrichtsgespräch 200, 335, **346 ff.**, 428 → Gespräch

Unterrichtsmethode, Unterrichtsmethodik *58*, 236, 245, 335, **339 ff.**, *344 f.*, **354**, 363 f., 371, *373*, 379, 389, 416, 442 → Lehrverfahren
- Elemente von 342 f. → Handlungsform, → Sozialform, → Verlaufsform
- Kriterien zur Klassifizierung von 343 f.
- Reflexionsebenen der 340 ff. → Makromethode, → Mikromethode

Unterrichtsplanung 323, *355*, 393, 398, **400 ff.**, 423, 435 → Politikunterricht, → Schema, → Strukturmomente
- Inhaltsplanung und Methodenplanung als Kern von 401 → Inhaltsplanung, → Methodenplanung

Unterrichtsprinzip **9**, 65, **76 f.**, 80, 83, 92, 104, 109, **113**, *113*, 115, 117 f., *119*, *130*, 131, 174, 199 → Fachunterricht

Untertan 4, 6, 9, 16 ff., 25, 27, *27*, 31, 34, 37, 39, 46, 53, 63, 72, 106, 136, 142, 152, *214*, 223
- aufgeklärter 26

Urteil 134, 211, 227, 229, 262, 328, 358, 379, 385, 420 → Moralurteil, → Politisches Urteil, → Vorurteil
- deskriptives 229
- normatives 229 f.
- präskriptives 230
- Vergleichs- 229

Urteilsfähigkeit, Urteilsbildung, Urteilsvermögen 4 f., 45, 60, 81, 97, 121, 124 f., **131 ff.**, 139, 141, 145, 150, 155, 173, 186, 188, 191, 211, 213 f., *214*, 216, 220 f., 223, **225 ff.**, *230*, *238*, 244, 247 ff., 251 f., 254 f., *256*, 257, 263, *266*, 291, 294, 309 f., 314, 321 f., 324, 326, *345*, 366, 378 f., 397, 404, 408, 421, 426, 428, *429*, 431, 443 f.
- Drei Teilschritte politischer 443

Urteilsperspektive 233 ff.

USA → Amerika

Utopie 60, *149*, 171, 190, 265, 277, 390 f.
- besserer Gesellschaft 192
- reale 182, 191

Vaterland, vaterländisch *15*, 21, 23, 25 f., *27*, 29, 36, 39 ff., 44, 47, 51 ff., 62, 64, 69, 77 f., 81, 90, 93, 204 f., *213*

Vaterlands- und Naturkunde 40

Verantwortungsbewusstsein 48, 69, 79, 86, 116, 136, 214

Verarbeitung des Wesentlichen 160 → Erarbeitung des Sachlichen

Verband der deutschen Studentenschaften (VDS) 128, 135

Verband der Geschichtslehrer Deutschlands *122*

Verein für das Deutschtum im Ausland 56

Vereinigung für staatsbürgerliche Bildung und Erziehung 55

Vereinigung zur staatsbürgerlichen Erziehung des deutschen Volkes 55

Vereinte Nationen (UNO) 101, 122, 199, *270*, 273, *273*, 276

Vererbungslehre 92

Verfassungsgericht *273*, 276, 281, *284*

Verfassungskunde, Verfassungslehre 48, 61

Verfassungsstaat 60, *189*, *281*
- demokratischer 5, 7, 37, 60, 131, 148, 162, 172 f., 175, 183, 187, 192, *217*, 231, 238, 245, *249*, 252, 300, 308, 315, 320, 322, 402, 438
- freiheitlicher 166, *270*, 281, 286, 301, 420

Verlaufsform 339, **342 f.**, 355, 359 f., 403 → Handlungsform, → Sozialform

Vernunftbesinnung durch Kritik 193

Verteilungsgerechtigkeit *252*

Verwaltung 17, 19, 36, 69, 76 f., *82*, 110, *113*, 121, 145, 164, 233, **241**, *273*, 281, 298, 310, 356, 365, 369, 371
- von Sachen 182
- Landes- 20, *21*
- Schul-, Unterrichts-, Kultus- → Schulverwaltung
- Schülermit- 104 f., 108, 117
- Selbst-, Schülerselbst- 34, 61, 63, 67, **74 ff.**, 78, 110, 121, *130*, 131, 144 f., 199, *272*, 395 → Mitbestimmung, → Mitverantwortung, → Selbstbestimmung
- Staats- 46, 53
- Volksschul- 40

Verwaltungslehre 64, 76

Völkerrecht 63, 76, 122, 138, *266*, *273*, 276, 296

Völkerversöhnung, Völkerverständigung **71 ff.**, 75, 78, 80, 98, 260

Völkisches, völkisch 77, 88 f., 91 f., 95 f., 98, *259*

Völkische Weltanschauungsschule 95 f. → Weltanschauung

Volkheit 94

Volksbegehren 240, *273*

Volksbildung 64, 71 f., 127, 199, 201, 203, 205 ff.

Volksentscheid 240, *273*
Volksgemeinschaftsideologie 80, **87 ff.**, 96, 111, 135, 140
Volkshochschule 10, 72, 138, 174, 266, *326*, 406
Volksschule 8, 39 f., 51, 53, 57, 59, 62, 71, 75, 79 f., 82, 92 f., 97, *139*, 416
Volkssouveränität 24 f., 276, 282
Volkswirtschaft 53, 76, 94, 293
Volkswirtschaftslehre 53, 58, **76**, 78, 94, 293 f.
Vorausurteil **227**, 229
Vorurteil 119, 188, 222 f., **226 ff.**, 255, 258 f., **261 ff.**, *271 f.*, 331, 353, 394 → Politisches Alltagsurteil, → Stammtischparole
Vorwissen 309, 330, 366, 400, 410
Wahl 15, 18, 86, 145, *146*, *185*, 213, 217 f., *218*, **221 ff.**, *222*, 233, **239 ff.**, *271 ff.*, 276, 282, *283*, 290, *294*, 298, 302 f., 305, 313, 337, *366*
Wahlrecht **63**, *130*, 271 f., *273*, 276
Wehrausbildung, Wehrertüchtigung, Wehrerziehung, Wehrunterricht **88 ff.**, **205**, 207, 260
Weimarer Republik 7, 9, 57, 59, *60*, 63, 71, 73, 79 ff., 83 ff., 91, 93, 98, 107, 111, *111*, 121, 129, *132*, 134, 139 f., 145, 148, 150, 201, 260
– Verfassungsgebende Nationalversammlung der **71 ff.**
Weiterbildung 130, *130*, *133*, 175, 435
Weltanschauung 7, 116, 207, 213, 236, 302, 325, 328, 420
– der Arbeiterklasse 201, 205
– marxistisch-leninistische 7
– nationalsozialistische → Nationalsozialistische Weltanschauung
– sozialistische 202
– völkische 95 f.
Weltbürger 43, 105, *222 f.*, 233 → Erziehung
Weltgeschichte 41, 43, 87
Welt-/Umwelt-/Gemeinschaftskunde *269*
Werkstatt 389
– permanente 391
– Bilder 319
– Geschichts- → Geschichtswerkstatt
– Lehr- 74
– Lern- 319
– Planungs- 245
– Politik- → Politikwerkstatt

– Schreib- 409
– Schul- 61, 62
– Sprach- 319
– Symbol- 319
– Theater- 409
– Zukunfts- → Zukunftswerkstatt
Wertbezug 293, **425**
Wertevermittlung 247 → Erziehung
Wertewandel 196, 247, 275
Westdeutsche Rektorenkonferenz (WRK) 127
Widerstand 149, 158, 172, 180, 182 f., 186, *270*, 409
Widerstandsbewegung 116
Willensbildung → Politische Willensbildung
Wirklichkeit → Medien
– Didaktische 397
– Dokumenten- 397
– Medien- 397
– Reflexions- 397
Wirklichkeitssimulierendes Spiel 340, *341*, 354, **372 ff.**, 403
Wirtschaft 17, 20, 22, 48, 52 f., 55 f., *55*, 58, *61*, 62, 67, 69, 73, 75 ff., 79, 83, 93, 101, 104, 112, *112*, 118 ff., 124, 131, 135, 139, *144*, *157*, 164, 170, 173 ff., *173*, 181, 199, 202, 216, 221, 230, 247, 253, 255, *266*, 269, *269 f.*, 271, *271*, **273 ff.**, *274*, *276*, *280*, **279 ff.**, **289 ff.**, 306 f., 310, 322 f., 365, 369, 372, 376, 382, 389 f., 395, 402, *402*, 421, 430, 438 → Denkmuster zum Verstehen wirtschaftlicher Zusammenhänge, → Ökonomie
– als integraler Teil der politischen Bildung 290
– Haus- 44
– Land- 48
– Markt- → Marktwirtschaft
– Plan- *113*, 276
– Volks- → Volkswirtschaft
– Welt- 56, 305
– Zentralverwaltungs- 290
Wirtschaft (als Schulfach) 269, *275*, *278*
Wirtschaft und Politik (als Schulfach) 275, *278* → Politik und Wirtschaft
Wirtschaftskunde 291
– elementare 291
Wirtschaftslehre 51, *174*, *269*, *418*
– Volks- → Volkswirtschaftslehre

Wirtschaftspolitik 271, 273 ff., *274*, 281, 290 f., 293, 296, *316*, 317, 329
Wirtschaftstheorie 276
Wirtschaftswissenschaft 193, 244, 264, 269, *279*, 294, 362, 417 ff., *445*
Wissen *6*, *61*, 102, 125, 145, 149 f., 152, 155, 194, 203 ff., 207, 226, 231, 233, 242 f., *267*, *269*, 308, 320, 334, 339, 345 ff., 351, 355, 364, 368, 372, 379 f., 393, 400, 410, 415, 420, 430, 440 ff., 444
– bestimmter wissenschaftlicher Theorien oder Schulen 307
– über Genealogie und Territorialität 20
– über Staat und Politik 149
– um die Abhängigkeit wissenschaftlicher Ergebnisse von den zugrunde gelegten Fragestellungen 244
– aktives 377
– allgemeingültiges 311, 441
– angeeignetes 374
– antinationales Wissen *153*
– definites, gesichertes → Definites Wissen
– deklaratives 308, *308 f.*, 442
– didaktisches 431
– domänenspezifisches 444
– dogmatisches 432
– empirisches *418*, 429
– exaktes 406
– ideologisches 204
– isoliertes 310
– juristisches 94
– kategoriales 324
– kognitives 421
– konstruiertes 439 ff.
– lebensweltliches *344*
– literarisches 164
– normatives *321*
– partikulares 310
– passives 377
– philosophisch-ethisches 164
– politikdidaktisches 431
– politikwissenschaftliches 424
– politisches → Politisches Wissen
– positives Wissen 324
– prozeduralisiertes 308, *308*, 442
– religiöses 164
– sachliches 109
– situationsunabhängiges 406 f.
– soziales 258, 277
– sozialwissenschaftliches, soziologisches 155, 339, 424
– subjektives 445
– systematisches 163, 332
– systematisiertes *269*
– systemisches 339
– verallgemeinerndes 432
– volkswirtschaftliches 94
– wissenschaftliches → Wissenschaftliches Wissen
– Aktions- 163 f.
– Alltags- → Alltagswissen
– Begriffs- *59*
– Begründungs- 309
– Berufs- *321*
– Bildungs- → Bildungswissen
– Deutungs- → Deutungswissen
– Erinnerungs- *310*
– Fach- → Fachwissen
– Fachleiter- 431
– Fakten- → Faktenwissen
– Geschichts- → Geschichtswissen
– Gesellschafts- 181, 421
– Grund- → Grundwissen
– Handlungs- → Handlungswissen
– Informations- 324
– Institutionen- → Institutionenwissen
– Methoden- 428
– Ordnungs- *309*
– Orientierungs- → Orientierungswissen
– Problemlösungs- 440
– Professions- → Professionswissen
– Regel- 309, *310*
– Sach- → Sachwissen
– Schul-, Schulbuch- 393 f., 416
– Spezial- 159, 309
– Stoff- 110, 324
– System- 309
– Überblicks- 325
– Verhaltens- *310*
– Vor- → Vorwissen
– Welt- 441, 444
– Wirtschafts- 181, 421, 424
– Zukunfts- 265, *310*, 391
Wissenskanon → Bildungskanon
Wissenschaft 3, 21, 35, 40 f., 46, 61, 71, 74 f., 76, 78, 88 f., 93, 101, 125, 128, 138, 152, *153*, 156, 161, 163, 173, 176, 180, 186 ff., 190, 205 ff., 222, 231, 244, *266*, 277, *278*, 279 f., *280*, 307 f., 319, 326 ff., 331, 338 f., 351 f.,

352, 355, 366, 371 f., 394, 396 f., 406, 413 f., 416 ff., 423 ff., 430 ff., 436 ff., 440, 444 f.
– von der politischen Bildung 196, 339, 411, **418 ff.**, 423
– empirische 439
– exakte 64
– humanistische 58
– normale 436
– praktische 419
– synoptische, Integrations- 418 f., 425
– synthetische 64
– Allgemeinbildungs- 128
– Altertums- 32
– Berufs- 414, 426
– Bezugs- → Bezugswissenschaften
– Bildungs- 128, 426
– Demokratie- 135
– Erziehungs- → Erziehungswissenschaft
– Fach- → Fachwissenschaft
– Fachunterrichts- → Fachunterrichtswissenschaft
– Finanz- 76
– Geistes- → Geisteswissenschaften
– Geo- 264
– Geschichts- → Geschichtswissenschaft
– Gesellschafts- 202
– Grenzgebiets- 75
– Hilfs- 124, 414
– Ingenieur- 414
– Kameral- 42
– Nachbar- 433
– Natur- → Naturwissenschaft
– Politik- → Politikwissenschaft
– Rechts- → Rechtswissenschaft
– Referenz- 200
– Schul- 415
– Sozial- → Sozialwissenschaft
– Staatserziehungs- → Staatserziehungswissenschaft
– Staats- → Staatswissenschaft
– Vermittlungs- 426, **437**
– Wirtschafts- → Wirtschaftswissenschaft
Wissenschaftliche Didaktik **423 f.**, 426 f., 429, 432 ff.
Wissenschaftliche Politikdidaktik **423 ff.**, 429, 431, 434 f.
Wissenschaftliches Wissen 244, 308, 338 f., *344*, 394, 406, 413 f., 416, 430 f., 433 f.
Wissenschaftsorientierung 281, 320 ff., **338 f.**, 406

Wissenschaftspropädeutik **242 ff.**, 275, 277, 338, 363, 371, 388
Wissenschaftsrat 417
Youth Leadership Training 242
Zeitgeschichte 52, 119, 286, **289**, *316*, 317
Zeitökonomie 319, 345, 347, 444
Zivildienst → Ersatzdienst
Zook-Kommission 102 f.
zoon politikon 313
Zukunftsbedeutsamkeit, Zukunftsbedeutung 280, 304, 401 → Permanente Aktualität, → Systematisch-wissenschaftliche Grundfragen der Politik
Zukunftsbewältigung 195
Zukunftswerkstatt 195, 265, 337, *345*, 385, **389 ff.**, *389*, *391*, 409
– Fünf Phasen der 390
Zwei-Wege-System 104 f.
Zweiter Weltkrieg 95, 99, 101 f., 104 f., 121, 128, 138 f., 148, *149*, 199, 415, 416